H. Bick · K. H. Hansmeyer · G. Olschowy · P. Schmoock
Angewandte Ökologie – Mensch und Umwelt

Band II Landbau
Energie
Naturschutz und Landschaftspflege
Umwelt und Gesellschaft

Gleichzeitig erscheint

Band I · Einführung · Räumliche Strukturen · Wasser
Lärm · Luft · Abfall

Angewandte Ökologie – Mensch und Umwelt

Band II · Landbau · Energie · Naturschutz und Landschaftspflege · Umwelt und Gesellschaft

Herausgegeben von

Hartmut Bick
Karl Heinrich Hansmeyer
Gerhard Olschowy
Peter Schmoock

Gustav Fischer Verlag · Stuttgart · 1984

Gesamtredaktion der neubearbeiteten Buchausgabe auf der Grundlage der Studienbegleitbriefe des Deutschen Instituts für Fernstudien an der Universität Tübingen zum Funkkolleg „Mensch und Umwelt": Dr. Peter Schmoock

Das Funkkolleg „Mensch und Umwelt" war eine Veranstaltung im Medienverbund, die im Jahre 1981/1982
- vom Westdeutschen Rundfunk (Federführung), von Radio Bremen, dem Hessischen Rundfunk, Saarländischen Rundfunk, Süddeutschen Rundfunk sowie dem Südwestfunk,
- dem Deutschen Institut für Fernstudien an der Universität Tübingen,
- den Volkshochschul-Landesverbänden Baden-Württemberg, Bremen, Hessen, Rheinland-Pfalz, Saarland und Nordrhein-Westfalen,
- den Kultus- bzw. Wissenschaftsverwaltungen der genannten Länder,
- den Wissenschaftlichen Hochschulen der beteiligten Länder
entwickelt und durchgeführt wurde.

Wissenschaftliche Leitung:
Professor Dr. Hartmut Bick
Professor Dr. Karl Heinrich Hansmeyer
Professor Dr. Gerhard Olschowy

Redaktion des Westdeutschen Rundfunks:
Dr. Theo Dahlhoff (verantwortlich)

Redaktion des Deutschen Instituts für Fernstudien an der Universität Tübingen:
Dr. Peter Schmoock (verantwortlich)

CIP-Kurztitelaufnahme der Deutschen Bibliothek

Angewandte Ökologie – Mensch und Umwelt
hrsg. von Hartmut Bick ... – Stuttgart : Fischer
NE: Bick, Hartmut [Hrsg.]
Bd. II. Landbau, Energie, Naturschutz und Landschaftspflege, Umwelt und Gesellschaft. – 1984.
ISBN 3-437-30445-3

© Gustav Fischer Verlag Stuttgart 1984
Wollgrasweg 49 · 7000 Stuttgart 70 (Hohenheim)
Alle Rechte vorbehalten
Gesamtherstellung: Julius Beltz GmbH & Co. KG, Weinheim/Bergstraße
Printed in Germany

ISBN 3-437-30445-3

Inhaltsverzeichnis

Vorwort XI

VII. Landbau

Abriß der Geschichte des Landbaus und seiner ökologischen Auswirkungen in Mitteleuropa   3
HARTMUT BICK

16. Konventioneller Landbau
HARTMUT BICK

16.0.	Allgemeine Einführung	9
16.1.	Ökologische Grundlagen des Landbaus	11
16.2.	Agrarökosysteme und ihre Wandlungen	12
16.2.1.	Mittelalterliche Dreifelderwirtschaft	12
16.2.2.	Bäuerlicher Betrieb um 1925	16
16.2.3.	Ein spezialisierter Getreidebaubetrieb um 1980	18
16.2.4.	Agrarökosystem-Typen in der Bundesrepublik Deutschland . . .	21
16.3.	Ökologische Folgen der Anwendung von Pflanzenschutzmitteln und Energiebeihilfen	22
16.4.	Landwirtschaft und Ökologie – eine Bilanz	26
16.5.	Flurbereinigung: Ökonomische Zwänge – ökologische Schäden . . .	28
16.6.	Ökologische Aspekte der Tierproduktion	30
16.7.	Ausblick	35

17. Alternativer Landbau
HARTMUT BICK

17.0.	Allgemeine Einführung	36
17.1.	Konventioneller oder alternativer Landbau – eine Vorüberlegung . . .	36
17.2.	Boden, Bodenfruchtbarkeit, Düngung	37
17.3.	Alternative Landbaumethoden	41
17.3.1.	Die biologisch-dynamische Wirtschaftsweise	42
17.3.2.	Organisch-biologischer Landbau nach Maria und Hans Müller . . .	44
17.3.3.	Der naturgemäße Anbau nach Leo Fürst (ANOG-Landbau) . . .	45
17.3.4.	Weitere alternative Landbaumethoden	45
17.3.5.	Zusammenfassende Betrachtung der alternativen Methoden . . .	46
17.4.	Umweltfreundliche Entwicklungen im konventionellen Landbau – eine weitere Alternative?	49
17.4.1.	Landwirtschaft und Ökologie	50
17.4.2.	Problemkreis „Pflanzenschutzmittel"	51
17.4.2.1.	Pflanzenschutz: Begriffliches und Geschichte	51
17.4.2.2.	Rechtsvorschriften für den Pflanzenschutz in der Bundesrepublik Deutschland . . .	53
17.4.2.3.	Das Instrumentarium eines Pflanzenschutzsystems . .	55
17.4.2.4.	Integrierter Pflanzenschutz	59
17.5.	Gegenwärtige Bedeutung der umweltfreundlichen Landbaumethoden und Zukunftsprognosen	61
17.6.	Schlußbetrachtungen	62

18. Gesunde Lebensmittel
HARTMUT BICK

18.0.	Allgemeine Einführung	64
18.1.	Nahrung und Nahrungsqualität	66
18.2.	Gesundheitsschädigungen durch Lebensmittel	68
18.3.	Gesetzliche Regelungen zum Schutze des Verbrauchers vor Schadstoffen in Lebensmitteln . . .	71
18.3.1.	Rechtliche Maßnahmen gegen Rückstände in Lebensmitteln . . .	71

18.3.2.	Rechtliche Maßnahmen gegen Verunreinigungen in Lebensmitteln	76
18.3.3.	Kontrollen von Rückständen und Verunreinigungen in Lebensmitteln	79
18.4.	Rückstände und Verunreinigungen in landwirtschaftlichen Produkten	80
18.4.1.	Pestizide	80
18.4.2.	Rückstände von pharmakologisch wirksamen Stoffen und anderen Futtermittelzusatzstoffen	85
18.4.3.	Kontamination von landwirtschaftlichen Produkten durch toxisch wirkende Metalle	87
18.4.4.	Zusammenfassende Bewertung	89
18.5.	Schadstoffe in nahrungsmäßig genutzten wildlebenden Pflanzen und Tieren	91
18.6.	Ausblick	92

VIII. Energie

19. Traditionelle Energieträger

Dietrich von Borries, Karl Heinrich Hansmeyer,
Friedrich-Wilhelm Henning, Jürgen Peter Schödel,
Gerhard Vollmer, Fritz Vorholz

19.0.	Allgemeine Einführung	95
19.1.	Verzahnung von Energie- und Umweltfragen	97
19.2.	Was ist Energie? – Physikalische Grundlagen	98
19.3.	Die Rolle der fossilen Energieträger	106
19.3.1.	Die Entstehungsgeschichte der fossilen Brennstoffe	106
19.3.2.	Die Wirtschaftsgeschichte der fossilen Brennstoffe	108
19.3.3.	Die Problematik der Erschöpfbarkeit fossiler Energieträger	110
19.4.	Umweltauswirkungen bei der Nutzung traditioneller Energieträger	112
19.4.1.	Die Umweltbelastung durch Verbrennung fossiler Brennstoffe. Abhilfemöglichkeiten durch Einsatz neuer Technologien	112
19.4.2.	Energieträger mit geringer Umweltbelastung: Gas	115
19.4.3.	Nutzung von Windenergie und Wasserkraft	118
19.5.	Ausblick	123

20. Energiebilanz

Friedrich-Wilhelm Henning, Dieter Schmitt, Hans K. Schneider,
Gerhard Vollmer

20.0.	Allgemeine Einführung	124
20.1.	Was ist Energieumwandlung und Energienutzung? – Physikalische Grundlagen	125
20.2.	Ausmaß und Ursachen des Energieverbrauchs	130
20.3.	Wandlungen der Energiebilanz	137
20.3.1.	Zur historischen Entwicklung der Energiebilanz	137
20.3.2.	Energiebilanz in der Bundesrepublik Deutschland	139
20.3.3.	Vergleich ausgewählter internationaler Energiebilanzen	146
20.3.4.	Zur Problematik von Energieprognosen	151

21. Kernenergie

Karl Aurand, Constanze Eisenbart, Karl Heinrich Hansmeyer,
Peter Cornelius Mayer-Tasch, Kurt Schmitz,
Rudolf Schulten, Hans Willi Thoenes,
Gerhard Vollmer

21.0.	Allgemeine Einführung	155
21.1.	Physikalische Grundlagen der Kernenergie	157
21.2.	Die Entwicklung der Kernenergietechnik	163
21.3.	Der Störfall Harrisburg	168
21.3.1.	„Störfall" oder „Unfall"?	168
21.3.2.	Technischer Ablauf des Störfalls	169
21.3.3.	Auswirkungen auf die Normen deutscher Kernkraftwerke	171

21.4.	Umweltpolitische, technisch-ökonomische, politische und moralische Beurteilung der Kernenergie	172
21.4.1.	Umweltpolitische Beurteilung der Kernenergie	173
21.4.2.	Technisch-ökonomische Beurteilung der Kernenergie	176
21.4.3.	Politische Beurteilung der Kernenergie	179
21.4.4.	Moralische Beurteilung der Kernenergie	181

22. Umweltbelastungen durch Energieumwandlungen

Heinz Fortak, Karl Heinrich Hansmeyer,
Herbert Knöpp, Karl Heinz Lindackers, Franzjosef Schafhausen,
Jürgen Peter Schödel

22.0.	Allgemeine Einführung	185
22.1.	Beurteilung der Energiesysteme durch den „Rat von Sachverständigen für Umweltfragen"	188
22.2.	Umweltbelastungen am Beispiel der Braunkohleverstromung	191
22.3.	Umwelteffekte von Energieumwandlungsprozessen	193
22.3.1.	Das Abwärmeproblem	194
22.3.1.1.	Ursachen und Wirkungen	194
22.3.1.2.	Abhilfemaßnahmen durch Energiesteuern?	196
22.3.2.	Zur Problematik radioaktiven Mülls	201
22.3.3.	Umweltbelastung durch neue Energietechnologien zur Nutzung fossiler Energieträger	209

23. Rationelle Energienutzung und neue Energiequellen

Dietrich von Borries, Eduard Geisler, Karl Heinrich Hansmeyer,
Klaus Michael Meyer-Abich, Gerhard Vollmer, Heinrich Waldeyer

23.0.	Allgemeine Einführung	215
23.1.	Das umweltpolitische Interesse an Energieeinsparung	216
23.2.	Möglichkeiten der Energieeinsparung im privaten Haushalt	216
23.3.	Möglichkeiten und Techniken rationeller Energienutzung	220
23.3.1.	Die Energiequelle „Energieeinsparung"	220
23.3.2.	Neue Wege der Energienutzung	227
23.3.2.1.	Die wichtigsten Techniken der Energieeinsparung	227
23.3.2.2.	Erschließung regenerativer Energiequellen	232
23.3.2.3.	Möglichkeiten der Kraft-Wärme-Kopplung	239
23.3.3.	Möglichkeiten zur Durchsetzung energiesparenden Verhaltens	242
23.4.	Rationelle Energienutzung – am Beispiel eines „Energiesparautos"	244
23.5.	Zusammenfassung	246

IX. Naturschutz und Landschaftspflege

24. Artenschutz und Biotopschutz

Hermann Josef Bauer, Hartmut Bick, Berndt Heydemann, Gerhard Olschowy,
Herbert Sukopp

24.0.	Allgemeine Einführung	251
24.1.	Ziele und Aufgaben des Naturschutzes und der Landschaftspflege	253
24.2.	Probleme des Arten- und Biotopschutzes – am Beispiel der Autobahn Hamburg–Berlin	257
24.2.1.	Ökologische Fragen der Planung	257
24.2.2.	Die Gefährdung von Arten und Biotopen	259
24.3.	Artenschutz als Ökosystemschutz	264
24.3.1.	Die Rote Liste der gefährdeten Tierarten	265
24.3.2.	Die Rote Liste der gefährdeten Pflanzenarten	270
24.3.3.	Biotopschutz als Voraussetzung für den Artenschutz	272
24.4.	Die Schaffung neuer Biotope – am Beispiel des Rheinischen Braunkohlenreviers	276
24.5.	Zusammenfassung	281

25. Schutzgebiete und Schutzobjekte

HANS BIBELRIETHER, DIETER BIRNBACHER, KONRAD BUCHWALD,
GERHARD OLSCHOWY, ERNST PREISING

25.0.	Allgemeine Einführung	282
25.1.	Schutzkategorien und Schutzstatus	285
25.1.1.	Kategorisierung des Gebiets- und Objektschutzes	285
25.1.2.	Aufgaben und Ziele von Nationalparken – am Beispiel „Bayerischer Wald"	291
25.2.	Funktionen der Schutzgebiete im Mensch-Umwelt-System	295
25.2.1.	Nutzungskonflikte am Beispiel des „Wattenmeeres"	298
25.2.2.	Nutzungskonflikte am Beispiel der „Lüneburger Heide"	302
25.3.	Natur und Landschaft für den Menschen schützen	306
25.4.	Ergänzende Kriterien zur Gestaltung und Entwicklung von Natur und Landschaft	309

26. Landschaftsgestaltung und Landschaftsentwicklung

WOLFGANG HABER, GERHARD OLSCHOWY, GUSTAV SALZMANN,
DONATA VALENTIEN, FREDERIC VESTER

26.0.	Allgemeine Einführung	313
26.1.	Biokybernetik – das Denken in vernetzten Systemen	314
26.2.	Zielkonflikt Landschaftspflege – Flurbereinigung	318
26.2.1.	Landwirtschaft und Naturschutz – ein Gegensatz?	318
26.2.2.	Gesetzliche Grundlagen für den Ausgleich des Zielkonfliktes	319
26.2.3.	Gelungene Flurbereinigung – am Beispiel Saerbeck in Westfalen	320
26.3.	Eingriffe in Natur und Landschaft und ihr Ausgleich	325
26.3.1.	Gesetzliche Grundlagen für den Ausgleich von Eingriffen	325
26.3.2.	Ökologische Bestandsaufnahme und Bewertung von Natur und Landschaft	329
26.3.3.	Landschaftsplanung als Planungsinstrument	332
26.3.4.	Gemeinden im Zielkonflikt – am Beispiel Stuttgarts	337
26.4.	Zusammenfassung	341

X. Umwelt und Gesellschaft

27. Umwelt und Erziehung

DIETMAR BOLSCHO, GÜNTER EULEFELD, KARLHEINZ FINGERLE, KARL HEINRICH
HANSMEYER, HERBERT KERSBERG, HANSJÖRG SEYBOLD

27.0.	Allgemeine Einführung	345
27.1.	Ökologische Handlungskompetenz – Grundsatz der Umwelterziehung	347
27.2.	Entwicklung, Inhalt und Zielsetzung von Umwelterziehung	347
27.3.	Möglichkeiten zur Umwelterziehung im allgemeinbildenden Schulwesen	349
27.3.1.	Schulunterricht	350
27.3.2.	Schullandheim	353
27.3.3.	Umweltzentren und andere Einrichtungen	356
27.3.4.	Beispiel einer Unterrichtseinheit	359
27.4.	Umwelterziehung im Rahmen beruflicher Bildung	363
27.5.	Umwelterziehung in der Hochschule	366
27.6.	Umwelterziehung in der Erwachsenenbildung	368
27.6.1.	Volkshochschulen	368
27.6.2.	Medienverbundprojekte	371
27.7.	Schlußbetrachtung	373

28. Umweltpolitik

KARL HEINRICH HANSMEYER, JOSEF KÖLBLE, RENATE MAYNTZ, FRITZ SCHARPF

28.0.	Allgemeine Einführung	375
28.1.	Die Entwicklung einer systematischen Umweltpolitik	377
28.2.	Aufgaben und Probleme der Umweltpolitik	381

28.2.1.	Ziele und Zieldefinitionen	381
28.2.2.	Träger der Umweltpolitik	389
28.2.3.	Instrumente der Umweltpolitik	396
28.2.4.	Das Vollzugsdefizit	401
28.2.5.	Zukünftige Aufgaben der Umweltpolitik	405
28.3.	Umweltpolitik und parlamentarische Demokratie	407

29. Weltweite Umweltprobleme

HARTMUT BICK, JOHANNES VON DOHNANYI, KARL HEINRICH HANSMEYER, RUDOLF HEITEFUSS, JÜRGEN H. LOTTMANN, HANS-JÜRGEN VON MAYDELL, GERHARD OLSCHOWY

29.0.	Allgemeine Einführung	410
29.1.	Weltweite Umweltprobleme: Ein Rückblick	411
29.2.	*„Global 2000"*: Ausgewählte Prognosen	415
29.3.	Die Sicherung der Welternährung	420
29.3.1.	Landwirtschaft	420
29.3.2.	Pflanzen- und Vorratsschutz	425
29.3.3.	Bevölkerungswachstum und Welternährung	428
29.3.4.	Natur- und Artenschutz	431
29.3.5.	Waldzerstörung	433
29.4.	Weltweite Umweltprobleme: Ein Ausblick	436

30. Umwelt – vor dem Menschen für den Menschen schützen…

HARTMUT BICK, KARL HEINRICH HANSMEYER, VOLKMAR J. HARTJE, JÜRGEN H. LOTTMANN, FRANK G. MÜLLER, GERHARD OLSCHOWY, FRITZ VORHOLZ

30.0.	Allgemeine Einführung	437
30.1.	Prognostische Berichte zur Weltentwicklung	437
30.2.	Weltweite Aspekte von Umwelt und Wirtschaftswachstum	447
30.3.	Möglichkeiten und Probleme weltweiter Umweltpolitik	455
30.3.1.	*„Global 2000"*, *„Global Future"* und die Reaktionen in der Bundesrepublik Deutschland	455
30.3.2.	Die Rolle der Entwicklungshilfe in einer weltweiten Umweltpolitik	457
30.3.3.	Das Umweltschutzprogramm der Vereinten Nationen (UNEP)	461
30.4.	Schlußbetrachtung	465

Anhang 469

Die Herausgeber/Die Autoren	471
Aufgabenlösungen	480
Bibliographie	496
Gesamt-Verzeichnis der Personennamen	530
Gesamt-Glossar/Gesamt-Index der Fachausdrücke	535

Inhaltsübersicht des ersten Bandes

I. Einführung
 1 Umwelt – kein „freies Gut"

II. Räumliche Strukturen
 2 Wohnsiedlungen
 3 Industrie und Verkehr
 4 Erholungsräume

III. Wasser
 5 Ökologie der Gewässer
 6 Abwasser und Gewässerverschmutzung
 7 Trinkwasser
 8 Wassergütepolitik

IV. Lärm
 9 Ursachen und Wirkungen des Lärms
 10 Lärmschutz und Lärmschutzpolitik

V. Luft
 11 Herkunft und Wirkungen der Luftverschmutzung
 12 Aspekte großräumiger Luftverschmutzung
 13 Luftreinhaltepolitik

VI. Abfall
 14 Herkunft und Behandlung des Abfalls
 15 Sondermüll und Wiederverwendung von Abfällen

Vorwort

Ökologie als Wissenschaft befaßt sich mit den wechselseitigen Beziehungen zwischen Organismen und ihrer Umwelt. Das vielfältig vernetzte System „Mensch – Umwelt" bildet lediglich einen Teilaspekt der Ökologie. Umweltschutz mit seinen beiden Gebieten „Schutz der Umwelt vor Eingriffen des Menschen" und „Schutz des Menschen vor Gefahren aus der Umwelt" ist letztlich nichts anderes als angewandte Ökologie. So ist es nicht mehr als folgerichtig, wenn die hier vorgelegte Buchausgabe, die aus den gründlich revidierten Studientexten zum Funkkolleg „Mensch und Umwelt" hervorging, eben diesen Titel „Angewandte Ökologie" trägt.

Wir sind der Überzeugung, daß heute ebenso wie zur Zeit der Veranstaltung des Funkkollegs in den Jahren 1981/1982 eine dringende Notwendigkeit zur vertieften Befassung mit Umweltproblemen besteht. Es zeigt sich mehr und mehr, daß die Umweltdiskussion auf einer sachgerechten und rationalen Ebene geführt werden muß, wenn Fortschritte in der Umweltpolitik erreicht werden sollen. Eine Lösung der zahllosen Umweltprobleme kann nur mit einem soliden fachlichen Grundwissen erzielt werden. Die hier angebotene „Angewandte Ökologie" stellt daher einen breiten Einstieg in das Gesamtgebiet dar und befaßt sich in Band I neben einer „Einführung" eingehend mit den Sachgebieten „Räumliche Strukturen", „Wasser", „Lärm", „Luft" und „Abfall", in Band II mit der Thematik „Landbau", „Energie", „Naturschutz und Landschaftspflege" sowie „Umwelt und Gesellschaft". Der Stoff wird dem interdisziplinären Charakter der Ökologie entsprechend in fachübergreifender Weise dargeboten. Das Werk ist darauf angelegt, Umweltbewußtsein und Umweltverantwortung zu steigern.

Diese Buchausgabe präsentiert die Studientexte des Funkkollegs „Mensch und Umwelt" völlig neu eingerichtet und auf den aktuellsten Stand gebracht. Dabei wurden auch die Erfahrungen aus der Durchführung dieses großangelegten Medienverbundprojekts berücksichtigt. Der Charakter als Handbuch wurde stärker herausgearbeitet. Das Werk wendet sich daher in erster Linie an Studierende der naturwissenschaftlichen Fachrichtungen, der Landespflege, der Planungswissenschaften, der Agrarwissenschaften, der Politikwissenschaften und der anderen Sozialwissenschaften und der Erziehungswissenschaften, an Lehrer aller Schularten und Schulstufen, die über Umweltfragen unterrichten und informieren und sich auf diesem Gebiet fortbilden wollen, sowie an Angehörige von Berufsgruppen und Institutionen, die für ihre Tätigkeit die Probleme und Methoden von Umweltfragen und Umweltschutz aufarbeiten möchten, insbesondere damit auch an alle an Umweltproblemen Interessierten.

Wir sind dem Gustav Fischer Verlag dankbar, daß er sich dieses Vorhabens angenommen hat. Möge es der Durchsetzung ökologischen Denkens und Handelns dienen und den Umweltschutz fördern.

Die Herausgeber

VII. Landbau

Der Themenblock „Landbau" behandelt eine Problematik, die für jeden von größter Bedeutung ist, da die landwirtschaftlichen Produkte die Nahrungs- und damit die Lebensgrundlage des Menschen liefern.

Dem Themenblock vorangestellt wird ein geschichtlicher Abriß über die Entwicklung des Landbaus und seine ökologischen Auswirkungen.

Die *Studieneinheit 16* beginnt mit einer Darstellung der Agrarökosysteme und ihrer Entwicklung. Die Funktionsweise dieser speziellen Ökosysteme einst und jetzt liefert den Schlüssel zur Beantwortung der Frage, was an der heutigen Landwirtschaft ökologisch vertretbar ist und was nicht. Aufgrund dieser Darlegungen können wir eine erste Bilanzierung der Umweltverträglichkeit der konventionellen Landwirtschaft vornehmen. Die ökologisch besonders problemträchtigen Bereiche „Flurbereinigung" und „Massentierhaltung" werden eingehend analysiert. Der intensiv betriebene konventionelle Landbau unterliegt wegen seiner vielfältigen Umweltbelastungen zu Recht starker Kritik. Man muß sich sogar fragen, ob eigentlich alle Ziele der offiziellen Agrar- und Ernährungspolitik der Bundesrepublik Deutschland mit der gegenwärtig betriebenen Landwirtschaft erreicht werden können. Fragt man zum Beispiel, ob tatsächlich die Funktions-, Leistungs- und Nutzungsfähigkeit von Natur und Landschaft nachhaltig gesichert sind, so kommen angesichts der herrschenden Landbaupraxis ernste Bedenken auf.

Die *Studieneinheit 17* untersucht aus diesem Grunde, ob Landbau nicht auch anders, das heißt umweltfreundlicher, betrieben werden kann, ohne daß die Versorgungssicherheit unseres Landes in Gefahr gerät. Welche Alternativen gibt es? Grundsätzlich ist eine Veränderung des gegenwärtigen Landbaus auf zweierlei Weise denkbar:

– durch Ausweitung der bestehenden sogenannten alternativen Landbauformen, zu denen beispielsweise die „biologisch-dynamische Wirtschaftsweise" und der „organisch-biologische Landbau" gehören;
– durch eine Berücksichtigung ökologischer Gedankengänge im modernen „konventionellen Landbau"; dazu gehört vor allem die verstärkte Anwendung des „integrierten Pflanzenschutzes".

Bei allen umweltfreundlichen Bewirtschaftungsformen, insbesondere beim alternativen Landbau, spielt die Pflege der Bodenfruchtbarkeit, die Fürsorge für die Ressource „Boden", eine wichtige Rolle. Die besondere Bedeutung, die dem Boden als Produktionsgrundlage für die Landwirtschaft zukommt, macht eine gesonderte Einführung in die Bodenökologie notwendig. In diesem Zusammenhang wird auch der Komplex „Düngemittel und Düngung" eingehend besprochen.

Die *Studieneinheit 18* untersucht, auf welchem Weg das Ziel der Agrarpolitik der Bundesrepublik Deutschland: die Versorgung der Bevölkerung mit hochwertigen Nahrungsgütern zu angemessenen Preisen, zu gewährleisten und die Qualität der Nahrungsmittel zu sichern und zu fördern ist, und wie erfolgreich die Bemühungen sind. Um die zur Diskussion nötigen Kenntnisse zu erwerben, wird zunächst geklärt, was unter „Nahrung", „Nahrungsmittel", „Lebensmittel" und deren Qualität eigentlich zu verstehen ist. Als nächstes wird dargestellt, welche Gesundheitsschäden überhaupt durch qualitätsmäßig unzureichende Lebensmittel entstehen können. Das Lebensmittelrecht und andere Rechtsinstrumente kennen zahlreiche Regelungen zum Schutz der Lebensmittelqualität; die im Zusammenhang mit Landwirtschaft und Umweltschutz stehenden Gesetze und Verordnungen werden kurz vorgestellt. Ausführlich werden die Verfahren beschrieben, die zur Festlegung von Höchstmengen an erlaubten Rückständen von Pflanzenschutzmitteln in landwirtschaftlichen Produkten dienen.

Für die Beurteilung des Erfolges des eingangs zitierten offiziellen Ziels der Agrarpolitik wichtig ist dann die aktuelle Situation der Rückstände von landwirtschaftlichen Produktionshilfsstoffen und von Verunreinigungen durch Umweltschadstoffe aus dem industriellen und technischen Bereich. Hier ergibt sich, daß Belastungsquellen nichtlandwirtschaftlicher Herkunft sehr große Bedeutung haben. Das erweist sich ganz besonders bei einer Betrachtung der Schadstoffzufuhr zum Menschen über nahrungsmäßig genutzte wildlebende Pflanzen und Tiere.

Abriß der Geschichte des Landbaus
und seiner ökologischen Auswirkungen in Mitteleuropa

Die Praxis des Landbaus verbreitete sich aus dem Entstehungszentrum in Vorderasien im Verlauf weniger Jahrtausende nach Europa und hielt in Mitteleuropa zwischen 5000 und 4000 v. Chr. Einzug. Kulturgeschichtlich vollzog sich damit der Übergang von der Mittel- zur Jungsteinzeit. Die neue Kultur verbreitete sich zunächst in den fruchtbaren Lößgebieten.

1. Die Entwicklung des Landbaus in Mitteleuropa von etwa 4000 v. Chr. bis 800 n. Chr.

Jungsteinzeit

Das Eindringen der jungsteinzeitlichen Bauernkultur brachte für den mitteleuropäischen Raum deutliche Veränderungen des Landschaftsbildes und der ökologischen Gegebenheiten. Das feucht-warme Klima dieser Zeit förderte als natürlichen Vegetationstyp einen artenreichen Eichenmischwald, der weite Verbreitung hatte. Wahrscheinlich lag der Waldanteil in Mitteleuropa um 4500 v. Chr. bei etwa 95%. Der Einzug der Ackerbaukultur ging folglich mit Rodungen des Waldes einher, die zunächst die sog. Bördenlandschaften betrafen. Es kam zu Bodenabtragungen durch abfließendes Regenwasser auf entwaldeten Hängen *(Erosion)*. Das abgeschwemmte fruchtbare Material lagerte sich in den Talauen ab und war mit eine Ursache für deren spätere Ertragshöhe.

Die Siedlungen dieser Zeit (kulturgeschichtlich die Zeit der Bandkeramiker; benannt nach dem speziellen Muster ihrer Tongefäße) bestanden aus großen Langhäusern, zu deren Bau viel Holz benötigt wurde. Da offenbar die Dörfer oft verlassen und andernorts wieder aufgebaut wurden, bestand ein beträchtlicher Holzbedarf.

Als Kulturpflanzen dienten vor allem die Wildweizenarten Einkorn und Emmer, Vielzeilengerste, Rispenhirse, Erbsen und Lein (als Faser- und Ölpflanze). Ferner wurden Spelzweizen, Zwerg- und Saatweizen, Linse und Mohn (Ölfrucht) angebaut. Die Bodenbearbeitung erfolgte mit einem von Menschen gezogenen Haken (Handhaken), der eine Saatfurche zur Aufnahme der Saat zog.

An Haustieren traten neben dem schon früher bekannten Hund nun Schaf, Ziege, Rind und Schwein auf, ab 3500 v. Chr. auch das Pferd. Während Schafe und Ziegen (und Pferde) von Südosten importiert wurden, könnten Rinder und Schweine aus ortsansässigen Wildtieren direkt in den Haustierstand überführt worden sein.

Welchen Einfluß hatte die Viehhaltung auf den natürlichen Pflanzenbestand? Es ist naheliegend anzunehmen, daß Waldweide eine wesentliche Rolle spielte, vor allem bei Schafen, Ziegen und Schweinen. Bei Rindern könnte teilweise eine Art Kralhaltung mit Fütterung im Gehege betrieben worden sein. Einstallung kam zumindest im Winter vor. Dazu mußten Futter und Einstreu bereitgestellt werden; beides lieferte der Wald in Form von frischem oder getrocknetem laubtragendem Astwerk bzw. von Fallaub. Frisches Laub wurde offenbar besonders von den damals häufigen Ulmen gewonnen, die nach Schneiteln (Abschneiden von Ästen) rasch wieder austreiben. Der in Abb. 1 um 3000 v. Chr. ausgewiesene Rückgang der blühenden Ulmen („Ulmenfall") könnte mit dieser Wirtschaftsweise erklärt werden. Diese starke Nutzung des Waldes hat mit Sicherheit dessen ökologische Struktur und den Artenbestand verändert. Wenn diese Eingriffe auch zunächst nur verhältnismäßig kleine Teile Mitteleuropas trafen, so zeigt sich doch schon hier die später immer stärker werdende landschaftsgestaltende und ökosystemverändernde Wirkung des Landbaus. Es sei schon hier darauf hingewiesen, daß die sich anbahnenden ökologischen Wandlungen schwer zu bewerten sind. Sicher hat sich die Urlandschaft verändert: also Umweltzerstörung? Ebenso sicher hat sich aber der ursprünglich geschlossene Wald aufgelöst in ein Mosaik verschiedener neuer, vor allem offener Teillebensräume, die zu eigenen „neuen" Ökosystemen wurden. Die Zahl der vorkommenden Pflanzen- und Tierarten hat sich von dieser Zeit an bis ins späte Mittelalter hinein durch Zuwanderer gewaltig erhöht. Dieses ist zweifellos eine starke Umweltveränderung, die aber aus heutiger Sicht durchweg nicht negativ, sondern sogar positiv bewertet wird.

Einige Hinweise noch zur allgemeinen wirtschaftlichen Situation dieser Zeit: Neben den „modernen", Landbau und Viehhaltung treibenden Menschen gab es lange Zeit noch „alte" Bevölkerungsgruppen, die kulturgeschichtlich der Mittelsteinzeit zuzurechnen sind und die vor allem Jagd betrieben. Die Landwirtschaft dürfte schon soviel erzeugt haben, daß ein bestimmter, wenn auch kleiner Bevölkerungsanteil von der Nahrungsproduktion entlastet werden konnte und sich speziellen Aufgaben widmete, zum Beispiel der Gewinnung von Feuerstein sowie der Herstellung und dem Vertrieb von Steinwerkzeugen.

Bronzezeit

In der Bronzezeit, also etwa um 1500 v. Chr. beginnend, vermehrte sich der Anteil der bäuerlichen Betriebe, die Überschüsse zum Verkauf bringen konnten. Wenn auch sicher viele Menschen nur gerade die Selbstversorgung gesichert hatten *("Subsistenz"-Landwirtschaft)*, so kann das nicht als allgemeine Regel gelten.

Aus ökologischer Sicht sind für die Bronzezeit zwei Dinge wichtig: Im nicht-bäuerlichen Bereich die Erschließung von erz- oder salzführenden Gebirgsregionen, die bislang für die Landwirtschaft uninteressant waren, und der Beginn der Waldnutzung zur Holzkohleproduktion. Im bäuerlichen Bereich bedingte ein stark schwankendes Klima vielfach Verlagerungen von Anbaugebieten und Siedlungen. Es kam überdies zu Spezialisierungen: In Höhenlagen oder im Nordseeküstenbereich etwa Viehhaltung (vor allem Rinder), im ackerbaulich günstigen Bereich Getreidebau. Die Agrartechnik machte Fortschritte: Der Jochhaken, ein von Zugtieren im Joch gezogener primitiver Holzpflug, diente der Herstellung der Saatfurchen. Die Zahl der Kulturpflanzen wuchs um Ackerbohne und Kolbenhirse. Auffallend ist im norddeutschen Raum die Zunahme der Besenheide, die sich auf entwaldeten, stark von Schafen beweideten Sandböden ausbreitete. Es ist dies eine offensichtliche Folge starker Bodennutzung.

Abb. 1: Wandlungen der Ökosysteme in Norddeutschland in den vergangenen 13000 Jahren im Zusammenhang mit den klimatischen Veränderungen nach der letzten Eiszeit

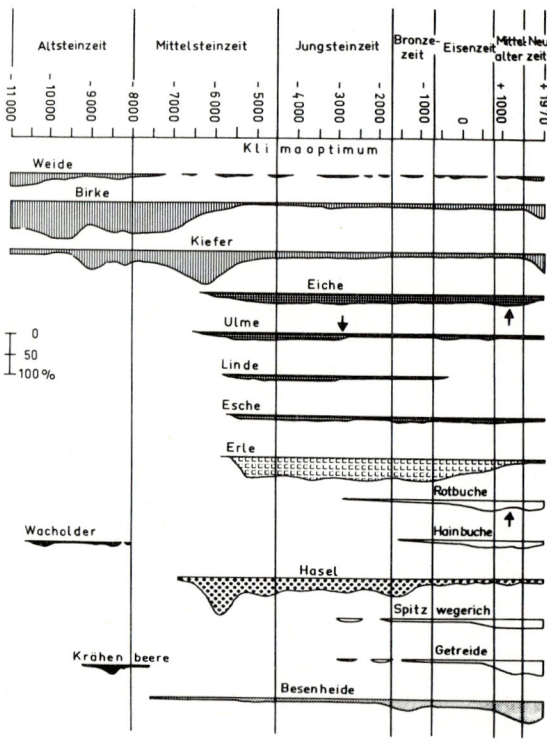

Die Temperaturen nahmen nach der Eiszeit zunächst langsam zu, nach einem Optimum mit warmem Klima zwischen 5000 und 2000 v. Chr. sank die Temperatur wieder ab, zugleich wurde es feuchter. Da der natürliche Pflanzenbestand klimaabhängig ist, ergaben sich aus den Klimaveränderungen drastische Wechsel im Aufbau der mitteleuropäischen Ökosysteme. Diesen Wechsel kann man anhand der zu verschiedenen Zeiten im Boden abgelagerten Blütenpollen nachweisen.

Die Pollenhüllen sind sehr widerstandsfähig und erhalten sich vor allem in sauren Moorböden (wohin sie vom Wind transportiert werden) für viele Jahrtausende. Aus den Pollenfunden in verschiedenen Tiefen eines Moores erhält man ein *Pollendiagramm,* indem man für jede Tiefe, die wieder einer bestimmten Zeit entspricht, den prozentualen Anteil einzelner Pollen ermittelt. Hinreichend häufig für dieses Verfahren sind nur die Pollen von windblütigen Pflanzen, bei denen die Übertragung des Pollens (mit den männlichen Geschlechtszellen) auf die weibliche Blüte durch den Wind erfolgt. Die Kurven drücken den prozentualen Anteil der einzelnen Pollensorten zu den jeweiligen Zeiten aus. Man kann daraus auf die Häufigkeit der einzelnen Pflanzenarten schließen.

Man beachte neben den klimatischen Wirkungen die Einflüsse des Menschen:
- Rückgang der Ulmen um 3000 v. Chr. („Ulmenfall"), vermutlich im Zusammenhang mit der Nutzung der Ulme als Viehfutter.
- Zunahme der Eiche auf Kosten der Rotbuche im Mittelalter wegen der Förderung der Eichenwälder zur Schweinemast („Eichelmast").
- Der Spitzwegerich (die Kurve ist überhöht gezeichnet) spiegelt das Aufkommen von Pflanzen offener, stark beweideter Flächen wider.
- Die Zunahme der Besenheide geht auf Waldrodung, starke Schafweidewirtschaft und Plaggennutzung zur Düngung der Äcker zurück.

Aus: Hartmut Bick: Ökologie. In: Rolf Siewing (Hrsg.): Lehrbuch der Zoologie (begründet von H. Wurmbach). Bd. 1. Stuttgart ³1980, S. 743.

Bei allen Aussagen über Veränderungen an Ökosystemen durch den Menschen muß man bedenken, daß seit der ausgehenden Steinzeit erhebliche Klimaschwankungen stattfanden. Mit dem Übergang zur Eisenzeit beginnt in Mitteleuropa das feuchte atlantische Klima, das nun anstelle von Eichenmischwäldern den Rotbuchenwald begünstigt. Veränderungen aufgrund natürlicher Klimagegebenheiten und Folgen menschlicher Eingriffe müssen allzeit sorglich voneinander getrennt werden.

Vorrömische Eisenzeit

Ab etwa 500 v. Chr. erlaubt der eisenbeschlagene Pflughaken, der von Zugtieren bewegt wurde, ein Umwenden der oberen Scholle. Man kann jetzt statt Saatfurchen regelrechte Saatbeete herstellen. Damit steigen beispielsweise die Möglichkeiten der Unkrautbekämpfung. Roggen, Hafer und Leindotter (Ölpflanze), die bisher geringere Bedeutung hatten, spielen nun eine größere Rolle. Insgesamt werden etwa 40 Feldfruchtarten angebaut. Das landwirtschaftlich genutzte Gebiet nimmt weiter zu, der Waldanteil ist aber immer noch groß. Die Haustierhaltung hat einen hohen Anteil an der Gesamtproduktion. Spezielle Viehwirtschaft wird zum Beispiel im süddeutschen keltischen Siedlungsgebiet betrieben, wo die Fleischversorgung von Städten wie Manching (in der Nähe des heutigen Ingolstadt) zu sichern war.

Römische Eisenzeit

Die römische Eroberung brachte in Süddeutschland und im Rheinland in den ersten Jahrhunderten nach der Zeitwende beträchtliche technische und ökonomische Veränderungen im landwirtschaftlichen Bereich, gewissermaßen eine eisenzeitliche Revolution. Es kam zu starken Rodungen des Waldes; nahezu alle anbauwürdigen Böden wurden bewirtschaftet, zum Teil von Großbetrieben. In den Lößgebieten wurde vor allem Getreide (Gerste, verschiedene Weizensorten) angebaut; an Mosel und Rhein zog der Weinbau ein. Zumindest die römischen Rheinlande waren von der Landwirtschaft entscheidend geprägt; der Übergang von der Natur- zur Kulturlandschaft ist hier vollzogen. Ökologisch bemerkenswert sind die Nachweise bestimmter Unkräuter im Getreide, die auf eine Verschlechterung der Bodenqualität hinweisen – möglicherweise ein Hinweis auf Übernutzung des Bodens. Eine Düngung des Bodens erfolgte mit Stallmist, mit Mergel (kalkreiches Bodenmaterial, das im engeren Umkreis der Felder in offenen Gruben ausgegraben wurde) und mit sog. „Plaggen" (in rechteckiger Form abgestochene Gras- oder Heidesoden).

Nichtrömische Eisenzeit

Im freien Germanien blieb die Landwirtschaft auf dem alten Stand; der Waldanteil war nach wie vor hoch. Eine Klimaverschlechterung gegen 500 n. Chr. erschwerte den Ackerbau in Norddeutschland beträchtlich; überdies drang die Nordsee binnenwärts vor. Zahlreiche Wüstungen („wüst": unbesiedelt gewordenes ehemaliges Siedlungsland) entstanden hier und auch im Binnenland, wo anschließend Wiederverwaldungen einsetzten.
Nach Abzug der Römer stieg auch in den linksrheinischen Gebieten (und wohl auch in Süddeutschland) der Waldanteil erneut stark an. Manche der damals wieder entstandenen Waldungen haben sich bis in die Gegenwart erhalten – zum Beispiel der Hambacher Forst.

2. Die Entwicklung des Landbaus in Mitteleuropa von 800 n. Chr. bis zur Gegenwart

Im 9. Jahrhundert begannen nach starker Bevölkerungszunahme umfangreiche Rodungen, die bis ins 10. Jahrhundert andauerten. Der Waldanteil ging erheblich zurück. Der Getreidebau gewann in der Folge gegenüber der Viehhaltung an Bedeutung. Begünstigt wurde diese

Entwicklung durch die Klimaverbesserung im Mittelalter. Es bildete sich vielerorts die *Dreifelderwirtschaft* als wichtige Wirtschaftsform aus, bei der im dreijährigen Turnus auf einem Stück Land Wintergetreide, Sommergetreide und Brache (ohne Anbau) aufeinander folgten. Beispiel: Roggen (oder Weizen), Hafer (oder Gerste), Brache (vgl. *Schema 1*). Zusammen mit Verbesserungen der Landtechnik brachte das eine deutliche Produktionsverbesserung.

Regional gab es aber auch andere Wirtschaftsweisen – etwa die *Zweifelderwirtschaft* (Untere Mosel, Mittelrhein ab 1200) mit der Abfolge Roggen (oder Dinkel) – Brache. Ökologisch bemerkenswert ist eine Anbauform ohne Brache und ohne Wechsel der Frucht. In diesem „ewigen" Roggenbau (Nordwestdeutschland, etwa ab 800) wurden auf armen Böden immer wieder Plaggen und Mist aufgebracht, um die Bodenfruchtbarkeit zu erhalten. Die Plaggengewinnung führte an anderen Orten natürlich zu starker Verarmung des Bodens und war eine wesentliche Voraussetzung für Ausbildung und Erhalt vieler Heidegebiete (Lüneburger Heide).

Der Wald hat im ganzen Mittelalter eine wesentliche Bedeutung für die Landwirtschaft behalten: Waldweide, insbesondere die Schweinemast mit Eicheln und Bucheckern, spielte eine wesentliche Rolle. In Norddeutschland kann man eine Förderung der Eichenwälder zuungunsten der Rotbuche beobachten (vgl. in *Abb. 1* den Rückgang des Rotbuchenpollens). Um 1300 hatte die landwirtschaftliche Nutzfläche die größte Ausdehnung, der Waldanteil lag damals etwa beim heutigen Wert (um oder wenig unter 30%).

Die Ausweitung der landwirtschaftlichen Flächen hatte mehrere Ursachen:

• Einmal nahm die Zahl der Städte zwischen 1200 und 1300 erheblich zu. Damit ergab sich die Notwendigkeit einer großen landwirtschaftlichen Überschußproduktion, um die Städter mit ernähren zu können. In dieser Zeit entstand auch der Begriff „Bauer", das heißt jemand, der Pflanzen anbaut und Tiere züchtet, um Überschüsse zum Verkauf zu erzielen.[1] Das warme und trockene Klima dieser Periode erlaubte eine Ausweitung der bäuerlichen Nutzung in die Höhenlagen und die bodenfeuchten Niederungen. Der Weinbau drang weit nach Norden und Nordosten vor.

Allgemein ökologisch ist anzumerken, daß in dieser Periode viele Pflanzen- und Tierarten nach Mitteleuropa einwanderten (z. T. auch eingeführt wurden – die Zeit der Kreuzzüge war durch große Mobilität gekennzeichnet, und Andenken verschiedenster Art waren damals wie heute beliebt). Wesentlich ist, daß manche der damals neu gekommenen Arten bei der späteren Klimaverschlechterung auf klimatisch besonders begünstigte Gebiete zurückgedrängt wurden (vgl. STE 24).

• Ein weiterer Punkt ist noch erwähnenswert: Der Landbau diente im Mittelalter und später nicht nur der Nahrungsproduktion: Faserpflanzen wie Lein (Flachs) und Hanf oder Färberpflanzen (Farbstoff liefernde Pflanzen), beispielsweise Färberwaid (indigoblaue Farbe) und Färberröte (= Krapp), dienten technischen Zwecken.

Bei einer Beurteilung der ökologischen Situation im ländlichen Raum des Mittelalters muß man berücksichtigen, daß dort auch zahlreiche nichtagrarische Wirtschaftszweige angesiedelt waren: Gewinnung und Verarbeitung von Eisen und Buntmetallen, Glasherstellung. Daraus konnten kleinräumig erhebliche Waldbelastungen entstehen (u. a. durch Holzkohlegewinnung und Herstellung von Pottasche).

Nach 1400 veränderte sich das Bild im ländlichen Raum auffallend. Wüstungsprozesse treten in großem Umfang auf, das heißt, ehemaliges Kulturland wird wieder zu Wald. Klimaverschlechterung, Landflucht, allgemeiner Bevölkerungsrückgang, sinkende Getreidepreise haben bei dieser Entwicklung mitgewirkt.

Im 16. Jahrhundert nahm die Bevölkerung wieder zu, die Anbauflächen weiteten sich aus. Aus ökologischer Sicht ist wesentlich, daß eine landesherrliche Forstschutzpolitik einsetzte: Rodungsverbote, Einschränkung von Waldweiderechten und Holzeinschlag, Aufforstungen (z. T. schon mit Nadelhölzern, die aber ihre eigentliche Ausbreitung erst ab Ende des 19. Jahrhunderts fanden). In Holstein begann die sog. „Koppelwirtschaft", die das typische Landschaftsbild mit knicksumsäumten Nutzflächen schuf (Knick = Hecke).

Während bisher Bodenpflegemaßnahmen nur dem Acker, kaum aber dem Grünland (Wiesen, Weiden) zuteil wurden, wandelte sich nun das Bild. In der Pfalz und vor allem im Siegerland setzte eine intensive Grünlandpflege und -nutzung ein. Umfangreiche wasserbauliche Maßnahmen regelten die Wiesenbewässerung und sorgten andererseits für ausreichende Bodentrockenheit während der Heuernte.

Im 17. Jahrhundert führte der Dreißigjährige Krieg in vielen Teilen Mitteleuropas zur Senkung der landwirtschaftlichen Produktion, zum Teil auch zu Wüstungen.

---

1 E. Ennen / W. Janssen: Deutsche Agrargeschichte. Wiesbaden 1979, S. 158.

Im 18. Jahrhundert wurde die landwirtschaftliche Fläche noch einmal stark vergrößert – diesmal auf Kosten der großen Feuchtgebiete („Brüche") in den Flußgebieten von Havel, Netze, Warthe und Oder, die entwässert wurden. Diese Umwandlung von landwirtschaftlich nicht nutzbaren Flächen in nutzbare wird als (Boden-)Verbesserung *(Melioration)* bezeichnet. In Norddeutschland begann die Entwässerung der großen Moorgebiete in Ostfriesland. Aus ökologischer Blickrichtung betrachtet, gingen damals unwiederbringliche Feuchtgebiete verloren. Das 18. Jahrhundert brachte einen starken Aufschwung der Landwirtschaft. Die Landwirtschaftswissenschaft entstand. Landwirtschaftsgesellschaften zur Fortbildung und zum Erfahrungsaustausch wurden ins Leben gerufen. Die klassische Dreifelderwirtschaft wurde verbessert, indem statt der Brache ein Hackfruchtanbau erfolgte. Zunächst war es nur die Futterrübe (als Viehfutter), dann von der 2. Hälfte des 18. Jahrhunderts an stetig zunehmend die aus Amerika eingeführte Kartoffel; mit Beginn des 19. Jahrhunderts kam die Zuckerrübe als Neuzüchtung hinzu. Der Wegfall des Brachejahres brachte einen erheblichen Ertragszuwachs, andererseits auf Dauer auch den Zwang zu stärkerer Düngung.

In einigen Regionen entstand eine *Vierfelderwirtschaft,* etwa mit dem vierjährigen Turnus: Wintergetreide – Sommergetreide – Wintergetreide – gedüngte Brache. Auch hier schob sich später eine Hackfrucht an Stelle der Brache. Weitere Abwandlungen folgten. Nach und nach vollzog sich dann allgemein der Übergang zur Fruchtwechselwirtschaft.

Unter „Fruchtwechsel" versteht man den regelmäßigen Wechsel zwischen einer „Halmfrucht" (Getreide) und einer „Blattfrucht".[2] Als Blattfrucht gelten: Hackfrüchte (Kartoffeln, Futterrüben, Zuckerrüben), die Ölpflanzen Raps und Rübsen sowie Lein, Hanf, Erbsen, Mohn, Tabak. Die Fruchtwechselwirtschaft setzte sich in verschiedenen Versionen im 19. Jahrhundert allgemein durch. Auf Details und ökologische Bezüge gehen wir in Studieneinheit 16 näher ein; zur allgemeinen Orientierung siehe *Schema 1*.

Schema 1: Verschiedene Bodennutzungssysteme und Fruchtfolgen im Ackerbau

(a) Feld-Graswirtschaft und Feld-Waldwirtschaft

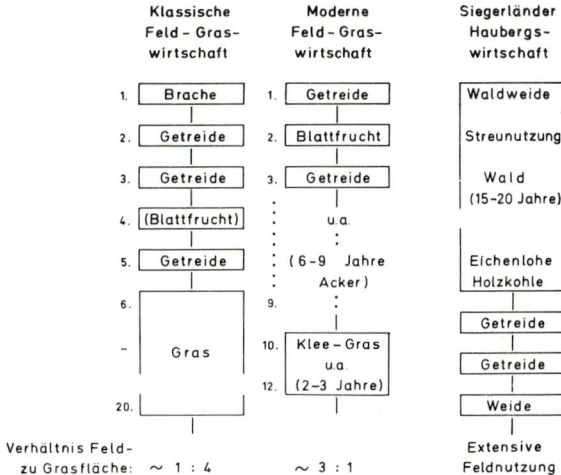

Die *klassische Feld-Graswirtschaft* ist eine urtümliche bäuerliche Wirtschaftsform des Mittelalters, die dem Boden eine lange Erholungsphase gibt, ehe anspruchsvolle (= stark nährstoffzehrende) Pflanzen wieder angebaut werden. Das Gras stellte sich aufgrund von Selbstbesiedlungsprozessen ein; eine Wiederverwaldung, wie sie mitteleuropäischem Klima entspräche, wird durch Beweidung und Mahd verhindert. Der Bauer pflügte alljährlich einen bestimmten Teil seines Landes um und nutzte dies nach einem Brachejahr als Acker. Das Verfahren entspricht dem sog. Shifting-Verfahren einfacher Landbauweisen, wie sie in Ländern der Dritten Welt auch heute noch üblich sind: Die Ackerfläche wird jährlich auf neue, erholte Stücke verlagert (engl. *to shift:* „verschieben").

Die *moderne Feld-Graswirtschaft,* wie sie beispielsweise als Koppelwirtschaft in Holstein betrieben wird, hat gegenüber der alten Wirtschaftsform einen wesentlich geringeren Futterpflanzenanteil. Die Futterversorgung des Viehs ist dadurch aber nicht vermindert, da Klee, Gras u.a. eingesät und intensiv bewirtschaftet werden, also höhere Erträge bringen.

Die *Siegerländer Haubergswirtschaft* stellt einen Typ der Feld-Waldwirtschaft dar, auf den im folgenden näher eingegangen wird.

---

2 E. von Boguslawski: Ackerbau. Grundlagen der Pflanzenproduktion. Frankfurt 1981, S. 385.

(b) Verschiedene Fruchtfolgen im Ackerbau, die den Wechsel von der Brachewirtschaft zur Fruchtfolgewirtschaft verdeutlichen

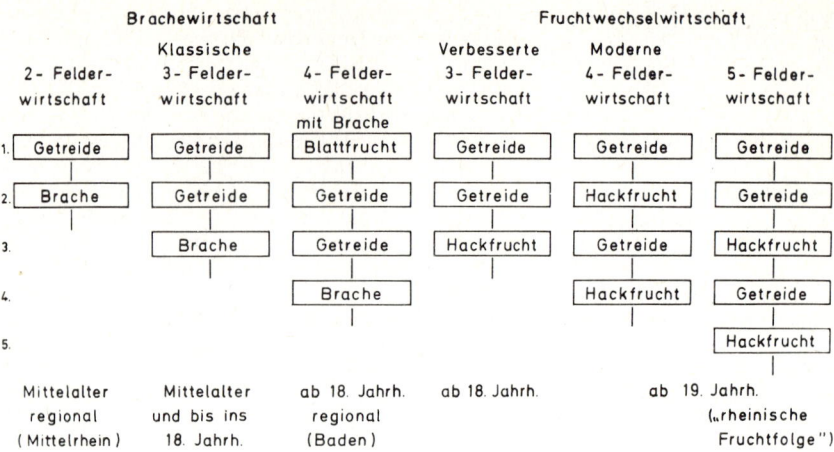

Hackfrüchte sind Kartoffel, Futter- und Zuckerrübe; Blattfrüchte (früher) Hanf, Lein und (heute) Raps u. a.

Schema 1 liegen Angaben von E. ENNEN und W. JANSSEN (1979, S. 230) und VON BOGUSLAWSKI (1981, S. 838–385) zugrunde.

Man darf sich die genannten Umstellungen von der alten Dreifelderwirtschaft zu den neuen Anbauformen nicht als leicht vollziehbar und problemlos vorstellen. Die Dreifelderwirtschaft war vielerorts in ein festes Gerüst von Verpflichtungen und Rechten des einzelnen Bauern und der Gemeinschaft eingebunden. Beispielsweise verpflichtete der Flurzwang den einzelnen zur Einhaltung von verbindlichen Ordnungen über die Bewirtschaftung seiner Ackerfluren, andererseits bestanden allgemeine Nutzungsrechte wie etwa die Weideberechtigung auf abgeernteten Feldern. Maßnahmen der Agrarreform veränderten seit dem 18. Jahrhundert diese Gegebenheiten und machten den Weg frei für die modernen Anbauformen. In diesem Rahmen begannen um 1850 schon Flurbereinigungen, die in großer Intensität in den letzten Jahrzehnten fortgesetzt und abgeschlossen wurden.

Mancherorts hielten sich auch alte Wirtschaftsweisen bis in das 20. Jahrhundert. Als ein bemerkenswertes Beispiel sei die *Siegerländer Haubergswirtschaft* genannt. Hier herrschte eine enge Verflechtung zwischen Waldnutzung zur industriellen Rohstofflieferung und Landwirtschaft. Alle 15 bis 20 Jahre wurde Eichenniederwald zur Lohegewinnung (Gerbereirohstoff) und Holzkohlenproduktion geschlagen. Anschließend wurde Roggen angebaut und in den Folgejahren Waldweide und Streunutzung betrieben (vgl. *Schema 1 b*).

Die weiteren Stationen der Entwicklung zur heutigen Landwirtschaft seien hier nur kurz genannt, da die damit zusammenhängenden Umweltprobleme ausführlich in den folgenden Studieneinheiten besprochen werden. Mitte des 19. Jahrhunderts traten deutliche Steigerungen der landwirtschaftlichen Erträge ein, die auf Nutzung mineralischer Dünger, verbesserte Landtechnik und bessere Viehzucht zurückzuführen sind. In der 2. Hälfte des 19. Jahrhunderts entstand das Fach „Agrarwissenschaften" an Universitäten. Im 20. Jahrhundert brachten zunehmender Einsatz von mineralischem Dünger und Pflanzenschutzmitteln im Verein mit starker Mechanisierung, Spezialisierung der Pflanzen- und Tierzüchtung und Maßnahmen der Flurbereinigung zur Nutzflächenvergrößerung gewaltige Steigerungen der Erträge an Nahrungsmitteln pflanzlichen und tierischen Ursprungs in der Bundesrepublik Deutschland.

Dieser produktionstechnische Erfolg hat ein zwiespältiges Echo gefunden. Positiv fällt das Urteil aus, wenn man nur den ökonomischen Erfolg sieht, der zu einem hohen Grad der Selbstversorgung geführt hat: Die Bundesrepublik Deutschland ernährt immerhin auf wesentlich geringerer Fläche mehr Menschen als das ehemalige Deutsche Reich. Negativ fällt das Urteil aus, wenn man die Vernachlässigung von Umweltaspekten bei der Produktionssteigerung im Auge hat. Das Für und Wider bedarf einer sorgfältigen Analyse.

HARTMUT BICK

Konventioneller Landbau 16.

Federführender Autor: Hartmut Bick
Autor der Studieneinheit: Hartmut Bick

Allgemeine Einführung 16.0.

Menschliches Leben ist wie das eines jeden Organismus nur unter ständigem Verbrauch von Energie möglich. Energiespender ist die Nahrung. Zugleich liefert die Nahrung dem Menschen die Baustoffe zum Neuaufbau oder zum Ersatz von Körpersubstanz. Außerdem versorgt die Nahrung den Menschen mit Wirkstoffen.

Der Mensch kann Nahrung pflanzlichen und tierischen Ursprungs verwerten. Er nutzt tierisches Eiweiß in Form von Fleisch, Milch, Eiern; pflanzliches Eiweiß gewinnt er vor allem aus Hülsenfrüchten (Erbsen, Bohnen, Linsen, Dicken Bohnen, Sojabohnen), aber auch aus Getreide und Kartoffeln. Er verwertet Fette aus Nahrung tierischen Ursprungs und aus Pflanzensamen (z. B. Sojabohne, Öllein, Leindotter, Mohn, Haselnuß, Buchecker, Sonnenblume, Mais) oder Früchten (Olive). Pflanzlichen Ursprungs sind die Kohlenhydrate: etwa *Stärke* (zusammen mit Fett und Eiweiß) in vielen Samen, vor allem bei Getreide (Weizen, Roggen, Gerste, Hafer, Reis, Hirse, Mais) und Buchweizen (ein Knöterichgewächs) sowie in Kartoffelknollen oder *Zucker* im Blütennektar (Nutzung in umgewandelter Form als Honig) und mit einer nutzbaren hohen Konzentration in Zuckerrohr und Zuckerrübe.

Der Mensch hat seine Nahrung ursprünglich in der freien Natur gesucht; er sammelte Samen, Früchte, Knollen oder andere eßbare Pflanzenteile ebenso wie Kleintiere oder Vogeleier und jagte größere Tiere oder betrieb Fischfang. Dies war die Nahrungsgewinnung in der Alt- und Mittelsteinzeit, die wir der Sammler- und Jägerkultur zurechnen. Auch in dieser Phase vollzogen sich schon technische Fortschritte, die einen Wandel der Nahrungsgewinnung brachten. So waren die Jagdwaffen zunächst nicht zur Ausbeutung des Großwildes geeignet. Erst vor etwa 30000 Jahren begann das Zeitalter der Großwildjäger, denen Wildpferde, Rentiere, Wildrinder, Mammuts und andere Großtiere zum Opfer fielen. Am Ausgang der letzten Eiszeit gingen die Bestände des Jagdwildes abrupt zurück: teils wohl eine Folge klimatischer Veränderungen, teils hat aber auch die starke Bejagung eine Rolle gespielt. Insbesondere muß man das für Amerika annehmen, wo bis etwa 7000 v. Chr. zusammen mit Mammut, Riesenfaultier und anderen Gliedern einer „Megafauna" auch Wildpferde und Wildrinder (außer Bison) verschwanden.
Diese Ereignisse hatten Folgen für die Entwicklung des Landbaus in den einzelnen Regionen. In Europa und Asien, wo viele Großtierarten erhalten blieben, wurden in der Folgezeit außer dem Wolf (der Stammform des Haushundes) Wildschaf und -ziege, Wildrind (Auerochs = Ur), Wildesel und Wildpferd in den Haustierstand überführt. In Amerika konnten außer dem Hund nur Wildlama und Meerschweinchen zu Haustieren gemacht werden. Es fehlen also dort sowohl die als Arbeitstier geeigneten Formen als auch die für eine Fleischproduktion wichtigen Arten.

Der Landbau begann vor etwa 13000 Jahren im Euphrat-Tigris-Gebiet, dem nach seiner geographischen Gestalt „Fruchtbarer Halbmond" genannten vorderasiatischen Zweistromland. Die Umstellung im Nahrungserwerb des Menschen erscheint so radikal, daß man von einer neolithischen Revolution spricht (Neolithikum = Jungsteinzeit). Es werden von nun an Kulturpflanzen angebaut und Haustiere aus Wildtieren gezüchtet.
Der Landbau befaßt sich also mit der Erzeugung pflanzlicher und tierischer Produkte. Das vom Menschen entsprechend dem Produktionsziel bearbeitete, „bebaute" Land trägt Pflanzen. Diese nutzt der Mensch direkt als Nahrung, oder er verfüttert sie an Tiere, um Fleisch als Nahrung für sich zu erzeugen.

In der einfachsten Form des Landbaus vermag der wirtschaftende Mensch gerade soviel Nahrung zu erzeugen, wie er für den Eigenbedarf, das heißt zur Selbsterhaltung, nötig hat. Diese „Subsistenzwirtschaft" steht in der Frühgeschichte am Anfang der Landbauentwicklung, ist aber auch heute noch in vielen armen Ländern zu finden. Schon früh kommt es in der Menschheitsgeschichte zur Arbeitsteilung in der Gesellschaft: Der Landbau erzeugt mehr, als zum Eigenbedarf des Bauern nötig ist. Der Überschuß kann gegen andere Bedarfsdinge des täglichen Lebens eingetauscht werden. Später verkauft der Bauer seine Produkte; er erwirtschaftet einen Gewinn, der über den unmittelbaren Lebensbedarf hinausgeht. In der Neuzeit vervollkommnen wissenschaftliche Erkenntnisse den uralten bäuerlichen Erfahrungsschatz, technische Arbeitshilfen kommen auf, das Maschinenzeitalter hält im Landbau Einzug. Der Bauer wird zum „Landwirt", das heißt einer Fachkraft, die eine spezielle praktische und theoretische Ausbildung mit festem Abschluß durchläuft.

Nun ist das entstanden, was wir heute „Landwirtschaft" nennen: eine auf breiter fachlicher Kenntnis beruhende, vielfältige technische Hilfsmittel benutzende Pflanzen- und Tierproduktion. Der Beruf des Landwirts muß, wie jeder andere auch, seinen Inhaber ernähren und dessen Familie eine gesicherte Existenz bieten. Entsprechend wird hier, wie in Handel, Gewerbe und Industrie, nach betriebswirtschaftlichen Gesichtspunkten gewirtschaftet.

In der Öffentlichkeit wird vielen Landwirten vorgeworfen, sie stellten die Ökonomie vor die Ökologie, das heißt, sie betrieben die Landwirtschaft auf Kosten und zum Schaden der Umwelt. Andererseits beansprucht die Landwirtschaft auch die Rolle des Landschaftspflegers und pocht auf gewisse Sonderrechte. Diese Auffassung hat zum Beispiel ihren Niederschlag in den sog. „Landwirtschaftsklauseln" des Bundesnaturschutzgesetzes gefunden.

Die Landwirtschaft der Bundesrepublik Deutschland muß eingebunden betrachtet werden in die nationale Agrarpolitik und in die der Europäischen Gemeinschaft. Ein System von Garantiepreisen und Subventionen beeinflußt die nationale Agrarproduktion und reizt den einzelnen Landwirt dazu, Höchsterträge anzustreben.

In den drei Studieneinheiten des Themenblockes „Landbau" werden Informationen zur Entwicklung der Landwirtschaft zu ihrer heutigen Position und Hinweise auf deren Umweltverträglichkeit geliefert. Es wird geprüft, inwieweit der gegenwärtig in der Bundesrepublik Deutschland überwiegend betriebene, auf wirtschaftliche Höchsterträge ausgerichtete „konventionelle Landbau" ökologisch vertretbar ist und wo Änderungen nötig sind. Die als Ersatz für Fehlentwicklungen zur Verfügung stehenden Methoden, die man pauschal als „alternativen Landbau" bezeichnen kann, werden vorgestellt und hinsichtlich ihrer ökologischen und ökonomischen Ansprüche untersucht. Besonderes Augenmerk ist auf die Frage zu richten, ob gegenwärtig überhaupt eine qualitätsmäßig ausreichende Nahrung produziert werden kann. Dabei sind zwei mögliche Belastungswege in ihren Auswirkungen zu erörtern:

– die durch die Art und Weise der landwirtschaftlichen Produktion selbst entstandenen Schadstoffbelastungen und Qualitätseinbußen, und
– die von außen, das heißt durch Immissionen aus Luftverunreinigungen oder durch verunreinigte Düngemittel (vor allem Klärschlamm) entstehenden Belastungen.

Problemstellung

Der Landbau hat in den letzten dreißig Jahren eine gewaltige Produktionssteigerung vollzogen und sich zu einem ökonomisch orientierten Wirtschaftszweig entwickelt. Für diese produktions- und produktorientierte Landbauweise hat sich der Begriff „konventioneller Landbau" eingebürgert. Abgesehen von der fabrikmäßig betriebenen Massentierhaltung ist der Landbau aber im Gegensatz zu anderen Wirtschaftszweigen in extremem Maße von Naturkräften abhängig. Das gilt vor allem für die Witterungsfaktoren, also für Sonneneinstrahlung, Wärme oder Kälte, Regen und Schnee. Insbesondere trifft das für die Pflanzenproduktion zu, die überdies in ihrer Höhe von einer Reihe weiterer Faktoren beeinflußt wird, etwa von Bodenverhältnissen, von konkurrierenden Wildpflanzen („Unkräutern"), von Krankheitserregern, Parasiten oder pflanzenfressenden Tieren. Wir wollen dem Wirken dieser Faktoren nachgehen und prüfen, ob und in welchem Umfang oder mit welchen Mitteln der Landwirt sie verändert. Daraus wird erkennbar, ob Landbau ökologischen Grundsätzen folgt oder nicht. Wir vollziehen diese Prüfung in Form einer ökologischen Analyse.

Ökologische Grundlagen des Landbaus — 16.1.

Begriffsklärung

„Ökologie" ist die Wissenschaft von den wechselseitigen Beziehungen zwischen Organismen und ihrer Umwelt – diese Definition wurde in der *Einführung* (Bd. I, S. 16) vorgestellt und erläutert. Zwei Feststellungen sollen hier wiederholt bzw. vertieft werden:

- Der Begriff „Organismen" umschließt den Menschen; zu Pflanzen und Tieren gehören auch die Kulturpflanzen und die Haustiere.
- Umwelt umschließt die Gesamtheit aller direkt oder indirekt auf Organismen wirkenden Umweltfaktoren (ökologische Faktoren); dazu gehören auch die vom Menschen ausgehenden landbaulichen Maßnahmen.

„Ökosysteme" (vgl. hierzu STE 1, S. 18, 20f. und STE 5, Kap. 5.2.1) sind funktionelle Einheiten aus Organismen und Umwelt. Gehören zu den beteiligten Organismen überwiegend Mensch, Kulturpflanzen und Haustiere, so sprechen wir von „Agrarökosystemen".

Systemaufbau

Die Eigentümlichkeiten von Agrarökosystemen im Vergleich zu natürlichen Ökosystemen wollen wir im folgenden erörtern. Zuvor aber bedarf es der Erläuterung, wie ein natürliches Ökosystem aufgebaut ist.

Abb. 1: Funktionsschema eines natürlichen Ökosystems

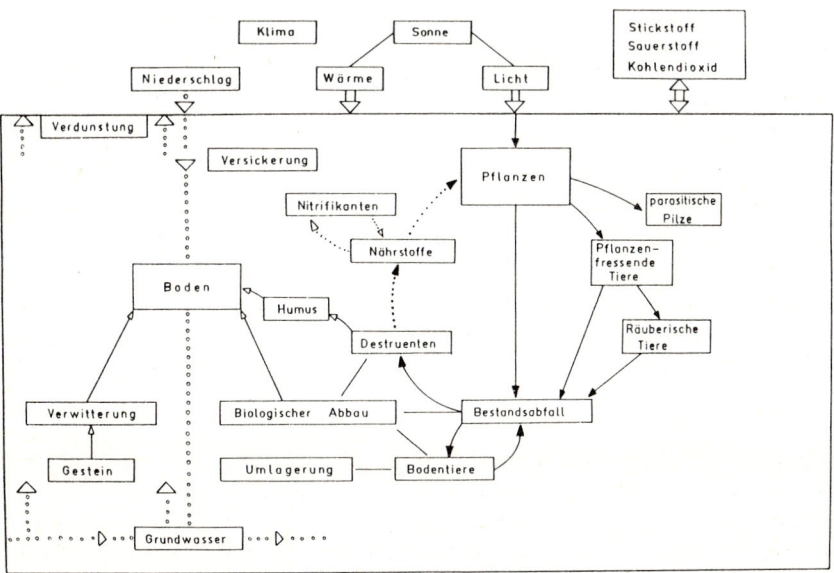

Original: H. Bick

Abbildung 1 zeigt ein vereinfachtes Schema eines natürlichen Ökosystems. Das Ökosystem wird von der Sonne mit Strahlungsenergie (Licht, Wärme) versorgt. Die Lichtenergie wird von der Pflanze in Nahrungsenergie umgewandelt; davon ernähren sich alle anderen Organismen. Teils nehmen sie lebendes oder frisch abgetötetes Material auf (pflanzenfressende und räuberisch lebende Tiere, parasitische Pilze), teils abgestorbenes Material (Bodentiere, Destruenten). Die letztgenannten Organismengruppen sind für die Zerlegung des Bestandsabfalls, also der abgestorbenen Organismen oder toter Teile, verantwortlich. Sie spielen die entscheidende Rolle beim Wiederverfügbarmachen („Recycling") von Nährstoffen (Stickstoff- und Phosphorverbindungen und anderen für die Pflanze lebenswichtigen Stoffen). Nitrifikanten nehmen eine besondere Stellung im Umsatz der Stickstoffverbindungen ein: es sind Bakterien, die Ammonium zu Nitrat umwandeln. Da Nitrat im Gegensatz zu Ammonium im Boden leicht beweglich ist, kann es mit versickerndem Regenwasser ins Grundwasser transportiert werden.

Lebt der Mensch als Sammler und Jäger in einem solchen Ökosystem *(Abb. 2)*, so nutzt er die natürliche Produktion an Pflanzen und Tieren zu seiner Ernährung aus. Er wendet beim Sammeln und Jagen genau wie Tiere beim Nahrungserwerb Körperkraft (also Energie) auf, die er aber letzten Endes wieder aus der Nahrung gewinnen muß. Die Existenz von noch heute lebenden steinzeitlichen Sammler- und Jägerkulturen beweist, daß grundsätzlich über sehr lange Zeiträume ein Gleichgewicht zwischen Menschen, Pflanzen und Tieren in einem Ökosystem bestehen kann.

Abb. 2: Ausschnitt aus einem natürlichen Ökosystem, in das der Mensch als Sammler und Jäger einbezogen ist

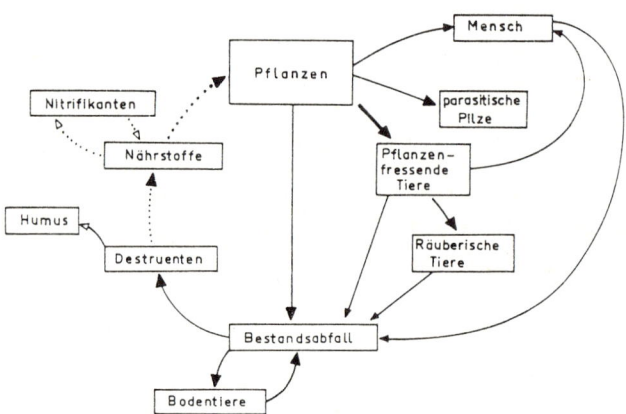

Original: H. Bick

16.2. Agrarökosysteme und ihre Wandlungen

Vorgehen

Wir erläutern im folgenden die Entwicklung des Landbaus anhand von 3 Beispielen des Agrarökosystems (1) der mittelalterlichen Dreifelderwirtschaft, (2) eines bäuerlichen Betriebes um 1925 und (3) eines spezialisierten Getreidebaubetriebes von 1980 sowie (4) die Agrarökosystemtypen in der Bundesrepublik Deutschland.

16.2.1. Mittelalterliche Dreifelderwirtschaft

Beispiel 1

Im Mittelalter herrschte eine Form der Landbewirtschaftung vor, bei der von drei Feldern jährlich jeweils eines nicht bebaut wurde, das heißt „brach" lag. Diese Brache sollte dem Boden Gelegenheit zur Erholung bieten. Wenn zweimal hintereinander eine Feldfrucht, vor allem Getreide, angebaut worden war, reichten die

16. Konventioneller Landbau

Pflanzennährstoffe im Boden nicht mehr für eine weitere Ernte aus. Es mußten erst durch die Tätigkeit der Bodenmikroorganismen und durch bodenchemische Prozesse neue Nährstoffe aus Pflanzenresten, aus zugeführtem Mist oder aus Bodenmineralien und Humus freigesetzt werden. Eine wirksame Düngung mit anorganischen Stoffen war noch unbekannt; die ökologischen Selbstregulationsprozesse waren in dieser Hinsicht noch von entscheidender Bedeutung.

Wir benutzen das Schema eines derart bewirtschafteten Systems *(Abb. 3)* dazu, die Eigentümlichkeiten der Agrarökosysteme insgesamt herauszuarbeiten.

Abb. 3: Agrarökosystem „mittelalterliche Dreifelderwirtschaft" mit Einschaltung eines Brachejahres (ohne Anbau, aber mit Beweidung und Bodenbearbeitung). Typische Fruchtfolge: Wintergetreide – Sommergetreide – Brache

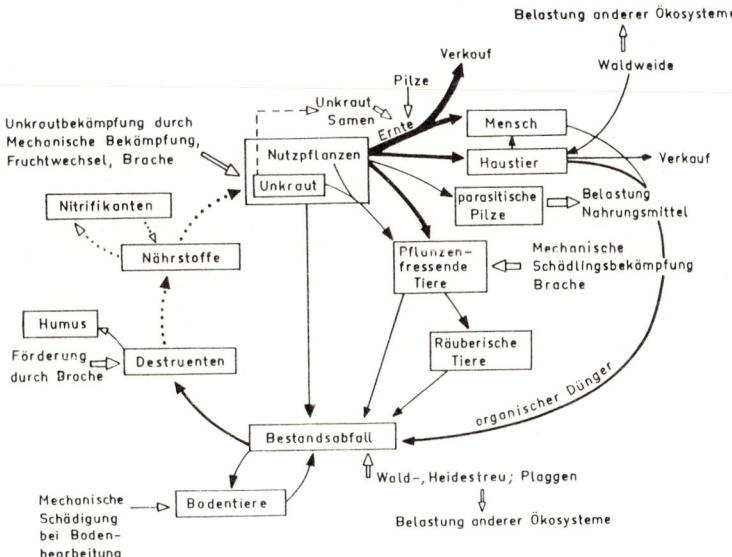

Arbeitsenergie von Mensch und Haustieren wird zur Bewirtschaftung des Systems eingesetzt.

Original: H. BICK

Folgende Feststellungen sind von besonderer Bedeutung: Feststellungen

- Nutzpflanzen, vor allem Getreide, werden als Nahrungsquelle für den Menschen angebaut. Im Gegensatz zu Wald und anderen mehrjährigen natürlichen Pflanzenbeständen handelt es sich um sog. einjährige Pflanzen, die je nach Typ etwa vier bis zehn Monate auf dem Acker wachsen. In der Regel wird auf einem Feld jeweils nur *eine* Nutzpflanze angebaut, das heißt, der Bestand besteht also nur aus *einer* Pflanzenart – besser gesagt: nur aus *einer Nutz*pflanzenart; denn tatsächlich siedeln sich auch Wildkräuter an, die in gewisser Konkurrenz zur Nutzpflanze um Raum und Nährstoffe stehen und deshalb als „Unkräuter" aufgefaßt und bekämpft werden. Bestimmte Unkräuter können auch dadurch Schaden anrichten, daß ihre giftigen Samen bei der Ernte zwischen die Getreidekörner geraten (Beispiel: Kornrade). Die Unkrautbekämpfung geschieht mechanisch mit der Hand oder mit einem geeigneten Werkzeug. Unterpflügen des Unkrauts wäre für manche Arten eine geeignete Maßnahme. Man muß aber bedenken, daß die Samen vieler Wildkräuter jahrzehntelang keimfähig bleiben. Besonders gute Möglichkeiten zur Unkrautbekämpfung bestehen im Brache-Jahr, in dem kein Anbau erfolgt, das heißt in jedem dritten Jahr.

- Der Mensch erntet die Getreidekörner zum eigenen Verzehr oder zum Verkauf (und natürlich zur Saatgutgewinnung für das nächste Jahr). Stroh wird gewonnen als Futter für Haustiere oder zur Einstreu in Ställe. Was nach der Ernte an Nutzpflanzenresten oder Unkräutern noch auf dem Feld ist, dient Haustieren als Nahrung (Stoppelweide). Im Brachejahr wird die Fläche ebenfalls als Weide genutzt. Zusätzliches Futter für die Haustiere bietet die Waldweide. Wildlebende pflanzenfressende Tiere (vom Reh oder Wildschwein bis zu Insekten) sind Konkurrenz für den Menschen; fressen sie an Nutzpflanzen, so bezeichnet man das allgemein als Schaden.

Pflanzenfressende Großtiere versuchte man durch Verscheuchen oder durch Gatter und Hecken von der Anbaufläche fernzuhalten. Insekten und andere Kleinformen wurden in der Regel nur durch die Brache bekämpft; man muß sich deren Wirkung so erklären: Durch das Brachejahr wurde einem speziellen Getreideschädling die Nahrung vorenthalten, so daß er im Bestand zurückging. Im Boden lebende Schadformen wurden überdies durch die Bodenbearbeitung an Zahl vermindert. Da bei der klassischen Dreifelderwirtschaft verhältnismäßig große Stücke Land gleich behandelt wurden, bestand die Gefahr der Zuwanderung von schädlichen Kleintieren im allgemeinen nur in geringerem Umfang. Ein Sonderfall allerdings: Heuschrecken waren im Mittelalter in Mitteleuropa wesentlich häufiger als heute. Wanderheuschreckenschwärme, die ihren Ursprung im Gebiet der unteren Donau nahmen, traten in Mitteleuropa bis ins 18. Jahrhundert auf und verursachten außerordentliche Schäden. – Räuberisch lebende Tiere, die pflanzenfressenden nachstellen, gelten als Nützlinge. Parasitische Pilze, die sich auf Nutzpflanzen ansiedeln, mindern deren Zuwachs oder die Nahrungsqualität; es gibt ausgesprochen giftige Formen (Mutterkornpilz, vgl. STE 18).

- Durch die Ernte werden mit dem Pflanzenmaterial Nährstoffe entzogen, die von der Pflanze aus dem Boden aufgenommen wurden. Ein Teil dieser Nährstoffe kann zurückgewonnen werden, wenn nährstoffreicher Kot und Harn von Menschen und Haustieren gesammelt und dem Boden als organischer Dünger wieder zugeführt wird.

Das kann auf verschiedene Weise geschehen: Die flüssigen Abgänge werden gesammelt und nach einer Gärung als Jauche ausgebracht. Die festen Abgänge werden mit der Einstreu (Stroh, Laubstreu aus Wäldern, Heideplaggen u. a.) zusammen nach einer Umsetzungsphase in Form von Mist ausgebracht. (Zur Vollständigkeit: Unter „Gülle" versteht man in Wasser aufgeschwemmten Kot und Harn; Gülle fällt dort an, wo kein Stroh als Einstreu zur Verfügung steht, also in getreidelosen Viehzuchtbetrieben, vgl. 16.6.)

Wird aber ein Teil der Ernte verkauft, so gehen Nährstoffe dem System verloren, da sie nicht wieder in den Kreislauf eingeschleust werden. Auch der Verkauf von Haustieren würde Verlust an Nährstoffen bedeuten, da diese ja auch zum Aufbau des tierischen Körpers (wie auch des menschlichen Körpers) benutzt werden. Die Waldweide stellt dann eine zusätzliche Versorgung des Agrarökosystems dar, wenn das Vieh abends in den Stall getrieben wird und Mist produziert.

- Es ist seit langem bekannt, daß der Nährstoffvorrat im Boden infolge der ackerbaulichen Nutzung mehr oder weniger stark abnimmt und damit der Ertrag zurückgeht. Man hat sich entsprechend bemüht, zusätzlich zur Mistdüngung, die ja bei viehharmen Betrieben unzureichend ist, andere Wege zur Verbesserung der Nährstoffergänzung zu finden (z. B. Düngung mit Fallaub und vor allem mit Plaggen). Auch die Brache gilt als Mittel zur Verstärkung des Nährstoffangebots für Nutzpflanzen.

Was geschieht in diesen Fällen eigentlich im Boden? Erinnern wir uns daran, daß im natürlichen Ökosystem durch die Tätigkeit von Bodentieren und vor allem von Destruenten Bestandsabfall (totes organisches Material) zu Pflanzennährstoffen umgesetzt wird. Jauche, Mist, Waldstreu oder Plaggenmaterial wird nun genauso wie direkt aus dem Ökosystem stammender Bestandsabfall umgesetzt. Das Brachejahr hat zum Ziel, den Abbau- und Umsetzungsprozessen Zeit zu gewähren, um für die nächsten beiden Jahre wieder einen Vorrat an pflanzenverfügbaren Nährstoffen zu schaffen.

Im einzelnen kann man folgende bodenbiologische Vorgänge unterscheiden:
- Zerkleinerung des toten organischen Materials durch die Fraßtätigkeit der Bodentiere;
- Abbau der organischen Stoffe durch die Destruenten (zahlreiche Pilz- und Bakterienarten).

Von den ablaufenden Prozessen her spricht man von „Mineralisation", wenn man die Freisetzung von anorganischen Verbindungen wie Kohlendioxid (CO_2), Ammonium (NH_4^+) oder Phosphat (PO_4^{3-}) meint. Ein beträchtlicher Teil des Bestandsabfalls, vor allem des toten Pflanzenmaterials, reichert sich in schwer abbaubarer Form im Boden an. Dies sind die Huminstoffe, die im Boden eine wichtige Rolle spielen, weil sie vorteilhafte Eigenschaften für das Pflanzenwachstum haben. Die Huminstoffe entstehen im Rahmen der „Humifizierung"; es ist dies ein biologischer Prozeß, der unter Beteiligung vieler Bodenorganismen abläuft. In diesem Zusammenhang muß auch der Begriff „Humus" erwähnt werden, der zwar allgemein bekannt ist, aber leider sehr unterschiedlich definiert wird. Für ökologische Belange empfiehlt sich folgende Definition: „Humus" ist mit Ausnahme des frischen, noch auf dem Boden liegenden Bestandsabfalls das gesamte tote pflanzliche und tierische Material des Bodens einschließlich dessen organischer Umwandlungsprodukte.

Als eine Art Zwischenbilanz können wir jetzt eine *Definition von Agrarökosystem* anbieten:

Zwischenbilanz

> *Agrarökosysteme* sind vom Menschen zur Produktion von Nahrung pflanzlichen und tierischen Ursprungs ausgestaltete Ökosysteme, in denen der wirtschaftende Mensch in Organismenbestand, Energiefluß und Stoffkreislauf eingreift und Steuerungsfunktion übernimmt.

Die für natürliche Ökosysteme kennzeichnende Selbstregulationsfähigkeit wird durch Fremdregulation ersetzt. Ein Agrarökosystem ist nur so lange stabil, wie der wirtschaftende Mensch seine Steuerungsfunktion wahrnimmt. Gibt der Mensch seine Steuerungsfunktion auf, so wandeln sich mitteleuropäische Agrarökosysteme wieder in Wald um, da dieser den natürlichen, klimagerechten Vegetationstyp darstellt.

Welches sind die Besonderheiten eines mittelalterlichen Agrarökosystems mit Dreifelderwirtschaft?

Aufgabe 1

....
....
....
....
....

Was kennzeichnet ein Agrarökosystem?

Aufgabe 2

....
....
....
....
....

16.2.2. Bäuerlicher Betrieb um 1925

Beispiel 2 Mit der Einführung der Kartoffel und dem Aufkommen des Zuckerrübenanbaus im 18. bzw. 19. Jahrhundert ging vielerorts die Brachehaltung zurück, und an deren Stelle trat der Anbau dieser „Hackfrüchte". Unter Beibehaltung einer Dreifelderwirtschaft ergab sich nun eine Fruchtfolge von Getreide – Getreide – Hackfrucht und weiter mit Getreide usw. Man spricht auch von einem Fruchtwechsel von Halmfrucht (Getreide) zu Blattfrucht (Hackfrüchte und Ölfrucht, z. B. Raps u. a.). Diese intensive Nutzung führte zu einem beträchtlich erhöhten Verbrauch an Pflanzennährstoffen und schränkte die Ertragskraft des Bodens weiträumig ein. Von der Mitte des 19. Jahrhunderts an kam die mineralische Düngung, die Zufuhr zunächst natürlicher anorganischer Dünger, auf. Ein extremer Wandel in der Düngungspraxis setzte um 1920 ein, als nach Erfindung der synthetischen Düngerherstellung (industrielle Luftstickstoffbindung u. a.) anorganische Düngung in großem Umfang möglich wurde. (Auf den Gesamtkomplex „Düngung" gehen wir in STE 17 ausführlich ein.)

Vergleich *Abbildung 4* zeigt ein Agrarökosystem um 1925. Die Besonderheiten gegenüber dem älteren System sind:

– Wegfall der Brache – Anwendung von mineralischem Dünger

Abb. 4: Agrarökosystem um 1925 mit Fruchtwechsel und mineralischer Düngung zum Ausgleich des erntebedingten Nährstoffentzugs und zur Steigerung des Ertrags

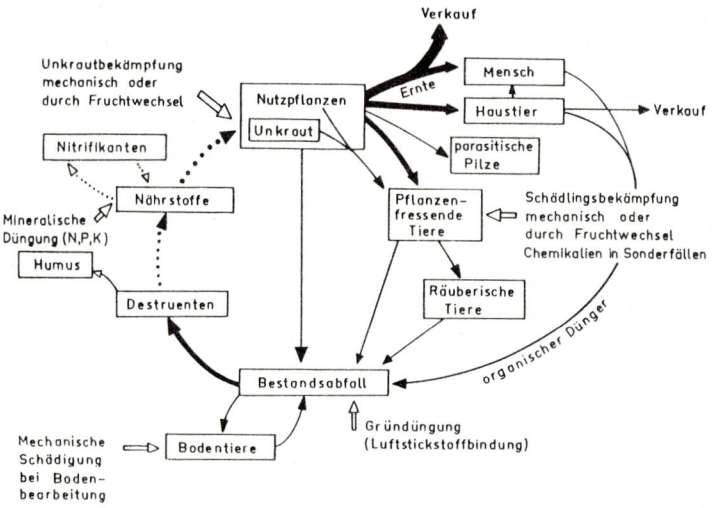

Neben der Arbeitsenergie von Mensch und Haustier wird eine Energiebeihilfe eingesetzt, die der Produktion des mineralischen Düngers entstammt. – Zum Fruchtwechsel vgl. *Schema 1.*

Original: H. BICK

• Die Anwendung von mineralischem Dünger zusätzlich zum organischen machte eine Funktion der Brache hinfällig, nämlich ihre Aufgabe, den Bodenorganismen Zeit zur Nährstoffmobilisierung zu verschaffen.

Als eine besondere Möglichkeit der verbesserten Nährstoffversorgung ist noch die *Gründüngung* zu erwähnen. Grundsätzlich versteht man darunter das Einbringen frischer Pflanzensubstanz in den Boden, so daß die Menge an Bestandsabfall erhöht wird und entsprechend mehr Nährstoffe freigesetzt werden können. Bei vielen Pflanzenarten handelt es sich um eine einfache Rückführung von Pflanzennährstoffen. Hülsenfrüchtler *(Leguminosen)* jedoch sind

Luftstickstoffsammler, das heißt, sie sind mit Hilfe von „Knöllchenbakterien" an ihren Wurzeln in der Lage, das riesige Potential des gasförmigen Stickstoffs in der Luft auszunutzen. Pflügt man solche Pflanzen (z. B. Klee, Luzerne, Erbse, Bohne, Linse, Lupine) unter, so stehen nach deren Abbau im Boden zusätzliche Stickstoffverbindungen als Nährstoff für solche Kulturpflanzen zur Verfügung, die – wie etwa Getreide – keinen Luftstickstoff verwenden können.

• Anstelle der Brachehaltung baut man nun vor allem Hackfrüchte (Kartoffeln, Zucker- oder Futterrüben) an. Dieser Anbau kann die zweite Aufgabe der Brache in etwa übernehmen: Die Unkrautbekämpfung wird durch die vielfältigen Arbeitsgänge beim Hackfruchtbau gefördert. So sind wir berechtigt, den Fruchtwechsel als Mittel zur Unkautbekämpfung in *Abbildung 4* einzutragen.

• Auch die dritte Funktion der Brache, nämlich die Minderung von nutzpflanzenfressenden Tieren und – in gewissem Umfang – auch von parasitischen Pilzen, kann durch den Fruchtwechsel übernommen werden. Der radikale Wechsel von Kartoffel zu Getreide erschwert vielen Arten den entwicklungsmäßigen Anschluß an die Nahrungspflanze.

Dazu eine Erläuterung: Kleintiere haben ja im allgemeinen eine sehr geringe Lebensdauer, meist weniger als ein Jahr. Gehen wir davon aus, daß die Larven (Jugendstadien) bestimmter Insektenarten in einem Jahr an einer bestimmten Nutzpflanze gefressen haben und nun die Puppen (ein weiteres Entwicklungsstadium) oder die erwachsenen Insekten oder auch die von diesen abgelegten Eier überwintern. Treffen diese Überwinterungsformen im nächsten Jahr in einem gewissen Umkreis keine geeignete Nahrungspflanze an, dann gehen sie aus Nahrungsmangel zugrunde. Hier ergibt sich also die Möglichkeit, durch Fruchtwechsel, das heißt Wechsel der Nutzpflanzenarten, eine gezielte Bekämpfung vorzunehmen. Allerdings ist es nicht immer so einfach – bei vielen Arten sind größere Zeitabstände zwischen gleichen Kulturpflanzen nötig, weil längerlebende Dauerstadien im Boden existieren. Das „Aushungerungsprinzip" klappt am zuverlässigsten, wenn gleiche oder nahe verwandte Kulturpflanzen nicht häufiger als alle vier Jahre auf dem gleichen Feld angebaut werden.

Versuchen wir eine *ökologische Bewertung* des Agrarökosystems von 1925 *(Abb. 4)*. Der Mensch ist definitionsgemäß wirkendes Glied in diesem Ökosystem. Er versucht durch Bearbeitungsmaßnahmen und Fruchtwechsel den Nutzpflanzen eine möglichst konkurrenz- und feindfreie Entwicklung zu ermöglichen. Er ersetzt den erntebedingten Entzug von Bioelementen, von Pflanzennährstoffen durch mineralische Düngung. Er versucht darüber hinaus, den Ertrag der Pflanze durch Erhöhung des Nährstoffangebotes zu steigern. Durch Pflanzen- und Tierzüchtung wird ferner die Leistungsfähigkeit von Nutzpflanze und Haustier gesteigert.

Bewertung

Alles dies ist sicherlich weder un-ökologisch noch un-biologisch. Dennoch entstand schon zu dieser Zeit eine – wie wir heute sagen würden – alternative Landbauweise: der biologisch-dynamische Landbau von Rudolf STEINER (vgl. STE 17). Eine entscheidende Streitfrage war und ist die Bewertung der mineralischen Düngung, insbesondere der Verwendung von synthetisch produziertem Stickstoffdünger. Wir werden diese Problematik an anderer Stelle ausführlicher diskutieren (STE 17) und begnügen uns hier mit der Feststellung, daß rein stofflich betrachtet, die synthetisch (industriell) aus Luftstickstoff hergestellten Stickstoffdünger im Boden ebenso Ammonium und Nitrat für die Pflanze bereitstellen wie organische Dünger. Der Unterschied besteht darin, daß aus dem organischen Dünger Ammonium und Nitrat erst durch bodenbiologische Prozesse freigesetzt werden müssen. Mit anderen Worten: Die Nachlieferung von Pflanzennährstoffen aus dem System selbst verliert im Vergleich zur Zusatzversorgung mit mineralischem Dünger an Bedeutung für die Pflanzen. Vom Energiebedarf des Agrarökosystems her gesehen, tritt eine neue Entwicklung ein. Die eigentliche Bioproduktion der Pflanze ist nach wie vor vom Sonnenlicht abhängig; um dessen Ausnutzung aber möglichst hochzutreiben, wird zusätzliche Energie eingesetzt, beispielsweise zur Herstellung und Verteilung des mineralischen Düngers („Energiebeihilfe", vgl. S. 24f.).

Aufgabe 3 Erläutern Sie, wieso durch Fruchtwechsel (bzw. durch bestimmte Fruchtfolgen) eine Schädlingsbekämpfung möglich ist.

....
....
....
....

16.2.3. Ein spezialisierter Getreidebaubetrieb um 1980

Beispiel 3 Um 1950 setzte ein tiefgreifender struktureller Wandel in der Landwirtschaft ein, der aus bäuerlichen Betrieben mit einem ausgewogenen Nebeneinander von Ackerbau und Viehzucht spezialisierte Betriebe mit einseitigem Anbau weniger Nutzpflanzensorten oder überwiegender Viehhaltung entstehen ließ. Dieser Wandel kann nicht losgelöst von den allgemeinen Veränderungen in unserem Land gesehen werden. Der gesamtwirtschaftliche Aufschwung nach der Währungsreform von 1948 brachte einen enormen Lohnanstieg auch in der Landwirtschaft. Da im gleichen Zeitraum die Preise für landwirtschaftliche Produkte aber nur unwesentlich stiegen, mußten die Mehrkosten durch Vereinfachung der Betriebsorganisation aufgefangen werden.[1] So war es beispielsweise aus betriebswirtschaftlicher Sicht nicht mehr möglich, die bisher übliche Unkrautbekämpfung durch Handarbeit beizubehalten.

Entsprechend diesen betrieblichen Umstellungen wandelte sich das Bild des Agrarökosystems drastisch.

Abb. 5: Agrarökosystem mit einseitigem und intensivem Getreideanbau („Getreidebau 1980")

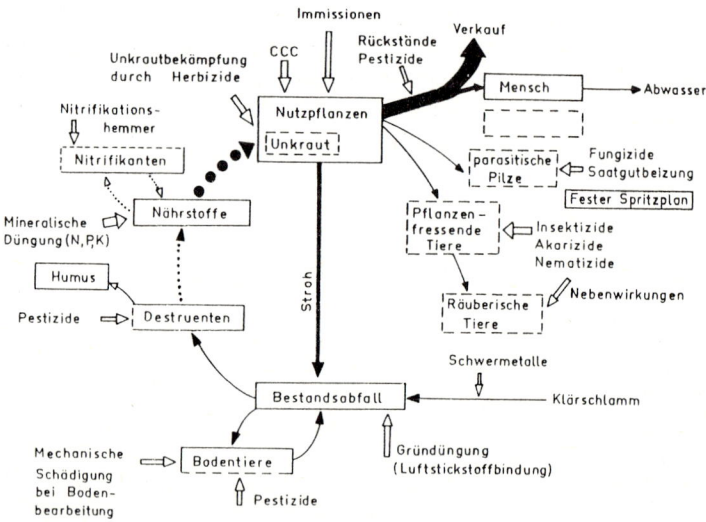

Nur mineralische Düngung, allenfalls Zukauf von Gülle oder Klärschlamm. Die Verwendung von Nitrifikationshemmern, die einen Verlust an Nitratdünger verhindern könnten, stellt eine derzeit (noch?) seltene Praxis dar.

Immissionen aus Luftverunreinigungen können die Qualität des Ernteproduktes mindern (vgl. STE 18).

Das System wird mit extrem großer Energiebeihilfe betrieben, da Produktion und Verteilung von mineralischem Dünger und Pflanzenbehandlungsmitteln energiebedürftig sind und der Maschineneinsatz fossile Brennstoffe benötigt.

Original: H. BICK

---

[1] Vgl. hierzu Rolf DIERCKS: Statusbericht Pflanzenschutz. Münster-Hiltrup 1980, S. 16–18.

16. Konventioneller Landbau

In *Abbildung 5* wenden wir uns einem spezialisierten Getreidebaubetrieb der Gegenwart ohne Viehhaltung zu. Dieses Agrarökosystem ist einseitig auf die Produktion und den Verkauf von Getreide ausgerichtet. Die Fruchtfolge ist entsprechend vereinfacht. 70% (und mehr) der Fläche sind mit Getreide bebaut. Es erfolgt keine Nutzung der pflanzlichen Produktion durch Haustiere im eigenen Betrieb, das heißt im Agrarökosystem im engeren Sinne. Ein Rückfluß von Bestandsabfall über organischen Dünger entfällt also. Allenfalls kann Zukauf von Mist oder Klärschlamm erfolgen. Fehlender Rückfluß von organischem Dünger bedeutet allein schon Zwang zu Ersatzmaßnahmen in Form von hohen Gaben mineralischer Dünger.

Maßnahmen

Das Bestreben nach Produktionssteigerung bedingt weitere Steigerungen der Düngungsintensität. Daraus ergeben sich fast zwangsläufig Folgen:

Folgen

- Damit die Getreidepflanze die Nährstoffe nicht zu übermäßigem Stengelwachstum mißbraucht, dann die Last der körnertragenden Ähre nicht mehr tragen kann und umfällt, wird durch Wachstumshemmer (z. B. Chlorcholinchlorid = CCC) das Halmwachstum gebremst. Da die starken Düngegaben auch die Unkräuter fördern, muß diese Konkurrenz verstärkt ausgeschaltet werden. Das geschieht vor allem durch Herbizide, also chemische Mittel zur Unkrautbekämpfung. Die Bedeutung des Fruchtwechsels für die Unkrautbekämpfung ist gesunken, da vielfach im Zuge der Spezialisierung nur noch sehr wenige Pflanzenarten angebaut werden und damit die gleiche Art in kürzerem zeitlichen Abstand auf dem gleichen Feld wächst.

- Der Intensivanbau fördert auch das Auftreten von tierischen Schadformen und pilzlichen Parasiten bzw. Krankheitserregern. Teils begünstigt hohe Stickstoffdüngung die Schadformen, teils sind besonders ertragreiche Pflanzensorten anfälliger gegen Krankheiten, teils wirkt sich auch der dichtere Pflanzenbestand förderlich auf Schadformen aus. Folge: Zwang zu Bekämpfungsmaßnahmen, um die Ertragshöhe zu sichern. So werden *Fungizide* zur Bekämpfung von parasitischen Pilzen eingesetzt, *Insektizide* gegen Schadinsekten, *Akarizide* gegen Milben, *Nematizide* gegen Nematoden (Fadenwürmer). Im Getreide werden neben Herbiziden vor allem Fungizide verwendet. Insektizide werden stärker bei Kartoffeln, Zuckerrüben und vor allem bei Obst, Wein und Hopfen eingesetzt (vgl. *Tab. 1*).

Tab. 1: Geschätzter Anteil der mit Herbiziden, Fungiziden und Insektiziden behandelten Fläche in der Bundesrepublik Deutschland in Prozent der jeweiligen *Anbaufläche*

	Herbizide	Fungizide	Insektizide
Wintergetreide	90–95	15	unter 5
Sommergetreide	80–85	20	unter 5
Zuckerrüben	100	unter 10	50
Futterrüben	70–75	0	10
Kartoffeln	30	40	50
Körnermais	100	0	10
Raps, Rübsen	60	0	90
Obstanlagen	60	100	100
Rebland	50–60	100	100
Hopfen		100	100
Grünland	2–5	0	0
Forst	unter 2	unter 1	unter 2

Mehrfachbehandlungen kommen vor. Saatgutbehandlungsmittel (Beizmittel) sind nicht berücksichtigt. Man kann davon ausgehen, daß nahezu alles Saatgut mit Beizmitteln gegen verschiedene Schadformen behandelt wird. Zum Vergleich mit der Gesamtfläche (24,9 Mio. ha) der Bundesrepublik folgende Zahlen: Acker 30%, Grünland 21%, Wald 29%.

Aus: Der Rat von Sachverständigen für Umweltfragen: Umweltgutachten 1978. Mainz/Stuttgart bzw. (als Bundestagsdrucksache) Bonn 1978, S. 323 (Abb. 8).

Die Verknüpfung zwischen Düngemitteleinsatz und Getreideerträgen einerseits und Pflanzenschutzmaßnahmen andererseits zeigt *Tabelle 2*. Ökologisch in höchstem Maße bedenklich werden die Pflanzenschutzmaßnahmen dann, wenn die Pflanzenbehandlungsmittel (so im amtlichen Sprachgebrauch die Bezeichnung für Schädlingsbekämpfungsmittel und Wachstumsregler) nach einem festen Spritzplan eingesetzt werden (vgl. „Pflanzenschutzsystem" in *Tab. 2*).

Tab. 2: Durchschnittliche Werte des Weizenertrags und der mineralischen Stickstoffdüngung im groben zeitlichen Vergleich mit den sich gegenseitig bedingenden Pflanzenschutz- und Pflanzenbehandlungsmaßnahmen. 1950 bis 1977 Dreijahresmittel, 1978 und 1979 Jahresdurchschnittswert

Jahr	Durchschnittliche Weizen-Erträge dt/ha	Durchschn. N-Düngung je ha landw.schaftl. genutzter Fläche in kg	Maßnahmen
1979	49,5	102,8	**Pflanzenschutzsystem**
1978	50,1	100,2	Vor Aussaat: Herbizid Saatgutbeizung (Fungizide, Insektizide, Vogelabwehrstoffe)
1977	45,5	97,4	Nach Saat: Herbizid (1) Fungizide (Ährenmehltau, Spelzenbräune) Herbizid (2)
1974	45,6	88,1	Wachstumsregler (1) Insektizid (Blattläuse; u.U. Gallmücken) Fungizid (Halmbruch) Blattdüngung
1971	42,0	85,1	Wachstumsregler (2) Spätdüngung Fungizide (Blattmehltau, Rost) Nach Ernte: Herbizid
1968	41,7	72,3	Fungizide zur Mehltaubekämpfung ↑
1965	33,4	60,9	Vereinfachte Fruchtfolge → Fußkrankheiten → Fungizide ↑
1962	33,3	50,3	Höhere Handelsdüngergaben → Unkrautvermehrung → Herbizide ↑
1959	32,9	42,5	Halmverkürzung durch CCC → Zunehmende Spelzenbräune → Fungizide ↑
1956	30,5	36,6	Herbizide zur Unkrautbekämpfung → Zunahme Ungräser → Spezialherbizide ↑
1953	27,1	30,7	Saatgutbehandlung mit Insektiziden gegen Bodenschädlinge
1950	27,3	25,4	Mechanische Unkrautbekämpfung Saatgutbeizung

Aus: Der Rat von Sachverständigen für Umweltfragen: Umweltgutachten 1978, a.a.O., S. 318 (Tab. 1); aktualisiert nach: Statistisches Jahrbuch über Ernährung, Landwirtschaft und Forsten 1980. Münster-Hiltrup 1980, S. 68 (Tab. 92b) und S. 81 (Tab. 110b).

Derartige Spritzpläne schreiben zum Beispiel bei Getreide vor, bei welchen Entwicklungsstadien der Pflanze welche Maßnahme ergriffen werden soll. Es wird bei diesem Verfahren nach dem Prinzip der Vorbeugung *(Prophylaxe)* gehandelt, das heißt, Mittel werden in jedem Fall ausgebracht; auch dann, wenn gar keine oder nur wenige potentielle Schaderreger vorhanden sind und ein wirtschaftlicher Schaden überhaupt nicht zu befürchten steht.

Forderung

Das Überschreiten einer *wirtschaftlichen Schadensschwelle* sollte aber gerade das Kriterium sein, an dem sich Maßnahmen des Pflanzenschutzes orientieren. Wir werden bei der Besprechung des „Integrierten Pflanzenschutzes" in Studieneinheit 17 feststellen, daß die wirtschaftliche Schadensschwelle und ihre Erkennung im Zentrum intensiver Bemühungen um eine Verbesserung der Situation im Pflanzenschutzsektor ist. Dies geschieht nicht nur aus Umweltgesichtspunkten. Vielmehr kommt in einer Zeit steigender Preise für Pflanzenbehandlungsmittel der Ausgabenersparnis aus rein betriebswirtschaftlichen Erwägungen große Bedeutung zu. Dies ist auch der Grund dafür, daß in gut geführten Betrieben ernsthafte Ansätze zur Minderung der Verwendung dieser Mittel festzustellen sind. Noch aber spielt in der Praxis das Vorbeugeprinzip mit dem wirtschaftliche Sicherheit suggerierenden Spritzplan eine große Rolle.

Worin bestehen die ökologisch nachteiligen Maßnahmen im spezialisierten Getreideanbau? **Aufgabe 4**

....
....
....
....
....
....

Agrarökosystem-Typen in der Bundesrepublik Deutschland

16.2.4.

Typisierung

Neben dem spezialisierten Getreidebaubetrieb, der *Abbildung 5* zugrunde lag, gibt es reine Ackerbaubetriebe mit einem hohen Zuckerrübenanteil, mit stärkerer Betonung der Kartoffel oder des Rapses. Ferner gibt es Betriebe, die „Dauerkulturen" betreiben, also Weinreben oder Obst anbauen; sie konzentrieren sich im Mosel-, Rhein-Main- und Neckargebiet, am Bodensee, im Unterelbegebiet („Altes Land"). Wie *Tabelle 1* ausweist, ist hier die Anwendung von Fungiziden und Herbiziden besonders hoch. Auch die Hopfenkulturen, die konzentriert vor allem in Bayern liegen, werden intensiv mit Pestiziden behandelt. Von der Fläche her gesehen, ist aber deren Anteil an der landwirtschaftlich genutzten Fläche gering (rund 1,5%). Bäuerliche Betriebe alten Stils (wie in *Abb. 4*) mit Ackerbau und Viehzucht sind verhältnismäßig gering geworden. Recht groß ist die Zahl der Futterbaubetriebe, die überwiegend Futterpflanzen für ihr eigenes Vieh produzieren. Erwerbsquelle ist hier die Milch- oder Fleischproduktion. Auf diese Grünlandbetriebe im weiteren Sinne gehen wir nun kurz ein:

Grünland-Agrarökosysteme

Eine Sonderstellung innerhalb der Agrarökosysteme nimmt das Grünland ein, zu dem Weiden und Mähwiesen rechnen. Es umfaßt 39% der landwirtschaftlichen Nutzfläche (Ackerland 57%). Die Grünlandgebiete liegen vor allem in den Mittelgebirgslagen, im Alpenvorland und in Norddeutschland. Man kann grundsätzlich zwei Typen von Grünland unterscheiden: (1) *Weiden,* deren Pflanzendecke direkt von Weidevieh genutzt wird, und (2) *Mähwiesen,* die Heu oder Silage (durch Gärungsprozesse haltbar gemachtes Pflanzenmaterial) liefern. Oft sind beide Nutzungsweisen gemischt. Wichtig aus ökologischer Sicht ist, daß Beweidung oder Grasschnitt („Mahd") diesen Ökosystemtyp prägen: Die Bewirtschaftung fördert Gräser und Kräuter und verhindert ein Aufkommen von Bäumen, die sich ohne menschlichen Einfluß entsprechend den mitteleuropäischen Klimabedingungen ausbreiten würden.

(1) Die Merkmale des Agrarökosystems *Weide* sind folgende: Die Ökosystemkomponente „pflanzenfressendes Tier" *(Abb. 2)* wird durch das Weidevieh und eine Anzahl von Kleintieren verkörpert. Größere Nahrungskonkurrenten und Feinde werden ausgeschaltet. Der Mensch nutzt das tierische Produkt für sich, ist also ein höheres Glied in der Nahrungskette als bei der Nutzung von pflanzlicher Nahrung. Das Bodenleben ist reich, eine Rückführung von Pflanzennährstoffen erfolgt über tierische Exkremente. Extensiv betrieben, das heißt mit geringer Nutzungsintensität, ist das System als „naturnah" einzustufen. Viele aus Naturschutzsicht wertvolle

und erhaltenswerte Flächen sind extensiv bewirtschaftete Weidegebiete, zum Beispiel Magerrasen mit Beweidung durch Schafe, Heideflächen, manche Almen (vgl. hierzu STE 24 und 25). Es ist übrigens nicht unbedingt so, daß nur nährstoffarme Lebensräume ökologisch wertvoll sind. Ein gewisses Ausmaß von Düngung durch tierischen Kot und Harn hat zum Beispiel im Alpengebiet zur Ausbildung blumenreicher Almen geführt. Mit der Intensivierung der Viehhaltung geht der naturnahe Charakter allerdings verloren, weil durch Düngung, Bodenpflege, Entwässerung, Einsaat bestimmter Grasarten eine, ökologisch gesehen, einseitige, ökonomisch betrachtet, ertragssteigernde Vegetation gefördert wird.

(2) Von der *Mähwiese* wird die geerntete Pflanzensubstanz abtransportiert und im Stall verfüttert. Zum Ausgleich dieses erntebedingten Nährstoffentzugs wird seit altersher gedüngt. Ursprünglich verwendete man dazu Mist, neuerdings auch mineralischen Dünger. Auch hier erfolgen Pflegemaßnahmen wie Be- oder Entwässerung und Aussaat besonders ertragreicher Pflanzenarten. Unter den vom Menschen in Jahrhunderten geschaffenen Mähwiesen gibt es viele ökologisch bemerkenswerte und vom Naturschutz her gesehen wertvolle Typen. (Darauf wird in Studieneinheit 24 ausführlich eingegangen.)

16.3. Ökologische Folgen der Anwendung von Pflanzenschutzmitteln und Energiebeihilfen

Problemfeld 1

Wir kommen nun zu den ökologischen Konsequenzen der intensiven Anwendung zunächst von Pflanzenschutzmitteln. Es handelt sich dabei um Mittel, die zur Bekämpfung, das heißt zum Töten von Konkurrenten, Parasiten oder Krankheitserregern der Nutzpflanze gedacht sind.
Pflanzenschutzmittel sind „Pestizide". Dieser aus dem Englischen entlehnte Name ist in gewisser Hinsicht ehrlicher als unser amtliches deutsches Wort; denn „pest" bedeutet im Englischen „Schädling", und die Endung „-zide" entspricht dem lateinischen Wort „caedere", das heißt „töten". So ist es eben auch ein Insektizid ein Mittel, das Insekten tötet oder ein Herbizid ein Pflanzentötungsmittel. Pestizide sind also Biozide: sie töten das Leben.

Vielleicht noch ein Hinweis: Nicht alle Biozide werden in der Landwirtschaft als Pflanzenschutzmittel eingesetzt. Eine Reihe von Insektiziden hat große Bedeutung im medizinischen Bereich, nämlich bei der Bekämpfung von krankheitsübertragenden Insekten, also beim Schutz menschlichen Lebens; man denke an Malaria, Gelbfieber, Schlafkrankheit, Flecktyphus. Ferner spielen sie eine Rolle im Vorrats- oder Materialschutz; man denke an Kornkäfer, Mehlmotte oder Kleidermotte. Rodentizide, das heißt Bekämpfungsmittel für Nagetiere *(Rodentia)*, richten sich gegen Feldmäuse, aber auch gegen Wander- und Hausratte, denen alljährlich riesige Nahrungsmengen zum Opfer fallen.

Folge 1

Die ausgebrachten Pflanzenschutzmittel töten also die Organismen ab, gegen die sie gedacht sind. Da sie aber, von wenigen Ausnahmen abgesehen, nicht spezifisch, also nicht nur auf eine einzige Art wirken, werden auch andere, nicht schädliche Arten in mehr oder weniger großem Umfang geschädigt. Dabei werden zum Beispiel auch solche räuberisch lebenden Arten betroffen, die als Vertilger von pflanzenfressenden Schadformen selbst nach ökonomischen Gesichtspunkten „Nützlinge" genannt werden müssen.
Die Schädigung unbeteiligter Arten wird mit dem verharmlosenden Begriff „Nebenwirkung" bezeichnet. Solche nicht beabsichtigten, aber in Kauf genommenen Effekte sind mannigfaltig: Schädigung von blütenbesuchenden Insekten schließt die Minderung der Bestäubungsleistung ein. Das bedeutet bei Kulturpflanzen Minderung des Samen- und Fruchtansatzes, also ökonomischen Schaden; im ökologischen

Bereich bedeutet es wegen des verminderten Samenansatzes eingeschränkte Vermehrung der Wildpflanzen. Vernichtung von Wildpflanzen („Unkräuter") durch Herbizide heißt, daß für zahlreiche Insekten die Nahrungsquelle vernichtet wird – eine typische indirekte Schädigung. Mittel, die gegen parasitische Pilze eingesetzt werden *(Fungizide)*, können auch im Boden lebende Pilze beeinträchtigen; vom Ökosystem her gesehen, liegt dann eine Schädigung der Destruenten vor. Bodentiere sind ebenfalls in gewissem Umfang durch Pestizide bedroht. Alles in allem wird also das intensiv mit Pflanzenschutzmitteln behandelte Agrarökosystem stark an Arten verarmen. Es wird zu einem sehr einseitig ausgelegten, wenigfliedrigen System verändert.

Es bleibt nicht bei diesen systeminternen Wirkungen, die man allenfalls mit dem Wirtschaftsziel noch entschuldigen könnte. Durch windbedingte Verfrachtung von Pestiziden können auch Nachbarökosysteme betroffen werden. Manche in der Natur schwer abbaubare Stoffe haben weltweite Verbreitung erfahren (DDT). Die Weitergabe von Resten der Pflanzenschutzmittel („Rückstände") mit geernteten Produkten wird uns in Studieneinheit 18 ausführlich zu beschäftigen haben.

Folge 2

Was versteht man unter Nebenwirkungen von Pestiziden? Nennen Sie Beispiele!

Aufgabe 5

....
....
....
....
....
....
....

An *Abbildung 5* sollen zwei weitere Problemfälle erläutert werden:

Problemfälle

• *Sonderfall „Nitrifikationshemmer"*

Es wurden die Nitrifikationshemmer als eine spezielle Biozidgruppe aufgenommen, deren Anwendung bei uns noch sehr beschränkt ist, die aber aus ökologischer Sicht vielfaches Interesse finden. Wir erinnern uns, daß Nitrifikation die bakterielle Umwandlung von Ammonium zu Nitrat ist, die in zwei Schritten über Nitrit als Zwischenprodukt abläuft. Nun ist Nitrat im Boden leicht durch Wasser beweglich und kann bei starken Regenfällen rasch aus dem Wurzelbereich der Pflanze ausgewaschen und in Richtung Grundwasser abtransportiert werden. Dies ist aus der Sicht des Landwirts unökonomisch, da mit dem Nitrat ja Betriebskapital, das dem Pflanzenwachstum zugute kommen sollte, verlorengeht. Man weiß seit einiger Zeit, daß vor allem Getreidepflanzen sehr gut mit Ammonium als Stickstoffquelle auskommen können und Nitrat somit entbehrlich ist. Also setzt man den Hemmstoff „Nitritizid" ein, der die normalerweise im Boden stets ablaufende Umwandlung von Ammonium zu Nitrat unterbinden kann, und düngt nur noch mit Ammonium. Auf den ersten Blick ein auch ökologisch vorteilhaftes Verfahren, da die Einschwemmung von Nitrat ins Grundwasser unterbunden wird. Aber – und das ist der springende Punkt – es wird eine weitere Chemikalie in den Boden eingebracht, und über deren Nebenwirkungen auf andere Bodenbakterien wissen wir noch viel zuwenig, um das Verfahren begrüßen zu können. Die Anwendung von Nitrifikationshemmern wird über das Düngemittelgesetz geregelt. Ein bekanntes Mittel ist das „N-Serve"; es dient (englisch: *to serve*) der besseren Stickstoffverwertung (Stickstoff = N).

• *Problemfall "Stroh"*

Vom Getreide werden nur die Körner für den Menschen genutzt, die Halme (das „Stroh") bleiben bei der Ernte zurück. Im „alten" bäuerlichen Betrieb mit Viehhaltung wurde das Stroh in geringem Umfang verfüttert, vor allem aber zur Einstreu im Stall benutzt und in Form von Stallmist wieder zur Düngung verwendet. Ein viehloser Betrieb hat diese Möglichkeit nicht. Was kann er sinnvoll mit den riesigen Strohmengen machen? Nach unseren allgemeinen ökologischen Kenntnissen müßten wir sagen: Stroh ist Bestandsabfall, dieser sollte in den Stoffkreislauf wieder einfließen, also dem Recycling-Prozeß unterworfen werden. Warum aber wird soviel Stroh auf den Feldern verbrannt? Warum empfiehlt man Strohnutzung zur Heizenergiegewinnung, statt es einfach unterzupflügen und dem Kreislauf wieder zuzuführen? Warum handelt der Landwirt so un-ökologisch?

Das Problem ist folgendes: Stroh ist ein organisches, durch Mikroorganismen abbaubares Material. Aber es enthält so wenig lebenswichtige Stickstoffverbindungen, daß die Organismen vom Stroh allein nicht leben können. Die Mikroorganismen haben aber die Möglichkeit, Stickstoffverbindungen anderer Herkunft für sich zu verwenden – nämlich die im Boden vorhandenen anorganischen Pflanzennährstoffe. Diese sind aber an sich für die Kulturpflanze bestimmt; mit anderen Worten: Der Strohabbau konkurriert mit den Pflanzen um Stickstoff. Folge: Eine starke Strohdüngung mindert den Ertrag der Pflanzen; es sei denn, es wird den Mikroorganismen eine zusätzliche Stickstoffdüngung als Ausgleich gegeben, die ihnen den Strohabbau ohne Ertragsverlust bei den Pflanzen erlaubt.[2] Allerdings ist die Kenntnis von der Möglichkeit der Ausgleichsdüngung noch nicht weit verbreitet, und die ältere Vorstellung von der ertragsmindernden Wirkung der Strohdüngung überwiegt noch. Das „Problemstroh" muß also nicht verbrannt werden, es kann durchaus zur Steigerung der Bodenfruchtbarkeit eingesetzt werden. Die beim Abbau des Strohs in die Körpermasse der Mikroorganismen eingegangene Stickstoff-Ausgleichsdüngung geht im übrigen nicht verloren; zu einem späteren Zeitpunkt wird der Stickstoff wieder in pflanzenverfügbarer Form freigesetzt.

Problemfeld 2

Im folgenden kommen wir zu den ökologischen Konsequenzen der *Energiebeihilfen* für Agrarökosysteme. Seit alters hat der Mensch seine eigene Arbeitskraft und die von Tieren zur Bewirtschaftung von Agrarökosystemen eingesetzt. Diese Arbeitsenergie gewann er letztlich aus der Nahrungsenergie des Systems. Mit der Zufuhr von mineralischem Dünger, Pflanzenschutzmitteln und anderen Produktionshilfsstoffen wird zusätzlich Energie aufgewendet:

– extern bei der industriellen Gewinnung und Produktion der Stoffe sowie bei ihrem Transport und
– betriebsintern beim Ausbringen aufs Feld.

Überwiegend stammt die Energie aus fossilen Quellen (Erdöl, Kohle). Des weiteren wird in erheblichem Umfang zusätzliche Energie in Form von Kraftstoff und Strom eingesetzt, um die verschiedenen Maschinen anzutreiben, die seit etwa 1950 beim Landbau anstelle von menschlicher und tierischer Arbeitskraft getreten sind. Man denke beispielsweise an Traktoren, Mähdrescher, Melkmaschinen, Heutrocknungsanlagen. Den Einsatz zusätzlicher Energie fossilen Ursprungs hat ODUM als „Energiebeihilfe" bezeichnet.[3]

Man muß in diesem Zusammenhang daran denken, daß seit 1950 in allen Industrieländern in allen Wirtschaftsbereichen eine Mechanisierung von Arbeitsabläufen stattgefunden hat, die den Menschen von schwerer körperlicher Arbeit entlastete.

---

2 Ausführliche Darstellung dazu: Eduard VON BOGUSLAWSKI: Ackerbau. Grundlagen der Pflanzenproduktion. Frankfurt 1981. S. 270ff.
3 Eugene P. ODUM: Grundlagen der Ökologie. Bd. 1. Stuttgart/New York 1980, S. 66.

Dieser Prozeß machte vor der Landwirtschaft nicht halt. Die zugleich auftretenden Lohnsteigerungen zwangen die deutsche Landwirtschaft (wie andere) auch rein betriebswirtschaftlich zur Mechanisierung, wollte nicht der Bauer auf alle Fortschritte (Einkommenssteigerung, Freizeit, Zivilisationsgüter) verzichten. Möglich wurde die rasche Mechanisierung in der Landwirtschaft wie in anderen Bereichen durch das in dieser Zeit in gewaltigen Mengen auf den Energiemarkt drängende preisgünstige und bequem zu nutzende Erdöl.

Nur wenige Zahlen zur Strukturveränderung in der Landwirtschaft: Nach 1950 ging die Zahl der Vollzeitarbeitskräfte in der Landwirtschaft bei uns von rund 3,9 Millionen auf nahezu 1 Million zurück. Die Zahl der Betriebe über 1 Hektar Größe halbierte sich von 1,6 Millionen auf 0,8 Millionen. Die Durchschnittsgröße je Betrieb stieg zugleich von 8 auf 15 Hektar an.[4] Die Zahl der Arbeits-Haustiere (Pferde, Ochsen) verminderte sich um etwa 3 Millionen. Dies setzte erhebliche Flächen, die bisher zur Ernährung dieser Tiere gedient hatten, für eine andere landwirtschaftliche Nutzung frei. Die Mechanisierung ihrerseits erforderte in vielen Fällen eine maschinengerechte Umgestaltung der Flächen (vgl. Flurbereinigung, Abschn. 16.5). Zudem ergab sich aus der Suche nach Arbeitserleichterung zwangsläufig ein Zug zur Spezialisierung, zum Beispiel auf reinen Getreidebau oder reine Milchviehwirtschaft, weil nur so alle Vorteile der Mechanisierung voll ausgeschöpft werden konnten.

Über die Ausmaße des Energieverbrauchs in der Landwirtschaft herrschen oft übertriebene Vorstellungen. In der Bundesrepublik Deutschland liegen der direkte (innerbetriebliche) *und* der indirekte (bei der Herstellung von Dünge- und Pflanzenschutzmitteln in der Industrie verbrauchte) Einsatz von fossiler Energie nur im Bereich von 3 bis 4% des gesamten volkswirtschaftlichen Energieeinsatzes.[5] Dieser Betrag liegt in anderen industrialisierten Ländern in ähnlicher Größenordnung. Dieser Hinweis auf den verhältnismäßig geringen landwirtschaftlichen Energieverbrauch soll nicht besagen, daß im Agrarbereich keine Sparmaßnahmen ergriffen werden sollten; man darf nur das Einsparpotential nicht zu hoch ansetzen.

Bei der Beurteilung der Wirkung von Energiebeihilfen ist bemerkenswert, daß ihre Erhöhung auf das Doppelte keineswegs auch den Ertrag verdoppelt. Das geht zum Beispiel schon aus dem Verhältnis von Düngereinsatz und Weizenertrag in der Bundesrepublik Deutschland *(Tab. 2)* hervor: Von 1950 bis 1979 vervierfachte sich die Stickstoffdüngergabe – der Weizenertrag stieg in der gleichen Zeit aber nicht einmal auf das Zweifache! Die energiebedürftigen Bewirtschaftungsmaßnahmen in ihrer Gesamtheit müßten nahezu verzehnfacht werden, um die Ertragsverdoppelung zu erreichen. Eine weitere Verdoppelung (als Vervierfachung der Ausgangsmenge) würde wieder eine Verzehnfachung bedeuten, das heißt eine 100fache Erhöhung des Energieeinsatzes gegenüber der Ausgangsgröße.[6] Dies weist deutlich darauf hin, daß die Welternährungsprobleme nicht einfach über eine Intensivierung des Anbaus mittels hoher Energiebeihilfen zu lösen sind. Die Kosten-Nutzen-Relation würde schon in „reichen" Ländern rasch ungünstig; erst recht in „armen" Ländern, denen die finanziellen Mittel zum gesteigerten Energieeinsatz fehlen. Dazu kommt, daß der konventionelle, mit hohen Energiebeihilfen betriebene Landbau oft Ausgangspunkt erheblicher ökologischer Belastungen ist. Und zu allem Überfluß besteht auch noch der starke Verdacht, daß die Qualität der erzeugten Nahrung sehr zu wünschen übrig läßt; das ist eine Frage, der wir in Studieneinheit 18 nachgehen.

Beurteilung

---

4 Statistisches Jahrbuch über Ernährung, Landwirtschaft und Forsten. Münster-Hiltrup 1980, S. 38.
5 A. WEBER: Bewertung der Energiebilanz aus Produktion, Distribution und Verbrauch. Berichte über Landwirtschaft. N.F. 195. Sonderheft. Hamburg/Berlin 1979, S. 112.
6 Eugene P. ODUM: Grundlagen der Ökologie. Bd. 2. Stuttgart/New York 1980, S. 683ff.

Aufgabe 6   Was versteht man unter „Energiebeihilfe" im Zusammenhang der landwirtschaftlichen Produktion?

....
....
....
....
....
....
....

16.4. Landwirtschaft und Ökologie – eine Bilanz

Kernbereiche

Wir wollen nun das Verhältnis Landwirtschaft zu Ökologie im Licht der deutschen Agrar- und Ernährungspolitik betrachten. Die Ziele dieser Politik lassen sich in drei Kernbereiche zusammenfassen:

(1) Sicherung der Versorgung der Bevölkerung mit gesundheitlich einwandfrei beschaffenen Nahrungsmitteln zu angemessenen Preisen.

(2) Nachhaltige Sicherung bzw. Wiederherstellung der Funktions-, Leistungs- und Nutzungsfähigkeit von Natur und Landschaft bei grundsätzlicher Gleichrangigkeit von ökonomischen und ökologischen Zielen.

(3) Verbesserung der Lebensverhältnisse im ländlichen Raum durch gezielten Einsatz von agrarstrukturellen Maßnahmen und durch ein System der agrarsozialen Sicherung.[7]

▶ *Wie steht es um die Verwirklichung dieser Ziele?* ◀

Bereich 1

Was die *Nahrungsproduktion* angeht, so wird in der Öffentlichkeit die einwandfreie, vor allem die schadstofffreie Beschaffenheit der im konventionellen Landbau erzeugten Produkte in Abrede gestellt. Betroffen sind sowohl Lebensmittel pflanzlichen als tierischen Ursprungs. Das Spektrum der zur Diskussion stehenden Schadstoffe reicht von Rückständen der Pflanzenschutzmittel über qualitätsmindernde Auswirkung der Mineraldüngung zu Tierarzneimitteln und weiter zu Schwermetallen oder anderen Schadstoffen aus dem nicht-landwirtschaftlichen Bereich. Wir werden diesen Gesamtkomplex „Nahrungsqualität" ausführlich in Studieneinheit 18 diskutieren.

Bereich 2

Wie steht es um die ökologische Rolle der Landwirtschaft im engeren Sinne?

Was nach der Meinung der Mehrzahl der Landwirte und der Agrarpolitiker eine *ordnungsgemäße Landbewirtschaftung* ist, führt in erschreckendem Umfang zum Rückgang von wildlebenden Pflanzen- und Tierarten. Das liegt in erster Linie an der Zerstörung von Lebensräumen („Biotope") in der Kulturlandschaft. Die mechanisierte Landwirtschaft benötigt große Felder ohne störende Ecken und Kanten. Also werden die Störelemente beseitigt: Feldränder, Hecken, Wegraine, Feldgehölze, Einzelbäume, Gräben, Tümpel müssen weichen. Entwässerung von Feuchtgebieten, Begradigung von Bächen gehören ebenfalls zu den produktionsfördernden, naturstörenden Maßnahmen von erheblicher Bedeutung.

---

[7] Agrarbericht 1980 der Bundesregierung. Deutscher Bundestag. Drucksache 8/3635, Bonn 1980, S. 39.

Auch *Pflanzenschutzmittel* tragen zur Verarmung der Pflanzen- und Tierwelt bei. So hat die Verwendung von Herbiziden in der Landwirtschaft ganz wesentlich zur Verarmung an Wildkräutern („Unkräuter") im Acker beigetragen. Im übrigen allerdings sind die Schäden gegenwärtig bei uns geringer, als man vielfach annimmt. Dies ist die Folge einiger positiver Entwicklungen auf dem Gebiet der Pflanzenschutzmittelgesetzgebung (DDT-Gesetz u. a.; vgl. STE 17 und STE 24). Im übrigen hängt der bei uns im Vergleich zu anderen, vor allem tropischen Ländern geringe ökologische Schaden durch Pflanzenschutzmittel auch davon ab, daß wir von der Natur begünstigt sind. Die Zahl der – landwirtschaftlich gesehen – schädlichen Insekten und anderer Kleintiere ist wegen unseres vergleichsweise kühlen Klimas geringer als in warmen Ländern. Darüber hinaus spielen Insekten als Überträger von Krankheiten bei uns keine Rolle – damit entfällt ein wichtiger Grund für die Anwendung von Pestiziden. Trotz einer – im Vergleich gesehen – günstigen Situation bleibt die Anwendung von Pflanzenschutzmitteln auch bei uns eine ökologisch bedenkliche Angelegenheit. Die Anwendung von Pflanzenschutzmitteln belastet nicht nur die Pflanzen- und Tierwelt, sondern es kann über verseuchte Nahrung auch der Mensch getroffen werden.

Eine weitere wesentliche Belastung kann von der *Düngung* ausgehen. Zwar sind weder eine Düngung mit Mist oder anderen organischen Stoffen noch eine mineralische Düngung als grundsätzlich ökologisch falsch anzusehen. Düngemittel dienen der Nährstoffversorgung der Kulturpflanze. Da sie Nährstoffe *nicht* in organisch gebundener Form aufnehmen kann, sondern nur in anorganischer Form, muß auch eine organische Düngung im Boden in anorganische Verbindungen zerlegt werden, ehe sie pflanzenverfügbar wird. Aus dieser Sicht ist auch gegen eine direkte Zufuhr von anorganischen Düngemitteln grundsätzlich nichts einzuwenden. Ökologische Belastungen entstehen durch eine zu hohe oder falsche Anwendung und vor allem auch durch eine Düngung ökologisch wertvoller Gebiete; im einzelnen sind folgende Aspekte wichtig:

• Zu hohe, vor allem aber auch falsche Düngemittelgaben können die Anfälligkeit von Nutzpflanzen gegenüber Schadformen erhöhen und damit Anlaß zu an sich vermeidbarem Einsatz von Pflanzenschutzmitteln sein.

• Bringt man Nitratdünger in einer Höhe aus, die von den Pflanzen nicht genutzt werden kann, wird Nitrat als Schadfaktor ins Grundwasser eingetragen. Gleiches gilt, wenn die Düngung zur falschen Zeit erfolgt, das heißt, wenn die Pflanzen nicht aufnahmebereit sind. Da auch Ammoniumdünger und ebenso die stickstoffhaltigen Anteile des Mistes in Nitrat umgewandelt werden, ist die ausschließliche Verwendung dieser Düngemittel keine Sicherheit gegen eine Grundwasserbelastung. Es hängt in allen Fällen von der Höhe der Düngemittelgabe ab, ob ökologische Schäden auftreten.

• Während Nitrat im Boden leicht durch Wasser verfrachtet werden kann, sind Ammonium und Phosphat verhältnismäßig wenig beweglich, da sie an Bodenteilchen angelagert werden. Speziell Phosphatverfrachtungen treten dennoch auf, wenn oberflächlich in geneigtem Gelände Bodenmaterial mit anhaftendem Phosphat durch abfließendes Regenwasser abtransportiert wird *(Erosion)*. Außerdem ist Phosphat in sauren Böden (ehemalige Moorgebiete) auch im Boden transportabel. Phosphat stellt für Seen einen entscheidenden *Eutrophierungsfaktor* dar; der Anteil des aus der Landwirtschaft stammenden Phosphats ist im bundesweiten Durchschnitt jedoch vergleichsweise gering (17%), lokal kann der Anteil aber wesentlich höher liegen (vgl. STE 7, Wahnbachtalsperre).

• Zur Gewässerbelastung tragen auch Abschwemmungen von Viehweiden und Abwässer der Massentierhaltung bei. Der Phosphatanteil hiervon ist in dem eben genannten landwirtschaftlichen Phosphatbelastungsanteil von 17% enthalten.

• Die Anwendung von Düngemitteln zur Ertragsverbesserung von Magerrasen und anderen nährstoffarmen *(oligotrophen)* Landlebensräumen zerstört ökologisch wertvolle Pflanzengesellschaften.

Im Bereich agrarstruktureller Maßnahmen interessiert hier nur die *Flurbereinigung,* die in der Vergangenheit wegen ihrer oft radikalen Umgestaltung der Landschaft erhebliche ökologische Belastungen hervorgerufen hat. Die Flurbereinigung führt

Bereich 3

auch gegenwärtig noch zu zahlreichen Konflikten zwischen ökonomischen und ökologischen Ansprüchen. Immerhin waren 1979 noch Flurbereinigungsmaßnahmen für eine Fläche von rund 4,3 Millionen Hektar anhängig. Das sind etwa 30% der landwirtschaftlich genutzten Fläche in der Bundesrepublik Deutschland! Entsprechend dieser Bedeutung gehen wir auf die Flurbereinigung gesondert ein.

Aufgabe 7 Welche Hauptziele verfolgt die Agrarpolitik der Bundesrepublik Deutschland?

....
....
....
....
....
....
....
....
....

16.5. Flurbereinigung: Ökonomische Zwänge – ökologische Schäden

Ausgangssituation

Der Problemkreis Flurbereinigung ist nur bei Berücksichtigung der geschichtlichen Entwicklung der Agrarlandschaft zu verstehen. Als um 1950 die Mechanisierung der Landwirtschaft einsetzte, machte in vielen Teilen der Bundesrepublik Deutschland die Zersplitterung des Grundbesitzes im ländlichen Raum einen wirtschaftlich rentablen Einsatz von Arbeitskräfte sparenden Maschinen unmöglich.

Wie ist es zu dieser Zersplitterung gekommen? Der größere Teil der heutigen Bundesrepublik Deutschland wies im ländlichen Raum ursprünglich Haufendörfer auf. Einzelhofsiedlungen beschränkten sich im wesentlichen auf den westlichen Teil des heutigen Niedersachsens, auf Teile Nordrhein-Westfalens (z. B. Münsterland) und die Schwäbisch-Bayerische Hochebene. Die bäuerlich-dörflichen Siedlungen betrieben die Dreifelderwirtschaft aufgrund einer strengen Nutzungsordnung gemeinsam auf drei gleich großen Feldstücken („Gewanne"), an denen jeder Bauer anteilig Mitbesitzer war. Wo die Dreifelderwirtschaft aufgegeben wurde, blieben jedem Bauern weit voneinander liegende Anteile an den ursprünglichen Gewannen und – nach Auflösung der gemeinsam genutzten Weiden („Allmende") – zusätzliche, oft weit vom Hof entfernt liegende Flurstücke.

Die ersten Flurbereinigungen des 18. und 19. Jahrhunderts beseitigten zwar vielerorts die ärgsten Mißstände, die meist immer noch getrennt liegenden neuen Flächen waren aber für heutige Verhältnisse noch sehr klein. Es sei am Rande erwähnt, daß die „Verkoppelung" von kleinen Flächen zu größeren und ihre Abgrenzung durch Hecken („Knicks") in Holstein auch eine Flurbereinigung waren. In Süddeutschland und einigen anderen Stellen gibt es noch einen weiteren Grund für die Kleinheit und Verstreutheit der Wirtschaftsflächen: Hier herrschte längere Zeit die „Realteilung" bäuerlichen Besitzes, das heißt, der Landbesitz wurde gleichmäßig auf die Erben verteilt.

Ökologisch betrachtet, schuf all dies eine für wildlebende Pflanzen und Tiere ideale Situation. Zahlreiche Wegränder, Feldraine, Hecken standen als Lebensräume zur Verfügung. Viele kleine Feldgehölze, Feuchtgebiete oder Magerrasen blieben eingesprengt erhalten, weil der Aufwand für eine „Kultivierung" nicht lohnte oder der einzelne diese Maßnahme allein gar nicht durchführen konnte.

16. Konventioneller Landbau

Das Flurbereinigungsgesetz (FlurbG) vom 14. 7. 1953[8] und die Ausführungsgesetze der Länder brachten hier einschneidenden Wandel. Eine „Neufassung des Flurbereinigungsgesetzes" vom 16. 3. 1976[9] berücksichtigte im Gegensatz zur ersten Fassung stärker ökologische Belange. Es unterliegt keinem Zweifel, daß die Flurbereinigung in weiten Gebieten tiefgreifende Veränderungen der Landschaft bewirkt und die Lebensmöglichkeiten von wildlebenden Pflanzen und Tieren drastisch verschlechtert hat. Man denke hier nur an die totale Umgestaltung des Kaiserstuhls in Baden.

Wandel

Seit den großen Rodungen des frühen Mittelalters dürfte die Flurbereinigung der tiefgreifendste Wandlungsprozeß im ländlichen Gebiet gewesen sein. Man muß aber anerkennen, daß die Neufassung des Gesetzes von 1976 und seine Handhabung in den Folgejahren für die jetzt neu zur Flurbereinigung anstehenden Gebiete die ökologischen Belastungen etwas vermindert hat. Probleme bleiben aber; denn die Zielsetzung der Flurbereinigung, das heißt „Verbesserung der Produktions- und Arbeitsbedingungen in der Land- und Forstwirtschaft" sowie „Förderung der allgemeinen Landeskultur" (aus § 1 des FlurbG von 1976) steht nun einmal im Gegensatz zu vielen Anliegen des Natur- und Artenschutzes.

Der positive Wandel in der Flurbereinigung spiegelt sich in einem Runderlaß des Ministers für Ernährung, Landwirtschaft und Forsten des Landes Nordrhein-Westfalen wider („Naturschutz und Landschaftspflege in Verfahren nach dem Flurbereinigungsgesetz").[10] Hier heißt es unter anderem: „Die Flurbereinigung ist derart durchzuführen, daß wertvolle Biotope und wertvolle Einzelschöpfungen der Natur nicht beseitigt oder beeinträchtigt werden" (§ 1.3) und „Wegen der großen ökologischen Bedeutung wildwachsender Pflanzengemeinschaften sind geeignete Rand- und Restflächen zu erhalten und auszuweisen" (§ 1.6).

In einer besonderen Fallstudie wird in Studieneinheit 26 auf den Zielkonflikt zwischen Landschaftspflege und Flurbereinigung am Beispiel eines Flurbereinigungsverfahrens in Westfalen eingegangen.

(a) Was ist das Ziel der Flurbereinigung?

Aufgabe 8

....
....
....
....
....

(b) Welche ökologischen Probleme bestehen?

....
....
....
....
....
....
....

---

8 Bundesgesetzblatt, Teil I, 1953, S. 591 ff.
9 Bundesgesetzblatt, Teil I, 1976, S. 546 ff.
10 Runderlaß des Ministers für Ernährung, Landwirtschaft und Forsten vom 23. 10. 1980. Ministerialblatt für das Land Nordrhein-Westfalen, Nr. 114, vom 20. 11. 1980, S. 2442. Ausführliche Information zum Ablauf des Flurbereinigungsverfahrens einschließlich einer Zusammenstellung der gültigen Landesgesetze findet sich in: „Das Flurbereinigungsverfahren", AID 34/1980; zu beziehen vom „Auswertungs- und Informationsdienst für Ernährung, Landwirtschaft und Forsten (AID) e. V.", Postfach 200708, 5300 Bonn 2.

16.6. Ökologische Aspekte der Tierproduktion

Entwicklung

Die Tierproduktion ist in letzter Zeit in Verruf gekommen: „Östrogene im Kalbfleisch", „mangelhafte Schweinefleischqualität", „KZ-Hühnerhaltung" sind nur einige der Vorwürfe. Wie ist es zu dieser Situation gekommen? Die Tierproduktion hat genauso wie die Pflanzenproduktion seit 1950 erhebliche Wandlungen durchgemacht:[11]

Beispiel 1

PFERDE

Bestandszahlen:
- 1950: 1 570 000
- 1960: 710 000
- 1970: 253 000
- 1980: ca. 380 000

Der Rückgang beruht auf dem weitgehenden Verschwinden des Zug- und Arbeitspferdes. Die Zunahme im letzten Jahrzehnt geht auf das Konto des Pferdesports.

Beispiel 2

RINDER

Bestandszahlen (abgerundet)	1950	1980
Rinder insgesamt, d.h. einschließlich Kälbern	12 000 000	15 000 000
davon:		
Arbeitsrinder und -ochsen	2 500 000	0
Milchkühe	4 500 000	5 500 000

Daraus ergibt sich:

• Eine erhebliche Zahl von Arbeitstieren verschwand und machte anderen Tieren Platz.

• Bei gesunkener Gesamtzahl an erwachsenen Rindern nahm die Zahl der Milchkühe zu.

• Die Zahl der Kälber hat ganz erheblich zugenommen; der Grund dafür ist unter anderem, daß die Milchkühe gegenüber früher wesentlich kürzere Zeit genutzt werden, also früher geschlachtet werden, und jüngere Tiere nachrücken. Außerdem wurden früher die Kälber in wesentlich jüngerem Alter geschlachtet, da man Milch bei der Aufzucht sparen wollte. Heute verwendet man in erheblichem Umfang statt Frischmilch Ersatzprodukte. Die Tiere werden aus produktionstechnischen Erwägungen vielfach unter Bedingungen gehalten, die man im menschlichen Leben als schwerste Folter und Einzelhaft bezeichnen würde. Hier berühren wir ein trauriges Kapitel der Tierproduktion, das uns auch in Studieneinheit 18 noch einmal, und zwar unter dem Aspekt Nahrungsqualität, beschäftigen muß.

• Seit 1950 ergab sich eine deutliche Verschiebung der Anteile einzelner Rassen. Die besonders auf Milchleistung gezüchteten Deutschen Schwarzbunten und Rotbunten verdoppelten ihren Anteil auf Kosten anderer Rassen.

Das Hauptprodukt der Rinderhaltung ist die Milch (vgl. *Tab. 3*). Ihre Erzeugung wurde außerordentlich gesteigert; gegenüber 1950 stieg die durchschnittliche Milchlieferung pro Tier um fast 60%. Dies war ein Resultat züchterischer Maßnahmen *und* veränderter Fütterung. Zusätzlich zum „Grundfutter" (Gras, Heu u.a.) wurde Kraftfutter eingesetzt. Man kann davon ausgehen, daß Leistungen von 2500 Liter Milch pro Kuh und Jahr (das entspricht etwa dem Stand von 1950) ohne weiteres mit Grundfutter erzeugt werden können. Eine gewisse Steigerung ist möglich; die

---

11 Daten aus verschiedenen Jahrgängen des Statistischen Jahrbuchs über Ernährung, Landwirtschaft und Forsten und dem Fischer-Weltalmanach '81.

Tab. 3: Die prozentualen Anteile der einzelnen Produkte an den Verkaufserlösen der deutschen Landwirtschaft im Wirtschaftsjahr 1978/79

Gesamtverkaufserlös: 52 461 Mio. DM
Pflanzliche Erzeugnisse . . . .   gesamt: 30,3%
z.B. Getreide 11,0%
 Kartoffeln 1,7%
 Zuckerrüben 3,0%
 Obst 2,3%
 Wein 2,7%
 Blumen und Zierpflanzen 4,8%
Tierische Erzeugnisse . . . .   gesamt: 69,7%
z.B. Rinder 17,1%
 Kälber 1,5%
 Milch 25,7%
 Schweine 19,0%
 Geflügel 1,7%
 Eier 4,0%

Aus: Statistisches Jahrbuch 1980 für die Bundesrepublik Deutschland. Stuttgart/Mainz 1980, S. 136.

heutigen Durchschnittserträge von 4000 Liter, erst recht aber Spitzenerträge von 8000 Liter, bedürfen zusätzlichen Kraftfutters. Dieses besteht aus Getreideprodukten und anderen energiehaltigen Produkten. Wenn hier auch in gewissem Umfang anderweitig nicht nutzbare Produkte verfüttert werden, so wird die Sache doch aus ökologischer Sicht bedenklich. Mit der Verfütterung hochwertiger, auch von Menschen direkt nutzbarer Stoffe wird Verschwendung von Nahrungsenergie betrieben. Der Kraftfutterbedarf einer Hochleistungskuh entspricht, gemessen an der Nahrungsenergie, dem Bedarf von mindestens 10 Menschen. Der eigentliche Vorteil des Rindes, den wir bei der Haustierwerdung als positiv herausstellten, ist ja die Fähigkeit zur Ausnutzung pflanzlicher Produkte, die der Mensch direkt *nicht* verwenden kann. Zu diesen ökologischen Bedenken gegen die übermäßige Milchproduktion kommen andere Gesichtspunkte, die H. SOMMER herausstellt: Die Intensivrinderhaltung zur Milchproduktion geht mit erheblichen Verschlechterungen im Gesundheitszustand der Tiere einher; beispielsweise haben seit 1950 Ausfälle wegen Fruchtbarkeitsstörungen um 120%, Euterentzündungen um 266% zugenommen.[12]

Zum wirtschaftlichen Aspekt der Rinderhaltung: Sie deckt 44% der gesamten landwirtschaftlichen Erlöse in der Bundesrepublik Deutschland *(Tab. 3);* Milch allein 26%. Die Bundesrepublik nimmt weltweit den 4. Platz in der Milcherzeugung ein.

SCHWEINE

Beispiel 3

Bestandszahlen (abgerundet)   1950: 12 000 000
  1979: 23 000 000

Die Zahlen bedürfen einiger Ergänzungen, um das Ausmaß der Veränderungen erfassen zu können. Da Schweine heute schon nach einer Mastdauer von 7–8 Monaten schlachtfähig sind, ist die Zahl der geschlachteten Schweine wesentlich größer als die an statistischen Zähltagen erfaßten Stückzahlen (1979: 36 580 000 Schlachtungen mit einem Gewicht von 3 078 700 t; zum Vergleich: Rinder 4 785 200 Schlachtungen mit einem Gewicht von 1 422 100 t, Kälber 678 200 bzw. 72 400 t). Die Mastdauer der Schweine hat sich heute gegenüber früheren Zeiten beträchtlich vermindert. Noch 1800 betrug trotz geringeren Schlachtgewichtes als heute die

---

12 Heiner SOMMER: Moderne Tierhaltung und Tiergesundheit. In: Tierhaltung im ökologischen Umbruch. Vorträge eines Seminars des Hauptverbandes zur Förderung der tierischen Veredelungswirtschaft in Bayern e.V. München 1980, S. 19.

Mastzeit rund 1½ Jahre. Damals erfüllten die Schweine besser als heute ihre ökologische Aufgabe einer Verwertung von Abfällen und für den Menschen nicht geeigneten Produkten im Sinne einer Veredelung der pflanzlichen Produkte unter Ausnutzung der Nahrungskette. Heute hingegen werden hochwertige Futtermittel zur Mast eingesetzt. Diese ermöglichen zusammen mit züchterischen Maßnahmen und einer weitgehenden Beschränkung auf eine raschwüchsige Zuchtrasse (Deutsche Landrasse) den raschen Masterfolg. Der Rückgriff auf wirtschaftseigene (also selbsterzeugte) Futtermittel ist gering geworden (statistisch gesehen etwa 10%); Futtermittel werden vielmehr zugekauft, und etwa ein Viertel der Gesamtmenge stammt aus dem Ausland.[13]

Betriebswirtschaftlich gesehen, ist parallel zur Zunahme des Schweinebestandes seit 1950 die Zahl der Schweinehalter drastisch zurückgegangen (von etwa 2,5 Millionen auf rund 650 000). Damit zugleich stieg die Schweinezahl pro Betrieb stark an. Die Spezialisierung nahm zu, eine Trennung in Vermehrungsbetriebe (Ferkelerzeuger) und Mastbetriebe ist häufig geworden. Die Massentierhaltung hat Einzug gehalten, die Tierfabrik ist da.

Aufgabe 9 Welche Veränderungen im Haustierbestand von Pferd, Rind und Schwein sind seit 1950 zu beobachten?

....
....
....
....
....
....
....
....
....
....

Beispiel 4 HÜHNER

Bestandszahlen: 1950: 48 064 000
 davon Legehennen: 44 761 000
 1979: 84 932 000
 davon Legehennen ½ Jahr und älter: 45 820 000

Die Zahl der Hühnerhalter beträgt 473 000 (1979). Die mittlere Eiproduktion pro Henne und Jahr liegt bei 244. Die Freilandhaltung ist weitgehend verschwunden und durch Massentierhaltung mit bis zu mehreren hunderttausend Tieren pro Betrieb ersetzt. Die Haltung der Hühner erfolgt nach rein betriebstechnischen Überlegungen, wobei dem Bedürfnis des Tieres gerade so weit Rechnung getragen wird, daß es für eine, an der normalen Lebenserwartung gemessen, sehr kurze Zeitspanne ein Höchstmaß an Eiern produziert. Der Begriff der „KZ-Hühner" wurde von Gegnern dieser Haltungsweise geprägt, und er gibt auch den Eindruck eines tierliebenden Menschen von diesen auf engstem Raum zusammengepferchten, unansehnlich, man möchte sagen, zerfleddert aussehenden Hühnern gut wieder. Wir können hier nicht die Frage diskutieren, was im einzelnen unter „artgerechter Tierhaltung" zu verstehen ist und welche Argumente von Verhaltensforschern, Tierschutzverbän-

---

13 Hans-Otto GRAVERT / Rudolf WASSMUTH / Joachim Hans WENIGER: Einführung in die Züchtung, Fütterung und Haltung landwirtschaftlicher Nutztiere. Hamburg/Berlin 1979, S. 135.

den und Hühnerhaltern pro und contra ins Feld geführt werden. Die Käfig- oder Batteriehaltung von Hühnern ist eine äußerst problematische Tierhaltungsform, von der man wünschen sollte, daß sie wieder verschwindet. Es ist überdies ein ökologisch fragwürdiges Unternehmen, weil zuviel hochwertiges Futter in die – energetisch gesehen – aufwendige Produktion von Eiern und Hühnerfleisch fließt. Das Huhn hatte ebenso wie das Schwein im ursprünglichen Agrarökosystem die Rolle des Resteverwerters, der vom Menschen nicht direkt nutzbare Produkte in genießbare Form veredelte. Auch das Huhn ist in dieser Sicht zum Konkurrenten des Menschen geworden. Und das ist bei der Nahrungssituation auf der Welt eigentlich nicht zu verantworten.

Umweltbelastung durch Massentierhaltung Auswirkung

Rein rechnerisch entsprechen die Exkremente der Haustiere etwa 230 Millionen Einwohnergleichwerten (vgl. STE 6), also knapp dem vierfachen Wert der menschlichen Ausscheidungen.[14] Während aber die menschlichen Exkremente überwiegend in Form von Abwasser anfallen, ist die Situation im Haustierbereich anders. Ein beträchtlicher Teil des Kotes wird mit der Stalleinstreu aufgefangen und zu Stallmist umgesetzt. Ferner fällt bei der traditionellen Einstellung Jauche an, die dem Harn entspricht. Daneben fällt mehr und mehr Flüssigmist (Gülle) an, der durch Aufschwemmen der Exkremente in Wasser entsteht. Arbeitssparende Stallungen verfügen über besondere Böden, die ein einfaches Auffangen der Fäkalien ermöglichen. Gülle kann wie Mist zur Düngung von Acker und Grünland verwendet werden, es bedarf aber der Beachtung einiger Vorsichtsmaßnahmen; zum Beispiel muß die Gefährdung von Grundwasser und Gewässern durch zu hohe Güllegaben, die der Boden nicht festhalten kann, unbedingt unterbunden werden.

Von der Gesamtmenge an tierischen Exkrementen entfallen 84% auf die Rinderhaltung[15]. Dieses Material kann weitgehend als Mist oder Gülle auf betriebseigenen oder fremden Flächen als Dünger untergebracht werden. 13 bzw. 3% stammen aus der Schweine- oder Hühnerhaltung; hier aber handelt es sich vielfach um Massentierhaltungen, die keine oder nur unzureichende Bodenfläche zur Beseitigung der meist als Gülle anfallenden Ausscheidungen haben. In diesen Fällen wird die Gülle soweit möglich auf betriebsfremden Flächen untergebracht; wo auch diese fehlen, ist eine Aufbereitung der Gülle nach Art der Abwasserreinigung vorgeschrieben, um Gewässerschäden zu vermeiden oder jedenfalls zu mindern. Um welche Problemmengen es sich im einzelnen handelt, ist schwer abzuschätzen. Theoretisch könnte man bei gleichmäßiger Verteilung der rechnerisch anfallenden Güllemengen über die landwirtschaftlich genutzte Fläche der Bundesrepublik Deutschland eine unschädliche Beseitigung vornehmen. In der Realität sind aber die Massentierhaltungen regional konzentriert (z.B. in den norddeutschen Landkreisen Vechta und Cloppenburg), so daß eine weiträumige Verteilung nicht durchführbar ist; hier müssen also andere Beseitigungsmethoden ansetzen.

Ökologische Schäden durch Gülle oder Jauche gehen aber nicht nur von Massentierhaltungen aus. Unachtsame Ausbringung, Ableiten von Jauche aus Miststätten in Gewässer und ähnliches tragen beispielsweise zum Auftreten von Fischsterben bei. Eine weitere Schadensquelle aus dem Bereich Tierhaltung sind Silageabwässer – das ist Flüssigkeit, die bei der Gärfutterbereitung anfällt und in Gewässer gelangt. Die Statistik der Fischsterben in Bayern weist für den Zeitraum 1970–1978 zusammen 53 Schadensfälle (22,6%) aus, die auf Jauche oder Silagesaft zurückzuführen sind.[16]

---

14 H. M. RÜFFER: Überblick über Abwässer aus Massentierhaltungen und die Probleme ihrer Reinigung. *Wissenschaft und Umwelt* 2 (1980), S. 47–51.
15 Tierproduktion umweltfreundlich. In: *AID* 36 (1980), S. 24.
16 W. SANZIN: Fischsterben in Bayern im Kalenderjahr 1979. In: *Der Fischwirt* 31 (8) (1981), S. 57–60.

Da große Tierzahlen auf engem Raum konzentriert die Umwelt erheblich beeinflussen können, bestehen ab einer gewissen Tierzahl gesetzliche Auflagen über besondere Umweltschutzmaßnahmen. Nach dem Bundes-Immissionsschutzgesetz (STE 13) sind folgende Massentierhaltungsanlagen genehmigungsbedürftig:

- Anlagen mit mehr als 700 Mastschwein- oder 280 Sauenplätzen

    Bei Anlagen mit Festmistbeseitigung (traditionelle Mistproduktion) sind diese Bestandszahlen etwas höher, da sie weniger Probleme aufwerfen als Anlagen, bei denen Flüssigmist anfällt.

- Anlagen mit mehr als 7000 Legehennenplätzen und Geflügelmastanlagen mit mehr als 14 000 Plätzen

Aus der „Technischen Anleitung zur Reinhaltung der Luft" (STE 13) ergeben sich weitere Umweltschutzauflagen. Die Genehmigung zur Massentierhaltung wird nur dann erteilt, wenn von der geplanten Anlage keine schädigenden Umwelteinwirkungen und keine erhebliche Belästigung für die Allgemeinheit und die Nachbarschaft ausgehen. Ferner macht die „Massentierhaltungs-Verordnung – Schweine" Seuchenschutzauflagen. Tierkörperbeseitigungsgesetz, Abfallbeseitigungsgesetz (STE 14–15) und Wasserhaushaltsgesetz (STE 8) regeln die Beseitigung von toten Tieren, Abfällen und Abwasser.

Da in Massentierhaltungen wegen des engen Kontaktes zahlreicher Tiere und der besonderen Haltungsbedingungen insgesamt erhebliche tiermedizinische Probleme mit Infektionskrankheiten und anderen gesundheitlichen Beeinträchtigungen bestehen, gibt es einschlägige Rechtsverordnungen über den Gebrauch von Tierarzneimitteln. Das Futtermittelgesetz soll die Qualität des Tierfutters regeln; das Fleischbeschaugesetz die Unbedenklichkeit der produzierten Nahrung für den Menschen sichern.

Kritik

Alles in allem liegt also hier ein dichtes Geflecht von Gesetzen und Verordnungen vor. Wie so oft im Umweltbereich hapert es aber häufig an der Durchführung und Überwachung („Vollzugsdefizit" im Sinne des Umweltgutachtens 1974 des Rates von Sachverständigen für Umweltfragen). Daraus ergeben sich viele Probleme, die vor allem den Bereich „tierische Lebensmittel" betreffen; wir werden in Studieneinheit 18 eingehend darauf zu sprechen kommen.

Zu den Vollzugsdefiziten muß man auch die Auslegung des Tierschutzgesetzes bei der Intensivhaltung von Tieren in Ställen und Käfigen rechnen. Hier spielt sich etwas Ähnliches ab wie in manchen Bereichen der Umweltpolitik im engeren Sinne auch: Bei vielen Umweltschadstoffen wird gegen ein Verbot der Einbringung von bestimmten Stoffen in die Umwelt gern das Gegenargument erhoben, es fehle der letzte wissenschaftliche Beweis für die Schädlichkeit. Genau so argumentieren die Vertreter der Intensivtierhaltung und die Juristen; sie sagen: Ein Verbot der Käfighaltung von Hühnern beispielsweise ist nur dann statthaft, wenn gesicherte wissenschaftliche Kenntnis darüber vorliegt, daß sich die Tiere wirklich in ihrem Wohlbefinden gestört fühlen. Es ist absurd, daß eindeutige Indizien für ein Nicht-Wohlbefinden hier nichts gelten sollen; beispielsweise:

– die Tiere können ihr artgerechtes Bewegungsbedürfnis nicht ausleben, können nahezu überhaupt kein natürliches Verhaltensmuster verwirklichen;
– der Zustand des Federkleides, gehäufte Wundstellen am Körper, die Notwendigkeit häufiger tiermedizinischer Eingriffe (Arzneimittelgaben) belegen die gesundheitliche Benachteiligung der Tiere.

Man muß sich darüber klar sein, daß ein Verbot der Intensivhaltung ökonomische Probleme bringen kann. Diese würden den Tierproduzenten zur ertragsmindernden betriebswirtschaftlichen Umstellung zwingen und die „landlose" Tierhaltung verringern; der Verbraucher würde gewisse Preisanstiege zu erwarten haben, die aber möglicherweise durch eine Qualitätsverbesserung gerechtfertigt werden könnten.[17]

Nennen Sie einige Problembereiche aus der Tierproduktion, und begründen Sie die auftretenden Schwierigkeiten.

Aufgabe 10

....
....
....
....
....
....

16.7. Ausblick

Der konventionelle Landbau ist nicht umweltneutral, er ist vielmehr in vielen Bereichen umweltbelastend. Keinesfalls kann man der These zustimmen, daß Landwirtschaft grundsätzlich umweltfreundlich ist. Mit dieser Bilanz können wir diese Studieneinheit abschließen. Das Thema insgesamt ist damit keineswegs abgeschlossen; im Gegenteil, wesentliche Fragen sind noch offen. Etwa die Frage, ob man auf die Verwendung von Pflanzenschutzmitteln ganz oder teilweise verzichten *kann* bzw. ob man nicht sogar aus ökologischen Gründen auf die Anwendung verzichten *muß*. Ebenso die Frage, in welchem Umfang auf mineralische Düngung verzichtet werden kann. Das berührt die Frage nach alternativen Strategien, denen wir uns in Studieneinheit 17 zuwenden. Offen ist ferner die Frage nach der Qualität der im konventionellen Landbau (und in den alternativen Wirtschaftsweisen) erzeugten Nahrung; dies Thema behandelt Studieneinheit 18.

Ergebnis

Vermissen werden Sie vielleicht das Eingehen auf den Wald und seine Nutzung, das heißt auf die Forstwirtschaft. Da die Waldfläche mit 29% Anteil an der Gesamtfläche der Bundesrepublik Deutschland einen beachtlichen Posten darstellt, wäre das sicherlich auch gerechtfertigt. Der Wald wird im Verlauf dieses Buches an mehreren Stellen angesprochen: hinsichtlich seiner Gefährdungen zum Beispiel in Studieneinheiten 11 und 12, hinsichtlich der Bedeutung für den Artenschutz in den Studieneinheiten 24 bis 26. Bei der Besprechung der agrargeschichtlichen Aspekte wurde die Geschichte des Waldes immer wieder erwähnt. Aus diesen Erörterungen soll zum Abschluß ein Gedankengang als Anstoß zu weiterer eigener Beschäftigung herausgezogen werden. Der Landbau hat sich in Mitteleuropa auf Kosten des Waldes entwickelt. Und zwar in einem doppelten Sinne: Flächenmäßig durch Rodung, das heißt Umwandlung in landwirtschaftliche Nutzfläche; stoffhaushaltsmäßig durch Nutzung des Waldes als Weidegebiet und durch Gewinnung von Streu zur Bodenverbesserung auf dem Acker. Bis ins 18. Jahrhundert war Waldnutzung ein krasser Raubbau, der zur Verarmung der Waldböden und des Baumbestandes führte. Ausnahmen waren nur herrschaftliche Waldgebiete. Die vor allem durch Nährstoffentzug total heruntergewirtschafteten Wälder erholten sich erst vom 19. Jahrhundert an richtig. Zu dieser Zeit kam die mineralische Düngung auf und erhöhte die Produktion von Acker und Grünland. Dies entlastete den Wald von der bisherigen Hilfsfunktion für den Landbau und machte den Weg frei für die Entwicklung der heutigen Wälder.

Schlußüberlegung

---

17 Eine weiterführende Darstellung mit spezieller Literatur liefert Josef DESELAERS: Ökologie und landwirtschaftliche Ökonomie-Probleme für die Gesetzgebung. *Agrarrecht* 9 (3) (1979), S. 68 ff.

17. Alternativer Landbau

Federführender Autor: Hartmut Bick
Autor der Studieneinheit: Hartmut Bick

17.0. Allgemeine Einführung

Der Landbau hat im Laufe seiner Geschichte beträchtliche Wandlungen erfahren. Am deutlichsten spiegelt sich das in den Ertragszahlen wider, zum Beispiel in der Höhe der Getreideerträge oder in der Zahl der Menschen, die ein einzelner Bauer durch seine Arbeit mit Nahrung versorgen kann. Wir haben in Studieneinheit 16 herausgestellt, daß die enormen Produktionssteigerungen der letzten hundert Jahre nur dank gewaltiger „Energiebeihilfen" für das Agrarökosystem zu erzielen waren. Maschineneinsatz, Verwendung von industriell hergestellten Dünge- und Behandlungsmitteln im Pflanzenbau und Intensivtierhaltung sind die Schlüsselworte zum Verständnis des hochproduktiven „konventionellen Landbaus", wie er gegenwärtig in der Bundesrepublik Deutschland, in allen Ländern der Europäischen Gemeinschaft (EG) und in vielen überseeischen Ländern überwiegend betrieben wird.

Der intensiv betriebene konventionelle Landbau unterliegt wegen seiner vielfältigen Umweltbelastungen zu Recht starker Kritik. Man muß sich sogar fragen, ob eigentlich alle Ziele der offiziellen Agrar- und Ernährungspolitik der Bundesrepublik Deutschland mit der gegenwärtig betriebenen Landwirtschaft erreicht werden können. Fragt man zum Beispiel, ob tatsächlich die Funktions-, Leistungs- und Nutzungsfähigkeit von Natur und Landschaft nachhaltig gesichert sind, so kommen angesichts der herrschenden Landbaupraxis ernste Bedenken auf. Aus diesem Grunde wollen wir nun untersuchen, ob Landbau nicht auch anders, das heißt umweltfreundlicher, betrieben werden kann, ohne daß die Versorgungssicherheit unseres Landes in Gefahr gerät.

17.1. Konventioneller oder alternativer Landbau – eine Vorüberlegung

Problemstellung

Welche Alternativen gibt es? Grundsätzlich ist eine Veränderung des gegenwärtigen Landbaus auf zweierlei Weise denkbar:

(1) durch Ausweitung der bestehenden sogenannten alternativen Landbauformen, zu denen beispielsweise die „biologisch-dynamische Wirtschaftsweise" und der „organisch-biologische Landbau" gehören;

(2) durch eine Berücksichtigung ökologischer Gedankengänge im modernen „konventionellen Landbau"; dazu gehört vor allem die verstärkte Anwendung des „integrierten Pflanzenschutzes".

Bei allen umweltfreundlichen Bewirtschaftungsformen, insbesondere beim alternativen Landbau, spielt die Pflege der Bodenfruchtbarkeit, die Fürsorge für die Ressource „Boden", eine wichtige Rolle. Die besondere Bedeutung, die dem Boden als Produktionsgrundlage für die Landwirtschaft zukommt, macht eine gesonderte Einführung in die Bodenökologie notwendig. In diesem Zusammenhang wird auch der Komplex Düngemittel und Düngung eingehend besprochen; er spielt ja in der Diskussion um die alternativen Landbaumethoden eine besondere Rolle. Gesundheitliche Aspekte der Düngemittelanwendung wie des Pflanzenschutzmitteleinsatzes werden allerdings erst in Studieneinheit 18 behandelt; zunächst interessiert hier nur der ökologische Aspekt im engeren Sinne.

17. Alternativer Landbau

Auf Pflanzenschutz kann kein Landwirt verzichten. Weltweit würde etwa ein Drittel der gesamten Ernte verlorengehen – mit allen Folgen, die sich daraus ergeben, auch politischer Art. Dennoch ist es auch hier unter dem Einfluß des alternativen Landbaus zu einer Revision herkömmlichen Denkens gekommen: ein „Integrierter Pflanzenschutz" steht zur Debatte. Gemeint ist damit die Abkehr vom ausschließlich chemischen Pflanzenschutz, dessen Grenzen längst erkannt worden sind. Dem erfahrenen und aufgeschlossenen Landwirt steht eine ganze Reihe anderer Möglichkeiten zur Verfügung, zum Beispiel eine nicht zu einseitige Fruchtfolge, eine einwandfreie Bodenbearbeitung im Ackerbau, eine ausgewogene bedarfsgerechte Mineraldüngung, Abkehr von starren Spritzplänen im Obst- und Gemüsebau, Wahl von standortgerechtem Saatgut, Ermittlung der jeweiligen Schadschwelle, bevor man sich zur Anwendung von Schutzmitteln entschließt. – Die langfristigen Vorteile können aber nur erreicht werden, wenn der Landwirt sich diesem doch schwierigen Produktionssystem gegenüber aufgeschlossen zeigt.

Die vorhergehende Studieneinheit endete mit der Feststellung, daß der konventionelle Landbau keineswegs grundsätzlich umweltfreundlich, ja nicht einmal umweltneutral ist. Er ist vielmehr in vielen Bereichen umweltbelastend.

Die wesentlichsten Schwachstellen des konventionellen Landbaus aus ökologischer Sicht sind:

– Die Landwirtschaft trägt durch Inanspruchnahme ökologisch wertvoller Flächen für Zwecke der Intensivproduktion wesentlich zum Rückgang und zur Existenzgefährdung von Pflanzen- und Tierarten bei.

– Die Landwirtschaft erhöht durch übermäßige oder/und falsche Düngemittelanwendung Grundwassergefährdung und Gewässereutrophierung.

– Die übermäßige Anwendung von Pflanzenbehandlungsmitteln führt zu vermeidbaren Rückständen in der Nahrung und Schäden bei wildlebenden Pflanzen und Tieren sowie bei Bodenmikroorganismen.

– Die Massentierhaltung führt zu verminderter Produktqualität bei Lebensmitteln tierischen Ursprungs und belastet die Umwelt durch Emissionen.

Darüber hinaus steht im Blickpunkt der öffentlichen Diskussion die Frage nach der qualitätsmäßigen Beschaffenheit der produzierten Nahrung insgesamt.

Aus den Richtungen der biologisch-dynamischen Wirtschaftsweise und des organisch-biologischen Landbaus ist vor allem der Vorwurf zu hören, der konventionelle Landbau gefährde die Bodenfruchtbarkeit durch übertriebene Verwendung von Landmaschinen, synthetischen Düngemitteln und Pflanzenbehandlungsmitteln. Entsprechend spielt bei diesen Wirtschaftsformen die Pflege der Bodenfruchtbarkeit und überhaupt die Fürsorge für die Ressource „Boden" eine bedeutende Rolle.

Boden, Bodenfruchtbarkeit, Düngung 17.2.

Aus diesem Anlaß behandeln wir zunächst etwas weiter ausholend den Komplex (1) Boden, (2) Bodenfruchtbarkeit und (3) Düngung.

Faktoren

(1) Boden und Bodenleben

Aus ökologischer Sicht können wir den Begriff „Boden" so definieren:

> **Boden** ist die aus verwittertem Gestein hervorgegangene und mit organischem Material vermischte oberste Erdschicht, die von lebenden Organismen besiedelt ist.

Unter „Verwitterung" verstehen wir die Zerlegung von festem Gestein durch chemische und physikalische Prozesse, wobei im Endeffekt kleine anorganische Bodenpartikeln entstehen. Das organische Material besteht letztlich aus pflanzlichen und tierischen Resten, die in den Boden gelangt sind, oder aus Resten dort lebender Organismen. Dabei kann es sich um Fallaub von Bäumen, um abgestorbene Pflanzenwurzeln, um Stroh, um Kot von Weidetieren oder die Reste toter Tiere handeln. Alles tote organische Material unterliegt dem Abbau durch Organismen; daran sind im Boden die verschiedensten Arten von Bodentieren sowie vor allem Bakterien und Pilze beteiligt. Die letztgenannten Organismen nennt man „Zerleger" *(Destruenten),* weil sie die letzten Schritte bei der Zerlegung organischer Substanz in anorganische Verbindungen tun. Dieser Prozeß heißt „Mineralisation"; an seinem Ende stehen die vormals von Pflanzen aufgenommenen und über die Nahrungskette an Tiere weitergereichten Nährstoffe (Phosphat, Stickstoffverbindungen u. a.) der Pflanze erneut zur Verfügung. Erhebliche Anteile der Organismenreste sind schwer abbaubar, das heißt, sie werden nur sehr langsam abgebaut und reichern sich als Humus im Boden an (vgl. STE 16, S. 15). Während des langsamen Abbaus werden fortwährend Stickstoffverbindungen freigesetzt; wir können Humus also als eine „langsam fließende Stickstoffquelle" bezeichnen. Humus hat noch weitere vorteilhafte Eigenschaften: zum Beispiel ist er für ein gutes Gefüge des Bodens wichtig, von dem wiederum die Durchwurzelbarkeit, die Wasserspeicherung und die Durchlüftung abhängen. Da von allen Eigenschaften des Humus vorteilhafte Wirkungen auf die Bodenfruchtbarkeit ausgehen, zielen viele bodenverbessernde Maßnahmen des Landwirts auf eine Humusanreicherung ab.

(2) Bodenfruchtbarkeit

Was ist Bodenfruchtbarkeit? Man versteht darunter die Eigenschaft des Bodens, Pflanzenwachstum zu ermöglichen und damit Nahrungspflanzen für den Menschen (oder seine Haustiere) hervorzubringen. Man kann sich den Boden als ein Nährsubstrat für Pflanzen vorstellen, das neben dem für das Pflanzenwachstum notwendigen Wasser die lebensnotwendigen Pflanzennährstoffe enthält.
Ob ein Boden geringe oder hohe Fruchtbarkeit aufweist, also wenig oder viel Pflanzenertrag bringen kann, hängt neben dem Angebot an Wasser, Nährstoffen und Humus von weiteren Bodeneigenschaften ab. Zum Beispiel spielt die Mächtigkeit des Bodens für die Pflanzenwurzeln eine Rolle; ein flachgründiger Boden bietet nur wenig Raum zur Durchwurzelung. Ungünstige Körnung des Bodens und schlechtes Gefüge können zu Sauerstoffmangel im Boden und zum Auftreten von „Staunässe" führen, die alle Bodenhohlräume erfüllt und das Bodenleben schädigt. Wichtig ist auch, ob ein Boden sauer ist (geringe Fruchtbarkeit) oder neutral bis leicht alkalisch (hohe Fruchtbarkeit). Auch die Fähigkeit zur Nährstoffspeicherung und bedarfsweisen Abgabe an Pflanzen ist ertragsfördernd.

Die Bodenfruchtbarkeit wird beispielsweise durch den Abtrag von Bodenpartikeln mit Wasser oder Wind beeinträchtigt (Erosion). Im Extrem kann etwa der gesamte Boden vom Regenwasser abgetragen werden, so daß der nackte Felsen zutage tritt; so geschah es in den Mittelmeerländern, wo in weiten Gebieten der Erdboden ins Meer gespült wurde. Zur Erosion durch Wasser kommt es, wenn in geneigtem Gelände der Boden während stärkerer Regenphasen oder bei der Schneeschmelze freiliegt, das heißt nicht mit Pflanzen bedeckt ist. Für den Landwirt kommt es darauf an, während dieser kritischen Periode für eine schützende Pflanzendecke zu sorgen oder geneigtes Gelände durch Terrassierung, also Stufenanlagen, oder mit schützenden Wällen und Hecken zu sichern. Eine wesentliche Vorbeugemaßnahme ist das „Konturpflügen", das heißt, die Pflugfurchen werden parallel zum Hangverlauf angelegt und keinesfalls der Hangneigung folgend.

Winderosion tritt vor allem in großen ebenen Flächen auf, wo der Wind ungehindert das nicht oder unzureichend von Pflanzen gedeckte Erdreich wegbläst: so geschehen in riesigen Staubstürmen im Mittleren Westen der USA in den dreißiger Jahren. Windschutzpflanzungen und bestimmte Formen der Bodenbearbeitung vermögen das Übel zu vermeiden. – Eine weitere Belastung kann bei bestimmten Bodentypen vom Einsatz schwerer Landmaschinen ausgehen, die eine nachteilige Veränderung der Bodenstruktur bewirken. – Eine besondere Gefährdung stellt die Bodenversalzung dar. Diese tritt besonders bei jahrhundertelang bewässerten Böden in Trockengebieten auf. Dort verdunstet viel Wasser, und die im Wasser in geringer Menge enthaltenen Salze reichern sich nach und nach bis zur Unfruchtbarkeit des Bodens an (Beispiel: manche Gebiete im Bereich uralter Bewässerungskulturen, so in Mesopotamien, dem heutigen Irak, oder im Indusgebiet in Pakistan).

(3) Düngung

Eine wichtige Maßnahme zur Erhaltung oder Verbesserung der Bodenfruchtbarkeit ist die Düngung; darunter versteht man den Ersatz der durch die Ernte entzogenen Nährstoffe, die Ergänzung der natürlichen Nährstoffversorgung hinsichtlich fehlender bzw. unzureichend vorhandener einzelner Nährstoffe und die Erhöhung der Nährstoffversorgung insgesamt. Düngung gibt es seit den Anfängen des Landbaus in frühgeschichtlicher Zeit. Eine typische vom Altertum bis fast in die Gegenwart reichende Düngungspraxis war die Ausnutzung der mit dem Nil angeschwemmten Stoffe, die sich als Dünger auf den überschwemmten Feldern Ägyptens ablagern konnten. Weitere Beispiele siehe *Tabelle 1a und b*. Der Übergang von der Ausnutzung organischer Düngemittel zur Verwendung mineralischer Dünger und seine ertragssteigernden Folgen wurden schon in Studieneinheit 16 ausführlich dargelegt.

Tab. 1: Düngemittel der Zeit vor und nach 1800

(a) Düngemittel vor 1800

– Schlamm aus Flüssen oder Teichen
– Streu und Bodenmaterial (Plaggen) aus Wald und Heide
– Gründünger, d. h. vor allem luftstickstoffsammelnde Pflanzen
  (Hülsenfrüchtler = Leguminosen)
– Stallmist, Kompost
– pflanzliche und tierische Abfälle (Stroh, Blut, Schlachtabfälle)
– menschliche Fäkalien, Jauche (tierischer Harn)
– Algen (Tange) von der Meeresküste
– Fischabfälle
– abgelagerter Vogelkot (Guano)
– nährstoffhaltige Erde
– Asche aus Holz, Stroh, Streu u. a.
– Mergel, Kalk, Gips

(b) „Neue" Düngemittel nach 1800

1830 Salpeterdünger aus Chile (Stickstoffdünger)
1843 Superphosphat als erster „Kunstdünger"; gewonnen durch chemische Aufarbeitung von natürlichen Rohphosphaten, höherer pflanzenverfügbarer Phosphatgehalt als diese (deshalb „Super")
1860 Kalidünger (Kaliumdünger) aus Abraum (also bis dahin Abfall) der Salzbergwerke. Sehr große Vorräte in Deutschland
1879 Thomasphosphat, entsteht bei der Eisengewinnung im sog. Thomasverfahren als Nebenprodukt
1890 Ammoniumsulfat (Stickstoffdünger) aus dem Ammoniak der Kokereien. Erster Stickstoff-„kunstdünger"
1905 Kalkstickstoff industriell aus Luftstickstoff
1913 Synthetisches Ammoniak aus Luftstickstoff nach Haber-Bosch-Verfahren. Grundstoff für viele industriell hergestellte Stickstoffdünger

Definition von „Düngemittel" (Dünger) nach dem „Gesetz über den Verkehr mit Düngemitteln":
Düngemittel sind „Stoffe, die dazu bestimmt sind, unmittelbar oder mittelbar Nutzpflanzen zugeführt zu werden, um ihr Wachstum zu fördern, ihren Ertrag zu erhöhen oder ihre Qualität zu verbessern" (Düngemittelgesetz § 1).

Mineralische Dünger (Mineraldünger) bestehen aus einer oder mehreren anorganischen Verbindungen. Sie finden sich entweder in der Natur (Kalkmergel, Rohphosphat, Chilesalpeter) oder werden künstlich hergestellt (sog. „Kunstdünger"), und zwar
- durch Aufarbeitung von natürlich anfallenden Bodenschätzen: Phosphor- oder Kaliumdüngemittel;
- synthetisch aus dem in der Luft enthaltenen gasförmigen Stickstoff (N_2), der mit 78 Volumen-Prozent am Aufbau der normalen Luft beteiligt ist.

Die wichtigsten mineralischen Dünger sind:
- Stickstoffdünger: Nitrat- und Ammoniumdünger (mit NO_3^- bzw. NH_4^+)
- Phosphordünger: Phosphatdünger (mit PO_4^{3-})
- Kaliumdünger oder „Kali" (mit K^+).

Organische Düngemittel sind Gemische vieler Verbindungen; Beispiel: Stallmist.

Handelsdünger werden über den Handel vertrieben, für sie gilt das Düngemittelgesetz; für die Mehrzahl gilt, daß sie nur dann in den Verkehr gebracht werden dürfen, wenn sie einem aufgrund der Prüfung von Wirksamkeit und Unbedenklichkeit zugelassenen Düngemitteltyp entsprechen. Die – meist anorganischen – Handelsdünger sind die entscheidenden Produktionshilfen in der intensiv betriebenen („konventionellen") Landwirtschaft. Handelsdünger wird in Umweltdiskussionen oft pauschal als Kunstdünger bezeichnet, wobei wegen der Betonung des Gegensatzes zum „Naturdünger" eine negative Bewertung einfließt.

Nach: Arnold FINCK: Dünger und Düngung. Weinheim/New York 1979.

„Pflanzennährstoffe" sind alle zur Ernährung, das heißt zum Wachstum der Pflanze notwendigen chemischen Elemente („Bioelemente"), vor allem

Stickstoff	N (Nitrogen)
Phosphor	P
Kalium	K
Calcium	Ca

Sie treten im Boden (wie im Wasser, vgl. STE 5) in folgenden pflanzenverfügbaren Ionenformen auf:

N: Nitrat (NO_3^-), Ammonium (NH_4^+)
P: Phosphat (PO_4^{3-})
K: K^+
Ca: Ca^{++}

In organisch gebundener Form können die Bioelemente nicht aufgenommen werden. Mist oder andere organische Dünger müssen im Boden erst zerlegt werden. Aus diesem Grund besteht, ökologisch gesehen, grundsätzlich kein Vorbehalt gegen die direkte Zufuhr von mineralischem Dünger. Die Probleme entstehen vielmehr bei zu hoher oder falscher Anwendung: zum Beispiel zu hohe Nitratgaben zu einer Zeit fehlenden Verbrauchs durch Pflanzen, so daß Auswaschung ins Grundwasser erfolgen kann; oder Ausbringen von Jauche oder Gülle auf gefrorenen Boden oder Schnee, so daß ein Abschwemmen mit Schmelzwasser erfolgen kann.
Der in der Luft und auch in der Bodenluft in großer Menge vorhandene gasförmige Stickstoff kann von Pflanzen nicht direkt verwertet werden. Wohl aber sind gewisse Mikroorganismen dazu in der Lage, die frei im Boden oder an und in Pflanzen leben. Hülsenfrüchtler *(Leguminosen)* sind eine Lebensgemeinschaft mit luftstickstoffbindenden Bakterien eingegangen (Knöllchenbakterien genannt, weil sie in Wucherungen an den Wurzeln leben). Die Leguminose (Erbse, Bohne usw.) erhält von den

17. Alternativer Landbau

Bakterien synthetisierte Stickstoffverbindungen geliefert; sie ist deswegen unter anderem in der Lage, Eiweiße zur späteren Versorgung der Jungpflanze in den Samen einzulagern. Der Mensch nutzt diese Samen bekanntlich seit urdenklichen Zeiten. Außerdem wird die eiweißreiche (und damit stickstoffreiche) Pflanze zur „Gründüngung" benutzt, um dem Boden zusätzlichen Stickstoff zuzuführen. Die natürliche Luftstickstoffbindung der Mikroorganismen ahmt der Mensch in gewisser Weise nach, indem er eine technische Luftstickstoffbindung zur Düngerproduktion einsetzt.

(a) Was versteht man unter „Düngung"? — Aufgabe 1

....

....

....

(b) Welches sind die wichtigsten mineralischen Dünger?

....

....

....

(c) Was bezeichnet man mit „Handelsdünger"?

....

....

....

(d) Und was ist „Kunstdünger"?

....

....

....

Alternative Landbaumethoden — 17.3.

„Alternativer Landbau" ist heute zweifellos ein bekanntes Wort. Aber woher stammt der Begriff, was sagt er aus? — Begriffsklärung
Er ist offensichtlich ein sehr junger Begriff. Greift man zu der 25bändigen 9. Auflage von Meyers Enzyklopädischem Lexikon, die 1979 abgeschlossen wurde, so findet man den Begriff nicht. Erst der Ergänzungsband „Jahrbuch 1981" bringt unter dem Stichwort „alternative Bewegungen" einen Hinweis zum Thema: „Alternative landwirtschaftliche Betriebe haben sich zum Ziel gesetzt, durch biologisch-dynamischen Anbau ihrer Pflanzen sowohl der Natur als auch dem Menschen zu dienen (keine chemische Düngung, Abkehr von der Monokultur, Bebauung des Landes nach Mondphasen und planetarischen Stellungen)." Aber auch diese Darlegung ist völlig unbefriedigend, da sie nur eine einzige alternative Landbauweise nennt und mit dem Hinweis auf außerirdische Wirkfaktoren eher altbekannte Vorurteile bestätigt als neue Erkenntnisse vermittelt.
Zunächst einmal wenden wir uns der Frage zu, was „alternativ" eigentlich im Zusammenhang mit Landbau bedeutet. Eine „Alternative" ist vom Wortsinn her eine andere, eine zweite Möglichkeit oder ein Gegenvorschlag, den man macht, und der einem die Wahl zwischen zwei Dingen eröffnet (lateinisch: *alternus* = abwechselnd; davon französisch: *alternative* = Wechselfolge oder Wahl zwischen zwei Dingen).

In übertragenem Sinne erweiterte sich allerdings der Begriff „alternative" in der jüngsten Vergangenheit zu einer Bezeichnung für Handlungen, die weniger materiellen Wohlstand als einfacheren, naturnahen Lebensstil fördern; Handlungen, die umweltschonend sind und die so im Sinne des Mottos der ersten Studieneinheit die von unseren Kindern und Enkeln entliehene Umwelt bewahren helfen.

Alternativer Landbau wäre also eine wahlweise („alternativ" im engeren Sinne) angebotene Landbaumethode, die als Gegenvorschlag („Alternative") zum bestehenden konventionellen Landbau aufgestellt wird. Wir werden später zu prüfen haben, ob es sich tatsächlich um eine echte Alternative handelt, die man wählen kann, ohne – zum Beispiel – das Ziel einer mengenmäßig ausreichenden Nahrungsproduktion für die Menschheit zu gefährden.

Der Begriff „alternativer Landbau" kam in den siebziger Jahren auf. Er wurde als Sammelbezeichnung eingeführt für alle Landbauweisen, die sich als gegensätzlich zum konventionellen Landbau betrachten.[1]

Bei dieser Namengebung stand der Gedanke Pate, zur Versachlichung der Diskussion beizutragen. Es bestand nämlich zu dieser Zeit die Gefahr, in einen Streit um Worte auszubrechen, statt sachlich zu diskutieren. Ursache dafür war, daß damals (wie heute) die verschiedenen nicht-konventionellen Methoden häufig die Worte „biologisch" und „ökologisch" im Zusammenhang mit ihrer Anbauweise und ihren Produkten benutzten. Und der konventionelle Landbau wehrte sich gegen Vorwürfe vor allem mit dem berechtigten Argument, daß seine Pflanzen- und Tierproduktion biologischen Gesetzen gehorche, somit der Ausschließlichkeitsanspruch seiner Gegner auf biologische Produktion nicht berechtigt sei. Wir wollen diesen Streit um Worte hier nicht vertiefen, da dadurch zur Lösung der Umweltprobleme im landwirtschaftlichen Bereich nichts beigetragen wird.

Wir wenden uns vielmehr der Darstellung einzelner alternativer Methoden zu:

17.3.1. Die biologisch-dynamische Wirtschaftsweise

Methode 1

Die biologisch-dynamische Wirtschaftsweise geht auf einen „Landwirtschaftlichen Kursus" zurück, den Rudolf STEINER 1924 in Koberwitz bei Breslau abhielt. Die Erwähnung des Kursortes ist für die weitere Entwicklung wichtig; die biologisch-dynamische Wirtschaftsweise verbreitete sich nämlich anschließend vor allem im östlichen Teil des damaligen Deutschen Reiches. Die Folge davon war, daß nach 1945 viele Betriebe mit langer einschlägiger Erfahrung verlorengingen und in Westdeutschland Neugründungen erfolgten. Die biologisch-dynamische Wirtschaftsweise entstand zu der Zeit, als die synthetischen Stickstoffdünger den Markt zu beherrschen begannen. Der Widerstand gegen diese Neuerung ist an der krassen Ablehnung synthetisch erzeugter Stickstoffdünger („Handelsdünger" oder „Kunstdünger") zu erkennen. Die Ablehnung gründet sich auf die Annahme, daß wasserlösliche Stickstoffverbindungen, insbesondere solche synthetischen Ursprungs, im Boden negative Wirkungen entfalten und die Pflanze unvorteilhaft beeinflussen. Die Ablehnung synthetischer Stickstoffdünger ist übrigens allen alternativen Richtungen gemeinsam. Die für das Pflanzenwachstum unverzichtbaren anorganischen Pflanzennährstoffe sollen durch Kreislaufprozesse im landwirtschaftlichen Betrieb gesichert werden. Rudolf STEINER dachte gewissermaßen in „Ökosystemen", wenngleich er natürlich diesen erst wesentlich später geprägten Begriff nicht kannte.

---

[1] Vgl. zum Beispiel: Commissie Onderzoek Biologische Landbouwmethoden: Alternatieve landbouw-methoden. Wageningen (Pudoc) 1977, S. 3; oder: Der Rat von Sachverständigen für Umweltfragen: Umweltgutachten 1978. Stuttgart/Mainz bzw. (als Bundestagsdrucksache) Bonn 1978, S. 329.

Zu dieser Vorstellung vom Ökosystem paßt auch, daß die Bekämpfung von Schädlingen und Unkräutern nicht durch chemische Mittel erfolgen soll, also auf Pestizideinsatz verzichtet wird. Gegen Unkräuter werden mechanische Bekämpfung, Abflammen und Fruchtwechsel eingesetzt. Für das Abflammen wurden Ackergeräte entwickelt, deren zum Beispiel mit Propangas betriebene Flammen das Unkraut durch Überhitzen abtöten. Gegen Schadinsekten werden bei starkem Befall Brennesselextrakte oder Mittel natürlicher Herkunft (z. B. *Pyrethrum*) sowie gegen Schadpilze Schwefelmittel und einige andere vergleichsweise wenig giftige Mittel verwendet. Im übrigen wird auf die Stärkung der Widerstandskraft der Pflanze besonderes Gewicht gelegt.

Die biologisch-dynamische Wirtschaftsweise nimmt innerhalb der alternativen Methoden eine Sonderstellung ein, die sich zum Teil durch ihre Verankerung im anthroposophischen Gedankengut Rudolf STEINERS erklärt. Es treten neben naturwissenschaftliche Erfahrungen auch geisteswissenschaftliche Erkenntnisse. Zu den Besonderheiten, die nur bei dieser Wirtschaftsweise zu finden sind, gehört die Auffassung von der namengebenden „dynamischen" Wirkung von sogenannten „Präparaten". Diese werden aus natürlichen, meist wirtschaftseigenen Substanzen hergestellt und in sehr geringen Mengen ausgebracht. „Dynamisch" könnte hier so erklärt werden, daß es sich um Substanzen handelt, die in Stoffwechsel- und Wachstumsprozesse der Pflanze eingreifen oder bodenbiologische Vorgänge beeinflussen.

Um die Dinge etwas zu verdeutlichen, sei kurz auf die Präparatetypen eingegangen. Es gibt zwei Gruppen:

• Zwei Spritzpräparate: Hornmist, der auf den Boden ausgebracht wird, und Hornkiesel, der auf die Pflanze gespritzt wird, um das Wachstum anzuregen, oder um bestimmte Schädlinge zu bekämpfen. Außerdem wird ein Schachtelhalmaufguß gegen Schadpilze angewendet („Bodenspritzung").

• Sechs Präparate, die dem Kompost zugesetzt werden; sie werden aus pflanzlicher Substanz hergestellt, nämlich aus Blüten von Schafgarbe, Kamille, Löwenzahn und Baldrian, blühenden Brennesselsprossen und Eichenrinde.[2]

Wesentliche Wirkungen rechnet die biologisch-dynamische Wirtschaftsweise kosmischen Einflüssen zu, zum Beispiel der Mondphase bzw. -stellung zur Zeit der Aussaat. Da es im Organismenreich eine Reihe von nachgewiesenen Zusammenhängen zwischen Mondphasen und Biorhythmen gibt, kann man die Berechtigung derartiger Annahmen nicht schlechtweg in Frage stellen. Vor allem gibt es auch etliche Untersuchungen, die diese Annahme stützen; eine, naturwissenschaftlich gesehen, eindeutige Erklärung des Phänomens steht allerdings aus.

Eine besondere Rolle nimmt hier, wie auch bei anderen alternativen Methoden, die Pflege der Bodenfruchtbarkeit ein. Die Rückführung von mit der Ernte entzogenen Nährstoffen erfolgt in erheblichem Maße über Kompost.

Unter Kompost versteht man ganz allgemein „ein Verrottungsprodukt aus pflanzlichen und tierischen Abfällen mit unterschiedlichen Zusätzen".[3] Das Ziel der Kompostierung ist der Umbau des organischen Abfalls zu erdigem Material. Dabei spielen Mikroorganismen, Kleinsttiere und vor allem bestimmte Regenwürmer eine entscheidende Rolle. Die Herstellung von Kompost kann bis zu drei Jahren in Anspruch nehmen.

Die biologisch-dynamische Wirtschaftsweise fördert den Kompostierungsprozeß durch die schon erwähnten Präparate. Stallmist und andere organische Abfälle

---

[2] Herbert H. KOEPF / Bo D. PETTERSON / Wolfgang SCHAUMANN: Biologische Landwirtschaft. Stuttgart ²1976, S. 150.
[3] Arnold FINCK: Dünger und Düngung. Weinheim/New York 1979, S. 159.

werden in Haufenform kompostiert. Jauche wird einer besonderen Behandlung unterworfen; auch die Verrottung der Gülle (Flüssigmist) wird durch spezielle Maßnahmen gelenkt. So ergeben sich gerade im Detail der Abfallverarbeitung und -rückführung aufs Feld viele Besonderheiten gegenüber dem konventionellen Landbau.

Betont werden sollte noch, daß ein Landbau ohne Verwendung synthetischer Stickstoffdünger auf ausreichenden Viehbestand im Betrieb angewiesen ist, um ausreichende Mengen an Pflanzennährstoffen zur Verfügung stellen zu können. Ein ausgewogenes Verhältnis von Pflanzen- zu Tierproduktion ist also wesentlich; Massentierhaltung wird abgelehnt.

Ein „Forschungsring für biologisch-dynamische Wirtschaftsweise" mit Sitz in Darmstadt steht als Beratungsinstitution zur Verfügung und führt einschlägige Forschungen durch. In der Bundesrepublik Deutschland kommt dieser Landbaurichtung nach Alter und Anteil an der alternativ erzeugten Produktionsmenge eine besondere Position zu.

Aufgabe 2 Kennzeichnen Sie die Besonderheiten der biologisch-dynamischen Wirtschaftsweise.

....
....
....
....
....
....

17.3.2. Organisch-biologischer Landbau nach Maria und Hans Müller

Methode 2 Wesentliches Anliegen dieser in der Schweiz nach dem Zweiten Weltkrieg entwickelten Methode ist die Pflege der Bodenfruchtbarkeit. Anthroposophisches Gedankengut fehlt; entsprechend werden weder Präparate verwendet, noch Mondphasen bei der Aussaat berücksichtigt. Mist wird nicht kompostiert, sondern möglichst frisch aus dem Stall aufs Feld gefahren und oberflächlich ausgebreitet oder wenige Zentimeter tief eingearbeitet. Haufenkompostierung erfolgt nur dann, wenn gerade keine freie Feldfläche verfügbar ist und allenfalls für kurze Zeit. Soweit erkennbar, bringt dieses Verfahren aber gegenüber der Haufenkompostierung weder Vor- noch Nachteile. Gründüngung wird konsequent angewendet, um durch Luftstickstoffbindung die Stickstoffversorgung der Böden zu verbessern. Anorganischer Stickstoffdünger findet keine Anwendung. Die Unkrautbekämpfung erfolgt ähnlich wie bei der biologisch-dynamischen Wirtschaftsweise und stets ohne Herbizide; tierische Schädlinge werden nur mit biologischen Verfahren oder mit Wirkstoffen pflanzlichen Ursprungs (*Pyrethrum,* Brennessel) behandelt; gegen Schadpilze sind einige Schwefel- und Kupferverbindungen erlaubt.

Wissenschaftliche Grundlagen für diesen organisch-biologischen Landbau lieferte Hans Peter Rusch mit seinem Buch „Bodenfruchtbarkeit", das zum Teil sehr eigenständige Vorstellungen von der Rolle der Bodenmikroorganismen vermittelt.[4]
Zur Stärkung der Bodenaktivität wird ein „Humusferment" eingesetzt; dies ist ein Präparat, das im Prinzip eine Kultur von Bodenbakterien darstellt. Zur Erhaltung der Bodenfruchtbarkeit soll jede entbehrliche Bodenbearbeitung unterbleiben. Insbesondere tiefes Pflügen ist zu unterlassen („pflugloser Ackerbau").

---

4 Hans Peter Rusch: Bodenfruchtbarkeit. Eine Studie biologischen Denkens. Heidelberg [4]1980.

17. Alternativer Landbau

Der organisch-biologische Landbau nach M. und H. MÜLLER spielt auch in der Bundesrepublik Deutschland eine wesentliche Rolle. Die „Fördergemeinschaft organisch-biologischer Landbau e. V." in Heiningen bemüht sich um die Verbreitung der Methode.

Welche Besonderheiten zeigt der organisch-biologische Landbau nach M. und H. Müller? — Aufgabe 3

....
....
....
....
....
....
....

Der naturgemäße Anbau nach Leo Fürst (ANOG-Landbau) — 17.3.3.

Die „Arbeitsgemeinschaft für naturgemäßen Qualitätsanbau von Obst und Gemüse e. V." (ANOG) verfolgt das Ziel, Produkte mit hohem Gesundheitswert zu erzeugen. Für die Düngung gilt auch hier die Regel, möglichst den Stickstoff in organischer Form zuzuführen; allerdings sind gewisse Ausnahmen zugelassen. Da überwiegend Obst angebaut wird, ist der vollständige Verzicht auf Pestizide schwieriger zu verwirklichen. Schadpilze und -insekten spielen beim Obstbau im Vergleich zu anderen Kulturpflanzen eine wesentlich größere Rolle. Entsprechend sind einige ausgewählte Pflanzenschutzmittel zugelassen; Auswahlprinzipien und Anwendung sind ähnlich wie beim Integrierten Pflanzenschutz (vgl. Kapitel 17.4). Die Produkte werden auf Freisein von Rückständen von Pflanzenschutzmitteln kontrolliert.

Methode 3

Weitere alternative Landbaumethoden — 17.3.4.

Mit den drei genannten Methoden sind die für die Bundesrepublik Deutschland derzeit verbreitetsten und wichtigsten genannt. Daneben existiert aber noch eine Reihe weiterer Verfahren, die vor allem im Ausland angewendet werden. Einige Beispiele mögen die Vielfalt verdeutlichen:

Methodenvarianten

- *Biologischer Landbau* wird in beachtenswertem Umfang in Frankreich betrieben. Claude AUBERT hat unter dem Titel „L'Agriculture biologique" die von ihm vertretene Methode und ihre Begründung ausführlich dargelegt.[5] Die Methode, die in der deutschen Ausgabe durchweg als organisch-biologischer Landbau bezeichnet wird, ähnelt in wesentlichen Punkten den früher beschriebenen alternativen Methoden; es fehlen jedoch die spezifischen anthroposophischen Kennzeichen der biologisch-dynamischen Wirtschaftsweise ebenso wie einige von RUSCH stammende Eigenheiten des Müllerschen organisch-biologischen Landbaus. AUBERT betont besonders die Bedeutung der standortgerechten Bodenbearbeitung für das Pflanzenwachstum; bemerkenswert ist dabei vor allem die Tatsache, daß der Pflug als traditionelles Gerät des konventionellen Landbaus hier nur unter ganz bestimmten Bedingungen Verwendung findet. Bei der Düngung spielt die Zufuhr organischer Stoffe eine wesentliche Rolle; mineralische Stoffe müssen bei intensivem Anbau zur

---

5 Claude AUBERT: L'Agriculture biologique. Paris ³1977; deutsche Ausgabe unter dem Titel: Organischer Landbau. Stuttgart 1981.

Ergänzung zugeführt werden. Verwendung finden aber nur natürliche Produkte, keine synthetischen. Zentrale Bedeutung wird einer ausgewogenen Fruchtfolge mit vielfachem Fruchtwechsel beigemessen. Herbizide werden nicht verwendet. Auf chemische Bekämpfung von Schadinsekten und -pilzen kann nicht völlig verzichtet werden; es werden jedoch nur schwach giftige Mittel oder Stoffe pflanzlicher Herkunft eingesetzt. Wichtig ist aber auch hier die Feststellung, daß insbesondere im Obstbau auch durch organisch-biologische Anbauweise das Schädlingsproblem nur gemindert, aber keineswegs beseitigt werden kann.

• In Frankreich und Belgien ist ferner der *Lemaire-Boucher-Landbau* verbreitet. Er ist unter anderem durch die Vorstellung geprägt, daß durch biologische Prozesse im Boden bestimmte chemische Elemente in andere umgewandelt werden können. Entsprechend verzichtet man auf die Zufuhr bestimmter Elemente mit der Düngung. Zur Förderung dieses naturwissenschaftlich nicht belegten Vorgangs wird dem Boden Algenkalk (Calmagol) zugeführt, der aus Meeresalgen gewonnen wird.

• In Großbritannien und anderen englischsprachigen Ländern sowie in Frankreich arbeitet der *Howard-Balfour-Landbau,* der auf Arbeiten von HOWARD aus den zwanziger Jahren zurückgeht. Spezielle Kompostierung und die Einschaltung von längeren Grünlandphasen in die Fruchtfolge können als Kennzeichnung gelten. Der organische Landbau *(organic farming)* in den USA ist ein biologischer Landbau, der auf den Ideen von HOWARD beruht.

In der Schweiz besteht seit etwa 30 Jahren die „Schweizerische Gesellschaft für biologischen Landbau" (SGBL), die vor allem den schadstofffreien Anbau fördert. Weitere Beispiele sind im „*Umweltgutachten 1978*" des Rats von Sachverständigen für Umweltfragen genannt.[6]

17.3.5. Zusammenfassende Betrachtung der alternativen Methoden

Ergebnis

Bei allen Unterschieden ergibt sich doch eine Reihe von Gemeinsamkeiten für die vorgestellten alternativen Methoden:

• Der landwirtschaftliche Betrieb wird mehr oder weniger als Ökosystem aufgefaßt, in dem ein geschlossener Stoffkreislauf angestrebt wird. Die zwangsläufig durch Verkauf von Produkten entstehenden Abgänge an Pflanzennährstoffen werden kompensiert durch verstärkten Einsatz der Gründüngung (Luftstickstoffbindung) und durch Zukauf bestimmter, Phosphor und Kalium enthaltender anorganischer Dünger möglichst natürlichen Ursprungs. Auf synthetisch hergestellte Stickstoffdünger wird ganz verzichtet.

• Die Pflege der Bodenfruchtbarkeit genießt höchste Priorität. Die Bodenbearbeitung erfolgt unter möglichster Schonung der Bodenorganismen. Organische Dünger spielen eine wesentliche Rolle.

• Unkräuter werden mechanisch bekämpft, durch Abflämmen vernichtet und durch geeignete Fruchtfolgen zurückgedrängt. Keine Verwendung von Herbiziden.

• Durch Stärkung der Widerstandskräfte gegen tierische Schadformen und Schadpilze versucht man den Einsatz von Pestiziden überflüssig zu machen. Verzicht auf Pestizide fördert zugleich die Nützlinge und stärkt dadurch die eigene biologische Regulation des Ökosystems.

• Für die Fälle, wo bei bestimmten Kulturen (vor allem Obst) mit anderen Mitteln keine völlige Ausschaltung von Schädlingen erreichbar ist, sind bei einigen Anbaurichtungen bestimmte, als minder belastend einzustufende Pestizide pflanzlichen Ursprungs oder auf der Basis von Schwefel und Kupfer erlaubt.

---

6 Der Rat von Sachverständigen für Umweltfragen: Umweltgutachten 1978, a.a.O., S. 331.

17. Alternativer Landbau

• Durch Auswahl der angebauten Pflanzen und Verzicht auf schädlings- oder schadpilzanfällige Sorten kann die Notwendigkeit zur Verwendung dieser Pestizide wesentlich beschränkt werden.

In *Abbildung 1* ist das Schema eines alternativ („biologisch") bewirtschafteten Agrarökosystems wiedergegeben. Die Besonderheiten ergeben sich aus einem Vergleich mit dem in Studieneinheit 16 *(Abb. 5)* abgedruckten Schema des konventionellen Landbaus.

Vergleich

Abb. 1: Schema eines Agrarökosystems mit alternativer („biologisch-ökologischer") Bewirtschaftung

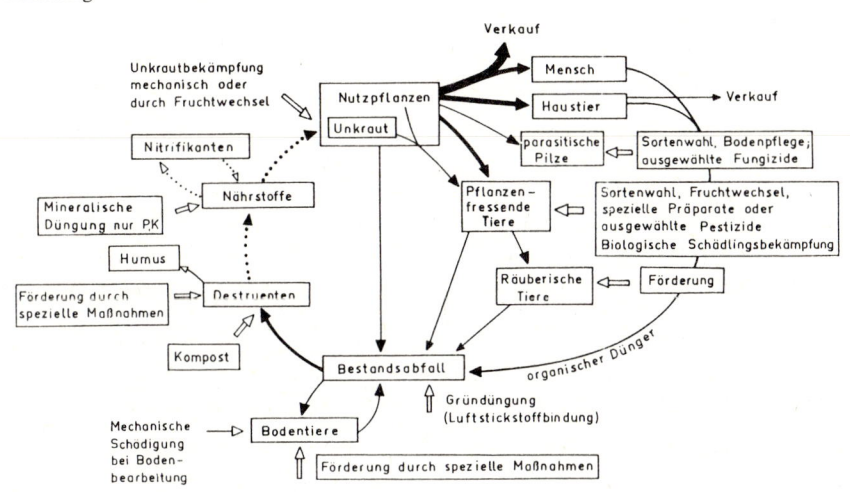

Der Aufbau entspricht dem Grundschema, das auch in Studieneinheit 16 *(Abb. 2–5)* Verwendung fand. So lassen sich die Besonderheiten leicht erkennen; zur Verdeutlichung sind hier unter den Bewirtschaftungsmaßnahmen (weiße Pfeile) die wichtigsten durch Umrahmung hervorgehoben.

Original: H. BICK

Das Anliegen des alternativen Landbaus wird in der Bundesrepublik Deutschland durch die „Stiftung Ökologischer Landbau" gefördert, die durch vielfältige Aktivitäten, vor allem auch durch Buchveröffentlichungen, wesentliche Informations- und Aufklärungsarbeit leistet. Auch der „Arbeitskreis Naturgemäßer Landbau" zielt auf die Verbreitung des alternativen Landbaus. Internationaler Kommunikation und Weiterbildung dient die „Internationale Vereinigung biologischer Landbaubewegungen" (International Federation of Organic Agriculture Movements = IFOAM). Dank der Tätigkeit dieser und anderer Vereinigungen ist der alternative („biologische", „ökologische") Landbau in den letzten Jahren sehr bekannt geworden; seine Produkte sind gefragt und erzielen gute Preise.

Wir werden in Studieneinheit 18 der Frage der Produktqualität nachgehen. An dieser Stelle soll eine ökologische Bewertung der „alternativen" Methoden vorgenommen werden.

Bewertung

Mit den Augen des Fachökologen betrachtet, erfüllen die alternativen Landbauweisen in hervorragender Weise die ökologischen Anforderungen an den Landbau ganz allgemein. Das Agrarökosystem wird so bewirtschaftet, daß die Stoffkreisläufe so weit wie möglich geschlossen sind. Pflanzen- und Tierproduktion sind in einem Betrieb vereinigt, so daß vor allem auch der Rückfluß der tierischen Abgänge (Mist,

Jauche) in den Kreislauf gesichert ist. Verzicht auf synthetischen Stickstoffdünger mindert die Grundwasserbelastung mit Nitrat; geringer Gebrauch wasserlöslicher Dünger ganz allgemein verringert die Gefahr einer Belastung der Oberflächengewässer.

Vor einer Annahme sollte man sich allerdings hüten: Nicht nur von mineralischem Dünger können Gewässerbelastungen ausgehen; auch eine nicht sachgerechte Ausbringung von organischem Dünger oder zu starke Düngung können Ursache für den Austrag oder die Abschwemmung von eutrophierenden Stoffen (vgl. STE 5) sein. Der alternative Landbau muß hier entsprechende Vorsichtsmaßnahmen walten lassen.

Ökologisch vorteilhaft sind natürlich auch ein Verzicht auf Herbizide und eine Minderung der Anwendung anderer Pestizide. Selbst wenn in bestimmten Kulturen einige Mittel eingesetzt werden müssen, so ist insgesamt gegenüber dem konventionellen Landbau ein beträchtlicher Fortschritt zu verzeichnen:

Der alternative Landbau ist aus ökologischer Sicht zu begrüßen.

Zukunftsperspektive

Wie aber sind seine Chancen, sich gegen die konventionellen Wirtschaftsformen durchzusetzen?

Gegenwärtig ist der Flächenanteil der alternativ bewirtschafteten Betriebe an der gesamten landwirtschaftlich genutzten Fläche der Bundesrepublik Deutschland sehr klein – überraschend klein angesichts des allgemeinen Bekanntheitsgrades der „biologisch" erzeugten Produkte. Das „Umweltgutachten 1978" geht bei optimistischer Einschätzung von weniger als 0,2% Flächenanteil aus, eher weniger als 0,1%.[7] (Zum Vergleich: Anteil aller Obstanlagen an der landwirtschaftlich genutzten Fläche: 0,6%, Gartenland: 2,5%.) Auch heute dürfte ein Anteil von 0,2% eher noch zu hoch angesetzt sein. Andere Länder haben meist geringere Anteile; in Frankreich, vielleicht auch in der Schweiz, dürften sie etwas höher liegen. Bezieht man die Zahl der alternativen Betriebe auf die Einwohnerzahl, dann führten die USA vor den europäischen Ländern.[8]

Im Mittelpunkt aller Diskussionen steht der Aspekt der Wirtschaftlichkeit:

- Eine gängige Vorstellung besagt, daß Verzicht auf synthetische Düngemittel und Pflanzenschutzmittel die Erträge so sinken ließe, daß ein Betrieb nicht bestehen könne und – bei großflächiger Umstellung auf alternative Verfahren – die Ernährungssicherheit eines Landes oder der ganzen Welt verlorenginge.

- Eine zweite gängige Ansicht: Produkte des alternativen Anbaus seien teurer als konventionell erzeugte, sie kämen also nur wohlhabenden Kreisen zugute; der weniger gut Verdienende könne sich das Produkt nicht leisten. Aus sozialen Gründen also könne dem alternativen Landbau nicht das Wort geredet werden.

Wie berechtigt sind diese Vorstellungen? Verallgemeinernd kann man so sagen: Wegfall der synthetischen Stickstoffdünger und der meisten Pflanzenbehandlungsmittel bedeutet für einen Betrieb erhebliche Entlastung bei den Betriebsmittelausgaben. Das macht sich vor allem gegenwärtig bei den drastisch gestiegenen Preisen bemerkbar. Andererseits ergibt sich ein gewisser arbeitsmäßiger Mehraufwand, der vor allem bei biologisch-dynamischer Wirtschaftsweise (Präparateherstellung, Einhaltung von bestimmten Aussaatterminen in Abhängigkeit von Mondphasen u. a.) zu Buche schlägt. Hier fällt natürlich auch ein subjektiver Umstand ins Gewicht, nämlich: Wie bewertet der Landwirt seine eigene Arbeitszeit? Oft wird diese als frei verfügbar betrachtet. In vielen Fällen kann man aber auch bei Anwendung objektiver Maßstäbe im Schnitt eine echte Minderung der Erzeugungs-

---

[7] Der Rat von Sachverständigen für Umweltfragen: Umweltgutachten 1978, a.a.O., S. 352.
[8] Hans A. STAUB / Michael LOHMANN: Zuwachs ohne Chemie. In: *Natur* 9 (1981), S. 59.

17. Alternativer Landbau

kosten feststellen. Dem steht aber eine durchweg geringere Erntemenge bzw. eine geringere Menge an Milch- und Fleischerträgen gegenüber. Im Regelfall erzielt der alternative Landwirt dafür aber einen höheren Verkaufspreis als der konventionelle Kollege. In manchen Fällen führt dies im Endeffekt zu einem nahezu gleichen Verdienst beider Landwirte. In einigen Fällen sind aber doch gewisse Einkommenseinbußen beim alternativen Betrieb zu beobachten. Hans A. STAUB und Michael LOHMANN berichten über Erhebungen bei schweizerischen konventionellen und alternativen Betrieben. Nach den ersten Ergebnissen war beim alternativen Betrieb das Betriebseinkommen im Endeffekt rund 15% geringer (S. 63).

Muß das gegen den alternativen Landbau sprechen? Nein, meine ich, denn dies ist der Gegenwert für eine drastische Minderung der ökologischen Belastungen durch den landwirtschaftlichen Betrieb und zugleich der Preis für eine Nahrung, die unter Voraussetzungen produziert wird, die zumindest die Freiheit von Rückständen von Pflanzenschutzmitteln gewährleisten kann. Von anderen Qualitätsmerkmalen wollen wir zunächst nicht sprechen.

Wir können jedenfalls festhalten, daß die alternativen Betriebe durchaus konkurrenzfähig sind, allerdings in manchen Fällen eine gewisse Einkommensminderung in Kauf nehmen müssen. Ob das Käuferinteresse in Zukunft den alternativen Betrieben einen erhöhten Flächenanteil an der landwirtschaftlichen Gesamtproduktionsfläche sichern wird, ist schwer voraussehbar. Es wäre denkbar, daß wegen der unbestreitbaren ökologischen Vorteile der alternative Landbau staatliche Förderung erhielte. Ebenso ist es aber denkbar, daß der konventionelle Landbau selbst den Weg zu einer umweltschonenderen Wirtschaftsweise fände. Eine gewisse Bereitschaft ist zu erkennen, und wir wollen den bestehenden Ansätzen im nächsten Abschnitt einmal nachgehen.

Fazit

Nennen Sie die wesentlichen Merkmale des alternativen Landbaus.

Aufgabe 4

....
....
....
....
....
....
....
....
....
....
....
....

Umweltfreundliche Entwicklungen im konventionellen Landbau – eine weitere Alternative?

17.4.

Sind die offensichtlichen ökologischen Schwachstellen des konventionellen Landbaus nur durch alternative Methoden im Sinne der vorher besprochenen Verfahren zu beseitigen? Oder gibt es auch Entwicklungen im konventionellen Landbau selbst, die diesen ökologisch annehmbar machen?

Einstieg

17.4.1. Landwirtschaft und Ökologie

Problementwicklung

Über Jahrzehnte hinweg galt der Landwirt als bester Landschaftspfleger, als Umweltschützer schlechthin. Diese Vorstellung ist in den letzten Jahren zunächst ins Wanken geraten und dann gründlich zerstört worden. Der Ökologe kann heute glaubhaft nachweisen, daß erhebliche nachteilige Veränderungen in unserer Umwelt auf das Konto der Landwirtschaft gehen. Während von manchen Interessengruppen bis heute alle Vorwürfe bezüglich umweltschädigender Wirtschaftsformen zurückgewiesen werden, geben einsichtige Vertreter des konventionellen Landbaus die Berechtigung einer Forderung nach mehr Umweltschutz zu und suchen gemeinsam mit Ökologen nach Wegen zur Verbesserung der Situation. Ein gutes Beispiel für einen fruchtbaren Dialog zwischen beiden Seiten bietet die von der „Deutschen Landwirtschafts-Gesellschaft" (DLG) herausgegebene Schrift *„Landbewirtschaftung und Ökologie"*.[9]

Hier werden die Konflikte offen genannt, und es wird nach Lösungsmöglichkeiten gesucht. G. WEINSCHENCK zeigt einen plausiblen Weg auf, wie ökologische Forderungen an die Landwirtschaft verwirklicht werden können, wie ein Mehr an Ökologie im konventionellen Landbau Eingang finden könnte:

- Einmal durch technische Fortschritte, die eine Entwicklung umweltfreundlicher Produktionsverfahren mit hinreichendem ökonomischen Gewinn ermöglichen. Hier ist sowohl an Anbau- oder Düngetechniken, Verfahren der Bodenbearbeitung sowie im umfassenden Sinne an Pflanzenschutzsysteme und ganze Anbausysteme zu denken.

- Zum anderen durch gleichzeitige Erzeugerselbstkontrolle, die eine Beschränkung des Einsatzes von Pestiziden auf das unerläßliche Mindestmaß gewährleisten könnte. Vorbild könnten hier die Anbaurichtlinien alternativer Landbaurichtungen sein.[10]

Mit einem solcherart modifizierten konventionellen Landbau wäre vermutlich ein Kompromiß zwischen ökologischen und ökonomischen Ansprüchen zu schließen. Allerdings würde eine Umstellung eine gewisse Zeit in Anspruch nehmen; aber das ist bei allen derartigen Veränderungen der Fall.

Es könnte nach Ansicht von WEINSCHENCK (S. 153) im übrigen durchaus möglich sein, selbst in intensiv genutzten Gebieten geeignete Flächen für Arten- bzw. Naturschutzzwecke bereitzustellen. Von der verfügbaren Fläche her hat die Bundesrepublik Deutschland ausreichend Raum, um sich diese und sogar größere ökologische Schutzräume zu leisten. Bei Fortsetzung der gegenwärtigen Entwicklungstendenzen in der konventionellen Landwirtschaft könnte – wie eine Modellrechnung zeigt – im Jahre 2000 ein Anteil von 25–30% der gegenwärtig landwirtschaftlich genutzten Fläche für die Versorgung der Bundesbürger mit Nahrung nicht mehr benötigt werden (S. 144). Diese Flächen ständen dann zum Beispiel einer extensiven Landwirtschaft zur Verfügung, was gleichbedeutend mit einer Förderung des Artenschutzes wäre; man könnte ferner an eine Vergrößerung der nutzungsfreien Naturschutzgebiete denken. Vor allem aber zeigt die Rechnung, daß eine Ertragsminderung der Landwirtschaft infolge Ausdehnung alternativer Landbauweisen im engeren Sinne oder infolge von Umstellungen des Anbaus beim konventionellen Landbau selbst keineswegs zwangsläufig zu einem Zusammenbruch der Nahrungsversorgung führen muß. Es sind durchaus Konzepte denkbar,

---

9 Deutsche Landwirtschafts-Gesellschaft (Hrsg.): Landbewirtschaftung und Ökologie. Zwingen ökologische Ziele zu grundlegenden Änderungen der Bewirtschaftung von Acker – Grünland – Wald? Arbeiten der DLG. Band 172. Frankfurt 1981.

10 G. WEINSCHENCK: Ökologische Forderungen und ihre Auswirkungen auf die wirtschaftliche Entwicklung. In: Deutsche Landwirtschafts-Gesellschaft (Hrsg.): Landbewirtschaftung und Ökologie, a.a.O., S. 140, 154.

die eine Aufgabenteilung innerhalb der Landwirtschaft vornehmen und ohne ökonomischen Kollaps die gravierenden ökologischen Belastungen mindern. Eines allerdings muß dabei noch betont werden: Bewirtschaftungsauflagen oder überhaupt alle Maßnahmen, die zum Schutz der Umwelt im landwirtschaftlichen Bereich von behördlicher Seite getroffen werden, können zur Einkommensminderung des Betroffenen führen. Dafür muß die Gemeinschaft Ausgleichszahlungen leisten.

Problemkreis „Pflanzenschutzmittel" 17.4.2.

Einführung

Die Benutzung chemischer Pflanzenschutzmittel beim Anbau von Nutzpflanzen wird in weiten Kreisen der Öffentlichkeit mit Mißtrauen und Unbehagen vermerkt, weil diesen Mitteln sowohl ökologische Schäden als auch Gefährdungen der menschlichen Gesundheit zugeschrieben werden. In der Tat ist die derzeitige Praxis der Anwendung dieser Mittel aus ökologischer Sicht sehr problematisch. Bei kritischer Untersuchung zeigt sich immer wieder, daß die Mittel ohne zwingenden Grund verwendet oder in höheren Konzentrationen ausgebracht werden als nötig. Vielfach sind die zum Ausbringen der Mittel verwendeten Geräte nicht in Ordnung, so daß keine genaue Dosierung erfolgen kann. Oft ist die Kenntnis über Wirkungsweise und Anwendungshöhe bei den Landwirten mangelhaft. Auch die Pflanzenschutzberatung vermag wegen mangelhafter Personalausstattung nicht wirksam genug zu arbeiten. Es fehlen Pflanzenschutzspezialisten (Phytomediziner, „Pflanzenärzte"). Hier wären wesentliche Verbesserungen in der Hochschulausbildung nötig.[11]

Pflanzenschutz: Begriffliches und Geschichte 17.4.2.1.

Begriffsklärung

Ehe wir einige im heutigen „konventionellen" Landbau durchaus erkennbare umweltfreundliche Entwicklungen bezüglich der Anwendung von Pflanzenschutzmitteln vorstellen, muß eine Reihe von Erläuterungen zum Bereich „Pflanzenschutz" insgesamt gegeben werden. Was versteht man unter diesem Begriff? Wie hat sich der Pflanzenschutz entwickelt?

Unter „Pflanzenschutz" versteht man den Schutz der Kulturpflanze vor Krankheiten und Schädlingen sowie den Schutz des Ernteproduktes während des Transportes und bei der Lagerung *(Vorratsschutz)*. „Pflanzenschutzmittel" sind dementsprechend alle Stoffe, die einen solchen Schutz gewähren können *(Pestizide)* (vgl. STE 16, S. 22). Im amtlichen Sprachgebrauch werden die eigentlichen Pflanzenschutzmittel mit den Wachstumsreglern, die das Pflanzenwachstum beeinflussen sollen, zusammengefaßt und als „Pflanzenbehandlungsmittel" bezeichnet.

Der Begriff „Pflanzenschutz" ist insofern irreführend, als er nichts mit dem Pflanzen*arten*schutz zu tun hat, der sich mit dem Schutz existenzgefährdeter Arten beschäftigt (vgl. STE 24).

Der *Pflanzenschutz* als Begriff kam Ende des 19. Jahrhunderts auf. Die „Deutsche Landwirtschafts-Gesellschaft" gründete zunächst einen Sonderausschuß für Pflanzenschutz. Anfang dieses Jahrhunderts entstand die Vorläuferinstitution der heutigen „Biologischen Bundesanstalt für Land- und Forstwirtschaft", der für den Pflanzenschutz zuständigen Bundesbehörde.

---

11 Zu diesem Komplex vgl. Der Rat von Sachverständigen für Umweltfragen: Umweltgutachten 1978, a.a.O., S. 335f.

Entwicklung   Maßnahmen des Pflanzenschutzes gibt es seit Beginn des Landbaus. Immer hat der Mensch versucht, die Kulturpflanze vor Schädlingen und Krankheitserregern zu schützen, wobei die mit der Nutzpflanze konkurrierenden Wildpflanzen als „Unkräuter" zu den Schädlingen gerechnet wurden. Über Jahrtausende hinweg vervollkommnete der Mensch seine Anbaumethoden. Mit speziellen Anbautechniken konnte er einige Schadformen soweit in Schach halten, daß landwirtschaftliche Schäden ausblieben. Unkräuter und manche Schadinsekten konnten mechanisch bekämpft werden; Hilfsmittel, wie Leimringe im Obstbau, kamen früh auf. Andere Schadformen aber machen von Zeit zu Zeit Massenvermehrungen durch und vernichteten dann ganze Ernten, ohne daß ein Gegenmittel zur Hand war. Heuschrecken zählten zu solchen biblischen Plagen; gegen Schadpilze war man vielfach ebenso hilflos. Im alten Rom gab es eine besondere Gottheit „Robigus", die man zur Abwendung des Mehltaus (lat. *robigo*), eines typischen Schadpilzes, anrief. Im christlichen Mittelalter galten Massenvermehrungen von Schädlingen als Strafe Gottes oder als Teufelswerk, und bis ins 18. Jahrhundert gab es Hexenverbrennungen aufgrund der Anklage, Schädlingskalamitäten heraufbeschworen zu haben.

Im 19. Jahrhundert wurden schwefel- und kupferhaltige anorganische Gifte gegen Schadpilze eingesetzt, später auch quecksilberhaltige Mittel, vor allem bei der Saatgutbeizung (Schutz des Saatgutes vor Schadorganismen). Arsenhaltige Pestizide wurden lange Zeit vor allem im Weinbau benutzt und gelten als Ursache für eine erhöhte Hautkrebsrate bei Winzern. Um 1930 wurden die ersten synthetischen organischen Pestizide hergestellt; die allgemeine Nutzung in der Landwirtschaft begann in den vierziger Jahren. In den folgenden Jahrzehnten nahm Entwicklung, Produktion und Anwendung der Pestizide einen stürmischen Verlauf. Mit einem Schlag war dem Landwirt die stete Sorge um einen die Ernte vernichtenden Schädlingsbefall genommen. Man darf nicht vergessen, daß Verlust der Ernte schwerste wirtschaftliche Existenzbedrohung bedeuten konnte. So verwundert es nicht, daß die neuen Mittel breite und massenhafte Anwendung finden konnten. Zum Anwendungsziel „Vermeidung der Ertragsverluste" kam bald der „Vorratsschutz" hinzu. In den letzten Jahrzehnten nutzte man überdies die chemischen Mittel zunehmend, um Arbeitserleichterungen zu erlangen (vor allem chemische statt manueller Unkrautbekämpfung).

Tabelle 2 zeigt die Steigerung des Pestizidabsatzes, aufgegliedert nach Mittelgruppen; in *Tabelle 3* finden sich weitere Daten zur heutigen Situation:

Tab. 2: Abgesetzte Wirkstoffmenge in Tonnen in der Bundesrepublik Deutschland

	1969	1975	1980*	Steigerung 1969 bis 1980 um
Herbizide	8 808	15 700	21 500	+ 144%
Fungizide	4 765	5 291	7 200	+ 51%
Insektizide	1 298	1 648	2 200	+ 69%
Sonstige	2 794	2 342	4 100	+ 47%
Summe der Pestizide	17 665	24 981	35 000	+ 98%

* vorläufige Daten

Nach: Industrieverband Pflanzenschutz- und Schädlingsbekämpfungsmittel e. V. (IPS) Frankfurt, Jahresbericht 1980/81, S. 8; Umweltgutachten 1974, a.a.O., S. 292.

Tab. 3: Pflanzenbehandlungsmittel in der Bundesrepublik Deutschland

1980 waren von der Biologischen Bundesanstalt 1837 Pflanzenbehandlungsmittel zugelassen.

	Anteile in %
Herbizide (Mittel gegen Unkräuter)	39,3
Insektizide und Akarizide (Mittel gegen Insekten und Milben)	21,9
Fungizide (Mittel gegen Pilze)	14,3
Rodentizide (Mittel gegen Nagetiere = Rodentia)	8,3
Kombinationspräparate (gegen verschiedene Schadformen wirkend)	4,1
Wachstumsregler	3,9
Molluskizide (Mittel gegen Schnecken)	3,2
Sonstige (dazu: Nematizide gegen Nematoden = Fadenwürmer; Wildschadenverhütungsmittel = „repellents"; Leime, Wachse; Zusatzstoffe)	5,0

Nach: Industrieverband Pflanzenschutz- und Schädlingsbekämpfungsmittel e. V. (IPS), Frankfurt: Jahresbericht 1980/81, S. 8.

Aufgabe 5

Was versteht man unter den Begriffen „Pflanzenschutz" und „Pflanzenbehandlungsmittel"?

....
....
....
....
....
....

Aufgabe 6

(a) Bei welchen Pestizidgruppen hat sich in den letzten Jahrzehnten die in der Bundesrepublik Deutschland abgesetzte Wirkstoffmenge am meisten erhöht? Welche Gruppen liegen an zweiter und dritter Position?

....
....
....

(b) Welche Pestizidgruppen nehmen nach der Zahl der zugelassenen Mittel die drei ersten Positionen ein?

....
....
....

17.4.2.2.

Rechtsvorschriften für den Pflanzenschutz in der Bundesrepublik Deutschland

Grundlagen

Rechtsgrundlage für den Pflanzenschutz ist das „Pflanzenschutzgesetz".[12] Es regelt Maßnahmen zum Schutze der Kulturpflanze und dient der Abwendung von Schäden aus der Anwendung von Pflanzenbehandlungsmitteln für Mensch und Tier. Das Gesetz ist insofern veraltet und novellierungsbedürftig, als der Schutz des Naturhaushaltes und der wildlebenden Pflanzen und Tiere nicht ausdrücklich gefordert ist.

---

12 Vom 10. Mai 1968. Bundesgesetzblatt 1968, I, S. 352 in der Fassung der Bekanntmachung vom 2. Oktober 1975 (Bundesgesetzblatt 1975, I, S. 2591; 1976, I, S. 652; zuletzt geändert durch Gesetz vom 16. Juni 1978 (Bundesgesetzblatt 1978, I, S. 749).

Pflanzenbehandlungsmittel dürfen in die Bundesrepublik Deutschland nur eingeführt oder dort gewerbsmäßig vertrieben werden, wenn sie von der oben genannten „Biologischen Bundesanstalt für Land- und Forstwirtschaft" im Einvernehmen mit dem Bundesgesundheitsamt geprüft und zugelassen worden sind. Soweit das Verfahren den Gesundheitsschutz des Menschen betrifft, werden wir in Studieneinheit 18 ausführlich darauf eingehen.

Hier soll nur die Frage nach den ökologischen Prüfungen kurz angesprochen werden. Wie gesagt, steht die ausdrückliche Erwähnung der Forderung nach Unschädlichkeit für den Naturhaushalt im Gesetz noch aus, die Novellierung ist aber in Vorbereitung.

Unabhängig davon gibt es inzwischen eine Reihe von Prüfungen, die Rückschlüsse auf mögliche ökologische Schadwirkungen zulassen. So wird beispielsweise das Verhalten im Boden und im Wasser geprüft. Bei Mitteln, die im Freiland eingesetzt werden sollen, muß die Giftigkeit für Fische („Fischtoxizität"), für Wasserflöhe („Daphnientest") und für bestimmte Algen („Algentest") geprüft werden. Ferner ist eine Reihe weiterer toxikologischer Prüfungen notwendig, die eine Abschätzung der möglichen ökologischen Wirkungen erlauben.

Von Bedeutung für den Ökosystemschutz ist die verpflichtende Prüfung der Mittel auf Bienenverträglichkeit (gemäß „Bienenschutzverordnung"); besteht Gefahr für die Honigbiene, dann muß das Mittel als „bienengefährlich" gekennzeichnet werden. Unsachgemäße Anwendung derartiger Mittel birgt große Gefahren auch für Wildbienen.

Auf freiwilliger Basis kann eine Prüfung der Wirkung auf „Nutzarthropoden" durchgeführt werden. Darunter werden Arten verstanden, die im Rahmen der biologischen Schädlingsbekämpfung (s. S. 56) die Rolle von Schädlingsvertilgern übernehmen können. Sechs verschiedene Arten (Schlupfwespen, Florfliege, Marienkäfer u.a.) werden unter Laboratoriumsbedingungen geprüft. Darüber hinaus sind Freilanduntersuchungen an anderen Insekten vorgesehen.[13]

Die ökologisch orientierten Prüfungen lassen zwar noch einige Wünsche offen. Angesichts des hohen personellen, finanziellen und zeitlichen Aufwandes, der bei diesen Untersuchungen getrieben werden muß, kann die Entwicklung dennoch einigermaßen zufriedenstellen.

Dringend erforderlich allerdings ist die baldige Einführung einer der TÜV-Prüfung von Autos vergleichbaren Kontrolle der zur Ausbringung von Pestiziden eingesetzten Feldgeräte, da hier oft erhebliche Mängel bei der Dosierung bestehen. Dadurch wird die Umwelt in unzuträglichem Maß und völlig unnötig belastet.

Bei der herkömmlichen Beurteilung von Pflanzenbehandlungsmitteln werden die indirekten Folgen nicht berücksichtigt. Hier handelt es sich um Schäden, die dadurch entstehen, daß zum Beispiel durch Herbizide die Futterpflanzen bestimmter Tierarten verlorengehen oder Nahrungsketten zum Nachteil einzelner Arten unterbrochen werden.

Ein in der Öffentlichkeit viel beachtetes, gravierendes ökologisches Problem ist in der Bundesrepublik Deutschland und in mehreren anderen Ländern beseitigt worden: DDT, ein bekanntes, schwer abbaubares *(persistentes)* Pestizid aus der Gruppe der Chlorkohlenwasserstoffe, wurde durch das DDT-Gesetz von 1972 verboten. Durch die Pflanzenschutz-Anwendungsverordnung von 1980 wurde die Verwendung von weiteren ökologisch äußerst bedenklichen Stoffen verboten: Aldrin, Dieldrin, Isodrin, Chlordan, Heptachlor, Hexachlorbenzol, Arsenverbindungen, Quecksilberverbindungen (zur Behandlung von Getreidesaatgut noch bis 30. 4. 1982 zulässig) u.a.

---

13 Zum Prüfungsverfahren siehe: Biologische Bundesanstalt für Land- und Forstwirtschaft: Das Verfahren der Prüfung und Zulassung von Pflanzenbehandlungsmitteln – Amtliche Hinweise. Merkblatt Nr. 48. Braunschweig 1980.

Das Instrumentarium eines Pflanzenschutzsystems 17.4.2.3.

Maßnahmen

Strenggenommen gehört zum Pflanzenschutz ein ganzes Instrumentarium; die Pflanzenbehandlungsmittel sind nur *ein* Instrument. Das ist wichtig zum Verständnis des später zu besprechenden sog. integrierten Pflanzenschutzes, der eigentlich ein Pflanzenschutzsystem ist (auch „Anbausystem" genannt). Es erklärt aber auch die Tatsache, daß schon vor Einführung chemischer Mittel durchaus erfolgreich Ackerbau getrieben werden konnte. Es fehlten allerdings ausgesprochene Spitzenerträge und die Ertragssicherheit war geringer, da man manche Schadformen nicht sicher ausschalten konnte. Das sind im übrigen genau die Probleme des alternativen Landbaus von heute.

▶ *Welche Instrumente gehören zu einem Pflanzenschutzsystem?* ◀

Es sind überraschend viele, und etliche werden in der folgenden Zusammenstellung nur stichwortartig aufgeführt. Wir gliedern nach (A) indirekten und (B) direkten Maßnahmen.[14]

A. Indirekte Pflanzenschutzmaßnahmen
   bzw. vorbeugende („pflanzenhygienische") Maßnahmen

– Standortgerechter Anbau, das heißt Anbau unter optimalen ökologischen Gegebenheiten (Klima, Boden)
– Schaffung optimaler Bodenverhältnisse („Bodenfruchtbarkeit")
– Fruchtfolgen mit vielseitigem Fruchtwechsel (vgl. STE 16, S. 17), also das krasse Gegenteil zu vielen spezialisierten Anbauformen mit Monokulturcharakter
   (Monokultur = Anbau nur *einer* Kulturpflanze)
– richtige Sortenwahl, das heißt Anbau krankheits- oder schädlingsunempfindlicher Sorten; Auswahl resistenter („widerstandsfähiger") Sorten
– Verwendung von Saat- und Pflanzgut, das frei von Krankheitserregern ist und keine Unkrautsamen enthält
– richtige Wahl des Saat- oder Pflanztermins
– richtige Düngung, das heißt keine Überdüngung, keine Düngung zur falschen Zeit, aber auch Vermeidung von Nährstoff- bzw. Spurenelementmangel
   (Spurenelemente: lebensnotwendige chemische Elemente, die nur in kleinsten Mengen benötigt werden)

B. Direkte Pflanzenschutzmaßnahmen
   (direkte Bekämpfung der Krankheitserreger und Schädlinge)

– Physikalische Bekämpfungsverfahren
– Biologische Bekämpfungsverfahren
– Biotechnische Verfahren
– Chemische Verfahren

Wegen der ökologischen Bedeutung der *direkten Pflanzenschutzmaßnahmen* werden sie hier einzeln besprochen:

Verfahren

Physikalische Bekämpfungsverfahren

Dazu rechnen die heute aus arbeitswirtschaftlichen Gründen weitgehend zurückgedrängten manuellen Verfahren der Unkrautbekämpfung, mechanische Bekämpfung bestimmter Schadformen, Fallenfang von schadenstiftenden Wühlmäusen, Vogelscheuchen und – neuerdings an Bedeutung zunehmend – Abflammgeräte zur Unkrautbekämpfung.

---

14 Hierzu ausführlich: Rolf DIERCKS: Statusbericht Pflanzenschutz. Schriftenreihe des Bundesministers für Ernährung, Landwirtschaft und Forsten. Reihe A: Landwirtschaft – Angewandte Wissenschaft, Heft 244. Münster-Hiltrup 1980, S. 2ff.

Biologische Bekämpfungsverfahren

Einmal gehört hierher die schonende Behandlung der wildlebenden Pflanzen und Tiere in der Kulturlandschaft, um Lebensgemeinschaften zu erhalten oder aufzubauen, in denen ökologische Regulationsprozesse ablaufen können. Man versucht letztlich, die natürlichen Feinde von Schadorganismen zu aktivieren. Dazu gehören der Vogelschutz und alle Maßnahmen, die „nützliche" Insekten (Marienkäfer, Florfliegen, Schlupfwespen usw.) fördern.

Nun ist es aber in vielen Fällen so, daß eine plötzliche Massenvermehrung von Schadinsekten beispielsweise nicht so schnell von den vorhandenen natürlichen Feinden beseitigt werden kann, daß kein Schaden an Nutzpflanzen entsteht. Das liegt einfach daran, daß auch in natürlichen Lebensgemeinschaften die Zahl der „Räuber", die als Vertilger pflanzenfressender Schadformen in Frage kommen, verhältnismäßig klein ist. Das hängt mit den Nahrungskettenverflechtungen zusammen, aufgrund derer die Räuber, also Konsumenten zweiter und höherer Ordnung, in geringerer Zahl in einem Ökosystem vorhanden sind als Pflanzen oder pflanzenfressende Organismen (vgl. Bd. I, S. 18–20). Und wenn die Pflanzenfresser gar die Fähigkeit haben, zeitweise ein exponentielles Bevölkerungswachstum (vgl. Bd. I, S. 21) zu entfalten, dann kommen die Feinde einfach nicht mit. Dieses Dilemma ist auch nicht zu beseitigen. Selbst unter ganz natürlichen Bedingungen verlaufen Regulationsprozesse in Ökosystemen vergleichsweise langsam. Selbst bei intaktem ökologischen Gleichgewicht dauert das Einpendeln der Bevölkerungsdichten zwischen Räubern und ihren Beuteobjekten oft mehrere Jahre. Vor allem reguliert die Beutedichte eher die Zahl der Räuber als umgekehrt. Folglich können wir durch Förderung der natürlichen Feinde von Schadformen zwar bei geringem Schädlingsbesatz eine verbesserte Regulation erreichen, aber ein Aufkommen von schadenbringenden hohen Schädlingspopulationen nicht mit Sicherheit ausschließen.

In dieser Situation schafft aber in manchen Fällen eine direkte biologische Bekämpfung Abhilfe. Gegen bestimmte Schadformen unter Milben und Insekten kann man nämlich aus künstlichen, fabrikmäßig betriebenen Massenzuchten stammende Raubfeinde in großer Zahl im Agrarökosystem aussetzen. Durch Umkehrung des natürlichen Zahlenverhältnisses zwischen Beute und Räuber vermag letzterer dann die zahlenmäßig verhältnismäßig schwächeren Schadformen erfolgreich zu dezimieren. Auch bestimmte Pilze, Bakterien oder Viren, die bei Schadinsekten tödliche Krankheiten hervorrufen, können im Rahmen biologischer Maßnahmen Verwendung finden.

Praxisreife hat die Anwendung einer Schlupfwespenart *(Encarsia formosa)* zur Bekämpfung der „Weißen Fliege" *(Trialeurodes vaporariorum)*, einer zu den Pflanzenläusen gehörenden Form, in Gewächshäusern gefunden. Am gleichen Ort kann die schädliche Spinnmilbe *(Tetranychus urticae)* durch eine Raubmilbenart *(Phytoseiulus persimilis)* bekämpft werden.[15]

Erfolgreich im Freiland auf großer Fläche erprobt wurde der Einsatz der Erzwespe *Trichogramma*, eines Schlupfwespentyps, der in Insekteneiern parasitiert, gegen den Maiszünsler, eine Schadschmetterlingsart am Mais. Hier liegt ebenfalls eine ökonomisch tragbare Alternative zum Pestizideinsatz vor.

Für die Bekämpfung von schädlichen Schmetterlingsraupen wird weltweit die Bakterienart *Bacillus thuringiensis* verwendet, die als Krankheit die tödlich verlaufende „Schlaffsucht" der Raupen auslöst. Andere Organismengruppen werden nicht befallen. *Bacillus thuringiensis* kann mit befriedigendem Bekämpfungserfolg gegen die Raupen vieler Schmetterlingsarten eingesetzt werden: zum Beispiel im Gemüseanbau gegen Raupen von Kohlweißlingen, Kohlmotte, Wintersaateule; im Obstbau gegen Gespinstmotten, Goldafter, Ringelspinner; im Vorratsschutz gegen Mehlmotten und Dörrobstmotten; in der Imkerei gegen Wachsmot-

---

15 Sherif Ali HASSAN / Ehler MEYER: Biologische Schädlingsbekämpfung im Gewächshaus. In: Auswertungs- und Informationsdienst für Ernährung, Landwirtschaft und Forsten (AID), Heft 30/1980, S. 1–19.

ten.¹⁶ Der einzige Nachteil der im industriellen Maßstab hergestellten *Bacillus-thuringiensis*-Präparate ist der bei uns noch vergleichsweise hohe Preis. Offenbar könnte dieser aber noch spürbar gesenkt werden, so daß hier für einige Anwendungsbereiche chemischer Pflanzenschutzmittel eine echte Alternative bestände.

Biotechnische Verfahren

Biotechnische Verfahren stellen eine Sondergruppe von Schädlingsbekämpfungsverfahren dar, bei der natürliche Reaktionen der Schadorganismen insbesondere auf Geruchsreize ausgenutzt werden. Und zwar benutzt man Reize, die im normalen Leben sinnvolle Reaktionen auslösen, zur Irreführung des Schädlings. Vor allem werden „Signalstoffe" *(Pheromone)* benutzt, die in der Natur beispielsweise der Anlockung von Geschlechtspartnern dienen.

Mit technisch hergestellten Signalstoffen lassen sich bestimmte Insektenarten anlocken und können in Duftfallen gefangen und durch geeignete Vorrichtungen oder Gifte getötet werden. Praxisreife erlangte dies Verfahren in der Bundesrepublik Deutschland zum Beispiel in der Forstwirtschaft bei der Bekämpfung des Fichtenborkenkäfers. Außer zum Anlocken in Fallen kann man die Signalstoffe auch zur Verwirrung der Schadinsekten durch Überreizung benutzen (sog. Verwirrungstechnik); dies ermöglicht beispielsweise die erfolgreiche Minderung des Schadens durch den Apfelwickler in Obstkulturen.¹⁷

Chemische Verfahren

Unter chemischen Verfahren werden alle Maßnahmen zusammengefaßt, die das Auftreten und Wirken von Krankheitserregern, pilzlichen und tierischen Schadformen an Kulturpflanzen sowie von konkurrierenden Wildkräutern („Unkräutern") durch ein Ausbringen von chemischen Substanzen mindern oder verhindern sollen. In weiten Kreisen der Öffentlichkeit, aber auch bei einer nicht unbeträchtlichen Zahl von Landwirten auf schlechtem Ausbildungsstand gelten die chemischen Verfahren als der Pflanzenschutz schlechthin. Entsprechend massiv werden chemische Pflanzenschutzmittel eingesetzt. Das gilt nicht nur für den landwirtschaftlichen Bereich, sondern auch für viele Kleingärtner (vgl. dazu Abschnitt 17.6).

Es wird hier verwiesen auf die früheren Ausführungen zur Anwendung chemischer Pflanzenschutzmittel *(Pestizide)* (vgl. Abschnitt 17.4.2.1 mit Tab. 2 und 3 und STE 16, S. 19ff.).

Der landläufige Ausdruck für das Ausbringen der Pestizide ist „spritzen". In der Tat ist die Ausbringung in flüssiger Form („Spritzmittel") die häufigste Anwendungsform. Je nach der Größe der Tröpfchen, die vom Spritzgerät ausgestoßen werden, unterscheidet man zwischen „Spritzen" (größere Tröpfchen) und „Sprühen" (kleinere Tröpfchen). Wird das Mittel in nebelartiger Form ausgebracht, spricht man auch von „Vernebeln" oder Ausbringung als „Aerosol". Für den Nicht-Landwirt ist dieses Verfahren durch die in Haushalt und Kleingarten gebräuchliche Form der Sprühdose („Spray"-Dose) bekannt. In manchen Fällen ist auch das Treibmittel, das die Pestizide mitreißt und nebelartig verteilt, umweltschädlich (vgl. STE 11 und 12). Schließlich kann das Pestizid auch als Streupulver oder als Gießmittel (aufgelöst im Gießwasser) ausgebracht werden. In der Landwirtschaft spielt das eine geringere Rolle.

Für das Verständnis von Umweltbelastungen durch landwirtschaftlichen Pestizideinsatz ist die Kenntnis der Ausbringungsmethoden wichtig. Sie erklären nämlich,

---

16 Jost M. Franz / Aloysius Krieg: Biologische Schädlingsbekämpfung. Berlin/Hamburg ³1982, S. 126–133.
17 Ausführliche Darlegungen hierzu in: Jost M. Franz / Aloysius Krieg: Biologische Schädlingsbekämpfung, a.a.O., S. 163–181; M. Boness: Die praktische Verwendung von Insektenpheromonen. In: Chemie der Pflanzenschutz- und Schädlingsbekämpfungsmittel. Hrsg. von R. Wegler. Bd. 6. Berlin/Heidelberg 1980, S. 165–184.

warum Pestizide auch weit außerhalb der Anbauflächen auftreten. Die mit Großgeräten verspritzten Mittel unterliegen einer gewissen Abdrift durch den Wind. Vor allem bei Ausbringung durch Flugzeuge (z. B. Hubschrauber im Weinbau) ist diese Gefahr groß und natürliche Lebensräume im näheren Umkreis der behandelten Fläche werden stets mehr oder weniger stark getroffen; es sei denn, man spart die größeren randlichen Teile der Kultur aus. Bei Windstärke 3, also verhältnismäßig geringem Wind, beträgt die normale Abdrift beim Spritzen am Boden schon bis zu 40 Meter, bei stärkerem Wind oder bei Verteilung durch Luftfahrzeuge ist es ein Vielfaches davon.[18] Man muß davon ausgehen, daß in manchen Fällen noch im Abstand von 1000 Meter von einer behandelten Fläche Pestizide in ökologisch belastender Menge auftreten können. Ein schwer abbaubares Pestizid wie DDT konnte sich durch Abdrift über große Teile der Erde verbreiten.

Strategien

Der Pestizideinsatz selbst kann nach zwei verschiedenen Strategien erfolgen:

• Eine größere Zahl von vorsorglichen *(prophylaktischen)* Spritzungen zu bestimmten Terminen verfolgt das Ziel, ein Auftreten von Schadformen völlig zu verhindern (vgl. Spritzplan Weizenanbau in STE 16, *Tab. 2*). Diese Strategie führt zu einer ökologisch unvertretbar hohen Belastung der Agrarökosysteme sowie der angrenzenden Umwelt und ist auch ökonomisch fragwürdig wegen der im Verhältnis zur erzielbaren Ertragssteigerung sehr hohen Betriebsmittelkosten. Vor allem aber fördert diese Strategie die Entstehung „resistenter Schädlingsstämme". Darunter versteht man das Auftreten von Bevölkerungsgruppen eines Schädlings, die unempfindlich gegen ein Pestizid geworden sind. Im Extremfall kann eine ganze Organismenart resistent werden.

Wie ist das zu erklären? Bei zahlreichen Schädlingsarten beobachtet man einzelne Individuen, die sich von allen anderen dadurch unterscheiden, daß sie unempfindlich gegen einen bestimmten Stoff sind. Sterben nun die empfindlichen nach Bekämpfungsmaßnahmen ab, so vermehren sich nur noch die anderen, nehmen an Zahl zu und ersetzen schließlich den ursprünglich weitgehend empfindlichen Bestand ganz. Man spricht von einer „Selektion" resistenter Formen. Man muß davon ausgehen, daß heute mehr als 400 schadenverursachende Insekten- und Milbenarten resistent gegen mindestens ein Pestizid sind. Auch bei Schadpilzen gibt es zahlreiche resistente Formen. Dies zwingt zur Entwicklung immer neuer Mittel, so daß sich die Zahl der Pestizide in der Umwelt stetig vermehrt und damit die Gefahr unerwarteter, weil unerkannter, ökologischer Störungen ständig vergrößert.

• Die Spritzungen erfolgen nur dann, wenn tatsächlich ein wirtschaftlicher Schaden durch die Schadorganismen zu befürchten ist. Diese Strategie beruht auf dem Begriff der „wirtschaftlichen Schadensschwelle". Der Begriff verknüpft den wirtschaftlichen Schaden, den das Auftreten von Schadorganismen auslöst, mit den Kosten, die durch Pflanzenschutzmaßnahmen entstehen. „Wirtschaftliche Schadensschwelle" ist die Bevölkerungsstärke eines tierischen Schaderregers bzw. die Stärke des Auftretens von Schadpilzen oder konkurrierenden Wildkräutern („Unkräutern"), deren Überschreitung wirtschaftliche Schäden zur Folge hat, wenn keine oder nur ungenügende Bekämpfungsmaßnahmen durchgeführt werden. Von dieser Schwelle der Schädlingsdichte an deckt der zu erwartende Mehrertrag (d. h. der verhinderte Ertragsverlust) die Kosten der Gegenmaßnahmen.[19] Die wirtschaftliche Schadensschwelle wird also durch „kritische Zahlen" der Bevölkerungsstärke der Schadformen gekennzeichnet. Die Bekämpfung der Schadformen muß zur Vermeidung des Schadens aus Sicherheitsgründen schon etwas unterhalb dieser Werte einsetzen (sog. „Bekämpfungsschwelle" oder „Alarmzahl").

---

18 Vgl. Der Rat von Sachverständigen für Umweltfragen: Umweltgutachten 1978, a.a.O., S. 73f.
19 Rudolf Heitefuss: Pflanzenschutz. Stuttgart 1975, S. 10.

17. Alternativer Landbau

Aufgabe 7 Erläutern Sie den Begriff „biologische Bekämpfungsverfahren" im Rahmen des Pflanzenschutzes. Nennen Sie Beispiele.

....
....
....
....
....

Aufgabe 8 Was ist der Unterschied zwischen prophylaktischen Pestizidspritzungen und Spritzungen bei Erreichen der wirtschaftlichen Schadensschwelle?

....
....
....
....
....

17.4.2.4. *Integrierter Pflanzenschutz*

Lösungsansatz

Die wirtschaftliche Schadensschwelle ist von zentraler Bedeutung für den „integrierten Pflanzenschutz", der als eine bedeutende Alternativstrategie im konventionellen Landbau nun erläutert werden soll.

Integrierter Pflanzenschutz ist in Anlehnung an eine Definition der Welternährungsorganisation (FAO) „ein Verfahren, bei dem alle wirtschaftlich, ökologisch und toxikologisch vertretbaren Methoden verwertet werden, um Schadorganismen unter der wirtschaftlichen Schadensschwelle zu halten, wobei die bewußte Ausnutzung aller natürlicher Begrenzungsfaktoren im Vordergrund steht".[20]
Strenggenommen müßte man von einem integrierten Pflanzenschutz*system* sprechen, da es sich um eine typische Vernetzung zahlreicher wirkender Faktoren handelt. Eingesetzt werden in geeigneter Kombination alle in Abschnitt 17.4.2.3 aufgeführten Verfahren.
Ein Agrarökosystem, das nach der integrierten Methode bewirtschaftet wird, ist schematisch in *Abbildung 2* dargestellt. Ein wesentlicher Unterschied zum alternativen Landbau besteht darin, daß im Falle des Überschreitens der wirtschaftlichen Schadensschwelle die eingesetzten Mittel aus der ganzen Palette der verfügbaren Pestizide ausgewählt werden. Überdies verwendet man synthetisch hergestellte Stickstoffdünger wie im üblichen konventionellen Landbau; im Gegensatz zu diesem stimmt man aber die Dosierung besser mit dem tatsächlichen Verbrauch ab und vermeidet schädlingsfördernde Gaben.

Bewertung

Die Einführung des integrierten Pflanzenschutzes im konventionellen Landbau würde eine wesentliche Verbesserung der ökologischen Situation bedeuten. Insofern besteht also im konventionellen Landbau durchaus ein positiver Ansatz zur umweltfreundlicheren Produktion. Das System ist aber erst im Obstbau bis zur Praxisreife entwickelt und auch dort keineswegs allgemein verbreitet. Da im konventionell betriebenen Obstbau sehr hohe Pestizidmengen ausgebracht werden, sollte die Einführung des integrierten Pflanzenschutzes hier allgemein gefordert werden. In anderen Kulturen, vor allem im Ackerbau, ist die Entwicklung weniger weit fortgeschritten, aber auch dort könnte man zumindest in Teilsystemen wesent-

---
20 Rolf DIERCKS: Statusbericht Pflanzenschutz, a.a.O., S. 60.

Abb. 2: Schema eines Agrarökosystems mit integriertem Pflanzenschutz

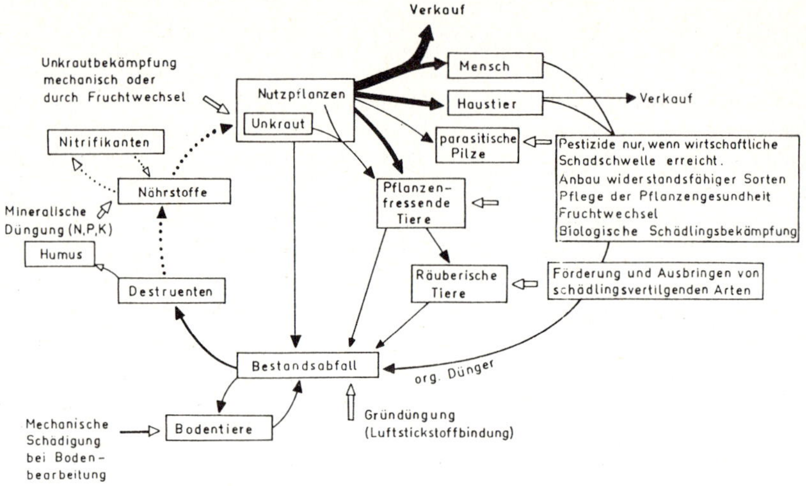

Der Aufbau entspricht der *Abb. 1* und den *Schemas* in Studieneinheit 16 *(Abb. 2–5).*

Original: H. BICK

liche Verbesserungen erreichen. Dazu gehört die volle Ausnutzung aller anbautechnischen Möglichkeiten zur Minderung der Schadenswahrscheinlichkeit, was soviel heißt wie: Man versucht mit allen Mitteln, den Schadorganismenbesatz unter der wirtschaftlichen Schadensschwelle zu halten. Unverzichtbar als Grundlage für einen Erfolg sind eindeutige Richtzahlen für diesen Schwellenwert. Auch die Voraussage („Prognose") von Bevölkerungsentwicklungen bei Schadformen ist wichtig. Diese und manche anderen notwendigen Voraussetzungen bedingen neue Aufgaben für den bestehenden Pflanzenschutz-Warndienst. Daraus werden sich nicht zuletzt wesentlich größere Anforderungen an die Personalausstattung ergeben. Nur so könnte gewährleistet werden, daß bei der Wahl der Pflanzenschutzmittel eine ökologisch sinnvolle Auswahl erfolgen kann. Neben dem Verzicht auf vorbeugende Spritzungen wäre die richtige Wahl der Mittel ein weiterer großer Fortschritt.

Fazit Mit diesen wenigen Bemerkungen wird schon deutlich, daß eine wesentliche Aufgabe der Zukunft darin bestehen muß, Ausbildung und Beratung im landwirtschaftlichen Bereich entscheidend zu verbessern. Nur so wäre den Vorstellungen vom integrierten Pflanzenschutzsystem zum Durchbruch zu verhelfen.

Aufgabe 9 Was versteht man unter „integriertem Pflanzenschutz"?

....
....
....
....
....
....
....
....
....
....

Gegenwärtige Bedeutung der umweltfreundlichen Landbaumethoden und Zukunftsprognosen

17.5.

Folgerungen

Von dem bewirtschafteten Flächenanteil her betrachtet, spielen die alternativen Landbaumethoden im engeren Sinne keine Rolle. Ihre Bedeutung besteht vielmehr darin, daß sie ein Modell für umweltfreundliche Landbewirtschaftung abgeben. Es ist nicht sicher zu belegen, aber wahrscheinlich haben diese Methoden schon jetzt einen gewissen Einfluß auf den konventionellen Landbau. Und sei es, daß sie nur zum Nachdenken zwingen. Nachdenklich macht aber viele Landwirte auch die seit Jahren stetig zunehmende Diskussion um ökologische Fragen, insbesondere auch der Streit um die Rolle der Landwirtschaft im Umweltschutz. Verstärkt wird dieses Nachdenken durch die immer weiter steigenden Kosten der Produktionshilfsmittel; die Preise von Handelsdünger und Pflanzenbehandlungsmitteln haben eine Höhe erreicht, die schon aus ökonomischer Sicht zu Einsparüberlegungen zwingt.

Der integrierte Pflanzenschutz spielt innerhalb des konventionellen Landbaus zwar noch eine bescheidene Rolle; er zeigt aber, daß der heute vorherrschende Landbau durchaus umweltfreundlicher gestaltet werden könnte. Im übrigen hat man den Eindruck, daß die im konventionellen Landbau aufkommende Vorstellung von der Notwendigkeit (und Machbarkeit) integrierter Pflanzenschutzsysteme („Anbausysteme") eine gedankliche Annäherung an das Denken in Ökosystemen darstellt, wie sie für den „biologischen" oder „ökologischen" Landbau üblich ist. Deutliche Fortschritte zur Umweltentlastung im landwirtschaftlichen Bereich wird es aber erst dann geben, wenn von behördlicher Seite das herrschende System der Ausbildung und Beratung zweckentsprechend geändert wird.

Außerdem bedarf die Agrarpolitik auf nationaler und auf gemeinsamer EG-Ebene einer drastischen Reform. Die Rahmenbedingungen des EG-Agrarmarktsystems weisen der Preispolitik eine Schlüsselrolle zu. Die Garantie angemessener Einkommen für den Landwirt („Erzeugereinkommen") und der Zwang zur Verwirklichung jährlicher Steigerungen des Agrareinkommens bedingen im Verein mit anderen Faktoren eine zwangsläufig stetig steigende landwirtschaftliche Produktion. Die entstehende Überschußproduktion mit allen Konsequenzen bedrückt zunächst den Ökonomen.[21]

Den Ökologen bedrückt der diesem Zwangsmechanismus innewohnende Drang zur Produktionsausweitung. Denn das heißt: Mehr Verbrauch an Handelsdünger und Pflanzenbehandlungsmitteln, einseitige Fruchtfolgen oder Trend zur Monokultur; oder auch Nutzungsänderung in dem Sinne, daß ökologisch wertvolle extensiv bewirtschaftete Flächen (Magerrasen, Streuwiesen, Feuchtflächen) der Bodenverbesserung zur Produktionssteigerung *(Melioration)* unterworfen werden. Die Reihe ließe sich fortsetzen (zu ökologischen Folgen siehe auch STE 24).

In der öffentlichen Diskussion ist ein viel beachtetes Argument für eine stärkere Ausweitung des alternativen Landbaus der geringere Energieverbrauch bei der Produktion. Wegfall von synthetischen Stickstoffdüngern und Pestiziden senkt die Energiebeihilfe (vgl. STE 16, S. 24), da der Energieaufwand bei Produktion und Verteilung entfällt. Wenn auch der Ertrag im alternativen Landbau in der Regel unter dem des konventionellen liegt, so bleibt doch eine deutliche Minderung des Energieaufwandes pro Gewichtseinheit Erntegut. Für Mais lag in den USA der konventionelle Energieaufwand um das Dreifache höher.[22]

---

21 Vgl. Ernst C. ZUREK: Zwei Jahrzehnte öffentliche Ausgaben für gemeinsame und nationale Agrarpolitik – Die vorprogrammierte Misere. Forschung und Beratung. Hrsg. vom Landesausschuß für landwirtschaftliche Forschung, Erziehung und Wirtschaftsberatung beim Ministerium für Ernährung, Landwirtschaft und Forsten des Landes Nordrhein-Westfalen. Reihe C. Heft 35. Münster-Hiltrup 1980, S. 20ff.
22 Claude AUBERT: Organischer Landbau, a.a.O., S. 212.

Die Möglichkeit des Energiesparens verdient in einer Zeit zunehmender Ölpreise und sich verknappender Vorräte sicherlich erhebliches Interesse. Die Möglichkeit des Energiesparens bietet sich aber auch beim integrierten Pflanzenschutz, dort allerdings im wesentlichen nur bei Pflanzenbehandlungsmitteln. Hier wären aber Einsparungen von 35–50% möglich.[23]

Eine andere viel diskutierte Frage ist die, ob ein ausschließlich umweltfreundlich, alternativ betriebener Landbau die Menschheit auf Dauer ernähren könne. Für die Bundesrepublik Deutschland steht bei der gegenwärtigen Bevölkerungsentwicklung, dem derzeitigen Selbstversorgungsgrad und angesichts der produzierten Überschüsse einer Ausweitung des alternativen Anbaus eigentlich nichts im Wege – außer daß der Verbraucher bereit sein muß, einen höheren Preis für das Produkt zu zahlen. Man sollte aber daran denken, daß der integrierte Pflanzenschutz ebenfalls wesentliche ökologische Fortschritte bringt, aber geringere Preise erwarten läßt und die Versorgungssicherheit bei einer Veränderung der allgemeinen Rahmenbedingungen besser gewährleisten kann.

Es bleibt die Frage nach der Möglichkeit einer weltweiten Anwendung des alternativen Landbaus. Im Kern ist das die Frage, ob die zweifelsfrei umweltfreundlichen, aber weniger ertragsintensiven Verfahren die Ernährung der Menschheit sichern könnten. Wir wollen die Diskussion dieser Frage zurückstellen, bis wir die gesundheitlichen Probleme des Pestizid- und Düngemitteleinsatzes in Studieneinheit 18 diskutiert haben.

17.6. Schlußbetrachtungen

Ausblick

Wir haben die Anwendung von Pestiziden in der konventionellen Landwirtschaft in dieser und der vorhergehenden Studieneinheit als ein besonders wichtiges Konfliktfeld zwischen Landwirtschaft und Ökologie herausgestellt. Wir werden in der folgenden Studieneinheit ausführlich auf die gesundheitlichen Probleme, die im Zusammenhang mit der Anwendung dieser Stoffe bestehen, eingehen und die gesetzlichen Maßnahmen zum Schutz des Menschen besprechen.

Hier muß noch ein anderer Problembereich kurz angesprochen werden, der nichts mit der Landwirtschaft zu tun hat, sondern die Verwendung von Pestiziden zu anderen Zwecken als dem Schutz landwirtschaftlicher Nutzpflanzen betrifft. Pestizide werden nämlich in beträchtlichem Umfang auch im Hausgarten benutzt, teils zum Schutz von Gemüse und Obst, teils zur Behandlung von Ziersträuchern, Rosen und anderem. Eigenartigerweise beherzigen manche Mitmenschen im eigenen Wirkungsbereich nicht das, was sie für andere Bereiche vehement fordern, nämlich Mitarbeit am Erhalt oder der Schaffung einer schadstofffreien Umwelt. Dabei bietet sich gerade der Hausgarten für den integrierten Pflanzenschutz direkt an; hier kann man eine gewisse ökologische Vielfalt schaffen, kann Vogelschutz betreiben und Nutzinsekten fördern. Vor allem kann man Sortenwahl treffen: mehltauunempfindliche Rosensorten blühen genauso schön wie anfällige Sorten, die dauernd mit Pilzbekämpfungsmitteln *(Fungiziden)* gespritzt werden müssen. Und warum müssen exotische Nadelhölzer gepflanzt werden, die in unserem Klima (und dazu geschädigt vom Schwefeldioxidgehalt der häuslichen Schornsteinabgase) nahezu zwangsläufig von Schadinsekten befallen werden. In diesem letzten Punkt kann man sogar der Werbung für Pflanzenschutzmittelgebrauch im Hausgarten zustimmen:

---

23 Vgl. Rolf DIERCKS: Statusbericht Pflanzenschutz, a.a.O., S. 115.

17. Alternativer Landbau

„Die Parasiten sind das Natürlichste im Garten – und ihre Vermehrung und Fortpflanzung liegt ebenso in der Natur der Schöpfung wie der Fortbestand der Unkrautarten." Skeptisch betrachten sollte man aber den nächsten Satz: „Deshalb sind Spritzgerät und Pflanzenschutzmittel als die einzig verläßlichen Helfer bei dem unerläßlichen Bemühen, den Angriff der Parasiten abzuwehren, unentbehrlich geworden."[24]

Einen weiteren Problemkreis stellt die Anwendung von Pflanzenbehandlungsmitteln *(Herbiziden)* im Bereich von Straßen, Bahnanlagen oder Gewässerrändern dar. Lange Zeit wurden diese arbeitssparenden Maßnahmen in großem Umfang durchgeführt. In letzter Zeit hat sich das Blatt gewendet. Die Erkenntnis, daß auch unscheinbare Lebensräume für den Schutz wildlebender Pflanzen und Tiere von Bedeutung sind, setzt sich durch. So bestimmt das Landschaftsgesetz von Nordrhein-Westfalen in der Fassung vom 26. Juni 1980 in § 64 (1) 1: „Es ist verboten, die Bodendecke auf Feldrainen, Böschungen, nicht bewirtschafteten Flächen und an Wegrändern abzubrennen oder mit chemischen Mitteln niedrig zu halten oder zu vernichten."[25] Aber auch hier ist noch viel Aufklärungsarbeit zu leisten.

Ein anderes Problem stellen die „Hygiene-Pestizide" dar, die zur Abwehr oder Vernichtung solcher Insekten dienen, die Krankheiten übertragen und damit für den Menschen eine lebensgefährliche Bedrohung darstellen. Beispiele dazu finden Sie in Studieneinheit 18. Dort werden wir auch auf den Problemkreis der Vorratsschutzmittel eingehen.

Aufgabe 10

Welche der nachstehenden Aussagen über konventionellen und alternativen Landbau ist/sind nach obiger Darstellung richtig? (Mindestens 1, höchstens 3 Auswahlantworten ankreuzen!)

(a) Die Produktionsausweitung im konventionellen Landbau, die u. a. eine Folge des EG-Agrarmarktes ist, ist ökologisch unbedenklich.
(b) Konsequent betriebener alternativer Landbau kann zu einer beachtlichen Entlastung bei den Betriebsmittelausgaben für Energiebeihilfe führen.
(c) Dank der umweltfreundlichen Wirtschaftsform ist der alternative Landbau in der Bundesrepublik Deutschland heute schon auf mehr als 10% der landwirtschaftlichen Nutzfläche verbreitet.
(d) Bei einer Ausweitung des alternativen Landbaus muß der Verbraucher bereit sein, einen höheren Preis für landwirtschaftliche Produkte zu zahlen.
(e) Die gegenwärtige Bevölkerungsentwicklung, die zunehmenden Erträge des konventionellen Landbaus und der derzeitige Selbstversorgungsgrad machen es unmöglich, den alternativen Landbau in der Bundesrepublik Deutschland über den bisherigen Anteil hinaus auszudehnen.

---

24 Industrieverband Pflanzenschutz- und Schädlingsbekämpfungsmittel e. V. (IPS), Frankfurt: Jahresbericht 1980/81, S. 14.
25 Gesetz- und Verordnungsblatt für das Land Nordrhein-Westfalen, Nr. 53 vom 18. 8. 1980, S. 744.

18. Gesunde Lebensmittel

Federführender Autor: Hartmut Bick
Autor der Studieneinheit: Hartmut Bick

18.0. Allgemeine Einführung

Die Agrarpolitik der Bundesrepublik Deutschland hat das Ziel, die sichere Versorgung der Bevölkerung mit hochwertigen Nahrungsgütern zu angemessenen Preisen zu gewährleisten. Die Qualität der Nahrungsmittel soll gesichert und gefördert werden. Im „Agrarbericht 1981" der Bundesregierung heißt es sogar: „Die gesundheitlich einwandfreie Beschaffenheit der Nahrungsmittel hat Vorrang vor wirtschaftlichen Überlegungen" (S. 42). Wir hatten schon in den vorhergehenden Studieneinheiten die Frage gestellt, ob die gegenwärtig in der Bundesrepublik Deutschland vorherrschend betriebene konventionelle Landwirtschaft diesem Ziel gerecht werden kann. Suchen wir nun nach einer Antwort!

Für die Beurteilung des Erfolges des eingangs zitierten offiziellen Ziels der Agrarpolitik wichtig ist dann die aktuelle Situation der Rückstände von landwirtschaftlichen Produktionshilfsstoffen und von Verunreinigungen durch Umweltschadstoffe aus industriellem und technischem Bereich. Hier ergibt sich, daß Belastungsquellen nichtlandwirtschaftlicher Herkunft sehr große Bedeutung haben. Das erweist sich ganz besonders bei einer Betrachtung der Schadstoffzufuhr zum Menschen über nahrungsmäßig genutzte wildlebende Pflanzen und Tiere.

Unter dem Eindruck der Schädlingsbekämpfung mit chemischen Mitteln und zu hohen Dosen von chemischen Konservierungsmitteln ist im letzten Jahrzehnt ein lebhafter Meinungsstreit um gesunde Lebensmittel geführt worden, in dem nicht selten einseitig und auch verharmlosend Position bezogen wurde. Um an dieser öffentlichen Diskussion teilzunehmen, bedarf es einer gesicherten Begriffsbildung und -verwendung.

Eine wichtige Rolle spielt dabei die „Nahrungsqualität". Tatsächlich ist dies ein vielschichtiger Begriff, der höchst unterschiedliche Eigenschaften zusammenfaßt, zum Beispiel die hygienische Beschaffenheit, den Genuß- und Gebrauchswert und vor allem den Nährwert. Einige dieser Eigenschaften sind äußerlich erkennbar, etwa Fäulniserscheinungen, die zum Kaufverzicht veranlassen; andere Eigenschaften, Arzneimittelrückstände oder bewußt zugeführte Medikamente, die ein schnelles Wachstum des Haustieres fördern, sind nur durch aufwendige Untersuchung festzustellen.

Um den Verbraucher vor schädlichen Lebensmitteln zu schützen, hat der Bundestag grundlegende Gesetze erlassen, die von den Ländern mit entsprechenden Rechtsverordnungen ergänzt worden sind. Vor allem ging es dabei um die Höchstmengen von Stoffen, die einerseits für bestimmte Gruppen von Lebensmitteln, etwa Obst, festgelegt wurden, zum anderen aber auch für eine einzige Art gesondert, beispielsweise Spargel.

Bei solchen Maßnahmen zum Schutz der Lebensmittel vor Schadstoffen muß aber berücksichtigt werden, daß diese in zahlreichen Fällen auf langen und oft schwer überschaubaren Nahrungsketten während der landwirtschaftlichen Produktion von Pflanzen und Tieren, aber auch über entsprechende Nahrungsketten bei Wildpflanzen und Wildtieren (Fische) in die menschliche Nahrung gelangen können. Auf dem Wege des Verzehrens und Verzehrtwerdens erfolgt nun aber nicht eine einfache

Weitergabe von Schadstoffen, vielmehr nehmen ihre Konzentration und Artenzahl von Glied zu Glied der Nahrungskette zu – mit allen Folgen für den Menschen, der an ihrem Ende steht.

Schema 1: Der Mensch und das Nahrungskettengefüge seiner Umwelt mit möglichen Schadstoffpfaden *(Pfeile)*

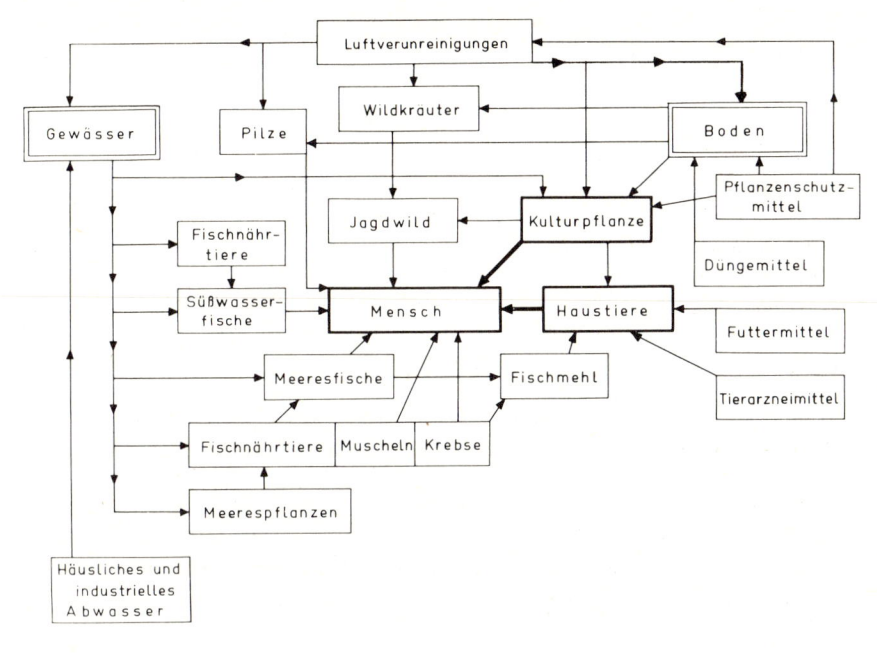

Original: H. BICK.

Soweit der Käufer es darf, prüft er bei der Ware Aussehen, Geruch, Festigkeit und hygienischen Zustand. Mit dieser einfachen „Sinnenprüfung" kann sich der Gesetzgeber aber nicht zufriedengeben. Um mehr Sicherheit zu bekommen, bedarf es der naturwissenschaftlichen Lebensmittelüberwachung. Sie findet in den Betriebslaboratorien der Lebensmittelindustrie, in privaten Handelslaboratorien und in der amtlichen Lebensmittelüberwachung statt. Sie ist in der Bundesrepublik Deutschland Aufgabe der Länder; größere Städte verfügen über eigene Einrichtungen. Von den derzeit 57 Chemischen und Lebensmitteluntersuchungsämtern wird etwa die Hälfte von Städten unterhalten.

Rückstände sind in ihrem ganzen Umfang erst richtig erkannt und bewertet worden, als moderne analytische Verfahren den exakten Nachweis und die quantitative Bestimmung kleinster Mengen ermöglicht haben; denn meist liegt das Verhältnis von Schadstoff zum Untersuchungsgut bei wenigen Milligramm zum Kilogramm, gelegentlich aber auch bei einigen Milligramm zur Tonne. Auch auf den Nachweis solcher geringen Mengen kann nicht verzichtet werden, weil Schadstoffe unterschiedlich toxisch sind.

Wie wirksam solche Untersuchungen sein können, läßt sich am Beispiel der Nitrosamine verdeutlichen. Als dieser Stoff während der beiden letzten Jahrzehnte intensiv überprüft wurde, weil er als Krebserreger gilt, stellte man sein regelmäßiges Vorkommen im Bier fest, wenn auch hier, abhängig vom Typ, Unterschiede ergaben. In Zusammenarbeit mit Brauspezialisten wurde der gesamte Prozeß der Bierherstellung in 10 Einzelstufen zerlegt und jede einzelne Phase auf Nitrosamine hin analysiert. Entdeckt wurde die Schwachstelle bei der Herstellung des Malzes. Durch Änderungen im Produktionsprozeß und mit ökonomisch vertretbaren Kosten konnte der Schaden bis auf einen geringfügigen Rest behoben werden.

18.1. Nahrung und Nahrungsqualität

Problemeinstieg

Nahrung gehört zusammen mit Atemluft und Trinkwasser zu den unverzichtbaren Grundlagen menschlichen Lebens. So ist es nicht verwunderlich, daß die zahlreichen Nachrichten über Schadstoffe in der Nahrung und die daraus möglicherweise entstehenden gesundheitlichen Schäden mit zunehmender Sorge aufgenommen werden. Das rege Interesse, das der alternative Landbau in der Öffentlichkeit findet, beruht auf dessen Anspruch, schadstoffarme oder sogar schadstofffreie Produkte liefern zu können, denen überdies eine insgesamt bessere Nahrungsqualität zugeschrieben wird als den Erzeugnissen des konventionellen Landbaus.

Begriffsklärung

Die Bezeichnungen „Nahrung" und „Nahrungsmittel" sind den Naturwissenschaften entlehnt; im amtlichen Sprachgebrauch benutzt man den Begriff „Lebensmittel" für alle Stoffe, die dazu bestimmt sind, in rohem oder zubereitetem Zustand gegessen oder getrunken zu werden. Zu den Lebensmitteln rechnen die eigentlichen Nahrungsmittel, die ihres Nährwertes wegen verzehrt werden, und die Genußmittel, die ihres Geschmacks oder Geruchs wegen genossen werden (Kaffee, Tee, Gewürze).

Das Lebensmittelrecht verwendet den Begriff „Zusatzstoffe" *(Additive)* für solche Stoffe, die Lebensmitteln absichtlich zugesetzt werden, um beispielsweise die Beschaffenheit zu beeinflussen oder bestimmte Eigenschaften zu erzielen. Im einzelnen handelt es sich um Farbzusätze, Bleichmittel, Konservierungsstoffe, Geschmacks- und Geruchsstoffe. Zusatzstoffe bedürfen der Zulassung zur Verarbeitung in Lebensmitteln; diese wird nur erteilt, wenn der betreffende Stoff sich in eingehender Prüfung als unbedenklich erwiesen hat und die technologische Notwendigkeit des Zusatzes begründet werden kann. Da bei jeder derartigen Prüfung die Einschränkung „nach dem Stand des Wissens" zu machen ist, wundert es nicht, wenn sich Mittel im Laufe der Zeit trotz vorhergehender sorgfältiger Prüfung als bedenklich erweisen. Ein typisches Beispiel ist Nitrit, das seit langem als Zusatz für Fleischprodukte verwendet wird und erst neuerdings nach Bekanntwerden der Zusammenhänge zwischen Nitritgehalt und Nitrosaminbildung als gefährlich erkannt wurde (Nitrosamine sind krebsauslösend).[1]

Da Zusatzstoffe einer strengeren Kontrolle unterliegen und sie absichtlich und nicht infolge von Umweltbelastungen in Lebensmittel gelangen, wird auf sie nicht weiter eingegangen.

Grundfragen

Gehen wir nun im folgenden den beiden Grundfragen (1) Nahrung und (2) Nahrungsqualität nach:

(1) Was ist eigentlich *Nahrung?* Im biologischen Sinn besteht Nahrung („Nahrungsmittel") aus mehreren Bestandteilen mit unterschiedlicher Funktion:

• Da sind zunächst einmal die *Nährstoffe,* worunter wir hier die energiereichen Eiweiße, Fette und Kohlenhydrate verstehen; sie dienen zunächst einmal als Energiespender dem Betriebsstoffwechsel, das heißt dem Aufrechterhalten der Lebensvorgänge. Daneben werden die Nährstoffe im Baustoffwechsel zum Aufbau körpereigener Substanz benötigt. Der menschliche Körper braucht eine bestimmte Zusammensetzung seiner Nahrung (Eiweiße können beispielsweise nicht durch Fette oder Kohlenhydrate ersetzt werden), und es müssen überdies ganz bestimmte Nahrungseiweiße zugeführt werden.

• Die Nahrung muß ferner *Vitamine* enthalten; das sind organische Stoffe, die keine Bedeutung als Energielieferant haben, sondern bestimmte biologische Funktionen erfüllen und vom Körper nicht selbst hergestellt werden können.

• Zu den Bestandteilen der Nahrung rechnen weiter Wasser, Mineralstoffe („Salze") und Spurenelemente: Auf die Bedeutung des *Wassers* wurde schon an anderer Stelle hingewiesen (STE 5–8). Die *Mineralstoffe* benötigt der Körper zur

---

1 Der Rat von Sachverständigen für Umweltfragen: Umweltgutachten 1978. Stuttgart/Mainz bzw. (als Bundestagsdrucksache) Bonn 1978, S. 290.

18. Gesunde Lebensmittel

Aufrechterhaltung vieler Funktionen, zum Beispiel als Voraussetzung einer ungestörten Zelltätigkeit. Zu nennen wären hier Natrium, Kalium, Calcium, Magnesium, Chlorid und Phosphat. *Spurenelemente* kommen im Gegensatz zu den eben genannten Mineralstoffen nur in winzigen Mengen in der Nahrung und im Körper vor. Beispiele lebenswichtiger Spurenelemente: Eisen, das beim Transport des Sauerstoffs im Blut eine Rolle spielt; Jod, das einen Baustein von Schilddrüsenhormonen darstellt; ferner Kobalt, Kupfer, Mangan, Molybdän, Zink.

• Als Bestandteile der Nahrung sind schließlich noch Gewürz- und Ballaststoffe zu nennen: *Gewürzstoffe* sind im engeren Sinne nicht lebensnotwendig; sie bestimmen aber Geruch und Geschmack der Nahrung und fördern die Verdauung. *Ballaststoffe* sind unverdauliche Nahrungsbestandteile (Beispiel: Zellulose aus Pflanzen).

(2) Was ist eigentlich *Nahrungsqualität?* Sie bezeichnet die Eignung der Nahrung für die Ernährung des Menschen. Gute Nahrungsqualität liegt vor, wenn

• die verschiedenen Bestandteile in ausgewogenem Nebeneinander vorliegen, insbesondere
– die Mindestmengen an Eiweißen, Fetten und Kohlenhydraten gegeben sind;
– der Energiehaushalt der Nahrung dem körperlichen Bedarf entspricht;
– ausreichende Mengen an allen lebensnotwendigen Vitaminen, Mineralstoffen und Spurenelementen vorhanden sind;
– keine Vitamine, Mineralstoffe oder Spurenelemente in überhöhter, giftig („toxisch") wirkender Konzentration auftreten;

• die Nahrung frei von Krankheitserregern ist und auch sonst keine hygienischen Mängel aufweist;

• keine Schadstoffe (im Sinne des *„Umweltgutachtens 1978",* STE 11, Abschnitt 11.2.1) in der Nahrung enthalten sind.

Die drei genannten Merkmalsgruppen kennzeichnen die *„innere" Qualität* der Nahrung, die also auf dem Ernährungswert (oder den „wertgebenden Inhaltsstoffen") und auf der Freiheit von schädlichen Inhaltsstoffen beruht. Diese Qualitätsmerkmale sind durchweg für den Verbraucher nicht zu erkennen, es sei denn im Falle von Fäulnis oder Schimmelbildung. Gegen hygienische Mängel und schädliche Rückstände von Pflanzenbehandlungsmitteln aus der landwirtschaftlichen Produktion wird der Verbraucher durch Gesetze und Verordnungen geschützt; wir kommen darauf in Abschnitt 18.3 zu sprechen.
Qualitätsmerkmale, wie Geruch und Geschmack, kann der Verbraucher im Gegensatz zu dem Ernährungswert und den schädlichen Inhaltsstoffen wahrnehmen – jedenfalls beim offen verkauften Produkt. Über die Haltbarkeit lassen sich in gewissen Grenzen Erfahrungen sammeln.
Vor allem bei vielen pflanzlichen Agrarprodukten spielen *„äußere" Qualitätsmerkmale* eine große Rolle: Fruchtgröße und -gewicht, Färbung sowie fehlerfreies, attraktives Aussehen und Freiheit von Schorf oder Fraßspuren von Insekten stellen beispielsweise bei der Handelsklasseneinteilung von Obst die gängigen Qualitätsnormen dar. Da nur sie den Preis bestimmen, wird bei der Sortenauswahl beim Obst nicht auf das Vorhandensein wertvoller Inhaltsstoffe, sondern auf Fruchtgröße, Massenertrag, Ernte- und Lagerfähigkeit geachtet. Die Forderung nach fehlerfreier Frucht legt naturgemäß die Anwendung von Pestiziden nahe, weil nur so der Norm sicher zu entsprechen ist.

Aus welchen Bestandteilen setzt sich die menschliche Nahrung zusammen?   Aufgabe 1
....
....
....

Aufgabe 2   Erläutern Sie den Begriff „Nahrungsqualität".

....

....

....

....

....

....

....

18.2. Gesundheitsschädigungen durch Lebensmittel

Ursachen

Gesundheitsschädigungen des Menschen können auf viele, sehr verschiedene Ursachen zurückgehen:

(1) So gibt es beispielsweise Gesundheitsgefährdungen, die auf eine *unausgewogene, unzureichende oder falsch zusammengesetzte Nahrung* zurückgehen. Es treten dann charakteristische Mangelkrankheiten auf, die oftmals zum Tode führen und auch gegenwärtig auf der Welt weit verbreitet sind:

• *Eiweißmangelkrankheiten* treten vor allem bei ungenügender Ernährung im Kindesalter auf. Mit dem afrikanischen Namen „Kwashiorkor" wird eine solche durch Wachstumshemmung, Blutarmut, Muskelschwund, Ödeme und anderes gekennzeichnete Krankheit belegt, die in Afrika, Südamerika und asiatischen Ländern verbreitet ist.

• *Vitaminmangelkrankheiten* sind die bei einseitiger Ernährung mit Mais auftretende „Pellagra", die Krankheitserscheinungen an Haut, Darm und Nervensystem hervorruft und auf Mangel an dem Vitamin Niacin zurückgeht, und der „Skorbut", die typische Seefahrerkrankheit in vergangenen Jahrhunderten, der auf Mangel an Ascorbinsäure (Vitamin C) vor allem aus frischem Obst beruht.

(2) Wesentliche Gesundheitsgefährdungen beruhen auf dem *Vorhandensein von Schadstoffen oder Schadorganismen* im Lebensmittel. Man kann verschiedene Gruppen unterscheiden:

• *Pflanzengifte* sind in vielen Pflanzen enthalten. In der Regel werden Pflanzen, die Gifte enthalten, nicht vom Menschen als Nahrung genutzt. Es gibt aber Ausnahmen: Die stärkereichen Wurzelknollen des Maniok, eines tropischen Wolfsmilchgewächses, enthalten eine giftige Blausäureverbindung. Da diese durch Kochen unschädlich gemacht werden kann, ist trotz der Giftigkeit der rohen Knolle ein ausgedehnter Anbau entstanden.
Giftige Pflanzenteile können durch Verunreinigungen in die Nahrung gelangen. Vor der Einführung wirksamer Reinigungsverfahren der Getreidekörner war oftmals ein erheblicher Anteil Unkrautsamen dem Brotgetreide beigemengt; so konnte beispielsweise der giftige Samen der Kornrade, eines Ackerunkrauts, in die menschliche Nahrung gelangen.

• *Pilzgifte* sind von Knollenblätterpilzen und anderen Giftpilzen bekannt. Weniger bekannt ist heute, daß jahrhundertelang eine wesentliche Schadstoffbelastung des Brotgetreides (vor allem des Roggens) vom Mutterkornpilz ausging. Massenvergiftungen durch Gifte des Mutterkornpilzes traten im Altertum und Mittelalter immer wieder auf. Noch vor hundert Jahren gab es eine solche Massenerkrankung in Deutschland. Das durch die Vergiftung entstehende Krankheitsbild ist vielfältig und schwer. Vom Leiden eines Mutterkornvergifteten gibt eine Darstellung von Matthias GRÜNEWALD auf dem Isenheimer Altar ein realistisches Bild:

18. Gesunde Lebensmittel 69

Abb. 1: Matthias GRÜNEWALD: „Die Versuchung des heiligen Antonius" (1512–1516). Museum Unterlinden, Colmar

In der linken unteren Bildecke ist ein Mutterkornvergifteter dargestellt.

Dank der heutigen Überwachung von Getreide und Mehl sind Mutterkornvergiftungen bei uns selten geworden.

Auch manche Schimmelpilze scheiden Giftstoffe ab, die allgemein „Mykotoxine" genannt werden. Besondere Bedeutung hat das *Aflatoxin* (produziert von *Aspergillus flavus*), weil es leberschädigende Wirkungen entfaltet und in hohem Maße krebsauslösend ist. Aflatoxine treten vor allem bei Erdnüssen, Mais, Mandeln, Hasel- und Kokosnüssen belastend auf.[2]

• *Giftige Fische* gibt es in größerer Zahl. Man muß dabei unterscheiden zwischen solchen, die selbst giftig wirkende Substanzen bilden, und solchen, die schon zu Lebzeiten Giftstoffe aus der Produktion anderer Lebewesen in ihrem Körper anlagern. Außerdem kann es zur Einlagerung von Schadstoffen anthropogenen Ursprungs im Fisch kommen (worauf in Abschnitt 18.5 einzugehen ist). Der allgemein gebräuchliche Ausdruck „Fischvergiftung" umschließt alle Erkrankungen, die nach dem Genuß von Fischen oder Fischprodukten auftreten.

Ein typisches Beispiel eines giftigen Fisches ist der ostasiatische Kugelfisch, der in Japan wiederholt Todesfälle verursacht hat. Während der Fortpflanzungszeit bildet sich nämlich im Fisch ein starkes Gift. Bei vielen Fischarten sind nur Blut und Geschlechtsorgane Träger von Giften (Beispiel: Aal).

---

2 Hans-Jürgen SINELL: Einführung in die Lebensmittelhygiene. Berlin/Hamburg 1980, S. 56.

Als Beispiel für Fische, die Gifte fremder Lebewesen aufnehmen, mögen die Störe dienen, bei denen sich zu Lebzeiten Bakterien im Körper ansiedeln können und Gifte abscheiden („Botulinus-Vergiftung").

• *Muschelvergiftungen* des Menschen beruhen auf verschiedenen Ursachen. In abwasserverseuchten Meeresgebieten nimmt die Muschel beim Nahrungserwerb krankheitserregende Bakterien und Viren auf, die aus menschlichen Fäkalien stammen. Werden die Muscheln roh verzehrt, kommt es zur Infektion des Menschen, und er erkrankt. Eine eigenartige Form der Muschelvergiftung wird durch gehäuftes Auftreten bestimmter giftiger einzelliger Organismen (Geißeltierchen *Gonyaulax*) ausgelöst. Diese Einzeller dienen der Muschel (vor allem Miesmuscheln) als Nahrung; dabei geht das Gift in die Muschel über und wird dort ohne Schaden anzurichten gespeichert. Verzehrt der Mensch die Muschel, so erleidet er starken Schaden durch das Gift. Dies ist ein typisches Beispiel für die Weitergabe eines Schadstoffes in der Nahrungskette.

• Unter *Schadorganismen* sprechen wir hier solche krankheitserregenden Tiere und Mikroorganismen an, die mit der Nahrung auf den Menschen übertragen werden und zugleich durch menschliche Ausscheidungen wieder in die Umwelt gelangen.

Ein typisches Beispiel ist der *Rinderbandwurm,* der als geschlechtsreifer Wurm im Darm des Menschen lebt. Die Eier gelangen auf dem Kotweg auf Weiden (Umgebung von Campingplätzen und Rastplätzen), werden von Rindern aufgenommen und führen zur Besiedlung des Rindfleisches mit Jungwürmern („Finnen"). Diese gelangen beim Verzehr von rohem Fleisch wieder zum Menschen. Damit ist der Kreislauf geschlossen.

Ein weiteres bekanntes Beispiel ist der *Spulwurm,* ein Darmparasit des Menschen; seine Eier gelangen mit dem menschlichen Kot ins Freie. Wird der Kot zum Düngen von Gemüse verwendet, so besteht für die Eier die Chance, mit verschmutzter pflanzlicher Nahrung wieder zum Menschen zurückzufinden. Auch auf dem Abwasserweg besteht diese Möglichkeit, da die Eier Kläranlagen unbeschädigt passieren, sich im Klärschlamm ansammeln können und längere Zeit infektionsfähig bleiben.

Die Liste ließe sich weiter fortsetzen; vor allem in warmen Ländern werden Infektionswege über die Nahrung von Parasiten und Krankheitserregern häufig benutzt.

(3) Eine dritte Ursache der gesundheitlichen Beeinträchtigungen des Menschen beruht auf dem *Vorhandensein von chemischen Stoffen anthropogener Herkunft* im Lebensmittel. Hierher gehören solche Zusatzstoffe, die nicht zugelassen sind oder verbotswidrig angewendet werden.

Für unsere Ausgangsfragestellung nach der Qualität der im deutschen Landbau produzierten Nahrungsmittel sind die folgenden drei Schadstoffgruppen von Bedeutung:

• *Rückstände* von Stoffen, die in der Pflanzenproduktion als „Pflanzenbehandlungsmittel" (Pestizide und Wachstumsregler) oder als Düngemittel benutzt werden. Diese Stoffe sind nicht dazu gedacht, im Lebensmittel zu verbleiben; es sind Produktionshilfsstoffe. Oftmals bleiben sie aber doch in Resten oder in Form von Abbau- und Umwandlungsprodukten in erzeugten Produkten. Da es gewissermaßen zurückgebliebene Stoffe sind, spricht man von „Rückständen".

• Auch *Tierarzneimittel* und manche Futtermittelzusatzstoffe, die in der Tierproduktion zur Ertragssteigerung Verwendung finden, können in Form von Rückständen im Endprodukt auftreten.

• Von *Verunreinigung* („Kontamination") des Erntegutes bzw. des Lebensmittels spricht man dann, wenn Stoffe mit Luft- und Wasserverunreinigungen oder durch unsachgemäßen, fahrlässigen Umgang mit Chemikalien ins Produkt gelangt sind. Solche Verunreinigungen können auch aus kontaminierten Futtermitteln stammen. Kontaminationen des Lebensmittels sind auch im Verarbeitungsgang möglich; auf diese Aspekte soll hier nicht eingegangen werden. Die Besonderheit der Verunreinigung des landwirtschaftlichen Ernteproduktes besteht darin, daß der Produzent, der Bauer, hierauf keinen Einfluß hat (im Gegensatz zu den Rückständen, die er steuern kann). Allenfalls kann die Verunreinigung von Erntegut dadurch gemindert werden, daß zum Beispiel kein Anbau im Umkreis stark befahrener Straßen erfolgt.

Die hier vorgenommene Dreiteilung der Schadstoffbelastung darf nicht als starres Gliederungsschema verstanden werden, da nicht alle Stoffe auf eine Gruppe beschränkt sind. Auch wird diese Aufgliederung nicht immer streng eingehalten. Oftmals werden auch die „Verunreinigungen" als „Rückstände" bezeichnet. Das trägt aber eher zur Verwirrung als zur Klärung der Situation bei.

Welche Schadorganismen können auf dem Nahrungsweg auf den Menschen übertragen werden, nachdem sie zunächst durch Zutun des Menschen in die Umwelt gelangt sind?

Aufgabe 3

....
....
....
....
....

Welche Schadstoffgruppen sind in landwirtschaftlichen Produkten zu unterscheiden? Woher stammen diese Schadstoffe?

Aufgabe 4

....
....
....
....
....

Gesetzliche Regelungen zum Schutze des Verbrauchers vor Schadstoffen in Lebensmitteln

18.3.

Dem Schutz des Verbrauchers vor möglichen gesundheitlichen Gefährdungen durch Schadstoffe in Lebensmitteln dient eine ganze Reihe von Rechtsvorschriften. Entsprechend der in den Studieneinheiten 16 und 17 gestellten Frage nach den Auswirkungen der Landbaupraxis auf die Nahrungsqualität behandeln wir hier schwerpunktmäßig den Schutz des Verbrauchers vor (1) Rückständen der als Produktionshilfsstoffe in Pflanzenbau und Tierhaltung eingesetzten Stoffe, vor allem der Pflanzenbehandlungsmittel, (2) vor verunreinigenden Stoffen *(Kontaminanten)* aus der technischen Umwelt und (3) die Kontrollen von Rückständen und Verunreinigungen in Lebensmitteln.

Vorgehen

Rechtliche Maßnahmen gegen Rückstände in Lebensmitteln

18.3.1.

Die hier vorgestellten rechtlichen Maßnahmen richten sich gegen Rückstände in Lebensmitteln, die auf die Verwendung von Pestiziden in der Landwirtschaft, beim Vorratsschutz sowie bei der Bekämpfung von gesundheitsgefährdenden Tieren und auf verschiedene landwirtschaftliche Produktionshilfsstoffe zurückgehen. Wir gliedern im folgenden nach den wichtigsten einschlägigen Rechtsbereichen:

Problemfeld 1

Bereich 1   PFLANZENSCHUTZRECHT

Das „Pflanzenschutzgesetz"[3] hat den *Zweck,* Pflanzen vor Schadorganismen und Krankheiten zu schützen („Pflanzenschutz"), Pflanzenerzeugnisse vor Schadorganismen zu schützen („Vorratsschutz"), die Lebensvorgänge der Pflanze stofflich zu beeinflussen („Wachstumsregulation") und – was für unsere Fragestellung in erster Linie interessiert – Schäden durch den Einsatz von Pflanzenbehandlungsmitteln zu verhindern, insbesondere die Gesundheit von Mensch und Tier zu schützen. Das Gesetz schreibt vor, daß Pflanzenschutzmittel nur nach Zulassung durch die „Biologische Bundesanstalt für Land- und Forstwirtschaft" eingeführt oder erwerbsmäßig vertrieben werden dürfen. Unter den Voraussetzungen für die Zulassung ist § 8 (1) 3 besonders wichtig; die Zulassung wird nur erteilt, wenn „das Pflanzenbehandlungsmittel bei bestimmungsgemäßer und sachgerechter Anwendung keine schädlichen Auswirkungen für die Gesundheit von Mensch und Tier sowie keine sonstigen schädlichen Auswirkungen hat, die nach dem Stande der wissenschaftlichen Erkenntnisse nicht vertretbar sind". Hinsichtlich gesundheitlicher Belange wird das Bundesgesundheitsamt eingeschaltet.

Die Worte „bei bestimmungsgemäßer und sachgerechter Anwendung" beleuchten sehr deutlich die Situation; bei falscher Anwendung aufgrund mangelnder Vorbildung oder fehlenden Verantwortungsgefühls oder schlicht Unvermögens sind schädliche Auswirkungen keineswegs ausgeschlossen. Der Hinweis auf den „Stand der wissenschaftlichen Erkenntnisse" macht deutlich, daß die Zulassung dem Wechsel der Erkenntnis angepaßt werden kann und muß – das geschieht auch. Zulassungen werden nur für eine begrenzte Zeit ausgesprochen; in kritischen Fällen wird statt für die mögliche Zeit von 10 Jahren nur für einen wesentlich kürzeren Zeitraum (1–2 Jahre) zugelassen; danach muß neu entschieden werden. Die Zulassung wird in der Laufzeit widerrufen, wenn neue Erkenntnisse dies nötig machen. Die Anwendung von Mitteln kann darüber hinaus auf bestimmte Bereiche beschränkt werden. Auch das Verbot der Anwendung bestimmter Mittel ist möglich.

In diesem Zusammenhang sei die Pflanzenschutzmittel-Anwendungsverordnung (vom 19. Dezember 1980) erwähnt, die wichtige Anwendungsverbote und -beschränkungen ausspricht. So dürfen quecksilberhaltige Beizmittel (Mittel zum Schutz von Saatgut vor Schadorganismen) nach dem 30. April 1982 endgültig nicht mehr verwendet werden. Anwendungsverbote gelten im übrigen für Arsenverbindungen, Chlordan, Dieldrin, Heptachlor, Hexachlorbenzol, Toxaphen, um nur einige oft genannte Stoffe anzuführen. Daneben wurde eine ganze Reihe von Anwendungseinschränkungen festgelegt; zum Beispiel darf Lindan nicht mehr im Getreidevorratsschutz verwendet werden. Das bekannte DDT wurde schon früher durch das DDT-Gesetz zur Anwendung im Pflanzenschutz verboten.

Das Pflanzenschutzgesetz hat *2 Zielrichtungen* beim Schutz des Menschen:

– den Anwenderschutz, das heißt den Schutz des Landwirts, der ein Mittel einsetzt;
– den Verbraucherschutz, das heißt den Schutz dessen, der ein Landbauprodukt verzehrt.

• Beim *Anwenderschutz* geht es vorrangig um die akute Toxizität (vgl. Bd. I, S. 210), das heißt um mögliche gesundheitliche Folgen einer einmaligen Stoffaufnahme infolge falscher Anwendung oder anderen Fehlverhaltens und Unfällen. Etwa ein Fünftel aller zugelassenen Pflanzenbehandlungsmittel sind in eine von insgesamt drei nach Wirkung abgestuften „Giftabteilungen" eingeordnet. Diese sind die Mittel mit hoher akuter Toxizität. Ihre Zahl hat in den letzten Jahren stetig abgenommen.

---

3 Vom 10. Mai 1968 (Bundesgesetzblatt 1968, I, S. 352), in der *Neufassung vom* 2. Oktober 1975 (Bundesgesetzblatt 1975, I, S. 2591; 1976, I, S. 652); zuletzt geändert durch Gesetz vom 16. Juni 1978 (Bundesgesetzblatt 1978, I, S. 749).

18. Gesunde Lebensmittel

- Beim *Verbraucherschutz* kommt es auf die Ausschaltung des Gesundheitsrisikos durch chronische Toxizität an (vgl. Bd. I, S. 211). Hier geht es um die Langzeitwirkung von kleinen Rückstandsmengen, die über längere Zeit fortlaufend mit der Nahrung aufgenommen werden. Rückstände lassen sich nicht vermeiden, solange man chemischen Pflanzenschutz betreibt. Es soll aber gewährleistet werden, daß Rückstände die Gesundheit des Menschen nicht gefährden. Eine Maßnahme hierzu ist die „Höchstmengenverordnung" im Rahmen des Lebensmittelrechtes.

LEBENSMITTELRECHT

Bereich 2

Das „Gesetz zur Neuordnung und Bereinigung des Rechts im Verkehr mit Lebensmitteln, Tabakerzeugnissen, kosmetischen Mitteln und sonstigen Bedarfsgegenständen" (Lebensmittel- und Bedarfsgegenständegesetz)[4] enthält in § 14 (2) die Ermächtigung zum Festsetzen von *Höchstmengen* für Pflanzenschutz- oder sonstige Mittel oder deren Abbau- und Reaktionsprodukte in oder auf Lebensmitteln, soweit es zum Schutz des Verbrauchers erforderlich ist. Diese Höchstmengen an Rückständen dürfen beim gewerbsmäßigen Inverkehrbringen nicht überschritten werden.[5]
Wie werden diese Höchstmengen festgesetzt? Die Höchstmengen, die in der „Höchstmengenverordnung Pflanzenbehandlungsmittel" angegeben werden, kommen durch ein kompliziertes Verfahren zustande. Die einzelnen Pflanzenbehandlungsmittel, die unter Handelsnamen verkauft werden, enthalten einen oder mehrere Wirkstoffe, von denen die angestrebte Wirkung ausgeht. Diese Wirkstoffe müssen geprüft werden, für sie werden die Höchstmengen festgelegt. Zunächst werden Fütterungsversuche an Tieren zur Feststellung der Toxizität durchgeführt. Dazu gehören mehrere Prüfungen:

- Erste Anhaltspunkte liefert die Ermittlung der *akuten Toxizität*. Hierbei wird festgestellt, bei welcher einmal verabreichten Menge *(Dosis)* des zu prüfenden Stoffes 50% der Versuchstiere sterben. Dies ist die LD 50, die „letale Dosis"; die Dosis also, die für die Hälfte der Versuchstiere tödlich *(letal)* ist. (Diese Werte stellen die Grundlage für die Einstufung in Giftabteilungen dar.)

- Der nächste Schritt ist die Ermittlung der *subakuten Toxizität*. Hierbei wird den Versuchstieren in der Regel 28 Tage lang täglich eine bestimmte Wirkstoffmenge zugeführt. Durch Verabreichung verschiedener Dosierungen gewinnt man die für die eigentlich wichtigen Langzeitversuche notwendigen Daten.

- Es schließt sich die Feststellung der *subchronischen Toxizität* an; diese wird im 90-Tage-Versuch mit täglichen Wirkstoffgaben unterschiedlicher Dosierung ermittelt. Dabei kommt es jetzt nicht darauf an, die Wirkstoffmenge herauszufinden, bei deren täglicher Zufuhr eine Schadwirkung auftritt. Vielmehr wird die Menge gesucht, bei der keinerlei Auswirkungen auf die Körperfunktionen des Versuchstieres zu beobachten sind.

- Die *chronische Toxizität* schließlich wird in möglichst lebenslangem Versuch bei täglich verabreichter Wirkstoffgabe untersucht. Bei den üblichen Versuchstieren Ratte und Maus sind das mindestens 2 Jahre bzw. 18 bis 24 Monate bei der kürzer lebenden Maus. Ziel ist wieder die Ermittlung der Dosis, die keine erkennbare Schädigung zeigt („unwirksame Höchstdosis"). Bei den Langzeitversuchen wird

---

4 Vom 15. August 1974 (Bundesgesetzblatt 1974, I, S. 1945; 1975, I, S. 2652); zuletzt geändert durch Gesetz vom 24. August 1976 (Bundesgesetzblatt 1976, I, S. 2445).

5 Zu den gültigen Höchstmengen vgl. die „Verordnung über Pflanzenbehandlungsmittel in oder auf Lebensmitteln pflanzlicher Herkunft und Tabakerzeugnissen (Höchstmengenverordnung Pflanzenbehandlungsmittel)" vom 13. Juni 1978 (Bundesgesetzblatt 1978, I, S. 718 ff.) und die „Verordnung über Höchstmengen an DDT und anderen Pestiziden in oder auf Lebensmitteln tierischer Herkunft (Höchstmengenverordnung tierische Lebensmittel) vom 15. November 1973, zuletzt geändert durch Verordnung vom 29. 8. 1978 (Bundesgesetzblatt 1978, I, S. 1525 ff.).

eventuellen krebsauslösenden Stoffeigenschaften besondere Aufmerksamkeit gewidmet. Zusätzlich wird auch auf erbgutverändernde Eigenschaften *(Mutagenität)* geprüft und auf solche, die Mißbildungen bei den Nachkommen hervorrufen *(Teratogenität)*. Da zwischen einzelnen Tierarten Unterschiede in der Reaktion bestehen können, sollen mindestens zwei Säugetierarten in diesem Test verwendet werden; eine Art darf dabei nicht zu den Nagetieren gehören.

Die Prüfungsergebnisse werden einer eingehenden *Auswertung* unterzogen:

• Nachdem man die unwirksame Höchstdosis ermittelt hat, errechnet man für die empfindlichste der geprüften Versuchstierarten die „höchste duldbare Tagesdosis" in mg Wirkstoff je kg Körpergewicht des Tieres pro Tag. Dieser Wert wird nach dem englischen Begriff „acceptable daily intake" (duldbare tägliche Aufnahme) mit dem Kürzel *ADI* belegt.

• Im nächsten Schritt wird nun die Übertragung dieses Resultates auf den Menschen vollzogen. Dabei unterstellt man stets, daß der Mensch empfindlicher ist als das Tier. Entsprechend benutzt man meist einen Sicherheitsfaktor von 100, das heißt, man teilt den für das Tier erhaltenen Wert durch 100. Bei besonderen Bedenken kann der Sicherheitsfaktor auf 1000 angehoben werden. In einigen wenigen Fällen mit großem Erfahrungsschatz ging man auf den Wert 10 herunter. Die *höchste duldbare Tagesdosis (ADI) für den Menschen* in mg Wirkstoff je kg Körpergewicht pro Tag errechnet sich also beispielsweise so:

$$\text{ADI (Mensch)} = \frac{\text{ADI (Tier)}}{100}$$

• Nun folgt die Berechnung der aus toxikologischer Sicht *maximalen duldbaren Rückstandsmenge*. Für alle Lebensmittelgruppen, die durch Rückstände belastet sein können, wird aus den Verzehrsgewohnheiten des „Normalverbrauchers" der durchschnittliche Tagesverzehr (in kg pro Tag) ermittelt. Ausgehend von einem durchschnittlichen Körpergewicht des Menschen von 60 kg, kann man dann folgende Rechnung aufstellen:

$$\frac{\text{ADI (Mensch)} \times 60 \text{ (kg Durchschnittsgewicht)}}{\text{durchschnittliche Verzehrsmenge evtl. belasteter Lebensmittel}}$$

Dies ist ein nach dem Stand der Wissenschaft gesundheitlich unbedenklicher Rückstandswert, der selbst bei lebenslanger Aufnahme keine nachteiligen Folgen haben dürfte.

• Bei der Festlegung der Höchstmengen nach dem Lebensmittelgesetz dient der toxikologisch unbedenkliche Rückstandswert als Grundlage; er stellt bei der Höchstmengenfestsetzung die obere Grenze der *geduldeten Rückstandsmenge* dar. Bis zu diesem Grenzwert kann ein Rückstand toleriert werden; deshalb spricht man auch von „Toleranz". Die *amtlich zulässigen Höchstmengen* von Rückständen, wie sie in den eingangs genannten Höchstmengenverordnungen aufgelistet sind, liegen oft deutlich unter der duldbaren Rückstandsmenge; es wird nämlich bei ihrer Festlegung ein Vergleich mit der rechnerisch unvermeidbaren Rückstandsmenge bei vorschriftsmäßiger Anwendung eines Mittels („gute landwirtschaftliche Praxis") vorgenommen. Liegt dieser Praxiswert tiefer als der toxikologische Wert, so wird er zur zulässigen Höchstmenge. Die zulässige Höchstmenge ist also kein toxikologischer Grenzwert, sondern ein juristischer. Eine Überschreitung bedeutet wegen der weiten Sicherheitsspanne nicht sofort eine gesundheitliche Gefährdung; das Ausmaß der Überschreitung spielt dabei die entscheidende Rolle.

Kritik an der Höchstmengenverordnung: Die Höchstmengenverordnungen wirken auf den ersten Blick perfekt. Tatsächlich sind die Regelungen in der Bundesrepublik Deutschland im internationalen Vergleich führend. Das oftmals angesprochene

18. Gesunde Lebensmittel 75

Problem der Übertragung von Befunden an Versuchstieren auf den Menschen kann wegen der Berücksichtigung besonderer Sicherheitsspannen als zufriedenstellend gelöst angesehen werden.

Allerdings bedürfen die ADI-Werte immer wieder der Überprüfung, um die Anpassung an den aktuellen Stand der wissenschaftlichen Erkenntnis zu sichern. Probleme bestehen vor allem in folgenden Bereichen:

• Über die Möglichkeit des gleichzeitigen Auftretens verschiedener Rückstände in der Nahrung und die daraus möglicherweise entstehenden Kombinationseffekte (vgl. Bd. I, S. 211) fehlen Informationen. Wirkstoffe werden bisher in aller Regel als Einzelstoffe geprüft und die zulässigen Höchstmengen entsprechend immer für *einen* Stoff festgelegt.

• Auf ein besonderes Problem weist der „Rat von Sachverständigen für Umweltfragen" im *„Umweltgutachten 1978"* hin:[6] Da die in der Höchstmengenverordnung festgeschriebenen Einzelstoffwerte unabhängig von anderen, gleichzeitig vorhandenen Rückständen anderer Stoffe sind, wird der Produzent geradezu veranlaßt, mehrere Wirkstoffe nacheinander einzusetzen. Auf diese Weise entstehen nebeneinander niedrige (zulässige) Rückstände mehrerer Stoffe, ohne daß *ein* Stoff den zulässigen Höchstwert überschreitet. Auf diese Weise könnte Kombinationswirkungen Vorschub geleistet werden – in Anbetracht der Wissenslücken auf diesem Gebiet eine sehr problematische Situation!

• Einen weiteren Problembereich stellt die Ermittlung der Verzehrsgewohnheiten der Bevölkerung dar. Natürlich kann man Mittelwerte des Verbrauchs einzelner Lebensmitteltypen für den Durchschnittsmenschen berechnen. Unberücksichtigt bleiben müssen aber Personen oder Bevölkerungsgruppen mit abweichenden Ernährungsgewohnheiten. Das kann zum Beispiel Vegetarier betreffen, die überdurchschnittlich viel Gemüse essen, oder Menschen mit hohem Verzehr von Molkereiprodukten, Fischen oder Muscheln.

Auf die aktuelle Rückstandssituation und die damit zusammenhängenden Probleme wird in Abschnitt 18.4 eingegangen.

In den bisher angesprochenen gesetzlichen Regelungen ging es um den Schutz vor schädlichen Rückständen von Pflanzenbehandlungsmitteln. Die „Verordnung über Höchstmengen an Quecksilber in Fischen, Krusten-, Schalen- und Weichtieren (Quecksilberverordnung Fische)"[7] setzt einen Höchstwert von 1 mg/kg Quecksilber in dem zum Verzehr bestimmten Teil der Tiere fest. Diese Verordnung richtet sich gegen einen Umweltschadstoff, der aus verschiedenen Herkünften stammt. Lange Zeit waren quecksilberhaltige Pestizide in Gebrauch (bei uns heute verboten); daneben gab und gibt es eine Reihe von technischen Bereichen, wo Quecksilber Verwendung findet und Zugang zur Umwelt hat.

(a) Was ist unter dem Begriff „Höchstmenge" der amtlichen Höchstmengenverordnungen zu verstehen?

Aufgabe 5

....
....
....

(b) Wie wird die Höchstmenge ermittelt?

....
....
....

---

6 Der Rat von Sachverständigen für Umweltfragen: Umweltgutachten 1978, a.a.O., S. 294.
7 Vom 6. Februar 1975 (Bundesgesetzblatt 1975, I, S. 485).

Aufgabe 6   Wo liegen Probleme bei der Höchstmengenregelung?

....
....
....
....
....

Bereich 3   FUTTERMITTELRECHT

Ziel des „Futtermittelgesetzes"[8] ist der Erhalt und die Verbesserung der Leistungsfähigkeit der Nutztiere, aber auch der Schutz der Gesundheit des Menschen, der das tierische Produkt nutzt. Insbesondere geht es darum, das Auftreten von Schadstoffen im Futtermittel zu unterbinden, um so Rückstände oder Verunreinigungen zu vermeiden. Futtermittelverordnungen zum Futtermittelgesetz setzen Höchstmengen für Pestizide in Futtermitteln fest. In diesen Listen taucht DDT ebenso wie in den Höchstmengenverordnungen noch auf, da es in anderen Ländern weiterhin benutzt wird und somit in importierten Produkten auftreten kann.

Bereich 4   ARZNEIMITTELRECHT

Im „Gesetz zur Neuordnung des Arzneimittelrechts" (Arzneimittelgesetz)[9] sind Regelungen für Tierarzneimittel enthalten, zum Beispiel Zulassungsregelungen für Tierarzneimittel. Es werden Vorschriften gemacht über die Prüfung der Rückstandsbildung und -dauer von Tierarzneimitteln im tierischen Produkt. Es gibt Regelungen für die „Wartezeiten", das heißt die Zeitspannen, die verstreichen müssen, ehe nach erfolgter Mittelanwendung das Produkt zum Verzehr freigegeben werden kann. Die Wartezeiten hängen ab von der Geschwindigkeit, in der ein Mittel im Tierkörper abgebaut oder ausgeschieden wird.

Bereich 5   DÜNGEMITTELRECHT

Das „Gesetz über den Verkehr mit Düngemitteln" (Düngemittelgesetz)[10] dient vor allem der Standardisierung von Düngemitteln im Interesse des Landwirts. Es dürfen aber auch nur Düngemitteltypen zugelassen werden, die keine gesundheitlichen Schäden für Mensch und Tier bringen. In diesem Zusammenhang ist es wichtig, daß bei der Zulassung auch Höchstgehalte an „Nebenbestandteilen", also zum Beispiel an Schadstoffen, festgesetzt werden können. Leider fehlt eine solche Regelung für Cadmium im Phosphatdünger noch.

18.3.2.   Rechtliche Maßnahmen gegen Verunreinigungen in Lebensmitteln

Problemfeld 2   Im folgenden werden Maßnahmen gegen die Verunreinigung *(Kontamination)* von Lebensmitteln behandelt, die auf das Vorkommen von Abfallstoffen, von Produktionsrückständen und von anderen aus dem technischen Bereich stammenden Umweltschadstoffen zurückgehen. Wir können uns hier kurzfassen, da die einschlägigen Gesetze schon an anderen Stellen im Zusammenhang mit Luft- und Wasserreinhaltung oder Abfallbeseitigung behandelt wurden. Grundsätzlich tragen nämlich alle gesetzlichen Regelungen, die das Einbringen von Schadstoffen in die Umwelt mindern, auch zur Verringerung der Lebensmittelkontamination bei.

---
   8 Vom 2. Juli 1975 (Bundesgesetzblatt 1975, I, S. 1745).
   9 Vom 24. August 1976 (Bundesgesetzblatt 1976, I, S. 2445).
  10 Vom 15. Dezember 1977 (Bundesgesetzblatt 1977, I, S. 2845).

So mindert das Bundes-Immissionsschutzgesetz mit der TA Luft beispielsweise die Immission von Schadstoffen in Agrarökosysteme und alle anderen Ökosysteme, aus denen Nahrungsobjekte gewonnen werden. Wasserrechtliche Regelungen tragen zur Verminderung des Schadstoffgehaltes in Fischen und anderen vom Menschen genutzten Wassertieren bei. Die Landwirtschaft wird entlastet, soweit sie Wasser zur Bewässerung verwendet. Auch die Abfallgesetzgebung bringt über die Entlastung der Umwelt insgesamt Vorteile für die landwirtschaftliche Nahrungsproduktion und die Nutzung wildlebender Tiere und Pflanzen.

Übrigens kann auch die früher erwähnte Futtermittelgesetzgebung mit ihren Verordnungen Druck auf das Emissionsverhalten von Industriebetrieben ausüben. Beispielsweise schreibt die 4. Änderungsverordnung zur Futtermittelverordnung von 1981 in Anpassung an neue EG-Richtlinien höchstzulässige Schwermetallbelastungen in Futtermitteln (z. B. Weidegrünfutter) vor, die sich nur durch erhebliche technische Anstrengungen verwirklichen lassen. Werden diese Maßnahmen nicht vollzogen, darf im Umkreis bestimmter Werke praktisch keine Nutzung von Grünfutter zur Viehhaltung erfolgen. Ein typisches Beispiel für den Konflikt Umweltschutz – Landwirtschaft – Industrie.

Nicht in allen Bereichen sind gegenwärtig die gesetzlichen Maßnahmen gegen Nahrungskontamination ausreichend: *Lücken* klaffen im Düngemittelgesetz hinsichtlich der Minderung von verunreinigenden Stoffen. In Phosphatdüngern können erhebliche Cadmiummengen enthalten sein (etwa 3 bis 25 mg/kg bei einem erstrebenswerten Gehalt von höchstens 1 bis 2 mg/kg). Dringend erforderlich sind Regelungen auch für den zulässigen Gehalt an Schadstoffen im Klärschlamm. Durch eine Änderung des Abfallbeseitigungsgesetzes wird versucht, die Belastung der Böden durch Klärschlamm zu mindern. Gegenwärtig kann das ökologische Ziel, Klärschlamm im Wege des „Recyclings" als Dünger in der Landwirtschaft zu verwenden, vielerorts wegen überhöhter Schwermetallgehalte nicht empfohlen werden.

Die bisher genannten Maßnahmen richten sich direkt gegen den kontaminierenden Stoff und schützen in erster Linie das Umweltmedium. Natürlich kann man auch hier – wie bei den Rückstandsregelungen – einen direkten Verbraucherschutz durch Festsetzen von zulässigen Höchstwerten (Grenzwerten) des Schadstoffgehaltes im Lebensmittel betreiben. Ein Beispiel, die Quecksilberverordnung, wurde eben schon genannt; diese Verordnung richtet sich nicht nur gegen Rückstände der inzwischen bei uns verbotenen quecksilberhaltigen Pestizide, sondern auch gegen Kontamination durch Quecksilber anderer anthropogener Herkunft.

Die Quecksilberverordnung ist die einzige Regelung dieser Art; gegen andere häufige Umweltschadstoffe wie Cadmium, Blei oder auch polychlorierte Biphenyle (PCB) gibt es bislang keine Verordnungen. Dafür gibt es Gründe: Zunächst einmal reichen die toxikologischen Untersuchungen noch nicht zur Festsetzung amtlicher Höchstwerte aus. Bei den Schwermetallen kommt hinzu, daß diese auch unter natürlichen Bedingungen in der Umwelt auftreten können (im Umkreis von Erzlagerstätten und in Gebieten mit vulkanischer Tätigkeit) und dann erhöhte Gehalte in pflanzlichen und tierischen Produkten auftreten.

Zur *Verbesserung des Verbraucherschutzes* wurden vom Bundesgesundheitsamt „Richtwerte" eingeführt.[11] Diese für Blei, Cadmium und Quecksilber festgelegten Werte sind Orientierungshilfen für die Lebensmittelüberwachung und für den Lebensmittelhersteller. Mit ihrer Hilfe lassen sich außergewöhnliche Kontaminationen erkennen. Nach Auffassung des Bundesgesundheitsamtes sollte in solchen Fällen von behördlicher Seite die Herkunft dieser Verunreinigungen ermittelt werden, um Vermeidungsmaßnahmen ergreifen zu können.

---

11 Vgl. etwa: Bundesgesundheitsamt: Richtwerte '79 für Blei, Cadmium und Quecksilber in und auf Lebensmitteln. *Bundesgesundheitsblatt* 22 (1979), S. 282–283; Friedrich Karl KÄFERSTEIN / Hans-Jürgen ALTMANN / Gerd KALLISCHNIGG / Hubertus KLEIN / Marie-Therese KOSSEN / Helmut LORENZ / Jürgen MÜLLER / Eberhard SCHMIDT / Klaus Peter ZUFELDE: Blei, Cadmium und Quecksilber in und auf Lebensmitteln. Ursachen, Konsequenzen, Erfordernisse – Modellstudie. ZEBS Berichte 1/1979. Berlin 1979.

Die Richtwerte werden aus Daten ermittelt, die von der „Zentralen Erfassungs- und Bewertungsstelle für Umweltchemikalien" (ZEBS) des Bundesgesundheitsamtes über Verzehrsmengen und Schadstoffgehalte in Lebensmittelproben zusammengetragen werden. Toxikologische Überlegungen und Bewertungen finden Berücksichtigung. Die Richtwerte werden für einzelne Lebensmittel oder Gruppen von Lebensmitteln festgelegt. So können der sehr unterschiedliche Schadstoffgehalt der einzelnen Lebensmittel und ebenso die sehr wechselnde Verzehrsmenge berücksichtigt werden. Unmittelbar an den Verbraucher wendet sich das Bundesgesundheitsamt mit Empfehlungen zum Selbstschutz vor unnötiger und vermeidbarer Schadstoffbelastung. So wurde zum Beispiel 1980 vor dem Verzehr von Hasenlebern und -nieren gewarnt, da diese Organe hohe Quecksilbergehalte unbekannter Herkunft aufweisen; Nieren von Schweinen und Rindern (vor allem älterer Tiere) sollten wegen ihres hohen Cadmiumgehaltes nur gelegentlich verzehrt werden (nicht öfter als alle zwei bis drei Wochen); ebenso werden Anweisungen zur Behandlung von straßennah angebautem Obst und Gemüse gegeben, um dessen Bleikontamination zu senken.[12] Schon 1978 wurde vor überhöhtem Speisepilzverzehr gewarnt, da Pilze beträchtliche Schwermetallgehalte aufweisen.[13]

Auf internationaler Basis hat die „Weltgesundheitsorganisation" (WHO) den Begriff der „vorläufig duldbaren wöchentlichen Aufnahme" eines Stoffes eingeführt. Dieser Wert ist aus Erfahrungen am Menschen abgeleitet. Das Verfahren ist also anders als bei der Ermittlung der Rückstandshöchstwerte, wo man von Tierversuchen ausgeht und einen ADI-Wert berechnet. Die nachstehende Tabelle bringt einige Daten:

Tab. 1: Vorläufig duldbare wöchentliche Aufnahmemenge in mg für eine Person von 70 kg Gewicht

Blei	3,5
Cadmium	0,525
Quecksilber	0,35

Aus: F. K. KÄFERSTEIN u. a.: Blei, Cadmium und Quecksilber in und auf Lebensmitteln, a.a.O., S. 16.

Der Zusatz „vorläufig" signalisiert, daß derartige Werte dem Fortschritt wissenschaftlicher Erkenntnis angepaßt werden können. Das gilt im übrigen auch für die Richtwerte, die im Gegensatz zu in Verordnungen festgeschriebenen Höchstwerten sehr rasch wechselnder Erkenntnis angeglichen werden können.

Aufgabe 7 Was versteht man unter „Richtwerten"? Wie unterscheiden sie sich von den „Höchstwerten"?

....
....
....
....
....
....
....
....

---

12 Bundesgesundheitsamt: Bekanntmachungen des Bundesgesundheitsamtes: Schwermetalle in und auf Lebensmitteln. Empfehlungen zum Selbstschutz des Verbrauchers vor unnötiger und vermeidbarer Fremdstoffbelastung. *Bundesgesundheitsblatt* 23 (Nr. 3) (1980), S. 35–36.
13 Bundesgesundheitsamt: Schwermetallgehalte in Speisepilzen: Empfehlungen zur Verzehrseinschränkung, a.a.O., 21 (Nr. 13) (1978), S. 204, 207.

Kontrollen von Rückständen und Verunreinigungen in Lebensmitteln

18.3.3.

Problemfeld 3

Aus der großen Fülle von Maßnahmen zum Schutze des Verbrauchers vor gesundheitlichen Gefährdungen durch hygienisch nicht einwandfreie Lebensmittel[14] wird hier nur der Bereich „Schutz vor Rückständen und vor Verunreinigungen aus der Umwelt" angesprochen.

Das Lebensmittel- und Bedarfsgegenständegesetz des Bundes mit seinen verschiedenen Verordnungen sieht *Überwachungsmaßnahmen* vor. Die Durchführung der Überwachung obliegt den Bundesländern. Das hat zur Folge, daß die Organisation der Lebensmittelkontrolle nicht einheitlich ist. Gemäß der allgemeinen Verpflichtung, durch regelmäßige Überprüfungen die Einhaltung der Vorschriften zu kontrollieren, bemüht sich ein spezieller Länderausschuß um einheitliche Handhabung der Lebensmittelüberwachung in den Ländern. Die Kontrolle im engeren Sinne liegt bei den Ordnungsbehörden der Kreise oder Gemeinden, die Untersuchung („Analyse") von Proben wird in Landesuntersuchungsämtern vorgenommen.

Übersicht 1: An der Lebensmittelüberwachung beteiligte Institutionen in Nordrhein-Westfalen (als Beispiel vom Aufbau dieser Überwachung auf Landesebene)

Oberste Landesbehörden	Minister für Arbeit, Gesundheit und Soziales; Minister für Ernährung, Landwirtschaft und Forsten (für tierische Lebensmittel)
Mittlere Landesbehörden	Regierungspräsidenten; Direktoren der Landwirtschaftskammern als Landesbeauftragte
Kommunale Behörden und andere Selbstverwaltungskörperschaften	Gemeinden, Kreise und kreisfreie Städte (Ordnungs- und Gesundheitsämter, Veterinärämter); Chemische und Lebensmitteluntersuchungsämter; Medizinal-Untersuchungsämter
Einrichtungen des Landes:	Staatliches Chemisches und Lebensmitteluntersuchungsamt Nordrhein-Westfalen; Staatliche Veterinäruntersuchungsämter; Staatliche hygienisch-bakteriologische Landesuntersuchungsämter
Andere öffentl. Einrichtungen und Einrichtungen, die mit öffentl. Aufgaben betraut sind sind	Pflanzenschutzämter der Landwirtschaftskammern; Medizinaluntersuchungsstellen an den wissenschaftlichen Hochschulen

Aus: Umweltschutz in Nordrhein-Westfalen. Hrsg. vom Ministerpräsidenten des Landes Nordrhein-Westfalen. Düsseldorf 1977, S. 57 und 116.

Die amtliche Lebensmittelüberwachung auf Schadstoffgehalte beruht auf einem *Stichprobensystem;* ein Dauerprobenahmesystem wäre bei der sehr großen Zahl verschiedenartigster möglicher Rückstände und Verunreinigungen nicht praktikabel. Es sei ausdrücklich angemerkt, daß hier von der amtlichen Kontrolle gesprochen wird; laufende betriebsinterne Kontrollen auf bakteriologische Unbedenklichkeit, Parasitenbefall und anderes sind eine feste Einrichtung zur Sicherstellung allgemeiner hygienischer Standardwerte.

Bei der *Auswertung* von Daten der amtlichen Kontrolle (siehe dazu die Jahresberichte Chemischer Untersuchungsämter) muß berücksichtigt werden, daß vielfach Proben im Falle des Verdachtes auf Rückstände oder Verunreinigungen genommen werden. Dies kann zum Beispiel eine Häufung von erhöhten Rückstandswerten bringen, ohne daß die Gesamtbelastung im Mittel gestiegen wäre. Das gegenwärtige Verfahren führt eben nicht zu repräsentativen Mittelwerten. Das gilt im übrigen auch für die Daten, die von der „Zentralen Erfassungs- und Bewertungsstelle für

---

14 Vgl. dazu beispielsweise: Hans-Jürgen SINELL: Einführung in die Lebensmittelhygiene. Berlin/Hamburg 1980, S. 164 ff.

Umweltchemikalien" (ZEBS) des Bundesgesundheitsamtes gesammelt werden, da es sich hier auch nur um Daten aus der allgemeinen Überwachung handelt. Dies wird in den ZEBS-Berichten auch deutlich gesagt: „Die Probenahme wird im allgemeinen nicht nach statistischen Gesichtspunkten vorgenommen, sondern vornehmlich mit der Zielsetzung der Kontrolle des Warenverkehrs."[15] Entsprechend können die bei der ZEBS eingehenden Werte nur selten als repräsentativ für das jeweilige Lebensmittel angesehen werden. Außerdem bestehen Uneinheitlichkeiten in der Probenverarbeitung und in anderen technischen Bereichen, die in manchen Fällen eine gesicherte Bewertung der Daten erschweren oder verhindern. Es ist in diesem Bereich noch vieles zu verbessern; die Aussagen des „Umweltgutachtens 1978" gelten weitgehend auch heute noch.[16] Es muß also bei der Betrachtung der Daten in vielen Fällen mit Unsicherheiten gerechnet werden. Unter diesem Vorbehalt stehen auch manche Ausführungen der folgenden Kapitel.

18.4. Rückstände und Verunreinigungen in landwirtschaftlichen Produkten

Problemaufriß

Eine wirklich allgemein verbindliche und umfassende Aussage über die Rückstände und Verunreinigungen in Lebensmitteln ist gegenwärtig nicht möglich. Das liegt einmal an dem schon erwähnten stichprobenartigen ungleichmäßigen Probennahmemuster. Zum anderen hat die „Zentrale Erfassungs- und Bewertungsstelle für Umweltchemikalien" (ZEBS) bisher noch nicht für alle im Lebensmittelbereich vorliegenden Daten Auswertungs- und Beurteilungsverfahren entwickelt. Besonders die Datenlage bei Pestizidrückständen läßt viele Wünsche offen; bei Schwermetallen ist die Auswertung wesentlich weiter fortgeschritten. Wir werden im folgenden die Situation für die 3 wichtigsten Schadstoffgruppen darstellen und mit den im Themenblock „Landbau" besonders interessierenden Pestiziden beginnen.

18.4.1. Pestizide

Gruppe 1

Aus dem „*Ernährungsbericht 1980*"[17] wird hier die nachstehende *Tabelle* über Rückstände von Pflanzenbehandlungsmitteln wiedergegeben, die eine gute Vorstellung über die gegenwärtige Situation vermittelt.

Trotz des geringen Zahlenmaterials lassen sich einige für die Bundesrepublik Deutschland insgesamt wesentliche Befunde ableiten:

• Bei *Lebensmitteln pflanzlicher Herkunft* zeigen importierte Produkte deutlich höhere Rückstände als einheimische. Höchstmengenüberschreitungen treten in gewissem Umfang auf; sie liegen bei Importen deutlich höher. Von 1977 nach 1978 nahm die Zahl der Höchstmengenüberschreitungen ab; diese Tendenz war schon in den Vorjahren erkennbar. Dieses pauschale Bild bedarf einiger Erklärungen. Die Rückstandsmengen verteilen sich keineswegs gleichmäßig über alle Lebensmittelarten; es gibt vielmehr deutliche Spitzenbelastungen.

Kopfsalat aus Unterglaskulturen beispielsweise weist sehr häufig nachweisbare Rückstände und oft Toleranzüberschreitungen aus; insbesondere Fungizide sind daran beteiligt. Bei

---

15 F. K. Käferstein u. a.: Blei, Cadmium und Quecksilber in und auf Lebensmitteln, a.a.O., S. 14.
16 Der Rat von Sachverständigen für Umweltfragen: Umweltgutachten 1978, a.a.O., S. 295 ff., 311.
17 Deutsche Gesellschaft für Ernährung e. V. im Auftrag des Bundesministers für Jugend, Familie und Gesundheit und des Bundesministers für Ernährung, Landwirtschaft und Forsten (Hrsg.): Ernährungsbericht 1980. Frankfurt 1980.

Tab. 2: Rückstände von Pflanzenbehandlungsmitteln, nach Proben aus den Jahren 1977 und 1978 zusammengestellt aus den Jahresberichten der Chemischen Landesuntersuchungsanstalt Karlsruhe

Art der Lebensmittel	Jahr	Herkunft	Zahl der Proben	davon Proben mit Rückständen	
				unter Höchstmengen in %	über Höchstmengen in %
Lebensmittel pflanzlicher Herkunft (Gemüse und Obst)	1977	Inland	216	19,0	1,4
		Ausland	594	51,5	8,2
	1978	Inland	629	28,6	0
		Ausland	938	43,3	2,0
Gemüse	1977	Inland	166	14,5	1,8
		Ausland	280	40,4	8,2
	1978	Inland	223	16,6	0
		Ausland	312	51,9	3,5
Obst (ohne Citrusfrüchte)	1977	Inland	50	28,0	0
		Ausland	255	41,6	8,2
	1978	Inland	98	45,9	0
		Ausland	375	42,4	1,9
Citrusfrüchte	1977	In- und Ausland	59	64,4	8,5
	1978	In- und Ausland	102	49,0	1,0
Lebensmittel tierischer Herkunft	1977	Inland	649	95,7	2,5
		Ausland	242		
	1978	Inland	748	92,0	1,9
		Ausland	189		
davon Milch	1977	In- und Ausland	115	95,7	3,5
	1978	In- und Ausland	307	98,4	0,7
Milcherzeugnisse	1977	In- und Ausland	59	100	0
	1978	In- und Ausland	38	97,4	0
Butter	1977	In- und Ausland	80	98,6	0
	1978	In- und Ausland	114	97,4	0
Käse	1977	In- und Ausland	67	79,1	8,7
	1978	In- und Ausland	47	87,3	10,6
Eier	1977	In- und Ausland	64	84,4	9,4
	1978	In- und Ausland	77	85,7	0
Fleischerzeugnisse	1977	In- und Ausland	143	95,8	1,4
	1978	In- und Ausland	254	83,9	3,9

Aus: Deutsche Gesellschaft für Ernährung e.V. (Hrsg.): Ernährungsbericht 1980. Frankfurt 1980, S. 27 (Tab. 1/7).

importiertem Obst sind Weintrauben gehäuft an Überschreitungen der Höchstmengen beteiligt, seltener Äpfel; hier handelt es sich vor allem um Rückstände von Insektiziden, insbesondere auch um Chlorkohlenwasserstoffe (wie DDT), die bei uns verboten sind.

• Auffallend ist der hohe Anteil von Proben mit Rückständen bei *Lebensmitteln tierischer Herkunft.* Überwiegend handelt es sich dabei um Chlorkohlenwasserstoffe wie DDT und seine Umwandlungsprodukte DDE und DDD, ferner Hexachlorcyclohexan (HCH), Hexachlorbenzol (HCB), Aldrin, Dieldrin und andere. Alle diese Stoffe sind durch verschiedene Gesetze und Verordnungen in der Bundesrepublik Deutschland verboten oder nur beschränkt zur Anwendung zugelassen. Daß sie heute noch in Lebensmitteln vorkommen, hat zwei Gründe: Einmal sind die Stoffe im Ausland vielfach noch in Gebrauch, zum anderen handelt es sich um schwer abbaubare Stoffe, die über Jahrzehnte hin in der Umwelt erhalten bleiben und als Verunreinigungen den Weg in Lebensmittel tierischer Herkunft finden.

An dieser Stelle muß eine für das Verständnis des häufigen Auftretens von Chlorkohlenwasserstoffen in tierischen Produkten wichtige Eigentümlichkeit dieser Stoffgruppe Erwähnung finden. Chlorkohlenwasserstoffe sind nur in geringem Maße durch physikalische, chemische oder biologische Prozesse angreifbar, das heißt, sie sind schwer abbaubar („persistent" oder „beständig") und können über Jahrzehnte in der Umwelt erhalten bleiben. Diese Persistenz gewinnt im Zusammenhang mit anderen Eigenschaften besonderes Gewicht. Die Chlorkohlenwasserstoffe werden nämlich durch Luft- und Wasserströmungen vom Ausbringungsort aus weiträumig verfrachtet; sie können Jahre nach der Anwendung aus dem Boden in unbehandelte Kulturpflanzen (einschließlich Futterpflanzen) übertreten; sie können in Nahrungsketten weitergereicht werden (vgl. Bd. I, S. 212). Dabei ist von entscheidender Bedeutung, daß Chlorkohlenwasserstoffe fettlösliche Substanzen sind und entsprechend beim Tier fast ausschließlich im Fett gespeichert werden.[18]

Im Fettgewebe des mütterlichen Organismus gespeicherte Chlorkohlenwasserstoffe werden bei der Milchbildung mobilisiert und mit der Milch abgegeben; das erklärt die hohen Verunreinigungsgrade der Milch und der Milchprodukte mit Pestiziden.

Eine wichtige Ursache für die Kontamination von tierischen Produkten sind Futtermittel mit Rückständen von Pestiziden. In der „Futtermittelverordnung"[19] sind Höchstwerte für Chlorkohlenwasserstoffe in Futtermitteln festgesetzt. Nach Einführung dieser Werte Mitte der siebziger Jahre war ein gewisser Rückgang dieser Stoffe in Lebensmitteln tierischer Herkunft zu beobachten. Allerdings gibt es auch noch andere Belastungsquellen; werden etwa Insektizide aus dieser Gruppe (z. B. Lindan = γ-HCH) zur Bekämpfung von Parasiten am Vieh benutzt, so können Rückstände des Stoffes in die Milch übertreten.

Bewertung

Nach heutigem Kenntnisstand hat ein Einwohner der Bundesrepublik Deutschland im allgemeinen keine gesundheitlichen Beeinträchtigungen durch Pflanzenschutzmittel-Rückstände zu erwarten. Diese offizielle Lesart ist zweifellos richtig; auch nach *Tabelle 2* stellen die nachgewiesenen Rückstände und selbst die Höchstmengenüberschreitungen in Anbetracht der großen Sicherheitsspannen bei der Festsetzung erlaubter Höchstmengen kein Problem dar – jedenfalls nicht als Einzelstoffe. An dieser Stelle muß jedoch der Begriff „heutiger Kenntnisstand" erläutert werden; von ihm hängt nämlich die Bewertung entscheidend ab. HAPKE stellt lapidar fest: „Für eine umfassende Bewertung sind oft die zur Verfügung stehenden Daten nicht ausreichend."[20] Es fehlt letztlich eine laufende Überwachung eines repräsentativen Teils der Bevölkerung, die Aufschluß geben könnte über räumliche und zeitliche Unterschiede in der Belastung, über Herkunft, Wege und Wirkung der Schadstoffe.

Unzureichend sind unsere Kenntnisse über die Folgen eines in der Praxis durchaus möglichen *Nebeneinanders* von (erlaubten) Rückständen mehrerer Pestizide oder eines gemeinsamen Auftretens von Pflanzenschutzmittelrückständen und Arzneimitteln oder Verunreinigungen mit Schwermetallen sowie anderen Umweltkontaminanten. Das gemeinsame („kombinierte") Auftreten verschiedener Schadstoffe kann im Organismus zu *Kombinationseffekten* führen (vgl. Bd. I, S. 211). Diese Kombinationswirkungen könnten beispielsweise die eventuelle Schadwirkung eines Pestizidrückstandes verstärken, aber auch abschwächen. Natürlich sind auch Fälle denkbar, wo keine gegenseitige Beeinflussung erfolgt.

---

18 Dazu ausführliche Darlegungen im „Umweltgutachten 1978", a.a.O., S. 303–306.
19 Neueste Ausgabe vom 8. April 1981 (Bundesgesetzblatt 1981, I, S. 352).
20 Hans-Jürgen HAPKE: Pflanzenschutzmittel-Rückstände in Grundnahrungsmitteln – Situation und Bewertung. In: Deutsche Forschungsgemeinschaft (Hrsg.): Chemischer Pflanzenschutz: Rückstände und Bewertung (Mitteilung/Kommission für Pflanzenschutz-, Pflanzenbehandlungs- und Vorratsschutzmittel. 12) Boppard 1980, S. 79.

18. Gesunde Lebensmittel

Unklar ist ferner, ob Pestizidrückstände nicht durch Eingehen einer Bindung mit bestimmten lebenswichtigen Nahrungsbestandteilen deren Wirkung nachteilig beeinflussen (HAPKE, S. 74). Dazu kommt die Unsicherheit, ob die Ergebnisse aus Tierversuchen voll auf den Menschen zu übertragen sind. Insbesondere ist die Frage nicht schlüssig beantwortet, ob es Wirkungen extrem geringer Mengen gibt; die eben angesprochene Möglichkeit des Eingehens von Bindungen mit bestimmten Nahrungsbestandteilen wäre nur *eine* derartige Möglichkeit. Gerade diese Problematik vermag der Tierversuch nicht ohne weiteres zu lösen: Dem Versuchstier wird der zu prüfende Stoff ins Futter gemischt, also nicht als „echter", im Nahrungsmittel eingebundener Rückstand angeboten. Auch werden Kombinationswirkungen beim üblichen Test nicht geprüft. Diese Kritik darf nicht zur Ablehnung der Tierversuche schlechthin führen. Wir haben gegenwärtig keine besseren Verfahren, um den Menschen im Rahmen des Machbaren zu schützen, eben „nach heutigem Kenntnisstand" zu urteilen.

Eines allerdings sollte man doch deutlich sagen: Unser gesamter Wissensstand bezüglich der gesundheitlichen Belastungen des Menschen durch Pestizide hat Lücken, und wir sollten dies ebenso wie die ökologischen Belastungen durch diese Stoffe zum Anlaß nehmen, die Anwendung dieser Produktionshilfsstoffe im landwirtschaftlichen Bereich soweit wie eben möglich zu vermindern. Gleiches gilt auch für die Bekämpfung von Tierparasiten, den chemischen Vorratsschutz und – nicht zu vergessen – für den Haushalts- und Kleingartenbereich.

Wichtige Fortschritte sind in der Bundesrepublik Deutschland im letzten Jahrzehnt gemacht worden. Verbot bzw. drastische Anwendungsbeschränkung für Chlorkohlenwasserstoffe haben zu einem deutlich spürbaren Absinken der Rückstandsmengen in Lebensmitteln geführt. Tatsächlich ist ja auch diese Stoffgruppe wegen ihrer besonderen Eigenschaften (Persistenz, Fettlöslichkeit u.a.) die wichtigste der Rückstandsbildner. Die neueren, phosphororganischen Insektizide bilden wesentlich seltener Rückstände. Unter den Fungiziden neigen einige Mittel zu Rückstandsbildungen; bei den Herbiziden werden selten Rückstände gefunden – auszuschließen sind sie aber auch nicht. Vor allem ist daran zu denken, daß nur die Einhaltung der „Wartezeit" zwischen Ausbringung und Nutzung des behandelten Anbauproduktes hinlängliche Sicherheit gegen Rückstandsbildung bietet. Hier spielen der Ausbildungsstand und das Verantwortungsgefühl des Landwirts eine wesentliche Rolle.

In der öffentlichen Diskussion treten die Chlorkohlenwasserstoffe immer noch besonders hervor, obgleich sie bei uns wie in verschiedenen anderen Ländern Verboten und Anwendungsbeschränkungen unterliegen. Tatsächlich werden sie im Ausland auch noch in beträchtlichem Umfang verwendet; so erklärt sich auch ihr Vorkommen in importierten Lebensmitteln. Bei aller berechtigten Kritik an Chlorkohlenwasserstoffen darf eines nicht vergessen werden: Das DDT als ältestes Mittel dieser Gruppe wurde in den vierziger Jahren und später noch als Wohltat empfunden, da es viele Millionen Menschen vor schwerer Krankheit und Tod bewahrte (Bekämpfung der Malariamücke und anderer Krankheitserreger übertragender Insekten) und in den Notzeiten der Nachkriegsjahre zur Erntesicherung beitrug. Inzwischen haben wir dazugelernt und bemühen uns, die nachteiligen Folgen einer früheren Wohlfahrtswirkung auszulöschen – also unser Wirken dem Stand der Kenntnis anzupassen.

Die ganze Problematik der Rückstände von Chlorkohlenwasserstoffen soll abschließend am Beispiel der *Kontamination der Muttermilch* verdeutlicht werden:

Beispiel

Im vergangenen Jahr sorgten Schlagzeilen wie „Muttermilch-Skandal", „Chemie vergiftet Muttermilch", „Schmutz in der Brust" bis zu „Stillen besser als Fremdernährung" für Aufsehen.

Was ist der Hintergrund dieser Berichte? Es wurde schon ausgeführt, daß Chlorkohlenwasserstoffe in der überwiegenden Zahl aller Milchproben und in vielen

Milchprodukten nachzuweisen sind. Und zwar finden sie sich im Fettanteil der (Kuh)Milch. „Pestizidfreie Milch gibt es nicht" (HAPKE, S. 75). Direkte Schadwirkungen durch die heute nachzuweisenden Schadstoffmengen sind aber nicht zu erwarten (S. 78); Kombinationswirkungen und andere weitergehende Effekte lassen sich aber auch nicht sicher ausschließen.

Auch für die Muttermilch („Frauenmilch") gilt, daß keine der in der Bundesrepublik Deutschland in den letzten Jahren untersuchten Proben frei von Chlorkohlenwasserstoffen war. In vielen Fällen lagen die Werte höher als bei Kuhmilch; in Einzelfällen um das 10- bis 30fache höher. Es handelt sich nicht nur um Pestizide, sondern – ebenso wie bei Kuhmilch – auch um Chlorkohlenwasserstoffe aus technischen und anderen Anwendungsbereichen (etwa PCB = polychlorierte Biphenyle, HCB = Hexachlorbenzol). In einer Reihe von Fällen wurden in der Muttermilch Pestizidgehalte gefunden, die oberhalb der Werte der Höchstmengenverordnung für Trinkmilch liegen. Nun enthält zwar die erlaubte Höchstmenge einen erheblichen Sicherheitsspielraum, dieser gilt aber nur für Verzehrsgewohnheiten des Erwachsenen. Die Schadstoffgehalte sind demnach keineswegs annehmbar, vor allem, da ja gleichzeitig andere Einflüsse die Empfindlichkeit des Säuglings beeinträchtigen könnten (z. B. individuelle Schwäche, Krankheit).

Über die tatsächlichen Auswirkungen der Schadstoffe aus der Muttermilch beim Säugling haben wir keine eindeutigen Erkenntnisse. Wegen dieser Unkenntnis neigt man gegenwärtig dazu, die allgemeinen Vorteile des Stillens für den Säugling in den Vordergrund zu stellen und trotz Schadstoffbelastung zum Stillen zu raten. Eine echte Risikoabschätzung ist aber mangels Wissen zur Zeit nicht möglich.

Woher stammt die Kontamination der Muttermilch? Wesentliche Teile werden mit der Nahrung aufgenommen. Entsprechend ist seit den drastischen Einschränkungen bei der Verwendung von Pestiziden der Chlorkohlenwasserstoffgruppe auch die Pestizidmenge in der Muttermilch zurückgegangen. Gelöst sind die Probleme damit aber noch nicht. Von Interesse ist vor allem die Frage, wieso in der Muttermilch mehr Pestizide enthalten sind als in Kuhmilch. Zu einem wesentlichen Teil dürfte das darauf zurückzuführen sein, daß der Mensch als Verzehrer von pflanzlichem und tierischem Substrat höher in der Nahrungskette steht als das Rind, also einer stärkeren Anreicherung unterworfen ist.

Aufgabe 8

(a) Aus welchen Gründen spielen Pestizide aus der Chlorkohlenwasserstoffgruppe bei der Rückstandsbildung eine so große Rolle?

....
....
....
....

(b) Wieso tritt in der Muttermilch ein besonders hoher Schadstoffgehalt auf?

....
....
....
....

(c) Welche Maßnahmen gegen Chlorkohlenwasserstoffrückstände wurden in der Bundesrepublik Deutschland ergriffen?

....
....
....
....

18. Gesunde Lebensmittel

Rückstände von pharmakologisch wirksamen Stoffen und anderen Futtermittelzusatzstoffen

18.4.2.

Eine Reihe von Substanzen, die in der Tierproduktion zur Bekämpfung oder Vorbeugung *(Prophylaxe)* von Krankheiten und Parasitenbefall sowie zur Verbesserung der Wachstums- bzw. Mastleistungen Verwendung finden, können Rückstände im Nahrungsprodukt bilden. Regelmäßig eingesetzte Stoffe, die im Tierkörper nicht vollständig abgebaut oder vom Tier nicht gänzlich ausgeschieden werden, sind für den Verbraucher besonders belastend, da sie fortlaufend als Rückstände aufgenommen werden. Bei manchen Stoffen kann durch die Einhaltung einer Wartezeit zwischen Anwendung und Produktverzehr Abbau oder Ausscheidung gesichert werden. Auch hier wird der Verbraucher aber getroffen, wenn die vorgeschriebene Wartezeit nicht eingehalten wird. Die Versuchung, die Wartezeit zu umgehen, ist bei Milch und Eiern, deren Nichtverkauf natürlich eine starke wirtschaftliche Einbuße bedeutet, besonders groß.

Gruppe 2

Die Massentierhaltung fördert den Einsatz von Tierarzneimitteln insofern, als hier kein einzelnes Tier behandelt werden kann, sondern im Regelfall der ganze Bestand das jeweilige Arzneimittel über Futter oder Trinkwasser erhält. Das ist vor allem auch bei der Vorbeugung vor Infektionskrankheiten erforderlich; zum Beispiel, wenn Antibiotika zur Behandlung von bakteriellen Erkrankungen gegeben werden. Des weiteren erhalten Hühner regelmäßig Mittel, die das Auftreten der Kokzidiose, einer von einzelligen Tieren hervorgerufenen Krankheit, verhindern. Hier treten Rückstände im Ei auf, wenn das Mittel unmittelbar vor und während der Legeperiode gegeben wird, oder im Fleisch, wenn die Wartezeit vor der Schlachtung nicht eingehalten wird.

Unter den Wurmbekämpfungsmitteln bei Rindern sind die Fasziolizide zu nennen, die sich gegen den Großen Leberegel richten und Rückstände in der Milch bilden, wenn sie zur falschen Zeit angewendet werden.

Für unsere Betrachtung wichtiger sind die Mittel, die als *Wachstumsförderer* in der Tierhaltung eingesetzt werden:

Faktoren

- *Antibiotika* werden seit etwa dreißig Jahren als Wachstumsförderer eingesetzt. Die anfänglichen Erfolge wurden bald dadurch überschattet, daß erhebliche nachteilige Begleiterscheinungen auftraten:
– Es entstanden resistente (d.h. gegen als Arzneimittel eingesetzte Antibiotika widerstandsfähige) Mikroorganismentypen, die sich rasch ausbreiteten.
– Es traten Antibiotika-Allergien beim Menschen aufgrund von Rückständen in der Nahrung auf.

Im letzten Jahrzehnt wurde die Anwendung einer Reihe von Antibiotika im Rahmen wachstumsfördernder Maßnahmen verboten. In der Bundesrepublik Deutschland sind gegenwärtig nur wenige Antibiotika als Wachstumsförderer zur Verbesserung der Futterverwertung erlaubt, zum Beispiel Flavophospholipol und Zink-Bacitracin; diese beiden werden praktisch nicht ins Körpergewebe aufgenommen und bilden entsprechend auch keine Rückstände.[21]

Man muß wohl davon ausgehen, daß trotz Verbots illegale Anwender weiterhin auf dem Schwarzen Markt beschaffte, nicht zugelassene Antibiotika in der Tiermast einsetzen.

Seit einiger Zeit werden *synthetisch hergestellte Wachstumsförderer* mit antibakterieller und wachstumsfördernder Wirkung eingesetzt (zugelassen sind von den Quinoxalin-di-N-Oxiden Olaquindox und Carbadox sowie unter den Nitrofuranverbindungen das Nitrovin; Futtermittelverordnung, a.a.O.). Diese Stoffe besitzen

---

21 Vgl. Ernährungsbericht 1980, a.a.O., S. 82; Futtermittelverordnung, Anlage 3, S. 61–62, Bundesgesetzblatt I, Nr. 15, Bonn 1981; Lothar BEUTIN: Antibiotika und chemische Wirkstoffe in der Tierernährung. In: *Biologie in unserer Zeit* 11 (Heft 5) 1981, S. 131.

erbgutverändernde *(mutagene)* Eigenschaften (BEUTIN, S. 131 ff.) und rechnen als solche zu den Risikostoffen; das spricht an sich gegen ihren Einsatz in der Landwirtschaft. Hier sind sorgfältige Prüfungen notwendig.

• *Östrogene* standen in den letzten Jahren im Mittelpunkt von „Hormon-Skandalen". Erinnert sei an den Nachweis synthetischer Östrogene im Kalbfleisch, insbesondere in Babynahrung, und die nachfolgenden Rückrufaktionen der Hersteller von Babykost. Im Spätherbst 1980 ging der Kalbfleischverzehr in der Bundesrepublik Deutschland aufgrund des Nachweises von Hormonrückständen um bis zu 50% zurück.

Was war geschehen? Was sind Östrogene überhaupt?

Östrogene gehören zu den weiblichen Geschlechtshormonen („Sexualhormonen") und bewirken unter anderem die Entwicklung der Geschlechtsorgane in der Pubertät und die Ausbildung der typischen weiblichen Geschlechtsmerkmale. Es sind „Steroidhormone" (der Name leitet sich vom chemischen Aufbau dieser Stoffe ab), die fettlöslich sind und die im Gegensatz zu vielen anderen Hormonen von Zellen aufgenommen werden. Östrogene werden nicht nur von den Zellen aufgenommen, in denen sie die eigentliche Wirkung als Sexualhormon ausüben (also etwa Zellen des Geschlechtstraktes), sondern von nahezu allen Körperzellen. Von diesen allerdings werden sie bald wieder ausgeschieden.

Den Tierproduzenten interessiert an den Östrogenen (und an anderen Sexualhormonen) aber etwas ganz anderes, nämlich deren *anabole Wirkung*. Darunter versteht man eine Förderung des aufbauenden Stoffwechsels, also etwa eine spezifische Wirkung auf den Aufbau des Eiweißes der Muskulatur. (Die Einnahme von „Anabolika" zur Förderung der Muskelentwicklung ist im Sportbetrieb eine unrühmlich bekannte Sonderform des „Doping"!) In der Tiermast wird mit Anabolika die Futterausnutzung erhöht; das erstrebte Schlachtgewicht kann schneller erreicht werden. Die Sammelbezeichnung „Östrogene" für die als Produktionshilfsstoffe eingesetzten Mittel ist insofern nicht korrekt, als es sich in der Praxis um synthetisch hergestellte chemische Verbindungen mit Sexualhormoncharakter handelt, von denen nur ein Teil den natürlichen, körpereigenen Stoffen entspricht.[22]

Abweichend von den körpereigenen Hormonen aufgebaut und ohne den steroidalen Charakter sind vor allem die „Stilbene" und ihre Abkömmlinge, darunter das Diäthylstilböstrol (DÄS oder nach der englischen Bezeichnung DES abgekürzt). Dieser Stoff wurde illegal auch in der Bundesrepublik Deutschland als Wachstumsförderer bei Kälbern verwendet; seine Rückstände waren der eigentliche Anlaß des „Hormon-Skandals". Das DÄS gilt als krebserzeugend und ist dementsprechend wie alle Stilbene und Stilbenabkömmlinge für die Anwendung bei Schlachttieren zur Beeinflussung der Beschaffenheit des Fleisches oder des Fleisch- oder Fettansatzes verboten.[23]

Zur gesetzlichen Lage insgesamt wäre festzustellen, daß die Östrogenanwendung bei der Kälbermast ganz verboten ist; die „Verordnung über Stoffe mit pharmakologischer Wirkung" regelt die Anwendung dieser Stoffe und garantiert bei vorschriftsmäßigem Einsatz die Produktqualität. Bei richtiger Anwendung entsteht also keine gesundheitliche Gefährdung.

Das eigentliche Problem besteht darin, daß Hormone auch Tierarzneimittel sein können, also im Handel (und somit bei Umgehung von Vorschriften) zugänglich sind. Es existiert offensichtlich ein „Schwarzmarkt" für Anabolika, so daß erhöhte Rückstände immer wieder zu befürchten sind. Der *„Ernährungsbericht 1980"* sagt

---

22 B. HOFFMANN / H. KARG / K. VOGT / H. J. KYREIN: Aspekte zur Anwendung, Rückstandsbildung und Analytik von Sexualhormonen bei Masttieren. In: Deutsche Forschungsgemeinschaft (Hrsg.): Rückstände in Fleisch und Fleischerzeugnissen. Boppard 1975, S. 37 ff.

23 Verordnung über Stoffe mit pharmakologischer Wirkung vom 3. August 1977. Bundesgesetzblatt 1977, I, S. 1479.

mit Recht: „Da die Überwachung der Lebensmittel hinsichtlich der Rückstände immer lückenhaft ist und bleiben wird, wäre die Kontrolle des Einsatzes und der Verwendung von Tierarzneimitteln, wie auch aller anderen Substanzen, die zu Rückständen führen können, *vor* der eigentlichen Lebensmittelgewinnung viel effektiver" (S. 34).

Kontamination von landwirtschaftlichen Produkten durch toxisch wirkende Metalle 18.4.3.

Man muß davon ausgehen, daß geringe Mengen an Metallen auch unter natürlichen, nicht vom Menschen beeinflußten Bedingungen in der Nahrung vorkommen. Das gilt vor allem für die toxisch wirkenden Metalle Cadmium, Blei, Quecksilber, aber auch für Thallium und andere. Nun ist durch menschliche Tätigkeit der Anteil dieser Stoffe in der Nahrung in den letzten hundert Jahren deutlich angestiegen. Wesentliche Ursache dafür ist die Freisetzung der Metalle in die Umwelt durch industrielle und technische Prozesse. Dabei führen zwei wichtige Pfade zum landwirtschaftlichen Produkt:

Gruppe 3

– luftverunreinigende Stoffe aus Abgasen und Stäuben;
– Abwasserinhaltsstoffe, die über als Dünger verwendeten Klärschlamm auf Felder oder Wiesen gelangen.

Daneben spielt auch die Verwendung von mineralischen Düngern mit metallischen Verunreinigungen eine Rolle.
Eine Kontamination des landwirtschaftlichen Produktes erfolgt also von außerhalb, und der Landwirt kann sich nur begrenzt schützen. Möglichkeiten hierzu bestehen zum Beispiel im Verzicht auf die Verwendung schwermetallhaltiger Klärschlämme; das setzt aber eine Aufklärung über den Kontaminationsgrad des Klärschlammes voraus. Hier müßte der Gesetzgeber mit der längst fälligen Klärschlammverordnung für eine Regelung sorgen. Andere mögliche Vermeidungsstrategien des Landwirts würden erhebliche wirtschaftliche Einbußen bringen; etwa der Verzicht auf Nutzung von straßenrandnahen Feldern und Wiesen mit erhöhter Bleiimmission. Gleiches gälte im Falle des Nutzungsverzichtes im Umkreis emissionsstarker Industriebetriebe. Derartige Lösungen wären nur über Ausgleichszahlungen zu erreichen. Bei der Kontamination von mineralischem Dünger beispielsweise mit Cadmium hätte das Düngemittelgesetz mit Maßnahmen zur Verringerung des Schwermetallgehaltes anzusetzen. Über die Futtermittelverordnung ließe sich die Belastung der Tiere über Futtermittel mindern, wie es für Blei schon geschehen ist.

Wenden wir uns den schädlichsten Schwermetallen im einzelnen zu:

Faktoren

• *Cadmium* beansprucht gegenwärtig unter den Schwermetallen die größte Aufmerksamkeit. Die Bodenbelastung nimmt großräumig zu, entsprechend steigt auch der Cadmiumgehalt in der Nahrung an. Bei Getreideproben treten in beunruhigendem Umfang auch Überschreitungen der von der „Zentralen Erfassungs- und Bewertungsstelle für Umweltchemikalien" (ZEBS) aufgestellten Richtwerte auf. Zwar liegt die Aufnahme von Cadmium mit der Nahrung bei uns noch unter der von der „Weltgesundheitsorganisation" (WHO) festgesetzten „vorläufig duldbaren wöchentlichen Aufnahme" (vgl. S. 78), kommt aber bei Berücksichtigung aller Nahrungsobjekte diesem Wert doch bedenklich nahe. In besonders belasteten Gebieten oder bei besonderen Verzehrsgewohnheiten wird der WHO-Wert auch überschritten; beispielsweise bei häufigem (etwa wöchentlichem) Genuß von Nieren und Leber, die überhöhte Cadmiumgehalte aufweisen. Gleiches gilt bei starkem Konsum von Wildpilzen oder manchen Fischen.
Für den Verbraucher ist wichtig zu wissen, daß Cadmium von der Pflanze aus dem Boden aufgenommen und in der Pflanze eingelagert wird. Es ist also keine Minderung durch Waschen zu erreichen wie bei Blei. In der Pflanze ist die

Cadmiumverteilung ungleichmäßig; so kann beispielsweise Weizenkleie mehr Cadmium enthalten als das Innere des Getreidekorns.

Die hohe Cadmiumbelastung und das Fehlen einer ausreichenden Sicherheitsspanne zwischen aktueller und duldbarer Aufnahme sollten Anlaß sein, drastische Maßnahmen zur Minderung der Cadmium-Immission zu ergreifen.

Auf die Wirkungen des Cadmiums im menschlichen Körper kann hier nicht eingegangen werden;[24] ein extremes Krankheitsbild bei Cadmiumvergiftung stellt die Itai-Itai-Krankheit dar (vgl. Bd. I, S. 207f.).

• *Blei*-Kontamination von Nutzpflanzen tritt gehäuft im Umkreis von Verkehrswegen (Abgase von Ottomotoren mit bleihaltigem Treibstoff) und von bestimmten metallverarbeitenden Industriewerken auf. Etwa 7% der landwirtschaftlich genutzten Fläche sind betroffen (Ernährungsbericht 1980, S. 19). Ein beträchtlicher Teil der Bleiimmission gelangt mit Stäuben auf die Pflanze, lagert sich oberflächlich an und kann durch gründliches Waschen entfernt werden (im Gegensatz zu Cadmium). Es muß hier deshalb unterschieden werden zwischen den höheren Bleigehalten, die im und am frischen Produkt gemessen werden, und demjenigen im zubereiteten Nahrungsmittel, der deutlich geringer ist. Die Gesamtaufnahme an Blei mit der Nahrung liegt bei uns für den Durchschnittsbürger deutlich unter der duldbaren Aufnahme (WHO-Wert); in den belasteten Gebieten jedoch kann die Aufnahme bedenkliche Werte erreichen.

Bei Rindern kommt es im Umkreis industrieller Emittenten immer wieder zu Bleivergiftungen über kontaminiertes Futter. Die neue Regelung der Futtermittelverordnung sucht dieses Übel durch Festschreibung eines zulässigen Grenzwertes zu beseitigen. Über Krankheitseffekte bei Menschen ist im „Umweltgutachten 1978" (S. 51ff.) und bei H.-J. SINELL (S. 72) nachzulesen.

• *Quecksilber* kommt gegenwärtig gegenüber Cadmium, Blei und anderen Schwermetallen als Belastungskomponente in der Landwirtschaft eine geringe Bedeutung zu, weil die Immissionen vergleichsweise klein sind. Die von der WHO festgesetzte vorläufig duldbare wöchentliche Aufnahme an Quecksilber wird nach den Berechnungen der „Zentralen Erfassungs- und Bewertungsstelle für Umweltchemikalien" (ZEBS) bei weitem nicht erreicht.[25] Das gilt aber wieder nur für den statistischen Normalverbraucher; bei individuellen Verzehrsgewohnheiten (Fisch, vgl. Abschnitt 18.5) kann die Sicherheitsspanne deutlich geringer werden.

Die Belastung der landwirtschaftlichen Produktionsflächen mit Quecksilber geht auf Luftverunreinigungen zurück (u. a. aus der Kohleverbrennung) und auf Eintrag von Schwermetallen mit Klärschlamm. Quecksilberhaltige Pflanzenschutzmittel sind ab Frühjahr 1982 in keiner Form mehr zugelassen. Dieser früher wichtige Belastungspfad ist also geschlossen. Jedoch sind noch gewisse Quecksilbermengen im Boden vorhanden und können in Pflanzen übergehen. A. KLOKE zeichnet ein pessimistisches Bild hinsichtlich der künftigen Entwicklung und befürchtet eine wesentliche Erhöhung der Quecksilbergehalte im Boden und in pflanzlichen Nahrungsmitteln. Entsprechend werden vorsorgliche Maßnahmen zur Belastungsminderung gefordert.[26] Zur gesundheitlichen Bedeutung des Quecksilbers siehe „Umweltgutachten 1978" (S. 55ff.); vgl. auch Minamata-Krankheit, Bd. I, S. 207.

• *Thallium*-Emissionen eines Zementwerkes in Lengerich erregten in den Jahren 1978 und 1979 starkes Aufsehen. Feldfrüchte und Gemüse im Umkreis des Werkes

---

24 Siehe dazu Hans-Jürgen SINELL: Einführung in die Lebensmittelhygiene, a.a.O., S. 72; Der Rat von Sachverständigen für Umweltfragen: Umweltgutachten 1978, a.a.O., S. 58ff.

25 F. K. KÄFERSTEIN u. a.: Blei, Cadmium und Quecksilber in und auf Lebensmitteln, a.a.O., S. 18.

26 A. KLOKE: Materialien zur Risikoeinschätzung des Quecksilberproblems in der Bundesrepublik Deutschland. In: Nachrichtenblatt Deutscher Pflanzenschutzdienst (Braunschweig) 32 (1980), S. 120–124.

18. Gesunde Lebensmittel

waren so stark mit Thallium kontaminiert, daß sie nicht mehr zum Verzehr geeignet waren. Durch gezielte Maßnahmen konnten in der Folgezeit die Thalliumemissionen auf ein zu vernachlässigendes Maß gesenkt werden. Das im Boden angesammelte Thallium allerdings ist damit noch nicht beseitigt.[27]
An diesem Fallbeispiel lassen sich einige wichtige Feststellungen treffen:

- Trotz aller Bemühungen um Umweltschutzmaßnahmen und trotz aller bestehenden gesetzlichen Regelungen war es möglich, daß ein solcher Belastungsfall auftreten konnte.
- Die Zahl der bekannten Umweltschadstoffe wächst mit zunehmendem Erfahrungsschatz.
- Aufgrund dieses einen Vorfalls konnten rasch weitere Emittenten aufgespürt werden.
- Durch konsequente und gezielte Gegenmaßnahmen lassen sich Umweltgefährdungen beseitigen.

(a) Welche Schwermetalle treten als Verunreinigung in landwirtschaftlichen Produkten auf?

....

....

....

(b) Woher stammen sie?

....

....

....

(c) Welches Metall hat als Schadstoff derzeit die größte Bedeutung?

....

....

....

Aufgabe 9

Zusammenfassende Bewertung

18.4.4.

Problembewältigung

Können die Umweltschadstoffe in der Nahrung den Appetit verderben? Führen sie gar zu Gesundheitsschäden? Die Antwort fällt nicht ganz leicht. Zu viele unbekannte Größen stecken noch in der Rechnung, die wir aufmachen müssen. Das wurde sichtbar bei der Darstellung der Rückstands- bzw. Kontaminationssituation mit den 3 besprochenen Stoffgruppen. Vergegenwärtigt man sich dann noch, daß etliche Stoffe überhaupt nicht angesprochen wurden, weil die Datengrundlage für weitergehende Aussagen zu dünn ist, so steigt die Unsicherheit an.

Welche Stoffe wurden ausgelassen?

• Da sind zunächst einmal die *polychlorierten Biphenyle* (PCB) zu erwähnen. Sie ähneln toxikologisch den Chlorkohlenwasserstoffpestiziden, mit denen sie stofflich eng verwandt sind. Die PCB enthalten zahlreiche, unterschiedlich zu bewertende Komponenten; Höchstmengenbegrenzungen fehlen; die Datenbasis ist insgesamt schwach. Aus Untersuchungen von inländischen Getreideproben ist bekannt, daß

---
27 Zum Fall Lengerich siehe: Landesanstalt für Immissionsschutz (Hrsg.): Umweltbelastung durch Thallium. Untersuchungen in der Umgebung der Dyckerhoff-Zementwerke AG in Lengerich sowie anderer Thalliumemittenten im Lande Nordrhein-Westfalen. Düsseldorf 1980.

die PCB-Kontamination in der Nähe von Industriegebieten die gleiche Höhe hat wie in industriefernen Anbauzonen (Ernährungsbericht 1980, S. 28). Die Konzentrationen waren sehr gering; da es sich aber wie bei den früher besprochenen Chlorkohlenwasserstoffen um Stoffe mit der Fähigkeit zur Anreicherung in der Nahrungskette handelt, sind auch geringe Mengen belastend.

• Unberücksichtigt blieben auch die *polyzyklischen aromatischen Kohlenwasserstoffe* (PAK), die als luftverunreinigende Stoffe auftreten und aus Verbrennungsvorgängen stammen. In Ballungsgebieten können solche PAK in pflanzlichen Produkten festgestellt werden (Ernährungsbericht 1980, S. 29). Sie gelangen aber auch über bestimmte Verarbeitungsprozesse in Lebensmittel.

• Schließlich wäre noch der Komplex *Nitrat, Nitrit, Nitrosamin* zu erwähnen (vgl. hierzu Ernährungsbericht 1980; Umweltgutachten 1978, S. 66 und 308ff.). Nitrosamin ist krebserzeugend; es entsteht unter Beteiligung von Nitrit in Lebensmitteln oder im Verdauungstrakt. Nitrit wiederum bildet sich aus Nitrat. Nitrit wird als Pökelsalz oder zu anderen Zwecken Lebensmitteln zugesetzt – das soll hier nicht interessieren. Die Landwirtschaft kann zur Minderung der Nitratbelastung (und damit der Nitritbelastung) des Menschen durch Verringerung der Nitratdüngung bei bestimmten Gemüsesorten beitragen, die als Nitratsammler große Mengen speichern (Beispiel: Spinat). Bei der Produktion von Gemüse für Säuglingsnahrung gibt es im übrigen Grenzwerte für Nitrat, da Säuglinge durch aus Nitrat im Darm entstehendes Nitrit unmittelbar geschädigt werden und schwer erkranken (Blausucht als Folge einer Störung der Sauerstoffversorgung durch Nitrit).

Ergebnis
Wie sieht nun die Bilanz aus? Zwar ist dank zahlreicher und guter gesetzlicher Maßnahmen nach überwiegender Auffassung keine gesundheitliche Beeinträchtigung des Verbrauchers zu erwarten; insbesondere gilt das für die Pestizide. Viele Unsicherheiten, Daten- und Kenntnislücken auf Teilgebieten trüben aber das Bild. Die Überwachung bedarf der Verstärkung, um offensichtliche Vollzugsdefizite abzubauen. Die tatsächliche Belastung des Verbrauchers ist noch unzureichend bekannt und verlangt vertiefte Untersuchung.

In dieser Situation kommt jedem Versuch, die Belastung mit Schadstoffen zu senken, größte Bedeutung zu. So gewinnt auch der alternative Landbau mit seinem Bestreben nach Anbau ohne Benutzung von Pflanzenschutzmitteln neues Interesse. Da grundsätzlich eine völlige Rückstandsfreiheit besser ist als ein noch so geringer – wenn auch amtlich zugelassener – Rest von Pflanzenschutzmitteln, hat der alternative Landbau einen deutlichen Vorteil gegenüber dem konventionellen. Allerdings bedarf es einer Einschränkung: Wenn das Ernteprodukt infolge des Verzichtes auf Pestizide Pilzbefall oder andere qualitätsmäßige Beeinträchtigungen hat, dann muß gefragt werden, ob eventuell daraus entstehende stoffliche Veränderungen nicht gefährlicher sind als ein zugelassener Rückstand. Leider bestehen auf diesem Gebiet erhebliche Wissenslücken, so daß eine sachgerechte Diskussion nicht erfolgen kann. Man sollte sich aber dieser Problematik bewußt sein.

Ein anderer wichtiger Punkt ist bei der Bewertung alternativ erzeugter Produkte zu berücksichtigen: Wiederholt fanden sich in Produkten, die ohne Einsatz von Pestiziden angebaut wurden, doch Rückstände einzelner Mittel. Dies kann durch die Verbreitung bestimmter Pestizide auf dem Luftweg erklärt werden. Alternative Betriebe brauchen einen Sicherheitsabstand zu pestizidbehandelten Kulturen.

Bei der Beurteilung der alternativ erzeugten Produkte ist schließlich noch daran zu denken, daß Luftverunreinigungen großräumig verteilt werden und damit eine Reihe von Schadstoffen auch hier zu erwarten ist. Vorsorgemaßnahmen seitens des alternativen Betriebes können in der Standortwahl bestehen (straßenferner Anbau, nicht in der Nähe von Ballungsgebieten) und in vorsichtigem Umgang mit zugekauften organischen Düngemitteln (z. B. schadstofffreier Klärschlamm).

18. Gesunde Lebensmittel

An dieser Stelle sollte auch die Grundfrage bei der Bewertung konventionell oder alternativ erzeugter Produkte angeschnitten werden: Wer hat die bessere Produktqualität hinsichtlich der verschiedenen Qualitätsmerkmale (vgl. S. 67) eines Nahrungsproduktes? Über diese Frage ist in den letzten Jahren viel diskutiert worden. Die Gesamtsituation wird gut wiedergegeben durch die von der Deutschen Landwirtschafts-Gesellschaft publizierten Vorträge und Ergebnisse eines Kolloquiums über „Alternativen zum gegenwärtigen Landbau".[28]

Es zeigte sich auch hier, daß die äußere Qualität vom Verbraucher oft überbewertet wird und das entsprechende Käuferverhalten auf die Handlungsweise der Produzenten zurückwirkt. Andererseits steht dem Käufer vielfach kein deutliches Erkennungszeichen für die innere Qualität zur Verfügung. Hier kann das Käuferverhalten stark beeinflußt werden; etwa durch die Vorstellung, daß alternativ erzeugte Produkte besser seien. Sieht man einmal von der Rückstandsproblematik ab, so konnte kein klarer Beweis dafür vorgelegt werden, daß die innere Qualität bei alternativem Anbau grundsätzlich besser ist. Soweit aber konsequenter Verzicht auf Pestizide Rückstandsfreiheit erreichen kann, ist dies ein zweifelsfreier Vorteil alternativer Methoden.

Schadstoffe in nahrungsmäßig genutzten wildlebenden Pflanzen und Tieren

18.5.

Die bisherige Diskussion kreiste entsprechend dem Generalthema „Landbau" um Lebensmittel aus landwirtschaftlicher Produktion. Nun werden aber auch in beträchtlichem Umfang wildlebende Tiere als Nahrung genutzt; man denke an Fische und Muscheln aus Süßwasser und Meer oder an Jagdwild.
Unter den wildlebenden Pflanzen ist neben Waldfrüchten vor allem an *Pilze* zu denken. Hier ist die Schadstoffbelastung in vielen Fällen wesentlich höher als bei angebauten Pflanzen und Tieren. Wildpilze beispielsweise haben zum Teil beträchtliche Cadmiumgehalte, die um das 10- bis 100fache über denen anderer Lebensmittel liegen (vgl. S. 78).[29] Auch andere Schwermetalle treten in Pilzen gehäuft auf. Bekannt sind die hohen Schadstoffgehalte in *Fischen* abwasserbelasteter Gewässer. Hohe Phenolgehalte in Rheinfischen machen diese genußuntauglich. Die Leber von Ostseedorschen (Kabeljau) enthält hohe Verunreinigung an Chlorkohlenwasserstoff-Pestiziden, die zum Teil ganz beträchtlich über den gesetzlichen Höchstmengen liegt;[30] die starke Anreicherung in der Leber erklärt sich hier durch deren hohen Fettgehalt („Lebertran"). Allgemein gilt, daß die fettlöslichen Chlorkohlenwasserstoffe (einschließlich PCB) in Fischen mit fettreichem Körper höhere „Rückstände" aufweisen als Magerfische; Raubfische sind besonders belastet, weil sie nicht nur direkt aus der Umgebung, sondern vor allem auch über die Nahrungskette starken Anreicherungen unterworfen sind. Wiederholt zeigen Fische auch hohe Schwermetallgehalte. Ein typisches Beispiel sind die Elbfische (z. B. Brachsen).
Auch *Miesmuscheln* (z. B. im Bereich der Deutschen Bucht der Nordsee) zeigen erhebliche Schadstoffgehalte, beispielsweise Cadmium, Arsen und PCB.[31]

Problemerweiterung

---

28 Deutsche Landwirtschafts-Gesellschaft (Hrsg.): Alternativen zum gegenwärtigen Landbau – den gegenwärtigen Landbau weiterentwickeln oder grundlegend ändern? Arbeiten der DLG. Band 169. Frankfurt 1980, S. 93–105 und 161–162.
29 Helmut LORENZ / Maria-Therese KOSSEN / Friedrich Karl KÄFERSTEIN: Blei-, Cadmium- und Quecksilbergehalte in Speisepilzen. In: *Bundesgesundheitsblatt* 21 (1978), S. 202–204.
30 Reinhard KRUSE / Karl-Ernst KRÜGER: Organochlor-Pestizide in Dorschleber. In: *Allgemeine Fischwirtschaftszeitung* 33 (4) (1981), S. 168–169.
31 Dazu ausführlich: Der Rat von Sachverständigen für Umweltfragen: Umweltprobleme der Nordsee. Stuttgart/Mainz 1980 und (als Bundestagsdrucksache) Bonn 1981, S. 268f.

Auch *wildlebende Tiere* des Landes weisen manchmal überraschend hohe Schadstoffgehalte auf. So warnte das Bundesgesundheitsamt 1980 vor dem Verzehr von Leber und Niere des *Hasen,* weil darin große Quecksilbergehalte gefunden wurden (über deren Herkunft man übrigens nichts weiß).[32]

Alle diese Hinweise wurden hier gemacht, um die Problematik der Festlegung von Höchstwerten aufgrund von standardisierten Verzehrsmengen zu beleuchten. Höchstwerte gehen immer von statistischen Mittelwerten aus. Im Durchschnittsverzehr spielen Fische, Muscheln oder Jagdwild ebenso wie Innereien von Tieren keine große Rolle. Dieser Belastungspfad wird somit gering gewichtet. Ein Mensch mit abweichenden Verzehrsgewohnheiten, ein Fisch- oder Muschelliebhaber etwa, wird wesentlich höher belastet und ist durch die geltenden Höchstwerte nicht sicher geschützt.

Aufgabe 10 Welche wildlebenden Pflanzen und Tiere bzw. welche ihrer Organe weisen besonders hohe Schadstoffgehalte auf? Um welche Schadstoffe handelt es sich?

....
....
....
....
....
....

18.6. Ausblick

Schlußbetrachtung

Wir haben für unsere Verhältnisse in der Bundesrepublik Deutschland festgestellt, daß gemessen an den Höchstmengenregelungen keine unmittelbar drohenden Gesundheitsgefahren bestehen – jedenfalls nach „Stand der Wissenschaft" und heutigen Gegebenheiten. Nun wurde aber bei den Pestiziden festgestellt, daß in importierten Lebensmitteln häufiger Überschreitungen der Höchstwerte zu beobachten sind. Daraus muß geschlossen werden, daß in anderen Ländern allgemein eine höhere Belastungssituation herrscht, zumindest was die Rückstände von Insekten- und Milbenbekämpfungsmitteln angeht. Aus allgemein ökologischen Gründen ist das auch zu erwarten: In allen wärmeren Ländern spielen vor allem die Insekten als Pflanzenschädlinge eine viel größere Rolle als bei uns. Und da gegen diese Schadformen immer noch die preisgünstigen Chlorkohlenwasserstoff-Pestizide eingesetzt werden, kommt es zu diesen Rückständen.

Kann man das ändern? Könnte man auf weniger persistente Mittel übergehen, oder könnte man gar im Sinne eines alternativen Landbaus auf die Pestizidanwendung ganz verzichten? Mit dieser Frage müßte sich wegen der Breite des Stoffes und der Fülle der zu diskutierenden Details eine eigene Studieneinheit befassen. Wir werden versuchen, in der STE 29 noch etwas näher darauf einzugehen. Hier kann nur festgestellt werden: Unter den ökologischen Bedingungen der Subtropen und Tropen stellen sich viele Probleme anders dar als bei uns. Abgesehen von Versorgungsengpässen, die eine Minderung des landwirtschaftlichen Ertrags wegen Verzichts auf Pestizideinsatz politisch schwer tragbar machen, kommt auch dem Problem des Vorratsschutzes, also dem chemischen Schutz des Produktes nach der Ernte, sehr große Bedeutung zu. Hier kann nicht mehr als ein Denkanstoß gegeben werden.

---

32 Bekanntmachungen des Bundesgesundheitsamtes: Schwermetalle in und auf Lebensmitteln. *Bundesgesundheitsblatt* 23 (3) (1980), S. 35.

VIII. Energie

Energieumsätze sind für jedes Leben auf der Erde unverzichtbar: Pflanzen wandeln Sonnenenergie in Biomasse um; Tiere und Menschen verwandeln den pflanzlichen Energiestrom in andere Energieströme. Im Laufe vieler Jahrhunderte haben die Menschen gelernt, die natürlichen Energieströme tiefgreifend zu verändern – die Entdeckung des Feuers war der Beginn dieser Entwicklung. Mit steigender Bevölkerungszahl und zunehmender Industrialisierung hat die Intensität dieser Eingriffe in zunächst nahezu natürliche Energieströme gewaltig zugenommen. Von der Energienutzung durch den Menschen gehen daher heute weltweit die größten Umwelteffekte aus. Das gilt sowohl für die unterentwickelten Länder – erinnert sei an die bedrohliche Dezimierung von Waldbeständen – wie auch für die entwickelten Industrieländer, in denen beispielsweise die Luftverschmutzung zum überwiegenden Teil durch Energieumsetzungsprozesse verursacht wird. Die heute geführte Umweltdebatte ist zum großen Teil eine Energiedebatte.

Studieneinheit 19 zum Thema „Traditionelle Energieträger" erörtert die Umwelteinwirkungen, die sich aus der Nutzung vor allem von Kohle, Öl und Gas als „fossile Energieträger", aber auch mit der schon seit Jahrhunderten genutzten Wind- und Wasserkraft ergeben. Voraussetzung für das Verständnis aller mit Energienutzung verbundenen Auswirkungen auf die Umwelt ist die Kenntnis einiger zentraler Gesetze der physikalischen Wärmelehre, etwa des grundlegenden Satzes von der Erhaltung der Energie, der in dieser Studieneinheit erklärt wird. Er eröffnet auch das Verständnis für Strategien zur Verringerung der durch Energieverbrauch verursachten Umweltbelastungen.

Studieneinheit 20 mit dem Titel „Energiebilanz" stellt die in der Volkswirtschaft der Bundesrepublik Deutschland fließenden Energieströme dar. Bekanntlich sind Umweltprobleme meist eine Folge intensiver Nutzung von Umweltmedien. Wichtig ist in diesem Zusammenhang nicht nur die Kenntnis der quantitativen Energieumsätze, sondern auch deren struktureller Zusammensetzung: Das Belastungspotential unterschiedlicher Energieträger ist nicht identisch. Ein historischer Rückblick zeigt, wie die Energieumsätze mit zunehmender Industrialisierung gewachsen sind. Auch der Vergleich der Energiebilanzen verschiedener Länder eröffnet interessante Einblicke in die Zusammenhänge zwischen Energieverbrauch und Wohlstandsniveau. Unzweifelhaft ist, daß Energieeinsparung grundsätzlich ein Beitrag zum Umweltschutz ist. Ein künftig verringerter Energieverbrauch würde deshalb umweltentlastend wirken. Eine Abschätzung dieses Energieverbrauchs fällt jedoch äußerst schwer. Ökonomische Faktoren, aber auch politische Entscheidungen spielen eine zentrale Rolle.

Studieneinheit 21 widmet sich dem wohl am heftigsten umstrittenen Teilbereich der Energie- und Umweltdebatte: der „Kernenergie". Eine sinnvolle Diskussion kann nur vor dem Hintergrund fundierter Sachkenntnis erfolgen. Es werden deshalb zunächst die physikalischen und technischen Grundlagen der Kernenergienutzung dargestellt. Eine Abschätzung der Umweltbelastung durch Kernkraftwerke kommt zu dem Ergebnis, daß sie im „Normalbetrieb" vergleichsweise gering ist. Unfälle können jedoch katastrophale Folgen haben. Wie in kaum einem anderen Bereich der Umweltdebatte zeigt sich bei diesem Thema, daß für eine Beurteilung neben den eigentlichen Umwelteffekten auch politische und moralische Aspekte zu berücksichtigen sind.

Die *Studieneinheit 22* unter dem Thema „Umweltbelastungen durch Energieumwandlungen" stellt zunächst eine Beurteilung der Energiesysteme durch den „Rat von Sachverständigen für Umweltfragen" zusammen und korrigiert in diesem Zusammenhang den Irrglauben, daß kleine Energieumwandlungsanlagen auch kleine und damit zu vernachlässigende Schadstoffemittenten sein müssen. Sodann wird dargelegt, daß die zusätzliche Umweltbelastung durch das Kraftwerk Neurath – zumindest in dessen unmittelbarem Einwirkungsbereich – infolge Anwendung modernster Technologie geringfügig ist. Bei der anschließenden Darstellung der Umwelteffekte, die durch Energieumwandlungsprozesse hervorgerufen sind, werden im Zusammenhang mit dem Abwärmeproblem Methoden der Wasserkühlung von Kraftwerken besprochen; ferner wird grundsätzlichen Fragen einer zur Zeit diskutierten Energiebesteuerung, die das Ziel hat, den Energieverbrauch einzuschränken, Raum gegeben. Auch die Problematik radioaktiven Mülls, von der Lagerung abgebrannter Brennelemente über die Wiederaufarbeitung bis hin zur Beseitigung alter Kernkraftwerke, kommt in ihren Grundlagen zur Sprache. Zum Schluß wird eindringlich gezeigt, daß auch neue Technologien zur Nutzung fossiler Energieträger umweltbelastend sind.

Mit der *Studieneinheit 23* „Rationelle Energienutzung und neue Energiequellen" schließt die Darstellung des Energieproblems. In ihr werden Möglichkeiten dargestellt, mit deren Hilfe der Energieverbrauch gesenkt werden kann. Um dieses Ziel zu erreichen, werden die beiden möglichen Wege vorgestellt: Verzicht auf Energiedienstleistungen und rationellere Energienutzung.

Technisch sind Einsparungen ohne Komfortverzicht möglich: Sie bieten sich zunächst dort an, wo die verschiedensten Energieformen zur Produktion von Wärmeenergie verwendet werden. Dem jeweiligen Bedarf angepaßte Regelsysteme, Geräte zur Wärmerückgewinnung, zur Wärmeisolation oder zur Wärme-Kraft-Kopplung sind entwickelt, ihr Einsatz aber nicht immer ökonomisch rentabel. Gleiches gilt für die Nutzung von regenerativen Energiequellen, das heißt die Umwandlung beispielsweise von Wind-, Sonnen-, Biogas- oder Gezeitenenergie in Nutzenergie.

Letztlich hängen die Energiesparmaßnahmen aber vom rationellen Verhalten der Verbraucher ab. Sie zu energiebewußtem Verhalten anzuleiten, ist daher eines der wichtigsten Ziele. Ge- und Verbote zu bestimmten Sektoren des Energieverbrauchs stellen nur eine Möglichkeit dar, Verhaltensgewohnheiten zu verändern; sie sollten von finanziellen Anreizen, von gezielter Beratung und verstärkter Information begleitet sein.

Traditionelle Energieträger 19.

Federführender Autor: Karl Heinrich Hansmeyer

Autoren der Studieneinheit: Dietrich von Borries, Karl Heinrich Hansmeyer, Friedrich-Wilhelm Henning, Jürgen Peter Schödel, Gerhard Vollmer, Fritz Vorholz

Allgemeine Einführung 19.0.

Energie und Umwelt stehen in einem vielfach verschachtelten Zusammenhang: Um die Wohnstuben warm zu bekommen, um Auto zu fahren oder um Strom aus der Steckdose zu „zapfen", müssen der Umwelt „Energieträger" *(Ressourcen)* entnommen werden. Sie werden gefördert, gereinigt, transportiert, umgewandelt und schließlich benutzt. Diese vielfachen Transport-, Umwandlungs- und Nutzungsprozesse wirken auf die Umwelt zurück: Gewässer werden aufgeheizt, Luft und Boden werden mit Schadstoffen belastet, Landschaftsstrukturen verändert. Kein Wunder, daß Konflikte zwischen Energie und Umwelt zu den am intensivsten diskutierten Bereichen der Umweltdebatte gehören. Dieses Buch möchte die Vielschichtigkeit der damit zusammenhängenden Probleme aufzeigen und auf diese Weise zur Versachlichung der Diskussion beitragen. Dabei ist es notwendig, über die reine Darstellung der Umwelteffekte der Energienutzung hinaus auch die ökonomischen und gesellschaftspolitischen „Randbedingungen" des Beziehungsgeflechts zwischen Energie und Umwelt zu berücksichtigen.

Freilich dürfen in der politischen Auseinandersetzung nicht die Fakten untergehen. So wird es in den kommenden Studieneinheiten immer wieder notwendig sein, die physikalischen Grundtatbestände darzulegen, deren Kenntnis für die Energiediskussion erforderlich ist. In dieser Studieneinheit wird daher zunächst erklärt, was „Energie" eigentlich ist und in welchen Formen sie uns zur Verfügung steht. In einem Rückblick wird deutlich gemacht, wie sich die Nutzung der fossilen Energieträger, auf denen unsere Energieversorgung heute beruht, wirtschaftshistorisch entwickelt hat. Neben Kohle, Mineralöl und Gas gehören Wind- und Wasserkraft zu den „traditionellen Energieträgern" – ein Sammelbegriff, der alle Energieträger umfassen soll, die vom Menschen bisher schon genutzt worden sind. Die mit der Nutzung dieser Energieträger verbundenen Umwelteffekte bilden den Abschluß dieser ersten Studieneinheit zum Thema „Energie".

Die Energie der Sonne ist der Motor aller Lebensvorgänge auf der Erde. Wenn der Mensch fossile Brennstoffe wie Kohle oder Öl verwendet, nutzt er die Sonnenenergie, die vor 300 Millionen bis 17 Millionen Jahren auf die Erde eingestrahlt ist – und setzt damit auch die damals gebundenen Mengen an Kohlenstoff, Schwefel und sonstigen Stoffen wieder frei. Jede Energienutzung ist deshalb ein Eingriff in den Stoffhaushalt der Biosphäre.

Welche Folgen der wachsende Einsatz von Energie für die Umwelt hatte, läßt sich an den verschiedenen Stadien der Wirtschaftsgeschichte ablesen: die Abholzung großer Waldgebiete, die Entwicklung von Industrierevieren in der Nähe von Kohlebergwerken, der rapide Anstieg der Luftverschmutzung in den Ballungsgebieten durch Industrialisierung, Hausbrand und Kraftfahrzeugverkehr.

Motor aller Lebensvorgänge auf der Erde ist – wie gesagt – die eingestrahlte Sonnenenergie: Durch den pflanzlichen Stoffwechsel wird Sonnenenergie chemisch gespeichert, der Wasserkreislauf wird von der Sonne in Gang gehalten; alle fossilen

Brennstoffe sind chemisch gespeicherte Sonnenenergie, und alle „alternativen" Energietechnologien sind darauf ausgerichtet, die nicht versiegende Sonnenenergie direkt oder indirekt einzusetzen.

Genutzt wird die Sonnenenergie seit jeher durch Ackerbau und Forstwirtschaft oder – wie es heute energietechnisch heißt – durch die Produktion von Biomasse. Seit der Mensch das Feuer beherrscht, ist die Entwicklung der menschlichen Gesellschaft eng mit der Nutzung immer größerer Energiemengen und neuer Energiequellen verbunden. Jede Energienutzung belastet aber die Umwelt: durch Landschaftseingriffe bei der Förderung von Braunkohle, Kohle, Öl und Gas; durch Abgase, Stäube und Abwärme bei der Verbrennung oder der Umwandlung in Strom; bei der Nutzung von Wasserkraft und Kernenergie.

Was wir benötigen, ist aber nicht Energie schlechthin. Wir benötigen Dienstleistungen: Wärme, Beleuchtung, Transport, Antriebskraft für Maschinen usw. Was also ist Energie? Vereinfacht gesagt, ist Energie ein Maß für die Fähigkeit, Arbeit zu leisten. Die Arbeit wird in der Regel durch Energieumwandlung geleistet, bei der aber ein Teil der Energie zu unerwünschter Abwärme wird. Verbrennen wir etwa Benzin, um ein Auto anzutreiben, so werden nur 25 Prozent des Kraftstoffes in Bewegung umgesetzt; der Rest geht als Abwärme verloren. Eine rationelle Energienutzung muß also darauf bedacht sein, die Wärmeverluste möglichst gering zu halten. Dabei gibt es aber nach dem Zweiten Hauptsatz der Wärmelehre eine nicht überschreitbare Grenze. Ein gewisses Maß an Energieverlust durch Umwandlung in nicht rückgewinnbare Wärmeenergie ist unvermeidlich.

Die fossilen Brennstoffe Steinkohle, Braunkohle, Erdgas und Erdöl sind vor 300 bis 17 Millionen Jahren aus pflanzlichen und tierischen Überresten entstanden, die unter Sauerstoffabschluß und unter hohem Druck verrotteten. Bis ins 19. Jahrhundert war der Wald der wichtigste Energielieferant, und auch früher schon gab es Energiekrisen mit schwerwiegenden Folgen für die Umwelt durch die Übernutzung des Holzes. Die steigende Industrialisierung wurde aber erst durch intensive Kohleförderung möglich. Erdöl wurde zunächst nur in geringen Mengen als Petroleum in Lampen verwendet. In den letzten Jahrzehnten konnte es aber wegen seines niedrigen Preises einen bedeutenden Marktanteil erobern. Die Umweltbelastungen bei der Verbrennung fossiler Brennstoffe sind schon lange bekannt – vor allem die Luftverschmutzung durch Rauch, Ruß, Staub und Abgase. Dennoch bedurfte es des „Energieschocks" von 1973, um einschneidende Energiesparmaßnahmen einzuleiten. Die fossilen Brennstoffe, insbesondere das Erdöl, sind aber auch wichtige Rohstoffe für die Produkte der petrochemischen Industrie: Kunststoffe, Farben und Lacke. Und deshalb sind sie zum Verheizen eigentlich zu schade.

Bei den Umweltbelastungen durch Verbrennung fossiler Brennstoffe begegnen uns nahezu alle Schadstoffe wieder, die bereits in den Studieneinheiten zur Luftverschmutzung (STE 11–13) besprochen wurden: das für den sauren Regen verantwortliche Schwefeldioxid und die Stickstoffoxide, Kohlenmonoxid und Kohlendioxid, Stäube, Schwermetalle und die krebserregenden polyzyklischen aromatischen Kohlenwasserstoffe. Aber auch Bergehalden für den Abraum der Bergwerke, Hochspannungsleitungen, Bauten an Flußufern zur Nutzung der Wasserkraft, Pipelines und alle Folgen von Unfällen zählen zu den Umweltbelastungen. Die „Minderungstechnologien" orientieren sich noch zu sehr an den leicht erfaßbaren Schadstoffen, den „Leitkomponenten". Aber selbst hier haben sich Rauchgasentschwefelung und Wirbelschichtfeuerung in der Praxis noch kaum durchgesetzt.

Der derzeit mit Abstand sauberste und umweltfreundlichste klassische Energieträger ist das Gas. Bei allen drei Stufen der Energienutzung – Gewinnung/Verteilung, Umwandlung und Verbrennung – sind die Umweltbelastungen deutlich geringer als bei anderen Energieträgern. Dennoch zwingen die begrenzten Vorräte, rechtzeitig nach ähnlich umweltfreundlichen Ersatzenergien Ausschau zu halten. Eine Möglichkeit wäre Wasserstoff.

Auch Wind und Wasserkraft gehören zu den seit dem Altertum bekannten traditionellen Energiequellen. Erforderliche Bauwerke stellen allerdings auch hier eine nicht zu übersehende Umweltbelastung dar; bei großen Windanlagen ist die Lärmbelastung noch nicht abzuschätzen. Theoretische Berechnungen räumen der Wasserkraft weltweit einen noch wachsenden Anteil und der Windenergie sogar die Chance zu einem weitgehenden Ersatz anderer Energieträger bei der Stromerzeugung ein.

Verzahnung von Energie- und Umweltfragen 19.1.

Problemstellung

Die Weltenergiekonferenz 1980 in München hat sich auch mit den Zusammenhängen zwischen Energie und Umwelt befaßt. In dem entsprechenden Generalbericht heißt es:

„Der Energiehaushalt ist integraler Bestandteil eines jeden Ökosystems. Anthropogene Eingriffe bei Gewinnung, Transport, Umwandlung und Verbrauch der Energieträger bedeuten deshalb in jedem Fall einen Eingriff in die Umwelt. Dabei sind Ausmaß und Art der Eingriffe von den speziellen Energieträgern und den speziellen Energienutzungsformen abhängig, wobei jedoch allgemein das derzeitige Energiesystem insgesamt als größtes Belastungspotential für die Umwelt angesehen werden muß. Dies gilt in erster Linie für das Medium Luft, in abgeschwächtem Maße für den Landschaftsverbrauch und die Belastung des Wassers durch Abwärme. Angesichts einer wachsenden Weltbevölkerung werden mit dem Energieverbrauch tendenziell auch diese Umweltbelastungen steigen, falls keine wirksamen Gegenmaßnahmen ergriffen werden. Diese sind jedoch zunehmend unbestritten, weil die bedrohte Umweltqualität sowie die beschränkten Vorräte fossiler Energieträger die Grenzen herkömmlicher technischer und wirtschaftlicher Entwicklung aufgezeigt haben.

Neben den negativen, belastenden Wirkungen müssen jedoch auch die positiven, unterstützenden Auswirkungen des Energiesystems auf die Umwelt berücksichtigt werden. In vielen Bereichen ist nämlich Umweltschutz ohne Energieeinsatz nicht möglich. Dies gilt generell, soweit Umweltschutz mit erhöhtem Kapitaleinsatz verbunden ist, der in der Regel höheren Energieeinsatz einschließt.

Abb. 1: Die Verbindung von Energie- und Umweltpolitik

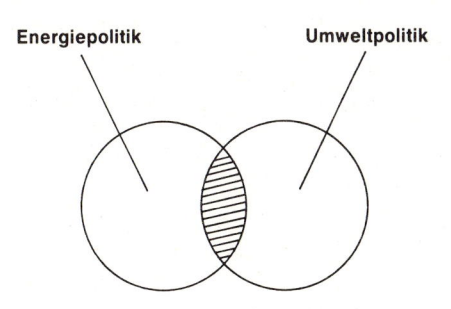

Daher stellt sich das Verhältnis zwischen Energie und Umwelt als Schnittmenge beider Bereiche und damit auch beider Zielsysteme dar, wie Abb. 1 darstellt."[1]

---

1 K. H. HANSMEYER: Generalbericht Themenkreis 3 „Energie und Umwelt". In: Organisationskomitee 11. Weltenergiekonferenz 1980 (Hrsg.): Energie für unsere Welt. Bd. G (Generalberichte). London 1980, S. 310.

Die Energienutzung hat erhebliche *Umwelteffekte* auf allen Stufen des Energieflusses:

- Bei Gewinnung, Transport und Lagerung von Primärenergie
- Bei der Umwandlung von Primär- in Sekundärenergie
- Bei der Verteilung von Sekundärenergie
- Beim Umsatz („Verbrauch") der Endenergie zur Erzeugung der jeweiligen Energiedienstleistung

Die Umwelteffekte, die beim Energiefluß entstehen, lassen sich wie folgt gruppieren:

- Landschaftsveränderungen durch die technischen Anlagen
- Veränderung der natürlichen Energieströme
- Emissionen von Schadstoffen
- Eingriffe in Regelkreise von Ökosystemen
- Unfallbedingte Freisetzung von Schadstoffen

Bei gegebener Energieanwendungstechnik ist die Umweltbelastung im wesentlichen eine Funktion der umgesetzten Menge der einzelnen Energieträger. Die Umwelteffekte der einzelnen Energieträger sind unterschiedlich, wie folgender Vergleich beispielhaft illustriert:

Tab. 1: Schadstoffemissionen (Mittelwerte) bei der Stromerzeugung, Mengenangaben in Kilogramm pro t SKE Brennstoff

Brennstoff	SO_2	NO_2	C_mH_n	CO	Staub
Heizöl S	23	7	0,2	0,1	1,0
Gas	—	5	—	—	—
Steinkohle	26	7	0,1	0,5	3,5
Braunkohle	23	8,5	0,1	0,1	4,5

Aus: M. GRATHWOHL: Energieversorgung – Ressourcen, Technologien, Perspektiven. Berlin/New York 1978, S. 200.

Neben diesem mengenabhängigen Teil der Umweltbelastung ist jedoch zu berücksichtigen, daß durch Anwendung umweltfreundlicherer Technik die spezifischen Emissionsfaktoren gesenkt werden können. So emittieren beispielsweise moderne Kohlekraftwerke bei verbessertem Wirkungsgrad (+25%) wesentlich weniger Staub (−80%) als Altanlagen.

Meist unterstützen sich die Bemühungen um mehr Umweltschutz und um Energieeinsparung bei der Anwendung umweltfreundlicher Technik. Im Konfliktfall ist entscheidend, welche Effekte umweltpolitisch stärker zu Buche schlagen. Es kann dann der auf der Weltenergiekonferenz angesprochene Fall eintreten, daß Umweltschutz auch Energie kosten kann.

19.2. Was ist Energie? – Physikalische Grundlagen

Einstieg

Der „Wasserfall" des holländischen Graphikers M. C. ESCHER (1898–1972) zeigt Wasser, das durch eine schmale, sanft abfallende Rinne fließt, über ein Wasserrad in die Tiefe stürzt und dann – welche Überraschung – im alten Bett gelandet ist. Mit dem Rad könnte man eine Mühle betreiben oder einen Generator, der – wie der Dynamo am Fahrrad oder die Lichtmaschine im Auto – elektrischen Strom erzeugt. Der Müller oder Kraftwerksbesitzer hätte nichts weiter zu tun, als gelegentlich einen Eimer Wasser nachzuschütten, wenn zuviel verdunstet ist. Davon abgesehen würde

Abb. 1: M. C. ESCHER: „Wasserfall". Ein perfektes Perpetuum mobile?

Aus: M. C. ESCHER: Grafik und Zeichnungen. München 1971, Blatt Nr. 76.

das System sehr umweltfreundlich arbeiten und beliebig lange Energie abgeben: es wäre ein idealer Energie-Lieferant, ein *Perpetuum mobile,* wie es sich die Menschheit seit Jahrtausenden erträumt hat. Alle unsere Energieprobleme wären gelöst! Es ist leicht zu sehen, warum dieses Perpetuum mobile nicht wirklich existieren kann: Es ist als dreidimensionales Gebilde unmöglich; nur der Graphiker verführt das Auge raffiniert dazu, aus der Zeichnung ein dreidimensionales Objekt zu rekonstruieren. Aber könnte nicht ein anderes Perpetuum mobile gebaut werden, das nicht nur ununterbrochen läuft, sondern sogar noch Energie abgibt? Immer und immer wieder haben Bastler, Wissenschaftler und Laien versucht, eine solche Maschine zu bauen. 1635 wurde in England das erste Patent dafür vergeben, und bis 1903 folgten etwa 600 weitere.

Keine dieser Maschinen hat jemals wirklich Energie geliefert. Deshalb wurde man hinsichtlich der Möglichkeit eines Perpetuum mobile allmählich skeptisch. Die Französische Akademie lehnte es schon seit 1775 grundsätzlich ab, Entwürfe für ein Perpetuum mobile zu prüfen. Aber auch heute gibt es noch zahlreiche Privatpersonen und Firmen, die solche Projekte verfolgen. Kein Wissenschaftler, kein Patentamt, keine Akademie jedoch nimmt diese Projekte ernst. Ein Perpetuum mobile, eine Maschine, die immer läuft und dazu noch Energie liefert, ist unmöglich! Diese enttäuschende Tatsache folgt aus dem *Satz von der Erhaltung der Energie:*

Grundphänomen

> Die Gesamtenergie eines energetisch abgeschlossenen Systems bleibt erhalten.
> (Sie kann weder vermehrt noch vermindert werden.)

Dieser Energieerhaltungssatz, auch „Erster Hauptsatz der Thermodynamik" oder kurz „Energiesatz" genannt, macht verständlich, warum es bisher niemandem gelungen ist, ein Perpetuum mobile zu bauen; denn ein Perpetuum mobile müßte ja laufend Energie aus dem Nichts erzeugen, schon um die Reibungsverluste auszugleichen. Dabei bliebe aber die Gesamtenergie des Systems nicht erhalten, sondern sie würde sich vermehren. Der Energiesatz erklärt also die Unmöglichkeit eines Perpetuum mobile; das heißt, wenn der Energiesatz gilt, dann kann es kein Perpetuum mobile geben.

Der Energieerhaltungssatz ist (wie alle Naturgesetze) ein Erfahrungssatz und damit eine vorläufige Aussage, eine Hypothese, eine Annahme, die durch die bisherigen Erfahrungen zwar nahegelegt, aber doch nicht bewiesen wird. Allerdings beschreibt und erklärt dieses Naturgesetz so viele Fakten und Gesetzmäßigkeiten unserer Welt, daß das Vertrauen in seine Gültigkeit durchaus gerechtfertigt ist. Vor allem gibt es keine einzige Erscheinung, die ihm widersprechen würde. Unter solchen Umständen darf der Energiesatz als wohlbegründet, als gut bestätigt, als „bewährt" angesehen werden.

Der Energiesatz schließt jedes Perpetuum mobile aus; aber seine Bedeutung geht weit darüber hinaus: Er macht eine Aussage über *alle abgeschlossenen Systeme,* seien sie groß oder klein, natürlich entstanden oder künstlich hergestellt, über Maschinen und Lebewesen, über Atome, Gehirne und Milchstraßen. Das Triebwerk einer Mondrakete „gehorcht" dem Energiesatz ebenso wie eine Nervenzelle im Gehirn. Der Energiesatz ist also nicht nur in der Physik bedeutsam, sondern in allen Erfahrungswissenschaften.

Aufgabe 1 Begründen Sie, welcher Satz mehr aussagt: der Energiesatz oder der Satz von der Unmöglichkeit eines Perpetuum mobile.

....
....
....
....
....
....
....
....
....

Begriffs-bestimmung Obwohl Journalisten, Politiker, Umweltschützer, Manager, Fachleute und Laien den Begriff „Energie" laufend benutzen, von „Energiequellen", „Energieträgern", „Primärenergie", „Kernenergie", „Energieverschwendung" und „Energiekrise" sprechen und sich „energiebewußt" geben, ist es doch schwierig zu sagen, was *Energie* eigentlich ist. Für unsere Zwecke genügt folgende Charakterisierung:

> Energie ist ein Maß für die Fähigkeit, Arbeit zu leisten.

Den Begriff „Arbeit" dürfen wir dabei zunächst *im umgangssprachlichen Sinne* verstehen: als eine mühsame Tätigkeit. Jemand, der Steine auf ein Auto lädt, arbeitet. Auch wer einen Rucksack (und sich selbst) auf einen Berg schleppt oder eine Treppe hochsteigt, leistet Arbeit. Wer dagegen mit dem Sessellift oder mit der Rolltreppe fährt, arbeitet nicht.

19. Traditionelle Energieträger

Diese Charakterisierung (einschließlich der Beispiele) bleibt auch dann richtig, wenn wir „Arbeit" *im physikalischen Sinne* (als „Kraft mal Weg") verstehen; sie wird dadurch jedoch wesentlich genauer. Energie wird dann als „Arbeitsvorrat" aufgefaßt, als ein „Guthaben", das sich bei Bedarf als Arbeit „abheben" läßt. Der Energieinhalt eines Systems (z.B. einer Batterie) ist somit ein Maß für die Arbeit, die das System leisten könnte, wenn man es entsprechend mit der Umwelt verbindet (z.B. die Batterie „anschließt").

Energie wird deshalb in denselben Einheiten gemessen wie die physikalische Arbeit, nämlich in Joule (J), Kilowattstunden (kWh) bzw. Wattsekunden (Ws), Kalorien (cal), Elektronenvolt (eV), Erg (erg), Steinkohleeinheiten (SKE) oder in Sprengstoffeinheiten (tTNT). Durch Gesetz ist heute das *Joule* (J) als grundlegende Energieeinheit festgelegt:

1 Joule ist die Energie, die man aufwenden muß, um einen Stein von 1 Kilogramm etwa 10 Zentimeter hochzuheben.

Sie entspricht auch dem Energieumsatz bei einem Schlag des menschlichen Herzens. Da es sich bei den verschiedenen Einheiten immer um dieselbe physikalische Größe „Energie" handelt, kann man alle diese Einheiten auch ineinander umrechnen.

Für Umrechnungen gilt:

Joule	1 J	= 1 Wattsekunde (Ws) = $1 \frac{kg \cdot m^2}{s^2}$ = 1 Newtonmeter (1 Nm)
Kilowattstunde	1 kWh	= $3{,}6 \cdot 10^6$ J
Kalorie	1 cal	= 4,2 J
Elektronenvolt	1 eV	= $1{,}6 \cdot 10^{-19}$ J
Erg	1 erg	= 10^{-7} J
Steinkohleeinheit	1 SKE	= $2{,}87 \cdot 10^7$ J = 7000 kcal
Sprengstoffeinheit	1 tTNT	= $4{,}2 \cdot 10^9$ J

Eine bestimmte Energiemenge kann schnell oder langsam abgegeben werden, schnell oder langsam fließen. Die Energiemenge, die ein System *je Zeiteinheit* abgibt, nennt man auch seine *Leistung*. Die Leistung hat also die Dimension „Energie pro Zeit", zum Beispiel:

$$1 \frac{\text{Joule}}{\text{Sekunde}} = 1 \frac{\text{Wattsekunde}}{\text{Sekunde}} = 1 \text{ Watt}$$

Viele ernstgemeinte Vorschläge für ein Perpetuum mobile beruhen auf der Verwechslung von Energie und Leistung. Ein Schwungrad etwa kann seine gesamte Rotationsenergie über 1 Stunde (durch Beschleunigung) aufnehmen, aber innerhalb 1 Minute (durch Abbremsung) abgeben. Die abgegebene *Energie* ist dann gleich der aufgenommenen, die *Leistung* bei der Abgabe ist jedoch 60mal so hoch wie die Aufnahmeleistung.

In jedem Gegenstand steckt eine bestimmte Energie, sein *Energieinhalt*. Das gilt für jedes Auto, jedes Haus, jeden Menschen, jedes materielle System, jedes Volumen, das wir uns in Gedanken von seiner Umgebung abgegrenzt denken. Fügt man nun zwei solche Systeme zusammen, so ist die Energie des Gesamtsystems die Summe der Einzelenergien. Energie ist also *additiv* oder *mengenartig*. Derartige Größen können geteilt und zusammengefügt, abgegeben und wieder aufgenommen werden; sie können auch „strömen". Wie es Flüssigkeitsströme und elektrische Ströme gibt, so gibt es auch Energieströme. Man kann deshalb Energieflüsse durch Pfeile darstellen. Von dieser Möglichkeit werden wir noch Gebrauch machen.

Tab. 2: Verschiedene Energieskalen im Vergleich

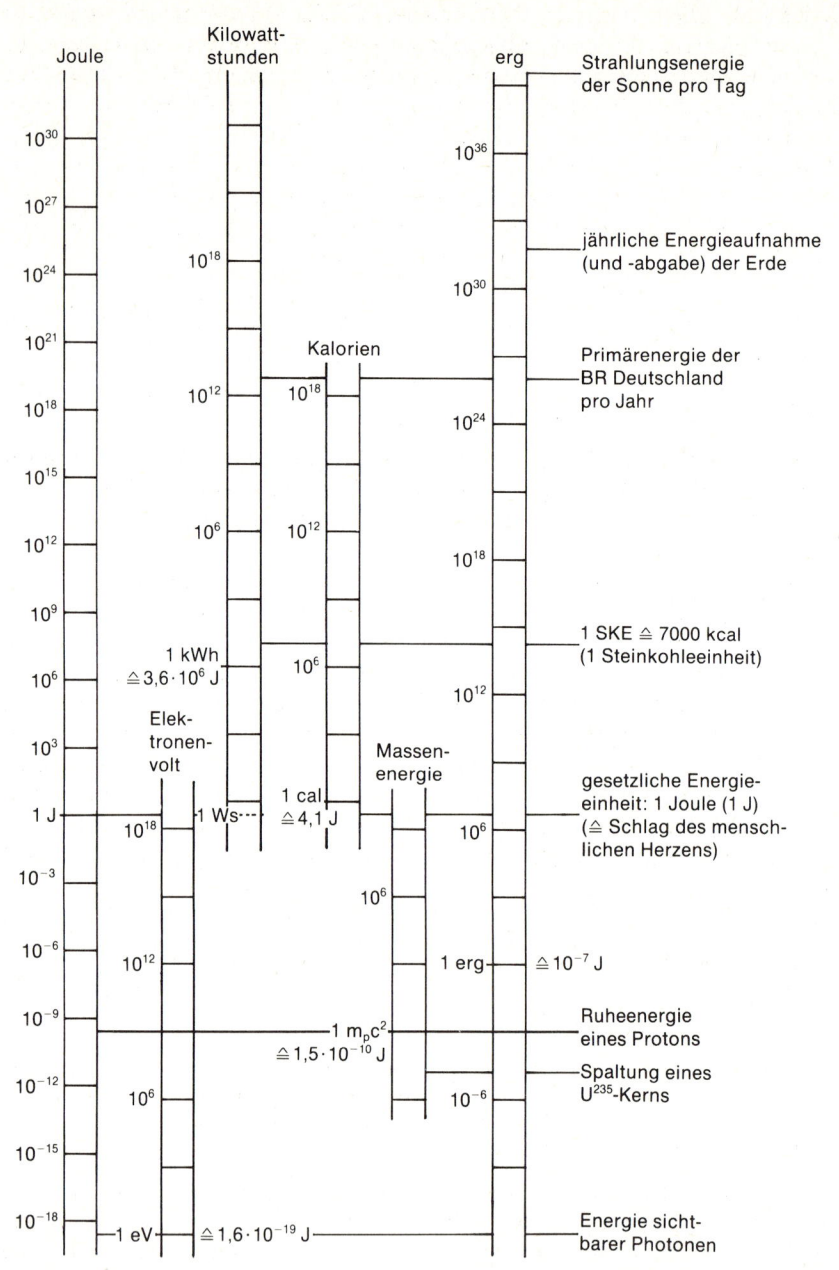

Die Skalen sind logarithmisch aufgetragen: Jeder Teilstrich entspricht einem *Faktor* 10^3 = 1000. Daneben sind einige charakteristische Energien angegeben. Physiker benutzen am häufigsten Elektronenvolt (eV), Erg (erg) und Joule (J); Biologen und Ernährungswissenschaftler denken in Kalorien; Ingenieure, insbesondere das Elektrizitätswerk, rechnen in Kilowattstunden (kWh).

Original: G. VOLLMER

Herkunft Aus dem Nichts läßt sich keine Energie gewinnen. Wenn umgangssprachlich von „Energieerzeugung" oder „Energiegewinnung" die Rede ist, dann kann damit immer nur die *Umwandlung* von Energie aus einer ungeeigneten in eine geeignetere Form gemeint sein.

19. Traditionelle Energieträger

Also muß auch die Energie, die in einem Land wie der Bundesrepublik Deutschland verbraucht wird, von irgendwoher kommen. Die Energie in der Bundesrepublik ($2,4 \cdot 10^{12}$ kWh im Jahre 1975) kommt zu mehr als der Hälfte aus dem Ausland; sie wird über chemische und nukleare Energieträger eingeführt. Die Lieferländer wiederum gewinnen diese Stoffe aus der Erde durch Bergbau (Uran), Ölförderung und aus Erdgasquellen.

Kohle, Erdöl und Erdgas sind fossile Energieträger, Überreste von Organismen aus früheren Erdzeitaltern. Tiere leben von anderen Tieren (Raubtiere) oder von Pflanzen. Letztlich leben also alle Tiere von pflanzlicher Energie. Die Pflanzen schließlich entnehmen die Energie, die sie zum Aufbau der organischen Substanz benötigen, dem Sonnenlicht. Alle fossilen Energieträger enthalten also umgewandelte Sonnenenergie. Das gleiche gilt natürlich auch für die lebenden Pflanzen und Tiere. Die Lebewesen sind die für uns bedeutungsvollsten Energiespeicher.

So erkennen wir, daß *wir fast alle Energie, die wir nutzen, der Sonne verdanken*. Verbrennen wir Holz, so nutzen wir die in den Bäumen über Jahrzehnte gespeicherte Sonnenenergie. Verbrennen wir Erdöl, Erdgas, Benzin, Kohle, so beziehen wir dabei als chemische Energie letztlich gespeicherte Energie von der Sonne. Sogar die Energie eines Wasserkraftwerks verdanken wir der Sonne: sie läßt das Wasser der Meere und des Festlandes verdunsten, aufsteigen und in höheren Gebieten wieder abregnen. Ähnliches gilt für Windmühlen und Windkraftwerke.

Die einzigen Energiequellen, die wir nicht der Sonne verdanken, sind *Erdwärme* (sie entstammt vermutlich der Entstehungszeit unseres Planeten, radioaktiven Zerfällen und Strömungsprozessen im Erdinnern), *Gezeitenenergie* (aus der Erddrehung) und *Kernenergie*. Bis vor kurzem hat also die Menschheit ausschließlich von Sonnenenergie gezehrt. Bedenkt man, welch geringen Anteil die genannten „irdischen" Energiequellen am Primärenergiestrom auch heute noch haben, so wird deutlich, in wie hohem Maße die Biosphäre, das Leben und unsere eigene Daseinsmöglichkeit von der Existenz und den Eigenschaften der Sonne abhängen. Insofern haben die Philosophen und Dichter recht, die das Tagesgestirn als „Quell allen Lebens" preisen.

Der Vorgang, bei dem aus dem Kohlendioxid (CO_2) der Luft und dem Wasser (H_2O) des Nährbodens pflanzliche Kohlenhydrate aufgebaut werden, ist die *Photosynthese*. Als Beispiel geben wir die Reaktionsgleichung an, nach der auf diese Weise Traubenzucker ($C_6H_{12}O_6$) gebildet wird:

$$6\,H_2O + 6\,CO_2 + \text{Sonnenenergie} \rightarrow C_6H_{12}O_6 + 6\,O_2$$

Offenbar wird dabei Sauerstoff (O_2) frei. Der freie Sauerstoff der Atmosphäre (20% der Luft) ist durch die pflanzliche Photosynthese gewissermaßen als „Abfallprodukt" entstanden. Diesen Sauerstoff nutzen wir bei Atmung und Verbrennung zur Gewinnung chemischer und thermischer Energie.

Organische Substanz und Luftsauerstoff bilden zusammen einen mächtigen Energiespeicher, der von uns entleert, von den Pflanzen dagegen laufend aufgefüllt wird. Die Gesamtenergie dieses Speichers beträgt etwa 10^{18} Kilowattstunden (kWh). Eine Vorstellung von der Bedeutung dieses Energiespeichers liefert die Tatsache, daß dieser Energievorrat ausreichen würde, den Energiebedarf unserer heutigen Zivilisation für 10 000 Jahre zu decken. Wir dürfen deshalb hoffen, daß die Verbrennungsvorgänge in unseren Kraftwerken, Industrien und Autos vorläufig nur eine geringe Störung dieses Energiespeichers darstellen.

Jeder Prozeß ist mit Energieaustausch verbunden. Dabei wird Energie weder erzeugt noch vernichtet; sie tritt nur in immer neuen *Formen* auf. Einige der Formen, in denen Energie ausgetauscht werden kann, sind uns schon begegnet: mechanische Energie bei einem Wasserfall, chemische Energie bei Kohle, Öl, Gas und bei Sprengstoffen, elektrische Energie bei Glühbirnen. In der *Tabelle 3* sind alle wichtigen Energieformen aufgeführt und jeweils einige Systeme, bei denen sie

Formen

Tab. 3: Verschiedene Energieformen

Energieform	Beispiele	Erläuterungen
Potentielle Energie (Energie der Lage z. B. im Gravitationsfeld der Erde)	Pendel bei Maximalausschlag; Gewichte einer Uhr; Wasser im Stausee; Wellenberge, Flutberge	Wird eine Last angehoben, so erhöht sich ihre potentielle Energie. Eine Masse m in der Höhe h hat die potentielle Energie E_{pot} = Masse · Erdbeschleunigung · Höhe = $m \cdot g \cdot h$ (mit $g = 9{,}8\ m/s^2$).
Spannungsenergie (häufig ebenfalls „potentielle E." genannt)	Spiral- und Blattfedern; Bogen, Armbrust; Ball, Autoreifen	Wird elastisches Material gebogen, gedehnt, gedreht oder zusammengedrückt, so erhöht sich seine Spannungsenergie.
Kinetische Energie (Energie der Bewegung, „Wucht")	Pendel im Tiefpunkt; Gewehrkugel, fahrendes Auto	Die kinetische Energie eines Körpers der Masse m und der Geschwindigkeit v ist E_{kin} = 1/2 · Masse · Geschwindigkeit^2 = $1/2\ m\ v^2$. (Doppelte Geschwindigkeit bedeutet deshalb vierfache Gefährdung bei Zusammenstoß!)
Rotationsenergie (kinetische E. der Drehbewegung, „Umwucht")	Schwungrad; Eiskunstläufer bei Pirouette; Mühlrad, Turbine; Planeten, Satelliten	Für die Rotationsenergie eines Körpers gilt $E_{rot} = \frac{1}{2} \left(\text{Trägheitsmoment}\right) \cdot \left(\text{Winkelgeschwindigkeit}\right)^2 = 1/2\ \theta\ \omega^2$
Wellenenergie	Meereswellen; Schallwellen (geordnete mechanische Energie von Molekülen); seismische Wellen	Wellen sind zeitlich und räumlich periodische Vorgänge. Die Energie wechselt dabei zwischen potentiellen und kinetischen Energieformen hin und her.
Chemische Energie	Feuerwerk, Sprengstoff; Brennstoffe (Holz, Kohle, Öl); Nahrung	Chemische Energie ist Energie der atomaren Bindung und als solche letztlich elektromagnetischer Natur.
elektrische Energie, magnetische Energie, elektromagnetische Energie	Kondensator stromdurchflossene Spule, Elektromagnet Schwingkreis	
Strahlungsenergie	Elektromagnetische Wellen: Radio-, Radar-, Infrarot-, Wärmestrahlung, sichtbares Licht, UV-, Röntgen-, γ-Strahlung	Die Energie wechselt dabei zwischen elektrischer und magnetischer Energie.
Wärmeenergie	heißes Gas, z. B. Dampf; heiße Flüssigkeiten, heiße Körper	Wärmeenergie ist letztlich mechanische (kinetische) Energie der ungeordneten molekularen Bewegung. Erhöht man die Temperatur, so werden die Atome und Moleküle schneller.
Kernenergie	spaltbares Material; Atom- und Wasserstoffbombe, Kernreaktor;	Bei Spaltung schwerer und bei Verschmelzung leichter Atomkerne wird Energie frei.
Massenenergie	Fusionsreaktor, Sterne Auch Masse ist eine Erscheinungsform der Energie. Energie E und Masse m sind verknüpft durch die Gleichung $E = mc^2$. (c ist dabei die Lichtgeschwindigkeit.)	

Original: G. VOLLMER

auftreten. Alle diese Energieformen spielen für die Menschheit eine Rolle. Jedoch sind nicht alle für jeden Zweck geeignet. Man wird für verschiedene Zwecke auch verschiedene Energieformen einsetzen. Es ist deshalb wichtig zu wissen, in welchen Formen uns Energie zur Verfügung steht und in welchen Formen wir sie verbrauchen. *Abbildung 2* zeigt in einem „Flußdiagramm", wie sich der Energiestrom in der Bundesrepublik zusammensetzt.

Abb. 2: Energieströme in der Bundesrepublik Deutschland

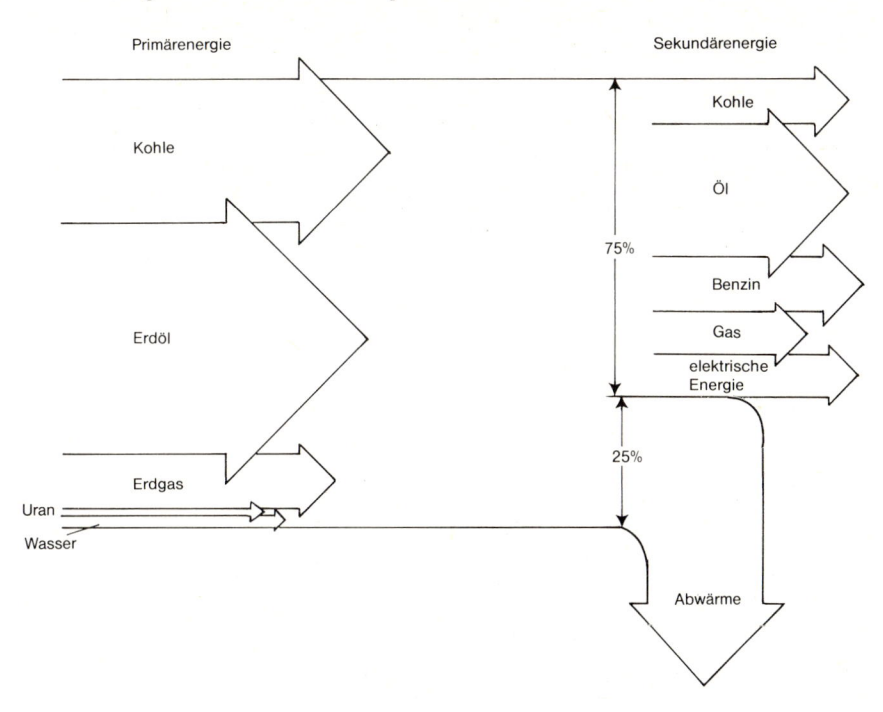

Soweit Kohle und Öl nicht als Energieträger, sondern als Rohstoffe zur Herstellung von chemischen Substanzen (Arzneimitteln und Kunststoffen) verwendet werden, sind sie hier nicht berücksichtigt. Von den primären Energieträgern wird Öl zu 93%, Gas zu 46%, Uran zu 100% importiert. Von der Sekundärenergie fließen 30% in die Industrie, 44% in Haushalte, 18% in Verkehrsmittel. Mehr als 75% dieses Energiestromes werden ausschließlich für Heizzwecke verwendet, in Haushalten sogar 81%. Die Raumheizung in Privathäusern macht also mehr als ein Drittel des bundesdeutschen Energieverbrauchs aus! Soweit dabei elektrisch geheizt wird, wird Energie verschwendet, da bei der Erzeugung elektrischer Energie aus Brennstoffen schon einmal mehr als die Hälfte der Energie als Abwärme verlorenging.

Original: G. VOLLMER

Die Energie, wie sie uns zunächst („primär") zur Verfügung steht, kommt in *Abbildung 2* von links als „Primärenergiestrom". Im Jahre 1975 betrug er $2,4 \cdot 10^{12}$ kWh/Jahr = $2,8 \cdot 10^8$ kW. Er ist im wesentlichen (zu 97%) ein chemischer Energiestrom, getragen von den fossilen Brennstoffen Kohle, Erdöl und Erdgas; die potentielle Energie des Wassers und die Kernenergie liefern nur geringe Anteile. Alternative Energiequellen wie Sonnenzellen, Wind- und Gezeitenkraftwerke spielen quantitativ noch keine nennenswerte Rolle.

Wegen der Erhaltung der Energie geht von dieser Primärenergie nichts verloren (es wird allerdings auch nichts hinzugewonnen): Der Energiestrom bleibt konstant. Die Verbraucher können jedoch mit Uran oder mit Schweröl nichts anfangen. Ein Teil der Primärenergie wird deshalb in andere, „verbraucherfreundliche" Energieformen umgewandelt. So wird Rohöl in Raffinerien in Leichtöl und Benzin umgeformt. Auch diese sind natürlich Träger chemischer Energie. Ein anderer Teil der Primärenergie wird in Kraftwerken (Wasser-, Kohle- und Kernkraftwerken) in elektrische Energie umgewandelt.

Bei allen diesen Prozessen geht allerdings ein Teil der Primärenergie in Form von ungenutzter Wärmeenergie (Abwärme) „verloren". Trotz des Energieerhaltungssatzes erreichen den Verbraucher nur noch 75% des Primärenergiestroms. Ähnliche

Verluste erleidet der Verbraucher auch bei der Verwendung der ihm zugeführten Energie. Auf diese Probleme (Energieumwandlung, Wirkungsgrad von Energiewandlern) kommen wir in den Studieneinheiten 20 und 23 zurück.

Aufgabe 2 Worin besteht der Unterschied zwischen „Energie" und „Leistung"? Bezahlen wir an das Elektrizitätswerk für die verbrauchte Energie oder für die in Anspruch genommene Leistung?

....
....
....
....
....
....
....
....
....

19.3. Die Rolle der fossilen Energieträger

Vorgehen Nach Darstellung der physikalischen Grundlagen der Energie betrachten wir nun (1) die Entstehungs- und (2) die Wirtschaftsgeschichte sowie (3) die Problematik der Erschöpfbarkeit fossiler Energieträger.

19.3.1. Die Entstehungsgeschichte der fossilen Brennstoffe

Teilthema 1 Die fossilen Brennstoffe sind zum überwiegenden Teil (Steinkohle, Braunkohle, Erdöl, Erdgas) unter hohem und lange Zeit wirkendem Druck aus pflanzlichen, teilweise aus tierischen Rückständen entstanden; für Torf ist lediglich der Luftabschluß (durch Wasser) entscheidend. „Fossil" nennt man diese Brennstoffe nach der Art der Gewinnung, weil nämlich zunächst vor allem aus dem Boden gegrabene Kohle verwendet wurde (lat. *fossilis:* „ausgegraben").

Stoffe Wir skizzieren im folgenden die Entstehungsgeschichte der fossilen Brennstoffe:

• Am ältesten ist die *Steinkohle*. Sie ist in der geologischen Formation „Karbon", das heißt der Kohlezeit, vor etwa 250 bis 280 Millionen Jahren entstanden. Zum Vergleich: Menschliches Leben gibt es frühestens seit 1 bis 2 Millionen Jahren. Vor mehr als 250 Millionen Jahren bedeckten riesige, urwaldähnlich wuchernde Pflanzen (Farne, Schachtelhalme, Bärlappgewächse, Schuppenbäume, Siegelbäume u. a.) den Boden. Da diese Pflanzen ein solches Ausmaß nur in tropischem Klima erreichen können, muß die Verteilung der Klimazonen auf der Erde grundsätzlich anders gewesen sein als heute. Sintflutartige Überschwemmungen von längerer Dauer brachten den Pflanzenwuchs zum Absterben und bedeckten ihn gleichzeitig mit Sand, Ton, Schlamm und anderen Bodenbestandteilen. Nach Abzug der Wassermassen bewuchs der Boden erneut. Auch diese Pflanzen wurden wiederum mit Wasser und schließlich mit festen Bestandteilen der Erde bedeckt. Dieser Vorgang wiederholte sich über Jahrmillionen mehrfach. Unter Luftabschluß und hohem Druck durch das Gewicht der Überlagerungen kam es zu Versteinerungen.

19. Traditionelle Energieträger 107

Gleichzeitig wurden Wasserstoff, Sauerstoff und teilweise auch Stickstoff ausgeschieden. Der Kohlenstoffgehalt reicherte sich dadurch auf etwa 75 Prozent an. Man bezeichnet diesen Vorgang als „Inkohlung". Für eine Schicht von 1 cm Steinkohle (mit etwa 130 t Kohle je ha) war ein Baumwachstum von etwa 100 Jahren erforderlich (mit 400 bis 500 Festmeter je ha).

• Die *Braunkohle* ist wesentlich jünger. Sie entstand im Zeitalter des „Tertiär", das heißt vor etwa 40 bis 50 Millionen Jahren, vor allem aus Nadelhölzern. Ihre Versteinerung und Inkohlung ist nicht so weit fortgeschritten wie die der Steinkohle. Der Kohlenstoffgehalt liegt daher – bei einer sehr breiten Streuung der Werte – im Durchschnitt unter 50 Prozent des Ausgangsstoffes, das heißt in etwa beim Kohlenstoffgehalt des Holzes. Dafür sind die Vorkommen mächtiger und dichter unter der Erdoberfläche als die Steinkohle, so daß der Tagebau vorherrscht. Für eine Schicht von 1 cm Braunkohle (mit weniger als 130 t je ha) war ein Baumwachstum von etwa 55 bis 60 Jahren erforderlich (mit etwa 250 bis 270 Festmeter je ha).

• Der dritte fossile Energieträger ist der *Torf*. Dieser ist in den letzten Jahrtausenden entstanden und entsteht bis in die Gegenwart hinein immer noch. Durch Wasser unter Luftabschluß geratene Pflanzenrückstände vertorfen, während darüber neue Pflanzenmassen entstehen, so daß die Torfschichten langsam wachsen.

Nach den Entstehungsbedingungen unterscheidet man zwei Arten von Torf:

1. Im Hochmoor (Moor = wasserreiches Sumpfland; sprachlich verwandt mit Meer) wachsen Sphagnum-Pflanzen, aus der Gattung der Torfmoose. Die Wasserhaltungskapazität dieser Pflanzengattung ist sehr hoch, so daß die umfangreichen Niederschläge gespeichert werden können, und zwar bis zum Zehnfachen der Trockensubstanz der Pflanzen. Solche Moore sind daher vor allem in niederschlagsreichen Gegenden zu finden, etwa in Nordwestdeutschland oder Schottland. Sie wachsen „uhrglasförmig" – also in der Mitte stärker als am Rand – über ihre Umgebung hinaus und erhielten daher die Bezeichnung „Hochmoore".

2. Nieder- oder Niederungsmoore erhalten die Feuchtigkeit überwiegend durch Zuflüsse. Sie entstehen langsam in verlandenden Gewässern. Diese Torfe sind wegen des Nährstoffgehaltes der Zuflüsse und des breiteren Fächers der Pflanzenarten nährstoffreicher als die Torfe der Hochmoore. Hochmoore können auch auf (verlandeten) Niederungsmooren wachsen, so daß dann eine Kombination beider Typen vorhanden ist.

• Die in den letzten Jahrzehnten immer stärker in den Vordergrund tretenden fossilen Energieträger sind *Erdöl* und *Erdgas*. Die Ansichten über deren Entstehung gehen bereits seit dem Ende des 19. Jahrhunderts weit auseinander. Die Meinung, daß anorganische Stoffe Ausgangsbasis waren und daß etwa durch die Zerschlagung von Karbiden Erdöl entstand, wird in letzter Zeit durch Äußerungen ergänzt, daß Kohlenstoff sich in vielen anorganischen Substanzen der Erdkruste findet, so daß sich wenigstens ein Teil des Erdöls hieraus gebildet hat. Vorherrschend ist jedoch seit etwa einem Jahrhundert die Ansicht, daß Mikroorganismen Fette und Eiweißstoffe von Wasserpflanzen und -tieren, die auf den Meeresboden abgesunken sind, auf dem Weg über die Bildung von Faulschlamm zu Erdöl und Erdgas umgewandelt haben. Durch Grundwasser und durch das Erdgas wurde später das Öl nicht selten aus den primären Lagerstätten verdrängt und gelangte so in poröses Sedimentgestein. Daher wurde das Erdöl auch lange Zeit als Petroleum (griech. *petra:* „Stein", lat. *oleum:* „Öl") bezeichnet. Teilweise ist eine Festlegung auch in Sanden und Schiefern erfolgt (Ölsande, -schiefer).

Für die *Beurteilung der Umweltbedingungen* durch diese Entstehung der fossilen Brennstoffe ergeben sich rückblickend folgende Aspekte: Bewertung

• Über Jahrmillionen hat es fortwährend Änderungen im Klima und bei anderen natürlichen Faktoren gegeben, so daß sich die Lebensbedingungen für Pflanzen und Tiere stets wandelten. Die Struktur des biologischen Teiles der Umwelt hat dadurch immer eine erhebliche Dynamik gehabt, da jeweils einzelne Arten begünstigt, andere benachteiligt oder gar verdrängt wurden.

- Mit der Bildung der fossilen Brennstoffe wurden vor allem aber gewaltige Mengen an Sonnenenergie und an Kohlenstoff festgelegt. Dieser Kohlenstoff wurde dem biologischen Kreislauf entzogen. Aus der Menge der geschätzten Vorräte an fossilen Brennstoffen von insgesamt 10 bis 13 Bill. t SKE (Steinkohleneinheiten) wird man die festgelegte Kohlenstoffmenge auf mehr als 8000 Mrd. t einschätzen müssen. Demgegenüber beträgt die Kohlenstoffmenge in der Luft heute etwa 700 Mrd. t. Hinzu kommt der Kohlenstoff in der Pflanzendecke und im Boden (Humus, Bodenluft usw.) (vgl. im einzelnen STE 12). Man kann also davon ausgehen, daß über Jahrmillionen eine gewaltige Verringerung des Kohlenstoffes in der Luft stattgefunden hat. Diese Verringerung des CO_2-Gehaltes erhöhte die Wärmeabgabe an den Weltraum in Form von Infrarotstrahlen. Der früher höhere CO_2-Gehalt ist einer unter vielen Faktoren, die das früher tropische Klima auch in unseren Breitengraden erklären.

19.3.2. Die Wirtschaftsgeschichte der fossilen Brennstoffe

Teilthema 2

Die Freisetzung der fossilen Brennstoffe stand und steht in enger Wechselwirkung zur wirtschaftlichen Entwicklung und zur Ausdehnung der Bevölkerungszahl. Vom ausgehenden 18. Jahrhundert bis zur Gegenwart dominierten hierbei die heutigen Industrieländer. Die Zunahme der mit Energie zu versorgenden Bevölkerungszahl und die Zunahme des Bedarfs der gewerblichen Wirtschaft, zunächst vor allem der vorindustriellen Metallproduktion und -verarbeitung, der Glas- und Keramikherstellung, seit dem ausgehenden 18. Jahrhundert der sich in immer stärkerem Maße entwickelnden Industrie (Dampfmaschinen), dehnten den Energiebedarf über das Maß hinaus aus, das aus den regenerierbaren Energiequellen, insbesondere aus Holz, befriedigt werden konnte. Ohne die Erschließung anderer Energiequellen wäre der beginnende Raubbau am Wald weiter fortgeschritten; schädliche Einflüsse auf Klima und Boden wären die Folge gewesen. Der Raubbau am Wald in den Mittelmeerländern seit dem Altertum hat dies eindeutig gezeigt.

Entwicklung

Für Sachsen, das Ruhrgebiet, England und einige andere Gegenden lassen sich der *Abbau* der flach anstehenden Steinkohle und der Transport über geringe Entfernungen bereits im Mittelalter nachweisen. Das gleiche gilt für Braunkohle für die beginnende Neuzeit für andere Gebiete, zum Beispiel das Rheinland. Die Verknappung von Holz führte dann vor allem im 18. Jahrhundert zu einer Ausdehnung des Abbaus dicht unter der Erdoberfläche liegender Kohle. Anfang des 18. Jahrhunderts übernahm man im Gebiet der Ville im Rheinland von Niederländern das Verfahren zur Herstellung von handlichen Braunkohleklumpen, sogenannten Klütten. Aber noch war auch der Torf ein wichtiger Energielieferant für die wachsenden Städte.

Bei allen genannten Brennmaterialien war das *Transportproblem* von zentraler Bedeutung. Daher hatte man Glashütten in den Wäldern wenig besiedelter Gegenden angelegt oder Wasserwege zur Verbesserung der Versorgung von örtlich gebundenen Verbrauchsstellen geschaffen. Lüneburg baute im 15. Jahrhundert einen Kanal von der Elbe zum Schweriner See, um sich – nach der Entblößung der Lüneburger Heide – von dort mit Holz für den Salinenbetrieb zu versorgen. Berlin erhielt im 18. Jahrhundert Holz über den Storkow-Kanal und Torf über den Ruppiner Kanal. In Großbritannien wurden zwischen 1760 und 1850 zahlreiche Kanäle zur Versendung der Kohle gebaut. Auch in Deutschland nahmen der Absatz und damit die Förderung von Ruhrkohle erst stark zu, als die Ruhr weitgehend schiffbar gemacht worden war, das heißt nach 1770. 1835 wurde die Hälfte der knapp 1 Million Tonnen umfassenden Förderung über die Ruhr transportiert. Seit den vierziger Jahren kamen neue Impulse durch den Bau des Eisenbahnsystems.

19. Traditionelle Energieträger

Das Hauptproblem beim Kohleabbau war die *Wasserregulierung*, sofern man in größere Tiefen gehen wollte. In Großbritannien verwandte man Schöpfräder und hölzerne Pumpen, die von Menschen und Tieren betrieben wurden. Immerhin erreichte man damit um 1700 schon eine Förderung von etwa 2 Mill. t Steinkohle jährlich, die zum überwiegenden Teil in den Haushalten verbrannt wurde. Am Anfang des 18. Jahrhunderts kamen dann die von Thomas NEWCOMEN erfundenen, mit Kohle befeuerten Vakuum-Dampfmaschinen („Feuermaschinen") zum Antrieb der Wasserpumpen zum Einsatz. Diese wurden zum Ende des 18. Jahrhunderts durch die effektiver arbeitenden Dampfmaschinen von James WATT ersetzt. Bald wurden die Dampfmaschinen auch zur Förderung der Kohle selbst verwendet.

Bei vielen von Wärme abhängigen Produktionsprozessen wurde ebenfalls bald verstärkt Kohle eingesetzt. In den Eisenhüttenbetrieben kam es aber nicht nur auf die Energie, sondern auch auf chemische Umsetzungen in den Hochöfen an. Erst als man hier, analog zur Umstellung von Holz auf Holzkohle in früheren Jahrhunderten, statt Steinkohle jetzt Koks verwandte, vermied man die Nachteile einer starken Anreicherung der Luft mit Schwefel aus der Kohle.

Seit den vierziger Jahren des 19. Jahrhunderts kam die *Gaserzeugung* aus Steinkohle hinzu. Die drei wichtigsten Verwendungsarten der Energieträger hatten dabei ein unterschiedliches Gewicht: Zunächst stand die Verwendung als Leuchtgas im Vordergrund, bald die Benutzung für Heizzwecke in privaten Haushalten und Gewerbe und schließlich der Antrieb von Gasmotoren. Am Ende des 19. Jahrhunderts begann dann mit der Erzeugung von *Elektrizität* eine weitere Umformung von Energie aus fossilen Brennstoffen.

Bis in die Mitte des 20. Jahrhunderts wurde in den europäischen Industrieländern der Energiebedarf zum überwiegenden Teil durch die Kohle gedeckt. Erst danach wuchs die Verwendung von Erdöl nach und nach in eine Schlüsselrolle hinein. Die *Entwicklung der Förderung der wichtigsten fossilen Brennstoffe* im 19. und 20. Jahrhundert zeigt zugleich die Veränderungen der Verbrauchsstrukturen:

Daten

Tab. 4: Entwicklung der Kohleförderung in Deutschland

	Steinkohle	Braunkohle
	in Mill. t/jährlich	
1800	0,8	0,3
1875	33,0	11,0
1913	190,0	85,0
1937	184,5	184,8

Nach: F.-W. HENNING: Die Industrialisierung in Deutschland 1800 bis 1914. Paderborn u. a. ⁵1979. S. 157 (Statistische Jahrbücher des Deutschen Reiches).

Weltweit wuchs der Verbrauch an Kohle beider Sorten von weniger als 20 Mill. t SKE (1800) über 550 Mill. t (1900) auf 3000 Mill. t (1979).

Ein wichtiges Problem bei der Verwendung von Kohle waren die damit verbundenen negativen Auswirkungen, und zwar die tatsächlichen und die vermuteten. Schon unter dem englischen König EDUARD II. (1307–27) gab es gesetzliche Einschränkungen der Verwendung von Kohle in den Städten, weil man eine Verunreinigung der Luft befürchtete. Andere nahmen später sogar eine Schädigung der auf Kohlefeuer zubereiteten Speisen an (so auch Robert BOYLE, 1627–91). Im 19. Jahrhundert häuften sich dann die tatsächlichen Belästigungen der Nachbarn: Rauch, Funkenwurf und Gerüche waren Gegenstände zahlreicher nachbarschaftsrechtlicher Prozesse.

Das *Erdöl* wurde in der Mitte des 19. Jahrhunderts noch in kleinen Flaschen als Heilmittel mit dem Namen „Rock-Oil" verkauft. Im übrigen diente Petroleum im letzten Drittel des 19. Jahrhunderts vor allem als Lichtquelle. Man rechnete mit etwa 50 l pro Jahr je Arbeiterhaushalt. Anfang des 20. Jahrhunderts war die Produktion bereits weltweit auf etwa 20 Mill. t jährlich angewachsen, davon wurden 8 Mill. t in den USA und 10 Mill. t im Zarenreich gefördert. 1937 lag die Weltförderung bereits bei 250 Mill. t, davon 150 Mill. t in den USA und 28 Mill. t in der UdSSR. Bis zur Gegenwart wuchs die jährliche Förderung auf über 3000 Mill. t (1979).

Bewertung

Insgesamt sind damit in den letzten zwei Jahrhunderten etwa 120 bis 140 Mrd. t Kohlenstoff aus den fossilen Brennstoffvorräten in die Luft abgegeben worden. Die Schätzungen im Rahmen einer Kohlenstoff-Bilanz des Bodens (Humus) und der Pflanzenwelt lassen keine entscheidende Festlegung von Kohlenstoff in diesen Bereichen vermuten. Lediglich die Ozeane dürften einen Teil des Kohlenstoffs der Luft aufgenommen haben. Im Ergebnis wird sich damit der Kohlenstoffgehalt der Luft, und zwar in Form von CO_2, erhöht haben – mit entsprechenden Folgen für das Klima wegen der damit langsam verminderten Abstrahlung von Wärme durch Infrarot (vgl. STE 12). Die negativen Auswirkungen der Freisetzung großer Mengen Kohlenstoff werden noch durch die gleichfalls eintretende Freisetzung von Schwefel- und Stickstoffverbindungen vergrößert.

19.3.3. Die Problematik der Erschöpfbarkeit fossiler Energieträger

Teilthema 3

Als „nicht regenerierbar" werden solche Energieträger bezeichnet, deren Gesamtbestand in historischen Zeiten nicht vermehrbar ist. Nicht regenerierbare Energiequellen wie Kohle, Erdöl und Erdgas sind daher erschöpfbar. Die folgende Tabelle gibt einen Überblick über die derzeit geschätzten Reserven dieser fossilen Energieträger.

Tab. 5: Reserven an fossilen Primärenergieträgern in der Welt (Stand 1. 1. 1975)

Energieträger	Reserven nach heutigem Stand ökonomisch gewinnbar Mrd. t SKE	Anteil v. H.	Reserven vermutlich technisch gewinnbar Mrd. t SKE	Anteil v. H.	Reserven insgesamt vorhanden Mrd. t SKE	Anteil v. H.
Steinkohle	420	47,4	1 425	42,9	7 900	63,5
Braunkohle	125	14,1	333	10,0	1 900	15,3
Torf	nicht bekannt		90	2,7	90	0,7
Kohle	545	61,5	1 848	55,6	9 890	79,5
Erdöl	141	15,0	418	12,7	1 044[1]	8,4
Erdgas	96	10,8	313	9,4	313	2,5
Ölsande (Ölinhalt)	57	6,5	392	11,7	490	3,9
Ölschiefer[2]	47	5,3	353	10,6	705	5,7
Kohlenwasserstoffe	341	38,5	1 476	44,4	2 552	20,5
Fossile Energieträger insgesamt	886	100,0	3 324	100,0	12 442	100,0

[1] Oil in place.
[2] Ölschiefer mit > 40 l Schieferöl/t Gestein, Ölinhalt.

Aus: Bundesanstalt für Geowissenschaften und Rohstoffe, zitiert nach M. GRATHWOHL: Energieversorgung – Ressourcen, Technologien, Perspektiven. Berlin/New York 1978, S. 53.

Entwicklung

Stellt man diesen Reserven einige Prognosen über die Energienachfrage gegenüber, so läßt sich abschätzen, zu welchem Zeitpunkt die Energieträger knapp werden, wie groß ihre „Reichweite" ist. Solche Prognosen sind freilich mit vielen Unsicherheitsfaktoren behaftet. Nach vorliegenden Berechnungen beträgt die Reichweite der fossilen Energieträger im ungünstigsten Fall nur 45 Jahre, im günstigsten dagegen 410 Jahre. Dabei ist zu beachten, daß Verknappungserscheinungen nicht abrupt eintreten, sondern sich allmählich, vor allem über steigende Preise, ankündigen werden.

Mit der gewissermaßen naturgegebenen Verfügbarkeit der fossilen Energieträger hängen ihre politische, technische und wirtschaftliche Verfügbarkeit zusammen:

• *Politische Verfügbarkeit* bedeutet, daß sich die jeweiligen Inhaber der Hoheitsrechte mit der Ausbeutung der Energiequellen einverstanden erklären. Auch müssen sie einen Export zulassen.

• *Technische Verfügbarkeit* beinhaltet, daß ein Energiegefälle besteht, das ausgenutzt werden kann. Das Problem der Zugänglichkeit, das in manchen Energietechnologien eine zentrale Rolle spielt, taucht dann auf, wenn zur Bereitstellung von 1 Einheit Energie mehr als 1 Einheit verbraucht wird.

• *Wirtschaftliche Verfügbarkeit* von Energieträgern wie Kohle, Erdöl oder Erdgas ist unmittelbar mit dem Transportproblem verknüpft. Die fossilen Energieträger haben den Vorteil, daß sie jederzeit verfügbar, leicht transportabel und lagerbar sind. Über See und im Inneren des Landes erfolgt der Transport zumeist in für den jeweiligen Zweck gebauten Handelsschiffen, die den unterschiedlichen Anforderungen gerecht werden. Öl und Erdgas lassen sich besonders wirtschaftlich durch Pipelines bewegen. Die Verfügbarkeit nimmt durch die zunehmende Erschöpfung der vorhandenen Ressourcen ab, da neue erforderliche Technologien die Bereitstellung kostenintensiver werden lassen.

Die wirtschaftliche Verfügbarkeit der fossilen Energieträger zur Bereitstellung von Energiedienstleistungen wie Licht, Wärme und Kraft wird jedoch noch durch einen weiteren Aspekt geschmälert. Denn Kohle, Erdgas und Erdöl sind nicht nur Energieträger, sondern gleichzeitig bedeutende Rohstoffe für die petrochemische Industrie (*Abb. 3* gibt einige Beispiele).

Abb. 3: Erdöl und Erdgas als Rohstoffe der Petrochemie

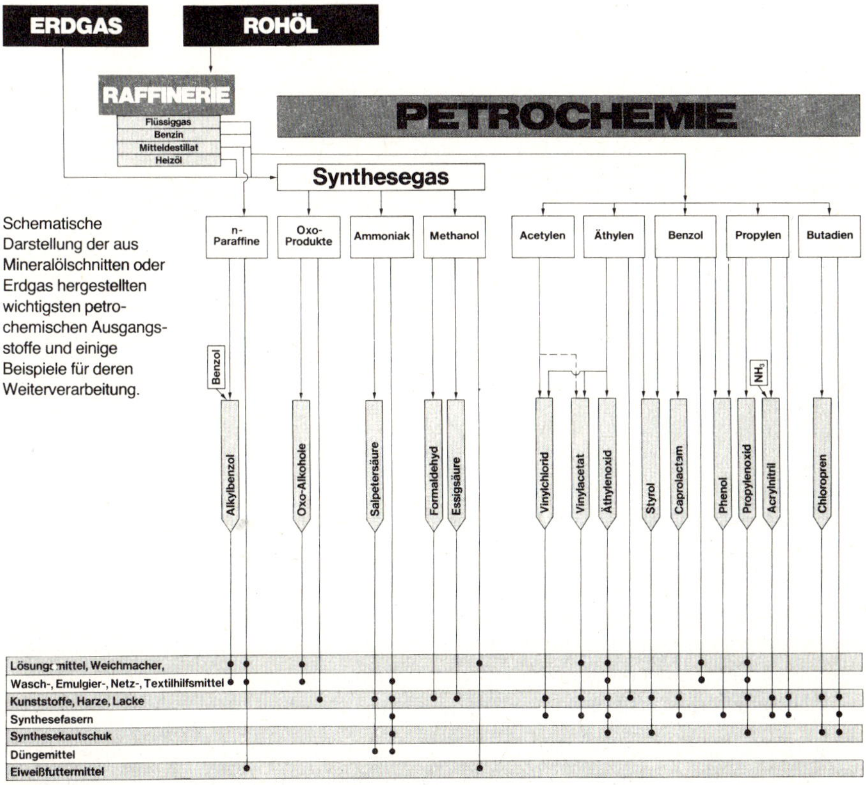

Nach: Deutsche BP AG (Hrsg.): Petrochemie heute. Hamburg 1980, S. 6.

Bewertung	Die fossilen Energieträger unterliegen demnach einer starken Nutzungskonkurrenz: Was verheizt wird, kann beispielsweise nicht zur Herstellung von Düngemitteln verwendet werden. Die Nutzungskonkurrenz wird sich verschärfen, je knapper die fossilen Energieträger werden – und sie werden zwangsläufig knapper werden. In ihrer Eigenschaft als Rohstoff jedoch sind sie schwerer zu ersetzen als in ihrer Energieträgereigenschaft. Schon heute wird deshalb gemahnt, daß besonders Mineralöl „zum Verheizen zu schade" ist.
Aufgabe 3	Welche ökologischen Folgen hatte die steigende Verwendung fossiler Brennstoffe in den letzten beiden Jahrhunderten?
Aufgabe 4	Zu welchen Zwecken werden die fossilen Energieträger – neben dem Heizen – verwendet?

19.4. Umweltauswirkungen bei der Nutzung traditioneller Energieträger

Vorgehen	In den folgenden Analysen werden einige zentrale Umweltauswirkungen dargestellt, die mit der Nutzung traditioneller Energieträger verbunden sind. Dabei finden sowohl die fossilen Energieträger Berücksichtigung als auch Wind- und Wasserkraft, die im Rahmen der Diskussion „alternativer" Energiequellen wieder an Bedeutung gewinnen. (1) Zunächst wird ein Überblick über die mit der Nutzung der fossilen Energieträger verbundenen Umweltbelastungen gegeben. (2) Anschließend wird am Beispiel des Energieträgers „Gas" verdeutlicht, daß innerhalb der Kategorie der fossilen Energieträger beträchtliche Unterschiede im Umweltbelastungspotential bestehen. (3) Den Abschluß bildet eine Untersuchung der Möglichkeiten und Effekte der Wind- und Wasserkraftnutzung.

19.4.1. Die Umweltbelastung durch Verbrennung fossiler Brennstoffe. Abhilfemöglichkeiten durch Einsatz neuer Technologien

Analyse 1	Umweltbelastungen durch Energienutzung können an verschiedenen Stellen einer Energienutzungskette auftreten: bei Gewinnung und Transport eines Energieträgers, bei der Umwandlung von Primär- in Sekundärenergieträger und schließlich beim Endenergieverbrauch.
Problemlage	Im Mittelpunkt der Diskussion um die Umwelteffekte der Energienutzung stehen meist die bei Verbrennungsprozessen auftretenden Emissionen von Schadgasen, Stäuben und Schwermetallen. Die Wirkung der einzelnen Schadstoffkomponenten

auf menschliche Gesundheit, Ökosysteme und Sachgüter ist bereits in Studieneinheit 11 dargestellt worden. Der größte Teil dieser Schadstoffe wird durch Energienutzungsprozesse freigesetzt.

• Die nachfolgende *Abbildung 4* zeigt für einige Schadstoffe, wie sich die *Emissionen aus Verbrennungsanlagen* zwischen 1965 und 1975 entwickelt haben. Es ist offensichtlich, daß durch Emissionsminderungsmaßnahmen spätestens seit 1973 trotz steigenden Energieverbrauchs sinkende Emissionen erreicht wurden. Aus meßtechnischen Gründen liegt für die Gruppe „Kohlenwasserstoffe" (CH) keine Aufschlüsselung nach Einzelkomponenten oder Untergruppen vor; dadurch bleibt die Umweltbedeutung unberücksichtigt.

Abb. 4: Schadstoff-Emission aus Kraftwerken, Industrie-Feuerungen und Hausbrand in der Bundesrepublik Deutschland (1965/69–79)

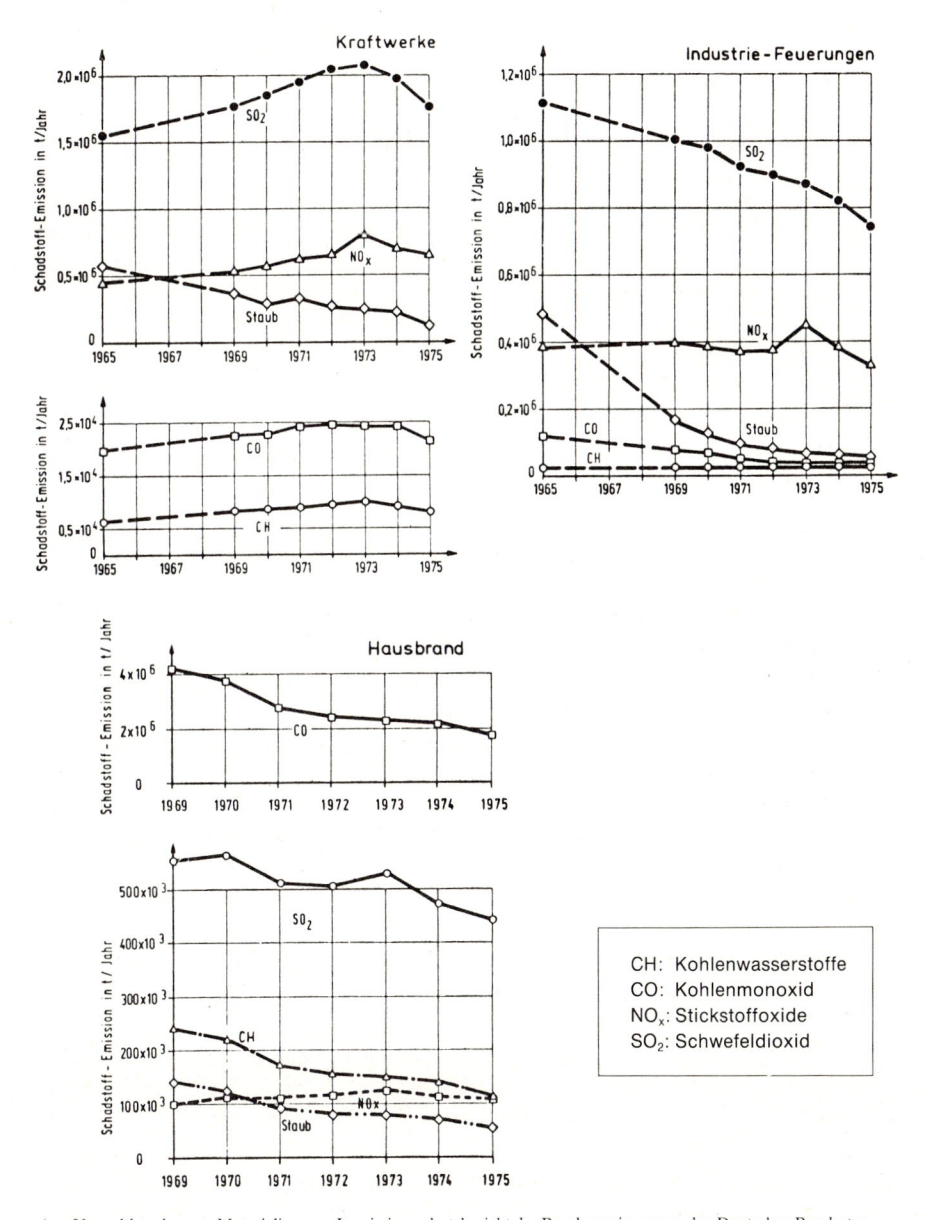

CH: Kohlenwasserstoffe
CO: Kohlenmonoxid
NO_x: Stickstoffoxide
SO_2: Schwefeldioxid

Aus: Umweltbundesamt: Materialien zum Immissionsschutzbericht der Bundesregierung an den Deutschen Bundestag. Berlin 1977.

- *Steinkohlenbergwerke* sind für die Bundesrepublik Deutschland im Hinblick auf die Umweltbelastung von vergleichsweise geringer Bedeutung, da sie im Untertagebau betrieben werden. Das Fördergut der Bergwerke enthält aber neben Kohle auch sogenannte „Berge" und „Verwachsenes", so daß eine Aufbereitung nötig ist. Die Aufarbeitung erzeugt mit 44 % der Gesamtförderung die „Waschberge", die nur zu 10 % wieder in die Gruben zurückgeführt werden; weitere 30 % sind als Schüttgut nutzbar, während 60 % der Waschberge auf Halden gebracht werden. Diese Halden, die bei einer Aufschüttungshöhe von 100 bis 140 Meter Flächen von 30 bis 50 Hektar bedecken, lassen sich nicht mehr hochwertig nutzen. Das Platzangebot im Ruhrgebiet dürfte bald nicht mehr ausreichen. – Neben diesen Halden sind die Koks- und Kohlehalden selbst zu nennen, die jedem Bewohner und Besucher des Ruhrgebietes besonders augenfällig sind. Im Jahre 1975 lagen immerhin rund 15 Mio t Kohle in aufbereiteter Form auf Halde. Emissionen, besonders Staubemissionen, sind bei der Aufbereitung und Lagerung unvermeidbar; Minderungsmaßnahmen sind ausgereift und werden entsprechend eingesetzt.

- *Braunkohlenbergwerke* werden im Tagebau geführt, in der Bundesrepublik Deutschland im dichtbesiedelten Rheinischen Braunkohlerevier. Die Umwelteingriffe sind hier wegen der landwirtschaftlich hochwertigen Fläche und wegen des dichten Netzes von Verkehrswegen und Wasserläufen besonders gravierend. Umsiedlungen von Ortschaften, Verlegung von Verkehrswegen und Eingriffe in den Grundwasserhaushalt erfordern eine sorgfältige Landesplanung. Rekultivierungsmaßnahmen und Landschaftsgestaltung können als gelungen bezeichnet werden. Seit Beginn der Braunkohlenförderung hat der Bergbau etwa 188 km² Fläche in Anspruch genommen, davon wurden 127 km² wieder nutzbar gemacht. Rund 44 % der Fläche werden forstwirtschaftlich, 43 % landwirtschaftlich genutzt. Der Rest entfällt auf neue Siedlungen, Verkehrswege und Seen mit neuen Erholungsgebieten.

- Die anderen fossilen Brennstoffe, *Öl* und *Erdgas*, belasten bei der Gewinnung das Landschaftsbild kaum.

Maßnahmen

Rückstände aus der Verbrennung von Steinkohlen – Aschen und Schlacken – werden so weit wie möglich technischen Nutzungen zugeführt; der Rest muß deponiert werden. Einer Rekultivierung von Deponieflächen steht nichts im Wege. Da die Braunkohle zum weitaus größten Teil in Kraftwerken genutzt wird, die im Abbaugebiet liegen, bereitet es keine Schwierigkeiten, die Asche zur Auffüllung der Tagebaue zu verwenden.

Die Erfolge der *Emissionsminderungsmaßnahmen* sind zwar offensichtlich, jedoch bereiten die emittierten Schadstoffmengen immer noch Sorgen. Daher wird weiter an Minderungstechnologien gearbeitet, wobei leider ein Mangel besteht: aus historischen Gründen stehen immer noch Schadstoffe im Vordergrund, die wegen ihrer leichten Erfaßbarkeit zu „Leitkomponenten" wurden, ohne daß ihr Schadpotential gewichtet würde. Für die Verringerung der toxikologisch brisanten polyzyklischen aromatischen Kohlenwasserstoffe gibt es noch keine Verfahren; dafür ist das vergleichsweise für den Menschen weniger gefährliche Schwefeldioxid Ziel zweier Minderungsmaßnahmen:

- Mit den *Rauchgasentschwefelungsverfahren* wird Schwefeldioxid zunächst aus dem Rauchgas abgetrennt; es kann als reiner Stoff gewonnen werden, soweit hierfür Verwendungsmöglichkeiten bestehen. In den gängigen Verfahren wird es in Sulfat umgewandelt, so daß es, gebunden an Ammoniak als Dünger oder, gebunden an Kalzium, als Gips zu Bauzwecken dienen kann. Seit 1974 ist die Rauchgasentschwefelung bei neuen Kraftwerken bindend vorgeschrieben. Da die Technologie in der Bundesrepublik noch in der Entwicklung ist, wurde ein stufenweiser Ausbau zur Erzielung der geforderten Abscheidegrade zugelassen.

19. Traditionelle Energieträger

Zu Beginn des Jahres 1982 wurden Rauchgasentschwefelungsanlagen betrieben in Kraftwerken mit einer Leistung von 3590 MWe, gebaut in Kraftwerken mit einer Leistung von 4020 MWe, geplant in Kraftwerken mit einer Leistung von 1950 MWe, bei einer gesamten installierten Leistung für die öffentliche Versorgung von ca. 65 000 MWe.

Die aufgeführten Kraftwerke werden – zumindest zum großen Teil – alte Kraftwerke ohne Rauchgasentschwefelung ersetzen.

• Einer „nachgeschalteten" Anlage wie der Rauchgasentschwefelungsanlage steht ein Verfahren gegenüber, das das Schwefeldioxid während des Verbrennungsprozesses einbindet: die *Verbrennung von Kohle in der Wirbelschicht*. Bei diesem Verfahren wird Kohlestaub durch von unten in den Feuerungsraum eingeblasene Luft in der Schwebe gehalten. Durch Kalkzusatz zum Verbrennungsprozeß erreicht man eine Verbindung von Kalk und SO_2 zu Gips, der mit der Asche aus der Wirbelschicht herausgezogen werden kann. Der Entschwefelungsgrad hängt von den zugegebenen Kalkmengen ab. Da die Wirbelschichtfeuerung mit geringeren Temperaturen arbeitet als andere Feuerungsanlagen, wird die Oxidation von Luftstickstoff zu Stickstoffoxiden gehemmt, so daß gleichzeitig eine Verringerung der Stickstoffoxid-Emissionen erreicht wird. Diesen erfreulichen Ergebnissen steht allerdings die Gefahr einer erhöhten Emission von polyzyklischen aromatischen Kohlenwasserstoffen gegenüber. Die Wirbelschichtfeuerung ist mittlerweile bis zur Anwendung im industriellen Bereich entwickelt worden; zweifelhaft ist bisher immer noch die Anwendbarkeit in Kraftwerken, die höhere Leistungen haben, als die Wirbelschicht sie bisher zu liefern vermag.

Insgesamt gesehen bedarf es weiterer Emissionsminderungsmaßnahmen – vor allem für Emissionsgruppen und nicht nur für Leitkomponenten.

(a) Welche Belastungen treten bei der Gewinnung fossiler Brennstoffe für die Umwelt auf?   Aufgabe 5

....
....
....
....
....
....

(b) Welche Maßnahmen zur Emissionsminderung gibt es?

....
....
....
....
....
....

Energieträger mit geringer Umweltbelastung: Gas   19.4.2.

Jede Energienutzung bedeutet – wie bereits behandelt – einen Eingriff in die Umwelt. Freilich verursacht nicht jede Energienutzung Umweltbelastungen gleicher Intensität. Selbst die einzelnen fossilen Energieträger unterscheiden sich in   Analyse 2 beachtlichem Ausmaß bezüglich ihrer Umweltauswirkungen. Ausschlaggebend dafür sind vor allem die natürlichen Eigenschaften der unterschiedlichen Energieträger. Wie im vorangegangenen Kapitel dargestellt wurde, kann das Umweltbelastungspotential einzelner Energieträger aber auch durch umweltfreundliche Nutzungstechnologien verändert werden.

Darstellung

Als von Natur aus umweltfreundliche Energieträger gelten *Gase*. Als sogenannte Naturgase sind sie zum Teil Primärenergieträger (Erdgas, Erdölgas, Grubengas, Klärgas), zum Teil handelt es sich aber auch um Sekundärenergieträger (z. B. Raffineriegas, Kokereigas, Gichtgas). Schließlich ist als regenerierbarer gasförmiger Energieträger das besonders in einigen unterentwickelten Ländern Bedeutung erlangende Biogas zu nennen, das aus landwirtschaftlichen Abfällen und Dung gewonnen werden kann. Die wirtschaftlich größte Bedeutung in der Bundesrepublik Deutschland hat das Erdgas, das etwa vier Fünftel des Gas-Endenergieverbrauchs ausmacht. Insgesamt werden in der Bundesrepublik Deutschland etwa 17 % der verbrauchten Endenergie durch Gase gedeckt. Innerhalb der Zehnjahresspanne von 1968 bis 1978 konnte die Gaswirtschaft ihren Absatz vervierfachen. Diese Expansion des Versorgungsbeitrages des Gases ist allein auf den gestiegenen Erdgaseinsatz zurückzuführen.

Gase können sowohl als Rohstoff als auch zur Stromerzeugung, darüber hinaus jedoch auch ohne vorherige Umwandlung direkt als Endenergieträger genutzt werden. Hierin unterscheiden sie sich von anderen Energieträgern, wie zum Beispiel der Kohle, dem Erdöl, dem Uran, aber auch der Wind- und Wasserkraft.

• Verglichen mit anderen Energieträgern sind insbesondere die beim *Transport* entstehenden Umweltbelastungen beim Erdgas gering. Sogenannte „Bereitstellungsemissionen" fallen lediglich beim Antrieb von „Verdichtern" an, deren Einsatz zur Aufrechterhaltung des notwendigen Transportdruckes in den Gasleitungen erforderlich ist. Da das Gas per Leitung direkt den Verbraucher erreicht, entfallen die beim Straßen- oder Schienentransport anderer Energieträger entstehenden Emissionen. Das Gasleitungsnetz selbst, das in der Bundesrepublik Deutschland gegenwärtig eine Länge von etwa 120 000 Kilometern aufweist, genügt den Anforderungen des Landschafts- und Naturschutzes weitgehend. Auch wird es umweltästhetischen Kriterien weitaus besser gerecht als etwa die zum Stromtransport notwendigen Überlandleitungen.

• Es wurde bereits erwähnt, daß Gase sich von anderen Energieträgern dadurch unterscheiden, daß sie ohne vorherige Umwandlung direkt energetisch genutzt werden können. Dies hat den energiewirtschaftlichen Vorteil, daß bei der Gasnutzung *keine Umwandlungs„verluste"* anfallen. (Bekanntlich handelt es sich physikalisch nicht um Verluste, da für Energie der Erhaltungssatz gilt.) Moderne Kraftwerke mit fossilem Brennstoffeinsatz haben beispielsweise einen Wirkungsgrad von nur 40 %, bei Kernkraftwerken liegt der Wirkungsgrad noch darunter. Dies bedeutet, daß in solchen Kraftwerken fast zwei Drittel der eingesetzten Primärenergie als Abwärme „verloren"gehen. Diese Abwärme belastet vor allem die Gewässer, deren Kühlkapazitäten regional bereits an einigen Stellen ausgenutzt sind (vgl. STE 22). Bei der Erdgasnutzung müssen solche Umwandlungsprozesse nicht zwischengeschaltet werden, wenn man einmal von einer möglicherweise notwendig werdenden Reinigung des Gases absieht. Die Möglichkeit, den Primärenergieträger „Erdgas" direkt als Endenergieträger nutzen zu können, erspart deshalb eine weitere Gewässerbelastung durch Abwärme. Es kommt hinzu, daß die Erdgasnutzung auch keine unter umweltästhetischen Aspekten möglicherweise bedenklichen Kraftwerksbauten voraussetzt. Dies bedeutet freilich nicht, daß Erdgas nicht in den Sekundärenergieträger „Strom" umgewandelt werden könnte; jedoch entfällt dann ein umweltpolitisch bedeutsamer Vorteil der Erdgasnutzung.

19. Traditionelle Energieträger 117

• Auch bei den *Verbrennungsprozessen* verhält sich das Gas weniger umweltbelastend als andere Energieträger. Dies gilt sowohl für die Gasnutzung zur Stromerzeugung als auch für den direkten Gaseinsatz im Verbrauchssektor „Haushalte und Kleinverbraucher". Hier fallen pro erzeugte Wärmeeinheit bei den verschiedenen Energieträgern folgende Schadstoffe an:

Tab. 6: Emissionsfaktoren (kg/Tera-Joule) im Bereich Haushalte und Kleinverbraucher

	Staub	CH	CO	SO_2	NO_x (NO_2)	HF
Steinkohle	200	250	5400	500	50	1,5
Steinkohlen-Briketts	600	900	5400	500	50	1,5
Steinkohlen-Koks	50	10	6700	500	70	1,5
Braunkohlen-Briketts	80	300	4700	100	12	0,7
Heizöl EL	5	15	120	200	50	0
Gas	0,2	12	95	0,2	35	0

Aus: Materialien zum Immissionsschutzbericht 1977

Die Schadstoffemissionen bei der Gasverbrennung liegen danach bei nahezu allen Komponenten unter denen bei Kohle- oder Ölfeuerungen. Erdgas ist demnach der mit Abstand emissionsärmste Energieträger. Vergleichsweise hoch sind allerdings die Emissionen von Stickoxiden, die wegen der hohen Flammentemperaturen zustande kommen. Auch die Erdgasnutzung zur Kraftwerksfeuerung ist umweltfreundlicher als die Verwendung anderer fossiler Energieträger – wenngleich aus vorliegenden Berechnungen hervorgeht, daß die auf die eingebrachte Wärmemenge bezogenen Gesamtemissionen höher sind als die Emissionen bei Hausbrandfeuerstätten.

Gas kann damit insgesamt als emissionsarmer und umweltfreundlicher Energieträger angesehen werden. Die geltenden Umweltschutznormen können bei der Gasnutzung mit nur geringem Aufwand eingehalten werden. Das Problem ist freilich, daß auch Erdgas ein knappes Gut ist. Die „Bundesanstalt für Geowissenschaften und Rohstoffe" hat unter optimistischen Bedingungen eine Reichweite des Erdgases von etwa 55 Jahren geschätzt. Angesichts dieser Knappheit stellt sich die Frage, wie das Erdgas optimal zu verwenden ist.

Da die Umwelteffekte des Erdgases beim Einsatz in kleinen Feuerungsanlagen noch geringer sind als beim Einsatz in Kraftwerken, besteht die umweltpolitisch optimale Verwendung des Gases im ausschließlichen Einsatz in kleinen Feuerungsanlagen, also im Haushaltsbereich und bei den Kleinverbrauchern. Dies würde jedoch andererseits zum Einsatz emissionsintensiverer Brennstoffe in den Kraftwerken der bereits stark belasteten Ballungsgebiete führen. Diese Belastungsgebiete würden daher nicht entsprechend entlastet. Die umweltpolitisch optimale Verwendung des Gases hängt deshalb auch davon ab, ob es gelingt, beim Kraftwerkseinsatz anderer Energieträger entsprechende Emissionsminderungsmaßnahmen durchzusetzen. Entscheidend ist auch, ob die nicht regenerierbaren Erdgasvorräte durch andere, ebenfalls emissionsarme Energieträger, wie zum Beispiel den Wasserstoff, ersetzt bzw. verlängert werden können.

Bewertung

Skizzieren Sie die Umwelteffekte der Gasnutzung.

Aufgabe 6

....
....
....
....
....

19.4.3. Nutzung von Windenergie und Wasserkraft

Analyse 3

Bis zur Erfindung der Dampfmaschine vor 200 Jahren – 1782 entwickelte James WATT die erste industrielle Dampfmaschine – war die Nutzung von Wind- und Wasserkraft die einzige Quelle mechanischer Energie, die neben tierischer und menschlicher Muskelkraft zur Verfügung stand. Die Nutzung dieser Energiequellen hat den Menschen von schwerster Fron und Sklavenarbeit befreit.

Formen

Die unterschiedlichen natürlichen Eigenschaften von Wind- und Wasserkraft hatten schon immer verschiedene spezifische *Nutzungsformen* zur Folge und werden auch bei der künftigen Anwendung dieser Energiequellen wichtig bleiben:

• *Wind* tritt räumlich und zeitlich sehr unregelmäßig auf, dafür kommt er aber überall vor. Das großräumige Auftreten des Windes ist die Voraussetzung mobiler Nutzung, die jahrhundertelang die Grundlage der Seefahrt in allen ihren Ausprägungen war. Auch gegenwärtig wird untersucht, ob Windkraft mit neuartiger Technik für die Seefahrt genutzt werden kann. Mit Segelwagen ist mobile Windenergienutzung auch an Land möglich, praktisch allerdings nur als Sport.
Bei aller Unregelmäßigkeit des Windes im einzelnen gibt es aber doch statistisch gesicherte meteorologische Erfahrungen über Windstärke, Windrichtung und Windrhythmen der verschiedenen Landschaften. Diese Windcharakteristika sind ein wichtiges Element des regionalen Klimas und ein entscheidendes Kriterium für die Standortwahl stationärer Windkraftanlagen oder „Windenergiekonverter", wie man diese Anlagen heute vielfach nennt.
Die Geschichte der Windenergie ist die Geschichte des Segels und der Windräder und damit die Geschichte der Seefahrt, der Mühlen und der Schöpfwerke. Ziemlich sicher gab es Windmühlen vor etwa 3000 Jahren in Ägypten, von wo sie über Kreta nach Griechenland gekommen sein dürften. Um das Jahr 700 n. Chr. sind Windmühlen in Persien gebräuchlich. Durch die Kreuzzüge kamen die Windmühlen nach Westeuropa, haben sich ausgebreitet und wurden seit der Renaissance technisch nach und nach verbessert. Die unregelmäßige zeitliche Verfügbarkeit des Windes war von untergeordneter Bedeutung, da die Produkte ohnehin gelagert wurden. Die Arbeitszeit des Müllers richtete sich eben nach den natürlichen Bedingungen. Seit Mitte des 15. Jahrhunderts wurden Windmühlen in Verbindung mit archimedischen Schrauben in den Niederlanden zunehmend zur Wasserregulierung eingesetzt und mit ihrer Hilfe bis zum Ende des 19. Jahrhunderts 5200 km^2 Landfläche vom Meer zurückgewonnen.
In wenig erschlossenen Gebieten hat die Windkraft ihre Bedeutung zur Wasserförderung und Lichtstromerzeugung nie verloren. Die gegenwärtigen Entwicklungsarbeiten zielen einerseits auf robuste, preiswerte und wartungsarme Windkraftanlagen für dezentrale Nutzung und andererseits auf großtechnische Nutzung durch Erzeugung elektrischer Energie im Verbund mit dem allgemeinen Netz.

• *Wasserkraft* steht nur an topographisch ausgezeichneten Orten zur Verfügung, wo Gewässer mit erheblichem natürlichen Gefälle fließen und durch Ableitung oder Aufstauen ein technisch nutzbares Gefälle erzeugt werden kann; sie kann nur stationär genutzt werden. Die natürliche Speicherung des Wassers führt dazu, daß Wasserkraft ein im Vergleich zum Wind gleichmäßigeres Energieangebot liefert. Künstliche Speicher erlauben die Anpassung der Erzeugung an die Nachfrage. Wasserräder, Mühlengräben und Mühlenteiche gehörten jahrhundertelang zu jedem Tal; sie trieben Mühlen und Sägewerke an und – wo sich Erze fanden – auch Schmiedehämmer und die Wasserhaltungen der Bergwerke. Die Nutzung großer Wasserkraftpotentiale begann mit der Elektrifizierung; sie stellt heute einen eigenen hochentwickelten Zweig der Elektrizitätswirtschaft und Wasserbautechnik dar.

19. Traditionelle Energieträger

Wirkung

Zur stationären Nutzung des Windes muß seine kinetische Energie in eine periodische Maschinenbewegung umgesetzt werden; sieht man von Sonderformen schwingender Windenergiekonverter ab, so handelt es sich stets um eine Drehbewegung. Man unterscheidet zwischen Anlagen, bei denen die Rotationsachse der Windrichtung im wesentlichen parallel liegt, und solchen, bei denen sie senkrecht zur Erdoberfläche steht. Erstere müssen dem Winde nachgeführt werden, haben in der Regel aber günstige Wirkungsgrade. Letztere arbeiten unabhängig von der Windrichtung und bieten eine einfache Kraftübertragung, haben jedoch wenig befriedigende Wirkungsgrade oder laufen nicht von allein an.

Die Leistung von Wasserkraftanlagen ergibt sich aus der Wasserführung und der nutzbaren Höhe, den Umwandlungswirkungsgraden von Turbine und Generator sowie der Erdbeschleunigung.

Das *Potential der Wasserkraft und der Windkraft* ist sehr groß. Man unterscheidet zwischen dem theoretischen Potential E_o, dem technischen Potential E_t, dem wirtschaftlichen Potential E_w und dem realisierten Ausbau E_r. Statistische Angaben zu Potentialen sollten sich stets auf meteorologische Regeljahre, das heißt auf durchschnittliche Niederschläge und Windverhältnisse, beziehen.

- Für die *Potentiale der Wasserkraft* liegen einigermaßen verläßliche Daten vor, die bei den Entwicklungsländern allerdings einer Überprüfung im einzelnen bedürfen. Die *Tabelle 7* gibt Zahlenwerte zu den verschiedenen Potentialen; sie sind nach der Studie „Energiequellen für morgen" der „Arbeitsgemeinschaft der Großforschungseinrichtungen" (AGF) zusammengestellt und durch einige Modifikationen vergleichbar gemacht. Vor allem in den Entwicklungsländern ist die Wasserkraftnutzung seit 1972 sehr stark ausgedehnt worden, mehrere Wasserkraftwerke im Bereich einiger Gigawatt wurden in Betrieb genommen oder befinden sich im Bau. Zum Vergleich sei erwähnt, daß die Elektrizitätsproduktion im Jahre 1980 nach Angaben der UNO 7944 Terawattstunden (TWh) betrug; danach könnte allein durch die volle Ausschöpfung der wirtschaftlichen Wasserkraft die weltweite Elektrizitätsproduktion verdoppelt werden.

Tab. 7: Geschätzte Wasserkraftpotentiale und Ausbaugrad 1972 in Terawattstunden pro Jahr

Region	E_o	E_t	E_w	E_r (72)	$\frac{E_w}{E_o}$ (%)	$\frac{E_r (72)}{E_w}$ (%)
Europa ohne UdSSR	3386	953	722	382,3	21,3	52,8
UdSSR	3943	1892	1095	123,0	27,8	11,2
Asien ohne UdSSR	13515	3192	2643	198,4	19,6	7,5
Afrika	10118	3604	2020	30,2	20,0	1,5
USA u. Kanada	6150	1409	1273	435,0	20,7	34,2
Lateinamerika	5670	3276	1852	92,0	32,8	5,0
Australien u. Ostasien	1500	470	202	28,9	13,5	14,3
Erde	44282	14796	9807	1289,9	22,2	13,1
BR Deutschland	99	23,4	20,75	15,83	16,0	76,3

Nach: Arbeitsgemeinschaft der Großforschungseinrichtungen (Hrsg.): Energiequellen für morgen?

- Auch das *Potential der Windenergie* ist sehr groß, doch finden sich gerade hier die unterschiedlichsten Angaben. Als Bewegungsenergie der Atmosphäre werden teils 2‰, teils 2% der globalen Sonneneinstrahlung angegeben; dies entspricht einem Betrag von rund 300 bzw. 3000 Terawattjahren pro Jahr (TWa/a). Das technische Potential für die Gewinnung elektrischer Energie wird unter restriktiven Bedingungen auf 3 TWa/a, unter anderen, auch vertretbaren Annahmen dagegen auf 40 TWa/a geschätzt. Im Vergleich zur gegenwärtigen globalen Elektrizitätserzeugung von rund 0,9 TWa/a ist dies auf jeden Fall ein beachtliches Potential. Allein für

Westeuropa wird das technische Potential mit Anlagen vom Typ Growian I auf 6200 TWh/a entsprechend 0,7 TWa/a geschätzt, das ist das Vierfache des Verbrauchs von 1980. Aus *Tabelle 8* ist zu erkennen, daß Länder mit vielen Küsten ein besonders hohes Windenergiepotential haben, dessen weitgehende Nutzung nur über ein europäisches Verbundnetz erfolgen könnte.

Tab. 8: Vergleich zwischen Verbrauch elektrischer Energie und technischem Potential der Windenergie für westeuropäische Länder

Land	erzeugte elektrische Energie 1973 [TWh]	technisch nutzbare Windenergie [TWh]	Gesamtfläche des Landes [km²]	erzeugte elektrische Energie 1980 [TWh]
Großbritannien	280	1800	219 805	285
Frankreich	182	1100	551 603	241
Irland	7,3	600	84 426	(15)
Schweden	77,3	500	449 793	94
Spanien	75,7	500	504 748	110
Norwegen	72,6	400	324 219	84
Italien	145	400	301 225	181
BR Deutschland	299	220	248 459	369
Niederlande	52,8	200	36 153	64
Dänemark	19,2	200	43 032	(25)
Portugal	9,7	200	91 971	(20)
Belgien	41,1	70	30 507	52
	1261,3	6190	2 885 941	1540

Klammerzahlen geschätzt

Aus: Arbeitsgemeinschaft der Großforschungseinrichtungen (Hrsg.): Energiequellen für morgen? Teil III, ergänzt für 1980.

Folgerungen

Die Nutzung großer Wasserkräfte ist vielfach wirtschaftlich – wie nicht zuletzt ihre rasche Verbreitung belegt. Für die Wirtschaftlichkeit kleinerer Anlagen sind die Bedingungen für die Netzeinspeisung, insbesondere der Preis je eingespeiste Kilowattstunde, von großer Bedeutung; ob die gegenwärtigen inländischen Bedingungen angemessen sind, ist heftig umstritten.

Die Nutzung der Windenergie für Lichtstrom und Wasserpumpen ist in nicht elektrifizierten Gegenden seit langem wirtschaftlich; da die Alternative vor allem in Dieselmotoren besteht, ist künftig wachsende Wirtschaftlichkeit wahrscheinlich. Als weitere dezentralisierte Nutzungsform zeichnet sich der Einsatz zu Heizzwecken ab, zumal dabei die Probleme der Frequenzregelung und Speicherung weitgehend entfallen. Die Energiedichte regenerativer Energiequellen mit Ausnahme der Wasserkraft ist sehr gering – ein Umstand, der sich ungünstig auf die Wirtschaftlichkeit auswirkt. Mit typischen Auslegungswerten zwischen 70 und 500 Watt pro Quadratmeter ist die Leistungsdichte des Windes jedoch groß im Vergleich zu Photozellen; daraus folgen im Falle etwa gleicher zeitlicher Verfügbarkeit wirtschaftliche Vorteile für die Windenergie. Einen Überblick über die Nutzungsmöglichkeiten der Windenergie gibt *Abbildung 5*.

Bei großtechnischer Nutzung der Windenergie zur Elektrizitätserzeugung setzt sich ihr Wert aus der Brennstoffeinsparung und aus dem Kapazitätseffekt der Windkraftanlagen zusammen. Die unregelmäßige Verfügbarkeit des Windes führt dabei dazu, daß nur ein kleiner Teil der installierten Kapazität der Windkraftanlagen zur Kapazitätsentlastung der konventionellen Kraftwerke beiträgt; im einzelnen hängt der Kapazitätseffekt von der Quote der Windkraft am gesamten Netz und von ihrer räumlichen Verteilung ab.

Abb. 5: Nutzungsmöglichkeiten der Windenergie

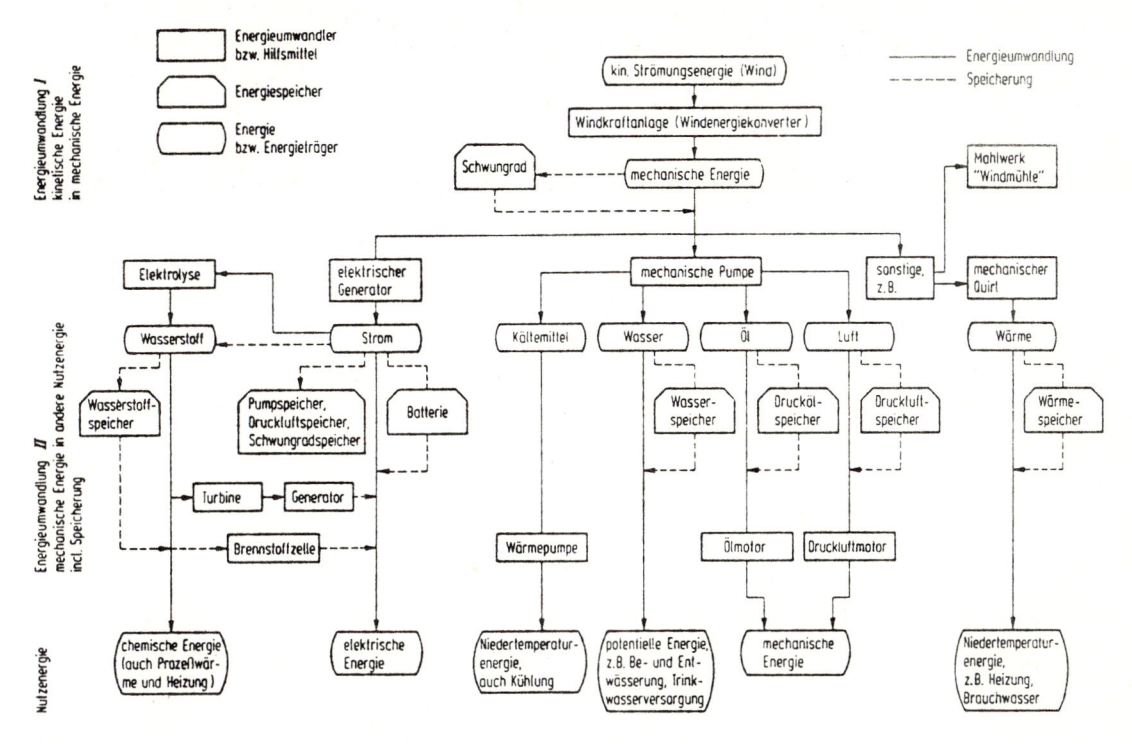

Aus: L. JARASS: Energie aus Wind. Berlin/Heidelberg/New York 1981, S. 15.

Energiequellen sind nicht schon allein deshalb als umweltfreundlich anzusehen, weil sie regenerierbar sind; die erforderlichen baulichen Eingriffe in die Landschaft und indirekte Effekte bei der Herstellung der Anlagen für Sammlung und Umwandlung der Energie müssen mitberücksichtigt werden. Da Windenergie und Wasserkraft schon mechanische Energieformen sind, fallen bei ihrer Umwandlung keine Schadstoffe und kaum Abwärme an; dennoch ergeben sich einige Umwelteffekte, die beachtet werden müssen.

Ergebnis

• Bei der Wasserkraft werden durch Flußkraftwerke und Stauseen völlig neue Ökosysteme gebildet. Die Ablagerung von mitgeführtem Material (Geschiebe) im Stauraum verringert nicht nur dessen Kapazität, sondern führt auch dazu, daß unterhalb des Kraftwerks vom Wasser neues Geschiebe aufgenommen wird, sich das Flußbett vertieft und der Grundwasserstand abfällt. Der Ausbau von Flüssen dient neben der Erzeugung elektrischer Energie vielfach auch dem Hochwasserschutz und der Bewässerung; damit entfallen dann allerdings natürliche Überflutungen mit ihren teils positiven Wirkungen (Nilüberschwemmungen!), und eine Anpassung der Landwirtschaft wird nötig. In Dürregebieten können die Verdunstungsverluste großer Stauseen sehr erheblich sein.

• Bei der Nutzung der Windenergie kommen folgende Umwelteffekte in Betracht:
- Geräusche, einschließlich Infraschall
- Beeinträchtigung des Landschaftsbildes
- Verletzung von Vögeln
- Rückwirkungen auf das Klima
- Unfallgefahren
- Störungen der elektronischen Kommunikation

Die Geräuscherzeugung hängt sehr stark von der aerodynamischen Qualität der Rotoren ab. HÜTTER berichtet, daß bei den von ihm entworfenen Anlagen (6 kW: Dreiblatt, 10 m Rotordurchmesser, und 100 kW: Zweiblatt, 34 m Rotordurchmesser) in einer Entfernung von mehr als 3 Rotordurchmessern akustisch nicht mehr festgestellt werden konnte, ob die Anlage läuft oder nicht.[2] Lärmmessungen an Großanlagen müssen zeigen, ob es gelingt, auch für diese zu so günstigen Ergebnissen zu gelangen, oder ob deren höhere Flächenbelastung zu sehr viel ungünstigeren Verhältnissen führt. Die Abstrahlung von Infraschall (Druckschwankungen mit Frequenzen unter 16 Hertz, die vom Ohr nicht mehr gehört werden) ist denkbar. Messungen müssen klären, wie groß die Intensität des erzeugten Infraschalls ist und ob sie im bedenklichen Bereich liegt.

Abb. 6: Größenvergleich von GROWIAN mit anderen Bauwerken

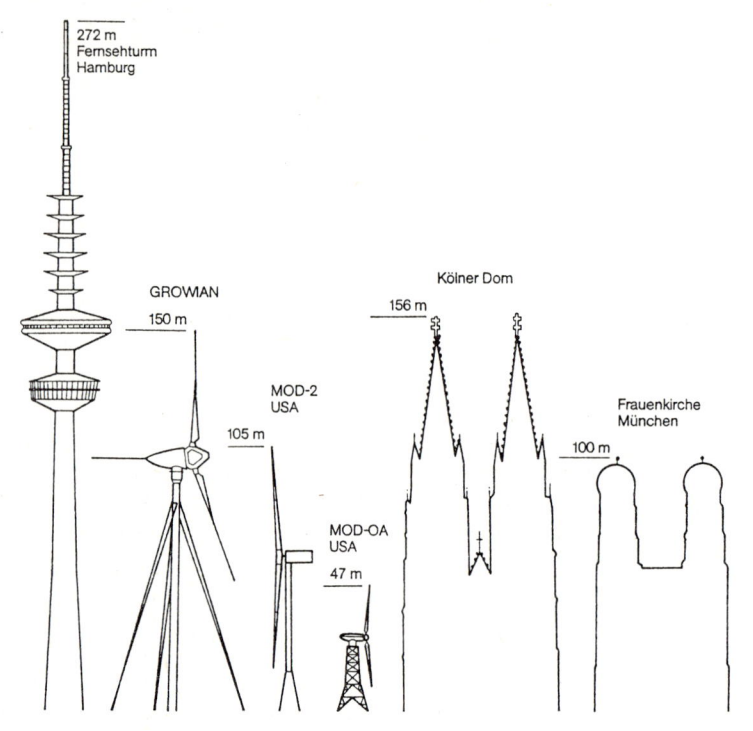

Aus: R. WINDHEIM: Nutzung der Windenergie. In: Kernforschungsanlage Jülich (Hrsg.): Vorträge des Seminars „Stand und Aussichten der nichtnuklearen Energietechnik".

Die geringe Störung des Landschaftsbildes durch Windenergieanlagen wird durch die filigrane Struktur, die insbesondere einige neuere Entwürfe auszeichnet, günstig beeinflußt (*Abb. 6*). Rückwirkungen auf das Klima können sich erst bei sehr intensiver Windenergienutzung ergeben, zumal bei schwachen und sehr starken Winden die Rotoren stehen. Funkstörungen gehören nicht im engeren Sinn zu Umweltfragen, sie lassen sich auch durch geeignetes Material vermeiden. Die Unfallrisiken sind auf einen überschaubaren Bereich der Anlage begrenzt und bestehen nur in mechanischen Einwirkungen. Der größte denkbare Unfall ist die Kollision eines Flugzeuges mit einer Windkraftanlage. Insgesamt dürfte die Nutzung der Windenergie recht umweltfreundlich sein, da sie mit erträglichem spezifischen Materialeinsatz auskommt und wenig in Ökosysteme eingreift.

---

2 U. HÜTTER: Moderne Windturbinen. In: Rheinisch-Westfälische Akademie der Wissenschaften (Hrsg.): Vorträge. Opladen 1979.

Aufgabe 7

Welche ökonomischen und ökologischen Vorteile bringt die Nutzung der Windenergie und der Wasserkraft?

19.5. Ausblick

Bilanz

Jede Energienutzung trägt zur Umweltbelastung bei: Wir haben gesehen, daß diese Behauptung für diejenigen Energieträger zutrifft, die die Menschen schon seit langem benutzen. Wenn auch in höchst unterschiedlichem Maße, belasten Kohle, Öl und Gas die Umwelt. Jeder „Arbeitsvorrat", den wir von unserem „Energieguthaben" abheben, schädigt die Umwelt. Auch die Wind- und Wasserkraftnutzung bleibt nicht ohne Rückwirkungen.

Zum Problem wird die Umweltinanspruchnahme jedoch bekanntlich erst dann, wenn sie massiv und geballt erfolgt. Es ist deshalb wichtig, die Energieströme zu kennen, die in einer Volkswirtschaft fließen. Diese Energieströme werden in „Energiebilanzen" aufgezeichnet. Aufbau, historische Entwicklung und mögliche zukünftige Entwicklungen dieser Energiebilanz werden in der folgenden Studieneinheit 20 dargestellt. Daran anschließend wird in Studieneinheit 21 die Problematik einer neuen und der wohl am heftigsten umstrittenen Energiequelle dargestellt: der Kernenergie. Nicht nur die umweltpolitische, auch die allgemeine politische Beurteilung dieser neuen Technologie ist besonders kontrovers. Studieneinheit 22 versucht, die Umweltbelastungen durch Energieumwandlungen zusammenfassend darzustellen. Den Abschluß bildet mit Studieneinheit 23 die Diskussion einer „neuen Energiequelle": die Einsparung von Energie.

20. Energiebilanz

Federführender Autor: Karl Heinrich Hansmeyer

Autoren der Studieneinheit:
Friedrich-Wilhelm Henning, Dieter Schmitt, Hans K. Schneider,
Gerhard Vollmer

20.0. Allgemeine Einführung

„Energiebilanzen" stellen Aufkommen und Verwendung von Energieträgern in einem bestimmten Wirtschaftsraum für einen bestimmten Zeitraum möglichst lückenlos in tabellarischer oder graphischer Form zusammen. Man unterscheidet zwischen *Primärenergiebilanz, Umwandlungsbilanz* und *Endenergiebilanz*. Die Beurteilung eines Energiesystems muß jeweils die gesamte Nutzungskette berücksichtigen, nämlich

- Förderung und Transport von Primärenergie,
- Umwandlung von Primär- in Sekundärenergie,
- Transport der Sekundärenergie (Endenergie),
- Umwandlung von Endenergie in Nutzenergie.

Die „Wertigkeit" der einzelnen Energieträger ist allerdings sehr unterschiedlich. Es muß deshalb ein „gemeinsamer Nenner" gefunden werden, der einen Vergleich untereinander erlaubt; seit 1977 werden – wie bekannt – alle Energieträger in „Joule" umgerechnet.

In der Energiebilanz eines Landes wird gegenübergestellt, wieviel an Primärenergieträgern – also etwa Kohle, Öl, Uran oder Wasserkraft – im Inland gewonnen oder importiert werden, welche Umwandlungsverluste bei der Verarbeitung zu Sekundärenergieträgern in Raffinerien, Kokereien und Kraftwerken entstehen, wieviel davon Haushalte, Industrie und Verkehr verbrauchen. Energiebilanzen können auch darüber informieren, welcher Anteil der eingesetzten Primärenergie schließlich in Nutzenergie überführt werden kann. Ein Vergleich der Energiebilanzen aus verschiedenen Jahren zeigt auch, ob energiepolitische Maßnahmen den gewünschten Erfolg haben.

Die Energiebilanz, die inzwischen 38 verschiedene Energieträger berücksichtigt, informiert unter anderem

- über das Energieaufkommen in einem Land,
- über den Im- und Export von Energie,
- über Vorgänge im Energieumwandlungsbereich,
- über den Endenergieverbrauch.

Derartige Bestandsaufnahmen müssen nicht nur Grundlage der Energiepolitik, sondern auch der Umweltpolitik sein; denn bekanntlich stehen Energieumsatz und Umweltbelastung in einem engen Verhältnis. Nachdem wir bereits in der vorangegangenen Studieneinheit eine Vorstellung von den Umweltbelastungen durch Nutzung traditioneller Energieträger gewonnen haben, soll in dieser Studieneinheit über Ausmaß und Struktur der in der bundesdeutschen Volkswirtschaft fließenden Energieströme informiert werden. Dabei ist es zum Verständnis der gegenwärtigen Verhältnisse notwendig, die Entwicklung in den vergangenen Jahren und Jahrzehnten nachzuzeichnen. Ein Blick auf mögliche künftige Energieverbrauchsstrukturen läßt Rückschlüsse auf mögliche künftige Umweltprobleme zu.

Gliederung

(1) Um die Funktionsweise der Energiebilanz verstehen zu können, müssen wir uns zunächst wiederum den physikalischen Grundlagen der Energieumwandlung und -nutzung zuwenden. Sie enthalten den Schlüssel für das Verständnis der mit

Energienutzungen verbundenen Umwelteffekte, denen wir uns in den folgenden Studieneinheiten des Themenblocks „Energie" zuwenden wollen.

(2) Die in einer Volkswirtschaft fließenden Energieströme sind Gegenstand der weiteren Darstellung, in der insbesondere Ausmaß und Ursachen des Energieverbrauchs erörtert werden.

(3) Die Wandlungen der Energiebilanz spiegeln Entwicklung und Veränderung einer Gesellschaft. Diesem Thema widmen sich die 4 Analysen, welche die historische Entwicklung der Energiebilanz vom 19. Jahrhundert bis in die Gegenwart nachzeichnen und auch Probleme von Energieprognosen für die Zukunft ansprechen:

• *Historische Entwicklung der Energiebilanz:* Für die Zeit um 1800, als Holz und fossile Energieträger nur für den Antrieb von Dampfmaschinen und überwiegend für eine spärliche Raumheizung genutzt wurden, läßt sich nur schwer eine genaue Energiebilanz aufstellen. Menschliche und tierische Muskelkraft, Wasser- und Windmühlen verrichteten einen großen Teil der Arbeit. In der zweiten Hälfte des 19. Jahrhunderts stieg der Verbrauch von Kohle vor allen Dingen wegen der steigenden Nachfrage einer noch wachsenden Industrie.

• *Charakteristische Wandlungen der bundesdeutschen Energiebilanz:* In den Jahrzehnten nach dem Zweiten Weltkrieg stiegen das Bruttosozialprodukt und der Energieverbrauch stark an. Dargelegt wird, wie sich der Ölschock 1973 und die zweite Ölpreissteigerung 1979 in der Energiebilanz ausgewirkt haben. Preise und Nachfrage nach Energiedienstleistungen steuern die Energieströme wesentlich; hier liegen auch die Ansatzpunkte für umweltpolitisch erwünschte Veränderungen.

• *Internationaler Vergleich der Energiebilanzen:* In den Industrieländern verbrauchen 20 Prozent der Weltbevölkerung mehr als die Hälfte des Primärenergieaufkommens der Welt. Ein Vergleich des Pro-Kopf-Verbrauchs zwischen den USA, Schweden und der Bundesrepublik zeigt aber auch deutliche Unterschiede in den Verbrauchsstrukturen. Daraus läßt sich unter anderem folgern, daß ohne Komfortverzicht noch erheblich Energie eingespart werden kann.

• *Energieprognosen:* Ziel der heutigen Energiepolitik ist es, die Wachstumsraten des Bruttosozialprodukts und des Energieverbrauchs weiter zu entkoppeln. Dargelegt werden unter anderem die vier „Energiepfade", wie sie von der vom Bundestag eingesetzten Kommission „Zukünftige Kernenergiepolitik" entwickelt wurden, um Menge und Struktur des künftigen Energieverbrauchs abzuschätzen.

Was ist Energieumwandlung und Energienutzung? 20.1. Physikalische Grundlagen

Jeder Vorgang erfordert Energie. Wir wissen inzwischen: Da Energie weder erzeugt noch vernichtet werden kann, wird sie bei allen Vorgängen nur ausgetauscht, zwischen den Einzelsystemen hin und her geschoben, „umgewandelt". Jedes materielle System ist ein „Energiewandler". Es nimmt Energie auf und gibt sie (gewöhnlich) in anderer Form wieder ab. Ein Haus beispielsweise ist ein Energiewandler: es nimmt chemische Energie mit den Brennstoffen, elektrische Energie mit dem elektrischen Strom und Wärmeenergie mit dem Leitungswasser auf und gibt alle Energie mit Abwasser, Abluft und Wärmestrahlung als Wärmeenergie wieder ab.

Thema 1

Ein System, das die Aufgabe hat, eine bestimmte Energieumwandlung vorzunehmen, nennt man eine „Maschine". Im allgemeinen (nämlich bei Dauerbetrieb) gibt eine Maschine so viel Energie ab, wie sie aufgenommen hat. Aber nicht immer gibt sie die Energie auch in der gewünschten Form ab. So interessiert den Techniker an der Dampfmaschine nur ihre Fähigkeit, chemische Energie (der Kohle) in mechanische (kinetische Energie des Kolbens) umzusetzen; daß sie außerdem noch Wärmeenergie an die Umgebung abgibt, ist eine unangenehme Nebenerscheinung.

Definition 1

Wie gut eine Maschine ihre Aufgabe erfüllt, bestimmt man durch ihren *Wirkungsgrad*. Der Wirkungsgrad ist das Verhältnis von abgegebener (gewünschter) zu aufgenommener Energie:

$$\text{Wirkungsgrad} = \frac{\text{(in der gewünschten Form) abgegebene Energie}}{\text{von der Maschine insgesamt aufgenommene Energie}}$$

So gilt zum Beispiel für den Wirkungsgrad der Dampfmaschine:

$$\frac{\text{Wirkungsgrad der}}{\text{Dampfmaschine}} = \frac{\text{abgegebene mechanische Energie}}{\text{aufgenommene chemische Energie}}$$

Abb. 1: Wirkungsgrade wichtiger Energiewandler

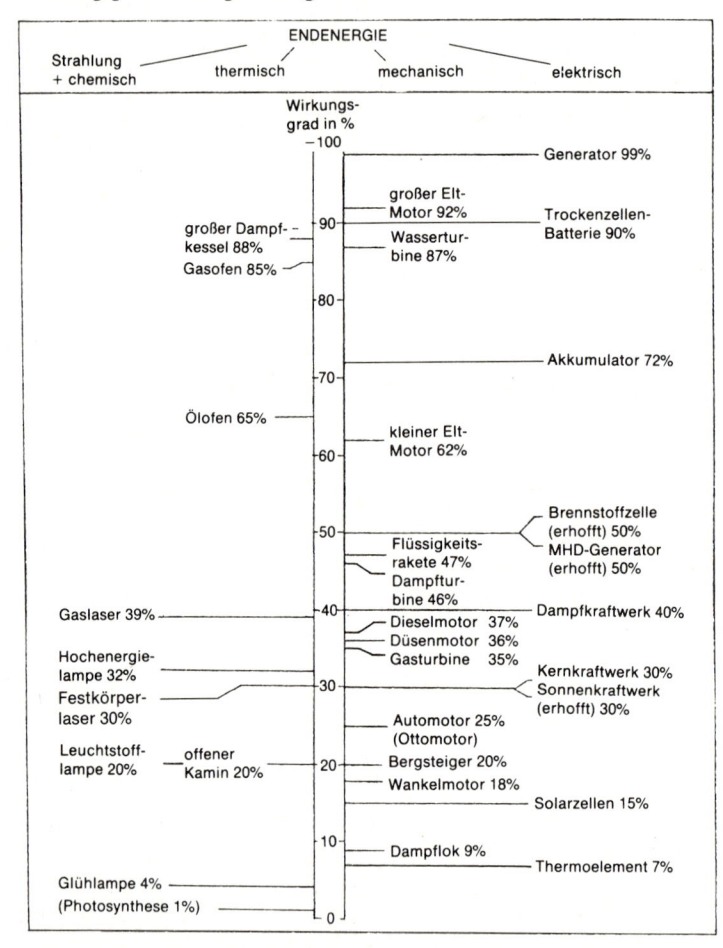

ENDENERGIE				
Strahlung + chemisch	thermisch	mechanisch		elektrisch
		Wirkungsgrad in %		
		−100		Generator 99%
			großer Elt-Motor 92%	Trockenzellen-Batterie 90%
	großer Dampfkessel 88% Gasofen 85%	−90	Wasserturbine 87%	
		−80		
		−70		Akkumulator 72%
	Ölofen 65%	−60	kleiner Elt-Motor 62%	
		−50	Flüssigkeitsrakete 47% Dampfturbine 46%	Brennstoffzelle (erhofft) 50% MHD-Generator (erhofft) 50%
Gaslaser 39%		−40	Dieselmotor 37% Düsenmotor 36% Gasturbine 35%	Dampfkraftwerk 40%
Hochenergielampe 32% Festkörperlaser 30%		−30		Kernkraftwerk 30% Sonnenkraftwerk (erhofft) 30%
Leuchtstofflampe 20%	offener Kamin 20%	−20	Automotor 25% (Ottomotor) Bergsteiger 20% Wankelmotor 18%	Solarzellen 15%
		−10	Dampflok 9%	Thermoelement 7%
Glühlampe 4% (Photosynthese 1%)		−0		

Die Wirkungsgrade unserer Maschinen sind in diesem Jahrhundert erheblich angestiegen. Beim offenen Kamin strömen nur 20% der chemischen Energie der Brennstoffe (Holz, Kohle) in den Raum; 80% gehen durch den Schornstein verloren; der Wirkungsgrad ist also 0,2. Mit einem guten Ofen erreicht man das umgekehrte Verhältnis: Wirkungsgrad 0,8. Beim Verbrennungsmotor ist der Wirkungsgrad von 22% auf 25% gestiegen. In Kraftwerken konnten um 1900 nur 5% der Brennstoffenergie (Kohle) in elektrische Energie umgesetzt werden, heute 40%. Der Wirkungsgrad der Glühlampe ist mit 4% sehr klein. Eine Leuchtstofflampe erreicht immerhin 20%. Da etwa ein Viertel aller elektrischen Energie zu Beleuchtungszwecken verwendet wird, wäre hier ein höherer Wirkungsgrad besonders energiesparend und deshalb hochwillkommen.

Original: G. VOLLMER

Der Wirkungsgrad aller Maschinen liegt zwischen Null und Eins (bzw. zwischen 0 und 100%): Geben sie Energie überhaupt nur in ungewünschten Formen ab, haben sie den Wirkungsgrad „Null" (sie „taugen nichts"). Im Idealfall würden sie dagegen alle empfangene Energie in der gewünschten Form abgeben; dann hätten sie den Wirkungsgrad „Eins". Ein Perpetuum mobile müßte einen Wirkungsgrad von Eins oder darüber haben; eine solche Maschine gibt es jedoch nicht. Alle wirklichen Maschinen liegen in ihrem Wirkungsgrad unter Eins. In *Abbildung 1* sind in einer Skala die Wirkungsgrade der wichtigsten Energiewandler angegeben.

Sind – wie bei einem Kraftwerk – mehrere Energiewandler hintereinandergeschaltet, so ist der Gesamtwirkungsgrad das Produkt der einzelnen Wirkungsgrade, das heißt, man muß die Einzelwirkungsgrade miteinander multiplizieren. Da jeder Einzelwirkungsgrad unter Eins liegt, wird der Gesamtwirkungsgrad mit zunehmender Zahl der Energieumwandlungen immer niedriger.

Als ein Beispiel berechnen wir den Wirkungsgrad eines optimal ausgelegten Kohlekraftwerkes, bei dem alle Energiewandler den besten zur Zeit möglichen Wirkungsgrad haben.

Beispiel

Abb. 2: Energiefluß-Diagramm für ein Dampfkraftwerk

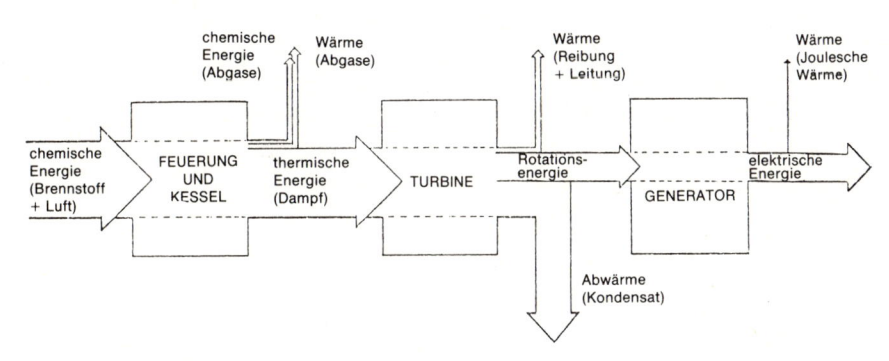

Das Kraftwerk besteht aus vier Einheiten (Energiewandlern): Feuerung mit Kessel, Turbine, Generator, Kühlturm (nicht gezeichnet). Bei jeder Energieumwandlung geht Energie als Wärmeenergie verloren. Der Gesamtwirkungsgrad ist das Produkt der einzelnen Wirkungsgrade, also $0{,}88 \cdot 0{,}46 \cdot 0{,}99 = 0{,}40 \triangleq 40\%$.

Original: G. Vollmer

Der Wirkungsgrad des Kraftwerks ist nur 0,4 oder 40%. Der Durchschnittswert der Kraftwerke liegt natürlich noch niedriger als in dieser Optimalrechnung, nämlich etwa bei 0,3. Damit der Durchschnittsverbrauch eines Bundesbürgers an elektrischer Energie – 14,4 kWh pro Tag oder 0,6 kW – gedeckt werden kann, müssen etwa 48 kWh pro Tag an chemischer Energie eingegeben werden; das entspricht etwa 5 kg Kohle pro Tag. Für jeden Einwohner müssen also jährlich rund zwei Tonnen Kohle abgebaut und verbrannt werden. Auf die damit verbundenen Probleme der Abwärme, der Energieeinsparung und der alternativen Energiequellen wird in späteren Studieneinheiten eingegangen.

Betrachten wir noch einmal das Kraftwerk in *Abbildung 2*: Gleichgültig mit welcher Energie wir es betreiben (Wasser, Kohle, Uran, Erdwärme, Sonnenenergie), es liefert neben elektrischer Energie auch viel *Abwärme*. Die elektrische Energie wird für zahlreiche Zwecke verwendet, das heißt noch vielfach umgewandelt: Glühlampe, Heizung, Elektromotor; aber irgendwann endet auch alle elektrische Energie als Wärme. Welche Energiewandler wir auch studieren, ihr Wirkungsgrad ist vor allem dadurch begrenzt, daß bei der Energieumwandlung (unerwünschte)

Grundphänomen

thermische Energie entsteht, die als Abwärme nutzlos verpufft: Beim elektrischen Generator (Wirkungsgrad 99%) ist es nur die Joulesche Wärme, die beim Fließen von Strom durch elektrische Leitungen unvermeidlich entsteht; bei der Glühlampe aber werden 96% in die unerwünschte Energieform „Wärme" und nur 4% in „Licht" umgewandelt.

Die Wirkungsgrade von Energiewandlern sind also deutlich verschieden. Angesichts dieser Unterschiede könnte man auf die Idee kommen, daß sich die Wirkungsgrade vieler Maschinen noch erheblich steigern lassen müßten. Betrachten wir jedoch die *Abbildung 1* genauer, so stellen wir fest, daß die Maschinen mit hohem Wirkungsgrad (mehr als 50%) entweder gar nichts mit Wärme zu tun haben (Generator, Elektromotor, Batterien, Wasserturbinen, Brennstoffzellen) oder aber thermische Energie liefern (Dampfkessel, Öfen). Dagegen bleiben Maschinen, die Wärmeenergie anfangs oder als Zwischenstadium benutzen, in ihrem Wirkungsgrad alle unter 50%. Die besten Ergebnisse liefern hier noch Flüssigkeitsrakete und Dampfturbine mit etwa 47%.

Als Ergebnis zeigt sich: *Es ist offenbar leichter, andere Energieformen in thermische Energie umzuwandeln als umgekehrt.*

Definition 2 — Es scheint eine mit der Wärme verbundene Größe zu geben, die sich zwar vermehren, aber nicht vermindern läßt. Eine solche Größe gibt es tatsächlich; es ist die *Entropie*. Mit dem Begriff „Entropie" haben wir wieder einen Grundbegriff der Physik vor uns. Er läßt sich nicht durch Rückführung auf andere Begriffe definieren. Aber wie bei der Energie können wir wieder eine grobe Charakterisierung geben, die für unsere Zwecke ausreicht:

> *Entropie* ist ein Maß für den Anteil an Wärmeenergie eines Systems, der nicht mehr in andere Energieformen überführt werden kann.

Insbesondere kann dieser Anteil nicht mehr zur Arbeitsleistung verwendet werden; denn dazu müßte er in mechanische Energie umgewandelt werden.

Eine Definition ist kein Naturgesetz. Aus der angegebenen Charakterisierung läßt sich deshalb noch nichts darüber folgern, ob die Entropie eines Systems erhalten bleibt oder vermehrt bzw. vermindert werden kann. Aus der Betrachtung der verschiedenen Energieumwandlungsprozesse haben wir jedoch geschlossen, daß die Wärmeenergie unter den verschiedenen Energieformen eine gewisse Sonderstellung einnimmt. Aus dem Satz von der Erhaltung der Energie ging diese Sonderstellung noch nicht hervor. Nach dem Energiesatz könnte es auch Prozesse und Maschinen geben, bei denen Wärmeenergie *vollständig* in andere Energieformen überführt würde, zum Beispiel eine periodisch arbeitende Wärmekraftmaschine wie die Dampfturbine mit dem Wirkungsgrad Eins (statt 0,46).

Eine solche Maschine, die – ohne weitere Veränderungen – einem Wärmebehälter fortlaufend Wärmeenergie entzieht und in eine andere Energieform verwandelt, nennt man ein „Perpetuum mobile zweiter Art". Leider ist auch ein solches Perpetuum mobile unmöglich. Auch hierfür ist ein Naturgesetz verantwortlich, der *Satz von der Vermehrung der Entropie:*

> Die Gesamtentropie eines energetisch abgeschlossenen Systems kann niemals abnehmen. (Sie kann nur zunehmen oder allenfalls gleichbleiben.)

Dieser Entropievermehrungssatz, auch „Zweiter Hauptsatz der Thermodynamik" oder kurz „Entropiesatz" genannt, erklärt, warum ein Perpetuum mobile zweiter Art nicht zu verwirklichen ist; denn eine solche Maschine müßte ja mit der in Arbeit umgewandelten Wärmeenergie gleichzeitig die zugehörige Entropie vernichten. Dabei würde also die Entropie des Gesamtsystems verringert – was dem Entropiesatz offenbar widerspricht. Es ist nicht einmal möglich, ohne zusätzlichen Energieaufwand ein Wärmereservoir abzukühlen und ein anderes von gleicher Temperatur dafür zu erwärmen. Auch dies verbietet der Entropiesatz. Denn mit der erreichten Temperaturdifferenz könnte man ja anschließend mechanische Arbeit leisten, hätte also auf diese Weise Wärmeenergie und somit Entropie vernichtet. So ist auch ein Kühlaggregat, das Wärme aus dem Innern des Kühlschrankes nach außen transportiert, oder eine Wärmepumpe, die Wärmeenergie von außen nach innen verschiebt, auf die Zufuhr von elektrischer Energie angewiesen – die zuletzt, wie alle Energieformen, unter Erhöhung der Gesamtentropie als Wärmeenergie endet.

Wie der Energiesatz ist auch der Entropiesatz ein *Erfahrungssatz,* der nicht bewiesen werden kann, sich jedoch bei der Beschreibung, Zusammenfassung und Erklärung von Naturvorgängen hervorragend und ausnahmslos bewährt hat. Prozesse, bei denen sich die Entropie verringert, sind danach unmöglich. Der Entropiesatz legt also die Richtung von Prozessen fest: Der Zustand eines abgeschlossenen Systems kann sich nur in die Richtung verändern, in der die Entropie wächst. Der Physiker MEIXNER hat dafür eine anschauliche Formulierung gegeben:

„In der riesigen Fabrik der Naturprozesse nimmt die Entropieproduktion die Stelle des Direktors ein, denn sie schreibt die Art und den Ablauf des ganzen Geschäftsganges vor. Das Energieprinzip spielt nur die Rolle des Buchhalters, indem es Soll und Haben ins Gleichgewicht bringt."[1]

Obwohl die Gesamtentropie immer nur zunehmen kann, kann doch ein Teilsystem seine Entropie auf Kosten seiner Umgebung verringern. Diese Tatsache benutzen alle Organismen, indem sie die bei den Wachstumsprozessen unvermeidlich entstehende Entropie mit einem entsprechenden Wärmestrom an die Umwelt abgeben. Zwischen dem Entropiesatz und der Existenz entropiearmer offener Systeme (Kristall, Planetensystem, Lebewesen) besteht also kein Widerspruch.

Aufgabe 1

Welcher Teil eines Kohlekraftwerkes hat den geringsten Teilwirkungsgrad? Begründen Sie Ihre Einschätzung.

....
....
....
....
....

Aufgabe 2

Erläutern Sie, inwiefern ein „Perpetuum mobile zweiter Art" den Entropiesatz verletzen würde.

....
....
....
....
....
....

---

1 *Zitiert nach:* H. FRANKE (Hrsg.): Lexikon der Physik. Stuttgart 1969.

20.2. Ausmaß und Ursachen des Energieverbrauchs

Thema 2

Wir haben gesehen, daß Energieumwandlungsmaschinen immer nur einen Teil der eingesetzten Energie in nutzbare Energie umwandeln können. Der Rest, zum Teil der größere Anteil, wird – ohne Nutzen zu stiften – an die Umgebung abgegeben. Die Umwelteffekte dieser Abgabe von Abwärme werden wir noch an späterer Stelle behandeln (STE 22). Andere, mit der Nutzung traditioneller Energieträger verbundene Umwelteffekte sind bereits bekannt (vgl. STE 19).

Im folgenden werden die in einer Volkswirtschaft fließenden Energieströme detaillierter beschrieben. Hierzu eine Vorbemerkung: Wir wissen, daß mit jeder Energienutzung auch Umwelteffekte verbunden sind. Daraus könnte aus der Sicht der Umweltpolitik der Schluß gezogen werden, möglichst wenig Energie zu verbrauchen, im Idealfall gar keine. Wir wissen, daß dies unmöglich ist. Offensichtlich hat die Energienutzung für die Menschheit überaus positive Effekte. Wir wollen es im Winter warm haben, wir wollen uns rasch von einem Ort zum anderen bewegen können, wir wollen Radio hören, telefonieren, Essen kochen, kurz: wir wollen Energiedienstleistungen in Anspruch nehmen. Es kann deshalb nicht darum gehen, die Inanspruchnahme solcher Energiedienstleistungen zu minimieren. Gefordert ist allerdings ein Kompromiß zwischen dem Nutzen des Energiegebrauchs und den damit verbundenen Kosten in Form von Umweltbelastungen. Dies aber verlangt, daß wir uns Klarheit über die Ursachen von Niveau und Struktur des Energieverbrauchs verschaffen.

Eingangsbeispiel

Die Energiebilanz der Bundesrepublik Deutschland – inzwischen eine gleichsam offizielle Energiestatistik – wird von der „Arbeitsgemeinschaft Energiebilanzen" herausgegeben, in der die wichtigsten Energieverbände und drei wirtschaftswissenschaftliche Forschungsinstitute vertreten sind. Die Energiebilanz faßt die Informationen aus einer Vielzahl von Einzelstatistiken zusammen, stimmt diese aufeinander ab und ergänzt sie durch eigene Schätzungen. Sie gibt jeweils für ein Jahr einen geschlossenen Überblick über Aufkommen und Verwendung von Energie in unserer Volkswirtschaft, und zwar einschließlich der für den Energiesektor charakteristischen komplexen Umwandlungsprozesse sowie der Beziehungen zwischen den verschiedenen Sektoren der Energiewirtschaft und dem Außenhandel. Hierbei wird nach den wichtigsten in unserer Volkswirtschaft eingesetzten Energieträgern unterschieden, soweit diese auf dem Energiemarkt gehandelt werden.

Unter „Energieträgern" werden alle Quellen verstanden, aus denen direkt oder durch Umwandlung Energie gewonnen wird. *Primärenergieträger* werden im wesentlichen in der Form, in der sie aus der Natur gewonnen werden, genutzt. Hierzu zählen Steinkohle, Braunkohle, Erdöl, Naturgase, Holz oder Torf. Auch Kernenergie, Wasserkraft sowie andere regenerative Energiequellen werden als Primärenergieträger behandelt, soweit sie zur Energieerzeugung verwendet werden. *Sekundärenergieträger* sind demgegenüber Energieträger, die einem Umwandlungsprozeß entstammen, das heißt einer grundlegenden Be- und Verarbeitung oder einer Umwandlung im eigentlichen Sinne, bei der die chemische und physikalische Struktur der eingesetzten Energieträger verändert wird. Da, wie wir gesehen haben, der Wirkungsgrad aller Energiewandler unter 1 liegt, ist mit solchen Umwandlungsprozessen immer auch ein Verlust nutzbarer Energie verbunden. Zu den Sekundärenergieträgern zählen Steinkohlenkoks, Briketts, Motorenbenzin, Rohbenzin, Dieselkraftstoff, Heizöl, Strom, Fernwärme u. a. m. In den einzelnen Umwandlungsprozessen des Energiesektors (die wichtigsten sind die Kraftwerke, die Raffinerien sowie die Kokereien) fallen neben Sekundärenergieträgern auch nichtenergetisch verwendbare Produkte, sogenannte „Nichtenergieträger", an sowie Energieträger, bei deren Verwendung es nicht oder nicht eigentlich auf ihren Energiegehalt, sondern auf ihre stofflichen Eigenschaften ankommt, wie beispielsweise Kohlenwertstoffe, Rohbenzin oder Schmiermittel (die aber der Vollständigkeit halber ebenfalls in der Energiebilanz abgebildet werden müssen).

20. Energiebilanz

Die Energiebilanz gliedert sich in drei Hauptteile, und zwar die Primärenergiebilanz, die Umwandlungsbilanz und den Endenergieverbrauch:

Schema

- Die *Primärenergiebilanz* dient der Ermittlung des Primärenergieverbrauchs, das heißt der Gesamtheit der in der Volkswirtschaft in der betreffenden Periode für Umwandlung, nichtenergetischen Verbrauch, Verbrauch im Energiesektor und Endenergieverbrauch eingesetzten Energieträger. In der Primärenergiebilanz werden die Primärenergieträger erfaßt, aber auch einige Sekundärenergieträger.

- Die *Umwandlungsbilanz* bildet einmal Einsatz und Ausstoß von Energieträgern sowie von nichtenergetisch verwendeten Produkten in den verschiedenen Umwandlungsbereichen der Energiewirtschaft ab, in den Kraftwerken, den Kokereien, den Raffinerien usw. Daneben werden aber auch der Verbrauch von Energieträgern in der Energiegewinnung und im Umwandlungsbereich selbst ausgewiesen (sowie Fackel- und Leitungsverluste).

Nichtenergieträger (wie z. B. Schmiermittel) und nichtenergetisch genutzte Energieträger (wie zum Beispiel Rohbenzin oder Bitumen) werden als nichtenergetischer Verbrauch verbucht. Hierdurch wird sichergestellt, daß im anschließend zu behandelnden Endenergieverbrauch nur der Einsatz energetisch genutzter Energieträger in unserer Volkswirtschaft ausgewiesen wird.

- Im *Endenergieverbrauch* wird nur der Einsatz von Energieträgern in unserer Volkswirtschaft aufgeführt, der endgültig dem Markt entzogen und nicht etwa – wie beim Einsatz im Umwandlungsbereich – lediglich in anderer Form dem Markt wieder zur Verfügung gestellt wird. Der Endenergieverbrauch wird nach Verbrauchergruppen und innerhalb der Verbrauchergruppen wiederum nach einzelnen Subsektoren aufgegliedert.

Auf die Problematik von *Nutzenergiebilanzen,* die nicht in den Bilanzen der „Arbeitsgemeinschaft Energiebilanzen" enthalten sind, wird noch zurückzukommen sein.

Mit dem dreistufigen Aufbau in Primärenergiebilanz, Umwandlungsbilanz und Endenergieverbrauch bieten die nunmehr seit 30 Jahren in der Bundesrepublik Deutschland vorliegenden Energiebilanzen, tiefgestaffelt nach einzelnen Energieträgern, eine systematisch strukturierte Abbildung des mengenmäßigen Energieträgerflusses in unserer Volkswirtschaft. Dieses Informationssystem läßt je nach Fragestellung vielfältige Strukturanalysen zu, die sich auf das Gesamtsystem, aber auch auf einzelne Teilbereiche erstrecken können. So ist es möglich, *Strukturtabellen* zu erstellen, in denen

Bewertung

- der Primärenergieverbrauch, der Verbrauch und die „Verluste" im Energiesektor, der nichtenergetische Verbrauch sowie der Endenergieverbrauch nach einzelnen Sektoren im Zeitablauf in ihrem Wechselverhältnis,
- die Entwicklung des Eigenversorgungsgrades bei einzelnen Energieträgern abgebildet oder
- der Primärenergieverbrauch nach Energieträgern über die Zeit dargestellt werden.

Schließlich ist es möglich, Zeitreihen für den Endenergieverbrauch nach Energieträgern insgesamt oder den Endenergieverbrauch der einzelnen Endverbrauchssektoren nach Energieträgern zu erstellen. Niveau und Struktur des Energieverbrauchs lassen auch Rückschlüsse auf die durch das Energiesystem verursachten Umweltbelastungen zu. Einzelheiten des Energieverbrauchs in der Bundesrepublik Deutschland lassen sich *Tabelle 1* entnehmen:

Tab. 1: Ausgewählte Strukturdaten des Energieverbrauchs der Bundesrepublik Deutschland im Jahre 1980

I.	**PRIMÄRENERGIEVERBRAUCH**	390,2 Mio t SKE
	Gewinnung	(161,5 Mio t SKE)
		55% Steinkohle
		23% Braunkohle
		12% Erdgas
		4% Erdöl
		4% Wasserkraft
	Nettoimporte	(236,2 Mio t SKE)
		179,0 Mio t SKE Öl
		46,6 Mio t SKE Erdgas
		14,3 Mio t SKE Kernenergie
		−10,8 Mio t SKE Steinkohle
	Anteile einzelner Energieträger	
	Mineralöl	47,6%
	Steinkohle	19,8%
	Erdgas	16,3%
	Braunkohle	10,0%
	Kernenergie	3,7%
	Wasserkraft/Stromimportsaldo	1,9%
	Sonstige	0,7%
II.	**UMWANDLUNGSBEREICH**	
	Einsatz	334,4 Mio t SKE
	darunter: Raffinerien	147,8 Mio t SKE
	Kraftwerke	119,1 Mio t SKE
	Kokereien	37,6 Mio t SKE
	Ausstoß	258,2 Mio t SKE
	darunter: flüssige Mineralölprodukte:	142,0 Mio t SKE
	Strom:	45,3 Mio t SKE
	Koks:	28,6 Mio t SKE
	Umwandlungsverluste	76,2 Mio t SKE
	darunter Kraftwerke:	73,8 Mio t SKE
	Verbrauch im Energiesektor	26,1 Mio t SKE
	Angebot nach Umwandlung	286,7 Mio t SKE
	Nichtenergetischer Verbrauch	27,4 Mio t SKE
III.	**ENDENERGIEVERBRAUCH**	256,9 Mio t SKE
	davon:	
	Verarbeitendes Gewerbe	88,1 Mio t SKE
	Heizöl:	26%
	Erdgas:	22%
	Strom:	21%
	Koks:	15%
	(Grundstoff- und Produktionsgütergewerbe:	61,3 Mio t SKE)
	Haushalte und Kleinverbraucher	108,6 Mio t SKE
	Heizöl:	49,9%
	Erdgas:	17,5%
	Strom:	17,1%
	Festbrennstoffe:	6,7%
	Fernwärme:	4,0%
	(*private Haushalte*	66,0 Mio t SKE)
	Verkehr	56,8 Mio t SKE
	(Straßenverkehr	49,4 Mio t SKE)
	Kraftstoffe:	96,1%
	Strom:	2,3%
	Militärische Dienststellen	3,4 Mio t SKE

Nach: Arbeitsgemeinschaft Energiebilanzen

Der PRIMÄRENERGIEVERBRAUCH (PEV) belief sich im Jahre 1980 auf rd. 390 Mio t Steinkohleeinheiten (SKE). Etwas über 160 Mio t SKE entstammten der inländischen Gewinnung, rd. 236 Mio t SKE betrugen die Nettoimporte. Dies ergibt eine Importabhängigkeit im Jahre 1980 in Höhe von über 60%. Besonders hoch war die Abhängigkeit der Bundesrepublik 1980 von Zufuhren aus dem Ausland im Mineralölbereich (96%), überdurchschnittlich aber auch bei Erdgas (68%). Kernbrennstoffe wurden ausschließlich importiert. Bei Steinkohle war die Bundesrepublik demgegenüber auch 1980 Nettoexporteur (13%).

Gemessen am PEV, gingen fast 86% (334 Mio t SKE) in den UMWANDLUNGSBEREICH, darunter 148 Mio t SKE (44%) in die Raffinerien, fast 120 Mio t SKE (über 35%) in die Kraftwerke und rd. 38 Mio t SKE (11%) in die Kokereien. Der Ausstoß des Umwandlungsbereichs belief sich demgegenüber nur auf rd. 258 Mio t SKE (77% des Inputs); rd. 76 Mio t SKE oder durchschnittlich 23% gingen als Umwandlungsverluste verloren. Mehr als 97% dieser Umwandlungsverluste (74 Mio t SKE) fielen allein bei der Stromerzeugung an. Gegenüber Kraftwerken haben Raffinerien einen wesentlich höheren Wirkungsgrad. Zu den Umwandlungsverlusten kommt ein Eigenverbrauch im Energiesektor in Höhe von 26 Mio t SKE. Dies ergibt zusammen mit den Umwandlungsverlusten über 100 Mio t SKE oder bezogen auf den PEV rd. 26%. Im Umwandlungsausstoß dominieren mit 142 Mio t SKE die flüssigen Mineralölprodukte, rein mengenmäßig (bezogen auf den Heizwert) mehr als dreimal so viel wie die Stromerzeugung (45 Mio t SKE) und mehr als fünfmal soviel wie die Kokserzeugung (29 Mio t SKE). Für die Deckung des Endenergieverbrauchs und des nichtenergetischen Verbrauchs ergab sich damit nach Umwandlung noch ein Energieangebot von 286,7 Mio t SKE. Hiervon entfielen knapp 10% (27 Mio t SKE) auf den nichtenergetischen Verbrauch (zu drei Vierteln Chemie), vornehmlich Rohbenzin, andere Mineralölprodukte und Kohlenwertstoffe.

Der ENDENERGIEVERBRAUCH (EEV) in der Bundesrepublik Deutschland belief sich im Jahre 1980 auf knapp 257 Mio t SKE. Dies entspricht rd. zwei Dritteln des PEV. Fast 109 Mio t SKE (d. h. über 42% des EEV) entfielen auf die Haushalte (drei Fünftel) und Kleinverbraucher (zwei Fünftel). Wichtigster Einzelsektor war 1980 mit 88 Mio t SKE (34,3%) die Industrie (davon fast 70% das Grundstoff- und Produktionsgütergewerbe). Der Anteil des Verkehrs am Endenergieverbrauch belief sich 1980 auf 22,1%, davon entfielen knapp 87% auf den Straßenverkehr. Der mengenmäßig bedeutsamste Energieträger im EEV war das Heizöl mit knapp 78 Mio t SKE (davon 3/4 leichtes Heizöl), gefolgt von Erdgas und Strom mit jeweils rd. 38,5 Mio t SKE. An vierter Stelle folgen die Vergaserkraftstoffe mit fast 36 Mio t SKE. Der Dieselkraftstoffverbrauch belief sich auf 19,2 Mio t SKE. Dies ergibt zusammen mit Kerosin und Flugbenzin einen Kraftstoffverbrauch in Höhe von insgesamt 59,3 Mio t SKE. Auf das Heizöl (30%), die Kraftstoffe (23%), Erdgas (15%), Strom (15%) und Koks (6%) entfielen fast 90% des gesamten EEVs. Der industrielle Bereich weist eine recht ausgeglichene Verbrauchsstruktur auf: das Heizöl deckte rd. 26%, das Erdgas 22%, der Strom 21% und der Koks 15% des industriellen Endenergieverbrauchs. Im Haushalts- und Kleinverbraucher-Bereich dominierte mit fast 50% das Heizöl (davon leichtes Heizöl: 96%), weit darunter rangierten mit 17,5% das Erdgas und mit 17% der Strom; auf sämtliche Festbrennstoffe entfielen nur knapp 7%, auf Fernwärme nur rd. 4% des Endenergieverbrauchs der Haushalte und Kleinverbraucher. Im Verkehrssektor nahmen erwartungsgemäß die Kraftstoffe einen überragenden Platz ein. Auf sie entfielen in diesem Bereich knapp 97% des gesamten Verbrauchs.

Obwohl die deutsche Energiebilanz inzwischen in der Bundesrepublik fast den Charakter einer offiziellen Energiestatistik besitzt, muß eine kritische Auseinandersetzung auch die Schwächen und Grenzen dieses energiestatistischen Instrumentariums berücksichtigen. Bereits die Erstellung der Energiebilanz wirft eine Reihe schwerwiegender Probleme auf: Die einzelnen in den Primärenergiebilanzen auftauchenden Energieträger müssen vergleichbar gemacht werden. Seit 1977 werden in der Bundesrepublik die in spezifischen Einheiten ausgewiesenen Mengen mit ihrem Heizwert (unterer Heizwert) in „Joule" bewertet; immer noch üblich ist aber auch die Steinkohleeinheit „SKE" (1 kg SKE = 7000 kcal). Da die Heizwerte nicht ein für allemal festliegen, sondern sich mit der Qualität der eingesetzten Energieträger unterschiedlicher Herkunft verändern, sind die der Bilanz zugrunde gelegten Heizwerte jeweils das Ergebnis eines intensiven Abstimmungsprozesses unter den mit der Erstellung der Bilanz befaßten Fachleuten. Da sich im Zeitablauf die

Kritik

Qualität mancher Energieträger und damit auch deren Heizwert geändert haben, mußten zudem in der Energiebilanz entsprechende Anpassungen vorgenommen werden.

Besondere Probleme ergeben sich bei der Bewertung von Energieträgern, für die kein einheitlicher Umrechnungsmaßstab wie der Heizwert herangezogen werden kann. Dies gilt für die Bewertung des Außenhandels mit Strom, der Wasserkraft, des Mülls sowie vor allem der Kernenergie.

Solange für diese Energieträger, die nur soweit in der Energiebilanz als Energieträger erfaßt sind, wie sie zur Stromerzeugung beitragen, keine eigenständigen Bewertungsmethoden entwickelt worden sind, geht die bundesdeutsche Energiebilanz davon aus, daß eine entsprechende Stromerzeugung in konventionellen Wärmekraftwerken hierdurch ersetzt wird. Dies bedeutet, daß der durchschnittliche spezifische Brennstoffverbrauch (Kilokalorien pro Kilowattstunde) in konventionellen öffentlichen Wärmekraftwerken als vereinfachende Hilfsgröße für die Bewertung dieser Energieträger herangezogen wird. Diese Vorgehensweise, die den energetischen Wert bestimmter Energieträger daran mißt, wieviel sonstige Energieträger die Volkswirtschaft unter sonst gleichen Bedingungen hätte aufwenden müssen, wirft zweifellos auch eine Reihe schwerwiegender Probleme auf.

Erfassungsprobleme ergeben sich aber auch auf anderer Ebene:

- So ist es aus statistischen Gründen bislang in einer Reihe von Fällen nicht möglich, den eigentlichen Energieeinsatz zu ermitteln, sondern lediglich die Lieferungen. Die von Bestandsbewegungen ausgehenden Effekte werden dann als Verbrauch verbucht. In bestimmten Bereichen ist auch eine exakte Trennung von gewerblicher und privater Nutzung nicht möglich, so etwa im Verkehrsbereich.

- Darüber hinaus ist es bislang aus erhebungstechnischen Gründen nicht gelungen, in einzelnen Verbrauchergruppen ausreichend tief zu untergliedern. Dies gilt insbesondere für den „Kleinverbrauch", dessen Energieverbrauch immerhin fast der Größenordnung des Verkehrssektors entspricht.

- Schließlich steht eine allgemein gültige Übereinkunft für die Aufteilung des Energieeinsatzes bei Kuppelproduktion auf die einzelnen Produkte aus.

Ein gerade in jüngster Zeit stark empfundener Mangel der Energiebilanz betrifft aber vor allem die Tatsache, daß sie einen außerordentlich wichtigen Teilaspekt der Energieversorgung unserer Volkswirtschaft überhaupt nicht abbildet, nämlich die Umwandlung von Energieträgern beim Verbraucher in Energieformen, die eine Deckung der eigentlichen Energiebedürfnisse, des Nutzenergiebedarfs, ermöglichen, und damit auch die Aufteilung des Energieeinsatzes auf die unterschiedlichen Verwendungszwecke.

Es ist ein Charakteristikum der Energiewirtschaft hochentwickelter Volkswirtschaften, daß die Nutzenergiebedürfnisse, die nachgefragten Energiedienstleistungen wie Wärme, Kraft, Licht, Strahlung, in der Regel nicht unmittelbar am Markt befriedigt werden können, sondern nur durch Wandleraggregate (meist langlebige Gebrauchsgüter wie Heizung, Kühlschrank, Auto) oder Produktionsanlagen (wie Kessel oder Motoren) in die gewünschten Nutzenergieformen am Orte des Verbrauchs. Aus diesem Grunde setzen sich auch die Kosten der Energiebedarfsdeckung immer aus den Kosten für den Bezug der benötigten Energieträger wie auch dem Ressourcenverzehr für die Beschaffung und den Betrieb der Wandleraggregate zusammen. Diese Kombination von Energieträgereinsatz und Einsatz sonstiger Produktionsfaktoren verändert sich im Zeitablauf und dürfte – auch ohne energiepolitische Eingriffe – mit technischem Fortschritt sowie mit Veränderungen der Preisrelationen zwischen diesen Faktoren beträchtliche Änderungen des Energieeinsatzes ermöglichen. Dabei kann naturgemäß auch nicht davon ausgegangen werden, daß der Nutzenergieverbrauch im Zeitablauf konstant ist. Dieser verändert sich vielmehr mit einem Wandel der Bevölkerungsstruktur, der Erwartungen, des Geschmacks, der Einkommen, der Produktionshöhe und dergleichen.

Alle diese Aspekte können von einer Energiebilanz nicht abgebildet werden, die notgedrungen aus erhebungstechnischen Gründen nur Energieträgerströme erfassen kann. Die folgende *Abbildung 3* gibt einen Überblick über die Energieströme:

Fazit

Abb. 3: Energieflußschema für die Bundesrepublik Deutschland 1980

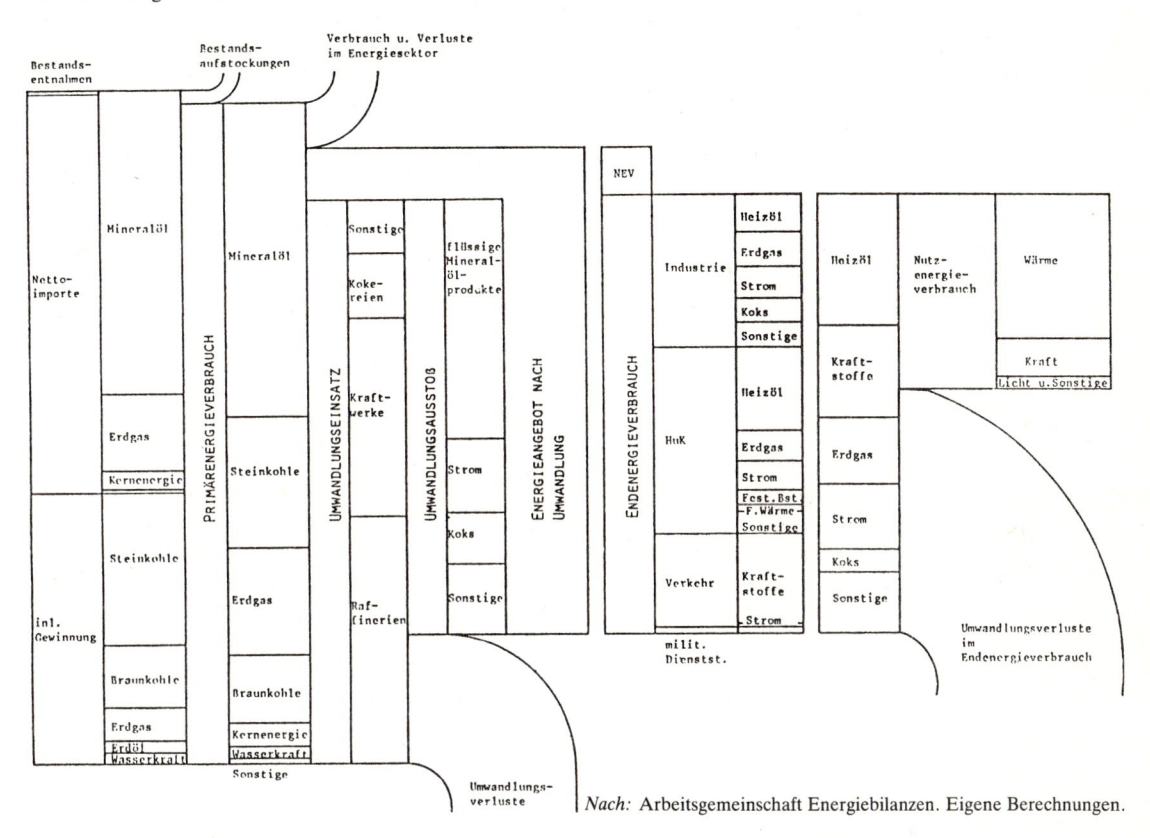

Nach: Arbeitsgemeinschaft Energiebilanzen. Eigene Berechnungen.

Zwar ist bereits seit Jahrzehnten die Unterscheidung in „Endenergieverbrauch" und „Nutzenergie" sowie des Nutzenergiebedarfs nach den Verwendungszwecken Wärme, Kraft und Licht sowie sonstige energetische Zwecke wie Schall oder Strahlung üblich, wobei häufig bei Wärme auch noch nach Temperaturniveau oder Verwendungsbereichen (Heizung, Warmwasserbereitung, industrielle Prozeßwärme) oder bei Kraft nach stationärer oder mobiler Verwendung unterschieden wird. Bislang ist es jedoch nicht möglich, auf der Basis entsprechender statistischer Unterlagen diese im einzelnen exakt zu quantifizieren. Hierfür zeichnet schon allein die Tatsache verantwortlich, daß eine exakte Definition der einzelnen Nutzenergiebedarfskategorien bisher aussteht, von einer Erfassung oder gar Messung ganz zu schweigen. Eine Quantifizierung scheitert oft schon daran, daß eine eindeutige Zuordnung eines bestimmten Energieträgereinsatzes zu einem bestimmten Verwendungszweck nicht möglich ist, weil häufig auch beim Endenergieverbraucher Kuppelproduktionsprozesse vorliegen, bei denen zusammen mit der Bereitstellung der gewünschten Nutzenergie andere Energieformen zwangsläufig mit anfallen. Angesichts dieser Problematik ist versucht worden, vom Begriff des „Nutzenergiebedarfs" abzugehen und statt dessen auf den „Nutzenergieverbrauch" als den Endenergieverbrauch in den einzelnen Endverbrauchssektoren abzüglich der bei den Verbrauchern anfallenden Umwandlungsverluste abzustellen. Auch dieses Vorgehen wirft jedoch eine Reihe von Problemen auf. Dies gilt vor allem für die Tatsache, daß hierzu die Kenntnis der einzelnen Umwandlungswirkungsgrade im Endenergieverbrauchsbereich erforderlich wäre. Diese unterscheiden sich aber von Sektor zu Sektor, von Verbraucher zu Verbraucher, nach eingesetzten Energieträgern, auch von Gerät zu Gerät: sie hängen ab vom Alter des Geräts, seinem Wartungszustand, der Fahrweise beim Autofahren u. a. m. Bereits diese kurze Aufzählung macht deutlich, daß selbst eine solche Vorgehensweise nur Schätzwerte liefern kann, die nach Auffassung der „Arbeitsgemeinschaft Energiebilanzen" nicht die an Energiestatistiken zu stellenden Anforderungen erfüllen.

Dennoch kann kein Zweifel darüber bestehen, daß schon der Versuch, die bislang vorliegende Energiebilanz der Bundesrepublik um eine Nutzenergiebetrachtung zu ergänzen, Unterstützung verdient, da hierdurch der Blick für wesentliche energiewirtschaftliche Zusammenhänge und Einsichten in die Natur des Energieversorgungsproblems eröffnet werden.

Wünschenswert – und für bestimmte Fragestellungen unerläßlich – schließlich ist auch die Weiterentwicklung der bislang in der Bundesrepublik (wie auch in vielen anderen Ländern) vorliegenden Mengenbilanz zu einer *Wertbilanz*. Eine Mengenbilanz, die Input und Output von Energieträgern nur nach deren Heizwert erfaßt, wird der unterschiedlichen Wertigkeit der einzelnen Energieträger für die verschiedenen Einsatzzwecke nicht gerecht. So wird der Einsatz einer Wärmeeinheit Steinkohle für die Deckung des Raumheizbedarfs gleichgesetzt dem Einsatz einer Wärmeeinheit Kerosin im Luftverkehr, schweres Heizöl wird gleich behandelt wie Strom – so daß die unterschiedliche Wertigkeit nicht berücksichtigt wird, die diesen Energieträgern nicht zuletzt durch die Bereitschaft der Verbraucher entgegengebracht wird, hierfür völlig unterschiedliche Preise zu zahlen. Nur dies erklärt ja auch, warum mit den zum Teil außerordentlich komplexen Umwandlungsprozessen im Energiesektor Produktionsumwege beschritten und teilweise hohe Umwandlungsverluste sowie ein beträchtlicher Einsatz von Kapital und sonstigen Produktionsfaktoren in Kauf genommen werden. Geht man davon aus, daß langfristig (von Ausnahmefällen wie Dauersubventionen oder ständiger monopolistischer Abschöpfung von Renten abgesehen) die Preise den Aufwand abbilden, der zur Bereitstellung einzelner Energieträger erforderlich ist, und gleichzeitig die Bevorzugung widerspiegeln, die der Verbraucher diesen entgegenbringt, so wird deutlich, daß mit einer Wertbilanz, in der die Mengengrößen über Preise in Wertgrößen umgesetzt würden, ein wesentlich korrekteres Bild der Bedeutung einzelner Energieträger für die Deckung des Energiebedarfs (wie des Energiesektors im Rahmen der Volkswirtschaft) vermittelt werden könnte. Gleichzeitig könnte hiermit so pauschalen Urteilen entgegengewirkt werden, der Einsatz bestimmter Energieträger (wie Strom) für bestimmte Verwendungszwecke (wie Raumheizung) verbiete sich schon allein wegen der hiermit verbundenen hohen Umwandlungsverluste.

Aufgabe 3   Nennen Sie die wichtigsten Kritikpunkte an der deutschen Energiebilanz, und skizzieren Sie deren Problematik.

....
....
....
....
....
....
....
....
....
....
....
....
....
....

Wandlungen der Energiebilanz 20.3.

Öl, Kohle und Gas sind heute die wichtigsten Energieträger. Da die Menschheit sie schon seit langer Zeit kennt, werden sie auch als „traditionelle Energieträger" bezeichnet. Denkt man freilich in historischen Dimensionen, so werden sie erst seit kurzem genutzt. Mit der Entwicklung und Veränderung einer Gesellschaft ändert sich auch ihre Energiebilanz. Dies gilt nicht nur für die Vergangenheit, sondern auch für die Zukunft. Auch ein Vergleich der Energiebilanzen verschiedener Länder verdeutlicht die Relativität von Energieverbrauchsstrukturen.

Thema 3

Zur historischen Entwicklung der Energiebilanz 20.3.1.

In der Zeit vor der Freisetzung der fossilen Brennstoffe gab es vor allem folgende fünf Energiequellen: die Arbeitskraft des Menschen selbst, das Feuer, tierische Energie sowie Wind- und Wasserkraft.

Analyse 1

Eine Energiebilanz müßte daher eigentlich alle diese Energiequellen, nach ihrer Leistung oder mindestens Leistungsfähigkeit quantifiziert, enthalten. Außerdem müßte man unterscheiden nach der Art der Leistung:

Übersicht

- Wärmeabgabe und -aufnahme,
- Antriebskraft,
- Lichtleistung,
- Leistung in einem chemischen Prozeß.

Für eine derart exakte Bestandsaufnahme reichen die vorliegenden Informationen nicht aus. Unter Berücksichtigung dieser Informationslücken läßt sich für die Zeit um 1800, das heißt für die letzte vorindustrielle Periode, folgende Bilanz der wichtigsten Energieträger für die später das Deutsche Reich bildenden Gebiete in Mitteleuropa (1871/1918) aufstellen:

- Bei einer Einwohnerzahl von etwa 23 Millionen Menschen dürften etwas mehr als 10 Millionen *Vollarbeitskräfte* oder Vollarbeitskraftäquivalente zur Verfügung gestanden haben.
- An *Zugtieren* gab es etwa 2 Millionen Pferde und weniger als 0,3 Millionen Rinder.
- Mit Wald waren vermutlich weniger als 14 Millionen Hektar, vielleicht sogar weniger als 12 Millionen Hektar bedeckt, wenn man berücksichtigt, daß ein Teil des Waldes noch als Waldweide genutzt wurde. Insgesamt werden daher aus dem Wald höchstens 60, vielleicht wegen der noch wenig entwickelten Forstwirtschaft sogar noch nicht einmal 50 Millionen Festmeter *Holz* jährlich angefallen sein. Dieses Holz wurde zum überwiegenden Teil als Brennholz verwendet, und zwar etwa 30 Millionen Festmeter für die privaten Haushalte zu Heiz- und Kochzwecken. Dabei wird von einem durchschnittlichen Verbrauch von etwa 1,3 Festmeter je Person und Jahr ausgegangen. Weitere 5 bis 8 Millionen Festmeter werden für Glas-, Eisen- und andere Hüttenbetriebe, für Schmieden und andere gewerbliche Einrichtungen – meist in Form von Holzkohle – verwendet worden sein. Etwa 10 Millionen Festmeter dienten als Bauholz für Gebäude und Geräte, für Möbel und Schiffe.
- Die *Wasserkraft* kann nicht eingeschätzt werden. Als kleiner Hinweis mag dienen, daß 1867 im Regierungsbezirk Düsseldorf insgesamt 8800 PS Wasserkraftanlagen genutzt worden sein sollen. Würde man dieses auf das Gebiet des späteren Deutschen Reiches hochrechnen, käme man auf eine Gesamtwasserkraft von etwa 800 000 PS. Da aber im Regierungsbezirk Düsseldorf das Gewerbe besonders verbreitet war, war hier auch die Wasserkraft überdurchschnittlich genutzt, so daß diese Angabe als obere Grenze der möglichen Wasserkraft der Zeit um 1867 und erst recht der Zeit um 1800 gelten kann.

- Die *Windkraft* war für die Industrialisierung nicht wichtig. Sie konnte nur in verhältnismäßig kleinen Aggregaten genutzt werden – was gerade der mit der Industrialisierung eintretenden Erhöhung der Betriebsgrößen entgegenstand. Für den schon genannten Regierungsbezirk Düsseldorf wurde die Windkraft mit 1230 PS für das Jahr 1867 wesentlich niedriger als die Wasserkraft eingeschätzt. Dies mag auch für andere Gegenden gelten, von denen wenigstens ein Teil nicht Tiefebene war.
- An *fossilen Brennstoffen* wurden um 1800 in Deutschland allenfalls etwa 2 Millionen Tonnen SKE verwendet, das heißt nur etwa ein Siebentel der aus der Holznutzung stammenden Energie.

Entwicklung

Mit dieser Übersicht sind zugleich die Grenzen einer Energiebilanz deutlich gemacht, die sich lediglich auf einen Teil der Energiequellen beschränkt. Sinnvoll läßt sich eine Energiebilanz allein unter Berücksichtigung der fossilen Brennstoffe und des Holzes aufstellen. Für das 19. Jahrhundert (bis zum Beginn des Ersten Weltkrieges) lassen sich folgende Zusammenstellungen und Schätzungen wagen:

Tab. 2: Energieverbrauch im Gebiet des Deutschen Reiches (1871/1918) um 1800, 1860 und 1913

	um 1800	um 1860	1913
Gesamtverbrauch in Mio t SKE	14	27–28	230
Verbrauch je Einwohner in t SKE	0,6	0,7	3,5
– in privaten Haushalten	0,5	0,45–0,5	0,85–0,9
– für gewerbliche Zwecke	0,1	0,1 –0,15	2,6 –2,65
Anteile der Energieträger in %			
– Holz	85–86	44	5
– Steinkohle	7	44	>82
– Braunkohle	2	10	12
– Torf	5	2	< 1
– Erdöl	–	–	< 1

Die Tabelle gibt wegen der schlechten Datenbasis die jeweilige Struktur und die Entwicklung nur größenordnungsmäßig an.

Einwohnerzahl nach amtlichen Statistiken, für 1800 nach verschiedenen Schätzungen, insbesondere auch durch Extrapolation der Zahlen von W.-G. HOFFMANN: Das Wachstum der deutschen Wirtschaft seit der Mitte des 19. Jahrhunderts, 1965, S. 172. – *Holzerzeugung* errechnet aus Bodennutzungsanteilen, z. B. für Paderborn nach F.-W. HENNING: Bauernwirtschaft und Bauerneinkommen im Fürstentum Paderborn im 18. Jahrhundert, 1970, S. 16. – *Steinkohle* ermittelt aus regionalspezifischen Untersuchungen für das Saarland, den Aachener Raum, das Ruhrgebiet, Sachsen und Oberschlesien. – *Braunkohle* nach Angaben für Mitteldeutschland (Lausitz, Sachsen, Sachsen-Anhalt), für das Rheinland und für Hessen. – *Torf* nach Angaben für Ostpreußen, Pommern, Mark Brandenburg, Nordwestdeutschland und Bayern. – *Erdöl* für 1913 nach der amtlichen Reichsstatistik.

Der Wandel in der Energieversorgung zwischen 1800 und 1860 zeigt sich vor allem in der Ausdehnung des Anteils der Steinkohle, in geringem Maße auch der Braunkohle. Die Versorgung der privaten Haushalte verschlechterte sich im Durchschnitt jedoch hierbei. Niedrige Realeinkommen und eine Zunahme der städtischen Bevölkerung führten zu einer Verminderung der durchschnittlichen Versorgung mit Holz, dem immer noch am weitesten für den Hausbrand verbreiteten Energielieferanten. Die Steinkohle wurde vor allem im gewerblichen Sektor verwendet, insbesondere zur Befeuerung der Dampfmaschinen.

Dampfmaschinen waren aber noch keineswegs zum alleinigen Antriebsaggregat geworden. Im in der Entwicklung der gewerblichen Wirtschaft (Industrie und Bergbau) bereits weit fortgeschrittenen Regierungsbezirk Düsseldorf gab es 1867 neben den 8800 PS in Wasserkraftanlagen und 1200 PS in Windkraftanlagen erst knapp 20000 PS in Dampfmaschinen, einschließlich der Lokomotiven der erst drei Jahrzehnte alten Eisenbahn. Als Zugkraft für städtische Fuhrwerke wurden 3691 und in der Landwirtschaft 29870 Pferde verwendet.

20. Energiebilanz

Die gewaltige Zunahme des Energieverbrauchs bis 1913 war insgesamt die Folge einer ständig steigenden Verwendung von Steinkohle in der Industrie. Wärmeprozesse und Antriebsaggregate verbrauchten den größten Teil der 1913 geförderten 190 Millionen Tonnen Steinkohle. Aber auch die privaten Haushalte verwendeten in stärkerem Maße Steinkohle oder Steinkohlenkoks für ihre Energieversorgung. Ohne die schnelle Erschließung der fossilen Energiequellen wäre die gewaltige wirtschaftliche Entwicklung in den Industrialisierungsländern des 19. Jahrhunderts nicht möglich gewesen, wäre das Zurückbleiben der Nahrungsmittelproduktion hinter dem Bevölkerungswachstum nicht überwunden worden. Die vorindustrielle Massenarmut – mit Erscheinungen, wie man sie heute in zahlreichen unterentwickelten Ländern findet, das heißt: Unterversorgung und Arbeitslosigkeit bei einer (zu) schnell wachsenden Bevölkerung – konnte so innerhalb weniger Jahrzehnte abgebaut werden. Da eine anderweitige Ergänzung der um 1800 vorhandenen Energiequellen nicht möglich war, erhielten die fossilen Brennstoffe in der Energieversorgung des 19. Jahrhunderts eine Schlüsselrolle für die Entwicklung der Wirtschaft und damit für die Hebung der materiellen Versorgung der Bevölkerung auf ein immer noch recht niedriges Niveau. Dies kommt auch in der Zunahme des Anteils der gewerblichen Wirtschaft an der Energieverwendung von 15% (1800) über 30% (1860) auf 75% um 1913 zum Ausdruck.

Diese Angaben können den Entwicklungsstand zwar nur größenordnungsmäßig wiedergeben. Sie zeigen aber eindeutig die Erweiterung des Energieverbrauchs durch die Wirtschaft im Wege der Verwendung von fossilen Brennstoffen. Demgegenüber wuchs der Energieverbrauch in den privaten Haushalten zunächst überhaupt nicht und zwischen 1860 und 1913 zwar mit einer beachtlichen Wachstumsrate, aber auf äußerst niedrigem Niveau. Erst mit der Ausdehnung der Elektrizitätsversorgung im 20. Jahrhundert und der allgemeinen Verbreitung der Individualmotorisierung in der zweiten Hälfte des 20. Jahrhunderts nahm auch der Pro-Kopf-Verbrauch der privaten Haushalte über das 1914 erreichte Niveau hinaus entscheidend zu.

Begründen Sie den Rückgang des Pro-Kopf-Energieverbrauchs in privaten Haushalten zwischen 1800 und 1860.

Aufgabe 4

....
....
....
....

Energiebilanz in der Bundesrepublik Deutschland

20.3.2.

Der gesamte Primärenergieverbrauch (PEV) der Bundesrepublik Deutschland hat sich seit 1950 (von rd. 135 Mio t SKE auf über 390 Mio t SKE im Jahre 1980) fast verdreifacht – nachdem 1979 mit 408 Mio t SKE ein bisheriger Höchstwert erreicht worden war. Selbst unter Berücksichtigung der in diesem Zeitraum um fast 20% (von 51 auf 61 Mio) angestiegenen Bevölkerung entspricht dies einer Steigerung des Pro-Kopf-PEV von 2,7 t SKE auf 6,3 t SKE. Hierfür sind zweifellos in hohem Maße der wirtschaftliche Aufschwung in der Bundesrepublik nach dem Zweiten Weltkrieg und die damit einhergehende Erhöhung des Lebensstandards breiter Bevölkerungsschichten verantwortlich. Zwar nicht hinreichende, aber notwendige Bedingung hierfür war auch ein stets ausreichendes Energieangebot, das nach der Überwindung der noch von der Bewirtschaftung in der unmittelbaren Nachkriegszeit geprägten Energieknappheit zu außerordentlich niedrigen, real sogar sinkenden Preisen zur Verfügung stand.

Analyse 2

Entwicklung

Die weltweite Entdeckung und Entwicklung immer größerer Energievorkommen und deren Vermarktung, die Ergänzung der traditionellen Kohle durch das Öl und das Naturgas, die Erwartung eines schnell steigenden Beitrags der Kernenergie, intensiver Wettbewerb und nicht zuletzt technischer Fortschritt sowie mit dem Übergang auf immer größere Produktions-, Transport-, Verarbeitungs- und Verteilungsanlagen verbundene Kostensenkungen *(economies of scale)* begründeten sogar – zumindest bis Anfang der siebziger Jahre – die Erwartung, dieses „goldene Zeitalter" der Energiewirtschaft werde unbegrenzt fortbestehen.

Angesichts der Tatsache, daß praktisch kein Produktionsakt in hochentwickelten Volkswirtschaften ohne den Einsatz von Energie denkbar ist und auch unsere meisten Konsumbedürfnisse nicht befriedigt werden könnten, verwundert es nicht, daß über die sechziger und frühen siebziger Jahre hinweg die wirtschaftliche Aufwärtsentwicklung und der Anstieg des PEV sogar weitgehend parallel verliefen. Hieraus wurde teilweise sogar geschlossen, daß ein Wachstum der wirtschaftlichen Aktivität oder eine weitere Hebung des Lebensstandards nahezu unweigerlich einen bestimmten Mehreinsatz an Energie bedingten.

Ein derart enger Zusammenhang zwischen Energieverbrauch und Wirtschaftswachstum läßt sich empirisch nicht belegen. Die Entkopplung dieser Größen – eine in letzter Zeit häufig erhobene energiepolitische Forderung – ist ein bereits in der Vergangenheit zu beobachtendes Phänomen, das allerdings im Zeitablauf unterschiedlich ausgeprägt war. So blieb der Energieverbrauchsanstieg in den fünfziger Jahren und dann wieder seit der Energiekrise von 1973 deutlich hinter der wirtschaftlichen Entwicklung zurück (die Energieintensität unserer Volkswirtschaft ging seit 1950 im wesentlichen in zwei Schüben zurück). Heute kann 1 Einheit des Sozialprodukts mit einem gegenüber 1950 um fast 40 Prozent verminderten Primärenergieeinsatz erzeugt werden.

Der Anstieg des PEVs in der Bundesrepublik während der vergangenen drei Jahrzehnte um fast 200% wurde von der Ausweitung des Verbrauchs in allen Sektoren getragen. Hierbei sind allerdings beträchtliche Unterschiede zu verzeichnen:

Tab. 3: Struktur und Entwicklung des Energieverbrauchs in der Bundesrepublik Deutschland (in Mio t SKE)

	1950		1960		1970		1980	
	Mio t SKE	v.H.	Mio t SKE	v.H.	Mio t SKE	v.H.	Mio t SKE	v.H.
Endenergieverbrauch	86,7	(63,6)	145,6	(68,8)	230,9	(68,6)	255,0	(65,4)
– Haushalte	32,1	(23,6)	24,4	(11,6)	61,7	(18,3)	66,5	(17,0)
– Kleinverbraucher			28,0	(13,2)	38,9	(11,6)	44,5	(11,4)
– Verkehr	14,9	(10,9)	22,5	(10,6)	39,5	(11,7)	56,0	(14,4)
– Industrie	39,7	(29,1)	70,7	(33,4)	90,8	(27,0)	88,0	(22,6)
Nichtenergetischer Verbrauch	2,6	(1,9)	6,4	(3,1)	23,9	(7,1)	31,0	(7,9)
Umwandlungsverluste und Verbrauch im Energiesektor	47,1	(34,5)	59,5	(28,1)	82,0	(24,3)	104,0	(26,7)
– Strom	24,9	(18,2)	37,9	(17,9)	56,1	(16,6)	82,0	(21,0)
– Sonstige	22,2	(16,3)	21,6	(10,2)	25,9	(7,7)	22,0	(5,7)
Primärenergieverbrauch	135,5*	(100,0)	211,5	(100,0)	336,8	(100,0)	390,2*	(100,0)
Mineralöl	6,3	(4,6)	44,4	(21,0)	178,9	(53,1)	185,7	(47,6)
Steinkohle	98,7	(72,8)	128,3	(60,7)	96,8	(28,7)	77,1	(19,8)
Naturgas	0,1	(0,1)	1,1	(0,5)	18,5	(5,5)	64,4	(16,5)
Braunkohle	20,6	(15,3)	29,2	(13,8)	30,6	(9,1)	39,2	(10,1)
Kernenergie	—	—	—	—	2,1	(0,6)	14,3	(3,5)
Wasserkraft und Nettostromimport	6,2	(4,6)	6,6	(3,1)	8,4	(2,5)	7,6	(2,0)
Sonstige	3,6	(2,6)	1,9	(0,9)	1,5	(0,5)	1,9	(0,5)

* Statistisch bedingte Abweichungen.

Zwar ist auch heute (1980) noch das verarbeitende *Gewerbe* (Industrie) der größte Energieverbrauchssektor, sein Verbrauch bezogen auf den PEV beläuft sich aber nur noch auf rd. 23%, nach über 29% im Jahre 1950. Nachdem in den fünfziger Jahren in diesem Bereich noch ein Verbrauchsanstieg von fast 80% zu verzeichnen war, stieg der Verbrauch zwischen 1960 und 1980 nur noch um knapp 25%. Die absolut höchste Verbrauchssteigerung verzeichneten demgegenüber die *Haushalte* (von schätzungsweise 14 auf fast 67 Mio t SKE; hierdurch entfällt auf diesen Bereich inzwischen – zusammen mit dem ebenfalls beträchtlich angestiegenen Verbrauch der Kleinverbraucher (inkl. Militär) – ein Energieeinsatz von fast 112 Mio t SKE, oder bezogen auf den PEV ein Verbrauchsanteil in Höhe von über 28%. Auch der Energieverbrauch des Sektors „Verkehr" erhöhte sich absolut (fast auf das Vierfache) und relativ zum PEV von knapp 11% auf über 14%. Den höchsten relativen Verbrauchsanstieg verzeichnete der nichtenergetische Verbrauch (von 2,6 auf 31 Mio t SKE); dadurch vervierfachte sich der Energieeinsatz in diesem Bereich gegenüber dem PEV nahezu. Ein hoher, im Zeitablauf absolut zunehmender – wenn auch relativ sinkender – Teil des Energieverbrauchs entfällt in unserer Volkswirtschaft schließlich auf die Umwandlungsverluste und den Verbrauch im Energiesektor selbst (1980: 104 Mio t SKE oder 26,7% des PEV, nach 47,1 Mio t SKE oder knapp 35% im Jahre 1950).

Wir können feststellen, daß sich der Energieverbrauch in den vergangenen drei Jahrzehnten insgesamt fast verdreifacht hat. Vereinfacht läßt sich schlußfolgern, daß auch die Umweltbelastungen zugenommen haben müssen.

Hinter dieser – bei allgemeinem Aufwärtstrend – im einzelnen stark unterschiedlichen Entwicklung stehen jeweils eine ganze Reihe von Bestimmungsgrößen, die zum Teil in dieselbe Richtung, zum Teil aber auch gegenläufig wirkten. Wichtige Einzelfaktoren dürften sein:

Bestimmungsgrößen

- *Industrieller Endenergieverbrauch*
  - Die industrielle Nettoproduktion und hierin vor allem das starke Wachstum energieintensiver Branchen wie Eisenschaffende Industrie, Chemie oder Nichteisenmetallindustrie sowie, *gegenläufig* wirkend:
  - Der technische Fortschritt, der sich über die vom hohen Wachstum begünstigte Umschichtung des Kapitalstocks beschleunigt durchsetzte und trotz real sinkender Energiepreise zu einer beträchtlichen Senkung des spezifischen Energieverbrauchs im Industriebereich führte.

- *Haushalte*
  - Der Anstieg der privaten Einkommen, der bei Bevölkerungsanstieg und Veränderung der Bevölkerungsstruktur die Voraussetzung für die Beschaffung immer größerer langlebiger – energieverbrauchender – Gebrauchsgüter (Heizung, Hausgeräte, Warmwasserbereitung) schuf.
  - Der auch hierbei verwirklichte technische Fortschritt (Geräte, Energieträgerstruktur) wurde nicht zuletzt wegen des hohen Anteils von Neuinvestitionen an den gesamten stark ansteigenden Investitionen weit überkompensiert.

- *Verkehr*
  - Die von der Einkommensentwicklung getragene, vom
  - Anstieg der Bevölkerung und der Veränderung der Bevölkerungsstruktur sowie der siedlungsstrukturellen Entwicklung begünstigte
  - Motorisierung, ergänzt um den mit der Ausweitung der wirtschaftlichen Aktivität verbundenen
  - Güterverkehr und öffentlichen Personenverkehr, allerdings teilweise kompensiert durch den vor allem im schienengebundenen Verkehr (Elektrifizierung) zu verzeichnenden
  - technischen Fortschritt.

- *Nichtenergetischer Verbrauch*
  - Die auf der Basis kostengünstiger Mineralölprodukte sich entwickelnde Petrochemie und der hiermit verknüpfte Siegeszug der Kunststoffe, -fasern, -lacke, -dünger usf.,
  - die Motorisierung und
  - der Straßenbau.

Der hohe Anstieg des Energieeinsatzes in unserer Volkswirtschaft für die Abdeckung der Umwandlungsverluste und des Eigenverbrauchs im Energiesektor ist bedingt vom Vordringen von Sekundärenergieträgern und den (bei Erzeugung im

Inland) hierbei entstehenden Verlusten; wichtigster Faktor hierbei sind der überproportionale Anstieg des Stromverbrauchs und die bei seiner Erzeugung zwangsläufig entstehenden Umwandlungsverluste. Zwar ist es auch in diesem Bereich gelungen, den spezifischen Energieeinsatz mit der technischen Entwicklung nach und nach zu senken (von 1950: 0,480 kg SKE/kWh auf 1980: 0,340 kg SKE/kWh), doch wurde dieser Effekt durch das – gemessen am Anstieg des PEV – über die drei Jahrzehnte hinweg zu verzeichnende doppelt so hohe Stromverbrauchswachstum weit überkompensiert. Hinter dem absolut fast konstanten sonstigen Energieeinsatz im Umwandlungsbereich verbergen sich ausgleichende Effekte stark rückläufiger Bereiche (Ortsgaswerke, Brikettfabriken, Zechen) und expandierender Sektoren (Raffinerien, Erdgasförderung).

Strukturwandel   Mit diesen strukturellen Anpassungsprozessen verzeichnet die deutsche Energiebilanz über die letzten Jahrzehnte hinweg darüber hinaus aber auch einen tiefgreifenden Wandel hinsichtlich der Energieträgerstruktur. Die Abbildungen 4–9 fassen die wichtigsten Entwicklungen zusammen:

• Die *Steinkohle* war in Deutschland – wie in den meisten Industrieländern – die Basis des Industrialisierungsprozesses schlechthin. Sie beherrschte auch zu Beginn der fünfziger Jahre noch den bundesdeutschen Energiemarkt (Anteil am PEV 1950: 72%; Steinkohle und Braunkohle zusammen knapp 90%), und selbst im Jahre 1960 entfielen auf diesen Energieträger noch ⅗ des PEVs. Innerhalb von nur knapp 1½ Jahrzehnten wurde die Steinkohle durch das Auftreten von im Wettbewerb überlegenen Energieträgern, vor allem Mineralöl und seine Produkte sowie Erdgas, aus ihrer herrschenden Position verdrängt: bei absolut rückläufigem Einsatz hatte sich der Anteil dieses Energieträgers am PEV schon bis 1970 mehr als halbiert, in den siebziger Jahren selbst war ein erneuter Anteilsverlust zu verzeichnen. Bereits vor diesem Strukturwandel war der Steinkohleneinsatz mit der seit Jahrzehnten zunehmenden Verwendung von Sekundärenergieträgern durch folgenreiche Umschichtungsprozesse gekennzeichnet. Diese Entwicklung hatte jedoch die Stel-

Abb. 4: Endenergieverbrauch nach Energieträgern

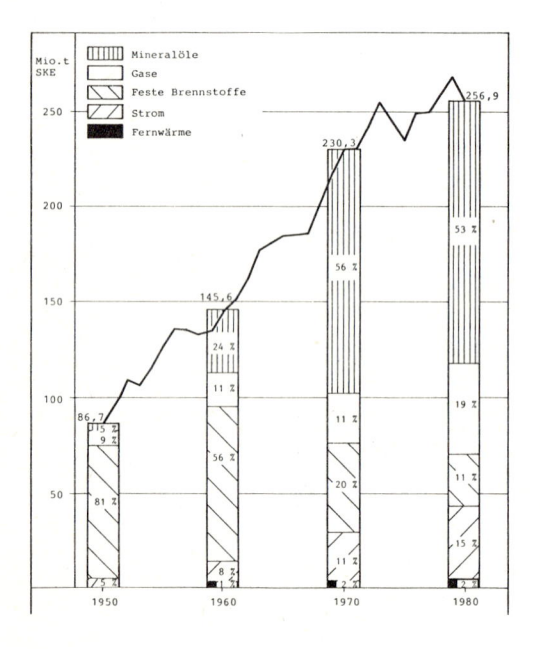

Abb. 5: Endenergieverbrauch im Sektor Industrie, nach Energieträgern

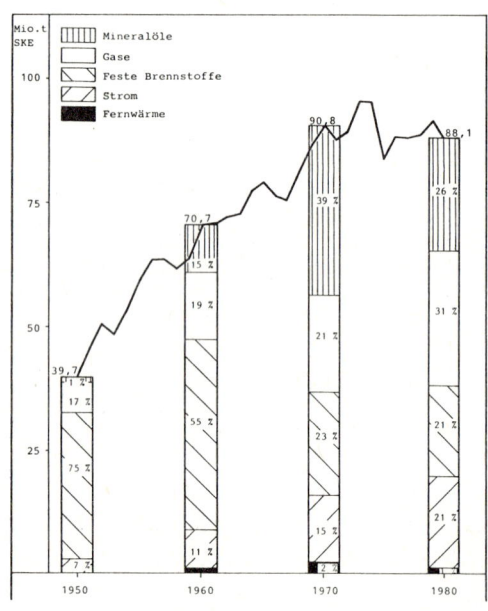

20. Energiebilanz

lung der Steinkohle zunächst nicht entscheidend berührt, da sie zwar durch Energieträger wie Gas und Strom mehr und mehr aus Endverbrauchermärkten verdrängt wurde, die Erzeugung dieser Energieträger aber weitgehend auf Steinkohlenbasis erfolgte.

Abb. 6: Endenergieverbrauch im Sektor Haushalte und Kleinverbraucher, nach Energieträgern (einschließlich militärische Dienststellen)

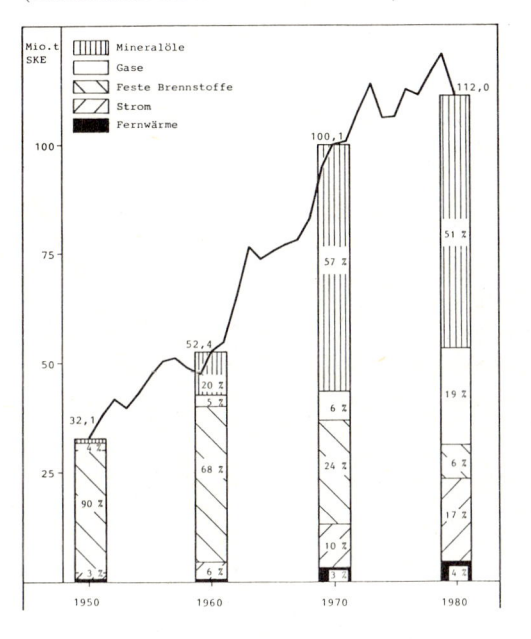

Abb. 7: Endenergieverbrauch im Sektor Verkehr, nach Verkehrsträgern

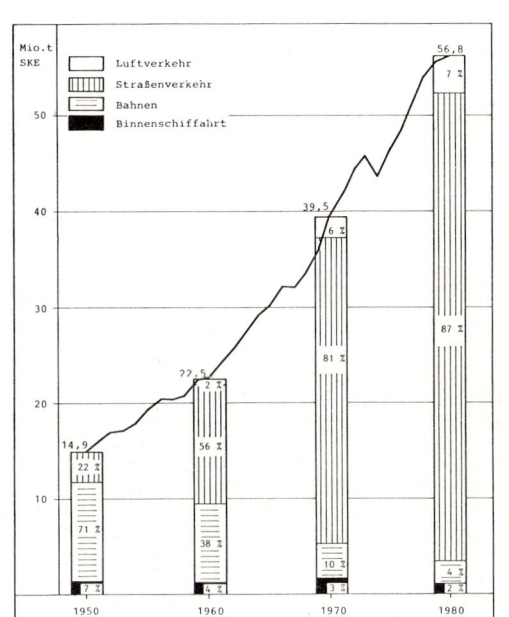

Abb. 8: Endenergieverbrauch im Sektor Verkehr, nach Energieträgern

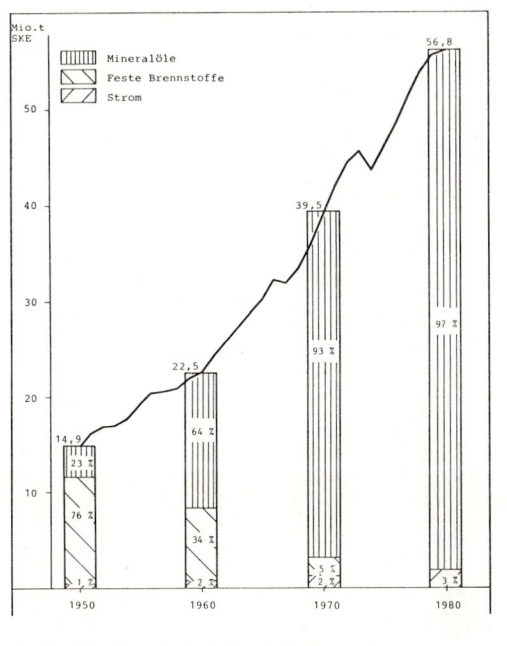

Abb. 9: Brutto-Stromerzeugung, nach Energieträgern

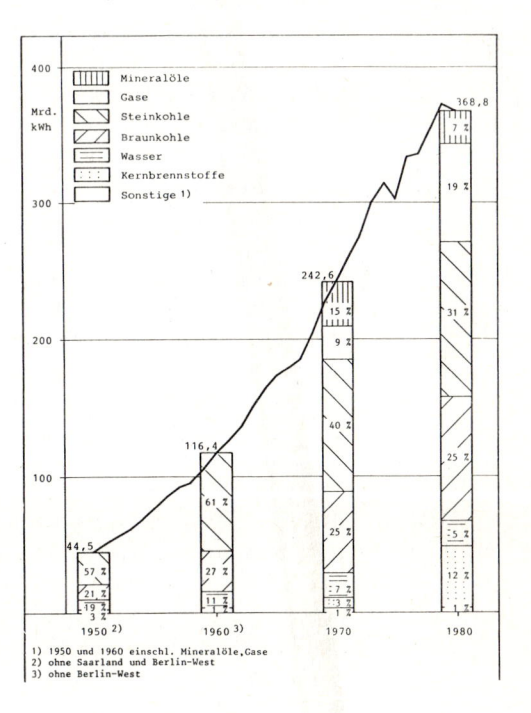

Quelle: Arbeitsgemeinschaft Energiebilanzen.

- Diese Situation änderte sich erst, als mit dem Auftreten von *Mineralölprodukten* und *Naturgas* ein Ersatz der Steinkohle nicht nur auf der Endenergieverbrauchsstufe, sondern auch auf der Erzeugungsseite erfolgte. Deckte das Mineralöl im Jahre 1950 erst unter 5% des PEV – das Naturgas taucht in der Bilanz ohnehin erst ab Anfang der sechziger Jahre auf –, so erhöhte sich ihr Anteil bis Anfang der siebziger Jahre auf über 55% (Mineralöl) bzw. 10% (Naturgas). Obwohl auch die Bedeutung von Braunkohle (und Wasserkraft) – gemessen an ihrem relativen Beitrag zur Deckung des PEV – in den letzten Jahrzehnten zurückgegangen ist (bei Braunkohle von 15% auf 10%, bei Wasserkraft von knapp 5% auf 2%), verlief in diesem/n Bereich/en die Entwicklung wesentlich positiver als bei Steinkohle: der Verbrauch (beider Energieträger) stieg absolut noch, bei Braunkohle sogar um fast 100%.

- Die *Kernenergie* übernimmt erst seit etwa einem Jahrzehnt eine nennenswerte Versorgungsaufgabe; trotz hoher Zuwachsraten war bis 1980 erst ein Anteil an der Deckung des PEV in Höhe von 3,5% zu verzeichnen.

Interpretation

Die entscheidende Ursache für den Bedeutungsverlust der Steinkohle liegt zweifellos darin, daß die wichtigsten Ersatzstoffe für Steinkohle zu Bedingungen angeboten werden konnten, denen auch ein unter günstigeren Voraussetzungen erstelltes inländisches Steinkohlenangebot nicht erfolgreich hätte begegnen können. Hierbei ist zu berücksichtigen, daß der Steinkohleneinsatz gegenüber Kohlenwasserstoffen mit deutlich höheren Investitions- und Betriebskosten verbunden ist und kaum den wachsenden Anforderungen vor allem des privaten Verbrauchers nach bequemen, sauberen Energieträgern gerecht werden kann. Hinzu kommt, daß eine technisch mögliche Umwandlung in bestimmte Energieträger, so vor allem Kraftstoffe und Chemierohstoffe, angesichts der hiermit verbundenen Kosten auch auf absehbare Zeit ausscheidet, so daß die Steinkohle an der Verbrauchsentwicklung auf diesen – stark expandierenden – Märkten nicht teilzunehmen vermochte. Am wichtigsten jedoch erwies sich der Umstand, daß das Mineralöl und später auch das Erdgas auf den einzelnen Märkten jeweils konkurrenzlos billig angeboten wurden.

Bereits vor dem Zweiten Weltkrieg waren im Nahen Osten riesige, zu außerordentlich niedrigen Kosten gewinnbare Ölvorkommen entdeckt worden, deren Entwicklung durch internationale Ölgesellschaften zu Beginn der fünfziger Jahre vornehmlich als Ersatz für die US-amerikanische Ölförderung in Angriff genommen wurde. Als jedoch zum Schutz der Inlandsförderung der USA Ende der fünfziger Jahre eine Importsperre verhängt wurde, drängten riesige Mengen auf die einzigen – gemessen am damaligen Verbrauch – aufnahmefähigen Märkte, Westeuropa und Japan. Niedrige Förderkosten, ausgeprägte *Economies of scale* in Transport, Verarbeitung und Vertrieb sowie eine intensive Konkurrenz durch neu in den Markt eintretende Gesellschaften (wie große unabhängige Ölgesellschaften, die z. B. in Libyen zusätzlich fündig geworden waren), neue Energieträger (wie das Erdgas, das – Ende der fünfziger Jahre in Norddeutschland, vor allem aber auch in den Niederlanden gefunden – für den deutschen Markt erschlossen werden konnte) sowie die Erwartung eines schnell steigenden Versorgungsbeitrags neuer Technologien (wie der Kernenergie) führten zu real sogar sinkenden Preisen. Diese reichten aus, um gegenüber der Steinkohle den aufgezeigten Verdrängungswettbewerb zu entfalten.

Als Folge dieser Entwicklung stieg die Importabhängigkeit der deutschen Energieversorgung stetig an. Inzwischen werden mehr als drei Fünftel des PEV importiert (beim Mineralöl sogar 96%, bei Erdgas 69%, Kernbrennstoffe 100%), nachdem die Bundesrepublik (vornehmlich wegen hoher Steinkohlenexporte) noch im Jahre 1955 Nettoexporteur war. Diese Entwicklung wurde aber solange nicht als problematisch empfunden, wie mit den integrierten internationalen Ölgesellschaften ein System zur Verfügung stand, das mit der bewußten Vorhaltung von Reservekapazitäten weltweit auch größere Versorgungsstörungen erfolgreich zu überwinden in der Lage war.

Diese Verhältnisse haben sich seit Beginn der siebziger Jahre grundlegend verändert. In mehreren Schüben wurde der Rohölpreis von 2 Dollar pro Faß (1 „Barrel" = 159 Liter) auf fast 35 Dollar erhöht, wobei sich die schon als folgenschwer erachtete Preissteigerung von knapp 3 auf rd. 10 Dollar in den Jahren 1973/74 im nachhinein als vergleichsweise unbedeutend erweist. Im Sog dieser Preisexplosion beim Marktführer Mineralöl und verstärkt durch die hiervon ausgelösten direkten und indirekten Kostenauftriebstendenzen, zogen inzwischen alle Energieträger mehr oder weniger stark an. Bis zur jüngsten Ölpreiskrise 1978/80 blieben die Reaktionen des Marktes indes vergleichsweise gering. Seit dem zweiten Ölpreisschub (Anstieg des Ölpreises von 10 auf knapp 35 Dollar je Barrel) ist jedoch eine beträchtliche Anpassungsreaktion des Marktes zu verzeichnen:

- Nach einem bisherigen Maximum von 408 Mio t SKE im Jahre 1979 sank der PEV 1980 auf rd. 390 und 1981 auf rd. 371 Mio. t SKE, das heißt unter das Niveau des Jahres 1973.

- Besonders ausgeprägt verlief der Rückgang beim Mineralöl: Mit nur noch 165 Mio. t SKE lag der Mineralölverbrauch 1981 um 20% unter dem bisherigen Höchstwert von 1973; der Anteil des Öls am PEV sank auf unter 45% (1973 = 55%), das heißt ein Niveau, das zuletzt Ende der sechziger Jahre erreicht worden war.

- Auch der Erdgasverbrauch ist nunmehr im zweiten Jahr rückläufig, nachdem gerade hier in der Vergangenheit besonders hohe Zuwachsraten verwirklicht worden waren.

- Steigende Tendenz verzeichnet demgegenüber die Steinkohle, deren Anteil am PEV nunmehr wieder über 21% angestiegen ist.

- Auch die Braunkohle, der es im Gegensatz zur Steinkohle mit dem Übergang auf den Tieftagebaubetrieb und der hohen Auslastung ihrer Anlagen mit Einbettung in den Konzernverbund überregionaler Stromerzeuger gelungen war, die Kosten(-Auftriebstendenzen) zu begrenzen und sich auch im Wettbewerb zu Kohlenwasserstoffen auf dem immer wichtigeren Kraftwerksmarkt erfolgreich zu behaupten, konnte ihren Versorgungsbeitrag noch einmal steigern.

- Die höchsten Zuwachsraten verzeichnete in den letzten Jahren die Kernenergie. Dennoch bleibt ihr Ausbau wegen immer noch nicht überwundener Einführungsprobleme deutlich hinter den früheren Erwartungen zurück.

Wenn auch die jüngste Entwicklung nicht ohne weiteres in die Zukunft verlängert werden darf – neben Einsparung und Ersatzstoffen haben auch konjunkturelle Einflüsse, Bestandsbewegungen, milde Winter und vielleicht auch „Überreaktionen" der Verbraucher Struktur und Entwicklung des PEV nicht unbeträchtlich mitbestimmt – so kann doch kein Zweifel darüber bestehen, daß die veränderten Energiepreisverhältnisse neue Daten setzen, an die sich der Verbrauch mit zunehmender Umstellung der energieverbrauchenden Geräte und Aggregate sowie veränderten Gewohnheiten langsam anpassen wird. Da gleichzeitig die inzwischen entwickelten energiepolitischen Maßnahmen für Energieeinsparung und Ersatz knapper Energieressourcen durch reichlicher verfügbare (die Lösung im Kernenergiebereich steht allerdings noch aus!) mehr und mehr zu greifen beginnen, besteht damit die berechtigte Chance, den Energieverbrauchsanstieg tendenziell vom Wirtschaftswachstum weiter abzukoppeln und die Energieversorgungsstruktur der Bundesrepublik wesentlich harmonischer zu gestalten.

Fassen wir zusammen, so läßt sich folgendes feststellen: Primär- und Endenergieverbrauch haben sich in der Zeitspanne zwischen 1950 und 1980 nahezu verdreifacht. Dieses absolute Wachstum des Energieverbrauchs war von einem tiefgreifenden Wandel in der Energieträgerstruktur begleitet. Besonders die Steinkohle, 1950 noch Hauptstütze unserer Energiewirtschaft, hat drastisch an Bedeutung verloren. Demgegenüber haben besonders die Mineralöle, aber auch das Naturgas (Erdgas) an Bedeutung gewonnen. Erst in jüngster Zeit beginnt sich dieser Trend langsam umzukehren. Ursächlich für diese Entwicklung waren vor allem die Verfügbarkeit einzelner Energieträger sowie deren Preisrelationen untereinander. Umweltpoliti-

Fazit

sche Randbedingungen dürften kaum den Wandel der Energiebilanz mitbestimmt haben. Demgegenüber hat dieser Wandel zweifellos Einflüsse auf die Umweltqualität ausgeübt. Eine Gesamtbeurteilung fällt jedoch äußerst schwer: Ohne Zweifel hat sich der absolute Anstieg des Energieverbrauchs umweltbelastend ausgewirkt. Insbesondere durch den Ersatz von Kohle durch andere Energieträger dürfte dieser Effekt jedoch zumindest teilweise kompensiert worden sein. Es kommt hinzu, daß die in den siebziger Jahren einsetzende Umweltpolitik zwar kaum Niveau und Struktur der Energiebilanz beeinflußte, wohl aber zur Minderung der mit der Energienutzung verbundenen Umwelteffekte beigetragen hat.

Aufgabe 5   Skizzieren Sie die Anpassungsreaktionen des bundesdeutschen Marktes auf die Verteuerung des Rohöls von etwa 2 $/b (1973) auf etwa 35 $/b (1981).

....
....
....
....
....
....
....
....
....

20.3.3. Vergleich ausgewählter internationaler Energiebilanzen

Analyse 3   Die wirtschaftliche Entwicklung der Länder der westlichen Welt (gemessen am Weltsozialprodukt) und der Weltprimärenergieverbrauch sind in den letzten Jahrzehnten nahezu parallel verlaufen. Über alle Länder gesehen, war die Ausweitung der wirtschaftlichen Aktivität stets mit einer etwa gleich großen Steigerung des Primärenergieverbrauchs verbunden. Eine Analyse der Verhältnisse in den einzelnen Ländern zeigt dementsprechend auch, daß die Höhe des Energieverbrauchs statistisch verhältnismäßig eng mit dem wirtschaftlichen Entwicklungsstand der einzelnen Volkswirtschaften verknüpft ist. Die Höhe des Energieverbrauchs (pro Kopf) kann sogar als Gradmesser für den Wohlstand (gemessen im Pro-Kopf-Inlandsprodukt) einer Volkswirtschaft angesehen werden. In der Regel weisen die Länder mit dem höchsten Sozialprodukt auch den höchsten Energieverbrauch aus, während die Masse der Entwicklungsländer bei niedrigem Sozialprodukt auch im Energieverbrauch am unteren Ende der Skala rangiert (vgl. *Abb. 10*).

Vergleich   Gleichzeitig weisen aber auch die Industrieländer untereinander beträchtliche Unterschiede im Niveau des Energieverbrauchs auf. Dies gilt auch für den Fall, daß man die aus der unterschiedlichen Größe dieser Staaten stammenden Effekte durch die Ermittlung besonderer Größen ausklammert. So rangierten die USA 1979 im Pro-Kopf-Energieverbrauch mit 12,4 t SKE deutlich über der Bundesrepublik mit 6,7 t SKE sowie Schweden mit 9 t SKE. Wie erklären sich diese Unterschiede? Die großen Unterschiede im spezifischen Energieverbrauch zwischen den USA und den beiden anderen Ländern können nicht auf das unterschiedliche Wohlstandsniveau (ausgedrückt im Bruttoinlandsprodukt pro Kopf) zurückgeführt werden – im Gegenteil, gemessen an der Kaufkraft liegen sowohl Schweden als auch die Bundesrepublik im Bruttoinlandsprodukt pro Kopf inzwischen deutlich über den USA (1979: 16 500 DM bzw. 14 400 DM gegenüber 13 200 DM).

Abb. 10: Zusammenhang zwischen der Höhe des Primärenergieverbrauchs pro Kopf und dem Pro-Kopf-Einkommens 1978 in ausgewählten Staaten: Primärenergieverbrauch (kg SKE pro Kopf)

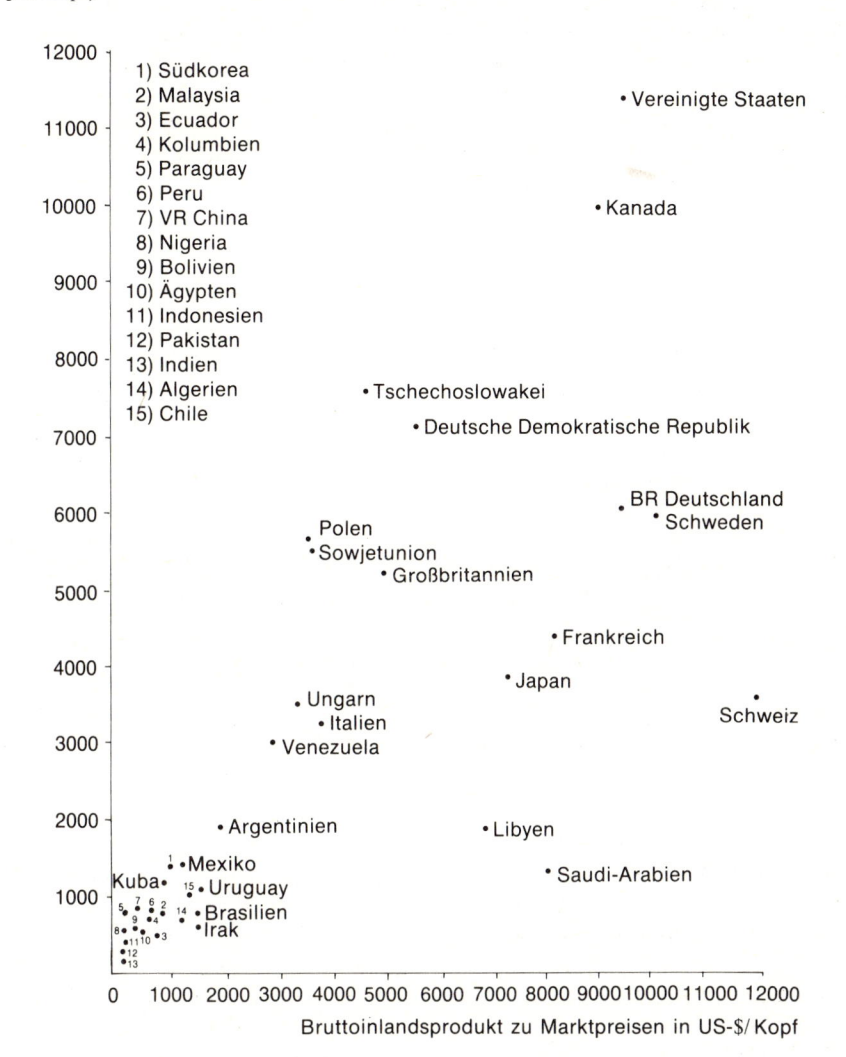

Die außerordentlich ungleiche Verteilung des Energieverbrauchs in der Welt wird deutlich, wenn man sich vergegenwärtigt, daß zwar der durchschnittliche Pro-Kopf-Energieverbrauch in der Welt bei etwas über 2 t Steinkohleeinheiten liegt, aber nur knapp 20% der Weltbevölkerung, und zwar in den westlichen Industrieländern, für mehr als die Hälfte des Primärenergieverbrauchs verantwortlich sind. Die Menschen in Afrika, Asien, Australien und Südamerika, mehr als 50% der Weltbevölkerung, verbrauchen nur etwa 13% der Weltprimärenergie. Der Primärenergieverbrauch pro Kopf in den Industrieländern liegt damit etwa zehnmal höher als der der Entwicklungsländer, der der USA sogar zwanzigmal höher. Allein auf dieses Land entfallen bei einem Bevölkerungsanteil von knapp 5% etwa 27% des Weltenergieverbrauchs, die Bundesrepublik hat bei einem Bevölkerungsanteil von etwa 1,3% einen Anteil am Weltenergieverbrauch von etwa 4%, in Schweden belaufen sich die entsprechenden Werte auf 0,2 bzw. 0,8%.

Quellen: UN- und Weltbank-Statistiken

Unterschiede im Pro-Kopf-Energieverbrauch einzelner Länder erklären sich häufig auch aus der unterschiedlichen strukturellen Zusammensetzung des Primärenergieverbrauchs nach eingesetzten Energieträgern, da die einzelnen Energieträger zum Teil beträchtliche Wirkungsgradunterschiede aufweisen.

Abb. 11: Primärenergieverbrauch nach Energieträgern (in v. H.) in USA, Schweden und der Bundesrepublik Deutschland

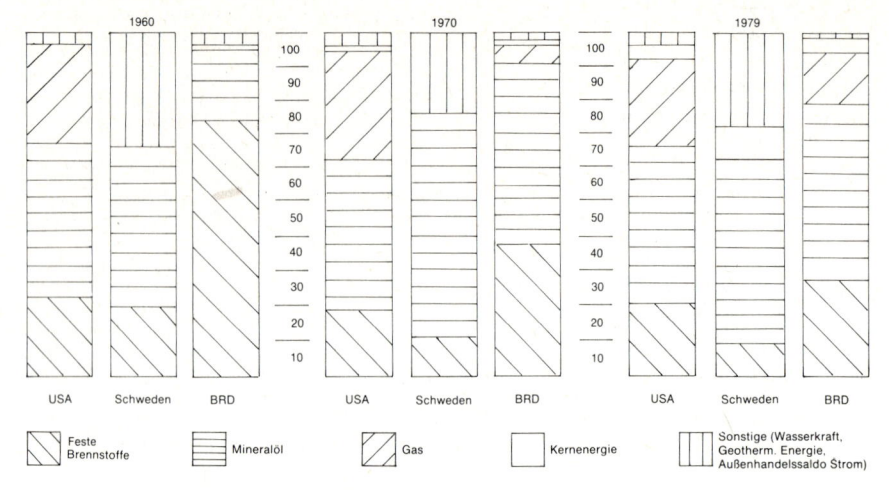

In den USA liegt zwar der Primärenergieverbrauchsanteil von Energieträgern wie Festbrennstoffe – die einen verhältnismäßig schlechten Wirkungsgrad aufweisen – mehr als doppelt so hoch wie in Schweden, jedoch noch deutlich unter den entsprechenden Werten für die Bundesrepublik (wo auf diese Energieträger 1960 allerdings sogar noch 75% des Primärenergieverbrauchs entfallen waren). Gleichzeitig haben die USA einen besonders hohen Verbrauch an Erdgas (mit verhältnismäßig hohem Wirkungsgrad), in Schweden fehlt bislang eine Erdgasversorgung, in der Bundesrepublik hat dieser Energieträger mit hohen Zuwachsraten im letzten Jahrzehnt inzwischen eine beachtliche Position erreicht. Sehr hoch ist dagegen in Schweden der Anteil von Wasserkraft (und Kernenergie). Diese beiden Energieträger sind allerdings mit dem Wert der in der Stromerzeugung sonst einzusetzenden Energieträger veranschlagt, eine Verrechnungskonvention, welche die schwedische Energiebilanz mit Wirkungsgradverlusten belastet, die effektiv nicht entstehen. Hierdurch bedingt, liegt auch das Verhältnis „Endenergieverbrauch plus nichtenergetischer Verbrauch" zu „Primärenergieverbrauch" im Jahre 1979 in Schweden mit 63,2% extrem ungünstig, in der Bundesrepublik liegt sie mit 74% am höchsten (USA 72,3%). Eine eindeutige Erklärung im Niveau des Pro-Kopf-Energieverbrauchs läßt sich aus der strukturellen Zusammensetzung des Energieverbrauchs in den betrachteten drei Ländern nicht ableiten.

Quellen: OECD, Energy Balances of OECD Countries, versch. Jahrgänge; Arbeitsgemeinschaft Energiebilanzen.

Sehr große und das verhältnismäßig hohe Energieverbrauchsniveau der USA in hohem Maße bestimmende Unterschiede finden sich aber in der strukturellen Zusammensetzung des Endenergieverbrauchs nach Sektoren:

Abb. 12: Endenergieverbrauch nach Sektoren (in v. H.) in USA, Schweden und der Bundesrepublik Deutschland

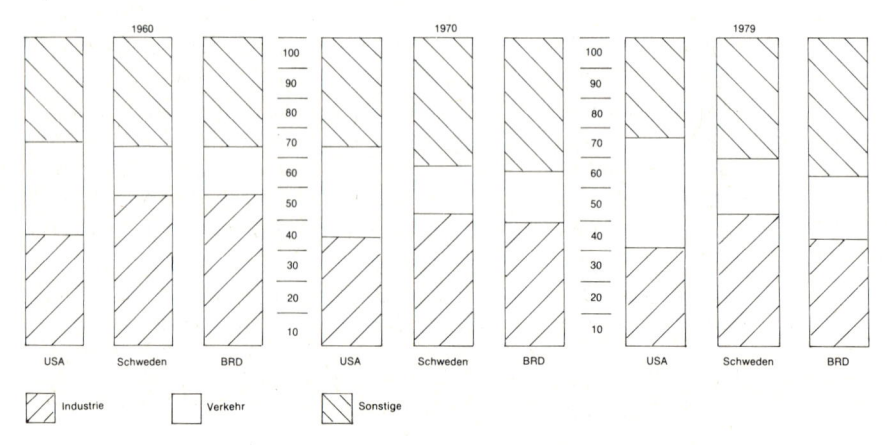

Das größte Gewicht unter allen Endverbrauchssektoren besitzt in Schweden (42%) der industrielle Endenergieverbrauch (vor dem Sektor „Sonstige" mit 39%, der neben den Haushalten hauptsächlich das Gewerbe, die Landwirtschaft und den Dienstleistungsbereich umfaßt und zu einem hohen Anteil mit dem Verwendungszweck „Raumheizung" identisch ist). In der Bundesrepubik rangierten 1979 die Haushalte und „Kleinverbraucher" (inkl. kleiner Industriebetriebe, Gewerbe, Handwerk, die in anderen Ländern teilweise der Industrie zugeschlagen werden) mit fast 45% sogar eindeutig vor der Industrie mit 34%. Auf diese beiden Sektoren, die in der Bundesrepublik und in Schweden jeweils vier Fünftel des Endenergieverbrauchs ausmachten, entfiel in den USA nur ein Anteil von 64% (Industrie sogar nur 31%, „Sonstige" 33%). Weit höher dagegen lag in den USA – unter allen Sektoren sogar an erster Stelle – der Verkehr. Sein Anteil am Endenergieverbrauch ist hier nahezu doppelt so hoch wie in Schweden und mehr als 70% höher als in der Bundesrepublik.

Quellen: OECD, Energy Balances of OECD Countries, versch. Jahrgänge; Arbeitsgemeinschaft Energiebilanzen.

Der Pro-Kopf-Endenergieverbrauch unterscheidet sich zwischen den drei Ländern im Sektor „Sonstige Energieverbraucher" um maximal ein Drittel.

Tab. 4: Pro-Kopf-Endenergieverbrauch 1979 in ausgewählten Ländern, in t SKE

	USA	Schweden	BRD
Industrie	2,62	2,43	1,53
Verkehr	2,99	1,06	0,92
„Sonstige"	2,74	2,27	1,98

Hierbei ist aber zu berücksichtigen, daß unter Kleinverbrauchern in der Bundesrepublik auch der Energieeinsatz von Verbrauchern verbucht ist (kleine Industriebetriebe, Gewerbe, Handwerk), die in anderen Ländern der Industrie zugeschlagen werden.

Quelle: „United Nations" und „International Energy Agency".

Im industriellen Endenergieverbrauch weist die Bundesrepublik immerhin einen um zwei Fünftel niedrigeren spezifischen Wert auf als die USA, wobei auch Schweden verhältnismäßig hoch liegt. Am größten aber sind die Unterschiede im Verkehr. Hier haben die Bundesrepublik Deutschland und Schweden 1979 jeweils einen Pro-Kopf-Verbrauch, der nur bei etwa einem Drittel des amerikanischen Niveaus lag. Die größten Unterschiede im Pro-Kopf-Endenergieverbrauch weist der Verkehrssektor aus. Diese Unterschiede im Gewicht des Sektors „Verkehr" am Endenergieverbrauch erklären sich im wesentlichen durch die höhere Motorisierung, die höhere Fahrleistung der PkWs und den bei weitem höheren Benzinverbrauch in den USA gegenüber Schweden und der Bundesrepublik. So lag 1979 in den USA die *PkW-Dichte* bei 527 PkW pro 1000 Einwohner, in der Bundesrepublik bei 369, in Schweden sogar nur bei 346; die *Fahrleistung* lag in den USA bei 16800 km pro PkW und Jahr, in Schweden bei rd. 15000 km, in der Bundesrepublik bei 12900 km; der *Verbrauch* in den USA bei rd. 16 Liter pro 100 km, in der Bundesrepublik und in Schweden bei knapp 11 Liter pro 100 km. In die gleiche Richtung wirken die geringere Bedeutung energieeffizienter öffentlicher Verkehrsmittel in den USA (Eisenbahn-Personenkilometer pro Kopf nur etwa ein Zehntel des europäischen Niveaus) gegenüber den beiden anderen Ländern sowie die etwa doppelt so große Bedeutung des (verhältnismäßig energieineffizienten) Luftverkehrs.

Wenn für diese Unterschiede auch zum Teil geographische (Ausdehnung, Fläche), siedlungsstrukturelle (Anteil städtischer und ländlicher Bevölkerung, Charakter und Bedeutung von Ballungszentren) sowie sozioökonomische (Mobilität) Faktoren sprechen, so dürfte doch auch den extrem niedrigen Kraftstoffpreisen in den USA gegenüber den europäischen Ländern zentrale Bedeutung als Erklärung für den weit höheren Energieverbrauch im Verkehrsbereich der USA gegenüber Europa zukommen.

Aber auch der Energieverbrauch im Sektor „Sonstige", bei dem sich die geringsten Differenzen in den Pro-Kopf-Werten ergeben hatten, bedarf noch eines Kommentars: Zwar liegen die USA in diesem – stark vom Energieeinsatz für Raumheizzwecke gekennzeichneten – Bereich noch vergleichsweise günstig, doch erscheint dies in völlig anderem Licht, wenn man die weit höheren Durchschnittstemperaturen in den USA gegenüber der Bundesrepublik und vor allem Schweden mit in die Betrachtung einbezieht.

Während die USA nämlich im Mittel 2500 →*Gradtage* aufweisen, so die Bundesrepublik 3420 und Schweden sogar 3910.[2] Vergleicht man hiermit den effektiven Energieeinsatz pro Gradtag in den drei Ländern, so zeigt sich, daß Schweden bei drei Vierteln des Niveaus der Bundesrepublik und sogar 50% unter dem Niveau der USA liegt. Wenn hierbei auch zu berücksichtigen ist, daß die Wohnungsgröße in den USA und der Bundesrepublik etwa 40% über derjenigen Schwedens liegt, so kommt in diesen Zahlen doch die weit effizientere Nutzung von Energie für Zwecke der Raumheizung in Europa gegenüber den USA zum Ausdruck. Zweifellos kommt Schweden zugute, daß hier bereits frühzeitig hohe Wärmestandards verbindlich vorgeschrieben wurden, außerdem der hohe Anteil von Fernwärme wie auch der von Strom mit seinem hohen Verbraucherwirkungsgrad. Große Bedeutung besitzt aber auch hier wiederum der niedrige Preis für typische im Haushaltsbereich eingesetzte Energieträger, der 1980 in den USA immerhin bei weniger als 50% des europäischen Niveaus lag. Dies bedeutet, daß der Verbraucher in den Vereinigten Staaten bislang nur begrenzt mit den inzwischen eingetretenen Verteuerungen auf dem Weltenergiemarkt konfrontiert wurde, was entsprechende Energieeinsparungsmaßnahmen zweifellos nicht gerade begünstigt haben dürfte.

Fazit Zusammenfassend kann festgestellt werden, daß zwischen den hochentwickelten Industrienationen erhebliche Unterschiede im Energieverbrauchsniveau bestehen. Eine Analyse der Verhältnisse in den drei ausgewählten Ländern zeigt, daß der für die Vergangenheit feststellbare enge statistische Zusammenhang zwischen wirtschaftlicher Aktivität und Energieverbrauchsniveau sich nicht unverändert in Zukunft fortsetzen muß, zumal sich die Energieintensität (Pro-Kopf-Bruttoinlandsprodukt, bezogen auf den Pro-Kopf-Energieverbrauch) ähnlich weit entwickelter Volkswirtschaften: wie der USA und der Bundesrepublik Deutschland, um den Faktor 2 unterscheiden kann. Das Verhältnis zwischen den beiden Größen ist nicht unveränderlich über die Zeit, sondern – vor allem mit einer Änderung der Energie-/Faktorpreis-Relationen sowie energiepolitischen Eingriffen – variabel und variierbar. Hierin liegen beträchtliche Möglichkeiten zur weiteren wirtschaftlichen Entwicklung, ohne daß ein ständig steigender Energieverbrauch in Kauf genommen werden muß.

Aufgabe 6 Nennen Sie Erklärungsversuche für die Unterschiede in der Relation von Bruttosozialprodukt (BSP) zu Primärenergieverbrauch (PEV) zwischen den USA und der Bundesrepublik Deutschland.

....
....
....
....
....
....
....
....
....
....

---

2 Tsutomu Toichi et al.: International Comparison of Residential Energy Use in the Developed Countries. Supplement to Energy in Japan, No 53. 1981.

Zur Problematik von Energieprognosen 20.3.4.

Um die Kapazitäten der Energieversorgung rechtzeitig an die künftige Energienachfrage anzupassen, werden „Energiebedarfsprognosen" durchgeführt. Selbstverständlich können Prognosen niemals den Schleier, der vor der Zukunft liegt, lüften. Ihr Sinn und Zweck besteht vielmehr darin, die Unsicherheiten in der Einschätzung der künftigen Energienachfrage, wenn eben möglich, zu verringern oder aber nach Art und Ausmaß zu verdeutlichen. Daß dies nicht immer gelingt, zeigt ein Vergleich früherer Energieprognosen mit dem tatsächlichen Energieverbrauch (vgl. *Abb. 13*).

Analyse 4

Abb. 13: Energieprognose und tatsächliche Entwicklung des Primärenergieverbrauchs (Bundesrepublik Deutschland)

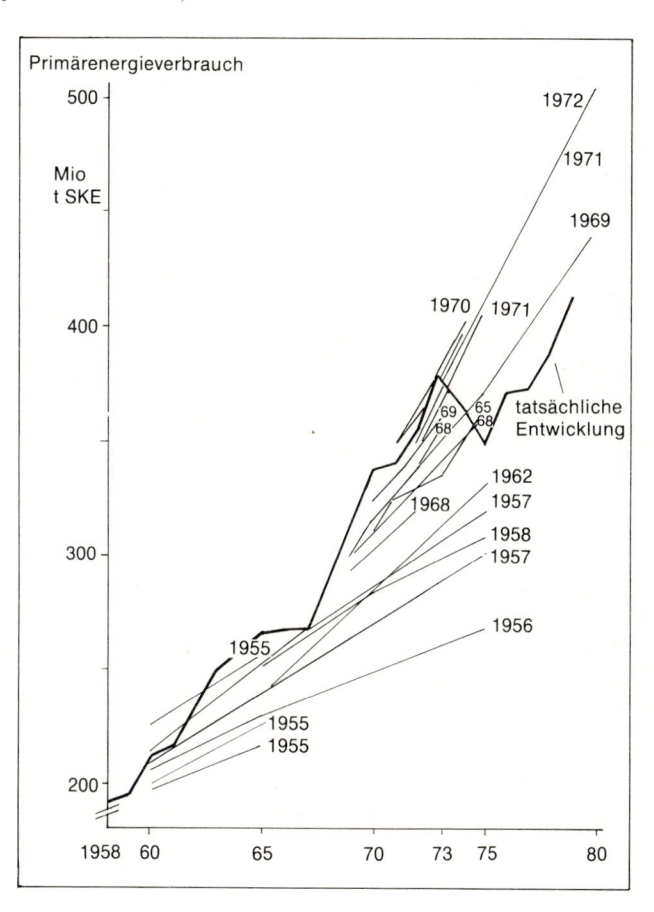

Quelle: A. Voss: Vorgetäuschte Sicherheit durch Energieprognosen. In: *Umschau 80*, Heft 8 (1980), S. 235. (Zahlen an den Kurven kennzeichnen das Erscheinungsjahr der Prognosen.)

Weil Energie praktisch in allen Produktionen und in allen Haushalten eingesetzt wird, sind Umfang und Zusammensetzung des Sozialprodukts wichtige Bestimmungsfaktoren der Energienachfrage. Nur in einer wachsenden Volkswirtschaft wird mehr Energie benötigt. Wachstum des realen Bruttosozialprodukts bedeutet jedoch nicht, daß die gesamte Energienachfrage im Gleichschritt mit dem Sozialprodukt wachsen müßte. Eine Prognose der Energienachfrage für die nächsten 10 oder 20 Jahre muß offensichtlich neben Schätzungen des künftigen Wirtschaftswachstums und der Wirtschaftsstruktur auch Schätzungen der Energiepreisentwicklung und Annahmen über energiepolitische Maßnahmen verwenden, die den Energieverbrauch beeinflussen.

Verfahren

Wirtschaftspolitisch wichtiger noch ist die Prognose der künftigen Zusammensetzung der Gesamtenergienachfrage nach Energieträgern. Diese erfordert einen differenzierteren Prognoseansatz. Meist zerlegt man die Gesamtenergienachfrage in Teilaggregate, deren Analyse dann auf eine Vielzahl von Einzelinformationen gestützt werden kann. Beim Teilaggregat „Raumheizung der Haushalte" beispielsweise wird untersucht, wie sich der Wohnungsbestand entwickeln wird, wie energiepolitische Maßnahmen, die Energiepreis- und die Einkommensentwicklung die Heizungsnachfrage pro Wohnung verändern und wie sich Verschiebungen in den Energiepreisbeziehungen auf die Beteiligung der einzelnen Energieträger an der Deckung der Heiznachfrage auswirken werden. Offenkundig spielen die Preisentwicklungen der Energieträger allgemein immer dann eine entscheidende Rolle, wenn sie gegeneinander ausgetauscht werden können.

Die Beziehungen zwischen den einzelnen Energievariablen (Mengen und Preise) können in einem Computermodell des Energiesektors abgebildet werden. Die Erfassung der Wechselwirkungen zwischen Energiesektor und Gesamtwirtschaft erfolgt in komplexeren Modellen. Die Konstruktion von Modellen dieses Typs bildet heute eine der wichtigsten Aufgaben energiewirtschaftlicher Forschung.

Den Unsicherheiten über die Entwicklung der Bestimmungsfaktoren des Energieverbrauchs wie Sozialprodukt, Wirtschaftsstruktur, Energiepreise und anderes wird vielfach durch „Szenarien" Rechnung getragen, die jeweils durch bestimmte Annahmen bzw. Schätzungen dieser Größen bestimmt werden. Der Benutzer der Prognose – der Politiker, der Energieanbieter oder der Energieverbraucher – muß sich dann ein eigenes Urteil über die Wahrscheinlichkeit des Eintretens der verschiedenen Szenarien bilden. In jedem Falle hat seine Entscheidung den Unsicherheiten Rechnung zu tragen, wie sie in den Szenarien zum Ausdruck kommen. Solche Szenarien hat beispielsweise die vom Bundestag eingesetzte Enquete-Kommission „Zukünftige Kernenergie-Politik" angefertigt:

Abb. 14: Energieumsatz im Jahr 2000, nach den vier Pfaden der Enquete-Kommission „Zukünftige Kernenergie-Politik"; in Mio. t SkE

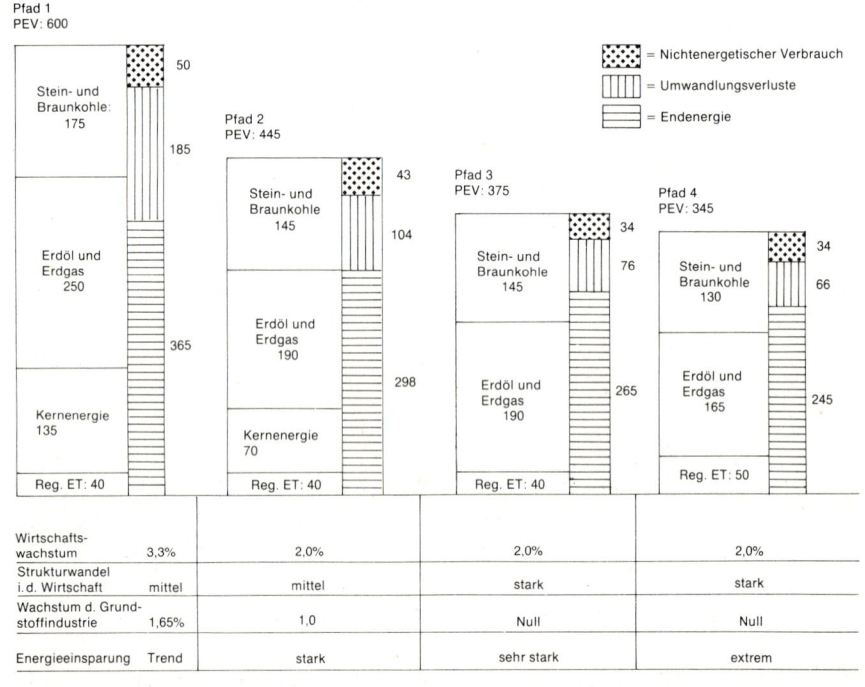

Zeichnung: F. VORHOLZ, nach „Bericht der Enquete-Kommission ‚Zukünftige Kernenergiepolitik'", Bundestagsdrucksache 8/4341 vom 27. 6. 1980.

20. Energiebilanz

Den künftigen Energieverbrauch in der Bundesrepublik Deutschland haben kürzlich drei energiewirtschaftliche Institute vorausgeschätzt:

Tab. 5: Struktur des Endenergieverbrauchs, nach Energieträgern

	1970	1978	1985			1990			1995		
			Variante A	Variante B	Variante C	Variante A	Variante B	Variante C	Variante A	Variante B	Variante C
	— Mio. t SKE —										
Feste Brennstoffe	46,3	23,0	27,0	27,8	27,2	28,4	28,8	28,5	28,4	29,1	28,4
davon:											
Steinkohle	16,1	6,0	8,8	9,3	8,4	10,3	10,9	9,9	11,1	12,5	11,2
Steinkohlenkoks	21,5	13,2	14,7	15,0	15,2	14,9	14,8	15,2	14,3	13,9	14,1
Braunkohle	8,7	3,8	3,5	3,5	3,6	3,2	3,1	3,4	2,8	2,7	3,1
Mineralölprodukte	131,1	152,0	137,6	139,3	132,3	126,7	129,7	125,0	118,9	123,3	117,1
davon:											
Motorenbenzin	23,7	34,8	7,6	38,3	36,2	34,0	35,0	32,7	31,3	32,1	29,6
Kerosin	2,9	4,0	4,4	4,7	4,3	4,7	5,1	4,5	5,0	5,4	4,7
Dieselkraftstoff	14,4	18,0	20,3	20,7	20,9	22,1	22,9	22,5	23,9	25,4	24,4
Heizöl leicht	63,2	72,7	57,2	57,3	53,7	48,3	48,8	48,6	41,5	41,6	42,1
Heizöl schwer	25,2	20,3	14,6	14,9	13,6	13,4	13,6	12,3	12,1	12,6	10,9
Flüssig-, Raffineriegas	1,7	2,2	3,5	3,4	3,6	4,2	4,3	4,4	5,1	5,2	5,4
Erdgas, Erdölgas	10,5	34,8	47,0	48,8	47,5	51,7	53,3	52,7	54,8	58,0	56,2
Sonstige Gase	13,6	8,0	7,1	7,3	6,7	6,4	6,6	6,2	6,8	6,8	6,4
Strom	25,1	37,6	46,8	47,1	45,9	54,7	55,7	53,2	62,0	64,5	60,1
Fernwärme	4,3	5,4	7,6	7,5	7,6	8,9	8,7	8,9	10,9	10,7	10,9
insgesamt	230,9	260,9	273,1	277,8	267,2	276,8	282,8	274,5	281,8	291,4	278,9

Die einzelnen Varianten sind durch folgende Annahmen gekennzeichnet:

	Variante A	Variante B	Variante C
	in v. H.		
1. Gesamtwirtschaftliche Güterverwendung (in konstanten Preisen)			
Bruttosozialprodukt	2,7	3,4	2,2
Privater Verbrauch	1,8	2,7	1,6
Staatsverbrauch	2,1	2,5	1,7
Anlageinvestitionen	4,3	3,1	3,2
Ausfuhr	4,7	5,6	4,4
Einfuhr	4,4	3,9	4,2
2. Produktivität und Erwerbstätigkeit			
Produktivität	2,9	3,3	2,4
Erwerbstätige	-0,2	0,1	-0,1
	in Millionen		
3. Bevölkerung und Erwerbspersonenpotential im Jahre 1995			
Wohnbevölkerung	57,3	58,0	60,9
Erwerbspersonenpotential	25,8	26,7	27,4
Registrierte Arbeitslose	0,8	0,7	1,8

Aus: Dritte Fortschreibung des Energieprogramms der Bundesregierung, a.a.O., S. 33

Fazit

In ihrer „Dritten Fortschreibung des Energieprogramms" vom November 1981 hat sich die Bundesregierung zwar diese Prognosen, wie es heißt, nicht „zu eigen" gemacht, doch hält sie die Prognosen „auf der Basis der heute verfügbaren Erkenntnisse" für eine „plausible Einschätzung".[3] Nach diesen Prognosen wird sich der Primärenergieverbrauch bis 1985 um mindestens 18 Prozent erhöhen, der Endenergieverbrauch dagegen wird nur um mindestens sechs Prozent wachsen.

---
3 Dritte Fortschreibung des Energieprogramms der Bundesregierung. Bundestags-Drucksache 9/983 vom 5. 11. 1981, S. 8.

Allerdings wird geschätzt, daß der Stromverbrauch um mindestens 60 Prozent zunimmt. Dieser Zuwachs soll nahezu vollständig durch Kernkraftwerke und Steinkohlekraftwerke bereitgestellt werden. Nun haben wir bereits gesehen, daß wegen des niedrigen Wirkungsgrades von Kraftwerken etwa zwei Drittel der eingesetzten Energie bei der Stromerzeugung verlorengehen. Wir müssen deshalb fragen, wie sinnvoll die Stromerzeugung eigentlich ist.

Bei der Beantwortung dieser Frage wird man sich leicht darüber einigen können, daß ein Weniger an Strom nicht mit Produktions- und Beschäftigungseinbußen und ebenso nicht mit Nutzeneinbußen der Haushalte erkauft werden sollte.

In vielen Bereichen sind die Energiedienstleistungen des Stroms weder durch andere Energieträger erbringbar noch verzichtbar. Beispielsweise hat erst der Stromeinsatz den hohen Stand der technischen Rationalisierung moderner Haushalte möglich gemacht. Fernseh- oder Radiogeräte können nicht mit Brennstoffen betrieben werden. Die Aluminiumherstellung und andere Industrieproduktionen sind auf Strom angewiesen. Ein gleiches gilt für die industrielle Fertigung, das moderne Büro oder den Verwaltungsbetrieb. Weitere Steigerungen der Arbeitsproduktivität – die Grundlage unserer hohen Einkommen – erfordern fast immer den Einsatz von mehr Strom. Allein technische Fortschritte bei der Stromanwendung ermöglichen dort, wo ein Ersatz durch andere Energieträger nicht möglich ist, mit der Zeit eine Verringerung des Stromeinsatzes pro Einheit der betreffenden Energiedienstleistungen. Bei insgesamt steigender Nachfrage nach diesen Energiedienstleistungen kann dennoch eine Mehrnachfrage nach Strom die Folge sein.

Nur wo Strom durch andere Energieträger ersetzt werden kann, so vor allem bei der Bereitstellung von Wärme für Raumheizung, Warmwasserbereitung und ähnlichem, bedeutet ein Verzicht auf Stromeinsatz nicht, daß auf den Nutzen der Energiedienstleistung „Wärme" verzichtet werden müßte. Es wäre jedoch vorschnell, allein aus dem niedrigen Umwandlungswirkungsgrad des Stroms in Kondensationskraftwerken auf eine energietechnische Unterlegenheit schließen zu wollen. Energietechnisch ist der Gesamtwirkungsgrad der Umwandlung von Primär- in Sekundärenergie und weiter in die nutzbare Energie der Energiedienstleistung maßgebend. Weil die Elektrogeräte zur Wärmegewinnung hinsichtlich der Regelbarkeit besonders gut abschneiden, weisen sie meist auch die höchsten Wirkungsgrade auf. Daher kann die Warmwassergewinnung mit Strom im Sommer mit höherem Gesamtwirkungsgrad erfolgen als die mit Öl oder Festbrennstoffen. Auch für die Raumheizung in der Übergangszeit kann dies zutreffen.

Aus volkswirtschaftlicher Sicht kommt es aber ohnehin nicht auf die Minimierung der Energieverluste an, sondern auf die Minimierung der Gesamtkosten der Energieversorgung, in die alle Produktionsfaktoren und die natürliche Umwelt einzubeziehen sind. Für eine Volkswirtschaft, die sich wie die unsrige im internationalen Wettbewerb behaupten muß, ist die kostenoptimale Kombination der Produktionsfaktoren „Arbeit", „Kapital", „Energie" und „natürliche Umwelt" zwingendes Gebot.

Wenn künftig keine beträchtliche Verbilligung der Elektrowärmepumpe erreicht werden sollte, wird daher auch ihre Verbreitung – trotz energietechnischer Überlegenheit und dementsprechend trotz eines Bonus für Verringerung der Umweltbelastung – aus Kostengründen nur sehr langsam vorankommen. Hingegen kann die in der Öffentlichkeit so oft gescholtene Elektrospeicherheizung eine kostenüberlegene Lösung darstellen, wenn nämlich bei einem Stromversorgungsunternehmen in der Nacht noch Erzeugungs- und Verteilungskapazitäten ungenutzt sind. Anschluß und Betrieb der Elektrospeicher verursachen hier beim Stromanbieter nur verhältnismäßig geringe zusätzliche Kosten und ermöglichen so konkurrenzfähige Strompreise für Nachtspeicherheizung.

Aber auch unter Kostengesichtspunkten wird der Einsatz des Stroms in der Wärmeanwendung mehr oder weniger engen Begrenzungen unterliegen. Niedrige Wirkungsgrade in der Stromerzeugung und hohe Kapitalaufwendungen bedeuten ja, daß Strom nur unter günstigen Voraussetzungen zu konkurrenzfähigen Preisen für Heizungszwecke angeboten werden kann.

Kernenergie   21.

Federführender Autor: Karl Heinrich Hansmeyer

Autoren der Studieneinheit: Karl Aurand, Constanze Eisenbart,
Karl Heinrich Hansmeyer, Peter Cornelius Mayer-Tasch, Kurt Schmitz,
Rudolf Schulten, Hans Willi Thoenes, Gerhard Vollmer

Allgemeine Einführung   21.0.

In der Studieneinheit 20 haben wir gesehen, daß im Jahre 1980 in Kernkraftwerken lediglich 3,7 Prozent der in der Bundesrepublik Deutschland verbrauchten Primärenergie umgesetzt wurden. Statistisch gesehen ist die Rolle der Kernenergie damit bisher eher unbedeutend. Das soll sich jedoch bald ändern. In der „Dritten Fortschreibung des Energieprogramms der Bundesregierung" vom November 1981 heißt es: „Die Kernenergie muß [...] einen weiter steigenden Beitrag zur Stromerzeugung in der Grundlast leisten."[1] Die Prognosen, die in der „Dritten Fortschreibung" als „plausible Einschätzung" gewertet werden, erwarten bis 1995 einen Kernenergieanteil am Primärenergieverbrauch von mindestens 17 Prozent. Die in Kernkraftwerken umgesetzte Energie soll sich versiebenfachen.

Schon heute spielt freilich die Kernenergie in der öffentlichen Energiediskussion die herausragende Rolle. Die Kernenergiefrage, so scheint es, scheidet die Nation in zwei Lager. Die Diskussion selbst verläuft nur selten sachlich. Die *Zeit* schrieb von einem „Disput mit dem Holzhammer"[2]; in der *Frankfurter Allgemeinen Zeitung* war von einem „Dialog, der seinen Gegenstand längst hinter sich gelassen hat"[3] die Rede. Beide Äußerungen verleihen damit den Beobachtungen von Diskussionen Ausdruck, die immer wieder zeigen, daß sich Befürworter und Gegner der Kernenergie nicht verständigen können. Bei Befürwortern wie Gegnern haben sich Positionen herausgebildet, die die Fronten als völlig verhärtet erscheinen lassen und jede weitere „echte" Diskussion von Beginn an außerordentlich erschweren.

In dieser Einführung sollen nicht die beachtlichen Gründe aufgezeigt werden, die bestimmte Personen veranlaßt haben, gegen die Kernenergie zu stimmen, und andere dazu, ihren Einsatz als unverzichtbar darzustellen. Einer Beleuchtung des Für und Wider wird an späterer Stelle genügend Platz eingeräumt werden. Hier geht es vielmehr um die Ursachen für eine derart polarisierte Diskussion, in der von gegenseitigem Respekt getragene Auseinandersetzungen die Ausnahme bilden.

Die Entwicklung der friedlichen Nutzung der Kernenergie am Ende der vierziger Jahre war überwiegend getragen von dem Gedanken einer wissenschaftlichen und technischen Herausforderung. Erst später trat das Motiv der kostengünstigen Energieerzeugung in den Vordergrund. Einschlägige Passagen in Parteitagsbeschlüssen und Programmen der vier Parteien CDU, CSU, FDP und SPD forderten einen zügigen Ausbau der Kernenergie, in der Hoffnung, über preiswerte Energiebereitstellung eine Wohlstandsmehrung zu ermöglichen, sowie dem schon damals absehbaren Dilemma der relativen Knappheit anderer Energieträger zu entrinnen.

Zu Beginn der siebziger Jahre machte sich dann jedoch zunehmend ein „Unbehagen gegen die Kernenergie" breit, das von den Befürwortern teilweise als „kollektive

---
1 Dritte Fortschreibung des Energieprogramms der Bundesregierung. Bundestags-Drucksache 9/983 vom 5. 11. 1981, S. 18.
2 *Die Zeit* vom 11. 5. 1979.
3 *Frankfurter Allgemeine Zeitung* vom 10. 11. 1979.

Verhaltensstörung"[4] charakterisiert worden ist. Insbesondere in der zweiten Hälfte der siebziger Jahre ist deutlich geworden, daß sich viele der Atom-Gegner nicht nur gegen diese Art der Stromerzeugung wenden, sondern „Funktionszwänge einer komplexen Industriegesellschaft mit ihrer Verfilzung von politischen und ökonomischen, wissenschaftlichen und technologischen Machtstrukturen"[5] anprangern. Diese Grundhaltung hat viele der etablierten Experten vor offensichtlich unüberwindbare Probleme gestellt. Bis dahin hatten sich die Auseinandersetzungen im Rahmen einer Suche nach technischen Optimallösungen bewegt, die in der Fachwelt ausgefochten werden konnte. Wissenschaftler und Techniker hatten sich bis zu diesem Zeitpunkt selten mit den politischen Konsequenzen ihrer Entscheidung auseinandergesetzt. Verschärft wurde diese Krise durch das verantwortungslose Fernbleiben vieler Politiker bei dieser Diskussion, in der Befürchtung, durch klare Stellungnahmen Verluste von Wählerstimmen zu erleiden. So wurde die Entscheidung mehr und mehr in die Hände von Verwaltungsgerichten gelegt, die sich dieser Aufgabe nur zum Teil gewachsen zeigten.

Darüber hinaus haben Verunglimpfungen beider Seiten eine große Gruppe, die nicht unbedingt gegen die Kernenergie stimmt, aber eine sorgfältige, möglichst offene Diskussion aller Sicherheitsprobleme wünscht, kaum zu Wort kommen lassen. Man stellte Kernenergiegegner in eine Ecke mit Kommunisten und Systemveränderern oder beschimpfte die Fürsprecher der Kernenergie als Interessenvertreter des Großkapitals und glaubte, damit den Hauptteil einer Auseinandersetzung geleistet zu haben.

Welche Folgerungen könnten sich hier anschließen?

Wichtig wäre zunächst, um dem ritualisierten Schlagabtausch ein Ende zu bereiten, endlich die Ängste der Atomkraftgegner ernst zu nehmen. Beide Seiten müssen sich hier entscheidend entgegenkommen: Die Techniker, die bisher völliges Unverständnis und vielfach eine „mitleidig-mitleidlose Art" gezeigt haben, in der sie „den Unmut der etablierten Fachwelt gegenüber namenlosen Querulanten"[6] äußerten; die Gegner müssen die Bereitschaft mitbringen, fehlendes technisch-physikalisches Wissen durch Aufklärung zu mindern. Repräsentative Studien, die aufzeigen, wie ungenügend die Information in der Bevölkerung über Kernkraftwerke ist, haben der Elektrizitätswirtschaft nahegelegt, sich nicht in hochwissenschaftlichen Erklärungen zu verlieren, sondern eine klare Konzeption zu entwickeln, die durch allgemeine, verständliche Aufklärung helfen soll, die Zahl der Unsicheren zu verringern. Belastend haben sich darüber hinaus für eine Meinungsbildung in der Bevölkerung widersprüchliche Aussagen von Regierung, Gerichten und Experten erwiesen. Beschönigend wäre freilich der Irrglaube, in einem frei von Emotionen geführten Dialog ließe sich eine Einigung schnell finden. Auch von gegenseitigem Respekt getragene akademische Auseinandersetzungen haben beträchtliche Differenzen offengelegt, die aus der unterschiedlichen Risikoeinschätzung herrühren. Auch dieses Buch wird den Interessierten lediglich eine zusammenfassende Informationsgrundlage bieten können.

Für die Bundesrepublik Deutschland hat eine Enquete-Kommission des Deutschen Bundestages vier „Energiepfade" entwickelt: Der vierte, „sanfte" Pfad geht davon aus, daß bei Ausschöpfung aller Techniken zur Energieeinsparung und aller regenerativen Energiequellen ein Verzicht auf Kernenergie ohne Komforteinbußen möglich ist. Diese Schätzungen werden aber angezweifelt. Vergleichbare Studien für die globale Energieversorgung sehen noch erhebliche Energielücken, vor allen Dingen für die Versorgung der mehr als 50 Prozent der Bevölkerung in Entwicklungsländern.

---

4 *Frankfurter Allgemeine Zeitung* vom 26. 8. 1978.
5 *Frankfurter Allgemeine Zeitung* vom 10. 11. 1979.
6 *Frankfurter Allgemeine Zeitung* vom 10. 11. 1979.

21. Kernenergie

Die politische Entscheidung für oder wider den weiteren Ausbau der Kernenergie muß sich wie jede andere politische Entscheidung an den Grundzielen unserer Verfassung orientieren. Sowohl unter Befürwortern als auch unter Gegnern der Kernenergie finden sich angesehene Wissenschaftler. Die Stimmung in der Bevölkerung und die heftigen Auseinandersetzungen um den Bau neuer Kernkraftwerke gefährden aber den sozialen Frieden in der Bundesrepublik Deutschland in so hohem Maße, daß politisch die intensive Befolgung des „sanften" Energiepfades sehr erwägenswert ist.

Auch das Gutachten des Rates von Sachverständigen für Umweltfragen: „Energie und Umwelt" kommt zu der Folgerung, daß sich die Kernenergie nicht zur massiven Ausdehnung des Energieangebotes eignet, obwohl die Risiken, insbesondere bei verstärktem Einsatz von Hochtemperaturreaktoren, für vertretbar gehalten werden.

„Verantwortlich handelt man, wenn man für die Folgen seines Handelns einzustehen bereit ist. Man kann aber nur für die Folgen des Handelns einstehen, wenn man diese Folgen übersieht." Unter dieser Voraussetzung führt die Abwägung des politischen und moralischen Risikos einer Entscheidung für die Kernenergie zu der Folgerung: „Illusionen sind ein ebenso bedenklicher moralischer Krisenfaktor wie Angst und blinder Zorn."

Die Studieneinheit gliedert sich in 4 Themenkomplexe: (1) Zunächst werden die physikalischen Grundlagen der Kernenergietechnik dargestellt und (2) die verschiedenen Reaktortypen erklärt. (3) Anschließend werden die Vorgänge beim Kraftwerksstörfall „Three Mile Island" in den Vereinigten Staaten nachgezeichnet. (4) In den folgenden Analysen werden zunächst die Umwelteffekte der Kernenergienutzung dargestellt. Eine Diskussion der technisch-ökonomischen, politischen und moralischen Aspekte der Kernenergienutzung bildet den Beschluß.

Gliederung

Physikalische Grundlagen der Kernenergie 21.1.

In diesem Abschnitt widmen wir uns zunächst den physikalischen Fragen, die sich mit dem Aufbau der Atome und mit der Spaltung und Verschmelzung von Atomkernen befassen.

Thema 1

Alle materiellen Dinge, die uns umgeben, auch wir selbst, bestehen aus *Atomen*. Die Atome fügen sich zu Molekülen, zu Riesenmolekülen, zu festen, flüssigen und gasförmigen Körpern zusammen. Jedes Atom besteht aus einem massiven Zentrum, dem Atomkern, und den wesentlich leichteren Elektronen, die um den Kern kreisen, ihn „umhüllen". Der Kern ist positiv, die Elektronen sind negativ geladen. Es sind deshalb elektromagnetische Kräfte, die das Atom zusammenhalten.

Grundlagen

Die Zahl der Elektronen bestimmt die Struktur der Elektronenhülle, diese wiederum ist verantwortlich für die chemischen Eigenschaften eines Atoms. Ordnet man die Atome nach der Zahl ihrer Hüllelektronen, der sogenannten „Ordnungszahl", so erhält man das „Periodensystem der chemischen Elemente". Es reicht vom einfachsten und leichtesten Element, dem Wasserstoff mit nur 1 Elektron, bis zum schwersten natürlichen Element, dem Uran mit 92 Elektronen, und darüber hinaus zu noch schwereren künstlichen Elementen wie Plutonium.

Chemische Reaktionen kommen durch Umlagerung der Atome und ihrer Hüllelektronen zustande. Zwar können alle Reaktionen auch in umgekehrter Richtung ablaufen; von selbst erfolgen jedoch nur solche, bei denen Energie frei wird, zum Beispiel:

C	+	O_2	→	CO_2	+	4 eV
1 Atom Kohlenstoff	reagiert mit	1 Molekül Sauerstoff	zu	1 Molekül Kohlendioxid,		wobei 4 Elektronen-Volt als Wärmeenergie frei werden.
$C_6H_{12}O_6$	+	$6\,O_2$	→	$6\,CO_2$	+ $6\,H_2O$	+ 24 eV
1 Molekül Traubenzucker	wird durch	6 Moleküle Sauerstoff	oxidiert zu	6 Molekülen Kohlendioxid	und 6 Molekülen Wasser,	wobei 24 Elektronen-Volt als Wärme frei werden.

Die molekulare (chemische) Bindungsenergie wird dabei als Wärmeenergie frei. Offenbar können Kohlendioxid und Wasser sowohl durch *Spaltung* größerer Moleküle als auch durch *Verschmelzung* kleinerer Moleküle (oder Atome) entstehen, wobei noch Energie frei wird. Durch Spaltung oder Verschmelzung von CO_2 und H_2O läßt sich dagegen keine Energie gewinnen. Ähnliche Verhältnisse finden wir nun auch bei der Kernenergie.

Auch die *Atomkerne* bestehen aus kleineren Bausteinen, aus „Protonen" und „Neutronen". Die Protonen tragen je eine positive Ladung, die Neutronen sind gleich schwer wie die Protonen, jedoch elektrisch neutral (daher der Name). Die Protonen stoßen sich zwar aufgrund ihrer gleichen Ladungen ab; sie werden aber durch die *Kernkräfte* zusammengehalten, denen Protonen und Neutronen gleichermaßen unterliegen. Diese Kernkräfte haben nur eine kurze Reichweite; aber auf kurze Entfernungen sind sie etwa 100mal stärker als die elektromagnetischen Kräfte. Es sind also die Kernkräfte, die den Kern zusammenhalten. Die Neutronen müssen dabei gewissermaßen als Kitt dienen. Ein stabiler Atomkern weist deshalb mindestens so viele Neutronen auf wie Protonen. (Nur der Wasserstoffkern besteht aus einem einzigen Proton.)

Ein neutrales Atom enthält gerade so viele Protonen (positive Ladungen im Kern) wie Elektronen (negative Ladungen in der Hülle). Die Ordnungszahl eines chemischen Elements gibt also nicht nur die Zahl der Hüllelektronen an, sondern auch die der Kernprotonen; sie heißt deshalb auch „Kernladungszahl". Die *Nukleonenzahl* (oder *Massenzahl*) ergibt sich dagegen als Summe aus Protonen- und Neutronenzahl.

Die Atome eines bestimmten Elements haben nun zwar eine ganz bestimmte Zahl von Protonen, nicht aber eine eindeutig bestimmte Zahl von Neutronen. So haben die Atome des schwersten natürlich vorkommenden Elements Uran (U) alle genau 92 Elektronen und 92 Protonen, sie können aber 142, 143 oder 146 Neutronen haben. Die Ordnungszahl ist also fest (92), die Massenzahl jedoch nicht (234, 235 oder 238). Atome mit gleicher Ordnungszahl, aber verschiedener Massenzahl heißen „Isotope". Es gibt somit drei Uran-Isotope, nämlich U^{234}, U^{235} und U^{238}. Natürliches Uran besteht aus einem Gemisch der drei genannten Isotope. Allerdings sind nicht alle gleich häufig; Uran 238 überwiegt bei weitem. Für einen uranbetriebenen Kernreaktor kann man jedoch nur Uran 235 verwenden. Es ist deshalb eine wichtige Aufgabe, Uran 235 von natürlichem Uran abzutrennen. Auf dieses Problem kommen wir noch zurück.

Manche Atomkerne senden ohne äußeren Anlaß Teilchen oder Strahlung aus; sie sind *radioaktiv!* Dabei verwandeln sie sich in Atomkerne anderer Elemente.

Beispiele:

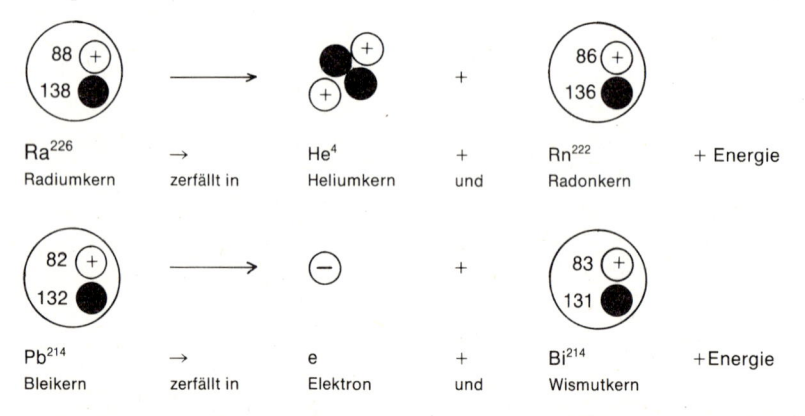

Ra^{226}	→	He^4	+	Rn^{222}	
Radiumkern	zerfällt in	Heliumkern	und	Radonkern	+ Energie

Pb^{214}	→	e	+	Bi^{214}	
Bleikern	zerfällt in	Elektron	und	Wismutkern	+Energie

Das Zeichen ⊕ steht für Protonen, ● für Neutronen. Wollte man zu den Kernen auch die Elektronenhüllen einzeichnen, so müßte man sie in diesem Maßstab einen Kilometer weit weg zeichnen.

21. Kernenergie

Bei allen diesen Zerfallsvorgängen wird Energie frei. Da die Kernkräfte wesentlich stärker sind als die atomaren und molekularen Kräfte, sind auch die bei Kernreaktionen freiwerdenden Energien erheblich größer als bei chemischen Reaktionen. Sie liegen im Bereich von Millionen Elektronenvolt (1 MeV = 10^6 eV), sind also millionenmal größer als chemische Energien. Ein Kilogramm des – allerdings sehr seltenen – Elements Radium etwa würde millionenfach mehr Energie durch radioaktiven Zerfall liefern als ein Kilogramm Kohle bei Verbrennung.

Die natürliche Radioaktivität kann uns jedoch unserer Energiesorgen nicht entheben. Radioaktives Material zerfällt entweder schnell (z.B. Radium); dann ist davon – fünf Milliarden Jahre nach der Erdentstehung – längst nicht mehr genug vorhanden. Oder es zerfällt langsam; dann liefert es auch die gewünschte Energie nicht schnell genug.

Erweiterung

1919 entdeckte jedoch RUTHERFORD, daß man manche Atomkerne *künstlich* radioaktiv machen kann. Dazu beschießt man sie mit leichten Kernteilchen (z.B. α-Teilchen, Protonen oder Neutronen), die in die beschossenen Kerne eindringen und sie zum „Zerplatzen" bringen. Beim Zerplatzen wird dann oft mehr Energie frei, als man beim Beschuß hineingesteckt hat. Besonders viel Energie wird frei, wenn man Lithiumkerne mit schnellen Protonen beschießt.

Leider kann die Spaltung von Lithiumkernen nicht zur Energiegewinnung im großen Maßstab dienen. Um einen Lithiumkern zu treffen, braucht man nämlich sehr viele (etwa 20000) Schüsse mit energiereichen Protonen. Der Betrieb eines Beschleunigers für diese Protonen würde insgesamt mehr Energie verbrauchen, als bei den seltenen Treffern schließlich frei wird. – Anders wäre es, wenn bei der Spaltung eines Lithiumkerns wieder ein oder mehrere Protonen frei würden, die als Geschosse für eine weitere Spaltung dienen könnten. Dann könnten wir mit einem Treffer eine *Kettenreaktion* in Gang setzen, bei der jeweils die Produkte einer Spaltung weitere Spaltungen auslösen. Bei Lithium geht das nicht, da keine neuen Protonen, sondern nur Heliumkerne (α-Teilchen) freiwerden.

Die Chemiker HAHN und STRASSMANN entdeckten im Jahre 1938, daß sich Urankerne durch Beschuß mit langsamen Neutronen spalten lassen und daß bei der Spaltung auch neue Neutronen entstehen:

n + U^{235} → U^{236} → Rb^{97} (Rubidium) + Cs^{137} (Cäsium) + 2 n + 200 MeV

Das seltene Uranisotop U^{235} ist dabei leichter zu spalten als das vorherrschende U^{238}. Vor allem aber liefert es dabei zwei bis drei Neutronen, die – wenn sie genügend abgebremst sind – weitere U^{235}-Kerne spalten können. Damit ist die Möglichkeit einer Kettenreaktion gegeben. Die Zahl der Neutronen und die Zahl der gespaltenen Kerne wächst dabei lawinenartig an, bis alle Kerne gespalten sind.

Für die Kettenreaktion ist allerdings erforderlich, daß

– nicht zu viele Neutronen durch fremde Kerne weggefangen werden,
– nicht zu viele Neutronen durch die Oberfläche der Probe entweichen, und
– möglichst viele Neutronen die für die Spaltung günstige *niedrige* Energie haben.

Um diese Bedingungen zu erfüllen, muß man verschiedene Vorkehrungen treffen:

- Die Probe muß möglichst *rein* sein. Da der hohe Anteil an U^{238} in natürlichem Uran (über 99%) die meisten Neutronen wegfinge, muß man versuchen, das seltenere Isotop U^{235} abzutrennen. Mit chemischen Methoden ist das nicht möglich, da sich U^{235} und U^{238} chemisch nicht unterscheiden; es ist aber möglich mit verhältnismäßig aufwendigen physikalischen Verfahren (Diffusion oder Massenspektrographie).

- Ist die Probe spaltbaren Materials klein, so entweichen zu viele Neutronen durch die Oberfläche, ohne eine Spaltung bewirkt zu haben: die Kettenreaktion erlischt. Ist die Probe dagegen groß, so führt die Kettenreaktion zu einer ungeheuren Vermehrung der Neutronen und der freigewordenen Energie: es kommt zu einer Explosion. Dazwischen liegt eine kritische Größe, bei der sich die Verluste durch Absorption und Entweichen mit den Gewinnen durch Spaltung die Waage halten. Eine Kernspaltungsbombe ("Atombombe") besteht deshalb aus zwei (oder mehr) Teilen, die alle *unter* der kritischen Masse liegen und erst für die Zündung der Bombe zusammengebracht werden, so daß die kritische Masse überschritten wird.

- Um die aus der Spaltung stammenden schnellen Neutronen abzubremsen, benötigt man eine Bremssubstanz, einen sogenannten *Moderator*. Diese Bremssubstanz soll die Neutronen bremsen, ohne sie zu verschlucken. Dazu eignen sich am besten Wasser, schweres Wasser und Graphit.

Anwendung

In einem *Kernreaktor* soll die Kettenreaktion kontrolliert ablaufen; man muß also durch Steuerungsmechanismen dafür sorgen, daß sie nicht erlischt und vor allem, daß es nicht zu einer Explosion kommt. Zur Steuerung führt man deshalb in das spaltbare Material Stäbe ein, die überschüssige Neutronen abfangen. Dafür eignen sich die Elemente Cadmium und Bor. Ein Kernreaktor besteht im wesentlichen aus folgenden Teilen:

Brennelemente in Form von Stäben oder Platten aus spaltbarem Material	U^{235}, U^{233}, Pu^{239}
Moderator zur Neutronenabbremsung, in den die Brennelemente eingebettet sind	H_2O, D_2O, C, organische Substanzen
Reflektor, der Brennelemente und Moderator umhüllt und der die Aufgabe hat, entweichende Neutronen zurückzustreuen	wie *Moderator*
Steuerstäbe, mit denen man die Vermehrungsrate der Neutronen regelt	Cadmium, Bor
Kühlsystem, das die bei der Spaltung entstandene Wärmeenergie aus dem Reaktorkern abführt	Wasser, Gase, flüssige Metalle
Wärmetauscher, in dem diese Energie nach außen abgegeben wird und beispielsweise zur Erzeugung von Wasserdampf dient	
Abschirmung, in der die entweichenden Neutronen und Gammastrahlen verschluckt werden	Beton

Der weitere Aufbau eines Reaktors hängt von seinem Zweck ab:

– *Leistungsreaktoren* (Kernkraftwerke) verfolgen die Energiegewinnung; sie liefern meist über eine Wärmekraftmaschine elektrische Energie.
– *Forschungsreaktoren* dienen der Ausbildung von Fachleuten, der Forschung oder der Materialprüfung.

21. Kernenergie

– *Brutreaktoren* („Brüter") produzieren neues spaltbares Material, insbesondere U^{233} und Pu^{239}, die in der Natur nicht vorkommen, sich aber ebenfalls zur Kettenreaktion eignen. Die Brutreaktionen erfolgen durch Neutronenbeschuß:

$$Th^{232} + n \rightarrow Th^{233} \rightarrow Pa^{233} \rightarrow U^{233}$$
Thorium   Protactinium

$$U^{238} + n \rightarrow U^{239} \rightarrow Np^{239} \rightarrow Pu^{239}$$
                            Neptunium   Plutonium

Während die nutzbaren Vorkommen an Uran 235 nur für einige Jahrzehnte ausreichen werden, würden die Vorräte der Erde an Natururan und Thorium genügen, um den Energiebedarf der Menschheit für einige Jahrtausende zu decken. Doch sind auch die Brutreaktoren mit Umweltbelastungen verbunden, auf die in Abschnitt 21.4 dieser Studieneinheit eingegangen wird.

Außer durch Spaltung besonders schwerer Atomkerne kann man auch durch Verschmelzung *(Fusion)* sehr leichter Kerne Energie gewinnen. Diese Energiequelle benutzt die Sonne, indem sie im Innern Wasserstoffkerne (Protonen) zu Heliumkernen (α-Teilchen) verschmilzt. Aus der Kernverschmelzung stammt auch die Energie der Wasserstoffbombe, in der sie durch eine Kettenreaktion explosionsartig freigesetzt wird. Ziel der Fusionsforschung ist es, diese Energiequelle in kontrollierter Form zu nutzen. Hierzu eignen sich die Kernreaktionen:

Fortführung

[1] Deuterium + Tritium   → $Helium^4$ + Neutron + 17,6 MeV
[2] Deuterium + Deuterium   → $Helium^3$ + Neutron + 3,25 MeV
[3] Deuterium + $Helium^3$ → $Helium^4$ + Proton + 18,3 MeV

Bei allen Fusionsreaktionen handelt es sich um Reaktionen geladener Teilchen. Da sich diese Teilchen gegenseitig abstoßen, muß man dafür sorgen, daß sie mit so hoher Geschwindigkeit aufeinander zufliegen, daß sie die elektrische Abstoßung überwinden und den Wirkungsbereich der anziehenden Kernkräfte erreichen. Dazu muß das Fusionsmaterial eine sehr hohe Temperatur (50 Millionen Grad und mehr) haben. Solchen Temperaturen hält kein Wandmaterial stand. Andererseits verlieren bei diesen Temperaturen alle Atome ihre Elektronen; das Fusionsmaterial besteht dann nur aus voneinander unabhängigen, geladenen Teilchen, nämlich Kernen und Elektronen, die gemeinsam das sogenannte *Plasma* bilden. Dieses Plasma kann zwar nicht durch materielle Wände, wohl aber durch starke Magnetfelder eingeschlossen werden. Soll die Kernfusion zünden, so muß das Plasma

– sehr *heiß* sein, damit die Kerne genügend Energie besitzen;
– sehr *dicht* sein, damit hinreichend viele Stöße stattfinden und eine Chance zur Verschmelzung geben;
– *lange* genug eingeschlossen sein;
– sehr *rein* sein, weil Fremdkerne die energiereichen Teilchen abfangen, ohne dabei Energie zu liefern.

Bisher können nicht alle diese Forderungen gleichzeitig erfüllt werden. Es besteht jedoch begründete Hoffnung, daß die kontrollierte Kernfusion noch in diesem Jahrhundert Energie liefert und zu Beginn des nächsten Jahrhunderts in großem, technologischem Maßstab ausgenutzt werden kann. Dabei ist zunächst die Deuterium-Tritium-Reaktion [1] am aussichtsreichsten.

Gegenüber allen Kernspaltungsreaktoren hätte ein *Fusionsreaktor* viele Vorteile:

• Der erforderliche Energielieferant (Deuterium) steht in praktisch unbegrenzter Menge zur Verfügung. Schweres Wasser (D_2O) ist nämlich im Verhältnis 1 : 10 000 Bestandteil normalen Wassers, insbesondere der Weltmeere, und läßt sich daraus verhältnismäßig leicht gewinnen.

• Transporte radioaktiver Brennstoffe und radioaktiven Abbrandes entfallen: Deuterium und Helium sind nicht radioaktiv. Der Brennstoff „Tritium" ist zwar radioaktiv, wird aber im Fusionsreaktor selbst hergestellt, „erbrütet", und bleibt gänzlich im reaktorinternen Brennstoffkreislauf.

• Das zum Erbrüten von Tritium erforderliche Lithium steht ebenfalls in allen Erdteilen ausreichend zur Verfügung.

• Die Energieausbeute ist sehr hoch; das zeigt ein Vergleich mit anderen Energieträgern. Um den Jahresweltverbrauch an Energie im Jahre 1975 zu decken, müßten in Kraftwerken mit einem Wirkungsgrad von 40% verbrannt werden:

              1 700 000 000 t Kohle
oder   85 000 t Uran in „klassischen" Reaktoren
oder   1 000 t Uran in Schnellbrütern
oder   1 000 t Lithium bei Deuterium-Tritium-Fusion [1]
oder   135 t Deuterium bei Deuterium-Deuterium-Fusion [2]

• Ein Fusionsreaktor kann praktisch nicht „durchgehen"; Störfälle wie ein Ausfall des Kühlsystems haben nur geringe Auswirkungen.

• Die Risiken durch Sabotage, Flugzeug- bzw. Meteoreinschlag oder durch Mißbrauch zu militärischen Zwecken sind erheblich geringer als bei Brutreaktoren (deren Bruterzeugnisse ja als Bombenmaterial Verwendung finden können).

• Die Aussicht, in einer zweiten Generation von Fusionsreaktoren sogar die Deuterium-Deuterium-Reaktion [2] ausnutzen zu können, gibt Hoffnung auf eine wirklich „saubere" Energiequelle, bei der auch die Radioaktivität der Wandmaterialien auf ein unbedenkliches Maß verringert werden könnte.

Bis zur Verwirklichung des Menschheitstraumes, es der Sonne gleichzutun, ist jedoch noch viel Forschungsarbeit erforderlich. Auch die Kosten der Fusionsforschung sind erheblich. Dennoch könnte die Tatsache, daß Europa an einem *Tag* mehr für Öl ausgibt als in einem *Jahr* für die Fusionsforschung, diese Ausgaben ins rechte Licht rücken.

Aufgabe 1   Wie kommt es zu einer Kettenreaktion, und wie kann sie kontrolliert ablaufen?

....
....
....
....
....

Aufgabe 2   Welche Vorteile hätte ein Fusionsreaktor gegenüber einem Kernreaktor?

....
....
....
....
....
....
....
....
....

21. Kernenergie

Die Entwicklung der Kernenergietechnik — 21.2.

Nachdem wir die physikalischen Grundlagen der Kernenergienutzung kennengelernt haben, soll im folgenden gezeigt werden, wie sich die Kernenergietechnik entwickelt hat und welche Reaktortypen es heute gibt. — Thema 2

Seit der Entdeckung der Kernspaltung im Jahre 1938 war es das Streben von Wissenschaftlern und Technikern, die dabei freiwerdende Energie für die Menschheit zu nutzen. Daß diese Energienutzung in der Entwicklung und Anwendung der Atombombe ihren grauenvollen Anfang nahm, beeinflußt noch heute bei vielen Menschen ihre Einstellung zur friedlichen Nutzung der Kernenergie. — Entwicklung

In den ersten Jahrzehnten nach der Entdeckung der Kernspaltung wurden viele Reaktorkonzepte entwickelt und erprobt. Davon sind heute weltweit im wesentlichen nur der „Leichtwasserreaktor", der „Schnelle Brüter" und der „Hochtemperaturreaktor" übrig geblieben. Der Leichtwasserreaktor hat durch seinen militärischen Einsatz als Antrieb von Kriegsschiffen frühzeitig eine großzügige finanzielle Unterstützung bei seiner Entwicklung gefunden, und er ist daher der heute marktbeherrschende Kernkraftwerkstyp.

Der Leichtwasserreaktor und der Hochtemperaturreaktor gehören zur Klasse der thermischen Reaktoren, der Schnelle Brüter zur Klasse der schnellen Reaktoren. Die Bezeichnungen „thermisch" und „schnell" sagen etwas aus über die kinetische Energie der im Reaktorkern für die Kernspaltung verantwortlichen Neutronen. Bei der Spaltung eines Uranatomkerns durch ein Neutron entstehen – wie oben dargestellt –, gleichsam als Bruchstücke des gespaltenen Uranatoms, neben zwei leichteren neuen Atomkernen, den „Spaltprodukten", noch zwei oder mehr neue Neutronen. Diese „Spaltneutronen" besitzen im Mittel eine hohe kinetische Energie (Energie der Bewegung) oder anders ausgedrückt „eine hohe Geschwindigkeit". — Klassifizierung

THERMISCHE REAKTOREN — Klasse 1

Die thermischen Reaktoren mit ihren abgebremsten Neutronen sind in der Wahl der Materialien für die Konstruktion des Reaktorkerns freier als die schnellen Reaktoren. Aus physikalischen Gründen benötigen sie eine geringere Menge Spaltstoff für ihren Betrieb und sind leichter zu steuern.

• *Leichtwasserreaktoren*

Die Leichtwasserreaktoren benutzen als Kühlmittel gewöhnliches, aber hochreines Wasser. Dieses Wasser wirkt dabei gleichzeitig als Moderator zur Abbremsung der Neutronen. Man unterscheidet zwischen dem Druckwasser-Reaktor und dem Siedewasser-Reaktor:

Der *Druckwasserreaktor* wird so genannt, weil das durch den Reaktorkern strömende Kühlwasser unter sehr hohem Druck von etwa 150 atm gehalten wird, damit es beim Aufheizen im Reaktorkern nicht verdampfen kann. In einem Wärmetauscher gibt das im Reaktorkern erhitzte Wasser seine Wärme an einen unter geringerem Druck stehenden zweiten Wasserkreislauf ab, in dem dann der zum Antrieb der Turbinen benötigte Wasserdampf entsteht.

Beim *Siedewasserreaktor* steht das durch den Reaktorkern strömende Kühlwasser unter wesentlich geringerem Druck als beim Druckwasserreaktor. Das hat zur Folge, daß das Wasser nach dem Aufheizen im Reaktorkern zum Sieden kommt. Dieser heiße Dampf wird dann direkt auf die Turbinen geleitet und strömt als Wasser wieder in den Reaktorkern zurück.

Abb. 1: Funktionsschema eines Druckwasser-Reaktors

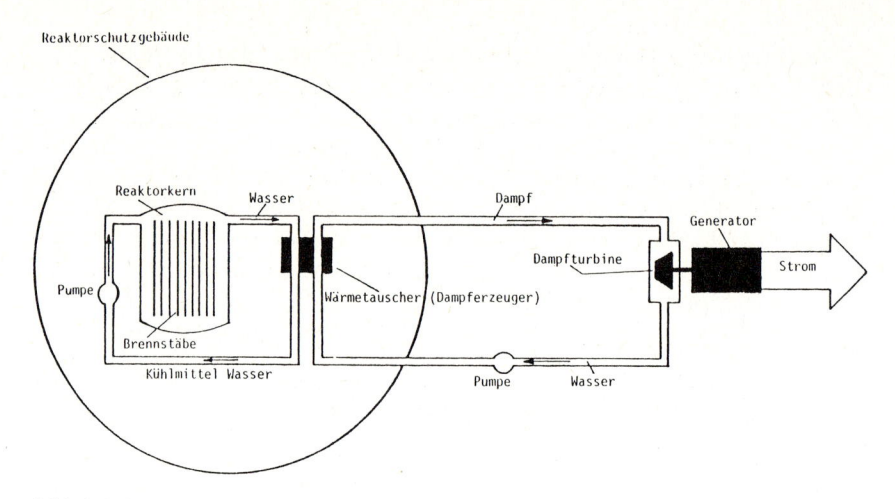

Original: R. Schulten

Abb. 2: Funktionsschema eines Siedewasser-Reaktors

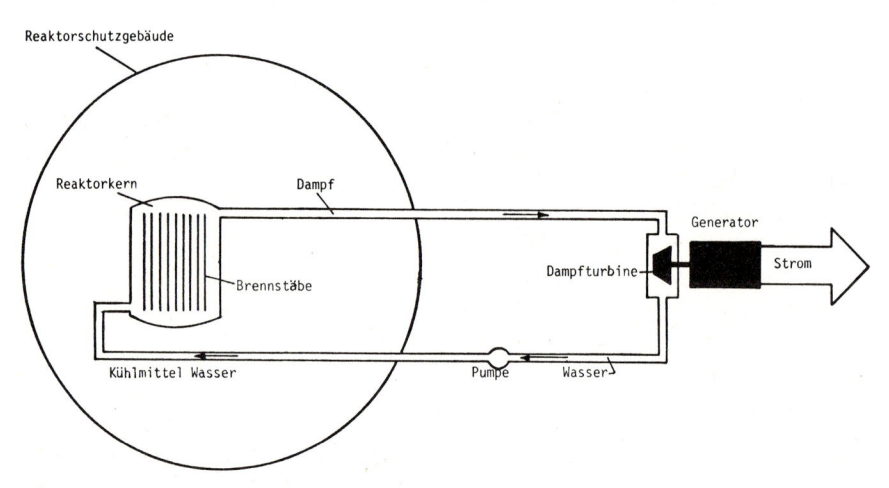

Original: R. Schulten

Die Dampfqualität der Leichtwasserreaktoren ist mit etwa 300 °C wesentlich schlechter als bei allen anderen Kraftwerkstypen mit rund 500 °C. Aus physikalischen Gründen bedeutet das einen deutlich niedrigeren Wirkungsgrad bei Leichtwasserreaktoren. Der Wirkungsgrad ist ein Maß für den Anteil der im Reaktor erzeugten Wärme, der in Strom umgewandelt werden kann. Der nicht umgewandelte Anteil der primär erzeugten Wärme muß an die Umwelt als Abwärme abgeführt werden.

Auch bei Leichtwasserreaktoren muß gewährleistet sein, daß die Brennelemente im Reaktorkern immer ausreichend vom Kühlmittel umspült sind. Selbst bei nuklear abgeschaltetem Reaktorkern würde die Nachzerfallswärme (oder kurz „Nachwärme") bei Verlust des Kühlmittels und ohne Notkühlung zum Schmelzen des Reaktorkerns führen. Durch eine überschüssige Zahl von parallel geschalteten und unterschiedlichen Wärmeabfuhrmaschinen wird für jeden angenommenen Störfall mit hoher Zuverlässigkeit sichergestellt, daß die Nachwärme abgeführt werden kann.

• *Hochtemperaturreaktoren*

Der Aufbau des Hochtemperaturreaktors unterscheidet sich wesentlich von dem der Leichtwasserreaktoren. Wie bereits erwähnt, wird bei diesem Reaktortyp Graphit als Moderator zur Abbremsung der Neutronen benutzt. Der Spaltstoff ist im Graphit in feinsten Partikeln dünn verteilt und fest eingebunden. Als Kühlmittel wird das Edelgas Helium benutzt. Die hohe Wärmebeständigkeit des Graphits bis über 3000 °C erlaubt es, das chemisch inaktive Kühlmittel Helium bis auf 950 °C aufzuheizen. Dieser technisch bedeutsame Tatbestand der sehr hohen Kühlmitteltemperatur ist der Grund für die Bezeichnung „Hochtemperaturreaktor". Dagegen ist die maximale Brennstofftemperatur im Reaktorkern um nahezu 1000 °C niedriger als im Leichtwasserreaktor oder gar im Schnellen Brüter.

Das Kühlmittel Helium gibt bei der Anwendung des Hochtemperaturreaktors zur Stromerzeugung seine Wärme an einen geschlossenen Wasser/Dampf-Kreislauf ab, wie es bereits bei den anderen Reaktortypen beschrieben wurde.

Abb. 3: Funktionsschema eines Hochtemperatur-Reaktors

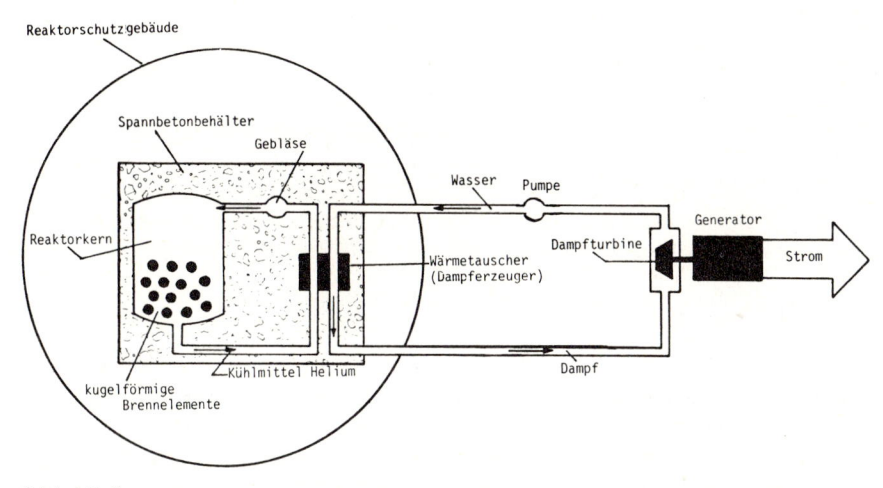

Original: R. Schulten

Wegen der hohen Kühlmitteltemperatur ist der Hochtemperaturreaktor außer zur Stromerzeugung vor allem zum direkten Einsatz auf dem Wärmemarkt geeignet, entweder zur Bereitstellung von Heizwärme (etwa 100 °C), von Prozeßdampf (400 bis 500 °C) oder von Prozeßwärme (800 °C und höher). Besonders attraktiv ist die Anwendung des Hochtemperaturreaktors zur Kohleveredlung, zum Beispiel für die Herstellung von Gas oder flüssigem Treibstoff aus Kohle.
Auch eine direkte Übertragung der Energie durch geschlossene Gaskreisläufe ist durch den Hochtemperaturreaktor möglich. In einem solchen Reaktor kann zum Beispiel das normale Erdgas mit Hilfe von Wasserdampf und Energie bei hohen Temperaturen in Stadtgas umgewandelt werden. Das letztere kann, nachdem es abgekühlt worden ist, kalt über lange Gasleitungen an Verbraucher geleitet werden. Beim Verbraucher wird dieses Gas aber nicht verbrannt, sondern wieder in Erdgas zurückverwandelt, wobei die beim Reaktor eingegebene Energie wieder frei wird und nun zum Beispiel für die Heizung von Gebäuden oder Industrieanlagen verwendet werden kann. Das dabei wieder entstandene Erdgas wird durch eine zweite Rohrleitung zur nuklearen Anlage zurückgeschickt. So entsteht ein Kreislauf, mit dem man große Energiemengen über größere Entfernungen und Flächen verteilen kann. Der Hochtemperaturreaktor könnte auf diese Weise den überwiegenden Teil des Energieverbrauchs, der heute vornehmlich durch Öl gedeckt wird, liefern.

Der Hochtemperaturreaktor hat wegen der verhältnismäßig niedrigen Wärmeaufnahmefähigkeit *(Wärmekapazität)* des Kühlmittels Helium eine niedrige Leistungsdichte von nur 5 Kilowatt pro Liter (kW/l), das heißt, in einem Volumen von 1 Liter des Reaktorkerns werden 5 Kilowatt Wärme erzeugt. Wegen der großen Graphitmassen im Reaktorkern und wegen der hohen Wärmeleitungsfähigkeit und Wärmekapazität des Graphits kann der Hochtemperaturreaktor so konstruiert werden, daß der Reaktorkern die Nachzerfallswärme selbst aufnehmen und speichern kann. Dabei werden keine Temperaturen erreicht, die die Haltbarkeit der kugelförmigen Brennelemente zerstören. Solche Aufheizvorgänge ohne erzwungene Wärmeabfuhr verlaufen bei Störfällen im Hochtemperaturreaktor über Stunden ab, dagegen in anderen Reaktortypen über Minuten oder sogar kürzer.

Klasse 2   SCHNELLE REAKTOREN

In den schnellen Reaktoren bleibt die mittlere Geschwindigkeit der Neutronen durch konstruktive Gestaltung des Reaktorkerns und durch Vermeidung von abbremsenden (moderierenden) Substanzen groß. Der Vorteil schneller Reaktoren besteht darin, daß in ihnen die Ausbeute an Neutronen besonders hoch ist. Die Neutronenausbeute spielt insofern bei Kernreaktoren eine große Rolle, als man durch überschüssige Neutronen aus dem nichtspaltbaren Anteil des Urans oder aus Thorium durch Einfangen *(Absorption)* dieser Neutronen neues spaltbares Material, etwa Plutonium, erzeugen kann. Solche Prozesse finden in jedem Reaktortyp statt. Bei schnellen Reaktoren aber hofft man, hierdurch mehr neuen Spaltstoff zu produzieren, als diese Reaktoren selbst für ihren Betrieb an Spaltstoff verbrauchen. Man nennt solche Reaktoren daher auch „Schnelle Brüter".

• *Schnelle Brüter*

Zur Erreichung einer besonders hohen Neutronenausbeute ist der Reaktorkern des Brüters sehr kompakt gebaut und erzeugt daher pro Kubikmeter eine sehr hohe Wärmeleistung, die etwa dem 6fachen des Leichtwasserreaktors und gar dem 100fachen des Hochtemperaturreaktors entspricht. Als Kühlmittel für den Reaktorkern wird beim Brüter flüssiges Natrium wegen seiner guten Wärmeübertragung benutzt, und Natrium besitzt zugleich auch die notwendige sehr geringe Abbrems-

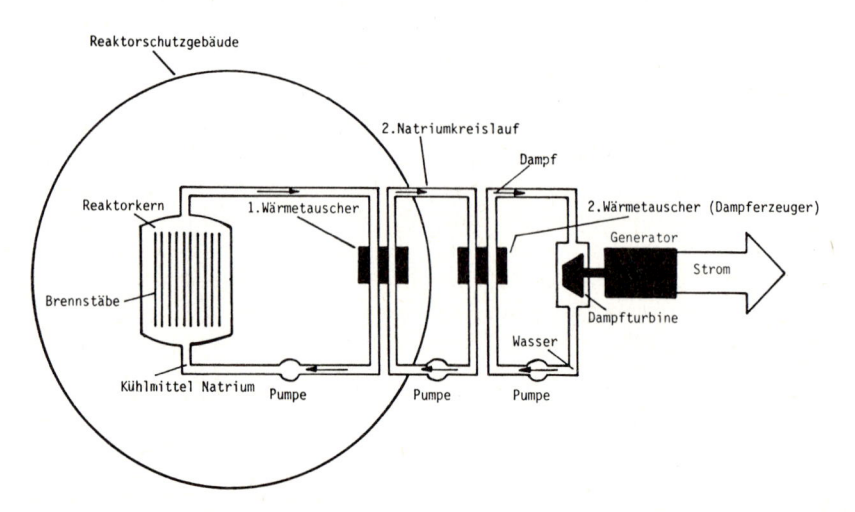

Abb. 4: Funktionsschema eines Schnellen Brüters

Original: R. SCHULTEN

wirkung für die schnellen Neutronen. Da Natrium beim Kontakt mit Luft oder Wasser heftig oder gar explosiv chemisch reagiert, sind zur Beherrschung solcher Störfälle besondere konstruktive Maßnahmen entwickelt worden.

Beim Schnellen Brüter gibt das durch den Reaktorkern strömende Natrium seine aufgenommene Wärme in einem Wärmetauscher an einen zweiten Natriumkreislauf ab, und dieser wiederum erzeugt in einem zweiten Wärmetauscher Wasserdampf unter hohem Druck, mit dem dann die Dampfturbinen angetrieben werden. Nach Durchströmen der Dampfturbinen wird der wieder zu Wasser kondensierte Dampf zum Wärmetauscher zurückgeleitet und durch den zweiten Natriumkreislauf wieder zu etwa 500 °C heißem Hochdruckdampf umgewandelt. Mit den Dampfturbinen ist ein Generator verbunden, der nach dem bekannten Dynamoprinzip elektrischen Strom erzeugt. Wegen der sehr hohen Leistungsdichte im Brüter muß jederzeit eine vollständige Umspülung der Brennelemente durch Natrium gewährleistet sein, da sonst die Gefahr des Schmelzens der Brennelemente besteht.

Drei wesentliche technische Aufgaben sind bei der Konstruktion eines Kernkraftwerkes zu bewältigen: | Folgerung
* Im Normalbetrieb muß eine möglichst wirkungsvolle und ungefährliche Ableitung der durch die Kernspaltung im Reaktorkern entstehenden Wärme mit Hilfe eines geeigneten Kühlmittels erreicht werden.
* Es ist eine hohe Zuverlässigkeit der Abschaltung der Kernspaltungsprozesse innerhalb der für die Reaktortypen charakteristischen Zeiten zu gewährleisten.
* Es ist eine zuverlässige Ableitung der Nachzerfallswärme aus dem Reaktorkern nach Abschalten des Reaktors und bei Störfällen sicherzustellen.

Besondere Aufmerksamkeit wird dem Problem der Ablagerung radioaktiver Abfälle aus Kernkraftwerken gewidmet. Im einzelnen handelt es sich hierbei um Filter aus Lüftungsanlagen, Ionenaustauschharze und Verdampfungsrückstände, schließlich um die abgebrannten Brennelemente und die außer Betrieb genommenen und stillzulegenden Kraftwerke selbst. Da die Radioaktivität der verschiedenen „Strahler" zum Teil äußerst lange anhält, muß die Gesellschaft dafür Sorge tragen, daß diese Abfälle gefahrlos aufbewahrt bzw. wieder verwendet werden. Damit entsteht mit der Kernenergienutzung eine große Verantwortung gegenüber künftigen Generationen.
Die technischen Einzelheiten der Behandlung radioaktiver Abfälle werden in Studieneinheit 22: „Umweltbelastungen durch Energieumwandlungen" behandelt. Die damit verbundene Verantwortung für künftige Generationen wird in Abschnitt 21.4.4 dieser Studieneinheit angesprochen.

Wodurch unterscheiden sich „Siedewasserreaktor" und „Schneller Brüter"? | Aufgabe 3
....
....
....
....
....
....
....
....
....
....

21.3. Der Störfall Harrisburg

Thema 3 Anläßlich des Störfalls im Kernkraftwerk Harrisburg (Three Mile Island/Pennsylvania/USA) erfuhr die Erörterung der Kernenergiefragen einen Höhepunkt. In dem vielbeachteten amerikanischen Expertenbericht „Global 2000" heißt es, daß die Vorfälle in Harrisburg „die mit der Kernkraft verbundenen Risiken drastisch vor Augen geführt" haben.[1] Im folgenden soll in Anknüpfung an die Erörterung dieses Geschehens dargelegt werden,

1. welches Ereignis als „Störfall", im Unterschied zum „Unfall", anzusehen ist,
2. wie der technische Ablauf beim „Störfall Harrisburg" war,
3. welche Auswirkungen die Ereignisse auf die Normen für deutsche Kernkraftwerke haben.

21.3.1. „Störfall" oder „Unfall"?

Aspekt 1 Der „Rat von Sachverständigen für Umweltfragen" hat im Frühjahr 1981 ein Gutachten zum Thema „Energie und Umwelt" vorgelegt. Darin hat er auch zur Verwendung der Begriffe „Störfall" und „Unfall" Stellung genommen:

„Störfälle sind in der Sprache der Reaktorsicherheitsphilosophie diejenigen Ereignisse im Reaktorsystem, die eine Gefahr der Freisetzung größerer Mengen von Spaltprodukten herbeiführen als im bestimmungsgemäßen Betrieb maximal zugelassen sind [...] Für derartige Auslegungsstörfälle sind in § 28 Abs. 3 StrlSchV die Dosisgrenzwerte festgelegt, die in der Umgebung nicht überschritten werden dürfen. Diese betragen für einen solchen Fall für die Schilddrüse rund das 170-fache, für die verschiedenen Körperbereiche rund das 85-fache der für den Normalbetrieb nach StrlSchV jährlich zulässigen Grenzwerte. Dies entspricht höchstens 5 rem Ganzkörperdosis pro Störfall. Das ist der Wert, der Beschäftigten in kerntechnischen Anlagen jährlich maximal zugemutet wird. Auch bei diesen Dosisgrenzwerten für Auslegungsstörfälle werden nach Auffassung der ICRP [Intern. Commisson for Radiological Protection] [...] akute schädliche Wirkungen nicht auftreten. Die Wahrscheinlichkeit von Schäden am genetischen Material wird im Vergleich zum Normalbetrieb entsprechend höher sein; die Erhöhung dieses Erwartungswertes bleibt jedoch hinter demjenigen Erwartungswert zurück, den man für die natürliche Strahlenexposition bei fünfzigjähriger Exposition veranschlagen muß.

Als Unfall werden im Gegensatz zum Störfall im Sinne der Definition der Strahlenschutzverordnung alle Ereignisabläufe bezeichnet, die in der Umgebung zu einer Überschreitung der Grenzwerte der Strahlenexposition von § 28 Abs. 3 StrlSchV führen. Im Sinne dieser Definition war der Ereignisablauf beim Kernkraftwerk Three Miles Island in der Nähe von Harrisburg, USA, im März 1979 ein Störfall. Erst bei einer größeren Leckage der Sicherheitshülle wäre aus diesem Störfall ein Unfall geworden."[2]

Zusammenfassend wird beim Kernkraftwerksbetrieb unterschieden:

• *Bestimmungsgemäßer Betrieb:* Hierunter fallen auch Betriebsstörungen, solange radioaktive Freisetzungen auf die genehmigten Werte beschränkt sind.

• *Störfälle:* Die Emissionen überschreiten zwar die für den Normalbetrieb zulässigen Werte, die Strahlenexposition in der Umgebung bleibt jedoch unterhalb der Schranken von § 28 Abs. 3 StrlSchV (Strahlenschutzverordnung).

• *Unfälle:* Die Dosisgrenzwerte von § 28 Abs. 3 StrlSchV werden in der Umwelt überschritten.[3]

---
1 R. Kaiser (Hrsg.): Global 2000. Der Bericht an den Präsidenten. Frankfurt ⁶1981, S. 832.
2 Der Rat von Sachverständigen für Umweltfragen: Energie und Umwelt. Stuttgart/Mainz 1981, S. 41f.
3 Verordnung über den Schutz vor Schäden durch ionisierende Strahlen (Strahlenschutzverordnung) vom 13.10.1976, BGBl. I (1976), S. 2905 und BGBl. I (1977), S. 184 und 269.

Technischer Ablauf des Störfalls 21.3.2.

Bei dem im Kernkraftwerk Three Mile Island 2 (TMI) bei Harrisburg/Pennsylvania (USA) installierten Reaktorsystem handelt es sich um einen Druckwasserreaktor: Kennzeichen dieses Reaktortyps sind zwei hintereinandergeschaltete Kreisläufe: der Primärkreislauf und der Sekundärkreislauf (s. oben *Abb. 1*). Beide benutzen Wasser als Kühl- und Energieübertragungsmittel. Die im Reaktorkern durch Kernspaltung erzeugte Energie wird aus dem Primärkreislauf über einen großflächigen Wärmetauscher, den „Dampferzeuger", an den Sekundärkreislauf abgegeben. Der Sekundärkreislauf versorgt die Turbine, die den Generator zur Stromerzeugung antreibt, mit Dampf. Dem Dampferzeuger kommt als Kopplungsglied zwischen den beiden Kreisläufen eine große sicherheitstechnische Bedeutung zu. Eine Voraussetzung für seinen ordnungsgemäßen Betrieb stellt die ausreichende Versorgung mit „Speisewasser" dar.

Aspekt 2

Mit dem Ausfall der Speisewasserversorgung des Dampferzeugers wurde am 28. März 1979 der Störfall im Kernkraftwerk Three Mile Island eingeleitet, dem bei der friedlichen Nutzung der Kernenergie in der westlichen Welt auch von der Öffentlichkeit die bisher größte Aufmerksamkeit geschenkt wurde.

Abb. 5: Schematische Darstellung des Kernkraftwerks Three Mile Island

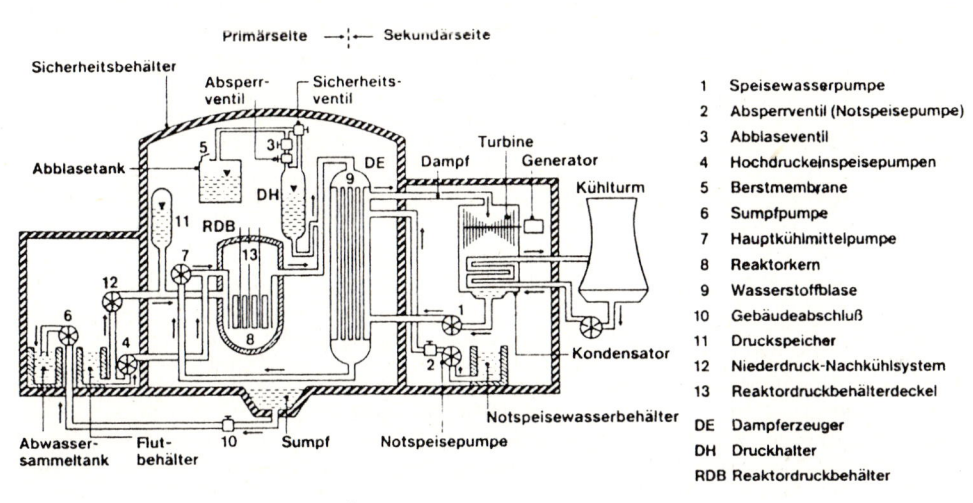

1 Speisewasserpumpe
2 Absperrventil (Notspeisepumpe)
3 Abblaseventil
4 Hochdruckeinspeisepumpen
5 Berstmembrane
6 Sumpfpumpe
7 Hauptkühlmittelpumpe
8 Reaktorkern
9 Wasserstoffblase
10 Gebäudeabschluß
11 Druckspeicher
12 Niederdruck-Nachkühlsystem
13 Reaktordruckbehälterdeckel
DE Dampferzeuger
DH Druckhalter
RDB Reaktordruckbehälter

Quelle: Rheinisch-Westfälischer Technischer Überwachungsverein

Am Tage des Störfalleintritts arbeitete das Kernkraftwerk Three Mile Island, ein Druckwasserreaktor mit einer Nennleistung von 956 Mega-Watt (MW), mit 98% seiner Betriebsleistung, als um etwa 4 Uhr morgens durch eine Störung zwei Hauptspeisewasserpumpen ausfielen. Diese versorgen im Normalbetrieb den Dampferzeuger auf der Sekundärseite mit Speisewasser. Die daraufhin ordnungsgemäß angelaufenen Notspeisewasserpumpen konnten jedoch in diesem Fall kein Wasser in den Dampferzeuger einspeisen, da die Verbindungsrohrleitung zum Dampferzeuger durch ein Absperrventil versperrt war, das bei vorangegangenen Wartungsarbeiten geschlossen und irrtümlich nicht wieder geöffnet worden war. Ein derartiger Fehler, der vom störfallauslösenden Ereignis unabhängig ist, bewirkt jedoch noch keinen unbeherrschbaren Störfall.

Ablauf

Der Ausfall der Hauptspeisewasserpumpen und das Nichtwirksamwerden der Notspeisewasserversorgung führten in den ersten Sekunden nach Störfalleintritt automatisch zur Schnellabschaltung der Turbine. Daraufhin stiegen erwartungsgemäß im Primärkreislauf Druck und Temperatur an. Der Druckanstieg bewirkte nacheinander das Öffnen eines Abblaseventils im Primärkreislauf und die automatische Schnellabschaltung des Reaktors durch Einfahren von Absorberstäben in den Reaktorkern. Der gezielte Ablauf dieser Maßnahmen ist im Reaktorschutzsystem vorprogrammiert und führt normalerweise zu einem sicheren Zustand der Reaktoranlage. Bei dem Störfall im Kernkraftwerk Three Mile Island traten jedoch unvorhergesehen zusätzliche Fehler auf.

Der zweite Fehler, der unabhängig von dem störfallauslösenden Ereignis auftrat, bestand darin, daß das Abblaseventil entgegen seinem bestimmungsgemäßen Verhalten nach erfolgter Druckabsenkung auf den Betriebsdruck von 152 bar weiter geöffnet blieb. Da die Stellung des Abblaseventils in der Kraftwerkswarte nicht direkt angezeigt wird, dauerte es mehr als zwei Stunden, bis das Kraftwerkspersonal die Fehlstellung des Abblaseventils erkannte und den Fehler behob. Während dieser Zeit verdampfte ständig Wasser des Primärkreislaufes, und Wasserdampf strömte aus dem „Druckhalter" in einen zweiten geschlossenen Behälter, den Abblasetank. Das Abblaseventil befindet sich an dem Druckhalter des Primärkreislaufs. Dieser hat in einem Kernreaktor für den Primärkreislauf eine ähnliche Funktion wie das Ausgleichsgefäß einer Zentralheizungsanlage. Der Druckhalter ist ein etwa 10 Meter hoher Behälter, der etwa je zur Hälfte mit Wasser und mit gesättigtem Dampf gefüllt ist.

Als der Druck im Primärkreislauf nun weiter bis auf 110 bar gefallen war, starteten automatisch zwei Noteinspeisepumpen, die kurzfristig den Primärkreislauf mit zusätzlichem Wasser versorgten. Als die Wasserstandsanzeige des Druckhalters scheinbar wieder den normalen Füllstand mit Wasser anzeigte, schaltete das Wartenpersonal innerhalb von 10 Minuten nach Störfalleintritt beide Pumpen von Hand wieder ab. Dieses Abschalten erwies sich neben dem weiterhin fehlerhaft geöffneten Abblaseventil nachträglich als ein dritter unabhängiger, menschlich bedingter Fehler, der den weiteren Störfallablauf maßgeblich bestimmte: Die Noteinspeisepumpen hätten nicht abgeschaltet werden dürfen, da nur durch sie der teilweise entleerte Primärkreislauf gefüllt werden konnte. Das Wartenpersonal erkannte aber auch nicht, daß inzwischen das Wasser im Primärkreislauf zu sieden begonnen hatte. Die durch den Siedevorgang erzeugten Dampfblasen ließen das Wasser aufschäumen, wodurch an der Wasserstandsanzeige des Druckhalters ein ausreichender Wasserstand vorgetäuscht wurde, obwohl der Wasserverlust des Primärkreises ständig zunahm.

In dieser Phase, etwa 15 Minuten nach Störfallbeginn, platzte infolge des ständig ausströmenden Dampfes die Überdrucksicherung des Abblasetanks, eine Berstmembrane. Danach ergoß sich zwei Stunden lang Wasser des Primärkreislaufes aus dem Abblasetank in das Reaktorgebäude, den sogenannten „Sicherheitsbehälter".

Während dieser Zeit wälzten die Hauptkühlmittelpumpen im Primärkreislauf ein Wasserdampfgemisch um, das den Reaktorkern jedoch immer noch ausreichend kühlte. Rund 1½ Stunden nach Störfalleintritt schaltete das Wartenpersonal vorsorglich die Hauptkühlmittelpumpen aus, um eine mögliche Beschädigung der Pumpen, die für eine solche Betriebsweise nicht ausgelegt sind, zu vermeiden. Von nun an wurde der Reaktorkern nicht mehr ausreichend zwangsgekühlt. Erst etwa 2¼ Stunden nach Störfallbeginn wurde der unkontrollierte Wasserverlust aus dem Primärkreislauf durch Schließen des Abblaseventils am Druckhalter beendet. Während dieser Phase des Störfalls mit unzureichender Kühlung des Reaktorkerns wurden die metallischen Hüllrohre der Brennelemente zum Teil überhitzt und beschädigt, so daß radioaktive Spaltprodukte austreten konnten.

Nach dem Erkennen des Wasserverlustes konzentrierten sich alle Handlungen des Wartenpersonals auf das Nachspeisen von Notkühlwasser in den Primärkreislauf. Hierzu wurde es notwendig, den Druck im Primärkreislauf immer wieder durch kurzzeitiges Öffnen des Abblaseventils zu begrenzen. Bei diesem Vorgang wurden nach und nach größere Spaltproduktmengen mit dem Dampf in den Sicherheitsbehälter getragen. Als dieser etwa 5 Stunden nach Störfalleintritt einen Innendruck von 1,3 bar erreichte, wurden automatisch alle aus ihm herausführenden Leitungen verschlossen. Bis zu diesem Zeitpunkt wurde auch mit einer automatisch arbeitenden Sumpfpumpe zur Entwässerung des Sicherheitsbehälters radioaktives Wasser in einen Abwassersammelbehälter des Nebengebäudes gepumpt, aus dem gasförmige radioaktive Stoffe über die Entlüftungsanlage ins Freie gelangen konnten. Rund 16 Stunden nach Störfalleintritt gelang es dann, die Hauptkühlmittelpumpen wieder in Betrieb zu nehmen und den Gesamtzustand des Reaktors zu stabilisieren. 4 Tage nach dem Störfall war die Anlage unter endgültiger Kontrolle des Wartenpersonals. Der Sicherheitsbehälter erreichte den im Normalbetrieb üblichen Unterdruck und das Gesamtsystem wurde langsam abgekühlt. Etwa einen Monat nach dem Störfall konnten die Hauptkühlmittelpumpen abgeschaltet und die vom Reaktorkern erzeugte Nachwärme durch Naturumlauf des Primärkühlmittels abgeführt werden.

Folgen   Die Auswirkungen des Störfalles auf die Gesundheit der in der Umgebung des Kernkraftwerkes lebenden Menschen sind verhältnismäßig klein gewesen. Die Erhöhung der Strahlenbelastung durch Freisetzung radioaktiver Stoffe in die Umgebung des Kernkraftwerkes war vergleichsweise gering. Wie den einschlägigen Berichten zur Störfallanalyse zu entnehmen ist, betrug die maximale Strahlenexposition, bezogen auf eine Einzelperson im direkten Umkreis des Kernkraftwerkes, 100 mrem (dies entspricht etwa einer Belastung durch 4 Schirmbilduntersuchun-

21. Kernenergie

gen). Die durchschnittliche Strahlenexposition der betroffenen Bevölkerung (Umkreis von 80 km) wurde mit 1 bis 2 mrem abgeschätzt. Diese Werte beinhalten sowohl die externe Bestrahlung als auch die Aufnahme von Jod 131 durch Wasser und Nahrungsmittel. Da im wesentlichen Edelgase freigesetzt wurden, kann wegen der kurzen Lebensdauer dieser Stoffe eine Anreicherung über Nahrungsketten und damit eine Aufnahme in den Körper zum späteren Zeitpunkt ausgeschlossen werden. Von dem freigesetzten Jod wurden zwar Spuren in der Milch festgestellt (bis zu ca. 40 Picocurie [als Einheit radioaktiver Zerfallsprozesse in 1 Sekunde] pro Liter Milch), jedoch betrugen die gemessenen Werte nur etwa 0,3% des in den USA zugelassenen Wertes (12000 Picocurie pro Liter), und nur rund 20% der Werte, die nach den letzten, chinesischen Kernwaffenversuchen gemessen worden waren.

Aufgrund der vorhandenen Informationen ist auszuschließen, daß in der Umgebung des Kernkraftwerkes gesundheitliche Beeinträchtigungen oder gar Frühschäden durch den Reaktorstörfall entstanden oder zu erwarten sind. Auch ein Auftreten von Spätschäden ist wegen der geringen Strahlenexposition der Bevölkerung nicht gegeben. Legt man die gültigen Dosis-Wirkung-Beziehungen zugrunde, so ist für die nächsten 40 Jahre mit weniger als einem zusätzlichen Krebsfall im 80-km-Umkreis des Kernkraftwerkes bei einem Erwartungswert von etwa 325000 Krebsfällen aufgrund anderer Ursachen zu rechnen.

Auswirkungen auf die Normen deutscher Kernkraftwerke 21.3.3.

Der Störfallablauf im Kernkraftwerk Three Mile Island löste in den USA eine Vielzahl verschiedenartiger Untersuchungen aus. Diese bezogen sich einmal auf die direkt betroffene Reaktoranlage, zum anderen wurde aber auch das amerikanische Sicherheitskonzept grundsätzlich überprüft.

Aspekt 3

Eine Zusammenfassung der Untersuchungsberichte läßt folgende Schwachstellen erkennen:

• Die behördliche Organisation, die Praxis des Genehmigungsverfahrens und die staatliche Aufsicht über die Kernkraftwerke sind in den USA zu schwerfällig und unübersichtlich geworden.

• Die Qualifikation des Betriebspersonals war nicht mehr ausreichend, und der Kenntnisstand hätte besser überprüft werden müssen.

• Die Informationsdarstellung an den Anzeigeinstrumenten in der Warte war nicht übersichtlich genug, um das Wartenpersonal über den jeweiligen Betriebszustand optimal zu informieren, so daß bei sicherheitsbedeutsamen Vorkommnissen die Zusammenarbeit zwischen den betroffenen Personen zum Teil behindert wurde.

• Die Kernkraftwerke müssen in erhöhtem Maße nach den Ergebnissen von quantitativen Zuverlässigkeitsanalysen ausgelegt werden, damit die Zuverlässigkeit von Sicherheitsvorkehrungen zur Vermeidung von Störfällen verbessert wird.

Eine sehr kurzfristige, direkt nach dem Störfall in der Bundesrepublik Deutschland eingeleitete Sicherheitsüberprüfung hatte bereits ergeben, daß hier keine unmittelbaren Konsequenzen aus dem Störfall in dem Kernkraftwerk Three Mile Island zu ziehen waren und daß sich für die sicherheitstechnische Auslegung von deutschen Kernkraftwerken mit Druckwasserreaktoren bis auf kleine Verbesserungsmaßnahmen keine grundsätzlichen konzeptionellen Änderungen ergaben.

Vergleich

Ein umfassender Vergleich aller amerikanischen Verbesserungsmaßnahmen mit dem in der Bundesrepublik Deutschland gültigen Stand der Reaktorsicherheitstechnik machte ferner deutlich, daß die amerikanischen Vorschläge hierzulande zu einem großen Teil bereits verwirklicht sind oder zumindest ähnlich behandelt werden sollen.

Konsequenzen Wie bei jeder technischen Anlage, muß auch bei Kernkraftwerken mit Störungen aus verschiedenen Ursachen gerechnet werden. So sind Störungen durch das Versagen von Anlagenteilen, durch menschliches Fehlverhalten oder auch durch Einwirkungen von außen möglich. Um den Einschluß der Spaltprodukte zu gewährleisten, muß eine Beschädigung der Spaltproduktbarrieren auch bei Störungen verhindert werden. Um dies zu erreichen, wird in der Kerntechnik ein mehrstufiges Sicherheitskonzept angewandt.

Die Reaktorsicherheitstechnik hat die Aufgabe, Störfälle möglichst zu vermeiden oder, da dies nicht immer möglich ist, die Folgen von Störfällen zu begrenzen. Hier lassen sich drei Ebenen von Sicherheitsmaßnahmen unterscheiden:

• *Qualitätsgewährleistung:* Diese Sicherheitsebene umfaßt alle Anforderungen an den Auslegungsstandard und die Qualität der speziell im nuklearen Teil der Anlage verwendeten Bauteile, mit dem Ziel, die Häufigkeit von Störungen möglichst klein zu halten und damit Störungen von vornherein möglichst zu vermeiden.

• *Verhinderung von Störfällen:* Mit Hilfe mehrfach gestaffelter Regel- und Schutzeinrichtungen werden vom normalen Leistungsbetrieb abweichende Betriebszustände rechtzeitig erkannt. Wichtigste Schutzeinrichtung ist hier das Reaktorschutzsystem, das fortlaufend alle wichtigen Meßwerte der Anlage überwacht.

• *Begrenzung von Störfallfolgen:* Als dritte Stufe des Sicherheitskonzepts werden Kernkraftwerke mit umfangreichen technischen Sicherheitseinrichtungen, den Sicherheitssystemen, ausgerüstet. Ausgelöst durch das Reaktorschutzsystem, greifen Sicherheitssysteme bei Störfällen weitgehend automatisch ein, um den Einschluß der Spaltprodukte aufrechtzuerhalten und die mit einem Störfall verbundenen Schadensfolgen zu begrenzen. Die Sicherheitssysteme sind darauf ausgelegt, ein weites Spektrum möglicher Störfälle wirksam zu beherrschen.

Aufgabe 4 Schildern Sie anhand von *Abbildung 5,* beginnend mit Ziffer 1: „Speisewasserpumpe", den Ablauf der wesentlichen Ereignisse des Störfalles von Harrisburg.

....
....
....
....
....
....
....
....
....
....
....
....

21.4. Umweltpolitische, technisch-ökonomische, politische und moralische Beurteilung der Kernenergie

Thema 4 In den folgenden 4 Analysen sollen die mit der Kernenergienutzung verbundenen Probleme aus verschiedenen Perspektiven zusammenfassend dargestellt werden. Die Vielschichtigkeit der zu berücksichtigenden Fragestellungen macht deutlich, wie schwer sich eine eindeutige Entscheidung für oder gegen die Kernenergie fällen läßt.

Zunächst sollen (1) die Umwelteffekte der Kernenergienutzung dargestellt werden, wobei die Strahlenbelastung die wichtigste Rolle spielt. Fest steht, daß – bezogen auf konventionelle Schadstoffe, wie zum Beispiel Schwefeldioxid – Kernkraftwerke als äußerst umweltfreundlich gelten müssen. Es schließen sich Erörterungen unter (2) technisch-ökonomischem und (3) politischem Blickwinkel an. Den Abschluß bilden (4) Überlegungen zum moralischen Risiko der Kernenergienutzung.

Umweltpolitische Beurteilung der Kernenergie

21.4.1.

Analyse 1

Die Wärmeerzeugung beim Betrieb eines Kernkraftwerkes beruht – wie bereits dargestellt – auf dem physikalischen Prozeß der Spaltung schwerer Atomkerne. Hierbei und durch Bestrahlung des Reaktormaterials mit Neutronen werden laufend radioaktive Stoffe erzeugt. Es entstehen sogenannte Spalt- und Aktivierungsprodukte. Die technischen Einrichtungen des Kernkraftwerkes sind so gestaltet, daß das gesamte entstehende radioaktive Material in verschiedenen Schutzhüllen praktisch vollständig abgekapselt ist, so daß beim Normalbetrieb nur ein extrem kleiner Bruchteil der radioaktiven Stoffe über Abluft und Abwasser in die Umwelt gelangt.

Strahlenbelastung in der Umgebung von Kernkraftwerken

Der Betreiber eines Kernkraftwerkes muß alle radioaktiven Stoffe, die über Abluft und Abwasser an die Umwelt abgegeben werden, durch Kontrollmaßnahmen kontinuierlich überwachen, die abgegebenen Mengen ermitteln und an staatliche Stellen melden.
Die Abgabe radioaktiver Stoffe über den Kamin führt in Abhängigkeit von der Wetterlage und den örtlichen Gegebenheiten zu Immissionen auf die Bevölkerung in der Umgebung. Aufgrund bestimmter Ausbreitungsbedingungen kann die wirksam werdende Strahlendosis für die Bevölkerung berechnet werden. Ähnliches gilt für die mit dem Abwasser in die Flüsse gelangenden radioaktiven Stoffe. Auch hier wird mit Hilfe von Rechenmodellen die mögliche Strahlenexposition der Bevölkerung abgeschätzt. Diese Berechnungen müssen bereits vor der Inbetriebnahme eines Kernkraftwerkes im Rahmen des Genehmigungsverfahrens durchgeführt werden, wobei von den „Genehmigungswerten" für die Abgabe radioaktiver Stoffe mit Abluft und Abwasser ausgegangen wird. Die während des Betriebes vom Betreiber ermittelten Abgabedaten – die von staatlichen Stellen kontrolliert werden – dienen dann zur Berechnung der Strahlenexposition der Bevölkerung.
Es muß darauf hingewiesen werden, daß sich diese Berechnungen auf hypothetische Bevölkerungsgruppen beziehen, die unter den jeweils ungünstigsten Annahmen extrem belastet werden: so verlangt es die Strahlenschutzverordnung, damit die berechneten Bezugs- und Überwachungswerte immer auf der sicheren Seite liegen. Eine direkte Messung der Strahlenexposition der Bevölkerung durch die im Normalbetrieb von Kernkraftwerken emittierten Radionuklide scheidet aus praktischen Gründen aus. Die Dosis ist gegenüber der aus natürlichen Strahlenquellen so gering, daß sie nicht oder nur mit extremem meßtechnischen Aufwand nachgewiesen werden kann.
Sämtliche Meßwerte und berechneten Daten werden in den Jahresberichten des Bundesministers des Innern „Umweltradioaktivität und Strahlenbelastung" zusammenfassend veröffentlicht.
Die zu erwartenden und berechneten Strahlendosen für die hypothetisch am stärksten belasteten Bevölkerungsgruppen liegen bei allen Kernkraftwerken in der Größenordnung von 1 mrem pro Jahr. In der Strahlenschutzverordnung sind in § 45 Grenzwerte der Strahlenexposition konkret festgelegt. So darf beim Betrieb von Kernkraftwerken die durch Ableitung radioaktiver Stoffe mit Luft oder Wasser

bedingte Strahlenexposition des Menschen jeweils 30 mrem im Jahr (für den Ganzkörper) nicht überschreiten. Dies gilt unter Berücksichtigung sämtlicher relevanten Belastungspfade. Wir unterscheiden dabei den Abluftpfad und den Abwasserpfad, das heißt die möglichen Wege der radioaktiven Stoffe vom Kamin bzw. von der Abwassereinleitung über die verschiedenen Medien bis hin zum Menschen. Welche Wege dabei berücksichtigt werden, zeigt *Abbildung 6*. Hieraus geht hervor, daß Beiträge zur Strahlenexposition des Menschen einerseits durch direkte Bestrahlung aus der Luft, andererseits durch Aufnahme von Radionukliden mit Trinkwasser, Milch, Fleisch, pflanzlicher Nahrung und Fisch geliefert werden. Die Summe der berechneten Werte über alle Belastungspfade ergibt die maximal wirksam werdende Jahresdosis.

Abb. 6: Schema der möglichen Expositionspfade (Wasser und Luft)

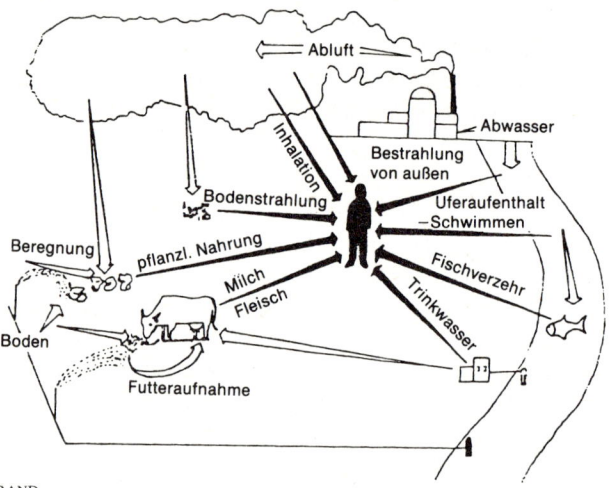

Original: K. Aurand

Die folgende *Abbildung 7* stellt schematisch dar, wie die Belastung über den Abwasserpfad zustande kommt. Es handelt sich dabei um Berechnungen für das Kernkraftwerk Biblis.[4] Daraus ist ersichtlich, daß auf dem Abwasserpfad der wesentliche Beitrag zur Gesamtbelastung vom Fischverzehr herrührt.

Abb. 7: Zusammensetzung des Abwasserpfades

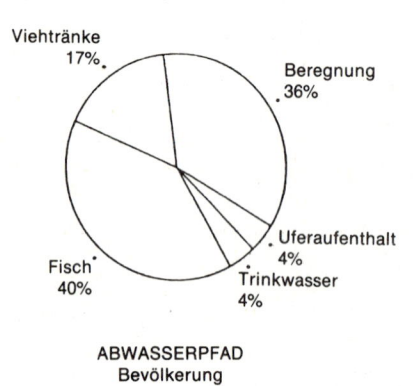

Viehtränke 17%
Beregnung 36%
Uferaufenthalt 4%
Trinkwasser 4%
Fisch 40%

ABWASSERPFAD
Bevölkerung

Original: K. Aurand

---

4 K. Aurand / I. Gans / H. Rühle (Hrsg.): Radioökologie und Strahlenschutz. Sonderdruck „Modellstudie Radioökologie Biblis". Berlin 1981.

21. Kernenergie

Die zusätzliche Strahlenexposition der Bevölkerung in der Umgebung von kerntechnischen Anlagen liegt in der Größenordnung von 1 mrem pro Jahr, das ist ungefähr 1% der im Mittel überall natürlicherweise vorhandenen Strahlenexposition.

Im Genehmigungsverfahren wird verlangt, daß die kerntechnischen Einrichtungen so ausgelegt werden, daß auch bei Störfällen keine direkte Gefahr für die in der Umgebung lebende Bevölkerung eintritt. Die hierbei maximal zugelassene Dosis liegt in derselben Größenordnung, wie sie bei medizinischen Anwendungen vorkommt bzw. für beruflich strahlenexponierte Personen zugelassen ist.

Die friedliche Nutzung der Kernenergie wurde von Anfang an so konzipiert, daß bereits vor Inbetriebnahme einer Anlage die Rückhaltung radioaktiver Stoffe soweit gesichert ist, daß die tatsächlichen Umweltbelastungen als extrem gering zu bezeichnen sind. Im Normalbetrieb stellt ein Kernkraftwerk kein Umweltproblem dar. Wenn überhaupt Probleme bestehen, so sind sie nur bei Stör- bzw. Unglücksfällen gegeben. Das ist aber keine Frage der Ökologie und des Umweltschutzes, und ihre Lösung ist nicht Aufgabe von Biologen, Ärzten und Ökologen. Hier besteht vielmehr die Forderung nach einer technischen Optimierung und lückenlosen Überwachung der gesamten Sicherheitssysteme.

Beurteilung durch den Sachverständigenrat für Umweltfragen

Zu einer ähnlichen Beurteilung der Umwelteffekte von Kernkraftwerken ist auch der „Rat von Sachverständigen für Umweltfragen" in seinem 1981 publizierten Sondergutachten *„Energie und Umwelt"* gekommen. Dort hat dieses interdisziplinär zusammengesetzte Gremium unabhängiger Wissenschaftler eingehend zu den umweltpolitischen Aspekten der Kernenergienutzung Stellung genommen. Die entscheidenden Argumente sind in den Textziffern 607 bis 612 des Gutachtens zusammengefaßt. Diese wichtige Passage soll hier im Wortlaut dokumentiert werden:

607. Die umweltpolitische Bewertung des Einsatzes von Kernenergie muß zwischen Belastungen durch den Normalbetrieb, Belastungen bei Störfällen und Unfällen und Belastungen durch Wiederaufarbeitung sowie Endlagerung unterscheiden.

Die Umweltbelastungen durch den Normalbetrieb sind gering, insbesondere im Verhältnis zum Einsatz von Kohle und schwerem Heizöl. Die regelmäßigen Überwachungsmessungen belegen, daß die vorgeschriebenen Grenzwerte eingehalten und in der Regel wesentlich unterschritten werden. Bei der Bewertung ist sich der Rat bewußt, daß auch kleinste Dosiswerte einen Rest von Risiko in sich bergen. Daher kann es für den Rat keineswegs mit der Feststellung sein Bewenden haben, daß die geltenden Grenzwerte von Sachverständigenkommissionen vorgeschlagen worden sind, daß sie mindestens den international vereinbarten Grenzwerten entsprechen und daß die Einhaltung der Werte von den Fachbehörden streng überwacht wird. Der Rat orientiert sich vielmehr an den im Vergleich zum natürlichen Niveau der Strahlenbelastung geringen absoluten Werten.

Der Grundsatz „so wenig wie möglich" ist Bestandteil des geltenden Rechts, er ist auch künftig weiter zu verfolgen. Dies sollte auch in Gebieten gelten, die an die Bundesrepublik Deutschland grenzen; grenznahe Standorte sind nur akzeptabel, wenn höchsten Schutzanforderungen genügt wird.

608. Umweltbelastungen bei Störfällen und Unfällen sind für verschiedene Reaktortypen unterschiedlich zu beurteilen. Dabei mißt der Rat den Ereignissen, deren Auswirkungen mit den im täglichen Leben vorkommenden Unfällen dem Umfange nach vergleichbar sind, eine weniger bedeutsame Rolle zu, auch wenn sie den Hauptbeitrag zum abgeschätzten Risiko liefern. Der Rat sieht daher die bloße Möglichkeit großer Unfälle zwar als Beitrag zum Risiko an, er betrachtet sie aber auch als eigenständiges Phänomen. Diese Einstellung, Unfälle katastrophalen Ausmaßes nicht als Teil des Risikos, sondern auch als eigenständiges Phänomen zu begreifen, wirkt auf die Bewertung unterschiedlicher Reaktortypen und Blockgrößen.

609. Bei einem Leichtwasserreaktor wäre ein Unfall schwerster Art für Mensch und Umwelt eine extreme Belastung. Das gilt für die voraussehbare Zahl von Todesfällen, für genetische Spätfolgen und Siechtum, aber auch für die Zerstörung über Hunderte und die Beeinträchtigung über Tausende von Quadratkilometern hinweg durch die langfristige Belastung der Region mit radioaktiven Nukliden. Zwar ist die kalkulierbare Eintrittswahrscheinlichkeit eines solchen Unfalls extrem gering; die grundsätzliche Möglichkeit hat jedoch auch ihr Eigengewicht, zumal auslösende Faktoren wie Krieg und Terror ebenso wie bei anderen gefährlichen Technologien in keiner Weise kalkulierbar sind.

Es verdient hohe Anerkennung, daß die Sicherheitstechnik erhebliche Fortschritte gemacht hat und immer weiter entwickelt wird, wobei der Nachrüstung bestehender Anlagen allerdings Grenzen gesetzt sind. Gleichwohl bleibt ein Risiko. In ihm stecken auch unvermeidliche Wissenslücken, die zum Teil künftig ausgefüllt werden können, zum Teil immer bestehen werden. Dieses Risiko muß politisch verantwortet werden, auch gegenüber künftigen Generationen.

610. Für die Schnellen Brüter gelten ähnliche Überlegungen wie für Leichtwasserreaktoren, da die maximalen Unfallfolgen bei gleicher Leistung nicht geringer sind. Zudem sind die Kenntnisse über die Eintrittswahrscheinlichkeit schwerer Unfälle und über die Wirksamkeit der sicherheitstechnischen

Vorkehrungen geringer. Auch liegen nur begrenzte betriebliche Erfahrungen vor.

611. Beim Hochtemperaturreaktor (HTR) zeichnet sich die Möglichkeit ab, durch Begrenzung der Leistungsdichte und der Gesamtleistung (bis zu etwa 200 MW_{th}) zu Reaktorformen zu kommen, bei denen die Freisetzung des gesamten Spaltinventars selbst bei einem Unfall schwerster Art nahezu auszuschließen ist. Vor allem bestünde bei einem solchen Reaktortyp mehr Zeit für Gegenmaßnahmen und Evakuierung; dies hätte auch den Vorteil, daß bei Bewährung Standorte in größerer Nähe zu Städten in Erwägung gezogen werden könnten. Gegen diese Überlegungen ist mit Recht eingewandt worden, es lägen unzureichende Erfahrungen mit Reaktoren vom HTR-Typ vor, um die weiteren Entwicklungs- und Einsatzmöglichkeiten verläßlich abzuschätzen. Auch ist die Problematik der Wiederaufarbeitung nicht gelöst.

Daraus ist jedoch nach Auffassung des Rates nicht der Schluß zu ziehen, diese Reaktorentwicklung nicht weiter zu verfolgen, zumal sich ohnehin der Leichtwasserreaktor durchgesetzt habe. Angesichts der politischen Bedeutung einer Vermeidung des gefürchteten Großunfalls empfiehlt der Rat vielmehr nachdrücklich, diese spezifische Variante des HTR in einer Demonstrationsanlage möglichst rasch zu realisieren, da nur so das Erfahrungsdefizit abgebaut werden kann.

612. Die Umweltauswirkungen durch Wiederaufarbeitung und Endlagerung sind der dritte Streitpunkt in der Kernenergiedebatte.

Zur Beurteilung der Wiederaufarbeitungsprobleme gibt es zwar noch keine Erfahrungen aus großtechnischen Anlagen für Leichtwasserreaktor-Brennelemente; die Ergebnisse der Pilotanlagen lassen jedoch in Verbindung mit neuen Rückhaltetechniken erwarten, daß sich die Belastungen im vertretbaren Rahmen der Strahlenschutzverordnung halten.

Auch hier legt der Rat besonderen Wert auf den Grundsatz „so wenig wie möglich", der auch international durchgesetzt werden sollte. Die günstigste Form der Endlagerung hochradioaktiver Abfälle muß unter dem Aspekt eines über Jahrtausende zu gewährleistenden Schutzes der Biosphäre unter den diskutierten Alternativen sorgfältig ausgewählt werden. Dies gilt um so mehr, als der Stand der Wissenschaft Aussichten eröffnet, durch Nachbestrahlung die besonders langlebigen radiotoxischen Transurane in Stoffe von kürzerer Halbwertzeit umzuwandeln und so die Zeitspanne der Gefährdung drastisch zu kürzen.
(S. 146f.)

Aufgabe 5 Welche Belastungspfade sind für die Strahlenexposition des Menschen wichtig?

....
....
....
....
....
....
....
....

21.4.2. Technisch-ökonomische Beurteilung der Kernenergie

Analyse 2 Die energiepolitische Diskussion um das Für und Wider eines weiteren Ausbaus der Kernenergie beginnt grundsätzlich mit den beiden Fragen:

▶ *Wie hoch wird in Zukunft der Energiebedarf sein?* ◀

▶ *Ist zur Deckung dieses Energiebedarfs die Kernenergie notwendig, oder gibt es alternative Deckungsmöglichkeiten?* ◀

Von der Beantwortung dieser Fragen hängt es ab, ob weitere Diskussionen notwendig werden, wenn es nämlich um Aspekte wie Sicherheit, Umweltauswirkungen und Verbreitung von kernwaffenfähigem Material geht.

Die Ungewißheit von Energieprognosen

Die Beantwortung der Frage nach der Höhe des zukünftigen Energiebedarfs ist äußerst schwierig. Je weiter der Blick in die Zukunft reichen soll, desto größer wird der Unsicherheitsspielraum. Vergleicht man die Energieprognosen der Vergangenheit mit der tatsächlichen Entwicklung, so wird diese Unsicherheit deutlich. Keine

Prognose hat den nachher tatsächlich eingetretenen Verlauf des Energieverbrauchs getroffen (vgl. STE 20).

Heutige Energieprognosen unterliegen der gleichen Unsicherheit.[5] Die Ursachen für die abweichenden Prognoseergebnisse entstammen den zugrunde gelegten Annahmen. Einen erheblichen Einfluß auf das Ergebnis von Energieprognosen haben Schätzungen zur Bevölkerungsentwicklung, zum Wirtschaftswachstum, zur Strukturentwicklung der Volkswirtschaft, zu Maßnahmen des Energiesparens – um nur die wichtigsten zu nennen. Die Behandlung der Frage nach dem zukünftigen Energiebedarf bzw. Kernenergiebedarf muß deshalb die Diskussion dieser und anderer Prognoseannahmen einschließen.

Weltenergienachfrage wird noch steigen

Das Bevölkerungswachstum und die wirtschaftlichen Entwicklungsbestrebungen, vor allen Dingen in den Ländern der Dritten Welt, werden die Hauptantriebsfeder für die künftige Weltenergienachfrage sein. Allein der Anstieg der Weltbevölkerung von heute mehr als 4 Milliarden Menschen auf über 6 Milliarden im Jahre 2000 wird dazu führen, daß die Weltenergienachfrage zu diesem Zeitpunkt um 50% höher liegen wird als heute. Es erscheint daher nicht unbegründet, wenn vorliegende Weltenergiestudien für die nächsten Jahrzehnte noch mit einem Anstieg des Weltenergieverbrauchs rechnen, der mindestens dem Wachstum der Weltbevölkerung entspricht.[6]

Sättigung der Energienachfrage in den Industrieländern

In den Industrieländern, das heißt auch in der Bundesrepublik Deutschland, werden Sättigungstendenzen und Energieeinsparerfolge die Wachstumsraten des Energieverbrauchs zunehmend dämpfend beeinflussen. Längerfristig scheint sogar ein Rückgang möglich, ohne daß hiermit Wohlstands- und Komforteinbußen für die Bevölkerung verbunden wären. Über die Höhe und vor allen Dingen über die Geschwindigkeit dieser rückläufigen Entwicklungstendenzen des Energieverbrauchs bestehen allerdings erheblich auseinandergehende Ansichten.

Ist Kernenergie in der Bundesrepublik Deutschland notwendig?

Für die Bundesrepublik Deutschland wird ein möglicher Verzicht auf die Kernenergie vor allen Dingen damit begründet, daß einerseits erhebliche Energieeinsparpotentiale verwirklicht werden könnten – was eine drastische Verringerung der Energienachfrage zur Folge hätte. Andererseits könnte der dann noch verbleibende Energiebedarf mit Hilfe von Technologien zur Nutzung sich erneuernder Energiequellen und durch Kohle gedeckt werden. Es gilt allgemein als unumstritten, daß Erdöl und Erdgas auf lange Sicht kaum noch zur Energieversorgung zur Verfügung stehen. Ein Verzicht auf Wohlfahrtssteigerungen für die Bevölkerung sei dabei nicht

---

5 A. Voss: Vorgetäuschte Sicherheit durch Energieprognosen. *Umschau 80,* Heft 8 (1980), S. 235–236.
6 Energy in a Finite World. Vol. I + II. Report by the Energy Systems Group of the International Institute for Applied Systems Analysis. Ballinger Publishing Company, Cambridge/Massachusetts (USA) 1981. Deutsche Bearbeitung in Kurzform: R. Gerwin: Die Welt-Energieperspektive. Stuttgart 1980. – World Energy Looking Ahead to 2020 – Report by the Conservation Commission of the World Energy Conference. Reprinted with corrections, New York 1979. – Coal-Bridge to the Future. Report of the World Coal Study. Cambridge/Massachusetts (USA) 1980. – Global 2000. Der Bericht an den Präsidenten. Frankfurt 1980.

notwendig. Im Gegenteil wird noch eine erhebliche Zunahme des Wohlstandes pro Kopf der Bevölkerung als möglich erachtet.[7]

Weiterhin wird angeführt, daß diese Lösung wirtschaftlicher als die Kernenergie sei, umweltfreundlicher und gesellschaftspolitisch verträglich. Eine Reihe von weiteren positiven Attributen werden mit einer derartigen Energiestrategie verbunden: Flexibilität im Energieangebot, einfache Handhabung, überschaubare Größenordnung, geringes Risiko und Angepaßtheit an die Bedürfnisstruktur der jeweiligen Nachfrager. Ein Energieversorgungsweg, der sich durch diese Merkmale auszeichnet, wird von seinen Befürwortern als „sanfter Weg" bezeichnet.[8]

Diese Ergebnisse und Standpunkte werden in Fachkreisen der Energiewirtschaft vielfach kritisch beurteilt bzw. nicht geteilt.[9] Es wird entgegengehalten, daß die Möglichkeiten des Energiesparens keinesfalls in einem Umfang gegeben sind, um den Restbedarf an Energie nur mit Kohle und regenerativen Energiequellen decken zu können.

Analysen zu diesem Problemkreis kommen für die Bundesrepublik Deutschland zu dem Ergebnis, daß bei weitgehender Anrechnung von Energiesparmöglichkeiten sowie unter Ausschöpfung aller regenerativen Energieflüsse und ohne Berücksichtigung wirtschaftlicher Aspekte nur etwa 30% des zukünftigen Energiebedarfs gedeckt werden könnten.[10] Zudem wird dargelegt, daß in der Regel die Wirtschaftlichkeit der auch als „sanft" bezeichneten Energiesysteme nicht gegeben ist und die umwelt- sowie gesellschaftspolitischen Implikationen nicht in allen Fällen positiv einzuordnen sind. Geringere Angebotsflexibilität, erhöhter Arbeitseinsatz sowie höherer Kapitalbedarf werden aus volkswirtschaftlicher Sicht als zusätzliche Negativpunkte angeführt.

Kernenergie zur Deckung der Weltenergienachfrage?

Die vorliegenden Studien zur Weltenergienachfrage kommen alle zu dem Ergebnis, daß selbst bei unterstellter massiver Energieeinsparung und weitestgehender Nutzung der regenerativen Energieströme die Kernenergie, neben der Kohle, die Hauptlast einer langfristigen Energieversorgung tragen muß. Untersuchungen zur Deckung der Weltenergienachfrage, die – ähnlich wie für die Bundesrepublik Deutschland – eine Energieversorgungsmöglichkeit hauptsächlich auf der Basis von Energieeinsparung und regenerativen Energiequellen zu diskutieren versuchen, gibt es bis heute nicht.

Fazit: Kompromiß denkbar

Aufgrund vorliegender Untersuchungen für die Bundesrepublik Deutschland, aber auch für die Welt insgesamt, läßt sich schließen, daß eine ausreichende Energieversorgung nicht gewährleistet erscheint, wenn die Kernenergie von vornherein aus den Überlegungen um eine künftige Energieversorgung ausgeschlossen wird. Ein Kompromiß scheint möglich, wenn extreme Vorstellungen zu theoretisch denkbaren Energieversorgungsstrukturen pragmatischen Ansätzen weichen und jedes Energieversorgungssystem unter Beachtung seines besonderen Vorteils, im Hinblick auf Wirtschaftlichkeit, Umweltverträglichkeit und Sicherheit, in die Überlegungen zu einer künftigen Energieversorgung eingeht.

---

7 F. KRAUSE / H. BOSSEL / K.-F. MÜLLER-REISSMANN: Energie-Wende. Wachstum und Wohlstand ohne Erdöl und Uran – Ein Alternativbericht des Öko-Instituts/Freiburg. Frankfurt 1980.

8 A. B. LOVINS: Sanfte Energie – Das Programm für die energie- und industriepolitische Umrüstung unserer Gesellschaft. Reinbek bei Hamburg 1978.

9 K. SCHMITZ / A. VOSS: Energiewende? Analysen, Fragen und Anmerkungen zu dem vom Öko-Institut vorgelegten „Alternativ-Bericht". Jülich 1980.

10 D. OESTERWIND / O. RENN / A. VOSS: Sanfte Energieversorgung, Möglichkeiten – Probleme – Grenzen. Jülich 1980.

21. Kernenergie 179

Welche Argumente werden unter anderem vorgetragen, um die Notwendigkeit der Kern- | Aufgabe 6
energienutzung zu begründen?

....
....
....
....
....
....
....
....
....
....
....

Politische Beurteilung der Kernenergie | 21.4.3.

Die in der Verfassung verankerte Grundordnung eines Gemeinwesens setzt den | Analyse 3
Rahmen, innerhalb dessen sich jedes politische Handeln bewegen muß. In der
Bundesrepublik Deutschland ist es das *Grundgesetz* vom 25. Mai 1949 mit seinen
späteren Änderungen, das alle Politik sowohl rechtfertigt als auch begrenzt. Es
gehört daher auch zu den Charakteristiken des Verfassungsstaates, daß von allen an
der politischen Willensbildung Beteiligten erwartet wird, daß sie ihr politisches
Handeln an den Grund- und Richtwerten der Verfassung ausrichten.

Grund- und Richtwerte unserer Verfassung

Die Grund- und Richtwerte unserer Verfassungsordnung sind in den sog. „Staats-
struktur-" und „Staatszielbestimmungen" (Art. 20 und Art. 28 des Grundgesetzes)
verankert. Es sind die Prinzipien der Rechtsstaatlichkeit, der Volksstaatlichkeit, der
Sozialstaatlichkeit und der Bundesstaatlichkeit. Obwohl auch das letztgenannte
Prinzip durch energiepolitische Entscheidungen indirekt berührt werden kann, sind
es doch in erster Linie die drei erstgenannten Prinzipien, die als normativer Bezug in
Frage kommen. Das Rechtsstaatsprinzip, das unter anderem die Gewährleistung
von Grundrechten, die funktionale und personale Trennung und Teilung der
Gewalten, die Unabhängigkeit der Rechtsprechung und das Verbot der Rückwirkung von Gesetzen vorsieht, hat die Sicherung eines ausreichenden persönlichen
Freiheitsraumes für alle Staatsbürger im Auge. Das Volksstaats- oder Demokratieprinzip ist auf die Ermächtigung und Kontrolle der Regierenden durch die Regierten
gerichtet. Und das Sozialstaatsprinzip ist am Ziel der wirtschaftlichen und gesellschaftlichen Gleichheit, zumindest aber an der Absicherung eines Minimalstandards
der Lebensqualität orientiert.
Die Diskussion über das Für und Wider eines weiteren bzw. eines beschleunigten
Ausbaus der Kernenergie kreist letztlich immer wieder um die Bewertung energiepolitischer Maßnahmen im Hinblick auf die genannten Staatsstruktur- und Staatszielbestimmungen – unabhängig davon, ob dieser Zusammenhang nun deutlich wird
oder nicht. Es gehört zu den mehr oder weniger selbstverständlichen Annahmen von
Befürwortern der Kernenergie, daß die erwähnten Verfassungsprinzipien durch
entsprechende energiepolitische Entscheidungen eher gestützt als gefährdet würden. Die Vorstellung einer von internationalen Abhängigkeiten weitgehend losgelö-
sten und daher krisensicheren und auch quantitativ ausreichenden Energieversorgung galt vor allem deshalb als mit diesen Prinzipien voll vereinbar, weil sie die

Stromversorgung auf eine wirtschaftlich sinnvolle und auch sonst unproblematische Weise zu sichern versprach und ja gerade der Stromversorgung eine Schlüsselrolle für die menschliche Daseinssicherung und Daseinserfüllung zugesprochen wurde. Der durch sie ermöglichte Einsatz arbeitserleichternder technischer Geräte und Einrichtungen versprach einerseits einen wesentlichen Beitrag zur freien Entfaltung der Persönlichkeit (Rechtsstaatsprinzip) einschließlich einer hierdurch ermöglichten Förderung der politischen Mitwirkungsbereitschaft (Demokratieprinzip), andererseits einen nicht minder bedeutsamen Beitrag zur gesellschaftlichen und wirtschaftlichen Daseinsvorsorge und zum gesellschaftlichen und wirtschaftlichen Ausgleich (Sozialstaatsprinzip).

Energiepolitik – Kampf um die Auslegung von Verfassungsnormen

Daß der „Kampf ums Recht", von dem ein bedeutender deutscher Jurist des 19. Jahrhunderts, der Begründer der Interessenjurisprudenz: Rudolf VON JHERING, sprach, nicht zuletzt ein Kampf um die Auslegung von Verfassungsnormen ist, zeigt unter anderem das Beispiel der Energiepolitik. Was den Befürwortern eines raschen Ausbaus der Kernenergie als Förderung und Erfüllung der genannten Staatsstruktur- und Staatszielbestimmungen galt und gilt, galt und gilt den vor allem seit Mitte der siebziger Jahre immer zahlreicher werdenden Gegnern der Kernenergie als ihre grundlegende Infragestellung. Das von Robert JUNGK in seinem gleichnamigen Buch geprägte Schlagwort vom „Atomstaat"[11] ist Ausdruck der (zum Teil durch militante Aktionen unterstrichenen) Sorge, daß die beschleunigte Durchsetzung der Kernenergie zu einer erheblichen Beeinträchtigung des Rechtsstaates führen könnte und außerdem auch dem Demokratieprinzip und dem Sozialstaatsprinzip eher zuwiderlaufe. Die teilweise zu konkreten Vorwürfen an die Adresse des Staates verdichtete Sorge um den Rechtsstaat stützt sich auf restriktive Verwaltungspraktiken bei der Durchführung von atomrechtlichen Planungs- und Genehmigungsverfahren, auf gesetzgeberische Pläne zur Einschränkung der administrativen und judikativen Bürgerbeteiligung bei solchen Verfahren sowie auch auf die Annahme, daß der Staat wegen des hohen Risikos terroristischer Anschläge auf Nuklearanlagen immer tiefer in die Freiheit der Bürger eingreifende Sicherheitsmaßnahmen treffen müsse. Eine Gefährdung des Demokratieprinzips wird von den Atomgegnern in der Tatsache gesehen, daß der Ausbau der Kernenergie gegen den Willen eines großen Teiles der Bevölkerung erfolgen müßte, der zwar – je nach konkreter Situation – schwankt, jedoch die 50%-Marke eher über- als unterschreitet. Und schließlich wird auch die Förderung des Sozialstaatsprinzips mit dem Argument in Frage gestellt, daß ein Ausbau der Kernenergie schon im Hinblick auf ihre hohen ökologischen Risiken nicht im Wohlfahrtsinteresse der Gesellschaft liegen könne.

Erkenntnis- und Orientierungsschwierigkeiten

Sich ein sicheres Urteil zu bilden ist für den einzelnen Bürger wie für den zur Entscheidung berufenen Politiker deshalb so schwer, weil die Wissenschaft ihn insoweit im Stich läßt. Sowohl im Lager der Befürworter als auch im Lager der Gegner der Kernenergie befinden sich angesehene Natur-, Wirtschafts- und Sozialwissenschaftler. Daß auch die Parteien (insbesondere aber die Koalitionsparteien) angesichts dieser Situation gespalten sind, braucht nicht zu verwundern. Und nicht verwunderlich ist auch, daß die Haltung der Bevölkerung angesichts solcher Erkenntnis- und Orientierungsschwierigkeiten schwankt. Nach anfänglich sehr wohlwollender Aufnahme der Nuklearpläne wurde die Kernenergie spätestens seit den Ereignissen von Wyhl überwiegend abgelehnt. Erst die jüngsten Verteuerungen

---

11 R. JUNGK: Der Atom-Staat. Vom Fortschritt in die Unmenschlichkeit. München 1977.

21. Kernenergie

des Erdöls und die nicht zuletzt in diesem Zusammenhang gesehenen wirtschaftlichen Rezessionserscheinungen scheinen einen erneuten Meinungsumschwung anzudeuten.

Ungeachtet aller allgemeinen Erkenntnis- und Orientierungsschwierigkeiten ist eines unverkennbar: daß die Debatte um Sinn oder Unsinn der „friedlichen" Nutzung der Kernenergie zum zentralen Krisenherd geworden ist, der in den Ereignissen von Wyhl, Brokdorf, Grohnde und Gorleben seine potentielle soziale Sprengkraft bewiesen hat. Gerade aus politikwissenschaftlicher Sicht stellt sich angesichts dieser Situation die drängende Frage, ob sich die Bundesrepublik im Zeichen wachsender internationaler Spannungen die – im Falle eines beschleunigten Ausbaus sehr wahrscheinliche – Eskalation derartiger Konfrontationen leisten will und kann. Nicht zuletzt die Tatsache, daß viele nüchterne Beobachter der Kontroverse diese Frage verneinen, hat auch zu Meinungsverschiedenheiten innerhalb der Parteien beigetragen. Die intensive Suche und Befolgung neuer Wege zur Energieeinsparung und zur Nutzung alternativer Energiequellen scheint angesichts dieser Situation die den sozialen Frieden am wenigsten belastende Entscheidung zu sein. Ihr gilt daher auch eine in der Öffentlichkeit weit verbreitete Grundstimmung.

Inwiefern kann die Frage des Ausbaus der Kernenergie die Staatsstruktur- und Staatszielbestimmungen unserer Verfassung berühren?

Aufgabe 7

Moralische Beurteilung der Kernenergie

21.4.4.

Die Diskussion ist dadurch belastet, daß Kernenergie nicht nur selbst für gefährlich gehalten wird, sondern daß sie zu einem Symbol für die wachsenden Zweifel an Technik und Wissenschaft überhaupt geworden ist. Die Diskussion wird leidenschaftlich geführt; sie ist von Angst und Zorn getragen. So verständlich die Angst der Gegner und der Zorn der Befürworter der Kernenergie sein mögen – Angst und Zorn verblenden das nüchterne Urteil und lähmen die Vernunft.

Die Menschen haben durch die Erschließung der riesigen Energiemengen, die bei Kernspaltungen frei werden, Machtmittel in die Hand bekommen, die größer sind als alle Machtmittel, die früheren Generationen zur Verfügung standen. Man kann zwar mit diesen Potentialen technisch umgehen: es ist möglich, durch Kernspaltung Strom zu erzeugen oder riesige Zerstörungen in Kriegen anzurichten; man hat jahrzehntelang intensiv erforscht, wie man es anstellen könnte, immer leistungsfähigere Kernkraftwerke und immer zielgenauere und zerstörungskräftigere Waffen zu konstruieren – über die innen- und außenpolitischen Risiken, die mit der Entwicklung solcher Technologien verbunden sind, hat man jedoch weniger nachgedacht.

Analyse 4

Neue Dimensionen der politischen Verantwortung

Wenn Politik der verantwortliche Umgang mit Machtmitteln ist, so stellt sich die Frage: Verantwortung wofür? Angesichts der außerordentlichen Größe und der Vielfalt der Verwendungsarten der nuklearen Machtmittel gibt es auf eine solche Frage keine einfache Antwort. Wenn man sich für Kerntechnik entscheidet, entscheidet man sich nicht nur dafür, radioaktive Materialien und Anlagen – Uranbergbau, Anreicherung, Wiederaufarbeitung, Endlagerung des Abfalls, Versuchsreaktoren, Waffenfabriken – technisch so sicher wie möglich zu machen; man entscheidet sich auch dafür, die politischen und sozialen Bedingungen zu schaffen, die erforderlich sind, solche Anlagen zu errichten, zu betreiben und auf Dauer zu sichern. Man braucht gesellschaftliche Verhältnisse, die es erlauben, immer eine ausreichende Zahl von Fachkräften für derartige Tätigkeiten bereitzustellen – das heißt: man muß weit in die Zukunft planen. Es ist Vorsorge zu treffen, daß bei der Beseitigung des Abfalls und vor allem bei der Endlagerung sehr lange strahlende und gefährliche Materialien mit einer Sorgfalt und Gewissenhaftigkeit, die nie nachlassen dürfen, bewacht werden müssen.

Politische Verantwortung reicht so weit, wie die möglichen Auswirkungen der von der Politik verwalteten Machtmittel reichen. Fragen wir uns, wie weit die Auswirkungen der von Menschen ausgelösten Kernspaltung reichen – sei es zur Erzeugung von Strom, sei es zu Zerstörungszwecken –, so stoßen wir darauf, daß die politischen Entscheidungen, die hier gefällt werden müssen, tiefer in den Raum und vor allem in die Zeit hineingreifen, als das bisher bei politischen Entscheidungen der Fall war:

• Die Ausbreitung der Kerntechnik wird die Verhältnisse auf dem ganzen Erdball verändern. Das ist keine Besonderheit dieser Technologie; es gilt auch für andere technische Großsysteme wie zum Beispiel die Kommunikationstechnologien oder den Verbrennungsmotor. Sie alle bewirken tiefgreifende und nicht umkehrbare wirtschaftliche, gesellschaftliche und politische Veränderungen.

• Die zeitliche Dimension, in die wir mit einer Entscheidung für Kerntechnik vorstoßen, ist dagegen von ganz anderer Qualität. Zwar wirkt jedes geschichtliche Handeln auf unbestimmbare Weise in die Zukunft hinein; bei der Kerntechnik stellt sich jedoch das Problem, daß die einmal erzeugten radioaktiven Materialien so lange strahlen, bis sie zerfallen sind, und daß wir heute schon sicher wissen, daß zum Beispiel Plutonium^{239}, das in Leichtwasserreaktoren entsteht und in Wiederaufarbeitungsanlagen aus den abgebrannten Brennelementen abgetrennt wird, eine Halbwertzeit von 24 400 Jahren hat. Wir wissen also nicht ahnungsweise, sondern in voller Klarheit, was wir tun, wenn wir Plutonium oder Uran^{238} erzeugen, und für welche Zeiträume wir die nach uns lebenden Menschen unter den Zwang stellen, sich vor den Strahlen dieser und zahlreicher anderer radioaktiver Stoffe zu schützen.

Neue Aspekte von Sicherheit

Bei der Diskussion um die Risiken der Kernenergie spielt die Sicherheit eine zentrale Rolle. Dabei denkt man an die wirtschaftliche Sicherheit einer langfristig garantierten Versorgung mit Energie. Vor allem denkt man jedoch an die technische Sicherheit, an das reibungslose Funktionieren, den ausreichenden Strahlenschutz für alle Menschen, die in kerntechnischen Anlagen arbeiten oder in ihrer Nähe wohnen. Über diese Sicherheit ist viel nachgedacht worden, und für sie ist viel getan worden. Aber auch die perfekteste kerntechnische Anlage kommt ohne Menschen nicht aus. Sie muß bedient, kontrolliert, gesteuert und gewartet werden. Sie ist, wie die meisten technischen Anlagen, ein „Mensch-Maschine-System". Selbst wenn man die Maschinenseite immer funktionssicherer macht – auf der Seite des Menschen stößt man auf Grenzen. Gewöhnung führt zu Nachlässigkeit. Eine unerwartet auftauchende Gefahrensituation kann Fehlhandlungen hervorrufen.

Hunger, Müdigkeit, Ärger, Angst, Gedankenlosigkeit und Irrtum sind menschlich. Strenge Schulung, eiserne Disziplin, scharfe Bewachung können solche Reaktionen unterdrücken und einschränken. Aber wer bewacht die Bewacher? Und wie werden Menschen reagieren, deren Berufsalltag unter einem solchen Dauerstreß steht? Die Gegner der Kernenergie warnen davor, daß ein Staat, der seine Energieversorgung durch Kernkraftwerke garantieren will, seine demokratische Ordnung gefährden könnte: das „Polizeistaatargument". Gewarnt wird auch vor der Erpressung durch Terroristen, die Uran oder Plutonium stehlen könnten, um daraus einen primitiven, aber gefährlichen Sprengsatz zu basteln. Man scheint Reaktoren gegen den Überfall kleiner Gruppen von außen schützen zu können. Keine Sicherheit gibt es jedoch gegen eine Erpressung durch Menschen, die innerhalb solcher Anlagen arbeiten. Wenn sie drohen, einen „großen Unfall" zu verursachen oder den Reaktor in die Luft zu sprengen, haben sie ein furchtbares Machtmittel in der Hand. Dieses Beispiel soll nur illustrieren, daß im Bereich des Umgangs mit Naturgewalten wie der Kernenergie die moralischen und politischen Risiken nicht voneinander zu trennen sind.

Der Zusammenhang der „Welt"-Probleme

Politik, die ihre Verantwortung ernst nimmt, wird erkennen, daß diese Verantwortung räumlich unteilbar ist. Sie ist eine Verantwortung gegenüber den Menschen innerhalb und außerhalb der Grenzen jedes Landes. Die Menschheit ist von vielfältigen Gefahren bedroht: Atomkrieg, Welthungersnot, Energieverknappung, Wassermangel, Erschöpfung vieler natürlicher Rohstoffe, Auslaugung bebaubarer Böden, Zerstörung der Ozonschicht, ökologisch unverträgliche Erwärmung der Atmosphäre. Die Reihe ließe sich fortsetzen. Wenn unsere natürliche Umwelt aus dem Gleichgewicht gerät, bricht auch die künstliche Umwelt zusammen, die Menschen sich gebaut haben, und ohne die sie nicht überleben können. Die Krise der Gegenwart ist eine Menschheitskrise. Das weiß die Weltöffentlichkeit spätestens seit den berühmten Untersuchungen des „Club of Rome" über die „Grenzen des Wachstums".[12]

Deswegen darf sich im Zeitalter enger wirtschaftlicher Verflechtungen und wachsender internationaler Notstände und Ungerechtigkeiten keine Regierung nur mit der Sicherung der eigenen Bevölkerung befassen; sie muß die Lage der Menschheit im ganzen mitbedenken. Hier stößt die Frage nach den politischen und moralischen Risiken der Kernenergie in tiefere Schichten vor. Hochentwickelte Industrieländer könnten durch Sparsamkeit, Abstriche von ihrem überhöhten Lebensstandard und Ausnutzen aller Möglichkeiten der „Alternativtechnologien" unter Umständen in der Lage sein, für sich die Kernenergie überflüssig zu machen, und sich so den schwierigen Problemen, die Ausbau und Umgang mit dieser Technik mit sich bringen, entziehen. Aber dürfen sie den Entwicklungsländern vom sicheren Hafen der Wohlstandsgesellschaft aus den Rat geben, „den Gürtel enger zu schnallen"? Ist nicht angesichts der steigenden Ölpreise für viele von ihnen die Kernenergie die einzige Möglichkeit, dem Hunger und dem Elend zu entgehen und mit billiger Energie blühende Industrien aufzubauen? Eine Antwort auf diese Fragen darf man sich nicht leichtmachen. Ehe man sich jedoch für den Export von Reaktoren in die Dritte Welt entscheidet, sollte man sorgfältig prüfen,

- welche Arten von Energie in den Entwicklungsländern gebraucht werden,
- ob Länder, die wenig oder keine Erfahrung im Umgang mit fortschrittlichen Techniken haben, eine so hochkomplizierte Technologie handhaben können,
- ob die Kernenergie für die meisten Entwicklungsländer nicht zu teuer ist,

---

12 Dennis L. MEADOWS u. a.: Die Grenzen des Wachstums. Reinbek 1973.

- ob man diese Länder nicht von den Lieferländern, deren Experten, deren Krediten, deren Sicherheitsauflagen zu abhängig macht,
- ob man durch zentrale Großsysteme zur Stromerzeugung eine Entwicklung dieser Länder fördert, die ihren wirklichen Bedürfnissen und Interessen dient?

Politik hat nicht nur eine Verantwortung für die lebenden, sie hat auch eine Verantwortung gegenüber den kommenden Generationen. Die Welt, die wir ihnen hinterlassen, sollte keine Welt unlösbarer Konflikte sein, in der der Pegel der Gewalt höher und höher steigt. Sie sollte keine Welt sein, in der katastrophale gesellschaftliche, wirtschaftliche und natürliche Zusammenbrüche größten Ausmaßes unausweichlich sind. Sie sollte vor allem nicht jenes strahlenverseuchte Inferno sein, das ein atomarer Weltkrieg hinterließe. Die Frage, die sich einer verantwortlichen und aufgeklärten Politik heute stellt, lautet: Wird die Entscheidung für Kernenergie dazu führen, daß die Welt der Zukunft eine Welt mit unerschöpflichen und umweltfreundlichen Energiereserven ist, mit deren Hilfe viele der großen Menschheitsaufgaben bewältigt und viele der drohenden Knappheiten überwunden werden könnten, und sind wir bereit, dafür in Kauf zu nehmen, daß diese Welt zugleich eine Welt sein wird, in der jeder Staat, der dieses will, über Atomwaffen verfügt, in der das Klima von Abwärme bedroht ist, und in der viele Generationen von Menschen gezwungen sind, die Plutoniumlager und die riesigen Mengen atomarer Abfälle, die wir hinterlassen, über Jahrtausende hinweg zu bewachen und unter Kontrolle zu halten?

Aufgabe 8 Welches sind die wichtigsten Fragen, deren Antworten einer Entscheidung bezüglich der Kernenergie zugrunde liegen sollten?

....
....
....
....
....
....
....
....
....
....
....
....
....
....

Umweltbelastungen durch Energieumwandlungen 22.

Federführender Autor: Karl Heinrich Hansmeyer

Autoren der Studieneinheit: Heinz Fortak, Karl Heinrich Hansmeyer, Herbert Knöpp, Karl Heinz Lindackers, Franzjosef Schafhausen, Jürgen Peter Schödel

Allgemeine Einführung 22.0.

Wenn in der Alltagssprache von „Müll" die Rede ist, so meinen wir meist den Hausmüll, der in einer Tonne von der Müllabfuhr abgeholt werden soll. Dieser Müll besteht zum Beispiel aus leeren Konservendosen, Verpackungsmaterial und Küchenabfällen. Oft wird pointiert behauptet, die Menschheit würde an der Mülllawine, die sie produziert, ersticken. Die damit zusammenhängenden Probleme wurden in Studieneinheit 14 eingehend behandelt.

Aber auch bei Energieumwandlungsprozessen entsteht Müll. Dieser „Energiemüll" ist von ganz anderer Art: es ist – zum großen Teil zumindest – Müll, den man nicht anfassen kann. Worum handelt es sich bei Energiemüll? Wie wird er „produziert"? Müssen wir uns mit ihm abfinden? Zur Beantwortung dieser Fragen erinnern wir uns an die beiden thermodynamischen Hauptsätze (in STE 19):

- *Erster Hauptsatz* (Energieerhaltungssatz): In einem geschlossenen System ist die Energie konstant; Energie wird also nicht verbraucht, sondern lediglich umgewandelt.

- *Zweiter Hauptsatz* (Entropiesatz): Durch die Nutzung von Energie nimmt deren Qualität ab; obwohl die Energiemenge konstant bleibt, sinkt ihre Nutzbarkeit. Andererseits nimmt die Entropie zu, das heißt, es wächst der Anteil an Wärmeenergie eines Systems, der nicht mehr in andere Energieformen überführt werden kann. „Energienutzung" heißt daher, Materie geringer Entropie in solche hoher Entropie umzuwandeln.

Zum Umweltproblem werden diese physikalischen Gesetzmäßigkeiten der Energienutzung deshalb, weil die hohe Entropie als Abwärme auftritt. Auf ein erhöhtes Temperaturniveau sind aber die meisten Ökosysteme nicht eingerichtet. Je mehr Abwärme produziert wird, desto größer wird die Umweltbelastung. Und die Abwärmemenge nimmt mit dem Energieumsatz zu.

In einer umfangreichen Untersuchung zum Thema „Energie und Abwärme" heißt es folgerichtig zur Umweltrelevanz des Abwärmeproblems:

„Eine prinzipielle technische Lösung des Abwärmeproblems ist [...] unmöglich, da jede Energieumwandlung letztlich Wärme erzeugt. Darin liegt die besondere Tragweite des Abwärmeproblems. Bei der enormen Quantität des Energieverbrauchs in der BRD und seinem weiteren exponentiellen Wachstum in den kommenden Jahren werden derartige Wärmemengen freigesetzt, die schon heute wegen der lokalen Konzentration eine ernste Umweltbelastung darstellen. Dies gilt in erster Linie für die Oberflächengewässer, deren Selbstreinigungskraft durch organische Verschmutzung und Wärmeeinleitung gefährdet ist. Es gilt aber auch für die Atmosphäre, die ebenfalls keine unbeschränkte Aufnahmefähigkeit für Abwärme besitzt. In Verbindung mit anderen Erscheinungen wie Inversionswetterlagen, Luftverunreinigungen durch Staub, CO_2 und anderes mehr, belastet Abwärme schon heute das Klima in Ballungsgebieten."[1]

---

1 P. BECK / D. GOETTLING: Energie und Abwärme. Ursachen – Auswirkungen – Empfehlungen. Berlin 1973, S. 18.

Eine Vorstellung von den Größenordnungen und vom Weg der Energie zur Abwärme vermittelt folgende Abbildung:

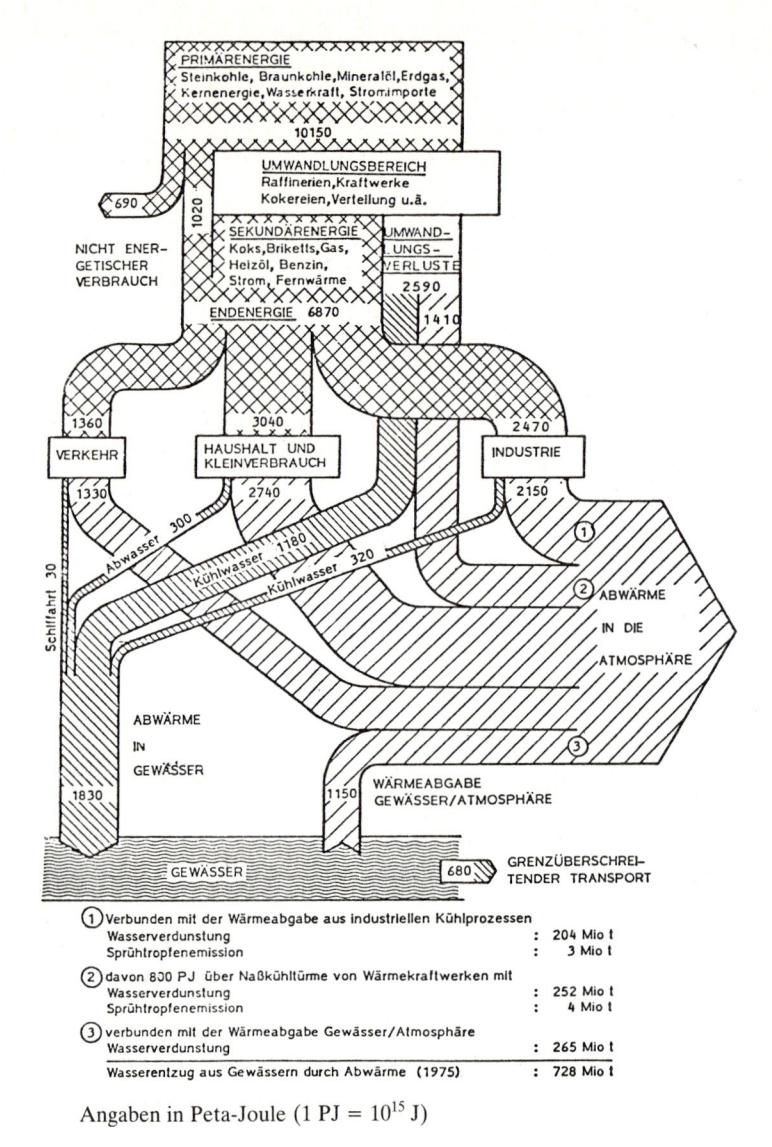

```
                    PRIMÄRENERGIE
         Steinkohle, Braunkohle, Mineralöl, Erdgas,
         Kernenergie, Wasserkraft, Stromimporte
                        10150

                  UMWANDLUNGSBEREICH
                  Raffinerien, Kraftwerke
                  Kokereien, Verteilung u.ä.
   690      1020
NICHT ENER-         SEKUNDÄRENERGIE    UMWAND-
GETISCHER           Koks, Briketts, Gas,  LUNGS-
VERBRAUCH           Heizöl, Benzin,     VERLUSTE
                    Strom, Fernwärme      2590
                  ENDENERGIE 6870        1410

   1360          3040                 2470
 VERKEHR     HAUSHALT UND           INDUSTRIE
             KLEINVERBRAUCH
   1330          2740                 2150
      Abwasser 300                        ①
      Kühlwasser 1180
Schiffahrt 30   Kühlwasser 320            ② ABWÄRME
                                          IN DIE
                                          ATMOSPHÄRE

   ABWÄRME
     IN                                   ③
   GEWÄSSER          WÄRMEABGABE
                     GEWÄSSER/ATMOSPHÄRE
   1830       1150

         GEWÄSSER              680   GRENZÜBERSCHREI-
                                     TENDER TRANSPORT
```

① Verbunden mit der Wärmeabgabe aus industriellen Kühlprozessen
   Wasserverdunstung : 204 Mio t
   Sprühtropfenemission : 3 Mio t
② davon 800 PJ über Naßkühltürme von Wärmekraftwerken mit
   Wasserverdunstung : 252 Mio t
   Sprühtropfenemission : 4 Mio t
③ verbunden mit der Wärmeabgabe Gewässer/Atmosphäre
   Wasserverdunstung : 265 Mio t

Wasserentzug aus Gewässern durch Abwärme (1975) : 728 Mio t

Angaben in Peta-Joule (1 PJ = 10^{15} J)

Aus: P. BECK / W.-D. GLATZEL / F. LENTZEN: Umweltproblem Abwärme. Manuskript.

Energiemüll ist allerdings auch mehr als Abwärme. Hinzu kommen nämlich vor allem die verschiedenen Schadstoffe, die bei der Verbrennung fossiler Energieträger entstehen. Die Informationen über Art, Anzahl, Menge und Wirkung dieser verschiedenen durch Energienutzung freigesetzten Schadstoffe sind noch lückenhaft. Art und Menge hängen vor allem von der chemischen Zusammensetzung der Energieträger ab: Kohle etwa ist ein vergleichsweise emissionsträchtiger Brennstoff, Erdgas dagegen ein verhältnismäßig sauberer (vgl. STE 19). Es ist jedoch darüber hinaus zu berücksichtigen, daß – vom Kohlendioxid einmal abgesehen, das bei der Verbrennung fossiler Energieträger immer entsteht – nicht alle Schadstoffe gleichsam naturgesetzlich bei der Energienutzung anfallen müssen. Durch Anwendung umweltfreundlicher Technik kann diese Art von Energiemüll vermindert werden.

Bei der Beantwortung einer Großen Bundestagsanfrage zur Umweltpolitik hat die Bundesregierung zum gegenwärtigen Stand der Emissionen einiger wichtiger Luftschadstoffe Stellung genommen. Ein großer Anteil dieser Emissionen resultiert in der Tat aus Energieumsetzungsprozessen. Die Antwort der Bundesregierung sei hier im Wortlaut dokumentiert:

„Flächendeckende Gesamt-Emissionsschätzungen für das Gebiet der Bundesrepublik Deutschland sind heute für Schwefeldioxid (SO_2), Stickstoffoxide (NO_x), Staub, Kohlenmonoxid (CO) und Organische Verbindungen (CH) verfügbar. [...]

- *Schwefeldioxid*

Mehr als 90 v. H. der SO_2-Emission stammt aus der Verbrennung fossiler Brennstoffe. Die SO_2-Emission ist trotz einer Steigerung des Primärenergieverbrauchs um ca. 50 v. H. konstant geblieben. In erster Linie ist dies auf die Substitution [Ersetzung] von Kohle durch die von Natur aus schwefelärmeren Energieträger Gas und Öl zurückzuführen, aber auch auf die von der Bundesregierung verordnete Schwefelbegrenzung im leichten Heizöl und Dieselöl.

- *Stickstoffoxide*

Die NO_x-Emission wächst verbunden mit der Steigerung des Energieverbrauchs stetig an, am stärksten im Verkehrssektor. Verminderungstechnologien für Feuerungsanlagen und Verbrennungsmotoren stehen nunmehr zur Verfügung.

- *Staub*

Bei der Verminderung der Gesamtstaubemission wurden mit einem Rückgang um ca. 75 v. H. die größten Erfolge erzielt. Die Verbesserung der Entstaubungstechnik und insbesondere die im Rahmen der Forschungs- und Entwicklungsförderung durch Demonstrationsprojekte nachgewiesene Erweiterung des industriellen Anwendungsgebietes von Hochleistungsentstaubern haben zu dieser drastischen Verbesserung geführt.

- *Kohlenmonoxid*

CO ist die mengenmäßig bedeutendste Luftverunreinigung. CO kennzeichnet die Ausbrandgüte von Verbrennungsprozessen und ist bei vielen organischen Verbrennungsprodukten, wie z. B. krebserregende Kohlenwasserstoffverbindungen, Indikator für eine unvollständige Verbrennung. Die Gesamtemission ist trotz steigenden Energieverbrauchs in etwa konstant geblieben. Die Zunahme der Emission im Verkehrssektor wird durch den Rückgang im Hausbrandsektor kompensiert.

- *Organische Verbindungen*

Von besonderer Problematik ist die Emission organischer Verbindungen, da sich unter der unübersehbaren Zahl von Einzelverbindungen auch viele außerordentlich gesundheitsgefährdende, z. B. kanzerogene Verbindungen befinden. Die analytischen Bestimmungsmethoden sind für die Luftreinhaltepraxis oft noch unzulänglich. Im Zeitraum von 1970 bis 1978 konnte die Gesamtemission durch Verbesserung der Produktionstechnologien, Verwendung emissionsarmer Einsatzstoffe und Anwendung von Abgasreinigungsverfahren trotz angestiegener Produktion stabilisiert werden. Ähnlich wie beim Kohlenmonoxid wird der Emissionsrückgang im industriellen und gewerblichen Bereich durch die zunehmende Emission im Verkehrssektor kompensiert."[2]

Nicht unerwähnt bleiben darf das bei der Verbrennung aller fossilen Energieträger anfallende Kohlendioxid. Bekanntlich ist sich die Fachwelt noch uneinig, ob und gegebenenfalls in welchem Ausmaß die Kohlendioxidemissionen globale Klimaänderungen hervorrufen könnten (vgl. hierzu STE 12).

Die in der Öffentlichkeit am heftigsten diskutierte Form des Energiemülls sind schließlich die Überreste, die bei der Kernenergienutzung anfallen. Als Müll entstehen hier nicht nur die Spaltprodukte, sondern auch einige Teile der Kernkraftwerke selbst, die – wie alle Kraftwerke – nur eine begrenzte Betriebsdauer haben. Diese Art von Energiemüll kann die Menschheit noch über Jahrhunderte hinweg belasten.

---

2 Antwort der Bundesregierung auf die Große Anfrage der Abgeordneten Konrad, Frau Dr. Hartenstein u. a., Bundestagsdrucksache 8/3713 vom 27. 2. 1980, S. 14.

22.1. Beurteilung der Energiesysteme durch den „Rat von Sachverständigen für Umweltfragen"

Problemaufriß

Der „Rat von Sachverständigen für Umweltfragen" hat im Frühjahr 1981 ein Sondergutachten zum Thema „Energie und Umwelt" vorgelegt. In diesem Gutachten werden sowohl die Umweltprobleme der gegenwärtigen als auch der zukünftig möglichen Energiesysteme untersucht. Fünf Aspekte standen zur Diskussion:

1. die medizinischen Auswirkungen, d.h. die Wirkungen auf die menschliche Gesundheit,
2. die ökologischen Auswirkungen, d.h. die Wirkungen auf die Lebensbedingungen von Tieren und Pflanzen,
3. die landschaftlichen Auswirkungen, d.h. die Wirkungen auf Struktur, Bild und Ästhetik der Landschaft,
4. die klimatischen Auswirkungen, d.h. die Wirkungen auf das lokale, regionale und globale Klima,
5. die Auswirkungen großer Unfälle bei der Kernenergienutzung.

Tab. 1: Umweltwirkungen verschiedener Energiesysteme

	Fossile Energieträger	Kernenergie	Regenerative Energieträger
1. Medizinisch/ gesundheitlicher Wirkungs-Aspekt	Belastung durch Kohlenwasserstoffverbrennung, insbesondere Kohleabbrandprodukte. Unvollständige Kenntnis der Risiken, mangelnde Meß- bzw. Quantifizierbarkeit erbgutschädigender und krebserzeugender Wirkungen. „Keinesfalls kann unterstellt werden, daß mit der verstärkten Nutzung der Kohle nur gewisse akute Schadwirkungen – eventuell nur vorübergehend – in Kauf genommen werden können oder müssen. Das Gegenteil ist richtig: es sind langfristige, schwer abschätzbare, auch in künftige Generationen wirkende Beeinträchtigungen zu berücksichtigen. Sie können kleiner oder größer als bei Anwendung der Kernenergie sein." (S. 57)	Klar erkennbare, auch in niedrigen Bereichen vergleichsweise gut abschätzbare Dosis-Wirkung-Beziehungen zwischen Gesundheitsschäden und Strahlenbelastung. „Daß weder die experimentelle Forschung noch die Epidemiologie in der Lage sind, eine Zunahme von Schäden am genetischen Material bei den angenommenen Toleranzwerten festzustellen, bedeutet jedoch nicht das Fehlen solcher Effekte und das Fehlen jeglichen Risikos." (S. 53)	Keine Aussage
2. Ökologischer Wirkungsaspekt	Hoher Abwärmeanfall, der allerdings als beherrschbar angesehen wird.		
	Z.T. ökosystemverändernde Effekte durch bauliche Maßnahmen (Braunkohletagebau). Erhebliche ökologische Belastungen als Folge der Schwefeldioxid- (SO_2) und der Fluorwasserstoff-Emissionen. Pflanzenschädigungen schon bei geringen Konzentrationen. Wegen des Ferntransports von SO_2 treten Schadwirkungen auch weit entfernt von der Emissionsquelle auf (SO_2 im gasförmigen Aggregatzustand und als „saurer Regen"). Besonders empfindlich sind Nadelgewächse. Mögliche Absenkung des pH-Wertes von Gewässern mit der Folge ökologischer Verarmung. Kombinationswirkungen verschiedener Schadstoffe noch unbekannt. „Aus ökologischer Sicht ist eine gleichbleibende oder in mäßigem Umfang zunehmende Nutzung von Kohle nur tragbar, wenn eine wirksame Minderung der Schadstoffemission vorgenommen wird." (S. 62)	Die ökologisch besonders belastenden Stoffe Schwefeldioxid (SO_2) und Fluorwasserstoff (HF) werden bei der Kernenergienutzung nicht emittiert. „Anhaltspunkte dafür, daß radioaktive Immissionen aus dem Normalbetrieb von Kernkraftwerken zu ökologischen Schäden führen, liegen dem Rat nicht vor." (S. 61) Große ökologische Belastungen bei einem Unfall.	Allgemein vergleichsweise geringe ökologische Schäden. Regional oder lokal kann es allerdings zu beträchtlichen ökologischen Änderungen kommen, z.B. beim Bau von Anlagen zur Wasserkraftgewinnung. „Energiefarmen" oder „Energiewälder" würden dem Bestreben entgegenlaufen, die bestehenden ökologischen Belastungen aus landwirtschaftlichen Intensivkulturen abzubauen. Freiräume für wildlebende Pflanzen und Tiere würden noch weiter eingeengt, die bisherigen Planungen zur Schaffung ökologischer Ausgleichsräume und großräumiger Naturschutzgebiete zunichte gemacht.

Fossile Energieträger	Kernenergie	Regenerative Energieträger	
„Hohe Kraftwerksblöcke [z. B. thermische Kraftwerke] und Kühltürme ordnen sich in der Regel weder den vorgegebenen Landschaftsstrukturen unter, noch bilden sie einen ästhetisch befriedigenden Kontrast zu ihnen." (S. 63) Große Eingriffe durch Braunkohlentagebau. Flächenbedarf und Reliefveränderungen sind beim Steinkohlebergbau geringer; Kohlehalden und -umschlagsanlagen beanspruchen aber die Landschaft lokal in erheblichem Maße. Lagerung der Kraftwerksasche wird z. T. problematisch (Ruhrgebiet).		Veränderungen des Stromtalbildes durch Fluß- und Kanalkraftwerke. Besonders gravierende Auswirkungen auf Struktur und Bild der Landschaft durch Speicherkraftwerke. Schneisen für Druckrohrleitungen.	3. Landschaftlicher Wirkungsaspekt
Zerschneidungen des Landschaftsbildes durch Hochspannungsleitungen. Geringere landschaftliche Belastung durch unterirdische Energieverteilung.			
Erwärmung der Atmosphäre durch nicht nutzbare Abwärme (Wolkenbildung, Auslösung von Gewittern, Nebelbildung in Tälern u. ä.).			4. Klimatischer Wirkungsaspekt
Veränderung des Strahlungshaushaltes der Atmosphäre durch die Emission von Spurengasen und von Feinstaub (Aerosol). Kaum lokale Auswirkungen durch Spurengase und Abwärme. Regional klimatische Auswirkungen lassen sich für Ballungsgebiete bei einer größeren Anzahl von Wetterlagen mit Sicherheit vermuten. Verantwortlich dafür ist aber nicht nur die Energieumsetzung, sondern auch die Dichte der Bebauung.			
Globale klimatische Auswirkungen aufgrund der Abwärmeemission sind unwahrscheinlich.			
„Der Rat mißt nach Abwägung aller bekannt gewordenen Fakten der CO_2-Belastung aus dem Verbrauch fossiler Brennstoffe keine wesentliche Bedeutung für das globale Klima zu. Der vielschichtige Problemkreis sollte aber weiterhin aufmerksam verfolgt werden." (S. 68)			
	Große und kaum reparable Folgen über Hunderte von Quadratkilometern		5. Große Unfälle

Nach: Der Rat von Sachverständigen für Umweltfragen: Energie und Umwelt. Sondergutachten März 1981. Stuttgart/Mainz 1981.

Zum Verständnis der Tabelle sind folgende Gesichtspunkte hervorzuheben:

• Das Wissen um die Umwelteffekte mancher Energiesysteme ist zum Teil noch gering. Vor allem bei der Kohle bestehen Unsicherheiten.

• Die Umwelteffekte innerhalb der einzelnen Kategorien von Energieträgern können überaus unterschiedlich sein. Dies gilt vor allem für diejenigen Energiequellen, die mit der Eigenschaft „regenerativ" bezeichnet werden. Die Windenergienutzung zum Beispiel hat andere Umwelteffekte wie die direkte Sonnenenergienutzung.

• Schließlich muß berücksichtigt werden, daß einige der angesprochenen Umwelteffekte, vor allem die gesundheitlichen Auswirkungen, davon abhängen, ob und gegebenenfalls welche Umweltschutzmaßnahmen (Emissionsminderung) angewandt werden.

Problemerweiterung

In diesem Zusammenhang muß auch der Irrglaube korrigiert werden, daß kleine Energieumwandlungsanlagen auch kleine und damit zu vernachlässigende Schadstoffemittenten sind. Das eigene Kraftwerk im Keller erscheint zwar auf den ersten Blick gegenüber dem Kraftwerk vor den Stadttoren als umweltpolitischer Fortschritt. Die Ansicht, daß kleine Anlagen auch kleine Emittenten sind, ist jedoch falsch; oft ist vielmehr genau das Gegenteil der Fall: Zum einen findet in großen Feuerungsanlagen eine vollständigere Verbrennung statt und damit auch eine Verringerung der Emission von Unverbranntem, zum anderen läßt sich wirksame Emissionsminderungstechnik oft nur in größeren Anlagen installieren. Dies gilt besonders für die in Zukunft möglicherweise notwendig werdende verstärkte Kohlenutzung, deren umweltbelastende Effekte beim Einsatz in Einzelöfen und Kleinanlagen besonders stark sind. Dagegen bietet besonders die Errichtung von Heizwerken oder Blockheizkraftwerken auf Kohlebasis einen aus Umweltgesichtspunkten akzeptablen Weg, „da nur damit das Emissionsproblem einigermaßen handhabbar wird".[1] Diese Zusammenhänge verdeutlicht auch die folgende Gegenüberstellung:

Tab. 2: Vergleich alternativer Möglichkeiten der Strom- und Wärmeerzeugung

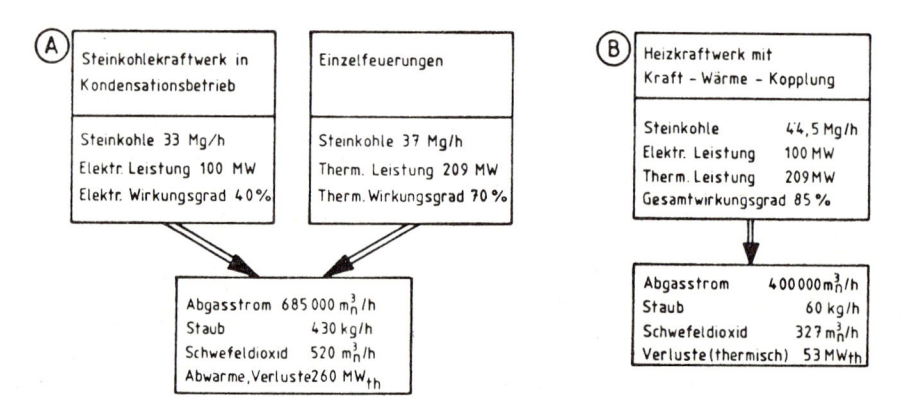

Ⓐ Steinkohlekraftwerk in Kondensationsbetrieb	Einzelfeuerungen	Ⓑ Heizkraftwerk mit Kraft-Wärme-Kopplung
Steinkohle 33 Mg/h Elektr. Leistung 100 MW Elektr. Wirkungsgrad 40 %	Steinkohle 37 Mg/h Therm. Leistung 209 MW Therm. Wirkungsgrad 70 %	Steinkohle 44,5 Mg/h Elektr. Leistung 100 MW Therm. Leistung 209 MW Gesamtwirkungsgrad 85 %
Abgasstrom 685 000 m_n^3/h Staub 430 kg/h Schwefeldioxid 520 m_n^3/h Abwärme, Verluste 260 MW_{th}		Abgasstrom 400 000 m_n^3/h Staub 60 kg/h Schwefeldioxid 327 m_n^3/h Verluste (thermisch) 53 MW_{th}

Aus: W. J. Fleischhauer / K.-R. Meis / F.-H. Schwartz: Umweltschutz. Technologie – Ökologie. Braunschweig/Wiesbaden 1980, S. 153.

Es zeigt sich, daß die kombinierte Bereitstellung von Wärme und Strom nicht nur zu verringerten Schadstoffemissionen führt, sondern daß auch die eingesetzte Primärenergie wesentlich besser ausgenutzt wird. Damit wird auch die Abwärmebelastung entscheidend verringert.

Fazit

Aus seinen umweltrelevanten Befunden hat der „Rat von Sachverständigen für Umweltfragen" die folgenden Schlüsse gezogen:

- „Unter umweltpolitischen Gesichtspunkten kann weder der Nutzung der Kohle noch der Kernenergie eine eindeutige Präferenz eingeräumt werden."

- „Da jede der beiden Energiequellen Umweltbelastungen oder -gefährdungen mit sich bringen kann, eignet sich keine von ihnen zur massiven Ausdehnung des Energieangebots."

- „Auch die regenerativen Energiequellen sind nach dem derzeitigen Stand des Wissens ohne große Umweltbelastungen nicht in der Lage, Träger einer expansiven Angebotsstrategie zu werden." (S. 147)

---

1 Der Rat von Sachverständigen für Umweltfragen: Energie und Umwelt. Stuttgart/Mainz 1981, S. 74.

Beurteilen Sie anhand von *Tabelle 1* die unterschiedlichen Wirkungsaspekte bei der Nutzung der Kernenergie.

Aufgabe 1

....
....
....
....
....
....
....
....
....
....

Umweltbelastungen am Beispiel der Braunkohleverstromung

22.2.

Prinzipiell verursacht jede Energienutzung Umweltbelastungen. Wir wollen im folgenden diesen dem gesamten Zusammenhang zwischen der Energie- und Umweltproblematik zugrunde liegenden Leitgedanken konkretisieren. Dies geschieht am Beispiel des Kraftwerkes Neurath, einem Braunkohlenkraftwerk westlich von Köln. Die Gesamtleistung von 2100 MW reicht – statistisch gesehen – aus, um 3 Millionen Menschen mit elektrischem Strom zu versorgen.

Eingangsbeispiel

Wir wissen bereits, daß in Kraftwerken mehr als 60% der eingesetzten Primärenergie – in Neurath sind es genau 63% – nicht in elektrischen Strom umgewandelt werden können, sondern als Abwärme an die Umgebung abgegeben werden. Die Wärmeverluste innerhalb des Kraftwerkes, die in den Schornsteinabgasen enthaltene Wärmeenergie sowie diejenige, die in den Kühlturmschwaden enthalten ist, tragen zu einer direkten Veränderung meteorologischer Bedingungen in der Umgebung bei; dazu tritt die Belastung der Atmosphäre durch die in den Abgasen enthaltenen Schadstoffe. Es muß jedoch erwähnt werden, daß auch Beeinträchtigungen anderer Art (wie Asche, verschmutztes Wasser, aber auch Lärm) bei der Energieerzeugung zu einer Belastung der Umwelt führen. Im Falle des Kraftwerkes Neurath sind die letztgenannten Belastungen allerdings außerordentlich gering, da die große Menge der anfallenden Asche in die Abbaugebiete zurückgeführt, das Abwasser sehr wirkungsvoll geklärt wird und alle technisch möglichen Maßnahmen ergriffen worden sind, um die Lärmemission zu begrenzen.

Die Belastung der Umwelt durch dieses Braunkohlenkraftwerk besteht somit aus den Belastungen durch die Schornstein- und Kühlturmemissionen:

Wenden wir uns zunächst der Belastung durch die Emissionen von Schadstoffen aus den *Schornsteinen* zu: Bei der Verbrennung fossiler Brennstoffe wie Braunkohle, Steinkohle, Öl oder Erdgas werden je nach Art des Brennstoffes die im Rauchgas enthaltenen Schadstoffe prozentual verschieden verteilt, emittiert. Die hauptsächlich im Rauchgas enthaltenen chemischen Substanzen sind Schwefeldioxid, Stickoxid, Kohlendioxid, Stickstoffdioxid und Feinstaub. Die Bewertung dieser Schadstoffkomponenten im Rauchgas im Hinblick auf den Umweltschutz ist sehr unterschiedlich. Zum Beispiel ist das Kohlendioxid in der natürlichen Atmosphäre global gleichmäßig verteilt und in verhältnismäßig großer Menge vorhanden. Es spielt eine große Rolle in fast allen biologischen Prozessen. Die durch ein Braunkohlenkraftwerk der hier betrachteten Art in die Atmosphäre zusätzlich eingebrachte Kohlendioxidmenge dürfte kaum zu einer meßbaren Veränderung der natürlichen Konzentration im Nahbereich des Kraftwerkes führen. Es wird jedoch bekanntlich befürchtet, daß die Summe aller Kohlendioxidemissionen auf der Erde eine globale Klimaänderung aufgrund des „Treibhaus-Effekts" bewirken könnte (vgl. STE 12). Unbedeutend dürfte die Belastung der Umwelt durch die Emission von Flugstaub sein, der normalerweise in größerer Menge in den Rauchgasen enthalten ist. Seit vielen Jahren sind jedoch in allen Abgasleitungen der Kraftwerke Elektrofilter für Staub eingebaut, die mit einem Gesamt-Entstaubungsgrad von mehr als 99% sicherstellen, daß nur ein unbedeutend geringer Anteil in den Rauchgasen enthalten ist.

Der Umweltbelastung durch die in den Rauchgasen enthaltenen Mengen an Stickoxiden und Kohlenmonoxid ist in der Vergangenheit im Zusammenhang mit dem Umweltschutz nicht viel Beachtung geschenkt worden. Dagegen konzentrierten sich alle Bemühungen auf das als Leitsubstanz angesehene Schwefeldioxid. Im Falle der rheinischen Braunkohlenkraftwerke haben kontinuierliche Meßreihen über einen Zeitraum von mehr als 10 Jahren ergeben, daß trotz eines beachtlichen Zuwachses von installierter Kraftwerksleistung eine Erhöhung der Schwefeldioxid-Immission im Einwirkungsbereich der Kraftwerke nicht feststellbar war.

Dieses erstaunliche Ergebnis wurde durch eine Reihe von Maßnahmen erreicht:

- Zunächst kann festgestellt werden, daß die rheinische Braunkohle im Vergleich zu anderen fossilen Brennstoffen ausgesprochen schwefelarm ist. Einer Erhöhung der Schwefeldioxid-Emission als Folge einer Steigerung der Kraftwerksleistung wirkt man durch Verwendung eines spezifischen Rauchgasentschwefelungsverfahrens entgegen. Dieses als „natürliche Rauchgasentschwefelung" zu bezeichnende Verfahren liefert Schwefeleinbindungsgrade bis etwa 50%. Eine Groß-Demonstrationsanlage zur weiteren Verminderung des SO_2-Anteils in den Rauchgasen („Trocken-Additiv-Methode") soll im 300-MW-Block A des Kraftwerkes Neurath errichtet werden.[2] Dieses Verfahren steht im Gegensatz zu den sonst praktizierten „Naßverfahren" zur Rauchgas-Entschwefelung, die zu einer Abkühlung der Rauchgase führen und somit das Aufstiegsverhalten der Rauchfahne durch den thermischen Auftrieb negativ beeinflussen. Hierdurch wird ein Teil des durch die Entschwefelung erzielten Effektes auf die Bodenimmissionen wieder zunichte gemacht.

- Schließlich wird die Immissionsbelastung in der Umgebung der Kraftwerke dadurch begrenzt, daß die Schornsteinbauhöhen vergrößert werden. Dadurch wird die Verdünnung der Abgase in der Atmosphäre in einem größeren Luftvolumen ermöglicht. Bei Braunkohlenkraftwerken liegen die Schornsteinbauhöhen um 170 Meter; bei ölbefeuerten bzw. steinkohlenbefeuerten Kraftwerken sind Schornsteinbauhöhen bis zu 300 Meter erreicht worden. Die Emissionen aus solch hohen Schornsteinen können bekanntlich über sehr weite Entfernungen transportiert werden und fernab der Industrieregionen große Schäden anrichten (vgl. STE 12).

Neben den Schadstoffemissionen stellt die Wärme- und Wasserdampfbelastung der *Kühltürme* einen weiteren Komplex möglicher Umweltbelastungen durch Kraftwerke dar. In Neurath müssen 63% des Primärenergieeinsatzes als „Verluste" verbucht werden. Der größere Anteil dieser Verluste (76%) entfällt auf die notwendigen Kühlungsprozesse; den Rest bilden Wärmeverluste, der Eigenbedarf

---

[2] „Schach dem Schwefel". In: *Zeitung für kommunale Wirtschaft* Nr. 2/1982 vom 12. Februar 1982.

22. Umweltbelastungen durch Energieumwandlungen 193

des Kraftwerkes sowie der Energieaufwand zur Abgasabführung. Die punktförmig über die Kühltürme an die Atmosphäre abgegebene Wärmeenergie entspricht etwa derjenigen Energie, die flächenmäßig von einer Großstadt mit etwa 500 000 Einwohnern während der Heizperiode an die Atmosphäre abgegeben wird. Bei der Rückkühlung des Kondensatorkühlwassers in den Naß-Kühltürmen wird die Kühlwasserwärme auf dem Wege der Verdunstungskühlung an die durch den Kühlturm strömende Luft abgegeben. Die dabei entstehenden Wasserdampfschwaden führen die oben genannte Energiemenge in Form von latenter und fühlbarer Wärme mit sich und verteilen sie in der Atmosphäre. Vor einer Reihe von Jahren bestand die Befürchtung, daß durch diesen Vorgang das Mikroklima in der Umgebung von derartig großen Kraftwerken in ungünstiger Weise beeinflußt werden könnte. Kühltürme älterer Bauart ließen eine solche Vermutung als wahrscheinlich erscheinen. Diese hatten eine verhältnismäßig niedrige Bauhöhe, so daß es im Zusammenwirken mit anderen Faktoren zu eindeutig beobachtbaren Beeinflussungen der Umwelt kam: zu besonderem Ausregnen aus Kühlturmfahnen, zu bevorzugter Bildung von Glatteis auf den Straßen in der Umgebung der Kühltürme sowie zu einer verstärkten Bildung von lokalem Bodennebel. Moderne Kühltürme haben jedoch Bauhöhen, die sich aufgrund von Windkanalmessungen und aerodynamischen Berechnungen so haben festlegen lassen, daß alle genannten Effekte von älteren Kühltürmen nun nicht mehr nachweisbar sind. Das erwärmte Kühlwasser wird über die Erft abgeleitet, ein durch den Braunkohlentagebau ohnehin bereits vollständig verändertes Ökosystem.

(a) Warum ist die zusätzliche Umweltbelastung durch Schademissionen aus dem Braunkohlenkraftwerk Neurath zumindest in dessen näherer Umgebung als unbedeutend anzusehen?

Aufgabe 2

....
....
....
....
....
....

(b) Läßt sich das Beispiel „Neurath" auf andere Kraftwerke übertragen? Begründen Sie Ihre Ansicht.

....
....
....
....
....
....
....
....

Umwelteffekte von Energieumwandlungsprozessen 22.3.

In den folgenden 3 Analysen wollen wir uns eingehender mit den Ursachen und Wirkungen derjenigen Umwelteffekte von Energieumwandlungsprozessen befassen, die bislang in diesem Funkkolleg nur am Rande erwähnt wurden:

Vorgehen

(1) Zunächst wird die Problematik der Abwärme bei Energieumsetzungsprozessen, besonders bei der Stromerzeugung, dargestellt. In diesem Zusammenhang wird auch die Frage untersucht, wie der Staat mit seinem finanzpolitischen Instrumentarium möglicherweise zur Verwirklichung der Ziele der Energie- und Umweltpolitik beitragen könnte. Aktualität erlangt diese Fragestellung vor allem durch die in letzter Zeit erhobene Forderung, eine Abwärmeabgabe zu erheben. (2) Der folgende Abschnitt knüpft an die Erörterungen der Studieneinheit 21: „Kernenergie" an: es geht um die Frage der Behandlung radioaktiven Mülls. (3) Den Abschluß bildet ein Ausblick auf die Umweltproblematik, die mit der Nutzung neuer Energietechnologien entstehen kann: der Kohleveredelung sowie der Nutzung von Ölschiefer und Teersänden, deren Gewinnung bei weiter steigenden Erdölpreisen in größerem Maßstab ökonomisch attraktiv werden könnte.

22.3.1. Das Abwärmeproblem

Analyse 1

Unser Leben ist ohne elektrische Energie kaum mehr denkbar. Ungünstigerweise arbeitet jedoch die Umwandlung von Brennstoffen (Primärenergieträger wie Kohle, Öl, Gas, Kernbrennstoffe) in heute üblichen thermischen oder Wärmekraftwerken sehr unwirtschaftlich: nur gut ⅓ der Primärenergie kann in elektrische Energie umgewandelt werden; nahezu ⅔ der Primärenergie gehen nutzlos als „Abwärme" verloren und müssen entweder durch Wasserkühlung in Oberflächengewässer abgeleitet oder durch Luftkühlung (Naßkühltürme, Trockenkühltürme) in die Luft abgegeben werden.

Dies führt zu einer problemreichen Aufwärmung der Gewässer und zu Interessenkonflikten mit deren anderweitigen Nutzungen. Besonders bedenklich ist eine durch Aufwärmung verursachte Veränderung des Sauerstoffhaushaltes von Gewässern. Durch die Erwärmung sinkt einerseits die Löslichkeit von Sauerstoff im Wasser, andererseits werden Selbstreinigungsprozesse beschleunigt, die einen weiteren zusätzlichen Sauerstoffverbrauch bewirken. Zwar beurteilt der „Rat von Sachverständigen für Umweltfragen" die Belastung etwa des Rheins durch Abwärme noch nicht als ernsthaft. Aber: „Diese Situation kann sich [...] mit dem Bau weiterer thermischer Kraftwerke längs des Rheins ändern".[3] Angesichts der Knappheit von Energieträgern muß die Wärmeabgabe an Umweltmedien aber auch grundsätzlich als kaum tragbare Verschwendung angesehen werden.

In diesem Zusammenhang stellt sich die Frage nach möglichen Einwirkungen auf diese Entwicklung. Abhilfemaßnahmen sieht man unter anderem in der hier erörterten Frage einer Abwärmesteuer.

22.3.1.1. *Ursachen und Wirkungen*

Teilanalyse 1

Besonders hoch ist der Abwärmeanfall in Kraftwerken mit besonders niedrigen Wirkungsgraden, in Kernkraftwerken also. „Die heutigen Kernkraftwerke", schreibt der Sachverständigenrat für Umweltfragen, „haben einen sehr hohen Abwärmeanfall, dessen schadlose Beseitigung aus ökologischer Sicht wesentlich ist."[4] Die technischen Möglichkeiten einer Verminderung der Abwärmeabgabe von Kraftwerken sind allerdings durchaus begrenzt: Damit der in Kesseln erzeugte Wasserdampf Turbinen mit angekoppelten Generatoren möglichst wirtschaftlich

---

[3] Der Rat von Sachverständigen für Umweltfragen: Umweltprobleme des Rheins. Stuttgart/Mainz 1976, S. 64.

[4] Der Rat von Sachverständigen für Umweltfragen: Energie und Umwelt. Stuttgart/Mainz 1981, S. 61.

antreiben kann, muß durch ständige Kühlung auf der sog. „Kalten Seite" der Turbine ein möglichst großes Druckgefälle aufgebaut werden. Die Kühlung erfolgt in Wärmetauschern *(Kondensatoren)* mit Wasser, der Flüssigkeit mit der bekanntermaßen höchsten Wärmekapazität. Trotz aller technologischen Verbesserung gehen bei dieser Umwandlung nahezu ⅔ der eingesetzten Primärenergie nutzlos verloren.

Drei Grundformen der Wasserkühlung werden je nach sonstigen Gegebenheiten eingesetzt:

• Bei *Frischwasserkühlung (Durchlaufkühlung)* wird Oberflächen- oder Grundwasser geringer Vorlauftemperatur eingesetzt und nach Verwendung als Kühlmittel erwärmt ohne weitere Behandlung in das Gewässer zurückgeleitet. Bei dieser für die Energieumwandlung wirtschaftlichsten Variante beträgt die Aufwärmspanne des Kühlwassers im Mittel etwa 10 °C, die gesamte Abwärme wird an das Gewässer abgegeben und die Verdunstungsverluste sind relativ am geringsten, weil große Anteile der Überschußenergie (Abwärme) im Gewässer in Form von Strahlung abgegeben werden.

• Bei *Ablaufkühlung* wird das in gleicher Weise entnommene Kühlwasser nach seiner Verwendung in Naßkühltürmen unter Verdunstung erheblicher Wassermengen rückgekühlt („Verdunstungskälte"), bevor es in das Gewässer eingeleitet wird. Die Verdunstungsquote liegt je nach Kraftwerks- und Kühlturmtyp sowie meteorologischen Bedingungen bei etwa 0,4–0,7 m^3/s je 1000 Megawatt elektrischer Leistung. Ein modernes Großkraftwerk mit 5000 Megawatt Leistung verdunstet demnach etwa 2–3,5 m^3/s; dafür ist sein Wärmeabstoß in Abhängigkeit von den meteorologischen Bedingungen erheblich geringer.

• Bei *Kreislaufkühlung* kann der Abwärmeabstoß in die Gewässer auf weniger als 10% dessen bei Durchlaufkühlung vermindert werden. Bei ihr wird das Kühlwasser nach Verwendung und Rückkühlung im Kühlturm in einen nahezu geschlossenen Kühlkreislauf zurückgenommen und so mehrfach genutzt. Durch die Verdunstung eines Anteils bei der Rückkühlung kommt es jedoch zu einer Aufsalzung („Eindickung") des Kühlwassers. Um dies auszugleichen, müssen bei Kreislaufkühlung kontinuierlich je 1000 Megawatt etwa 1–4 m^3/s Frischwasser zugeführt, aufgesalzen und erwärmt (abzüglich Verdunstungsquote) an das Gewässer abgeführt werden. Kreislaufkühlung verursacht zwar den geringsten Abwärmeabstoß in die Gewässer; sie liefert jedoch die höchsten Verdunstungsverluste und hat grundsätzlich einen ungünstigeren Wirkungsgrad als andere Kühlarten, da sie mit höheren Kühlwassertemperaturen arbeitet und dadurch nur geringere Druckdifferenzen zwischen heißer und kalter Seite der Turbine verfügbar macht.

Durch den Abwärmeabstoß verändert sich die Temperatur eines Gewässers. Sie weicht von seiner natürlichen Temperatur, das heißt derjenigen Wassertemperatur ab, die sich in einem Gewässer ohne künstliche Energiezufuhr je nach den gegebenen meteorologischen Bedingungen einpendelt. Diese Temperatur ist also nicht konstant, sondern variiert mit Jahreszeit, Klima und Flußstrecke. Sie kann heute nur noch in Ausnahmefällen gemessen, wohl aber nach Klimadaten berechnet werden.

Die Aufwärmung der Gewässer hat die bekannten ökologischen Folgen. Die Wasserwirtschaftsbehörden versuchen deshalb, den Temperaturanstieg von Gewässern nach oben zu begrenzen. Die höchste zulässige Temperatur wird zumeist auf 28 °C bemessen. Außerdem soll die Aufwärmespanne eines Gewässers bestimmte Werte nicht überschreiten. Das vorrangige Instrument hierbei sind die „Wärmelastpläne". In ihnen werden die hydrologischen Verhältnisse von für Kühlzwecke benutzten Gewässern, deren natürlicher Energiehaushalt und Temperaturen sowie künstliche Aufwärmung dargestellt. Dieses Bild wird im Hinblick auf künftige Planungen durch die Ergebnisse von Simulationsrechnungen zu Prognosen ergänzt. Sie dienen schließlich als Entscheidungsbasis bei der Beurteilung von Planungen, der Standortwahl und der Bemessung von erforderlichen wasserwirtschaftlichen Auflagen bei einer Genehmigung künftiger Abwärmeeinleitungen. Für das Gebiet der Bundesrepublik liegen derzeit bereits 15 derartige Wärmelastpläne vor oder sind in Bearbeitung.

Aufgabe 3 Vergleichen Sie die drei Grundformen der Kühlung aufgeheizten Kühlwassers bezüglich der Verdunstungsverluste und des Abwärmeausstoßes in Gewässer, und stellen Sie das Ergebnis des Vergleiches stichwortartig zusammen.

....
....
....
....
....
....
....
....
....
....

22.3.1.2. *Abhilfemaßnahmen durch Energiesteuern?*

Teilanalyse 2

Neben den bereits verwirklichten planungspolitischen Instrumenten zum Schutz der Gewässer vor übermäßiger Wärmebelastung wird in jüngster Zeit verstärkt der Ruf nach einer „Abwärmeabgabe" laut, die eine sparsame und wenig umweltbelastende Energienutzung ökonomisch attraktiv machen soll. Wenn es „kaum ein Staatsziel (gibt), das nicht mit steuerpolitischen Mitteln verfolgt werden könnte"[5], dann müßte sich die Steuerpolitik auch in den Dienst der Energie- und Umweltpolitik stellen lassen. Wir wollen im folgenden darlegen, welche grundsätzlichen Probleme bei einer Energiebesteuerung auftreten, die die Einschränkung des Energieverbrauchs zum Ziel hat.

Im Vordergrund der Steuererhebung steht auch heute noch ihre traditionelle Aufgabe der Einnahmeerzielung (fiskalische Funktion); die allgemeine Besteuerung dient der Erfüllung öffentlicher Aufgaben. Allerdings wurden bereits frühzeitig die Wirkungen gesehen, die von einer steuerlichen Belastung auf eine Volkswirtschaft ausgehen können. Von dieser Erkenntnis war es dann nur noch ein kurzer Weg bis zum bewußten Einsatz der Steuer für wirtschaftspolitische Zwecke. Beschränkte sich die Steuererhebung aus nichtfiskalischen Motiven noch bis vor einigen Jahrzehnten auf wenige eng abgegrenzte Eingriffe in bestimmten Politikbereichen, so waren in der jüngeren Vergangenheit vermehrt wirtschaftspolitisch begründete Steuerrechtsänderungen zu beobachten.

Auch die bundesdeutsche Energiepolitik, die in der gegenwärtigen Lage ihr erstes Ziel in der Sicherung der zukünftigen Energieversorgung sieht, verfügt neben einer Palette administrativ-dirigistischer Instrumente über ein beachtliches finanzpolitisches Maßnahmenbündel, zu dem jedoch nur wenige und außerdem nur begrenzt wirkende Regelungen zählen, die energiesteuerlichen Charakter haben (Kohlepfennig, Bevorratungsbeitrag, Heizölsteuer, Mineralölsteuer). Allerdings diskutieren Energiepolitiker schon seit geraumer Zeit die Vorzüge und Schwächen einer Energiesteuer bzw. einer steuerähnlichen Abgabe auf den Energieverbrauch[6], mit der gezielt eine allgemeine Erhöhung des derzeitigen Energiepreisniveaus und eine

---

5 G. Schmölders / K. H. Hansmeyer: Allgemeine Steuerlehre. Berlin ^{5}1980, S. 72.
6 So empfahl der Sachverständigenrat zur Begutachtung der gesamtwirtschaftlichen Entwicklung im Jahre 1977 die Besteuerung engpaßverdächtiger Energieträger (Erdöl, Erdgas). Vgl. O. Sievert: Sondersteuer auf Energie? In: *Wirtschaftsdienst* 12 (1977), S. 595–600.

Differenzierung der Preise für einzelne Energieträger entsprechend deren langfristigen Knappheiten systemkonform erreicht werden sollen. Auf diesem Wege sollen Substitutionsprozesse zwischen Energie und anderen Produktionsfaktoren (Energieeinspareffekte, verbesserte Wirkungsgrade, Verschiebung der Preisrelation Energie/Kapital) sowie zwischen den einzelnen, mit unterschiedlichen Versorgungsrisiken behafteten Energieträgern (Umstrukturierung des Energieverbrauchs) herbeigeführt und Mittel zur Förderung und Finanzierung energiepolitischer Maßnahmen bereitgestellt werden.

Darüber hinaus können nationale Energiesteuern die einseitige Abschöpfung der Knappheitsrenten durch die energieanbietenden Staaten zugunsten der Energieverbraucherländer zumindest teilweise korrigieren. Eine Energiebesteuerung, die die Knappheitssignale des Marktes verstärkt und den Vorgang der Energieeinsparung fördert, wird auf nationaler und internationaler Ebene als probates Mittel einer modernen Energiepolitik empfohlen.[7]

Ein solcher Eingriff kann vor dem Hintergrund einer marktwirtschaftlichen Ordnung jedoch nur dann begründet werden, wenn die Anpassungsfähigkeit des Wirtschaftssystems überfordert sein könnte. Diese Gefahr besteht immer dann, wenn plötzliche massive und kurzfristig nicht vorhersehbare Datenänderungen erwartet werden müssen, auf die sich die Volkswirtschaft nicht schnell genug einstellen kann. Konjunktur- und Strukturkrisen, Beschäftigungseinbrüche, Verteilungskämpfe und zunehmende soziale und politische Auseinandersetzungen, wie sie sich als Folge der Ölpreisschocks in den Jahren 1973 und 1978/79 bereits andeuteten, sind das Ergebnis einer zu späten Berücksichtigung der künftigen Knappheit bestimmter Energieträger, dem durch eine die langfristige Entwicklung vorwegnehmende, allmähliche Veränderung der Energieträgerpreise: eine Steuer, begegnet werden kann.

Da Energie- und Umweltpolitik eng miteinander verknüpft sind – grundsätzlich ist jede Energienutzung umweltintensiv –, verwundert es nicht, daß auch der Umweltpolitiker mit den Mitteln der Steuerpolitik eine umweltfreundliche Umstrukturierung des Primärenergieträgereinsatzes bewerkstelligen möchte. Energiesteuerliche Ansätze mit umweltbezogenen Zielsetzungen haben in den Niederlanden und in Norwegen bereits zu Faktoreinsatz- bzw. Produktabgaben geführt, die an den Schwefelgehalt bestimmter Energieträger anknüpfen und auf diese Weise zur Verminderung der SO_2-Emissionen beitragen wollen.

Einzelne der bislang aufgezählten Aspekte weisen auf die Schwierigkeiten hin, die mit der Erhebung einer Energiesteuer verbunden sind. Während die Bestimmung eines Steuerobjekts aus ökonomischer Sicht noch vergleichsweise unproblematisch ist, zeigt sich bei der notwendigen Konkretisierung der möglichen Bemessungsgrundlagen die Komplexität des zu besteuernden Bereichs. An einem vereinfachten Energieflußdiagramm lassen sich denkbare Ansatzpunkte erläutern *(Abb. 1)*.

Folgen wir dem Energiefluß, so kann eine Energiesteuer zunächst bei den Primärenergieträgern ansetzen. Die Beziehungen zum Steuerobjekt „Energieverbrauch" sind entsprechend unbestimmt. Die Energiebesteuerung kann sich ferner auf die energieumwandelnde Anlage bzw. auf den energieumwandelnden Prozeß richten. Der aus dem Umwandlungsvorgang resultierende Sekundärenergieträger wäre ein weiterer denkbarer Ansatzpunkt. Die steuerlichen Zugriffsmöglichkeiten wiederholen sich beim endenergetischen Umwandlungsprozeß und bei der anfallenden Nutzenergie. Schließlich eignen sich auch die in den jeweiligen Umwandlungsprozessen freigesetzten Emissionen in ihrer potentiell verwendbaren (fühlbare und latente Wärme, Abwärmeabgabe) oder nicht wiederverwendbaren Form (Stäube, energetisch wertlose Gase u. ä.) als Basis für eine Besteuerung.

Die theoretische Betrachtung zeigt, daß von *der* Energiesteuer nicht gesprochen werden kann, daß vielmehr ein Bündel von Steuern Gegenstand einer instrumentellen Diskussion sein wird, wobei die Verbindung zwischen Bemessungsgrundlage und Steuerobjekt mehr oder weniger eng sein kann.

---

7 K. H. HANSMEYER: Finanzwissenschaftliche Aspekte der Energiebesteuerung. In: Politik und Markt. Wirtschaftspolitische Probleme der 80er Jahre. Hrsg. von D. DUWENDAG / H. SIEBERT. Stuttgart/New York 1980, S. 403.

Abb. 1: Ansatzpunkte für eine Energiebesteuerung

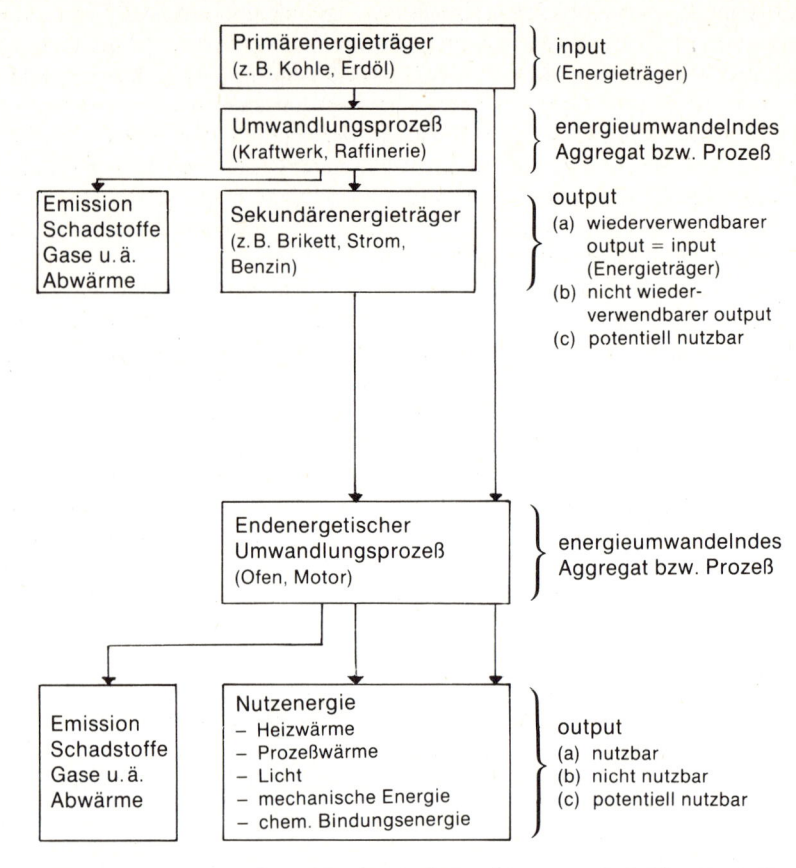

```
                    ┌─────────────────────┐
                    │  Primärenergieträger│   } input
                    │  (z.B. Kohle, Erdöl)│   } (Energieträger)
                    └──────────┬──────────┘
                               │
                    ┌──────────▼──────────┐
                    │  Umwandlungsprozeß  │   } energieumwandelndes
                    │ (Kraftwerk, Raffinerie)│ } Aggregat bzw. Prozeß
                    └────┬─────────┬──────┘
      ┌──────────┐       │         │
      │ Emission │◄──────┘         │
      │Schadstoffe│      ┌─────────▼──────────┐  } output
      │ Gase u. ä.│      │Sekundärenergieträger│ (a) wiederverwendbarer
      │ Abwärme  │       │(z.B. Brikett, Strom,│     output = input
      └──────────┘       │   Benzin)          │      (Energieträger)
                         └─────────┬──────────┘ (b) nicht wieder-
                                   │                verwendbarer output
                                   │            (c) potentiell nutzbar
                                   │
                    ┌──────────────▼──────────┐
                    │ Endenergetischer        │  } energieumwandelndes
                    │ Umwandlungsprozeß       │  } Aggregat bzw. Prozeß
                    │ (Ofen, Motor)           │
                    └────┬─────────────┬──────┘
      ┌──────────┐       │             │
      │ Emission │◄──────┘             │
      │Schadstoffe│      ┌─────────────▼───────┐  } output
      │ Gase u. ä.│      │ Nutzenergie         │  (a) nutzbar
      │ Abwärme  │       │  – Heizwärme        │  (b) nicht nutzbar
      └──────────┘       │  – Prozeßwärme      │  (c) potentiell nutzbar
                         │  – Licht            │
                         │  – mechanische Energie│
                         │  – chem. Bindungsenergie│
                         └─────────────────────┘
```

Nach: K. H. HANSMEYER: Finanzwissenschaftliche Aspekte der Energiebesteuerung. In: Politik und Markt. Hrsg. von D. DUWENDAG und H. SIEBERT. Stuttgart/New York 1980, S. 405.

Bereits die dargestellten energiesteuerlichen Anknüpfungspunkte lassen erkennen, daß von einer Energiebesteuerung zahlreiche und vielgestaltige Wirkungen zu erwarten sind, die teilweise noch vor der eigentlichen Steuererhebung auftreten. Gerade die zurückliegende Diskussion um die möglichen Effekte einer Belastung von Energie zur Finanzierung eines Beschäftigungsprogramms gab einen begrenzten Einblick in die komplizierten Zusammenhänge.[8] Im einzelnen variieren die Effekte mit dem Kreis der Steuerpflichtigen, den gewählten Ansatzpunkten, der steuer- und erhebungstechnischen Lösung und anderen steuerlichen Ausgestaltungsmerkmalen und werden zudem von verschiedenen externen Faktoren bestimmt, die nicht in der unmittelbaren Einflußsphäre des Gesetzgebers liegen.

Grundsätzlich bedient sich die Energiebesteuerung jedoch unabhängig von ihrer spezifischen Konstruktion der gleichen *Wirkungsmechanismen*. Diese sind im einzelnen:

• Steuerausweichung

Zunächst können Energiesteuern direkt beim (potentiellen) Steuerzahler Anpassungsreaktionen, sog. Signalwirkungen, hervorrufen. Dabei handelt es sich um „Substitutionswirkungen"; es wird versucht, der Steuerpflicht durch Erfüllung nicht

---

[8] Bedenken gegen den Matthöfer-Plan: „Energie-Besteuerung stößt im Wirtschaftsministerium auf Skepsis." In: *Süddeutsche Zeitung* vom 29. 1. 1982, S. 25.

oder weniger belasteter Tatbestände sachlich (Verbesserung des spezifischen Energieeinsatzes, Einsatz nicht oder weniger belasteter Energieträger), räumlich (Verlegung energieintensiver Produktionen ins Ausland) oder zeitlich auszuweichen. Die allgemeine oder differenzierte (energieträgerspezifische) Belastung des Energieverbrauchs dient hier als ökonomisches Anreizinstrument, mit dem energetisch wirksamere Technologien durchgesetzt werden sollen. Energiesteuern werden vor allem dann die erwünschten Signalwirkungen hervorrufen, wenn die Steuerlast bereits frühzeitig deutlich empfunden wird. Dieser Wahrnehmungsgrad hängt von der relativen Höhe der Besteuerung, ihrer technischen Ausgestaltung und der Dauer und dem Rhythmus der Belastung ab.

Treten die erhofften Ausweichreaktionen ein, so mindert sich zwangsläufig die fiskalische Ergiebigkeit. Signalwirkungen sind aber für den energie- und umweltpolitischen Erfolg von zentraler Bedeutung, wenn energieintensive und umweltbelastende Aktivitäten zugunsten umweltfreundlicher und energiesparender Tätigkeiten aufgegeben oder eingeschränkt werden sollen. Bedingung für eine solche Wirksamkeit ist allerdings das Vorhandensein von Substituten und Substitutionsmöglichkeiten. Ferner setzt die gezielte Ausnutzung der Ausweichvorgänge voraus, daß die Richtung der Substitution eindeutig energieeinsparend und damit umweltentlastend ist, daß also keine energieintensiveren Aktivitäten hervorgerufen werden. Beispiel für energieorientierte Steuern bzw. steuerähnliche Energieabgaben ist die seit einiger Zeit diskutierte Abwärmeabgabe, mit der eine verstärkte Abwärmenutzung bzw. -vermeidung angestrebt werden soll. Gerade hier ist die Frage nach dem Vorhandensein von Ersatzmöglichkeiten besonders wichtig. Daneben ist die Belastung „engpaßverdächtiger" Energieträger (Erdöl, Erdgas) denkbar, um die Versorgungssicherheit durch Ersatz politisch unsicherer Energieträger zu erhöhen: „weg vom Öl". Die Androhung einer allgemeinen Energiesteuer könnte zu einer Senkung des spezifischen Energieverbrauchs, zu einer verstärkten Wärmedämmung oder zu technologischen Innovationen führen.

- Verschiebungen der Preisrelationen und Einkommenswirkungen

Der zweite Wirkungsmechanismus wird durch Markt- und Preiskonsequenzen sowie Einkommenswirkungen im Gefolge einer Energiebesteuerung hervorgerufen. Wenn Ausweichmöglichkeiten fehlen, nicht erkannt werden oder unattraktiv sind, so entsteht die Steuerpflicht, womit die jeweilige Produktion oder Nutzung verteuert wird. Zwangsläufig stellt sich die Frage, ob und in welchem Maße der Steuerzahler die entstandenen Kosten auf andere überwälzen kann. Bei einer Abwälzung wird aber in der Regel das Preisgefüge zu Lasten der von einer Energiesteuer betroffenen Güter bzw. Verwendungen verändert. Dies zieht eine Verschiebung der Nachfrage mit unter Umständen unerwünschten Rückwirkungen auf die Markt- und Angebotslage der Belasteten nach sich.

Möglicherweise treten derartige Markt- und Preiswirkungen aber auch dann auf, wenn Ausweichmöglichkeiten vorhanden sind, da bei jeder Ersetzung Kosten entstehen. Im Hinblick auf das Ausmaß der Überwälzung kann allerdings unterstellt werden, daß steuervermeidende Reaktionen ökonomisch nur dann sinnvoll sind, wenn im Vergleich zur Steuerzahlung insgesamt geringere Kosten anfallen. Die Markt- und Preiseffekte können dadurch maßvoller ausfallen und zu anderen strukturellen Ergebnissen führen, widersprechen jedoch nicht dem Zweck der Energiebesteuerung.

Eine wie auch immer geartete Energiesteuer wird wie jede Steuer zu Entzugseffekten im privaten Bereich führen, sofern das Aufkommen nicht wieder den Belasteten entsprechend ihren Steuerzahlungen zufließt. Als Reaktion auf verminderte verfügbare Einkommen und Gewinne kann die private Nachfrage nach Konsum- und Investitionsgütern mit den entsprechenden energie- und umweltpolitischen Konsequenzen zurückgehen. Jedoch sind auch zielwidrige Effekte der Kaufkrafteinschränkung denkbar, wenn beispielsweise daran gedacht wird, daß

– Energieeinsparung und Ölsubstitution verstärkt Investitionen voraussetzen, die Erhebung einer Energiesteuer die Investitionsfähigkeit aber zumindest in der ersten Wirkungsrunde mindern wird;
– der Verbraucher seine am bisherigen preisbedingten Kaufkraftentzug ausgerichteten Bemühungen durch eine zusätzliche energiesteuerliche Belastung möglicherweise hintertrieben sieht und deshalb entmutigt in seinen Sparanstrengungen nachläßt;
– der Kaufkraftentzug aufgrund unterschiedlich energieintensiver Produktionen und anteilmäßig abweichender Vorleistungen in einzelnen Bereichen variiert.

• Ausgabenpolitische Wirkungen

Schließlich kann eine Steuer auf den Energieverbrauch oder eine Belastung einzelner Energieträger dadurch energie- und umweltpolitische Wirkungen erzielen, daß das Aufkommen zielgerecht eingesetzt wird. Diese Wirkungskette bricht nur dann, wenn allen steuerpflichtigen Tatbeständen ausgewichen wird, das Aufkommen sich also gegen Null bewegt. Von diesem Grenzfall abgesehen, steht das Steueraufkommen zur Verfügung, um über die Ausgabenpolitik entweder die Verhaltensweisen, die durch die Anreizwirkungen der Energiebelastung selbst nicht beeinflußt werden konnten, noch zu verändern oder aber durch öffentliche Maßnahmen bzw. durch Finanzierungshilfen zur Erfüllung energie- und umweltpolitischer Ziele beizutragen. Wenn die fiskalische Funktion bzw. der Verwendungszweckgesichtspunkt vorherrschen und ein bestimmtes Mittelvolumen kontinuierlich benötigt wird, dann sollte eine Energiesteuer an Punkten ansetzen, die sowohl die langfristige Ergiebigkeit gewährleisten als auch einen ständigen Mittelfluß sicherstellen. In der derzeitigen Lage bietet sich eine nach Verwendungszweckaspekten gestaltete Energiesteuer insbesondere zur stetigen Finanzierung eines Fernwärmeversorgungssystems (verstärkte Nutzung der Kraft-Wärme-Kopplung, Einspeisung industrieller Abwärme) an. Dabei scheint mit Blick auf die Größenordnung der erforderlichen Investitionen und unter Berücksichtigung der Dringlichkeit die Erhebung einer allgemeinen Energiesteuer nahezuliegen.

Allerdings sprechen gegen eine Energiepolitik, die sich einer oder mehrerer Verwendungszwecksteuer(n) bedient, alle Argumente, die gegen Subventionsmaßnahmen vorgebracht werden. Am Beispiel der Heizölsteuer hat sich zudem die alte Weisheit „Alte Steuer, gute Steuer" bewahrheitet, wonach eine einmal erhobene Abgabe aus fiskalischen Motiven auch dann aufrechterhalten wird, wenn die eigentliche wirtschaftspolitische Ursache (Schutz und Förderung der inländischen Steinkohle) längst entfallen ist.

Aufgabe 4 Nennen Sie die grundlegenden Wirkungsmechanismen, deren sich eine Energiebesteuerung bedienen würde.

....
....
....
....
....
....
....
....
....
....

Zur Problematik radioaktiven Mülls 22.3.2.

Analyse 2

Alle Kraftwerke emittieren Wärme. Fossil befeuerte Kraftwerke belasten die Umwelt durch die Abgabe verschiedener Schadstoffe. Im Normalbetrieb sind Kernkraftwerke in dieser Beziehung den traditionellen Kraftwerken überlegen. Dafür taucht bei Kernkraftwerken ein eigenes Problem auf: Die Handhabung der abgebrannten Kernbrennstoffe, ihre Wiederaufarbeitung oder ihre Endlagerung, die sichere Entfernung der radioaktiven Abfälle aus dem Bereich jeglichen Lebens und die Beseitigung von alten Kernkraftwerken stellen neuartige Probleme dar, die zum Teil noch nicht abschließend gelöst sind. Verschärft werden die Probleme noch dadurch, daß aus Kernbrennstoffen verheerende Waffen hergestellt werden können.

Der Kernbrennstoff

In den heute üblichen Kernkraftwerken mit Leichtwasserreaktoren (LWR) dient Urandioxid als Kernbrennstoff. Den Begriff „Kernbrennstoff" darf man nicht wörtlich verstehen. In einem LWR wird kein Uran verbrannt, sondern gespalten. Bei der Spaltung wird eine beträchtliche Energie in Form von Wärme frei, die man über Dampf, Turbinen und Generatoren in elektrische Energie umwandelt. Das in der Natur vorkommende Uran besteht aus einer Mischung von zwei chemisch gleichartigen Uranatomen, die unterschiedlich schwer sind, dem Uran-238 und dem Uran-235. Spaltbar in einem LWR ist nur das Uran-235, das in der natürlichen Mischung zu 0,72 Gewichtsprozenten enthalten ist. Man muß deshalb erst den Anteil an Uran-235 auf rund 3,3 Gewichtsprozente erhöhen. Diese Erhöhung wird „Anreicherung" genannt. Betrachten wir 1 Kilogramm für LWR angereichertes Uran, dann enthält dies 967 Gramm nichtspaltbares Uran-238 und 33 Gramm spaltbares Uran-235. Zur Herstellung dieses Kilogramms angereicherten Urans mußten wir der Anreicherungsanlage rund 6,5 Kilogramm Natururan zur Verfügung stellen. Für die Anreicherung wurde eine Energie von rund 10 500 Kilowattstunden benötigt. Neben dem Kilogramm angereicherten Urans erhalten wir 5,5 Kilogramm abgereichertes Uran zurück: es enthält nur noch 0,24 anstelle von ursprünglich 0,72 Gewichtsprozente Uran-235. Das Kilogramm angereicherten Urans können wir in der Form von Urandioxid rund 3 Jahre in einem Kernkraftwerk als Kernbrennstoff einsetzen. Wir gewinnen daraus an elektrischer Energie rund 245 000 Kilowattstunden. Damit kann man während der 3 Jahre 60 Einwohner der Bundesrepublik Deutschland mit Haushaltsstrom versorgen.

Der abgebrannte Kernbrennstoff

Nach dem dreijährigen Einsatz im Kernkraftwerk sind von den ursprünglich vorhandenen 33 Gramm Uran-235 rund 75% gespalten und genutzt worden. 8,6 Gramm Uran-235 sind am Ende noch vorhanden. Es ist also falsch zu behaupten, Kernkraftwerke mit LWR könnten das spaltbare Uran nicht zu einem ganz beträchtlichen Teil effektiv ausnutzen. (Vgl. dazu *Tabelle 3*.)
Während des Einsatzes im Kernkraftwerk ist aber nicht nur das Uran-235 gespalten, sondern es sind auch verschiedene Plutoniumisotope, noch schwerere Kerne, oft unter der Bezeichnung „Actiniden" zusammengefaßt, und Spaltprodukte erzeugt worden. Unter den Plutoniumisotopen befinden sich auch das Plutonium-239, das sich ganz besonders zur Herstellung von Atombomben eignet, und das Plutonium-241. Beide sind im LWR spaltbar.
Bei der Entnahme des Kilogramms aus dem Kernkraftwerk beträgt die Aktivität 160 000 Curie. Mit einer so hohen Aktivität ist eine ganz beachtliche Strahlung verbunden. Diese Strahlung ist es, die jeden Umgang mit diesen Stoffen so gefährlich macht.

Vergessen wird häufig zu erwähnen, daß der gewonnene elektrische Strom zu rund 35% aus der Spaltung von Plutonium-239 und Plutonium-241 stammt, die gerade erst im Kernkraftwerk aus dem nichtspaltbaren Uran-238 erzeugt worden sind. Wir nutzen also im LWR schon unmittelbar einen Teil des gebildeten Plutoniums-239 und -241.

Tab. 3: Zusammensetzung des abgebrannten Kernbrennstoffs je Kilogramm. Einsatzzeit im Kernkraftwerk: 3 Jahre

	Menge	Halbwertszeit	Spaltbar
Uran-238	945,0 g	4 500 000 000 Jahre	
Uran-236	4,0 g	23 000 000 Jahre	
Uran-235	8,6 g	710 000 000 Jahre	8,6 g
Plutonium-239	5,3 g	24 390 Jahre	5,3 g
Plutonium-240	2,4 g	6 537 Jahre	
Plutonium-241	1,2 g	15 Jahre	1,2 g
Plutonium-242	0,4 g	400 000 Jahre	
Restliche Actiniden einschließlich	0,6 g		
Neptunium-237		2 200 000 Jahre	
Americium-241		460 Jahre	
Americium-243		7 400 Jahre	
Curium-244		18 Jahre	
Spaltprodukte	32,5 g	max. 30 Jahre	
Summe:	1 000,0 g	Davon noch spaltbar:	15,1 g

Original: K. H. Lindackers.

Zwischenlagerung im Kernkraftwerk

Unmittelbar nach dem Entladen ist der abgebrannte Brennstoff so stark radioaktiv, daß er nicht abtransportiert werden kann. Er wird deshalb innerhalb des stählernen, von dickem Beton umgebenen Sicherheitseinschlusses des Kernkraftwerkes in einem mit Wasser gefüllten Lagerbecken zunächst abgestellt. Die durch die Strahlung der Spaltprodukte erzeugte Wärme wird durch Umwälzung des Wassers durch Wärmeaustauscher über einen Zwischenkühlkreislauf in einen Fluß abgeführt. Im Sicherheitseinschluß des Kernkraftwerkes sind die abgebrannten Brennelemente auch geschützt vor Einwirkungen von außen (Erdbeben, Explosionen, Flugzeugabsturz).

Früher waren die Lager so ausgelegt, daß man 5/3 Brennelementladungen unterbringen konnte. Aus Sicherheitsgründen muß es jederzeit möglich sein, alle Brennelemente aus dem Reaktor zu entladen (3/3). Es können deshalb nur die abgebrannten Brennelemente von 2 Reaktorbetriebsjahren im Kernkraftwerk gelagert werden. Nachdem man in den letzten Jahren feststellte, daß die Entsorgung der Kernkraftwerke auf Schwierigkeiten stößt, hat man damit begonnen, die Lagerbecken dichter mit Brennelementen zu belegen. In einigen Kernkraftwerken lassen sich jetzt im gleichen Lagerbecken 12/3 Kernladungen unterbringen. Solche Kernkraftwerke kann man fast 9 Jahre lang betreiben, ehe die Brennelemente abtransportiert werden müssen. Obwohl die Lagerkapazität im Kernkraftwerk um 140% höher ist, nimmt die maximale Gesamtaktivität im Becken nur um 10,5% zu, weil die Aktivität der abgebrannten Brennelemente in den ersten Jahren nach der Entladung aus dem Reaktorkern sehr schnell und stark abnimmt.

Nach einer Lagerzeit von einigen Jahren ist die Aktivität des Musterkilogramms Kernbrennstoff von 160 000 Curie auf weniger als 1000 Curie abgesunken:

Abb. 2: Abnahme der Aktivität eines Kilogramms abgebrannten Kernbrennstoffes in den Jahren nach der Entnahme aus dem Reaktor

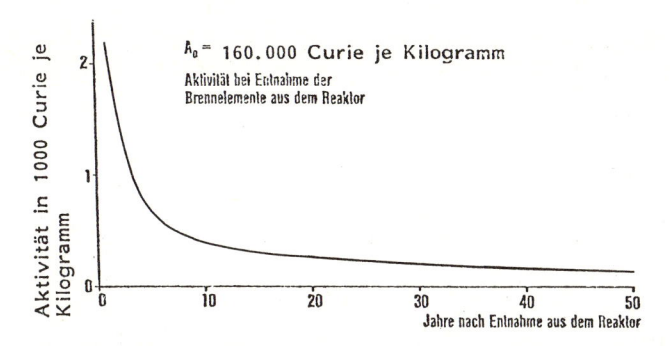

Aus: Kernforschungszentrum Karlsruhe (Hrsg.): Wie sicher ist die Entsorgung? Juni 1980.

Nun lassen sich die Brennelemente sehr viel leichter und gefahrloser transportieren. Die dafür nach internationalen Regeln gebauten Transportbehälter sind außerordentlich widerstandsfähig und bleiben auch völlig intakt und dicht, wenn der Transportbehälter bei einem Zusammenstoß oder bei einem Unfall belastet oder einem Schadensfeuer ausgesetzt wird. Ein Transportbehälter kann bis zu 7 Brennelemente aufnehmen. 1/3 Kernladung, die jährlich aus dem Reaktorkern entladen werden muß, besteht aus 70 Brennelementen. Für deren Abtransport aus dem Kernkraftwerk sind also in jedem Jahr 10 Transporte notwendig.

Zwischenlagerung außerhalb von Kernkraftwerken

Weil es wohl nicht zeitgerecht zur Inbetriebnahme einer Wiederaufarbeitungsanlage kommen wird, die Kernkraftwerke aber, wenn sie weiter betrieben werden sollen, in ein paar Jahren abgebrannten Brennstoff abgeben müssen, ist geplant, Zwischenlager zu bauen. Noch vor kurzer Zeit sollten das etwa gleichartige Wasserbecken sein, wie sie auch zur Lagerung der abgebrannten Brennelemente im Kraftwerk dienen. Mit einer solchen Lagerungsart hatte man Erfahrung und hielt sie für ausreichend sicher. Für ein solches Lager ist das entsprechende Genehmigungsverfahren in Nordrhein-Westfalen nahe der Stadt Ahaus eröffnet worden. Inzwischen hat man eingesehen, daß in Anbetracht der möglichen längeren Lagerzeiten in den Kernkraftwerken auch unter wirtschaftlichen Aspekten ein Lagern der Transportbehälter möglich ist, wenn man sie entsprechend konzipiert. Das ist einfacher und sicherer. Deshalb ist inzwischen auch für das Lager bei Ahaus eine trockene Lagerung beantragt worden.

Die Zwischenlagerung außerhalb von Kernkraftwerken vor einer endgültigen Lagerung oder Wiederaufarbeitung, die ja an einem anderen Ort stattfinden wird, hat zusätzliche Transporte abgebrannter Brennelemente zur Folge. Wegen der sehr hohen Sicherheit der Transportbehälter ist mit diesen zusätzlichen Transporten kein nennenswerter Risikozuwachs – im Vergleich zum Gesamtrisiko durch den Transport gefährlicher Stoffe aller Art – verbunden.

Wiederaufarbeitung abgebrannter Brennelemente

Am Anfang der friedlichen Entwicklung der Kernenergie waren die Staaten, die Nuklearwaffen herstellen, daran interessiert, Bombenplutonium zu bekommen. Sie haben dazu spezielle Kernreaktoren entwickelt und sie so betrieben, daß in der

Hauptsache nur Plutonium-239, also das Waffenplutonium, erzeugt wird. Sie haben daneben auch abgebrannte Brennelemente aus den Kernkraftwerken, die der Stromerzeugung dienten, übernommen. Das Plutonium aber mußte von dem Uran und den Spaltprodukten abgetrennt werden. Damit hatte die „Wiederaufarbeitung" von Kernbrennstoffen begonnen.

Betrachten wir nun das Kilogramm abgebranntes Uran, dann müssen wir feststellen, daß wir dieses nicht in Bausch und Bogen als „Atommüll" bezeichnen können. 945 Gramm Uran-238 könnten noch in Plutonium-239 und -241 verwandelt und zu friedlichen Zwecken, nämlich zur Stromerzeugung, genutzt werden. Aber auch die 8,6 Gramm des restlichen Urans-235 können wieder sinnvoll genutzt werden, wenn man sie abtrennt. Die nichtspaltbaren Plutoniumisotope, die restlichen Actiniden und die Spaltprodukte sind dagegen echte Abfallstoffe, die man nicht mehr verwenden kann. Es verwundert also nicht, wenn die Energietechniker danach streben, das noch Brauchbare aus dem abgebrannten Kernbrennstoff herauszuholen. Aus dieser Sicht fällt es gewiß schwer, abgebrannte Brennelemente nicht wiederaufzuarbeiten und als Abfall zu behandeln. Erst unter dem Druck des Gorleben-Hearings „Rede – Gegenrede", das im März 1979 unter Leitung von Carl Friedrich VON WEIZSÄCKER stattfand, hat man sich entschlossen, diesen Weg der Entsorgung von Kernkraftwerken zu erforschen.

Wie sieht es nun mit der Wiederaufarbeitung abgebrannter Brennelemente aus? 1977 hat die Bundesregierung dem Deutschen Bundestag einen Bericht über die Situation der Entsorgung der Kernkraftwerke in der Bundesrepublik Deutschland vorgelegt. Auf der Basis der Vorschläge der Industrie war vorgesehen, bei Gorleben ein „Nukleares Entsorgungszentrum" (NEZ) zu errichten. Dieses nukleare Entsorgungszentrum sollte aus folgenden Teilen bestehen:

- Eingangslager für die abgebrannten Brennelemente,
- Wiederaufarbeitungsanlage,
- Zwischenlager für hochradioaktive flüssige Spaltproduktlösungen,
- Anlage zur Behandlung der niedrig- und mittelradioaktiven Abfälle für die endgültige Lagerung,
- Anlage zur Verfestigung der hochradioaktiven Spaltproduktlösungen für die endgültige Lagerung,
- Fabrik zur Herstellung von Brennelementen aus den bei der Wiederaufarbeitung zurückgewonnenen Brennstoffen,
- Endlager für die radioaktiven, insbesondere hochradioaktiven Abfälle in dem unter dem Entsorgungszentrum liegenden Salzstock.

Entscheidende Gründe für die Planung eines solchen kompakten Zentrums: Die Transporte hochradioaktiver Materialien auf öffentlichen Straßen oder der Schiene sollten so gering wie möglich gehalten und die Kontrolle über das gesamte spaltbare Material, insbesondere im Hinblick auf die Verhinderung einer mißbräuchlichen Verwendung, so zuverlässig wie möglich gewährleistet werden. Dieses Vorhaben stieß auf massive Kritik besorgter Bürger und der Kernenergiegegner. Die niedersächsische Regierung hat dann zu einer öffentlichen Diskussion zwischen Fachleuten der Kernenergiegegner und der Kernenergiebefürworter eingeladen. Diese Diskussion ist inzwischen unter dem Titel „Rede – Gegenrede" veröffentlicht.[9] Als Resümee dieser Diskussion und der Demonstrationen und Feldbesetzungen kam die niedersächsische Landesregierung zu dem Ergebnis, daß das nukleare Entsorgungszentrum zwar sicherheitstechnisch realisierbar, aber politisch nicht durchsetzbar sei.

---

9 Niedersächsische Landesregierung (Hrsg.): Rede – Gegenrede. Symposium der Niedersächsischen Landesregierung zur grundsätzlichen sicherheitstechnischen Realisierbarkeit eines integrierten Entsorgungszentrums. 28.–31. März, 2. und 3. April 1979.

Im folgenden müssen wir nun zunächst einmal näher betrachten, was denn in einer Wiederaufarbeitungsanlage geschieht. Der Wiederaufarbeitungsprozeß gliedert sich in folgende Stufen:

Abb. 3: Stufen der Wiederaufarbeitung abgebrannter Brennelemente

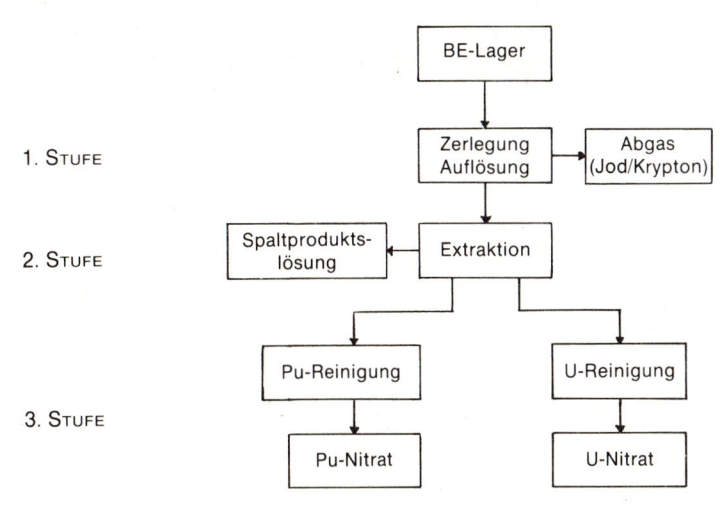

```
                        ┌──────────┐
                        │ BE-Lager │
                        └────┬─────┘
                             ↓
                        ┌──────────┐      ┌──────────┐
   1. STUFE             │ Zerlegung├─────→│  Abgas   │
                        │ Auflösung│      │(Jod/Krypton)│
                        └────┬─────┘      └──────────┘
                             ↓
              ┌────────────┐ ┌──────────┐
   2. STUFE   │Spaltprodukts│←│Extraktion│
              │  lösung    │ └────┬─────┘
              └────────────┘      │
                           ┌──────┴──────┐
                           ↓             ↓
                    ┌──────────┐  ┌──────────┐
                    │Pu-Reinigung│ │U-Reinigung│
   3. STUFE         └────┬─────┘  └────┬─────┘
                         ↓             ↓
                    ┌──────────┐  ┌──────────┐
                    │ Pu-Nitrat│  │ U-Nitrat │
                    └──────────┘  └──────────┘
```

Original: K. H. LINDACKERS

1. STUFE: Zerlegung und Zerkleinerung der abgebrannten Brennelemente und Auflösung des Uran-Dioxids in kochender Salpetersäure.

In dieser 1. Stufe werden die im abgebrannten Brennelement eingeschlossenen radioaktiven Edelgase, insbesondere Krypton-85, und leichtflüchtigen Spaltprodukte, insbesondere Jod-129, als Gase freigesetzt. Von vornherein war vorgesehen, diese Gase soweit wie möglich von den Spaltprodukten zu reinigen und besonders auch das langlebige Krypton-85 aufzufangen. Angemerkt sei, daß in allen anderen Wiederaufarbeitungsanlagen, die zur Zeit in Betrieb sind, das radioaktive Krypton in die Atmosphäre entlassen wird.

2. STUFE: Trennung der Spaltprodukte von Uran und Plutonium und Trennung des Urans vom Plutonium

Der Trennungsprozeß geht wie folgt vor sich: Die Salpetersäure, die Uran, Plutonium und die Spaltprodukte enthält, wird gründlich mit Kerosin vermischt, dem 30% Tributylphosphat zugesetzt sind. Läßt man diese Lösung stehen, dann trennt sie sich in eine wäßrige und eine ölige Phase. In der öligen Phase befinden sich mehr als 99% des Urans und Plutoniums, in der wäßrigen Phase alle übrigen Spaltprodukte. Die Spaltproduktlösung muß, nachdem sie durch Entzug der Salpetersäure auf $\frac{1}{10}$ ihres ursprünglichen Volumens gebracht worden ist, auf Lager genommen und gekühlt werden. In einem ähnlichen Verfahren wird das Uran vom Plutonium getrennt. Die hier grob skizzierten Vorgänge müssen natürlich mehrfach wiederholt werden, damit ein möglichst hoher Reinigungsgrad der einzelnen Teilströme erreicht werden kann.

3. STUFE: Plutoniumreinigung und Uranreinigung

In der 3. Stufe werden der Plutoniumstrom und der Uranstrom weiter gereinigt und schließlich in die Endproduktform von Uranyl-Nitrat und Plutonium-Nitrat umgewandelt. Dieses Wiederaufarbeitungsverfahren wird auch „PUREX-Prozeß" genannt (Plutonium-Uran-Reduktions-Extraktions-Verfahren). Die ersten beiden Stufen bedeuten einen Umgang mit außerordentlich hoch radioaktiven Stoffen, die entsprechend intensiv Strahlung aussenden. Alle Anlageteile müssen in entsprechend dick gemauerten Betonzellen aufgestellt werden. Dieser Teil der chemischen Fabrik muß selbstverständlich vollautomatisch funktionieren. Die Betonzellen müssen so ausgekleidet sein, daß auf keinen Fall beim Undichtwerden der Apparate die radioaktiven Stoffe in den Boden eindringen oder unkontrolliert in die Atmosphäre entweichen können. Typische Schutzmaßnahmen sind in *Abbildung 4* schematisch dargestellt:

Nicht zutreffend ist die Behauptung, daß im nuklearen Entsorgungszentrum die Gesamtaktivität ungleich größer wäre als in einem Kernkraftwerk. Richtig ist aber, daß die Qualität der radioaktiven Stoffe eine andere ist, weil überwiegend langlebige radioaktive Stoffe gehandhabt werden. Dazu kommt noch, daß es zweifellos auch schwieriger ist, eine komplexe chemische Fabrik fernbedient zu betreiben als ein im Prozeßablauf sehr viel einfacheres und übersichtlicheres Kernkraftwerk. Ein sehr großer Teil der Anlagen in einem Kernkraftwerk kann ohne besondere Strahlenschutzmaßnahmen gewartet und repariert werden. Das ist in einer Wiederaufarbeitungsanlage nicht der Fall. Hier sind Wartungsarbeiten und Reparaturen immer fernbedient durchzuführen, und sie bedürfen ausgeklügelter Strahlenschutzmaßnahmen.

Abb. 4: Typische Schutzmaßnahmen gegen unkontrolliertes Entweichen radioaktiver Stoffe aus einer Wiederaufarbeitungsanlage

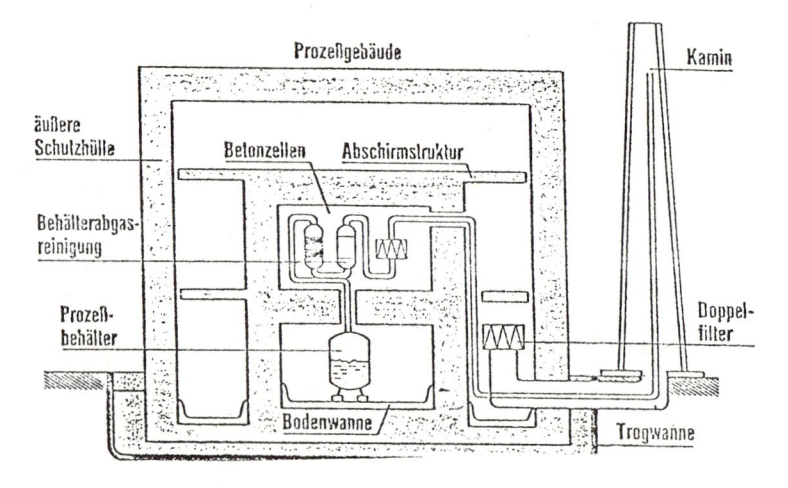

Aus: Kernforschungszentrum Karlsruhe (Hrsg.): Wie sicher ist die Entsorgung? Juni 1980.

Erfahrungen mit der Wiederaufarbeitung liegen seit vielen Jahren vor, allerdings überwiegend bezogen auf eine andere Art des Kernbrennstoffes (metallische anstelle oxidischer Brennstofformen). Dazu kommt noch, daß eine Anlage mit einer vergleichbar hohen jährlichen Wiederaufarbeitungsmenge bis heute nirgendwo in der Welt in Betrieb ist. In der Bundesrepublik Deutschland haben wir andererseits seit vielen Jahren eine eigene Wiederaufarbeitungsanlage in kleinem Maßstab, die Wiederaufarbeitungsanlage Karlsruhe (WAK), in Betrieb. Sie sollte von Anfang an dazu dienen zu lernen, wie man eine große Wiederaufarbeitungsanlage gestalten könnte. Sie war darauf ausgelegt, jährlich maximal 30 bis 35 Tonnen abgebrannten Kernbrennstoffes zu verarbeiten. Darüber hinaus hat sich die Bundesrepublik an der Wiederaufarbeitungsanlage Eurochemic in Mol, Belgien, beteiligt, die jährlich 70 Tonnen wiederaufarbeiten konnte. Diese Anlage ist inzwischen stillgelegt.

Das nukleare Entsorgungszentrum sollte im Jahr 1400 Tonnen abgebrannten Brennstoffes wiederaufarbeiten können. Die beachtliche Vergrößerung der Anlage gegenüber der WAK hätte sicher eine Reihe schwieriger Probleme mit sich gebracht. In vielen Fällen hätten Störungen in der einen oder anderen Stufe den jährlichen Durchsatz durch die Gesamtanlage empfindlich verringern können. So ist es insgesamt sicherlich zu begrüßen, daß bedingt durch die massiven Proteste aus der Bevölkerung jetzt vorgesehen ist, in der Bundesrepublik Deutschland zunächst zwei kleinere Anlagen mit einem jährlichen Durchsatz von je 350 Tonnen zu bauen.

Proliferationsschutz

Auf Anregung der USA hat in den Jahren 1978 und 1979 eine Internationale Konferenz zur Beurteilung nuklearer Brennstoffkreisläufe (INFCE = International Nuclear Fuel Cycle Evaluation) stattgefunden. Zielsetzung der Konferenz war es, vor allem auch zu klären, wie die Weiterverbreitung *(Proliferation)* von kernwaffenfähigem Material verhindert werden könnte. Sie kam zu dem Ergebnis, daß es keinen nuklearen Brennstoffkreislauf gibt, der absolut jeden Mißbrauch in dieser Richtung ausschließen würde. Den gesamten nuklearen Brennstoffkreislauf zeigt *Abbildung 5*.

Abb. 5: Der nukleare Brennstoffkreislauf

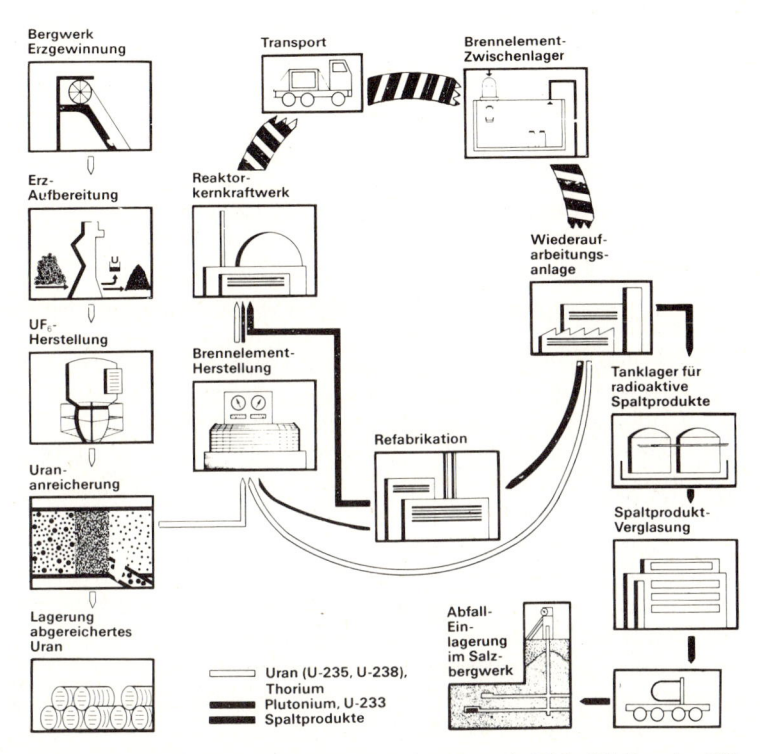

Aus: Kernforschungsanlage Jülich (Hrsg.): Aktuelle Themen der Kernenergie. Jül-Conf-24, Dezember 1977.

Nach einer Analyse aller Fakten ist es nicht möglich, ein allgemeines sowohl heute als auch in Zukunft gültiges Urteil darüber abzugeben, ob ein bestimmter Brennstoffkreislauf im Hinblick auf die Verbreitung von Kernwaffen gefährlicher ist als ein anderer. Für die Wiederaufarbeitung von Kernbrennstoffen wurde eindeutig der oben geschilderte PUREX-Prozeß als ein hinreichend erforschtes Verfahren anerkannt.

Aber noch ein weiteres wichtiges Ergebnis hat die INFCE erbracht. Bei der Rückführung von Uran und Plutonium in Kernkraftwerke mit LWR ist der wirtschaftliche Gewinn in der Kostenrechnung wahrscheinlich nicht sehr hoch, obwohl eine beträchtliche Einsparung an Natururan damit verbunden ist. Dennoch stellt diese Rückführung von Uran und Plutonium einen positiven Beitrag zur Energieversorgungssicherung in der Sicht solcher Länder dar, die keine oder nur geringe eigene Uranvorkommen haben.

Berechtigt dieser Befund nun schon zu dem Schluß, daß Wiederaufarbeitungsanlagen nur dann sinnvoll sind, wenn man sich auch dazu entschließt, Schnell-Brüter-Kernkraftwerke zu bauen und zu betreiben? Dazu müssen wir noch einmal auf die Möglichkeit zurückkommen, abgebrannte Brennelemente unmittelbar in ein Endlager zu bringen. Neuere Untersuchungen zeigen, daß die für das nukleare Entsorgungszentrum Gorleben geplante Endlagerung der Spaltprodukte letztlich dazu führt, daß die Radioaktivität nach rund 1000 Jahren so weit abgeklungen ist, daß die Lagerstätten in ihrer Umweltgefährdung mit einem sehr reichen Uranerzlager verglichen werden können. Diese Aussage ist nicht mehr richtig, wenn die Brennelemente einschließlich des darin enthaltenen Plutoniums endgelagert werden. Das Plutonium-239, das in diesen Brennelementen noch in großen Mengen enthalten und sehr umweltgefährlich ist, hat eine Halbwertszeit von rund 24400 Jahren und auch das Plutonium-240 hat noch eine Halbwertszeit von rund 6500 Jahren. Endlager für abgebrannte Brennelemente müßten also mindestens für 1 Million Jahre zuverlässig die radioaktiven Stoffe aus der Biosphäre fernhalten. Aus dieser Sicht und im Hinblick auf eine möglichst gute Ausnutzung des vorhandenen Uran-235 kann man sich durchaus für eine Wiederaufarbeitung entschließen, ohne damit auch – als zwingende Folge – dem Bau und Betrieb von Schnell-Brüter-Kernkraftwerken zustimmen zu müssen.

Die Endlagerung

Ebenso wie die leicht- und mittelradioaktiven Abfälle sollen in der Bundesrepublik Deutschland auch die hochradioaktiven Abfälle in Salzformationen unterirdisch endgültig gelagert und damit jedem biologischen Leben (Pflanzen, Tieren und Menschen) ferngehalten werden. Wegen der sehr langen Halbwertszeiten insbesondere der hochradioaktiven Abfälle muß diese Abkapselung über viele tausend Jahre zuverlässig erhalten bleiben. In anderen Ländern – so zum Beispiel in Frankreich – wird eine Abkapselung in Granitformationen erwogen. Ob Salz oder Granit zuverlässiger ist, kann heute noch nicht nach objektiven Kriterien entschieden werden. Ebenso offen ist es übrigens auch, ob die Salzformation bei Gorleben für die Endlagerung geeignet ist. Eine Versenkung hochradioaktiver Abfälle an tiefen Stellen der Ozeane ist nach übereinstimmender Auffassung vieler Wissenschaftler nach den heutigen Kenntnissen zu risikoreich.

Zur Endlagerung soll die über mehrere Jahre gelagerte hochradioaktive Spaltproduktlösung in Glas eingeschmolzen werden, das sehr stabil gegen die Einwirkung von Flüssigkeiten ist. Von dem Kilogramm abgebrannten Kernbrennstoffes bleibt rund ¾ Liter hochradioaktiver Spaltproduktlösung, die während ihrer Lagerung auf weniger als ½ Liter eingedickt wird. Zur Endlagerung verbleibt ein Glaskörper von knapp 100 Kubikzentimeter Volumen.

Die Beseitigung alter Kernkraftwerke

Auch die Beseitigung alter Kernkraftwerke erfordert es, daß hinreichend große und sichere Lagerstätten für leicht- und mittelradioaktive Abfälle vorhanden sind. Ist dies der Fall, dann ist nach den bis heute dazu vorliegenden Studien eine sofortige Beseitigung theoretisch möglich. Sie würde nach einer etwa 2 Jahre dauernden Planungszeit etwa 4 Jahre in Anspruch nehmen und nach heutigen Preisen wohl einige hundert Millionen DM kosten.

• Im *1. Schritt* erfolgen die Stillegung und der gesicherte Einschluß aller radioaktiven Materialien. Zunächst werden die abgebrannten Brennelemente aus dem Kernkraftwerk entfernt. Dann sind die Betriebsmedien, überwiegend Wasser, soweit von radioaktiven Stoffen zu befreien, daß sie entfernt werden können. Danach ist das Kernkraftwerk von den üblichen radioaktiven Abfällen zu entsorgen. Alle Anlagen außerhalb des Reaktorgebäudes können demontiert werden. Soweit demontierte Teile radioaktiv sind, werden sie in den Sicherheitsbehälter eingeschlossen. Alle übrigen Teile können wie bei anderen technischen Anlagen entfernt werden.

• Im *2. Schritt* werden die radioaktiven Teile aus dem Sicherheitsbehälter entfernt und in ein entsprechendes Endlager gebracht. Am schwierigsten ist es, die großen Stahlbauteile wie Reaktordruckbehälter, Dampferzeuger und ähnliche Teile sowie die großen, radioaktive Stoffe enthaltenden Betonmassen zu zerkleinern und für den Abtransport zu verpacken.

Mit der Beseitigung des Kernkraftwerkes Niederaichbach wird man – praktisch ohne Risiko, weil das Kernkraftwerk nur sehr kurze Zeit in Betrieb war – in unserem Lande wertvolle Erfahrungen sammeln. Die Stillegung und Beseitigung der Kernkraftwerke Lingen und Gundremmingen, die viele Jahre in Betrieb waren, wird dann zeigen, ob wir diesen Teil der friedlichen Nutzung der Kernenergie beherrschen.

Führen Sie auf, in welchen Schritten der PUREX-Prozeß abläuft und welche wichtigen Umweltschutzmaßnahmen dabei getroffen werden müssen.

Aufgabe 5

....
....
....
....
....
....

22.3.3. Umweltbelastung durch neue Energietechnologien zur Nutzung fossiler Energieträger

Die Ölkrise von 1973 und die seither stark steigenden Ölpreise führten nicht nur zum Aufgreifen alter Technologien, wie der Kohlevergasung und -verflüssigung, sondern auch zur Untersuchung anderer Energierohstoffe, wie zum Beispiel der Öl-Ressourcen „Ölschiefer" und „Teersande". Die Kohleveredelung ist zwar ein Prozeß, der schon vor mehreren Jahrzehnten in Deutschland betrieben wurde, der aber unter heutigen technologischen und ökologischen Bedingungen neu untersucht werden müßte. Die Erfahrungen mit einer Kohleverflüssigungsanlage in Südafrika sind nämlich nicht ohne weiteres auf die mitteleuropäischen Bedingungen anwendbar. Die seit längerem bekannten Vorkommen von Ölschiefern und Teersanden wurden bisher mit nur wenigen Ausnahmen nicht genutzt, weil andere fossile Brennstoffe, wie Kohle, Erdöl und Erdgas, leichter verwendbar waren. Unter Umweltgesichtspunkten hat die Kohleveredelung einen besonderen Stellenwert, da sie die Emissionsprobleme von Raffinerien, Kokereien und großen Chemieanlagen in einem Komplex vereinigt. Die Nutzung von Ölschiefern und Teersanden läßt hohe Umweltbelastungen erwarten, da nur ein geringer Prozentsatz des abgebauten Materials der Nutzung zugeführt werden kann.

Analyse 3

Kohleveredelung

Während es bei der Kohleverbrennung darum ging, möglichst viel Energie wirksam zu nutzen, geht es bei der Kohleveredelung darum, Produkte zu erzeugen, in denen möglichst viel chemische Energie gebunden ist. Dieses Gemisch kann entweder als Energieträger oder als Chemierohstoff verwendet werden. Da die Absicht besteht, Erdöl und Erdgas teilweise oder vollständig zu ersetzen, müssen Gemische von Kohlendioxid, Kohlenmonoxid, Wasserstoff, Methan und Stickstoff, aber auch Kraftstoffe und synthetisches leichtes Heizöl erzeugt werden. Umweltbelastungen ergeben sich bei der Kohlegewinnung, bei der Kohleveredelung selbst und bei der anschließenden Nutzung der erzeugten Energieträger. Bei der Kohlegewinnung dürften nur Probleme durch die große Menge der benötigten Kohle bestehen. Bei der Nutzung ist mit anderen Emissionsproblemen zu rechnen, da die Produkte aus Kohleveredelungsanlagen anders zusammengesetzt sind als konventionell erzeugte Produkte. Im folgenden sollen nur die durch Kohleveredelungsanlagen verursachten Emissionsprobleme behandelt werden.

Die Kohlelagerungsprobleme sind sicherlich gleich denen bei großen Kraftwerken. Bei den verschiedenen Stufen der Kohleaufbereitung ergibt sich ein größeres Emissionspotential. Die Kohleaufbereitung umfaßt Mahlvorgänge, Siebung, Wasch- und Trockeneinrichtungen. Daraus können Kohlestaub und flüchtige organische Substanzen entweichen. Ebenso entstehen Rauchgase, die die übliche Zusammensetzung wie bei Verbrennungseinrichtungen haben. Es ist noch nicht geklärt, in welchem Maße flüchtige Stoffe auftreten und wie sie gehandhabt werden sollen. Die Behandlung von Staub- und Rauchgasen entspricht wieder den gängigen Verfahren.

Emissionen aus Kohleveredelungsanlagen ergeben sich in Abhängigkeit von den Verfahren und den eingesetzten Kohlesorten sowie aus den Reinigungs- und Umwandlungsprozessen. Auf die Emissionslage einwirken dürften auch die Normen für die Produkte und die Emissionsauflagen aus den Genehmigungsverfahren (vgl. STE 13). Es ist offensichtlich so, daß alle Emissionstypen anfallen: nämlich Abgas, Abwasser, Abfall und Lärm. In der Bundesrepublik Deutschland werden bisher nur Demonstrationsanlagen betrieben, so daß man noch keine quantitativen Angaben über Emissionen machen kann. *Abbildung 6* gibt Hinweise auf mögliche Emissionen und Emissionsquellen bei der Vergasung und der Verflüssigung von Kohle.

Abb. 6: Mögliche Emissionen und Emissionsquellen bei der Vergasung und der Verflüssigung von Kohle

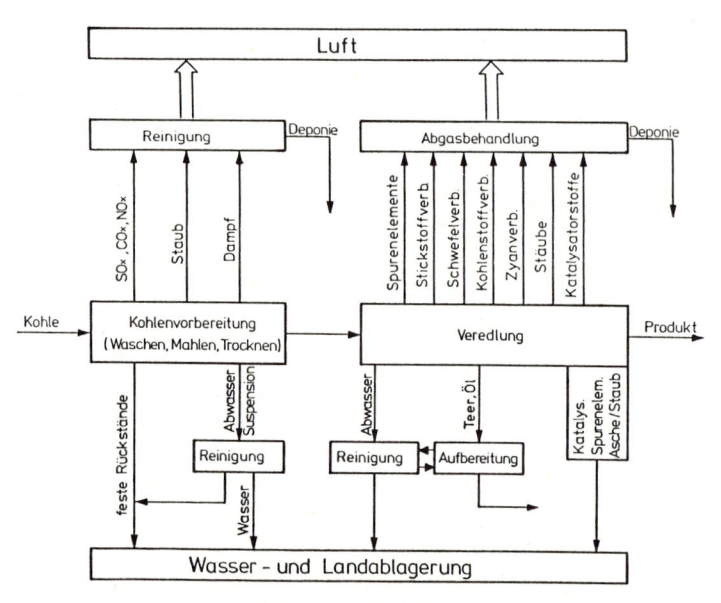

An die *Luft* werden abgegeben: Spurenelemente, Stickstoffverbindungen, Schwefelverbindungen, Kohlenstoffverbindungen, Zyanverbindungen, Teer (Kohlenwasserstoffe), Stäube und unter Umständen auch Katalysatorstoffe.

In das *Wasser* gelangen: lösliche Aschebestandteile, Spurenelemente, Teer (Kohlenwasserstoffe), organische Verbindungen (Fettsäuren, Phenole) und anorganische Verbindungen (Ammoniak, Zyanide).

Feste Rückstände sind: nicht-reagierter Kohlenstoff, Asche (Spurenelemente, Mineralien), Teer (Kohlenwasserstoffe) und Feinstäube (z. B. Filterkuchen).

Aus: BIRNBAUM et al.: Literaturrecherche zu Umweltauswirkungen von Kohleveredelungsanlagen. Jülich 1980, S. 18.

Die bestehenden Versuchsanlagen zur Kohleveredelung lassen noch keinen Schluß auf das Emissionsverhalten großtechnischer Anlagen zu. Diese Versuchsanlagen wurden zunächst eingerichtet, um die Verfahren in chemischer, energetischer, materialtechnischer und wirtschaftlicher Hinsicht zu prüfen. Wegen der anderen Zusammensetzung von Stoffströmen in Kohleveredelungsanlagen im Vergleich zu Raffinerien sind die Erfahrungen aus den Bereichen der Raffinerie-, Kokerei- und Chemietechnik bisher nicht anwendbar. Die Genehmigungsbehörden werden daher wohl vor große Probleme gestellt werden.

Ölschiefer und Teersande

Neben dem frei gewinnbaren Erdöl findet sich weltweit ungefähr dessen dreifache Menge im Ölschiefer (500 Mrd t) und Teersanden (250 Mrd t), wobei nur Tiefen bis zu 1500 Meter berücksichtigt wurden. Definiert werden Teersand und Ölschiefer wie folgt:

TEERSAND (ÖLSAND): ursprünglich mit Petroleum getränkter, jetzt bis auf die bituminösen Anteile weitgehend ausgetrockneter Sand, dessen Ölgehalt unter normalen Bedingungen nicht mehr flüssig ist und darum mit üblichen Bohrtechniken nicht mehr gewonnen werden kann.

ÖLSCHIEFER: feinkörniges, geschichtetes Sedimentgestein mit organischem Material *(Kerogen)*, aus dem sich durch Erhitzen sogenanntes Schieferöl gewinnen läßt, ein schwarzes, zähflüssiges Kohlenwasserstoff-Gemisch. Dieses kann wiederum zu verschiedenen Erdölprodukten raffiniert werden. Die Ausbeute beträgt 100 bis 250 Liter Öl je Tonne Ölschiefer. Sedimentgestein mit einem Gehalt an organischer Materie unterhalb einer Ausbeute von 35 Liter Öl je Tonne wird nicht mehr als Ölschiefer bezeichnet.[10]

Teersande sind durch eingesickertes Erdöl entstanden. In der Nähe der Erdoberfläche wird das Öl verändert und als Asphalte oder Aromaten im porösen Sand gespeichert. Leicht flüchtige Bestandteile sind verlorengegangen. Es werden alle Übergänge von leichtesten Ölen bis zu den schwersten Asphalten gefunden. Das schwere asphaltische Öl der Ölsande hat einen höheren Gehalt an Schwefel, Stickstoff und Sauerstoff und den metallischen Spurenelementen wie Vanadium, Chrom, Nickel, Eisen und Uran. Die Öle sind auch wasserstoffärmer als Erdöl und enthalten weiterhin oftmals noch die Spurenelemente Bor, Phosphor und Brom.

Ölschiefer sind Sedimentgesteine, die in Salzwasser, Brack- oder Süßwasser entstanden sein können. Die organisch-bituminöse Substanz ist an die mineralischen Bestandteile gebunden. Ölschiefer hat einen geringen Heizwert und einen hohen Aschegehalt (unter „Asche" versteht man den nichtbrennbaren Anteil von Brennstoffen, es handelt sich um mineralische Bestandteile und Einschlüsse). Der Aschegehalt liegt zwischen 60 und 80%; es handelt sich vor allem um Dolomit, Calcit, Quarz und Ton. Verschiedene Ölschiefer haben einen unterschiedlichen Gehalt organischen (brennbaren) Materials. Er beträgt zum Beispiel für Ölschiefer aus der Lagerstätte Glen Davis (Australien) 49,7, aus Schandelah (Bundesrepublik Deutschland) 5,7 Massenprozent.

Teersande, die für einen Abbau günstig gelagert sind, gibt es vor allem in Kanada und Venezuela. Die Athabasca-Sande in der kanadischen Provinz Alberta erstrecken sich bei einer durchschnittlichen Tiefe von 60 Meter über ein Gebiet der Größe Bayerns. Die Gesamtvorräte werden auf 120 Mrd t Öl geschätzt, von denen nach heutigen Maßstäben etwa 4 bis 5 Mrd t gewinnbar sind. Nördlich des Orinocos in Venezuela werden über 100 Mrd t Öl in Ölsanden vermutet. In Europa waren für die Rohölgewinnung nur zwei Lagerstätten von Bedeutung: In Pechelbronn (Elsaß) wurden Ölsande untertage gebrochen; bei Wietze in Niedersachsen erfolgte die Ölgewinnung zunächst durch Bohrungen und später bergmännisch.[11]

Die größten *Ölschiefer*vorkommen liegen in den USA-Staaten Wyoming, Utah und Colorado. Die Ölmengen im Ölschiefer in der Bundesrepublik werden auf drei Größenordnungen geringer eingeschätzt als die in den USA. *Tabelle 3* faßt die geschätzten Mengen Schieferöl zusammen:

---
10 R. GERWIN: Die Welt-Energieperspektive. Stuttgart 1980, S. 67.
11 Enzyklopädie Naturwissenschaft und Technik. Landsberg a. Lech 1980.

Tab. 3: Schätzung der bekannten Reserven an Schieferöl aus Ölschiefer mit mehr als 42 l Öl/t Gestein. Angaben in Millionen Kubikmetern

USA, Rocky Mountains	318 000	Thailand	440
Brasilien, Irati	127 000	BR Deutschland	320
UdSSR, Estland, Leningrad	3 500	Burma	320
restl. Rußland	2 000	Großbritannien	160
Sibirien	12 400	Luxemburg	110
Kongo, Kinshasa	16 000	Frankreich	70
Kanada, New Brunswick	7 000	Argentinien	60
(mehr als 100 l/t)		sonst.	209
Italien, Sizilien	5 600		
VR China	4 430		
Marokko	440		

Aus: Enzyklopädie Naturwissenschaft und Technik. Landsberg a. Lech 1980, S. 3086.

Ölschiefer findet man in der Bundesrepublik Deutschland in Württemberg (Ölgewinnung seit 1857), Messel bei Darmstadt (Ölgewinnung seit 1884). Die Ausbeutung der Ölschiefer-Vorkommen westlich von Braunschweig ist in der Diskussion (s. unten „Beispiel: Schandelah").

Aufbereitung und Umweltbelastung

Teersande sind nach heutigen technisch-wirtschaftlichen Maßstäben nur abbaubar, wenn sie an der Oberfläche liegen. In großem Umfang wird im Athabasca-Feld (Kanada) abgebaut: Der Teersand wird mit Baggern in eine große Mischtrommel mit Wasser, Dampf und Natronlauge gegeben. Aus 100 000 t täglich gewonnenem Teersand erhält man 7000 t raffiniertes Öl und 340 t Schwefel. Dazu muß aber das Öl, das einen hohen Erstarrungspunkt und hohe Aromaten- und Schwefelgehalte hat, erst auf die nötige Qualität gebracht und entschwefelt werden. Das zum „Abbrühen" des Teersandes eingesetzte Wasser kann nicht mehr in den natürlichen Wasserkreislauf zurückgeführt werden; es wird in riesigen künstlichen, bis 20 Quadratkilometer großen und 100 Meter tiefen Seen gespeichert.

Die ungünstigen qualitativen Eigenschaften der Öle aus Teersand erfordern einen hohen petrochemischen Aufwand; sie sind überdies energieintensiv und landschaftsbelastend. Die jeder biologischen Nutzung entzogenen Abwasserseen und die riesigen Halden des entölten Sandes sind der sichtbare Erfolg des Energiekonsums; für die Energieerzeugung und die Aufbereitung des Öls muß man mit Luft- und Wasserbelastungen rechnen, die jedes in Europa bekannte Maß übersteigen. Die Verunreinigungen entsprechen von der Zusammensetzung her denen der Kohleveredelungsanlage.

Es sind zwar weniger umweltintensive Verfahren für das Athabasca-Feld in der Entwicklung; es ist aber für die achtziger Jahre geplant, die Kapazität des konventionellen Verfahrens auf rund 48 000 t Öl pro Tag auszudehnen. Bei einem Ölgehalt von durchschnittlich 5 Gewichtsprozent müssen also rund 960 000 t Teersand pro Tag bewegt werden. Der Wasserverbrauch liegt bei etwa 5,5 m^3 pro m^3 Öl, das heißt, es werden dann pro Tag etwa 265 000 m^3 Wasser unwiderruflich belastet. Zum Vergleich: Bei einem durchschnittlichen Trinkwasserverbrauch von 180 l pro Kopf und Tag (STE 6) entspricht das dem Wasserverbrauch von 1,5 Mio Menschen.

Ölschiefer eignet sich trotz seines hohen Aschegehaltes als Brennstoff. Er wird unter anderem in Estland seit langem in Kraftwerken eingesetzt. Bei einem 100-MW-Kraftwerk ist mit einem Ascheanfall von 200 t pro Stunde zu rechnen. Die Asche wird deponiert, jedoch gibt es aufgrund der geringen Schüttdichte Raumprobleme. Es ist daher wünschenswert, die Asche als Baustoff zu verwenden. Das geschieht in einem Zementwerk in Württemberg. Da dieses Werk den Ölschiefer (700 t pro Tag) in einer Wirbelschichtfeuerung (STE 19) verbrennt, gelingt auch eine weitgehende Einbindung des Schwefels in die Asche, der sonst als Schwefeldioxid die Atmosphäre belasten würde. Dieses Verfahren ist aber nicht die Regel, vielmehr wird Ölschiefer in größerem Maßstab zur Ölgewinnung herangezogen.

Die industrielle Aufarbeitung von Ölschiefer begann in der ersten Hälfte des 19. Jahrhunderts in Frankreich. Zur Zeit wird die industrielle Verarbeitung von Ölschiefer in größerem Maßstab in China und der UdSSR betrieben. Sonst haben aber bisher die mangelnde Konkurrenzfähigkeit gegenüber dem Erdöl und die Umweltprobleme eine Nutzung in anderen Ländern eingeschränkt.

Zwei Verfahren stehen zur Gewinnung von Öl aus Schiefer zur Verfügung:

• Im *In-situ-Verfahren* wird der Schiefer in Bohrungen oder Sprengungen aufgebrochen und im Untergrund mit Hilfe eingepreßter Luft zum Teil verbrannt (Schwelung). Dabei wird das erhitzte Öl fließfähig und aufgefangen. Dieses Verfahren ist bisher nicht zum Durchbruch gekommen. In den USA wird in dem Projekt Bronco (Utah) erwogen, mit einer unterirdischen Atomexplosion zum Ziele zu kommen.

• Im *konventionellen Verfahren* wird der Ölschiefer bergmännisch gewonnen, zerkleinert und der Schwelungsanlage zugeführt. Die gewonnenen Schwelöle haben eine hohe Dichte und einen Schwefelgehalt von 2 bis 5%. Sie lassen sich zu Benzin, Heizöl und einem hohen Rückstandsanteil verarbeiten. Dabei fallen erhebliche Mengen Schwelgas neben Koks, Pech, Asphalt, Ammoniak, Paraffinwachs und hin und wieder Uran und Phosphat an.

Geht man davon aus, daß die kleinste wirtschaftlich arbeitende Anlage jährlich etwa 5 Mio t Öl produzieren soll, so müßten täglich etwa 200000 t Ölschiefer bewegt werden. Untertagebergwerke von solcher Größe hat man bisher nicht betrieben. Interessanter ist dagegen der Tagebau. Dabei muß aber das Deckgebirge zerstört werden. Man schätzt, daß für einen Tagebau etwa drei Kubikmeter Abraum (Deckgebirge und nicht verwertbarer Ölschiefer) pro Kubikmeter produzierten Öls anfallen; eine Zwischenlagerung großer Mengen ist nötig. Das wichtigste Problem bei der Zwischenlagerung ist das Herauslösen von Bestandteilen durch Regen und Erosion. Im Vergleich zum Volumen des produzierten Öls ist mit dem fünf- bis sechsfachen Wert ausgeschwelten Schiefers zu rechnen. Da der Schiefer durch Zerkleinerung eine Zunahme des Porenanteils erfährt, steigt das Volumen um bis zu 25%. Selbst bei totaler Verfüllung der Tagebaue bleibt also ein Überschuß, der anderweitig gelagert werden muß.

Während des Schwelprozesses werden die mineralischen Bestandteile des Ölschiefers, vor allem Karbonate, umgewandelt; es entstehen merkliche Mengen an Oxiden von Kalzium, Magnesium und Natrium, die wasserlöslich sind und eine Gefahr für das Grundwasser darstellen. Bei der Lagerung auf der Erdoberfläche können lösliche Metallverbindungen auch in das Oberflächenwasser eintreten. Beim Schwelungsvorgang tritt neben Öl auch Wasser aus. In diesem Wasser sind anorganische und organische Stoffe gelöst.

Beispiel: Schandelah

Östlich von Braunschweig liegt das Ölschiefergebiet von Schandelah, 41 km² groß und bis zu 200 m tief. In einem Zeitraum von 27 Jahren sollen daraus 100 Mio t Rohöl gewonnen werden. Eine benachbarte kleinere Lagerstätte wird ein 325-MW-Kraftwerk versorgen. Im Lurgi-Ruhrgas-Verfahren soll der Ölschiefer aufbereitet werden. *Tabelle 4* zeigt die Materialbilanz nach diesem Verfahren:

Tab. 4: Materialbilanz von Ölschieferschwelungen

Bestandteil	kg/t Ölschiefer
Feinkorn aus Umlaufsystem	464,3
Staub aus Rauchgas	330,9
Staub aus Schwelgas	13,5
Schweröl (staubfrei)	28,8
Mittelöl	18,8
Benzin	5,4
Gaswasser	32,9
Gas	27,1
Karbonat-CO_2 im Rauchgas	42,9
Abgebrannter Kohlenstoff	35,4

Aus: Enzyklopädie Naturwissenschaft und Technik, a.a.O., S. 3090.

Ganze 53 kg Benzin, Mittelöl und Schweröl würden also aus 1 t Ölschiefer gewonnen. Da der größte Teil noch zum Schweröl gehört, muß es durch weitere chemische Prozesse veredelt, es müßte also ein ganzer petrochemischer Komplex aufgebaut werden. Dieser Komplex für sich allein läßt schon erhebliche Umweltbelastungen erwarten, vereinigt er doch die Eigenschaften eines Kraftwerkes und einer Raffinerie mit denen eines Großtagebaus.

Dies sind aber nicht die einzigen Umweltbelastungen: Der vollständige Abbau des Ölschiefers würde nicht nur eine Halde hinterlassen, die 26 Meter über dem jetzigen Niveau der Landschaft liegt. Es müßte das Dorf Flechtorf aufgegeben werden. Teile von Schandelah würden geräumt, 4000 Menschen umgesiedelt. Der Bach Schunter muß verlegt werden; man sorgt sich um den Grundwasserspiegel, um die Trinkwassergewinnung. Die Schunteraue steht unter Naturschutz, dort brüten neun auf der Roten Liste als bedroht bezeichnete Vögel. Das Beienroder Holz, ein Mischwald mit jahrhundertealten Eichen, ein Naherholungsgebiet für Wolfenbüttel und Braunschweig, muß dem Tagebau geopfert werden. Um den Tagebau nicht „absaufen" zu lassen, muß der Grundwasserspiegel gesenkt werden; Verkarstung wäre die Folge. Es ist aber auch zu befürchten, daß die südwestlich gelegenen Riddagshausener Teiche, ein riesiges Brutgebiet für Wasservögel und seit 1972 Europareservat, durch die Grundwasserabsenkung gefährdet werden:

Alles für 100 Millionen Tonnen Rohöl, soviel wie die Bundesrepublik Deutschland in etwa 9 Monaten verbraucht!

Aufgabe 6 Nennen Sie neue Technologien zur Nutzung fossiler Energieträger, und geben Sie deren mögliche Umweltbelastung an.

Rationelle Energienutzung und neue Energiequellen 23.

Federführender Autor: Karl Heinrich Hansmeyer

Autoren der Studieneinheit: Dietrich von Borries, Eduard Geisler, Karl Heinrich Hansmeyer, Klaus Michael Meyer-Abich, Gerhard Vollmer, Heinrich Waldeyer

Allgemeine Einführung 23.0.

In den vorangegangenen Studieneinheiten ist deutlich geworden, daß jede Energienutzung – wenn auch in unterschiedlichem Maße – zu Umweltveränderungen und Umweltbeeinträchtigungen führt. Dies gilt für alle Stufen der Energieumwandlung: von der Primärenergieförderung über den Transport und die Umwandlung bis zum Endenergieverbrauch.

Verringern lassen sich diese Umweltbelastungen vor allem durch Energieeinsparung. Der Sachverständigenrat für Umweltfragen schrieb hierzu im Gutachten *„Energie und Umwelt"*: „Bei sonst gleichbleibenden technischen Bedingungen vermindert Energieeinsparung

- die Schadstoff-Emissionen,
- die Abwärmebelastung der Gewässer und der Luft,
- den Landschaftsverbrauch und die Landschaftsbelastung,
- die CO_2-Belastung der Atmosphäre bei Verwendung fossiler Energieträger und
- die Strahlenbelastung der Umwelt und das Stör- und Unfallrisiko bei der Verwendung nuklearer Energieträger."[1]

Die Umweltpolitik entwickelt daher unter den derzeit in der Bundesrepublik Deutschland technisch und ökonomisch realisierbaren energiepolitischen Möglichkeiten eine eindeutige Bevorzugung der Strategien, die auf Verminderung des Energieverbrauchs gerichtet sind. Der Spielraum dafür erscheint auch durchaus beträchtlich.

Was in der Alltagssprache als „Energieverbrauch" bezeichnet wird, ist das Produkt aus der Menge der nachgefragten Energiedienstleistung und ihres spezifischen Energieverbrauchs:

Energieverbrauch = Energiedienstleistung × spezifischer Energieverbrauch

---

Beispiel: Benzinumsatz eines PKW = gefahrene Kilometer × Verbrauch pro km

Diese einfache Gleichung verdeutlicht die beiden Ansatzpunkte der Energieeinsparung:

- Verringerte Nutzung von Energiedienstleistungen
- Verringerung des energetischen Aufwandes bei gleicher Energiedienstleistung

Besonders in der rationellen Energienutzung stecken große Reserven; denn vom gesamten Energieverbrauch wird nur weniger als ein Drittel wirklich „genutzt" (vgl. STE 20). Heißt das aber, daß die restlichen zwei Drittel für eine sinnvolle Nutzung noch erschlossen und gleichzeitig die Umweltbelastung erheblich verringert werden könnten? Leider ist dies nicht so: Die Physik setzt der rationellen Energienutzung Grenzen; dennoch ist ihr Potential erheblich.

---
1 Der Rat von Sachverständigen für Umweltfragen: Energie und Umwelt. Stuttgart/Mainz 1980, S. 77.

23.1. Das umweltpolitische Interesse an Energieeinsparung

Problemaufriß

Zu Beginn des Themenblocks VIII dieses Werkes haben wir uns mit der „Verzahnung von Energie- und Umweltfragen" beschäftigt. Dort wurde die grundlegende Gleichung „Energieumsatz = Umweltbelastung" aufgestellt. Weiter hieß es: „Angesichts einer wachsenden Weltbevölkerung werden mit dem Energieverbrauch tendenziell auch diese Umweltbelastungen steigen, falls keine wirksamen Gegenmaßnahmen ergriffen werden. Diese sind jedoch zunehmend unbestritten, weil die bedrohte Umweltqualität sowie die beschränkten Vorräte fossiler Energieträger die Grenzen herkömmlicher technischer und wirtschaftlicher Entwicklung aufgezeigt haben." (S. 97)

Die erste Möglichkeit zur Verringerung der mit dem Energieumsatz verbundenen Umwelteffekte besteht in der Verwendung weniger umweltbelastender Energieumwandlungsverfahren, beispielsweise der Rauchgasentschwefelung oder der Wirbelschichtfeuerung. Die zweite Möglichkeit besteht in der Verringerung des Energieumsatzes selbst.

Mittlerweile besteht über die Notwendigkeit der Energieeinsparung ein breiter gesellschaftlicher Konsens. In der „Dritten Fortschreibung des Energieprogramms der Bundesregierung" heißt es: „Energieeinsparung verringert wesentlich unsere Versorgungsrisiken und entlastet die Leistungsbilanz. Sie ist ein wichtiger Beitrag zur Ressourcenschonung und zum Umweltschutz."[1] Der „Rat von Sachverständigen für Umweltfragen" sieht die Energieeinsparung als umweltpolitisch vorrangig an, und die Enquête-Kommission des Deutschen Bundestages „Zukünftige Kernenergie-Politik" betont, „daß eine für eine breite Mehrheit wünschenswerte oder akzeptable Energiezukunft nur bei erheblichen Energieeinsparungen möglich ist".[2]
Im übrigen ist auch in den unterentwickelten Regionen der Erde Energieeinsparung ein dringendes Gebot – wenngleich durch andere Technologien (vgl. STE 29).
Die Einsparung von Energie bzw. die rationelle Energienutzung ist zunächst ein technisches Problem. Damit verbunden sind freilich politische und ökonomische Probleme. Bevor wir auf diese Fragen eingehen, soll verdeutlicht werden, was Energieeinsparung konkret bedeuten kann.

23.2. Möglichkeiten der Energieeinsparung im privaten Haushalt

Problemstellung

Über 40% des Energieverbrauchs entfallen auf Haushalte und Kleinverbraucher, davon etwa 80% für die Raumheizung und 10% für die Warmwasserbereitung. Hier Energie einzusparen würde sich auch in beachtlichem Maße auf die Energiebilanz der gesamten Volkswirtschaft auswirken. Inzwischen weiß man aus zahlreichen Studien, daß beim Heizenergiebedarf im Gebäudebestand von 1974 Einsparmöglichkeiten von etwa 50% bestehen; ein Teil dieses Sparpotentials wurde inzwischen verwirklicht.

Zur Einsparung von Energie bei der Gebäudeheizung kann man einerseits den Wärmebedarf absenken, andererseits die Wärmebereitstellung energiesparender vornehmen. Der Wärmebedarf läßt sich mit besserem Wärmeschutz und durch Anpassung der Temperaturregelung an die Nutzungsart herabsetzen. Zum Wärmeschutz gehören sowohl die Vermeidung von Verlusten durch die Gebäudehülle, das heißt Wärmedämmung der Wände, Dächer und Böden und die Herabsetzung des Wärmedurchgangs von Fenstern und Türen als auch die Verringerung unbeabsichtigter Lüftungsverluste durch bessere Fugendichtung. Die Wärmebereitstellung läßt sich durch richtige Dimensionierung, Regelung und Steuerung der Heizanlagen,

---

1 Bundestagsdrucksache 9/983, S. 11.   2 Bundestagsdrucksache 8/4341, S. 107.

23. Rationelle Energienutzung und neue Energiequellen

durch Wärmerückgewinnung aus Abluft, Abwasser und Abgasen, durch Einsatz von Wärmepumpen, durch passive und aktive Nutzung von Sonnenenergie und durch Kraft-Wärme-Kopplung energiesparend gestalten. Die verschiedenen Maßnahmen beeinflussen sich in technischer und wirtschaftlicher Hinsicht auf komplizierte Weise.

Zur experimentellen Untersuchung eines Teils dieser Zusammenhänge diente das 1974 mit öffentlichen Mitteln errichtete Energieexperimentierhaus in Aachen. Für das Energiesparhaus wählte man ein Fertighaus. Die Wärmeisolation des Erdgeschosses wurde entscheidend verbessert, die Nebenräume dienten der Aufnahme der Experimentiereinrichtungen und wurden nicht wesentlich verändert. Ferner wurden Möglichkeiten zur Wärmerückgewinnung aus Abwasser und Abluft sowie zur Nutzung von Sonnenenergie, zwei Wärmepumpen und ein Erdreichwärmetauscher, unter dem Kellerboden installiert.

Eingangsbeispiel

Versuchsbeispiel 1: Das Energiesparhaus in Aachen

Quelle: Forschungslaboratorium Aachen der Philips GmbH.

Zum besseren Wärmeschutz versah man die ursprünglichen Wände des Fertighauses mit einer zusätzlichen 16 cm dicken Mineralwolleschicht und setzte so die Wärmedurchgangszahl, die angibt, wieviel Wärme pro Zeiteinheit und Temperaturgefälle durch eine Grenzfläche fließt, auf 0,17 Watt/m^2 K [Watt pro Quadratmeter und Grad Kelvin] herab – die Norm für Vollwärmeschutz liegt bei 0,48 Watt/m^2 K und die bis zum Erlaß der Wärmeschutzverordnung vom August 1977 gültige Mindestforderung nach DIN 4108 bei 1,12 Watt/m^2 K, also fast 7mal schlechter. Als Fenster wurden Doppelscheiben mit einer infrarotreflektierenden Aufdampfschicht gewählt; sie haben eine Wärmedurchgangszahl von 1,9 Watt/m^2 K im Vergleich zu etwa 3,3 Watt/m^2 K für normale Doppelscheiben und 5,8 Watt/m^2 K für einfache Scheiben. Die Wärmeverluste durch Undichtigkeiten und unkontrollierte Lüftung wurden durch Verwendung von Fenstern und Türen geringer Fugendurchlässigkeit gesenkt. Da der verbleibende Luftwechsel mit 0,1 m^3/h zu gering ist, wurde eine Anlage zur kontrollierten Belüftung mit Wärmerückgewinnung durch einen Regenerator eingebaut.

Für die experimentelle Vermessung des Hauses wurde das Verhalten einer vierköpfigen Familie simuliert und dabei die Körperwärme der Personen und die Abwärme der Hausgeräte (Herde, Kühlschrank, Licht, warmes Wasser usw.) berücksichtigt. Messungen über drei Heizperioden ergaben Wärmebedarf erst unterhalb von 10 °C mittlere Außentemperatur und Heizperioden von nur 6 Monaten (November–April), während sie in herkömmlichen Häusern 2 Monate länger ist. Als Heizbedarf ergaben sich im Mittel über die Heizperioden 7200 kWh, von denen allerdings 4000 kWh durch Hausgeräte und Personen aufgebracht wurden, so daß nur 3200 kWh entsprechend 450 l Heizöl als eigentliche Heizenergie bereitgestellt werden mußten.

Der tägliche Energiebedarf überschritt nie 30 kWh; eine Leistung von 1,3 kW für die Heizung würde also ausreichen. Für ein Haus mit Vollwärmeschutz, wie er bei der Nachtstromspeicherheizung von Versorgungsunternehmen gefordert wird, hätten sich der 4fache Bruttowärmebedarf und etwa der 7,5fache Nettoheizenergiebedarf ergeben.

Das Lüftungs- und Klimasystem des Hauses erlaubt ein angenehmes Innenklima. Jalousien zur Verschattung der Südfenster, zusätzliche Wärmekapazität durch den Fußbodenestrich, Regelung der Lüftungsmenge und des Wärmerückgewinnungsgrades sowie Vorwärmung oder Kühlung der Luft durch eine Dränagewand ermöglichen eine Anpassung an sommerliche Temperaturen, aber auch an zahlreiche Gäste.

Mit zwei eingebauten Wärmepumpen von 0,7 kW_{el} für den Erdreichwärmetauscher und 1,7 kW_{el} für Wärmerückgewinnung aus dem Abwasser im Verbund mit Solarkollektoren wurden verschiedene Experimente gemacht. Dem Erdreich wurden durchschnittlich 1,3 kW entzogen und die Temperaturänderungen im Erdreich gemessen. Die entzogene Leistung reichte für die Heizung des Hauses aus und führte zu Temperaturverschiebungen von nur 1,5-3 °C. Während Wärmepumpen für Normalhäuser Grundwasserbrunnen mit all ihren Problemen oder sehr große Erdwärmetauscher voraussetzen, ermöglicht es der extrem geringe Wärmebedarf des Experimentierhauses, mit der Grundfläche des Hauses auszukommen.

An dem Experimentierhaus wurden auch Untersuchungen zur Nutzung von Sonnenenergie durchgeführt. Zu diesem Zweck entwickelte man hocheffiziente Kollektoren, die bereits Nutzenergie liefern, sobald die Strahlung 2 kWh pro m^2 und Tag übertrifft. Die Leistung des Kollektorsystems sowie sein Zusammenwirken mit einem Warmwasserspeicher von 4 m^3 und einem Langzeitspeicher von 42 m^3 wurden untersucht.

Mit Simulationsmodellen wurde der Heizenergiebedarf für verschiedene Stufen des Wärmeschutzes in Abhängigkeit von regionalen und jahresbedingten Klimaeinflüssen untersucht. Als Haustypen wurden ein „Normalhaus" nach DIN 4108 in der Fassung vom Oktober 1974 – entspricht etwa dem vorhandenen Gebäudebestand –, ein „Schwedenhaus" entsprechend dem schwedischen Baustandard SBN 1975, der seit Mitte 1977 gilt, sowie ein „Experimentierhaus", dessen Wärmeschutz dem Standard des Experimentierhauses in Aachen entspricht, durchgerechnet. Der Bruttowärmebedarf dieser Häuser verhält sich wie 5:2:1. Unter Berücksichtigung der internen und externen Wärmequellen verhält sich der Nettoheizwärmebedarf dagegen wie 27:7:1. Zu dem Nettowärmebedarf tritt allerdings für ein Haus nach dem Experimentier-Standard noch ein Bedarf an elektrischer Energie für das Klimatisierungs- und Wärmerückgewinnungssystem hinzu, der etwa dem Nettowärmebedarf entspricht; auf Primärenergiebasis ergibt sich damit ein Verhältnis von 8:2:1. Der Vergleich verschiedener Städte und verschiedener Jahre in der Bundesrepublik zeigt dagegen, daß die örtlichen und jährlichen Schwankungen aufgrund klimatischer Besonderheiten sehr viel kleiner sind als die durch die Wärmeschutzstandards hervorgerufenen Bedarfsunterschiede. In weiteren Simulationsrechnungen wurden Empfindlichkeitsanalysen hinsichtlich der Wirkung verschieden starker Isolationsschichten und unterschiedlicher Fensterqualität sowie verschiedenen Lüftungsverhaltens der Bewohner und jährlicher mittlerer Innentemperaturen vorgenommen. Als Ergebnis ist festzuhalten, daß Rolläden vor Einfachfenstern wesentlich zur Energieeinsparung beitragen können und bei Normalhäusern nach Süden weisende Fensterflächen mit Rolläden zu einem Energiegewinn führen. Bei Häusern nach schwedischem oder noch besserem Standard hat die Größe von südlichen Fensterflächen mit Rolläden praktisch keinen Einfluß auf den Energiebedarf, so daß insoweit keine Bedenken gegen glasreiche Architektur bestehen. Der Heizenergiebedarf für den Luftwechsel hängt von der Dichtigkeit und dem Einsatz von Wärmerückgewinnung ab; nach den Modellannahmen verhält er sich etwa für die drei Haustypen wie 15:9:1. Eine Änderung der Innentemperatur um 1 °C verändert den Wärmebedarf der Modellhäuser um 3500 bzw. 1300 bzw. 300 kWh/Heizperiode. Auch zur Nutzung der Sonnenenergie wurden Empfindlichkeitsrechnungen durchgeführt: sie zeigen, daß bei realistischen Annahmen für Kollektorkosten passive Solarenergie preiswerter ist als aktive Systeme.

23. Rationelle Energienutzung und neue Energiequellen

Insgesamt zeigt das Vorhaben, daß die technischen Möglichkeiten zur Verringerung des Wärmebedarfs weit über die früher angenommenen Grenzen hinausgehen und Wärmeschutzmaßnahmen dabei die höchste Priorität haben. Sie sollten weit über die rechtlich vorgeschriebenen Werte hinaus durchgeführt werden. In *Tabelle 1* sind Simulationsergebnisse für neuzubauende und nachzubessernde Einfamilienhäuser aufgeführt:

Fazit

Tab. 1: Energiebedarf wärmetechnisch verbesserter Einfamilienhäuser

(A) NEUBAUTEN		(B) NACHBESSERUNG BEI ALTBAUTEN	
Elektrische Energie	Fossile Energie	Elektrische Energie	Fossile Energie
Einfamilienhaus nach Wärmeschutzverordnung		Durchschnitts-Einfamilienhaus des heutigen Gebäudebestandes	
Haushalt, Warmwasserbereitung: 6 500 kWh = 100 %	Heizung: 4 000 l Heizöl = 100 %	Haushalt, Warmwasserbereitung: 6 500 kWh = 100 %	Heizung: 5 500 l Heizöl = 100 %
Einfamilienhaus, energetisch optimiert, orientiert am Philips Experimentierhaus-Standard		Verbesserungen Erste Stufe: Erhöhung der Wärmedämmung	
Alternative I: Versorgung elektrisch / fossil Haushalt, Warmwasserbereitung, Wärmerückgewinnung, geregelte Klimatisierung: 6 200 kWh = 95 %	Heizung: 500 l Heizöl = 12,5 %	Haushalt, Warmwasserbereitung: 6 500 kWh = 100 %	Heizung: 3 000 l Heizöl = 55 %
Alternative II: Versorgung elektrisch / fossil / solar Haushalt, Warmwasserbereitung, Wärmerückgewinnung, geregelte Klimatisierung, Hilfsenergie zur solaren Warmwasserbereitung: 5 200 kWh = 80 %	Heizung: 500 l Heizöl = 12,5 %	Zweite Stufe: Nutzung alternativer Energiequellen	
		Alternative I: Bivalentes Wärmepumpensystem Haushalt, Warmwasserbereitung: 5 000 kWh Heizung 50 % 4 000 kWh Summe: 9 000 kWh = 138 %	Heizung 50 %: 1 500 l Heizöl = 27 %
Alternative III: Versorgung elektrisch Haushalt, Warmwasserbereitung, Wärmerückgewinnung, geregelte Klimatisierung, Heizung: 8 000 kWh = 123 %	kein Bedarf	Alternative II: Hocheffizientes Solarsystem für Heizung und Warmwasser mit Zusatzheizung Haushalt, Hilfsenergie für das Solarsystem: 5 000 kWh = 77 %	Heizung 50 %: 1 500 l Heizöl = 27 %

Aus: H. HÖRSTER (Hrsg.): Wege zum energiesparenden Wohnhaus. Hamburg 1980, S. 186 f.

Vor diesem Hintergrund sind die eingangs genannten Studien, die im Haushaltsbereich Einsparungen von 50% für möglich halten, durchaus als realistisch anzusehen. Der Schluß aus den Studien über das Experimentierhaus lautet: „Die hohen Einsparungen im Bedarfssektor „Haushalte", die durch Maßnahmen zur rationellen Energieverwendung in Gebäuden zu realisieren sind, wurden in den Energiebedarfsprognosen für die Bundesrepublik Deutschland bisher nicht genügend in Betracht gezogen. Es ist zu erwarten, daß ihre Berücksichtigung in den Energiemodellen zu ähnlich günstigen Zukunftsperspektiven für die Bedarfsentwicklung in der Bundesrepublik führen wird wie vor einigen Jahren in Schweden durchgeführte Untersuchungen oder der Leach-Report kürzlich für Großbritannien."[3]

Durch welche technischen Möglichkeiten kann eine Energieeinsparung bei der Gebäudeheizung erreicht werden?

Aufgabe 1

....
....
....
....

---

3 H. HÖRSTER (Hrsg.): Wege zum energiesparenden Wohnhaus. Hamburg 1980, S. 186 f.

23.3. Möglichkeiten und Techniken rationeller Energienutzung

Übersicht

Die folgenden Analysen zum Thema „Energieeinsparung" gliedern sich in drei Abschnitte:

(1) Zunächst wird die grundsätzliche Funktionsweise der Energiequelle „Energieeinsparung" dargestellt. Dabei werden sowohl die wesentlichen Ansatzpunkte der Energieeinsparung als auch ihre gesellschaftspolitischen Aspekte diskutiert. Heute ist niemand mehr gegen Energieeinsparung; aber die Bedeutung, die dieser Energiequelle zugemessen wird, ist unterschiedlich groß. Können wir durch Energieeinsparung auf eine Ausweitung des Energieangebotes verzichten? Die Kontroverse läuft unter den Schlagworten des „harten" und des „sanften" Weges der Energieversorgung.

(2) Die folgende Analyse befaßt sich mit den konkreten technischen Möglichkeiten der rationellen Energienutzung: zunächst werden die technischen Möglichkeiten im Überblick dargestellt. In diesem Zusammenhang wird auch erklärt, warum die thermodynamische Theorie der rationellen Energienutzung durchaus Grenzen setzt. In der sich anschließenden Untersuchung werden die Möglichkeiten und Grenzen der Erschließung regenerativer Energiequellen erörtert. Zuletzt wird einer Frage nachgegangen, die in den vorangegangenen Studieneinheiten schon mehrfach angesprochen wurde: welche Möglichkeiten bietet die Kraft-Wärme-Kopplung, und welche Probleme sind mit ihr verbunden?

(3) Die letzte Analyse beschäftigt sich mit der Frage, wie energiebewußtes Verhalten bewirkt werden kann. Das Problem einer notwendigen Verhaltensänderung ist uns in diesem Funkkolleg schon mehrfach begegnet; die Instrumente der Umweltpolitik werden außerdem ausführlich in Studieneinheit 28 dargestellt. Wir können uns deshalb in dieser Studieneinheit auf eine geraffte Darstellung der zentralen Punkte beschränken.

23.3.1. Die Energiequelle „Energieeinsparung"

Analyse 1

Im Jahr 1979 erschien ein Buch mit dem Titel: *„Energieeinsparung als neue Energiequelle"*.[4] Auf der Grundlage einer umfassenden Studie der verschiedensten Technologien zur Einsparung von Energie, die von der Bundesregierung nach dem Beginn der Ölkrise in Auftrag gegeben worden war, kamen die Autoren zu dem Ergebnis, daß bereits um die Jahrhundertwende etwa 20% des bisher für erforderlich gehaltenen Energiebudgets der Bundesrepublik durch die Nutzung dieser neuen Energiequelle Energieeinsparung gedeckt werden könnten, wenn bestimmte wirtschaftspolitische Maßnahmen ergriffen würden. Im Vergleich zu den herkömmlichen Energiequellen besagt dieses Ergebnis, daß die hier vorgestellte neue Energiequelle zwei Jahrzehnte nach ihrer Einführung bereits genausoviel zu unserer Energieversorgung beitragen kann wie der gesamte Steinkohlenbergbau und zwei- bis dreimal soviel wie die Kernenergie. In der Bedrängnis durch die Verteuerung des Mineralöls war dies zweifellos eine sehr erfreuliche Botschaft, und so hieß es denn auch alsbald in Zeitungsanzeigen und auf dem Poststempel des Bundesministeriums für Wirtschaft: „Energiesparen – unsere beste Energiequelle". Inzwischen hat sich herausgestellt, daß der Beitrag der Energiequelle Energieeinsparung sogar noch beträchtlich höher sein können wird als zunächst angenommen.

Wie aber soll es möglich sein, einen Bedarf sozusagen durch den Verzicht auf das gewünschte Gut dennoch zu decken? Der Grund dafür ist, daß es ebensowenig einen

---
4 Klaus M. MEYER-ABICH (Hrsg.): Energieeinsparung als neue Energiequelle. Wirtschaftspolitische Möglichkeiten und alternative Technologien. München 1979.

„Energiebedarf" gibt wie (nach dem Energieerhaltungssatz) einen „Energieverbrauch", und von einem Verzicht auf die Deckung eines Bedarfs kann bei der Nutzung der Energiequelle Energieeinsparung ebenfalls nicht die Rede sein.

Alle Welt spricht davon, daß die Deckung unseres künftigen Energiebedarfs aufgrund der Ölkrise gefährdet sei, und dennoch gibt es eigentlich keinen Energiebedarf. Der Grund dafür ist, daß in der Regel niemand ein besonderes Verlangen zum Beispiel nach Mineralölprodukten, Kohle oder Elektrizität hat. Mineralölprodukte stinken, sind feuergefährlich und nehmen etwa als Heizöl im Keller viel Platz weg; Kohle braucht ebenfalls viel Raum und verbreitet Schmutz; Elektrizität ist lebensgefährlich und außerdem eines der verderblichsten Güter, mit denen wir überhaupt umgehen. Dies alles nehmen wir zwar in der Regel in Kauf, aber doch nur um eines Nutzens willen, der – und dies ist nun der Grund für die Existenz der Energiequelle Energieeinsparung – nicht nur durch Energie zustande gebracht werden kann und wird.

Worin besteht der Nutzen, dessentwegen wir die Mißhelligkeiten im Umgang mit den verschiedenen Energieträgern in Kauf nehmen, und wie wird er zustande gebracht? Der Nutzen ist

– von Brennstoffen, daß wir im Hause trotz kühler Witterung nicht zu frieren brauchen, „warmes Wasser aus der Wand" entnehmen und bestimmte Industrieprodukte herstellen können;
– von Elektrizität, des Nachts über eine Fülle an Licht zu verfügen, Ferngespräche führen und Materialien maschinell mühelos bearbeiten zu können;
– von Treibstoffen, durch Fahrzeuge beweglich zu sein und auch im winterlichen Norden frisches Gemüse aus den Mittelmeerländern essen zu können.

Die Energie aber gehört in allen diesen Fällen nicht zur Bestimmung des Nutzens, sondern dient lediglich als ein Mittel, und zwar – darauf kommt es nun entscheidend an – als ein Mittel *unter anderen*. Der Nutzen, in bezug auf den wir unseren „Energiebedarf" begründen, wird nämlich insgesamt durch die vier Faktoren: Technisches Wissen, Energie, Kapital und Arbeit (TEKA) zustande gebracht.

Das einfachste und – im Hinblick auf die Ölverknappung – zugleich wichtigste Beispiel ist die Temperierung von Räumen. Der erwünschte Nutzen ist, daß es innerhalb eines Hauses wärmer ist als draußen, so daß man im Hause nicht friert, und zwar möglichst so, daß vor allem die Strahlungstemperatur der Wände (nicht nur die Lufttemperatur) unseren Bedürfnissen entspricht. Den wichtigsten Beitrag zur Erzielung dieses Nutzens leistet keineswegs der Einsatz von Energie, sondern bereits der Bau des Hauses – ökonomisch gesprochen also der Einsatz von *Kapital*, des TEKA-Faktors K. Denn ein Haus ist energietechnisch eine Anlage, die dafür sorgt, daß die Temperaturschwankungen innerhalb des umbauten Raums nicht so groß sind wie außerhalb, indem nämlich Tageswärme gespeichert und des Nachts wieder abgegeben wird, so daß umgekehrt die nächtliche Kühle auch noch in den Tag hinein vorhält.

Nun kann man in unseren Breiten *allein* durch eine entsprechend geschickte Architektur nicht bereits erreichen, daß innerhalb eines Hauses jederzeit von selbst angenehme Temperaturverhältnisse herrschen, sondern dazu ist noch eine *Zusatz*heizung erforderlich, die wir normalerweise schlechthin „die Heizung" nennen, und die nun tatsächlich mit Energie, dem TEKA-Faktor E, betrieben werden muß. Dazu also brauchen wir wirklich Energie. *Wieviel* Energie aber für die Zusatzheizung erforderlich ist, hängt entscheidend von der Bauweise des Hauses ab. Wir haben bereits gesehen: Der Energieumsatz der Zusatzheizung könnte um mindestens die Hälfte vermindert werden! Die Hälfte des „Energiebedarfs" kann also (bei Neubauten) durch geeignete architektonische Maßnahmen ersetzt werden – Energie ist durch Architektur substituierbar. Und das Schöne daran ist, daß diese Substitution an dem erwünschten Nutzen nichts ändert; denn ob dieselbe Temperaturverteilung durch schlecht isolierte Wände usw. und viel Zusatzheizung oder durch weitergehende architektonische Maßnahmen und weniger Energie zustande gebracht wird, macht für den Nutzer keinerlei Unterschied. In Gestalt der Substitution von Energie durch Kapital kann also bereits die Hälfte des bisherigen Heizenergieeinsatzes durch die Energiequelle Energieeinsparung ersetzt werden.

Dies ist aber noch nicht alles, sondern weitere Teile des verbleibenden Energieeinsatzes sind obendrein durch die beiden noch nicht berücksichtigten Faktoren T und A, Technisches Wissen und Arbeit, zu ersetzen. Insbesondere hängt es vom Stand des technischen Wissens ab, wieviel Energie eine Heizanlage braucht, um eine bestimmte Heizleistung in den Heizkörpern eines Hauses zu erbringen. So wie die Nachkriegsarchitektur energietechnisch zum großen Teil auf einen Heizölpreis von 10–15 Pfennigen/Liter ausgelegt ist (schlecht isolierte Wände, Heizkörpernischen in den Außenwänden usw.), ist auch bei den Heizanlagen auf einen niedrigen Energieumsatz kaum Wert gelegt worden. Seit einigen Jahren hat man sich jedoch auch in dieser Hinsicht mehr Mühe gegeben als bisher, und das Ergebnis ist, daß die derzeit fortgeschrittensten Heizanlagen (Wärmepumpen) die jeweils erwünschte Heizleistung wiederum bereits mit der Hälfte der Energie erbringen, die bisher durchschnittlich gebraucht wurde und dementsprechend als „Energiebedarf" gegolten hat. Energie ist also – wiederum ohne jeden Verzicht auf den bisher gewohnten Komfort – auch durch den Fortschritt des technischen Wissens, das heißt durch den Faktor T, zu ersetzen.

Macht man nun sowohl von den Möglichkeiten einer sinnvolleren Architektur als auch von den Fortschritten der Heiztechnik Gebrauch, so ergeben sich insgesamt zwei mögliche Halbierungen des bisherigen Energieumsatzes der häuslichen Zusatzheizung, das heißt, derselbe Komfort wie bisher ist bereits mit einem Viertel des bisherigen Energieeinsatzes zu erzielen. Was schließlich den vierten TEKA-Faktor angeht, die Arbeit A, so haben wir uns in der Nachkriegszeit daran gewöhnt, mit der Temperierung der Häuser nicht mehr Arbeit zu haben als lediglich die Einstellung der Regelthermostaten, also keine Arbeit. Tatsächlich ist es ein großer Fortschritt, keine Kohlen mehr aus dem Keller in obere Stockwerke schleppen zu müssen. Arbeit ist aber doch nicht in jeder Form das, was man im Leben am liebsten so weit wie möglich vermeiden möchte, und dies gilt teilweise auch für die Temperierung unserer Häuser. Der beste Beweis dafür ist, daß überall dort, wo es bereits automatisierte Zentralheizungen gibt, eine zunehmende Nachfrage nach offenen Kaminen eingetreten ist – wobei sich ja nicht bestreiten läßt, daß man mit einem offenen Feuer mehr zu tun hat als mit einer automatisch geregelten Heizung. Dieser Einsatz des Faktors A führt nun noch zu einer weiteren Energieeinsparung, weil das offene Kaminfeuer am Abend den Betrieb der Zentralheizung im Sommer und in weiten Teilen der Übergangszeiten im Frühjahr und im Herbst überflüssig macht und weil dabei in der Regel erheblich weniger Holz verbrannt wird, als sonstige Brennstoffe gebraucht würden.

Die Energiequelle Energieeinsparung gibt es nach alledem deshalb, weil der Nutzen, um dessentwillen Energie eingesetzt wird, nicht nur durch Energie, sondern durch die gesamte TEKA-Kombination zustande kommt, und weil diese Faktoren in weiten Grenzen wechselseitig ersetzbar sind. Man kann den größten Teil der bisher für erforderlich gehaltenen Energie durch Technisches Wissen, Kapital und Arbeit ersetzen, ohne auf den gewohnten Komfort oder auf die, wie man sagt, „energiebezogenen Dienstleistungen" zu verzichten. Diese Dienstleistungen sind: nicht frieren zu müssen, Beweglichkeit, Gespräche über weite Entfernungen führen zu können usw. Der vermeintliche Energiebedarf ist in Wirklichkeit ein Bedarf nach diesen Dienstleistungen als dem angestrebten Nutzen. Ersetzt man in der TEKA-Kombination Energie durch die anderen Faktoren, so wird – ohne Verminderung des Nutzens – Energie durch Energieeinsparung ersetzt. Die Energiequelle Energieeinsparung ist das Ersetzen von Energie durch Technisches Wissen, Kapital und gegebenenfalls auch durch Arbeit. Die Energieversorgungsunternehmen sollten sich deshalb, wie es in den USA teilweise schon geschieht, als TEKA-Versorgungsunternehmen für energiebezogene Dienstleistungen verstehen, also nicht nur Energie, sondern auch die äquivalenten Maßnahmen zur Einsparung von Energie verkaufen.

Wer den Zusammenhang und die wechselseitigen Ersatzmöglichkeiten der vier TEKA-Faktoren nicht berücksichtigt, wird irrtümlicherweise annehmen, Energie sei nur durch Energie zu ersetzen. Dieser Irrtum liegt der energiepolitischen Diskussion in Politik und Öffentlichkeit in weitem Umfang zugrunde. Tatsächlich ist es angesichts der Ölkrise ein naheliegender Schluß: „Wenn Mineralöl knapp oder zu teuer wird, muß es durch einen anderen Energieträger ersetzt werden, etwa durch Kernenergie oder Kohle." Dieser Schluß ist gleichwohl falsch, weil darin die Möglichkeit des Ersatzes von Energie durch Kapital und Technisches Wissen, gegebenenfalls auch durch Arbeit, übersehen wird. In der Ölkrise die Möglichkeiten der Energiequelle Energieeinsparung nicht zu erkennen, ist ein um so schwerwiegenderer Irrtum, als Mineralöl bereits verhältnismäßig kurzfristig in größerem Umfang durch Einsparungsmaßnahmen ersetzt werden kann, wohingegen die Kernenergie hier erst im nächsten Jahrhundert nachhaltig wirken könnte, weil sie bisher überhaupt kaum 2% unseres (End-)Energiebudgets deckt.

Energieeinsparung im Sinn des Ersatzes von Energie vor allem durch Kapital und Technisches Wissen, außerdem vielleicht durch Arbeit, ist in allen Verwendungsbereichen möglich. Eine Übersicht über das Ausmaß, in dem bei den heutigen und den für die Zukunft absehbaren Energiepreisen die Nutzung der Energiequelle Energieeinsparung bereits wirtschaftlich sinnvoll ist, gibt die folgende Tabelle aus dem Zwischenbericht der Enquête-Kommission „Zukünftige Kernenergiepolitik" des 8. Deutschen Bundestags:

Tab. 2: Ausmaß der Energiequelle Energieeinsparung bis zum Jahre 2030
(in Prozent des heutigen Endenergieumsatzes)

Verbrauchssektor	Haushalte				Kleinverbraucher		Industrie		Verkehr	
Einsparversion	stark		sehr stark		stark	sehr stark	stark	sehr stark	stark	sehr stark
A. Raumheizung	EFH*	MFH*	EFH*	MFH*						
– a) bauliche Maßnahmen	40	20	60	40	20	40				
– b) heizungstechnische Maßnahmen Betriebsweise	17	12	23	17	12	17				
– c) Veränderung der Beheizungsstruktur	25	13	36	18	13	18				
insgesamt⁺ ...	62	39	80	59	39	59	20	40	(40)	(40)
B. Prozeßwärme	28		40		10	15	20	33		
C. Beleuchtung und stationäre Antriebe	20		40		20	30	20	33		
D. Straßenverkehr – PKW – LKW									50 30	50 30

⁺ Gesamte Einsparrate ergibt sich durch multiplikative Verknüpfung der Einzelraten
* EFH – Ein- und Zweifamilienhäuser; MFH – Mehrfamilienhäuser

Aus: Bericht der Enquête-Kommission „Zukünftige Kernenergiepolitik". Bundestagsdrucksache 8/4341. Bonn 1980.

Der Spielraum zwischen dem „starken" und dem „sehr starken" Einsparen in der Tabelle entspricht der derzeitigen Unsicherheit über den energiepolitisch sinnvollen Einsatz der Energiequelle Energieeinsparung. Strittig ist danach nur noch, ob zum Beispiel beim Neubau eines Einfamilienhauses nur 62% oder sogar 80% des bisherigen Energieumsatzes eingespart werden könnten. Völlige Einigkeit bestand in der Kommission interessanterweise für den Verkehrsbereich: Dort kann die Energiequelle Energieeinsparung jedenfalls 50% des bisherigen Treibstoffverbrauchs eines PKWs decken. Dabei sollte man sich für den Zeitverlauf immer hinzudenken, daß die Marktdurchdringungszeiten der Einsparungsmöglichkeiten von der mittleren Lebensdauer der betreffenden Güter abhängen. Die 50% Treibstoffeinsparung bei PKWs können, wenn in der zweiten Hälfte der achtziger Jahre alle angebotenen Fahrzeuge durchschnittlich nur noch halb so viel Energie/km umsetzen wie im bisherigen Durchschnitt, in weiteren zehn Jahren, also noch vor der Jahrhundertwende verwirklicht werden. Mit der Energieeinsparung in Gebäuden wird es demgegenüber etwas länger dauern, weil die mittlere Lebensdauer hier im Bereich von 50 Jahren liegt und energietechnische Sanierungsmaßnahmen für Altbauten nicht in dem Umfang rentabel sind wie für Neubauten. Langfristig brauchen wir, wenn von der Energiequelle Energieeinsparung hinreichend Gebrauch gemacht wird, für den energiebezogenen Bedarf der Bundesrepublik – nach der Bedarfsanalyse der Enquête-Kommission[5] – kaum mehr und wahrscheinlich sogar weniger Energie als jetzt.

Vor- und Nachteile der Energiequelle „Energieeinsparung"

Daß Energie in weitem Umfang durch Energieeinsparung ersetzt werden kann, besagt nicht, daß dies auch in jedem Fall sinnvoll und wünschenswert ist. Zum Beispiel kann man den Ersatz von Energie durch Kapitalinvestitionen so weit treiben, daß der Preis des Kapitals (die Zinsen) und die erforderlichen Abschreibungen höher sind als der Preis der eingesparten Energie, und in diesem Fall wäre die Energieeinsparung jedenfalls betriebswirtschaftlich nicht mehr zu rechtfertigen. Wirtschaftliche Gründe, die zugunsten der Energiequelle Energieeinsparung geltend gemacht werden können, sind jedoch nicht nur Kosteneinsparungen, sondern gleichermaßen etwa Gesichtspunkte der Beschäftigungspolitik. Tatsächlich können von einer Energieeinsparungspolitik volkswirtschaftliche Impulse vor allem in die mittelständische Wirtschaft ausgehen.

In welchem Umfang Energieträger wie Kohle, Mineralöl, Erdgas und Kernenergie durch die Energiequelle Energieeinsparung ersetzt werden sollten, hängt jedoch weder nur von den betriebswirtschaftlichen Kosten noch allein von volkswirtschaftlichen Argumenten ab. Vielmehr ist die Wirtschaftlichkeit nur eines von vier Kriterien, die nach der Empfehlung der Enquête-Kommission geltend gemacht werden sollten, um energiebezogene oder TEKA-Dienstleistungen durch eine möglichst optimale Kombination von Technischem Wissen, Energie, Kapital und Arbeit zustande zu bringen. Die anderen Kriterien sind die internationale Verträglichkeit, die Umweltverträglichkeit und die Sozialverträglichkeit:

• Das Kriterium der *internationalen Verträglichkeit* besagt, daß die bestehenden oder absehbaren internationalen Konflikte durch energiepolitische Maßnahmen nicht verschärft, sondern möglichst vermindert werden sollten. Nach diesem Kriterium ist schon der heutige Verbrauch von Mineralöl höchst bedenklich und der Einsatz von Kernenergie wegen der Atomwaffenverbreitung ebenfalls sehr problematisch, wogegen hinsichtlich der Energiequelle Energieeinsparung keinerlei Bedenken geltend gemacht werden können.

---

5 Deutscher Bundestag: Bericht der Enquête-Kommission „Zukünftige Kernenergiepolitik". Bundestagsdrucksache 8/4341, Bonn 27. Juni 1980.

- Ähnliches gilt für die *Umweltverträglichkeit*. Jeder Energieumsatz ist mehr oder weniger umweltbelastend. Allein die Energiequelle Energieeinsparung ist unter Umweltgesichtspunkten in der Regel völlig unbedenklich, wie zuletzt das Gutachten „Energie und Umwelt" des Sachverständigenrats für Umweltfragen deutlich gemacht hat.[6] Probleme könnten sich hier ja auch allenfalls im Zusammenhang mit der Produktion energiesparender Investitionen ergeben; diese Probleme aber sind vermeidbar.

- Das Kriterium der *Sozialverträglichkeit* schließlich besagt, daß energiebezogene Dienstleistungen zustande gebracht werden sollen, ohne die gesellschaftliche Ordnung und Entwicklung zu beeinträchtigen. Hier ist den Befürchtungen, daß ein Kernenergiesystem nur in einem „Atomstaat" sicher zu betreiben sei, der aber um dieses Energiesystems willen nicht in Kauf genommen werden solle, gelegentlich entgegengehalten worden, daß die Energiequelle Energieeinsparung wiederum einen „Kalorienstaat" voraussetze, in dem beispielsweise Blockwarte darauf achthaben, daß nur ja niemand zuviel heizt. Die Vorschläge der Enquête-Kommission zur Einsparungspolitik haben inzwischen gezeigt, daß diese Befürchtungen unberechtigt sind, so daß die Energiequelle Energieeinsparung auch nach dem Kriterium der Sozialverträglichkeit allen anderen Energiesystemen eindeutig vorzuziehen ist.

Der größte Nachteil der Energiequelle Energieeinsparung ist eigentlich der negative Beiklang des Wortes „sparen". Wo vom Sparen die Rede ist, denkt man normalerweise daran, daß nunmehr der Gürtel engergeschnallt werden solle, und das mag niemand sich gern verordnen lassen.

Eine detailliertere Beurteilung der Energiequelle Energieeinsparung nach den vier Kriterien der Enquête-Kommission erfordert umfangreiche Analysen und Vergleiche, auf die hier verzichtet werden muß. Erwähnung verdient jedoch der Gesichtspunkt, daß eine Entscheidung für dieses oder jenes Energiesystem immer auch im Zusammenhang mit der sonstigen Industrie- und Wirtschaftsentwicklung gesehen werden sollte. Wer etwa allgemein – ganz unabhängig von energiepolitischen Entscheidungen – großtechnisch-administrative Systeme von der Art für gesellschaftlich optimal hält, wie sie sich in den sechziger und siebziger Jahren entwickelt haben, der wird in der Regel auch im Energiebereich die entsprechenden Systeme bevorzugen, also vor allem mit der Kernenergie die größten Hoffnungen für den (langfristigen) Ersatz des Mineralöls verbinden. Und wer für die weitere Zukunft insgesamt nach Alternativen zur herkömmlichen industriewirtschaftlichen Entwicklung der Nachkriegszeit sucht, der wird auch im Energiebereich vor allem den Alternativen und neuen Energiequellen eine Chance geben wollen. Geht es heute grundsätzlicher als je in den vergangenen drei Jahrzehnten um die Frage, in welcher Richtung der technische Fortschritt wirklich noch ein Fortschritt für die menschlichen Lebensbedingungen wäre, so kann diese Grundsatzdiskussion an der Energiepolitik schwerlich vorbeigehen.

Die einander entgegengesetzten Positionen in der technologiepolitischen Kontroverse, die seit einigen Jahren in der Öffentlichkeit ausgetragen wird, können als der „harte" und der „sanfte" Weg pointiert werden.[7] Der „harte" Weg ist der einer Fortsetzung des expansiven industriewirtschaftlichen Kurses der sechziger und siebziger Jahre auch in den achtziger und neunziger Jahren. Seine Ziele sind vor allem wirtschaftliches Wachstum und die Sicherung der Arbeitsplätze. Die Vertreter des „sanften" Weges halten dem entgegen, daß das wirtschaftliche Wachstum der Bundesrepublik historisch nur eine Ausnahmeerscheinung gewesen sein kann

---

[6] Der Rat von Sachverständigen für Umweltfragen: Energie und Umwelt. Stuttgart/Mainz 1981.
[7] Klaus M. MEYER-ABICH / Bertram SCHEFOLD: Wie möchten wir in Zukunft leben? – Der „harte" und der „sanfte" Weg. München 1981.

– selbst in der Kaiserzeit gab es nur ein mittleres Wachstum von etwas mehr als 1% pro Jahr – und daß außerdem die Ziele, die durch diese Art von Wachstum erreicht werden können, mittlerweile so weit erreicht sind, daß sich demgegenüber nun eine starke Vernachlässigung anderer Aufgaben zunehmend bemerkbar macht. Die Erfolge des hinter uns liegenden „Wirtschaftswunders" sollen dadurch nicht geschmälert werden; jedoch gelten die Ziele der Nachkriegsentwicklung denen, die heute nach Alternativen fragen, in der Regel als die Ziele von gestern, die nicht mehr die Ziele von morgen zu sein brauchen. Auf dem „sanften" Weg wird nun vor allem nach weniger anonymen und überschaubaren technisch-administrativen Einrichtungen gesucht, die der Selbsttätigkeit des einzelnen und kleinerer Gemeinschaften mehr Raum geben. Wenn es dabei gelegentlich so aussieht, als werde ein Rückweg in eine idyllisierte Vergangenheit gesucht, so ist dies eher so zu verstehen, wie man sich ja auch, wenn etwas vergessen worden ist, gelegentlich zur Belebung der Erinnerung gern an den Ort zurückbegibt, wo man es noch gewußt hat. Insbesondere wird die Energiequelle Energieeinsparung vor allem von denen begünstigt, welche die Ziele der Nachkriegszeit nunmehr für erreicht halten; und zur Energieeinsparung bedarf es zweifellos zum guten Teil sehr fortgeschrittener Technologien.

Ebenso wie die Kernenergie wird also auch die Energiequelle Energieeinsparung in die Kontroverse zwischen den „Harten" und den „Sanften" hineingezogen. Dabei sind sich hinsichtlich der Kernenergie beide Seiten darüber einig, daß die Kernenergie eine Pioniertechnologie ist, so daß der Unterschied nur in der Bewertung liegt, den durch dieses Energiesystem gewiesenen und charakterisierten Weg in die Zukunft unbedingt zu wollen oder nicht zu wollen; denn es gibt sowohl Pioniere des Fortschritts als auch Pioniere des Verderbens. Die Energiequelle Energieeinsparung findet demgegenüber auch Beifall von der „harten" Seite. Der Grund dafür ist zunächst ihre Überlegenheit in bezug auf die Möglichkeiten zur Milderung der Ölkrise, die im wesentlichen ein Problem der achtziger und der neunziger Jahre sein kann, also vorbei sein dürfte, bevor die Kernenergie nachhaltige Beiträge zu unserer Energieversorgung leisten kann. Darüber hinaus aber liegt die Nutzung der Energiequelle Energieeinsparung auf dem Weg der Sonnenenergienutzung, und es ist eine offene Frage, wieweit dieser Weg letztlich der gewünschte „sanfte" sein wird, so daß Kernenergie und Sonnenenergie sich als durchaus miteinander vereinbar erweisen können. Denn durch Sonnenenergie kann auch „harte" Technik genutzt werden.

Daß die Nutzung der Energiequelle Energieeinsparung längerfristig die Vorstufe zu einem allgemeinen Sonnenenergiesystem abgibt, sieht man am einfachsten an den Einsparungsmöglichkeiten bezüglich des Heizenergieumsatzes durch architektonische Maßnahmen; denn hier geht es zum größten Teil darum, die Speichereigenschaften von Gebäuden für die eingestrahlte Sonnenenergie zu verbessern oder besser zu nutzen. In der Entwicklung sind außerdem Speicher, mit denen Sommerwärme bis in den Winter hinein aufbewahrt werden kann, so daß auf längere Sicht kaum noch Brennstoffe für Heizzwecke Verwendung zu finden brauchten. Selbstverständlich haben keineswegs alle Einsparungsmaßnahmen etwas mit der Nutzung der Sonnenenergie zu tun. Die Möglichkeiten der rationellen Energieverwendung in Heizanlagen, Fahrzeugen usw. werden jedoch in absehbarer Zeit erschöpft sein, so daß der Anteil der Sonnenenergienutzung an der Energiequelle Energieeinsparung immer mehr zunehmen wird, bis schließlich alle Einsparungen von Energieträgern (Brennstoffen und Elektrizität) auf der Nutzung der Sonnenenergie beruhen müssen.

Der Bezug der Sonnenenergie zum „sanften" Weg liegt darin, daß die „harte" Technik alle ihre Produkte verhältnismäßig gewaltsam – eben unter Einsatz von großen Energiemengen – zustande bringt, wohingegen auf dem „sanften" Weg möglichst viel von allein entstehen oder „natürlicherweise" wachsen soll. Hier zeigt sich am Beispiel des Hauses wieder, daß die als Zusatzheizung – zu der innerhalb des Hauses dank der baulichen Eigenschaften von allein entstehenden Temperaturverteilung – eingebaute Heizanlage auch dann „harte" Technik ist, wenn sie sich selbst reguliert; denn sie bewirkt, was im Haus nicht von sich aus zustande kommt. Demgegenüber erfolgt die Temperierung durch architektonische Maßnahmen „von selbst", nachdem das Haus einmal gebaut ist. Die Ölkrise hat in diesem Sinn den segensreichen Effekt, uns heute wieder mehr an die Möglichkeiten dieser „natürlichen", das heißt von selbst gewährleisteten Wirkungen zu erinnern. Die Nutzung der Energiequelle Energieeinsparung ist deshalb von grundsätzlicher Bedeutung für die Umweltpolitik.

Warum ist die Annahme falsch, daß Energie nur durch Energie zu ersetzen sei? **Aufgabe 2**

....
....
....
....
....

Neue Wege der Energienutzung 23.3.2.

Wir wollen im folgenden den wichtigsten konkreten Techniken, welche die Energieeinsparung bzw. eine rationale Energienutzung ausmachen, im einzelnen nachgehen.

Analyse 2

Die wichtigsten Techniken der Energieeinsparung 23.3.2.1.

Die Nutzung von Energiequellen durch technische Energieumwandlung ist nicht Selbstzweck, sondern dient der Erzeugung von Gütern und Dienstleistungen. Das Ziel sind beispielsweise warme Räume, beleuchtete Zimmer oder rascher Transport, und nicht die Verbrennung von Kohle oder Öl. Wir haben gesehen: Energie wird nicht direkt, sondern als „Energiedienstleistung" genutzt, das heißt nicht als Heizenergie, sondern als Raumtemperatur, nicht als Kraftstoff, sondern als Transportleistung.

Problemzusammenhang

Durch Verzicht auf Energiedienstleistungen können die Verbraucher unmittelbar und kurzfristig Energie sparen. Energieeinsparung durch Verzicht muß nicht in jedem Fall mit Komforteinbußen verbunden sein; nutzungsabhängige Regelung der Raumtemperatur verlangt eher Sorgfalt und Aufmerksamkeit als Komfortverzicht. In der Regel ist Verzicht auf Energiedienstleistungen allerdings für den Verbraucher durchaus spürbar, insbesondere wenn hohe Energiesparquoten erreicht werden sollen. Ein wesentlicher Teil der Energieeinsparungen der Haushalte und des Verkehrs im letzten Jahr ging auf teils freiwillige, teils über die Preise erzwungene Verzichte zurück. Energieeinsparungen ergeben sich auch aus konjunkturbedingtem oder strukturellem Verzicht auf energieintensive industrielle Produktionen; diese Form der Einsparung ist volkswirtschaftlich sehr zweischneidig.

Das gegenwärtige Niveau der Nachfrage nach Energiedienstleistungen wird wesentlich bestimmt durch die Siedlungs-, Verkehrs- und Industriestrukturen, die sich während der Zeit des billigen Erdöls entwickelt haben und nur langfristig dem neuen Energiepreisniveau angepaßt werden können. Mittelfristig wird daher die Senkung des spezifischen Energieeinsatzes für vorgegebene Energiedienstleistungen, das heißt die rationelle Energienutzung, den größten Beitrag zur Energieeinsparung leisten müssen. Für die Bereitstellung einer Energiedienstleistung ist stets der Einsatz von Arbeit, Kapital und Energie erforderlich; in welchem Verhältnis diese Produktionsfaktoren eingesetzt werden, ist in der Regel nicht durch Naturgesetze, sondern durch die Kosten bedingt. Die stark gestiegenen relativen Preise der Energie führen nach einer Anpassungszeit zu einer neuen Faktorkombination, bei der Energie durch zusätzlichen Einsatz von Arbeit und Kapital ersetzt wird. Die bloße Kostenminimierung führt dabei zu geringeren Einsparungen, als es den technischen Möglichkeiten entspricht. Eine weitere Annäherung an das physikalisch-technische Optimum kann vor allem aus Gründen des Umweltschutzes erwünscht sein.

In Anlehnung an die Energiebilanz (STE 20) lassen sich bei der rationellen Energienutzung drei Stufen unterscheiden:

– Senkung des Nutzenergieaufwandes bei gegebener Energiedienstleistung (z.B. Wärmeschutz bei Gebäuden, leichtere und aerodynamisch verbesserte Fahrzeuge),
– Senkung des Endenergieaufwandes bei gegebenem Nutzenergiebedarf (z.B. höhere Nutzungsgrade von Heizungsanlagen und Verbrennungsmotoren, Wärmerückgewinnung),
– Senkung des Primärenergieaufwandes bei gegebenem Endenergiebedarf (z.B. Senkung der Umwandlungs- und Verteilungsverluste, Abwärmenutzung).

Rationelle Energienutzung kann dabei nicht nur innerhalb der bestehenden Energieversorgungsstrukturen, sondern auch durch Ersetzung zwischen Energieträgern, zum Beispiel zwischen Fernwärme und Heizöl, erfolgen.

Die physikalischen Grundlagen für die rationelle Energienutzung liefert die Thermodynamik. Sie zeigt auch die Grenzen auf, innerhalb derer sich der Wirkungsgrad von Energieumwandlungen optimieren läßt.

Exkurs *Grenzen der Wirkungsgradoptimierung*

Die in Studieneinheit 20 ausgesprochene Vermutung, daß der Wirkungsgrad eines Energiewandlers mit der Entropie zu tun hat, erweist sich als richtig. Dazu betrachten wir in *Abbildung 1* eine Wärmekraftmaschine:

Abb. 1: Wirkungsweise einer Wärmekraftmaschine

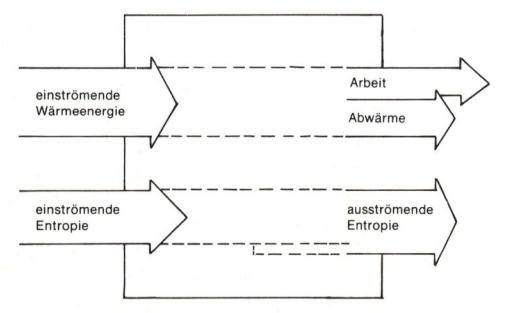

Eine Wärmekraftmaschine soll Wärmeenergie aufnehmen und mechanische Energie abgeben. Auch bei optimalem Wirkungsgrad kann sie nur einen Teil der aufgenommenen Energie in Arbeit umwandeln. Durch die praktisch unvermeidbare Entropievermehrung wird der Wirkungsgrad noch weiter erniedrigt.

Original: G. VOLLMER

Bei *Dauerbetrieb* gilt wegen des Energieerhaltungssatzes natürlich:

$$\text{einströmende Energie} = \text{ausströmende Energie} \quad (1)$$

Als Eingabeenergie benutzen wir ausschließlich Wärmeenergie der (absoluten) Temperatur T_1. Die Maschine verwandelt einen Teil der Energie in (erwünschte) Arbeit, der Rest wird als Wärmestrom der (absoluten) Temperatur T_2 abgegeben:

$$\text{einströmende Wärmeenergie} = \text{Arbeit} + \text{Abwärme} \quad (2)$$

Der Wirkungsgrad der Wärmekraftmaschine ist dann:

$$\text{Wirkungsgrad} = \frac{\text{(gewünschte) Arbeit}}{\text{einströmende (Wärme)Energie}} \quad (3)$$

$$= \frac{\text{einströmende Energie} - \text{Abwärme}}{\text{einströmende (Wärme)Energie}}$$

$$= 1 - \frac{\text{Abwärme}}{\text{einströmende (Wärme)Energie}} \quad (4)$$

Die Abwärme kann dabei niemals größer sein als die einströmende Energie; also liegt der Bruch in (4) zwischen 0 und 1, der Wirkungsgrad erwartungsgemäß zwischen 1 und 0. Der Wirkungsgrad wäre 1, wenn es keine Abwärme gäbe; er ist also groß, wenn die Abwärme gering ist. Um den Wirkungsgrad der Maschine zu steigern, wird man somit versuchen, die Abwärme zu verringern. Wie weit ist das möglich?

Bekanntlich ist mit jedem Wärmestrom unvermeidlich ein Entropiestrom verbunden:

$$\text{Wärmestrom} = \text{absolute Temperatur} \cdot \text{Entropiestrom} \quad (5)$$

Der Wirkungsgrad (4) läßt sich also auch schreiben:

$$\text{Wirkungsgrad} = 1 - \frac{T_2 \cdot \text{ausströmende Entropie}}{T_1 \cdot \text{einströmende Entropie}}. \quad (6)$$

Nach dem Entropievermehrungssatz kann der Entropiestrom bei seinem Weg durch unsere Wärmekraftmaschine im Dauerbetrieb nur zunehmen oder allenfalls gleichbleiben. Es ist also

$$\text{einströmende Entropie} \leqq \text{ausströmende Entropie} \quad (7)$$

Im optimalen Fall, den der Entropiesatz gerade noch erlaubt, gilt das Gleichheitszeichen. Aber auch dann braucht die Maschine den Abwärmestrom, um die aufgenommene Entropie wieder loswerden zu können! Der Wirkungsgrad ergibt sich in diesem Falle einfach zu

$$\boxed{\text{Wirkungsgrad}_{opt} = 1 - \frac{T_2}{T_1}.} \quad (8)$$

Solche Vorgänge, bei denen die Entropie konstant bleibt, nennt man umkehrbar *(reversibel)*. Man wird sich bemühen, Maschinen möglichst reversibel arbeiten zu lassen. Aber auch dann hängt der Wirkungsgrad offenbar noch von den verwendeten Temperaturen ab. Wären Eingangs- und Ausgangstemperatur gleich, $T_1 = T_2$, so wäre der Wirkungsgrad 0. Die Maschine „arbeitet" also überhaupt nur, wenn ein Temperaturgefälle herrscht, wenn also die Eingangstemperatur höher liegt als die Temperatur der Umgebung, $T_1 > T_2$. Ist sie beispielsweise doppelt so hoch, $T_1 = 2 \cdot T_2$, so ist auch der optimale Wirkungsgrad nur 0,5.

Der Wirkungsgrad ist um so besser, je größer der Temperaturunterschied ist. Man wird deshalb in Kraftwerken mit möglichst hohen Eingangstemperaturen arbeiten, soweit das die Energiequellen, die Materialien und die Sicherheitsbedingungen erlauben. Die Tatsache, daß der Wirkungsgrad von Kraftwerken von 5% auf 40% angehoben werden konnte, ist (außer auf die Entwicklung großer Generatoren) auf die Verwendung höherer Dampftemperaturen zurückzuführen. Auch der Dieselmotor hat unter anderem deshalb einen höheren Wirkungsgrad als der Benzinmotor, weil er mit höheren Temperaturen arbeitet.

Faktisch arbeitet allerdings keine wirkliche Maschine reversibel; sie erzeugt immer auch zusätzliche Entropie, die ebenfalls mit dem Abwärmestrom abgegeben werden muß, so daß sich der Wirkungsgrad nach Gleichung (6) weiter verschlechtert. Auch hieran wird deutlich, warum man an Verfahren zur Direktumwandlung von Energie so interessiert ist.

Dem Wirkungsgrad einer Maschine sind also dreifach Grenzen gesetzt:

- Wegen des Energiesatzes kann er nicht größer als 1 sein (Unmöglichkeit eines Perpetuum mobile).
- In jeder Wärmekraftmaschine ist der Wirkungsgrad durch die verfügbaren Temperaturdifferenzen beschränkt (Unmöglichkeit der Entropievernichtung; Unmöglichkeit eines Perpetuum mobile zweiter Art).
- Durch die unvermeidliche Entropieerzeugung wird der Wirkungsgrad noch weiter gesenkt (faktische Unmöglichkeit einer reversibel arbeitenden Maschine).

Grundelemente

Die technischen Möglichkeiten der rationellen Energienutzung lassen sich auf eine überschaubare Zahl von Grundelementen zurückführen, die im Einzelfall jeweils auf zweckmäßige Weise kombiniert werden müssen. Zu diesen Grundelementen gehören vor allem:

- *Wartung und Dimensionierung*

Die Wartung von Energieumwandlern hat großen Einfluß auf den tatsächlichen Nutzungsgrad und damit auf den Energieverbrauch: die richtige Einstellung von Ölbrennern und Zündungen hilft Mineralöl sparen. Bei der Dimensionierung von Heizungen oder der Wahl der Leistung von Antriebsmotoren und Kraftfahrzeugen sollte nur der wirkliche Bedarf zugrunde gelegt werden; Überdimensionierung führt zu übermäßigem Teillastbetrieb und dadurch zu Mehrverbrauch von Energie.

- *Steuerung und Regelung*

Bessere Regelung und Steuerung ist vielfach ein besonders wirtschaftlicher Weg zur Einsparung von Energie. Mit geringen Investitionen ist es möglich, nur die jeweils wirklich benötigte Wärmemenge oder mechanische Arbeit zu erzeugen und für den jeweiligen Zweck bereitzustellen. Typische Beispiele sind die Heizungsregelung mit Außentemperaturfühlern und Nachtabsenkung, die thermostatisch geregelten Heizkörper, die an das Motorkennfeld angepaßte elektronische Einspritzung bei Kfz-Motoren und die Teillastregelung für Elektromotoren. Die rasche Entwicklung der Meßtechnik und der Elektronik in den letzten Jahrzehnten hat günstige Voraussetzungen für diese Form der Energieeinsparung geschaffen.

- *Wärmeschutz*

Die überragende Bedeutung des Wärmeschutzes bei der Gebäudeheizung wurde schon bei der Vorstellung des Energiesparhauses deutlich. Wärmedämmung und Vermeidung von Lüftungsverlusten spielen auch bei zahlreichen Industrieprozessen und Haushaltsgeräten eine Rolle. Die Aufwärmöfen der Walzstraßen, die Schmelzöfen der Gießereien, die Brennöfen der Grob- und Feinkeramik sowie andere Industrieöfen können heute mit leichten feuerfesten keramischen Materialien weit besser isoliert werden als vor einigen Jahren. Bessere Isolation senkt den Verbrauch von Kühlschränken und Kühltruhen in Haushaltungen, Geschäften, Kühlhallen und Lebensmittelbetrieben; sie gewinnt auch bei der Fernwärme an Bedeutung.

- *Wärmerückgewinnung und Abwärmenutzung*

Bei vielen industriellen Prozessen werden große Massenströme erwärmt und anschließend wieder abgekühlt; in solchen Fällen bietet es sich an, die Wärme bei der Abkühlung zurückzugewinnen und sie im gleichen Prozeß (Wärmerückgewinnung) oder für einen anderen Zweck (Abwärmenutzung) wiederzuverwenden. Die dafür erforderlichen Wärmetauscher teilt man in *Rekuperatoren* und *Regeneratoren* ein: Bei rekuperativen Wärmetauschern erfolgt die Wärmeübertragung über eine wärmedurchlässige Wand unmittelbar vom wärmeabgebenden auf das wärmeaufnehmende Medium; ein Stoffaustausch findet nicht statt. Bei regenerativen Wärmetauschern wird die Wärme zunächst von einer Speichermasse aufgenommen und später an das zu erwärmende Medium wieder abgegeben.

- *Wirkungsgrad von Wärmekraftmaschinen*

Der Wirkungsgrad von Wärmekraftmaschinen läßt sich durch Erhöhung von Temperatur und/oder Druck steigern. Bei Dampfturbinen sind weitere Verbesserungen angesichts des erreichten hohen Standes nur mit großem Aufwand möglich. Der Ersatz alter Steinkohlenkraftwerke durch modernere würde dagegen erheblich verbesserte Energienutzung und zusätzlich fühlbare Umweltentlastungen bringen. Bei Verbrennungsmotoren wirken sich hohe Kompression und niedrige Drehzahl günstig auf den Energieverbrauch aus; langsam laufende Schiffsdiesel weisen daher den geringsten spezifischen Verbrauch auf. In den letzten Jahren wurden beachtliche Erfolge bei der Entwicklung energiesparender PKW-Motoren erzielt. Voraussichtlich wird dieser Trend noch einige Jahre anhalten; dabei werden weitere Erfolge allerdings immer schwieriger.

- *Bereitstellung von Niedertemperaturwärme*

Fast die Hälfte der Endenergie wird in Form von Niedertemperaturwärme verwendet, das heißt in einer Energieform mit nur geringer Arbeitsfähigkeit. Diese Niedertemperaturwärme wird bisher überwiegend durch Verbrennung hochwertiger fossiler Kohlenwasserstoffe erzeugt, ein thermodynamisch und rohstoffwirtschaftlich höchst unzweckmäßiges Verfahren. Niedertemperaturwärme kann energiesparend durch Kraft-Wärme-Kopplung und durch Wärmepumpen bereitgestellt werden.

Bei der *Kraft-Wärme-Kopplung* werden gleichzeitig elektrische Energie und Prozeßdampf oder Heizwärme erzeugt. Ihre Technik und ihre umweltentlastenden Effekte werden wir später noch eingehender erläutern.

Wärmepumpen beruhen auf dem gleichen Prinzip wie Kältemaschinen. Unter Einsatz von hochwertiger Energie wird einem Medium bei der Temperatur T_u Wärme entzogen und auf ein anderes Medium bei der höheren Temperatur T_o übertragen. Bei Kältemaschinen besteht die Nutzenergie in der beim unteren Temperaturniveau entzogenen Wärme, bei Wärmepumpen dagegen in der beim höheren Temperaturniveau abgegebenen Wärme. Für den Einsatz von Kältemaschinen gibt es keine technische Alternative; sie sind daher seit langem in großer Zahl in Betrieb und technisch ausgereift. Wärmepumpen wurden erst durch die jüngsten Energiepreiserhöhungen wirtschaftlich interessant; da sich ihre Temperaturniveaus von denen der Kältemaschine unterscheiden, waren neue technische Entwicklungsarbeiten zur Optimierung nötig. Die grundsätzliche Funktionsweise einer Wärmepumpe zeigt *Abbildung 2:*

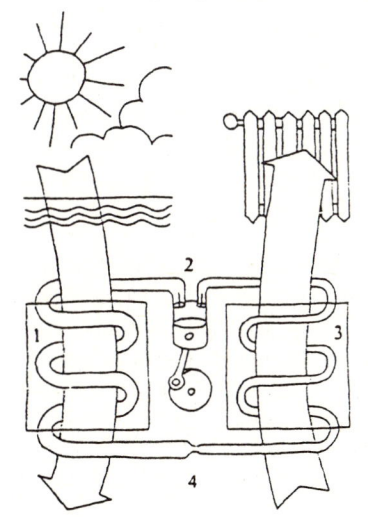

Abb. 2: Wärmepumpen-Kreislauf

Im Verdampfer (1) nimmt ein Arbeitsmittel Wärme aus der Umgebung auf und verdampft dabei.

Der Verdichter (2) komprimiert diesen Dampf und bringt ihn dabei auf eine höhere Temperatur.

Im Wärmetauscher (3) gibt der Arbeitsmitteldampf die Wärme an das Heizwasser ab und kondensiert dabei.

Das Expansionsventil (4) schließlich bringt das Arbeitsmittel wieder in den Anfangszustand zurück.

Aus: Der Bundesminister für Raumordnung, Bauwesen und Städtebau (Hrsg.): Energiesparbuch für das Eigenheim. Bad Godesberg 1980, S. 74.

Man unterscheidet zwischen Kompressions- und Absorptionswärmepumpen; erstere werden mit mechanischer Energie, letztere mit Heizwärme betrieben. Kompressionswärmepumpen haben einen hohen Entwicklungsstand erreicht; für Antriebsleistungen von einigen Kilowatt werden ausschließlich Elektromotoren verwendet, für größere Leistungen auch Verbrennungsmotoren. Als Wärmequelle kommen Umweltwärme aus den Medien Luft, Wasser und Boden sowie Abwärme in Frage. Das Verhältnis von abgegebener Wärme und zugeführter hochwertiger Energie wird als „Leistungsziffer" bezeichnet und hat einen Wert von über 1;

die Energieeinsparung ist um so größer, je höher die Leistungsziffer ist. Die Leistungsziffer von Wärmepumpen ist um so größer, je höher die Temperatur T_u der Wärmequelle und je geringer die Aufwärmspanne $T_o - T_u$ ist. Sollen Wärmepumpen zur Gebäudeheizung verwendet werden, muß daher eine Niedertemperaturheizung (Fußbodenheizung) vorgesehen werden. Steht als Wärmequelle nur Luft zur Verfügung, wird die Leistungsziffer an kalten Tagen sehr ungünstig. Man verbindet solche Wärmepumpen deshalb mit Heizkesseln, bei denen die Heizleistung an kalten Tagen (unter plus 3 °C) erbracht wird.

• *Energiespeicherung*

Vielfach fällt ein Energieangebot zu Zeiten an, in denen keine dazu passende Nachfrage besteht. Dies gilt besonders für Wind- und Wasserkraft sowie für Sonnenstrahlung und Abwärme, aber auch für Nachtstrom. Zur Speicherung von Wasserkraft sind Speicherseen üblich. Zur Speicherung von elektrischer Energie werden Pumpspeicherwerke betrieben. Zur Speicherung thermischer Energie eignet sich die Wärme von Wasser und einigen anderen Stoffen und Stoffsystemen. Speicherung über lange Zeiträume, zum Beispiel vom Sommer zum Winter, würde gewaltige Einsparpotentiale erschließen und zugleich die Einsatzmöglichkeiten der Sonnenenergie sehr verbessern. Leider ist saisonale Speicherung noch so teuer, daß sie nicht wirtschaftlich verwirklicht werden kann.

• *Minderung mechanischer Widerstände*

Bei allen mechanischen Antrieben sind Reibungskräfte zu überwinden, die durch Schmierung und Materialauswahl herabgesetzt werden können. Große Bedeutung kommt der inneren Reibung von Verbrennungsmotoren zu. Bei Fahrzeugen müssen der aerodynamische Widerstand und die Rollreibung überwunden werden. Strömungsgünstige Formen, Gewichtseinsparung und optimaler Reifendruck verringern den Energiebedarf von Kraftfahrzeugen. Auch bei Eisenbahnen, Flugzeugen und Schiffen kommt entsprechenden Bemühungen Bedeutung zu.

• *Rückgewinnung mechanischer Energien*

Die Bremsenergie von Fahrzeugen läßt sich durch Nutzbremsung zurückgewinnen. Bei Schienenfahrzeugen ergibt sich dadurch in bergigen Ländern eine beachtliche Energieeinsparung, die zum Beispiel in der Schweiz teilweise verwirklicht wird. Bei elektrischen Straßenfahrzeugen trägt Nutzbremsung wesentlich zur Erhöhung der Reichweite bei. Mechanische Energie kann in einigen Fällen auch aus Trinkwasserversorgungssystemen zurückgewonnen werden, wenn der verfügbare Druck der Hochbehälter aufgrund der topographischen Verhältnisse den benötigten Druck übersteigt.

Folgerung

Mit Ausnahme des Verkehrsbereichs übersteigt der Wärmebedarf in allen Sektoren denjenigen mechanischer und elektrischer Energie bei weitem. Die Senkung des Wärmebedarfs und die rationale Bereitstellung des verbleibenden Restes sind daher der wichtigste Schlüssel zur Energieeinsparung. Die physikalischen Grundlagen dazu sind bekannt, die technischen Mittel weitgehend vorhanden. Die Aufgabe besteht in der praktischen Anwendung; sie stellt vor allem ein Problem der Wirtschaftlichkeit und der Finanzierung dar.

23.3.2.2. *Erschließung regenerativer Energiequellen*

Bilanz

Die gegenwärtige Energiewirtschaft gründet fast ausschließlich auf vorratsbegrenzten Energiequellen, wie fossilen Kohlenwasserstoffen und Kernbrennstoffen. Daneben gibt es auf der Erde aber auch natürliche Energieströme, die fortlaufend als Energiequellen genutzt werden können. Diese Energieströme werden direkt oder indirekt durch Sonnenstrahlung, Erdwärme und Gravitationskräfte erzeugt, das heißt, sie erneuern sich ständig. Der mittlere weltweite Energieumsatz dieser

Energieströme ist sehr viel größer als der gegenwärtige technische Energieumsatz auf der Erde; dagegen ist die räumliche Dichte dieser Energieströme viel geringer und ihre zeitliche Verfügbarkeit viel unregelmäßiger als diejenige der heute überwiegend verwendeten fossilen Energieträger. Die natürlichen Energieströme sind regenerative, aber leistungsbegrenzte Energiequellen. Ihre wesentlichen Formen sind:

- Direkte Strahlungsenergie der Sonne
- Indirekte Sonnenenergie
  mechanische Energie von Fließgewässern, Wind, Wellen und Meeresströmungen
  thermische Energie von Temperaturdifferenzen des Meerwassers
  osmotische Energie des Konzentrationsgefälles zwischen Süß- und Salzwasser
  biochemische Energie der Photosyntheseprodukte
- Mechanische Energie von Ebbe und Flut
- Geothermische Energie

Abbildung 3 zeigt die Wärmebilanz der Erde; dabei entsprechen 10^{21} Joule im Jahr dem Einsatz von 34 Milliarden Tonnen Steinkohleeinheiten im Jahr:

Abb. 3: Wärmebilanz der Erde

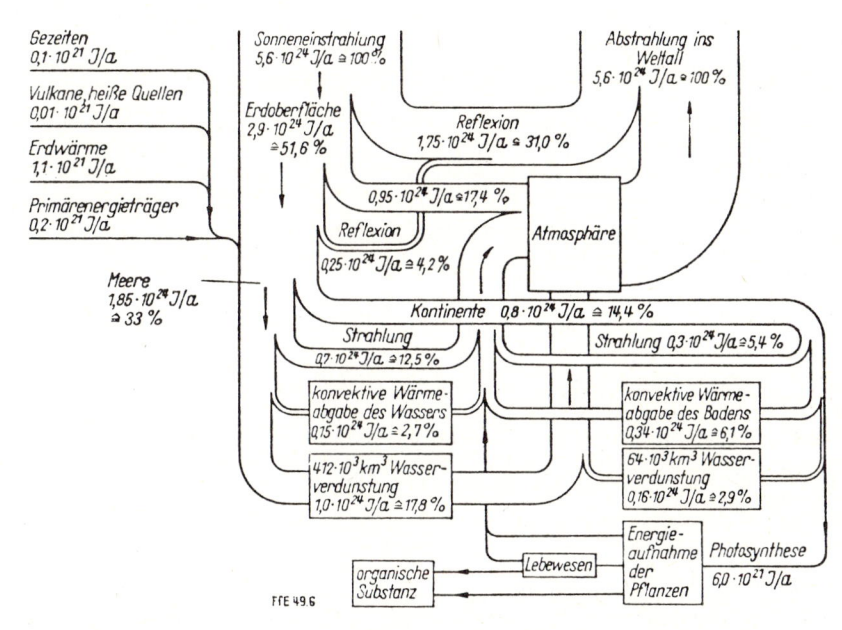

Aus: H. SCHAEFER / K. PHILIPPI: Der Energiehaushalt der Erde. In: *Brennstoff, Wärme, Kraft.* September 1973.

Die Möglichkeit der technischen Nutzung regenerativer Energiequellen hängt entscheidend davon ab, wie die Probleme der Energiedichte und Verfügbarkeit durch Sammlung und Speicherung gelöst werden; dies gelingt am leichtesten dann, wenn weitgehend natürliche Vorgänge diese Aufgabe übernehmen.

Faktoren

• *Wind- und Wasserkraft, Meeresenergien*

Wind- und Wasserkraft als klassische Quellen mechanischer Energie wurden schon in Studieneinheit 19 besprochen. Durch natürliche Speicher- und Sammelvorgänge erhält Wasserkraft hohe Leistungsdichte und gute Verfügbarkeit; sie wird daher seit langem wirtschaftlich genutzt. Die Nutzung der Windenergie zur Stromproduktion wird in Demonstrationsanlagen geprüft. Wellenenergie ist im wesentlichen gespeicherte Windenergie, sie kann vor allem an ausgedehnten Küsten in windreichen

Gegenden einen Beitrag leisten; ihre technische Entwicklung befindet sich im Stadium von Versuchsanlagen. Meeresströmungen haben ein sehr ungünstiges Verhältnis von mechanischer Energie zu Wärmeinhalt (Größenordnung 10^{-4} bis 10^{-6}); schon aus klimatischen Rücksichten scheidet daher eine Nutzung weitgehend aus. Weitere Möglichkeiten sind:

- Das Temperaturgefälle zwischen dem Tiefenwasser und dem Oberflächenwasser der Ozeane in den Tropen kann grundsätzlich über einen geeigneten Dampfkraftprozeß genutzt werden. Die geringen Temperaturunterschiede machen allerdings den Durchsatz großer Wassermassen und die Verwendung sehr leistungsfähiger Wärmetauscher erforderlich und lassen einen Wirkungsgrad von höchstens 3% erwarten.

- Die Anziehungskräfte von Sonne und Mond auf das Meer erzeugen Ebbe und Flut; diese Wasserstandsänderungen (Gezeiten) sind im allgemeinen ziemlich gering. An trichterförmigen oder fjordartigen Küsten erfolgt jedoch eine Konzentration der Gezeitenwelle, so daß der Tidenhub viele Meter erreicht. An solchen Stellen kann durch Bau von Sperrwerken mit Wasserturbinen elektrische Energie erzeugt werden. Das älteste Gezeitenkraftwerk ist das 240-MW-Demonstrationskraftwerk an der Rance bei Saint-Malo in Frankreich; es liefert etwa 470 MWh jährlich. An vielen Stellen der Erde sind sehr viel größere Gezeitenkraftwerke möglich, und zahlreiche Projekte wurden entworfen, bisher aber nicht ausgeführt; das weltweite technische Potential wird auf 160 000 MW mit 340 Mrd kWh jährlich geschätzt.[8] Die Probleme liegen in dem schwankenden Energieanfall und der meist ungünstigen Lage zu den Verbrauchsschwerpunkten. Neuere Konzepte sehen die Speicherung der Energie über Druckluft oder die Nutzung zur Meerwasserentsalzung oder Wasserstoffproduktion vor. Für die Bundesrepublik kommt diese Energiequelle wegen des geringen Tidenhubs an der deutschen Nordseeküste auf absehbare Zeit nicht in Frage.

- *Erdwärme*

Bei der Erdwärme muß man zwischen dem allgemeinen Erdwärmestrom und geothermischen Anomalien unterscheiden. Geothermische Anomalien zeigen einen stark erhöhten Wärmestrom; sie ergeben sich durch den Einschluß von heißen Magmamassen dicht unter der Erdoberfläche. Sofern kein Nachschub aus dem Erdinneren erfolgt, sind diese Energiequellen – strenggenommen – nicht regenerativ, sondern erschöpfen sich um so rascher, je intensiver sie genutzt werden. (Dagegen ist der allgemeine Erdwärmestrom eine regenerative Energiequelle im strengen Sinn.) Die Wärme geothermischer Anomalien wird in Form von Dampf und heißem Wasser für die Erzeugung von elektrischer Energie und Heizwärme genutzt. Die größte Bedeutung hat sie für Island; aber auch in Italien, Japan, El Salvador, Mexiko, Kalifornien und den Philippinen finden sich nennenswerte Kapazitäten.

Die Nutzung der Erdwärme hängt bisher davon ab, daß natürlich-zirkulierendes Wasser die Wärme in Form von Dampf oder heißen Quellen an die Oberfläche bringt – ein Vorgang, der durch zusätzliche Erschließungsbohrungen intensiviert wird. Mit Bohrungen in trockenem Gestein und anschließender Spaltbildung oder Explosionen will man die Voraussetzungen zu künstlicher Wasserzirkulation schaffen und so die Nutzungsmöglichkeiten der Erdwärme wesentlich ausweiten. Erste Versuche mit diesem „hot dry rock" genannten Verfahren verliefen ermutigend. Das Wasser aus geothermalen Quellen ist jedoch häufig hochgradig mit verschiedenen Salzen beladen; es sollte nach der Nutzung seines Wärmeinhaltes in den Untergrund zurückgepumpt werden.

In der Bundesrepublik Deutschland treten auch an geothermalen Anomalien nur mäßige Temperaturen auf. Zur Zeit wird mit Demonstrationsprojekten in Bremgarten bei Freiburg/Breisgau und in Saulgau untersucht, welche Möglichkeiten zur Gewinnung geothermaler Heizwärme bestehen.

Die oben kurz charakterisierten regenerativen Energiequellen haben ein geringes Potential und/oder lassen sich technisch noch nicht im großen nutzen. Die wichtigsten regenerativen Energiequellen – neben der Wasserkraft – sind daher nach wie vor die Produkte der Photosynthese, insbesondere das Holz. Das größte Potential besteht dagegen in der direkten Nutzung der Sonnenstrahlung.

---

[8] Rudolf WEBER: Wo bleiben die Gezeitenkraftwerke. In: *VDI-Nachrichten* 10/1982, S. 6.

• *Sonnenstrahlung*

Die Strahlungsenergie der Sonne kann technisch zur Erzeugung von Wärme und elektrischer Energie genutzt werden. Die maximale Leistungsdichte, die auf eine senkrecht zur Strahlung ausgerichtete Fläche fällt, beträgt etwa 1 kW/m^2. Die mittlere jährliche Einstrahlung, bezogen auf die Bodenfläche, beträgt für die Bundesrepublik etwa 110 W/m^2 und für subtropische Dürrezonen bis zum 2,5fachen dieses Wertes.

Bei der Wärmeerzeugung mit Sonnenstrahlung unterscheidet man zwischen passiven und aktiven Systemen:

• Bei *passiven Systemen* wird die Wärme unmittelbar am Ort der Nutzung gesammelt und gegebenenfalls auch gespeichert.

Klassische Beispiele für passive Solarenergienutzung sind Gewächshäuser und die früher in manchen Gegenden als Teil der Wohnung verbreiteten Wintergärten. Experimente haben gezeigt, daß Südfenster mit Rolladen eine positive Energiebilanz aufweisen, die systematisch in die Gebäudegestaltung einbezogen werden kann.

• Bei *aktiven Systemen* wird die erzeugte Wärme dagegen über einen bewegten Wärmeträger zum Ort der Nutzung transportiert.

Bei aktiven Systemen zur Wärmeerzeugung muß man zwischen Flachkollektoren und konzentrierenden Anordnungen unterscheiden. Flachkollektoren dienen der Erwärmung von Wasser oder Luft zur Versorgung mit Niedertemperaturwärme; sie müssen so konstruiert sein, daß möglichst viel Sonnenlicht in Wärme umgewandelt wird und möglichst wenig Wärme verlorengeht. Besonders sorgfältig muß auf Beständigkeit der Kollektoren gegen Witterungseinflüsse geachtet werden, weil die Lebensdauer für ihre Wirtschaftlichkeit sehr wichtig ist.

Eine Anlage zur aktiven Sonnenenergienutzung umfaßt neben den Kollektoren auch die Umwälzung des Wärmeträgers, die Speicherung der erzeugten Wärme und die Steuerung. Das Zusammenwirken der einzelnen Systemkomponenten muß für den jeweiligen Zweck optimiert werden, um ein möglichst günstiges Verhältnis von Investitionskosten und Energiegewinn zu erreichen.

In südlichen Ländern ist wirtschaftliche Warmwasserbereitung durch Sonnenenergie möglich. In gemäßigten Zonen läßt sich die Wirtschaftlichkeit am ehesten bei der Schwimmbaderwärmung und für landwirtschaftliche Nutzungen erreichen. Ob Warmwasserbereitung und Zusatzheizung für die Übergangszeit wirtschaftlich sind, richtet sich nach den besonderen Randbedingungen einschließlich der erwarteten Lebensdauer des Systems und der kalkulierten Kapitalverzinsung. In der Bundesrepublik wird die aktive Solarenergienutzung sehr stark von der künftigen Preisentwicklung der Energie, insbesondere des leichten Heizöls, abhängen. Das Potential für die aktive Sonnenenergienutzung wird durch die verfügbaren geeigneten Dach- und Fassadenflächen bestimmt; für die Bundesrepublik wird es auf 30–60 Mio t SKE im Jahr geschätzt.

Für die Erzeugung elektrischer Energie mit Sonnenlicht können entweder photoelektrische Zellen oder Wärmekraftmaschinen mit solarer Wärmeerzeugung verwendet werden. Solarzellen wurden zunächst für die Energieversorgung von Satelliten entwickelt, sie werden inzwischen auch für die Elektrizitätsversorgung schwer zugänglicher Kleinverbraucher wie Bojen und Füllsender oder Wochenendhäuser eingesetzt. Da Solarzellen noch teuer sind und ihr Wirkungsgrad mit der Bestrahlungsdichte zunimmt, liegt es nahe, sie im Verbund mit Konzentratoren einzusetzen. Bisher sind die Konzentratoren und deren Nachführung so teuer, daß die Vorteile der Konzentration wirtschaftlich aufgehoben werden. Um einen wirtschaftlichen Durchbruch zu erzielen, müßten Solarzellen etwa zehnmal billiger werden; dieses Ziel wird auf verschiedenen Wegen angestrebt und scheint nicht mehr völlig utopisch zu sein.

Für solarthermische Kraftwerke wurden zwei Konzepte entwickelt: Bei Anlagen vom Typ „solar-farm" wird das Sonnenlicht durch zylindrische Parabolspiegel konzentriert und in der Brennlinie ein Wärmeträger erhitzt. Bei Anlagen vom Typ

„solar-tower" wird Sonnenlicht über nachgeführte Spiegel auf einen Wärmeerzeuger an der Spitze eines Turms konzentriert. Weltweit bestehen für beide Konzepte einige Versuchsanlagen *(Abb. 4)*. Es zeichnet sich ab, daß für große Anlagen das „Turmkonzept" besser geeignet ist.

Abb. 4: Gesamtansicht zweier Solarkraftwerke in Almeria (Spanien)

Vorn ist die Solar-Farmanlage (mit zwei unterschiedlichen Kollektorfeldern), im Hintergrund befindet sich die Solar-Turmanlage.

Aus: Der Bundesminister für Forschung und Technologie (Hrsg.): Mitteilungen. Oktober 1981, S. 114.

- *Biomasse*

Vor der industriellen Revolution deckten die Menschen ihren Wärmebedarf nahezu ausschließlich durch Produkte der Photosynthese in Form von Holz, Torf, Pflanzenabfällen und getrocknetem Dung. Weltweit betrachtet, ist Brennholz nach wie vor ein wichtiger Energieträger; nach Angaben der Organisation der Vereinten Nationen für Ernährung und Landwirtschaft (FAO) deckte es 1974 ein Viertel des Energieverbrauchs der Entwicklungsländer. Steigende Energiepreise haben seitdem zu immer größerer Knappheit von Brennholz und gefährlich beschleunigter Entwaldung geführt.

Photosynthese ist die Grundlage allen höheren Lebens. Ihr Wirkungsgrad wird durch verschiedene Faktoren begrenzt: durch den nutzbaren Teil des Sonnenspektrums, die Reflexion auf den Blättern, die Energieausbeute und die „Veratmung" eines Teils der Primärproduktion. Diese Begrenzungen führen zu theoretischen Wirkungsgraden von etwa 5%. Tatsächlich findet man während der Wachstumsphasen Ausbeuten von 1% bis maximal 4%. Im gemäßigten Klima (Europa) ergeben sich im Pflanzenbau Strahlungsausbeuten von 0,6% bis 1%.

Über die Photosyntheseleistung der Erde werden unterschiedliche Zahlenwerte angegeben. Die Nettoproduktion entspricht etwa dem 10fachen des gegenwärtigen jährlichen Verbrauchs an fossilen Energieträgern; das entspricht einer mittleren Strahlenausbeute von 1 Promille. Ein Anteil von 38% entfällt auf die Ozeane, und von der Landbiomasse läßt sich der auf Wurzeln und extrem unzugängliche Standorte entfallene Anteil nicht gewinnen.

Es wird geschätzt, daß allenfalls ein Viertel der weltweiten Biomasseproduktion einer Nutzung zugeführt werden kann, wobei bereits auf den Bestandsabfall zurückgegriffen werden muß.

Jede Bewertung der energiewirtschaftlichen Bedeutung der Biomasse muß folgende Gesichtspunkte berücksichtigen:

1. Die höherwertigen Nutzungen als Lebensmittel, Futtermittel und Werkstoff müssen Priorität vor der Energiegewinnung behalten.
2. Die nachhaltige Bodenfruchtbarkeit und das ökologische Gleichgewicht müssen gewahrt bleiben.
3. Der Energieaufwand für die Produktion der Biomasse und ihre Umwandlung in geeignete Sekundärenergieträger muß gedeckt werden.
4. Pflanzenbauliche und züchterische Bemühungen für eine rohstoff- und energieorientierte Agrarwirtschaft stehen noch ganz am Anfang ihrer Entwicklung.

Aus der 1. Forderung folgt, daß für die energetische Nutzung zunächst vor allem Abfälle und Reststoffe in Frage kommen. Aus der 2. Forderung folgt, daß auch die energetische Nutzung von Reststoffen in Konkurrenz zu ihrer Nutzung als organischer Dünger und Humusbildner steht. Der 3. Bedingung ist zu entnehmen, daß nicht die Bruttoprimärenergie der gewonnenen Biomasse, sondern die Nettoendenergie und deren Qualität über den energiewirtschaftlichen Beitrag der Biomasse entscheiden. Die 4. Feststellung eröffnet schließlich die Aussicht, daß künftig bessere Voraussetzungen zur Erzeugung nachwachsender Rohstoffe geschaffen werden können.

Nachwachsende Rohstoffe können als Werkstoff, als chemischer Rohstoff und als Energieträger zur Einsparung von fossilen Energieträgern beitragen. Bauholz und Naturfasern können Stahl, Zement und Kunstfasern einschließlich der zu ihrer Herstellung benötigten Energie ersetzen. Geeignete Biomasse kann als chemischer Rohstoff dienen und dabei energieaufwendige Syntheseschritte ersetzen. Aus Biomasse können schließlich auch feste, flüssige und gasförmige Energieträger gewonnen werden. Eine Übersicht gibt *Abbildung 5:*

Abb. 5: Umwandlung und Nutzung von Energie aus Biomasse

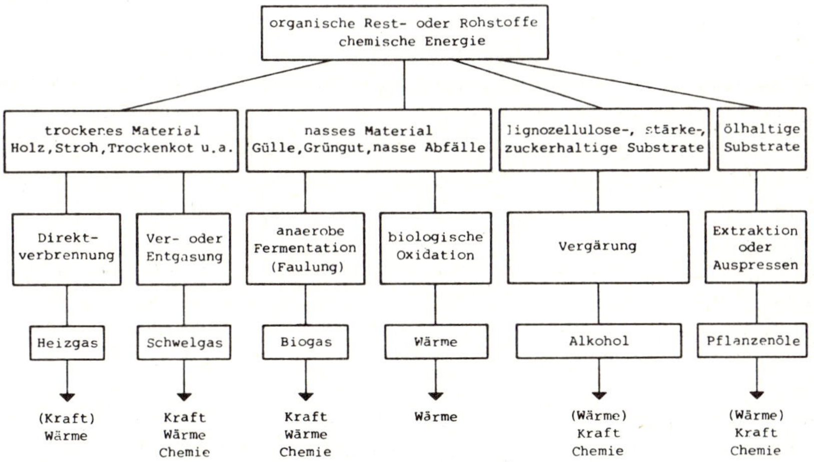

		organische Rest- oder Rohstoffe chemische Energie			
trockenes Material Holz, Stroh, Trockenkot u.a.		nasses Material Gülle, Grüngut, nasse Abfälle		lignozellulose-, stärke-, zuckerhaltige Substrate	ölhaltige Substrate
Direktverbrennung	Ver- oder Entgasung	anaerobe Fermentation (Faulung)	biologische Oxidation	Vergärung	Extraktion oder Auspressen
Heizgas	Schwelgas	Biogas	Wärme	Alkohol	Pflanzenöle
(Kraft) Wärme	Kraft Wärme Chemie	Kraft Wärme Chemie	Wärme	(Wärme) Kraft Chemie	(Wärme) Kraft Chemie

Quelle: BML; Bericht über die Energiesituation in der Land- und Forstwirtschaft, 1980

Aus: Der Rat von Sachverständigen für Umweltfragen: Energie und Umwelt. Stuttgart/Mainz 1981, S. 98.

Als feste Brennstoffe sind vor allem Holz, Holzkohle, Stroh und Brennstoffe aus sortiertem Müll zu nennen. Soweit Waldabfälle und industrielles Abfallholz nicht in der Zellstoff- und Spanplattenindustrie verarbeitet werden, können sie der Gebäudeheizung in ländlichen Gegenden dienen. Lufttrockenes Holz und Stroh haben mit 14 KJ/kg etwa den halben spezifischen Heizwert von Steinkohle. Wegen der geringeren Dichte ist der Raumbedarf für die Lagerung recht groß: 1 m^3 Heizöl entsprechen etwa 5 m^3 Schichtholz von Buche oder

Eiche bzw. 7 m³ von Fichte oder Kiefer und dem Doppelten dieses Volumens für Hackschnitzel oder Strohpellets. Für unverpreßtes Stroh wird noch mehr Platz benötigt. Die Einhaltung der Emissionsgrenzwerte für Feststoffe ist bei Feuerungen für Holz und Stroh nicht ganz einfach; durch ausreichend groß bemessene Nachbrennkammern und Staubabscheider lassen sich die Anforderungen aber erfüllen. Der Schwefelgehalt ist wesentlich niedriger als bei anderen festen Brennstoffen.

Flüssige Sekundärenergieträger – insbesondere Kraftstoffe – können auf der Grundlage von Biomasse in Form von Alkoholen, pflanzlichen Ölen oder Kohlenwasserstoffen gewonnen werden. Weingeist *(Ethanol)* kann auf der Basis von Zucker und Stärke durch alkoholische Gärung erzeugt werden. Bei der Ethanolgärung werden Hexosen (C_6-Zucker) mit Hefen unter Luftabschluß nach der Bruttogleichung $C_6H_{12}O_6 \rightarrow 2\,CO_2 + 2\,C_2H_5OH$ zu Ethanol und Kohlendioxid vergoren. Theoretisch erhält man auf 1 Gramm Hexosen 0,51 Gramm Ethanol; praktisch erreicht man etwa 90% dieses Wertes. Ein großangelegtes Programm zur Erzeugung von Ethanol aus Zuckerrohr hat Brasilien vor einigen Jahren begonnen und im Wirtschaftsjahr 1979/80 etwa 3,5 Mrd. Liter Ethanol erzeugt. Die Vernachlässigung ökologischer und ökonomischer Nebeneffekte hat inzwischen zu Problemen geführt. Da Holz- und Zelluloseabfälle in großen Mengen verfügbar sind, würde ein billiges Verfahren zur Holzverzuckerung der Ethanolproduktion große Chancen eröffnen. Holzgeist *(Methanol)* entsteht bei der trockenen Destillation von Holz und läßt sich aus Synthesegas erzeugen. Der Einsatz von Methanol als Kraftstoffzusatz wird in der Bundesrepublik intensiv getestet.

Pflanzliche Öle können als Zusatz für Dieselkraftstoff verwendet werden; wahrscheinlich ist es aber auch energetisch nützlicher, sie als chemische Rohstoffe einzusetzen. Einige Pflanzen, beispielsweise Wolfsmilchgewächse, führen die Energiespeicherung über die Stufe der Kohlehydrate (Zucker, Stärke, Zellulose) hinaus bis zu den Kohlenwasserstoffen. Da ein Teil dieser Pflanzen auch auf landwirtschaftlich bisher nicht nutzbaren Böden gedeiht, könnte sich mit ihnen eine Chance für „Energieplantagen" bieten. Der besondere Vorteil bestünde darin, daß diese Kohlenwasserstoffe mit der gegenwärtigen Infrastruktur für Kraftstoffe weitgehend vereinbar sind.

Biomasse mit hohem Feuchteanteil wie Gülle und Klärschlamm eignet sich für die Gärung unter Luftabschluß, bei der Methan und Kohlendioxid entstehen und einen gasförmigen Energieträger, das „Biogas", bilden. Biogas kann zu Heizzwecken oder in Gasmotoren verwendet werden; es läßt sich auch auf Erdgasqualität aufbereiten und in das allgemeine Gasnetz einspeisen. Das „Klärgas" genannte Biogas aus der Stabilisierung von Klärschlamm wird seit langem energetisch genutzt, neuerdings auch das „Deponiegas" aus der anaeroben Zersetzung von Müll. Die Biogasproduktion aus Gülle wird in Demonstrationsanlagen intensiv untersucht. In der Bundesrepublik könnte sie vor allem einen wichtigen Beitrag zur schadlosen Verwertung der Abgänge von Massentierhaltungen leisten, zumal sich in diesen Fällen die Abnahme der spezifischen Kosten mit der Größe der Anlagen günstig auf die Wirtschaftlichkeit auswirkt. In einigen Entwicklungsländern, insbesondere in China, spielt Biogasproduktion seit Jahren eine wichtige Rolle bei der ländlichen Energieversorgung und Düngerproduktion.

In der Bundesrepublik beträgt die gesamte Biomasseproduktion etwa 70 Mio t SKE jährlich. Nach Schätzungen des Gutachtens *„Energie und Umwelt"* könnten mittelfristig aus Holz, Stroh und Biogas etwa 6 Mio t SKE jährlich für energetische Zwecke erschlossen werden. Dies würde bedeuten, daß der direkte Energiebedarf der Landwirtschaft und des Gartenbaus (ebenfalls 6 Mio to SKE jährlich) vorwiegend für Kraftstoffe, Trocknung und Gewächshausheizung durch Substitutionsprozesse freigesetzt werden könnte.

Wertung

Die Nutzung regenerativer Energiequellen wird sich voraussichtlich nur langsam entwickeln; sie kann dazu beitragen, die Energieversorgung durch vielfältigere Energiequellen sicherer zu machen. Besondere Bedeutung wird ihr im ländlichen Raum zukommen, weil dort die erforderlichen großen Flächen verfügbar sind und andererseits leitungsgebundene Energieträger in Form von Fernwärme und Gas besonders teuer wären. Die Nutzung von Umgebungswärme durch Wärmepumpen verschiedenster Art wird voraussichtlich stark zunehmen, doch handelt es sich dabei eher um eine Technik rationeller Energienutzung als um die Erschließung regenerierbarer Energiequellen. Regenerative Energiequellen eignen sich eben besonders für die dezentrale Nutzung; in der Bundesrepublik kommt der passiven Solarenergienutzung dabei besonders große Bedeutung zu.

23. Rationelle Energienutzung und neue Energiequellen

Möglichkeiten der Kraft-Wärme-Kopplung 23.3.2.3.

Verfahren

Die gleichzeitige Erzeugung von mechanischer oder elektrischer Energie und Wärme, die Kraft-Wärme-Kopplung, stellt eine der wichtigsten Möglichkeiten der rationellen Energienutzung dar. Die gemeinsame Erzeugung von Wärme und Elektrizität wird seit langem erfolgreich betrieben. Ursprünglich stand dabei die Wärmeversorgung mit Prozeßdampf im Vordergrund; die Erzeugung elektrischer Energie oder der direkte Antrieb von Arbeitsmaschinen (Pumpen, Gebläse, Verdichter) mit Dampf war ein Nebenzweck. Später wurde auch die Entnahme von Dampf oder heißem Wasser als Nebenprodukt der Stromversorgung aus öffentlichen Kraftwerken eingeführt. Grundsätzlich kommen alle Wärmekraftmaschinen für die Kraft-Wärme-Kopplung in Frage. Welcher Typ besonders zweckmäßig ist, hängt von den technischen, wirtschaftlichen und organisatorischen Randbedingungen ab.

Von der Aufgabenstellung her lassen sich 4 Anwendungsformen unterscheiden:

Formen

(1) Industriekraftwerke

Als Wärmekraftmaschinen für Industriekraftwerke kommen vor allem Dampfturbinen und Gasturbinen in Frage. Vereinzelt sind auch Verbrennungsmotoren in Gebrauch. Die Auslegung der Anlagen wird bestimmt von den Temperaturniveaus, auf denen Dampf benötigt wird, und von dem Verhältnis zwischen benötigter elektrischer und benötigter thermischer Leistung.

Industriekraftwerke sind ein vollentwickelter Teil der allgemeinen Kraftwerkstechnik; sie erreichen Gesamtwirkungsgrade bis zu 85%. Im Vergleich zur getrennten Erzeugung von Wärme und elektrischer Energie kann so etwa ein Drittel des Brennstoffs gespart werden. Im Jahr 1977 wurden in der Bundesrepublik 20,6 Mrd. kWh elektrische Energie mit industriellen Gegendruckturbinen erzeugt und so im Vergleich zu Kondensationskraftwerken 3,5 Mio t SKE eingespart.

Trotz der energetischen Vorteile ist die Erzeugung von Elektrizität aus Kraft-Wärme-Kopplung in den letzten Jahren eher gefallen als gestiegen. Dafür lassen sich im wesentlichen drei Gründe angeben:

• Die Branchen mit einem traditionell hohen Anteil an Eigenstromerzeugung und Überschußeinspeisung litten in den letzten Jahren besonders unter stagnierender oder rückläufiger Produktion.

• Die Bedingungen für die Reserve aus dem öffentlichen Netz und die Einspeisung in das öffentliche Netz erschweren die Ausdehnung der industriellen Kraft-Wärme-Kopplung.

• Den Industriebetrieben steht von den preisgünstigen Primärenergieträgern Braunkohle, Kernenergie und importierte Steinkohle aus Standort- und Transportgründen praktisch nur letztere zur Verfügung und auch diese erst neuerdings in größerem Umfang.

(2) Prozeßintegrierte Kraft-Wärme-Kopplung

Für die industrielle Produktion von Grundchemikalien werden große Energiemengen benötigt. Dabei wird die Kraft-Wärme-Kopplung vielfach eingesetzt und den jeweiligen speziellen Verfahren angepaßt. Typische Beispiele dafür sind die Raffinerien, die petrochemischen Anlagen und die Ammoniakherstellung. Derartige maßgeschneiderte Kraft-Wärme-Kopplung hatte entscheidend Anteil am Rückgang des Energieverbrauchs der chemischen Industrie während der letzten Jahrzehnte. Beispielsweise beträgt die thermodynamische Grenze für den spezifischen Energiebedarf der Ammoniakherstellung 17 MJ/kg NH_3; tatsächlich wurde 1930 rund der

20fache Energieeinsatz benötigt, während moderne Anlagen mit dem Doppelten auskommen, das heißt, in 50 Jahren konnte der Energiebedarf der Ammoniakherstellung auf $\frac{1}{10}$ gesenkt werden.

(3) Fernwärmeversorgung mit Kraft-Wärme-Kopplung

Kraft-Wärme-Kopplung für die Fernwärmeversorgung zeichnet sich technisch vor allem dadurch aus, daß die Wärme auf einem Temperaturniveau geliefert wird, das niedriger liegt als bei typischen Industriekraftwerken. Dazu bietet sich besonders die Anzapfung in Entnahmekondensationskraftwerken an. Der damit verbundene Verlust an elektrischer Leistung ist im Vergleich zur gewonnenen Heizleistung gering. Wird die Stromeinbuße durch erhöhten Primärenergieeinsatz in Kondensationskraftwerken ausgeglichen, so ergibt sich, daß die thermische Leistung mit nur einem Viertel desjenigen Energieeinsatzes erzeugt wird, der in Heizwerken erforderlich wäre. Auch unter Einbeziehung von Wärmeverlusten bei der Verteilung und dem Pumpstromaufwand für den Transport erweisen sich Heizkraftwerke energetisch allen anderen Versorgungstechniken überlegen.

Die Hauptschwierigkeit der Fernwärmeversorgung besteht in den Investitionskosten für den Transport und die Verteilung des heißen Wassers. Wirtschaftliche Lösungen setzen daher hohe Wärmebedarfsdichte und hohe Anschlußquoten oder neue, kostengünstigere Leitungssysteme voraus. Hohe Wärmebedarfsdichten lassen sich vor allem in Ballungszentren erreichen, doch werden hier die Verlegekosten durch die bereits vorhandene Bebauung, das Straßennetz und die unterirdische Verrohrung sehr erhöht. Die vorhandenen Heizungsanlagen machen es auch schwierig, rasch hohe Anschlußquoten zu erreichen. Aus diesen Gründen können Neubaugebiete selbst bei geringerer Wärmebedarfsdichte teils leichter mit Fernwärme versorgt werden als Stadtzentren. Die Wirtschaftlichkeit der Fernwärmeversorgung wird bestimmt von den Kosten konkurrierender Energieträger, insbesondere leichtem Heizöl und Erdgas. Auf der Basis der Preise von 1975 sah die „Fernwärmestudie"[9] rund $\frac{1}{4}$ des Niedertemperaturwärmebedarfs als potentiell fernwärmefähig an; selbst unter Berücksichtigung gestiegener Baukosten dürfte das Fernwärmepotential bei den inzwischen gestiegenen Energiekosten deutlich höher liegen. Gegenwärtig werden knapp 8% der Wohnungen über Fernwärme versorgt: die Wärmeeinspeisung erfolgt überwiegend aus Kraft-Wärme-Kopplung, jedoch sind auch reine Heizwerke daran beteiligt.

Fernwärme kann entscheidend zur Sanierung von Gebieten mit hoher Luftverschmutzung beitragen. Dies gilt vor allem, wenn sie konventionelle kohlegefeuerte Einzel- und Sammelheizungen ersetzt. Für diesen Zweck muß Wärme aus vorhandenen siedlungsnahen Kraftwerken ausgekoppelt werden, oder es müssen Heizkraftwerke siedlungsnah errichtet werden. Die Frage, welche Ansprüche an die Rauchgasreinigung dieser Anlagen gestellt werden sollen, wird kontrovers diskutiert: Teils wird gefordert, auf eine Entschwefelung zu verzichten, um so die Kosten der umweltfreundlichen Fernwärmeversorgung niedrig zu halten. Die bessere Alternative besteht darin, für kleinere Heizkraftwerke neuere Feuerungstechniken – etwa Wirbelschichtfeuerung – vorzusehen, die eine einfache Entschwefelung ermöglichen und wegen wesentlich niedrigerer Verbrennungstemperaturen ohnehin wenig Stickoxide erzeugen. Mit der Bedeutung der Fernwärme für den Umweltschutz hat sich der „Rat von Sachverständigen für Umweltfragen" in seinem Gutachten *„Energie und Umwelt"* intensiv auseinandergesetzt; er kommt zu dem Schluß, daß sie eine der ganz großen Chancen der Umweltsanierung darstellt.

---

9 Bundesministerium für Forschung und Technologie (Hrsg.): Auf dem Wege zu neuen Energiesystemen. Teil V: Fernwärme und ausgewählte Speichersysteme. Bonn 1975.

(4) Dezentrale Kraft-Wärme-Kopplung

Die Kostenprobleme der traditionellen Fernwärme haben ein alternatives Konzept für die dezentrale Kraft-Wärme-Kopplung entstehen lassen. Seit langem werden Dieselmotoren für die Stromerzeugung kleiner und mittlerer eigenständiger Netze und für die Notstromversorgung verwendet; durch Nutzung der Abwärme für Heizzwecke wurde diese Form der Stromerzeugung zu einer Wärmeversorgungstechnik weiterentwickelt. Kleine Heizkraftwerke mit Verbrennungsmotoren werden als „Blockheizkraftwerke" (BHKW) bezeichnet. Sie bestehen aus mehreren Motoren, die jeweils mit dem Generator und dem Anhitzekessel zu Einheiten zusammengefaßt sind; ihre Elemente stammen aus kostengünstigen Großserien.

Die elektrische Leistung wird direkt in das Niederspannungs- oder Mittelspannungsnetz eingespeist, so daß Übertragungsverluste weitgehend entfallen. Die Abwärme dient zur Heizung großer Gebäude oder wird über ein Nahwärmenetz an dicht beieinander liegende Gebäude verteilt. Derartige Nahwärmenetze lassen sich sehr viel schneller und billiger aufbauen als Fernwärmenetze, zumal sie sofort voll genutzt werden; ein späterer Anschluß an Fernwärme wird dadurch keineswegs ausgeschlossen, sondern vielmehr erleichtert.

Als Kraftstoff dient vor allem Erdgas, das ohnehin in großem Umfang zur Heizung und in Kraftwerken eingesetzt wird. Eine wirtschaftlich besonders interessante Variante ist die Verwendung von Klärgas oder Deponiegas, das sich bei der Zersetzung von Klärschlamm bzw. Müll bildet. Bei Verwendung von Motoren mit Leistungen zwischen 10 und 30 Kilowatt ist grundsätzlich Kraft-Wärme-Kopplung auch für die Versorgung von Ein- und Zweifamilienhäusern möglich.

Unter Umweltgesichtspunkten muß festgestellt werden, daß die Schadstoffemissionen herkömmlicher Verbrennungsmotoren erheblich höher sind als diejenigen richtig gewarteter Heizungsanlagen; dies gilt mit Ausnahme von Schwefeldioxid auch dann, wenn die bessere Energienutzung in Rechnung gestellt wird. Andererseits sind Emissionsminderungsmaßnahmen bei stationären Motoren wesentlich einfacher als in Fahrzeugen und die hier gegebenen Möglichkeiten noch keineswegs ausgeschöpft. Darüber hinaus würde die Verwendung von Motoren mit äußerer Verbrennung die spezifischen Emissionen auf die Werte von Heizungsanlagen mit dem jeweils entsprechenden Energieträger herabsetzen.

Nennen Sie die wichtigsten regenerativen Energiequellen und ihre Anwendungsmöglichkeiten. **Aufgabe 3**

....
....
....
....
....
....

Erläutern Sie die Vor- und Nachteile einer dezentralen Kraft-Wärme-Kopplung. **Aufgabe 4**

....
....
....
....
....
....
....

23.3.3. Möglichkeiten zur Durchsetzung energiesparenden Verhaltens

Analyse 3

Energiesparen ist nicht nur ein ökonomisches oder technisches Problem. Bemerkenswerte Sparerfolge können nämlich nur dann erzielt werden, wenn die Sparmaßnahmen von möglichst vielen Menschen dauerhaft befolgt werden. Umfragen zeigen, daß die Notwendigkeit des Energiesparens von der Mehrheit der Bevölkerung eingesehen wird. Freilich bedeutet dies noch nicht, daß auch tatsächlich gespart wird. Wie also lassen sich energiesparende Maßnahmen und energiebewußte Verhaltensweisen durchsetzen? Wie kann man Menschen dazu bringen, von gewohnten Verhaltensweisen Abschied zu nehmen und neue zu erlernen?

Mindestens 4 prinzipielle Wege bieten sich dazu an:

1. Ge- und Verbote (z. B. Wärmeschutzverordnung und Sonntagsfahrverbot)
2. Setzung positiver und negativer Anreize (z. B. die unversteuerte Verwendung von Gas zum Betrieb für Wärmepumpen und die Erhöhung der Steuer auf leichtes Heizöl)
3. Bereitstellung verstärkter Information und Beratung, um so eine Einstellung zu schaffen, die freiwillige Verhaltensänderungen zur Folge hat (z. B. die Anzeigenaktion zum Kraftstoffsparen und die Verbraucherberatung)
4. Änderung vorhandener Strukturen (z. B. die Änderung der Bundestarifordnung für Elektrizität und die Änderung rechtlicher Voraussetzungen für die Bildung von Fahrgemeinschaften)

Leider läßt sich nun nicht von vornherein sagen, welcher dieser Wege am sichersten zum Ziel führt. Welchen Weg man einschlägt, hängt zunächst von der Dringlichkeit der Maßnahmen, also vom jeweiligen Ausmaß der Energieknappheit, ab. Eine weitere wichtige Rolle spielen die Voraussetzungen auf seiten der Sparer. Man wird prüfen müssen, inwieweit sie vom Ernst der Situation überzeugt, in welchem Maße sie persönlich von der Energieknappheit betroffen sind und welchen Handlungsspielraum sie haben. Dieser Handlungsspielraum wird nicht nur von den Persönlichkeitseigenschaften und der Beziehung zur sozialen und dinglichen Umwelt bestimmt, sondern natürlich auch von den finanziellen Möglichkeiten der Betroffenen. Mit anderen Worten: ein jüngerer, gutverdienender Besitzer eines Hauses im ländlichen Raum wird anders betroffen als ein Rentner, der eine Mietwohnung in einer Großstadt bewohnt; ein einzelner Gewerbetreibender anders als ein größeres Unternehmen, ein Autofahrer anders als ein Fußgänger, usw.

Weiterhin kommt es auf den Bereich an, in den eingegriffen werden soll. Ist nur ein Randbereich betroffen (z. B. die Beleuchtung von Baudenkmalen), liegt eine andere Situation vor, als wenn Kernbereiche (z. B. die Wohnungsheizung oder das Autofahren) betroffen sind.

Schließlich dürfen auch die Energiesparmaßnahmen nicht andere gesellschaftlich bedeutsame Ziele gefährden, so zum Beispiel das Vertrauen der Bürger in die staatlichen Instanzen, die Erhaltung einer biologisch funktionierenden Umwelt oder die Stabilität von Wirtschaft und Währung.

Es leuchtet also ein, daß es keine allgemeingültigen, dauerhaften und sicheren Rezepte einer erfolgreichen Durchsetzung energiesparender Maßnahmen geben kann. Man wird daher zum jeweiligen Zeitpunkt die Vor- und Nachteile der einzelnen Wege stets neu beurteilen müssen. Hierbei werden allerdings einige grundlegende Erkenntnisse eingehen:

1. Ge- und Verbote stellen die direkteste Form der Durchsetzung dar. Man wird sich ihrer bedienen, wenn die Zeit drängt, andere Wege vorher keinen Erfolg zeigten oder eine eindeutige Signalwirkung beabsichtigt ist.

Für die Betroffenen weisen Ge- und Verbote den Vorzug auf, klare Aussagen über erwünschte und nichterwünschte Verhaltensweisen zu machen. Sehen allerdings die

Betroffenen die Notwendigkeit von Ge- und Verboten nicht ein, dann werden sie die Vorschriften umgehen oder nur soweit als eben notwendig befolgen. Dies dürfte oft gar nicht so schwer sein, da viele mit dem Energiesparen in Zusammenhang stehende Verhaltensweisen (z. B. beim Heizen der Wohnung) nur schwer kontrolliert werden können.

Ge- und Verbote können auch den Eindruck vermitteln, mit ihrer Befolgung sei alles Notwendige getan. Damit werden leicht Eigeninitiativen unterbunden. Gerade die sind aber beim Energiesparen notwendig. Denn: „Namentlich die Hausfrau hat auf den Heizenergieverbrauch einen viel größeren Einfluß als alle amtlichen Bau- und Dämmvorschriften."[10]

2. Anreizsetzungen, insbesondere solche finanzieller Art, weisen für die Betroffenen den Vorteil auf, Raum für eigene Entscheidungen und Erfahrungen zu bieten. Sie können sich den stark unterschiedlichen Voraussetzungen der Bürger flexibel anpassen und entsprechen darüber hinaus gängigen Grundhaltungen unserer Gesellschaft. Aus psychologischer Sicht sind sie durch ihre direkte Rückmeldung (finanzieller Gewinn oder Verlust) geeignet, Lernprozesse wirkungsvoll ablaufen zu lassen. – Als Nachteil erweist sich, daß dieser Weg nicht immer kurzfristig zum Ziel führt, insbesondere wenn infolge knapper Staatsmittel die Anreize nur gering ausfallen können oder nur vereinzelt gegeben werden.

3. Informations- und Beratungskampagnen vermögen die Verfolgung der beiden zuvor genannten Wege wirksam zu erleichtern. Zur Schaffung eines breit und tief verankerten Energiebewußtseins sind sie sogar unersetzlich; sie sind sowohl „der stete Tropfen, der den Stein höhlt" als auch das oft entscheidende „Gewußt-wie". Der Appell an die Eigenverantwortlichkeit und Selbständigkeit des Denkens, der diesem Weg zugrunde liegt, wirkt sich zudem positiv auf die Beziehung von Bürger und Staat aus.

4. Die Änderung vorhandener, dem Energiesparen hinderlicher Strukturen weist den Vorteil auf, gleichsam automatisch verhaltensbestimmend zu wirken. Man kann diesen Weg auch mit dem Vorgehen vergleichen, das Verhalten eines Autofahrers nicht durch Ge- und Verbotsschilder zu bestimmen, sondern durch die Führung der Straße selbst.

Nachteilig ist, daß Strukturänderungen oft nur gegen stärkere Widerstände von Interessengruppen durchzusetzen sind. Auch sind einmal vollzogene Strukturänderungen in vielen Bereichen nur schwer korrigierbar. Angesichts mangelnder Erfahrungen auf dem Gebiet des Energiesparens sind solche Korrekturen aber sicherlich unvermeidlich. Mag daher auch oft der Weg der Strukturänderung verlockend erscheinen, so wird man ihn erst beschreiten, wenn alle direkten und indirekten Folgen vorhersehbar sind.

Zusammenfassend können wir festhalten: Es gibt mindestens 4 verschiedene, sich gegenseitig ergänzende Wege der Durchsetzung. Die Entscheidung für die schwerpunktmäßige Bevorzugung *eines* Weges hängt nicht nur von energiepolitischen, sondern auch von den gesellschaftlichen Zielen und den unterschiedlichen Voraussetzungen auf seiten der Betroffenen ab.

Welche Vor- und Nachteile sind bei der Durchsetzung energiesparenden Verhaltens durch Ge- und Verbote zu erwarten?

Aufgabe 5

....
....
....
....
....

---
10 *Frankfurter Allgemeine Zeitung* vom 4. 10. 1980.

23.4. Rationelle Energienutzung – am Beispiel eines „Energiesparautos"

Abschlußbeispiel

Nach diesen eher theoretischen Analysen wollen wir uns im folgenden nochmals einem konkreten Beispiel möglicher Energieeinsparung zuwenden, dem Auto. Die Energiebilanz für die Bundesrepublik Deutschland weist für den Verkehrsbereich einen Anteil von rund 21% am Endenergieverbrauch aus. Der weitaus größte Verbraucher in diesem Sektor ist der *Straßenverkehr* mit einem Anteil von über 86%. Die genutzten Energieträger sind im wesentlichen importierte Kohlenwasserstoffe in Form von Rohöl, Benzin oder Dieselkraftstoff. Die örtlich und zeitlich begrenzte Verfügbarkeit, die Belastung der Leistungsbilanz, die dem Verbrauch in etwa entsprechende Belastung der Umwelt durch Schadstoffemissionen sind Veranlassung, das Einsparpotential im Verkehrsbereich zu untersuchen. Dabei sollen technische Lösungsmöglichkeiten diskutiert werden, die zu einer Verringerung des Energieverbrauchs für das Einzelfahrzeug führen können.

In der folgenden Gleichung sind die wesentlichen Einflußgrößen, die den Streckenverbrauch eines Kraftfahrzeugs bestimmen, zusammengestellt:

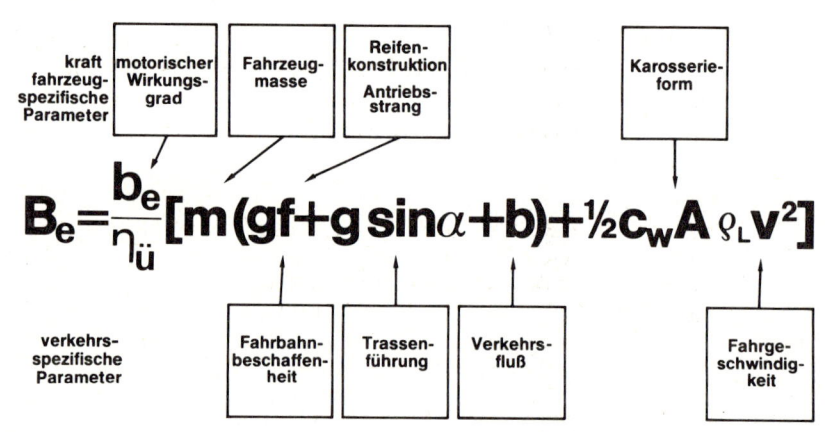

$$B_e = \frac{b_e}{\eta_{\ddot{u}}} [m(gf + g \sin\alpha + b) + \tfrac{1}{2} c_w A \varrho_L v^2]$$

kraftfahrzeugspezifische Parameter: motorischer Wirkungsgrad, Fahrzeugmasse, Reifenkonstruktion Antriebsstrang, Karosserieform

verkehrsspezifische Parameter: Fahrbahnbeschaffenheit, Trassenführung, Verkehrsfluß, Fahrgeschwindigkeit

Original: H. Waldeyer

Sicherheitsanforderungen, Komfortansprüche, Maßnahmen zum Umweltschutz und vorgesehener Einsatzzweck des Fahrzeugs bestimmen die *Fahrzeugmasse* (Fahrzeuggewicht). Massenreduzierungen wirken sich durch Verringerung des Rollwiderstands, des Steigungswiderstands und des Beschleunigungswiderstands auf den Kraftstoffverbrauch aus. Das Einsparpotential darf für europäische Fahrzeuge allerdings nicht überschätzt werden. Eine Reduzierung der Fahrzeugmasse um 100 kg, etwa durch verstärkten Einsatz von Kunststoff, Aluminium oder hochfesten Stählen, ergibt Einsparungen von 0,3 bis 0,7 Liter Kraftstoff pro 100 km.

Der *Fahrwiderstand* läßt sich verringern durch verbesserte Reifenausführung in Verbindung mit reibungsarmen Straßenoberflächen und einer verbesserten Aerodynamik zur Reduzierung des Luftwiderstands. Nach Einführung des Gürtelreifens sind Verbesserungen am Reifen wohl nur noch in kleinen Schritten möglich, wenn keine Abstriche bei den Fahreigenschaften und der Sicherheit in Kauf genommen werden sollen. Bei gegebener Stirnfläche der Fahrzeuge läßt sich die Luftwiderstandszahl von heute 0,4–0,5 noch deutlich verbessern. Die für Prototypen erreichten Werte unter 0,3 sind in der Serie allerdings wohl unrealistisch. Das Einsparpotential hängt ab von der Fahrgeschwindigkeit. Im Mittel werden 2% bis 3% Verbrauchsminderung für 10% Verbesserung der Luftwiderstandszahl angegeben.

23. Rationelle Energienutzung und neue Energiequellen 245

Der *motorische Wirkungsgrad* kennzeichnet die Qualität der Energieumwandlung von chemisch gebundener Energie (Kraftstoff) in mechanische Energie zum Antrieb des Fahrzeugs. Otto- und Dieselmotoren im Kraftfahrzeug erreichen heute Bestwerte von 25% bzw. 30%. Der Mittelwert liegt jedoch deutlich niedriger, da häufig auch nicht optimale Bereiche durchfahren werden müssen. Ansatzpunkte für weitere Verbesserungen sind beim Ottomotor: verstärkter Einsatz der Aufladung, Verminderung der Reibungsverluste, Verbesserung der Gemischaufbereitung und Zündung, die Abschaltung von einzelnen Zylindern und gegebenenfalls Einsatz von Klopfsensoren, die eine Erhöhung des Verdichtungsverhältnisses zulassen. Beim Dieselmotor werden wesentliche Fortschritte durch die Einführung der Direkteinspritzung auch bei PKW-Motoren und Abgasturboaufladung erwartet. Ergänzt werden diese direkten Maßnahmen durch „Motor-Getriebe-Managementsysteme", die möglichst automatisch den Betrieb im jeweiligen Verbrauchsoptimum gewährleisten sollen. Alternative Antriebssysteme werden vielerorts erforscht, die Umsetzung von theoretisch besseren Verbrauchswerten in die Praxis ist aber noch nicht gelungen.

Ein Energiesparauto ist durch konsequente Verbesserung in vielen Details möglich. Die Hauptaufgabe – Transport von Gütern und Personen unter Beachtung der Forderungen der Sicherheit, des Umweltschutzes und des Komforts – darf dabei nicht aus dem Auge verloren werden. Dieser Zielsetzung diente die Ausschreibung eines Forschungsvorhabens des Bundesministeriums für Forschung und Technologie „Auto 2000 – Darstellung des Potentials fortgeschrittener technologischer Lösungen zur Erfüllung der Anforderungen an die Energie- und Rohstoffschonung, die Umweltfreundlichkeit, die Sicherheit, die Wirtschaftlichkeit und den Nutzwert in Form eines Zukunftsautos".

Vorgaben u. a.: Serienfähigkeit, 4 Sitzplätze, 400 kg Zuladung, Beschleunigung von 0 auf 100 km/h in weniger als 13 sec., Maximalgeschwindigkeit über 140 km/h.

Ergebnis: 4 Fahrzeuge von 3 Fahrzeugherstellern und einer Arbeitsgemeinschaft von Hochschulinstituten auf der IAA 1981 mit folgenden Kraftstoffverbrauchsangaben in l/100 km

	Typ A	Typ B	Typ C	Typ D
Konstantfahrt 90 km/h	5,0	5,7	4,6	3,3
Konstantfahrt 120 km/h	6,9	7,5	6,0	4,9
Stadtzyklus	8,5	9,8	7,8	4,2

Auf Einzelheiten der vorgestellten Lösungen kann hier nicht eingegangen werden. Es wird aber deutlich, daß tatsächlich „Energiesparautos" gebaut werden können.

Abb. 6: Auto 2000 – das Forschungsauto von VW

Zweitürige, viersitzige Limousine; Fenster mit Außenhaut fast bündig, Unterboden und Radscheiben (aus Kunststoff) nach aerodynamischen Gesichtspunkten geformt. Dadurch c_W-Wert 0,26, sowie beachtliche Minderung der Luftgeräusche. Das dargestellte Fahrzeug entspricht dem Typ D der obigen Tabelle.

Presseabteilung des Volkswagenwerkes

Aufgabe 6 In welchen Bereichen können beim Fahrzeugbau durch technische Verbesserungen Einsparungen beim Kraftstoffverbrauch erreicht werden?

....
....
....
....
....
....
....
....
....
....

23.5. Zusammenfassung

Ergebnisse

Die Studieneinheiten 19 bis 23 dieses Buches haben sich mit den Zusammenhängen zwischen der Energie- und Umweltproblematik befaßt. Versuchen wir am Ende eine Zusammenfassung:

1. Energie ist ein Maß für die Fähigkeit, Arbeit zu leisten. Ohne Energieumsätze ist Leben auf der Erde nicht möglich. Die Menschen nutzen Energie für technische Zwecke, um bestimmte Energiedienstleistungen zu erzeugen. Diese Energiedienstleistungen (z. B. Wärme, Licht) sind es, die letzten Endes nachgefragt werden bzw. nach denen ein Bedürfnis besteht. Energie kann – zumindest in Grenzen – durch Technisches Wissen, Kapital und/oder Arbeit ersetzt werden (TEKA).

2. Energie steht in verschiedenen Formen zur Verfügung. Jahrhundertelang waren menschliche und tierische Muskelkraft die bedeutsamsten Quellen mechanischer Energie. Daneben wurden Wind- und Wasserkraft genutzt. Erst mit der industriellen Revolution begann die Nutzung der Kohle in großem Ausmaß. Gleichzeitig schnellte damit der Energieumsatz in die Höhe. Heute besitzen die fossilen Energieträger Kohle, Mineralöl und Erdgas in den industrialisierten Ländern die größte Bedeutung. Regenerative Energieträger werden in der Bundesrepublik Deutschland nur in bescheidenem Umfang genutzt (Wasserkraft). Allerdings wird beispielsweise Biomasse in vielen unterentwickelten Ländern so intensiv genutzt, daß bereits heute verheerende ökologische Folgen festzustellen sind.

3. Von den heute hauptsächlich in den industrialisierten Ländern genutzten fossilen Energieträgern stehen nur begrenzte Vorräte zur Verfügung. Auch die Menge an spaltbarem Material für Kernreaktoren ist begrenzt. Es gibt allerdings technologische Entwicklungslinien, die eine für die Zukunft gesicherte Energieversorgung versprechen (Kernfusion, Wasserstoff, Sonnenenergie).

4. Der Energieverbrauch ist auf der Erde sehr ungleich verteilt. Knapp 20% der Weltbevölkerung in den verhältnismäßig reichen Industrieländern sind für mehr als die Hälfte des Energieverbrauchs verantwortlich. Dagegen verbrauchen mehr als 50% der Menschen, in den unterentwickelten Ländern, nur etwa 13% der Weltprimärenergie.

5. Energieumsatz und Wirtschaftswachstum stehen in einem komplexen Wechselverhältnis. Während in den armen Ländern Wirtschaftswachstum an steigende Energieumsätze gekoppelt zu sein scheint, ist in den bereits industrialisierten Volkswirtschaften Wirtschaftswachstum zumindest ohne proportionalen Anstieg des Energieumsatzes möglich – wie das Beispiel der Bundesrepublik Deutschland zeigt. Hier kann heute 1 Einheit des Sozialprodukts mit einem gegenüber 1950 um fast 40% verminderten Energieeinsatz erzeugt werden. Dieses Ergebnis ist durch die beschriebenen Substitutionsprozesse möglich geworden (TEKA).

6. Indem die Energienutzung zur Bereitstellung von Energiedienstleistungen verhilft, stiftet sie großen Nutzen. Gleichzeitig verursacht die Energienutzung jedoch schwerwiegende Umweltbelastungen: Erinnert sei an das CO_2-Problem und die verschiedenen Schadstoffe, die bei der Nutzung fossiler Energieträger emittiert werden, an die Landschaftseingriffe durch Kraftwerksbauten, Hochspannungsleitungen und Stauseen, an die Folgen eines – allerdings äußerst unwahrscheinlichen – großen Unfalls in einem Kernkraftwerk. Nicht jeder Energieträger verursacht gleich große und gleichartige Umwelteffekte.

7. Kernkraftwerke verursachen im Normalbetrieb vergleichsweise geringe Umweltbelastungen. Die Wiederaufarbeitung des radioaktiven Abfalls ist ein komplizierter technischer Prozeß, der unter strengen Sicherheitsvorkehrungen erfolgen muß. Erscheint die technische Seite der Kernkraftnutzung als beherrschbar, so sind mit ihr doch ernste politische und moralische Probleme verbunden.

8. Durch umweltfreundliche Nutzungstechnologien lassen sich die verschiedenen Umweltbelastungen durch Energieumsatz verringern. Aufgrund steigender Preise wird jedoch gleichzeitig die Erschließung derjenigen Formen fossiler Energieträger ökonomisch attraktiv (Ölschiefer, Teersande), die vermutlich weit größere Umweltbelastungen hervorrufen als die heute genutzten Formen fossiler Energieträger.

9. Bei Energieumsetzungsprozessen bleibt die Gesamtenergie zwar konstant (Energiesatz), gleichzeitig nimmt jedoch derjenige Anteil an Wärmeenergie eines Systems zu, der nicht mehr in andere Energieformen überführt werden kann (Entropiesatz): die Nutzbarkeit bzw. Qualität der Energie nimmt ab. Diese physikalischen Erfahrungssätze erklären die Herkunft des Umweltproblems „Abwärme". Lediglich etwa 30% der eingesetzten Energie können in der Bundesrepublik Deutschland derzeit in Nutzenergie umgewandelt werden. Große Verluste entstehen vor allem bei der Stromerzeugung, aber auch in den verschiedenen Sektoren des Endenergieverbrauchs.

10. Aus umweltpolitischen, aber auch aus anderen Gründen ist die rationelle Energienutzung (Ersetzung von Energie durch andere TEKA-Faktoren) heute weltweit von großer Bedeutung. Die technischen Mittel zur Erschließung der Energiequelle „Energieeinsparung" sind weitgehend vorhanden, die Instrumente, mit denen Verhaltensänderungen erreicht werden könnten, bekannt. Uneinigkeit besteht darüber, ob die Ausschöpfung dieser Energiequelle ausreicht, die künftige Energienachfrage zu decken. Eine größere Ausweitung des Primärenergieumsatzes würde – bei den heute gebräuchlichen Techniken – zu einer stärkeren Umweltbelastung führen.

Natürlich konnten hier nur einige zentrale Aspekte der vorangegangenen Studieneinheiten aufgegriffen werden. Sie sollten jedoch die Komplexität der Zusammenhänge zwischen der Energie- und Umweltproblematik noch einmal verdeutlicht haben; diese Komplexität macht eine verantwortungsbewußte Meinungsbildung zu diesen Themen so schwer.

IX. Naturschutz und Landschaftspflege

Naturschutz und Landschaftspflege stehen im Interessenkonflikt mit unterschiedlichen Nutzungsansprüchen sowie mit Zielen der Land- und Forstwirtschaft. Über das bestehende Naturschutzrecht hinaus sind weitere Regelungen erforderlich, um die Natur „vor dem Menschen für den Menschen" zu schützen. Da der Raum nicht vermehrbar ist, müssen Folgen menschlicher Eingriffe bereits bei der Planung einkalkuliert und durch entsprechende Maßnahmen ausgeglichen werden. Alle raumbezogenen Planungen setzen eine ökologische Bestandsaufnahme und Bewertung voraus.

Studieneinheit 24 beschäftigt sich mit „Arten- und Biotopschutz", dem Schutz von Pflanzen und Tieren und ihren Lebensräumen, als Schwerpunkt des Naturschutzes, dessen rechtliche Grundlagen im Bundesnaturschutzgesetz verankert sind. Das Beispiel „Nordtrasse" der Autobahnverbindung Hamburg–Berlin verdeutlicht jedoch, daß die Belange des Arten- und Biotopschutzes anderen Nutzungsinteressen geopfert werden – die sich dabei ebenfalls auf geltendes Recht berufen können. Dieses Beispiel und viele andere verdeutlichen ferner, daß der in den letzten Jahrzehnten beobachtete Rückgang von Pflanzen- und Tierarten (die „Roten Listen" sprechen hier eine deutliche Sprache!) die Folge der Zerstörung ihrer Lebensräume ist. Schlußfolgerung hieraus muß sein, daß ein wirksamer Artenschutz nur über den Schutz des Lebensraumes oder Biotops möglich ist. Ergänzend zu diesem Schutz muß ein Ausgleich von unvermeidbaren Eingriffen vorgenommen werden, der, wie das wegweisende Beispiel des rekultivierten Südreviers im Rheinischen Braunkohlengebiet zeigt, neue und sogar besonders wertvolle Lebensstätten auch für seltene und anspruchsvolle Tier- und Pflanzenarten hervorbringen kann.

Studieneinheit 25 behandelt das Thema „Schutzgebiete und Schutzobjekte". Kritische Analysen der gesetzlichen Grundlagen zeigen, daß diese insgesamt gesehen nicht befriedigen können, wenn zum Beispiel die „Landwirtschaftsklausel" in mehreren Paragraphen des Bundesnaturschutzgesetzes der „ordnungsgemäßen" Land- und Forstwirtschaft eine Übereinstimmung mit den Zielen des Naturschutzes und der Landschaftspflege bescheinigt und sogar einen Vorrang einräumt. Aber auch andere Nutzungsinteressen müssen mit der Schutzwürdigkeit von Natur und Landschaft vereinbart werden; das Beispiel des Wattenmeeres läßt Nutzungskonflikte des Naturschutzes mit anderen menschlichen Bedürfnissen, dem nach Erholung und Sicherheit, erkennen. Naturschutz – Küstenschutz – Erholung – unvereinbare Gegensätze? Grundsätzlicher stellt sich dieses Problem in der Frage, warum Natur und Landschaft überhaupt zu schützen sind: wegen ihres „Wertes an sich" oder aufgrund menschlicher Nützlichkeits- oder Lebensinteressen?

Studieneinheit 26 zur Frage der „Landschaftsgestaltung und Landschaftsentwicklung" zeigt die bestehenden Zielkonflikte zwischen Landschaftspflege und Landwirtschaft, insbesondere am Beispiel der Flurbereinigung, auf. Bei Anwendung der gesetzlichen Vorgaben und ökologisch orientierter Landschaftsplanung können diese Gegensätze durchaus ausgeglichen werden. Andererseits läßt das Beispiel der Landschaftsplanung im Umland von Stuttgart erkennen, welcher Vorrang in der Regel den landwirtschaftlich genutzten Flächen gegenüber den Forderungen der Landschaftspflege eingeräumt wird. Als Planungsinstrument des Naturschutzes und der Landschaftspflege bietet die Landschaftsplanung jedoch grundsätzlich die Möglichkeit, Eingriffsschäden zu verhindern oder doch auszugleichen.

Artenschutz und Biotopschutz 24.

Federführender Autor: Gerhard Olschowy

Autoren der Studieneinheit: Hermann Josef Bauer, Hartmut Bick, Berndt Heydemann, Gerhard Olschowy, Herbert Sukopp

Allgemeine Einführung 24.0.

Die vielfältigen Belastungen von Natur und Landschaft als Folge der wachsenden Ansprüche von Wirtschaft und Gesellschaft an den Raum haben Forderungen nach dessen Schutz, Pflege, Gestaltung und Entwicklung laut werden lassen; in vielen Ländern haben sie bereits zu gesetzlichen Maßnahmen geführt.

Der Arten- und Biotopschutz, also der Schutz gefährdeter Tier- und Pflanzenarten und ihrer Lebensstätten, stellt einen Schwerpunkt des Naturschutzes dar. Wenn es in früheren Jahren vor allem Klimaänderungen waren, die zum Aussterben von Arten führten, sind es heute Eingriffe des Menschen in die Biotope. Der Artenschutz steht in unmittelbarem Zusammenhang mit dem Biotopschutz, das heißt: Ein ausreichender Schutz der Lebensstätten von Pflanzen und Tieren ist die Voraussetzung für einen erfolgreichen Artenschutz.

Es heben sich vor allem zwei Arten von Biotopen heraus, die besonders gefährdet sind: Feuchtgebiete und Grasland. Zu den gefährdeten *Feuchtgebieten* gehören Moore, Feuchtwiesen, Sümpfe, Röhrichte, Quellfluren, Moor- und Naßwälder. Das gefährdete *Grasland* umfaßt vor allem wenig oder gar nicht genutzte Formen (Steppenrasen, Felsrasen, Sandrasen und andere Trockenrasen), aber auch ungedüngte Magerrasen, die früher einmal als Schafweide dienten.

Das Bundesnaturschutzgesetz vom 20. Dezember 1976 und die entsprechenden Landesgesetze haben die Grundlage für den Arten- und Biotopschutz geschaffen. Trotz dieser rechtlichen Gegebenheiten und der erkennbaren Bestrebungen, den Arten- und Biotopschutz zu verbessern, konnte die Gefährdung vieler seltener Tier- und Pflanzenarten noch nicht eingeschränkt werden, ja sie hat weltweit noch zugenommen. Dies lassen die „Roten Listen" erkennen, die für die Bundesrepublik Deutschland insgesamt, aber auch von den einzelnen Bundesländern aufgestellt wurden. In diesen „Roten Listen" – benannt nach dem Vorbild der „Red Data Books" der „Internationalen Union zum Schutz der Natur und der natürlichen Hilfsquellen" – sind die gefährdeten Tiere und Gefäßpflanzen nach Gefährdungskategorien erfaßt.

Das Bundesnaturschutzgesetz als Rahmengesetz hat dem Biotopschutz noch nicht den Stellenwert zukommen lassen, den er als Voraussetzung zum Artenschutz benötigt. Um so erfreulicher ist die Tatsache, daß die Bundesländer damit begonnen haben, schutzwürdige Biotope zu kartieren. Bayern hat als erstes Bundesland diese Gebiete für den außeralpinen Landesbereich in Karten erfaßt. Inzwischen wird in Hessen die Biotopkartierung nach der gleichen Methode durchgeführt. Niedersachsen betreibt seit mehreren Jahren eine naturwissenschaftliche Bestandsaufnahme und landschaftspflegerische Bewertung der noch weitgehend natürlichen und naturnahen Landschaften und Landschaftsteile und erfaßt sie kartographisch. Zur Zeit sind Bestrebungen im Gange, die bisherigen Biotopkartierungen in den Ländern auszuwerten und ein integriertes Schutzgebietssystem zu erarbeiten, das einheitliche Kriterien für die Auswahl von Schutzgebieten, insbesondere auch von

Naturschutzgebieten als wertvolle Biotope festlegt und in den Bundesländern angewendet werden kann. Damit könnte zu einem effektiveren Schutz von gefährdeten Biotopen beigetragen werden.

Die bäuerliche Kulturlandschaft der Vergangenheit war reich mit „Naturzellen", mit Bäumen, Vogelschutz- und Feldgehölzen, mit Feuchtgebieten und anderen Naturelementen gegliedert, so daß ihr Bestand an Tier- und Pflanzenarten größer war als der vieler Naturlandschaften, deren Waldökosysteme nicht die gleiche Vielfalt aufweisen. Um so besorgter muß die Entwicklung zur intensiveren Landbewirtschaftung verfolgt werden. Dies sollte Anlaß sein, trotz einer modernen Landwirtschaft auch dem Naturhaushalt der Landschaft die natürlichen Bestandteile zu belassen oder wiederzugeben, die er für das Leben einer vielfältigen Tier- und Pflanzenwelt benötigt und die wiederum untrennbar ist vom Lebensraum des Menschen. Diesen Lebensraum zu erhalten und zu verbessern, ist ein erklärtes Ziel, wie es inzwischen im Umweltbericht der Bundesregierung und in Gesetzen verankert ist.

Diese Studieneinheit nimmt eine Analyse folgender Themenkomplexe vor:

• *Gefährdung von Arten und Biotopen durch die Nordtrasse der Autobahn Hamburg–Berlin*

Bei den Baumaßnahmen handelt es sich um naturzerstörende Effekte. Durch die Überdeckung von Naturbiotopen, durch Abgrabungen von Kiesen und Sanden sowie durch die Versiegelung der Rollflächen mit Beton oder Bitumen geht eine „direkte" Biotop-Zerstörung vor sich. Eine „indirekte" Biotop-Zerstörung stellt sich durch den Betrieb der Autobahn ein. Ein weiterer Effekt ist die „direkte Gefährdung der Arten", weil die Autobahn uralte Wildwechsel und Wanderstraßen von Amphibien durchschneidet. Weiterer Schaden entsteht, weil durch die Autobahn die Verbindung kleiner Biotope unterbrochen wird und sich dadurch die Landschaftsvielfalt mindert. Die unersetzliche Artenvielfalt verkümmert, die sonst die biologischen Wandlungsprozesse in den Ökosystemen stabilisiert: Viele Tierarten sind an der Blütenbestäubung beteiligt, viele Pflanzenarten bilden die Lebensgrundlage von pflanzenverzehrenden Tierarten. Aus der Fallstudie kann abgeleitet werden, daß von den 28 000 Tierarten Schleswig-Holsteins etwa 90% in den Land- und Süßwasserbiotopen der durchschnittenen Lauenburgischen Seenplatte und rund 15% nur hier vorkommen.

• *Artenschutz als Ökosystemschutz*

Solange der Mensch nicht mehr Tiere erbeutete als durch natürliche Vermehrung nachwachsen konnten, blieb die Natur im Gleichgewicht. Erst die Übernutzung durch eine wachsende Bevölkerung zerstörte den Selbstregelungsmechanismus. Vor allem trat neben die Nutzung von Fleisch und Eiern auch das Interesse an Häuten, Federn, an Elfenbein und Geweihen, an

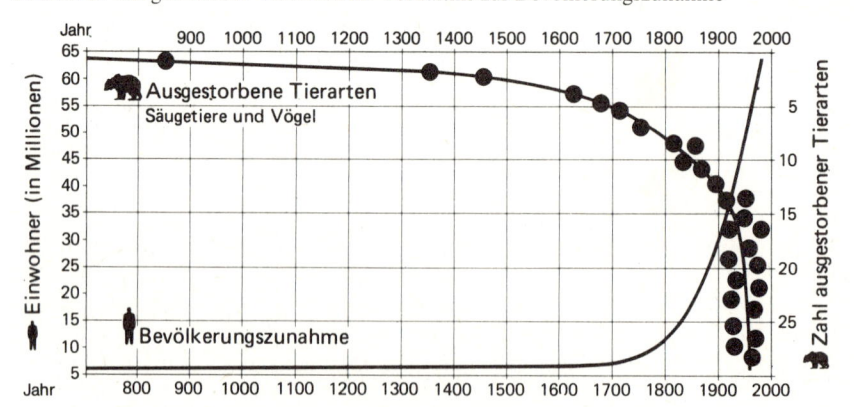

Schema 1: Ausgestorbene Tierarten im Verhältnis zur Bevölkerungszunahme

Mit Zunahme der Bevölkerung in Deutschland und der damit verbundenen verstärkten Landnutzung sterben in immer schnellerer Zeitfolge immer mehr Tierarten aus.
(Jeder Punkt bezeichnet eine ausgestorbene Tierart; die Kurve für die Tierarten gibt die Summe ausgestorbener Arten bis zum jeweiligen Zeitpunkt an)

Aus: Auswertungs- und Informationsdienst für Ernährung, Landwirtschaft und Forsten (AID): Schutz der Tier- und Pflanzenwelt. Heft 52, 1982, S. 20.

Korallen, Schwämmen und Perlmuscheln. Auch der Aberglaube an die heilkräftige Wirkung von Körperteilen eines Tieres führte zu dessen Bejagung. Diese „direkte" Ausrottung wurde noch durch die „indirekte" ergänzt – indem nämlich die Lebensräume dieser Tiere vernichtet wurden. Aus allen diesen Gründen erschien in Anlehnung an das „Red Data Book" 1977 in der Bundesrepublik Deutschland die „Rote Liste der gefährdeten Tiere und Pflanzen".
Nicht nur Tiere, auch Pflanzenarten sind „vom Aussterben gefährdet", „stark gefährdet", „gefährdet" oder „potentiell gefährdet". Die Ursachen sind auch hier in der Umwandlung von Biotopen zu suchen. Gefährdet sind Moore, Trockenrasen, Gewässervegetationen, Feuchtwiesen sowie Zwergstrauchheiden, in denen mehr als die Hälfte der aufgenommenen Arten nur noch in Restbeständen vorkommen. Ein europäischer Vergleich zeigt, daß vor allem die Feuchtbiotope überdurchschnittlich gefährdet sind.
Vielfalt, Eigenart und Schönheit der Natur einschließlich ihrer Prägung durch eine vielgestaltige Pflanzen- und Tierwelt sind nicht nur eine ästhetische Angelegenheit. Mit den Wildpflanzen, die fälschlich auch „Un-Kräuter" genannt werden, ist ein unschätzbares Nutzungspotential vorgegeben, auf das bei der Züchtung neuer Nutzpflanzen als Genreserve zurückgegriffen werden kann. Wenn aber eine Pflanze ausstirbt, ist ihre Art unwiederbringlich verloren.

• *Die Schaffung neuer Biotope – am Beispiel des Rheinischen Braunkohlereviers*

Eine Landschaft ist in den meisten Fällen das Ergebnis einer langen Entwicklungszeit. Die Entwicklung einer völlig neuen Landschaft ist nur selten möglich. Das Rheinische Braunkohlenrevier gilt als ein Musterbeispiel für einen totalen Eingriff des Menschen in eine Landschaft mit anschließender völliger Neugestaltung. Im Gegensatz zu den großflächigen Tieftagebauen des Nordreviers wurde im Süden nur bis zu 60 Meter tief abgeteuft. Bei der Rekultivierung wurden die Flächen wieder verfüllt, die „Restlöcher" als Seen gestaltet. Durch eine entsprechende Artenwahl bei den Gehölzpflanzen entstand langsam Wald, durch Windverfrachtung und Einbringen von Samen durch Wild und Vögel stellten sich „Pionierpflanzen" ein. Es bildeten sich unter Berücksichtigung des ökologisch bedeutsamen Faktors „Zeit" Wald- und Feldbiotope, die auch von bestimmten Vogelarten angenommen wurden. Bei den Seen vollzog sich eine andere Entwicklung: Die Pflanzen- und Tierwelt konnte sich rasch vom „Pionierstadium" zu artenreichen Lebensgemeinschaften entwickeln. Wasservögel haben dabei Pflanzensamen und Laich von Fischen und Amphibien herangetragen. Der rekultivierte Südteil des Braunkohlenreviers hat sich zu einem Naherholungsgebiet für die umliegenden Ballungszentren entwickelt. Wenn die Artenvielfalt erhalten bleiben soll, muß es unter Schutz gestellt werden. Und zwar bald!

Ziele und Aufgaben des Naturschutzes und der Landschaftspflege

24.1.

Der ständige Zuwachs der Bevölkerung in der Welt, die rasche Entwicklung der Technik und immer neue Erkenntnisse der Wissenschaft zwingen, sich mit den zu erwartenden Auswirkungen auf den Menschen, die Landschaft, ihren Naturhaushalt und ihre natürlichen Hilfsquellen auseinanderzusetzen. Wenn die natürliche Umwelt als Lebensgrundlage der Gesellschaft funktionsfähig bleiben und in dieser Aufgabe aktiviert werden soll, bedarf es zum Ausgleich von Ökologie und Ökonomie schützender, pflegender und aufbauender Maßnahmen auf breiter Ebene. Die Notwendigkeit solcher Maßnahmen ist allgemein bekannt, ihre Verwirklichung läßt jedoch zu wünschen übrig.

Problemstellung

Wie ist es heute tatsächlich um die natürliche Umwelt in unserem Land bestellt? Die „Arbeitsgemeinschaft für Umweltfragen" stellte ihr Umwelt-Forum 1978 in Stuttgart unter das Thema „Grenzen des Landschaftsverbrauchs".[1] Allein die Hochrechnung des täglichen *Verbrauchs von freier Landschaft* mit mehr als 150 Hektar für Siedlungs-, Verkehrs- und andere Zwecke bis zum Jahr 2000 läßt deutlich erkennen, welchen Landschaftsproblemen freier Lauf gelassen wird, ohne von Parlamenten, Regierungen und Gemeinden in ihren künftigen Auswirkungen erkannt zu werden. Dem könnte man entgegenhalten, daß der derzeitige Landverbrauch für bebaute Siedlungs- und Verkehrsflächen mit zusammen über 10% des Bundesgebietes noch

Problembereich 1

---

1 Arbeitsgemeinschaft für Umweltfragen: Grenzen des Landschaftsverbrauchs. Umwelt-Forum 1978. Schriftenreihe der AGU. Nr.13. Bonn 1980.

nicht besorgniserregend sei. Die Ergebnisse der Aussprache des „Umwelt-Forums" ließen aber deutlich erkennen, daß nicht das quantitative Ausmaß des Landschaftsverbrauchs allein entscheidend ist, sondern das qualitative Maß, das heißt der zunehmende Verbrauch landschaftsökologisch wertvoller Flächen wie Feuchtgebiete, Ufer von Flüssen und Seen, Tallandschaften, Bergkuppen, Hanglagen, Waldränder und Biotope seltener und gefährdeter Tier- und Pflanzenarten. Auch die zunehmende Inanspruchnahme ertragreicher Wälder und landwirtschaftlicher Nutzflächen von hohem Ertragswert ist ein wichtiges Beispiel einer solchen Fehlentwicklung.

Während sich das alte *Naturschutzrecht,* fußend auf dem Reichsnaturschutzgesetz, im wesentlichen auf den Schutz von Flächen, Objekten und bestimmten gefährdeten Tier- und Pflanzenarten beschränkte, umfaßt das neue Naturschutzrecht mit dem Bundesnaturschutzgesetz vom 20. Dezember 1976 und den entsprechenden Landesgesetzen auch die Pflege, Gestaltung und Entwicklung der Landschaft. Hierdurch sollen Belastungen des Naturhaushaltes und des Landschaftsbildes vorbeugend verhindert und als Folge von Eingriffen eingetretene Schäden durch Maßnahmen des Naturschutzes und der Landschaftspflege ausgeglichen werden.

Das neue Naturschutzrecht nach dem Bundesnaturschutzgesetz vom 20. Dezember 1976 und die entsprechenden Landesgesetze,

> Landschaftspflegegesetz von Schleswig-Holstein vom 16. April 1973
> i.d.F. vom 20. Dezember 1977
>
> Hamburgisches Naturschutzgesetz vom 2. Juli 1981
>
> Bremisches Naturschutzgesetz vom 17. September 1979
>
> Berliner Naturschutzgesetz vom 30. Januar 1979
>
> Niedersächsisches Naturschutzgesetz vom 20. März 1981
>
> Landschaftsgesetz von Nordrhein-Westfalen vom 18. September 1974
> i.d.F. vom 5. Februar 1979
>
> Hessisches Naturschutzgesetz vom 19. September 1980
>
> Landespflegegesetz von Rheinland-Pfalz vom 14. Juni 1973
>
> Saarländisches Naturschutzgesetz vom 31. Januar 1979
>
> Naturschutzgesetz von Baden-Württemberg vom 27. Juli 1973
> i.d.F. vom 30. Mai 1978
>
> Bayerisches Naturschutzgesetz vom 27. Juli 1973
> i.d.F. vom 24. März 1977,

haben den klassischen Naturschutz des Reichsnaturschutzgesetzes weiterentwickelt, und zwar sowohl in dem Bereich des Gebiets- und Objektschutzes als auch des Arten- und Biotopschutzes. Der Gebiets- und Objektschutz umfaßt nach dem vierten Abschnitt des Bundesnaturschutzgesetzes Naturschutzgebiete, Landschaftsschutzgebiete, Nationalparke, Naturparke, Naturdenkmale und Geschützte Landschaftsbestandteile.

Das Bundesnaturschutzgesetz hat als *Ziele des Naturschutzes und der Landschaftspflege* in § 1 folgendes festgelegt:

> „(1) Natur und Landschaft sind im besiedelten und unbesiedelten Bereich so zu schützen, zu pflegen und zu entwickeln, daß
> 1. die Leistungsfähigkeit des Naturhaushaltes,
> 2. die Nutzungsfähigkeit der Naturgüter,
> 3. die Pflanzen- und Tierwelt sowie
> 4. die Vielfalt, Eigenart und Schönheit von Natur und Landschaft als Lebensgrundlage des Menschen und als Voraussetzung für seine Erholung in Natur und Landschaft nachhaltig gesichert sind."

Aus diesen Zielen ergeben sich zwangsläufig die *Aufgaben für Naturschutz und Landschaftspflege,* die von den zuständigen Dienststellen und Behörden zu erfüllen sind. Im einzelnen sind dies:

- Bestandsaufnahme der natürlichen Gegebenheiten, der geschützten Gebiete und Objekte, aber auch von schutzwürdigen Biotopen (Landschaftsanalyse)
- Bewertung von Landschaftsfaktoren, Biotopen, Ökosystemen, ökologischen Raumeinheiten, aber auch von vorhandenen und möglichen Landschaftsschäden als Folge menschlicher Eingriffe (Landschaftsdiagnose)
- Abgrenzung und Ausweisung von zu schützenden Gebieten und Objekten
- Konkrete Maßnahmen zum Schutz und zur Pflege von Schutzgebieten und zum Schutz von gefährdeten Tier- und Pflanzenarten
- Mitwirkung bei allen raumrelevanten Planungen als Träger öffentlicher Belange, so insbesondere bei der Landschaftsplanung und landschaftsbezogenen Fachplanung (wie Flurbereinigung, Straßenplanung, wasserbauliche Planung, bergbauliche Planung, Siedlungs- und Industrieplanung) sowie Planung für Freizeit und Erholung
- Mitwirkung bei der Prüfung der Umwelterheblichkeit und Umweltverträglichkeit von geplanten umweltrelevanten Projekten

Der *Arten- und Biotopschutz* ist ein wesentlicher Aufgabenbereich des Naturschutzes. Wenn in den vergangenen 2000 Jahren etwa 200 höhere Wirbeltierarten (also vor allem Säugetier- und Vogelarten) ausgestorben sind, so davon allein 130 Arten in den letzten 400 Jahren. Während sich der Verlust in den letzten 100 Jahren auf 100 Arten, also durchschnittlich 1 Art im Jahr, beziffert, sind es in den vergangenen 50 Jahren bereits 76 Arten, also etwa 1,5 Arten im Jahr. Heute sind in der Bundesrepublik Deutschland über 50% aller Wirbeltiere entweder ausgestorben, gefährdet oder potentiell gefährdet. Die Ursachen des Aussterbens in jüngerer Zeit sind nicht etwa wie in früheren Jahrtausenden einschneidende Klimaänderungen, sondern Folge menschlicher Eingriffe. Nach einer Veröffentlichung in der „Schriftenreihe für Vegetationskunde", herausgegeben von der „Bundesforschungsanstalt für Naturschutz und Landschaftsökologie", sind Landwirtschaft und Flurbereinigung mit 339 Pflanzenarten, das sind 58,3% aller gefährdeten Arten der Farn- und Blütenpflanzen, die größten Verursacher des Artenrückganges.[2] An den Ursachen ist ohne Zweifel der großflächige Anbau von Monokulturen beteiligt, der einen erhöhten Einsatz von Pflanzenschutzmitteln erfordert. Hinzu tritt die über das notwendige Maß hinausgehende Anwendung von Düngemitteln und Bioziden.

Die großflächige Landbewirtschaftung steht in Gegensatz zum Naturschutz und zur Landschaftspflege, während eine mit natürlichen Elementen gegliederte bäuerliche Kulturlandschaft sogar einen höheren Bestand an Tier- und Pflanzenarten aufweisen kann als beispielsweise ein geschlossener Waldbestand. In dieser Betrachtung soll aber auch nicht außer acht gelassen werden, daß in manchen Gebieten Norddeutschlands im Gegensatz zu Süddeutschland seit vielen Jahrzehnten große Schläge (60 ha und mehr) verbreitet sind. Aber selbst Schlagbreiten von 300 bis 500 Meter sollten noch kein Hindernis sein, eine Landschaft mit linear verlaufenden Flurgehölzen zu gliedern.

Um einen Einblick in das Ausmaß der Belastung der natürlichen Umwelt zu geben, sei auf die Ergebnisse einer Arbeit der „Bundesforschungsanstalt für Naturschutz und Landschaftsökologie" über die Ermittlung verschollener bzw. ausgestorbener sowie gefährdeter Tier- und Pflanzenarten hingewiesen:

Im Herbst 1974 wurde eine erste Liste der seit 1850 ausgestorbenen oder verschollenen sowie der gefährdeten Farn- und Blütenpflanzen zusammengestellt und veröffentlicht. In der Liste sind vier Gruppen unterschieden: ausgestorbene, akut vom Aussterben bedrohte, stark gefährdete und gefährdete Arten. Von 2353 einheimischen und eingebürgerten Arten von

Problembereich 2

---
[2] H. Sukopp / W. Trautmann / D. Korneck: Auswertung der Roten Liste für gefährdete Farn- und Blütenpflanzen in der Bundesrepublik Deutschland. Schriftenreihe für Vegetationskunde. Heft 12. Bonn 1978.

Farn- und Blütenpflanzen sind 56 ausgestorben, 180 akut bedroht, 170 stark gefährdet und 227 gefährdet. Hinzu kommen 280 Arten, die allein wegen ihrer Seltenheit gefährdet sind; das bedeutet, daß insgesamt 40% der einheimischen Gefäßpflanzen gefährdet sind.[3]

Die Bundesforschungsanstalt hat auch eine „Rote Liste" der in der Bundesrepublik Deutschland gefährdeten Tierarten veröffentlicht.[4] Die Liste enthält folgende Gefährdungskategorien:
- ausgestorbene, ausgerottete oder verschollene Arten,
- auf lange Sicht vom Aussterben bedrohte Arten,
- stark gefährdete Arten,
- gefährdete Arten,
- potentiell gefährdete Arten.

Übergeordneter Gesichtspunkt der Einteilung ist die Gefährdungssituation der einzelnen Arten hinsichtlich des Bestandes, des aktuellen und ehemaligen Verbreitungsgebietes und der Entwicklungstendenzen der Populations- und Arealgröße in der Bundesrepublik Deutschland. Zu den ausgestorbenen Tierarten gehören zunächst einmal so bekannte Arten wie Auerochse, Wildpferd, Wisent, Wolf, Europäischer Nerz, Braunbär und Elch. Von größerer Aussagekraft aber ist das Ausmaß der insgesamt ausgestorbenen und gefährdeten Arten. Im Bericht der Forschungsanstalt sind folgende Ergebnisse veröffentlicht:

Tab. 1: Ausgestorbene und gefährdete Wirbeltiere in der Bundesrepublik Deutschland

	Artenzahl in der BRD		Anzahl der Arten						% Anteil			
	A mit Reproduktion	B Gäste etc.	ausgestorben	gefährdet				potentiell gefährdet	ausgestorben	gefährdet		potentiell gefährdet
			A.1.1	A.1.2	A.2	A.3	A.1.1 bis A.3	A.4	A.1.1	A.1.2 bis A.3	A.1 bis A.3	A.4
Säugetiere	87	6	7	13	16	12	48	4	8	47	55	5
Vögel	238	97	19	40	27	19	105	32	8	36	44	13
Kriechtiere	12	–	–	5	2	1	8	–	–	67	67	–
Lurche	19	–	–	1	4	6	11	–	–	58	58	–
Fische und Rundmäuler	130	30	2	16	15	11	44	3	2	32	34	2
Wirbeltiere insgesamt	486	133	28	75	64	49	216	39	6	39	44	8

A.1.2 vom Aussterben bedroht – A.2 stark gefährdet – A.3 gefährdet

Aus: Naturschutz Aktuell, Heft 1. Greven 1977, S. 12.

Die Ergebnisse lassen erkennen, daß über 50% aller Wirbeltiere in der Bundesrepublik Deutschland ausgestorben, gefährdet oder potentiell gefährdet sind.

Aufgabe 1   Welche Ziele verfolgt das neue Bundesnaturschutzgesetz im Vergleich zum alten Reichsnaturschutzgesetz?

....
....
....
....
....

---

3 Bundesforschungsanstalt für Naturschutz und Landschaftsökologie: Rote Liste der gefährdeten Tiere und Pflanzen in der Bundesrepublik Deutschland. *Naturschutz Aktuell* Nr. 1, Greven 1977.
4 E. Nowak: „Gefährdete Tierarten" und „Rote Liste der in der Bundesrepublik Deutschland gefährdeten Tiere". In: G. Olschowy (Hrsg.): Ökologische Grundlagen des Natur- und Umweltschutzes. Bd. 1 der Sonderdruckausgabe von „Natur- und Umweltschutz in der Bundesrepublik Deutschland". Hamburg/Berlin 1981, S. 312–329.

24. Artenschutz und Biotopschutz

Probleme des Arten- und Biotopschutzes – am Beispiel der Autobahn Hamburg–Berlin

24.2.

Die Lebensräume vieler Pflanzen und Tiere sind durch Eingriffe des Menschen bedroht. Am Beispiel der Autobahn Hamburg–Berlin soll gezeigt werden, welche Auswirkungen mit einem solchen Bau, der die vielfachen Vernetzungen einzelner Umweltfaktoren berührt, verbunden sind.

Einstiegsbeispiel

Bereits in Studieneinheit 3 (Bd. I, S. 108–115) wurde klargestellt, welche Vielzahl an Biotoptypen durch den Autobahnbau Hamburg–Berlin betroffen wird. Dabei geht es nicht nur um Einwirkungen im Sinne von direkten Zerstörungen von Flächen, sondern in größerem Umfange um Trennung *(Isolation)* von Einzelbeständen desselben oder auch eines verwandten Biotoptyps. Das wesentlichste Problem für den Biotop- und Artenschutz ergibt sich hier aber durch das Überziehen von Kapazitätsgrenzen der Nah- und Fernerholung aus den Räumen Berlin und Hamburg, die durch die Autobahnerschließung zu sehr an einen kleinen Landschaftsraum gekoppelt werden. Die beiden größten deutschen Städte mit zusammen 4,5 Millionen Einwohnern (7,5% der Gesamtbevölkerung der Bundesrepublik) werden direkt mit einem Kleinraum von 126 000 Hektar zusammengeschlossen. Der Kreis Lauenburg ist mit seiner gesamten Kreisfläche wesentlich kleiner als die beiden Großstädte Berlin und Hamburg.

Ökologische Fragen der Planung

24.2.1.

Der „Deutsche Rat für Landespflege" wurde vor Baubeginn von verschiedenen Stellen aufgefordert, zu den umstrittenen Trassen der Autobahn Hamburg–Berlin Stellung zu nehmen, und zwar für das Teilstück von Hamburg bis zur Anschlußstelle an der Grenze der DDR. Die dem Rat zugänglichen Unterlagen ließen erkennen, daß bislang ein sorgfältiger Vergleich der Nordtrasse mit der Mitteltrasse-Süd nicht vorgenommen worden war, wie überhaupt eine Beurteilung der Trasse im Sinne einer Umweltverträglichkeitsprüfung vermißt wurde. Ein von der Landesregierung Schleswig-Holstein veranlaßtes Gutachten entsprach allein vom Auftrag her nicht den Anforderungen, die an ökologische Gutachten zu stellen sind, abgesehen davon, daß Varianten wie die Mitteltrasse-Süd nicht einbezogen wurden.

Stellungnahme

Nach der Feststellung des Rates überwiegen auf der Nordtrasse eindeutig die Grünlandflächen mit vielfältigen Feuchtbiotopen. Dagegen verläuft die Mitteltrasse-Süd im wesentlichen auf intensiv genutztem Wirtschaftsgrünland mit geringer Vielfalt. Auch hinsichtlich der berührten Waldflächen zeigen beide Trassen erhebliche Unterschiede. Während die Nordtrasse rd. 6,6 km Nadelholzforste und rd. 5 km naturnahen Laubmischwald durchschneidet, sind dies bei der Mitteltrasse-Süd rd. 5,2 km Nadelholzforste und nur 1,3 km naturnaher Laubmischwald. Ein weiterer Unterschied wird in der Verteilung der Wallhecken und Knicks sichtbar: während die Nordtrasse etwa 87 Knicks durchschneidet, sind es bei der Mitteltrasse-Süd nur etwa 38. Auch hier wird deutlich, daß die Nordtrasse durch weit zahlreichere unterschiedliche Biotope verläuft als die Mitteltrasse-Süd.

Im Bereich der Nordtrasse können als schutzwürdige und erhaltenswerte Biotope vor allem das Segrahner Moor, die Rosengartener Tannen, die Grambeker Teiche, die Delvenau-Niederung, die Wotersener Gethsbek, der Basthorster Erlenbruch und das Billetal genannt werden:

Beschreibung

- Das *Segrahner Moor* und der Segrahner See sind insoweit gefährdet, als die Abfertigungsflächen am Übergang zur DDR bis unmittelbar an den Südrand des Moores reichen. Dieses Moor ist der Standort vieler Wat- und Wasservögel.

Abb. 1: „Nordtrasse" und „Mitteltrasse-Süd" der Autobahnverbindung Hamburg–Berlin

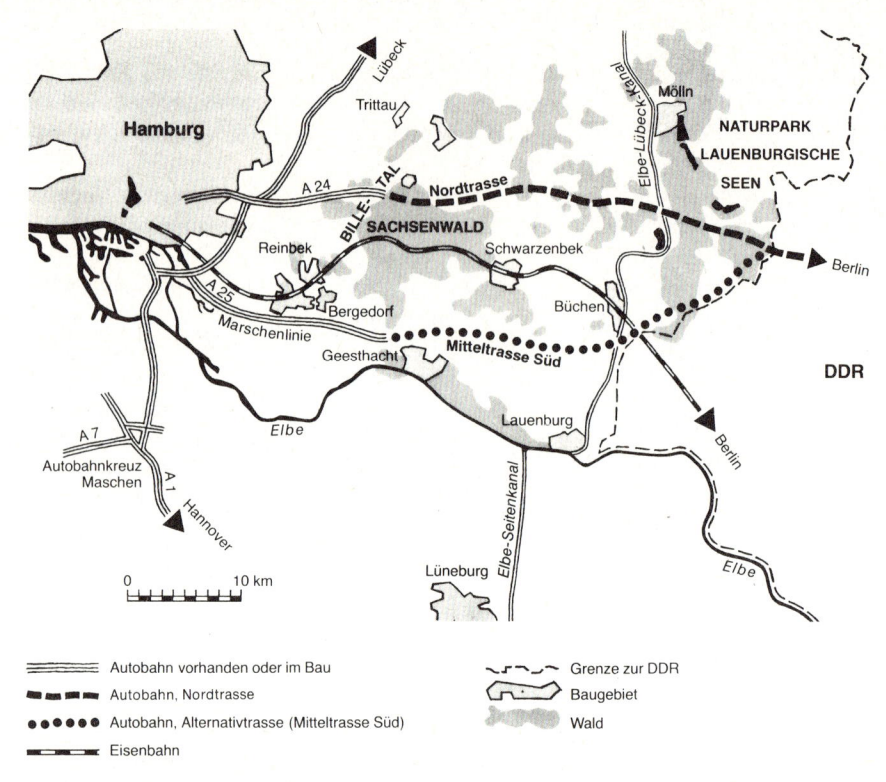

Nach: Arbeitsgruppe BAB-Alternativtrasse Hamburg–Berlin: Rettet den Sachsenwald, das Billetal, den Naturpark Lauenburgische Seen! Aumühle 1980.

• Die *Rosengartener Tannen* sind der Standort für Schwarzstorch, Kranich und andere Vogelarten der Feuchtgebiete. Das „Zwischenmoor" ist kennzeichnend für den Südosten Schleswig-Holsteins. Weil die meisten Moore dieser in ihrem Nährstoffgehalt zwischen Hoch- und Flachmoor liegenden Art durch Entwässerung zerstört worden sind, sind sie von großer Seltenheit. Es liegt kurz vor dem Grenzübergang und wird durch den Bau der Abfertigungsanlagen vernichtet. Das kleine Zwischenmoor weist seinen kontinentalen Charakter vor allem durch die Rauschbeere *(Vaccinium uliginosum)* und den echten Porst *(Ledum palustre)* aus.

• Die *Grambeker Teiche* weisen einen Erlenbruch und ein typisches Kranichbiotop auf. Sie sind durch die Abfahrt nach Mölln und Ratzeburg hoch gefährdet.

• An der nördlichen Seite der Trasse liegt am Übergang in die *Delvenau-Niederung* ein schwach quelliges Bruchwaldgebiet eutrophen Charakters.

• Das Schluchtwäldchen an der *Gethsbek* ist pflanzenkundlich das wichtigste Biotop der Nordtrasse. Es liegt genau an der Stelle, an der die Trasse den Bachlauf schneidet. Hier steht an den quelligen Seitenhängen ein kontinentales osteuropäisches Quellbach-Gras *(Glyceria nemoralis),* das die Besonderheit dieses Biotops einzigartig widerspiegelt. Solche Biotope sind nicht nur die einzigen in Schleswig-Holstein, vielmehr in der gesamten Bundesrepublik und darüber hinaus im gesamten westeuropäischen Raum.

• Der *Basthorster Erlenbruch,* eine interessante Erlenbruchgesellschaft und ein potentielles Kranichbiotop, wird ebenfalls von der Nordtrasse durchschnitten.

• Schließlich seien die schützenswerten Biotope im *Billetal* einschließlich der Niederung an der Corbek und der Witzhavener Au erwähnt, die durch die Überquerung der Trasse beeinträchtigt werden. Die Bille erfüllt aus wissenschaftlichen Gründen und zur Erhaltung von Lebensstätten einer gefährdeten Tierwelt die Kriterien zur Ausweisung als Naturschutzgebiet. Ein Mosaik von Quellmooren, Erlen-Bruchwäldern, Traubenkirschen-Brüchen, Eschen-Senken, Eichen-Hainbuchen-Feuchtbeständen, untermischt mit Großseggen- und Hochgrasrieden, wie hier an der Bille, ist in Schleswig-Holstein einmalig geworden.

24. Artenschutz und Biotopschutz

Die im Bereich der Autobahntrassen liegenden schutzwürdigen Biotope müssen durch Sachverständige gründlich dahingehend untersucht und überprüft werden, ob und wieweit sie durch die Autobahnführung gefährdet sind. Hierbei sind die Seltenheit und Repräsentanz der Gebiete sowie ihre Bedeutung für den Naturhaushalt und das Landschaftsbild ebenso zu berücksichtigen wie der Gefährdungsgrad seltener Tier- und Pflanzenarten. Die heute geforderte ökologische Vielfalt der Landschaft spiegelt sich in der Vielfalt und Verschiedenartigkeit ihrer Biotope wider, die nur dann Aussicht auf weiteren Bestand haben, wenn auch ihre Randzonen in die Schutzmaßnahmen einbezogen werden. Hierzu gehört auch die Forderung, den heute bereits stark eingeschränkten Lebensraum des Hochwildes und anderer Wildtierarten, vor allem ihrer Einstände und Wechsel, nicht mehr als unbedingt notwendig zu beeinträchtigen.

Der „Deutsche Rat für Landespflege" hebt in seiner Stellungnahme ausdrücklich hervor, daß der ökologische Belang nicht nur einer von zahlreichen anderen Belangen sein kann, der bei der Planung neuer Straßen zu berücksichtigen und mit anderen Forderungen abzuwägen ist. Die Erarbeitung ökologischer Grundlagen und ihre Berücksichtigung bei Planungen, die Eingriffe in Natur und Landschaft zur Folge haben, ist zugleich die entscheidende Grundlage dafür, auf die Dauer auch ökonomisch angemessen zu handeln. Dies wird am Teilstück der Autobahn Hamburg–Berlin zwischen Hamburg und der Grenze zur DDR an den vom Rat aufgezeigten Problemen deutlich.

Forderung

Die Gefährdung von Arten und Biotopen

24.2.2.

Im folgenden sollen an 2 wichtigen Biotoptypen aus dem Bereich der „Feucht-Biotope": dem *Flachmoor* und dem *Hochmoor,* und 1 Biotoptyp aus dem Bereich der „Trocken-Biotope": der *Trocken-Heide,* ökologische Besonderheiten und Bedeutung dieser Biotope für den Artenschutz von spezialisierten Tier- und Pflanzenarten dargestellt werden.

Untersuchung

DAS FLACHMOOR

Beispiel 1

Flachmoore sind in der Regel noch in etwas umfangreicheren Beständen vorhanden als Hochmoore. Dies liegt vor allen Dingen an ihrer geringeren Empfindlichkeit gegen die Zuführung von Nährstoffen und an ihren vielseitigeren Entstehungsmöglichkeiten, zum Beispiel aus Verlandungszonen der nährstoffreichen *(eutrophen)* Seen oder aus vernäßten Wiesen.

Was ist das Besondere an der Fauna der Flachmoore?

Flachmoore sind an mineralischen Nährstoffen reicher als Hochmoore – sie haben Kontakt zu mineralischem Grundwasser und sind in ihrer Wasser- und Nährstoffversorgung vom oberflächengebundenen Zulauf aus dem umgebenden Landschaftsraum abhängig. Sie zeigen keine Aufwölbung der Oberfläche wie die Hochmoore. Flachmoore sind deswegen auch häufig „niedriger" als die direkte Umgebung. Sie sind, ähnlich wie Hochmoore, besonders empfindlich, wenn in ihrer Umgebung die Wasserführung des Bodens gestört wird – wie bei dem Bau einer Straße. Bei einer Erniedrigung des Wasserstandes verändert sich schnell die Zusammensetzung ihrer Flora und Fauna, die durch andere Maßnahmen als durch die Wiederherstellung der Wasserführung in ihrem Artenbestand nicht geschützt werden kann. Die Vegetation der meisten Flachmoore gehören zur Klasse der Kleinseggen-Gesellschaften, zu denen Vegetationstypen mit so charakteristischen Arten wie der Wiesensegge *(Carex nigra),* der Igelsegge *(Carex echinata)* und dem Sumpfveilchen *(Viola palustris)* zählen.

Durch den Bau von Straßen erfolgt häufig eine Trennung ihres räumlichen Zusammenhangs mit Sumpf- und Feuchtwiesen, mit denen die Fauna der Flachmoore in der Regel einen intensiven Artenaustausch hat. Dadurch geht die Vernetzung des Flachmoores mit verwandten Biotopen verloren. Außerdem benötigt das Flachmoor-Ökosystem auch etwas erhöht liegende Gebüschränder oder Waldsäume zur Überwinterung eines Teils ihrer Wirbellosen-Fauna. Die Vernetzung zu diesen Biotoptypen wird an vielen Stellen durch den Autobahnbau aufgehoben.

Drastische Beispiele für Faunaveränderung in Flachmooren

Flachmoore haben im Kreis Lauenburg einen Artenbestand von 3000–3500 Tierarten – sie sind also wesentlich artenreicher als Hochmoore, obwohl ihr Artenbestand bei weitem nicht so spezialisiert ist wie der der Hochmoore und infolgedessen auch nicht deren Gefährdungsgrad besitzt.

Mehr als 30 Libellenarten haben in Flachmooren Mitteleuropas ihr Verbreitungsoptimum. Das gilt in ähnlicher Weise auch für den Kreis Lauenburg. Das Vorkommen der Libellen ist von einer gleichmäßigen Wasserführung der Flachmoor-Weiher abhängig. Die Einschnitte der Autobahn-Trasse der A 24 in Feuchtwiesen- und Sumpfbereiche führen zu Wasserstandsveränderungen und damit zu drastischen Verminderungen der Libellen-Fauna, obwohl viele dieser Arten eines dringenden und konsequenten Artenschutzes bedürfen.

Abb. 2: Kleiner Moorweiher

Kleiner Moorweiher in einem bewaldeten „Zwischenmoor" (Kreis Lauenburg im Umfeld der Autobahn A 24). Dieser schwach bewaldete Moortypus wird wegen seiner Schönheit gerne von Touristen aufgesucht – andererseits ist er ein typischer Biotop für so empfindliche Vogelarten wie den Kranich.

Foto: J. MÜLLER-KARCH

Wir kennen im Raum Hamburg drastische Beispiele der Faunenveränderung von Mooren, die der Erholungsnutzung erschlossen wurden. Solche Moore verlieren in einem Zeitraum von 10–20 Jahren einen großen Anteil ihrer typischen Fauna. Ein

Moor in der Nähe von Hamburg verlor durch Erholungserschließung von der Gruppe der Schwebfliegen *(Syrphidae)*, die für die Blütenbestäubung so wichtig sind, von ursprünglich 64 Arten in 20 Jahren 46 Arten, so daß die Fauna dieser Familie in diesem Moor heute nur noch aus höchstens 18 Arten besteht.

Solche großen Artenverluste werden im Zuge weiterer Erholungsbelastung im gesamten Raum Lauenburg als Folge des Autobahnausbaus durch touristische Überflutung überall eintreten.

DAS HOCHMOOR

Beispiel 2

In Schleswig-Holstein existieren von früher etwa 45000 Hektar Hochmoorfläche heute nur noch 5600 Hektar. Aber auch im Rahmen dieser kleinen Gesamtfläche hat kein einziges Hochmoor seinen natürlichen Charakter bewahren können.

Auf die Hochmoore im „Heidemoor-Stadium" – eine etwas trockenere Phase der Moorentwicklung – entfallen heute etwa 1400 Hektar; auf das „Pfeifengras-Stadium" (Molinia-Phase), eine weitere Stufe der trockenen Degeneration des Hochmoores, etwa 1800 Hektar; auf das „Birkenmoor-Stadium" etwa 1400 Hektar.[5] Der Gesamtbestand von einzelnen Hochmoor-Standorten beläuft sich in Schleswig-Holstein etwa auf 100; im Gegensatz dazu gab es 1880 in diesem Bereich noch 900 Hochmoore.

Wegen der besonders starken Gefährdung dieses Biotoptyps in Mitteleuropa sind die Auswirkungen des Autobahnbaus Berlin–Hamburg als besonders einschneidend zu bewerten; denn eine Reihe von Hochmooren wird in ihrem Bestand nicht nur durch weitere Isolation und mögliche Wasserstandsänderungen, sondern eben in besonderem Maße auch durch touristische Einflüsse verändert werden. Dazu kommt, daß die Hochmoore im Kreis Lauenburg den besonderen Charakter von „subkontinentalen Waldklima-Hochmooren" aufweisen – das bedeutet, daß sie schon etwas durch ein östlich-kontinentales Klima beeinflußt werden. Gerade dieser Typ ist unter den letzten 100 Hochmooren in Schleswig-Holstein nur noch mit etwa 10 Standorten vertreten.

Flora der Hochmoore

Spezialisierte Pflanzenarten dieses Biotops sind beispielsweise die Sonnentau-Arten *(Drosera spec.)*, die Beinbrechlilie *(Narthecium ossifragum)*, die Bärentraube *(Arctostaphylos uva-ursi)*, und viele Torfmoos-Arten *(Sphagnum spec.)* als Produzenten des Torfs.

Existenzgefährdung der Fauna

Es läßt sich abschätzen, daß infolge der zunehmenden Außeneinflüsse heute etwa nur noch die Hälfte des ursprünglichen Fauneninventars in den Hochmooren Schleswig-Holsteins vorhanden ist. Deshalb sollte man nichts unversucht lassen, das hochspezialisierte Arteninventar der Hochmoore mit ihrer hohen Biotopbindung durch Regeneration von Hochmoorbeständen wieder mit größeren Populationen zu etablieren.

Artenschutz im Rahmen der Pflege und Regeneration der Hochmoore

• Die Gesamtzahl der Arten *wirbelloser Tiere* in Hochmooren lag in Schleswig-Holstein vor einigen Jahrzehnten bei über 1500. Aufgabe des Artenschutzes muß es sein, diese alte Artenzahl durch Regeneration der Hochmoore und mögliche langsame Wiedereinwanderung aus Bereichen, in denen diese Hochmoore noch in Resten erhalten sind (z.B. Mecklenburg und Niedersachsen), zu regenerieren.

---

5 Angaben des Landesamtes für Naturschutz und Landschaftspflege des Landes Schleswig-Holstein, Kiel.

Wichtig ist auch die Bindung zahlreicher *aquatischer Tierarten* an die Hochmoor-Weiher. Das gilt vor allen Dingen für die Gruppe der Libellen; denn sie haben ausschließlich im Wasser lebende Larven.

Zahlreiche Schmetterlingsarten sind an Pflanzenarten gebunden, die nur im Hochmoor leben können. Dazu gehört zum Beispiel der Hochmoorbläuling *(Lycaena optilete)*, der als Raupe an der Rauschbeere *(Vaccinium uliginosum)* lebt.

- *Wirbeltiere* sind in der Regel weniger an einen bestimmten Biotoptyp als an eine Verzahnung verschiedener Biotoptypen mit unterschiedlicher ökologischer Ausprägung gebunden. Zu den Tierarten mit solchen Ansprüchen gehört zum Beispiel die Kreuzotter *(Vipera berus)*, die im Norden Deutschlands mehr die trockenwarmen, sonnenbeschienenen Hochmoorteile bevorzugt.

- *Vögel* sind weniger auf einen bestimmten Moortyp als auf die Kombination von Mooren verschiedener Ausprägung angewiesen. Als Charaktervögel der Hochmoore kommen vor allen Dingen der Große Brachvogel, die Sumpfohreule und der Bruchwasserläufer in Frage. Diese Arten bevorzugen die feuchten Regionen eines Moores. Der Bruchwasserläufer tritt in ganz Schleswig-Holstein – von 111 untersuchten Hochmooren – nur noch in 25 Hochmooren mit 47 Paaren auf. Hochmoore dienen darüber hinaus gerade in Lauenburg als Brutplatz des *Kranichs*. Er kommt hier nur noch in 6 bis 8 Paaren vor (in der Bundesrepublik insgesamt in 16–18 Paaren). Die Voraussetzung für die dauerhafte Erhaltung dieser seltenen Vogelart ist totale Ungestörtheit am Brutbiotop.

Das nahe Heranführen von Autobahnabfahrten an solche traditionellen Biotopbestände dieser Arten erschwert den Artenschutz in besonderer Weise.

Ausgleichsmaßnahmen für Hochmoore

Ausgleichsmaßnahmen für zerstörte Hochmoore gibt es nicht. Hochmoore lassen sich mit vertretbarem finanziellen Aufwand nicht wieder neu anlegen. Die einzige Möglichkeit besteht darin, die noch vorhandenen, austrocknungsgefährdeten Hochmoorreste mit geeigneten Maßnahmen unter Wiederherstellung ihres charakteristischen Wasserhaushaltes zu regenerieren und dadurch die Neuansiedlung von Arten im Laufe der Zeit wieder zu erreichen. Hinzu kommt, daß vermehrt „Pufferzonen", also beispielsweise Gebüsche und Baumstreifen von 30–100 Meter Breite, die den Einflug von Nährstoffen und anderen chemischen Substanzen aus nahegelegenen Kulturbiotopen verhindern helfen, anzulegen sind.

Beispiel 3 DIE TROCKEN-HEIDE

Nachdem die *Urbarmachung der Heiden* für den Ackerbau und die Aufforstung mit Kiefern oder Eichen den größten Anteil der Heideflächen im nördlichen Niedersachsen und Schleswig-Holstein beseitigten, gelang es in den letzten Jahrzehnten, in Schleswig-Holstein und in der Lüneburger Heide einige Gebiete unter Naturschutz zu stellen. Leider gehört dazu kein einziges Heidegebiet im Kreis Lauenburg, also in dem Einzugsgebiet der Autobahn A 24. Durch ökologisch nicht vertretbare vollständige Aufforstung sind gerade hier (z. B. bei Gudow und Langenlehsten – also im direkten Baubereich der Autobahn Berlin–Hamburg) viele Heideflächen vernichtet worden.

Flora und Fauna der Trocken-Heiden

Im Kreis Lauenburg werden durch die Autobahn vor allen Dingen „Trocken-" und „Moor-Heiden" betroffen. Die Trocken-Heiden werden besonders gern von Erholungsuchenden zum Campen und Lagern aufgesucht und leiden dann sehr unter Stengelbruch.

Die typische *Flora* der Trocken-Heiden weist gefährdete Pflanzenarten auf, wie Behaarter Ginster *(Genista pilosa)*, Katzenpfötchen *(Antennaria deoica)*, Keulenbärlapp *(Lycopodium clavatum)* und Thymian-Seide *(Cuscuta epithymum)*.

Die *Fauna* der Trocken-Heide umfaßt im Kreis Lauenburg etwa 2000 Arten. Darunter zahlreiche gefährdete Arten, wie der Große Mondhornkäfer *(Copris lunaris)* oder der Stierkäfer *(Ceratophyus typhoeus)*, aber auch die Libellenarten.

Abb. 3: Frühe Feuerbauchlibelle *(Pyrrhosoma nymphula)*

Die zu der Familie der Schlanklibellen *(Coenagrionidae)* gehörige Libellenart kommt insbesondere an Torfgewässern vor. Es ist in der Regel eine Frühsommerform, deren Entwicklung etwa 1 Jahr dauert. Die Art kann als erwachsenes Tier überwintern und braucht dann geeignete Überwinterungsstätten. Die Lebensräume der Schlanklibellen sind durch den Autobahnbau weiter eingeengt.

Foto: B. Heydemann / J. Müller-Karch

Besonders auffällig sind die *Schmetterlinge* der Heide, die an die Besenheide *(Calluna vulgaris)* als Wirtpflanze gebunden sind. An dieser Pflanzenart leben allein 60 spezialisierte Tierarten in Schleswig-Holstein und darüber hinaus weit über 200 weitere Arten, die auch noch andere Heidekrautpflanzen annehmen. Eine Leitform dieser Gebiete ist das zu den Spinnerfaltern gehörige Nachtpfauenauge *(Eudia pavonia)*. Die Männchen dieser Art entwickeln Fluggeschwindigkeiten von 40–50 Kilometer in der Stunde und benötigen dabei gerade Flugstrecken über ihrem Biotop von 1 Kilometer und mehr, um nicht aus dem Biotop herauszufliegen. Gerade in bezug auf diesen Flugstreckenanspruch der schnellfliegenden Schmetterlinge ergibt sich die Notwendigkeit zur Erhaltung bestimmter Flächengrößen der Heiden, deren Minimalgröße nicht unter 100 bis 200 Hektar liegen sollte. Statt Isolation und Zergliederung von Heiden durch den Autobahnbau müßte eine Regeneration der Heideflächen auf Kosten von schlagreifem Kiefernwald und von landwirtschaftlichen Grenzertragsböden im Kreis Lauenburg einsetzen.

Große Bedeutung besitzen die Heiden Lauenburgs auch für die Hummel- und Bienenarten (Familie *Apidae*), von denen ein hoher Anteil in den „Roten Listen" der Bundesrepublik aufgeführt ist. Über 90% der etwa 270 Wildbienenarten Schleswig-Holsteins kommen im Kreis Lauenburg vor. Gerade in dem Bereich der

Heiden, Trockenrasen und sonnenbeschienenen Abbruchkanten der sandigen Wegränder leben wiederum 90% der im Kreisgebiet vorkommenden Bienen- und Wespenarten. Diese Hautflügler *(Hymenoptera)* haben eine wichtige Aufgabe in den Ökosystemen: Wildbienen bestäuben Blüten; Wespen-Artige regulieren das Gleichgewicht von anderen Wirbellosen, das heißt, sie tragen Fliegen, Blattläuse und Käfer als Nahrung im Rahmen der Brutfürsorge für die Larven ein.

Gefährdung der Heiden durch Erholungsverkehr

Eine besondere Problematik für die Heiden und Trockenrasen liegt im Zusammenhang mit dem Autobahnbau in der Bevorzugung für das Lagern von Erholungsuchenden auf diesen Flächen im Frühjahr und im Spätsommer. Gerade dann sind die vorhandenen Blüten eine entscheidende Lebensbasis für die gefährdeten Wildbienenarten.

Die Erfahrungen der letzten Jahre im Kreis Lauenburg und im angrenzenden Kreis Stormarn haben gezeigt, daß alle in der Nähe von Straßen gelegenen Heiden und Trockenrasen schnell durch Betritt und Blumenpflücken einen Teil ihrer seltensten Arten verlieren.

Aufgabe 2   Nennen Sie wichtige ökologische Faktoren, von denen die Existenz der Biotoptypen Flachmoor, Hochmoor und Trocken-Heide abhängt.

....
....
....
....
....
....
....
....
....

24.3. Artenschutz als Ökosystemschutz

Problemvertiefung

Das Ausmaß der Verluste in der Natur, wie es im Verschwinden und im Rückgang von Tier- und Pflanzenarten zum Ausdruck kommt, wurde selbst den Fachleuten des Naturschutzes erst sehr spät bewußt – eben als man daran ging, eine Bilanz über das Ausmaß der Gefährdung in der Tier- und Pflanzenwelt in Form der „Roten Listen" für das Gebiet der Bundesrepublik, einzelner Länder oder auch für deren regionale und lokale Teilbereiche zu ziehen und auch für Kontinente oder Teile von Kontinenten sowie für manche Tiergruppen weltweit Vergleiche anstellte.

Im § 20 des Bundesnaturschutzgesetzes findet sich für den „Artenschutz" folgende Begriffsbestimmung:

> Schutz und Pflege der wildwachsenden Pflanzen und wildlebenden Tiere, ihrer Entwicklungsformen, Lebensstätten, Lebensräume und Lebensgemeinschaften als Teil des Naturhaushalts. Der Artenschutz schließt auch die Ansiedlung verdrängter oder in ihrem Bestand bedrohter Pflanzen und Tiere an geeigneten Lebensstätten innerhalb ihres natürlichen Verbreitungsgebietes ein.

Mit dieser Aussage wird der oft geäußerten Meinung entgegengetreten, daß

– nur einzelne Arten im Vordergrund der Naturschutzbemühungen stehen,
– es nur um ein reines „Konservieren" der Tiere und Pflanzen geht,
– Artenschutz und Biotopschutz voneinander zu trennen sind.

Der Schutz von Arten und der aus ihnen gebildeten Lebensgemeinschaften sowie von Lebensstätten und den daraus zusammengesetzten Lebensräumen der Lebensgemeinschaften, so wie es das Naturschutzrecht verlangt, führt zum umfassenden „Ökosystemschutz", der unsere natürliche und gebaute Umwelt mit ihren Ökosystemen umfaßt. Dabei gilt das einander bedingende, doppelte Prinzip:

- *Artenschutz ist nur als Ökosystemschutz möglich,* weil die einzelnen Arten von ihren Lebensräumen und Lebensgemeinschaften abhängig sind;
- *Ökosystemschutz ist nur als Artenschutz möglich,* weil die einzelnen Arten erst ein Ökosystem aufbauen und es zu einem lebenden System machen.[6]

Die Rote Liste der gefährdeten Tierarten

24.3.1.

Teilthema 1

Seit Bestehen des Lebens auf dem Planeten Erde ist die Besiedlung mit Organismen einem steten Wandel unterworfen. Im Verlauf der Erdgeschichte wandelte sich die Tierwelt, die Fauna, in einer zum Teil dramatisch erscheinenden Weise. Arten und ganze Tiergruppen entstanden neu, andere verschwanden und sind uns heute nur noch aus versteinerten Resten bekannt. Dieses Aussterben von Tierarten in der Erdgeschichte vollzog sich langsam; verschwindende Tierarten wurden durch neue ersetzt. Dabei setzten sich Arten mit einer guten Anpassung an die gegebenen Umweltfaktoren gegenüber schlechter angepaßten durch. Wir sprechen in diesem Zusammenhang von einer „Evolution", einer Entwicklung von einfacher organisierten Tieren zu höher entwickelten Formen.

Der Mensch, als hochentwickelte Form, ist nun dank seiner intellektuellen und technischen Fähigkeiten zu einer Gefahr für andere Organismen, insbesondere für zahlreiche Tierarten, geworden. Wir erkennen heute mit Schrecken, daß der Mensch in einem erdgeschichtlich sehr kurzen Zeitraum zahlreiche Tierarten verdrängt, in ihrer Existenz bedroht oder gar ausrottet. Dieses Aussterben von Tieren ist anders zu beurteilen als das in früheren Erdperioden. An die Stelle der jetzt aussterbenden Tierarten treten keine anderen; ihre Stelle nimmt vielmehr immer nur der Mensch mit seinen wenigen Haustierarten ein. Es setzt also eine *Artenverarmung* ein. Man könnte sich mit der Feststellung zufriedengeben, daß dies im Wesen der natürlichen Evolution liege, die es dem besser angepaßten Organismus gewissermaßen nahelege, seine Überlegenheit zum Verdrängungswettbewerb zu nutzen. Sosehr diese These an sich in den Rahmen natürlicher Evolutionsvorgänge paßt, sowenig dürfen wir sie als Mensch akzeptieren. Mehrere Gründe zwingen uns geradezu, diese These nicht anzuerkennen und – wo immer möglich – gegenzusteuern:

• Wildlebenden Tieren und wildwachsenden Pflanzen kommt eine große praktische Bedeutung zu, die man vor allem mit dem Begriff „genetisches Potential" kennzeichnen kann; dieser Ausdruck meint, daß in der Erbsubstanz vieler Arten große Möglichkeiten zu einer künftigen Nutzung durch den Menschen verborgen sind. Diese Nutzungen lassen sich mit Schlagworten kennzeichnen wie „Züchtung von neuen Nutzorganismensorten", „Nutzung von Arten zur biologischen Schädlingsbekämpfung", „Nutzung von Wildtieren zur menschlichen Nahrung", „Arzneimittelgewinnung aus Wildformen", „Nutzung als Forschungsobjekt".[7]

• Artenreichtum wird eine für den Menschen in vieler Hinsicht vorteilhafte Rolle in Ökosystemen zugeschrieben. Direkt einsichtig ist dies bei den bodenbiologischen

---

[6] W. ERZ: Schutz der Tier- und Pflanzenwelt. Einführung in Aufgaben und Grundbegriffe des Artenschutzes. Auswertungs- und Informationsdienst für Ernährung, Landwirtschaft und Forsten, Heft 52.

[7] Ausführlich dazu: Berndt HEYDEMANN: Die Bedeutung von Tier- und Pflanzenarten in Ökosystemen, ihre Gefährdung und ihr Schutz. In: *Jahrbuch für Naturschutz und Landschaftspflege*. Bd. 30. Greven 1980, S. 33 ff.

Vorgängen, die für die Bodenfruchtbarkeit eine entscheidende Rolle spielen, oder bei den biologischen Selbstreinigungsprozessen, die für den Erhalt der Nutzungsmöglichkeit von Gewässern so wesentlich sind.

• Abseits von allen Zweckmäßigkeitsgründen für den Schutz von Arten ist Artenschutz an sich eine ethisch begründbare Aufgabe, eine Kulturaufgabe.

Im Gegensatz zum Tier hat der Mensch die geistigen Fähigkeiten, Probleme zu erkennen und Lösungswege zu suchen. Und so hat er auch die Möglichkeit, die Folgen des Wettbewerbs zwischen Mensch und Tier zu erkennen und zu versuchen, den für das Tier derzeit katastrophalen Verdrängungskampf zu beenden. Die Erkenntnis von der Existenzgefährdung vieler Arten kam einsichtigen Persönlichkeiten schon vor vielen Jahrzehnten. Einer breiteren Öffentlichkeit wurde die Gefahr aber erst bewußt, als die „Roten Listen" gefährdeter Arten das ganze Ausmaß der schon erfolgten Ausrottung und der bestehenden Existenzgefährdungen in Zahlen offenlegten.[8] *Tabelle 2* zeigt aus der „Roten Liste der gefährdeten Tiere und Pflanzen in der Bundesrepublik Deutschland" eine Zusammenstellung von Zahlen, die den Umfang der Gefährdung für unseren heimischen Bereich erkennen läßt.

Tab. 2: Gefährdung von Tieren in der Bundesrepublik Deutschland

	Zahl der einheimischen Arten	ausgestorbene Arten		gefährdete Arten	
		Anzahl	%	Anzahl	%
Säugetiere	87	7	8	41	47
Vögel	238	19	8	86	36
Kriechtiere	12	–	–	8	67
Lurche	19	–	–	11	58
Fische	130	2	2	42	32
Summe Wirbeltiere	486	28	6	188	39

Quelle: Auswertungs- und Informationsdienst für Ernährung, Landwirtschaft und Forsten (AID), Heft 52, 1981, S. 21.

Klassifizierung

Es zeigt sich mit erschreckender Deutlichkeit, daß (1) etliche Arten „ausgestorben" und (2) je nach Wirbeltiergruppe zwischen 32% und 67% der Arten in ihrer Existenz „gefährdet" sind.

Kategorie 1

Die Kategorie „ausgestorben" gilt für solche Arten, bei denen aufgrund verläßlicher, nachprüfbarer Angaben sicher ist, daß sie innerhalb der letzten hundert Jahre oder (bei Großtieren) seit dem Mittelalter aus der deutschen Fauna verschwunden sind. Man faßt nachweisbar ausgestorbene oder ausgerottete Arten und verschollene zusammen; unter „verschollen" sind Arten zu verstehen, die trotz Suche mindestens seit 10 Jahren nicht mehr gefunden wurden. Ein Aussterben auf dem Gebiet der Bundesrepublik muß nicht völliges Erlöschen der Art bedeuten; die Art kann anderswo noch leben. So versteht sich auch der Hinweis, daß „ausgestorbenen" Arten beim Wiederauftauchen ein besonderer Schutz zu gewähren ist.

Der *Auerochse* oder *Ur,* die Stammform des Hausrindes, ist durch Bejagung und Lebensraumzerstörung (Umwandlung von Wald in landwirtschaftliche Nutzfläche, intensive Nutzung der Wälder als Waldweide) weltweit ausgerottet worden. Das letzte Exemplar wurde 1627 erlegt. Aus den gleichen Gründen wie der Ur verschwand der Wisent im 17. Jahrhundert in Mitteleuropa. Das *Wildpferd* fiel der Bejagung zum Opfer; gleiches gilt für den *Wolf,* der als Raubtier verfolgt und im 19. Jahrhundert bei uns endgültig ausgerottet wurde. Ähnliches ereignete sich bei *Braunbär* und *Luchs.* Der *Alpensteinbock* fiel vor allem deshalb der Bejagung zum Opfer, weil die Volksmedizin, der Aberglaube letztlich, aus seinem Körper bis

---

[8] Josef BLAB / Eugeniusz NOWAK / Werner TRAUTMANN / Herbert SUKOPP: Rote Liste der gefährdeten Tiere und Pflanzen in der Bundesrepublik Deutschland. 2. Aufl. – In: *Naturschutz aktuell* Nr. 1, Greven 1978.

24. Artenschutz und Biotopschutz

ins vergangene Jahrhundert hinein die verschiedensten vorgeblich heilkräftigen Produkte gewann. Aus vielfältigen Gründen verschwand der *Biber* aus unseren Regionen: Einmal fielen seine Lebensräume, die Weichholzauen und Bruchwälder an den großen Strömen, der menschlichen Umweltgestaltung zum Opfer; zugleich wurde er scharf bejagt, denn den Menschen interessierte dreierlei: die in der mittelalterlichen Medizin hochgeschätzten Duftdrüsen („Bibergeil"), der Pelz und schließlich auch das Fleisch (der unbehaarte, fischflossenartige Schwanz verschaffte dem Biber die Einstufung als Fastenspeise).
Der Mensch hat in einigen Fällen versucht, die Ausrottung rückgängig zu machen und Tierarten wiedereinzubürgern *(Alpensteinbock, Biber, Luchs).*

Die Kategorie „gefährdet" umschließt 4 Gefährdungsstufen: Kategorie 2

Vom Aussterben bedrohte Arten, die dringend besonderer Schutzmaßnahmen   Stufe 1
bedürfen: Diese Arten kommen in geringer Zahl bzw. in wenigen isolierten kleinen Populationen vor. Oft ist der Bestand dieser Arten durch anhaltende Verfolgung oder Lebensraumzerstörung auf eine kritische Größe zusammengeschmolzen, so daß die natürlichen Fortpflanzungsmöglichkeiten nicht mehr gegeben sind.

• *Unmittelbar vom Aussterben bedroht* sind zunächst einmal die wiedereingebürgerten Arten *Alpensteinbock, Biber* und *Luchs,* die nur kleine, inselartige Areale in unserem Gebiet bewohnen. Ferner *Otter* („Fischotter"), als Beispiel einer wassergebundenen Säugetierart, der in der Vergangenheit als Schädling betrachtet und durch systematische Bejagung nahezu ausgerottet wurde. Heute wird er zwar nicht mehr gejagt, die kärglichen Restbestände sind aber durch Gewässerausbau und Lebensraumzerstörung insgesamt akut gefährdet.
Kritisch ist die Überlebenssituation außerdem bei den Kleinsäugern *Birkenmaus* und *Baumschläfer* sowie bei den Fledermausarten *Große* und *Kleine Hufeisennase.* Alle kommen in solch geringer, kritischer Bestandsgröße vor, daß ein Erhalt der Art bei uns nicht sicher gewährleistet ist.

• *Auf lange Sicht vom Aussterben bedroht* ist im deutschen Küstenmeer der Nordsee der *Schweinswal* („Braunfisch"). Während früher die Bejagung nennenswerten Umfang hatte, spielt sie heute bei uns keine Rolle mehr; es besteht vielmehr der Verdacht, daß der Bestandsrückgang dieser Art auf die Anreicherung von Schadstoffen (vor allem PCB) in seinem Körper zurückzuführen sein könnte. In diese Gruppe gehört weiterhin die *Wildkatze,* die nur in wenigen Räumen (z. B. Eifel, Hunsrück) die starke Verfolgung der Vergangenheit überdauerte und sich durch ein Unterschutzstellen in den dreißiger Jahren erhalten konnte. Allerdings vermischte sie sich vielfach mit verwilderten Hauskatzen. Schließlich gehören hierher 6 Fledermausarten, z. B. *Mausohr* und *Langohrfledermaus.*

Stark gefährdete Arten, die im gesamten Vorkommensgebiet in ihrer Existenz   Stufe 2
bedroht sind.

Die Reihe der stark gefährdeten Säugetierarten enthält wieder einen Nordseebewohner, den *Seehund.* In der jüngeren Vergangenheit wurde er als Fischfresser und damit Konkurrent der Fischer stark bejagt, aber dieser Druck hat in letzter Zeit aufgehört. Die Schadstoffbelastung der Nordsee (insbesondere mit PCB) wird für einen weitgehenden Bestandsrückgang verantwortlich gemacht. Beunruhigung vor allem der Jungtiere beim Aufenthalt an Land durch Tourismus, Boots- und Flugzeugverkehr schädigt die Bestände zusätzlich.[9]
In dieser Gefährdungskategorie findet sich als Kleinsäugetier der *Gartenschläfer,* der wie seine näheren Verwandten schon im Reichsnaturschutzgesetz von 1935 unter Naturschutz gestellt wurde. In diesem Fall kann also nicht von einer neu entstandenen Gefährdung gesprochen werden; vielmehr lag wegen der nur inselartig beschränkten Verbreitung in Mitteleuropa schon lange eine kritische Situation vor.
Als stark gefährdet werden im übrigen weitere 11 *Fledermausarten* geführt, darunter *Zwergfledermaus* und *Abendsegler.* Damit sind alle unsere Fledermausarten in den höchsten Gefährdungskategorien enthalten, und es ist angezeigt, kurz den Gründen dafür nachzugehen:
Die heimischen Fledermäuse sind bekanntlich in der Dämmerung und des Nachts jagende Insektenfresser, die den Tag in Verstecken verschlafen. Sie müssen unbedingt als nützlich eingestuft werden, will man diese Etikettierung einmal vornehmen. Ursprünglich Baum- und Felshöhlenbewohner, sind viele Fledermausarten insofern „Kulturfolger" geworden, als sie ihr Quartier in Gebäuden aufschlugen; allerdings nur in solchen Räumen, wo sie ungestört vom Menschen blieben (Dachböden, Turmstuben usw.). Fledermäuse sind nie beliebte Tiere gewesen – im Gegenteil, der Aberglaube brachte sie, wie viele

---

9 Vgl. Der Rat von Sachverständigen für Umweltfragen: Umweltprobleme der Nordsee. Stuttgart/Mainz (bzw. als Bundestagsdrucksache: Bonn) 1980, S. 208 f.

nächtlich lebende Tiere, in Verruf: sie sind vielfach verfolgt worden. Das allerdings ist nicht die entscheidende Ursache ihres Bestandsrückgangs, der im übrigen schon anfangs der dreißiger Jahre zu Schutzvorschriften führte. Der Rückgang wurde durch die Beseitigung der von den Fledermäusen als Tages- und Winterquartier – Fledermäuse sind Winterschläfer! – benötigten Schlupfwinkel eingeleitet (z. B. durch Abriß alter Gemäuer; Verschließen von Dachluken; Dachkonstruktionen ohne Fugen und Giebelräume; Vermauern von Stollen; Fällen alter, hohler Bäume). Nach 1950 ging auch noch das Nahrungsangebot zurück; die nun einsetzende chemische Insektenbekämpfung sowie veränderte Bewirtschaftungsmaßnahmen, hygienische, fliegenlose Stallungen, aber auch die Gewässerverunreinigung und der damit verbundene Rückgang bestimmter Insektenarten waren die Ursachen für das rückläufige Angebot an Insektennahrung. So ist es zu erklären, daß gerade die Fledermäuse zu den am meisten gefährdeten Arten gehören.

Stufe 3   *Gefährdete Arten,* für die die Bedrohung in großen Teilen des Verbreitungsgebietes besteht.

Gefährdete Arten sind neben *Dachs* und *Iltis* mehrere *Spitzmausarten* (Wasser-, Sumpf-, Feldspitzmaus), *Siebenschläfer, Haselmaus, Brandmaus, Hausratte, Hamster* und *Kleinäugige Wühlmaus*. Die Veränderung der Situation in den letzten 50 Jahren erkennt man daran, daß im Reichsnaturschutzgesetz von 1936 nur Siebenschläfer, Haselmaus und Feldspitzmaus geschützt waren. Die Wasserspitzmaus war damals vom Schutz ausdrücklich ausgenommen; teils weil sie noch häufiger war, teils wohl auch, weil ihr der Ruf des Fischschädlings anhaftete. Daß Dachs und Iltis oder gar die „Schädlinge" Hausratte und Hamster zu gefährdeten Arten würden, hat vor 50 Jahren wohl niemand erwartet. Wir können den Gründen für die Gefährdung hier nicht nachgehen; erwähnt werden sollte, daß der Dachs unter der zur Tollwuteindämmung vorgenommenen Fuchsbekämpfung durch Vergasen schwer gelitten hat.

Stufe 4   *Potentiell gefährdete Arten,* die aufgrund eines eng begrenzten Vorkommensbereiches schon durch lokale Maßnahmen, wie einen Straßenbau, eine Entwässerung und eine andere Veränderung der Flächennutzung, oder durch räumlich begrenzte Immissionen in die Gefahr der Ausrottung geraten können.

Potentiell gefährdete Säugetiere sind neben dem *Murmeltier* der *Alpenschneehase,* die *Alpenspitzmaus* und die *Schneemaus:* alles Arten der Alpenregion.

Ergänzung   Ein weiterer Aspekt der Roten Liste soll abschließend am Beispiel einiger Vogelarten erläutert werden. Alle bisher genannten Arten stehen in der „Liste A". Diese enthält solche Arten, die sich gegenwärtig in der Bundesrepublik Deutschland regelmäßig fortpflanzen oder dies in der Vergangenheit getan haben. Die „Liste B" hingegen umfaßt Tierarten, die sich bei uns in der Regel nicht vermehren, sondern als Gäste zur Überwinterung oder auf dem Durchzug hierherkommen. Eine besondere Gruppe dieser Liste bilden die „Vermehrungsgäste", das sind Arten, deren Fortpflanzungsgebiete außerhalb der Bundesrepublik liegen, die sich hier aber in Einzelfällen vermehren.

Beispiele von gefährdeten Durchzüglern oder Überwinterern: *Bläßgans, Saatgans, Ringelgans, Kranich;* Beispiele von Vermehrungsgästen: *Pfeifente, Bergfink, Zwergmöwe, Bienenfresser.*

Rote Listen bestehen bei uns außer für Säugetiere und Vögel ferner für *Kriechtiere, Lurche, Fische, Rundmäuler, Muscheln, Schnecken* sowie für einige *Insektengruppen,* z. B. Blatt-, Halm- und Holzwespen; Stechimmen und Goldwespen; Großschmetterlinge; Libellen.

Konsequenzen   Ein wesentliches Anliegen ist die Aufklärung der Öffentlichkeit, der Behörden und der Politiker über den aktuellen Stand der Gefährdung von Pflanzen und Tieren in unserem Lande. Sie stellen die Grundlage für Artenschutzprogramme dar und liefern Entscheidungshilfen für alle Institutionen, die mit der Ausweisung von Schutzgebieten zu tun haben oder mit Entscheidungen in Planungsfragen bei gefährdenden Eingriffen in die Landschaft befaßt sind. Die Roten Listen bedürfen ständiger Überarbeitung und Vertiefung; aus dem Vergleich von Angaben aus verschiedenen Jahren lassen sich Verbesserungen oder Verschlechterungen erkennen.

Das „Gesetz über Naturschutz und Landschaftspflege" (Bundesnaturschutzgesetz)[10] macht in § 22(1) Vorschriften über „besonders geschützte Pflanzen und Tiere". Bestimmte Arten „sind unter besonderen Schutz zu stellen, wenn dies wegen ihrer Seltenheit oder der Bedrohung ihres Bestandes erforderlich ist". Dieser besondere Schutz ist ja nun unzweifelhaft bei den gefährdeten Arten der Roten Liste notwendig.

Das Bundesnaturschutzgesetz enthält eine Zusammenstellung von einheimischen und ausländischen Arten, die unter einen besonderen Schutz gestellt sind. Den hier aufgeführten Arten darf nicht nachgestellt, sie dürfen nicht gefangen oder getötet, sie dürfen nicht gesammelt werden (§ 22 Abs. 2, 2–3). Allerdings gelten diese Vorschriften „nicht für den Fall, daß die Handlungen bei der ordnungsgemäßen land-, forst- oder fischereiwirtschaftlichen Bodennutzung" (§ 22, Abs. 3) vorgenommen werden. Diese Einschränkung ist bei allem Verständnis für das Anliegen der Landwirtschaft in dieser pauschalen Form bedenklich, da der modernen Landwirtschaft ein erheblicher Anteil an der Verdrängung und Existenzgefährdung von Pflanzen- und Tierarten zukommt. So begrüßenswert die Artenschutzverordnung vom Ansatz her ist, so ist doch zu bedauern, daß hier nicht der für die Erhaltung von Arten entscheidende Lebensraumschutz („Biotopschutz") verankert wurde (vgl. Abschnitt 24.3.3).

Entsprechend dem Rahmengesetzcharakter des Bundesnaturschutzgesetzes und der zugehörigen Bundesartenschutzverordnung erlassen die deutschen Bundesländer auch eigene Landesartenschutzverordnungen.

Übereinkommen gibt es auch für ausländische Tier- und Pflanzenarten, die vom „Washingtoner Artenschutzabkommen" erfaßt sind.[11] Sinn dieser Listen gefährdeter ausländischer Tiere ist die Verhinderung ihres Importes in die Bundesrepublik Deutschland; dadurch sollen der Tierhandel ebenso wie der Souvenirerwerb unterbunden und auf diese Weise ein Beitrag zum Schutz gefährdeter Arten in aller Welt geleistet werden.

Aufgabe 3

Nennen Sie die Kategorien, nach denen die Roten Listen der gefährdeten Tiere untergliedert sind, und führen Sie jeweils (mindestens) eine Säugetierart als Beispiel auf.

....
....
....
....
....
....
....
....
....
....
....
....

---

10 Vom 20. Dezember 1976. BGBl. I, 1976, S. 3574.
11 Übereinkommen über den internationalen Handel mit gefährdeten Arten freilebender Tiere und Pflanzen (Washingtoner Artenschutzabkommen) vom 3. März 1973 (BGBl. II 1975, S. 777) (für die Bundesrepublik Deutschland in Kraft seit 20. Juni 1976, BGBl. II 1976, S. 1237).

24.3.2. Die Rote Liste der gefährdeten Pflanzenarten

Teilthema 2

In intensiv vom Menschen umgestalteten Gebieten kennen wir keinen Fall, in dem eine Pflanze mit Sicherheit durch natürliche Veränderungen ausgestorben wäre. Unter den anthropogenen Ursachen des Rückganges haben die Veränderungen der Standorte viel weitreichendere Folgen gehabt als die direkten Einwirkungen auf Pflanzenvorkommen.

Tabelle 3 zeigt, daß unter den Ursachen des Artenrückganges von größter Bedeutung sind:

– die Beseitigung von Übergangsbereichen und Sonderstandorten (für 36% der gefährdeten Arten) sowie
– Entwässerung (für 30% der gefährdeten Arten).

Tab. 3: Ursachen des Artenrückgangs, angeordnet nach der Zahl der betroffenen Pflanzenarten der Roten Liste

	a	b	c Pflanzenformationen																			
			1	2	3	4	5	6	7	8	9	10	11	12	13	14	15	16	17	18	19	20
Sammeln	67	11,5	1	3	9						30			5	4	2	9	8	4	5	2	6
Herbizidanwendung	89	15,3				3	75	14			4		1	1		1			1			
Mechanische Einwirkungen	99	17,0	6		12			1			39	8		29	5		5	7			1		
Eingriffe wie Entkrautung, Roden, Brand	81	13,9						3			4	18	1	10	5		5	3	2	29	14	10
Änderung der Nutzung	123	21,2	2		4				6		42	1		9	24	4	54	7	2	3		
Aufgabe der Nutzung	172	29,6	1		6		25	1	5		50	1	1	20	26	7	60	7		2		
Einführung von Exoten	10	1,7									9										1	1
Aufgabe bestimmter Feldfrüchte	5	0,9					5															
Aufhören von Bodenverwundungen	42	7,2	1		20	3		6			7	3		6			1	1				
Entwässerung	173	29,8	1		2	12	2	1	3			27	5	97	5	1	34	10	10			2
Bodeneutrophierung	17	2,9				1		3			1			2	9	1	2	1				
Gewässereutrophierung	56	9,6					5					1		52				1	1			
Luft- und Bodenverunreinigung	8	1,4									8											
Gewässerverunreinigung	31	5,3										26		10								
Beseitigung von Ökotonen	210	36,1	7	2	2	12	28	11	17	6	86	1	1	5	9	5	41	3		23	3	1
Gewässerausbau	69	11,9	1		3	5		2	4		1	36	4	19			2	3	1			
Schaffung künstlicher Gewässer	7	1,2				1						2		2			2					
Abbau und Abgrabung	112	19,3		1		2	1		1		65	3		21	1		24					
Auffüllung, Überbauung	155	26,7	5		1	16	5	2	7	1	68	15	1	23	1	2	27					
Verstädterung von Dörfern	20	3,4						7	11	3												

a = Anzahl der gefährdeten Arten
b = Prozentzahl der gefährdeten Arten, bezogen auf die Gesamtzahl der berücksichtigten Arten
c = Pflanzenformationen: 1 Küstenvegetation, 2 Außeralpine Felsvegetation, 3 Alpine Vegetation, 4 Hygrophile Therophytenfluren, 5 Ackerunkrautfluren und kurzlebige Ruderalvegetation, 6 Ausdauernde Ruderal-, Stauden- und Schlagfluren, 7 Kriechpflanzenrasen, 8 Quecken-Trockenfluren, 9 Trocken- und Halbtrockenrasen, 10 Vegetation eutropher Gewässer, 11 Quellfluren, 12 Oligotrophe Moore, Moorwälder und Gewässer, 13 Zwergstrauchheiden und Borstgrasrasen, 14 Frischwiesen und -weiden, 15 Feuchtwiesen, 16 Subalpine Vegetation, 17 Feucht- und Naßwälder, 18 Xerotherme Gehölzvegetation, 19 Bodensaure Laub- und Nadelwälder, 20 Mesophile Fallaubwälder einschl. Tannenwälder.

Abweichungen infolge Mehrfachnennungen

Nach: H. SUKOPP / W. TRAUTMANN / D. KORNECK: Auswertung der Roten Liste gefährdeter Farn- und Blütenpflanzen in der Bundesrepublik Deutschland für den Arten- und Biotopschutz. Schriftenreihe für Vegetationskunde der Bundesforschungsanstalt für Naturschutz und Landschaftsökologie, Heft 12, 1978, S. 108.

Auswirkungen

Rückgang und Verlust von Arten haben für die Biosphäre eine große, je nach Reichweite der Veränderung aber verschiedene Bedeutung. Wenn man den Extremfall, völliges Aussterben einer Art auf der Erde, betrachtet, läßt sich die erb- und stammesgeschichtliche Bedeutung klar erkennen. Mit dem Aussterben ist nicht nur ein bestimmter unwiederbringlicher Typ, Ergebnis einer langen Entwicklung, verschwunden, sondern es sind zugleich alle zukünftigen Entwicklungsmöglichkeiten abgeschnitten, die von ihm hätten ausgehen können: eine ausgelöschte Art kann nicht wieder entstehen.

Tab. 4: Verursacher des Artenrückganges

	a	b	c Pflanzenformationen																				
			1	2	3	4	5	6	7	8	9	10	11	12	13	14	15	16	17	18	19	20
Städtisch-industrielle Nutzung	99	17,0	1			3	6	4	2		63	2		6		1	2	17				
Verkehr & Transport	19	3,3				1	1	1			10			5			2					
Rohstoffgewinnung, Kleintagebau	106	18,2		1		3	1				60	3		19	1		24					
Abfall- & Abwasserbeseitigung	67	11,5				5		1	2		14	13	1	29			6					
Landwirtschaft - Flurbereinigung	339	58,3	5	1	5	15	34	11	16	6	98	7	3	83	30	7	55	15		26	3	1
La - Intensivierung Ackerbau	73	12,6				4	68	3			5											
La - Intensivierung Grünlandnutzung	139	23,9	3		8	1	1	1	9		38	1	1	14	20	8	66	11				
La - Intensivierung Sonderkulturen	14	2,4	1				10				1	3										
La - Dorfsanierung	12	2,1				4	8															
Wasserwirtschaft	92	15,8	2		3	4		2	3		1	43	5	33			1	4	1			
Teichwirtschaft	37	6,4	1		17	1		1				7	1	17			2					
Forstwirtschaft & Jagd	84	14,5						3			20			2	8		9	2	13	23	14	9
Tourismus & Erholung	112	19,3	6	1	15		1				48			21	4	2	7	13	4	5	2	6
Militär	32	5,5									31						1	1				
Wissenschaft	7	1,2	2	1							2			2								

a = Anzahl der gefährdeten Arten
b = Prozentzahl der gefährdeten Arten, bezogen auf die Gesamtzahl der berücksichtigten Arten
c = Pflanzenformationen: s. *Tab. 3*

Abweichungen infolge Mehrfachnennungen

Nach: H. SUKOPP / W. TRAUTMANN / D. KORNECK: Auswertung der Roten Liste gefährdeter Farn- und Blütenpflanzen in der Bundesrepublik Deutschland für den Arten- und Biotopschutz, a.a.O., S. 108.

Eine andere Bedeutung hat das Aussterben *in kleinen Gebieten,* wenn dadurch nur ein Teil des Areals der betreffenden Art ausfällt. In solchen Gebieten wird die Aufmerksamkeit überwiegend auf die Ursachen der Verluste gerichtet. Ebenso wie der Totalverlust ist auch der Rückgang von Arten in den meisten Fällen durch Veränderung der Standorte bedingt. Wir benutzen den Verlust an Arten als ein Anzeichen für Vegetations- und Standortsveränderungen. In der Kulturlandschaft, in der die meisten Änderungen durch den Menschen verursacht sind, bietet uns daher der Verlust an Arten ein einfaches Maß, um die Auswirkungen des menschlichen Einflusses zu messen. Aufgrund ihrer ökologischen Abhängigkeit von bestimmten Pflanzenarten verschwanden mit dem Rückgang um 1 Pflanzenart jeweils etwa 16 von ihr abhängige Tierarten.

Konsequenzen

Soll dem Rückgang und dem Aussterben der Arten entgegengewirkt werden, muß der Artenschutz durch Biotopschutz kurz- und mittelfristig verstärkt werden: Wichtigstes Mittel zur Erhaltung der überwiegenden Mehrzahl der Arten ist deren Erhaltung in einem System von Schutzgebieten. In den bestehenden 1472 Naturschutzgebieten der Bundesrepublik Deutschland kommt mehr als die Hälfte der gefährdeten Arten vor. Eine große Gruppe gefährdeter Farn- und Blütenpflanzen (etwa 150) können jedoch nur schwer in Schutzgebieten erhalten werden. Die Möglichkeiten der Erhaltung in speziellen Feldflora-Reservaten, in bäuerlichen Freilichtmuseen und in der Umgebung von Burgen, Burgruinen und Festungsanlagen sowie an Straßen und Wegrändern werden diskutiert, ebenso die begrenzten Möglichkeiten einer Erhaltungskultur in Botanischen Gärten und in Gen-Banken.

Nennen Sie Auswirkungen des Verlustes von Pflanzenarten.

Aufgabe 4

....
....
....
....

24.3.3. Biotopschutz als Voraussetzung für den Artenschutz

Teilthema 3

Wildwachsende Pflanzen und wildlebende Tiere sind durch zwei Gefährdungstypen in ihrer Existenz bedroht:

(1) Direkte Gefährdung durch Abpflücken oder Sammeln, Handel, Jagd, Beunruhigung an Ruhe- oder Fortpflanzungsplätzen, Vergiftung, Schadstoffbelastung u. a.

(2) Indirekte Gefährdung durch die Zerstörung oder Veränderung der Lebensstätte, durch Veränderungen der Lebensgemeinschaften durch Entfernen oder Hinzufügen von Arten, durch Luft-, Boden- und Gewässerverunreinigung; auch die Verkleinerung und Vereinzelung von Lebensstätten können eine wesentliche Rolle spielen.[12]

Typ 1

Der Abwendung der *direkten Gefährdung* von jagdbaren Säugetieren und Vögeln dienen gewisse Vorschriften der Jagdgesetzgebung, etwa der ganzjährige Schutz für Mäusebussard, Habicht, Sperber, Haselwild (Haselhuhn) oder auch Schonzeitenregelungen während der Fortpflanzungsphase. Für alle übrigen Tiere und die Pflanzen sind, soweit sie als gefährdet gelten, in den Bundes- und Länderartenschutzverordnungen (vgl. Abschnitt 24.3.1) Schutzvorschriften betreffend Verfolgung, Sammlung, Handel und ähnliches erlassen. Von diesen Verordnungen nicht erfaßt wird die Gefährdung durch Schadstoffe. Hier ist lediglich ein gewisser, aber oft unzureichender Schutz gewährleistet durch die verschiedenen Rechtsvorschriften, die das Eindringen von Schadstoffen in die Umwelt verhindern oder beschränken sollen (z. B. Bundes-Immissionsschutzgesetz, Pflanzenschutzgesetz, bestimmte wasserrechtliche Vorschriften).

Typ 2

Wir wollen den Komplex „direkte Gefährdung" hier nicht weiter besprechen, sondern uns den *indirekten Gefährdungen* zuwenden, da diese für die Gesamtheit aller Arten die bei weitem größte Bedeutung haben. Diese Erkenntnis wurde schon 1976 als Resultat vieler Einzelberichte von Wissenschaftlern aus verschiedenen Fachbereichen so formuliert: „Ursache für Ausrottung, Rückgang und Gefährdung heimischer [...] Arten ist überwiegend der Mensch. Im Vordergrund stehen die Auswirkungen von anthropogenen Umweltveränderungen auf Biotope. Von direkten Eingriffen sind nur bestimmte Pflanzen- und Tiergruppen betroffen."[13]

Ursachen

Wolfgang ERZ hat die *Ursachen* für die Gefährdung der in der Roten Liste enthaltenen heimischen Brutvogelarten zusammengestellt. Aus *Tabelle 5* ergibt sich sehr deutlich, daß im Falle der Vögel die direkte Gefährdung als alleinige Ursache vergleichsweise geringe Bedeutung hat; im Zusammenhang mehrerer Faktoren (sog. komplexe Ursachen) spielt sie allerdings eine größere Rolle. Insgesamt zeigt sich aber klar die große Bedeutung der Zerstörung von Lebensräumen.

Dieses Bild gibt die allgemein zu beobachtende Tendenz gut wieder. Allerdings sind bei anderen Tiergruppen oder bei Pflanzen die jeweiligen Anteile der einzelnen Ursachen am Gesamtgefährdungspotential wechselnd. Bei einigen Tagschmetterlingen und manchen Käfern beispielsweise kann der Anteil des Sammelns durchaus eine wesentliche Rolle spielen. Aber auch hier ist die Lebensraumzerstörung entscheidend. Bei Schmetterlingen sind Arten aus Trockenrasen, Feuchtwiesen,

---

12 Für Säugetiere und Vögel gibt folgende Arbeit für beide Kategorien anschauliche Beispiele: Vinzenz ZISWILER: „Bedrohte und ausgerottete Tiere". Berlin/Heidelberg/New York 1965.
13 Herbert SUKOPP / Paul MÜLLER: Symposium über Veränderungen von Fora und Fauna in der Bundesrepublik Deutschland – Ergebnisse und Konsequenzen. In: Schriftenreihe für Vegetationskunde. Heft 10. Bonn 1976, S. 406.

Tab. 5: Ursachen für die Gefährdung der in der Roten Liste der Bundesrepublik Deutschland aufgeführten Brutvogelarten

Ursache des Artenrückganges	Betroffener Anteil gefährdeter Vogelarten	
	als alleinige Ursache	mitbeteiligt an komplexen Wirkungen
Lebensraumzerstörung (ohne wasserwirtschaftliche Eingriffe	16%	77%
Wasserwirtschaftliche Eingriffe (Gewässerausbau, Grundwasserabsenkung u. a.)	6%	43%
Beunruhigung durch Tourismus, Störungen am Brutplatz (Fotografieren), Todesfälle durch Verkehr oder an Überlandleitungen	3%	52%
Menschliche Nachstellung (Jagd, Nestzerstörung)	2%	52%
Umweltschadstoffe	–	18%
Fang (oder Eientnahme aus Nest) für Haltung (z. B. Falknerei), Handel, „Ausstopfen", Sammeln	–	5%

Nach: Wolfgang ERZ: Über Veränderungen der Brutvogelfauna in der Bundesrepublik Deutschland. In: Schriftenreihe für Vegetationskunde. Heft 10. Bonn 1976, S. 263.

Mooren und Edelholzwäldern besonders gefährdet. Insbesondere die erstgenannten Lebensstätten haben in den letzten Jahrzehnten sehr stark unter Meliorationsarbeiten gelitten, das heißt unter Düngungsmaßnahmen und Entwässerung. Die Veränderung der Schmetterlingsfauna geht hier auf die meliorationsbedingte Veränderung des Pflanzenartenbestandes zurück – also eine typische Folge gestörter ökologischer Wechselbeziehungen.

In diesem Zusammenhang sollte auf ein grundsätzliches Problem der Auswertung von Roten Listen und einer Umsetzung in Artenschutzmaßnahmen hingewiesen werden. Die Roten Listen der Bundesrepublik Deutschland enthalten nicht nur Arten, deren Bestandsgröße bei uns durch menschliche Verfolgung oder durch Lebensraumzerstörung so klein geworden ist, daß ihre Existenz insgesamt bedroht ist, sie enthalten vielmehr auch Arten, die hier schon lange (oder immer) nur kleine Besiedlungsareale besaßen, weil – zum Beispiel – nur hier ein zusagendes Klima vorliegt. Solche Bestände sind selbstverständlich durch den Menschen insofern besonders bedroht, als schon ein unbedeutend erscheinender lokaler Eingriff in die Landschaft oder den Pflanzenbestand sowie das Auftreten von Sammlern sehr schnell zur Existenzbedrohung führen können. Andererseits aber vermag auch eine geringfügig erscheinende natürliche Änderung der Temperatur den Rückgang mancher Arten auszulösen. Davon werden besonders die genannten Einzelvorkommen betroffen, weil sie in der Regel an den Grenzen des natürlichen Vorkommensgebietes liegen und damit Änderungen natürlicher Umweltfaktoren besonders ausgesetzt sind. Matthias WEITZEL konnte beim Rückgang einiger Schmetterlingspopulationen in Rheinland-Pfalz Zusammenhänge mit Temperaturrückgängen nachweisen.[14]

Wir müssen aus dieser Beobachtung lernen, daß in Einzelfällen sehr wohl natürliche Ursachen Bestandsrückgänge von Arten auslösen oder – in anderen Fällen – beschleunigen können. Hier versagen daher Artenschutzmaßnahmen.

---

14 Matthias WEITZEL: Eignen sich Schmetterlinge als Indikatoren für langfristige Umweltveränderungen? In: Decheniana-Beihefte. 26. Bonn 1982.

Folgerung Ziehen wir eine Folgerung aus der Feststellung, daß Lebensraumzerstörung im weiteren Sinne entscheidende Bedeutung für den Artenrückgang hat, so kann diese nur lauten:

Ein wirksamer Artenschutz kann nur über den Schutz des Lebensraumes erfolgen. Artenschutz muß Biotopschutz sein. Besser noch: *Artenschutz muß Ökosystemschutz sein.*

Die verschiedenen Begriffe bedürfen einer Erläuterung: „Ökosystem" wurde schon früher definiert als „funktionelle Einheit aus Organismen und Umwelt" (Bd. I, S. 18) und am Beispiel „Bodensee" (Bd. I, S. 170) näher erläutert. Hier muß angefügt werden, daß man die Gesamtheit der Organismen eines Ökosystems, also Mikroorganismen, Pflanzen und Tiere, als „Lebensgemeinschaft" *(Biozönose)* bezeichnet und die Gesamtheit der Umweltfaktoren als „Standort" *(Biotop)*. Dieser ursprüngliche Biotopbegriff wandelte sich allerdings im Laufe der Zeit zu einer Bezeichnung für den Lebensraum, die Lebensstätte einer Lebensgemeinschaft oder einer einzelnen ihr angehörenden Art. Es vollzog sich also ein Wandel von einem mehr abstrakten Begriff („Summe aller Umweltfaktoren") zu einem konkreten räumlichen Begriff. Das birgt eine Gefahr für das Verständnis notwendiger Artenschutzmaßnahmen: Artenschutz muß in letzter Konsequenz in einem Schutz der gesamten Lebensgemeinschaft bestehen, da die einzelne Art fest in das Vernetzungsgefüge der Nahrungsketten und anderer Beziehungsgefüge eingebunden ist. Das Gesamtartengefüge aber kann nur Bestand haben, wenn alle Umweltfaktoren („Standortfaktoren"), eben der ganze „Biotop", erhalten bleiben.

Wie gefährlich es ist, beim Biotopschutz in engbegrenzten räumlichen Kategorien zu denken, hat man in der Vergangenheit wiederholt erfahren:

Da wurde zum Beispiel ein Naturschutzgebiet in feuchter Quellhanglage geschaffen, um ein anmooriges Feuchtgebiet mit seltenen Pflanzen zu schützen. Jahre später wurde am Hang oberhalb des Schutzgebietes eine Straße gebaut und sorgfältig um das Areal herumgeführt. Aber die Straße erhielt ein tiefes Schotterbett mit Entwässerungsanlagen und tiefe Weggräben. Wenig später vertrocknete das Feuchtgebiet, weil ein entscheidender Teil der Wasserzufuhr aus dem oberen Hangbereich ausgefallen war; die schützenswerten Pflanzen verschwanden, Einheitsvegetation breitete sich aus. Fazit: Räumlich unversehrt, starb das Schutzgebiet an der Veränderung eines entscheidenden Umweltfaktors: nämlich der Wasserverhältnisse.

Allzuoft wird übersehen, daß Ökosysteme offene Systeme sind, die zum Beispiel mit ihrem Umfeld im Stoffaustausch stehen. Dies muß bei Schutzmaßnahmen berücksichtigt werden. Es handelt sich dabei nicht nur um Erhalt bestehender Verknüpfungen zum Umfeld; es muß auch dafür gesorgt werden, daß keine Stoffflüsse neu entstehen und das Ökosystem verändern.

Auch dazu ein Beispiel: Oligotrophe Seen (vgl. Bd. I, S. 175) mit kennzeichnender Pflanzen- und Tierbesiedlung können nur erhalten bleiben, wenn jeglicher anthropogener Nährstoffzufluß unterbleibt. Auch die oftmals als harmlos dargestellten Phosphatabschwemmungen von landwirtschaftlich genutzten Flächen spielen trotz einer im Vergleich zu häuslichem Abwasser geringen Phosphatkonzentration eine wesentliche Rolle. Selbst der Eintrag von Nährstoffen über den Regen kann Probleme schaffen, ganz zu schweigen von dem Eintrag von Schadstoffen im engeren Sinne oder den Folgen saurer Niederschläge.

Problemerweiterung Viele Pflanzen- und Tierarten sind bei uns durch Vernichtung solcher Ökosysteme in Gefahr, die durch die Tätigkeit des Menschen entstanden sind und sich nur bei Aufrechterhaltung bestimmter Nutzungen erhalten lassen: beispielsweise die Schafhude auf Magerrasen der Kalktriften, Streunutzung durch Mahd von Feuchtwiesen und extensiver Obstbau in Form des „Streuobstbaus". Die landläufige Vorstellung, daß Artenschutz durch Sicherstellung von Flächen und Schutz vor jeder menschlichen Nutzung oder Beeinflussung am besten zu verwirklichen sei, übersieht die Tatsache, daß der überwiegende Teil unserer Ökosysteme letztlich anthropogenen Ursprungs ist. Der Mensch spielt hier die Rolle eines Ökosystemgliedes; würde man ihn herausnehmen, bräche das bisherige Gefüge zusammen und es würde in den meisten Fällen bei Landökosystemen die durch das mitteleuropäische Klima vorgegebene Entwicklung („Sukzession") zu einem Waldökosystem einsetzen; dieses aber hätte einen völlig anderen Artenbestand als die früheren anthropogenen Ökosysteme im Bereich der künstlich durch die Landwirtschaft offengehaltenen Landschaft. Artenschutz muß also in vielen Fällen durch Aufrechterhaltung bestimmter Wirtschaftsformen, das heißt unter Beibehaltung bestimmter menschlicher Eingriffe, betrieben werden.

Dies hier angeschnittene Problem ist nicht neu. Man hat schon vor Jahrzehnten beim Naturschutzgebiet „Lüneburger Heide" gelernt, daß Beendigung der traditionellen Nutzung der Heide durch Schafhude und Plaggengewinnung eindeutig auch das Ende der offenen Heideflächen bedeutete. Ohne Aufrechterhaltung der Eingriffe siedeln sich Birken und Kiefern an, bildet sich Wald.

Wir halten fest: *Artenschutz in anthropogenen Ökosystemen ist nur bei Aufrechterhaltung der bisherigen Eingriffe wirksam.* Wichtig: Die Eingriffe dürfen sich keineswegs verstärken, auch dies würde das Ökosystem gefährden. Es kommt also darauf an, in diesen Gebieten, soweit sie dem Artenschutz dienen sollen, die bisherige Nutzungsart aufrechtzuerhalten, keine Intensivierung der Nutzung, keine Entwässerung, keine Düngung vorzunehmen.

Folgerungen

Übrigens kann auch ein vollständiger Schutz ohne jeden menschlichen Eingriff in natürlichen Gebieten Probleme schaffen: In einigen Vogelschutzgebieten der Nordseeküste kam es zu starker Vermehrung von Silbermöwen, die als Nesträuber nun die übrigen Vogelarten, denen der Schutz eigentlich galt, zurückdrängten und in der Existenz gefährdeten. Auch hier muß der Mensch regulierend eingreifen. Ähnliche Erfahrungen machte man in Schutzgebieten des Gebirges, wo sich pflanzenfressende Huftiere zu stark vermehrten, weil ein natürlicher Regulationsfaktor (große Raubtiere) fehlte.

Welche Artenschutzmaßnahmen durch Biotopschutz sollten vorgesehen werden? Zunächst einmal sollten von allen Ökosystemtypen, die in der Bundesrepublik Deutschland vorkommen, ausreichend große Flächen unter Naturschutz gestellt werden, um den jeweiligen Artenbestand so weit wie möglich zu sichern. Alle Arten können damit keineswegs hinreichend geschützt werden, da viele Arten, vor allem größere Tiere, einen Lebensflächenbedarf haben, der über die tatsächlich in der Praxis erreichbaren Schutzgebietsflächen oft weit hinausgeht. Das wäre auch dann der Fall, wenn es gelänge, den Anteil von Naturschutzgebieten an der Fläche der Bundesrepublik Deutschland von derzeit 0,9% (ohne Wattenmeerflächen) auf die angestrebten 8–10% anzuheben. Abgesehen von diesen Anforderungen einzelner Tierarten an großflächige Areale, reicht der in abgegrenzten Schutzgebieten vorhandene Organismenbestand nur in einem Teil der Fälle wirklich zur Arterhaltung aus. Viele Arten bedürfen des Austausches mit anderen Populationen von außerhalb, um sich auf Dauer zu erhalten. Viele Arten kann man im übrigen gar nicht in Naturschutzgebieten fassen, da ihr Lebensraum im menschlichen Siedlungsbereich liegt; man denke nur an Schwalben, Mauersegler, Weißstorch.

Es bedarf also auch des Artenschutzes auf Flächen außerhalb der eigentlichen Schutzgebiete. Dieses Unterfangen ist in mancherlei Hinsicht noch schwerer zu verwirklichen als das Schutzgebietskonzept, da es ein erhebliches Verständnis des einzelnen Mitbürgers für Artenschutzbelange voraussetzt. Vor allem bedarf es in vielen Fällen eines Verzichtes auf ökonomische und andere Vorteile. Man mache sich einmal einige Vernetzungen zwischen menschlichem Handeln und dem Artenschutz klar:

Viele Artenschutzforderungen, wie Erhalt von Hecken, Kleingewässern, Feuchtwiesen usw. im ländlichen Raum setzen Nutzungsverzichte (und möglicherweise auch Einkommensverzichte) beim Landwirt voraus. Dies wird vom Landwirt fast selbstverständlich erwartet; man sagt sogar gern, daß es die Sozialpflichtigkeit des Eigentums verlangt. Voraussetzung dafür wäre allerdings, daß der Artenschutz im vollen Umfang vom Bürger und vom Politiker akzeptiert und in seiner – meiner Meinung nach nicht bestreitbaren – Berechtigung durch demokratischen Beschluß anerkannt ist. Man gehe aber in der Überlegung weiter: Im Fall „Mehlschwalbenschutz" im ländlichen Raum beispielsweise bedarf es einer genügend großen Zahl von Hausbesitzern, die die Nester (und die mögliche Fassadenverschmutzung) am Haus dulden; es bedarf der Bereitschaft, lehmige Wege mit Naßstellen zu dulden, damit die Schwalbe ihr Nestbaumaterial (Lehm) findet; es muß Nahrung für die Schwalben in Gestalt von Insekten vorhanden sein – dies bedeutet nicht nur Verzicht oder jedenfalls Minderung des Insektizideinsatzes, sondern auch Erhalt und Schaffung von Lebensstätten für geeignete Insekten: dazu gehören die ungeliebten, weil anrüchigen Fliegenbrutstätten (Miststätten u. dergl.) ebenso wie kleinere stehende Gewässer (Mückenbrutstätten u.a.), selbst die im Garten so unbeliebten Ameisen tragen in gewissem Umfang durch ihre fliegenden Geschlechtstiere zu diesem Nahrungsangebot bei.

Artenschutz sollte man konsequent betreiben, nicht nur von anderen verlangen: Meisenkästen im Hausgarten vertragen sich nicht mit Spritzungen gegen Blattläuse, viele Bruten gehen an solcherart vergifteter Nahrung zugrunde (vgl. hierzu auch S. 62).

Zum Artenschutz durch Biotopschutz gehört auch die Neuschaffung von Lebensstätten: Kleingewässer im Garten, innerhalb der landwirtschaftlichen Nutzfläche oder im Wald. Oft entstehen diese sogar als Nebenprodukt, etwa bei der Holzabfuhr als Fahrspuren, und müssen lediglich erhalten werden – was hier eigentlich heißt: nicht beseitigt werden. Das Anpflanzen von Feldgehölzen oder Hecken im Bereich landwirtschaftlicher Nutzflächen, die Anlage von „Naturgärten" im häuslichen Umkreis, die Duldung des Heranbildens und Fortbestandes einer Brennesselansiedlung sind ebenfalls Maßnahmen des Artenschutzes durch Schaffung von Lebensstätten.

Aufgabe 5   In welcher Weise kann Artenschutz durch Biotopschutz verwirklicht werden? Nennen Sie auch besondere Problemfälle.

....
....
....
....
....
....
....
....
....

24.4. Die Schaffung neuer Biotope – am Beispiel des Rheinischen Braunkohlenreviers

Abschlußbeispiel

Wenden wir uns abschließend noch einmal einem konkreten Beispiel des Arten- und Biotopschutzes zu – diesmal nicht einem Negativbeispiel wie die Autobahn Hamburg–Berlin am Anfang dieser Studieneinheit, sondern einem Positivbeispiel, dem Rheinischen Braunkohlenrevier: also nicht der Beeinträchtigung und Zerstörung, sondern der Förderung und Neuschaffung von Biotopen durch den Menschen.

Das Rheinische Braunkohlenrevier im Städtedreieck Bonn–Düsseldorf–Aachen ist etwa 2500 km^2 groß. Das Revier umfaßt das größte geschlossene Braunkohlevorkommen Europas. Die zur Zeit aufgeschlossenen Tagebaue fassen einen Lagerstätteninhalt von rund 3,5 Mrd. t. Diese Mengen reichen bis in das nächste Jahrtausend. Die Reservefelder, unter ihnen auch der neu aufgeschlossene Tagebau Hambach, haben einen weiteren Inhalt von 7,5 Mrd. t, die nach dem heutigen Stand der Tagebautechnik wirtschaftlich abgebaut werden können. Die Kohle wird von „Abraummassen" (Sande, Kiese, Tone) überlagert. Diese hatten im Süden des Reviers eine Mächtigkeit von nur 15–20 m, im Norden und Westen bis zu 250 m und mehr. Dieser Abraum wird durch Schaufelradbagger, die über 200000 t täglich bearbeiten können, abgeräumt und in bereits ausgekohlte Tagebaue oder auf Halden verkippt.

Der im Bereich der Tieftagebaue betriebene Abbau ist nur möglich, wenn das Grundwasser bis unter die Kohle abgesenkt wird. Die Grundwassermassen werden über die Erft und durch den von der Braunkohleindustrie gebauten Kölner Randkanal in den Rhein abgeleitet, soweit das Wasser nicht für die Trinkwasserversorgung benutzt wird.

In Zukunft bieten ausgekohlte Tagebaue die Möglichkeit, große Wassermengen zu speichern und auf diese Weise die Wasserversorgung für weite Bereiche erneut sicherzustellen. Ein Beispiel für die wasserwirtschaftliche Nutzung der Tagebaue sind die bisher im Rheinischen Revier geschaffenen 39 Seen.

Abb. 4: Übersicht über das rekultivierte Südrevier im Rheinischen Braunkohlengebiet

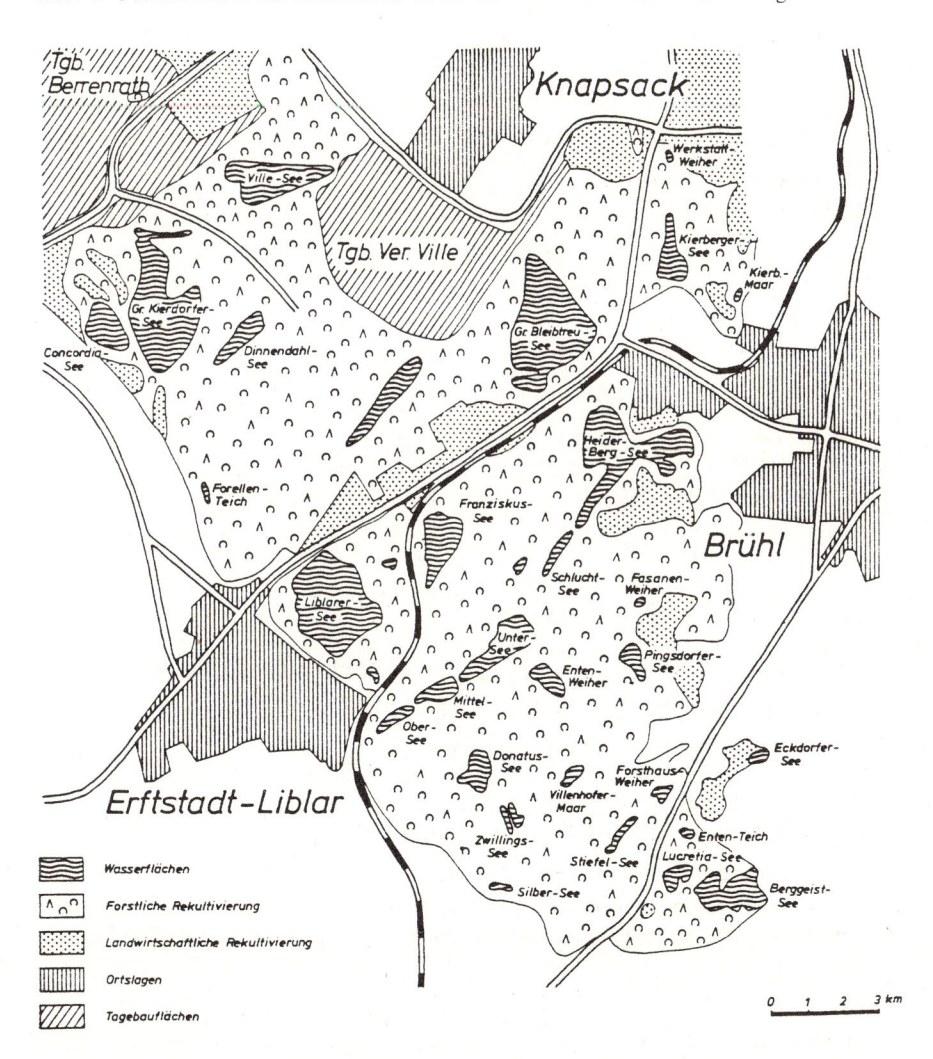

Nach: Rheinische Braunkohlenwerke: „Wo neue Wälder wachsen".

Der Tagebau brachte notwendigerweise eine völlige Veränderung der Landschaftsstruktur und des gesamten Naturhaushaltes. Dabei wurde der Naturhaushalt bis an die Grenze des Erträglichen belastet. Infolgedessen war es notwendig, auf der Grundlage landschaftsökologischer Forschung durch eine neue verantwortungsvolle Raumordnung die Erneuerung bzw. Wiederherstellung einer ökologisch ausgewogenen Kulturlandschaft zu garantieren. Es wurden Pläne entwickelt, die über das bisher Geschaffene hinaus weitere vorbildliche Landschaften gestalten können. Die neue Landschaft im Rheinischen Braunkohlenrevier kann daher als Modell für andere Rekultivierungen dienen.

Es muß jedoch betont werden, daß die vielfältigen Oberflächenformen im Südrevier besonders günstige Voraussetzungen für eine Wiederbesiedlung geschaffen haben. Experimentierfelder einer neuen Landschaftsentwicklung sind nicht allzu häufig auf der Erde anzutreffen. Besonders interessante Objekte für das Studium natürlicher Landschaftsentwicklung sind die Gebiete junger Vulkanausbrüche, etwa auf Island, Vorgelände zurückweichender Gletscher oder sich ins Meer vorbauende Deltas und Sandbänke.

Neben diesen naturbedingten Neulandschaften bietet das Braunkohlenrevier die Möglichkeit zur Beobachtung eines drastischen und raschen Landschaftswandels. Im Südrevier des Kölner Braunkohlengebietes vollzog sich in den letzten fünfzig Jahren eine vom Menschen gesteuerte totale Neuentwicklung der Landschaft.

Renaturierung und Rekultivierung

Bei künstlichen Lebensräumen sind zwei Begriffe zu unterscheiden: „Renaturierung" und „Rekultivierung". Die *Renaturierung* schafft durch die natürliche Entwicklung ohne Mithilfe des Menschen wertvolle Lebensräume, die *Rekultivierung* gestaltet die Lebensräume durch gezielte Pflegemaßnahmen und Anpflanzungen. Durch den Abbau von Kies-, Sand-, Ton- und Braunkohlenlagerstätten entstehen in Steinbrüchen und in Tagebauen größere und kleinere Wasserflächen, die durchaus nicht nur negative Auswirkungen auf die Landschaft besitzen. Hier sind vom Menschen an einigen Stellen Voraussetzungen für eine „Natur aus zweiter Hand" geschaffen worden, indem eine natürliche Entwicklung von Gewässern als Lebensräume für eine sich oft erstaunlich reich und vielfältig ansiedelnde Pflanzen- und Tierwelt stattfand. Von den ersten Pioniergesellschaften entwickelten sich von Jahr zu Jahr typische Lebensgemeinschaften der Seen und Sümpfe. Ihre Entwicklung verlief an einigen Stellen so günstig, daß heute eine Sicherung als Naturschutzgebiete sinnvoll und notwendig erscheint.[15]

Die Renaturierung der ausgekohlten Tagebaue verlief nach natürlichen Gesetzmäßigkeiten in 4 Stadien:

• Das *1. Stadium* der Landschaft ist das Tagebaugelände ohne pflanzliche und tierische Besiedlung. Extreme Bedingungen der ökologischen Verhältnisse!

• Das *2. Stadium* der Landschaftsentwicklung ist eine „Grassteppe" mit typischen Tieren offener Lebensräume, wie Hase, Kaninchen, Feldhuhn, Fasan, Steinschmätzer, Regenpfeifer, Kiebitz und zahlreiche Käfer- und Schmetterlingsarten. An den von Seen aufgefüllten Senken und Mulden weicht das Gras der feuchtigkeitsliebenden Vegetation der Seeufer (Sauergräser, Binsen, Schilf).

• Als *3. Stadium* entwickelt sich ein zunächst sehr lichter Gehölzbestand aus zahlreichen Baum- und Straucharten. Mit zunehmender Pflanzenbedeckung und damit verbesserten Nahrungs-, Wohn- und Brutmöglichkeiten vergrößern sich

---

15 G. Bauer: Die geplanten Naturschutzgebiete im rekultivierten Südrevier des Kölner Braunkohlengebietes. In: Beiträge zur Landesentwicklung, Nr. 15, Landschaftsverband Rheinland, Köln 1970. – Ders.: Die Bedeutung künstlicher Wasserflächen für den Naturschutz. In: *Natur und Landschaft* 48 (1973), S. 280–284.

Anzahl und Siedlungsdichte der Tiere. An den Ufern der Seen entwickelt sich das Weiden-Erlen-Birken-Gebüsch, in dem in großem Arten- und Individuenreichtum Wasservögel ihren Brut- und Lebensraum finden.

• Als *4. Stadium* entsteht im Laufe längerer Zeiträume in einem ökologisch ausgewogenen Zustand ein natürlich angesamter Wald mit einer Vielzahl von Waldtieren und -pflanzen. In dieses Waldland eingebettet liegen die Seen mit einer nach 12 bis 15 Jahren bereits geschlossenen Vegetationszone und entsprechender Lebensgemeinschaft.

Die ökologische Bedeutung der neuen Seen

Verfolgen wir die Entwicklung der neuen Landschaft am Beispiel der neuen Seen: Die zunächst völlig unbesiedelten Lebensräume nehmen alle Formen auf, die zufällig die Seeflächen erreichen. Das ermöglicht die Entfaltung seltener und anspruchsvoller Arten, die sich nicht gegen die Konkurrenz bereits vorhandener Lebensgemeinschaften durchsetzen müssen. Am Ufer der Seen und in den Seen selbst entwickelt sich eine höchst interessante Pioniervegetation. Der durchfeuchtete Ufersaum wird bereits nach einigen Wochen von zahlreichen Moosarten besiedelt. Fast gleichzeitig werden durch Wind und Wasservögel zum Teil seltene und für diesen Landschaftsraum ungewohnte Wasser- und Sumpfpflanzen herbeigebracht. Neben dem Schilfrohr findet sich auch der Igelkolben ein. Die Sumpfbinse besiedelt tiefere Wasserschichten.
Dem Röhrichtgürtel ist die Zone der Schwimmblattpflanzen vorgelagert. So finden wir die Weiße Seerose – die allerdings hier eingesetzt wurde – und das Schwimmende Laichkraut. Manche flachen Seen sind bis zur Hälfte und mehr mit Teichschachtelhalm und Rohrkolben zugewachsen. Sie verlanden allmählich. Auf die Zone der Schwimmblattgewächse folgt in den größeren Tiefen des Sees die Zone der untergetauchten Wasserpflanzen. Die Larven zahlreicher *Libellen* führen zwischen den Schilfstengeln ihr „räuberisches" Leben. An warmen Sommertagen fliegen die frischgeschlüpften Libellen am Ufer und auf den Waldwegen.
Molche, Frösche und Kröten sind zahlreich vorhanden. Sie können sich, wie die meisten Insekten, über Land verbreiten, da die erwachsenen Tiere teilweise oder ganz zum Landleben übergegangen sind. Der Laich der ersten Frösche und Kröten muß wohl durch die Wasservögel herbeigebracht worden sein, das heißt, Enten brachten in ihrem Gefieder den Laich mit, der sich dann in den neuen Seen entwickelte. Auch die Fische sind bei der Neubesiedlung zahlreich: schon in den Wasserabzugsgräben wimmelt es von Stichlingen; Karpfen, Schleien, Rotaugen, Regenbogenforellen und Hechte wurden ausgesetzt.
Die größte Bedeutung besitzen die Seen für die Vogelwelt. Die Vielzahl der Biotope ermöglicht den Wasser-, Wat- und Sumpfvögeln Existenzmöglichkeiten. Einige der Brutvögel sind: Haubentaucher, Zwergtaucher, Zwergdommel, Krickente, Teichrohrsänger, Drosselrohrsänger, Rohrammer und Sturmmöwe. Hinzu kommen die nordischen Wintergäste wie Tafelente, Reiherente, Schellente, Zwergsäger u.a.
Die Tagebauseen sind nicht nur hochwertige Biotope für gefährdete Tiere und Pflanzen, sie stellen auch ausgezeichnete Studienbeispiele für die natürliche Entwicklung und Besiedlung von künstlichen Gewässern dar; sie geben Hinweise auf Möglichkeiten und Grenzen einer aktiven Gestaltung der Lebensräume.

Welch interessante Entwicklung an künstlichen Seen zu erwarten ist, zeigt folgende Beobachtung: Ausgehend vom Genfer See und Bodensee, in denen sich seit 1965–68 die Wandermuschel stark vermehrt hatte, ist sie in den letzten beiden Jahrzehnten auch in künstliche Seen, zunächst in Süddeutschland, eingewandert. Sie hat auch das Rheinland „erobert". Dadurch wurden die künstlichen Seen zu einem Nahrungslebensraum für überwinternde Tauchenten (Reiherenten, Tafelenten u.a.).

Viele Baggerseen sind wegen ihres geröllreichen Bodens besonders zur Ansiedlung der Wandermuschel geeignet, da sie feste Gegenstände im Wasser zur Anheftung benötigt.

Wir sehen, daß sich in künstlich geschaffenen Lebensräumen Pflanzen und Tiere in ungeahnter Arten- und Individuenfülle einstellen, die früher in diesem Landschaftsraum nicht vorkommen konnten. Die Bedeutung dieser zu den wertvollsten Naturgebieten des Rheinlandes gehörenden künstlichen Biotope wird dadurch erhöht, daß sie als ökologisch funktionsfähige Landschaftsräume inmitten der überlasteten Siedlungs- und Industrieregion der rheinischen Städtelandschaft liegen. Insgesamt leisten künstliche Wasserflächen aller Art bei entsprechender Gestaltung und bei Fehlen von Störungen und Belastungen durch anderweitige Nutzungen einen Beitrag zur Wiederherstellung ökologischer Stabilität der Landschaft durch biologische Vielfalt.[16] Wie groß die Veränderung der Landschaft in Richtung auf eine Vielfalt war, veranschaulicht die *Abbildung 5:*

Abb. 5a: Geländeprofil Liblar-Walberberg durch die Ville vor dem Abbau

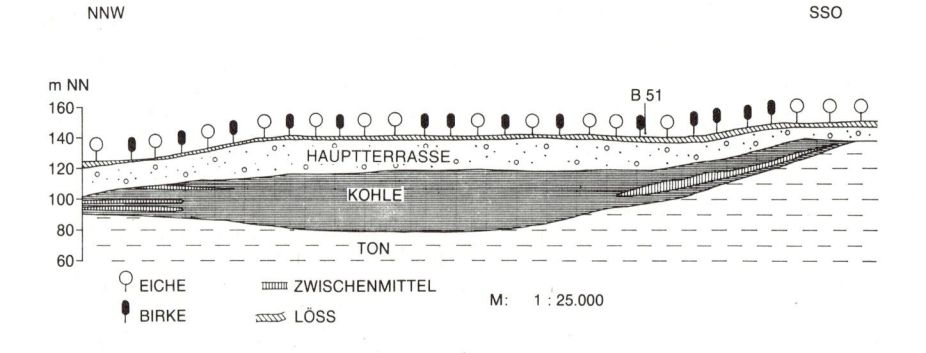

Abb. 5b: Das gleiche Profil nach dem Abbau

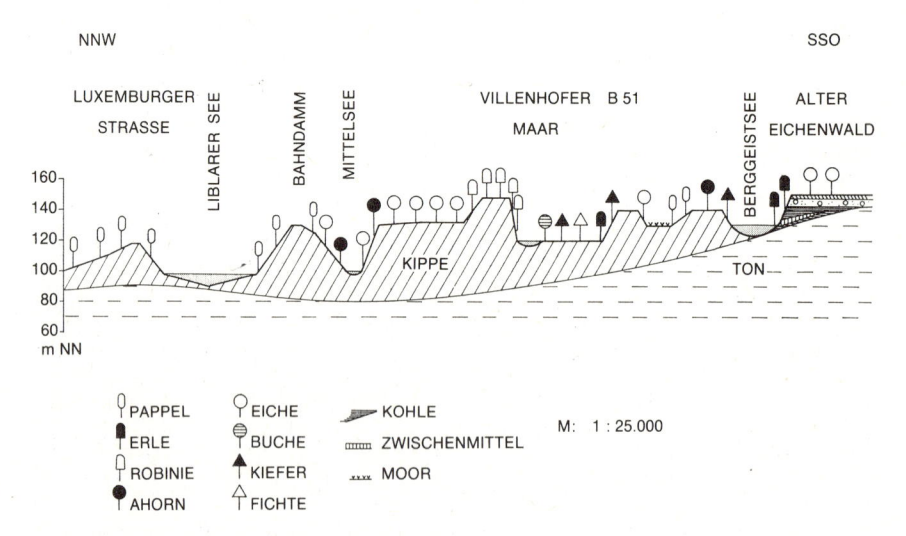

Aus: G. Darmer / H. J. Bauer: Landschaft und Tagebau. *Neue Landschaft,* Hefte 11 und 12, 1969.

---

16 W. Haber: Naturschutz und Erholung – ein Zielkonflikt? In: Naturschutz und Naturpark, Heft 64, 1972, S. 2–8.

Naturschutz und Erholung – ein Zielkonflikt

In der neu entstandenen Landschaft des Südreviers haben sich zahlreiche gefährdete Pflanzen und Tiere eingefunden. Gefährdet sind in der heutigen Kultur- und Industrielandschaft vor allem Arten und Lebensgemeinschaften, die besondere Ansprüche an ihren Lebensraum stellen; sie sind wesentlich stärker gefährdet als die anpassungsfähigeren und anspruchslosen.

Es besteht die Gefahr, daß der hohe ökologische Wert, der durch Renaturierung und Rekultivierung entstanden ist, durch Freizeitaktivitäten vernichtet wird. Die Attraktivität der Erholungslandschaft ist hierbei der ökonomische Wert, der vermarktet wird – meist ohne Schonung der landschaftlichen Substanz. Es ergeben sich deutliche Beziehungen zwischen der Erholungstätigkeit und der dadurch erfolgten Belastung der Pflanzen- und Tierwelt und auch der gesamten Lebensräume, vor allem der Ufer. Obwohl bereits im Februar 1970 ein Gutachten zur Unterschutzstellung eines Teils der Seen und Wälder vorlag, sind diese hochwertigen Gebiete bis heute noch nicht als Naturschutzgebiet ausgewiesen. Aufgrund dieses Versäumnisses sind inzwischen zunehmend Störungen und Schäden durch verschiedene Erholungsnutzungen aufgetreten, so daß sich die Ausgangssituation laufend verschlechtert. Die Flächen liegen im Kerngebiet des Naturparks Kottenforst-Ville und sind durch den von Jahr zu Jahr steigenden Erholungsverkehr einer wachsenden Belastung ausgesetzt, die geeignet ist, die Schutzbestrebungen zunichtezumachen.

Zusammenfassung 24.5.

Ergebnis

Das neue Naturschutzrecht mit dem Bundesnaturschutzgesetz und den entsprechenden Landesgesetzen hat die Voraussetzungen für einen wirksamen Arten- und Biotopschutz geschaffen. Die Notwendigkeit erfolgreicher Maßnahmen zum Schutz von Tier- und Pflanzenarten geht aus dem hohen Maß ihrer Gefährdung hervor. So sind 40% der einheimischen Gefäßpflanzen gefährdet und über 50% der Wirbeltiere ausgestorben, verschollen, gefährdet oder potentiell gefährdet.

Um einen wirksamen Schutz von Arten in der Bundesrepublik Deutschland zu gewährleisten, müssen ausreichend große Flächenanteile aller bei uns vorkommenden Ökosystemtypen geschützt werden – was einen Flächenanteil von etwa 8–10% des Bundesgebietes erfordert.

Der Schutz wertvoller Flächen muß ergänzt werden durch den Ausgleich von unvermeidbaren Eingriffen in Natur und Landschaft. Als ein wegweisendes Beispiel wurde das rekultivierte Südrevier im Rheinischen Braunkohlengebiet mit seinen zahlreichen neuen Biotopen vorgestellt. Die Renaturierung der ausgekohlten Tagebaugebiete verläuft nach natürlichen Gesetzmäßigkeiten. Die verbleibenden Restwasserflächen entwickeln sich zu besonders wertvollen Lebensstätten, auch für seltene und anspruchsvolle Tier- und Pflanzenarten. Einige der rekultivierten Flächen sind naturschutzwürdig und dem Naturpark „Kottenforst" eingegliedert. Die Belastung durch den steigenden Erholungsverkehr ist aber nicht zu übersehen. Ein effektiver Arten- und Biotopschutz ist nur dann zu vollziehen, wenn die erforderlichen Lebensräume und Lebensstätten durch ausreichenden Gebiets- und Objektschutz vor übermäßigen Belastungen und Störungen gesichert werden. Die gesetzlichen Grundlagen für zu schützende Gebiete und Objekte sind mit dem Bundesnaturschutzgesetz geschaffen worden. Ob sie ausreichen, um diese Gebiete und Objekte genügend zu schützen, belastende Nutzungsansprüche abzuwehren und Zielkonflikte auszuschalten, soll in der folgenden Studieneinheit 25 beantwortet werden.

25. Schutzgebiete und Schutzobjekte

Federführender Autor: Gerhard Olschowy

Autoren der Studieneinheit: Hans Bibelriether, Dieter Birnbacher, Konrad Buchwald, Gerhard Olschowy, Ernst Preising

25.0. Allgemeine Einführung

Diese Studieneinheit behandelt (1) Naturschutzgebiete und (2) Schutzobjekte:

(1) Die zum Festland gehörigen *Naturschutzgebiete* haben bis Ende 1981 die Zahl von 1472 erreicht – was einem Flächenanteil am Bundesgebiet von etwa 0,9% entspricht; rechnet man die geschützten Flächen des Wattenmeeres hinzu, so beläuft sich der Anteil auf rund 1,6%. Die Zahl der *Landschaftsschutzgebiete* wird mit etwa 5000 angegeben; die von den Bundesländern ausgewiesenen Naturparke haben zur Zeit die Zahl von 62 erreicht – was einem Flächenanteil von etwa 20% gleichkommt. In Bayern sind der „Nationalpark Bayerischer Wald" und der „Alpen- und Nationalpark Berchtesgaden" eingerichtet, während das Land Niedersachsen an der ostfriesischen Nordseeküste die Ausweisung eines „Nationalparks Wattenmeer" vorgesehen hat.

Die Auswahl der heutigen Naturschutzgebiete kann nicht als repräsentativ gelten, weil sie häufig zufällig oder doch aufgrund bestimmter Interessen unter Schutz gestellt wurden, jedenfalls nur selten nach übergeordneten Schutzkriterien, geschweige denn aufgrund eines Schutzgebietssystems.

Naturschutzgebiete haben zwar aufgrund des Bundesnaturschutzgesetzes den höchsten Schutzstatus; dennoch unterliegen sie keinem Vollschutz, weil sie zumeist einer land- oder forstwirtschaftlichen, einer jagdlichen oder fischereilichen Nutzung unterliegen. Aufgrund landesrechtlicher Regelungen ist es zwar möglich, Naturschutzgebiete zu enteignen und zu entschädigen, jedoch wird davon in den seltensten Fällen Gebrauch gemacht. Ein tatsächlicher Vollschutz ist daher nur erreichbar, wenn die Flächen aufgekauft werden und in die Betreuung durch die öffentliche Hand oder in deren Auftrag durch einen Verband übergehen. Die in einigen Bundesländern gegründeten Naturschutzstiftungen und Naturschutzfonds lassen hoffen, daß in Zukunft wenigstens die wertvollsten Gebiete auf diese Weise ausreichend geschützt werden können.

Wenn der Schutzstatus und der Schutzcharakter der Landschaftsschutzgebiete, wie die Erfahrungen gelehrt haben, sehr gering sind, so hat das seinen Grund in der Tatsache, daß die ausgewiesenen Gebiete zum Teil sehr großflächig sind und ein ausreichender Schutz nicht erreicht werden kann; so sind Genehmigungen für Siedlungsbauten, Verkehrseinrichtungen, Abgrabungen und Abfalldeponien zumeist nicht die Ausnahme, sondern die Regel; hinzu treten die Zielkonflikte mit dem Erholungs- und Fremdenverkehr. Es erhebt sich die Frage, ob die gesetzlichen Bestimmungen für Landschaftsschutzgebiete ausreichen, ob sie genügend ausgeschöpft werden oder ob in Zukunft eine bestimmte Anzahl wertvoller naturnaher Gebiete aufgrund einer Verordnung ausgewiesen werden soll, die einen ausreichenden Schutzstatus vorsieht, der etwa zwischen den Naturschutzgebieten und den jetzigen Landschaftsschutzgebieten liegt. Sachverständige erachten dies für einen Flächenanteil von etwa 8% bis 12% des Bundesgebietes als dringend notwendig, um die Ziele des Naturschutzes erreichen zu können.

(2) Die *Schutzobjekte* umfassen Naturdenkmale und geschützte Landschaftsbestandteile: Als *Naturdenkmale,* deren Schutz ähnlich dem von Naturschutzgebieten verhältnismäßig streng ist, werden in erster Linie Gegebenheiten der Natur, wie Felsen, Höhlen, Gletscherspuren, Quellen, Wasserfälle, erdgeschichtliche Aufschlüsse und Dünen, aber auch alte und seltene Bäume und Baumgruppen, ausgewiesen. *Geschützte Landschaftsbestandteile* sind eine durch das Bundesnaturschutzgesetz neu geschaffene Schutzkategorie; dies muß deshalb als ein erfreulicher Fortschritt angesehen werden, weil hierdurch auch die durch den Menschen geschaffenen naturnahen Bestandteile der Landschaft gesichert werden können; so können beispielsweise Alleen, Hecken, Feldgehölze, Schutzpflanzungen, Baum- und Gehölzgruppen, Ufergehölze, Schilf- und Rohrbestände, Moore und Streuwiesen, Feuchtgebiete und Wasserflächen, aber auch Parke rechtsverbindlich geschützt und damit belastende Eingriffe durch Fachplanungen verhindert werden.

Mit dem „Gesetz zur Berücksichtigung des Denkmalschutzes im Bundesrecht" vom 1. Juni 1980 ist auch eine Veränderung des Bundesnaturschutzgesetzes vorgenommen worden, wonach „historische Kulturlandschaften und -landschaftsteile von besonderer Eigenart" zu erhalten sind – was zum Beispiel für historische Knick-, Hecken-, Terrassen-, Weinbergs- und Siedlungslandschaften in Betracht kommen kann.

Der derzeitige Gebietsschutz ist, gemessen an den Aufgaben und Zielen des Naturschutzes und der Landschaftspflege, noch unzureichend. Zahl und Fläche der Naturschutzgebiete (z. Z. sind es rd. 0,9% der Fläche der Bundesrepublik Deutschland) wie auch der Landschaftsschutzgebiete (z. Z. etwa 25% der Fläche des Bundesgebietes) haben in den letzten drei Jahrzehnten zwar erheblich zugenommen, ihr Schutzstatus aber ist unbefriedigend. So unterliegen Naturschutzgebiete keinem Vollschutz, weil sie zumeist – bereits aufgrund der Landwirtschaftsklausel im Bundesnaturschutzgesetz – genutzt und auch wegen ihrer zumeist geringen Größe durch benachbarte Nutzungen belastet werden.

Problemeinstieg

Es ist zu erwarten, daß sich aus den Aufgaben der Schutzgebiete und den Ansprüchen, die die Nutzung „Freizeit und Erholung" erhebt, zwangsläufig Ziel- und Nutzungskonflikte ergeben müssen. Diese Konflikte sind leider in den Bundes- und Ländergesetzen für Naturschutz und Landschaftspflege vorprogrammiert. Das Bundesnaturschutzgesetz besagt in § 16 unter anderem, daß Naturparke einerseits überwiegend Landschafts- oder Naturschutzgebiete sein sollen, andererseits aber für die Erholung vorgesehen sind. Es legt darüber hinaus noch fest, daß Naturparke ihrem Erholungszweck entsprechend geplant, gegliedert und erschlossen werden. Der Gesetzgeber hat in der Abfassung dieses Paragraphen offensichtlich den vorherstehenden § 13, der die Naturschutzgebiete behandelt, übersehen, denn hier heißt es in Abs. 2, daß alle Handlungen nach Maßgabe näherer Bestimmungen verboten sind, „die zu einer Zerstörung, Beschädigung oder Veränderung des Naturschutzgebietes oder seiner Bestandteile oder zu einer nachhaltigen Störung führen können". Über die Belastung der Naturschutzgebiete in Erholungslandschaften liegen inzwischen entsprechende Untersuchungsergebnisse vor. Die Ausstattung dieser Gebiete mit natürlichen Elementen läßt auch eine Empfindlichkeit gegenüber Belastungen erwarten. Etwa 50% der Naturschutzgebiete werden durch Freizeitaktivitäten in Anspruch genommen, vor allem, wenn sie in der Nähe von Verdichtungsräumen und Erholungsschwerpunkten liegen und wenn sie offene, also für die Erholung und Freizeit nutzbare Gewässer aufweisen. Besonders gefährdet sind Verlandungszonen der Ufer, Moore, Dünen und Heiden sowie Biotope mit empfindlichen Tier- und Pflanzenarten.

Die Überprüfung vieler Naturschutzgebiete hat ergeben, daß sie zum Teil wegen eingetretener Veränderungen und Belastungen nicht mehr schutzwürdig sind oder aber vor längerer Zeit unter Kriterien ausgewählt und ausgewiesen worden sind, die heute anders bewertet werden. Es gab noch keine Richtlinien oder systematischen Auswahlkriterien, wie auch oftmals die persönlichen Interessen und Neigungen des zuständigen Naturschutzbeauftragten die Auswahl bestimmten. Daher sind die Bestrebungen zu begrüßen, ein „integriertes Schutzgebietssystem" zu entwickeln, in dem die Kriterien Repräsentativität, Natürlichkeitsgrad, Seltenheit, Gefährdungsgrad, optimale Verteilung (einschließlich Vernetzung), Struktur, optimales Maß (Mindestgröße) und der Anteil an der Gesamtfläche wesentlich sind; die Schutzgebiete sollen in übergeordnete Planungen, gegenwärtige Nutzungen und andere Schutzkategorien und -systeme, so auch Wasserschutzgebiete und Naturwaldreservate, integriert sein. Der „Deutsche Rat für Landespflege" hat in einer Stellungnahme festgestellt, daß solche integrierten Schutzgebietssysteme in der Lage sind, die Ziele des Naturschutzes unter den heutigen Umweltbedingungen in der Bundesrepublik Deutschland zu erreichen, nämlich die Sicherung von Landschaftsräumen und Landschaftsbestandteilen

– mit ökologisch stabilisierender Wirkung,
– mit Bedeutung für das Landschaftsbild,
– zur Dokumentation der Landschaftsgeschichte,
– mit Bedeutung für Forschung, Lehre und Bildung.[1]

Die Forderung, daß Naturschutzgebiete nicht genutzt werden sollen, bedeutet nicht, daß sie in jedem Fall sich selbst überlassen bleiben. In bestimmten Fällen dürfen Pflegemaßnahmen nicht ausgeschlossen werden; sie können sogar unumgänglich notwendig sein, um den Charakter eines Naturschutzgebietes zu erhalten. Das gilt zum Beispiel für die Freihaltung von Heideflächen oder Feuchtgebieten vor aufkommendem Wald.

In seiner Stellungnahme hat sich der „Deutsche Rat für Landespflege" auch kritisch mit den Schutzgebieten auseinandergesetzt. Er führt hierzu unter anderem aus:

„Bei der Beurteilung des wachsenden Flächenanteils an NSG [Naturschutzgebieten] müssen jedoch folgende Tatsachen berücksichtigt werden:
– Die meist geringe Größe der NSG, die Belastung infolge Überlagerung und Tangierung durch andere Nutzungen, durch Immissionen sowie fehlende bzw. unzureichende Pflegemaßnahmen beeinträchtigen die Schutzfunktion der Gebiete erheblich.
– Die Auswahl der heutigen NSG ist nicht repräsentativ für das natürliche Potential an Ökosystemen der Regionen und Länder. Auswahl wie Unterschutzstellung blieben häufig dem Zufall überlassen, erfolgten jedenfalls nicht nach übergeordneten Gesichtspunkten des Bedarfs an für die Regionen repräsentativen schutzwürdigen Ökosystemen.
– Qualitativ und quantitativ entspricht das derzeitige System von Schutzgebieten nicht dem ökologischen Bedarf." (S. 461)

Der von einigen Ökologen vorgeschlagene Flächenanteil von etwa 8% bis 12% des Bundesgebietes, der einen ausreichenden Schutz gegenüber Eingriffen und Belastungen erfahren soll, kann nicht auf alle Regionen gleichmäßig übertragen werden, sondern muß den jeweiligen natürlichen Gegebenheiten entsprechend verteilt werden; die Prozentzahl ist also keine unumstößliche Größe, sondern ein Anhalt oder ein Richtwert, der den örtlichen Verhältnissen angepaßt werden muß. So werden sich die schutzwürdigen Gebiete in landwirtschaftlichen Problemgebieten mit Sicherheit an Umfang von denen in landwirtschaftlichen Vorranggebieten unterscheiden, obwohl auch hier ein nicht zu unterschreitendes Minimum an geeigneten Biotopen für Fauna und Flora sichergestellt werden muß. Welche Form

---

1 Der Deutsche Rat für Landespflege: Analyse und Fortentwicklung des neuen Naturschutzrechtes in der Bundesrepublik Deutschland. Heft 36, Bonn 1981.

des Schutzes – Naturschutzgebiet, Landschaftsschutzgebiet, Naturdenkmal, geschützter Landschaftsbestandteil – in Betracht kommt, muß in jedem Einzelfall gründlich geprüft werden.

(1) Zunächst werden anhand der gesetzlichen Grundlagen im Bundesnaturschutzgesetz die verschiedenen Kategorien des Gebiets- und Objektschutzes vorgestellt, deren Schutzstatus kritisch durchleuchtet sowie Vorschläge zur Verbesserung der rechtlichen Situation unterbreitet. Am Beispiel des Nationalparks Bayerischer Wald werden die erarbeiteten Grundlagen ergänzt und vertieft; vor allem werden Naturschutz und ursprüngliches Naturerleben als Ziele dieser Schutzkategorie herausgestellt.

Übersicht

(2) Der folgende Abschnitt wirft Fragen der Leistungen und der Leistungsfähigkeit von Natur- und Landschaftsschutzgebieten auf und setzt sich an Beispielen aus Niedersachsen kritisch mit der Auswahl von Naturschutzgebieten auseinander; das Schutzgebiet Wattenmeer läßt zwei repräsentative Nutzungskonflikte mit der Naturschutzfunktion – Küstenschutz und Erholung – erkennen. Das anschließende Beispiel Naturschutzgebiet Lüneburger Heide zeigt Möglichkeiten auf, wie ein von Menschen beeinflußtes großflächiges Naturschutzgebiet zu retten und weiterzuentwickeln ist.

(3) Die abschließende Stellungnahme eines Geisteswissenschaftlers zu der Frage, warum Natur schützenswert sei, gibt utilitaristischen Begründungen den Vorzug.

Schutzkategorien und Schutzstatus 25.1.

Der Gebiets- und Objektschutz wurde in Deutschland bereits vor dem Reichsnaturschutzgesetz – zumeist aufgrund von Polizeiverordnungen – praktiziert und hat im Reichsnaturschutzgesetz seine rechtliche Grundlage erhalten, so daß „Naturschutzgebiete", „Geschützte Landschaftsteile" (später als „Landschaftsschutzgebiete" bezeichnet) und „Naturdenkmale" ausgewiesen werden konnten. Die Vorschläge wurden im wesentlichen von den ehrenamtlich tätigen Naturschutzbeauftragten an die Naturschutzbehörden herangetragen, die die Ausweisungen vornahmen.

Thema 1

Das Bundesnaturschutzgesetz vom 20. Dezember 1976 und die entsprechenden Landesgesetze haben den Gebiets- und Objektschutz des Reichsnaturschutzgesetzes weiterentwickelt. So ist im Bundesnaturschutzgesetz der vierte Abschnitt diesem Bereich gewidmet, der folgende Schutzgebiete und -objekte vorsieht:

- Naturschutzgebiete (§ 13)
- Nationalparke (§ 14)
- Landschaftsschutzgebiete (§ 15)
- Naturparke (§ 16)
- Naturdenkmale (§ 17)
- Geschützte Landschaftsbestandteile (§ 18)

Kategorisierung des Gebiets- und Objektschutzes 25.1.1.

Im folgenden charakterisieren wir die gesetzlichen Grundlagen der einzelnen Schutzgebiete und Schutzobjekte:

Systematik

NATURSCHUTZGEBIETE

In § 13 BNatSchG ist folgendes festgelegt:

„(1) Naturschutzgebiete sind rechtsverbindlich festgesetzte Gebiete, in denen ein besonderer Schutz von Natur und Landschaft in ihrer Ganzheit oder in einzelnen Teilen

1. zur Erhaltung von Lebensgemeinschaften oder Lebensstätten bestimmter wildwachsender Pflanzen- oder wildlebender Tierarten,
2. aus wissenschaftlichen, naturgeschichtlichen oder landeskundlichen Gründen oder
3. wegen ihrer Seltenheit, besonderen Eigenart oder hervorragenden Schönheit erforderlich ist.

(2) Alle Handlungen, die zu einer Zerstörung, Beschädigung oder Veränderung des Naturschutzgebietes oder seiner Bestandteile oder zu einer nachhaltigen Störung führen können, sind nach Maßgabe näherer Bestimmungen verboten. Soweit es der Schutzzweck erlaubt, können Naturschutzgebiete der Allgemeinheit zugänglich gemacht werden."

Die Zahl der Naturschutzgebiete hat sich bis Ende 1981 auf 1472 erhöht. Das entspricht einem Anteil an der terrestrischen Fläche (Landfläche) des Bundesgebietes von 0,9%. Etwas über die Hälfte der Naturschutzgebiete (51%) weisen eine Fläche von nur 20 Hektar und weniger auf. Außerdem sind sie sehr ungleichmäßig auf das Bundesgebiet verteilt. So stehen zum Beispiel im Bereich der Kalkhochalpen 40% der Fläche unter Naturschutz, in landwirtschaftlichen Intensivgebieten aber sind es nur 0,01%.

Die „Bundesforschungsanstalt für Naturschutz und Landschaftsökologie" unterhält seit etwa 15 Jahren ein Naturschutzarchiv mit einer Datei der Naturschutzgebiete, von denen auch bereits 800 an Ort und Stelle begutachtet wurden. Das Ergebnis ist nicht voll befriedigend. Es besteht in der Regel ein Zielkonflikt zwischen Naturschutz und Nutzungsansprüchen – was sich in der Schutzverordnung, die zur Errichtung eines Naturschutzgebietes erlassen wird, als Kompromiß niederschlägt. So können Belastungen und Beeinträchtigungen von Naturschutzgebieten nicht ausgeschlossen werden, zumal auch das Gesetz keine Möglichkeiten zu einem Vollschutz bietet. HAARMANN hat in einem Beitrag für den „Deutschen Rat für Landespflege" die Beeinträchtigungen wiedergegeben, die er in 100 Naturschutzgebieten in einem zentralen Bereich der Bundesrepublik Deutschland festgestellt hat:

Tab. 1: Beeinträchtigungen von Naturschutzgebieten (NSG) und notwendige Maßnahmen (Ergebnis einer Untersuchung von 100 NSG)[2]

Art der Beeinträchtigung	Zahl der NSG
Erreichbar auf Wegen oder Straßen	97
Erschlossen mit Pfaden und befahrbaren Wegen	74
Landwirtschaftliche Nutzung	25
Holznutzung	27
Erholungseinrichtungen	43
Müll, Abfall	40
Bauten	33
Bodenentnahme (auch ehemalige Abgrabungen)	26
Auffallende Wasserverschmutzung	6
Wasserbauliche Maßnahmen	9
Vegetationsschäden durch Besucher	33
Ausbreitung unerwünschter Pflanzen	41
Anpflanzung fremder Gehölze	62
Abtrieb von Gehölzen	17
Gefährdung des Schutzziels	32
Pflegemaßnahmen erforderlich	42
Technische Schutzmaßnahmen nötig	34

---

[2] K. HAARMANN: Der aktuelle Zustand der Naturschutzgebiete in der Bundesrepublik Deutschland – eine vorläufige Übersicht. Schriftenreihe des Deutschen Rates für Landespflege. Heft 40. Bonn 1982.

Der „Deutsche Rat für Landespflege" hat sich in seinem Bericht „20 Jahre Grüne Charta von der Mainau" sehr kritisch mit dem Naturschutzrecht in der Bundesrepublik Deutschland auseinandergesetzt und führt zum Stand der Naturschutzgebiete unter anderem folgendes aus:

- „Die Mehrzahl der Naturschutzgebiete genießt keinen Vollschutz, da bestimmte Inanspruchnahmen oder Nutzungen, wie Landwirtschaft, Forstwirtschaft, Jagd, Erholungsverkehr und Sport sowie Störungen durch militärischen Flugbetrieb nach wie vor zugelassen sind.
- Abgesehen von Ausnahmen, wie z. B. Knechtsand, Wattenmeer, Siebengebirge, Lüneburger Heide, Ammergebirge, sind die Naturschutzgebiete im allgemeinen klein und damit starken randlichen Beeinträchtigungen ausgesetzt.
- Die Auswahl der Naturschutzgebiete ist in vielen Fällen nicht nach wissenschaftlichen und sachlichen Gesichtspunkten vorgenommen worden und trägt der Forderung nach einer ausreichenden Repräsentanz nicht genügend Rechnung. Dies hat zur Folge, daß für die Landschaft charakteristische und repräsentative Biotope bisher nicht ausreichend geschützt wurden; Modelle eines repräsentativen Schutzsystems sind in einigen Bundesländern erst im Ansatz vorhanden.
- Mehr als die Hälfte aller Naturschutzgebiete (nach Untersuchung der Bundesforschungsanstalt für Naturschutz und Landschaftsökologie 52%) sind durch den Freizeit- und Erholungsverkehr zusätzlich genutzt und beeinträchtigt, weil Erholung und Freizeit mit den Zielsetzungen des Naturschutzes vielfach nicht in Einklang zu bringen sind.
- Soweit in Naturschutzgebieten Pflegemaßnahmen notwendig sind, werden diese häufig unzureichend durchgeführt. Außerdem fehlt es an Kontrollen und an einem umfassenden Konzept für Pflegemaßnahmen sowie an den Mitteln zu ihrer Durchführung."[3]

Die Ursachen sind damit klar ausgesprochen. Vor allem sind es die nichtrepräsentative, zum Teil willkürliche Auswahl der Gebiete ohne bestimmende Kriterien, die zu kleinen Ausmaße der geschützten Flächen und ein Fehlen von Pufferzonen und nicht zuletzt die fehlenden Nutzungsbeschränkungen und Duldungspflichten, die einen „Vollschutz" ausschließen. So verbleibt nur die Möglichkeit, wertvolle Ökosysteme als Naturschutzgebiete mit öffentlichen Mitteln aufzukaufen oder, was in einigen Bundesländern bereits der Fall ist, sie über Naturschutzstiftungen und Naturschutzfonds zu erwerben und sie unter die Obhut und Betreuung bewährter Naturschutzverbände zu stellen.

Die Möglichkeiten, für Naturschutzgebiete Nutzungsbeschränkungen auszusprechen, werden bereits durch die im Bundesnaturschutzgesetz verankerte „Landwirtschaftsklausel" (§ 1 Abs. 3, § 8 Abs. 7, § 15 Abs. 2, § 22 Abs. 3) ausgeschlossen. Damit sind erhebliche Konflikte zwischen Naturschutz und Landschaftspflege einerseits und Landwirtschaft andererseits vorprogrammiert, weil damit der Landwirtschaft ein nicht gerechtfertigter Vorrang eingeräumt wird. Was für die Landwirtschaft der Vergangenheit zutrifft, in der sich der Bauer in der Tat als „Landschaftsgestalter" betätigte, kann für die moderne Intensivlandwirtschaft nicht mehr zutreffen.

NATIONALPARKE

In § 14 BNatSchG ist folgendes festgelegt:
„(1) Nationalparke sind rechtsverbindlich festgesetzte einheitlich zu schützende Gebiete, die
    1. großräumig und von besonderer Eigenart sind,
    2. im überwiegenden Teil ihres Gebietes die Voraussetzung eines Naturschutzgebietes erfüllen,

---
[3] Der Deutsche Rat für Landespflege: Geschieht genug für die natürliche Umwelt? – 20 Jahre „Grüne Charta von der Mainau". Schriftenreihe des Rates. Heft 34. Bonn 1980, S. 201.

3. sich in einem vom Menschen nicht oder wenig beeinflußten Zustand befinden und
4. vornehmlich der Erhaltung eines möglichst artenreichen heimischen Pflanzen- und Tierbestandes dienen.

(2) Die Länder stellen sicher, daß Nationalparke unter Berücksichtigung der durch die Großräumigkeit und Besiedlung gebotenen Ausnahmen wie Naturschutzgebiete geschützt werden. Soweit es der Schutzzweck erlaubt, sollen Nationalparke der Allgemeinheit zugänglich gemacht werden."

Im folgenden Abschnitt (25.1.2) werden wir anhand des Beispiels „Nationalpark Bayerischer Wald" Aufgabenstellung und Zielsetzung von Nationalparken veranschaulichen.

LANDSCHAFTSSCHUTZGEBIETE

In § 15 BNatSchG ist folgendes festgelegt:

„(1) Landschaftsschutzgebiete sind rechtsverbindlich festgesetzte Gebiete, in denen ein besonderer Schutz von Natur und Landschaft
1. zur Erhaltung oder Wiederherstellung der Leistungsfähigkeit des Naturhaushaltes oder der Nutzungsfähigkeit der Naturgüter,
2. wegen der Vielfalt, Eigenart oder Schönheit des Landschaftsbildes oder
3. wegen ihrer besonderen Bedeutung für die Erholung
erforderlich ist.

(2) In einem Landschaftsschutzgebiet sind unter besonderer Beachtung des § 1 Abs. 3 und nach Maßgabe näherer Bestimmungen alle Handlungen verboten, die den Charakter des Gebietes verändern oder dem besonderen Schutzzweck zuwiderlaufen."

Die Zahl der Landschaftsschutzgebiete wird mit etwa 5000 und einer Fläche von rund 25% des Bundesgebietes angegeben. Zunächst erscheint die Formulierung im Gesetzestext gegenüber dem Naturschutzgebiet gar nicht so unterschiedlich und wirft die berechtigte Frage auf, aus welchem Grunde der Schutzstatus von Landschaftsschutzgebieten wesentlich niedriger liegt als der von Naturschutzgebieten. Hier kommt mit Recht die Vermutung auf, daß die gesetzlichen Möglichkeiten in der Regel nicht voll ausgeschöpft werden. Andererseits kann nicht übersehen werden, daß Begriffe wie „Landschaftsbild" und „Bedeutung für die Erholung" diesem Schutzgebiet nun einmal einen anderen Charakter geben. Neben Land- und Forstwirtschaft, Siedlungen, Gewerbegebieten, Abgrabungen und Deponien sind es vor allem Einrichtungen des Fremdenverkehrs, die den Charakter von Landschaftsschutzgebieten bestimmen und sie durch Zweitwohnungs-, Wochenendhaus-, Ferienhausgebiete, Campingplätze, Grillplätze, Trimm-Dich-Pfade, Badeplätze, Parkplätze und Erschließungswege in ihrem Naturhaushalt und ihrem Erscheinungsbild belasten.

Das Verfahren zur Ausweisung und Einrichtung von Landschaftsschutz- wie auch Naturschutzgebieten ist in den entsprechenden Landesgesetzen geregelt und nicht einheitlich. Zumeist ist der Regierungspräsident bzw. das Regierungspräsidium als höhere Naturschutzbehörde zuständig.

NATURPARKE

In § 16 BNatSchG ist folgendes festgelegt:

„(1) Naturparke sind einheitlich zu entwickelnde und zu pflegende Gebiete, die
1. großräumig sind,
2. überwiegend Landschaftsschutzgebiete oder Naturschutzgebiete sind,
3. sich wegen ihrer landschaftlichen Voraussetzungen für die Erholung besonders eignen und
4. nach den Grundsätzen und Zielen der Raumordnung und Landesplanung für die Erholung oder den Fremdenverkehr vorgesehen sind.

(2) Naturparke sollen entsprechend ihrem Erholungszweck geplant, gegliedert und erschlossen werden."

In Abschnitt 25.2.2 wird auf das Naturschutzgebiet „Lüneburger Heide" näher eingegangen, das den Charakter eines Naturparkes hat.

Naturdenkmale

In § 17 BNatSchG ist folgendes festgelegt:

„(1) Naturdenkmale sind rechtsverbindlich festgesetzte Einzelschöpfungen der Natur, deren besonderer Schutz
  1. aus wissenschaftlichen, naturgeschichtlichen oder landeskundlichen Gründen oder
  2. wegen ihrer Seltenheit, Eigenart oder Schönheit
  erforderlich ist.
  Die Festsetzung kann auch die für den Schutz des Naturdenkmals notwendige Umgebung einbeziehen.
(2) Die Beseitigung des Naturdenkmals sowie alle Handlungen, die zu einer Zerstörung, Beschädigung, Veränderung oder nachhaltigen Störung des Naturdenkmals oder seiner geschützten Umgebung führen können, sind nach Maßgabe näherer Bestimmungen verboten."

Diese seit Bestehen des Reichsnaturschutzgesetzes in der Naturschutzpraxis eingeführte Schutzkategorie kann sich in ihrem Schutzstatus aufgrund des Gesetzes etwa mit dem Naturschutzgebiet vergleichen. Wenn der Schutzstatus dieser geschützten Objekte dennoch als besser erachtet werden kann, so allein deshalb, weil sie in der Regel klar abgegrenzt, kaum wesentlich genutzt werden können und oft auch deutlich in Erscheinung treten. Das gilt zum Beispiel für große Einzelbäume, geschlossene Baumgruppen, Felsgebilde, Quellen, Wasserfälle und andere natürliche Einzelerscheinungen in der Landschaft. Um Naturdenkmale vor nachteiligen Einflüssen aus der Umgebung zu bewahren, kann nach dem Gesetz auch seine unmittelbare Umgebung als Fläche in den Schutz einbezogen werden („Pufferzone"). Die Zahl der Naturdenkmale in der Bundesrepublik Deutschland wird mit annähernd 40 000 angegeben. „Bodendenkmale", die nicht selten auch als Naturdenkmale geschützt werden, unterscheiden sich von diesen dadurch, daß sie zwar von Menschen geschaffen wurden, aber fest mit dem Boden verbunden sind (etwa Hünengräber).

Naturdenkmale werden aufgrund der Landesgesetze von den dafür bestimmten Behörden ausgewiesen und in besondere Bücher eingetragen. Zumeist sind hierfür die für Naturschutz und Landschaftspflege zuständigen unteren Behörden bei den Kreisen und kreisfreien Städten verantwortlich.

Geschützte Landschaftsbestandteile

In § 18 BNatSchG ist folgendes festgelegt:

„(1) Geschützte Landschaftsbestandteile sind rechtsverbindlich festgesetzte Teile von Natur und Landschaft, deren besonderer Schutz
  1. zur Sicherstellung der Leistungsfähigkeit des Naturhaushalts,
  2. zur Belebung, Gliederung oder Pflege des Orts- und Landschaftsbildes oder
  3. zur Abwehr schädlicher Einwirkungen
  erforderlich ist. Der Schutz kann sich in bestimmten Gebieten auf den gesamten Bestand an Bäumen, Hecken oder anderen Landschaftsbestandteilen erstrecken.
(2) Die Beseitigung des geschützten Landschaftsbestandteils sowie alle Handlungen, die zu einer Zerstörung, Beschädigung oder Veränderung des geschützten Landschaftsbestandteils führen können, sind nach Maßgabe näherer Bestimmungen verboten. Die Länder können für den Fall der Bestandsminderung die Verpflichtung zu angemessenen und zumutbaren Ersatzpflanzungen festlegen."

Diese Schutzkategorie ist neu und liegt im besonderen Interesse der Landschaftspflege. Sie kann dazu beitragen, einer weiteren Ausräumung unserer Kulturlandschaft durch intensive Landbewirtschaftung und Flurbereinigung vorzubeugen. Darüber hinaus kommt diesen Schutzobjekten eine erhöhte Bedeutung zu, weil sie häufig eine lineare Struktur haben – so Baumreihen, Alleen, Ufer- und Böschungspflanzungen, Feldhecken und Schutzpflanzungen. Damit ist die Möglichkeit gegeben, Schutzgebiete, Waldbestände und Vogelschutzgebiete untereinander zu verbinden und ein Verbundsystem im Sinne einer erwünschten „Vernetzung" von Naturzellen zu verwirklichen. Dies kommt insbesondere der Fauna zugute, weil dadurch die nachteiligen Isolationseffekte auf inselartigen Lebensräumen gemindert werden.

Das Verfahren zur Ausweisung von geschützten Landschaftsbestandteilen obliegt den Ländern, die damit in der Regel die unteren Behörden für Naturschutz und Landschaftspflege beauftragt haben.

Empfehlungen

Um die Funktionen von Schutzgebieten und Schutzobjekten für die Zukunft wirksamer zu gestalten, bedarf es einer besseren Ausschöpfung der gesetzlichen Möglichkeiten, einer Änderung der „Landwirtschaftsklausel" im Bundesnaturschutzgesetz und auch verbesserter gesetzlicher Grundlagen. Zusammenfassend können in Anlehnung an eine gutachterliche Stellungnahme des „Deutschen Rates für Landespflege" folgende Empfehlungen wiedergegeben werden:

- Der Anteil der Naturschutzgebiete an der Gesamtfläche der Bundesrepublik Deutschland sollte wesentlich erhöht werden.

- Es sollten mehr Wald-Naturschutzgebiete als bisher ausgewiesen werden, da sie häufig unterrepräsentiert sind.

- Nach der gesetzlichen Eingriffsregelung müssen neue Gebiete als Ersatz für verlorengegangene Schutzgebiete ausgewiesen werden.

- Für die Auswahl künftiger Naturschutzgebiete müssen Standortgegebenheiten und Schutzkriterien bestimmend sein, wozu Repräsentativität, Seltenheit, Gefährdungsgrad von Biotopen, Tier- und Pflanzenarten sowie Bedeutung für den Naturhaushalt, das Landschaftsbild und auch die Landschaftsgeschichte gehören.

- Naturschutzgebiete dürfen nicht zu klein ausgewiesen werden. Alle Ökosystemtypen müssen als Schutzgebiete mindestens in den für sie jeweils erforderlichen Minimalgrößen gesichert werden, auch unter Berücksichtigung von Teillebensräumen wandernder Tierarten und Isolationseffekten.

- Naturschutzgebiete sollen mit Pufferzonen von mindestens 100 Meter Breite vor Fremdnutzung bzw. vor Belastung durch benachbarte Nutzungsaktivitäten geschützt werden.

- Die im Naturschutzrecht verankerten Möglichkeiten für Naturschutz- und Landschaftsschutzgebiete sollen besser ausgeschöpft, in den Verordnungen strenger konkretisiert und der Schutzcharakter in den Vordergrund gestellt werden.

- Soweit wertvolle Naturschutzgebiete durch aktuelle oder mögliche Nutzungen im Gebiet selbst belastet werden, sollen sie mit öffentlichen Mitteln (oder mit Hilfe von Naturschutzstiftungen und Naturschutzfonds) aufgekauft werden und damit den Charaker eines „Vollschutzgebietes" erhalten.

- Die im Bundesnaturschutzgesetz verankerte „Landwirtschaftsklausel" soll aufgehoben oder doch so eingeschränkt werden, daß in Naturschutzgebieten der Naturschutz Vorrang hat. In einer Negativliste könnten die landwirtschaftlichen Intensivmaßnahmen aufgelistet werden, die als „Eingriff in Natur und Landschaft" zu werten sind.

- Schutzgebiete und wertvolle Ökosysteme müssen in einem Verbundsystem so vernetzt sein, daß sie Störungen aus eigener Kraft ausgleichen können und eine Ausstrahlung auf intensiv genutzte Landschaftsbereiche möglich ist.
- Die Auswahl von Schutzgebieten, die zu erlassende Schutzverordnung und die Einrichtung dieser Gebiete müssen im Rahmen eines integrierten Schutzgebietssystems vorgenommen werden, das heißt, die verschiedenartigen Schutzkategorien und auch geschützte Flächen anderer Fachsparten müssen aufeinander abgestimmt sein, übergeordnete Planungen berücksichtigt sowie nicht auszuschließende Nutzungen und unvermeidbare Eingriffe durch Auflagen und Ausgleichsmaßnahmen in ihren Auswirkungen gemindert werden.[4]

Aufgabe 1

Welche Schutzkategorien sieht das Bundesnaturschutzgesetz vor, und welchen Schutzstatus weisen Nationalparke und Naturparke auf?

Aufgabe 2

Wie ist der Schutzstatus von Naturschutzgebieten und Landschaftsschutzgebieten zu beurteilen?

Aufgaben und Ziele von Nationalparken – am Beispiel „Bayerischer Wald"

25.1.2.

Die Bezeichnung „Nationalpark" ist ein in vielen Ländern gebräuchlicher Qualitätsbegriff für Schutzgebiete von internationaler Bedeutung. Sie stammt aus den USA, wo 1872 der erste Nationalpark im Yellowstone-Gebiet errichtet wurde. Absicht war es damals – und im Prinzip hat sich daran bis heute nichts geändert –, großartige, außergewöhnliche Naturlandschaften vor jeglicher Nutzung der natürlichen Res-

Begriffsbestimmung

---
[4] Der Deutsche Rat für Landespflege: Modell für ein integriertes Schutzgebietssystem unter besonderer Berücksichtigung von Niedersachsen. Schriftenreihe des Rates. Heft 40. Bonn 1982.

sourcen zu bewahren und sie unzerstört zur „Freude und Erbauung" *(pleasure and enjoyment)* für heutige und künftige Generationen zu schützen. Von Amerika ausgehend hat sich die Nationalparkidee über die Kontinente ausgebreitet, so daß heute über 1200 solcher Schutzgebiete existieren. Der älteste Nationalpark Europas ist der Schweizer Nationalpark, der schon 1914 gegründet wurde. Auf der von der „Internationalen Union zum Schutz der Natur" (IUCN) veranstalteten „1. Weltkonferenz für Nationalparke" im Jahr 1969 in Neu Delhi (Indien) wurde der Begriff „Nationalpark" international definiert. Naturreservate, Naturschutzgebiete, Naturparke oder Naturschutzparke dürfen nicht als Nationalparke bezeichnet werden.

Entwicklung   *Nationalparke in der Bundesrepublik Deutschland*

Der Gedanke, auch in Deutschland Nationalparke zu errichten, tauchte bereits vor dem Ersten Weltkrieg auf, als ein entsprechender Vorschlag im preußischen Reichstag eingebracht wurde. Die Kriegs- und Nachkriegszeit verhinderte die Verwirklichung der Pläne. Ähnlich erging es bereits fertigen Plänen für einen „Nationalpark Böhmerwald", die der Zweite Weltkrieg Makulatur werden ließ. Erst 1966 wurden wieder Stimmen laut, die nach mehrjährigem Tauziehen schließlich 1969 zum Beschluß des Bayerischen Parlaments führten, einen ersten deutschen Nationalpark im Bayerischen Wald zu errichten. Bis zum Jahr 1973 dauerte es noch, bis im Bayerischen Naturschutzgesetz Art. 8 der Schutzbegriff „Nationalpark" erstmals für die Bundesrepublik Deutschland rechtlich definiert wurde:

> „Nationalparke dienen vornehmlich der Erhaltung und wissenschaftlichen Beobachtung natürlicher oder naturnaher Lebensgemeinschaften sowie eines möglichst artenreichen heimischen Tier- und Pflanzenbestandes. Sie bezwecken keine wirtschaftsbestimmte Nutzung. Nationalparke sind der Bevölkerung zu Bildungs- und Erholungszwecken zu erschließen, soweit es der Schutzweck erlaubt."

Das Bundesnaturschutzgesetz von 1976 enthält als Rahmen für alle Bundesländer eine ähnliche Begriffsbestimmung.
Bisher existieren zwei Nationalparke in der Bundesrepublik: Der „Nationalpark Bayerischer Wald" seit 1970 und der „Alpen- und Nationalpark Berchtesgaden" seit 1976; das Land Niedersachsen hat Teile des ostfriesischen Wattes als Nationalpark vorgesehen. Jahrelang wurde über weitere Nationalparke diskutiert, teilweise sind bereits konkrete Pläne erarbeitet – so vor allem auch für das Nordfriesische Wattenmeer. Auch über die Lüneburger Heide und die Hohe Rhön wurde gesprochen. Ihre Verwirklichung scheiterte jedoch in allen Fällen am Widerstand der betroffenen Bevölkerung, der politischen Mandatsträger oder aber bestimmter Interessengruppen.
Die Einsicht in die Notwendigkeit, auch in einem dicht besiedelten Land einzelne größere Gebiete der Bodennutzung und der Ausbeutung der Naturkräfte zu entziehen und sie einer natürlichen Entwicklung zu überlassen – als Erlebnisbereich für naturliebende Menschen, als Forschungsgebiet für ungestörte Naturabläufe und schließlich als Freiraum für die Natur selbst –, hat bei uns noch immer zu wenig Verbreitung gefunden. Nach dem gängigen Prinzip: „Was nicht genutzt wird, ist nichts wert" war es bisher in unserem Land kaum einmal möglich, Naturschutzgebiete von mehr als maximal ein paar Dutzend Hektar Größe wirklich streng zu schützen.

Zweck 1   *Der naturschützerische Wert von Nationalparken*

Die zwei bestehenden bayerischen Nationalparke haben folgende Größe: Bayerischer Wald 13000 Hektar und Berchtesgaden 21000 Hektar. Auch wenn beide bis heute noch nicht auf ganzer Fläche von menschlichen Eingriffen freigehalten werden können, so umschließen sie doch jeweils in ihren Kernzonen mehrere tausend Hektar große, streng geschützte Gebiete, in denen weder ein Baum gefällt, das Erdreich abgegraben, die Wasserkraft genutzt oder auf andere Weise das natürliche Werden und Vergehen wesentlich gestört wird. Die dort bestehenden Lebensgemeinschaften, ursprüngliche Wälder zum Beispiel oder alpine Mattengesellschaften, entwickeln sich nach ihren eigenen Gesetzen. Als Folge davon können in den Naturwaldteilen des Nationalparks Bayerischer Wald – wo Bäume eines natürlichen Todes sterben, vermorschen und schließlich zusammenbrechen, um wieder in den Nährstoffkreislauf einzugehen – Tiere leben, die in Wirtschaftswäldern nicht mehr existieren können. In ihnen fehlen tote Bäume, die zum Beispiel seltenen Spechtarten (wie Weißrückenspecht und Dreizehenspecht) als Lebensgrundlage dienen. Sie kommen in beiden Nationalparken noch vor; aber auch die auf die Höhlen der Spechte angewiesenen kleinen Käuze (der Rauhfußkauz und der Sperlingskauz) und andere Höhlenbewohner können sich dann noch halten.

Zwar gibt es auch in anderen Wäldern, zum Beispiel im Schwarzwald, im Spessart oder im Hessischen Bergland, sogenannte „Naturwaldzellen", also natürliche Waldteile, die nicht der Holznutzung unterliegen. Wie schon der Name sagt, sind sie aber zu klein, um einer lebensfähigen Population – das ist die Anzahl der Tiere einer Art, die in einem bestimmten Gebiet leben – Lebensraum und ausreichend Nahrungsgrundlage zu bieten. Nach derzeitigem Wissensstand muß zum Beispiel eine Auerhuhnpopulation mindestens 50–100 Individuen haben, um überleben zu können; hat sie weniger, bricht der Bestand zusammen – die Art stirbt im jeweiligen Gebiet aus. 50–100 Auerhühner wiederum brauchen aber mehrere tausend Hektar ursprünglicher bzw. naturnaher Wälder als Lebensraum, um existieren zu können.

Nationalparke sind derzeit in Deutschland die einzigen Gebiete, die großflächig strenge Schutzzonen enthalten; für unsere ähnlich großen Naturschutzgebiete, zum Beispiel in den Bayerischen Alpen, gilt dies leider nicht. Die ortsübliche Land- und Forstwirtschaft, Jagd und Fischerei sind dort stets erlaubt und verändern entsprechend die natürlichen Lebensgemeinschaften.

Abb. 1: Nationalpark Bayerischer Wald

Naturnaher Waldbestand aus Rotfichte, Weißtanne und Rotbuche mit Bäumen aller Altersklassen, der sich wieder zu einem Naturwald entwickelt.

Foto: G. Olschowy

Zweck 2   *Ursprüngliche Natur erleben*

Im dichtbesiedelten Mitteleuropa wurde und wird seit Jahrhunderten die Natur genutzt und verändert. Urwälder wurden gerodet oder zu Wirtschaftswäldern umgeformt, Moore entwässert und zu Wiesen verändert, Flüsse begradigt und das Grundwasser abgesenkt. Die Urlandschaft wurde zur Kulturlandschaft. Zur Zeit wächst ständig die Zahl der Mitbürger, insbesondere junger Menschen, die als Alternative zur Nutz-, Produktions- und Zivilisationslandschaft, die sie ständig umgibt, ursprüngliche Natur erleben wollen. Sie müssen in ferne Länder reisen, um Naturlandschaften anzutreffen und die dort herrschenden Gesetzmäßigkeiten beobachten und kennenlernen zu können. Einzig das Hochgebirge jenseits der Baumgrenze oder unverbaute Meeresküsten bieten sich in unserem Land noch ursprünglich und wild dar. Wenn in einem Waldnationalpark wie dem Bayerischen Wald großflächig wieder Naturwälder entstehen, mit Baumdimensionen von 50 Meter Höhe und mehr und bis zu 2 Meter Durchmesser, wird ein Naturwalderlebnis auch bei uns wieder möglich werden. Dann kann der Nationalpark auch diesen seinen zweiten Auftrag erfüllen. Dieser Auftrag schließt aber gleichzeitig ein, daß jede Art von Erholungseinrichtungen, die nicht dem Naturerleben dienen, wie Trimmpfade, Sportanlagen, Skipisten oder ähnliche Einrichtungen, in solchen Schutzgebieten nichts zu suchen haben, genausowenig wie sportliche Veranstaltungen, Volksskiläufe oder Volkswanderungen.

Während Nationalparke in erster Linie dem Naturschutz dienen, gilt dies für die inzwischen 62 Naturparke in der Bundesrepublik Deutschland nicht. Schon von der Grundidee in den fünfziger Jahren her war man darauf bedacht, großräumige schöne Landschaften, oftmals mit reichem Waldanteil, als Erholungsgebiet für die Bevölkerung in den Ballungsgebieten zu erschließen. Dieses Ziel spiegelt sich auch in den Ländernaturschutzgesetzen sowie im Bundesnaturschutzgesetz von 1976 wider, wo es sinngemäß heißt:

Naturparke sind großräumige, der naturräumlichen Gliederung entsprechende, nach einem Plan zu entwickelnde und zu pflegende Gebiete, die überwiegend die Voraussetzungen für Landschaftsschutzgebiete erfüllen und sich wegen ihrer Naturausstattung besonders für die Erholung eignen.

So sind in Naturparken selbstverständlich auch Land- und Forstwirtschaft und andere Bodennutzungen uneingeschränkt erlaubt, ja geradezu zur Erhaltung der Kulturlandschaften erwünscht. Arten- oder Biotopschutz, die klassischen Ziele des Naturschutzes, zählen nicht zu ihren Aufgaben. Naturparke mit dieser Zielsetzung wurden auch in verschiedenen anderen europäischen Ländern errichtet, so zum Beispiel in Frankreich, Belgien, Österreich und Italien. In Holland und England werden sie fälschlicherweise „Nationalparke" genannt, was die IUCN schon 1969 veranlaßte, zur Umbenennung aufzufordern. Naturparke sollten grundsätzlich nicht mit Nationalparken verwechselt werden.

Aufgabe 3   Welche Aufgaben hat ein „Nationalpark"? Wo liegt seine Bedeutung für den Naturschutz und den Besucher?

....
....
....
....
....
....
....
....

Funktionen der Schutzgebiete im Mensch-Umwelt-System 25.2.

Die Sicherung von Pflanzen- und Tierbeständen für Forschung, Lehre und Umweltbildung ist zweifellos eine der wesentlichen Aufgaben, die dem Naturschutz heute gestellt sind. Naturschutzgebiete erhalten dann unter anderem die Funktion als „Freilandlaboratorien" für den Biologen und Ökologen. Die britische staatliche Naturschutzorganisation *(Nature Conservancy)* hat gerade diese Aufgabe bei der Auswahl, Sicherung und Nutzung von Naturschutzgebieten besonders herausgestellt. Wir sprechen in diesem Zusammenhang von der „Dokumentationsaufgabe" des Naturschutzes und verstehen darunter die Sicherung einer repräsentativen Auswahl von Arten und Ökosystemen in einer Art Freilandmuseum. Diese überwiegend museale Aufgabe darf sicher nicht vernachlässigt werden. In der heutigen mitteleuropäischen wie weltweiten Umweltsituation kann sie aber nicht die alleinige oder zentrale Aufgabe eines zeitgemäßen Naturschutzes sein. Im Vordergrund stehen muß vielmehr die Sicherung des natürlichen Leistungspotentials im Mensch-Umwelt-System, die bisher bei der Beurteilung der Schutzwürdigkeit von Landschaftsräumen meist zu kurz kam.

Thema 2

Ökosysteme als Leistungsträger

Landschaftsräume sind ökologisch gesehen Komplexe von Ökosystemen. Diese treten uns gleichzeitig als Strukturen der Landschaft entgegen, die mit den Augen, aber auch mit anderen Sinnesorganen erfaßbar sind. Ökosysteme sind Träger von Leistungen, die zum Teil von Mensch und Gesellschaft genutzt werden. Mensch und Gesellschaft sind verantwortlicher Teil eines umfassenden Mensch-Umwelt-Systems. Dieses komplexe, ökologische und sozio-ökonomische System tritt uns weltweit in der bewohnten Erdhülle wie in deren Teilen, den Landschaftsräumen, entgegen. Von Ökosystemen ausgehende Leistungen sind:

Grundlagen

- Produktionsleistungen • Regulationsleistungen • Informationsleistungen

• *Produktionsleistungen* von Ökosystemen sind zum Beispiel:
– Quellschüttungen, etwa aus Waldökosystemen
– Grundwasserneubildung durch Uferfiltrat und Oberflächenfiltrat bei Hochwasser in Auenwäldern
– Nächtliche Produktion von kühler Frischluft in Hanglagen über Siedlungen
– Produktion von therapeutisch wichtigen Aerosolen im Bereich des Wattenmeeres
– Produktion von Biomasse an Algen und Wirbellosen im Wattenmeer als Nahrungsgrundlage für Fische der offenen Nordsee
– Produktion an Biomasse in den Salzwiesen der Nordseeküste als Nahrungsgrundlage für gefährdete und geschützte Watvögelpopulationen.

• Unter *Regulationsleistungen* verstehen wir die im Lebensablauf natürlicher und naturnaher Ökosysteme erfolgenden biologischen, chemischen und physikalischen Prozesse, die die Wiederherstellung des für das System „normalen" Gleichgewichtszustandes der biotischen und abiotischen Faktoren bewirken. Wir sprechen auch von ökologischen Ausgleichsleistungen, weil durch sie Belastungen, zum Beispiel durch Schadstoffe, ausgeglichen werden können:

– Natürliche und naturnahe Still- und Fließgewässer bewirken eine biologische Selbstreinigung.
– Die erosionsmindernde Wirkung von Ackerflächen gliedernden Hecken und Feldrainen hat nicht nur Bedeutung für die Erhaltung der Bodenfruchtbarkeit. Immer wichtiger wird die Hinderung des Abtrages von Phosphatdüngern in die Vorfluter (Verhinderung der Eutrophierung).

– Von den gleichen Ökosystemen, von Waldmänteln und Feldgehölzen, kann ein Beitrag zur biologischen Schädlingsbekämpfung in den benachbarten Agrarökosystemen ausgehen.
– Böden naturnaher Waldökosysteme haben eine Filterwirkung für emittierte Schadstoffe, so daß ein Eintrag in das Grundwasser verhindert werden kann.
– Auwälder in den Strom- und Flußauen haben eine hochwassermindernde Rückhaltewirkung.
– Strauch- und Baumpflanzungen in städtisch-industriellen Räumen haben staubbindende und filternde Wirkung.
– Genügend breite und zweckentsprechend strukturierte Waldgürtel haben lärmmindernde Wirkungen.

• Von Ökosystemen und ihren Strukturen gehen *Informationsleistungen* aus, die der Mensch mit seinen Sinnesorganen aufnimmt und rational wie emotional aufarbeitet. Neben den für Wissenschaft und Bildung wichtigen Informationen sind es vor allem die visuell aufgenommenen Gestaltwerte von Landschaftsräumen. Wir wissen, daß diese Erlebniswerte einer vielfältigen, abwechslungsreichen Landschaft wesentliche Bestandteile der natürlichen Erholungseignung eines Raumes sind.

In einer Welt wachsender Belastungen der Landschaftsräume als menschlicher Umwelt kommt es darauf an, die vorhandenen natürlichen Ausgleichsleistungen und die natürliche Produktivität an für unser Leben unersetzlichen Ressourcen zu sichern und wenn möglich weiterzuentwickeln. Zu dieser Sicherung des für die menschliche Existenz nötigen Naturpotentials vermag ein moderner, umfassender Naturschutz den entscheidenden Beitrag zu leisten. Wir gehen deshalb ausführlicher auf das gesamte Zielsystem des heutigen Naturschutzes ein. Naturschutz als museale Dokumentation ist nur eine Teilaufgabe. Im Vordergrund stehen muß sein Beitrag zur ökologischen wie psychischen Optimierung des Mensch-Umwelt-Systems.

Fehlende ökologische Orientierung der Raumordnung

Problemlage

Es kommt in diesem Zusammenhang darauf an, den Ursachen des heutigen unbefriedigenden Zustandes der Schutzgebiete weiter nachzugehen. Wir wollen das am Beispiel der Raumordnung durchführen. Deren gesetzlich festgelegte koordinierende Aufgabe erfordert einmal die Abwägung der konkurrierenden Raumansprüche der Fachplanungen im Hinblick auf ein ausgewogenes Gesamtkonzept für die Landesentwicklung, zum anderen aber die Abwägung zwischen dem begrenzten Naturpotential und den wachsenden Nutzungsansprüchen und Belastungen. Diese Aufgabe könnte sie nur erfüllen bei einer stärkeren ökologischen Orientierung. Maßstab für die raumordnerischen Leitbilder der letzten Jahrzehnte war aber einseitig das Bruttosozialprodukt.

Gesamtplanung und Naturschutz am Beispiel Niedersachsens

Eine Überlagerung der kartographischen Darstellung von Planungsabsichten oder Maßnahmen der Landes- und Regionalplanung mit den Naturschutzgebieten in Niedersachsen ergab, daß viele Naturschutzgebiete in ihrem Bestand durch andere Nutzungen bedroht sind. Die Auswirkungen auf Schutzgebiete entstehen sowohl durch direkte Maßnahmen innerhalb der Gebiete wie durch Straßen- und Wasserbau und Anlage von touristischen Infrastrukturen als auch durch Nutzungen in ihrer unmittelbaren oder weiteren Umgebung. Dabei sind Art und Intensität der Beeinträchtigungen von Naturschutzgebieten abhängig von ihrer Flächengröße, von der Empfindlichkeit der Ökosysteme, von der Art der Nutzung und ihrer räumlichen Zuordnung, von der allgemeinen Belastung der Gebiete sowie von der Zahl der Nutzungsansprüche.

Die Überlagerung der 218 niedersächsischen Naturschutzgebiete (1977) mit den Raumansprüchen der Landes- und Regionalplanung ergab im einzelnen, daß
- 34 Gebiete (15,6%) in ausgewiesenen Schwerpunkträumen der städtisch-industriellen Entwicklung liegen,
- 10 Gebiete (4,5%) zu Bereichen gehören, in denen die Flurbereinigung vorgesehen ist,
- 1 Gebiet durch Überstauung (Rückhaltebecken) vernichtet werden wird,
- 46 Gebiete (21,1%) durch den Abbau oberflächennaher Bodenschätze gefährdet sind,
- 23 Gebiete (10,5%) durch verkehrsplanerische Maßnahmen betroffen sind,
- 74 Gebiete (33%) Einrichtungen zur Erholungsnutzung aufweisen und 114 Gebiete (52%) in Räumen liegen, die zur Sicherung und Entwicklung von Erholungsgebieten vorgesehen sind,
- 1 Gebiet durch die Errichtung einer zentralen Mülldeponie ernstlich gefährdet ist.[5]

Insgesamt sind durch die Festlegungen in Plänen und Programmen auf Landesebene 165 der bestehenden niedersächsischen Naturschutzgebiete (75,6%) gefährdet oder gar in ihrem Bestand bedroht. Zusätzlich werden auch schutzwürdige, noch nicht geschützte Gebiete betroffen. Hierbei sind die Maßnahmen auf den unteren Planungsebenen (Kreise, Gemeinden) nicht berücksichtigt.

Erholungsverkehr und Naturschutz

Eine Umfrage bei Behörden in der Bundesrepublik über die Ausstattung von Naturschutzgebieten mit Erholungseinrichtungen ergab, daß 52% der Gebiete durch Erholungsnutzung betroffen sind. Besonders belastet sind Schutzgebiete, die in Räumen mit einer hohen Bevölkerungsdichte liegen, eine günstige Erschließung aufweisen, besonders empfindlich sind oder eine besondere Attraktivität besitzen. Dabei wirken sich die Störungen auf die Tiere unmittelbar aus, während sich die Zerstörung der Pflanzengesellschaften auch über längere Zeiträume erstrecken kann und somit zunächst nicht direkt sichtbar wird.

Modelle für ein Schutzgebietssystem

Wir haben in Abschnitt 25.0 versucht, in groben Zügen ein Leitbild für ein repräsentatives und integriertes Schutzsystem zu entwickeln. Es kommt nun darauf an, dieses an mehreren, nach Naturpotential und Nutzungsstruktur möglichst unterschiedlichen Modellräumen zu überprüfen. Diese Aufgabe ist zur Zeit vom „Deutschen Rat für Landespflege" gemeinsam mit dem „Niedersächsischen Landesverwaltungsamt – Naturschutz, Landschaftspflege, Vogelschutz" in Angriff genommen worden. Am weitesten entwickelt ist bisher eine Modellplanung für den ostfriesischen Teil des Watten-Insel-Systems durch H.-J. AUGST und H. WESEMÜLLER.[6] In dieser wurde bereits versucht, das Schutzgebietssystem mit den sozio-ökonomischen Belangen abzustimmen. Der „Rat von Sachverständigen für Umweltfragen" hat dieses Schutzzonenkonzept als beispielhaft in sein Gutachten *„Umweltprobleme der Nordsee"*[7] übernommen. Der Entwurf sieht 4 Zonen mit abnehmender Schutzintensität vor. Diese entsprechen den Schutzkategorien „Vollnaturschutzgebiet", „Teilnaturschutzgebiet", „Landschaftsschutzgebiet" und „Allgemeiner Landschaftsschutz" durch Beteiligung der Naturschutzbehörden an Fach-

Lösungsansätze

---

5 T. MUDRA: Naturschutz und Landesentwicklung in Niedersachsen. Ansätze zur Risikoeinschätzung. Diplomarbeit am Institut für Landschaftspflege und Naturschutz an der TU Hannover. 1977.
6 H.-J. AUGST / H. WESEMÜLLER: Niedersächsisches Wattenmeer. Grundlagen für ein Schutzprogramm. Zwischenbericht (Januar 1979). WWF-Projekt 1411. Niedersächsisches Landesverwaltungsamt – Naturschutz, Landschaftspflege, Vogelschutz. Hannover 1979 (Als Manuskript vervielfältigt).
7 Der Rat von Sachverständigen für Umweltfragen: Umweltprobleme der Nordsee. Sondergutachten Juni 1980. Stuttgart/Mainz 1980, S. 364–366.

planungen und Gesamtplanung. Die Begründungen für Schutzintensität, Nutzungsbeschränkungen und Nutzungsausschluß beruhen auf den vorhandenen Belastungen, Störwirkungen und den erforderlichen Mindestgrößen der Areale.

Aufgabe 4   Wie stellen Sie sich die Integration von Naturschutzgebieten mit anderen Schutzkategorien, wie Landschaftsschutzgebieten, Naturdenkmalen und geschützten Landschaftsbestandteilen sowie mit einem Wasserschutzgebiet vor, um eine möglichst effektive Schutzwirkung zu erzielen?

Beispielsraum: Landschaftsraum der nordwestdeutschen Geest. Moorniederung, umgeben von etwas höher liegenden landwirtschaftlich genutzten Flächen (Grünland, Ackerland). In der Moorniederung 3 kleine nährstoffarme (oligotrophe bis dystrophe) Heideseen und Heidemoore (2–4 ha) mit hoher Empfindlichkeit gegen Nährstoffeintrag (Eutrophierung). Diese sind als Naturschutzgebiete geschützt. Die sandigen Ackerflächen werden mit hohen Mineraldüngergaben (Phosphate, Nitrate) gedüngt. Sie sind der Deflation (Winderosion) stark ausgesetzt. Für die vorgesehene Flurbereinigung wird deshalb die Pflanzung von Windschutzstreifen geplant. Im Rahmen der Flurbereinigung drängen die Vertreter der Landwirtschaft auf eine großräumige Absenkung der hohen Grundwasserstände, obwohl die Sicherung als Wasserschutzgebiet vorgesehen ist. Ziel der Landwirte ist eine Ausdehnung der Ackerflächen nach Melioration. Im Grünlandgürtel zwischen der Moorniederung und den höher gelegenen Ackerflächen stehen mehrere Gruppen alter Eichen, die die flache, kaum gegliederte Geestlandschaft sehr beleben.

....
....
....
....
....
....
....
....
....
....
....
....
....
....
....
....

25.2.1. Nutzungskonflikte am Beispiel des „Wattenmeeres"

Analyse 1   Am Beispiel des Wattenmeeres verdeutlichen wir Konflikte, denen die Naturschutzfunktion dieses Gebietes ausgeliefert ist. Da sind (1) der lebensnotwendige *Küstenschutz* und (2) das Erholungsbedürfnis des Menschen, das in Form des *Tourismus* zu Belastungen dieses Naturgebiets führt.

Konflikt 1   *Der Konflikt Küstenschutz – Naturschutz*

Der beträchtliche Anstieg des Meeresspiegels im Verhältnis zum Niveau des Festlandes und die großen Sturmfluten der beiden letzten Jahrzehnte haben auch an der deutschen Nordseeküste zur Forderung nach einem verbesserten Küstenschutz geführt. Wir denken hierbei vor allem an die große Hollandflut vom Februar 1953 mit ihren katastrophalen Auswirkungen, an die Februarflut 1962, von der die gesamte deutsche Nordseeküste und vor allem Hamburg betroffen wurden, sowie an die Januarflut 1976, die bisher höchste Sturmflut an der deutschen Nordseeküste östlich der Elbe.

Die Planungen des Küstenschutzes gingen und gehen dabei zum großen Teil, vor allem in Schleswig-Holstein, von Vordeichungen aus, das heißt von neuen Deichbauten im Watt vor den bestehenden Hauptdeichen. Damit sind Eindeichungen und Landgewinnung auf Kosten des Wattenmeeres verbunden. Die zur Zeit umstrittensten und bedeutendsten Projekte sind die im nordfriesischen Wattenmeer. Diese Eindeichungsmaßnahmen müssen zunächst unter dem Gesichtspunkt des Schutzes der an der Küste siedelnden Menschen beurteilt werden. Dieser Gesichtspunkt hat zweifellos Vorrang vor allen anderen Aspekten, auch dem des Naturschutzes. An den nordwesteuropäischen Küsten wird heute eine Erhöhung der Seedeiche nötig. In dem Abwägungsprozeß zwischen den Forderungen des Küstenschutzes und anderen Ansprüchen an den Raum steht aber das „Wie" und „Wo" der Deichbauten zur Diskussion. Dabei ist zu prüfen, ob der in den Projekten an der schleswig-holsteinischen und dänischen Küste bevorzugte Weg der „Vordeichung" mit seinen großen Eingriffen in die Substanz des Wattenmeeres richtig und nötig ist.

Durch die vorgesehenen Deichbauten werden vorwiegend das hohe Schlickwatt und in großem Umfange die Salzwiesen betroffen. Von den etwa 20 000 Hektar Salzwiesen sind nur etwa 5000–8000 Hektar der größeren Areale als geschützte Rastplätze für Vögel geeignet. Während der Zugzeit, das heißt in Zeiten höchster Vogeldichte, konzentrieren sich 1,2–3 Millionen Vögel auf den Salzwiesen. Das bedeutet 400–600 Vögel pro Hektar. Mit den Pflanzengesellschaften dieser Wattstandorte sind durch die Vordeichungen zugleich deren Tierbestände betroffen. Für viele Arten ist das Watt unersetzlich. Ausgleichsmaßnahmen, wie sie das Bundesnaturschutzgesetz in den §§ 2 (1) und 8 bei derartigen Eingriffen durch Schaffung von Ersatzstandorten vorsieht, sind hier nicht oder nur sehr begrenzt möglich. Gerade die gefährdeten Vogelarten sind nämlich hinsichtlich ihrer Nahrung hochspezialisiert und zugleich bei der Wahl von Rast- und Nahrungsbiotopen sehr konservativ.

Am Beispiel der dunkelbäuchigen Ringelgans *(Branta bernica)* wird dies besonders deutlich. Ihr Brutgebiet liegt in den westsibirischen Tundren. Rund sieben Monate überwintert sie im nordwesteuropäischen Wattenmeer. Die für sie möglichen Nahrungsräume sind sehr begrenzt. Die Ringelgans ist auf Seegras- und Algenbestände des hohen Watts und bestimmte Pflanzen der Salzwiesen spezialisiert. Ein Ausweichen auf andere Biotope ist kaum möglich. Für den Hin- und Rückflug zu und von den Brutgebieten benötigt sie drei Monate. Um diese langen Flugleistungen, die Eiproduktion und die anschließende Erneuerung des Gefieders zu ermöglichen, sind Salzwiesen die einzige Nahrungsgrundlage, die den Aufbau ausreichender Energiereserven ermöglicht. Für 35 bis 45% des Wattbestandes der Ringelgans liegen die Nahrungs- und Rastbiotope im deutschen Anteil des Wattenmeeres, davon 80% im nordfriesischen Raum, das heißt in dem heute durch die Eindeichungsprojekte besonders gefährdeten Teil.[8]

Die zur Zeit vorgesehenen Eindeichungsprojekte bedrohen durch ihre Größenordnungen das Ökosystem „Wattenmeer" in seiner Substanz. Vor allem für die Salzwiesen wird durch die geplanten und in Ausführung begriffenen Großprojekte die erforderliche Mindestgröße an Teillebensräumen für viele Wat- und Wasservögel unterschritten. Unter „Teillebensräumen" werden die Ökosystemkomplexe verstanden, die von den Vögeln als Rast-, Nahrungs-, Mauser- und Brutbiotope genutzt werden.

Damit werden die Konflikte zwischen den Deichbaumaßnahmen des Küstenschutzes und den Notwendigkeiten der Ökosystemsicherung durch den Naturschutz

Lösungsversuche

---

8 P. PROKOSCH: Ringelgänse zwischen Arktis und Wattenmeer. Bestandssituation, Schutz und Forschung. *Natur und Landschaft* 54 (1979), Heft 6, S. 213–217.

deutlich. Der Konflikt zwischen Naturschutz und Küstenschutz läßt sich allerdings in bestimmten Grenzen herabsetzen. Zunächst sollte grundsätzlich der Verstärkung der vorhandenen Hauptdeiche der Vorrang vor den geplanten Vordeichungen gegeben werden. Die bestehenden Planungen für großflächige Eindeichungen sollten rückgängig gemacht werden. Wenn aus zwingenden Gründen der Bau einer zweiten Deichlinie vor dem heutigen Hauptdeich nötig wird, so sollte diese in maximal 200 Meter Abstand errichtet werden.

Konflikt 2 *Der Konflikt Tourismus – Naturschutz*

In kaum einer anderen deutschen Landschaft trägt die Naturnähe so entscheidend zur Anziehungskraft und Erholungswirkung bei wie im Alpen- und im Küstenraum. Meer, Inseln und Watt üben einen besonderen landschaftlichen Reiz auf die Besucher aus. Neben der Weite der Horizonte und der Großräumigkeit von Meer und Himmel ist es vor allem das Gefühl der „Natürlichkeit", der Zivilisationsferne, das seit der Jahrhundertwende die Menschen an die Nordseeküste zieht. Diese einmalige Landschaft wird in ihrer Dynamik, in Formen, Farben und Lichtwirkung als Kontrast zur gewohnten Wohn- und Arbeitsumwelt empfunden.

Zu den psychischen treten die heilenden Wirkungen des Meerwassers, jod- und salzhaltiger Aerosole und eines starken Reizklimas. Die Bioklimatologie hat besonders auf den therapeutischen Wert des Watten- und Strandklimas hingewiesen.

In dieser Situation erscheint eine enge Zusammenarbeit zwischen Naturschutz und Fremdenverkehr mit dem erklärten Ziel einer Erholung in naturnaher Landschaft, an Meer und Watt, Strand und Düne, geradezu vorprogrammiert. Nichts wäre naheliegender gewesen, als diese einmalige Landschaft als Voraussetzung und Kapital des Fremdenverkehrs in geeigneter Form zu schützen. Die Entwicklung des

Abb. 2: Wagen im Watt

Foto: K. Buchwald

Ferien- und Wochenendverkehrs auf den Inseln und an der Küste zum Massentourismus hat eine solche Zusammenarbeit von Naturschutz und Erholungsverkehr in den letzten Jahrzehnten in Frage gestellt. Dazu treten erschwerend eine Reihe von neuen Freizeitaktivitäten wie die verschiedensten Formen der Sportschiffahrt, Tourenfischerei, Sportfliegerei, Besichtigungsfahrten zu Seehundbänken, Wattwandern und Wattreiten, Camping am „Grünen Strand" der Salzwiesen usw.

Die Nordseeküste ist heute das mit weitem Abstand beliebteste inländische Feriengebiet. Über $\frac{1}{10}$ aller innerdeutschen Erholungsreisen führten 1977/78 an die Nordsee. Diese wachsenden Besucher- und Übernachtungsziffern bedingten die Erhöhung der Bettenkapazität, das Wachstum der Küsten- und Inselorte und der erholungswirksamen Infrastrukturen wie Restaurants, Kurhäuser, Straßen, Parkplätze, Boots- und Jachthäfen, Einrichtungen der Intensivstrände usw. Das bedeutete zwangsläufig die Überbauung von Freiräumen und naturnaher Landschaft. Sind die Intensivstrände, das heißt die Teile des Strandes, die beaufsichtigt und mit Erholungseinrichtungen ausgerüstet sind, überbelegt, so weichen die Besucher in die Extensivstrände aus und von diesen in die Dünen und Dünentäler oder auf die Wattseite der Inseln in Salzwiesen und Wattflächen. Die meisten dieser Ökosysteme sind empfindlich für Tritt, Lagern und Verschmutzung, sind aber zugleich störanfällige Lebensräume für Pflanzen und Tiere. Viele dieser Ökosysteme sind als Natur- und Landschaftsschutzgebiete geschützt.
Die Dünen der Inseln wie des Geeststrandes der Küste sind eines der empfindlichsten Ökosysteme. Ausreichend durch Pflanzendecken geschützte Dünengürtel haben für die Inseln lebenswichtige Funktionen:

- Die Dünen der Inseln sind Schutzgürtel gegenüber der Nordsee.
- Die natürliche Festlegung der Dünen durch Strandhafer und andere Pflanzendecken schützt Siedlungen, Straßen und Kulturland der Inseln vor den wandernden Dünen.
- Unter den Dünen befinden sich in „Süßwasserlinsen" die Grundwasservorräte der Inseln.
- Pflanzendecke und Tierwelt der Dünen enthalten eine Anzahl gefährdeter und für die Dünenökosysteme repräsentativer Arten.

Alle Funktionen sind durch touristische Nutzungen gefährdet, falls diese nicht in geeigneter Weise gesteuert werden.
Seit Mitte der sechziger Jahre ist der Flugverkehr mit dem Festland und zwischen den Inseln untereinander sprunghaft angestiegen. Mit jeweils rund 200 Starts je Monat im Januar und Februar und rund 4000 Starts im August 1979 hat Westerland den stärksten Flugverkehr zu verzeichnen. Kritischer als der Linienverkehr ist die noch zunehmende Sportfliegerei zu bewerten. Flugwege und Flughöhen sind kaum zu kontrollieren. Vermutlich sind gerade Vogelrast- und -nahrungsplätze attraktive Flugziele. Tiefflüge über den Stränden und Watten sind für Vögel besonders störend. Neben diesen Beeinträchtigungen fallen vor allem die Störungen durch den Sportbootverkehr, durch militärische Übungen und die Jagd ins Gewicht.

Zur Sicherung des besonderen Reizes der Watten- und Insellandschaft und ihrer Pflanzen- und Tierwelt wird eine zeitliche und räumliche Steuerung des Fremdenverkehrs und seines Wachstums im Küstenraum erforderlich. Unerläßlich wird eine Verlagerung und Intensivierung außerhalb der sommerlichen Hauptsaison.
Das im Auftrage der schleswig-holsteinischen Landesregierung erstellte Gutachten über die touristische, bauliche und landschaftliche Entwicklung der Insel Sylt (1974) hat die Wachstumsgrenzen des Tourismus auf der Insel deutlich gemacht. Es hat

Lösungsversuche

darüber hinaus eine Reihe von Maßnahmen zur Sicherung der landschaftlichen Substanz der Insel und damit auch der Qualität des Fremdenverkehrs vorgeschlagen, die von Landesregierung und Gemeinden akzeptiert und realisiert wurden.

Der „Rat von Sachverständigen für Umweltfragen" empfiehlt daher in seinem Gutachten *„Umweltprobleme der Nordsee"*, für alle Inseln Analysen zur Ermittlung der Beherbergungs-, Freiraum- und Ökologie-Kapazität durchzuführen und auf dieser Basis Entwicklungskonzepte anhand integrierter Flächennutzungs- und Landschaftspläne aufzustellen. In diesen sollen entsprechend den vorrangigen Funktionen des Watten-Insel-Raumes die Aufgaben der Erholung und des Naturschutzes gegeneinander abgewogen und gegenüber den anderen Nutzungen gesichert werden.[9]

Aufgabe 5 Welche für den Naturschutz tragbaren Lösungsmöglichkeiten bieten sich angesichts der Notwendigkeit eines verbesserten Küstenschutzes an?

25.2.2. Nutzungskonflikte am Beispiel der „Lüneburger Heide"

> „Heide an Heide, traurig und öde so weit der Blick reicht, daß der Wanderer die Augen kaum aufheben mag... Aber kein Kornfeld in der offenen Heide, keine Straße, kein Dorf... Doch endlich, nach weiterer Wanderung, sieht man ein Eichenholz, zwischendurch schimmert ein grüner Anger; ringsum liegen freundliche Felder und dort fließt zwischen Erlengebüsch ein Forellen-Bächlein durch bunte Wiesen. Man hat einen Hof erreicht."[10]

Analyse 2 So erlebten die meisten Menschen die norddeutsche Heidelandschaft bis weit in das 19. Jahrhundert. Erst in der zweiten Hälfte des vergangenen Jahrhunderts entdeckten Maler und Schriftsteller (z.B. die Worpsweder Schule, August und Friedrich FREUDENTHAL, Hermann LÖNS) die Eigenarten und Schönheiten der norddeutschen Heidelandschaft. Danach begannen sich Wissenschaftler mit dieser sich schon stark wandelnden Landschaft zu beschäftigen, mit ihrer Ur- und Frühgeschichte, der Siedlungsgeschichte, der Erdgeschichte und Bodenkunde, der Vegetationskunde, bis in den letzten Jahrzehnten die verbliebenen Reste der Heidelandschaft inmitten einer blühenden, hochindustrialisierten Land- und Forstwirtschaft das Interesse der Fremdenverkehrswirtschaft und des Tourismus gefunden haben.

---

9 Der Rat von Sachverständigen für Umweltfragen: Umweltprobleme der Nordsee, a.a.O., Tz. 987/8.
10 W. PETERS: Die Heideflächen Norddeutschlands. Hannover 1862.

25. Schutzgebiete und Schutzobjekte

Konflikte

Wohl keine Landschaft Mitteleuropas, mit Ausnahme einiger Industrie-Großlandschaften, hat innerhalb von etwa hundert Jahren einen so umwälzenden Wandel in Inhalt, Aufbau und Wirtschaft erfahren wie die nordwestdeutsche Heidelandschaft.

Die Idee, in letzter Minute in der Zentralheide einen großen Landschaftsraum dieser im raschen Schwinden begriffenen Kulturlandschaft für die Nachwelt zu erhalten, hatte der Pastor des Heidedorfes Egestorf, Wilhelm BODE. Er gewann den Universitätsprofessor A. THOMSEN aus Münster für seine Idee und konnte im Jahre 1906 für ihn den „Totengrund", die Keimzelle des späteren Naturschutzparks, kaufen und vor einer Bebauung retten.

Etwa zur gleichen Zeit entwickelte sich in Süddeutschland um Dr. Kurt FLÖRICKE in Stuttgart aus einem Kreis von Persönlichkeiten eine Naturschutzbewegung mit dem Ziel, nach dem Beispiel der Vereinigten Staaten auch in Deutschland Naturschutzgebiete zu schaffen. Mit seinen Freunden und Gleichgesinnten konnte FLÖRICKE 1909 den „Verein Naturschutzpark" (VNP) in München gründen. Durch Vermittlung des Landrats Fritz ECKER aus Winsen/Luhe, Mitglied des VNP, und aufgrund eines Gutachtens von FLÖRICKE stellte sich der VNP die Rettung der einzigartigen Heidelandschaft um Wilsede als erste große Aufgabe. Nachdem Pastor Wilhelm BODE schon 1910 das Heidegebiet um den Wilseder Berg für den VNP erworben hatte, konnte der Verein ein Jahr später den Naturschutzpark Lüneburger Heide in einer Größe von rund 200 km² gründen. Dabei wurden große Flächen der Staatsforstverwaltung und der Klosterkammer in das Schutzgebiet einbezogen. Aber erst 1921 wurde der Naturschutzpark auf der Grundlage des Preußischen Feld- und Forstpolizeigesetzes als Naturschutzgebiet anerkannt.

Heute enthält das Naturschutzgebiet etwa 5000 Hektar Zwergstrauchheiden mit eingestreuten Mager- und Trockenrasen, von denen allerdings rund 1800 Hektar durch die Benutzung als Panzerübungsraum fast restlos zerstört sind. Außer den Heiden ist das Gebiet ausgestattet mit rd. 200 ha Hoch- und Niedermooren, 240 ha Bachniederungen mit noch sehr naturnahen Forellenbächen, rd. 1850 ha Acker- und Wirtschaftsgrünland, rd. 11 750 ha Forst- und Waldflächen, rd. 850 ha Mischgebieten und etwa 130 ha Siedlungsflächen.

Bis heute hat der VNP etwa 6000 Hektar Grundflächen im Naturschutzpark erworben, vorwiegend Heide- und Moorflächen, aber auch Waldbestände, Acker- und Grünland einschließlich einer Anzahl von Höfen. Sie bilden im Zusammenhang den einzigen sicheren Grundstock des Schutzgebietes. Ist doch die Heidelandschaft das Ergebnis eines historischen agrarischen Ökosystems, ausgerichtet auf die beschränkte natürliche Leistungsfähigkeit dieser Landschaft und der vorindustriellen Landbautechnik. Die auf recht großer Fläche errichtete Hofanlage mit dem charakteristischen niedersächsischen „Zweiständerhaus" als Einheitshaus, in dem Menschen und Großvieh unter einem Dach lebten, eingebettet in Eichenhaine, einigen nahegelegenen Äckern und Grünländereien und den umgebenden weiten Heideflächen der Allmende als extensives Weideland mit eingesprengten Waldresten bildeten ein in sich und mit der Landschaft fein abgestimmtes Wirtschaftssystem. Die Größe eines Vollhofes in der Heide lag zwischen 100 und 750 Hektar. PETERS gibt als Beispiel für das Nutzungsverhältnis eines Heidbauernhofes von rd. 430 ha Größe aus der Zentralheide an: Hof und Gärten 2 ha, Wiesen (Bewässerungs- und Düngewiesen) 8 ha, Ackerland 42 ha, Forst 11 ha, Anger und Moorland 15 ha, Heide 350 ha. Der erhebliche Landbedarf eines lebensfähigen Hofes dürfte, abgesehen von der dünnen Besiedlung überhaupt, auch einer der Gründe sein für die Verbreitung der Einhof- und Schwarmsiedlungen in der historischen Heidelandschaft.

Die weitgehende Erhaltung und Wiederherstellung dieses Landschafts- und Wirtschaftssystems als hervorragendes Dokument europäischer Kulturgeschichte wird auch in Zukunft entscheidend sein für den Bestand der typischen Heidelandschaft in ihren wesentlichen Erscheinungsformen und Wirkungen, wenigstens in den Kerngebieten des Naturschutzparks.

Allerdings betreibt der VNP selbst keine Landwirtschaft. Seine Acker- und Grünlandflächen und einige Höfe hat er verpachtet, und sie werden meist intensiv nach neuzeitlichen Methoden, einschließlich der Mineraldüngung, chemischer

Schädlings- und Unkrautbekämpfung und Großflächenstruktur, bewirtschaftet. Daraus ergeben sich wiederum Konflikte mit den Zielen des Naturschutzes. Der VNP ist aber bis auf weiteres darauf angewiesen, aus den land- und forstwirtschaftlichen Flächen wenigstens einen gewissen Gewinn zu erzielen, um damit seine wichtigsten Naturschutzaufgaben wahrnehmen zu können.

Den Pächtern obliegt auch die Haltung der gegenwärtig im Naturschutzpark lebenden 12 Heidschnuckenherden, die jeweils etwa 300 Mutterschafe mit einigen Böcken zählen und im frühen Frühjahr mit den Jungtieren auf etwa die doppelte Kopfzahl anwachsen. Die Heidschnuckenherden sind auch heute noch unentbehrlich für die Erhaltung der Heidelandschaft. Für die Erzeugung von Fleisch, Wolle, Fellen und Leder hat die Schnuckenhaltung ihre Bedeutung im Rahmen der Volkswirtschaft längst verloren. Da von den historischen Nutzungsformen der Heide das Plaggen und Mähen allein aus wirtschaftlichen Gründen nicht mehr durchführbar ist und das turnusmäßige Abbrennen bisher auch auf erhebliche Bedenken stößt, bleibt die Beweidung der Heideflächen als einzige Möglichkeit für ihre Erhaltung. Im Gegensatz zu den meisten europäischen Schafrassen können die Heidschnucken nicht auf eingezäunter Weide gehalten, sondern müssen in der Herde von einem Schäfer gehütet werden. Dadurch wird auch die Schnuckenhaltung zu einer aufwendigen, kaum Gewinn bringenden, aber unverzichtbaren Aufgabe.

Neben den landwirtschaftlichen Betrieben, der Schafhaltung und einer eigenen Forstverwaltung unterhält der VNP Jugend- und Altwandererherbergen, ein Museum und mehrere Informationshäuser im Schutzgebiet und darüber hinaus ein ausgedehntes Wander- und Reitwegenetz, die meisten Parkplätze und sorgt für die Sauberhaltung des Gebietes. Alle diese Aufgaben erfordern jährlich hohe Aufwendungen, auch an finanziellen Mitteln. Sie betrugen zum Beispiel im Jahr 1980 insgesamt etwa 4 Millionen DM, wovon der VNP rund 3,7 Millionen DM aufgebracht hat, während die staatliche Naturschutzverwaltung, die eigentlich für die meisten dieser Aufgaben und Aufwendungen verantwortlich wäre, nur etwa 0,3 Millionen DM für das Naturschutzgebiet zur Verfügung gestellt hat.

Neben der Gefahr, daß die Heideflächen infolge mangelhafter oder unsachgemäßer Beweidung überaltern und vergrasen, werden sie besonders durch eindringende Birken und Kiefern aus Anflug von Samen aus benachbarten Waldbeständen, Baumgruppen und selbst von Einzelbäumen bedroht. Da die Beweidung allein nicht ausreicht und die Mittel für eine laufende mechanische Beseitigung der unerwünschten Wiederbewaldung letztlich auch beschränkt sind, bleibt als einzige Lösung die Entfernung fast aller Birken in den Heideflächen und ihrer engeren Umgebung.

Über die erhaltenden Maßnahmen hinaus bemüht sich der VNP, auf eigenen Flächen und durch Einflußnahme auf andere Planungen im Naturschutzpark charakteristische, aber gestörte oder vernichtete Erscheinungsformen der historischen Heidelandschaft wieder instandzusetzen oder zu entwickeln. So werden entfernt liegende oder den Landschaftshaushalt störende Acker- und Grünlandflächen aus der intensiven Wirtschaft entlassen, damit sie sich zu Heiden oder Magerrasen zurückentwickeln können. Oder sie werden mit den Holzarten der natürlichen Waldgesellschaften aufgeforstet, wie auch die vereinseigenen Waldbestände nach der Endnutzung vorwiegend wieder zu naturnahen Laubholzwäldern umgewandelt werden. In den Moorgebieten werden Entwässerungssysteme stillgelegt und neue Feuchtgebiete geschaffen. Das im südwestlichen Grenzgebiet des Naturschutzparks gelegene „Pietzmoor", ein durch Handtorfstich zum Teil verändertes Hochmoor von etwa 150 Hektar Größe, ist in den vergangenen Jahren vom VNP fast vollständig aufgekauft worden und wird in seiner gesamten Ausdehnung einschließlich seiner Randzonen nach gezielten Maßnahmen der Wiedervernässung und neuem Moorwachstum überlassen. Zur weiteren Entwicklung des Schutzgebietes gehören aber auch eine Erweiterung und Abrundung der Heideflächen, vor

25. Schutzgebiete und Schutzobjekte

allem in den zentralen Heidegebieten um Ober- und Niederhavenbeck, Wilsede-Undeloh und Inzmühlen-Wehlen. Der VNP hält eine Ausweitung auf insgesamt rund 6000 Hektar für erstrebenswert und durchführbar.[11] Eine andere Forderung wird vor allem von Vertretern des Naturschutzes und der Vegetationskunde an die Staatsforstverwaltung und die Klosterkammer gestellt, die aus gebiets- und florenfremden Baumarten aufgebauten Forste in naturnahe Laubholzwälder umzuwandeln.

Aufgrund seiner überragenden Bedeutung als letzter großräumiger Lebensraum für die Pflanzen- und Tierwelt, seiner besonderen landschaftlichen Eigenart und Schönheit, seines Wertes für Lehre und Forschung in vielen Wissenschaftszweigen und in Würdigung der besonderen Leistungen des VNP bei der Gründung und Entwicklung des Naturschutzgebietes nimmt es eine hohe Rangstellung im internationalen Naturschutz ein. Als erste deutsche Landschaft wurde es vom Europarat im Jahre 1965 mit dem Europa-Diplom ausgezeichnet und damit unter dessen Schirmherrschaft gestellt. Nach OLSCHOWY wird in der UN-Weltliste für Nationalparke und gleichwertige Reservate, in die vor allem historische Kulturlandschaften einbezogen werden sollen, die Lüneburger Heide als spezielles Beispiel für ein von Menschen beeinflußtes Schutzgebiet genannt.[12]

Abb. 3: Wanderweg in Steingrund (Lüneburger Heide)

Der Wanderweg ist zum Schutz der angrenzenden Wacholderbestände mit Rundhölzern eingefriedet.
Foto: G. OLSCHOWY

Die Bundesforschungsanstalt für Naturschutz und Landschaftsökologie reiht aufgrund ihrer „Untersuchung der vorhandenen und potentiellen Nationalparke in der Bundesrepublik Deutschland"[13] das Schutzgebiet ebenfalls in die möglichen deut-

Lösungsversuche

---

11 H. LUX: Wanderungen im Naturschutzgebiet Lüneburger Heide. Stuttgart/Hamburg 1979.
12 G. OLSCHOWY: Erhaltung wertvoller Kulturlandschaften. In: G. OLSCHOWY (Hrsg.): Naturschutz, Landschaftspflege und Landschaftsplanung. Bd. 3 der Sonderdruckausgabe von „Natur- und Umweltschutz in der Bundesrepublik Deutschland", a.a.O., S. 812–817.
13 H. HENKE: Untersuchung der vorhandenen und potentiellen Nationalparke in der Bundesrepublik Deutschland im Hinblick auf das internationale Nationalparkkonzept. Schriftenreihe für Landschaftspflege und Naturschutz. Heft 13. Bonn 1976, S. 1–180.

schen Nationalparke ein und schlägt dabei eine Anzahl von Maßnahmen zur Verbesserung und Entwicklung des Schutzgebietes vor, unter anderem Schaffung einer Nationalparkverwaltung, Entwicklung des Gebietes zu einer großräumigen typischen Heidelandschaft, Freigabe der Panzerübungsflächen, Umwandlung standortsfremder Nadelholzforste, gebietliche Einschränkung wirtschaftlicher Nutzung, Lenkung und Information der Besucher, Aufbau eines Forschungsinstitutes. Auch führende Naturschutzverbände in Niedersachsen, voran der „Niedersächsische Heimatbund" und der „Bund für Umwelt und Naturschutz Deutschland, Landesverband Niedersachsen", stellten seit Jahren die Forderung an die Landesregierung, das Gebiet zum Nationalpark aufzustufen. Diese Forderung ist bisher immer wieder mit der Begründung, das Gebiet erfülle nicht die gesetzliche Voraussetzung und befinde sich nicht in einem von Menschen nicht oder wenig beeinflußten Zustand, abgelehnt worden. Die Landesregierung verkennt dabei die sich inzwischen im internationalen Naturschutz vollziehenden Entwicklungen, die auch hervorragenden Kulturlandschaften den Rang von Nationalparken einräumen wollen, und denen andere Staaten schon längst gefolgt sind.

Aufgabe 6   Wodurch werden die Ziele des Naturschutzes in der Lüneburger Heide heute gefährdet?

....
....
....
....
....
....
....
....
....
....

25.3. Natur und Landschaft für den Menschen schützen

Problembegründung

Jemand, dem die Frage gestellt wird, warum für ihn ein bestimmtes Stück Natur schützenswert ist, wird sich in seiner Antwort entweder darauf berufen, daß es um seiner selbst willen geschützt zu werden verdient, daß es um eines gegenwärtigen oder zukünftigen Nutzens für den Menschen willen geschützt zu werden verdient, oder auf beides.

Während bei Begründungen der ersten Art die Natur – das heißt die Natur außerhalb des Menschen und seiner Produkte – als ein eigenständiger Wert betrachtet wird, wird bei Begründungen der letzten Art die Natur als abgeleiteter oder relativer Wert gesehen, relativ auf den Menschen und sein Wohlergehen. Begründungen dieser letzten Art werden hier „utilitaristisch" genannt – in Anlehnung an die utilitaristische Schule der Ethik, die das „größte Glück der größten Zahl" auf ihre Fahnen schrieb, unter diese „größte Zahl" allerdings nicht nur die gegenwärtige, sondern auch die späteren Generationen (sowie auch die bewußtseinsbegabten, leidensfähigen Tiere) rechnete. Der „Nutzen", auf den sich die utilitaristischen Begründungen beziehen, darf also nicht einseitig ökonomisch gesehen werden, etwa als Profit. Er umfaßt das gesamte Spektrum von Bedürfnisbefriedigungen, von elementaren Überlebensbedürfnissen wie dem nach Atemluft und unverseuchtem Wasser bis zu verfeinerten, kulturell geprägten Bedürfnissen wie dem nach Selbsterkenntnis und romantischem Naturgenuß.

25. Schutzgebiete und Schutzobjekte

Der *Nicht-Utilitarist* wird den Natur- und Landschaftsschutz vor allem mit drei Argumenten begründen:

• Die Integrität der bestehenden Ökosysteme stellt unabhängig von menschlichen Interessen einen Wert dar. Der Mensch sollte diese Integrität unbeeinträchtigt lassen bzw. vor Störungen schützen.

• Die Geschichte der Natur reicht in abgründige Vergangenheiten zurück. Pflanzen- und Tiergattungen sowie Landschaften, die auf ein hohes Alter zurückblicken, verdienen um ihres Alters willen in ihrem Bestand respektiert zu werden.

• In der Natur finden sich ästhetische Werte verkörpert, die um ihrer selbst willen erhaltenswert sind: „apollinische" Werte wie die komplexe Ordnung eines Ökosystems, die Anmut eines natürlichen Flußlaufs, die Selbstgenügsamkeit eines Gebirgsmassivs; „dionysische" Werte wie die Wildheit eines Gebirgsbachs, das mystische Dunkel des Waldes oder die unzähmbare Vitalität eines Raubtieres.

Für den *Utilitaristen* geben andere Begründungen den Ausschlag:

• Rückgang und Neubildung von Arten halten sich – im Gegensatz zu historisch überblickbaren Zeitaltern – nicht mehr im Gleichgewicht. Heute gelten etwa 8% aller bekannten Gefäßpflanzenarten weltweit als gefährdet. Bedrohlich an dem rapiden Aussterben von Arten ist die Unüberblickbarkeit seiner langfristigen Risiken für die Lebensgrundlagen des Menschen.

• Veränderungen in der Biosphäre dienen als Indikatoren für Umweltschadstoffe. Die Gefährlichkeit des DDT wäre ohne die Beobachtung des Rückgangs des Wanderfalken erst sehr viel später entdeckt worden. Eine Verarmung der Natur würde diese – mit technischen Mitteln nicht zu ersetzende – Funktion zunichte machen.

• Die Erhaltung eines möglichst großen genetischen Potentials liegt im Interesse der menschlichen Zivilisation. So sind zum Beispiel die natürlichen Primitivformen wichtig für die Weiterzüchtung unserer Kulturpflanzen, etwa auf bestimmte Resistenzeigenschaften hin. Prinzipiell ist nicht abzusehen, welche der heute vom Aussterben bedrohten Arten sich irgendwann einmal als wissenschaftlich, medizinisch oder wirtschaftlich nützlich erweisen werden. Wer etwa hätte vor 1928 die Bedeutung des Schimmelpilzes *Penicillium* voraussagen können?

• Die Begegnung mit der Natur, die nicht allzu offensichtlich die Spuren menschlichen Eingreifens erkennen läßt, also einer unentstellten, unzersiedelten, als ursprünglich und insofern „natürlich" erlebbaren Natur, bedeutet für viele ein unverzichtbares Element eines lebenswerten Lebens: Wir bedürfen der Natur gerade als etwas, das dem Zwang, menschlichen Bedürfnissen zu dienen, entzogen ist. Die Funktionalität der Natur für den Menschen besteht paradoxerweise gerade darin, daß sie von ihm als etwas Nicht-Funktionales wahrgenommen wird, als etwas, das sich selbst genügt und in sich ruht.

Ich behaupte nun, daß wir die utilitaristischen Argumente für den Schutz von Natur und Landschaft als verbindlicher oder „objektiver" betrachten müssen und ihnen deshalb den Vorrang vor den nicht-utilitaristischen geben sollten. — These

Bei dieser These lasse ich mich von zwei Überlegungen, einer theoretischen und einer pragmatischen, leiten: — Überlegungen

1. Die utilitaristischen Argumente beziehen sich auf *Interessen,* die Menschen gegenüber der Natur geltend machen oder geltend machen können. Die ihnen zugrunde liegende moralische Norm lautet: Wir sollten dafür sorgen, daß diese

Interessen befriedigt werden können. Dagegen beziehen sich die nicht-utilitaristischen Argumente auf *Werte,* die bestimmte Menschen in der Natur erhalten oder verwirklicht sehen möchten. Die ihnen zugrunde liegende moralische Norm lautet: Wir sollten dafür sorgen, daß diese Werte erhalten oder verwirklicht werden. Nun besteht aber über die moralische Forderung, dafür zu sorgen, daß menschliche Interessen befriedigt werden können, ein bedeutend umfassenderer Konsens als über irgendeine Auffassung von einem interessenunabhängigen Wert der Natur. In welcher Hinsicht die Natur einen solchen Wert besitzt, ja, ob sie ihn überhaupt besitzt, wird immer ein Gegenstand von Kontroversen bleiben. Ein Stück weit liegt dies sicher an dem ganz trivialen Umstand, daß sich die Tatsache, daß jemand ein bestimmtes *Interesse* hat, gewöhnlich empirisch, das heißt in einer für jedermann nachvollziehbaren Weise, überprüfen läßt; während sich ein entsprechender Nachweis darüber, daß etwas einen *Wert* hat – unabhängig von allen Interessen, die sich darauf richten oder richten können –, in der Regel nicht führen läßt. Was sich in diesen Fällen nachweisen läßt, ist lediglich das *Interesse,* das derjenige, der diesen Wert vertritt, an der Erhaltung oder Verwirklichung dieses Wertes hat.

2. Die utilitaristischen Begründungen sind eher mit den Denkweisen vereinbar, die für unsere politische Kultur und die christlich-humanistischen Traditionen, in denen sie wurzeln, charakteristisch sind. Rein pragmatisch betrachtet, besteht wenig Aussicht, Naturschutzbestrebungen politische Unterstützung zu sichern, ohne sich auf die utilitaristischen Argumentationen zu berufen, die auch in anderen Bereichen unserer Gesellschaft den Ausschlag geben.

Folgerungen

▶ *Was folgt aus der These der Priorität der utilitaristischen Begründungen für die Praxis des Naturschutzes und der Landschaftspflege?* ◀

• Eine *erste Konsequenz* ist, daß das Bestehen eines funktionierenden Ökosystems oder das Vorkommen einer Tier- bzw. Pflanzenart uns keinerlei zwingende Verpflichtung auferlegen kann, *dieses* Ökosystem oder die Existenz der Art an *diesem* Standort zu schützen. Selbst das irreversible Verschwinden einer Art an allen Standorten oder das Verschwinden eines Ökosystem- oder Landschaftstyps wird gelegentlich als unbedenklich oder gerechtfertigt gelten müssen, etwa dann, wenn sie für den Menschen schädlich oder lästig sind. Bei Krankheitserregern kann die Abwägung allen Fürs und Widers sogar ergeben, daß es besser ist, nicht nur auf die Exemplare der Art, sondern selbst noch auf die Konservierung ihres genetischen Materials in Forschungsinstituten zu verzichten. Was der Utilitarist allerdings fordern wird, ist, daß jeder, der irreversible Zerstörungen vornimmt oder zuläßt, den Beweis dafür schuldig ist, daß die Zerstörung unter Berücksichtigung aller möglichen Konsequenzen notwendig oder vertretbar ist.

• Eine *zweite Konsequenz* besagt, daß immer da, wo eine Landschaft durch Eingriffe des Menschen reizvoller, vielfältiger, harmonischer gestaltet werden kann, Rücksichten auf die „ursprüngliche" Beschaffenheit der Landschaft nicht im Wege stehen sollten. Da sich in Mitteleuropa so gut wie kein Ökosystem finden dürfte, dessen Geschichte nicht weitgehend durch kulturelle Einflüsse bestimmt worden ist, ist nicht zu sehen, warum wir nicht auch weiterhin zum Besten der Landschaft – und dadurch zum Besten des Menschen – in sie eingreifen sollten. Etwa auch so, daß von der Zivilisation verdrängte Faktoren wiederhergestellt werden, zum Beispiel bedrohte Wildpflanzen auf Brachflächen wiederangesiedelt werden – eine Verfahrensweise, die interessanterweise in Hessen, mit Hinweis auf das (nicht-utilitaristische) Argument der „Florenverfälschung", gesetzlich verboten worden ist.

• Eine *dritte Konsequenz:* Die Erhaltung einer Art kann nur dann verbindlich geboten sein, wenn sie sich von verwandten Arten nicht nur in belanglosen Details unterscheidet. Nach den utilitaristischen Kriterien bemessen sich Reichtum und

Verarmung eines Stücks Natur maßgeblich, wenn auch nicht ausschließlich, nach ihrer erlebbaren, für alle wahrnehmbaren Vielfalt. Solange es nur wenige Schmetterlingskenner gibt, die die 51 vom Aussterben bedrohten unter den 164 in der Bundesrepublik heimischen Tagfalterarten unterscheiden können, wiegt der Verlust einer einzigen Art Tagfalter nicht schwerer als der Verlust einer der unbekannteren Haydn-Symphonien. Nur eine verschwindend kleine Minderheit kennt die Tagfalterart, nur eine verschwindend kleine Minderheit die Haydn-Symphonie. Und dies wird wohl so bleiben – trotz des weiter zunehmenden Bedürfnisses nach ursprünglicher Natur, das wir aus der Entwicklung der Bedürfnisse in der Industriegesellschaft mit einiger Sicherheit annehmen können. Es wird deshalb kaum eine moralische Verpflichtung bestehen, für die Erhaltung der einzelnen Art bzw. ihres Lebensraums erhebliche Mittel aufzuwenden bzw. auf anderweitige Nutzungen zu verzichten. Womit nicht gesagt ist, daß die Schmetterlingsliebhaber nicht ermutigt werden sollten, aus eigenen Mitteln einen entsprechenden Lebensraum aufzukaufen, um die Art in ihrem Bestand erhalten zu wissen.

Die Vorstellungen davon, wie die Natur beschaffen sein muß, damit der Mensch darin seine inneren Kräfte zu entfalten und erneuern vermag, haben sich im Laufe der Geschichte immer wieder grundlegend geändert: Der Wald, der dem Naturfreund von heute soviel bedeutet, vermittelte bis ins 19. Jahrhundert hinein nicht Geborgenheit, sondern galt als gefährlich und furchteinflößend. Art und Intensität des Naturerlebens hängen überdies auch davon ab, welche Natur, zum Beispiel aufgrund von Kindheitserfahrungen, als vertraut und heimatlich erlebt wird, oder in welcher wir unser Inneres am lebendigsten gespiegelt finden – das kann für den depressiv Gestimmten die Monotonie einer Heide- oder Küstenlandschaft sein, die andere geradezu depressiv machen würde. Es wäre deshalb verfehlt, für alle Zukunft einen „alleinseligmachenden" Typ Landschaft definieren zu wollen. Es kann nur darauf ankommen, Vielfalt zu erhalten – an Landschaften, Vegetationstypen, Ökosystemen. Sie gilt es nicht nur gegen die Wucherungen des industriellen Einerleis zu verteidigen, sondern da, wo sie verlorengegangen ist, dauerhaft wiederherzustellen.

Fazit

Ein wichtiges Argument für den Naturschutz und die Landschaftspflege ist die Erhaltung von Naturschönheiten – von reizvollen Landschaften, ansprechenden Pflanzenarten und in besonderer Weise beeindruckenden Tiergattungen. Handelt es sich bei diesem Argument um ein „utilitaristisches" oder um ein „nicht-utilitaristisches" Argument?

Aufgabe 7

....
....
....
....
....
....
....

25.4. Ergänzende Kriterien zur Gestaltung und Entwicklung von Natur und Landschaft

Der Schutzstatus der im Bundesnaturschutzgesetz festgelegten Schutzgebiete und Schutzobjekte ist unterschiedlich und insgesamt gesehen unbefriedigend. Naturschutzgebiete und Naturdenkmale haben den höchsten Schutzstatus. Dennoch ist dieser vor allem für Naturschutzgebiete wegen vielseitiger Belastungen als Folge der

Zusammenfassung

im Bundesnaturschutzgesetz verankerten „Landwirtschaftsklausel" und anderer Nutzungsansprüche, aber auch wegen der oft zu geringen Größe und der fehlenden Kriterien für die Auswahl, unzureichend. Die Landschaftsschutzgebiete wiederum können wegen ihres großen Flächenausmaßes, aber auch wegen ihrer Bedeutung für Erholung und Freizeit nicht ausreichend wirkungsvoll geschützt werden. Genehmigungen für die Errichtung von Bauwerken, Verkehrsstraßen, Abgrabungen und Erholungseinrichtungen sind nicht Ausnahme, sondern die Regel. Hier erhebt sich die Frage, ob die gesetzlichen Bestimmungen nicht ausgeschöpft sind oder eine Änderung des Gesetzes erforderlich ist. Von sachverständiger Seite wird immer wieder gefordert, etwa 8% bis 12% der Fläche des Bundesgebietes ausreichend zu schützen, das heißt, einen Schutzstatus zu entwickeln, der in seiner Auswirkung zwischen dem Naturschutzgebiet und dem derzeitigen Status des Landschaftsschutzgebietes liegt.

Nationalparke und Naturparke sind keine Schutzkategorien im eigentlichen Sinne, da sie überwiegend Naturschutzgebiet oder Landschaftsschutzgebiet sind. Ihre Aufgaben aber unterscheiden sich. Zielkonflikte sind auch hier nicht auszuschließen. In der Studieneinheit wurde der Nationalpark „Bayerischer Wald" vorgestellt, dessen natürliche Waldbestände streng geschützt sind und dessen naturnahe Waldbestände in Naturwald zurückentwickelt werden sollen. Der Holzbedarf der Industrie verlangt, daß aus den naturfernen Beständen der Holzeinschlag zwar verringert, aber nicht eingestellt werden kann. Belastungen durch Erholungsverkehr konnten nicht ausbleiben, jedoch werden sie durch Information der Besucher, durch Wegegebot in besonders gefährdeten Gebieten und durch Fernhalten von störenden Erholungsaktivitäten und -einrichtungen eingeschränkt. Die im Nationalpark getroffenen Maßnahmen dienen dem Ziel, den hochgefährdeten Tier- und Pflanzenarten gesicherte Lebensräume zu erhalten oder wiederherzustellen.

Die kritische Stellungnahme zum *Ist-Zustand der Schutzgebiete* hat den Zweck, Vorschläge für einen befriedigenden Soll-Zustand zu entwickeln. An den bereits genannten Ursachen des unzureichenden Schutzes haben auch Fachplanungen und gesamträumliche Planung ihren Anteil, weil sie zu wenig Rücksicht auf die geschützten Flächen nehmen; es mangelt häufig aber auch an der notwendigen Pflege der Schutzgebiete. Als *Anforderungen an Schutzgebiete,* die die künftigen Maßnahmen bestimmen sollten, sind herauszustellen:

– Sicherung der ökologisch stabilisierenden Wirkung von geschützten Landschaftsräumen
– Sicherung von Landschaftsräumen mit Produktionsleistungen und vielfältigen natürlichen Ressourcen
– Sicherung von Landschaftsräumen zur langfristigen Erhaltung biotisch-genetischer Substanz an Pflanzen- und Tierarten
– Sicherung des Landschaftsbildes
– Sicherung zur Dokumentation der Geschichte der Landschaft
– Sicherung für Forschung, Lehre und Bildung

Das Ziel kann nur erreicht werden, wenn in Zukunft Auswahl und Ausweisung von Schutzgebieten auf der Grundlage eines „integrierten Schutzgebietssystems" vorgenommen werden, das heißt, die Schutzgebiete müssen integriert werden

– in die naturräumlichen Einheiten und Ökosystemkomplexe,
– in Nutzungssysteme und Nutzungsstrukturen,
– in Schutzgebietskategorien aufgrund BNatSchG und in Schutzgebiete aufgrund anderer Gesetze,
– in Konzepte der Raumordnung, Landesplanung und Bauleitplanung.

Die vielfältigen Zielkonflikte mit dem Naturschutz wurden am Beispiel des *ost- und nordfriesischen Wattenmeeres* und der *Lüneburger Heide* behandelt. Im Vordergrund stehen die Eindeichungsprojekte und hier häufig der Bau von „Vordeichen", die alle auf Kosten des ökologisch außerordentlich wertvollen Wattenmeeres gehen. Die landschaftlichen und bioklimatischen Vorzüge dieses Küstenraumes haben den Fremdenverkehr, vor allem auch auf den Inseln, in den vergangenen Jahren erheblich gesteigert. Infrastrukturelle Entwicklungen belasten den Raum; die erholungsuchenden Menschen beeinträchtigen insbesondere die empfindlichen Bereiche, wie Dünen, Dünentäler, Salzwiesen und Wattflächen. Hinzu tritt der zunehmende Linien- und Sportflugverkehr, der insbesondere die Vogelwelt und

Abb. 4: Naturparke und Nationalparke der Bundesrepublik Deutschland

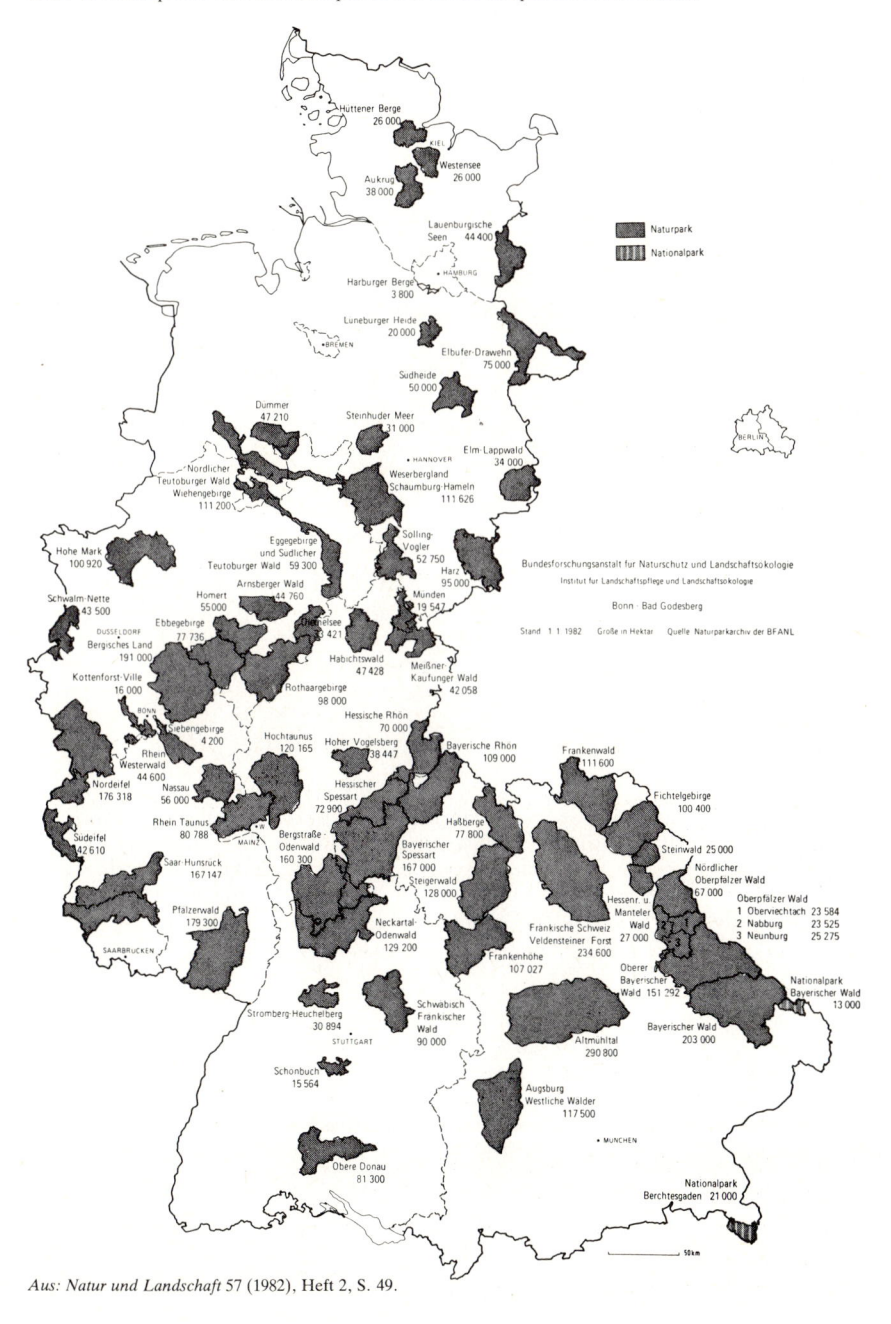

Aus: Natur und Landschaft 57 (1982), Heft 2, S. 49.

ihre Lebensräume beträchtlich stört. Nur ein auf ökologischen Grundlagen aufbauendes Entwicklungskonzept mit einer integrierten Landschaftsplanung kann hier Abhilfe leisten.

Mit dem großflächigen *Naturschutzgebiet „Lüneburger Heide"* wurde ein Beispiel vorgestellt, das den Zweck hat, eine historische Wirtschaftslandschaft mit einer reichen Pflanzen- und Tierwelt zu erhalten, die es in Europa in dieser Größe und Ausprägung nicht mehr gibt. Aber auch hier treten Konflikte auf, so durch die Benutzung als Übungsgebiet für britische Panzer, durch die beabsichtigte Grundwasserentnahme der Stadt Hamburg, aber auch durch die Suche nach Bodenschätzen wie Erdöl und Erdgas.

Die Zielkonflikte, die sich aus den menschlichen Nutzungen für den Naturschutz ergeben, stellen zwangsläufig die Frage, ob Natur um ihrer selbst willen geschützt zu werden verdient oder um des künftigen Nutzens des Menschen geschützt werden soll. Trotz differenzierter Betrachtungsweisen sollte doch dem Menschen der Vorrang gegeben und Natur und Landschaft als Lebensgrundlage der Gesellschaft gesichert werden.

Ausblick

Sollen die gefährdeten Tier- und Pflanzenarten und ihre Biotope wirkungsvoll geschützt und die Vielfalt unserer natürlichen Umwelt überhaupt gesichert werden, so bedarf es des Schutzes von Natur und Landschaft mit Hilfe von geschützten Gebieten und Objekten. Zum Schutz aber muß die Pflege treten – was in begrenztem Umfang auch für Naturschutzgebiete und Naturdenkmale, in besonderem Maße aber für Landschaftsschutzgebiete und geschützte Landschaftsbestandteile gilt. Und diese Pflegemaßnahmen müssen schließlich ergänzt werden durch weitere Maßnahmen des Naturschutzes und der Landschaftspflege, die auf die Gestaltung und Entwicklung von Natur und Landschaft abzielen. So wie sich die Gesellschaft in einer ständigen Entwicklung befindet, ist auch ihre Umwelt davon beeinflußt. Daher kann es nicht ausbleiben, daß der Mensch, daß Technik, Industrie und Zivilisation ständig in Natur und Landschaft eingreifen. Wie sich diese Eingriffe auswirken und wie sie mit Hilfe der Landschaftsplanung verhindert oder ausgeglichen werden können, soll in der nächsten Studieneinheit „Landschaftsgestaltung und Landschaftsentwicklung" aufgezeigt werden.

Aufgabe 8

In dieser Studieneinheit wurden die im Naturschutzrecht festgelegten Schutzkategorien und ihr Schutzstatus behandelt. Welche der folgenden Aussagen hierzu ist/sind nach dieser Darstellung zutreffend?

(a) Die neu geschaffene Kategorie der „geschützten Landschaftsbestandteile" soll dazu beitragen, Natur und Landschaft zu beleben und Schutzgebiete im Sinne einer ökologisch wünschenswerten Vernetzung untereinander zu verbinden.
(b) Die Naturschutzgebiete in der Bundesrepublik Deutschland haben den höchsten Schutzstatus und unterliegen einem Vollschutz: In ihm sind alle Nutzungen, auch solche landbaulicher Art, verboten, um Zustandsänderungen auszuschließen.
(c) Zwar reicht der Anteil an Naturschutzgebieten an der Gesamtfläche der Bundesrepublik Deutschland aus, doch ist er wegen der zu hohen Waldanteile nicht repräsentativ.
(d) Landschaftsschutzgebiete sind nach dem Bundesnaturschutzgesetz zwar rechtsverbindlich festgesetzte Gebiete, in denen ein besonderer Schutz von Natur und Landschaft erforderlich ist, sie werden jedoch durch die vielen Nutzungsansprüche (Landwirtschaft, Erholung) stark belastet und dadurch in ihrem Schutzstatus entwertet.
(e) Um Naturdenkmale vor nachteiligen Einflüssen aus der Umgebung zu bewahren, kann nach dem Bundesnaturschutzgesetz auch die unmittelbare Umgebung in den Schutz einbezogen werden.

Landschaftsgestaltung und Landschaftsentwicklung 26.

Federführender Autor: Gerhard Olschowy

Autoren der Studieneinheit: Wolfgang Haber, Gerhard Olschowy, Gustav Salzmann, Donata Valentien, Frederic Vester

Allgemeine Einführung 26.0.

Als zwangsläufige Folge des Arten- und Biotopschutzes sowie des Gebiets- und Objektschutzes, die zusammen den Naturschutz im eigentlichen Sinne darstellen, muß sich diese Studieneinheit noch mit den Sachgebieten befassen, die über Schutz, Erhaltung und Sicherung von Natur und Landschaft hinausgehen: das ist die *Landschaftspflege* mit ihren Teilbereichen „Pflege", „Gestaltung" und „Entwicklung" – was nicht ausschließt, daß es zwischen Naturschutz und Landschaftspflege viele Übergänge und Überschneidungen gibt.

Als ein Schwerpunkt landschaftspflegerischer Maßnahmen und Ziele muß der Ausgleich von schädlichen und nachteiligen Auswirkungen erachtet werden, die als Folge von Eingriffen in Naturhaushalt und Erscheinungsbild der Landschaft auftreten. So liegt es nahe, sich am Anfang dieser Studieneinheit mit den Eingriffen und ihren Vernetzungen auseinanderzusetzen. Wenn es schon schwierig ist festzustellen, was ein schädlicher, ein vermeidbarer oder unvermeidbarer Eingriff ist, so sind seine möglichen Folgewirkungen noch schwerer abzuschätzen, zumal vielen Menschen das Denken in Zusammenhängen, das Erkennen eines vernetzten Systems einer Handlung, nicht geläufig ist. Um so notwendiger ist es, alle offiziellen Stellen und Personen, die Verantwortung für Natur und Landschaft tragen, nicht zuletzt alle Planer, auf die möglichen Folgen hinzuweisen, die ein Eingriff in Ökosysteme verursachen kann.

In einigen Bundesländern hat der Gesetzgeber im Naturschutzgesetz festgelegt, welche Maßnahmen als Eingriffe in Natur und Landschaft im Sinne des Gesetzes zu werten sind und daher zu vermeiden sind bzw. ausgeglichen werden müssen. Auch in der wissenschaftlichen Literatur wird auf Untersuchungsergebnisse hingewiesen, die Auskunft darüber geben, was ein „Eingriff" und was ein „Landschaftsschaden" ist. Der Gesetzgeber hat im Bundesnaturschutzgesetz festgelegt, daß der Verursacher eines Eingriffs vermeidbare Beeinträchtigungen zu unterlassen und unvermeidbare auszugleichen hat. Letzteres muß durch Maßnahmen des Naturschutzes und der Landschaftspflege vorgenommen werden, soweit das zur Verwirklichung ihrer Ziele erforderlich ist.

Wie dies in der Praxis vor sich geht, soll an zwei Beispielen gezeigt werden: An einem Flurbereinigungsverfahren, das in Westfalen durchgeführt wurde, wird aufgezeigt, welche Mittel und Möglichkeiten zur Verfügung stehen, um die Eingriffe in Naturhaushalt und Landschaftsbild auszugleichen. Das andere Beispiel wird am Verdichtungsraum Stuttgart vorgestellt. Hier wird deutlich, welchen Druck eine Großstadt auf die benachbarte Landschaft ausübt, wenn es darum geht, neue Industrie- und Gewerbegebiete und, als zwingende Folge davon, neue Siedlungsgebiete und Straßen auszuweisen und aufzubauen. Die Möglichkeiten und Grenzen, die hier der Landschaftspflege gegeben sind, um die Auswirkungen der Eingriffe zu vermeiden oder auszugleichen, sind sehr eng gesetzt.

Die Beispiele lassen deutlich die Notwendigkeit erkennen, die Umwelterheblichkeit und Umweltverträglichkeit solcher Eingriffe rechtzeitig zu untersuchen und die

Prüfungen dem Verursacher bzw. der verantwortlichen Behörde zur unabdingbaren Pflicht zu machen. Deshalb wird in dieser Studieneinheit noch einmal auf die *Umweltverträglichkeitsprüfung* und auch auf *Gesamtökologische Gutachten* für Projekte mit weittragenden Auswirkungen näher eingegangen.

Wenn Ausgleichs- und Ersatzmaßnahmen für unvermeidbare Eingriffe im Sinne der Ziele des Naturschutzes und der Landschaftspflege durchgeführt werden sollen, so bedarf es der *Landschaftsplanung;* sie hat inzwischen im Bundesnaturschutzgesetz und im Flurbereinigungsgesetz ihre rechtliche Grundlage erhalten und ist das Planungsinstrument des Naturschutzes, der Landschaftspflege und der städtebaulichen Grünordnung. Um dem Landschaftsplaner ausreichende ökologische Unterlagen in die Hand zu geben, bedarf es einer Bestandsaufnahme der natürlichen Gegebenheiten und ihrer ökologischen Bewertung; auch die eingetretenen und möglichen Landschaftsschäden müssen bewertet werden. Diese Aufgaben werden in Zukunft zu wesentlichen Aufgaben der Landesanstalten und Landesämter für Natur- und Umweltschutz, wie sie aufgrund der Landesnaturschutzgesetze eingerichtet werden. Die Landschaftsplanung wird in dieser Studieneinheit als abschließende Analyse ausführlich in ihrer Zielsetzung, ihren Planungsebenen und ihrem Planungsablauf behandelt.

Die Fehler der Vergangenheit sollten für uns alle Anlaß sein, daraus zu lernen. Robert JUNGK nennt die Zeit der zweiten industriellen Revolution die „paläotechnische Periode", von der er sagt, daß sie, „wo immer sie auftaucht, Schönheit vernichtet, uralte Zusammenhänge zerstört, die Landschaft mit Abfällen ihrer Produkte übersät" habe.[1] In der Mitte des 20. Jahrhunderts sind wir in das Zeitalter der Neotechnik eingetreten, die sich in ihren Auswirkungen auf die natürliche Umwelt, in ihren Belastungen und Zielkonflikten – sei es durch Rohstoff-, Energie-, Abfall- und Immissionsprobleme, sei es aber auch durch erhöhte Freizeitansprüche der Gesellschaft an den Raum – noch weiter verschärft hat. Die künftige Entwicklung ist erkennbar, sie ist aber auch steuerbar. Die vielseitigen Eingriffe in Natur und Landschaft als Lebensgrundlage der Gesellschaft, wie sie als Folge der steigenden Nutzungsansprüche an den Raum eintreten, dürfen sich nur so weit belastend und störend auswirken, als dies in verantwortlicher Abwägung aller Belange unvermeidbar ist. Die ökonomischen Ziele der Gesellschaft müssen sich daher nach den Grenzen der Tragfähigkeit und Belastbarkeit der Natur richten. Und diese Grenzen muß uns die Landschaftsökologie aufzeigen. Aus den Ergebnissen landschaftsanalytischer und -diagnostischer Untersuchungen werden sich die Maßnahmen zum Schutz, zur Pflege und zur Entwicklung der natürlichen Umwelt ergeben.

26.1. Biokybernetik – das Denken in vernetzten Systemen

Problementwurf

In einem Ökosystem stehen die einzelnen Organismen miteinander in Wechselbeziehung. Sie bilden eine Lebensgemeinschaft, eine „Biozönose", die mit der umgebenden Umwelt und ihren Ressourcen einen Lebensraum bildet, einen sogenannten „Biotop". Dieser wiederum ist sozusagen ein Organ des größeren „Ökosystems", dessen Funktionen er mitbestimmt.

Während man lange Zeit nur die Atmosphäre, die Mineralien, die Pflanzen- und Tierwelt und tote organische Substanzen als zu einem „Ökosystem" gehörig ansah, ist die Spezies „Mensch" dort, wo sie die Erde besiedelt, gleichwohl ein Mitglied der betreffenden Ökosysteme – und darüber hinaus ebenso die von uns in das Ökosystem eingebrachten Veränderungen und künstlichen Systeme, wie Straßen,

---

1 R. JUNGK: Mutationen der Technik. In: An der Schwelle des dritten Jahrtausends. Stuttgart 1967.

Städte, Landwirtschaft, Industrie usw. Die Ausklammerung des zivilisierten Menschen hat lediglich darin einen gewissen Sinn, daß alle natürlichen oder naturnahen Ökosysteme fast ausschließlich auf die Sonneneinstrahlung als Energiequelle angewiesen sind, ihre Rolle also eine andere ist als die des Menschen, der sich mit seinen urban-industriellen Ökosystemen, abgesehen von der Wasserkraft, zur Zeit fast ausschließlich von fossilen Energiequellen abhängig gemacht hat und in dieser Beziehung eine besondere Gruppe bildet.

Dieser durch zusätzliche Energiequellen getragene Einfluß des Menschen auf die natürlichen Ökosysteme wirkt sich in mehrfacher Weise aus:

– durch Entnahme von für das Ökosystem wichtigen Substanzen wie Sauerstoff und Wasser, aber auch größeren Bestandteilen wie Bodenflächen,
– durch Zufuhr von gasförmigen und festen Stoffen (CO_2, organische und mineralische Abfälle) und Lebewesen (Nutztiere, Baumbestände, Nahrungspflanzen),
– durch Vergiftung, das heißt durch Zufuhr von anomalen Stoffen, die die Ökosysteme und ihre Organismen schädigen (CO, SO_2, radioaktive Abfälle, Chemikalien, Abwärme),
– durch Änderungen im Artengefüge, und zwar sowohl durch Unterdrückung als auch durch Einführung fremder Arten in das Ökosystem.

Durch diese Eingriffe können Funktion und Stabilisierungsfähigkeit der betreffenden Ökosysteme verändert oder sogar irreversibel zerstört werden. Die Stabilität eines Ökosystems hängt davon ab, wie tief ein solcher Eingriff geht und welche Verzweigungen und Rückwirkungen er nach sich zieht. Denn selten ist eine Auswirkung dort zu Ende, wo man eingegriffen hat. Nur unser gewohntes eindimensionales Ursache/Wirkung-Denken (mit definiertem Anfang und Ende), nach welchem sich *eine* Ursache in *einer* Wirkung äußert, und das völlige Fehlen eines Denkens in Regelkreisen, und damit in Wirkungsnetzen mit Zeitverzögerungen und Rückwirkungen, haben dazu geführt, daß wir in eine Situation geraten sind, derer wir kaum noch Herr werden – allein schon, weil wir inzwischen eigentlich an allen Problembereichen gleichzeitig therapeutische Maßnahmen ergreifen müßten.   Aspekt 1

Soweit solche Reparaturen möglich sind, werden sie auch vorgenommen. Und doch kann man so meist nur Symptome bekämpfen. Wenn daher nicht gleichzeitig ein gründliches Umdenken in allen unseren Tätigkeiten erfolgt, indem wir versuchen, sie im größeren Zusammenhang zu sehen, werden sich weitere irreversible Prozesse nicht verhindern lassen. Damit sind negative Entwicklungen und Schäden gemeint, die keiner Reparatur mehr zugänglich sind – sei es der Abbau der strahlenschützenden Ozonschicht unserer Erde durch die Treibmittel unserer Sprühdosen und die Stickoxide von Überschallflugzeugen, sei es die Verschmutzung der Ozeane und ihres Sauerstoff liefernden Phytoplanktons oder seien es Veränderungen des Klimas durch das Abholzen der tropischen Regenwälder.   Aspekt 2

Bei der Frage, wie weit der Mensch in die Gestaltung seiner Umwelt ungestraft eingreifen darf, spielt die Beachtung der Selbstregulation eine große Rolle. Nie sollten wir funktionierende Selbstregulationen durch technischen oder energetischen Einsatz, der nur immer weiteren Nachschub verlangt, ersetzen. Da es sich bei den existierenden Selbstregulationen um eine kostenlose Leistung unserer Biosphäre handelt, sollten wir sie vielmehr möglichst fördern, damit auch wir von ihnen langfristig profitieren.   Aspekt 3

Diese Nutzung von Regelkreisen ist in der Tat ein wichtiges kybernetisches Prinzip. Es gilt von der kleinsten Einheit, einer Zelle, bis hinauf zu den größten Ökosystemen. Verschachtelte Selbstregulation als ein wesentliches Organisationselement aller lebenden Systeme, die durch eine Vielfalt solcher Regelkreise in Gang gehalten werden!   Folgerungen

Das ganze Spiel von Produktion und Abfall, von Energiegewinnung und -umwandlung, von Transport und Vorrat läuft hier in einer einmaligen Perfektion. Die Photosynthese der Pflanzen produziert Sauerstoff, der von den Tieren veratmet wird. Das von ihnen ausgeatmete Kohlendioxid gibt den Pflanzen ihren Baustein „Kohlenstoff". Alles unter Mitwirkung von Sonnenlicht, Wasser und einer vielfältigen Welt von Mikroorganismen.

Es sind besondere Organisationsgesetze, solche der Biokybernetik, die dieses komplizierte Geschehen auf geniale Art und Weise seit mehreren Milliarden Jahren ermöglichen. Die gleichen Gesetze haben auch verhindert, daß die Probleme, mit denen unsere Zivilisation heute zu kämpfen hat, in natürlichen Ökosystemen überhaupt auftauchen konnten. Ohne daß hier Befehle gegeben werden, Maßnahmen angeordnet, Marktanalysen oder Wirtschaftspläne ausgearbeitet werden, reguliert sich das Geschehen dort seit eh und je von selbst.

Die Kenntnis dieser Organisationsgesetze – man könnte sie auch Systemgesetze nennen – ist neu. Obwohl sie erst wenig erforscht sind, weiß man jedoch inzwischen, daß sie ebenso allumfassend sind wie die physikalischen und chemischen Gesetze, nach denen wir bisher allein unsere Techniken aufbauten.

Wenn uns in Zukunft die Biokybernetik bei unseren Problemen helfen soll, so handelt es sich nicht darum, eine bestimmte Steuerungstechnik oder eine neue Planungszentrale einzuführen, sondern es handelt sich zunächst einmal um einen neuen Weg, das Geschehen in unserer Welt zu verstehen – richtig zu verstehen. Denn so, wie wir es in der Schule präsentiert bekommen – in Einzelfächer zerschnitten, in Kompetenzen zerteilt, jedes Gebiet in seiner eigenen Schublade –, ist das Bild grundfalsch. In Wirklichkeit hängen alle diese Teile zusammen, zu einem komplexen dynamischen System verflochten, das eigentlich ein einziger großer

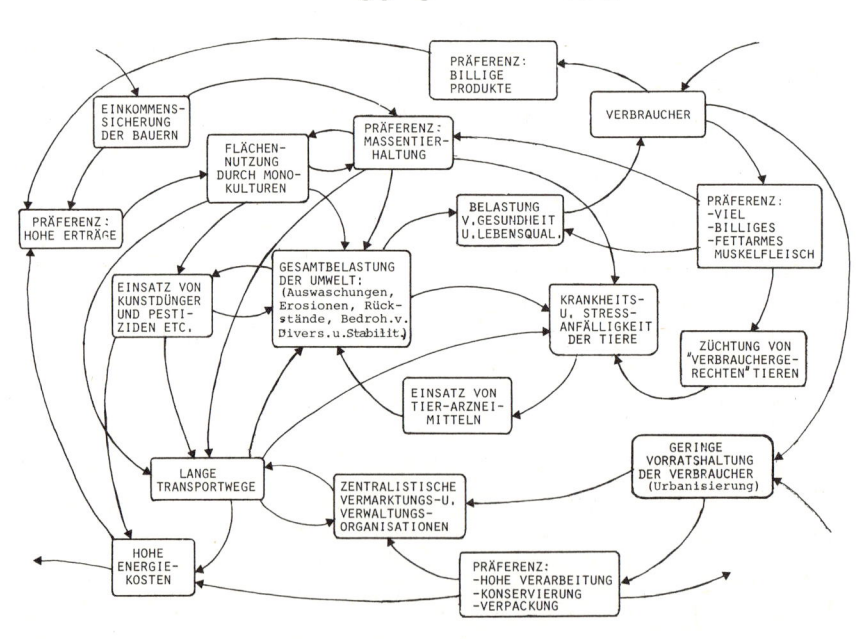

Abb. 1: Ausschnitt aus einem Wirkungsgefüge der Landwirtschaft

Um die Überlebensfähigkeit eines Systems zu garantieren, genügt es nicht, Mißstände zu finden und abzustellen. Dies führt nur zu einem immer teureren „Reparaturdienstverhalten". Man muß vielmehr das vernetzte Wirkungsgefüge erkennen und dann die Konstellation, das heißt die Struktur des Systems so zu verbessern suchen, daß – möglichst durch Selbstregulation – bestimmte Mißstände gar nicht erst auftreten können.

Original: F. Vester

Organismus ist. Und je besser wir seine kybernetischen Wechselwirkungen verstehen, um so besser verstehen wir die Wirklichkeit, das Spiel der Kräfte und Einflüsse und können uns vernünftig verhalten.

Damit stehen wir aber vor einer neuen Art der Planung. Selbst wenn man beispielsweise alle betroffenen Aspekte vor dem Bau eines Großflughafens oder eines Kernkraftwerks untersucht (was meist nicht einmal geschieht), so nutzt es auch nichts, wenn diese lediglich einzeln betrachtet und analysiert werden. Erst im Verbund, also wenn man sie verknüpft, erfährt man etwas über die Wirkung eines Eingriffs im System. Und da ergeben sich meist völlig andere Wechselwirkungen und Rückwirkungen, als eine getrennte Analyse sie erbringt.

Unsere enge Vernetzung mit der Umwelt und allen anderen Lebewesen verlangt von uns wie von jedem anderen Teilsystem, das in der Biosphäre überleben will, eine Wirtschaftsweise, die mit anderen Lebensformen vereinbar ist, sie nicht vergewaltigt oder gar zerstört. Siedlungen und selbst Fabriken müssen keine Fremdkörper sein, plump in die bestehenden Ökosysteme hineingesetzt, sondern auch sie können in die Umwelt eingebettet, organisch entwickelt und angepaßt sein.

Um dies zu erreichen, kommen wir in Zukunft nicht umhin, unsere Tätigkeiten, die Gestaltung unserer Umwelt und unserer Projekte daraufhin zu prüfen, inwieweit sie als Teilsystem – sei es ein Unternehmen, sei es eine neue Technik, ein Stauwerk oder ein Siedlungsraum – nach den Grundregeln überlebensfähiger Systeme arbeiten oder gegen sie. Das heißt: Wir müssen alles, was wir tun und gestalten, in seinem Zusammenspiel mit den übrigen Systemen sehen.

Nicht, wie vollkommen jedes Einzelteil ist, ist entscheidend, sondern die Beziehung zwischen den Einzelteilen und die Spielregeln, nach denen diese Beziehungen ablaufen. So bekommt jedes „Ding", das wir gestalten, bauen und in ein lebendes System wie unsere Umwelt hineinsetzen, von selbst seine Rolle im Gesamtgefüge. Und diese Rolle kann natürlich positiv oder negativ sein, unabhängig davon, wie gut das „Ding" selbst ist.

Leider haben die meisten Menschen unserer Industriegesellschaft kaum noch ein Gefühl für diese Vernetzungen. Wir sind durch unsere Erziehung, die sich in der Auflistung von Details erschöpft, für ein kybernetisches Denken, wie es uns als Vorschulkind noch ganz natürlich war, weitgehend verdorben. Beginnen wir also schleunigst wieder das vernetzte Denken zu üben, beschäftigen wir uns mit Kybernetik und Selbststeuerung, mit Systemen und ihren Grundregeln! Die Kenntnis davon wird uns in Zukunft weit über unser bisheriges Betrachten hinaus helfen können, auch unser eigenes Ökosystem so zu gestalten, daß dieses weiterhin überlebensfähig bleibt und mit den Möglichkeiten auskommt, die unser Planet letztlich nur begrenzt zur Verfügung hat.

Charakterisieren Sie in Stichworten die Merkmale eines Denkens in vernetzten Systemen. Aufgabe 1

....
....
....
....
....
....
....
....
....
....
....

26.2. Zielkonflikt Landschaftspflege – Flurbereinigung

Problem-zusammenhang

In erhöhtem Maße treten heute Zielkonflikte zwischen Naturschutz und Landschaftspflege einerseits und der Landwirtschaft andererseits auf. Wenn heute zum Beispiel von verantwortlichen Vertretern der Flurbereinigung, der Landwirtschaftskammern und der Landesämter für Agrarordnung gefordert wird, die Nutzflächen in landwirtschaftlichen Vorranggebieten nur durch „punktuelle Flächenpflanzungen" aufzulockern, so verbirgt sich dahinter nicht nur eine mangelnde Kenntnis landschaftsökologischer Zusammenhänge, sondern spiegelt die betont einseitig ökonomische und produktionsbezogene Einstellung wider, die in den letzten hundert Jahren zur erschreckenden Ausräumung unserer Bördelandschaften von Baum und Strauch – zum Beispiel am Niederrhein, in der Hildesheimer Börde und in der Wetterau – geführt hat. Wenn das Ausmaß der ausgestorbenen, verschollenen und gefährdeten Tier- und Pflanzenarten im gleichen Zeitraum auffallend angestiegen ist, so hat die intensive Landbewirtschaftung ihren erheblichen Anteil an dieser Entwicklung. Wie bereits in Studieneinheit 24 dargelegt, sind Landwirtschaft und Flurbereinigung mit 339 Pflanzenarten, das sind 58,3% aller gefährdeten Arten der Farn- und Blütenpflanzen, beteiligt und damit die größten Verursacher des Artenrückganges. Der hohe ökologische Wert von linear angelegten Flurgehölzen darf auch deshalb nicht unbeachtet bleiben, weil nach Untersuchungen des Agrarökologen TISCHLER von den Rändern dieser Gehölze eine stetige Erneuerung der durch intensive Bodenbearbeitung gestörten Bodenflora und -fauna vor sich geht.[2] Darüber hinaus haben lineare Naturbestandteile der Landschaft die Aufgabe, naturnahe Bereiche und Schutzgebiete miteinander zu verbinden und damit zu einem Verbundsystem im Sinne einer „Vernetzung" beizutragen.

26.2.1. Landwirtschaft und Naturschutz – ein Gegensatz?

Problemlage

Die Landwirtschaft und auch der Naturschutz befinden sich ständig in einem Wandel und müssen daher nicht statisch, sondern dynamisch betrachtet werden. Das muß man auch für alle Folgerungen beachten, die aus den gegenwärtigen Erkenntnissen und Erfahrungen gezogen werden. In der Beurteilung selbst stark mechanisierter und technisierter agrarischer Systeme sollte nicht übersehen werden, daß sie – im Gegensatz zu vielen urbanen Systemen – immer noch in die Biosysteme eingeordnet werden müssen. Es ist auch nicht auszuschließen, daß es uns in Zukunft gar nicht möglich sein wird, das ganze Land mit so hohem intensiven Aufwand zu bewirtschaften, wie dies zur Zeit in der Intensiv-Landwirtschaft der Fall ist.

Ein Mittel zur Neuordnung des gesamten ländlichen Raumes ist die Landschaftsplanung (vgl. Abschnitt 26.3.3), die nunmehr im Bundesnaturschutzgesetz und den entsprechenden Landesgesetzen eine gesetzliche Grundlage erhalten hat. Eine besondere Bedeutung gewinnt die Landschaftsplanung in der Flurbereinigung, weil sich heute ein *Flurbereinigungsverfahren* über große Flächen – häufig mehrere Gemeinden, bis zu einem kreise-umfassenden Verfahren – erstreckt und sich die Flurbereinigung immer mehr zu einer „Integral-Melioration" entwickelt, das heißt, sie ordnet nicht nur das Wege- und Gewässernetz neu, sondern weist Flächen für die Land- und Forstwirtschaft, für Abgrabungen, für den Gemeinbedarf, für Versorgungsanlagen, Bau- und Grünflächen, Flächen für Erholung und Freizeit und nicht zuletzt auch Flächen für den Naturschutz aus. Zudem ist die Flurbereinigung eine Fachplanung im Sinne einer „Eingriffsplanung", weil mit ihr stets Eingriffe in den

---

2 W. TISCHLER: Veränderung der Pflanzen- und Tierwelt durch Entstehung der Kulturlandschaft. In: K. BUCHWALD/W. ENGELHARDT: Handbuch für Landschaftspflege und Naturschutz. Bd. 2. München 1968, S. 70–81.

Naturhaushalt und das Bild der Landschaft verbunden sind. Andererseits können sich in keiner Fachplanung die Inhalte von vorgegebenen Landschaftsprogrammen, Landschaftsrahmenplänen und Landschaftsplänen so niederschlagen wie in der Flurbereinigung; das heißt: Bestandsaufnahme, Bewertung, Maßnahmen und Ziele können in den landschaftspflegerischen Begleitplan integriert und für das Verfahren ausgewertet werden. Der landschaftspflegerische Begleitplan hat im Flurbereinigungsgesetz i.d.F. vom 16. März 1976 in § 41 eine gesetzliche Grundlage erhalten, und zwar als Teil des Wege- und Gewässerplanes. Darüber hinaus ist in § 37 des Gesetzes, der die Neugestaltung des Flurbereinigungsgebietes behandelt, unter anderem festgesetzt, daß die Flurbereinigungsbehörde bei der Durchführung der Maßnahmen vor allem auch den Erfordernissen der Raumordnung und Landesplanung und einer geordneten städtebaulichen Entwicklung, des Umweltschutzes, des Naturschutzes und der Landschaftspflege, der Erholung wie auch der Gestaltung des Orts- und Landschaftsbildes Rechnung zu tragen hat.

In den vergangenen Jahren sind bereits in allen Bundesländern landschaftspflegerische Begleitpläne im Zuge von Flurbereinigungsverfahren aufgestellt worden. Sie waren aber in ihren Inhalten und in ihrer Qualität sehr unterschiedlich; manchmal waren es nur Objektpläne oder gar nur Bepflanzungspläne im Sinne von Detailplänen. Die Entwicklung geht aber in Richtung von Plänen, die sowohl den Belangen des Naturschutzes und der Landschaftspflege als auch den Anforderungen der Flurbereinigung gerecht werden.

Gesetzliche Grundlagen für den Ausgleich des Zielkonfliktes

26.2.2.

Lösungsansätze

Die derzeit in der Europäischen Gemeinschaft und weltweit bestehende wettbewerbsorientierte Landwirtschaft zwingt die Landwirte zu einer immer höheren Produktivität und damit zum Einsatz von rationellen Arbeitsmethoden. Das bedeutet eine immer größere Ausnutzung der letzten vorhandenen Flächenreserven. So bedarf es ausreichend großer und zweckmäßig gestalteter Flächen, damit eine rationelle Arbeitsweise durch Maschineneinsatz ermöglicht wird. Intensive Meliorationsmaßnahmen und Strukturveränderungen sind weitere Notwendigkeiten, die zur Verbesserung der Produktionsgrundlagen beitragen.

Um diese Voraussetzungen schaffen zu können, bedient man sich der Flurbereinigungsverfahren nach dem Flurbereinigungsgesetz vom 16. 3. 1976. Sein Ziel ist im § 1 dieses Gesetzes festgelegt, wonach durch entsprechende Maßnahmen der ländliche Grundbesitz neu zu ordnen ist *(Flurbereinigung)*, um die Produktions- und Arbeitsbedingungen in der Land- und Forstwirtschaft zu verbessern. Darüber hinaus soll sie aber auch der Förderung der allgemeinen Landeskultur und Landesentwicklung dienen (§ 1 FlurbG).

„Allgemeine Landeskultur" bedeutet, daß bei der Durchführung von Maßnahmen in einem Flurbereinigungsverfahren unter anderem den Belangen des Umweltschutzes, der Erholung, des Naturschutzes und der Landschaftspflege in besonderem Maße Rechnung getragen werden muß (§ 37, 2 FlurbG), um den sich ergebenden Zielkonflikt zwischen dem ökonomischen Zwang zur Rationalisierung und den ökologischen Erfordernissen so gering wie möglich zu halten. Die Flurbereinigungsbehörden haben somit die Pflicht, in den Verfahren nach dem Flurbereinigungsgesetz die Ziele des Naturschutzes und der Landschaftspflege entsprechend dem § 1 Bundesnaturschutzgesetz (BNatSchG) vom 20. 12. 1976 nicht nur zu berücksichtigen, sondern in enger Zusammenarbeit mit den Landschaftsbehörden mit verwirklichen zu helfen, wie es zum Beispiel auch der Runderlaß des Ministers für Ernährung, Landwirtschaft und Forsten in Nordrhein-Westfalen vom 23. 10. 1980 vorschreibt.

Aufgrund der durch die gesetzlichen Bestimmungen gegebenen Möglichkeiten muß für die Erhaltung oder Wiederherstellung eines ausgewogenen Naturhaushaltes sowie für die Vielfalt, Eigenart und Schönheit der Landschaft Sorge getragen werden. Diese Grundforderungen des Naturschutzes und der Landschaftspflege finden Berücksichtigung in dem landschaftspflegerischen Beitrag zum Flurbereinigungsverfahren in Form eines landschaftspflegerischen Begleitplanes zum Wege- und Gewässerplan gemäß § 41 FlurbG.

Somit zeichnet sich aus dem kurzen Abriß zwangsläufig die Aufgabe des *landschaftspflegerischen Begleitplanes* ab. Folgende Arbeitsschritte sind dabei notwendig:

1. *Analyse der Landschaft*

- Bestandsaufnahme und Bewertung von Landschaftselementen im Hinblick auf deren ökologische, gestalterische und nutzungsflankierende Bedeutung mit ihrer Bewertung in den Stufen:
  - I   erhaltensnotwendig
  - II erhaltenswürdig
  - III bedingt erhaltenswürdig
- Erfassung von wertvollen Lebensstätten für Tier und Pflanze *(Biotope)* und wertvollen Einzelschöpfungen der Natur.
- Untersuchung der Bedeutung des betroffenen Flurbereinigungsgebietes für die Erholung.
- Bestandsaufnahme von Landschaftsschäden, die im Rahmen der Flurbereinigung beseitigt oder ausgeglichen werden können.

Die Ergebnisse werden in einer Karte im Maßstab 1:5000 und in einem Erläuterungstext nachgewiesen und Zielvorstellungen für die Erhaltung und Entwicklung der Landschaft im Hinblick auf die zweckmäßige Neugestaltung des Flurbereinigungsgebietes dargelegt und in einem Landschaftstermin erörtert.

2. *Planung*

Als Ergebnis der Landschaftsanalyse wird unter Absprache mit anderen Fachplanungen der „landschaftspflegerische Begleitplan" erstellt, der Grundlage zum Plan der gemeinschaftlichen und öffentlichen Anlagen ist (Plan nach § 41 FlurbG). Er beinhaltet alle landschaftsgestaltenden Anlagen einschließlich der Ausgleichs- und Ersatzmaßnahmen für Eingriffe in Natur und Landschaft unter Darstellung der erhaltensnotwendigen und erhaltenswürdigen Landschaftselemente. Der landschaftspflegerische Begleitplan und die Biotop-Planung sollen die angestrebten Ziele von Natur- und Landschaftsplanung bei der Flurbereinigungsplanung verdeutlichen.

26.2.3. Gelungene Flurbereinigung – am Beispiel Saerbeck in Westfalen

Lösungsbeispiel

Die Situation der Flurbereinigung macht an Hand des Beispiels Saerbeck in Westfalen deutlich, wie stark sich die Nutzungsansprüche der Landwirtschaft auf der einen und der Landschaftspflege auf der anderen Seite im Raum stoßen können. Die Landwirte hatten bereits seit Jahren wegen schlechter Entwässerung ihrer wirtschaftlichen Nutzfläche die Einleitung eines Flurbereinigungsverfahrens gefordert. Die schlechte wasserwirtschaftliche Situation war aber auf der anderen Seite ein idealer Lebensraum hauptsächlich für die vom Aussterben bedrohten Brachvögel und Uferschnepfen. Der hohe Grundwasserstand, der fast ausschließlich nur eine Grünlandbewirtschaftung (70%) zulief, machte keine großen Schlaggrößen notwendig; daher ist auch ein enges Heckennetz – ebenfalls für viele Tierarten ein idealer Lebensraum – bisher kein Hindernis für die Bewirtschaftung gewesen.
Neben den Forderungen nach verbesserten Produktionsgrundlagen für die Landwirte wurden aber weitere Ansprüche besonders auf Flächenanteile von seiten Dritter angemeldet, die wiederum landwirtschaftlich genutzten Raum verringerten. Somit gehen fast 200 Hektar, das sind etwa 3%, der Verfahrensfläche für Fremdplanungen verloren. Mit weiteren 3–5% der Gesamtfläche ist für den Ausbau der Wege und Gewässer zu rechnen.

Während früher im Zuge von Flurbereinigungsverfahren Land gekauft wurde, um den allgemeinen Beitrag der Landwirte (z. B. Wegebeitrag) zu senken und Flächen für die Vergrößerung der Betriebe zur Verfügung zu stellen, müssen heute vielfach, wie auch in diesem Falle, die Ansprüche Dritter befriedigt werden. Diese Gründe sind mit entscheidend dafür, daß viele Landwirte die Beseitigung der Hecken und Wäldchen fordern, um noch möglichst große Betriebsflächen zu bekommen.

Dagegen stellen Naturschutz und Landschaftspflege ihre ebenfalls berechtigten Forderungen nach weitgehender Erhaltung der Landschaft bzw. Schaffung von entsprechenden Ersatz- und Ausgleichsmaßnahmen für beseitigte Landschaftsbestandteile und sonstige geschützte Teile von Natur und Landschaft. So verlangt der Naturschutz zur Sicherung und Optimierung vorhandener Feuchtwiesen als Nahrungs- und Brutgebiet für Wat- und Sumpfvögel *(Limikolen)* im Flurbereinigungsverfahren ein Gebiet von rund 165–200 Hektar als inselartige Bereiche unterschiedlicher Größe, die in einem bestimmten ökologischen Zusammenhang stehen müssen.

Durch den landschaftspflegerischen Begleitplan wurde versucht,
– den Anteil der Elemente mit der Bewertungsstufe I zu erhalten,
– durch Neupflanzungen eine Schließung des Heckennetzes zu erreichen,
– die Neuanlage von Biotopen durchzuführen,
– die Neuanlage von Wallhecken als charakteristisches Strukturelement dieser Landschaft anzustreben und
– die ökologische Wirksamkeit der Gewässer durch Neuanpflanzung in den Böschungen zu erhöhen.

Die erfaßten Landschaftselemente wurden in 3 Kategorien eingeteilt und bewertet und mit den übrigen schutzwürdigen Bestandteilen in die Karte im Maßstab 1 : 5000 eingetragen. Diese Kartierung bildete die Grundlage des landschaftspflegerischen Begleitplanes, der in den Wege- und Gewässerplan eingearbeitet wird. Er enthielt lediglich die gemeinschaftlichen und öffentlichen Anlagen einschließlich der Ausgleichs- und Ersatzmaßnahmen, die der Planfeststellung unterliegen können. Erhaltensnotwendige und erhaltenswürdige Landschaftselemente, die zwischen den Bewirtschaftungsflächen liegen, die mindestens eine Größe von 12–15 Hektar besitzen sollten, werden nur noch nachrichtlich dargestellt. Bei den vorhandenen Hecken wird möglichst versucht, Eigentumsgrenzen entlang diesen Anlagen zu ziehen. Die Überlebenschance dieser Anlagen ist auf diesen Besitzstandsgrenzen am größten. Aus diesem Grunde werden auch Neuanpflanzungen meist als Wallhecken unter Verwendung gerodeter Stubben oder als Böschungsbepflanzung an den Gewässern angelegt, um den Charakter dieser typischen Heckenlandschaft zu erhalten.

Die Kartenausschnitte *(Abb. 2)* zeigen im Plan *vor der Flurbereinigung* (A) den sehr hohen Anteil an Hecken in dem Verfahrensgebiet, im Plan *nach der Flurbereinigung* (B) die Verringerung des Heckennetzes, jedoch auch die neugeplanten Hecken und Biotope; die dritte Karte demonstriert die vorgesehene *Anlage eines Biotops* (C).

Die als Feuchtwiesen für Limikolen vorgesehenen Flächen sollen in das Eigentum des Landes Nordrhein-Westfalen überführt oder angepachtet werden. Bis zum gegenwärtigen Zeitpunkt konnten 70 Hektar für diese Zwecke erworben werden. Weitere Einzelflächen in einer Größenordnung von 30–40 Hektar sollen als besonders geschützte Teile von Natur und Landschaft ausgewiesen werden. Dazu gehören Wasserflächen, Flachuferzonen, Gewässeraltarme, Wald und Ödlandflächen.

Das angeführte Beispiel läßt erkennen, daß Zielkonflikte der beteiligten Sparten gemildert oder sogar beseitigt werden können, wenn beide Seiten aufgeschlossen und gleichberechtigt zusammenarbeiten.

Abb. 2: Bestandsaufnahme und Bewertung ökologisch wertvoller Bestandteile und Landschaftselemente im Rahmen der Flurbereinigung Saerbeck

(A) Zustand vor Beginn der Flurbereinigung

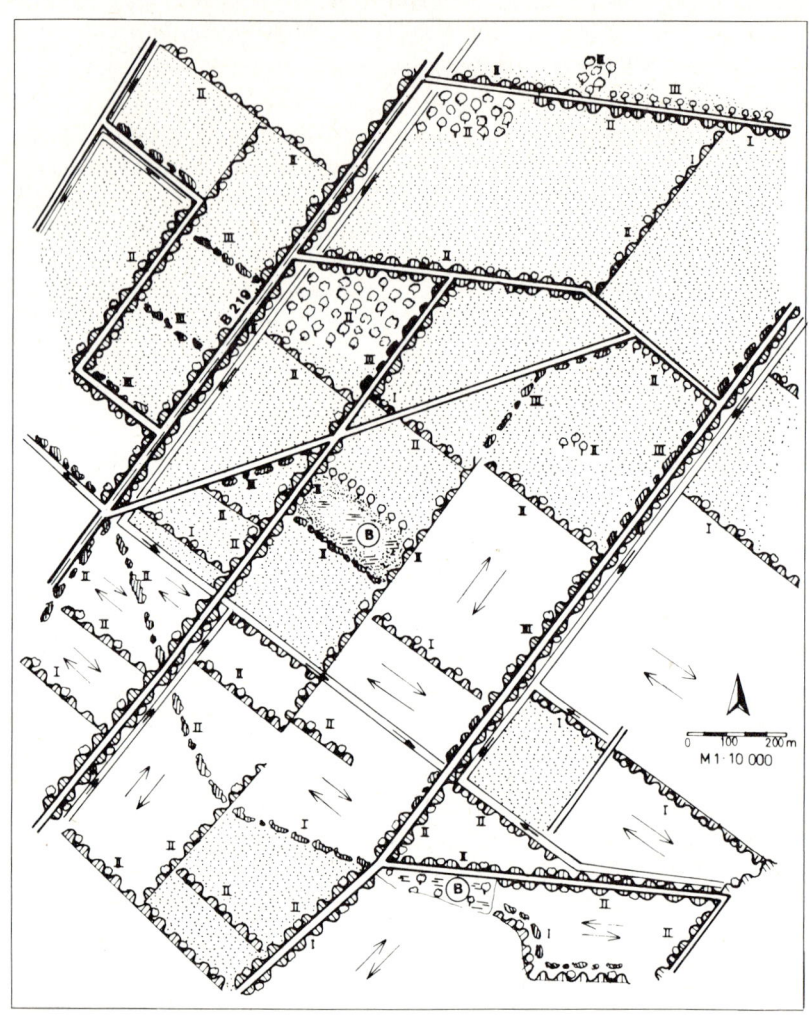

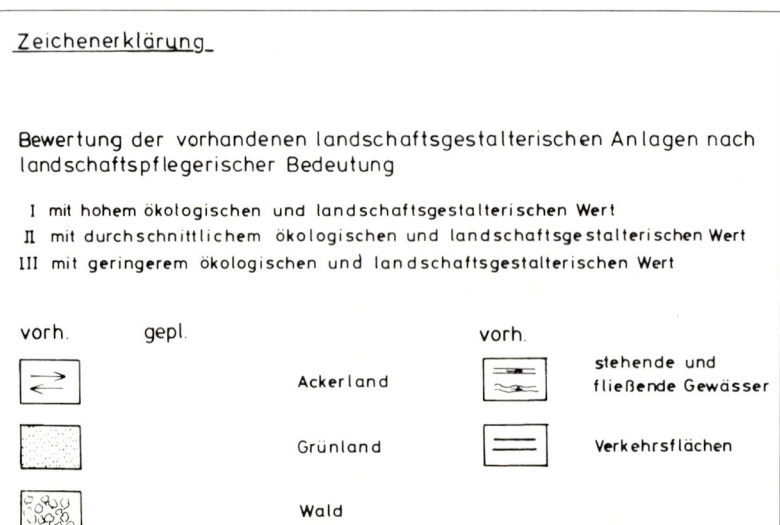

26. Landschaftsgestaltung und Landschaftsentwicklung

(B) Zustand nach Abschluß der Flurbereinigung

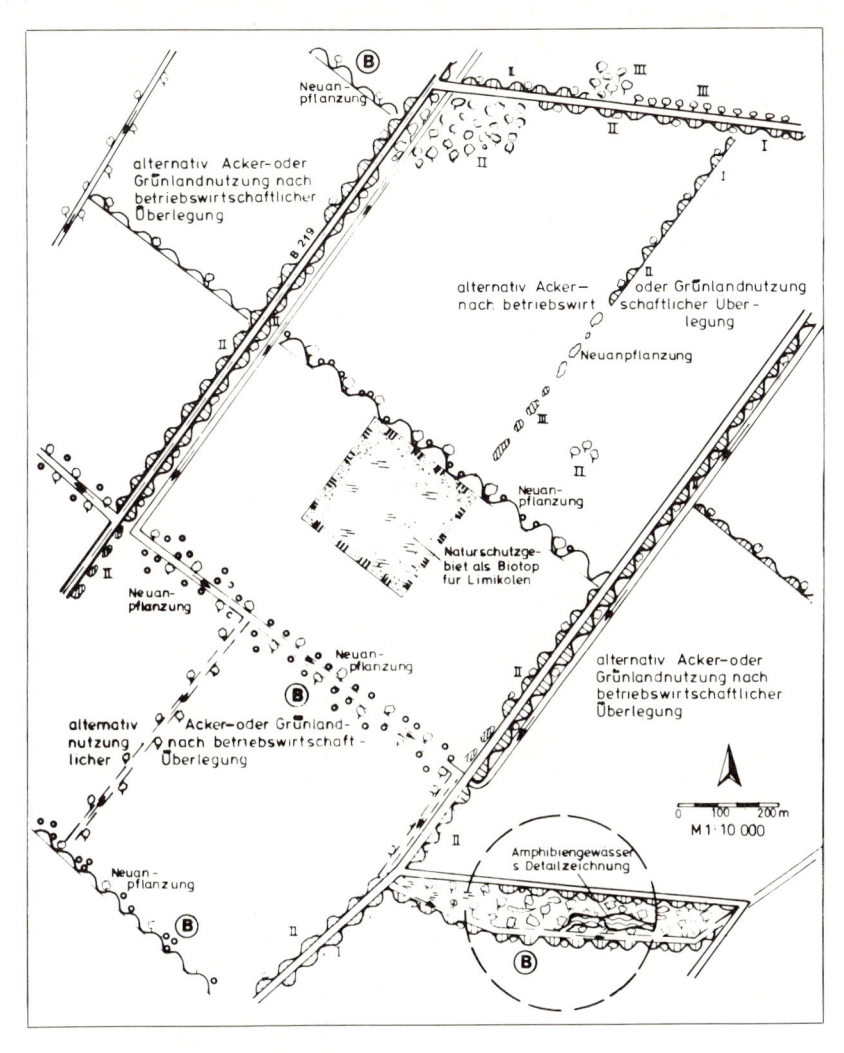

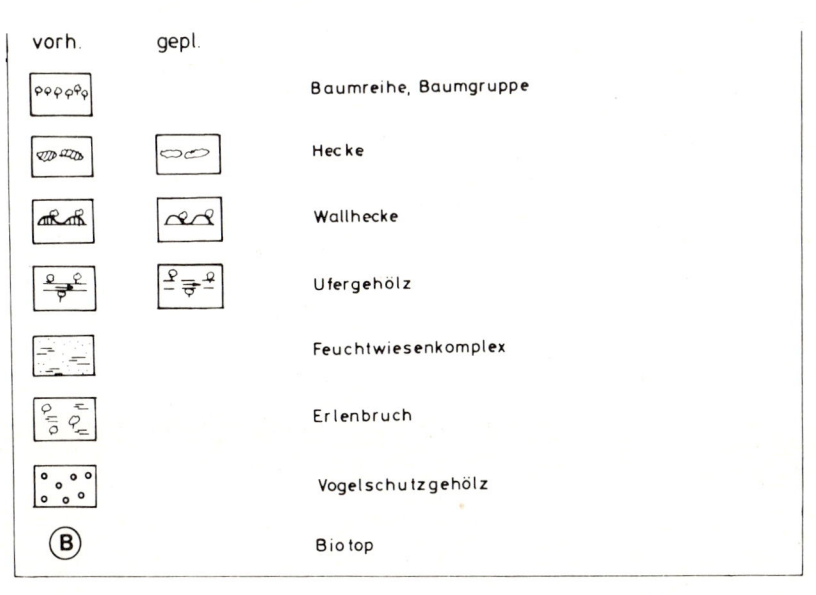

vorh.	gepl.	
		Baumreihe, Baumgruppe
		Hecke
		Wallhecke
		Ufergehölz
		Feuchtwiesenkomplex
		Erlenbruch
		Vogelschutzgehölz
Ⓑ		Biotop

(C) Biotopanlage für Amphibien und Libellen

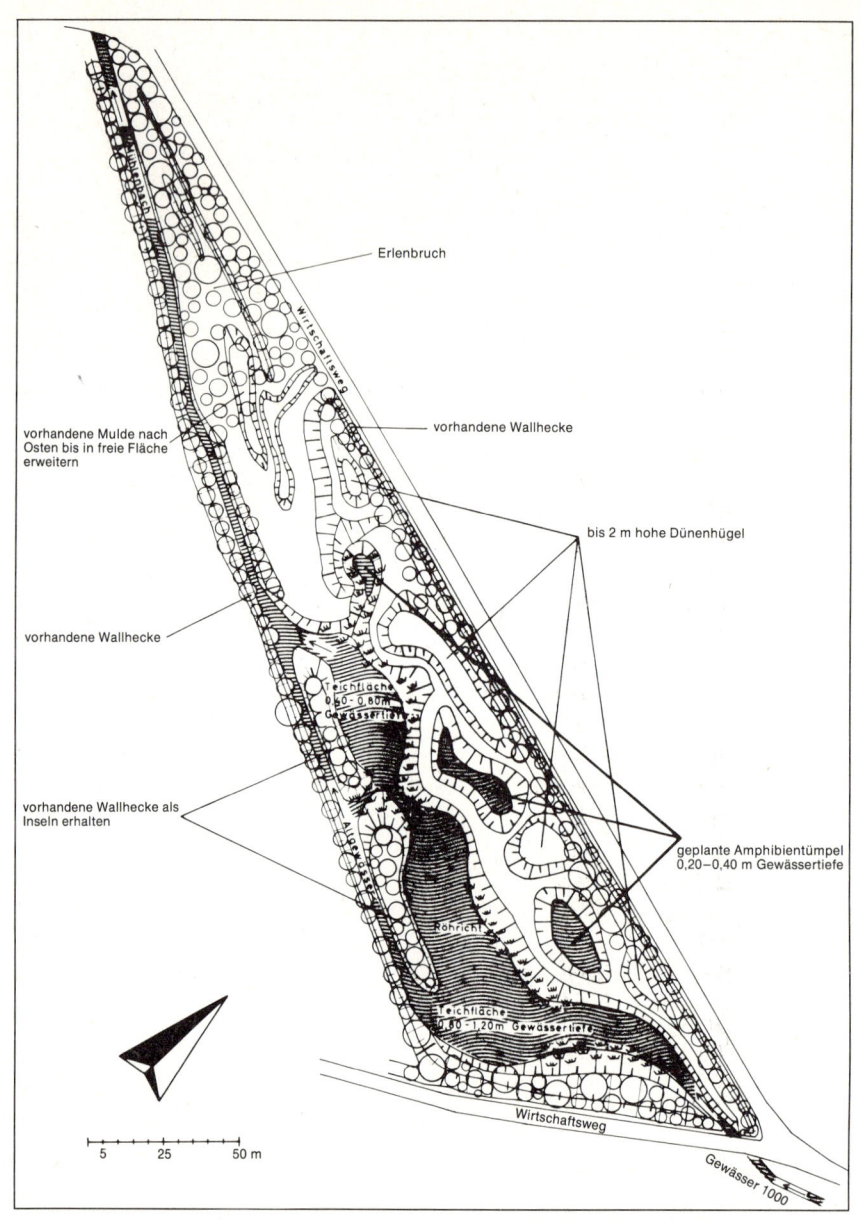

Originale: Landschaftsverband Westfalen-Lippe, Westfälisches Amt für Landespflege

Aufgabe 2 Welche Gefahren können sich aus fehlgeleiteten Flurbereinigungen für Natur und Landschaft ergeben?

....
....
....
....
....
....
....
....

Eingriffe in Natur und Landschaft und ihr Ausgleich   26.3.

Während sich das alte Naturschutzrecht, fußend auf dem Reichsnaturschutzgesetz, im wesentlichen auf den Schutz von Flächen, Objekten und bestimmten gefährdeten Tier- und Pflanzenarten beschränkte, umfaßt das neue Naturschutzrecht mit dem Bundesnaturschutzgesetz vom 20. 12. 1976 und den entsprechenden Landesgesetzen auch die Pflege, Gestaltung und Entwicklung der Landschaft. Hierdurch sollen Belastungen des Naturhaushaltes und des Landschaftsbildes vorbeugend verhindert und eingetretene Schäden als Folge von Eingriffen durch Maßnahmen des Naturschutzes und der Landschaftspflege ausgeglichen werden.

Einführung

Nach allen vorliegenden Erfahrungen gehen Eingriffe in Natur und Landschaft in erster Linie von Fachplanungen aus, die daher auch mit Recht als „Eingriffsplanungen" bezeichnet werden. Es muß als eine wesentliche Fortentwicklung des Naturschutzrechtes herausgestellt werden, daß das Bundesnaturschutzgesetz den „Eingriffen in Natur und Landschaft" einen besonderen Paragraphen gewidmet hat. So heißt es in § 8, daß Eingriffe im Sinne dieses Gesetzes Veränderungen der Gestalt oder Nutzung von Grundflächen sind, die die Leistungsfähigkeit des Naturhaushaltes oder das Landschaftsbild erheblich oder nachteilig beeinträchtigen können. Es heißt dann weiter:

„(2) Der Verursacher eines Eingriffes ist zu verpflichten, vermeidbare Beeinträchtigungen von Natur und Landschaft zu unterlassen sowie unvermeidbare Beeinträchtigungen innerhalb einer zu bestimmenden Frist durch Maßnahmen des Naturschutzes und der Landschaftspflege auszugleichen, soweit es zur Verwirklichung der Ziele des Naturschutzes und der Landschaftspflege erforderlich ist."

Gesetzliche Grundlagen für den Ausgleich von Eingriffen   26.3.1.

In einigen Landesgesetzen, so in Rheinland-Pfalz, Nordrhein-Westfalen und Hessen, ist im einzelnen festgelegt, welche Maßnahmen als „Eingriffe" anzusehen sind. So heißt es zum Beispiel im Nordrhein-westfälischen Landschaftsgesetz vom 26. Juni 1980, daß unter anderem folgendes als „Eingriff" gilt:

Analyse 1

- Die oberirdische Gewinnung von Bodenschätzen,
- Aufschüttungen ab 2 Meter Höhe und einer Grundfläche von mehr als 400 Quadratmetern,
- die Errichtung oder wesentliche Erweiterung von Flugplätzen, Mülldeponien und Campingplätzen,
- die Errichtung oder wesentliche Umgestaltung von Schienenwegen und Straßen sowie die Errichtung von Gebäuden im Außenbereich,
- der Ausbau von Gewässern,
- die Entwässerung von Mooren, Sümpfen und Bächen sowie die Beseitigung von Tümpeln und Weihern mit einer Fläche von mehr als 100 Quadratmetern,
- die Umwandlung von Wald,
- die Beseitigung von Hecken, soweit sie prägende Bestandteile der Landschaft sind.

Was ist ein Eingriff?

In der Tat ist es nicht so einfach festzustellen, was ein Eingriff bzw. ein landschaftsschädigender Eingriff ist. Es liegen aber bereits wegweisende Arbeiten über Eingriffe und ihre Wirkungen vor. So stellt KRAUSE in seinen Untersuchungen von Wirkungszusammenhängen durch Eingriffe fest, daß sich jede Nutzungsform in

Stoff- und Energieentnahmen und/oder Stoff- und Energiezugabe äußert, wobei auf der Aktionsseite Faktoren in Erscheinung treten, die auf der Reaktionsseite Wirkungen, das heißt Zustandsveränderungen, verursachen.[3] Eingriffe in die Landschaftsstruktur und in den Landschaftshaushalt sind somit durch „Wirkfaktoren" gekennzeichnet, die bei Landschaftsfaktoren Wirkungen und Folgewirkungen hervorrufen können.

Mit den Eingriffen in vernetzte Systeme und deren integraler Bedeutung setzt sich VESTER in Abschnitt 26.1 auseinander.[4] Er stellt fest, daß dort, wo ein Eingriff einsetzt, die Wirkung nicht zu Ende ist, sondern über komplizierte Regulationsphänomene meist zu sehr überraschenden Rückwirkungen gelangt – selbst wenn sie ganz speziell ansetzt. Und so darf man sich nicht wundern, wenn zunächst gar nicht als nachteilig empfundene Entwicklungen wie vermehrter Straßenbau, Flurbereinigung und Monokulturen auf einmal natürliche Ökosysteme zerstören und zu hohen indirekten Folgelasten und neuen Abhängigkeiten führen.

Über Erfassung und Bewertung von Eingriffen und Schäden berichtet BÜRGER.[5] Er schlägt vor, den Begriff „Landschaftsschaden" definitionsmäßig wie folgt abzugrenzen:

- Landschaftsschäden sind Beeinträchtigungen der Ansprüche, die der Mensch (die Gesellschaft) an die Landschaft stellt. Diese Ansprüche finden ihre Ausprägung in den Nutzungen der Landschaft und in der Notwendigkeit der Erhaltung ökologisch wertvoller Landschaftsteile.
- Landschaftsschäden sind keine einheitliche, eigenständige Schadenskategorie, sondern als Sammelbegriff für alle Beeinträchtigungen anzusehen, die im Rahmen der Landschaftsplanung berücksichtigt und bearbeitet werden müssen.

Ausgleich von Eingriffen

Nach § 8 Abs. 2 Bundesnaturschutzgesetz sind unvermeidbare Beeinträchtigungen durch Maßnahmen des Naturschutzes und der Landschaftspflege auszugleichen. Im Gesetz heißt es hierzu:

„Voraussetzung einer derartigen Verpflichtung ist, daß für den Eingriff in anderen Rechtsvorschriften eine behördliche Bewilligung, Erlaubnis, Genehmigung, Zustimmung, Planfeststellung, sonstige Entscheidung oder eine Anzeige an eine Behörde vorgeschrieben ist. Die Verpflichtung wird durch die für die Entscheidung oder Anzeige zuständige Behörde ausgesprochen. Ausgeglichen ist ein Eingriff, wenn nach seiner Beendigung keine erhebliche oder nachteilige Beeinträchtigung des Naturhaushalts zurückbleibt und das Landschaftsbild landschaftsgerecht wiederhergestellt oder neu gestaltet ist."

Dem Absatz 9 des gleichen Gesetzesparagraphen ist zu entnehmen, daß die Länder zu den Absätzen 2 und 3 weitergehende Vorschriften erlassen können, insbesondere über Ersatzmaßnahmen der Verursacher bei nicht ausgleichbaren oder vorrangigen Eingriffen. Hierfür kommen Ersatzmaßnahmen abseits des engeren Eingriffsraumes, beispielsweise Schaffung neuer Biotope oder Ersatzpflanzungen an anderer Stelle, oder der Ersatz in Geld (Ausgleichsabgabe) in Betracht. Beide Maßnahmen

---

3 C. L. KRAUSE: Untersuchungen von Wirkungszusammenhängen von Eingriffen. In: G. OLSCHOWY (Hrsg.): Eingriffe in die Umwelt und ihr Ausgleich, Bd. 2 der Sonderdruckausgabe von „Natur- und Umweltschutz in der Bundesrepublik Deutschland". Hamburg/Berlin 1981, S. 350–355.

4 F. VESTER: Eingriffe in vernetzte Systeme und ihre integrale Bedeutung. In: G. OLSCHOWY (Hrsg.): Eingriffe in die Umwelt und ihr Ausgleich, a.a.O., S. 339–349; sowie F. VESTER: Neuland des Denkens – vom technokratischen zum kybernetischen Zeitalter. Stuttgart 1980.

5 K. BÜRGER: Erfassung und Beseitigung von Eingriffen und Schäden. In: G. OLSCHOWY (Hrsg.): Eingriffe in die Umwelt und ihr Ausgleich, a.a.O., S. 356–365.

sind problematisch, weil planfeststellungs- und grundstücksrechtliche Fragen Schwierigkeiten bereiten können und weil die Gefahr eines „Freikaufs" durch Geld besteht. Deshalb müssen beide Möglichkeiten sorgfältig geprüft und auf Ausnahmen beschränkt bleiben.

Ein Bereich, in dem der Ausgleich von Eingriffen verhältnismäßig gut vollzogen wird, ist der *Tagebau*, und zwar sowohl der großflächige Tieftagebau als auch der weit verbreitete Kleintagebau, also der Abbau von Sand, Kies, Ton und Steinen:

- Im großflächigen *Tieftagebau* werden heute Kalkstein, Erze und Braunkohle gewonnen. Braunkohlenvorkommen finden wir in Deutschland vor allem in der Köln-Aachener Bucht. Das Braunkohlenvorkommen am Niederrhein ist auf einer Fläche von 2500 km^2 das bedeutendste im Bundesgebiet und das größte zusammenhängende Braunkohlengebiet Europas. Mit dem großflächigen Tieftagebau ist zwangsläufig ein tiefer Eingriff in die Landschaft und ihren Naturhaushalt verbunden. Das über den Kohlenflözen liegende Deckgebirge muß zunächst abgetragen werden; damit wird das Relief der Landschaft völlig verändert. Im Rheinischen Braunkohlengebiet werden die Maßnahmen zum Wiederaufbau in besonderen landschaftspflegerischen Begleitplänen zum Betriebsplan dargestellt, wenn nicht der Betriebsplan selbst bereits den Charakter eines landschaftspflegerischen Begleitplanes aufweist. Diese Pläne geben die künftige Oberflächengestaltung wieder. Hierzu gehören die höhenmäßige Reliefgestaltung, die Entwässerung und die Wasserrückhaltung, die wegemäßige Erschließung, die Waldflächen und Feldgehölze, der Verlauf von Schutzpflanzungen, die Gliederung der landwirtschaftlichen Nutzflächen, die Lage der bäuerlichen Siedlungen, die Erholungseinrichtungen und vieles mehr. Die Rekultivierung umfaßt in erster Linie die Wiederherstellung land- und forstwirtschaftlicher Nutzflächen, die Gestaltung von Restseen und Kippen sowie die Einrichtung von Erholungsgebieten. Im Rheinischen Braunkohlengebiet entsteht eine neue Kulturlandschaft, in der die Erfordernisse des Landbaues, der Wirtschaft, der Erholung und der Natur – trotz der scheinbaren

Abb. 3: Blick in einen Tagebauaufschluß im Norden des Rheinischen Braunkohlengebietes

Im Hintergrund ein Großkraftwerk auf Braunkohlenbasis und eine Brikettfabrik.
Foto: G. OLSCHOWY

Gegensätzlichkeit – gleichermaßen berücksichtigt werden können. An diesem in seinen Ausmaßen und Auswirkungen einmaligen Beispiel kann gezeigt werden, daß Technik, Wirtschaft und Natur keine Gegensätze sein müssen, sondern zu einem sinnvollen Ausgleich gelangen können, wenn der Landschaft das wiedergegeben wird, was ihr Naturhaushalt und ihr Erscheinungsbild verlangen.

Prüfung der Umweltverträglichkeit

Die „Umweltverträglichkeitsprüfung" (UVP) soll ein Instrumentarium sein, das mögliche Umweltveränderungen oder sogar Belastungen aufzeigt, voraussagt und abschätzt. 1970 verabschiedeten die USA ein Gesetz – „National Environmental Policy Act" (NEPA) –, in dem zum ersten Mal dargelegt wird, daß für Gesetzesänderungen oder Entwicklungsprojekte mit Umweltbedeutung eine Art „Umweltverträglichkeitsprüfung" *(Environmental Impact Statement)* vorbereitet werden muß. Das amerikanische System übte aufgrund seines Erfolges einen beträchtlichen Einfluß auf die Bestrebungen anderer Länder aus.

Das Bundesnaturschutzgesetz hat in § 8 der Umweltverträglichkeitsprüfung eine gesetzliche Grundlage gegeben, die über die entsprechenden Landesgesetze für alle Eingriffe der Fachplanungen in Natur und Landschaft Geltung hat. Wenn nach dieser gesetzlichen Regelung der Verursacher eines Eingriffs zu verpflichten ist, vermeidbare Beeinträchtigungen zu unterlassen und unvermeidbare durch Maßnahmen des Naturschutzes und der Landschaftspflege auszugleichen, so schließt das zwangsläufig die Ermittlung der Umwelterheblichkeit und die Prüfung der Umweltverträglichkeit mit ein.

Eine Umweltverträglichkeitsprüfung sollte, den Planungsstufen entsprechend, in zwei unterschiedlichen Verfahren vollzogen werden:

1. Ein Verfahren innerhalb der Landes- und Regionalplanung zur Beurteilung und Ermittlung des „Makrostandortes" im überörtlichen Raum.
2. Eine spezielle Prüfung bei bekanntem Planungsfall im Rahmen der Bauleit- und der Fachplanung zur Beurteilung und Ausweisung des „Mikrostandortes".

Die Landesplanung muß eine Konzeption zur Durchführung der UVP im Rahmen ihrer Planungshoheit entwickeln. Da sie ihre Grundsätze in der Regel durch Landesentwicklungsprogramme und -pläne sowie durch die Regionalplanung verwirklicht, müßte die erste Prüfung hier vollzogen werden.

Der zweite Prüfungsablauf vollzieht sich auf der Ebene der Bauleitplanung der Gemeinden. Hier setzt die UVP ein, wenn ein Projekt zur Entscheidung ansteht. Die Ausweisung gewerblicher Bauflächen, von Industriegebieten, Wohngebieten, Wochenendhausgebieten, Zeltplätzen, Flächen für Aufschüttungen und Abgrabungen müssen, bevor sie durch den Flächennutzungsplan oder den Bebauungsplan Rechtsverbindlichkeit erlangen, eingehend überprüft werden.[6]

Gesamtökologische Gutachten

Die Schwerpunkte des *Gesamtökologischen Gutachtens* sind:

– Erfassung des derzeitigen Zustandes,
– Aussagen zu den erwarteten ökologischen Auswirkungen des Tagebaues einschließlich der daraus abzuleitenden Maßnahmen,
– Hinweis auf Forschungen und Untersuchungen, die in den nächsten Jahren noch in Teilbereichen durchzuführen sind.

---

6 R. Olschowy: Zur Umweltverträglichkeitsprüfung. In: G. Olschowy (Hrsg.): Eingriffe in die Umwelt und ihr Ausgleich, a.a.O., S. 365–373.

26. Landschaftsgestaltung und Landschaftsentwicklung 329

Die Schwerpunkte lassen erkennen, daß das Gesamtökologische Gutachten folgende Arbeitsschritte enthält:

– eine Bestandsaufnahme der natürlichen Gegebenheiten,
– eine Bewertung der natürlichen Gegebenheiten und des geplanten Eingriffs sowie
– die daraus abzuleitenden Maßnahmen.

Fragen der Umweltverträglichkeitsprüfung und Gesamtökologischer Gutachten wurden bereits in Studieneinheit 3 (Bd. I, S. 100) behandelt. Auf diesen Abschnitt sei ausdrücklich verwiesen.

Hinweis

Erläutern Sie anhand dieser Abbildung, was ein „Eingriff" ist und wie seine Auswirkungen ausgeglichen werden können.

Aufgabe 3

Foto: G. Olschowy

....
....
....
....
....
....
....
....
....
....

Ökologische Bestandsaufnahme und Bewertung von Natur und Landschaft

26.3.2.

Durch das gegen Ende der sechziger Jahre erwachende allgemeine Umweltbewußtsein wurde die Aufmerksamkeit der Bevölkerung für die natürliche Umwelt zunehmend geschärft. Natur und Landschaft in allen ihren Erscheinungen, allen voran die Tierwelt, standen plötzlich im Mittelpunkt des öffentlichen Interesses und

Analyse 2

erfreuten sich einer breiten, anhaltenden Publizität, insbesondere im Fernsehen, die mit Namen wie Bernhard GRZIMEK, Heinz SIELMANN und Horst STERN verknüpft ist. So entstand ein starker Druck auf Behörden und Parlamente, daß bei allen Entscheidungen die Interessen von Natur und Landschaft in größtmöglicher Weise zu wahren und die neuen gesetzlichen Instrumente in vollem Umfang anzuwenden seien – selbst unter Inkaufnahme wirtschaftlicher Nachteile.

Informationssammlung und Informationsauswertung

Das allgemeine öffentliche Interesse und der Vollzug der gesetzlichen Vorschriften für die Erhaltung natürlicher Gegebenheiten riefen ein plötzliches großes Bedürfnis nach genauen Kenntnissen und Informationen über Natur und Landschaft hervor – möglichst in Form von Fakten und Daten, die auf Messungen oder Zählungen beruhen, um sie mit den modernen Methoden der Datenverarbeitung behandeln zu können. Diesem Bedürfnis konnten die Fachleute für Natur und Landschaft, die Ökologen und Geographen, zunächst nicht entsprechen. Weder ließ der Stand der landschaftsökologischen Untersuchungen eine umfassende Informationssammlung und -auswertung zu, noch war man organisatorisch auf eine ökologische Bestandsaufnahme vorbereitet. Auch war die Zahl der Fachleute für diese große Aufgabe zu klein. Dagegen konnten die Institutionen der Gesellschafts- und Wirtschaftswissenschaften für ihren Bereich gute Bestandsaufnahmen mit quantitativen Daten über Bevölkerungsdichten, Arbeitsplätze, Übernachtungs- bzw. Besucherzahlen oder Pendlerströme für die Planung liefern. Enttäuschung breitete sich aus, weil Ökologen und Geographen nicht nur kein entsprechend brauchbares Datenmaterial liefern konnten, sondern sich oft nicht einmal über die geeigneten Daten einig waren und diese zuwenig in Zahlen gefaßt wurden.

Dies liegt zum Teil – im wörtlichen Sinne! – „in der Natur der Sache": Die in eine Großstadt gerichteten Pendlerströme sind viel leichter zu erfassen als die Frischluftströme, die zum Austausch der belasteten Stadtluft dienen. Die meisten ökologischen Faktoren bedürfen ferner einer Beobachtung oder Untersuchung über längere Zeiträume und gleichzeitig an mehreren Stellen, um die zeitliche und räumliche Variationsbreite zu erfassen. So benötigt man zum Beispiel für die Temperatur den Mittelwert, die höchsten und tiefsten Meßwerte sowie den Verlauf während einer genügend langen Periode – und muß überdies oft sowohl am Boden als auch in 2 Meter Höhe messen!

Dies weist bereits auf das größte Hindernis für eine ökologische Bestandsaufnahme hin: die gewaltige *Datenfülle*. Ein Ökologe denkt in Ökosystemen, in denen alle natürlichen und menschlich bedingten Erscheinungen und Vorgänge vielfältig miteinander vernetzt sind. Das heißt aber, daß man bei einer Bestandsaufnahme keinen ökologischen Befund, dessen Bedeutung im Ökosystem nicht bekannt ist, von vornherein vernachlässigen darf. So läuft man Gefahr, sich in der Datenfülle zu verlieren oder die Bestandsaufnahme zum Selbstzweck werden zu lassen.

Es ist mit etwa 200 ökologischen Grunddaten zu rechnen, die mit ihren Variationsbreiten in einer ökologischen Bestandsaufnahme verarbeitet werden müssen. Diese Menge ist mittels Karten, Luftbildern, Registern oder Karteien nicht mehr zu bewältigen. Daher werden in den Behörden oder Anstalten für Natur- und Umweltschutz „Landschaftsdatenbänke" und „Landschafts-Informationssysteme" auf EDV-Grundlage aufgebaut, in denen die ökologischen Daten in jederzeit abrufbarer Form gespeichert sind.

Jede Bestandsaufnahme erfordert zuerst die Festlegung des Arbeitsraumes, der häufig durch Gemeinde-, Landkreis- oder andere Verwaltungsgrenzen vorgegeben ist. Andernfalls wird der Ökologe naturräumliche Einheiten, Wassereinzugs- oder Vegetationsgebiete verwenden. Aus dem Datenkatalog werden selbstverständlich nur die im Arbeitsraum in Frage kommenden Daten berücksichtigt. Für Einzelhei-

ten über die Daten, ihre Auswahl, Verwendung und Auswertung muß auf die Fachliteratur verwiesen werden.[7]
Besonders dringende Erfordernisse des Naturschutzes erzwingen rasch durchführbare, spezifische Bestandsaufnahmen, bei denen die Erfassung des Ökosystems zunächst in den Hintergrund tritt.

Als Beispiel sei die Erfassung der in ihrem Bestand bedrohten seltenen Pflanzen- und Tierarten in „Roten Listen" genannt. Das erschreckende Ergebnis dieser Bestandsaufnahme war, daß zwischen 30 und 40% der Arten vom Aussterben bedroht sind; einige sind bereits verschwunden. Dieser Befund gab Anlaß zu verstärkten Schutzmaßnahmen für diese Arten, wozu allerdings eine Bestandsaufnahme der schutzwürdigen Lebensstätten dieser Arten (*Biotope*) erforderlich wurde. Sie wurde erstmalig 1974 in Bayern in Angriff genommen und im ersten Durchgang (auf Karten im Maßstab 1:50000) nach 3 Jahren abgeschlossen. Dabei wurden in Bayern – ohne Berücksichtigung der bayerischen Alpen, für die besondere Aufnahmemethoden erforderlich sind – rund 16000 schutzwürdige Biotope mit einer Gesamtfläche von 2830 km^2, das sind rund 4,3% der Fläche Bayerns ohne Alpen, ermittelt.

Für den Artenschutz und die systematische Sanierung, Vergrößerung und Pflege der Naturschutzgebiete wurde damit eine unentbehrliche, umfassende Arbeitsgrundlage gewonnen. Inzwischen werden solche Biotopkartierungen in allen Bundesländern der Bundesrepublik Deutschland und auch im Ausland durchgeführt.

Probleme der Landschaftsbewertung

Eine weitere Art ökologischer Bestandsaufnahmen ist auf *Landschaftsbelastungen* oder *Landschaftsschäden* gerichtet, die allerdings schwer zu definieren sind. Denn jeder menschliche Eingriff in Natur und Landschaft kann belastend oder schädlich sein, und sogar ohne menschliches Zutun, etwa durch Bergrutsche oder Blitzschlag ausgelöste Waldbrände können schwere Schäden entstehen. Andererseits sind durch Abbau von Gesteinen, der größere, als schädlich empfundene Wunden in der Landschaft verursacht, schutzwürdige, die Artenvielfalt bereichernde Biotope entstanden. Die Erfassung eines Landschaftsschadens bedeutet daher zugleich auch eine Landschaftsbewertung und leitet damit über zur *Anwendung* jeder ökologischen Bestandsaufnahme, die – soll sie nicht Selbstzweck bleiben – eine Beurteilung und Auswertung für den weiteren Umgang mit der jeweiligen Landschaft erfordert. Es gibt viele Methoden und Verfahren der Landschaftsbewertung. Ihre grundsätzliche Schwierigkeit ist darin zu sehen, daß die erforderlichen Werturteile nicht vollständig objektivierbar sind und daher stets persönliche Standpunkte einschließen. Daher sind sie auch der naturwissenschaftlichen Denk- und Arbeitsweise fremd. Die sorgfältigste, mit mathematisch-statistischen Methoden durchgeführte Bewertung kann und darf nicht darüber hinwegtäuschen, daß sie nur eine Annäherung darstellt und von einem anderen Standpunkt aus ins Gegenteil verkehrt werden kann.

Ein Beispiel mag dies veranschaulichen: Das Wasser der oberen Isar wird unterhalb von Mittenwald in den Walchensee abgeleitet, um zur Erzeugung elektrischer Energie verwendet zu werden. Kilometerweit ist das breite Isarbett im Naturschutzgebiet Karwendel völlig trocken, bis es durch Zuflüsse wieder Wasser erhält. Daher wurde vor einiger Zeit gefordert, dem Isarbett eine gewisse Restwassermenge zu belassen, um in dem vielbesuchten Gebiet das Erscheinungsbild eines Alpenflusses wiederherzustellen. Gegen diese Forderung wurde von seiten des Vogelschutzes Einspruch erhoben aus der Befürchtung, daß ein wieder von Wasser durchflossenes Isarbett größere Mengen von Wanderern und Erholungsuchenden anlocken würde. Diese würden eine Anahl von Brutstätten seltener Vogelarten, die sich in dem bisher ungestörten, für Besucher wenig attraktiven Gebiet angesiedelt hatten, vernichten. Derartige Bewertungsgegensätze können sich also bereits bei einander nahestehenden Standpunkten

---

[7] W. Haber: Ökologische Bestandsaufnahme. In: G. Olschowy (Hrsg.): Ökologische Grundlagen des Natur- und Umweltschutzes. Bd. 1 der Sonderdruckausgabe von „Natur- und Umweltschutz in der Bundesrepublik Deutschland". Hamburg/Berlin 1981, S. 25–32.

ergeben, denn sowohl Wanderer als auch Vogelschützer sind an einer möglichst unberührten Natur interessiert. Wie groß müssen die Gegensätze erst sein, wenn Bewertungen aus der Sicht des Wasserbaues, der Land- und Forstwirtschaft oder der Fischerei hinzukämen!

Eindeutiger ist die ökologische Bewertung dann, wenn durch menschliche Maßnahmen lebensschädliche oder gar giftige Stoffe in Landschaften oder Landschaftsteile eingebracht werden und dadurch nachweisbar und nachhaltig natürliche Strukturen oder ökologische Funktionen geschädigt werden. Seitens der Ökologie werden zu solchen Nachweisen häufig *Bioindikatoren* verwendet, die als „lebende Instrumente" durch Krankheitserscheinungen, Wachstums- und Fortpflanzungsstörungen oder gar durch ihr Verschwinden anzeigen, daß sich der allgemeine ökologische Zustand verschlechtert. Allgemein bekannt ist die Verwendung von Flechten als Bioindikatoren schädlicher Luftbelastung in Städten oder von bestimmten Wasserorganismen als Anzeiger der Gewässerbelastung. Zugleich sind diese Bioindikatoren ein weiterer Beweis für die Notwendigkeit gründlicher ökologischer Bestandsaufnahmen, die auch solche, oft zunächst unscheinbaren Mitglieder der Lebensgemeinschaften erfassen müssen.

Aufgabe 4 Skizzieren Sie Schwierigkeiten der ökologischen Bestandsaufnahme und der Landschaftsbewertung.

....
....
....
....
....

26.3.3. Landschaftsplanung als Planungsinstrument

Analyse 3 Die *Landschaftsplanung* ist das Planungsinstrument des Naturschutzes und der Landschaftspflege; sie leistet damit einen Beitrag zur Raumplanung sowie zum Schutz und zur Entwicklung der natürlichen Umwelt. Inzwischen hat die Landschaftsplanung im Bundesnaturschutzgesetz (2. Abschnitt, §§ 5–7), in den entsprechenden Ländergesetzen und im Flurbereinigungsgesetz eine gesetzliche Grundlage erhalten.

Die Hauptziele der Landschaftsplanung sind:
- Erhaltung und Entwicklung eines leistungs- und funktionsfähigen Naturhaushaltes der Landschaft, insbesondere der Pflanzen- und Tierwelt und ihrer Biotope, Biozönosen und Ökosysteme,
- Erhaltung und Entwicklung der Nachhaltigkeit und Nutzungsfähigkeit der Naturgüter („Ressourcen"),
- Erhaltung und Entwicklung der Landschaft als Erlebnis-, Erholungs- und Freizeitraum.

Um die Stellung der Landschaftsplanung in der gesamten raum- und landschaftsbezogenen Planung zu erkennen, sollen zunächst einmal die verschiedenen *Planungsebenen* aufgezeigt werden:
- Ebene der Bundes- und Landesplanung mit ihren Programmen und Berichten, so auch Umwelt- und Landschaftsprogrammen sowie Landesentwicklungsprogrammen,
- Ebene der Regionalplanung mit ihren Regionalplänen und Landschaftsrahmenplänen,

- Ebene der Bauleitplanung der Gemeinden mit ihren Flächennutzungs- und Bebauungsplänen einschließlich der Landschafts- und Grünordnungspläne (in Nordrhein-Westfalen ist die Landschaftsplanung auf Kreisebene verankert),
- Ebene der Fachplanung mit ihren Fachplänen und landschaftspflegerischen Begleitplänen.

Demnach vollzieht sich die Landschaftsplanung als

- *Querschnittsorientierte Planung:*
  Beitrag zur Gesamtplanung, wie Raumordnung, Landes- und Regionalplanung sowie Bauleitplanung
  Mitwirkung in der Fachplanung mit eigenem Planfeststellungsverfahren
- *Sektorale Fachplanung:*
  Fachplanung „Naturschutz"
  Fachplanung für „freiraumbezogene Erholung"

Abb. 4: Bereiche der Landschaftsplanung

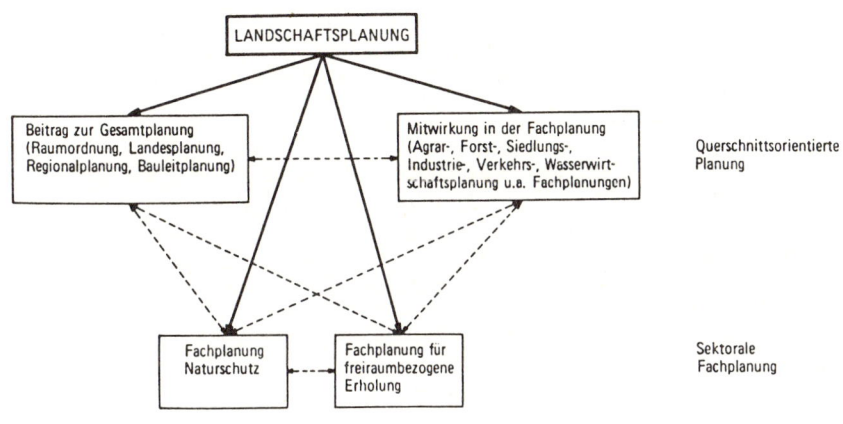

Original: G. Olschowy

Die Landschaftsplanung kann sich in folgenden Einzelplänen vollziehen:

- *Landschaftsprogramm:* Es enthält das Landesentwicklungs- und Raumordnungsprogramm der Länder bzw. des Bundes.
- *Landschaftsrahmenplan:* In ihm werden der Zustand (Bestandsaufnahme und Bewertung) von Natur und Landschaft sowie die überörtlichen Maßnahmen zur Verwirklichung der Ziele des Naturschutzes und der Landschaftspflege für Teile des Landes, zumeist im Rahmen der Regionalplanung, dargestellt und erläutert.
- *Landschaftsplan:* In ihm werden der Zustand (Bestandsaufnahme und Bewertung) von Natur und Landschaft sowie die örtlichen Maßnahmen zur Verwirklichung der Ziele des Naturschutzes und der Landschaftspflege dargestellt. Der Plan wird in der Regel im Rahmen der Bauleitplanung – zum Beispiel als Bestandteil des Flächennutzungsplanes – von den Gemeinden (in Nordrhein-Westfalen als Satzung von den Landkreisen) für das gesamte Gemeindegebiet oder von den für Naturschutz und Landschaftspflege zuständigen Behörden als eigenständiger Fachplan aufgestellt.
- *Grünordnungsplan:* Er konkretisiert den Landschaftsplan, soweit er die örtlichen Ziele der städtebaulichen Grünordnung betrifft, auf der Ebene des Bebauungsplanes. Der in § 1 Abs. 1 Nr. 1–26 BBauG aufgeführte Katalog von Festsetzungsmöglichkeiten für den Bebauungsplan ist abschließend. Der über diesen Katalog hinausgehende Inhalt des Grünordnungsplanes kann – ohne allerdings rechtliche Verbindlichkeit zu erlangen – in der Begründung zum Bebauungsplan festgehalten werden.

• *Landschaftspflegerischer Begleitplan:* In ihm werden die vom Planungsträger einer Fachplanung zum Ausgleich eines Eingriffes erforderlichen Maßnahmen des Naturschutzes und der Landschaftspflege dargestellt. Der Begleitplan ist Bestandteil des Fachplanes.

Abb. 5: Landschaftsplanung

PLANUNGSEBENE	GESAMTPLANUNG	BEITRAG DER LAND-SCHAFTSPLANUNG	Maßstab
Land (Bund)	Landesentwicklungsprogramm (–plan) Raumordnungsprogramm	Landschaftsprogramm	
Region	Regionalplan	Landschaftsrahmenplan	1 : 100 000 –1 : 25 000
Gemeinde	Flächennutzungsplan	Landschaftsplan (in Großstädten auch Grünordnungsplan)	1 : 10 000 –1 : 5 000
Teil des Gemeindegebiets	Bebauungsplan	Grünordnungsplan	(1 : 5 000) 1 : 2 000 –1 : 500
Fachverwaltung	Fachplan (Betriebsplan)	Landschaftspflegerischer Begleitplan	(1 : 10 000) 1 : 5 000 –1 : 500

Original: G. Olschowy

Fachplanungen mit Planfeststellungsverfahren

Da mit den *Fachplanungen* und ihrer Ausführung zwangsläufig Eingriffe in die Landschaft verbunden sind, haben das Bundesnaturschutzgesetz vom 20. Dezember 1976 und die entsprechenden Landesgesetze besondere Abschnitte den „Eingriffen in Natur und Landschaft" gewidmet. Die Fachplanung wird in § 8 Abs. 4 BNatSchG direkt angesprochen:

„Bei einem Eingriff in Natur und Landschaft, der aufgrund eines nach öffentlichem Recht vorgesehenen Fachplanes vorgenommen werden soll, hat der Planungsträger die zum Ausgleich dieses Eingriffs erforderlichen Maßnahmen des Naturschutzes und der Landschaftspflege im einzelnen im Fachplan oder in einem landschaftspflegerischen Begleitplan in Text und Karte darzustellen; der Begleitplan ist Bestandteil des Fachplanes."

Der Landschaftsplanung obliegen im Zusammenhang mit den Eingriffsplanungen zwei Aufgaben, nämlich

– vermeidbare landschaftsschädigende Eingriffe zu verhindern und
– unvermeidbare Eingriffe durch Maßnahmen des Naturschutzes und der Landschaftspflege auszugleichen.

Eine befriedigende Lösung dieser Aufgaben wird nur dann zu erwarten sein, wenn bei umweltrelevanten Planungen und Projekten (wie Verkehrsstraßen, Ausbau von Wasserläufen, Industrieansiedlungen, Projekte des Tage- und Untertagebaues und Anlage von Abfalldeponien) bereits im Zeitpunkt der Vorplanung und Voruntersuchung die Umweltverträglichkeit geprüft wird – also bevor eine Entscheidung getroffen wird (vgl. Abschnitt 26.3.1). Sie muß auch Alternativen und notwendige Auflagen aufzeigen, um die Belastung zu verringern und den Eingriff auszugleichen. In der Praxis der Planung und ihrer Ausführung bedeutet dies keine zeitliche Verlängerung, sondern eine Verkürzung des Planungsprozesses, weil dann die erforderlichen ökologischen Fakten und Daten für alle, auch für betroffene Bürger, einsehbar und nachprüfbar auf dem Tisch liegen.

- Ein Bereich, in dem der Ausgleich von Eingriffen verhältnismäßig gut vollzogen wird, ist der *Tagebau* (vgl. Abschnitt 26.3.1).

- Ein weiterer Bereich, der positive Entwicklungen erkennen läßt, ist die *Straßenplanung*. Hier wird die Aufstellung von landschaftspflegerischen Begleitplänen bereits praktiziert, wie auch Umweltverträglichkeitsprüfungen in zunehmendem Maße durchgeführt werden. In einigen Ländern sind auch die zuständigen Ämter mit Fachkräften der Landespflege ausgestattet worden, so daß die Ausgleichsmaßnahmen auf die Ziele von Naturschutz und Landschaftspflege abgestellt werden können. Schließlich sei auf die inzwischen abgeschlossenen „Richtlinien für die Anlage von Straßen – Landschaftsgestaltung – (RAS-LG)" hingewiesen, die vom Arbeitsausschuß „Landschaftsgestaltung" der „Forschungsgesellschaft für das Straßen- und Verkehrswesen" ausgearbeitet worden sind und hoffentlich bald vom Bundesminister für Verkehr für die Länder eingeführt werden. Diese Richtlinien sind ein wertvoller Beitrag zur Planung und Durchführung von landschaftsgerechten Ausgleichsmaßnahmen.

- In den vergangenen Jahren sind in allen Bundesländern auch landschaftspflegerische Begleitpläne im Rahmen der *Flurbereinigung* aufgestellt worden. Sie waren aber in ihren Inhalten und ihrer Qualität sehr unterschiedlich. Inzwischen aber hat der landschaftspflegerische Begleitplan in der Novelle zum Flurbereinigungsgesetz vom 16. März 1976 eine gesetzliche Grundlage erhalten. Es bleibt zu hoffen, daß künftige Flurbereinigungsverfahren entsprechend dem § 37 des Gesetzes, den Erfordernissen des Umweltschutzes, des Naturschutzes und der Landschaftspflege wie auch dem Orts- und Landschaftsbild besser als bisher Rechnung tragen (vgl. das Beispiel Saerbeck in Abschnitt 26.2.3).

- Wenn man bedenkt, welchen tiefen Eingriff der Ausbau eines Gewässers für Natur und Landschaft bedeutet, dann muß man feststellen, daß das Wasserhaushaltsgesetz vom 14. Dezember 1976 noch keine ausreichenden gesetzlichen Bestimmungen enthält. Deshalb kommt auch im *Wasserbau* und in der *Wasserwirtschaft* der Einsatz des landschaftspflegerischen Begleitplanes noch nicht zum Tragen. Erfreulicherweise aber haben die Länder Schleswig-Holstein, Niedersachsen, Nordrhein-Westfalen und Hessen Behördenerlasse herausgegeben, die geeignet sind, auch im Wasserbau von den überwiegend technischen Methoden auf biologisch ausgerichtete Maßnahmen des Ausbaues überzugehen. Die Wasserläufe sind natürliche Lebensadern der Landschaft, die in ihrer Führung, ihrer Ufergestaltung und ihrer Ufervegetation in einem natürlichen Zustand erhalten werden müssen.

Sektorale Fachplanungen ohne Planfeststellungsverfahren

Diese sektoralen Fachplanungen können von der für Naturschutz und Landschaftspflege zuständigen Behörde ausgearbeitet werden. Da sie keinem eigenen Planfeststellungsverfahren unterliegen, muß es das Ziel der genannten Behörde sein, ihren Inhalt soweit wie möglich in rechtswirksame Pläne der Landesplanung, Bauleitplanung und Fachplanung einfließen zu lassen.

Der *Fachplanung Naturschutz* obliegt vornehmlich ein Hauptziel der Landschaftsplanung, nämlich die Erhaltung und Entwicklung eines funktionsfähigen Naturhaushaltes, insbesondere der Pflanzen- und Tierwelt mit ihren Biotopen, Biozönosen und Ökosystemen.

Der *Fachplanung freiraumbezogene Erholung* obliegt ein weiteres Hauptziel der Landschaftsplanung, nämlich die Erhaltung und Entwicklung der Landschaft als Erlebnis- und Erholungsraum. Sie wird sich hierbei zwar weitgehend auf die gesetzlich geschützten Flächen, insbesondere die Landschaftsschutzgebiete und Naturparke – in eingeschränktem Maße auch die Nationalparke – stützen, wird aber in ihre Erhaltungs- und Gestaltungsmaßnahmen auch wertvolle Kulturlandschaften einbeziehen.

Es darf nicht übersehen werden, daß die Fachplanung „freiraumbezogene Erholung" in einen Zielkonflikt mit dem Landschaftsplan kommen kann, weil Auswüchse des Erholungs- und Freizeitverkehrs den Haushalt und das Bild der Landschaft empfindlich belasten können. Deshalb muß sich der Fachplan „Erholung" an den Grundlagen, den Maßnahmen und Zielen des Landschaftsplanes orientieren, um Konfliktmöglichkeiten von vornherein auszuschalten.

Planungsablauf

Der Planungsablauf der Landschaftsplanung läßt sich in folgende Schritte gliedern:

1. Zielsetzung (Problem- und Zieldefinition)
2. Ökologische Grundlagen
    2.1 Bestandsaufnahme (Landschaftsanalyse)
        – Natürliche Gegebenheiten
        – Eingriffe in die Landschaft
        – Nutzungsansprüche an die Landschaft
        – Auswertung vorhandener Untersuchungen und Planungen
    2.2 Bewertung (Landschaftsdiagnose)
        – Landschaftsfaktoren
        – Ökologische Raumeinheiten
        – Eingriffe und Landschaftsschäden
        – Zielkonflikte
3. Landschaftsplanung (Planungsaussage)
    – Lösung der Zielkonflikte
    – Maßnahmen des Naturschutzes
    – Maßnahmen der Landschaftspflege
    – Vorschläge zur Landschaftsentwicklung
    – Prognostische Aussagen (Landschaftsprognose)
4. Ausführung der Planung (Planungsvollzug)
    – Maßnahmen des Landschaftsbaus
    – Kontrolle der Planausführung

Die *Bestandsaufnahme* muß künftig zunächst einmal für bestimmte Bereiche beispielsweise von den Bezirksbehörden für Naturschutz und Landschaftspflege sowie den einschlägigen Landesanstalten vorgenommen werden, weil im konkreten Planungsfall die Zeit nicht ausreicht, um die erforderlichen Untersuchungen durchführen zu können. Einige Bundesländer haben inzwischen damit begonnen, Landschafts-Informationssysteme und Landschafts-Datenbanken einzurichten, die dem Planer auch flächenhafte Daten zur Verfügung stellen. Der Planer muß wenigstens auf einen Teil der Grundlagen als bereits vorhanden zurückgreifen können.

Die *ökologische Bewertung* von einzelnen Landschaftsfaktoren, ganzen Raumeinheiten und von anthropogenen Eingriffen in die Landschaft baut auf der Bestandsaufnahme (Landschaftsanalyse) auf. Die Bewertung als Grundlage für landschaftsbezogene Planungen sollte grundsätzlich im Zusammenhang mit der möglichen oder beabsichtigten Inanspruchnahme bzw. Nutzung des Raumes gesehen werden.
Die landschaftsökologische Bewertung ist eine Voraussetzung, um das Ausmaß der Belastung des Naturhaushaltes und des Landschaftsbildes durch anthropogene Eingriffe (Technik, Industrie, Zivilisation) und abiotische Einflüsse (Klima, naturbedingte Landschaftsschäden und Naturkatastrophen) ermitteln zu können. Das Ziel dieser Untersuchungen muß es sein, Belastungsgrenzen zu erkennen und festzusetzen. Die Landschaftsökologie ist hier ohne Zweifel erst am Anfang ihrer Erkenntnisse.
Der derzeitige Stand der Erkenntnisse läßt es nur zu, das jeweilige Ökosystem oder den Landschaftsraum in seiner Belastungsfähigkeit zu untersuchen, um daraus Grenzen für seine Belastbarkeit abzuleiten. Der Beitrag kann sich zwangsläufig nur an dem gegenwärtigen Stand der Erkenntnisse, Erfahrungen und rechtlichen

26. Landschaftsgestaltung und Landschaftsentwicklung

Grundlagen orientieren. Da noch nicht alle Bundesländer ihre Ausführungsgesetze zum Bundesnaturschutzgesetz verabschiedet haben, können sich noch Änderungen ergeben. Die zur Zeit bestehenden gesetzlichen Möglichkeiten werden noch längst nicht ausreichend genutzt. Die Landschaftsplanung als Planungsinstrument des Naturschutzes und der Landschaftspflege muß stärker als bisher eingesetzt werden.

Auf welchen Planungsebenen kann die Landschaftsplanung vollzogen werden, und wie ist ihre Rechtswirksamkeit?

Aufgabe 5

....
....
....
....
....
....
....
....
....

Gemeinden im Zielkonflikt – am Beispiel Stuttgarts

26.3.4.

Durch die Naturschutzgesetze des Bundes und der Länder wurde die Landschaftsplanung als Instrument des Naturschutzes in der Landschaftspflege verankert. Die Landschaftsplanung ist der landschaftsökologische Beitrag zur Raumplanung auf allen Ebenen, wobei nach dieser Definition der Landschaftsplan im engeren Sinne die unterste, die kommunale Ebene betrifft. Den Kommunen schreibt das Gesetz vor, daß sie einen Landschaftsplan aufzustellen haben, sobald und soweit es zur Aufstellung, Ergänzung, Änderung oder Aufhebung von Bauleitplänen erforderlich ist. Die Landschaftspläne sollen, *soweit erforderlich* und *geeignet*, in die Bauleitpläne übernommen werden (NatSchG § 9 Abs. 1 von Baden-Württemberg).

Analyse 4

Zwei Aspekte sind hierbei wichtig:

- Der Landschaftsplan hat als eigenes Planwerk keine Rechtsverbindlichkeit. Er erlangt diese nur insoweit, als seine Inhalte entweder in die Bauleitplanung der Gemeinden oder in die Fachpläne der Behörden übernommen werden (z.B. Wege- und Gewässerplan der Flurbereinigung).

- Die Gemeinde stellt hoheitlich den Landschaftsplan auf. Der Planer schlägt der Gemeinde die Inhalte vor. In welchem Umfang sie in den endgültigen Plan übernommen werden, wird durch die politischen Gremien beschlossen. Der Landschaftsplan ist also kein Gutachten, in dem ein Fachmann unabhängig seine Meinung niederlegen kann, sondern ein Abstimmungsergebnis entsprechend der Meinungsbildung in den politischen Gremien.

Vielschichtigkeit der Nutzungsansprüche

Die Planungsschwerpunkte können je nach Landschafts- und Gemeindestruktur sehr verschieden sein. Dazu einige Beispiele:

- Im Landschaftsplan für den *Verdichtungsraum Reutlingen/Tübingen* war der enorme Flächenverbrauch für Siedlungs- und Verkehrsbau das vorrangige Planungsproblem, als Folge aber auch verschärft die Flächenkonkurrenz zwischen den verschiedenen Nutzungsansprüchen im Freiraum: Landwirtschaft, Erholung, Sport usw. Der Arbeitsschwerpunkt lag in der intensiven Auseinandersetzung mit der Flächennutzungsplanung; die Ergebnisse der Bemühungen waren im günstigsten Fall im Planwerk überhaupt nicht ablesbar (z. B. Verhindern einer ökologisch problematischen Straßentrasse).

• Der Flächennutzungsplan für den *Gemeindeverwaltungsverband Oberes Enztal im Schwarzwald (Wildbad)* wies demgegenüber nur in bescheidenem Umfang Neubaugebiete aus. Konflikte mit landschaftlichen Zielsetzungen traten kaum auf. Demgegenüber gab es aufgrund ausgedehnter Grenzertragsböden die Fragestellung, auf welche Weise eine ökonomische Form der Landschaftspflege zu erreichen sei. Hier waren auf der Grundlage genauer Geländeuntersuchungen sehr spezifische landschaftsökologische Bewirtschaftungshinweise zu erarbeiten.

• In der *Gemeinde Oberstdorf (Bayern)* sind demgegenüber Schäden und Störungen in der Landschaft vor allem durch übermäßigen Naherholungsverkehr gegeben. Hier standen Hinweise zur Belastbarkeit und Ausbaufähigkeit der einzelnen Erholungsgebiete im Vordergrund.

Wie in allen Verdichtungsräumen waren auch in *Stuttgart* die landschaftlichen Auswirkungen des schnellen Siedlungswachstums das vorrangige Planungsproblem. Der „Nachbarschaftsverband Stuttgart" war gegründet worden, um diese Entwicklungen in Abstimmung zwischen der Kernstadt und den umliegenden Gemeinden besser in den Griff zu bekommen. Der Verband, der 28 Städte und Gemeinden mit ca. 1,32 Mio Einwohnern und 900 km^2 Fläche vertritt, hat die einzige Aufgabe, einen gemeinsamen Flächennutzungsplan und einen Landschaftsplan aufzustellen. Planungsziel ist das Jahr 1990.

Verbindlich zu beachtende Vorgaben für die Aufstellung dieser Pläne waren der Landesentwicklungsplan von 1972, der Regionalplan und der zugehörige Landschaftsrahmenplan 1979/1980 für die Region Mittlerer Neckar.

Eine der Zielaussagen der Regionalplanung war, daß in diesem Raum bis 1990 auszuweisen seien an

	Wohnbaufläche	1 800 ha
Das zog nach sich einen Bedarf an:	Gewerbeflächen	1 200 ha
	Straßen	ca. 1 500 ha
	Sportflächen ⎱	ca. 1 000 ha
	Friedhöfen ⎰	ca. 5 500 ha

Es sollen also in diesem verhältnismäßig kurzen Zeitraum 5 500 Hektar bislang land- und forstwirtschaftlicher Fläche in andere Nutzungen umgewandelt werden. Dies hat über die konkret beanspruchten Standorte hinaus auch Auswirkungen auf die verbleibenden land- und forstwirtschaftlich genutzten Gebiete:

• Die Landwirte versuchen, auf kleiner werdenden Flächen ein gleichbleibendes Einkommen zu erzielen. Sie „intensivieren"; die Belastungen für die Landschaft durch Dünger- und Pestizideinsatz steigen.

• Gleichzeitig besteht der Wunsch, durch Entfernen der „unwirtschaftlichen" Landschaftsteile wie Feldgehölze, Ackerraine, Obstwiesen die Anbaufläche zu vergrößern und maschinengerechte Feldfluren herzustellen. Das ökologische Potential sinkt drastisch ab.

• Der Erholungsdruck einer wachsenden Bevölkerung auf kleiner werdenden Flächen steigt, Landschaftszerstörungen sind die Folge.

Diese Verknüpfungsreihe ließe sich fortsetzen.

Wichtigste Aufgabe der Landschaftsplanung in diesem hochbelasteten Raum hätte deshalb sein müssen, den Flächenverbrauch zurückzudrängen. Hier war der Landschaftsplan wenig erfolgreich. Solange die Güter, die eine intakte Landschaft produziert (wie Wasser, frische Luft, Erholungsraum, Nahrungsmittel), entweder völlig kostenlos sind oder zumindest eine ungleich geringere Rendite versprechen als die Ausweisung beispielsweise eines Gewerbegebietes, solange wird sich im

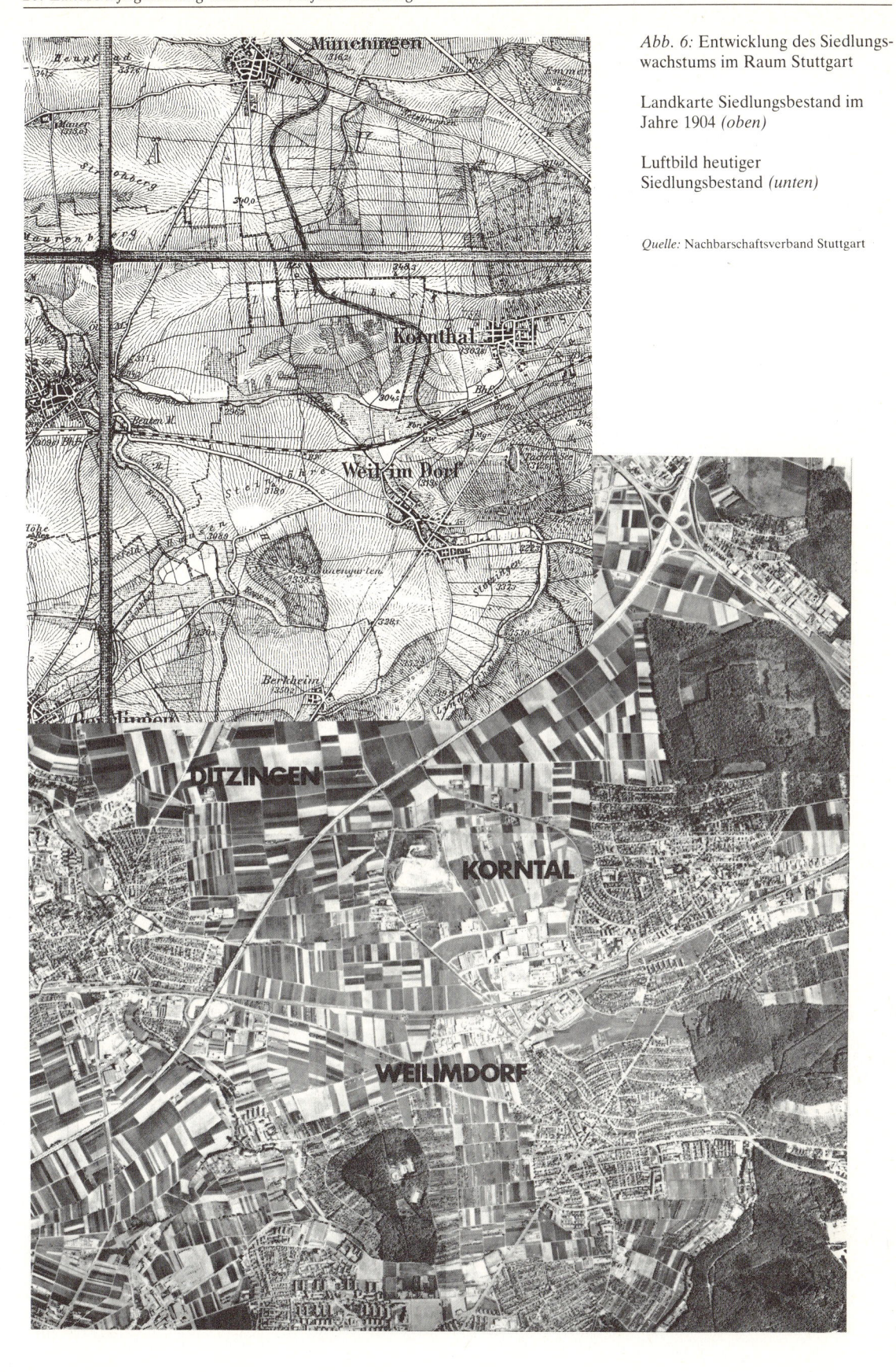

Abb. 6: Entwicklung des Siedlungswachstums im Raum Stuttgart

Landkarte Siedlungsbestand im Jahre 1904 *(oben)*

Luftbild heutiger Siedlungsbestand *(unten)*

Quelle: Nachbarschaftsverband Stuttgart

Konfliktfall meist der Anspruch nach ertragreichen Nutzungen durchsetzen. In der Diskussion zum Flächennutzungsplan und Landschaftsplan für den „Nachbarschaftsverband Stuttgart" waren deshalb so gut wie nie Erfolge zu erzielen, wenn der Verzicht auf Bauflächen gefordert wurde, dagegen häufiger dann, wenn für eine ökologisch problematische Fläche ein alternativer Standort vorgeschlagen werden konnte.

Über diese grundsätzlichen Planungsentscheidungen hinaus gingen die Aussagen des Landschaftsplanes aber weiter. Es wurden zahlreiche Maßnahmen vorgeschlagen, die als Ausgleich für die wachsenden Belastungen zur Stabilisierung der Landschaft beitragen sollten. Solche Maßnahmen sind beispielsweise:

- Eingrünung vorhandener und geplanter Siedlungsränder,
- Wiedereinbringen naturnaher Vegetation in die ausgeräumte Feldflur (Biotopverbundnetz),
- Rückbau kanalisierter Bachläufe und Wiederherstellen standortgerechter Ufervegetation,
- Verbot von Düngung und Schädlingsbekämpfung in grundwassernahen Auenflächen,
- Schutzpflanzungen und Aufforstungen entlang vielbefahrener Straßen,
- Ausbau intensiv nutzbarer Erholungsgebiete zur Entlastung anderer, überfrequentierter Landschaftsteile.

Fehlen von Strategien zum politisch-administrativen Vollzug

Diese Einzelvorschläge wurden in den abschließenden Entwurf zum Landschaftsplan zwar nicht vollständig, aber zu großen Teilen übernommen. Leider zeigt die Erfahrung mit weiter zurückliegenden Planungen, daß damit über die Realisierungschancen wenig gesagt ist. Erst die Umsetzung in die Landschaft ist ja als Erfolg zu werten. Hier zeigt sich aber ein außergewöhnlich großes Defizit. Während das Planungsinstrumentarium auf allen Ebenen perfektioniert wird, fehlen Strategien zum politisch-administrativen Vollzug; es fehlen auch die Instanzen, die zur Kontrolle in der Lage und autorisiert wären.

So zeigt sich in der Praxis, daß nur in bestimmten Fällen gute Chancen bestehen, Maßnahmen zur Landschaftspflege durchzusetzen. Überwiegend ist das dort der Fall, wo der Eingriff noch bevorsteht und die Genehmigung von einer Kopplung mit Maßnahmen zur Landschaftspflege abhängig gemacht wird:

- Rekultivierung einer geplanten Kiesgrube,
- Eingrünung eines geplanten Baugebietes,
- Pflanzungen im Zuge einer Flurbereinigung.

Hier aber handelt es sich genaugenommen nicht um Maßnahmen der Landschaftspflege, sondern um solche der Sanierung; denn sie sind durchwegs eine Folge unmittelbar vorausgegangener Eingriffe oder Zerstörungen. Maßnahmen der Landschaftspflege oder -gestaltung, die ohne einen solchen aktuellen negativen Anlaß in der Landschaft durchgeführt werden sollen, sind selten durchsetzbar; denn sie verlangen Eingriffe in bestehende Rechts- und Besitzverhältnisse.

Beispiel: Die Begrünung eines bestehenden Siedlungsrandes oder die Anpflanzung einer Hecke in der ausgeräumten Feldflur beanspruchen in der Regel Privatgrund und sind daher gegen den Willen der betroffenen Eigentümer nicht möglich. Der Erwerb oder die Enteignung der notwendigen Flächen wären also die Voraussetzung. Beides geschieht so gut wie nie.

Die Gründe dafür sind vielfältig:

• Es gibt keine politische Übereinstimmung darüber, daß ökologische Entwicklungsmaßnahmen gleiche Wertigkeit besitzen wie Maßnahmen der Siedlungsentwicklung. Dies wäre Voraussetzung für die Bereitstellung der notwendigen Mittel zum Bodenerwerb und zur Durchführung der Maßnahmen.

26. Landschaftsgestaltung und Landschaftsentwicklung

• Es gibt für die Gemeinden keine gesetzliche „Vollzug-Verpflichtung". Es besteht das Paradoxon, daß Kommunen zwar gehalten sind, Landschaftspläne aufzustellen, dies auch über Genehmigungsbehörden kontrolliert wird, daß der aktive Vollzug aber nur punktuell gefordert werden kann, zum Beispiel bei der Genehmigung eines Bebauungsplanes.

• Es gibt keine rechtliche Grundlage, landschaftliche Maßnahmen im Bereich land- und forstwirtschaftlich genutzter Flächen gegen den Willen der betroffenen Grundeigentümer durchzusetzen. Die Sanierung schädlicher Eingriffe in die Landschaft, für die das Naturschutzgesetz sonst gewisse Handhaben bietet, betrifft nicht ökologische oder ästhetische Folgewirkungen einseitig intensivierter Landwirtschaft. § 10 (3) NatSchG: „Die Nutzung im Rahmen einer ordnungsgemäßen Land- und Forstwirtschaft gilt nicht als Eingriff (in die Landschaft)." Damit hat die Landschaftsplanung auf den weit überwiegenden Anteil der Freiflächen keinen nennenswerten Einfluß.

Auch diese Aufzählung kann nicht vollständig sein, sie zeigt aber, daß sich im Augenblick die Kluft zwischen verbalen politischen Zielsetzungen und dem realen Vollzug leider vergrößert.

Welche Probleme ergeben sich bei der Durchsetzung des Landschaftsplanes auf Gemeindeebene?

Aufgabe 6

....
....
....
....
....
....
....
....
....
....

Zusammenfassung   **26.4.**

Die technische und industrielle Entwicklung der letzten Jahrzehnte, mit der zunehmend vielfältige menschliche Eingriffe in Natur und Landschaft verbunden sind, konnte nicht ohne nachteilige Folgen bleiben. Insbesondere betroffen sind hierdurch wildwachsende Pflanzen und wildlebende Tiere, deren Gefährdung in erschreckendem Maße zugenommen hat. Der Gesetzgeber hat dem Rechnung getragen und die rechtlichen Grundlagen für den Arten- und Biotopschutz verbessert. Nach dem Vorbild der „International Union for Conservation of Nature and Natural Resources" sind auch in der Bundesrepublik Deutschland „Rote Listen" für ausgestorbene, verschollene und gefährdete Pflanzen- und Tierarten aufgestellt, die Aufschluß über den Umfang der Gefährdung, aber auch über die Ursachen geben. Voraussetzung für einen erfolgreichen Artenschutz ist der Schutz der Lebensstätten der gefährdeten Pflanzen und Tiere, der Biotopschutz.

Der Biotopschutz wiederum ist verbunden mit einem ausreichenden Gebiets- und Objektschutz, wie er in Studieneinheit 25 behandelt wurde. Die Beurteilung läßt erkennen, daß Naturschutz- und Landschaftsschutzgebiete aufgrund des geltenden Eigentumsrechts wie auch des Vorranges der landwirtschaftlichen Nutzung als Folge der „Landwirtschaftsklausel" im Bundesnaturschutzgesetz nur unzureichend geschützt sind. Es gibt für Naturschutzgebiete keinen Vollschutz – es sei denn, sie werden mit öffentlichen Mitteln oder über Stiftungen und Naturschutzfonds aufge-

Schlußbetrachtung

kauft. Von der in Landesgesetzen verankerten Möglichkeit, Flächen zu enteignen und zu entschädigen, wurde bislang kaum Gebrauch gemacht. Hinzu tritt, daß sie meist zu kleinflächig ausgewiesen und dadurch belastet werden. Landschaftsschutzgebiete wiederum sind meist zu großflächig, als daß sich strenge Schutzmaßnahmen verwirklichen ließen. Das heißt: Genehmigungen für Nutzungen verschiedenster Art werden grundsätzlich erteilt; der Schutzeffekt ist sehr gering. Für die Zukunft bedarf es daher eines integrierten Schutzgebietssystems. Schutz und Erhaltung von natürlichen und naturnahen Gebieten wie Objekten aber reichen nicht aus. Deshalb wurden in Studieneinheit 26 die Pflege, Gestaltung und Entwicklung von Natur und Landschaft, und zwar auf ökologischer Grundlage und mit Hilfe der Landschaftsplanung, aufgezeigt. Beispielhaft wurde als Folge des Zielkonflikts Landschaftspflege – Flurbereinigung an einem Flurbereinigungsverfahren demonstriert, wie der landschaftspflegerische Begleitplan als Mittel eingesetzt werden kann, um Ziele des Naturschutzes und der Landschaftspflege zum Tragen zu bringen. Die Ursachen für Konflikte mit Nutzungsansprüchen sind zumeist die damit verbundenen Eingriffe in Natur und Landschaft. Das Bundesnaturschutzgesetz hat eine Regelung getroffen, wonach vermeidbare Eingriffe unterlassen und unvermeidbare ausgeglichen werden müssen. Das setzt eine rechtzeitige Prüfung vor dem Eingriff voraus, die bei landschaftsrelevanten Projekten als Prüfung der Umweltverträglichkeit vorgenommen werden soll.

Um die erforderlichen Ausgleichsmaßnahmen in die Praxis umzusetzen, bedarf es der Landschaftsplanung, die auf den Ebenen der Regionalplanung, der Bauleitplanung und der Fachplanung zum Einsatz kommt. Sie muß auf ökologischen Grundlagen aufbauen, zu denen die Bestandsaufnahme und Bewertung der natürlichen Gegebenheiten und der Landschaftsschäden als Folge von Eingriffen gehören. Daß die Schwierigkeiten und Zielkonflikte im Bereich von Großstadt- und Industriegebieten besonders groß sind, läßt sich am Beispiel des Verdichtungsraumes Stuttgart deutlich erkennen.

Der Themenblock NATURSCHUTZ UND LANDSCHAFTSPFLEGE umfaßt die natürliche Umwelt des Menschen und ist daher ein Kernstück der Umweltthematik. Im „Umweltbericht 1976" der Bundesregierung und im Bundesnaturschutzgesetz ist als Ziel festgelegt, Natur und Landschaft als Lebensgrundlage des Menschen nachhaltig zu sichern. In einer Zeit fortgeschrittener Technik, Industrie und Zivilisation wird nicht selten die Frage gestellt, ob es überhaupt berechtigt ist, Natur und Landschaft als notwendige Lebensgrundlage des Menschen zu erachten. Es werden durchaus Überlegungen angestellt, Menschen auf dem Meeresgrund und auf dem Mond unter einer schützenden Glocke anzusiedeln oder Bergwerke betreiben zu lassen. Abgesehen von der Frage, ob das menschenwürdig ist, bleibt zu prüfen, wie lange der Mensch unter diesen naturfernen Gegebenheiten leben kann, ohne Schaden zu nehmen.

Der Mensch ist nach seiner Geschichte und Entwicklung ein Glied der Natur, aus der er sich nach unseren bisherigen Kenntnissen nicht lösen kann; deshalb kann die zunehmende Denaturierung der Nahrung, des Lebensraumes und der Lebensweise nicht ohne Nachteile weiterverlaufen. Es ist für die Zukunft des heutigen Menschen sicher richtiger, sich zu sich als einem Glied der Natur zu bekennen, aus der er aufgrund seiner Entwicklung nicht ohne Gefahren ausbrechen kann. Daraus ergibt sich zwangsläufig die Forderung, nicht den Menschen zu ändern, sondern die Umwelt dem Menschen angepaßt zu lassen oder wieder anzupassen, damit er sich seiner naturgegebenen Veranlagung entsprechend entfalten kann. Das aber setzt voraus, daß die für das Leben des Menschen notwendigen natürlichen Grundlagen nicht zerstört, sondern geeignete Lebensräume, Naturzellen und Freiflächen rechtzeitig sichergestellt und für die Aufgaben der Zukunft entwickelt werden.

X. Umwelt und Gesellschaft

Der Titel des Themenblockes UMWELT UND GESELLSCHAFT deutet darauf hin, daß die Art der Umweltnutzung, damit aber auch die entstandenen und entstehenden Umweltprobleme, vor allem gesellschaftlich bedingt sind. Damit bedürfen auch die Lösungsstrategien gesellschaftlicher Ansätze, die sich freilich in individuellen Verhaltensänderungen konkretisieren müssen. Im Mittelpunkt des Themenblockes steht dieser gesellschaftliche Aspekt einer Veränderung der Umweltnutzung. Dabei lassen sich zwei Strategien unterscheiden:
– Verhaltensänderung durch Bewußtseinsänderung,
– Verhaltensänderung durch Veränderung äußerer Verhaltensbedingungen.

Dem erstgenannten Aspekt widmet sich die *Studieneinheit 27: „Umwelt und Erziehung"*. Das Ziel einer gesellschaftlich institutionalisierten Umwelterziehung müßte es eigentlich sein, eine staatliche Umweltpolitik (als Veränderung äußerer Verhaltensbedingungen) überflüssig zu machen und jedes einzelne Individuum dazu zu veranlassen, alle Entscheidungen auf ihre Umweltverträglichkeit hin zu prüfen und gegebenenfalls zu korrigieren. Welche Möglichkeiten es im Bildungssystem, vor allem im Schulwesen, gibt, um dieses Ziel zumindest anzusteuern, wird in dieser Studieneinheit berichtet.

Die folgende *Studieneinheit 28: „Umweltpolitik"* geht von der Notwendigkeit auch staatlicher Datensetzungen mit dem Ziel einer umweltentlastenden Verhaltensänderung aus. Tatsächlich wird eine so verstandene systematische Umweltpolitik seit inzwischen mehr als zehn Jahren betrieben, und es hat sich gezeigt, daß sie mit einigen charakteristischen Problemen konfrontiert ist, die hier dargestellt werden.

Soll unsere Umwelt geschützt und im Sinne nachhaltiger Nutzbarkeit gestaltet werden, so müssen sowohl die Entscheidungen der einzelnen Bürger als auch die der politischen Gremien in Zukunft umweltbewußter werden.

Die abschließenden Studieneinheiten zum Themenblock UMWELT UND GESELLSCHAFT gehen über die in den bisherigen Darstellungen vorherrschende Perspektive hinaus: Zunächst werden in der *Studieneinheit 29 „Weltweite Umweltprobleme"* dargestellt, in der abschließenden *Studieneinheit 30* stehen Grundfragen von Lösungsstrategien dieser Probleme im Mittelpunkt, insbesondere die vieldiskutierte Beziehung zwischen Umweltschutz und Wirtschaftswachstum.

Die Einbeziehung solcher weltweiten Aspekte von Umweltbelastungen und Umweltschutz scheint unumgänglich – zunehmend geraten auch Umweltprobleme außerhalb der Industrieländer in den Mittelpunkt des Interesses. Weltweite Bestandsaufnahmen der Umweltsituation zeigen klar: Umweltprobleme gibt es nicht nur dort, wo Schornsteine qualmen, sondern – mit zunehmender Tendenz – auch in den armen Ländern, im Süden der Erdhalbkugel. Jedes Jahr zum Beispiel werden sechs Millionen Hektar fruchtbaren Landes zu Wüsten – bei gleichzeitig wachsender Nachfrage nach Nahrungsmitteln. Auch das ist ein Umweltproblem; denn die Ursache der Wüstenausdehnung ist vor allem falsche Landnutzung.

Probleme der weltweiten Umweltpolitik waren im Jahre 1982 Thema einer Umwelt-Konferenz der Vereinten Nationen in Nairobi. Unter Hinweis auf steigende Armut in den unterentwickelten Ländern, anhaltende Verschmutzung der Umwelt und steigende Militärausgaben eröffnete der Präsident des Gastgeberlandes die Konferenz mit den Worten: „Das Fehlen von Mitteln ist nicht das Problem. Es ist das Fehlen des politischen Willens, die vorhandenen Ressourcen vernünftig und zum Wohle der Menschheit einzusetzen."
Wir wollen in den beiden letzten Studieneinheiten einige der weltweiten Umweltprobleme erklären und Ansatzpunkte von Lösungsmöglichkeiten aufzeigen.

Umwelt und Erziehung 27.

Federführung: Die Herausgeber

Autoren der Studieneinheit: Dietmar Bolscho, Günter Eulefeld, Karlheinz Fingerle, Karl Heinrich Hansmeyer, Herbert Kersberg, Hansjörg Seybold

Allgemeine Einführung 27.0.

Wir haben uns bei unserer Darstellung in den vorangegangenen Studieneinheiten in erster Linie mit der Analyse der Umweltsituation in den verschiedenen Umweltmedien, den mit der Umweltnutzung verbundenen Problemen und ihren Lösungsmöglichkeiten beschäftigt. Erinnern wir uns beispielsweise an den Themenblock ENERGIE: Wird weniger Energie umgesetzt, so hieß es da, wird in der Regel auch die Umwelt entlastet. Weniger Energie zu verbrauchen bedeutet konkret, sein Verhalten zu ändern. Wie solche Verhaltensänderungen bewirkt werden können, ist Gegenstand dieser und der folgenden Studieneinheit.

Menschliches Handeln bzw. Verhalten wird verändert, weil die äußeren Bedingungen sich verändern oder weil die Motivationsstruktur des Handelnden sich ändert, der Impuls zur Verhaltensänderung also „von innen" kommt. Diese Studieneinheit beschäftigt sich zunächst mit letzterem Aspekt.

Lebenslange, das menschliche Bewußtsein formende Lern- und Erziehungsprozesse prägen menschliches Tun weitestgehend, oft nachhaltiger als Gesetze und Verordnungen; denn gegen die Einsicht der Betroffenen erzwingen läßt sich nur weniges – und auch das nur mit hohem Aufwand. Oft dürfte die Findigkeit der Bürger beim Aufspüren von Gesetzeslücken größer sein als der geballte Einfallsreichtum und Perfektionismus von Gesetzesmachern. Nichts liegt also näher, als die genannten Erziehungsprozesse auch für den Umweltschutz und für die Umweltgestaltung nutzbar zu machen. Und so hat die Bundesregierung denn auch schon in ihrem Umweltprogramm aus dem Jahr 1971 programmatisch gefordert: „Das zur Abwehr der Umweltgefahren notwendige Wissen muß in den Schul- und Hochschulunterricht sowie in die Erwachsenenbildung einbezogen werden. Umweltbewußtes Verhalten muß als allgemeines Bildungsziel in die Lehrpläne aller Bildungsstufen aufgenommen werden" (S. 59). Die dahinter stehende Vorstellung, über einen verbesserten Kenntnisstand ein umweltgerechtes Verhalten herbeiführen zu können, ist allerdings ein langfristiges Programm: „Die Umweltpolitik muß hier mit Jahrzehnten rechnen", vermutet der Rat von Sachverständigen für Umweltfragen in seinem „Umweltgutachten 1978" (S. 447). Hinzuzufügen ist, daß das Verhalten gegenüber der Umwelt nicht nur in Schule, Hochschule und Volkshochschule geprägt wird, sondern auch im Elternhaus, in der Familie, im Freundeskreis. Hier ist der Zugriff über erzieherische Maßnahmen jedoch direkt kaum zu leisten. Was auf welche Art im schulischen Erziehungs- und Bildungssystem getan werden kann, soll in dieser Studieneinheit dargestellt werden.

Bei der immer dringlicher werdenden Diskussion um die Umwelt hat die Öffentlichkeit ein Anrecht zu erfahren, was die Pädagogik für diese „Öffentliche Angelegenheit" zu leisten imstande ist, was sie an Modellen und Maßnahmen für den geplanten Unterricht in den allgemeinbildenden Schulen und was sie dem interessierten Bürger zu seiner weiterbildenden freien Unterrichtung anzubieten hat. Im Verlauf des Buches hat es gelegentliche Ansätze zu Antworten gegeben, dennoch muß diesem Thema eine eigene Studieneinheit gewidmet sein.

Dabei geht es vor allem um die Erörterung folgender Problemfelder:

Um einmal konkreten Einblick in *Unterrichtsvorhaben* im Bereich der Umwelterziehung zu geben, stellen wir in einer besonderen Fallstudie (Abschnitt 27.3.4) gleichsam als Werkstattbeispiel eine Unterrichtseinheit mit 14- bis 16jährigen Schülern vor:

Bei der *Fallstudie* handelt es sich um einen Bericht über eine Unterrichtseinheit, die an der Kieler Universität entwickelt und in Schleswig-Holstein mit tausend Schülern in dreißig Klassen über das Land verteilt erprobt wurde. Das mehr allgemeine Thema „Probleme der Wasserverschmutzung" wurde mit dem Zusatz „in unserer Gemeinde" wünschenswert konkretisiert. Das Generalthema war in vier Teilthemen gegliedert, die jeweils auch unterschiedliche Arbeits- und Befragungstechniken erforderten. Die Schüler gewannen bei diesem zum Teil außerschulischen Unterricht Interesse an ihrer unmittelbaren Umwelt und kamen von einer simplen Verurteilung der Umweltverschmutzung ab, weil sie sich aufgrund ihrer Unterrichtsergebnisse ein gesichertes Urteil für den Einzelfall bilden konnten.
In der ersten *Analyse* wurden die didaktischen Grundsätze ermittelt, nach denen in diesem Versuch gearbeitet wurde: Umwelterziehung ist problemorientiert, handlungsorientiert und fächerübergreifend. Für den Schüler bedeutet dies, Kenntnisse aus höchst unterschiedlichen Fächern zu mobilisieren, deren benötigte Teilfakten zu bündeln und auf das Untersuchungsthema anzuwenden.
Eine weitere Analyse untersuchte dann, welche Forderungen die Lehrpläne stellen und was die Schulbücher an Arbeitsmaterialien für eine Umwelterziehung bereitstellen.

Als weiterer, außerschulischer Lernort wird das *Schullandheim* vorgestellt. Hier ist Arbeit an Umweltthemen ermöglicht unter der Befreiung vom Zwang des festgefügten Stundenplans; größere, zeitaufwendige Vorhaben sind wirklichkeitsbezogen möglich, die Objekte sind auch hier unmittelbar erfahrbar.

Auch die *musealen Einrichtungen* können in den Dienst einer Umwelterziehung gestellt werden. Aus den didaktischen Materialien ist zu erkennen, daß in den Zooschulen etwa nicht mehr nur über das einzelne Tier gesprochen wird, sondern auch ökologische und verhaltensbiologische Zusammenhänge erarbeitet werden. Ähnlich verhält es sich in den schulbiologischen Zentren, in denen Schüler ebenfalls ökologische Kenntnisse erwerben können.

Mehr als 60 Prozent eines Jahrgangs von Jugendlichen beginnen ihre Berufsausbildung in einem Betrieb und dem Besuch einer *Berufsschule*. Hier wird die Umwelterziehung nicht in dem wünschenswerten Maße fortgesetzt, daß sie an den Unterricht der Sekundarstufe I ergänzend anschließen könnte. Dagegen zeigt eine Studie des Umweltbundesamtes, daß die ganztägigen Berufsfachschulen ein breiteres Spektrum umweltbezogener Ausbildungsinhalte anbieten, vornehmlich für die agrarwirtschaftlichen Berufe.

Die Veranstaltungsangebote der Träger der allgemeinen *Erwachsenenbildung* zum Thema „Umwelt" haben sich seit 1973 zwar erkennbar ausgeweitet, insgesamt ist aber das Angebot bundesweit verhältnismäßig gering. Während allgemeine Umweltthemen in diesem Bereich wenig interessieren, werden bevorzugt Themen angenommen, die auch das lokal bedingte Interesse berücksichtigen und eine konstruktive Mitarbeit ermöglichen.

Ein Beispiel für eine solche Art der Erwachsenenbildung sind die seit über 15 Jahren erfolgreich veranstalteten „Funkkollegs" des Hessischen Rundfunks, des Saarländischen Rundfunks, des Süddeutschen Rundfunks, des Südwestfunks und Radio Bremens zusammen mit dem Deutschen Institut für Fernstudien an der Universität Tübingen, den Volkshochschullandesverbänden und den Kultus-/Wissenschaftsverwaltungen der beteiligten Länder. Die Kollegstunden sind so gestaltet, daß über das Studienziel hinaus auch der Zufallshörer oder der nur an einem Thema Interessierte folgen kann. Wer vertiefend arbeiten will, bedient sich der Studienbegleitbriefe und nimmt an den Begleitzirkeln der Volkshochschulen oder den freien informellen Zirkeln teil. Ein staatliches Zertifikat bescheinigt die erfolgreiche Teilnahme an einem solchen Kurs.

27. Umwelt und Erziehung

Die *Ausbildung der Lehrenden* bildet das Thema der letzten Analyse. Hier bieten sich mehrere Wege an: einmal die Einrichtung eigenständiger Studiengänge, zum anderen die Berücksichtigung maßgeblicher Anteile an Umweltthemen in bereits bestehenden Studiengängen. Dies wird vornehmlich in den technisch-naturwissenschaftlichen Studienbereichen praktiziert, wenn insgesamt auch dort noch zu wenig. Außerdem wird die Möglichkeit eines Zusatzstudiums diskutiert oder das Aufgreifen der Umweltthematik im Rahmen eines pädagogischen Studiums.

Ökologische Handlungskompetenz – Grundsatz der Umwelterziehung 27.1.

„Erziehung" vollzieht sich sowohl auf verschiedenen Ebenen, also beispielsweise im Rahmen von Institutionen (von denen das allgemeinbildende Schulwesen eine zentrale Stellung einnimmt), als auch in verschiedenen Lebens- und Altersabschnitten des Menschen. Die vor diesem Hintergrund sich abspielenden Lern- und Erziehungsprozesse und die daraus resultierenden Probleme können im Rahmen einer Studieneinheit kaum umfassend dargestellt werden. Möglich ist nur, ausgehend von einer knappen Beschreibung der Merkmale von Umwelterziehung, an ausgewählten Beispielen bereits verwirklichte Modelle und weiterführende Ansätze zu entfalten.

Problemaufriß

Ungeachtet der jeweils unterschiedlichen Rahmenbedingungen in Schule, außerschulischen Bereichen, Erwachsenenbildung und Hochschule werden dennoch Gemeinsamkeiten sowohl im Hinblick auf die Möglichkeiten als auch auf die Grenzen deutlich. Da ist vor allem das zentrale Problem jeglicher Erziehungsbemühungen: Wie kann Erziehung wirksam werden zwischen den Ansprüchen des Individuums und denen der Gesellschaft? Für den Bereich der Umwelterziehung ergibt sich daraus die Kardinalfrage:

▶ *Wie soll und kann die „ökologische Handlungskompetenz" des Individuums angebahnt und aufgebaut werden?* ◀

Die Studieneinheit „Umwelt und Erziehung" kann dazu keine umfassenden Antworten geben. Sie kann aber Anregungs- und Diskussionsmaterial liefern, das im jeweiligen Kontext des Lesers zu interpretieren ist.

Entwicklung, Inhalt und Zielsetzung von Umwelterziehung 27.2.

Bevor wir uns mit den Möglichkeiten von Umwelterziehung in den verschiedenen Bildungsbereichen beschäftigen, fragen wir nach Entwicklung, Inhalt und Zielsetzung dieser Disziplin unter drei Gesichtspunkten:

Fragestellung

(1) Vor welchem Diskussionshintergrund in der Öffentlichkeit hat sich Umwelterziehung entwickelt?
(2) Woraus leitet Umwelterziehung ihre inhaltliche Ausrichtung ab?
(3) Welche Zielsetzungen verfolgt Umwelterziehung?

Umwelterziehung entwickelt sich vor dem Hintergrund der umweltpolitischen Diskussion, die zu einem immer breiter werdenden Interesse in der Gesellschaft an Umweltfragen führt.[1]

Aspekt 1

Ähnlich wie sich in der umweltpolitischen Diskussion das öffentliche Interesse zunächst einzelnen, allerdings damals schon schwerwiegenden Problemen und hochgefährdeten Regionen zuwandte (z.B. Rhein- und Bodenseeverschmutzung,

---
1 Vgl. Der Rat von Sachverständigen für Umweltfragen: Umweltgutachten 1978. Stuttgart/Mainz 1978, S. 440ff.

„Blauer Himmel über der Ruhr" als programmatischer Anspruch 1961), so konzentrierten sich die ersten didaktischen Überlegungen ebenfalls auf die Behandlung besonderer Gefährdungen. Diese „erste Umweltschutz-Phase" wurde sowohl in der Öffentlichkeit als auch in der Schule durch ein zunehmend komplexeres Denken abgelöst, das durch das Interesse an den Zusammenhängen zwischen den Umweltproblemen gekennzeichnet ist.

Ähnliche Entwicklungen sind in Untersuchungen über Bürgerinitiativen nachgewiesen worden: zunächst meist an spezifischen Umweltproblemen interessiert, erweitert sich das Interesse zunehmend auf allgemeine Aspekte.[2]

Vor dem Hintergrund dieser Entwicklungen zeichnen sich dann erste Umrisse einer Didaktik der Umwelterziehung ab. Bemühungen auf internationaler Ebene stützen und fördern diese Entwicklungen. Zu nennen sind vor allem: die Konferenz der UNO „On the Human Environment" („Über die Umwelt des Menschen") 1972 in Stockholm und die UNESCO-Weltkonferenz im Oktober 1977 in Tiflis.[3]

Aspekt 2   Umwelterziehung gewinnt ihre inhaltliche Ausrichtung an der Frage, welche Fachdisziplinen mit welchen Zielen und welchen Inhalten zur Klärung der Stellung des Menschen in seiner Umwelt in Vergangenheit, Gegenwart und Zukunft einen Beitrag zu leisten vermögen.

Dies ist der Anspruch der *Interdisziplinarität*. Er gilt gleichermaßen für Umweltforschung wie für Umwelterziehung. Interdisziplinarität ist eine aus der Sache sich ergebende Notwendigkeit, die allerdings im Forschungs- wie im Bildungsbereich von ihrer Verwirklichung noch ein gutes Stück entfernt ist. Ein Hauptproblem besteht in der notwendigen, aber noch nicht hinreichend geleisteten Zusammenarbeit zwischen natur- und sozialwissenschaftlichen Bereichen; denn gerade mit den gegenwärtigen Umweltproblemen ist die Erkenntnis gewachsen, daß Lösungen sich weder allein aus naturwissenschaftlich-technischen noch allein aus sozialwissenschaftlichen Denkansätzen entwickeln lassen.[4]

Aspekt 3   Auf der Grundlage dieser inhaltlichen Prämissen stellt sich die Frage nach den Zielen. Es lassen sich drei übergreifende Zielsetzungen der Umwelterziehung festhalten, die sowohl im schulischen wie im außerschulischen Bildungsbereich Gültigkeit haben:[5]

• *Umwelterziehung soll dem Lernenden die Auseinandersetzung mit der natürlichen, sozialen und gebauten Umwelt erschließen.*

Hiermit ist der Erwerb von Kompetenzen gemeint, die sich aus Kenntnissen und Einsichten, aus Einstellungen und Werthaltungen und aus Handlungsmöglichkeiten entwickeln.

---

2 Vgl. O. RAMSTEDT: Verändern soziale Bewegungen das Umweltbewußtsein? In: H. J. FIETKAU / H. KESSEL (Hrsg.): Umweltlernen. Veränderungsmöglichkeiten des Umweltbewußtseins. Modelle – Erfahrungen. Königstein 1981, S. 117–148.
3 Vgl. Zwischenstaatliche Konferenz über Umwelterziehung. Schlußbericht und Arbeitsdokumente der von der UNESCO in Zusammenarbeit mit dem Umweltprogramm der Vereinten Nationen (UNEP) vom 14. bis 26. Oktober 1977 in Tiflis (UdSSR) veranstalteten Konferenz. München/New York/London/Paris 1979.
4 Vgl. dazu an neueren Publikationen z. B.: R. LÖW / P. KOSLOWSKI / P. KREUZER (Hrsg.): Fortschritt ohne Maß? Eine Ortsbestimmung der wissenschaftlich-technischen Zivilisation. München 1981. – K. M. MEYER-ABICH / B. SCHEFOLD: Wie möchten wir in Zukunft leben? Der „harte" und der „sanfte" Weg. München 1981. – A. PECCEI: Die Zukunft in unserer Hand. Gedanken und Reflexionen des Präsidenten des CLUB OF ROME. Wien 1981. – H. VON DITFURTH: Wir sind nicht nur von dieser Welt. Naturwissenschaft, Religion und die Zukunft des Menschen. Hamburg 1981.
5 Vgl. ausführlich: D. BOLSCHO / G. EULEFELD / H. SEYBOLD. Umwelterziehung. Neue Aufgaben für die Schule. München 1980.

- *Umwelterziehung soll die Fähigkeit zum Problemlösen in komplexen Systemen fördern.*

Forschungserkenntnisse aus vielen Disziplinen zeigen deutlich an, daß Eingriffe in natürliche Systeme immer dann zu schwerwiegenden Folgen führen, wenn – wie Frederic VESTER es ausgedrückt hat – „unsere Welt" nicht als ein „vernetztes System" begriffen wird.[6] Dahinter steht letztlich die Überlegung, daß veränderte Wertvorstellungen zu einem veränderten Verhalten führen; auf diese Weise kommt es zu einem Beitrag zur Lösung der Umweltproblematik. An Erkenntnis und Einsicht muß zum Beispiel angebahnt und aufgebaut werden, daß natürliche Systeme dynamisch und nicht statisch sind; daß die einzelnen Komponenten solcher Systeme miteinander zusammenhängen; daß Eingriffe in ihren Folgen nicht immer voraussehbar sind und zu ungewollten Nebenwirkungen führen können. Es liegt auf der Hand, daß die Schule durch ihren Unterricht diese Fähigkeit zum Problemlösen in komplexen Systemen nicht kurzfristig und umfassend aufbauen kann, sondern daß es dazu lebenslanger Lern- und Erfahrungsprozesse bedarf. Gerade hier wird der Zusammenhang zwischen schulischer Umwelterziehung – die vielfach nur die Grundlagen vermitteln kann – und Umwelterziehung im Aus- und Fortbildungsbereich deutlich, wo diese Zielsetzung dann am konkreten Fall auf das private und berufliche Handeln des einzelnen bezogen werden muß.

- *Umwelterziehung trägt dazu bei, den Lernenden für die Beteiligung am politischen Leben zu befähigen.*

Umweltprobleme werden letzten Endes politisch entschieden. Deshalb kommt es darauf an, den Lernenden dazu zu befähigen, Entscheidungen in ihren Hintergründen nachvollziehen und im Rahmen seiner Möglichkeiten mitbestimmen zu können. Auch hier handelt es sich um einen langfristigen Kompetenzerwerb, der sich etwa daraus entwickeln kann, daß man lernt, sich eigene Interessen und die anderer Gruppen bewußtzumachen, Durchsetzungsstrategien zu kennen und anzuwenden.

Umwelterziehung berührt sich also in ihrer langfristigen Zielperspektive mit der umweltpolitischen Zielsetzung der „Entwicklung von Umweltbewußtsein". Da theoretische Grundlagen und empirische Daten noch weitgehend darüber fehlen, was „Umweltbewußtsein" ausmacht, wie es sich entwickelt und unter welchen gesellschaftlichen Bedingungen es gefördert werden kann,[7] sollte man sich zunächst der pragmatischen Definition des Sachverständigen-Rates anschließen: „Umweltbewußtsein [ist die] Einsicht in die Gefährdung der natürlichen Lebensgrundlagen des Menschen durch diesen selbst, mit der Bereitschaft zur Abhilfe."[8]

Ergebnis

Möglichkeiten zur Umwelterziehung im allgemeinbildenden Schulwesen

27.3.

Das allgemeinbildende Schulwesen beeinflußt durch viele Faktoren – zum Beispiel Persönlichkeit und Unterrichtsstil des Lehrers, Erfahrungen der Schüler und unterschiedliche Rahmenbedingungen des Unterrichts in den einzelnen Bundesländern und verschiedenen Schularten – die allgemeine Einschätzung der Qualität der Umwelterziehung außerordentlich; Anhaltspunkte bieten jedoch Lehrpläne und Schulbücher. Bevor auf die Ausprägung solcher „Indikatoren" der Umwelterziehung eingegangen wird, müssen wir uns fragen, wo im schulischen Bereich Umwelterziehung überhaupt möglich ist. Hier bietet sich (1) der *Schulunterricht* an, dessen fachbezogene Grenzen durch Projekte überschritten werden können. Als Sonderform schulischer Möglichkeiten erlangen (2) das *Schullandheim* sowie

Bereich 1

---

6 Vgl. F. VESTER: Unsere Welt – ein vernetztes System. Stuttgart 1978.
7 Erste Anstöße zu diesem Problemkreis geben das aus dem Amerikanischen übersetzte Buch: W. H. ITTELSON u. a.: Einführung in die Umweltpsychologie. Stuttgart 1977, sowie folgende deutsche Publikationen: G. KAMINSKI (Hrsg.): Umweltpsychologie. Stuttgart 1976 und H. J. FIETKAU / D. GÖRLITZ (Hrsg.): Umwelt und Alltag in der Psychologie. Weinheim 1981.
8 Der Rat von Sachverständigen für Umweltfragen, a.a.O., S. 445.

(3) *Umweltzentren* und sonstige Einrichtungen zunehmende Bedeutung. (4) Am Beispiel einer Unterrichtseinheit wird gezeigt, wie Umwelterziehung konkret aussehen kann.

27.3.1. Schulunterricht

Aufgabenfeld 1

Die Aufnahme neuer Unterrichtsbereiche in den schulischen Unterricht läßt sich in vielen Fällen auf zwei Entwicklungen zurückführen: das Anknüpfen an Traditionen und ein verstärktes Bewußtsein für die gesellschaftliche Notwendigkeit neuer oder zumindest neu akzentuierter Unterrichtsinhalte. Dieser Prozeß hat sich auch im Bereich der Umwelterziehung vollzogen.

Umwelterziehung knüpft an die Traditionen einiger Schulfächer an, in deren Zielvorstellungen die Stellung des Menschen in seiner natürlichen und sozialen Umwelt eine Rolle spielt. Zu nennen sind vor allem *Biologie* und *Erdkunde*. Auch wenn diese beiden Fächer erst im letzten Jahrzehnt verstärkt allgemein-biologische bzw. allgemein-geographische Fragestellungen einbeziehen, so sind dennoch „Vorläufer" heutiger Umwelterziehung in diesen Fächern seit langem vorhanden. In der Biologie kann man vor allem auf die Thematik des Naturschutzes hinweisen, in der Erdkunde auf die „Betrachtung des Menschen im Raum".

Im Beschluß der Ständigen Konferenz der Kultusminister der Länder vom 17. 10. 1980 „Umwelt und Unterricht" wird zur Plazierung umweltbezogener Themen in den Schulfächern ausgesagt:

„Die Ziele der Umwelterziehung können an verschiedenen Inhalten in mehreren Fächern oder in fächerübergreifenden Unterrichtsveranstaltungen verwirklicht werden. Insofern ist Umwelterziehung ein fächerübergreifendes Unterrichtsprinzip, das in gleicher Weise den naturwissenschaftlichen wie den gesellschaftswissenschaftlichen Unterrichtsbereich durchdringt."

Während hier die Zuweisung von Themen an bestimmte Fächer offenbleibt – was damit zusammenhängen dürfte, die einzelnen Bundesländer in ihren Lehrplänen nicht festzulegen –, sind die „Münchner Empfehlungen zur Umwelterziehung"[9] hierin konkreter: sie sprechen von „Zentrierungsfächern" der Umwelterziehung – Biologie, Erdkunde und Sozialkunde („Sozialkunde" wird hier als Sammelbegriff für einen Unterrichtsbereich verwendet, der in den einzelnen Bundesländern sehr unterschiedlich bezeichnet wird [z. B. Politische Bildung, Sozialkunde, Gesellschaftslehre, Weltkunde]), und von „komplementären Gebieten" aus Geschichte, Gestaltung, Mathematik, Chemie, Physik und Literatur. In der Grundschule sind umweltbezogene Themen überwiegend im fächerübergreifenden Unterrichtsbereich des Sachunterrichts vertreten.[10]

Analysen

Wie umfangreiche Analysen gezeigt haben, sind in den *Lehrplänen* der genannten Fächer, wenn auch in unterschiedlichem Ausmaß, nahezu alle in der heutigen Umweltdiskussion behandelten Bereiche enthalten.[11] Diese Situation spiegelt sich in den *Schulbüchern* der betreffenden Fächer; denn Schulbücher dürfen zum Gebrauch an Schulen nur zugelassen werden, wenn sie auf die Lehrpläne abge-

---

9 Vgl. G. EULEFELD / T. KAPUNE (Hrsg.): Empfehlungen und Arbeitsdokumente zur Umwelterziehung (München, April 1978). Kiel 1979 (Arbeitsbericht Nr. 36 des Instituts für die Pädagogik der Naturwissenschaften).
10 Vgl. zu den Möglichkeiten der Umwelterziehung im Sachunterricht, dem Nachfolgebereich der Heimatkunde: D. BOLSCHO: Umwelterziehung im Sachunterricht der Grundschule. In: *Praxis Geographie* 9 (1979), S. 148–150.
11 Vgl. u. a.: D. BOLSCHO: Umwelterziehung in den Lehrplänen der allgemeinbildenden Schulen. In: *Die Deutsche Schule* 71 (1979), 11, S. 663–670, und: G. EULEFELD / D. BOLSCHO / W. W. PULS / H. SEYBOLD: Umweltunterricht in der Bundesrepublik Deutschland 1980. Köln 1980.

stimmt sind. Da das Schulbuch immer noch das entscheidende, den Unterricht weitgehend bestimmende Medium ist, wollen wir an zwei Beispielen zeigen, in welchen Zusammenhängen umweltbezogene Fragestellungen berücksichtigt werden:

- Das 1980 erschienene Erdkundebuch *„Unser Planet"*[12] enthält für das 7. Schuljahr 5 Kapitel (auf 112 Seiten). Davon sind zwei Kapitel ausschließlich der Umweltproblematik gewidmet: „Die Erde – begrenzter Lebensraum" und „Unsere gefährdete Umwelt". Zudem werden in den anderen Kapiteln Bezüge zur Umweltproblematik aufgegriffen, zum Beispiel im Abschnitt über Bodenschätze die Frage nach den Rohstoffreserven.

- Auch an dem 1981 in der 12. Auflage erschienenen Biologiebuch *„Biologie des Menschen"* (für Abschlußklassen der Sekundarstufe I) wird die zunehmende Umweltorientierung dieses Faches deutlich.[13] Das Einleitungskapitel des Buches heißt: „Ökologie des Menschen". Leitfragen des Kapitels sind: „Welche Faktoren seiner Umwelt braucht der Mensch zum Leben? Worin besteht die heutige Umweltkrise? Ist sie eine Krise für die Umwelt selbst oder für den Menschen? Durch welche Aktionen kann die Krise überwunden werden?" Auch in anderen Kapiteln des Buches kommen Umweltaspekte zur Sprache, beispielsweise bei den „Verhaltensweisen des Menschen" („Ererbt oder erlernt?") oder im Abschnitt über „Gesundheit und Krankheit" („Zivilisationskrankheiten").

Es stellt sich die Frage, ob ein Unterricht, wie er entlang des Mediums „Schulbuch" verläuft (wobei durch den Unterrichtsstil des Lehrers, äußere Bedingungen des Unterrichts, Interessen der Schüler usw. sicherlich eine gewisse Variationsbreite gegeben ist), den eingangs genannten Zielsetzungen der Umwelterziehung gerecht werden kann. Wie steht es vor allem um die Situations-, Handlungs- und Problemorientierung des Unterrichts?

Schulbuchautoren versuchen diese Akzente zunehmend über den Weg möglichst konkreter Arbeitsvorschläge einzubringen, indem an die Sachdarstellungen Anwendungsmöglichkeiten im Erfahrungsbereich der Schüler angeschlossen werden. Im Erdkundebuch *„Unser Planet"* wird zu Fragen des Rohstoffabbaus und den damit verbundenen Umweltproblemen zum Beispiel vorgeschlagen, einen Steinbruch zu erkunden:

Abb. 1: Steinbruch und Text: „Erkundung eines Steinbruches"

Erkundung eines Steinbruchs
An vielen Stellen auch in Eurer Heimat werden in Steinbrüchen oder Gruben meist Baustoffe abgebaut. Wer sich für die Gesteinsart und die technischen Anlagen interessiert, wird meist durch ein Schild „Betreten verboten" in seinem Tatendrang gebremst. Wasserlöcher, lose Gesteinswände, Maschinen oder gar Sprengungen stellen natürlich eine Unfallgefahr dar. Vielleicht kann man aber vom Betriebsleiter eine Genehmigung zur Besichtigung erhalten. Hier findet Ihr einige Punkte, die sich beantworten lassen, wenn man einen Aufschluß in einem Steinbruch, der noch genutzt wird, genauer untersucht:
– Welche Gesteinsgruppen sind zu erkennen?
– Was läßt sich über Form, Farbe und Härte der Gesteine sagen?
– Wofür wird das Material verwendet?
– Handelt es sich um seltene Vorkommen oder um häufige Bodenschätze in der Umgebung?
– Wie sind die Gesteine gelagert?
– In welcher Weise wird abgebaut?
– Was geschieht mit dem Abraum?
– Wie wird der Abtransport organisiert?
– Wie weit reicht der Absatz der Produkte?
– Was wird mit der Grube oder dem Steinbruch nach Erschöpfung des Abbaus geschehen?

Aus: Unser Planet 7. Hrsg. von R. Hahn. Braunschweig 1980, S. 79.

---

12 Unser Planet. Geographie für das 7. Schuljahr. Hrsg.: R. Hahn. Braunschweig 1980.
13 Linder / Hübler / Schaefer: Biologie des Menschen. Stuttgart [12]1981.

Ergebnis	Trotz der weitgehenden Berücksichtigung von Umweltthemen in Lehrplänen und Schulbüchern bleibt die Frage nach Anspruch und Wirklichkeit der schulischen Umwelterziehung.
Problemerweiterung	Hindernisse bei der Realisierung einer Umwelterziehung, die auf Anwendung, Problematisierung und Bewußtseinsbildung ausgerichtet ist, lassen sich in der Institution „Schule" nicht übersehen. Da sind zum Beispiel festgefügte Organisationsmuster im Schulbetrieb, die außerschulische Erkundungen erschweren, wie etwa die 45-Minuten-Stunde, das Fachlehrerprinzip, der Halbtagsunterricht. Hinzu kommen oft einseitige Erwartungen an die Schule, zum Beispiel, sie habe auszusondern, zu disziplinieren, sie habe hauptsächlich Wissen zu vermitteln, sie habe neutral zu sein, was gerade in Umweltfragen engagierte Lehrer und Schüler zu Mutlosigkeit und Ängstlichkeit bringt. Dennoch lassen sich immer mehr Schulen auf das Wagnis einer situations- und handlungsorientierten Umwelterziehung ein.

Wir berichten über ein Beispiel: Schulen können einen „Umwelttag" durchführen.[14] Umwelttage sollen keine „Gedenktage" sein, an denen Erwachsene Reden halten, den Zustand der Umwelt beklagen und allgemeine Lösungen vorschlagen, sondern ihre pädagogische Absicht zielt auf das aktive Tun der Schüler in ihrer unmittelbaren Umgebung. Es können Aktivitäten durchgeführt werden wie beispielsweise:

- Messungen zur Beziehung zwischen Verkehrsdichte und Kohlenmonoxidkonzentration

Der Chemielehrer beteiligt sich mit einer Klasse am Umwelttag, indem er im Unterricht den Schülern fachliche Grundlagen vermittelt (Schadstoffkonzentrationen, einfache Meßmethoden) und an verschiedenen Standorten zu verschiedenen Tageszeiten Messungen durchführt. Ergebnisse und Erfahrungen werden in Text und Bild in eine Ausstellung eingebracht, die die Schule über die Resultate des Umwelttages veranstaltet. So findet ein Erfahrungs- und Kenntnisaustausch zwischen Lehrer- und Schülergruppen statt.

- Öffentlichkeitsarbeit im Rahmen eines Umwelttages

Umwelterziehung soll den Lernenden zur Beteiligung am politischen Leben befähigen. Dieser Zielsetzung kann ansatzweise entsprochen werden, wenn Schulen ihre Aktivitäten der interessierten Öffentlichkeit präsentieren. Aus der Resonanz erfahren sie politisch-gesellschaftliche Dimensionen der Umweltproblematik. Konkret kann etwa im Rahmen des Deutschunterrichts eine Einladung an die Presse zum Besuch der Ausstellung erarbeitet werden. Im Kunstunterricht werden Werbeplakate für die Ausstellung entworfen.

Bewertung	In der Ausrichtung eines Umwelttages lassen sich also handlungsorientierte Umweltvorhaben verschiedener Fächer und Schulklassen konzentrieren. Dies erfordert sicherlich, zumal bei großen Schulen, einen erheblichen Organisationsaufwand. Aber auch einzelne Schulklassen können, wie Berichte zeigen,[15] im Rahmen kleinerer Vorhaben das konkrete Tun einbeziehen, beispielsweise sich an Naturschutzinitiativen beteiligen, Gewässer untersuchen, Lärmmessungen durchführen, Bürger befragen.

---

14 Vgl. „Konzeption für Maßnahmen zur Umweltinformation und -erziehung für die Einzelbereiche Schule und Erwachsenenbildung" (Konzeptstudie, Leiter: P. Dienel). Deutsche Umweltaktion mit Unterstützung des Umweltbundesamtes. 1979. Materialband III: Umwelttag an einer Schule. Modellveranstaltung Leichlingen.
15 W. Habrich / E. Köhler (Hrsg.): Umwelterziehung in Projekten. Beiträge zur Umwelterziehung 2 (Zentralstelle für Umwelterziehung). Essen 1981.

27. Umwelt und Erziehung

Aufgabe 1

(a) Welche Zusammenhänge bestehen zwischen der umweltpolitischen Diskussion und der Entwicklung einer Didaktik der Umwelterziehung?

....
....
....
....
....
....
....

(b) Welche Berührungspunkte bestehen zwischen den Begriffen „Umweltbewußtsein" und „Umwelterziehung"?

....
....
....
....
....
....
....

Schullandheim

27.3.2.

In jedem Jahr und zu allen Jahreszeiten fahren in der Bundesrepublik Deutschland Tausende von Schulklassen aller Schulformen in Schullandheime: es mögen etwa 100000 Schülerinnen und Schüler pro Monat sein, 1979 waren es mehr als 1,2 Millionen. Sie fahren in eines der etwa 400 privaten oder kommunalen Schullandheime, die in allen Landschaftstypen zwischen Meer und Alpen verstreut liegen, fast ausschließlich „auf dem Lande", in meist ruhiger und landschaftlich reizvoller Lage. „Reizvoll" bedeutet hier aber nicht nur ein ästhetisches Moment: für den Schüler wie für den Pädagogen birgt ein Schullandheimaufenthalt von meist 8 bis 14 Tagen in einer Kontrastsituation zur Schule eine Vielzahl von Erlebnismöglichkeiten und pädagogische Freiräume, die im normalen Schulunterricht nicht oder nur sehr schwer zu gewinnen sind.

Aufgabenfeld 2

Eine Kennzeichnung der Lern- und Lehrsituation in Schullandheimen verdeutlicht folgende Vorzüge gegenüber Lernen und Lehren in der Schule: Im Vordergrund steht dabei zunächst der soziale bzw. psycho-soziale Bereich: das Sich-Selbst-Erleben in der Gemeinschaft, die Konfliktsituationen in der Klasse oder zwischen verschiedenen Klassen, das Verhältnis zwischen Schülern und Lehrern. Diese wichtigen Daseins- und Erlebnisbereiche lassen sich zweifellos in der entlasteten Situation eines solchen Aufenthaltes mit einem ganztägigen Beisammensein von Lehrern und Schülern sehr viel besser angehen als im Stunden- und Stundenplanrhythmus der Schule.

Besonderheiten

Neben diesen sozialpädagogischen Aufgaben und Möglichkeiten gibt es eine Reihe weiterer pädagogischer Felder, insbesondere in den fachdidaktischen Bereichen, für die mehrtägige Heimaufenthalte als „Lernorte" wesentlich günstigere Voraussetzungen bieten als die Schule. Hierher gehören auch Vorhaben, die sich dem Sammelbegriff der „Umwelterziehung" zuordnen lassen. Geeignete Formen des Lernens sind hier die eigene Erkundung, also das entdeckende Lernen vor Ort – allein oder in Kleingruppen, die Erkundung im Sinne eines Projekts und die Gewinnung von Einsichten durch Diskussion und Rollenspiel.

Bevor einzelne Unterrichtsvorhaben zur Umwelterziehung näher benannt werden, sollen die besonderen Vorteile des Schullandheimaufenthaltes kurz zusammengefaßt werden:

• Ein Schullandheimaufenthalt ist eine schulische Veranstaltung, deren pädagogische Wirksamkeit durch das längere Beisammensein von Schülern und Lehrern in einer insgesamt entlasteten Atmosphäre gegenüber der Schule wesentlich gesteigert ist.

• Im Gegensatz zu dem stark vorgeplanten und in feste zeitliche Raster gezwängten Lernen in der Schule bietet der Schullandheimaufenthalt durch die bessere Möglichkeit der Anwendung angemessener Arbeitsformen und Methoden (Projektarbeit, arbeitsteiliges Verfahren, Erkundung durch Beobachten, Befragen, Kartieren, Messen usw.) freie Handlungs- und Erfahrungsräume für die Schüler.

• Die Entlastung von zeitlichen Zwängen ermöglicht eine stärkere Berücksichtigung von Lern- und Erlebnisganzheiten.

• Die zu erkundenden Objekte und Erscheinungen sind durch die Arbeit „vor Ort" unmittelbar erfahrbar; daraus ergibt sich bei den Schülern eine stärkere Motivation.

• Ein Schullandheimaufenthalt ermöglicht durch „entdeckendes Lernen" vielfältige Aktivitäten und Erlebnisse, die erkennen lassen, daß Unterrichtsvorhaben auch Freude bereiten können.

• Schullandheime können räumlich und instrumentell (in bezug auf Unterrichtsvorhaben) besser ausgestattet sein als Schulen.

Anwendung

Auf dem Hintergrund dieser in vielerlei Hinsicht vorteilhaften pädagogischen Situation sind die Unterrichtsvorhaben im Bereich der Umwelterziehung zu sehen. Hier zeichnen sich Möglichkeiten ab, die dem besonderen Anliegen dieser Erziehung bei einer meist komplexen und fächerübergreifenden Themenstellung sehr entgegenkommen.

Zunächst soll auf die sich anbietenden Möglichkeiten der „Landschaftsbetrachtung" hingewiesen werden. Dieses Wort mag Assoziationen mit erholsamer Passivität ästhetischer Betrachtung landschaftlicher Schönheiten oder genießerischem Schauen hervorrufen. Gemeint ist jedoch die geographische Landschaftsbetrachtung: objektiv beschreibend, analysierend, vergleichend, deutend und beurteilend oder wertend. Diese Betrachtungsweise der Landschaft als geographisches Problemfeld, auch in der Geographie als Wissenschaft, sollte als eine wichtige und geradezu grundlegende Möglichkeit für die Umwelterziehung erkannt und methodisch aufgearbeitet werden. Sie kann naturgemäß nicht im Schulgebäude und auch nicht so nebenbei auf einem Unterrichtsgang durchgeführt werden. Sie setzt einen Mindestaufenthalt und einen möglichst von eigenen Erlebnissen geprägten Kontakt mit der freien Landschaft voraus, so wie sie ein mehrtägiger Aufenthalt in einem Schullandheim oder in einer geeigneten Jugendherberge ermöglichen.

Worum geht es inhaltlich? Die „Landschaft" als ein mehr oder weniger großer, von Sichtweite, Erlebbarkeit oder von natur- und kulturräumlichen Inhalten und Abgrenzungen geprägter Ausschnitt der Erdoberfläche ist unser unmittelbar erfahrbarer Lebensraum. Sie stellt die „Umwelt" dar, in der wir uns eine meist große Zeit unseres Lebens bewegen, in der wir die täglichen Grunddaseinsfunktionen vollziehen und deren Stabilität oder Wandel wir miterleben. Diese Umwelt kann überwiegend durch Naturstrukturen bestimmt sein, also wesentliche Elemente der ursprünglichen Naturlandschaft enthalten, oder aber überwiegend als Kultur- bzw. Zivilisationslandschaft geprägt sein, etwa als Bergbau- oder Industrielandschaft in einem Ballungsraum. Hier gilt es also zunächst, Eingriffe des Menschen in die Naturlandschaft überhaupt als solche bewußtzumachen und sie nach Art und Stärke zu differenzieren.

27. Umwelt und Erziehung

So lassen sich dann Landschaften bzw. Landschaftsteile und einzelne Landschaftselemente einer Bewertungsskala zuordnen, die etwa folgende Rangordnung haben kann: ursprünglich (unverändert) – natürlich (unwesentlich verändert) – naturnah (stärker verändert, aber die natürlichen Strukturen sind gut erkennbar) – naturfern (wesentlich verändert, Naturstrukturen nur bruchstückhaft erkennbar) – unnatürlich (Naturstrukturen nicht mehr erkennbar, z. B. Industriegelände, Haldenaufschüttungen usw.).

Im ländlichen Raum, etwa in der Umgebung des Schullandheimstandorts, bieten sich wesentlich günstigere naturräumliche Voraussetzungen als im städtischen Raum, um Landschaften und Landschaftselemente nach dem Grad ihrer Natürlichkeit bzw. Störung sehen, beschreiben, zeichnen und beurteilen zu können. Dabei wird oft erst einsichtig, warum beispielsweise ein Laubwaldrest, eine Baumgruppe oder ein alter Einzelbaum als Zeuge der ursprünglichen Vegetationsdecke erhalten bleiben muß oder warum eine Talaue oder ein markanter Bergrücken nicht besiedelt und ein Steilhang nicht durch Kahlschlag entwaldet werden soll. Es werden dabei unterschiedliche Kategorien von Begründungen erarbeitet: ökologische, naturschützerische, ästhetische, ökonomische. Es werden ebenso die Nutzungsansprüche an die Landschaft und die Interessen des Natur- und Landschaftsschutzes gegeneinander abgewogen. Die Interessenkonflikte in dieser realen Situation sind Thema der auswertenden Gespräche, für die bei mehrtägigen Aufenthalten an einem Standort hinreichend Zeit verfügbar ist. Dazu gehören auch die Überlegungen zur „Wiedergutmachung" herbeigeführter Schäden an der Landschaft: Renaturierung, Schaffung von Ersatz- und Ausgleichsmaßnahmen und dergleichen.

Hier können also bereits grundlegende Betrachtungsweisen eingeleitet und Einsichten entwickelt werden, die für den verantwortungsbewußten erwachsenen Bürger in zunehmendem Maße unentbehrlich werden und ihn als Mitglied einer Bürgerinitiative oder eines Landschaftsbeirates auch sachlich und fachlich qualifizieren. *Ergebnis*

Neben dieser Form der „Landschaftsbetrachtung" mit dem Ziel, die Dynamik einer Landschaft, ihre Entwicklung, ihre Stabilität und Empfindlichkeit zu sehen und zu verstehen, gibt es eine Reihe weiterer unterrichtlicher und erzieherischer Möglichkeiten im Rahmen der Umwelterziehung, für die ein Schullandheimaufenthalt aus den eingangs genannten pädagogischen und organisatorischen Gründen gute Voraussetzungen bietet. Dazu gehören vor allem solche Unterrichtsprojekte, die – zuweilen eingebunden in Vorbereitungs- und Auswertungsphasen des laufenden Schulunterrichts – in ihrem geländepraktischen Erkundungsteil in der Umgebung des Schullandheims geleistet werden können. Sie zielen darauf ab, durch eigene Aktivitäten und Erlebnisse enge geistige und emotionale Beziehungen zu den Naturstrukturen zu schaffen. Das Kennenlernen der Lebewesen und Lebensgemeinschaften vor Ort, der enge Kontakt zu den Objekten durch forschendes und entdeckendes Lernen gehören zu den wesentlichen Voraussetzungen und Inhalten einer wirksamen Umwelterziehung. *Erweiterung*

Folgende Beispiele sollen diese Möglichkeiten verdeutlichen: *Beispiele*
- Stehende oder fließende Gewässer werden auf ihren Bestand an Pflanzen bzw. Pflanzengesellschaften, an Kleinlebewesen im Wasser und an größeren Tieren im Uferbereich untersucht. Dazu gehört auch die Erkundung der Qualität des Wassers nach den chemischen und physikalischen Eigenschaften und nach Art und Grad der Verschmutzung.
- Ein Waldstück wird nach seinem Stockwerksaufbau, den Lichtverhältnissen, den Bodentieren und Vogelarten sowie der Art und dem Grad der Schädigung durch den wirtschaftenden Menschen untersucht; forstliche Maßnahmen werden diskutiert, möglichst mit dem Forstmann. Dies ist wirksamer als das, was der Biologieunterricht in der Schule zu leisten vermag.
- Ein Gesteinsaufschluß wird erkundet nach Gesteinsarten, Lagerung der Schichten, Vorkommen von Fossilien und Deutung der erdgeschichtlichen Entwicklung. Sollte er als Naturdenkmal erhalten bleiben?

- Es werden einfache geländeklimatische Untersuchungen und Beobachtungen angestellt und interpretiert. Welche Bedeutung haben unterschiedliche Hanglagen und -neigungen *(Expositionen)* und Bodenbedeckung durch unterschiedliche Vegetation? Wie wirkt sich die Rodung eines Waldes (Gewinnung von landwirtschaftlicher Nutzfläche, Schneiseneinschlag für Überlandleitungen oder Skipisten, Abführwege und Straßen) auf das Gelände- und Mikro- bzw. Bodenklima aus?

- Akute Eingriffe des Menschen in die Gestalt der Landschaft und in den Landschaftshaushalt werden beobachtet und diskutiert: Begradigung eines Bach- oder Flußlaufs, Anlegen künstlicher Uferbefestigungen, Abschlag des bachbegleitenden Auenwaldes, Roden von Hecken, Abbrennen trockener Grasflächen, Verschmutzung von Gewässern, Auswirkungen von Streusalz und Herbiziden usw.

Fazit Wenige Beispiele sind hier genannt. Einige Vorhaben lassen sich zwar ansatzweise und in Teilen auch auf Schülerexkursionen und Lehrwanderungen im Rahmen des Schulunterrichts durchführen. Die Möglichkeiten und auch die Lernwirksamkeiten im Hinblick auf die Umwelterziehung sind jedoch an einem geeigneten Lernort außerhalb der Schule, wie ihn das Schullandheim darstellt, ungleich größer.

Aufgabe 2 Geben Sie (stichwortartig) Vorzüge der pädagogischen Situation eines Schullandheimaufenthaltes für Schüler und Lehrer an, die die Durchführung umwelterzieherischer Aktivitäten erleichtern.

....
....
....
....
....
....
....
....
....

27.3.3. Umweltzentren und andere Einrichtungen

Aufgabenfeld 3 Folgende Einrichtungen für außerschulisches Arbeiten und Lernen sind von besonderer Wichtigkeit:

– Museale Einrichtungen, in denen Tiere und Pflanzen gehalten oder gesammelt werden (Zoologische Gärten, Aquarien, Wildgehege, Tierparks, botanische Gärten und Naturkundemuseen)
– Einrichtungen des Natur- und Landschaftsschutzes wie Naturschutzgebiete und Naturparke
– Ökologische Stationen als Forschungseinrichtungen
– Schulbiologische Zentren
– Lehrpfade

Diese Einrichtungen stellen für Schüler und Lehrer, für Jugendgruppen und Erwachsene „Stätten der Umweltbegegnung" dar, wo „am originalen Material und in der Landschaft vor Ort gearbeitet wird"[16] und die Fachkräfte dieser Einrichtungen organisatorische, materielle und fachliche Unterstützung geben. Wir wollen nun der Frage nachgehen, welche Beiträge mit diesen Angeboten zu den Zielen der

---

16 Schulbiologiezentrum Hannover: Schafft Stätten der Umweltbegegnung und Umwelterziehung. In: Förderkreis Schulbiologisches Zentrum Hamburg: Mitteilungen aus der Schulbiologie 0/1981, S. 3.

27. Umwelt und Erziehung

Umwelterziehung geleistet werden können, wie sie am Anfang dieser Studieneinheit beschrieben wurden. Wir gehen dabei von einem Beispiel aus, das überall in der Bundesrepublik verhältnismäßig leicht zu verwirklichen ist und das – wie die Geschichte des Schulbiologiezentrums in Hannover zeigt – Ansatzpunkt für die Erweiterung zu einem Zentrum für Schulbiologie und Umwelterziehung werden kann.[17]

Das Freilandlabor als Möglichkeit außerschulischen Arbeitens und Lernens   Beispiel

Das Freilandlabor stellt eine Weiterführung der Idee des Schulgartens dar und kann in folgender Weise beschrieben werden: „Freilandlaboratorien sind weitgehend ursprünglich belassene Naturlebensräume oder didaktisch gestaltete Lebensräume mit einer artenreichen und dem jeweiligen Biotop entsprechenden Pflanzen- und Tierwelt."[18] Es kann folgendes Aussehen haben:

Abb. 2: Modell eines Freilandlabors

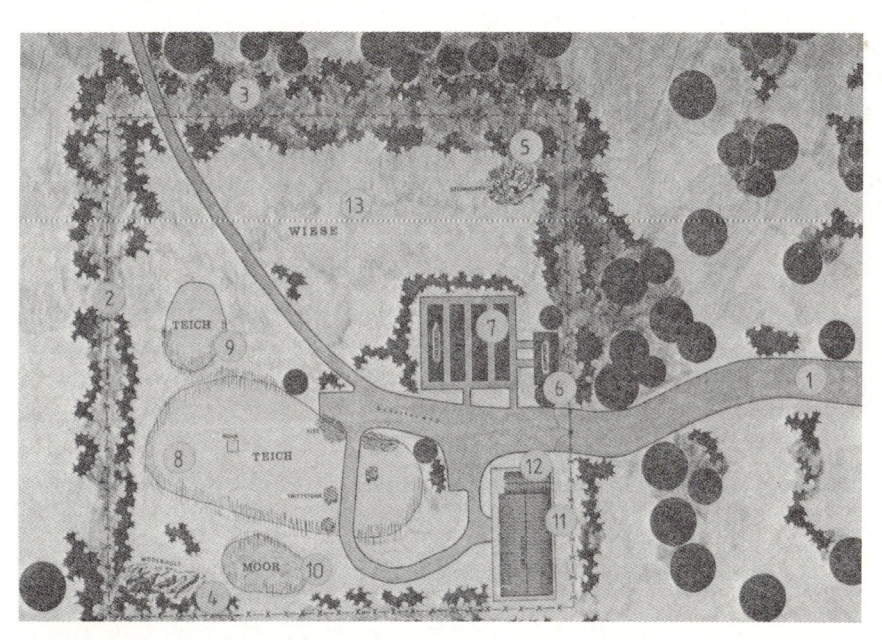

1 Zufahrt und Zugang zum Freiland-Labor
2 Einfriedigung
3 Begrünung, gleichzeitig Vogelschutzgehölz
4 Grobholz-, Reisig- und Laubhaufen: Schlupfwinkel für Igel, Blindschleichen, Eidechsen, Wirbellose
5 Steinhaufen: Schlupfwinkel für kleine Säugetiere, z.B. Mauswiesel, Hermelin; Eidechsen, Kröten
6 Komposthaufen ⎫
7 Freibeete   ⎬ zur Anzucht von Unterrichtsmaterial
8 großer Teich   ⎫ verschiedene Feuchtlebensräume als besonders
9 kleiner Teich ⎬ artenreiche Biotope zur Entnahme und zum Kennen-
10 Moorbeet   ⎭ lernen von Pflanzen und Tieren einschließlich Plankton
11 Überdachte, aber einseitig offene Arbeits- und Schutzhütte für Schülergruppen zum Aufarbeiten und Weiterbeobachten des gesammelten Lehr- und Unterrichtsmaterials

Aus: U. Fokken / G. Witte, a.a.O., S. 57/58.

---

17 Vgl. Landeshauptstadt Hannover (Hrsg.): Das Schulbiologiezentrum Hannover als Beispiel einer Einrichtung zur Umwelterziehung. Hannover 1980, S. 4f. Die große Bedeutung von Zentren für Schulbiologie und die Umwelterziehung zeigt eine Studie über die Umwelterziehung in der Europäischen Gemeinschaft: Kommission der Europäischen Gemeinschaft: Entwurf zum Schlußbericht zur systematischen Sammlung von in den Mitgliedsstaaten verwendetem umweltbezogenem Unterrichtsmaterial. Erstellt von G. Eulefeld / D. Bolscho / H. Seybold. Kiel 1980.
18 U. Fokken / G. Witte: Das Freilandlabor Natur und andere Formen alternativen Biologieunterrichts. Universität (Gesamthochschule) Kassel 1979, S. 8.

Besteht ein solches Labor in der Nähe einer Schule, so kann der Unterricht – vor allem der Biologieunterricht und Arbeitsgemeinschaften zur Umwelterziehung – zu einem Teil in dieser Umwelt stattfinden. Am Objekt können Bestimmungsübungen von Pflanzen gemacht, Lebensgemeinschaften untersucht und der Einfluß von Umweltfaktoren wie Klima und Boden, aber auch von einzelnen Umweltproblemen wie Immissionsbelastungen, Düngung und Schädlingsbekämpfungsmittel, erarbeitet werden.[19]

Freilandlaboratorien können vor allem dazu dienen – so beschreibt ZIMMERLI ihre Zielsetzungen –, den Schülern modellhaft Einsichten in ökologische Zusammenhänge und Gesetzmäßigkeiten unmittelbar am Naturobjekt durch eigenes Erarbeiten zu ermöglichen. Zusätzlich sollen den Schülern durch das Gestalten der Flächen, das Beobachten und Untersuchen von Kleinlebensräumen, aber auch durch ihre Pflege und ihren Schutz, die natürliche Umwelt erfahrbar werden; durch das persönliche Naturerleben sollen sie zu einer positiven Bewertung der Bedeutung naturnaher Ökosysteme bzw. der Natur insgesamt gelangen.[20]

Ziele

Die Beschreibung von Funktion, Aufbau und Zielen von Freilandlaboratorien läßt erkennen, daß sie vor allem zu zwei Zielen der Umwelterziehung Beiträge zu leisten vermögen:

- Zum einen tragen sie mit dazu bei, den Schülern die „Auseinandersetzung mit der natürlichen Umwelt zu erschließen", so daß neben dem Erwerb von Kenntnissen und Einsichten eine Veränderung von Einstellungen und Werthaltungen der Schüler gegenüber ihrer Umwelt gefördert werden kann.[21]

- Zum andern leisten sie einen wichtigen Schritt auf dem Wege, die Schüler zum Problemlösen in komplexen Systemen zu befähigen; denn sie ermöglichen an konkreten Ökosystemen Einblicke in deren Merkmale (so etwa in Stoffkreisläufe und andere Kreisprozesse, Einschaukelungsprozesse in ein stabiles Gleichgewicht, das Zusammenleben auch verschiedener Lebensformen zum gegenseitigen Nutzen).[22]

Mit diesen Einsichten werden komplexe Systeme wie beispielsweise Ökosysteme in ihrer Vernetztheit erfaßbar – eine Voraussetzung für jedes Handeln, das nicht nur Probleme und darauf bezogene Handlungsziele sieht, sondern auch mögliche Nebenwirkungen im voraus einkalkuliert.[23]

In ähnlicher Weise tragen auch die *musealen Einrichtungen* wie zoologische Gärten, Aquarien, Wildgehege, Tierparke und botanische Gärten zur Umwelterziehung bei. Jedoch sind ihre Möglichkeiten nicht so groß wie im Freilandlabor, da sie neben

---

19 Anregungen zur Untersuchung dieser Umweltprobleme geben z.B. L. STEUBING: Niedere und höhere Pflanzen als Indikatoren für Immissionsbelastungen. Daten und Dokumente zum Umweltschutz, Nr. 19. Dokumentationsstelle der Universität Hohenheim 1976. – G. BRUCKER / D. KALUSCHE: Bodenbiologisches Praktikum. Heidelberg 1976. – H. SCHMIDT: Die Wiese als Ökosystem. Köln 1979.

20 Vgl. E. ZIMMERLI: Freilandlabor Natur. Schulreservat, Schulweiher, Naturlehrpfad. Schaffung, Betreuung, Einsatz im Unterricht. Ein Leitfaden – Schweizerische Beratungsstelle für Umwelterziehung (SBU). Zürich 1975.

21 Zur Beziehung von Kenntnissen und Einsichten sowie Einstellungen und Werthaltungen im Umweltbereich vgl. H. J. FIETKAU / H. KESSEL (Hrsg.): Umweltlernen. Veränderungsmöglichkeiten des Umweltbewußtseins. Modelle – Erfahrungen. Königstein 1981.

22 Vgl. F. VESTER: Ballungsgebiete in der Krise. Eine Anleitung zum Verstehen und Planen menschlicher Lebensräume mit Hilfe der Biokybernetik. Stuttgart 1976.

23 Die Schwierigkeit solchen Handelns hat DÖRNER mit Computersimulationen gezeigt, bei denen Versuchspersonen komplexen Systemen wie z.B. einem Entwicklungsland schwere Schäden zufügten, obwohl sie dessen Fortentwicklung wollten. Vgl. D. DÖRNER: Mängel menschlichen Denkens beim Umgang mit sehr komplexen Systemen. In: Berichte der ökologischen Außenstelle Schlüchtern, Heft 2. Schlüchtern 1979.

ihrer pädagogischen Aufgabe auch noch Aufgaben der Erholung und Unterhaltung, des Natur- und Tierschutzes sowie der wissenschaftlichen Forschung zu erfüllen haben. Die Grenzen der Leistungsfähigkeit von Freilandlabors und musealen Einrichtungen für die Umwelterziehung sind insgesamt darin zu sehen, daß sie in ihrer Ausrichtung vor allem auf natürliche Systeme eine Auseinandersetzung der Schüler mit der gebauten und sozialen Umwelt nur in wenigen Bereichen (wie z. B. Immissionsbelastungen, Düngung, Schädlingsbekämpfungsmittel) ermöglichen können. Damit werden auch die Grenzen sichtbar für ihren Beitrag zur dritten Zielsetzung der Umwelterziehung, „Schüler zur Beteiligung am politischen Leben zu befähigen". Denn zur Förderung dieser Zielsetzung sind nicht nur Erfahrungen an und mit natürlichen Systemen erforderlich, sondern vor allem Erfahrungen aus der Auseinandersetzung mit Umweltproblemen in ihrer gesellschaftlichen Verursachung.

Etwas anders sieht es bei den *Naturkundemuseen* aus. Hier können durch die Möglichkeiten der bildlichen Darstellung oder der Simulation von Umweltausschnitten Verknüpfungen der natürlichen, sozialen und gebauten Umwelt hergestellt werden. So sind auch die gesellschaftlichen Ursachen der Umweltverschmutzung sichtbar zu machen.[24] Jedoch bleiben in Museen der Handlungsaspekt und damit auch die Chancen des emotionalen Erlebens auf die Möglichkeiten selbstgesteuerten Erarbeitens beschränkt.

Einrichtungen des Natur- und Landschaftsschutzes sowie Zentren der Umwelterziehung können über die anderen Zielsetzungen hinaus auch dann politisches Lernen fördern, wenn sie die Arbeit der Schüler nicht nur auf die Analyse der Umwelt beschränken, das heißt auf das Erfassen der Vernetztheit der Umwelt und das Untersuchen von einzelnen Umweltverschmutzungen, sondern wenn sie den Blick auch lenken auf Funktion und Möglichkeiten des Natur- und Landschaftsschutzes in unserer heutigen gesellschaftlichen Situation, auf die mit Umweltverschmutzungen zusammenhängenden gesellschaftlichen Faktoren und Prozesse sowie auf die Möglichkeiten öffentlicher, also politischer Einflußnahme.

Geben Sie Aufgaben und Grenzen der Leistungsfähigkeit von Freilandlaboratorien als einer Einrichtung außerschulischen Arbeitens und Lernens an.

Aufgabe 3

....
....
....
....
....
....
....

Beispiel einer Unterrichtseinheit 27.3.4.

Bisher wurden Möglichkeiten und Grenzen schulischer Umwelterziehung verdeutlicht. Die folgende Darstellung eines großangelegten Schulversuchs, der Erprobung einer Unterrichtseinheit über Probleme der Wasserverschmutzung, versucht die Frage zu beantworten, ob man unter normalen schulischen Bedingungen eine Umwelterziehung mit 14–16jährigen Schülern durchführen kann, die den in der

Analyse

---
24 Vgl. als Beispiel die ausgezeichnete Wanderausstellung von F. VESTER: Unsere Welt – ein vernetztes System. Stuttgart 1978.

ganzen Welt anerkannten Forderungen entspricht – nämlich: sich persönlich mit der Umwelt auseinanderzusetzen.[25] Die Schüler sollen dabei Werte entdecken: Werte in den Beziehungen zwischen den Menschen, in ihrem Umgang mit dem kulturellen Erbe sowie im Verhältnis zu ihrer natürlichen Umwelt. Zur Erkenntnis dieser Beziehungen zwischen Menschen und ihrer sozialen, gebauten und natürlichen Umwelt gehört auch ein umfassendes Wissen über die komplexen Umweltprobleme. Ziel ist ein individuelles und soziales Handeln zum Nutzen nachfolgender Generationen. Umwelterziehung ist deshalb nicht gleichbedeutend mit Wissensvermittlung in isolierten Lehrfächern. Sie erfordert vielmehr eigene Erfahrungen in der Umwelt, gemeinsames Vorgehen von Schülern und Lehrern in verschiedenen Fächern und die Orientierung an konkreten Problemen.

Vor dem Hintergrund der in dieser Studieneinheit bisher vermittelten Erfahrungen liefert die Darstellung dieses Projektes vertiefende Informationen zur Verwirklichung einer Umwelterziehung im schulischen Bereich.

Durchführung

Die Erprobung der Unterrichtseinheit fand zwischen 1976 und 1977 an über 30 Schulklassen mit etwa 1000 Schülern der Stufen 8 bis 10 statt.[26] Es stellten sich Biologie-, Geographie- und Sozialkundelehrer zur Verfügung. Sie verhandelten in ihren Schulen mit dem Ziel, daß die Stunden der beteiligten Fächer zusammengelegt wurden, so daß die Schüler pro Woche 2 Doppelstunden zur Verfügung hatten. In einem Fall wurde eine Arbeitsgemeinschaft eingerichtet.

Basisthema waren die „Probleme der Wasserverschmutzung" in der eigenen Gemeinde. Die Schüler sollten die Möglichkeit erhalten, an ihrer unmittelbaren Umwelt Interesse zu gewinnen und – über eine einfache Verurteilung der Umweltverschmutzung hinausgehend – einige Probleme, die mit Entstehung, Beseitigung und Vermeidung von Belastungen verbunden sind, aus eigener Anschauung kennen und untersuchen zu lernen und dadurch besser zu verstehen. Sie sollten auch erkennen, an welchen Stellen sie selbst betroffen sind und wie sie sich am Umweltschutz beteiligen können.

Wenn Schüler sich diese vielschichtige Problematik erarbeiten sollen, müssen sie sowohl im naturwissenschaftlichen als auch im sozialkundlichen Bereich tätig werden. Aus Zeitgründen und vor allem zur Einübung von Selbständigkeit und Kooperationsfähigkeit wird in der Unterrichtseinheit in kleinen Gruppen von 3 bis 5 Schülern zu folgenden vier Teilthemen gearbeitet:

1. Leitorganismen für die Untersuchung der Belastung der Fließgewässer in unserer Gemeinde.
2. Sauerstoffanalysen für die Untersuchung der Belastung der Fließgewässer in unserer Gemeinde.
3. Was leistet unsere Gemeinde für die Sauberhaltung der Gewässer?
4. Verursacher und Betroffene. Oder: Wie sehen Leute in unserer Gemeinde die Gewässersituation?

Methodik

Die Unterrichtseinheit besteht aus einer einleitenden gemeinsamen *Einstiegsphase* und der selbständigen *Gruppenarbeitsphase* und Anregungen für ein *Anschlußprojekt*. Im folgenden drucken wir als Beispiel für die Vorinformation der Schüler den „Überblick zum Thema 3" ab:

---

25 Vgl. COUNCIL OF EUROPE. H. WALS / G. EPLER / D. ALDRIDGE (eds.): Environmental Awareness. Strasbourg 1979. – UNESCO-Konferenzbericht 4: Zwischenstaatliche Konferenz über Umwelterziehung. Tiflis 1977. München 1979. – G. EULEFELD / T. KAPUNE (Hrsg.): Empfehlungen und Arbeitsdokumente zur Umwelterziehung. München 1978. IPN-Arbeitsbericht Nr. 36. Kiel 1979.

26 G. EULEFELD / D. BOLSCHO / W. BÜRGER / K. HORN: Probleme der Wasserverschmutzung. Unterrichtseinheit für eine Kooperation der Fächer Biologie/Geographie/Sozialkunde in den Klassenstufen 9/10. Köln 1979.

Textauszug 1: Vorinformation der Schüler über das Thema 3

ÜBERBLICK ZUM THEMA 3:

Was leistet unsere Gemeinde für die Sauberhaltung der Gewässer?

1. Ziele
Wir können unseren Mitschülern nach Besichtigung des Klärwerks und Gesprächen mit Fachleuten unserer Gemeinde erklären,
- wie Klärwerk und Kanalisation funktionieren,
- was unsere Gemeinde bisher für die Ortsentwässerung getan hat und was sie für die Zukunft plant,
- ob die getroffenen und geplanten Maßnahmen noch verbessert werden könnten,
- was die Verwirklichung der Planung kostet und wie sie bezahlt wird,
- welche Kontrollmöglichkeiten, Straf- und Bußgeldbestimmungen eine unzumutbare Verschmutzung des Wassers verhindern sollen.

2. Fragestellungen und Probleme des Themas:
- Wie kann man eine außerschulische Erkundung durchführen?
- Was kann man tun, um eine Befragung von Fachleuten so vorzubereiten, daß man möglichst viel Informationen bekommt?
- Ist die bisherige Arbeit in Eurer Gemeinde auf dem Gebiet des Gewässerschutzes zu loben oder zu bemängeln?
- Welche Maßnahmen müssen in den nächsten Jahren durchgeführt werden?

3. Arbeitsweisen:
- Auswertung von Texten, die Euch gegeben werden,
- Erkundung außerhalb der Schule: Klärwerksbesichtigung, Befragung von Fachleuten in Eurer Gemeinde,
- Auswertung Eurer Ergebnisse,
- Zusammenarbeit mit den anderen Gruppen.

4. Mögliche Schwierigkeiten
- Ihr braucht Geduld,
weil Ihr ohne das Lesen von einigen Texten nicht auskommen werdet, weil Ihr vor der außerschulischen Erkundung doch noch einige Zeit in Eurem Klassenraum festgehalten werdet,
- Ihr braucht auch etwas Mut, um Euch nach einer gründlichen Vorbereitung (dadurch wird's leichter) in der außerschulischen Erkundung an die Fachleute heranzumachen,
- Eine erfolgreiche, sachgerechte und erfreuliche Zusammenarbeit mit den anderen Mitschülern muß man häufig erst lernen.

Den Hauptteil der Unterrichtseinheit macht die *Situationsstudie* aus, in der die Schüler in ihrem gewählten Thema in kleinen Gruppen arbeiten und in zwischengeschalteten Plenumsphasen die Methoden und Prozesse in den anderen Themengruppen kennenlernen, ihre Ergebnisse austauschen und das gemeinsame Vorgehen planen.

Textauszug: 2: Beispiel eines Arbeitsschrittes aus dem Gruppenleitprogramm zu Thema 1

ARBEITSSCHRITT 6

Untersuchungen an Fließgewässern in der eigenen Gemeinde

Einerlei, ob Ihr schon die Texte über die Leitorganismen gelesen habt oder nicht: Wenn man die Lebewesen finden will, wenn man die Gewässergüte richtig bestimmen will, dann muß man wissen, was man braucht und wie man vorgehen kann. Dies erfahrt Ihr in den Texten 19 und 20.

Bitte gründlich an jeder Stelle untersuchen! Denkt daran:
GLEICH DRAUSSEN ALLES GENAU AUFSCHREIBEN!

Jede Gruppe erhält ein Leitprogramm, in dem sie Anleitungen zur Durchführung findet. „Arbeitsschritte" machen darin Vorschläge für mögliche Tätigkeiten, über die sich die Schüler einigen müssen (vgl. *Textauszug 2*). „Texte" enthalten die notwendigen inhaltlichen Angaben. „Arbeitsrückblicke" sollen ihnen helfen, die Plenumsphasen mit der Informierung der Mitschüler zu planen. Zu Beginn der Studie stellt die Klasse Vermutungen über den Zustand der Fließgewässer in der Gemeinde auf, die dann während der Arbeit immer wieder überprüft werden.

In *Teilthema 1* können die Schüler lernen, wie sie mit Hilfe von Eisensulfidablagerungen sowie aufgrund der Abwesenheit bzw. der Häufigkeit bestimmter Pflanzen und Tiere (Leitorganismen) Aussagen über die organische Belastung und die langfristige Sauerstoffversorgung der Fließgewässer machen können. Sie suchen Bäche und Flüsse auf und vergleichen die Organismen mit Zeichnungen, Dias und Filmaufnahmen. Dann klassifizieren sie die Gewässerbelastung in der Gemeinde und überprüfen ihre eigenen Vermutungen.

In *Teilthema 2* lernen die Schüler zuerst eine einfache Bestimmungsmethode des in Wasser gelösten Sauerstoffs. Sie wenden diese Methode an, um den biochemischen Sauerstoffbedarf von Wasser aus Fließgewässern der Gemeinde zu bestimmen. Daraus ergibt sich deren aktuelle organische Belastung. An Modellversuchen erfahren die Schüler, wodurch Gewässer „umkippen" und wie sich Sauerstoffmangel im Wasser auswirkt.

In *Teilthema 3* erkunden die Schüler, welche Schritte die eigene Gemeinde zum Schutz der Gewässer unternimmt. Dazu führen sie Befragungen im Klärwerk und in Behörden durch und vergleichen die Maßnahmen mit den Forderungen aus dem Wasserhaushaltsgesetz.

Abb. 3: Beispiel für ein Anschlußprojekt: Veröffentlichung in der Lokalzeitung

So wie hier im Schullabor wurden alle entnommenen Wasserproben untersucht und analysiert. Hier sind Andrea Fischer und Holger Grezinger bei der Arbeit. Rechts Klassenlehrer Karl-Heinz Weber, der sich während der ganzen Arbeit im Hintergrund hielt und nur aufmerksamer Beobachter war. (Foto: Niemeier)

Büchener Gewässer: „Wer möchte hier noch Fisch sein?"

Die R 10 untersuchte Gräben, Flüsse: Erschreckendes Ergebnis

Büchen (wn). Mit dem brisanten Thema der Gewässerverschmutzung in Büchen haben sich die Jungen und Mädchen der Klasse R 10 der Büchener Realschule beschäftigt. Rund zehn Wochen haben ihre Untersuchungen, Analysen und Umfragen gedauert, ehe sie zu einem Ergebnis kamen, das sie schriftlich zusammengefaßt und mit der Überschrift „Wer möchte hier noch Fisch sein?" versehen haben.

Aus: Lübecker Nachrichten Nr. 11. 14. Januar 1977, S. 3.

27. Umwelt und Erziehung

In *Teilthema 4* geht es zunächst um die Erkundung der öffentlichen Meinung in der Gemeinde zu Fragen der Wasserversorgung. Die Schüler lernen einige Ursachen und Wirkungen von Belastungen kennen und befragen dann einen möglichen Verursacher von Gewässerverschmutzungen (Industrie- oder Landwirtschaftsbetrieb). Ziel ist dabei nicht die „Überführung" von „Übeltätern", sondern die Möglichkeit, die Probleme der Wasserreinhaltung aus der Sicht der Betriebe kennenzulernen, um sie danach im Hinblick auf die Gesamtsituation diskutieren zu können.

Mitunter erhalten die Schüler bei ihrer Erkundung überraschende Einblicke. So in einer Maschinenfabrik, in der es um die Entfernung von Ölwasser geht: Schülerin (S): „Und die Kontrolle erfolgt regelmäßig?" Betrieb (B): „Die Kontrolle erfolgt nicht regelmäßig. Das wird stichprobenartig gemacht." S: „Also auch unangemeldet?" B:„ Sicher. Immer unangemeldet." S: „Und das ist immer der gleiche, oder sind das immer verschiedene Herren?" B: „Wenn ich da ganz ehrlich bin, ich habe noch nie einen Herrn vom Ordnungsamt hier gesehen. Ich kenne so einen Mann nicht, der so etwas kontrolliert." (Aus einem Interview)

Mehrere Klassen bemühten sich in angeschlossenen Projekten, ihre Erkenntnisse über die lokale Presse oder den Gemeinderat zu verbreiten (vgl. *Abb. 3*) und kamen dabei zu interessanten Ergebnissen. Für die meisten Schüler war dieser Unterricht ein wichtiges Erlebnis. Dazu einige Zitate: „Gut, daß man sich während des Unterrichts auch einmal praktisch betätigen konnte", „man lernt, in der Gruppenarbeit selbständig zu arbeiten", „es gefiel mir, daß Schüler mit ihren Ergebnissen der Gemeinde und späteren Generationen ... helfen können".

Projektergebnisse

(a) Wie wurde die fächerübergreifende Arbeit in der Unterrichtseinheit „Probleme der Wasserverschmutzung" organisiert?

Aufgabe 4

....
....
....
....
....

(b) Welche Inhaltsbereiche wurden in der Studie untersucht?
....
....
....
....
....

(c) Wie wird den Schülern bei ihren selbständigen Arbeiten geholfen?
....
....
....
....
....

Umwelterziehung im Rahmen beruflicher Bildung 27.4.

Für die Umwelterziehung in der beruflichen Bildung reicht eine Vermittlung allgemeiner Einsichten und Kenntnisse nicht aus. Vielmehr müssen Befähigung und Bereitschaft zum umweltschützenden Handeln vermittelt werden. Daher ist eine von dem Erwerb anderer beruflicher Kenntnisse und Fertigkeiten abgehobene Beschäftigung mit Umweltproblemen unangemessen.

Bereich 2

Beispiel Zum Beispiel ist im Ausbildungsrahmenplan für die Berufsausbildung zum Koch/zur Köchin gefordert, daß die Fertigkeiten und Kenntnisse aus dem Teil „Umweltbeeinflussung und Umweltschutz" während der gesamten Ausbildung zu vermitteln sind.

Textauszug 3: Auszug aus dem Ausbildungsrahmenplan für die Berufsausbildung zum Koch/zur Köchin.

Teil des Ausbildungsberufsbildes: „Umweltbeeinflussung und Umweltschutz"
Zu vermittelnde Fertigkeiten und Kenntnisse:
„a) betriebsbedingte Umweltbelastungen und Möglichkeiten ihrer Einschränkung und Vermeidung nennen
b) Desinfektions- und Schädlingsbekämpfungsmittel anwenden
c) Müll unter Berücksichtigung der gesetzlichen Bestimmungen beseitigen".

Aus: Verordnung über die Berufsausbildung zum Koch/zur Köchin. Vom 11. Juni 1979. Bundesgesetzblatt Teil I, S. 643.

Der von der Kultusministerkonferenz für diesen Ausbildungsberuf beschlossene Rahmenlehrplan verlangt, daß die Lerngebiete „Unfallverhütung, Hygiene, Umweltschutz" als „Unterrichtsprinzip" die Behandlung anderer Lerngebiete durchdringen sollen.

Textauszug 4: Auszug aus dem Rahmenlehrplan für den Ausbildungsberuf Koch/Köchin

Lernziele	*Lerninhalte*
„1.3.1 Fähigkeit, beim Umweltschutz mitzuwirken	
1.3.1.1 Einblick in die öffentlichen Einrichtungen und Maßnahmen zum Umwelt- und Gesundheitsschutz	Gewerbeaufsichtsamt, Gesundheitsamt, Umweltschutzbehörde Gesetzliche Grundlagen, insbesondere Bundesseuchenschutz
1.3.1.2 Einsicht in die Umweltbelastungen, verursacht durch Wasser- und Luftverschmutzung, Lärm sowie unsachgemäße Müllbeseitigung	Trinkwasser, Brauchwasser, Abwasser Lärmquellen im Betrieb Lagerung von Müll Recycling".

In den Aussagen zum 1. Ausbildungsjahr enthält ein Abschnitt „Unfallverhütung, Hygiene, Umweltschutz" des Rahmenlehrplans die Unterabschnitte „Unfallursachen und Unfallverhütung am Arbeitsplatz", „Hygiene" und „Umweltschutz" als Lerngebiete. Dem Lerngebiet „Umweltschutz" werden die obigen Lernziele und Lerninhalte zugewiesen.

Aus: Rahmenlehrplan für den Ausbildungsberuf Koch/Köchin. Beschluß der Kultusministerkonferenz vom 9. Februar 1979. Kultusministerkonferenz Beschlußsammlung. Erg.-Lfg. 40 vom 19. Februar 1980.

Problem Berufstätigkeit und Berufsausbildung sind arbeitsteilig organisiert. Bei dieser Arbeitsteiligkeit stellt sich das Problem, daß Fachtheorie und Praxis in der beruflichen Bildung nur Teilstücke der vernetzten Umwelt in den Blick nehmen und bearbeiten, ohne übergreifende Zusammenhänge zu beachten. Wegen dieser Gefahr einer fachspezifischen Verengung haben die Münchener „Empfehlungen zur Umwelterziehung" dem „Fach Sozialkunde (Gemeinschaftskunde, Politischer Unterricht) eine koordinierende Funktion" bei der Vermittlung von Umweltfragen in der beruflichen Ausbildung zugewiesen: „Dieses Fach wird die Aufgabe zu erfüllen haben, bei den umweltrelevanten Themen der berufsbezogenen Fächer den Bezug zur allgemeinen Gefährdung des Naturhaushalts und zu den wirtschaftlichen sowie gesellschaftlichen Voraussetzungen und Folgen herzustellen."[27]

---

27 G. EULEFELD / T. KAPUNE (Hrsg.): Empfehlungen und Arbeitsdokumente zur Umwelterziehung. München 1978 (IPN-Arbeitsberichte. 36). Kiel 1979, S. 271.

27. Umwelt und Erziehung

Ebenso wichtig ist, daß die Jugendlichen schon vor dem Beginn der Berufsausbildung im Rahmen der vorberuflichen Bildung an den allgemeinbildenden Schulen berufliche Arbeit als gesellschaftliche und persönliche Auseinandersetzung mit der Umwelt verstehen lernen. Dabei gilt es, den Zusammenhang der Lebensbedingungen in der häuslichen, betrieblichen und natürlichen Umwelt zu erkennen. Diese Aufgabe kann grundsätzlich in der Koordination verschiedener Unterrichtsfächer erfüllt werden. Das Bundesland Hessen hat eine solche „Einführung in die Probleme der Arbeits- und Berufswelt" einem Fach „Polytechnik/Arbeitslehre" zugewiesen, das im 5. und 6. Schuljahr Pflichtfach und in den Jahrgangsstufen 7 bis 10 Wahlpflichtfach ist.[28] Jugendliche, die in der Koordination verschiedener Unterrichtsfächer oder in einem solchen Wahlpflichtfach gelernt haben, „Ursachen und Auswirkungen von Umweltbelastungen (zu) kennen" und „Maßnahmen zum Schutz der Umwelt und zur Behebung bereits eingetretener Schäden beschreiben (zu) können" (S. 140 ff.), haben gute Voraussetzungen, ihre eigene Berufstätigkeit in übergreifende Umweltzusammenhänge einzuordnen.

Die Vermittlung berufsspezifischer Kenntnisse und Fertigkeiten zur Verhinderung weiterer Umweltbelastungen wird die allgemeinbildende Schule allerdings nicht vorwegnehmen können. Sie ist dringende Aufgabe der Berufsbildung.

Forderung

Um diese Aufgabe zu erfüllen, müssen in der dualen Berufsausbildung Fachtheorie und Fachpraxis in der Berufsschule mit der betrieblichen Fachpraxis abgestimmt werden. Die kurzen und nicht genügend konkretisierten Zielangaben und Themenkataloge zum Umweltschutz in den Ausbildungsrahmenplänen und Lehrplänen für die Berufsschule geben in den meisten Fällen keine Hinweise, wie die anderen Ausbildungs- und Lerngebiete dieser Pläne unter der Zielsetzung der Umwelterziehung zu behandeln sind. Als Denkanstoß für Ausbilder in den Betrieben, für die Berufsschullehrer und für die Verfasser von Schulbüchern und Unterrichtsmaterialien müssen die Ausbildungsvorschriften mit Aussagen zum Umweltschutz allerdings gegenüber anderen Ausbildungsvorschriften hervorgehoben werden, die auch in den letzten Jahren in Kraft gesetzt wurden, ohne zur Zielsetzung der Umwelterziehung beizutragen.

(a) Welche Einrichtungen müssen sich bei der Umwelterziehung in der dualen Berufsausbildung abstimmen?

Aufgabe 5

....
....
....

(b) Welche allgemeinen Vorgaben gibt es zum Zwecke der Abstimmung?

....
....
....

(c) Welche Mängel haben diese Vorgaben im Blick auf die Umwelterziehung?

....
....
....
....

---

28 Rahmenrichtlinien. Sekundarstufe I. Polytechnik-Arbeitslehre. Einführung in die Probleme der Arbeits- und Berufswelt. Hrsg.: Der Hessische Kultusminister. Ausgabe Oktober 1978.

27.5. Umwelterziehung in der Hochschule

Bereich 3

Kritische Stimmen richten sich gerade angesichts dringender Umweltprobleme in der heutigen Zeit auch an die wissenschaftliche Hochschulausbildung: Man ziehe sich in den „Elfenbeinturm der Wissenschaft" zurück, Lehre und Forschung vollzögen sich in hochspezialisierten Bereichen, und man kümmere sich zu wenig um die gesellschaftlichen Auswirkungen von Forschungsergebnissen. Hier liege, so wird dann weiter argumentiert, ein Wissenschaftsverständnis vor, das auf der Trennung von Wissenschaft und Politik gründe und das mitverantwortlich sei für die gegenwärtige Umweltsituation. Bezüge dieser Kritik – sofern sie in ihrer Pauschalität zutrifft – zum Bereich der Umwelterziehung liegen auf der Hand: Umwelterziehung zielt in allen Bildungsbereichen auf die Auseinandersetzung mit der natürlichen, sozialen und gebauten Umwelt und ist deshalb auf disziplinübergreifende Erkenntnis- und Vermittlungsmethoden ausgerichtet. Steht die gegenwärtige Ausbildung an Hochschulen dem entgegen?

Analysen

Untersuchungen zum Lehrangebot an Hochschulen, also an Wissenschaftlichen Hochschulen (Universitäten, Technische Hochschulen, Pädagogische Hochschulen) und Fachhochschulen, zeigen, daß dort in den letzten zehn Jahren umweltbezogene Ausbildungsgänge verstärkt Eingang gefunden haben.[29]

Dabei hat man nur wenig neue Studiengänge eingerichtet, sondern Umweltthemen verstärkt in den Bereichen berücksichtigt, in denen das spätere Berufsfeld mit heutigen Umweltproblemen in Berührung steht. Dies gilt vor allem für ingenieur- und naturwissenschaftliche Studiengänge (z.B. Energie- und Verfahrenstechnik, Biologie, Chemie) und für Ausbildungsbereiche, die traditionellerweise mit Umweltplanung befaßt sind (z.B. Architektur, Städte- und Verkehrsplanung, Bauingenieurwesen). Das Aufbau- und Ergänzungsstudium ist dabei ein neuer Weg, der es ermöglicht, über den engeren Bereich des Faches hinauszugehen.[30]

In den Studiengängen für die verschiedenen Lehrämter sind umweltorientierte Studienanteile in nennenswertem Maß nur über die Fächer Biologie, Chemie, Physik und Geographie in die Lehrerausbildung aufgenommen worden. Die Probleme, die sich daraus für eine fächerübergreifende Umwelterziehung im schulischen Bereich ergeben, sind im Abschnitt über das allgemeinbildende und berufliche Schulwesen angesprochen worden.

Im Rahmen der Lehramtsstudiengänge ist im „Studienführer" lediglich *ein* interdisziplinärer Studiengang zur Umwelterziehung ausgewiesen. Er ist an der Universität Essen – Gesamthochschule angesiedelt und gilt für die Primarstufe und Sekundarstufe I. Träger und Initiator des Studienganges ist im wesentlichen die „Zentralstelle für Umwelterziehung", die an dieser Universität beheimatet ist.

Entwicklung

Hinter dieser knapp skizzierten Situation zum umweltbezogenen Lehrangebot an Hochschulen stehen historisch gewachsene Entwicklungen der Disziplinen sowie prinzipielle Zusammenhänge zwischen Ausbildungs- und „Abnehmerbereich". Dazu einige Anmerkungen, die dann zur Beurteilung der Umwelterziehung im Hochschulbereich hinführen.

---

29 Auf folgende Quellen wird Bezug genommen: Stand, Tendenzen und Modelle für die Einführung von Umweltthemen in Aus- und Fortbildung. Band IV: Wissenschaftliche Aus- und Weiterbildung. Textband. Studie im Auftrag des Bundesministers des Innern, erstellt von der Deutschen Umwelt-Aktion. Leiter: P. Dienel. Wuppertal 1975. – Auf den in der „Dienel-Studie" geleisteten Vorarbeiten baut der „Studienführer Umweltschutz" auf, der als „Umweltbrief Nr. 16" in 1. Aufl. 1977 vom Umweltbundesamt in Berlin herausgegeben wurde, 1979 erschien die zweite Auflage, auf die sich die Daten im Text beziehen.

30 Vgl. Umweltbundesamt (Hrsg.): Studienführer Umweltschutz. Berlin ²1979, S. 13 (Übersicht).

Bereits in den zwanziger Jahren dieses Jahrhunderts stellte der Soziologe Max WEBER (1864–1920) in seiner Abhandlung „*Vom Inneren Beruf zur Wissenschaft*" fest, daß die Wissenschaft „in ein Stadium der Spezialisierung eingetreten ist": „Eine wirklich endgültige und tüchtige Leistung ist heute stets: eine spezialistische Leistung."[31] Diese bis heute im Wissenschaftsbetrieb weithin zutreffende Situation ist mit den zunehmend komplexer gewordenen Anforderungen einer von Wissenschaft und Technik bestimmten Gesellschaft zu erklären, die des Spezialisten bedarf, der die immer komplizierter gewordenen Sachverhalte der Disziplinen oder sogar nur die der Teilgebiete von Disziplinen durchschaut. Im Lehrangebot heutiger Hochschulen spiegelt sich diese Entwicklung.

Im Bereich der Umweltforschung und -politik ist es im letzten Jahrzehnt allerdings zu Anstößen gekommen, die nicht dem Interesse des hochspezialisierten Wissenschaftlers folgten, sondern eher Gesamtzusammenhänge deutlich zu machen suchten. Die bekanntesten Beispiele dürfte die Studie des Club of Rome und neuerdings der Bericht „*Global 2000*" sein.[32] Es handelt sich bei diesen (nicht unumstrittenen) Studien um den Versuch, das Potential wissenschaftlicher Einzelerkenntnisse zum Nutzen des Erkennens von globalen Zusammenhängen zu bündeln.

Nun dürfte es weder wünschenswert noch realisierbar sein, jeden wissenschaftlich Ausgebildeten zum „Globalstrategen in Umweltfragen" befähigen zu wollen.

Es ist unbestritten, daß jede wissenschaftliche Ausbildung ihren Ausgangspunkt in harter Kleinarbeit hat. Dies gilt auch für „ökologisch orientierte" Berufe, denen in den letzten Jahren ein großes Studieninteresse entgegengebracht wird. Darauf hat der Frankfurter Ökologe Udo HALBACH hingewiesen.[33] Er schreibt: „Unsere Gesellschaft braucht nämlich keine Universal-Dilettanten, hervorgehend aus einem Sammelsurium-Studium. Davon haben wir bereits genug! Gebraucht werden: Spezialisten mit Sachverstand *und* Verständnis, wobei Verständigungsmöglichkeiten mit Vertretern von Nachbardisziplinen nahezu notwendige Voraussetzung sind."

Dennoch stellt sich die Frage, ob die Hochschulen nicht mehr und mehr herausgefordert sind, dem Studenten, wie es DIENEL in seiner Studie 1975 vorgeschlagen hat,[34] einen „fächerübergreifenden Umweltschutz-Überblick abzuverlangen".

In folgende Richtung könnten die Bemühungen der Hochschulen gehen, über das bereits bestehende Angebot hinaus Umweltfragen zu berücksichtigen und damit ihren Beitrag zur Umwelterziehung zu leisten:

Forderungen

- Sowohl sozial- und gesellschaftswissenschaftliche wie naturwissenschaftlich-technische Disziplinen müssen sich ihrer möglichen Beiträge zur Lösung von Umweltproblemen vergewissern und sie den Lehrenden und Lernenden anderer Disziplinen zugänglich machen.

Bestrebungen auf der didaktischen wie auf der fachwissenschaftlichen Ebene sind erkennbar.[35]

- Disziplinübergreifende Umweltthemen sind in stärkerem Maße als bisher in die wissenschaftliche Aus- und Fortbildung aufzunehmen.

---

31 M. WEBER: Soziologie – Weltgeschichtliche Analysen – Politik. Hrsg. von J. WINCKELMANN. Stuttgart, [4]1968, S. 311.
32 D. MEADOWS u. a.: Die Grenzen des Wachstums. Bericht des Club of Rome zur Lage der Menschheit. Stuttgart 1972. – Global 2000. Der Bericht an den Präsidenten. Frankfurt 1980.
33 Udo HALBACH: „Ökologie – was wird man da?" In: *natur* (Hrsg.: Horst STERN) Nr. 6, 1981, S. 116.
34 Vgl. Dienel-Studie, a.a.O., S. 157.
35 Vgl. z. B. J. LEHMANN (Hrsg.): Hochschulcurriculum Umwelt. Köln 1981. – Auf der didaktischen Ebene: G. EULEFELD u. a.: Ökologie und Umwelterziehung. Ein didaktisches Konzept. Stuttgart 1981. Als Beispiel für eine Ringvorlesung: Umweltprobleme – naturwissenschaftliche Grundlagen (Agrarwissenschaftliche Fachbereiche der Universität Kiel). Hamburg 1976.

Es gibt an vielen Hochschulen die Tradition, Lehrangebote für „Hörer aller Fakultäten" anzubieten. Die dahinterstehende Vorstellung von einer „wissenschaftlichen Allgemeinbildung" könnte gerade im Zusammenhang mit Umwelterziehung auf der Hochschulebene neue Belebung erfahren, wenn solche Veranstaltungen systematischer und verbindlicher für einzelne Studiengänge angeboten würden.

Aufgabe 6 Skizzieren Sie die 4 Wege zum umweltbezogenen Lehrangebot im Hochschulbereich.

....
....
....
....
....
....
....
....
....
....
....

27.6. Umwelterziehung in der Erwachsenenbildung

Bereich 4 Auch außerhalb des Schul- und Hochschulsystems wird der Umwelterziehung zunehmend Aufmerksamkeit entgegengebracht. Auf der einen Seite werden im Bereich der institutionalisierten Erwachsenenbildung Möglichkeiten der Umwelterziehung aufgegriffen, auf der anderen Seite versuchen Verbände und Bürgerinitiativen, staatliche Institutionen und Massenmedien der Bevölkerung Informationen über Umweltprobleme zu vermitteln.

27.6.1. Volkshochschulen

Aufgabenfeld 1 Im Gegensatz zur Schule zeigt sich in der Erwachsenenbildung ein großes Problem: die „Erreichbarkeit der Zielgruppe".[36] Da die Veranstaltungen in diesem Bereich lediglich Angebote darstellen, ist bei ihrer Planung ständig von der Frage auszugehen, wie das Interesse breiter Bevölkerungskreise angesprochen und wie ihrer Verschiedenheit entsprochen werden kann.

Ansatzpunkte Zwei Ansatzpunkte lassen sich anhand von Befunden einer Untersuchung des Umweltbundesamtes erschließen: das Angebot an Veranstaltungsthemen und -inhalten sowie die Art der Veranstaltungen.[37]

(1) Betrachten wir zunächst einmal die *Themen,* zu denen besonders häufig Veranstaltungen angeboten wurden:

---

[36] P. C. Dienel / K. Buchwald / W. Habrich u. a.: Umwelterziehung in Schule und Erwachsenenbildung. Hrsg.: Umweltbundesamt. Berlin 1980, S. 82.
[37] Forschungsgruppe Kammerer: Umweltschutz in der Erwachsenenbildung. Bestandsaufnahme. Hrsg.: Umweltbundesamt. Berlin 1980.

Tabelle 1: Anteil der einzelnen Themenbereiche an der Gesamtzahl der Veranstaltungen im Bundesgebiet (einschl. Berlin)

Wasserwirtschaft	5,5%	Alternative Energieformen	13,8%
Luftreinhaltung	3,8%	Abfallwirtschaft	4,0%
Strahlenschutz	2,3%	Lärmbekämpfung	1,6%
Lebensmittel und Umweltschutz	4,1%	Umweltchemikalien	3,9%
Naturschutz und Landschaftspflege	10,6%	Biologische Landwirtschaft	5,2%
Wachstum u. Umwelt/ Naturzerstörung	8,8%	Räumliche Entwicklung und Umweltschutz	6,1%
Probleme der Kernenergie	27,0%	Energieeinsparung	11,9%
		Kernkraftwerke	12,5%

Die Prozentangaben enthalten Mehrfachnennungen; deshalb wurden insgesamt 100% überschritten.

Aus: Forschungsgruppe KAMMERER: Umweltschutz in der Erwachsenenbildung. Bestandsaufnahme. Hrsg.: Umweltbundesamt. Berlin 1980, S. 106/107.

Mit großem Abstand sind die Themen „Kernenergie, Kernkraftwerke und alternative Energieformen" der gewichtigste Themenkomplex (53,3%). Ohne Zweifel spiegelt sich in ihrer Häufigkeit die intensive Auseinandersetzung in Politik und Öffentlichkeit um das Für und Wider von Kernkraftwerken wider. Neben dieser hohen „Attraktivität" der Veranstaltungen zum Kernenergieproblem ist auffällig, daß Themen wie „Abfallwirtschaft", „Luftreinhaltung" oder „Lärmbekämpfung" sehr geringe Häufigkeiten haben (meist unter 5%), während Themen wie „Energieeinsparung" oder „Naturschutz und Landschaftspflege" sowie die – inhaltlich zueinander gehörenden – „Lebensmittel und Umweltschutz"/„Biologische Landwirtschaft" mit jeweils etwa 10% die Interessen der Bevölkerung besser ansprechen. Dieser auffallende Unterschied unterstützt die Erfahrungen der „Pädagogischen Arbeitsstelle für Erwachsenenbildung" in Stuttgart. Folgende Tendenzen wurden dort in den Jahren 1973 bis 1977 festgestellt:

• Allgemeine Umweltthemen wie zum Beispiel „Kranke Umwelt – kranke Menschen" oder „Wasserverschmutzung" ohne Bezug zur örtlichen Lebenssituation entsprechen den Interessen der Bevölkerung meist zu wenig, um sie für eine Teilnahme zu motivieren.

• Veranstaltungen, deren Titel lediglich auf die Auseinandersetzung mit Problemen hinweisen („Wie vergiftet ist unser Wasser?", „Die chemische Zeitbombe"), wirken eher abschreckend. Hier ist eine „emotionale Sperre" festzustellen, über deren Ursachen es bisher jedoch nur Vermutungen gibt.[38]

Erfahrungen Berliner Volkshochschulen und eine Untersuchung an niedersächsischen Volkshochschulen über die höheren Ausfallquoten von Umweltseminaren im Bereich der politischen Bildung im Gegensatz zu denen im Bereich „Mathematik/ Naturwissenschaft/Technik" scheinen diese Tendenzen ebenfalls zu stützen.[39]

(2) Die Bestandsaufnahme des Umweltbundesamtes zeigt im Hinblick auf die *Veranstaltungsformen* im Bereich der Umwelterziehung, daß im Jahre 1979 über die Hälfte (56%) aller Veranstaltungen in Form von Einzelveranstaltungen durchge-

---
38 Vgl. E. DICK/H. SEYBOLD: Umwelterziehung in der Erwachsenenbildung. In: *Erwachsenenbildung* 4/1979, S. 208f.
39 Vgl. W. BEER: Lernen in ökologischen Initiativgruppen als Ausgangspunkt einer aktionsorientierten politischen Erwachsenenbildung. Grundlagen ökologischer Bildungsarbeit – Teil 1. (Dissertation). Berlin 1981, S. 153f.

führt wurden; das heißt, die einmalige Aufklärung über Umweltprobleme – meist in Form von Vorträgen – überwiegt in sehr starkem Maße gegenüber anderen Veranstaltungsformen wie Veranstaltungsreihen (21,7%), Wochenendveranstaltungen (8,3%), Exkursionen (5,8%) und Wochenseminaren (6,5%).[40] Diese Ergebnisse zeigen weiter, daß die Mehrzahl aller Veranstaltungen in diesem Bereich lediglich eine passive Art der Auseinandersetzung mit Umweltproblemen erlauben. Auch die anderen Veranstaltungsformen leiden meist unter einem Mangel, der von der „Pädagogischen Arbeitsstelle für Erwachsenenbildung" in Stuttgart in folgender Weise beschrieben wurde:

„Selbst wenn die Veranstaltung in didaktischer und methodischer Hinsicht gut aufgebaut war, so war doch – schon von der Veranstaltungsform her – die kognitive [wissensmäßige] Komponente des Umweltschutzes sehr stark betont. Natürlich fehlt es in einem gut gestalteten Seminar nicht an Versuchen, die Teilnehmer ‚betroffen' zu machen. Jedoch wurde meist der hierfür wichtige affektive [gefühlsbetonte] Bereich durch die traditionellen Seminarformen nur unzulänglich erreicht, d. h. der Bezug des im Seminar Behandelten zum lebenden Objekt wird nicht erlebt. So muß die Einsicht, ein Teil des Ganzen zu sein, notwendigerweise intellektuell und lose bleiben, statt erlebt und empfunden und damit wesentlich fester begründet zu sein."[41]

Forderungen

Fassen wir die bisherigen Ausführungen in zwei Forderungen zusammen, so zeichnet sich für eine handlungsorientierte Umwelterziehung ab, daß sie

(1) reale Lebenssituationen aufgreifen muß; denn das Gefühl der Betroffenheit läßt sich zwar ansprechen, *wenn es schon vorhanden ist,* es läßt sich durch Werbung jedoch nicht erzeugen;[42]

(2) Veranstaltungsformen bevorzugen muß, welche die Teilnehmer zu eigenen Aktivitäten, zum Handeln und Erleben bringen.

(1) ZUCCHI unterscheidet vier Möglichkeiten des Anknüpfens an die reale Lebenssituation:

• „Seminare zu konkreten, vor Ort zu findenden, den Teilnehmern bekannten Problemen, z.B. Zerstörung eines Waldgebietes durch eine geplante Autobahn. Beispiel eines Seminars von der Volkshochschule Marburg: ‚Am Beispiel Bergwald – Gefährdung einer Waldlandschaft'.

• Seminare zu der umgebenden, den Teilnehmern vertrauten Landschaft und ihren Organismen. Beispiel eines Seminars [...]: ‚Landschaft als Lebensraum: Pflanzen und Tiere im Marburger Land'.

• Seminare zu speziellen Tiergruppen. Beispiel eines Seminars [...]: ‚Vogelwelt und Naturhaushalt'.

• Seminare, die sich an eine ganz spezielle Zielgruppe wenden. Beispiele eines Seminars [...]: ‚Das Dorf und sein Umland'. Das Seminar richtete sich aus auf Mitglieder der Verschönerungsvereine; es wurde in Gemeinschaftsarbeit von Natur- und Denkmalschützern durchgeführt."[43]

(2) Vor allem das letzte Beispiel zeigt, daß bei Veranstaltungen dieser Art Handlungsmöglichkeiten der Teilnehmer nicht nur durch Exkursionen und Praktika angeregt werden, sondern auch durch das konkrete Planen und Durchführen von Verschönerungs- und Renovierungsmaßnahmen im eigenen Dorf.[44]

---

40 Forschungsgruppe KAMMERER, a.a.O., S. 25f.
41 E. DICK / H. SEYBOLD, a.a.O., S. 210.
42 E. DICK / H. SEYBOLD, a.a.O., S. 209.
43 H. ZUCCHI: Öffentlichkeitsarbeit im Naturschutz – Aufgabe und Verpflichtung für morgen. In: Waldhygiene, Bd. 13, H. 5/8 (1980), S. 250.
44 H. ZUCCHI: Umwelt als Thema von Volkshochschulkursen. Vortrag auf der Tagung der Gesellschaft für Ökologie vom 28. 9. bis 3. 10. 1981 in Mainz.

Mit diesem Ansatz, die Umwelt nicht nur in Seminaren zu behandeln, sondern die Teilnehmer aktiv in ihr arbeiten zu lassen, werden die Grenzen traditioneller Volkshochschularbeit überschritten. So zum Beispiel 1973 bei der Volkshochschule Frankfurt, wenn unter der Zielsetzung einer „Beteiligung der Bürger an politischen Planungen" Kurse und Großveranstaltungen durchgeführt wurden, anhand derer interessierte Bürger an den Stadtteilplanungen Nordend, Ostend, Bornheim, Sachsenhausen und Westend des „Dezernats für Planung und Bau der Stadt Frankfurt" teilnehmen konnten.[45] Erfolgt eine derartige handlungsbezogene Auseinandersetzung mit einem konkreten Umweltprojekt nicht in den Bahnen eines für die Beteiligten offenstehenden Planungsprozesses, sondern in Aktionen gegen diese Planungen, nähert sich die Arbeit in Volkshochschulen der Öffentlichkeitsarbeit von Bürgerinitiativen.

Erweiterung

Diese Annäherung wird zum Beispiel von JUNGK direkt gefordert, wenn er in einem Interview mit dem Süddeutschen Rundfunk etwas provokatorisch davon sprach, daß die Volkshochschulen zum „Nest der Bürgerinitiativen" werden müßten, wenn sie bürgernahe Umwelterziehung betreiben wollten.[46]

Das heißt, die Bildungsarbeit wird in diesem Falle zu einem ökologisch-politischen Engagement. Dieses Engagement ist Ausgangspunkt der Aufklärungsarbeit von Umweltschutzverbänden und Bürgerinitiativen.[47] Sie sehen in der Beteiligung in ökologischen Initiativgruppen eine Fülle an Möglichkeiten für ökologische und politische Lernprozesse, die mit dazu beitragen, die in der Ökologiebewegung angelegten Ziele und Wertorientierungen zu vermitteln: Zum einen durch die Aufarbeitung der bei Aktionen abgelaufenen Prozesse zur Reflexion und Selbstschulung der Beteiligten sowie zur Information neu Hinzukommender; zum andern haben Dokumentationen der bei Aktionen abgelaufenen Prozesse, Analysen ihres Stellenwerts in der heutigen gesellschaftlichen Situation und grundsätzliche Arbeiten über Wertorientierungen in der heutigen Zeit Multiplikationsfunktion über die einzelnen Bürgerinitiativen hinaus.[48]

Medienverbundprojekte 27.6.2.

In erster Linie behandeln Massenmedien, wie das Fernsehen, der Rundfunk und die Zeitungen bzw. Zeitschriften, Umweltfragen im Rahmen der aktuellen Berichterstattung über Tagesereignisse, politische Planungen und Entwicklungen sowie wissenschaftliche Forschungen. Unter dem Programmauftrag „Bildung" sind vor allem in den Bereichen Schulfunk, Schulfernsehen und Erwachsenenbildung zahlreiche Aktivitäten zur Umwelterziehung erkennbar, die über die Aufklärungsfunktion der aktuellen Berichterstattung hinausreichen.[49]

Aufgabenfeld 2

---

45 Volkshochschule Frankfurt (Hrsg.): Dokumentationen über die Großveranstaltungen und Volkshochschulkurse zu den Strukturplanentwürfen und verschiedenen Stadtteilentwicklungsplänen Frankfurts. Frankfurt 1973–78.
46 R. JUNGK: Umweltschutz – richtig an den Mann gebracht. In: Diskussionspunkt 5/1975, S. 1f.
47 Vgl. z. B. W. BEER: Lernen im Widerstand. Hamburg 1978; W. MOOSMANN: Volkshochschule Wyhlerwald. In: H. DAUBER / E. VERNE (Hrsg.): Freiheit zum Lernen. Reinbek 1976.
48 Vgl. z. B. H. BOSSEL: Bürgerinitiativen entwerfen die Zukunft. Frankfurt 1978; Ders.: Die vergessenen Werte. In: R. BRUN (Hrsg.): Der grüne Protest. Frankfurt 1978; H. BEER, a.a.O., 1981.
49 Vgl. H. SEYBOLD: Schulfunksendungen zu Umweltfragen. Beitrag zum Projekt „Didaktisches Konzept Ökologie/Umwelterziehung". Institut für die Pädagogik der Naturwissenschaften. Kiel 1977. – J. HERMANN: Beteiligung der Massenmedien an der Umwelterziehung und die Aktivierung des Einzelnen. In: G. EULEFELD / T. KAPUNE (Hrsg.): Empfehlungen und Arbeitsdokumente zur Umwelterziehung – München 1978. IPN-Arbeitsbericht Nr. 36. Kiel 1979.

Ziele Das Ziel von Medienverbundprojekten wird darin gesehen, daß durch den Verbund von Rundfunk- oder Fernsehsendungen und Arbeitsmaterialien für die Zuhörer sowie zum Beispiel einem begleitenden Volkshochschulkurs das passive Zuhören in Richtung auf ein aktiveres Erarbeiten erweitert wird.

• Eine Intensivierung des handlungsorientierten Lernens zeichnet sich in Verbundprojekten ab, die sowohl in der Sendung als auch in den didaktischen Materialien Beispiele und Anleitungen zum Erkunden oder Untersuchen der Umwelt geben.[50]

• Noch weiter geht ein Medienverbundprojekt, das in Gent/Belgien 1974 stattgefunden hat. Initiiert und geleitet von der Universität in Gent, wurde ein Medienverbund von Unterrichtsmaterialien, Lehrerhandbüchern, Diareihen, Filmen, Radiosendungen und Fernsehsendungen entwickelt. Vorabsendungen und Broschüren machten die Lehrer auf das Projekt aufmerksam. Das Thema dieses Projektes war „Wasserverschmutzung". Die Inhalte, die Schüler bei diesem Projekt erarbeiten konnten, umfaßten zum einen den gesamten Bereich der ökologischen Faktoren von Gewässern. Ein Schwerpunkt dieser Arbeit lag in Lehrwanderungen und Wasseruntersuchungen. Zum anderen konnten sich die Schüler in die Bedeutung des Wassers für die örtliche Situation einarbeiten, indem ihnen die gesellschaftlichen, räumlichen und wirtschaftlichen Faktoren zugänglich gemacht wurden. Das Verbundprojekt war so geplant, daß die Schüler die Ergebnisse ihrer Wasseruntersuchungen und der Erkundungen in ihrer Gemeinde an den Rundfunk senden konnten. Dieser berichtete darüber in aktuellen Sendungen und gab Ratschläge zur Weiterarbeit.[51]

Mit Medienverbundprojekten dieser Art wird versucht, den „einbahnigen" Informationsfluß von den Massenmedien zu den Zuhörern zu ergänzen, indem sie Rückmeldungen der Zuhörer ermöglichen und diese in die weitere Sendefolge einbeziehen.

Aufgabe 7 (a) Worin liegen Schwierigkeiten bei Veranstaltungen zur Umwelterziehung in der Erwachsenenbildung?

....
....
....
....
....
....
....

(b) Welche Forderungen werden an eine handlungsorientierte Umwelterziehung in der Erwachsenenbildung gestellt?

....
....
....
....
....
....
....

---

[50] Vgl. zum Beispiel die von M. WLASCHEK beschriebene Schulfernsehreihe „Umwelt in Gefahr" (in: Praxis Schulfernsehen 2/1980, S. 10f.) oder das unter Federführung des Westdeutschen Rundfunks veranstaltete Funkkolleg „Mensch und Umwelt", das P. SCHMOOCK in Natur und Landschaft 58/1983, S. 27f. umreißt.

[51] Der Bericht über dieses Projekt ist Teil einer Studie über die Untersuchung der Umwelterziehung in den Mitgliedsländern der Europäischen Gemeinschaft. Vgl. Kommission der Europäischen Gemeinschaft: Entwurf zum Schlußbericht zur systematischen Sammlung von in den Mitgliedsstaaten verwendetem umweltbezogenem Unterrichtsmaterial. Erstellt von G. EULEFELD / D. BOLSCHO / H. SEYBOLD. Kiel 1980.

Schlußbetrachtung 27.7.

Bilanz

Versuchen wir am Ende der Überlegungen zum Thema „Umwelt und Erziehung" eine Bilanz zu ziehen. Stellen wir zunächst die Frage, welche Bedeutung der Umwelterziehung zukommt bzw. welches Teilziel mit ihr im Rahmen der Umweltpolitik angesteuert werden kann, so lautet die Antwort: Durch Umwelterziehung soll ein umweltbewußtes Verhalten der Menschen erreicht werden. Als „umweltbewußt" oder „umweltgerecht" kann dabei ein Verhalten bezeichnet werden, das Umweltbelastungen möglichst ausschließt oder gering hält. In der Definition des Sachverständigenrates für Umweltfragen: „Das aufgeklärte Verständnis der Umweltproblematik, bestehend aus der Einsicht in die Gefährdung der natürlichen Lebensgrundlagen und aus der Bereitschaft zur Abhilfe, läßt sich grob als Umweltbewußtsein begreifen."[52]

Doch Schaffung von Umweltbewußtsein ist nur Zwischenziel; dahinterstehendes Oberziel ist eine Verhaltensänderung, die durch Umweltbewußtsein bewirkt werden soll. Ein solches umweltbewußtes Verhalten wiederum kann auf mehrfache Weise die Umweltsituation verbessern helfen, nämlich:

– *direkt*, indem durch Änderung von Verhaltensweisen unmittelbar ein umweltentlastender Effekt zustande kommt, zum Beispiel durch Benutzung vergleichsweise umweltfreundlicher Konsumgüter, aber auch durch eine umweltschonende Ausgestaltung von Konsumtions- und Produktionsprozessen selbst (denn was nützt zum Beispiel ein lärmarm konstruiertes Auto, wenn die Türen zugeknallt werden, und was der Filter im Fabrikschornstein, wenn seine Funktionsfähigkeit nicht überprüft wird);

– *indirekt*, indem über die Beeinflussung gesellschaftlicher Willensbildungsprozesse die Rahmenbedingungen der Umweltnutzung verändert werden, also beispielsweise Mitarbeit in Parteien und Bürgerinitiativen, wobei jedoch bei jedem Engagement zu vermeiden ist, Politik nach dem „Sankt-Florians-Prinzip" zu betreiben, potentielle Umweltprobleme im eigenen Dorf also gegen solche im Nachbardorf austauschen zu wollen. Umweltbewußtes Verhalten kann auch bedeuten, selbst Belastungen in Kauf zu nehmen, damit an anderer Stelle nicht größere Belastungen entstehen.

Umwelterziehung zielt also auf Verhaltensänderung ab. Verhaltensänderung wird mitbestimmt durch gesellschaftliche Wertvorstellungen, wobei hier vernachlässigt werden kann, ob Werte „Grund" oder „Ursache" von Verhaltensweisen sind, ob der Mensch eher „aktiv" oder „passiv" gesehen wird. Der Wertbegriff selbst, einer der zentralen Begriffe soziologischer Theorie, ist äußerst komplex und kann hier nicht erschöpfend diskutiert werden. Festzuhalten bleibt, daß es sich bei Werten um handlungsleitende, in der „Motivationsstruktur" der Einzelmenschen verankerte gesellschaftliche Vorstellungen handelt, in die unter anderem neben wissensmäßigen Aspekten auch gefühlsmäßige Aspekte Eingang finden. Werte sind nicht angeboren. Wir können uns Werte aber auch nicht aussuchen wie einen Anzug im Kaufhaus. Werte sind immer kollektive Erscheinungen, und die Vermittlung gesellschaftlicher Wertvorstellungen gehört zu den zentralen Funktionsvoraussetzungen von Gesellschaften. Dies geschieht in verschiedenen sozialen Institutionen, in der Familie, im Kindergarten, in der Schule, am Arbeitsplatz.

Wenn Wertvorstellungen handlungsleitend sind, sind grundsätzlich alle Sozialisationsinstanzen Ansatzpunkt einer auf umweltgerechtes Verhalten bzw. Handeln abzielenden Umwelterziehung. Dabei wird in den formalen Instanzen das Schwergewicht auf der Beeinflussung der wissensmäßigen Komponente von Wertvorstel-

---

52 Der Rat von Sachverständigen für Umweltfragen: Umweltgutachten 1978. Stuttgart/Mainz 1978, Tz. 1384, S. 440.

lungen liegen, während in den informellen Kreisen andere Komponenten stärker betont werden.

Der zentrale Beitrag der Umwelterziehung zur Lösung von Umweltproblemen liegt also in der Beeinflussung von Wertvorstellungen mit dem Ziel daraus resultierender Verhaltensänderungen. Hier liegen durchaus Chancen, aber auch Grenzen der Umwelterziehung: Denn neben dem „Wissen" und dem „Wollen" umweltgerechten Verhaltens kommt es letzten Endes auf die objektiven Möglichkeiten umweltgerechten Verhaltens, auf das „Können" an. Dieser Aspekt verweist auf die Verknüpftheit der bereits genannten direkten und indirekten Beiträge umweltbewußten Verhaltens zur Verbesserung der Umweltsituation: Die Möglichkeiten umweltgerechten Verhaltens sind immer auch eine Funktion der ökonomischen und sozialen Umwelt.

Inhaltlich bedeutet Umwelterziehung konkret: Vermittlung ökologischen Wissens. In allen Aus- und Weiterbildungsphasen kommt der Ausbildung in Ökologie wesentliche Bedeutung zu. Das galt in der Vergangenheit und gilt in noch stärkerem Maße in der Zukunft. Vor allem deshalb, weil in zunehmendem Umfang sogenannte ökologische Forderungen von Leuten erhoben werden, die nicht einmal die Grundlagen dieses Fachgebietes beherrschen und mit dem Namen „Ökologie" schlicht Etikettenschwindel betreiben. Die „Gesellschaft für Ökologie" setzt sich seit ihrer Gründung im Jahr 1970 dafür ein, die ökologische Ausbildung in den Schulen, Hochschulen und Universitäten zu fördern. Dieses Ziel ist in der Satzung der Gesellschaft verankert, und entsprechend spielen auch bei den Jahrestagungen Themen aus dem Bereich „Didaktik der Ökologie" immer eine wichtige Rolle. Eine Reihe von Autoren befaßt sich mit den verschiedenen Bereichen des ökologischen Unterrichts, angefangen von der Primarstufe und weiter über die Sekundarstufen I und II bis zur Lehreraus- und -fortbildung.[53]

Umwelterziehung erfordert aber zusätzlich, neben der Vermittlung der naturwissenschaftlichen Grundlagen, auch die Vermittlung der sozialwissenschaftlichen Dimension der Umweltproblematik. Die Tatsache, daß Umwelterziehung mehr umfassen muß als jeweils das Wissen nur eines Fachgebietes, kann sie in eine Konfliktsituation zu der vorherrschenden Differenzierung und Spezialisierung von Wissensbereichen bringen. Dabei muß zunächst beachtet werden, daß diese Arbeitsteilung kaum zu überbietende Vorteile hat. Nur: Arbeitsteilung und Differenzierung lassen immer einen Integrationsbedarf entstehen, und im Falle der Umwelterziehung gilt es, diesen Integrationsbedarf durch das Wecken von Verständnis für Inhalte benachbarter Disziplinen zu decken. Nicht Verschmelzung, sondern *Inter*disziplinarität ist gefragt. Ein Bildungssystem jedoch, das Menschen entläßt, die von allem etwas, aber von nichts viel verstehen, wird nicht zum Ziel führen.

---

[53] Die Bestrebungen zur Verbesserung der Ausbildung in Ökologie haben sich in dem Buch *„Didaktik der Ökologie"*, im Auftrag der Gesellschaft für Ökologie von Wolfgang RIEDEL und Gerhard TROMMER herausgegeben, niedergeschlagen (Köln 1981, 318 S.).

Umweltpolitik 28.

Federführung: Die Herausgeber

Autoren der Studieneinheit: Karl Heinrich Hansmeyer, Josef Kölble, Renate Mayntz, Fritz Scharpf

Allgemeine Einführung 28.0.

Die Politik versucht, das Verhalten von Menschen und gesellschaftlichen Institutionen so zu beeinflussen, daß bestimmte gesellschaftliche und politische Ziele erreicht werden: da werden Steuern erhöht oder gesenkt, um Beschäftigungsprogramme zu finanzieren oder um die Investitionstätigkeit anzuregen, da werden Programme entwickelt, um Menschen zum Verbleib in bestimmten Regionen zu veranlassen, da werden Verkehrsverbindungen geschaffen, da wird mit Zinssätzen jongliert – letzten Endes immer, um menschliches Verhalten zu beeinflussen. Nichts anderes will auch die Umweltpolitik: sie will die Art und Weise, wie Menschen die Umwelt nutzen, beeinflussen.

Argumentiert man auf hohem Abstraktionsniveau, dann lassen sich zwei Ansatzpunkte einer allgemein verstandenen Umweltpolitik unterscheiden: Sie kann zum einen versuchen, die *Motivationsstruktur* der Handelnden zu beeinflussen – dieser Aspekt ist in der vorangegangenen Studieneinheit „Umwelt und Erziehung" angesprochen worden –, zum anderen kann sie menschliches Verhalten über die Setzung bestimmter äußerer *Handlungsbedingungen* beeinflussen; dies ist der engere Bereich der Umweltpolitik, der Gegenstand dieser Studieneinheit ist. Nicht übersehen werden darf dabei freilich, daß keine starre Grenze zwischen beiden Bereichen der Verhaltensbeeinflussung besteht, daß es hier also nicht um „entweder – oder" geht.

Wenn Umweltprobleme durch – falsches – menschliches Handeln verursacht werden, dann liegt der Schlüssel zur Lösung dieser Probleme bei der Umweltpolitik. Wie sie dabei vorgeht und mit welchen Problemen sie ihrerseits konfrontiert ist, soll in dieser Studieneinheit dargestellt werden.

Seit dem 1971 vorgelegten Umweltprogramm der Bundesregierung sind zur Lösung der damals als dringend erkannten Umweltprobleme *Gesetze* verabschiedet worden. Ob diese gesetzliche Grundlage ausreicht, „um dem Menschen eine Umwelt zu sichern, wie er sie für seine Gesundheit und für ein menschenwürdiges Dasein braucht", oder ob Interessenkonflikte und sinkende Wirtschaftskraft den notwendigen Ausbau und den konsequenten Vollzug der Gesetze zum Schutz der Umwelt verhindern, hängt auch davon ab, ob sich viele Menschen in ihrem beruflichen und privaten Bereich zu den Zielen der Umweltpolitik bekennen und danach handeln.

1967 verabschiedete der Rat der Europäischen Gemeinschaften für alle Mitgliedsstaaten eine Richtlinie, um die Rechtsvorschriften für die Einstufung von Chemikalien nach ihrer Giftigkeit sowie deren Kennzeichnung und Verpackung anzugleichen. Daraus wurde in der Bundesrepublik Deutschland das Anfang 1982 in Kraft getretene Chemikaliengesetz. Es verpflichtet die Hersteller neuer chemischer Zubereitungen, alle Stoffe anzumelden, von denen mehr als 1 Tonne pro Jahr verkauft werden sollen. Nahezu einhellig wird dieses Gesetz als unzureichend eingestuft – weil es kein Zulassungsverfahren vorsieht, zahlreiche Ausnahmeregelungen enthält und bereits auf dem Markt eingeführte Chemikalien von der Anmeldepflicht ausnimmt.

Diese Studieneinheit analysiert insbesondere die folgenden Themenschwerpunkte:

- Das oberste *Ziel der Umweltpolitik,* die Menschenwürde zu erhalten bzw. wiederherzustellen, gibt wenig Hinweise auf notwendige konkrete Maßnahmen, um etwa Luft und Wasser sauberzuhalten. An verschiedenen Beispielen wird verdeutlicht, welche Schwierigkeiten bestehen, die Ziele in Gesetzen so zu präzisieren, daß sich daraus eindeutige Handlungsvorschriften ergeben. Das grundsätzliche Ziel, Umweltpolitik nach dem Vorsorgeprinzip zu betreiben, kann in Konflikt mit Zielbestimmungen im sozialen und wirtschaftspolitischen Bereich stehen. Mittlerweile gilt aber die hohe gesamtwirtschaftliche Rentabilität der Umweltpolitik als erwiesen.

- *Träger der Umweltpolitik* sind in erster Linie der Deutsche Bundestag, die Bundesregierung und – sofern der Bund wie bei der Wasser- und Luftreinhaltung nur Rahmenkompetenzen hat – die Länderparlamente. Die Zersplitterung der Zuständigkeiten erschwert eine einheitliche Umweltpolitik, führt zu Interessenkonflikten zwischen verschiedenen Ministerien und Behörden und – wie beispielsweise bei der Agrarpolitik und dem Naturschutz – auch innerhalb eines Ministeriums. Für die praktische Durchsetzung der Umweltschutzaufgaben sind die Regierungspräsidenten und die Kreise zuständig. Von dem Verantwortungsbewußtsein der dort beschäftigten Beamten gegenüber der Umwelt hängt es vielfach ab, ob die gesetzlichen Vorschriften vollzogen werden. Das Grundgesetz gewährleistet jedem Staatsbürger den Rechtsweg, wenn er sich durch den Ermessensspielraum der Behörden bei der Präzisierung unbestimmter Rechtsbegriffe benachteiligt fühlt. Die von Umweltschutzorganisationen geforderte Möglichkeit der Verbandsklage soll ein Gegengewicht zu der Vertretung anderer Interessengruppen bieten.

- Zu den *Instrumenten der Umweltpolitik* gehört die – allerdings noch kaum praktizierte – Umweltverträglichkeitsprüfung, mit der sich der Staat selbst in die Pflicht nimmt, etwa beim Bau einer Autobahn. Moralische Überzeugungsarbeit ist das schwächste, aber unverzichtbare Instrument der Umweltpolitik. Subventionen bürden die Kosten für den Umweltschutz letztlich dem Steuerzahler auf und bieten als Politik nach dem Gemeinlastprinzip keinen ausreichenden Anreiz, die Ursachen der Umweltschäden zu beheben. Als Instrumente einer erwünschten Politik nach dem Verursacherprinzip kommen Auflagen, vor allem aber Abgaben in Frage. Verwirklicht, wenn auch nicht konsequent, wurde dieses effektivste umweltpolitische Instrument bislang nur im Abwasserabgabengesetz.

- Die Ursachen von *Vollzugsdefiziten* sind die oft unzureichende personelle und technische Ausstattung der zuständigen Behörden, die aufwendigen Meßtechniken und Kontrollen sowie Interessenkonflikte innerhalb der Behörden, wenn sie Umweltschutzmaßnahmen nur neben anderen Aufgaben wahrnehmen.

- Die *zukünftigen Aufgaben der Umweltpolitik* sind zunächst einmal die noch unbefriedigend gelösten alten Umweltprobleme, wie die Belastung mit schwer abbaubaren Substanzen aus teilweise ungeklärten Quellen, die Rolle des Autos als Umweltverschmutzer, die Lärmbelastung und die Umweltchemikalien. Der internationale Zusammenhang der Umweltprobleme erfordert den Export von Umweltschutz. Insgesamt sollte die Umweltpolitik sich in die anderen Politikbereiche einfügen, also weniger von dem belasteten Medium ausgehen, das es zu schützen gilt, als vielmehr die Umwelt in einem unauflösbaren Zusammenhang sehen, dessen Funktionsfähigkeit es zu bewahren gilt.

Die öffentliche Aufmerksamkeit für Umweltprobleme, das Umweltbewußtsein des betroffenen Bürgers, seine Entscheidungen im beruflichen und privaten Bereich sind wesentliche Voraussetzung für die Durchsetzbarkeit umweltpolitischer Belange. Nur so läßt sich die erforderliche Abstimmung zwischen Fachressorts gewährleisten, denn „Umweltschutz ist eine Querschnittsaufgabe". Ein Merkmal der Umweltpolitik ist aber auch die Wissenschaftsabhängigkeit: Wer zum Beispiel soll entscheiden, ob die Konzentration des Kohlendioxids ein Umweltproblem ist oder nicht? Wer soll entscheiden, ob das mit der Kernenergie verbundene Risiko verantwortbar ist oder nicht? Wachsame Bürger und eine engagierte Verwaltung sind eine notwendige Voraussetzung erfolgreicher Umweltpolitik.

Viele der künftigen Aufgaben der Umweltpolitik bestehen daher auch darin, die bekannte Belastungssituation noch besser „in den Griff zu bekommen". Wegen der diffusen Quellen und der technisch wie organisatorisch schwer zu lösenden Probleme werden Verbesserungen große Anstrengungen erfordern, zumal unter dem Vorzeichen geringeren Wirtschaftswachstums. Der Export von Umweltschutz (zunächst nach dem Gemeinlastprinzip) und ökologisches Denken in allen Politikbereichen sind die Richtungsweiser für die Zukunft.

Umweltpolitik ist eine Gemeinschaftsaufgabe, die alle Verantwortlichen zwingt, über Ressortgrenzen hinauszudenken. Dabei sind sie vielfach von Expertenaussagen abhängig. Der bloße Eindruck einer Umweltgefährdung reicht nicht aus, um gezielt handeln zu können. Wissenschaftler müssen Schaden und Gegenmaßnahmen exakt beschreiben und müssen dann den Politikern die Verantwortung – wie bei der Kernenergie oder beim CO_2-Problem – doch überlassen.

Die Entwicklung einer systematischen Umweltpolitik 28.1.

Der Ursprung einzelner umweltpolitischer Maßnahmen wurde in den verschiedenen Studieneinheiten zurückverfolgt. Sucht man nach einem allgemeinen Nenner, so werden in parlamentarischen Demokratien Probleme meist erst dann zu politischen Themen, wenn es für vorbeugende Maßnahmen schon zu spät ist. Erst recht ist politisches Handeln auf „Problemdruck" angewiesen, wenn es sich um einen neuen Politikbereich handelt. Gewiß gab es auch schon vor Jahrzehnten einzelne auf den Umweltschutz ausgerichtete Regelungen – auf die preußischen Wassergesetze wurde verwiesen –, aber dies blieb punktuell. Zudem verlangte die materielle Not im Deutschland der Nachkriegszeit eine Wirtschaftspolitik, deren Erfolge oder Mißerfolge an den Zuwachsraten des Bruttosozialprodukts abgelesen werden konnten. Die natürliche Umwelt spielte zunächst keine Rolle; sie wurde als nahezu unerschöpfliches Reservoir angesehen, aus dem die für das materielle Wachstum notwendigen „Inputs" schadlos entnommen werden könnten und an die ökonomisch nicht verwertbare Produkte des Wirtschaftsprozesses – ebenso schadlos – wieder abgegeben werden könnten. „Umweltschutz" war in dieser Phase des Wiederaufbaus ein unbekanntes Wort.

Rückblick

Die zunehmende Phase der Verschlechterung der Umweltqualität bis zum Auftreten offensichtlicher Schäden massiven Ausmaßes machte schließlich deutlich, daß diese Philosophie nicht aufgehen konnte. Die unter diesem Aspekt „‚glückliche' Häufung von Umweltkatastrophen"[1] rückte die Umweltbelastungen stark in das Bewußtsein vor allem von Wissenschaftlern und Politikern. Die ausführliche Berichterstattung der Massenmedien über Umweltprobleme trug sicherlich dazu bei, daß auch in der Bevölkerung das Umweltbewußtsein wuchs; das Bedürfnis nach einer sauberen Umwelt war geweckt.

Der Sachverständigenrat für Umweltfragen betont allerdings, daß „Umweltschutz [...] durch Initiative von ‚oben' zum Gegenstand der Politik gemacht (wurde): Wissenschaftler und Politiker haben mit aktiver Unterstützung der Medien das Thema propagiert. Die Bejahung des Umweltschutzes und sein respektabler Rang in der Prioritätenliste sind nicht spontan entstanden, sondern stellen eine positive Reaktion auf eine Problemstellung der politischen Führung (i. w. S.) dar."[2]

---
1 H. P. Fischer: Die Finanzierung des Umweltschutzes im Rahmen einer rationalen Umweltpolitik. Frankfurt/Bern/Las Vegas 1978, S. 132.
2 Umweltgutachten 1978, S. 453. Vgl. zum Entstehungszusammenhang der Umweltpolitik aus sozialistischer Perspektive: K. Krusewitz: Umweltpolitik in der BRD (1970–1980). In: Alternative Umweltpolitik (Argument Sonderband 56), Berlin 1981, S. 52–71.

Damit waren zugleich auch die Voraussetzungen für eine bewußte Umweltpolitik geschaffen, die, wie jede neue Politik, als kurzfristig ausgerichtetes Krisenmanagement anfangen mußte. Allerdings – und das erleichterte den Start – wurde der Umweltschutz rasch zu einem allgemein positiv besetzten Thema, und selbst „diejenigen, die vor Überdramatisierungen warnten, waren selbstverständlich für Umweltschutz".[3] Es verwundert nicht, daß ein derart breiter gesellschaftlicher Konsens schwinden mußte, als im Laufe der Zielkonkretisierung und Instrumentenwahl tatsächliche oder vermeintliche Zielkonflikte auftraten; der unaufhaltsame Aufschwung der Umweltpolitik wurde auch durch das allgemeine politische Klima unterstützt: Mit dem Wechsel von der Großen zur Sozial-Liberalen Koalition in Bonn waren Erwartungen an die politische Innovationsfähigkeit verbunden, die nachträglich abwertend als „Reformeuphorie" bezeichnet wurden. Immerhin profitierte von dieser Euphorie auch die Umweltpolitik:

- In ihrer Regierungserklärung vom 28. Oktober 1969 setzte die Bundesregierung der sozial-liberalen Koalition in der Lösung der Umweltprobleme einen Schwerpunkt ihrer Arbeit.
- Am 17. September 1970 legte die Bundesregierung ein „Sofortprogramm" zur Lösung der dringlichsten Umweltprobleme vor.
- Bereits bis zum 29. September 1971 hatte die Bundesregierung ein Umweltprogramm erarbeitet, das – am 14. Juli 1976 fortgeschrieben – bis heute die programmatische Grundlage der Umweltpolitik darstellt.

Der Umweltschutz wurde in diesem Umweltprogramm offiziell zum Staatsziel proklamiert: „Die Bundesregierung ist der Überzeugung, daß Umweltpolitik den gleichen Rang hat wie andere große öffentliche Aufgaben, zum Beispiel soziale Sicherheit, Bildungspolitik oder innere und äußere Sicherheit."[4] In diesem Programm wird auch der Begriff „Umweltpolitik" konkretisiert. Wir haben ihn bereits an vielen Stellen kennengelernt; hier sei er nochmals wiederholt:

„Umweltpolitik ist die Gesamtheit aller Maßnahmen, die notwendig sind,
- um dem Menschen eine Umwelt zu sichern, wie er sie für seine Gesundheit und für ein menschenwürdiges Dasein braucht,
- um Boden, Luft und Wasser, Pflanzen und Tierwelt vor nachteiligen Wirkungen menschlicher Eingriffe zu schützen und
- um Schäden oder Nachteile aus menschlichen Eingriffen zu beseitigen."[5]

Die große Zahl der Anfang der siebziger Jahre verabschiedeten Umweltgesetze, Sofortprogramme und Erlasse unterstreicht den großen Elan, die Bedeutung und den breiten gesellschaftlichen Konsens der Umweltpolitik. Auch die Rahmenbedingungen boten der Umweltpolitik optimistische Perspektiven: Die Wirtschaft florierte und das „‚Zauberwort' Verursacherprinzip" versprach den Finanzministern von Bund und Ländern eine nahezu kostenlose Politik.[6] Dadurch stieg die Bedeutung der Umweltpolitik zusätzlich; denn nach 1971 begann sich abzuzeichnen, daß viele andere Reformvorhaben aus Finanzierungsgründen zu scheitern drohten. So konnten wichtige gesetzgeberische Vorhaben im Umweltbereich in Angriff

---
3 J. Feick / J. Hucke: Umweltpolitik: Zur Reichweite und Behandlung eines politischen Themas. In: P. Grottian (Hrsg.): Folgen reduzierten Wachstums für Politikfelder. (Sonderheft 11/1980 der Politischen Vierteljahresschrift.) Opladen 1980, S. 169.
4 Umweltprogramm der Bundesregierung, S. 19.
5 Umweltprogramm der Bundesregierung, S. 15.
6 W. Meissner: Das Umweltprogramm 1971: Ökonomische Anmerkungen zu einem Jubiläum. Wirtschaftsdienst 61 (1981), S. 374. Vgl. D. Ewringmann / K. Zimmermann: Umweltpolitische Interessenanalyse der Unternehmen, Gewerkschaften und Gemeinden. In: M. Jänicke (Hrsg.): Umweltpolitik. Beiträge zur Politologie des Umweltschutzes. Opladen 1968, S. 67.

genommen und zum großen Teil auch abgeschlossen werden; die umweltpolitische Programmatik wurde weiterentwickelt, etwaige Konflikte mit den Zielen anderer Politikbereiche traten in den Hintergrund oder wurden weitgehend verdrängt. Der Konsens zeigt sich nicht zuletzt auch darin, daß viele Umweltgesetze im Bundestag einstimmig verabschiedet wurden.

Mit der Verschlechterung der Wirtschaftssituation Mitte der siebziger Jahre veränderte sich auch das Klima für die Umweltpolitik:

„Bereits 1970 wurden erste Untersuchungen auf der Basis von Umfragen vorgelegt, die die finanziellen Leistungen der Industrie im Umweltschutz herausstellten. Gleichzeitig wurde versucht, Umweltschutz als unproduktiven Kostenfaktor in den Vordergrund zu stellen, der Arbeitsplätze gefährde und Investitionsbereitschaft und -volumen reduziere. Daneben wurde auf die Einschränkung der internationalen Wettbewerbsfähigkeit der einheimischen Industrie durch nationale Alleingänge verwiesen. Für Umstellungen auf neue Gesetze wurden zumindest längere Übergangsfristen gefordert. Mit der einsetzenden Rezession 1974/75 wurden diese Bedenken zunehmend offensiv und öffentlich vorgetragen."[7]

Die Umweltpolitik geriet so in die Defensive. Die Diskussion um die konjunkturellen Folgen der Umweltpolitik fand ihren Höhepunkt in einem Gespräch im Juli 1975 zwischen dem Bundeskanzler, Vertretern der Ministerien, Industrie- und Gewerkschaftsvertretern sowie Wissenschaftlern. Bei diesem „Gymnicher Gespräch" wurde beschlossen, die Umweltpolitik unter Beachtung der konjunkturellen Rahmenbedingungen fortzusetzen, was in der politischen Praxis zwar nicht den Stopp, wohl aber eine Verlangsamung der Umweltpolitik bedeutete. Inzwischen hatte sich freilich gezeigt, daß zwischen Umweltpolitik und allgemeiner Wirtschaftspolitik Zielkonflikte nur in geringem Maße aufgetreten sind. Dies ist nicht zuletzt auf den geschickten Einsatz der umweltpolitischen Instrumente zurückzuführen. Dennoch konnte sich die Umweltpolitik bis heute nicht von dem Makel der „Konjunkturbremse" lösen.

Was hat die Umweltpolitik angesichts dieser wechselhaften „Umweltbedingungen" erreicht? Es kann wohl kaum verwundern, daß der für die Umweltpolitik auf Bundesebene seinerzeit zuständige Innenminister seiner eigenen wie der Politik seiner Amtsvorgänger ein positives Zeugnis ausstellt: „In einigen Bereichen hat es deutliche Verbesserungen gegeben, in anderen Bereichen sind Verschlechterungen verhindert worden, und dies vor dem Hintergrund einer Steigerung der Produktionstätigkeit, einer Steigerung des Konsums, insbesondere auch vor dem Hintergrund einer erheblichen Zunahme der Zahl der Kraftfahrzeuge in unserem Lande."[8] Für den kritischen Beobachter der Umweltpolitik ergibt sich freilich die Frage nach dem Beurteilungsmaßstab. Er weiß nicht, wie sich die Umweltsituation ohne die durchgeführten Maßnahmen entwickelt hätte. Außer Frage steht, daß sie schlechter wäre, als sie es heute ist. Reicht dies aus, der Umweltpolitik insgesamt Erfolg zu bescheinigen? Oder könnte die Umweltsituation besser sein, wenn die Umweltpolitik konsequent realisiert worden wäre? „Konsequente Realisierung" heißt, eine Politik ohne Abstimmung mit anderen Zielen betreiben. In diesem Sinne ist Umweltpolitik sicherlich „bisher jedenfalls niemals ganz konsequent realisiert" worden.[9] Und wie hoch wären dann die Zielverzichte in anderen Politikbereichen ausgefallen? Alles dies sind Fragen, die sich im nachhinein mit Sicherheit nicht mehr beantworten lassen.

Gewiß gibt es Erfolgsmeldungen, zugleich aber auch Rückschläge und Probleme. Die offensichtlichen Probleme der Umweltpolitik erstrecken sich von der umweltpolitischen Zielsetzung, ihrer Instrumentierung bis zu ihrem Vollzug. So ist zum

Zwischenergebnis

---

7 J. FEICK / J. HUCKE, a.a.O., S. 173.
8 G. R. BAUM: Zehn Jahre Umweltschutz – eine Bilanz. *Wirtschaftsdienst* 61 (1981), S. 367.
9 D. EWRINGMANN / K. ZIMMERMANN, a.a.O., S. 93.

Beispiel seit Jahren das Verkehrslärmschutzgesetz in Bonn wegen der zulässigen Lärmwerte umstritten, die Abwasserabgabe als ökonomisches Anreizinstrument ist im politischen Prozeß fast bis zur Wirkungslosigkeit verändert und im Bereich der Umweltstandards und -auflagen herrscht ein Vollzugsdefizit: die „Grundsätze des Naturschutzes und der Landschaftspflege" werden „sträflich vernachlässigt".[10] Dem Verursacherprinzip, als Leitmaxime der Umweltpolitik propagiert, wird die umweltpolitische Praxis nicht gerecht.[11]

Insbesondere das „Chemikaliengesetz" zeigt die Grenzen umweltpolitischen Handelns, aber auch die Ausmaße möglicher Mißverständnisse bei der Gesetzesinterpretation. Dieses „Gesetz zum Schutz vor gefährlichen Stoffen" (Chemikaliengesetz – ChemG) vom 16. September 1980 geht auf eine Richtlinie des Rates der Europäischen Gemeinschaften vom 27. Juni 1967 zurück. Damals ging es um ein klares Ziel: Es sollten Rechtsvorschriften angeglichen werden, die für die Einstufung, Verpackung und Zubereitung gefährlicher Stoffe gelten, eine Art Transportgesetz für gefährliche Stoffe. In der weiteren Diskussion wurde daraus ein viel weiter gehendes Chemikaliengesetz, das Prüfungen vorschreiben sollte, „auf deren Grundlage kurz- und langfristig ein gefahrloser Einsatz der betreffenden Chemikalien sichergestellt werden kann" (Begründung zum Gesetzentwurf vom 13. 12. 1978). In dieser Begründung taucht dann auch die Umweltgefährlichkeit auf; auf diese Weise wurde das Gesetz nach und nach zum „Umweltchemikaliengesetz", das vor „Umweltchemikalien" allgemein schützen sollte, obwohl ein Problem wie Seveso in der Bundesrepublik Deutschland durch die „Störfallverordnung" aufgefangen werden sollte.

Das Gesetz ist in seiner Beratungsphase verhältnismäßig häufig kritisiert worden. Besonders der „Rat von Sachverständigen für Umweltfragen" hat in einer umfangreichen Stellungnahme vom 17. September 1979 Kritik am vorgesehenen Verfahrensablauf des Gesetzes geübt. Insbesondere hat er betont, daß es vom Anspruch des Gesetzes her, Mensch und Umwelt vor subchronisch oder chronisch schädlichen Stoffen zu schützen, naheliegt, neue Chemikalien grundsätzlich *vor* dem Inverkehrbringen zu prüfen, nicht erst danach. Das Gesetz kennt demgegenüber nur eine eingeschränkte Anmeldepflicht.

Die sog. „Altstoffe" – dies sind alle Stoffe, die sich vor dem 18. September 1981 bereits auf dem Markt befanden – unterliegen (zunächst) nicht der Prüfung. Wird ein neuer Stoff nur in geringen Mengen (unter 1 Tonne) in den Verkehr gebracht, so braucht er ebenfalls nicht angemeldet zu werden. Darüber hinaus ergibt sich die Frage, wer denn eigentlich prüfen soll. Der „Rat von Sachverständigen für Umweltfragen" hatte seinerzeit vorgeschlagen, eine eigens für das Gesetz zuständige unabhängige Sachverständigenkommission zu errichten, die die Prüfverfahren organisiert. Der Gesetzentwurf hat diese Empfehlung nicht aufgenommen; das Gesetz vertraut vielmehr auf verschiedene Behörden, deren Kapazität offensichtlich aber bis heute unzureichend ist. Alles in allem ist das Chemikaliengesetz ein unzureichendes Gesetz. Man kann nur hoffen, daß die Chemische Industrie von sich aus die Herausforderung annimmt und die Prüfverfahren allgemein einrichtet, die eigentlich hätten eingesetzt werden müssen. Vielleicht ist damit dieses Gesetz zu einem Beispielfall der Grenzen geworden, die der Umweltpolitik durch die Dynamik von Produktionsprozessen gesetzt sind. Um so wichtiger wären hier die Selbstkontrolle und die Selbstverantwortung der Produzenten.

---

10 F. LAMERDIN: Umweltschutz – Recht und Wirklichkeit. *Die neue Ordnung,* Heft 5/1979, S. 351.

11 Zwischen 1970 und 1980 teilen sich die Umweltschutzinvestitionen zu 35% auf die Industrie, zu 65% auf die öffentliche Hand auf. Vgl. R.-U. SPRENGER: Umweltschutz und Beschäftigung. *ifo-schnelldienst* 32 (1979), Nr. 24 vom 30. 5. 1979, S. 5.

Aufgaben und Probleme der Umweltpolitik 28.2.

Alle vorangegangenen Studieneinheiten befaßten sich mit einzelnen Bereichen der Umweltpolitik, beispielsweise mit der Gewässergütepolitik, dem Lärmschutz oder der Luftreinhaltepolitik. Eine Studieneinheit „Umweltpolitik" möchte zusammenfassen und dabei die Grundmuster deutlich machen, aus denen jede Umweltpolitik besteht: Umweltpolitik braucht wie jede Politik Zielvorgaben (28.2.1), wenn sie nicht planlos vorgehen will. Erst die Zielvorgabe ermöglicht auch eine Erfolgskontrolle. Umweltpolitik bedarf ferner eines institutionellen Gerüsts; es muß „Träger" der Umweltpolitik geben (28.2.2), staatliche Organe, die Umweltpolitik planen, beschließen und durchführen. Diese Träger benötigen schließlich Instrumente (28.2.3), um politisch handeln zu können; in der richtigen Wahl der Instrumente liegt oft das Geheimnis des politischen Erfolges. Über alle drei Bereiche wurde bereits an vielen Stellen berichtet; eine zusammenfassende Betrachtung soll das Bild hier abrunden. Darüber hinaus hat gerade die Umweltpolitik einen speziellen Problembereich, der in seinen materiellen Auswirkungen des öfteren angesprochen wurde, das sogenannte „Vollzugsdefizit" (28.2.4). Seine allgemeine Analyse gehört daher in diese Studieneinheit. Das gleiche gilt für die Frage nach den zukünftigen Aufgaben der Umweltpolitik (28.2.5).

Übersicht

Ziele und Zieldefinitionen 28.2.1.

Der erste Grundbestandteil der Umweltpolitik sind *Zielaussagen*. Wie jede Politik wird auch Umweltpolitik mit Blick auf politische Ziele betrieben. In demokratisch-parlamentarischen Gesellschaften sind einzig Parlament und Regierung zum Setzen politischer Ziele berechtigt. Dabei sind die Politiker freilich nicht allein tätig: Gesetze, Verordnungen und Verwaltungsvorschriften werden vielmehr zum großen Teil von der Ministerialbürokratie vorstrukturiert. Die Beamten ihrerseits sind, wie auch die Parlamentarier, dem Einfluß verschiedener gesellschaftlicher Gruppen ausgesetzt; zudem versuchen sie selbst, für politische Vorhaben Unterstützung von durchsetzungsfähigen Gruppen zu erhalten. Politische Zielsetzung erweist sich aufgrund dieser wechselseitigen Beeinflussung nicht als einmaliger Vorgang, sondern als Prozeß.

Analyse 1

Die politischen Ziele selbst sind von höchst unterschiedlicher Qualität. Im Sinne einer demokratischen Kontrolle der Politik überprüfbar ist ein politisches Ziel dann, wenn es möglichst in quantitativer Form angibt, was erreicht werden soll und was nicht. Politische Oberziele, die sich meist auf einen ganzen Politikbereich beziehen, genügen dieser Anforderung in der Regel nicht. Sie tragen vielmehr in vielen Fällen leerformelhaften Charakter, und sie entziehen sich auf diese Weise einer exakten Zielkontrolle. Dies gilt auch für das umweltpolitische Oberziel, das im Umweltprogramm der Bundesregierung wie folgt definiert ist:

Definition

> „Maßstab jeder Umweltpolitik ist der Schutz der Würde des Menschen, die bedroht ist, wenn seine Gesundheit und sein Wohlbefinden jetzt oder in Zukunft gefährdet werden."

Um handlungsleitenden Charakter zu erhalten, muß dieses Oberziel zunächst in Teilziele zerlegt werden, die sich auf die einzelnen Problembereiche der Umweltpolitik beziehen. In ihrem Aktionsprogramm hat die Bundesregierung die folgenden Teilziele aufgestellt:

Tab. 1: Problembereiche und Zielformulierungen der Umweltpolitik

Umweltbereich	Zielformulierung
Natur und Landschaft	1) Wiederherstellung und Weiterentwicklung des Naturhaushalts; Erhaltung der biologischen Vielfalt der Landschaft.
	2) Nachhaltige Nutzung regenerationsfähiger Naturgüter; sparsame Nutzung nicht vermehrbarer Naturgüter
	3) Schonung der Natur, wo Eingriffe in den Naturhaushalt notwendig sind; Ausgleich schädlicher Folgen
Abfallbeseitigung	1) Verbesserung der Recycling-Möglichkeiten
	2) Errichtung wirtschaftlich arbeitender regionaler Abfallbeseitigungsanlagen über regionale Zweckverbände
	3) Entwicklung einheitlicher Grundsätze zur Abfallbeseitigung; Abfallbeseitigungspläne sollen erstellt werden
Umweltchemikalien und Biozide	1) Menschliche Aufnahme von Umweltchemikalien muß so niedrig gehalten werden, daß eine Schädigung Gesundheit ausgeschlossen ist.
	2) Menschliche Gesundheit hat Vorrecht gegenüber ökonomischem Nutzen von Umweltchemikalien
Wasser	1) Bewahrung oder Wiederherstellung des ökologischen Gleichgewichts der Gewässer
	2) Sicherung der Wasserversorgung der Bevölkerung und Wirtschaft. Priorität für Sicherung der Trinkwasserversorgung
	3) Erhaltung aller anderen Wassernutzungsmöglichkeiten, die dem Gemeinwohl dienen
	4) Mindestens Güteklasse II für alle Gewässer. Erhaltung der Qualität von Gewässern höherer Güteklasse
Hohe See und Küstengewässer	1) Erhaltung des biologischen Gleichgewichts des Meeres
	2) Gewinn von Nahrung aus dem Wasser
	3) Erhaltung von Küstengewässern und Stränden als Erholungsgebiete
	4) Nutzung der Naturschätze im Mereswasser umd im Meeresboden
Luft	Nachhaltige Verbesserung der Luft in besonders stark belasteten Gebieten
Lärm	Niemand darf durch Lärm gefährdet, erheblich benachteiligt oder belästigt werden.

Aus: Der Rat von Sachverständigen für Umweltfragen: Umweltgutachten 1974. Stuttgart/Mainz 1974, S. 6f.

Auch hierbei handelt es sich noch um allgemeine Zielbeschreibungen, allerdings zum Teil mit beachtlichem Anspruch, so etwa, wenn niemand durch Lärm gefährdet werden darf. Für die meisten Umweltbereiche muß aber der Zielfindungsprozeß mit der Nennung konkreter Immissionswerte als nicht zu überschreitender Obergrenzen der Umweltbelastung enden. Man kann sogar sagen, daß die Politik, nämlich das in politischen Auseinandersetzungen erfolgende Auswählen aus Zielalternativen, eigentlich erst in dieser Phase der Zielkonkretisierung beginnt. Solche politisch akzeptierten Umweltqualitätsnormen sind notwendiger Bestandteil einer rationalen Umweltpolitik.

Beispiel

Dieser Prozeß der Normsetzung soll am Beispiel der *Luftreinhaltepolitik* dargestellt werden; wir haben bisher die Anforderungen der Luftreinhaltepolitik in Studieneinheit 13 kennengelernt, haben aber dort den Entstehungsprozeß nur in Ansätzen verfolgt. – Gesetzliche Grundlage der Luftreinhaltepolitik ist bekanntlich das Bundes-Immissionsschutzgesetz. In § 1 ist der Zweck des Gesetzes erläutert:

„Zweck dieses Gesetzes ist es, Menschen sowie Tiere, Pflanzen und Sachen vor schädlichen Umwelteinwirkungen und, soweit es sich um genehmigungsbedürftige Anlagen handelt, auch vor Gefahren, erheblichen Nachteilen und erheblichen Belästigungen, die auf andere Weise herbeigeführt werden, zu schützen und dem Entstehen schädlicher Umwelteinwirkungen vorzubeugen."

Auf den ersten Blick besteht jetzt die einzige Aufgabe der Politik eigentlich „nur" noch darin, den Begriff „schädliche Umwelteinwirkung" in konkrete maximale Immissionswerte zu „übersetzen". Nach solchen Werten sucht man freilich im

Gesetz vergeblich. Allerdings ermächtigt § 48 des Bundes-Immissionsschutzgesetzes die Bundesregierung, „nach Anhörung der beteiligten Kreise" allgemeine Verwaltungsvorschriften über „Immissionswerte, die zu dem in § 1 genannten Zweck nicht überschritten werden dürfen", zu erlassen. Die die Luftreinhaltepolitik betreffende allgemeine Verwaltungsvorschrift ist die „Technische Anleitung zur Reinhaltung der Luft" (TA Luft). Hier finden sich auch einige Immissionswerte.

Tab. 2: Immissionswerte entsprechend der TA Luft von 1983

Stoff	Dimension	IW 1	IW 2
Staubniederschlag	g/m² Tag	0,35	0,65
Schwebstaub	mg/m³	0,15	0,30
Chlor	mg/m³	0,10	0,30
Chlorwasserstoff	mg/m³	0,10	0,20
Kohlenmonoxid	mg/m³	10	30
Schwefeldioxid	mg/m³	0,14	0,40
Stickstoffdioxid	mg/m³	0,08	0,30
Fluorwasserstoff	mg/m³	0,10	0,30
Als Bestandteil des Schwebstaubes:			
– Blei	mg/m³	0,2	–
– Cadmium	mg/m³	0,004	–
Als Bestandteil des Staubniederschlages:			
– Blei	mg/m²	0,25	–
– Cadmium	mg/m²	0,5	–
– Thallium	mg/m²	0,1	–

IW 1: Langzeiteinwirkung
IW 2: Kurzzeiteinwirkung
Quelle: TA Luft 1983

Diese Immissionswerte sollen vor allem den Menschen vor schädlichen Umwelteinwirkungen schützen. Solche Immissionswerte gibt es auch in anderen Ländern. Allerdings sind die konkreten Zielwerte höchst unterschiedlich, wie der folgende Vergleich für Kohlenmonoxid und Schwefeldioxid zeigt:

Tab. 3: Immissionswerte (mittlere Langzeitwerte)

Schadstoff	Nation	mg/m³	Beurteilungszeit
Kohlenmonoxid	Kanada	15,0	8 h
CO	USA	10,0	8 h
	Finnland	10,0	8 h
	Israel	11,5	8 h
	Italien	22,5	8 h
	BR Deutschland	30,0	2 Mon.–1 J.*
		10,0	Langzeitwert
Schwefeldioxid	Kanada	0,3	24 h
SO₂	Frankreich	1,0	24 h**
	Israel	0,26	24 h
	Italien	0,38	24 h
	Japan	0,13	24 h
	Schweden	0,26	24 h
	BR Deutschland	0,40	2 Mon.–1 J.
		0,14	Kurzzeitwert

Quelle: Materialien zum Immissionsschutzbericht 1977 des Umweltbundesamtes
  * Die Werte für die Bundesrepublik Deutschland sind aufgrund des unterschiedlichen Konstruktionssystems nicht direkt vergleichbar. Der MIK-Wert der VDI-Richtlinie 2310 beträgt für CO (24 h) 10,0 und für SO₂ 0,30 (24 h).
 ** Informeller Wert, der sich in der Gesetzgebung nicht findet.

Aus: H. WEIDNER / P. KNOEPFEL: Politisierung technischer Werte – Schwierigkeiten des Normbildungsprozesses an einem Beispiel (Luftreinhaltung) der Umweltpolitik. *Zeitschrift für Parlamentsfragen* 10 (1979), S. 161.

Auswertung

Auf den ersten Blick sieht man beachtliche Unterschiede. Da die international unterschiedlichen Zielwerte dem gleichen Zweck dienen sollen, müssen die Differenzen nicht auf Zielaussagen, sondern auf andere Ursachen zurückzuführen sein. Zu vermuten wäre:

– Entweder sind die Menschen in verschiedenen Ländern in unterschiedlichem Maße schadstoffresistent,
– oder die Konstellation im Prozeß der politischen Willensbildung und Entscheidung über die Immissionswerte hat zu den unterschiedlichen Ergebnissen geführt.

Da die erste mögliche Ursache ausgeschlossen werden kann, müssen neben unterschiedlichen Ermittlungsverfahren für die Immissionswerte Eigenschaften des politischen Zielfindungsprozesses für die unterschiedliche Ausprägung der Immissionswerte verantwortlich sein.

Folgerungen

Damit werden einige zentrale Eigenschaften umweltpolitischer Zielwerte klar:
– Staatlich festgesetzte Immissionswerte können nicht als objektive Grenzziehungen zwischen Schaden und Nicht-Schaden angesehen werden.
– Immissionswerte sind Ergebnisse politischer Prozesse mit Interessenkonflikten, obwohl wissenschaftliche Kriterien in die Entscheidungen eingeflossen sind.

Dieses Ergebnis ist für den engagierten Umweltschützer besonders schwer verständlich. Er sollte aber versuchen, den Prozeß zu verstehen, da er für das Funktionieren unseres politischen Systems besondere Bedeutung besitzt. Fragen wir nach den Gründen für die möglichen Diskrepanzen der im politischen Prozeß erzielten Normierungen und den politischen Oberzielen, so bieten sich mehrere Antworten an:

• Die politischen Instanzen haben mehr als nur umweltpolitische Ziele. Unterschiedliche Ziele können miteinander in Konflikt geraten, deutlich sichtbar zum Beispiel dann, wenn der Finanzminister sein Veto gegen ein Vorhaben ausspricht. Auch kann beispielsweise eine äußerst anspruchsvolle umweltpolitische Zielfixierung mit dem Ziel des Wirtschaftswachstums in Konflikt geraten, obwohl die Erfahrung für die gesamtwirtschaftliche Rentabilität der Umweltpolitik spricht. Kompromisse gehören jedoch zum politischen Alltag. Sie sind aber nicht nur notwendig, sondern auch rational; denn über ein bestimmtes Niveau hinausgehende Umweltentlastungen bewirken einen immer geringer werdenden Zusatznutzen bei exponentiell ansteigenden Zusatzkosten in Form von Verzichten bei anderen politischen Zielen (Gesetz vom abnehmenden Grenznutzen). Theoretisch läßt sich folgende Entscheidungsregel ableiten:

Rational ist die Politik dann, wenn sich der Nutzen der jeweils letzten Guteinheit bei der Bereitstellung unterschiedlicher kollektiver Güter (z. B. Umweltqualität und Preisniveaustabilität) ausgleicht.

Die praktische Umsetzung dieser Entscheidungsregel scheitert allerdings an Problemen der Nutzenbewertung. Dennoch machen die Überlegungen klar, daß politische Entscheidungsprozesse – gemessen am Rationalprinzip – Optimierungs-, nicht aber Maximierungsstrategien verfolgen müssen. Es gibt allerdings Umweltbereiche, in denen diese Entscheidungsregel nicht angewendet werden kann, etwa bei hochakuten Giften. Hier kann ein Ziel nicht teilweise, sondern nur ganz (oder gar nicht) erreicht werden.

• Politik spielt sich nicht im interessenfreien Raum ab. Da die Ergebnisse des politischen Prozesses gleichzeitig – von verschiedenen Interessenstandpunkten aus gesehen – positive und negative Wirkungen haben, werden alle Betroffenen versuchen, in ihrem Sinne auf den politischen Entscheidungsprozeß Einfluß zu nehmen. Die Berücksichtigung dieser Interessen im politischen Entscheidungsprozeß kann jedoch unterschiedlich sein. Die Ursache hierfür liegt darin, daß die Umweltpolitik ein „öffentliches Gut", nämlich eine „menschenwürdige Umwelt", bereitzustellen hat. Öffentliche Güter zeichnen sich bekanntlich dadurch aus, daß von ihrem Konsum niemand ausgeschlossen werden kann; jeder Bürger zieht von ihrer Bereitstellung einen Nutzen. Daraus könnte man nun zur Schlußfolgerung kommen, daß dann auch die ganze Bevölkerung die Durchsetzung der entsprechenden Politik aktiv unterstützt. Genau das Gegenteil ist indessen der Fall: Die Mehrheit nimmt – wie bereits mehrfach betont – die „free-rider"-Position ein, weil sie mit gutem Grund glaubt, auch ohne eigenes Zutun in den Genuß des öffentlichen Gutes zu gelangen. So kommt es dazu, daß große Gruppen, die die lebenswichtigsten gemeinsamen Interessen vertreten sollten, „schweigend leiden".[12]

OLSON verdeutlicht seinen Gedanken mit folgenden Beispielen: „Die Steuerzahler bilden eine riesige Gruppe mit einem offenkundigen gemeinsamen Interesse, aber in einem entscheidenden Sinn fehlt es ihnen an einer Vertretung. Die Konsumenten sind mindestens so zahlreich wie jede andere Gruppe in der Gesellschaft, aber sie haben keine Organisation, die sie der Macht der organisierten oder monopolistischen Produzenten entgegenstellen könnten. Breite Schichten haben ein Interesse am Frieden, aber sie besitzen keine Lobby, die es mit denjenigen ‚Sonderinteressen' aufnehmen könnte, die gelegentlich ein Interesse am Krieg haben können" (ebd.).

Auf der anderen Seite handelt es sich bei den durch die Umweltpolitik möglicherweise verursachten Zielverzichten für die davon Betroffenen um private Güter, in aller Regel um Besitzstände wie Emissionsrechte und sonstige Nutzungen. Es verwundert nicht, daß Motivation und Anreiz, sich für die Erhaltung solcher Güter zu engagieren, groß sind. Es kommt hinzu, daß es sich bei den von umweltpolitischen Entscheidungsprozessen negativ betroffenen Interessen meist um „Produzenteninteressen" handelt (Unternehmen und Gewerkschaften), die nicht nur durchsetzungsstärker sind als Konsumenteninteressen, sondern auch über „systemisches Störpotential" verfügen. Dies kann dazu führen, daß wissenschaftlich begründete Entwürfe „im Verlauf des hierarchischen Aufsteigens zur Abteilungs- und Ministerebene oft stillschweigend beiseite geschoben [werden], weil Vertreter betroffener Branchen ihre Bedenken auf höherer Stufe anmelden bzw. offen mit einem Investitionsstopp drohen".[13] Da Umweltpolitik in der Regel nicht alle Branchen gleich hart trifft, sondern in hohem Maße auswählt, trifft sie schon aus diesem Grunde grundsätzlich auf größere Widerstände als beispielsweise eine globale Stabilitätspolitik.

Auch noch weitere Faktoren beeinflussen den umweltpolitischen Zielfindungsprozeß. Hier ist zunächst die wissenschaftliche Beratung der Umweltpolitik zu nennen, die wesentlich vom Fach des Beraters geprägt ist: Der Mediziner betont andere Aspekte (Wirkungsaspekte) als der Techniker (technische Realisierbarkeit) oder der Ökonom (Kosten). Großen Einfluß hat auch der Stand der Umweltforschung: Wo die Kenntnis über Dosis-Wirkung-Beziehungen unzureichend ist, ist auch die Definition von Grenzwerten erschwert. Insbesondere die Durchsetzung des Vorsorgeprinzips kann auf große Probleme stoßen, wenn Informationen über Langzeitwirkungen weitgehend fehlen. Daß die allgemeine Wirtschaftslage und die Situation der Staatsfinanzen die umweltpolitische Zielsetzung beeinflussen, kann nahezu täglich der Presse entnommen werden. Und schließlich hat auch die Art eines Umweltproblems Einfluß auf dessen Chance, überhaupt Gegenstand der Umweltpolitik zu werden. Brauner Rauch, der aus Industrieschloten qualmt, wird viel eher vom politischen System wahrgenommen und löst dort auch eher gegensteuernde Reaktionen aus als ein farbloses Gas, das unter Umständen viel giftiger ist.

---

12 M. OLSON: Die Logik des kollektiven Handelns. Kollektivgüter und die Theorie der Gruppen. Tübingen 1968, S. 163.
13 H. WEIDNER / P. KNOEPFEL: Politisierung technischer Werte – Schwierigkeiten des Normbildungsprozesses an einem Beispiel (Luftreinhaltung) der Umweltpolitik. *Zeitschrift für Parlamentsfragen* 10 (1979), S. 167.

Ergebnis

Die *Wirtschaftsverträglichkeit der Umweltpolitik* ist in Analysen, in denen den Kosten einer Maßnahme die Nutzen gegenübergestellt werden, untersucht worden; dabei sind methodische Probleme aufgetreten, die insbesondere in den Schwierigkeiten einer geldlichen Bewertung der Nutzen liegen.[14] Dennoch werden solche Kosten-Nutzen-Analysen durchgeführt, wobei die Nutzengröße meist durch die ersparten Kosten repräsentiert werden. Einer derartigen Erfassung sind Grenzen gesetzt; so ist beispielsweise im Falle verringerter Krankheitshäufigkeit mit dem verbesserten Gesundheitszustand eines Menschen auch eine größere Lebensfreude verbunden, die in Geldgrößen kaum erfaßt werden kann. Die Umweltbehörde der Vereinten Nationen (UNEP) hat in ihrem Jahresbericht 1981 die Ergebnisse von Kosten-Nutzen-Analysen von Umweltschutzmaßnahmen an Beispielen zusammengestellt. Sie deuten auf eine große gesamtwirtschaftliche Rentabilität der Umweltpolitik hin.

Zusammenfassend heißt es, daß die Umweltverschmutzung in den entwickelten Ländern Kosten in Höhe von etwa 3% bis 5% des Bruttosozialprodukts verursache. Demgegenüber machten die Kosten des Umweltschutzes nur etwa 1% bis 2% des Bruttosozialprodukts aus: „Die Kosten der Umweltpolitik werden im allgemeinen durch die Schadensverringerung überkompensiert."[15]

Trotz dieser offensichtlich gegebenen gesamtwirtschaftlichen Rentabilität der Umweltpolitik kann es zu Zielkonflikten zwischen umweltpolitischen Zielen und den Zielen des „magischen Vierecks" der Wirtschaftspolitik kommen. So wird bei geplanten umweltpolitischen Eingriffen angeführt, sie bewirkten

– Beschäftigungsverluste,
– Verletzung des Ziels der Preisniveaustabilität,
– Einbußen beim Wachstumsziel,
– Gefährdung der internationalen Wettbewerbsfähigkeit.

Dies wären sämtlich Verletzungen der im Stabilitäts- und Wachstumsgesetz genannten Ziele. Was kann zu diesen Zielverletzungen gesagt werden?

• Zunächst zum *Beschäftigungsziel:* In mikroökonomischer Sicht, das heißt in der Betrachtung des einzelnen Unternehmens, wird durch die Einbeziehung *(Internalisierung)* bisher externer Umwelteffekte als betrieblicher Kostenbestandteil zweifellos das Kostenniveau umweltintensiv produzierender Unternehmen erhöht. Dies kann besonders dann zu einem Verlust von Arbeitsplätzen führen, wenn das Unternehmen auch bisher schon an der Rentabilitätsgrenze produzierte. In diesem Falle entscheidet dann der Markt nach dem Einsatz der entsprechenden Instrumente des Verursacherprinzips für den Umweltschutz und gegen eine weitere Produktion. Nach allen Erfahrungen handelt es sich hierbei jedoch um Extremfälle, das heißt um Unternehmen, deren Betrieb bisher nur durch eine unvertretbare Ausbeutung der Umweltressourcen aufrechterhalten werden konnte. Ganze Branchen sind hiervon bisher nicht betroffen. Die folgende Übersicht zeigt vielmehr, daß Umweltschutzinvestitionen und Arbeitslosigkeit branchenmäßig nicht übereinstimmen.

Möglichen negativen Beschäftigungseffekten stehen jedoch auch positive Effekte gegenüber. So wird nach umweltverbessernden Maßnahmen das reale Betriebsvermögen weniger geschädigt; dadurch werden die laufenden Instandhaltungsaufwendungen gesenkt. Auch kann durch effizientere Produktionsprozesse die Produktion verbessert werden und nicht zuletzt darf erwartet werden, daß sich quantitativ und qualitativ höherwertige Produkte auch zu höheren Preisen verkaufen lassen.

---

14 Vgl. zur Problematik der Kosten-Nutzen-Analysen: E. NOWOTNY: Wirtschaftspolitik und Umweltschutz. Freiburg 1974, S. 48ff. Vgl. auch K. H. HANSMEYER / B. RÜRUP: Staatswirtschaftliche Planungsinstrumente. Tübingen/Düsseldorf ²1975, S. 65ff.

15 M. K. TOLBA: The State of the World Environment 1981. The 1981 Report of the United Nations Environment Programme. Nairobi 1981, S. 8.

Tab. 4: Umweltschutzaktivitäten und Arbeitslosigkeit, nach Industriegruppen

Bereich	Umweltschutz- investitionen[a] in % der Gesamtinvestitionen 1971–1977	Arbeitslosen- quoten 1977[b] in %
Grundstoff- und Produktionsgüterindustrien[c]	11,3	2,8
Industrie der Steine und Erden	9,2	2,8
Eisenschaffende Industrie	10,7	2,7
Ziehereien und Kaltwalzwerke	1,9	2,6
Eisen-, Stahl- und Tempergießerei	8,5	3,3
NE-Metallindustrie (einschl. Metallgießerei)	8,4	2,8
Mineralölverarbeitung	19,9	1,9
Chemische Industrie (einschl. Kohlewertstoffe)	11,1	2,3
Sägewerke und Holzbearbeitung	5,0	3,0
Holzverarbeitung	2,4	
Zellstoff- und Papierindustrie	9,6	0,3
Gummi- und Asbestverarbeitung	1,9	3,5
Investitionsgüterindustrien	1,8	2,9
Stahl- und Eisenbau	0,5	3,8
Maschinenbau	1,3	2,3
Büromaschinen- und Datenverarbeitungsindustrie	1,4	3,6
Straßenfahrzeugbau	2,0	2,0
Schiffbau	0,6	3,2
Luftfahrzeugbau	1,3	1,8
Elektrotechnische Industrie	1,9	3,6
Feinmechanische und optische sowie Uhrenindustrie	1,3	2,9
Stahlverformung	3,4	3,1
Eisen-, Blech- und Metallverarbeitung	2,3	3,6
Verbrauchsgüterindustrien[d]	2,0	4,6
Feinkeramische Industrie	3,0	3,6
Glasindustrie	1,7	3,6
Musikinstrumenten- und Spielwarenindustrie (einschl. Schmuckwaren- und Sportgeräteindustrie)	1,9	3,9
Papier- und Pappeverarbeitung	1,5	4,2
Druckerei- und Vervielfältigungsindustrie	1,7	3,2
Kunststoffverarbeitung	3,4	4,5
Ledererzeugung	3,6	5,3
Lederverarbeitung	0,4	
Schuhindustrie	0,3	4,9
Textilindustrie	1,5	4,3
Bekleidungsindustrie	0,4	6,7
Nahrungs- und Genußmittelindustrien	3,2	3,7
Verarbeitende Industrie insgesamt	5,3	3,2

a) Produktions- und produktbezogene Umweltschutzinvestitionen.
b) Arbeitslose Ende September 1977 im Verhältnis zu den beschäftigten Arbeitnehmern Ende Juni 1977. Die wirtschaftliche Zuordnung der Arbeitslosen erfolgte nach dem Wirtschaftszweig des Betriebes, in dem der Arbeitslose vor dem Eintritt der letzten Arbeitslosigkeit tätig war. Die Zuordnung der sozialversicherungspflichtig beschäftigten Arbeitnehmer erfolgte nach der Beschäftigtenstatistik der Bundesanstalt für Arbeit.
c) Einschl. Holzverarbeitung. – d) Ohne Holzverarbeitung.

Quellen: Ifo-Institut und Berechnungen des Ifo-Instituts nach Angaben der Bundesanstalt für Arbeit.

Aus: R.-U. SPRENGER: Umweltschutz und Beschäftigung. *ifo-schnelldienst* 32 (1979), Nr. 24, S. 13.

Über sogenannte „Multiplikator-" und „Akzeleratorprozesse" beeinflussen Umweltschutzinvestitionen auch die Gesamtwirtschaft. Dabei handelt es sich kurz gesagt um nachfragesteigernde Effekte, die durch die Wiederverausgabung investierter Geldbeträge entstehen. Sie lösen damit positive Beschäftigungseffekte aus. Eine vorsichtige Abschätzung wird in der folgenden Tabelle vorgenommen (S. 60).

Es spricht vieles dafür, daß der Saldo zwischen positiven und negativen Beschäftigungseffekten positiv ist, die Umweltpolitik demgemäß sogar Netto-Beschäftigungseffekte bewirkt hat. Ob dieses positive Bild bei einer insgesamt sich verschärfenden Beschäftigungssituation erhalten bleibt, steht freilich dahin. Von daher wachsen auch mögliche Konflikte zwischen der Umweltpolitik und dem Beschäftigungsziel.

Tab. 5: Direkte und indirekte Beschäftigungswirkungen von Umweltschutzinvestitionen der Industrie und der öffentlichen Hand (1971–1980) in 1000 Beschäftigten

Jahr	Beschäftigungswirkungen aufgrund von Umweltschutzinvestitionen								
	der Industrie			der öffentlichen Hand			insgesamt		
	direkt	indirekt	insgesamt	direkt	indirekt	insgesamt	direkt	indirekt	insgesamt
1971	26,2	16,9	43,1	41,2	28,5	69,7	67,5	45,4	112,8
1972	25,8	16,6	42,4	42,5	29,2	71,7	68,2	45,8	114,0
1973	25,2	16,0	41,2	39,7	27,6	67,2	64,9	43,6	108,5
1974	25,2	15,9	41,1	41,9	28,5	70,4	67,0	44,4	111,5
1975	25,6	16,4	42,0	38,0	26,3	64,2	63,5	42,7	106,2
1976	24,3	15,4	39,7	46,2	31,9	78,1	70,5	47,3	117,8
1977	19,1	12,1	31,2	41,0	28,3	69,3	60,1	40,3	100,4
Mittelwert 1971–1977	24,5	15,6	40,1	41,5	28,6	70,1	66,0	44,2	110,2
Mittelwert 1978–1980	28,9	18,3	47,2	58,0	39,9	97,9	86,9	58,2	145,1

Quellen: Statistisches Bundesamt, Input-Output-Tabelle 1970, Wiesbaden 1977; Erhebungen und Berechnungen des Ifo-Instituts.

Aus: R.-U. Sprenger, a.a.O., S. 6.

• Zum Ziel der *Preisniveaustabilität:* Eine derart weitgehende Zielharmonie dürfte für die Beziehungen zwischen Umweltschutz und Preisniveaustabilität nicht vorliegen. Es entspricht nämlich der Logik der Umweltpolitik, daß umweltintensiv hergestellte Produkte teurer werden. Das bedeutet in der Fachsprache des Ökonomen eine Verschiebung der relativen Preise, das heißt der Preisstruktur. Ob daraus auch eine Veränderung aller Preise und damit des sog. „Preisniveaus" folgt, ist freilich eine Frage der allgemeinen Preisflexibilität und vieler bedeutsamer Nebenbedingungen. Dazu gehören beispielsweise die Finanzpolitik, die Geldpolitik und die Lohnpolitik.

• Schließlich zu *Umweltschutz und außenwirtschaftlichem Gleichgewicht:* Über die Auswirkungen der Umweltpolitik auf die internationale Wettbewerbsfähigkeit einer Volkswirtschaft können bis heute nur allgemeine Überlegungen angestellt werden. Sicherlich steigen auch im internationalen Handel die Preise umweltintensiver Güter. Für die Nachfrage nach Exportgütern ist aber nicht nur deren Preis von Bedeutung, sondern auch ihre Qualität. Auch muß berücksichtigt werden, daß Umweltpolitik in den Ländern der Exportmärkte ebenfalls betrieben wird, so daß mögliche Wettbewerbsnachteile ausgeglichen werden.

Die Zusammenhänge zwischen Wirtschaftswachstum und Umweltpolitik werden in der Studieneinheit 30 näher behandelt.

Aufgabe 1 Warum stellen umweltpolitische Ziele in der Regel Kompromisse dar?

Träger der Umweltpolitik 28.2.2.

Träger der Umweltpolitik der Bundesrepublik Deutschland sind vor allem die Volksvertretungen als Gesetzgeber sowie die Regierungen und Verwaltungen als planende und vollziehende Staatsorgane. Eine nicht unbedeutende Rolle als Träger umweltpolitischer Entscheidungen spielen auch die Gerichte. Außerdem wird die Umweltpolitik der Bundesrepublik Deutschland zum Teil entscheidend durch die Umweltpolitik der Europäischen Gemeinschaft bestimmt, deren Hauptträger der EG-Ministerrat ist.

<small>Analyse 2</small>

Nach dem Grundgesetz sind die *Gesetzgebungszuständigkeiten* auf dem Gebiet der Umweltpolitik in der Bundesrepublik Deutschland zwischen Bund und Ländern, also zwischen dem Deutschen Bundestag und den Volksvertretungen der einzelnen Länder, aufgeteilt. Der Bund hat die volle Gesetzgebungszuständigkeit für den Immissionsschutz (das heißt die Luftreinhaltung und die Lärmbekämpfung), für die Abfallbeseitigung sowie für den Strahlenschutz und die Reaktorsicherheit. Außerdem hat der Bundesgesetzgeber das Recht, Rahmenvorschriften für den Wasserhaushalt sowie für den Naturschutz und die Landschaftspflege zu erlassen. Soweit dem Bund die volle Gesetzgebungskompetenz zusteht, werden alle wesentlichen Fragen bis hinunter zu wichtigen Einzelheiten durch Umweltgesetze des Bundes geregelt. Dies ist vor allem im Bundes-Immissionsschutzgesetz, im Abfallbeseitigungsgesetz, im Atomgesetz sowie im Chemikaliengesetz geschehen. Die Länder haben zu derartigen Bundesgesetzen nur Ausführungsgesetze zu erlassen, soweit dies erforderlich ist. Beispiele für solche Ausführungsgesetze sind die Immissionsschutzgesetze und die Abfallgesetze der einzelnen Länder. Soweit der Bundesgesetzgeber jedoch nur eine „Rahmenkompetenz" besitzt, liegt das Schwergewicht der Gesetzgebung bei den Länderparlamenten. Beispiele dafür sind die Wassergesetze sowie die Naturschutz- und Landschaftspflegegesetze der Länder. Diese haben sich dabei lediglich an die Rahmenvorschriften zu halten, die der Bund (hier in Gestalt des Wasserhaushaltsgesetzes, des Abwasserabgabengesetzes bzw. des Bundesnaturschutzgesetzes) erlassen hat. Die Verteilung der Gesetzgebungskompetenzen zwischen Bund und Ländern befriedigt aus der Sicht des Umweltschutzes nicht, soweit sie eine einheitliche gesamtstaatliche Umweltpolitik im europäischen Rahmen erschwert.

<small>Bereich 1</small>

Nächst den Volksvertretungen ist die *Bundesregierung* ein Träger umweltpolitischer Entscheidungen von besonderer grundsätzlicher Bedeutung. Auf der Grundlage und im Rahmen der Umweltgesetze bestimmt sie die Grundzüge der Umweltpolitik der Bundesrepublik Deutschland als Gesamtstaat. Dies geschieht sowohl in der Form von Umweltprogrammen als auch durch Einzelentscheidungen wie die Vorlage von Gesetzentwürfen, den Erlaß von Rechtsverordnungen oder Allgemeinen Verwaltungsvorschriften oder sonstige Regierungsakte. Beispiele umweltpolitischer Programme der Bundesregierung sind das Umweltprogramm von 1971 mitsamt seiner Fortschreibung von 1976 sowie das Abfallwirtschaftsprogramm von 1975. Von den geltenden Umweltgesetzen gehen unter anderem das Bundes-Immissionsschutzgesetz, das Abfallbeseitigungsgesetz, das Atomgesetz und das Chemikaliengesetz sowie an Rahmengesetzen das Wasserhaushaltsgesetz, das Abwasserabgabengesetz und das Bundesnaturschutzgesetz auf Vorlagen der Bundesregierung an den Bundestag zurück. An Rechtsverordnungen und Allgemeinen Verwaltungsvorschriften der Bundesregierung seien hier als Beispiele die zahlreichen Durchführungsverordnungen zum Bundes-Immissionsschutzgesetz sowie die beiden technischen Anleitungen „Luft" und „Lärm" und an sonstigen Regierungsakten Aufsichtsmaßnahmen im Bereich des Strahlenschutzes und der Reaktorsicherheit genannt.

<small>Bereich 2</small>

Innerhalb der Bundesregierung sind die auf Bundesebene wahrzunehmenden umweltpolitischen Aufgaben auf dem Gebiet der Luftreinhaltung, der Lärmbekämpfung, der Abfallbeseitigung und der Wasserwirtschaft sowie die Grundsatzfragen der Umweltprogramme beim *Bundesminister des Innern* konzentriert, der daher sowie im Hinblick auf seine Koordinierungsfunktion auch als der „Umweltminister" der Bundesrepublik Deutschland bezeichnet wird. Dabei darf jedoch nicht übersehen werden, daß wichtige Teile der Umweltpolitik zu den Geschäftsbereichen anderer Bundesminister gehören. So ist beispielsweise der Bundesminister für Ernährung, Landwirtschaft und Forsten für die Aufgaben des Naturschutzes und der Landschaftspflege auf Bundesebene zuständig. Weitere umweltpolitische Zuständigkeiten liegen beim Bundesminister für Jugend, Familie und Gesundheit in Gestalt des Schutzes der Menschen und der Umwelt vor der schädlichen Wirkung von Chemikalien, beim Bundesminister für Verkehr auf dem Gebiet der Bekämpfung des Verkehrslärms, beim Bundesminister für Wirtschaft, soweit es sich um die Energieeinsparung und die Altölbeseitigung handelt, sowie bei dem Bundesminister für Raumordnung, Bauwesen und Städtebau und dem Bundesminister für Forschung und Technologie hinsichtlich der im Rahmen dieser Geschäftsbereiche wahrzunehmenden umweltpolitischen Aufgaben.

Die Aufteilung der Umweltpolitik auf sieben Bundesminister kann sich nachteilig für den Umweltschutz auswirken, soweit sie die Erarbeitung einer umweltpolitischen Gesamtkonzeption erschwert. Die Aufteilung der Kompetenzen kann dazu führen, daß umweltpolitische Aufgaben innerhalb ein und desselben Ressorts neben anderen Aufgaben wahrgenommen werden müssen – mit der Gefahr von Interessenkollisionen, wie dies hinsichtlich der Agrar- oder der Verkehrspolitik auch der Fall ist. Wünschenswert wäre aus der Sicht des Umweltschutzes andererseits eine Zusammenfassung umweltpolitischer Angelegenheiten mit der Zuständigkeit für die Raumordnung.

Die Bundesregierung trifft ihre Entscheidungen entweder als „Bundeskabinett", das heißt als Kollegialorgan, dem der Bundeskanzler und sämtliche Bundesminister angehören, oder durch den einzelnen Minister. Die Bundesminister verwalten ihre Geschäftsbereiche in eigener Verantwortung, haben aber Beschlüsse des Bundeskabinetts und Richtlinienentscheidungen des Bundeskanzlers zu beachten. Zur Vorbereitung und zur Koordination umweltpolitischer Entscheidungen der Bundesregierung ist ein *Kabinettsausschuß für Umweltfragen* gebildet worden, in dem die für Umweltaufgaben zuständigen Bundesminister vertreten sind und dem ein *Ständiger Abteilungsleiterausschuß (Bund)* vorgeschaltet ist, dem die Leiter der jeweils in Betracht kommenden Abteilungen der entsprechenden Bundesministerien angehören. Während der Abteilungsleiterausschuß seit seiner Gründung im Jahre 1972 in regelmäßigen Abständen zusammentritt, finden Sitzungen des Kabinettsausschusses nur aus besonderem Anlaß statt.

Der Erleichterung der Urteilsbildung bei der Bundesregierung und anderen umweltpolitisch verantwortlichen Instanzen sowie in der Öffentlichkeit dient ein unabhängiger *Rat von Sachverständigen für Umweltfragen,* der aus 12 Mitgliedern besteht, die die Hauptgebiete des Umweltschutzes repräsentieren sollen und vom Bundesminister des Innern im Einvernehmen mit dem Kabinettsausschuß für Umweltfragen jeweils für die Dauer von 3 Jahren mit höchstens zweimaliger Wiederholungsmöglichkeit berufen werden.

Bereich 3   Die auf Landesebene zu treffenden umweltpolitischen Entscheidungen von grundsätzlicher Bedeutung obliegen den einzelnen *Landesregierungen*. Sie bestimmen die Grundzüge der Umweltpolitik des betreffenden Landes, die ihren Ausdruck in Landesumweltprogrammen finden und vor allem in Gestalt von Gesetzentwürfen, Rechtsverordnungen, Allgemeinen Verwaltungsvorschriften, Planungen im Landesmaßstab und sonstigen Regierungsakten verwirklicht werden.

Auch in den Ländern sind die umweltpolitischen Aufgaben zumeist nicht sämtlich bei einem einzigen Mitglied der Landesregierung zusammengefaßt, sondern in der Regel auf mehrere Minister bzw. Senatoren aufgeteilt. Abgesehen von den drei Stadtstaaten geht die Konzentration umweltpolitischer Aufgaben in *einer* Hand unter den Flächenstaaten am weitesten im Saarland, dessen Minister für Umwelt, Raumordnung und Bauwesen, von gewissen Teilbereichen abgesehen, die Zuständigkeiten für Immissions- und Strahlenschutz, für Wasser- und Abfallwirtschaft, für Naturschutz und Landschaftspflege sowie für Raumordnung und

28. Umweltpolitik 391

Landesplanung in seinem Ressort vereinigt. Eine ähnliche, wenn auch nicht ganz so weit gehende Zusammenfassung hat im Bayerischen Staatsministerium für Landesentwicklung und Umweltfragen sowie im Hessischen Ministerium für Landesentwicklung, Umwelt, Landwirtschaft und Forsten stattgefunden. Im übrigen sind die umweltpolitischen Aufgaben in den Flächenstaaten im wesentlichen zwischen den für Arbeit und Soziales und den für Ernährung, Landwirtschaft und Forsten verantwortlichen Landesministern aufgeteilt, wobei die einen für den Immissions- und Strahlenschutz, die anderen für die Wasser- und Abfallwirtschaft sowie für Naturschutz und Landschaftspflege zuständig sind; die Raumordnung und Landesplanung sind entweder beim Ministerpräsidenten oder beim Innenminister des Landes angesiedelt.

Soweit die umweltpolitischen Aufgaben nicht sämtlich oder zum überwiegenden Teil bei einem Umweltressort zusammengefaßt sind und dieses nicht auch für die Raumordnung und die Landesplanung zuständig ist, befriedigt die Aufgabenverteilung innerhalb der Landesregierungen aus der Sicht des Umweltschutzes ebensowenig wie die auf der Ebene der Bundesregierung. Dies gilt vor allem im Hinblick auf die Zusammenfassung von Zuständigkeiten und Verantwortung auf dem Gebiet der Agrarpolitik mit Aufgaben des Naturschutzes und der Landschaftspflege sowie des Gewässerschutzes und der Abfallwirtschaft, da hier zum Teil gegensätzliche Interessenlagen bestehen, die innerhalb ein und desselben Ressorts oft nicht in befriedigender Weise ausgeglichen werden können.

Der Zusammenarbeit der Länder untereinander durch gegenseitige Information, Erfahrungsaustausch, gemeinsame Vorbereitung einheitlich zu treffender Maßnahmen und anderweitige Koordination dienen 5 Länderarbeitsgemeinschaften für die Bereiche Wasser, Abfall, Naturschutz, Landschaftspflege und Erholung, Immissionsschutz sowie Kernenergie und Strahlenschutz, in denen die jeweils für die betreffenden Aufgabengebiete zuständigen Landesressorts vertreten sind.

Da die im Bundesgebiet zu erfüllenden umweltpolitischen Aufgaben zwischen der Bundesregierung und den Regierungen der Länder aufgeteilt sind, bedarf es einer *Koordinierung auf Bundes- und Landesebene* für die zu treffenden Regierungs- und Verwaltungsmaßnahmen. Weisungsbefugnisse der Bundesminister gegenüber den Landesbehörden bestehen nämlich nur, soweit es sich um den Vollzug des Atomgesetzes handelt, da dieses von den Ländern im Auftrag des Bundes ausgeführt wird. Auf den Vollzug der anderen Bundesgesetze umweltpolitischen Inhalts kann die Bundesregierung nur dadurch einwirken, daß sie Rechtsverordnungen aufgrund entsprechender gesetzlicher Ermächtigungen oder Allgemeine Verwaltungsvorschriften unmittelbar kraft Verfassungsrechts erläßt. Die Landesregierungen ihrerseits wirken über den Bundesrat sowohl an der Bundesgesetzgebung als auch an dem Erlaß von Rechtsverordnungen und Allgemeinen Verwaltungsvorschriften der Bundesregierung mit. Im übrigen erfolgt die Koordination zwischen der Umweltpolitik des Bundes und der der einzelnen Länder über einen *Ständigen Abteilungsleiterausschuß (Bund/Länder)*, in dem sowohl die für umweltpolitische Aufgaben zuständigen Bundesminister als auch die entsprechenden Landesminister bzw. Senatoren vertreten sind. Als Spezialgremium existiert außerdem ein *Bund/Länderausschuß für Umweltchemikalien*. Die Koordination auf der Chef-Ebene vollzieht sich im Rahmen der in gewissen Zeitabständen regelmäßig zusammentretenden *Umweltministerkonferenzen* von Bund und Ländern.

Bereich 4

Wichtige umweltpolitische Aufgaben des Bundes unterhalb der Ministerialebene – und zwar vorwiegend Fachaufgaben naturwissenschaftlich-technischer Art, die im Bundesmaßstab zu erfüllen sind – werden von den auf diese Fragen spezialisierten zahlreichen *Bundesoberbehörden* und *Bundesanstalten* wahrgenommen.
An erster Stelle ist hier das *Umweltbundesamt* in Berlin zu nennen, das vor allem für naturwissenschaftlich-technische Fragen der Luftreinhaltung, der Lärmbekämpfung und der Abfallbeseitigung sowie für fachübergreifende allgemeine Umweltan-

Bereich 5

gelegenheiten, insbesondere umfassende Informationsaufgaben und Koordinierungsfunktionen bei der Förderung von Forschungs- und Entwicklungsvorhaben, zuständig ist.

Wichtige Hilfsfunktionen im Bereich der Umweltsicherung obliegen auch dem *Bundesgesundheitsamt* – mit dem Institut für Wasser-, Boden- und Lufthygiene –, das seinen Sitz ebenfalls in Berlin hat, sowie der *Bundesanstalt für Gewässerkunde* in Koblenz. Genannt seien außerdem noch das Deutsche Hydrographische Institut in Hamburg, die Bundesforschungsanstalt für Naturschutz und Landschaftsökologie in Bonn, die Biologische Bundesanstalt für Land- und Forstwirtschaft in Braunschweig sowie die Bundesanstalt für Materialprüfung in Berlin. Diese Bundesoberbehörden und Bundesanstalten erfüllen unter anderem Fachaufgaben auf dem Gebiet des Gewässerschutzes und des Schutzes von Mensch und Umwelt vor den schädlichen Wirkungen von Chemikalien.

Bereich 6

Das Schwergewicht des Vollzugs der Umweltgesetze wie überhaupt der Umsetzung umweltpolitischer Ziele und Planungen in die Wirklichkeit liegt bei den *Verwaltungen der Länder*. Denn das Grundgesetz hat zwar die Gesetzgebungszuständigkeiten weitgehend beim Bund konzentriert, den Gesetzesvollzug und die sonstigen Aufgaben öffentlicher Verwaltung aber grundsätzlich den Ländern zugewiesen. Wichtige umweltpolitische Fachaufgaben unterhalb der Ministerialebene werden für das gesamte Landesgebiet von *Landesämtern* bzw. *Landesanstalten* wahrgenommen.

Die auf der Mittelstufe zu erfüllenden umweltpolitischen Aufgaben der Länder sind in der Regel bei den Regierungspräsidenten – bzw. den „Regierungen" oder „Bezirksregierungen" – gebündelt. Auf der unteren Ebene werden die Verwaltungsaufgaben auf dem Gebiet der Luftreinhaltung und der Lärmbekämpfung neben denen des Arbeitsschutzes von Gewerbeaufsichtsämtern und die wissenschaftlich-technischen Fachaufgaben der Wasser- und zumeist auch der Abfallwirtschaft im allgemeinen von Wasserwirtschaftsämtern als unteren Landessonderbehörden wahrgenommen. Im übrigen liegen die auf örtlicher Ebene zu erfüllenden Verwaltungsaufgaben des Umweltschutzes grundsätzlich bei den Kreisen bzw. den kreisfreien Städten als Unterbehörden der allgemeinen inneren Verwaltung. Die Abfallbeseitigung ist zum Teil auch kreisangehörigen Gemeinden übertragen worden.

Im Saarland und in Schleswig-Holstein – den beiden Flächenstaaten ohne staatliche Mittelinstanz – weicht die Zuständigkeitsverteilung insofern von der Regel ab, als im Saarland die unterhalb der Ministerialebene wahrzunehmenden Verwaltungsaufgaben auf dem Gebiet der Luftreinhaltung und der Lärmbekämpfung bei dem Gewerbeaufsichtsamt für das Saarland und die wissenschaftlich-technischen Fachaufgaben der Wasser- und Abfallwirtschaft bei dem Landesamt für Wasser- und Abfallwirtschaft konzentriert sind, während das Land Schleswig-Holstein nur die Fachaufgaben auf dem Gebiet der Wasser- und Abfallwirtschaft bei einem Landesamt für Wasserhaushalt und Küsten zusammengefaßt hat, die Verwaltungsaufgaben auf dem Gebiet der Luftreinhaltung und Lärmbekämpfung aber von mehreren Gewerbeaufsichtsämtern als unteren Landessonderbehörden wahrnehmen läßt.

In den Stadtstaaten werden die Verwaltungsaufgaben des Umweltschutzes von der Senatsverwaltung in einzelnen Verwaltungszweigen und den Bezirksämtern wahrgenommen, soweit nicht Landessonderbehörden für Teilgebiete zuständig sind wie etwa die beiden Gewerbeaufsichtsämter im Land Bremen oder das Naturschutzamt Hamburg.

Bereich 7

Eine nicht unbedeutende Rolle als Träger einzelner umweltpolitischer Entscheidungen spielen in der Bundesrepublik Deutschland – wie bereits bemerkt – auch die *Gerichte*, und zwar vor allem die Verwaltungsgerichte und Oberverwaltungsgerichte der Länder als Instanz- und Berufungsgerichte sowie das Bundesverwaltungsgericht als Revisionsinstanz. Dies hängt damit zusammen, daß das Grundgesetz jedem Staatsbürger grundsätzlich den Rechtsweg, das heißt die richterliche Nachprüfung aller Maßnahmen der Verwaltung, gewährleistet, die sich als Eingriffe in seine Rechtssphäre darstellen. Die Möglichkeit für die Gerichte, durch ihre Entscheidun-

28. Umweltpolitik

gen auf die Umweltpolitik Einfluß zu nehmen, ergibt sich unter anderem daraus, daß die Umweltgesetze häufig sog. „unbestimmte Rechtsbegriffe" verwenden, die erst durch die Auslegung seitens der Gerichte mit konkretem Inhalt erfüllt werden. Außerdem unterliegen die Verwaltungsbehörden auch dort, wo ihnen der Gesetzgeber einen Ermessensspielraum einräumt, einer gerichtlichen Kontrolle ihrer Ermessensausübung. Der Einfluß der Gerichtsbarkeit auf die Umweltpolitik würde sich voraussichtlich noch in erheblichem Maße erhöhen, wenn es zu der von verschiedenen Seiten angestrebten sog. „Verbandsklage", also der Klagebefugnis von Umweltschutzorganisationen, kommen sollte.

Auch der Gesetzgeber unterliegt einer gerichtlichen Kontrolle daraufhin, inwieweit er sich im Rahmen des Grundgesetzes hält. Sie ist ausschließlich dem Bundesverfassungsgericht in Karlsruhe vorbehalten, das Gesetze für nichtig erklären oder feststellen kann, daß der Gesetzgeber einen Verfassungsauftrag nicht erfüllt hat.

Aufgrund einer Ermächtigung im Grundgesetz hat die Bundesrepublik Deutschland einen Teil ihrer Hoheitsrechte, vor allem auf dem Gebiet der Rechtsetzung, auf die *Europäische Gemeinschaft (EG)* übertragen, die auch Aufgaben auf dem Gebiet der Umweltpolitik wahrnimmt. Ihre Organe – voran der aus den Regierungen der Mitgliedstaaten bestehende Rat sowie die Kommission und das Europäische Parlament – sind daher ebenfalls als Träger der Umweltpolitik anzusehen.

Bereich 8

Die wichtigsten umweltpolitischen Entscheidungen auf europäischer Ebene werden vom Rat in Gestalt von Richtlinien getroffen, die zwar nicht für den einzelnen Staatsbürger unmittelbar verbindlich sind, die aber die Mitgliedstaaten dazu verpflichten, sie in nationales Recht umzusetzen und bei ihren umweltpolitischen Maßnahmen im eigenen Lande zu beachten. Durch Richtlinien des Rates sind zum Beispiel wichtige Qualitätsziele für die Gewässer der Gemeinschaft aufgestellt und Begrenzungen für die Einleitung von Schadstoffen vorgeschrieben worden. Auf dem Gebiet der Luftreinhaltung und der Lärmbekämpfung sind, um ein weiteres Beispiel zu nennen, die Grenzwerte für Abgas- und Geräuschemissionen von Kraftfahrzeugen durch die EG einheitlich für alle Mitgliedstaaten vorgegeben.

Die Integration in die EG ist sowohl für die Umweltpolitik als auch für die Wirtschaftspolitik der Bundesrepublik Deutschland von großer praktischer Bedeutung. Denn die Harmonisierung des Umweltrechts im europäischen Rahmen trägt nicht nur zur Verminderung grenzüberschreitender Umweltbelastungen bei, sondern verhindert auch Wettbewerbsverzerrungen innerhalb des Gemeinsamen Marktes durch unterschiedliche Umweltstandards in den einzelnen Mitgliedstaaten. Die unterschiedliche Umweltsituation in den verschiedenen Teilen Europas erschwert allerdings mitunter die Einigung auf gemeinsame umweltpolitische Ziele erheblich.

Die Entscheidungen der Parlamente und Regierungen sowie der Verwaltungsbehörden in den einzelnen Politikbereichen einschließlich der Umweltpolitik werden in hohem Maße von *gesellschaftlichen Kräften* beeinflußt, die im Vorfeld des Staates in verschiedener Weise auf die Willensbildung seiner Organe einwirken bzw. daran mitwirken. Aufgrund der Entscheidung der Wähler wirken vor allem die politischen Parteien auf Bundes-, Landes- und Kommunalebene an der politischen Willensbildung mit. Weitere Einflüsse auf die Politik gehen von Wirtschaftsverbänden und Gewerkschaften, von Presse, Rundfunk und Fernsehen, von der Wissenschaft, von Bürgerinitiativen und von sonstigen Gruppeninteressen repräsentierenden Organisationen wie überhaupt von der öffentlichen Meinung aus. Diese Kräfte wirken – entsprechend dem pluralistischen Charakter unserer Staats- und Gesellschaftsordnung – aufgrund verschiedener Grundanschauungen und Interessenlagen in oft kontroversen Richtungen auf die einzelnen Politikbereiche und damit auch auf die Umweltpolitik ein.

Bereich 9

Für die Umweltpolitik ist die Beteiligung gesellschaftlicher Kräfte an der Willensbildung und Entscheidungsfindung des Staates von besonderer Bedeutung. Denn in der Umweltpolitik kommt es in besonders hohem Maße darauf an, durch Abwägung verschiedener Interessen zu einem Ausgleich zu kommen. Außerdem sind die Träger der staatlichen Umweltpolitik weitgehend auf die Bereitschaft der Beteiligten zur Annahme der getroffenen Entscheidungen, zu ihrer Umsetzung in entsprechendes Verhalten sowie zur Kooperation mit den staatlichen Instanzen angewiesen, durch die gleichzeitig die Wirksamkeit umweltpolitischer Maßnahmen erhöht und das jeweilige umweltpolitische Ziel mit einem Minimum an staatlicher Regulierung und Kontrolle erreicht wird. Eine Beteiligung gesellschaftlicher Kräfte an Entscheidungsprozessen des Staates entspricht dem Wesen der pluralistischen Demokratie des Grundgesetzes, darf allerdings nicht dazu führen, die Entscheidungsbefugnis der unmittelbar oder mittelbar demokratisch legitimierten Staatsorgane und damit letztlich die Struktur- und Funktionsprinzipien der repräsentativen Demokratie als solcher in Frage zu stellen.

In der Umweltpolitik findet regelmäßig eine Beteiligung gesellschaftlicher Kräfte an der Vorbereitung von Gesetzen, Rechtsverordnungen und Allgemeinen Verwaltungsvorschriften sowie von Planungen verschiedener Art in Gestalt von Anhörungen der beteiligten Kreise durch Parlamente und Regierungen statt. Außerdem werden die betroffenen Teile der Gesellschaft durch die zuständigen Behörden an der Durchführung förmlicher Verwaltungsverfahren beteiligt, wie dies beispielsweise nach dem Bundes-Immissionsschutzgesetz bei Verfahren vor der Genehmigung gewerblicher Anlagen der Fall ist. Besonders zu erwähnen sind die Mitwirkung von Naturschutzverbänden an der Vorbereitung von Rechtsvorschriften, Landschaftsprogrammen und Landschaftsplänen sowie die Erteilung von Befreiungen von Schutzgebietsregelungen und an der Planfeststellung über Vorhaben, die mit Eingriffen in Natur und Landschaft verbunden sind.

Bereich 10

Auf der anderen Seite wirken die Träger staatlicher Umweltpolitik ihrerseits bestimmend auf das Verhalten der Gesellschaft ein.

Dies geschieht bis jetzt in erster Linie durch gesetzliche Regelungen, vor allem in Gestalt allgemeiner Gebote oder Verbote, sowie durch Maßnahmen des Gesetzesvollzuges in der Form von Einzelanordnungen. Diese Regelungen und Verwaltungsakte wenden sich an Betreiber gewerblicher Anlagen, an Inhaber land- und forstwirtschaftlicher Betriebe, an Verkehrsteilnehmer, an Verbraucher, an Erholungsuchende usw. Sie bestehen beispielsweise aus Genehmigungsvorbehalten für die Errichtung und den Betrieb von Anlagen oder für das Einleiten von Abwässern, in Anmeldepflichten beim Inverkehrbringen von Chemikalien, in dem Verbot einer „wilden" Müllablagerung, in dem Gebot einer gewässerschonenden Verwendung von Wasch- und Reinigungsmitteln, in der Untersagung der Vernichtung wildwachsender Pflanzen oder wildlebender Tiere.

Die Träger der staatlichen Umweltpolitik können sich aber zur Durchsetzung umweltpolitischer Ziele gegenüber der Gesellschaft auch anderer Mittel als der Anwendung staatlicher Macht in Gestalt gesetzlicher Regelungen und ihres behördlichen Vollzuges bedienen. Hier ist zunächst die Förderung umweltfreundlicher Forschungs- und Entwicklungsvorhaben oder besonders wirksamer Umweltschutzmaßnahmen zu erwähnen. Andere staatliche Maßnahmen nichthoheitlicher Art bestehen in der Verbreitung von Informationen über die Umweltsituation oder in sonstigen Aktivitäten zur Verbesserung des Umweltbewußtseins der Öffentlichkeit.

Besondere Bedeutung kommt den verschiedenen Formen eines Zusammenwirkens der Träger staatlicher Umweltpolitik mit zur Kooperation bereiten Kräften in der gewerblichen Wirtschaft, in der Land- und Forstwirtschaft, im Verkehrswesen, innerhalb der Verbraucherschaft oder in anderen Teilen der Gesellschaft zu.

Die Kooperation zwischen Staat und Gesellschaft auf dem Gebiet der Umweltpolitik vollzieht sich zum Teil im Rahmen von Absprachen über ein umweltschonendes Verhalten, zum Beispiel mit der Industrie hinsichtlich der Einhaltung bestimmter Anforderungen an die Produktgestaltung.

28. Umweltpolitik

Besonders wichtig sind ständige Organisationen oder Einrichtungen gesellschaftlicher Selbstkontrolle.

Als Beispiele seien hier nur die Technischen Überwachungsvereine mit ihren Funktionen namentlich im Kraftfahrwesen sowie die vom Verein Deutscher Ingenieure unterhaltenen Kommissionen zur Reinhaltung der Luft und zur Lärmbekämpfung mit ihrer ausgedehnten Richtlinienarbeit genannt. Neuartige Einrichtungen gesellschaftlicher Selbstkontrolle auf dem Gebiet des Umweltschutzes stellen auch die auf gesetzlicher Grundlage beruhenden Betriebsbeauftragten für Immissionsschutz, für Gewässerschutz und für Abfallbeseitigung dar.

Die Träger der staatlichen Umweltpolitik haben es aber nicht nur mit gesellschaftlichen Kräften zu tun, auf deren Verhalten es im Sinne des Umweltschutzes einzuwirken gilt. Denn Umweltbelastungen gehen nicht nur von privaten Wirtschaftsunternehmen, landwirtschaftlichen Betrieben, Verkehrsteilnehmern und Verbrauchern aus, sondern werden zum Teil auch durch den *Staat* selbst verursacht. Dies geschieht vor allem durch die Unterhaltung von Organisationen wie die Bundeswehr, durch den Betrieb öffentlicher Einrichtungen wie Bundesbahn oder Bundespost sowie durch die Betätigung des Staates in wirtschaftlichen Unternehmen. Außerdem wirkt der Staat im Rahmen seiner Wirtschafts- und Agrarpolitik, seiner Energie- und Verkehrspolitik, seiner Wissenschaftsförderungs- und Verbraucherpolitik in verschiedener Weise auf gesellschaftliche Kräfte im Sinne bestimmter Ziele ein, die zum Teil mit den Erfordernissen des Umweltschutzes nicht vereinbar sind.

Insoweit ergibt sich für die Träger der staatlichen Umweltpolitik die Aufgabe, im Wege einer Art innerstaatlichen Selbstkontrolle dafür zu sorgen, daß auch innerhalb der anderen Teilbereiche staatlicher Politik die Belange des Umweltschutzes so weit wie möglich gewahrt werden. Zum Teil gelten für den Staat dieselben gesetzlichen Regelungen und Vollzugsmaßnahmen wie im privaten Bereich. Dies ist insbesondere dort der Fall, wo sich der Staat im Rahmen wirtschaftlicher Unternehmen betätigt. Zum Teil wird den Umweltbelangen in anderen Teilbereichen der staatlichen Politik durch eine Interessenabwägung aufgrund entsprechender Klauseln im Recht der verschiedenen Fachplanungen sowie im Recht der sog. „flächenbezogenen Gesamtplanung" – also der Raumordnung, der Landesplanung und der Bauleitplanung der Gemeinden – Rechnung getragen. Zum Teil findet auch nur eine Prüfung der Umwelterheblichkeit und gegebenenfalls der Umweltverträglichkeit öffentlicher Maßnahmen und eine Abwägung der Umweltschutzbelange mit anderen Belangen aufgrund entsprechender Erlasse der Bundesregierung und einiger Landesregierungen statt.

Neben der Einwirkung der Träger staatlicher Umweltpolitik auf die gesellschaftlichen Kräfte einerseits sowie auf andere Politikbereiche andererseits äußert sich staatliche Umweltpolitik auch in Gestalt von Maßnahmen der *Umweltpflege* und der *Umweltgestaltung* sowie in der Erfüllung von *Entsorgungsaufgaben* bei der Abfall- und Abwasserbeseitigung, die unmittelbar den natürlichen Lebensgrundlagen zugute kommen.

Falls die in Teilen der Bevölkerung zu beobachtende Stärkung des Umweltbewußtseins weiterhin anhält, kann damit gerechnet werden, daß die staatliche Umweltpolitik auf längere Sicht in größerem Umfang als bisher in der Lage sein wird, umweltpolitische Ziele durch Maßnahmen der Information, der Förderung und der Kooperation mit gesellschaftlichen Kräften zu erreichen, und weniger darauf angewiesen ist, sich der Mittel staatlichen Zwanges zu bedienen. Im übrigen ist zu hoffen, daß im Zuge der Entwicklung eines gesamtökologisch orientierten, medienübergreifenden Umweltschutzes die Institution einer allgemeinen Umweltverträglichkeitsprüfung sämtlicher – privaten und öffentlichen – Vorhaben und Planungen

Bereich 11

Bereich 12

Ergebnis

an Boden gewinnt. Damit könnte sich in Zukunft ein grundlegend verändertes Erscheinungsbild der staatlichen Umweltpolitik, ihrer Träger und ihrer Instrumente ergeben.

Aufgabe 2 Welche nachteiligen Wirkungen kann die umweltpolitische Kompetenzaufteilung auf Bundesebene haben?

....
....
....
....
....
....
....
....
....
....
....

28.2.3. Instrumente der Umweltpolitik

Analyse 3 In diesem gesamten Werk war immer wieder von einzelnen Instrumenten die Rede, beispielsweise der Abwasserabgabe und Ge- und Verboten. Versuchen wir hier eine grundsätzliche, zusammenfassende Betrachtung, so erinnern wir uns an den Hinweis, daß Umweltgüter wie Luft oder Wasser einer allzu intensiven, ihre Qualität beeinträchtigenden Nutzung unterliegen, weil nicht alle Kosten, die bei der Nutzung von Umweltgütern entstehen, durch den Preismechanismus erfaßt werden; es entstehen sog. „negative externe Effekte", die Ursache von Fehlentwicklungen *(Fehlallokationen)* im Umweltbereich sind. Ziel der Umweltpolitik muß es sein, diese Fehlallokationen zu korrigieren.

Gehen wir davon aus, daß sich negative externe Effekte nicht von selbst beseitigen lassen, so ist die theoretisch „saubere Lösung" des Umweltproblems, den Verursachern der Umweltschäden eine Steuer in Höhe der von ihnen verursachten Schäden anzulasten. Eine solche Steuer wird nach dem englischen Nationalökonomen Arthur Cecil PIGOU (1877–1959), der sie wohl zuerst allgemein vorgeschlagen hat, als „Pigou-Steuer" bezeichnet. Die Einführung einer Pigou-Steuer würde nicht nur eine Lösung des instrumentellen Problems der Umweltpolitik bedeuten, sie würde gleichzeitig auch als umweltpolitische Zielvorgabe dienen: Das ökonomische Optimum wird automatisch dann erreicht, wenn die Höhe der Steuer dem „sozialen Grenzschaden" der Umweltverschmutzung entspricht. Dies bedeutet, daß die mit einer produzierten Gütereinheit erzielten Nutzen dem Schaden entsprechen, der bei dieser Produktion durch Emissionen entsteht. Die logische Folge ist, daß eine Produktionsausdehnung unterbleibt, da zusätzliche Nutzen und Schäden sich ausgleichen.

Die praktische Umsetzung dieses Konzepts scheitert allerdings an seinen zu hohen Informationsvoraussetzungen. Denn die Pigou-Lösung funktioniert nur, wenn die durch Umweltbeeinträchtigungen hervorgerufenen sozialen Zusatzkosten in voller Höhe in geldlicher Form bekannt sind. Diese Informationsvoraussetzungen, die in der ökonomischen Theorie durch die Konstruktion einer sozialen Schadensfunktion souverän übergangen werden, liegen praktisch nicht vor. Daraus ergeben sich zwei Konsequenzen:

28. Umweltpolitik

- Das umweltpolitische Ziel muß im politischen Prozeß festgelegt werden.

- Anschließend muß eine zur Zielerreichung geeignete Strategie ausgewählt werden. Auch hierbei handelt es sich um einen politischen Prozeß; denn die Vorstellung, politische Ziele und Instrumente voneinander säuberlich trennen zu können (sog. „Ziel-Mittel-Dichotomie"), ist ein Irrtum. Instrumente haben vielmehr einen Eigenwert. Sie sind nicht nur im Hinblick auf ein isoliertes Ziel zu betrachten, vielmehr sind sie hinsichtlich ihrer Wirkungen auf ein ganzes politisches Zielspektrum zu werten. Eine klare Trennung von Zielen und Instrumenten kann daher nur analytischer Natur sein.

Welche Möglichkeiten zur Internalisierung externer Effekte der Umweltnutzung gibt es? Frage

- Eine Ordnung dieser Eingriffe ist unter mehreren Aspekten möglich. Wir wählen Lösungsansätze
eine Gliederung nach der Intensität des Staatseingriffs, weil auf diese Weise das breite Spektrum von „marktnahen" bis hin zu administrativen Lösungen sichtbar wird. Nach dieser Ordnung ist zunächst die sog. „Coase-Lösung" zu nennen.[16] Sie geht davon aus, daß durch Verhandlungen zwischen Umweltschädigern und Umweltgeschädigten auch ohne staatlichen Zwang vernünftige Lösungen des Umweltproblems zustande kommen. Dies kann in zweierlei Weise geschehen: Die Geschädigten kaufen dem Schädiger seine Tätigkeit ab; der Schädiger bezahlt die Geschädigten, so daß sie zufrieden sind. Diese Lösung besticht dadurch, daß die Staatseingriffe in privatwirtschaftliche Entscheidungsprozesse minimal bleiben (ordnungspolitisches Argument). Dieser unstreitige ordnungspolitische Vorteil trifft jedoch auf eine Reihe von Hindernissen, die die praktische Anwendung der Coase-Lösung nahezu unmöglich machen. Nicht nur müssen die Umwelteinwirkungen selbst von beiden Gruppen eindeutig identifiziert werden; auch muß bekannt sein, wer eigentlich Schädiger und wer Geschädigter ist. Wenn die Zahl der Betroffenen aber größer wird, wie es bei den meisten Umweltproblemen der Fall ist, so steigen die Informations- und Verhandlungskosten, die sog. „Transaktionskosten", stark an. Damit wird die Verhandlungslösung praktisch unmöglich. Die Voraussetzungen für das Funktionieren des „Coase-Theorems" sind daher meist nicht gegeben. Allerdings bleibt am Gedankengang soviel richtig, daß es gut ist, die Verhandlungsposition der Geschädigten zu stärken. So fordert auch der „Rat von Sachverständigen für Umweltfragen", die Funktionsbedingungen für das Wirksamwerden von Verhandlungslösungen zu verbessern, vor allem, die in der Regel schwächere Partei der Umweltgeschädigten zu stärken: „Das kann durch Information, ‚moral suasion' [Zureden] und Bildungsmaßnahmen geschehen, aber auch durch Ermutigung von ‚Bürgerinitiativen', lauter Aktivitäten, die darauf hinzielen, die Voraussetzung für rationales Handeln zu verbessern und die ‚Transaktionskosten' zu vermindern, zumal die administrativen Kosten gering sind."[17]

- Eng verwandt mit dem „Coase-Theorem" ist der Vorschlag, die instrumentell notwendige Internalisierung der externen Effekte mit Hilfe einer Ausdehnung privater Eigentumstitel auf knappe Umweltgüter zu bewirken. Dieser Vorschlag geht von der an sich richtigen Vorstellung aus, die Umweltverschmutzung sei die Folge unvollständiger Eigentumstitel an den Umweltgütern. In der Tat: Wäre jeder der Eigentümer der von ihm benötigten Luft und des von ihm genutzten Wasservorrats, er würde mit Sicherheit eine Schädigung dieser Güter vermeiden; die „free-rider-Position" wäre nicht mehr vernünftig. Mit der Privatisierung der Umwelt sind jedoch ähnliche Probleme verbunden wie mit der Coase-Lösung. Selbst wenn die

---

16 R. H. Coase: The Problem of Social Cost. *Journal of Law and Economics* 3 (1960), S. 1–44.
17 Der Rat von Sachverständigen für Umweltfragen: Umweltgutachten 1974. Stuttgart/Mainz 1974, S. 157.

Probleme gelöst werden könnten, stellt sich jedoch zusätzlich die Frage, ob es überhaupt technisch möglich ist, Umweltgüter zu privatisieren, das heißt, ob für sie das Ausschlußprinzip anwendbar ist. Zumindest bei manchen Umweltgütern, etwa bei der Luft, dürften die Probleme unlösbar sein, wohingegen die technische Durchführbarkeit bei anderen Umweltgütern durchaus gegeben ist (Seeufer), allerdings möglicherweise mit bedenklichen Verteilungsfolgen. Schließlich muß berücksichtigt werden, daß die Privatisierung der Umwelt – abgesehen von allen anderen mit dieser Strategie verbundenen Problemen – kaum Chancen einer politischen Durchsetzung haben dürfte; denn wohl kaum ein Politiker wird sich dem Vorwurf aussetzen, den „Ausverkauf der Natur" zu betreiben – ein Schlagwort, mit dem die eigentumsrechtliche Lösung gern bezeichnet wird. Die Anwendungsmöglichkeiten rein privatwirtschaftlicher Lösungen im Umweltbereich sind daher skeptisch zu beurteilen.

- Es verbleiben für die umweltpolitische Praxis drei Instrumentengruppen:
  – Auflagen,
  – Umweltabgaben bzw. Umweltlizenzen/-zertifikate,
  – Subventionen, Abschreibungserleichterungen und öffentliche Investitionen.

Auflagen, Umweltabgaben und Umweltlizenzen/-zertifikate sind Instrumente nach dem Verursacherprinzip; Subventionen, Abschreibungserleichterungen und öffentliche Investitionen folgen dem Gemeinlastprinzip. Dies sind die beiden grundsätzlichen Kostenzurechnungsprinzipien der Umweltpolitik, die wir bereits am Anfang dieses Werkes kennengelernt haben.

Prinzip 1

- Erklärte Grundlage nationaler und internationaler Umweltpolitik ist inzwischen das *Verursacherprinzip*. Es geht grundsätzlich von einem funktionsfähigen marktwirtschaftlichen System aus, das auf dem Prinzip der individuellen Abgeltung realer Leistungen beruht. Aufgabe der Umweltpolitik ist es, die Umwelt in ihren vielen Erscheinungsformen zu einem „knappen Gut" zu machen und sie dann aufgrund ihrer wirtschaftlichen Knappheit in diesen einzelwirtschaftlichen Bewertungsprozeß einzubeziehen. Bei rationalem Verhalten wird dann den bestehenden Verzerrungen der gesamtwirtschaftlichen Produktions-, Preis- und Standortstruktur entgegengewirkt. Das Verursacherprinzip zielt somit auf eine verbesserte Faktorallokation ab, also eine „bessere ökonomische Steuerung des Einsatzes wirtschaftlich knapper Ressourcen unter Einschluß der Umweltressourcen".[18] Das Verursacherprinzip hat demgemäß eine in erster Linie ökonomische Begründung; es wird nicht aus einer sozial-ethischen Verantwortung abgeleitet. Dies hat auch Konsequenzen für die Identifizierung des Verursachers: Als Verursacher nach dem Verursacherprinzip gilt nämlich jenes Wirtschaftssubjekt, das sich innerhalb einer Verursachungskette administrativ mit den geringsten Kosten erfassen läßt, nicht aber irgendein „letzter Verursacher".

Wir unterscheiden als Beurteilungskriterien die „ökologische Inzidenz" und die „ökonomische Effizienz": Die *ökologische Inzidenz* bezeichnet den Entlastungseffekt, der aus einer veränderten Nutzung der Umweltmedien folgt; *ökonomische Effizienz* bezeichnet den gesamtwirtschaftlichen Aufwand dieses Umweltentlastungseffektes. Ökonomische Effizienz erzielen die unterschiedlichen Instrumente einer verursachergerechten Kostenanlastung nicht in gleichem Maße. Dies kann an einem Vergleich zwischen Emissionsabgaben und Emissionsauflagen verdeutlicht werden:

- Die für die praktische Politik in Frage kommenden *Emissionsabgaben* sind nicht mit der oben erwähnten Pigou-Steuer zu verwechseln. Während mit der Pigou-Steuer die gesamten sozialen Zusatzkosten erfaßt werden sollen, müssen politisch praktikable Emissionsabgaben von einem verringerten Anspruchsniveau ausgehen. Sie orientieren sich lediglich an den sog. „Vermeidungskosten", jenen Kosten, die bei der Emissionsverringerung entstehen. Für einen Anreiz zur Emissionsverminderung genügt dieser verringerte Anspruch.

---

18 Der Rat von Sachverständigen für Umweltfragen: Umweltgutachten 1974, a.a.O., S. 1.

Bei Emissionsabgaben wird jeder ökonomisch handelnde Emittent seine Emissionen bis zu dem Punkt verringern, an dem die Grenzkosten der Reinigung dem Abgabesatz gleich werden. „Grenzkosten" sind dabei die zusätzlichen Kosten, die bei der Verringerung um 1 zusätzliche Schadeinheit auftreten. Dieses Anpassungsverhalten an ein staatlich gesetztes Datum führt zu einer Kostenminimierung der Emissionsbeseitigung. Denn wenn die Vermeidungs- und Beseitigungskosten pro beseitigte bzw. vermiedene Schadeinheit mit zunehmender Betriebsgröße (bzw. mit zunehmendem Schadstoffmengendurchsatz) sinken (Größendegression), dann führt ein einheitlicher Abgabesatz dazu, daß die kleineren Verschmutzer weniger intensiv zur Reinigung veranlaßt werden als die großen, da sie die Abgabe kaum „verdienen" können. Wenn man nun zusätzlich davon ausgeht, daß diese kleineren Emissionsmengen ökologisch unbedeutend sind, so ergibt sich eine volkswirtschaftlich kostenoptimale Strukturierung der einzelnen Emissionsminderungsmaßnahmen: die großen Emittenten, die kostengünstiger reinigen können, werden quantitativ große Schadstoffmengen beseitigen oder vermeiden; die kleinen, die dies nur mit überproportional hohem Aufwand könnten, zahlen und verfahren wie bisher.

• Demgegenüber zwingen administrativ verordnete *Emissionsauflagen* (Grenzwerte) alle Emittenten – unabhängig von wirtschaftlichen Gesichtspunkten – dazu, ihre Reinigungsaktivitäten bis zu den geforderten Grenzwerten auszudehnen. Dadurch entstehen bei den kleinen Emittenten hohe Kosten, während das Potential der Größendegression bei den Großemittenten nicht ausgenutzt werden kann. Denn für diese besteht kein Anlaß, ihre Vermeidungs- bzw. Reinigungsanstrengungen über den geforderten Grenzwert hinaus auszudehnen. Die Problematik verschärft sich, wenn aus politischen Gründen der Emissionsgrenzwert nach den Möglichkeiten der kleinen Emittenten festgesetzt wird. In der Regel führt das dazu, daß die Kosten von Auflagenlösungen wesentlich höher als die von Abgabenlösungen des Umweltproblems sind – ein gleicher Effekt auf die Umweltqualität sei unterstellt.

Umweltlizenzen (Umweltzertifikate) funktionieren prinzipiell wie Emissionsabgaben: Während bei der Abgabe der Preis der Umweltnutzung staatlich festgesetzt wird und die Emissionsmenge sich als Ergebnis der ökonomischen Anpassungsreaktionen ergibt, wird bei Emissionslizenzen die Emissionsmenge politisch fixiert und ihr Preis bildet sich durch privatwirtschaftliche Anpassungsreaktionen.[19]

Es kommt hinzu, daß von Emissionsauflagen „kein systematischer Zwang zu einer ständigen Weiterentwicklung der Vermeidungstechnologie"[20] ausgeht. Bei Abgaben besteht nämlich für den Einzelbetrieb auch bei Erreichung des kostenoptimalen Ausmaßes der Vermeidungsaktivitäten noch ein Anreiz, nach weitergehenderen und billigeren Vermeidungsmaßnahmen zu suchen, da die Abgabe auch auf die Restverschmutzung zu zahlen ist. Demgegenüber enden die Aktivitäten jeweils beim Erreichen der Auflagenwerte. Daraus folgt unter anderem, daß eine „innovationsfördernde, stetige und mehr und mehr auf die Vermeidung von Umweltschäden abzielende Umweltpolitik [...] nicht im Gegensatz zum Wachstumsziel [steht]".[21]

Schließlich muß auch die ordnungspolitische Problematik von Auflagenlösungen berücksichtigt werden: Auflagen ersetzen das Steuerungsinstrument marktwirtschaftlicher Preise durch staatliche Befehle. Mit der marktwirtschaftlichen Grundkonzeption lassen sich solche Befehlsstrategien nur in den Fällen vereinbaren, „in denen dem Umweltschutz absolute Priorität eingeräumt werden muß und kurzfristig keine anderweitige Möglichkeit besteht, das betreffende Umweltschutzziel zu erreichen. Dies gilt insbesondere für Ausnahmesituationen, in denen Verbote angebracht sind. Derartige staatliche Eingriffe erscheinen in denjenigen Fällen berechtigt, in denen erhebliche und unübersehbare Umweltrisiken durch bestimmte Wirtschaftsaktivitäten hervorgerufen werden: z.B. stark toxische Substanzen oder besonders umweltgefährdende Aktivitäten."[22]

Bei Abgaben- wie bei Auflageninstrumenten kommt es – je nach der besonderen Marktsituation – zu Preiserhöhungen verhältnismäßig umweltintensiv hergestellter Güter. Diese Preiserhöhung ist umweltpolitisch erwünscht; sie bewirkt die angestrebte Korrektur der Ressourcenallokation. Auf die Frage, welche soziale Gruppe schließlich die Last des Umweltschutzes zu tragen hat, gibt das Verursacherprinzip deshalb keine Antwort. Es spricht jedoch vieles dafür, daß die höheren Einkommensgruppen begünstigt werden; denn sie geben einen geringeren Anteil ihres Einkommens für jene Güter aus, die durch eine verursacherge-

---

19 Zum Konzept des Emissionszertifikats vgl. H. BONUS: Das Konzept der Emissionszertifikate. In: Wirtschaft jenseits von Umweltzerstörung? Hrsg. von der Wirtschaftsredaktion der Neuen Zürcher Zeitung, Zürich 1982, S. 71–81.
20 Der Rat von Sachverständigen für Umweltfragen: Umweltgutachten 1974, a.a.O., S. 161.
21 W. MEISSNER: Das Umweltprogramm 1971: Ökonomische Anmerkungen zu einem Jubiläum, a.a.O., S. 377.
22 Der Rat von Sachverständigen für Umweltfragen: Umweltgutachten 1974, a.a.O., S. 161.

rechte Umweltpolitik verteuert werden, nutzen auf der anderen Seite jedoch das öffentliche Gut „Umwelt" in stärkerem Maße als die Bezieher niedrigen Einkommens.[23] Schlecht beraten ist deshalb, wer das Verursacherprinzip mit Gerechtigkeitsargumenten zu rechtfertigen versucht; es besitzt gegenüber dem im folgenden zu behandelnden Gemeinlastprinzip eine größere Allokationseffizienz, genügt aber ebensowenig wie jenes von vornherein Gerechtigkeitsaspekten, die ja heute meist im Sinne der Gleichheit interpretiert werden.

Prinzip 2

- Die ökonomisch effiziente Lösung der Umweltproblematik nach dem Verursacherprinzip, besonders über Umweltabgaben, wird objektiv unmöglich, wenn selbst die grobe Zurechnung von Umweltschäden zum Verursacher nicht mehr durchzuführen ist; sie wird politisch nicht durchsetzbar, wenn die durch das Verursacherprinzip bewirkten Preis- und Nachfrageverschiebungen politisch unerwünscht sind. In beiden Fällen muß sich die Umweltpolitik der Instrumente nach dem *Gemeinlastprinzip* bedienen. Auch hierbei handelt es sich um ein Kostenanlastungsprinzip; allerdings werden die Kosten des Umweltschutzes nicht den Verursachern angelastet, sondern über die öffentlichen Haushalte abgegolten. Letztlich werden dadurch die Steuerzahler zur Finanzierung des Umweltschutzes herangezogen.

Betrachten wir die Problematik genauer, so wird eine derartige Anwendung des Gemeinlastprinzips überall dort erfolgen müssen, „wo Umweltschäden irgendwann in der Vergangenheit von nicht mehr feststellbaren Gruppen verursacht wurden; das gleiche gilt für Gegenwart und Zukunft dort, wo der Verursacher nicht getroffen werden kann (Ausland)".[24] Auch kann die Anwendung des Gemeinlastprinzips angebracht sein, wenn das Verursacherprinzip zu unerwünschten Einbußen bei anderen politischen Zielen führen würde. In diesem Falle werden Subventionen oder Steuererleichterungen Instrumente der Umweltpolitik. Es muß jedoch beachtet werden, daß hierdurch für die Schadensverursacher kein eigenständiger Anreiz zur Verminderung der Umweltbelastung geschaffen wird. Vielmehr muß damit gerechnet werden, daß die Subventionierung beispielsweise der Anschaffung weniger umweltbelastender Anlagen insgesamt eine Verschlechterung der Umweltsituation bewirken kann, wenn die durch die Subventionierung verbilligten Produkte auf eine so große Nachfrage treffen, daß durch die Mehrproduktion zusätzliche Umweltbelastungen auftreten, die größer sind als die durch die Anwendung umweltfreundlicher Technologie vermiedenen Emissionen.[25] Diese Überkompensation findet natürlich nur statt, weil die relativen Preise durch die Subventionierung verfälscht wurden. Auch die dem Gemeinlastprinzip zugeschriebene Konfliktminimierungsfunktion ist nur vorübergehend, denn die Belastbarkeit der Steuerzahler ist nicht grenzenlos.

Vergleich

Der Vergleich der verschiedenen Instrumente zeigt, daß diejenigen Instrumente, die sich die Wirkungsmechanismen des Marktes zu eigen machen, die vergleichsweise besten sind. Dennoch wird bekanntlich in der politischen Praxis von der Einführung etwa von Umweltabgaben nur selten Gebrauch gemacht. In der Bundesrepublik Deutschland zum Beispiel ist die Abwasserabgabe das einzige ökonomische Anreizinstrument der Umweltpolitik. Dies deutet auf Schwierigkeiten der politischen Durchsetzung von Abgabenlösungen hin.[26]

Eine Erklärung hierfür ist ein charakteristischer Zyklus, den umweltpolitische Maßnahmen durchlaufen: Je konkreter umweltpolitische Ziele diskutiert werden, desto mehr wird die Kostenseite der Umweltpolitik hervorgehoben. Auf diese

---

23 Vgl. D. EWRINGMANN / K. ZIMMERMANN: Umweltpolitische Interessenanalyse der Unternehmen, Gewerkschaften und Gemeinden, a.a.O., S. 79.
24 Der Rat von Sachverständigen für Umweltfragen: Umweltgutachten 1974, a.a.O., S. 155.
25 Vgl. zum Beispiel B. S. FREY: Umweltökonomik. In: Handwörterbuch der Wirtschaftswissenschaft. Stuttgart u. a. 1980, Bd. 8, S. 55.
26 Vgl. G. MICHELSEN / W. PETERS: Umweltschutzinstrumente auf der Grundlage des Verursacherprinzips – Ein Vergleich. WISU 9/77, bes. S. 414.

28. Umweltpolitik

Weise entstehen Widerstände der Betroffenen; um sie zu umgehen, bevorzugt die Umweltpolitik Maßnahmen, bei denen der Preis für die Umweltnutzung vergleichsweise unmerklich bleibt. Instrumente, die nicht zu Geldleistungen der Verursacher führen, besitzen unter diesem Aspekt einen strategischen Vorteil, um ein gegebenes umweltpolitisches Ziel zu erreichen. Dies bedeutet, daß das Gemeinlastprinzip zum Zuge kommt, die Finanzierungsprobleme des Umweltschutzes also, wie bereits erläutert, verschoben werden.[27] Gleichwohl bleibt ein Vorzug des Gemeinlastprinzips, nämlich der der Konfliktvermeidung. In brisanten Bereichen vermag daher das Gemeinlastprinzip Barrieren zu öffnen, die mit einer sofortigen Anwendung des Verursacherprinzips wahrscheinlich verschlossen geblieben wären.

Vergleicht man zusätzlich die Instrumente des Verursacherprinzips hinsichtlich ihrer politischen Durchsetzbarkeit, so ist festzustellen, daß die Unternehmen eine Bevorzugung für Auflagenlösungen entwickeln, obwohl damit weitreichendere Eingriffe in unternehmerische Planungen verbunden sind als bei Abgabenlösungen. Die Antwort, warum dies so ist, ist eigentlich einfach: Im Gegensatz zu Abgaben ist bei Auflagen kein Preis für eine etwaige Restverschmutzung zu zahlen; der unter gesamtwirtschaftlichen Aspekten begrüßenswerte Anreizeffekt der Abgabenlösungen für weitgehende Emissionsminderungen erweist sich als einzelwirtschaftlich unerwünscht. Auch kann man bei Auflagen in der Regel handeln, Rechtsmittel einlegen usw. Es kommt hinzu, daß Auflagenlösungen zu Ansiedlungsverboten führen können – was für die bereits im Markt befindlichen Unternehmen als Wettbewerbsvorteil zu Buche schlägt.

Schließlich muß auch berücksichtigt werden, daß die Politiker eher auf bereits praktizierte Instrumente zurückgreifen als auf Instrumente, über die noch kaum praktische Erfahrungen vorliegen. Auflagen können, im Gegensatz zu Abgaben, auf eine jahrzehntelange Tradition zurückblicken und insofern auch für die Zukunft eine „normative Kraft des Faktischen" entfalten.

Warum sind Abgaben als umweltpolitische Instrumente in der Regel ökonomisch effizienter als Auflagen? **Aufgabe 3**

....
....
....
....
....
....
....
....
....

Das Vollzugsdefizit 28.2.4.

Wenn Umweltschutzziele nicht erreicht werden, kann das verschiedene *Gründe* haben: **Analyse 4**

• Erstens kann sich das Ausgangsproblem aus wirtschaftlichen, demographischen oder klimatischen Gründen verschärft haben. So steigen die Emissionen mit der Konjunktur, das Bevölkerungswachstum in einer Region bringt mehr Abwässer und Abfall mit sich und eine längere Trockenperiode beeinträchtigt den Wasserstand und damit die Selbstreinigungskraft unserer Flüsse.

---
27 Vgl. hierzu B. S. FREY: Umweltökonomie. Göttingen 1972.

• Ein zweiter Grund für Mängel im Umweltschutz sind fehlende oder unzureichende gesetzliche Instrumente. So können die Emissionsgrenzen zu hoch gezogen sein oder die Abwasserabgabe zu niedrig angesetzt, um Einleiter zur Reinigung zu motivieren.

• Auch das beste Gesetz nützt allerdings wenig, wenn es nicht beachtet und angewandt wird. Deshalb können Mängel beim Vollzug bestehender Gesetze ein dritter wichtiger Grund für den unzulänglichen Zustand unserer Umwelt sein.

Begriffsbestimmung

Von einem „Vollzugsdefizit" beim Umweltschutz spricht man vor allem im Hinblick auf die Nichteinhaltung gesetzlicher Normen und Standards durch die Betreiber emittierender Anlagen und die Einleiter von Abwässern in Oberflächengewässer. Je präziser gesetzliche Normen formuliert sind, um so leichter läßt sich im Prinzip ein etwaiges Vollzugsdefizit bestimmen. Wenn das Gesetz dagegen Gemeinden und Landkreise nur in allgemeiner Form verpflichtet, die in ihrem Zuständigkeitsbereich anfallenden Abwässer und Abfälle zu sammeln und schadlos zu beseitigen, dann läßt sich ein Vollzugsdefizit weniger leicht bestimmen, denn was „schadlose Beseitigung" im Einzelfall heißt, darüber kann es unterschiedliche Meinungen geben.

Aufgabenstellung

Wenn gesetzliche Normen im Umweltschutz den Interessen der Adressaten, das heißt derer, an die sie gerichtet sind, zuwiderlaufen, wird unvermeidlich die Neigung entstehen, sie zu mißachten. Das gilt natürlich nicht nur im Bereich des Umweltschutzes, sondern zum Beispiel auch bei der Straßenverkehrsordnung oder bei den Steuergesetzen. In solchen Fällen ist es Aufgabe staatlicher oder kommunaler Vollzugsbehörden, die Beachtung und Einhaltung gesetzlicher Vorschriften durchzusetzen.

Die Vollzugsbehörden im Umweltschutz sind – wie wir gesehen haben – vor allem auf der mittleren (Regierungsbezirk) und unteren Verwaltungsebene (Kreise und Gemeinden) zu finden; die für den Umweltschutz zuständigen Verwaltungseinheiten auf ministerieller Ebene haben weniger Vollzugsaufgaben als vielmehr Planungs- und Steuerungsaufgaben zu erfüllen. Die nachfolgende Abbildung skizziert die Zuständigkeitsverteilung am Beispiel des Gewässerschutzes. Hier wird zugleich sichtbar, daß die Kommunalverwaltungen nicht nur Vollzugsinstanz des Landeswassergesetzes, sondern gleichzeitig auch sein Adressat sind; einerseits sind sie nämlich als untere Wasserbehörde für die Genehmigung und Kontrolle von Einleitungen verantwortlich, andererseits sind sie selbst zur Abwässerbeseitigung verpflichtet (Kanalisation, Kläranlagenbau und -unterhaltung).

Will man genauer bestimmen, worin ein etwaiges Vollzugsdefizit besteht, muß man von den einzelnen Vollzugstätigkeiten der zuständigen Behörden ausgehen. Bei gesetzlichen Bestimmungen, die an private oder öffentliche Betreiber von emittierenden Anlagen oder an (überwiegend private) Einleiter von Abwässern in Oberflächengewässer gerichtet sind, bestehen die Vollzugstätigkeiten hauptsächlich in der *Genehmigung* neuer Anlagen bzw. Einleitungen, in der *Sanierung* bestehender, den gesetzlichen Standards jedoch nicht genügender Anlagen bzw. Einleitungen, in der *Überwachung* von Emittenten und Einleitern und in der Veranlassung von *Sanktionen* bei entdeckten Verstößen. Bei Gewässerschutz und Abfallbeseitigung müssen die Vollzugsbehörden außerdem darauf hinwirken, daß die verantwortlichen kommunalen Ämter ihre Pflichten beim Kläranlagenbau und bei der Müllbeseitigung erfüllen. Defizite bei der Genehmigungspraxis liegen vor, wenn Genehmigungen ohne die erforderlichen Auflagen oder unter Einräumung ungesetzlicher Fristen erteilt werden. Sanierungsmängel liegen vor, wenn Betriebe, die den Emissions- oder Einleitungsstandards nicht genügen, weiterhin Luft und Wasser verschmutzen können. Überwachungsmängel liegen bei ungenügenden Kontrollen (Häufigkeit,

Abb. 1: Zuständigkeitsverteilung am Beispiel des Gewässerschutzes

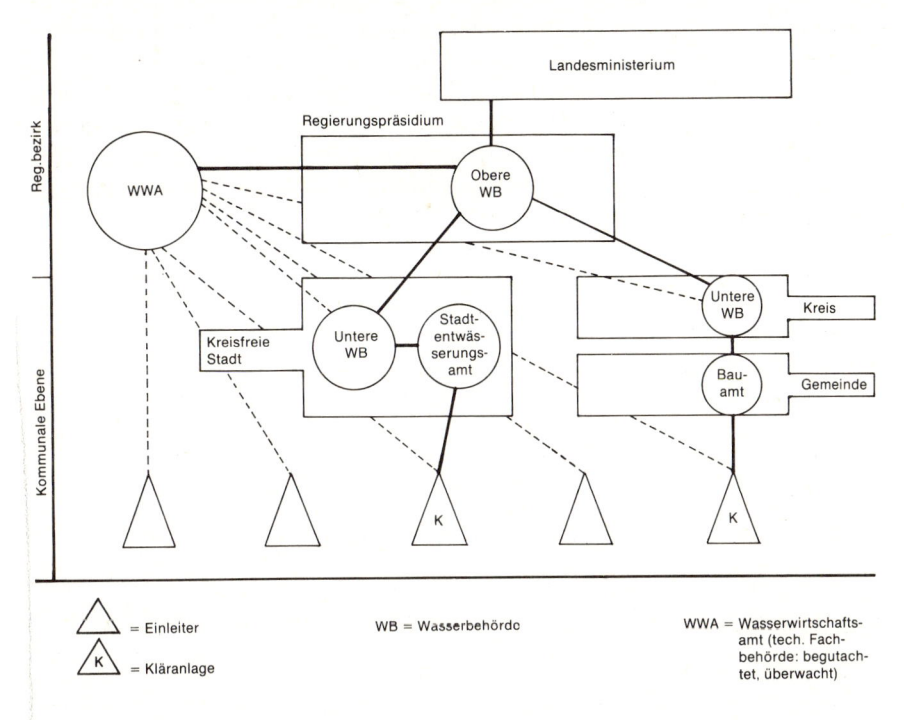

Original: Renate MAYNTZ

Dichte, Genauigkeit) vor, und ein Sanktionsdefizit besteht, wenn festgestellte Normverletzungen nicht bestraft werden. Gegenwärtig bestehen die deutlichsten Mängel einerseits bei der Überwachung, die von den für die Luftreinhaltung wie von den für den Gewässerschutz zuständigen Behörden selbst ganz überwiegend nicht für ausreichend gehalten wird, und – damit zusammenhängend – bei der Sanierung.

Vollzugsmängel gibt es natürlich nicht nur im Umweltschutz, und soweit es sie gibt, darf man nicht einfach den bösen Willen, die Gleichgültigkeit oder Unfähigkeit der Vollzugsbehörden dafür verantwortlich machen. Zwar gibt es schon immer gesetzliche Bestimmungen, die nur noch auf dem Papier stehen und die niemand mehr ernstlich einhalten oder durchsetzen will, aber das trifft für den Umweltschutz gegenwärtig gewiß nicht zu. Deshalb ist es wichtig, die zumeist in objektiven Schwierigkeiten liegenden *Ursachen* der erwähnten Mängel zu erkennen:

Defizite

- Daß Vollzugsbehörden das für die Erfüllung ihrer Aufgaben nötige Personal, Sachmittel und gegebenenfalls eine angemessene technische Ausstattung brauchen, versteht sich fast von selbst. Ebenso verständlich ist es aber, wenn angesichts der großen Aufgabenvielfalt und beschränkten Geldmittel der öffentlichen Verwaltung die Ausstattung der Umweltschutzbehörden nicht optimal ist. Das gilt vor allem für die Quantität, daneben aber teilweise auch für die Qualität (nötige Spezialausbildung) des Personals und sodann für die technische Ausstattung von Behörden, die Überwachungsfunktionen wahrnehmen. Der mobile Streifendienst mit einem für die Registrierung von Luftverschmutzungen technisch ausgerüsteten Fahrzeug ist für die meisten Gewerbeaufsichtsämter jedenfalls noch ein Wunschtraum. Das erhebliche Kontrolldefizit ist zum guten Teil auf derartige *Ausstattungsengpässe* zurückzuführen. In dieser Lage sind Beschwerden und Hinweise aus der Bevölkerung eine wichtige Hilfe für die Vollzugsbehörden im Umweltschutz.

- *Wissens- und Informationsprobleme* sind eine zweite Ursache von Vollzugsmängeln. Das Bundes-Immissionsschutzgesetz verlangt zum Beispiel, daß sich die Begrenzung von Emissionen genehmigungsbedürftiger Anlagen am „Stand der Technik" orientiert; bei der Vielzahl unterschiedlicher Produktions- und Reinigungsverfahren ist es für die Behörde aber keineswegs leicht, in jedem Fall über den „Stand der Technik" informiert zu sein, was dazu führen kann, daß bei Neugenehmigungen wie bei Sanierungen die schließlich von der Behörde gemachten Auflagen vielfach unter dem bleiben, was technisch bereits ohne weiteres möglich wäre.

- Eine besonders ins Gewicht fallende Quelle von Vollzugsmängeln ist die *beschränkte Durchsetzungsfähigkeit* der Vollzugsbehörden, und zwar sowohl den Adressaten gegenüber wie im administrativen Bereich selbst. Durchsetzungsprobleme den Adressaten gegenüber entstehen vor allem bei der Sanierung. Sofern sanierungsbedürftige Anlagen den Behörden überhaupt bekanntwerden, genügt es keineswegs, eine Beschränkung der Emissionen, einen Ausbau der kommunalen Kläranlage oder eine bessere Abwasserreinigung einfach anzuordnen und für den Fall der Weigerung mit Strafe zu drohen. Den Adressaten stehen viele Möglichkeiten offen, sich mit handfesten wirtschaftlichen Gegengründen (z.B. unverhältnismäßige Kosten, Gefahr für die Betriebsexistenz und damit für Arbeitsplätze) zu wehren, die Befolgung des behördlichen Verlangens zu verzögern und sich ihm notfalls durch den Gang zum Verwaltungsgericht, zumindest vorläufig, zu entziehen. Selbst die Drohung mit Sanktionen, vor allem mit der scheinbar durchschlagendsten Sanktion zwangsweiser Stillegung, muß wirkungslos bleiben, wenn sie praktisch kaum durchführbar ist.

- Die Umweltschutzbehörden müssen sich mit ihren besonderen Zielen auch innerhalb der Verwaltung durchsetzen und geraten dabei in Zielkonflikte insbesondere mit der Wirtschaftsförderung und der Stadtentwicklung. Diese Zielkonflikte sind den Behörden oft auch selbst bewußt – was sich auf ihr Aufgabenverständnis auswirkt, das heißt, sie sehen es dann nicht mehr als ihre Aufgabe an, Umweltschutzziele um jeden Preis zu verfolgen, sondern sind von sich aus kompromißbereit. Das gilt vor allem für Behörden, die in die allgemeine Verwaltung auf kommunaler Ebene integriert sind, wohingegen technische Fachbehörden und Sonderverwaltungsbehörden Umweltschutzziele oft unnachgiebiger verfolgen. Insofern wirkt sich die Zuweisung von Vollzugsaufgaben an die eine oder andere Art von Behörde durchaus auf das später erreichte Vollzugsniveau aus. Aus diesen Gründen ist es *auch* eine Aufgabe für die Umweltpolitik, die personellen, informationellen und organisatorischen Voraussetzungen eines wirksamen Vollzugs zu bedenken und so weit wie möglich zu schaffen.

Aufgabe 4   Nennen Sie einige Gründe für das Vollzugsdefizit in der Umweltpolitik.

Zukünftige Aufgaben der Umweltpolitik 28.2.5.

In der vielbeachteten, im Auftrag des US-Präsidenten angefertigten Studie *„Global 2000"*, von der in den nächsten Studieneinheiten noch die Rede sein wird, heißt es über die Zukunftsaussichten der Menschheit: „Die Zeit zum Handeln [...] geht zu Ende. Wenn die Nationen der Erde nicht gemeinsam und jede für sich mutige und phantasievolle Maßnahmen zur Herstellung besserer sozialer und wirtschaftlicher Lebensbedingungen, zur Verringerung der Fruchtbarkeit, zum verbesserten Umgang mit den Ressourcen und zum Schutz der Umwelt ergreifen, wird dieser Welt der Schritt ins 21. Jahrhundert voraussichtlich nicht leichtfallen."[28] Diese Aufforderung zum Handeln konkretisiert sich für die einzelnen Regionen der Erde und ihre Nationen in unterschiedlicher Weise. Bei den zukünftigen Anforderungen an die Umweltpolitik eines reichen, hochindustrialisierten Landes wie der Bundesrepublik Deutschland, die erst die „frühindustrielle Phase"[29] des Umweltschutzes hinter sich hat, lassen sich drei *Aufgabenbereiche* zusammenführen:

Analyse 5

(1) Die Aufgabe, die sich aus nicht gelösten oder neuen Umweltproblemen ergibt.
(2) Die Aufgabe einer verstärkten Integration der Umweltpolitik in die Gesamtpolitik.
(3) Die Aufgabe, ökonomische Konsequenzen der Umweltpolitik zu beachten.

Eine Beschreibung wahrscheinlicher zukünftiger umweltpolitischer Aufgaben kann zunächst davon ausgehen, daß die Umweltprobleme traditioneller Art keineswegs gebannt sind. Die „Organisation für wirtschaftliche Zusammenarbeit und Entwicklung" (OECD) stellte vor kurzem fest: „Wachsen die Emissionen mit der gleichen Rate wie das Bruttosozialprodukt, so würde ein jährliches BSP-Wachstum von drei Prozent zwischen 1978 und 1985 zu einem Anstieg der Emissionen um 23 Prozent führen, ein vierprozentiges jährliches Wachstum würde eine 36prozentige Emissionszunahme bedeuten."[30] In Zukunft wird die Umweltpolitik allerdings verstärkt ihre Ausrichtung auf einzelne Medien zugunsten einer integrierten Betrachtung aufgeben müssen. Im einzelnen lassen sich folgende Entwicklungstrends mit daraus folgenden *Konsequenzen* für die Politik bereits jetzt beschreiben:

Bereich 1

- Die Umweltprobleme der Vergangenheit werden auch die Umweltprobleme der Zukunft sein; es gibt allerdings Akzentverschiebungen.
- In Zukunft müssen verstärkt krebserzeugende Umweltbelastungen abgebaut werden.
- Es ist eine umwelt- und ressourcenschonende Energieversorgung aufzubauen.
- Die Bekämpfung schwer abbaubarer Substanzen ist zu verstärken.
- Eine Verminderung des Abfallaufkommens ist geboten.
- Die Verminderung der Lärmbelastung wird immer dringlicher.[31]

Im zweiten Aufgabenfeld ist vor allem zu fragen, inwieweit die nicht ausdrücklich umweltpolitischen Staatsziele stärker in umweltpolitischer Richtung definiert und realisiert werden sollten. Hier dürften fünf Problemkreise besondere Bedeutung erlangen:

Bereich 2

- Die Problematik „falschen" Landverbrauchs: Dies erfordert eine verstärkte Integration von Umweltpolitik und Raumordnungspolitik. Die Bedeutung dieser Integration weist weit über den eigentlichen Landverbrauch hinaus und bestimmt

---
28 R. KAISER (Hrsg.): Global 2000. Der Bericht an den Präsidenten. Frankfurt 1980, S. 93.
29 K. H. HANSMEYER: Volkswirtschaftliche Aspekte der Erfüllung zukünftiger umweltpolitischer Aufgaben, erscheint demnächst.
30 OECD: Environment Policies for the 1980s. Paris 1980, S. 28.
31 Vgl. zur Detaillierung: Arbeitsgemeinschaft für Umweltfragen (Hrsg.): Erwartungen der Arbeitsgemeinschaft für Umweltfragen an den 9. Deutschen Bundestag. Mitgliedergespräch der Arbeitsgemeinschaft am 4. September 1980.

zum Beispiel darüber mit, welche Chancen die verstärkte Nutzung der Kraft-Wärme-Kopplung haben wird.

• Die Konflikte zwischen Agrar- und Umweltpolitik: In diesem Bereich ist eine umweltpolitisch sinnvolle Kanalisierung der landwirtschaftlichen Überproduktion angezeigt. Eng damit verbunden ist die Entwicklung umweltschonender Produktionsweisen.

• Die Wirkungen einer umweltpolitischen Subventionspolitik auf die Wirtschaftsstruktur: Das Gemeinlastprinzip wird aus den bekannten Gründen voraussichtlich auch in Zukunft für die Umweltpolitik Bedeutung behalten. Allerdings muß vermieden werden, daß mit der umweltpolitisch motivierten Subventionspolitik die Wirtschaftsstruktur konserviert wird. Denn dies schadet der Produktivitätsentwicklung und schlägt negativ auf die Umweltpolitik zurück. Wenn sie überhaupt betrieben wird, dann muß Subventionspolitik zugleich innovationsfördernd sein.

• Der Zusammenhang zwischen Umwelt- und Stabilisierungspolitik: Zwar sollten umweltpolitische Aktivitäten nicht dem hektischen „stop and go" einer antizyklischen Finanzpolitik unterworfen werden; jedoch sollte die Umweltpolitik auch in Zeiten staatlicher Finanzknappheit mit Vorschlägen für strukturell orientierte Stabilisierungsprogramme aufwarten können.

• Die Bedeutung der Umweltpolitik im Rahmen der allgemeinen „Antibürokratie-Diskussion": Hier ist der Umweltpolitik von perfektionistischen Regelungen hoher Eingriffsintensität – damit aber auch hoher Merklichkeit – abzuraten; denn solche Regelungen provozieren vor allem Widerstand, der den möglichen Erfolg zukünftiger Umweltpolitik schmälern kann.

Bereich 3 Im dritten Aufgabenbereich ist nach den wahrscheinlichen konkreten ökonomischen Auswirkungen zukünftiger Umweltpolitik zu fragen. Hier dürften vier Faktoren von Bedeutung sein:

• Besonders infolge der Altanlagenproblematik weist die Umweltpolitik im Industriebereich noch erhebliche Defizite auf. Die Umweltschutzkosten werden deshalb in Zukunft eher zu- als abnehmen.

• Die regional unterschiedlichen Konsequenzen der Umweltpolitik werden deutlich zutage treten. Die Umweltpolitik wird erklären müssen, ob sie diese Regionalisierung will und – wenn ja – dies in ihrer instrumentellen Ausgestaltung berücksichtigen müssen.

• Der verstärkte Einsatz von Meß- und Regeltechniken wird zu einer Veränderung der Struktur der umweltschutzbedingten Ausgaben führen.

• Die bisher vorherrschenden Beseitigungsmaßnahmen („end of pipe" – Technologien) sind durch reifere Umweltschutztechnologien abzulösen.

Ob der politische Prozeß jedoch das, was in der Vergangenheit nicht oder nur zum Teil geschafft wurde, in Zukunft wird bewältigen können, ist durchaus fraglich. Denn Wissen um Probleme reicht für ihre Bewältigung nicht aus; entscheidend ist vielmehr die politische Handlungsfähigkeit. Die besonderen politischen Rahmenbedingungen der Umweltpolitik sollen deshalb zum Schluß dieses Werkes noch einmal zusammenfassend behandelt werden.

Aufgabe 5 Welche Aufgaben wird die Umweltpolitik voraussichtlich in Zukunft zu erfüllen haben?

....
....
....
....
....
....

Umweltpolitik und parlamentarische Demokratie 28.3.

Schlußbetrachtung

Greifen wir zusammenfassend nochmals auf die Aussagen über die Träger der Umweltpolitik zurück, so hat nach der klassischen Modellvorstellung der parlamentarischen Demokratie das Parlament als Versammlung der gewählten Volksvertreter die allgemein verbindlichen Gesetze zu beraten und zu beschließen, während die Regierung als „Exekutiv-Komitee des Parlaments" die beschlossenen Gesetze vollzieht. Für die heutige politische Praxis ist diese Modellvorstellung zwar nicht falsch, aber unvollständig: Gesetzentwürfe kommen zum überwiegenden Teil nicht aus dem Parlament, sondern werden von der Regierung eingebracht, die sie von der Ministerialbürokratie hat erarbeiten lassen. Soweit es sich dabei um Bundesgesetze handelt, ist in der Regel auch nicht die Bundesregierung für den Vollzug zuständig, sondern die elf Bundesländer mit ihren Ministerien, Regierungspräsidien, Kreisverwaltungen und Gemeinden. Die Kontrolle des Gesetzesvollzugs bleibt zwar auch Sache der Parlamente von Bund und Ländern; eine noch wichtigere Rolle dabei haben jedoch die Verwaltungsgerichte übernommen, die grundsätzlich jede Verwaltungsentscheidung auf ihre Gesetzmäßigkeit überprüfen können.

- Innerhalb dieser allgemeinen Rahmenbedingungen der parlamentarischen Demokratie in der Bundesrepublik gelten für die Umweltpolitik einige Besonderheiten. Zu ihnen gehören in erster Linie:
  - die Aufsplitterung umweltpolitischer Fachaufgaben in der Ministerialorganisation des Bundes und der Länder,
  - die hohe Bedeutung umweltpolitischer Querschnittsaufgaben, die eine Einflußnahme auf andere Fachressorts erfordern,
  - die große Bedeutung wissenschaftlichen Sachverstandes für umweltpolitische Entscheidungen und
  - die besondere Intensität von Interessenkonflikten und Zielkonflikten beim Vollzug von Umweltpolitik.

Zusammengenommen führen diese Besonderheiten dazu, daß die Umweltpolitik in der parlamentarischen Demokratie immer wieder auf Schwierigkeiten stößt, die so in anderen Politikbereichen nicht auftreten.

- Wenn die Gesetze in der Ministerialorganisation vorbereitet werden müssen, dann entspricht es guten Organisationsgrundsätzen, daß zusammenhängende Fachaufgaben auch entsprechend ihrem Sachzusammenhang in *einem* „Haus" und unter der politischen Verantwortung *eines* Ministers bearbeitet werden sollten. Für die Umweltpolitik ist dieses grundlegende Organisationsprinzip bisher nur zum Teil verwirklicht. Zwar hat das Bundesinnenministerium die Federführung beim Kernbestand der umweltpolitischen Gesetzgebungszuständigkeiten des Bundes (Luftreinhaltung, Gewässerschutz, Abfallbeseitigung und Reaktorsicherheit), aber eine ganze Reihe wichtiger umweltpolitischer Zuständigkeiten liegen immer noch bei anderen Ministerien (so etwa der Naturschutz beim Landwirtschaftsminister oder die Zuständigkeit für das Chemikaliengesetz beim Gesundheitsminister). Eine ähnliche Zersplitterung von Umweltschutz-Zuständigkeiten auf der Ministerialebene findet sich auch in vielen Bundesländern.

Gewiß gibt es für die gegenwärtige Zuständigkeitsverteilung historische und sachliche Gründe, die durchaus Gewicht haben (beispielsweise der enge sachliche und organisatorische Zusammenhang zwischen dem Umweltschutz und dem Unfallschutz am Arbeitsplatz). Problematisch bleibt jedoch die Tatsache, daß Aufgaben des Umweltschutzes in manchen Ministerien eher am Rande des politischen Interesses liegen und daß deshalb der Umweltschutz auf der Ebene der Bundesregierung weder mit einer Stimme sprechen noch jeweils das ganze Gewicht seiner tatsächlichen Bedeutung in die politische Waagschale werfen kann.

- Problematisch erscheint die aus der Kompetenzzersplitterung folgende organisatorische Schwäche vor allem deshalb, weil es beim Umweltschutz nicht nur auf die Fachaufgaben im engeren Sinne, sondern vor allem auf die wirksame Durchsetzung von „Querschnittsaufgaben" ankommt. Damit ist folgendes gemeint:

Der Zustand unserer Umwelt wird wesentlich beeinflußt durch Entscheidungen im Städtebau und in der regionalen Wirtschaftsförderung, im Straßenbau, Kanalbau und Flughafenbau, im Kraftwerksbau oder in der Agrarstrukturpolitik. Dabei handelt es sich jeweils um Fachaufgaben außerhalb der unmittelbaren fachlichen Zuständigkeit eines „Umweltministers". Die Umweltpolitik kann also nur Erfolg haben, wenn es ihr auch gelingt, Einfluß auf die Planungen und Entscheidungen der Städtebaupolitik, der Wirtschaftsstrukturpolitik, der Agrarstrukturpolitik, der Verkehrspolitik oder der Energiepolitik zu gewinnen. Für die Wahrnehmung dieser „Querschnittsaufgabe" ist die Umweltpolitik vor allem auf ihr politisches Gewicht und ihre politische Durchsetzungsfähigkeit angewiesen. Eine zersplitterte Umweltpolitik, die mit mehreren Stimmen spricht, kann zwar vielleicht noch ihre eigenen Fachaufgaben verfolgen, aber sie wird bei der Durchsetzung ihrer Querschnittsaufgaben auf große Schwierigkeiten bei den anderen Ministerien stoßen.

Diese Durchsetzungsschwierigkeiten im Bereich der Bundesregierung werden noch verstärkt durch eine Parlamentsorganisation, bei der derzeit die Umweltpolitik nicht in einem eigenen Parlamentsausschuß beraten, sondern von dem mit vielen anderen wichtigen Aufgaben (z. B. Verfassungsfragen, innere Sicherheit, öffentlicher Dienst) befaßten Innenausschuß des Bundestages mitbehandelt wird. Auch im Bundestag rücken deshalb die Querschnittsaufgaben der Umweltpolitik eher an den Rand der Aufmerksamkeit.

- Eine weitere Besonderheit der Umweltpolitik ist ihre Wissenschaftsabhängigkeit. Während in anderen Politikbereichen die zu lösenden Probleme, die Ziele der Politik und die dafür einzusetzenden Maßnahmen immer noch mehr oder minder dem gesunden Menschenverstand des gebildeten Laien zugänglich sind, gilt dies für die Umweltpolitik nur in sehr eingeschränktem Maße. Ist das Tannensterben auf Schwefeldioxid-Emissionen zurückzuführen? Erhöht der Abrieb asbesthaltiger Bremsbeläge das Krebsrisiko? Gefährdet der Einsatz nitrathaltiger Düngemittel die Ozonschicht der Erdatmosphäre? Tagtäglich ist die Umweltpolitik mit solchen ungeklärten, aber im Prinzip wissenschaftlich beantwortbaren Fragen konfrontiert. Sie läuft dabei Gefahr, in ihren Zielen und Maßnahmen zum Spielball der jeweils neuesten wissenschaftlichen Ergebnisse oder sogar wissenschaftlichen Moden zu werden, und so die Stetigkeit und Kalkulierbarkeit zu verlieren, auf die doch eine in der Praxis erfolgreiche Politik in hohem Maße angewiesen bleibt.

Hinzu kommt, daß auch die konsequenteste Orientierung an den jeweils neuesten Ergebnissen der wissenschaftlichen Forschung der Politik nicht die erhoffte Entlastung bringen könnte: In vielen Bereichen (etwa bei der Frage nach den Folgen der CO_2-Belastung der Atmosphäre oder der Gefährdung der Ozonschicht) sind wissenschaftlich gesicherte Aussagen vorläufig nicht zu gewinnen. In anderen (etwa bei der Frage des Krebs-, Mißbildungs- und Mutationsrisikos von Strahlenbelastungen) ist die Wissenschaft grundsätzlich nicht in der Lage, „Schwellenwerte" zu definieren, deren Unterschreitung jedes Risiko ausschließt. Gerade die schwierigsten Entscheidungen werden deshalb von der Wissenschaft an die Politik zurückgegeben, die die politische und moralische Verantwortung für die Definition des noch als erträglich angesehenen „Rest-Risikos" nicht ablehnen kann. Das Verhältnis zwischen Wissenschaft und Politik ist im Bereich der Umweltpolitik also offenbar schwieriger und spannungsreicher als in anderen Politikfeldern.

• Das Verhältnis zwischen Wissenschaft und Politik wäre einfacher, wenn die Umweltpolitik es sich leisten könnte, die absolute Vermeidung aller Umweltschäden anzustreben. Da fast jede menschliche Tätigkeit, insbesondere aber alle Formen der technisch-industriellen Produktion und des modernen Massenkonsums (einschließlich des Massen-Tourismus) notwendigerweise die Umwelt verändern und beeinträchtigen müssen, kann und will die Umweltpolitik ihre Ziele nicht so hoch stecken. Sie ist deshalb immer bereit zu Kompromissen mit den „wirtschaftlichen Erfordernissen", die wissenschaftlichen Erkenntnissen nur zum Teil gerecht werden können. Obwohl man weiß, daß der Rauch von Kohlekraftwerken (und erst recht von Kohleheizungen) krebserregende Substanzen enthält, die auch mit den besten derzeit verfügbaren Filtern nicht zuverlässig ausgeschieden werden können, denkt niemand an ein allgemeines Verbot der Kohleverwendung. Statt dessen versucht man die Rauchgasreinigung zu verbessern und zugleich die Überlastung einzelner Regionen durch standortbezogene Genehmigungsverfahren abzubauen oder zu vermeiden. Ähnlich verhält es sich in fast allen anderen Bereichen des Umweltschutzes.

Dies bedeutet aber auch, daß die Zielkonflikte mit wirtschaftlichen und arbeitsmarktpolitischen Anforderungen zumeist nicht schon im Gesetzgebungsverfahren entschieden werden können. Die Umweltschutzgesetze fordern zumeist „so viel Umweltschutz wie möglich und wirtschaftlich vertretbar", und sie überlassen es der Verwaltungspraxis, das nach dem jeweiligen „Stand der Technik" tatsächlich mögliche und nach der wirtschaftlichen Lage der betroffenen Unternehmen oder der betroffenen Regionen noch vertretbare Maß des Umweltschutzes im Einzelfall zu bestimmen.

Die den tatsächlichen Umfang des praktizierten Umweltschutzes bestimmende Verwaltung ist allerdings in aller Regel nicht die des Bundes, sondern die der Länder und Kommunen. Dort brechen in erster Linie die Ziel- und Interessenkonflikte auf, die der Bundesgesetzgeber zwar elegant umschreiben, aber nicht eindeutig entscheiden konnte. Mehr als in anderen Politikbereichen hängt deshalb die Wirksamkeit des Umweltschutzes vom politischen Engagement der Bürger, Parlamentarier, Regierungsmitglieder und Beamten in den Ländern und Kommunen ab.

Zusammengenommen führen diese Besonderheiten der Umweltpolitik dazu, daß hier sowohl die Rolle des fachlich in erster Linie zuständigen Ministeriums wie die Rolle des Parlaments schwächer ausgeprägt sind als in anderen Politikbereichen und daß trotz der ganz überwiegenden Gesetzgebungszuständigkeit des Bundes der tatsächliche Umfang des praktizierten Umweltschutzes in erster Linie durch die Interessenabwägung und politische Auseinandersetzung auf der Ebene der Länder und Kommunen geprägt wird.

Fazit

29. Weltweite Umweltprobleme

Federführung: Die Herausgeber

Autoren der Studieneinheit: Hartmut Bick, Johannes von Dohnanyi, Karl Heinrich Hansmeyer, Rudolf Heitefuß, Jürgen H. Lottmann, Hans-Jürgen von Maydell, Gerhard Olschowy

29.0. Allgemeine Einführung

Aspekte, die sich auf die „Dritte Welt" und auf Wachstumsfragen bezogen, sind von uns bislang nur am Rande behandelt worden. Die vorausgegangenen Studieneinheiten beschäftigten sich in erster Linie mit Umweltproblemen und umweltpolitischen Lösungsstrategien, wie sie sich in hochentwickelten Industrienationen wie der Bundesrepublik Deutschland darstellen. In anderen westlichen Industrieländern ist die Problematik ähnlich, wenngleich im Einzelfall regionale Besonderheiten bedeutsam sein können. Die Betonung der Umweltsituation und Umweltproblematik in der Bundesrepublik Deutschland erschien aus mehreren Gründen sinnvoll:

- Zum einen ist, wer nicht vor seiner eigenen Haustür kehrt, nicht berechtigt, den Schmutz in Nachbars Garten zu beklagen. Die vorangegangenen Studieneinheiten sollten gezeigt haben, daß in der Bundesrepublik Deutschland noch ein hoher umweltpolitischer Handlungsbedarf besteht.

- Zum zweiten ist es für den einzelnen Bürger immer noch leichter, Umweltprobleme „im eigenen Haus" zu erkennen, zu verstehen, über Lösungsmöglichkeiten nachzudenken und sein Verhalten zu verändern als abstrakt über Umweltprobleme in fernen Ländern informiert zu werden. Schwerwiegende Umweltprobleme sind kaum noch sinnlich erfaßbar – zum Beispiel die Problematik von Schwermetallen oder die von farb- und geruchlosen Schadgasen –, dennoch dürften Ihnen viele der in diesem Funkkolleg behandelten Umweltprobleme durch eigene Anschauung unmittelbar nachvollziehbar sein; erinnert sei beispielsweise an die Problematik des Landschaftsverbrauchs sowie an die Nahrungsmittel- und die Energieproblematik.

- Zum dritten ist schließlich ein historischer Grund zu nennen: In den industrialisierten Ländern war die Tatsache zunehmender Umweltknappheit zuerst ins Bewußtsein von Bürgern, Wissenschaftlern, Politikern, Administratoren und in die Massenmedien gedrungen. Diese Länder, die ihren materiellen Wohlstand auf ein teilweise rücksichtsloses quantitatives Wirtschaftswachstum bauten, waren gewissermaßen zuerst „reif" für die Umweltpolitik geworden. Die Probleme, die vor inzwischen mehr als zehn Jahren gesellschaftlich erkannt worden sind, können bis heute keineswegs als gelöst angesehen werden.

In den beiden Studieneinheiten 29 und 30 wollen wir versuchen, uns einen Überblick auch über die besonderen Umweltprobleme der armen Länder zu verschaffen. Zweierlei verdient schon am Anfang betont zu werden: Es handelt sich hierbei um den größeren Teil der Erde –, und es scheint, daß die Menschheit hier mit den schwerwiegendsten und am schwierigsten zu lösenden Umweltproblemen konfrontiert sei.

Zum Kristallisationspunkt der Sorgen um das weltweite ökologische Gleichgewicht wurde seit 1980 die Studie *„Global 2000"*. Eine Darstellung der Grundannahmen und der wichtigsten Kapitel führt zu einer eher skeptischen Beurteilung der dort aufgestellten pessimistischen Prognosen.[1]

---
1 Global 2000. Der Bericht an den Präsidenten. Frankfurt 1980.

29. Weltweite Umweltprobleme 411

Unabhängig von „Global 2000" werden einige für die Entwicklung des ökologischen Gleichgewichts wichtige Fragen erörtert:
- Durch Brandrodung tropischer Regenwälder und Überweidung in den Trockengebieten der Tropen wird der Boden zerstört.
- Ein weltweiter Verzicht auf Pestizide ist vorläufig nicht möglich, da die Schädlinge in den warmen Ländern sehr viel zahlreicher und schwerer zu bekämpfen sind als in unseren Breiten.
- Die großflächige Abholzung von Wäldern zur Erweiterung von Anbauflächen und zur Brennholzgewinnung stört den Wasserhaushalt und verändert das Klima. Ein gewisser Gegentrend durch Aufforstungen ist erkennbar.
- Wanderungen vieler Tierarten, die Begrenzung und Zerstörung ihrer Lebensräume und menschliche Eingriffe in das ökologische Gleichgewicht stellen den internationalen Tier- und Pflanzenschutz vor erhebliche Probleme.
- Nur wenn alle Anstrengungen darauf konzentriert werden, die Agrarerträge auch weiterhin erheblich zu steigern, kann die Zahl der Hungernden in der Welt abnehmen statt mit dem Bevölkerungswachstum größer zu werden. Eine Studie der FAO, der Welternährungsorganisation der Vereinten Nationen, nennt die Voraussetzungen dafür, daß der Kampf gegen den Hunger Erfolg haben kann.

Weltweite und langfristige Umweltprobleme wurden bereits des öfteren in diesem Werk angesprochen. Einige bislang vernachlässigte Aspekte weltweiter und langfristiger Umweltprobleme sollen jedoch in den beiden letzten Studieneinheiten dargestellt werden. Dabei merken wir schnell, daß wir die bisher vorherrschende Betrachtungsperspektive, nämlich die Analyse der Umweltproblematik in erster Linie aus der Sicht der industrialisierten Welt, ändern müssen. Gewiß „produzieren" die Industrieländer und die Nationen, die deren Entwicklungsgang zu wiederholen versuchen, in der Summe langfristige und weltweite Umweltprobleme; diejenigen Probleme freilich, die in Zukunft – wenn die gegenwärtigen Entwicklungstendenzen anhalten – die heute mit Besorgnis betrachteten in den Schatten stellen werden, entwickeln sich nicht in dem vergleichsweise kleinen Teil der Erde, der als industrialisiert und wohlhabend gilt, sondern in jenem Teil, der pauschal als „Dritte Welt" bezeichnet wird.

Einstieg

Wohl kaum eine jüngere Veröffentlichung hat dies materialreicher deutlich gemacht als die im Auftrag des ehemaligen US-Präsidenten CARTER angefertigte Studie „Global 2000" – inzwischen zum „Bestseller" geworden. In dieser Studieneinheit sollen deshalb nach (1) einem Rückblick auf in unserem Werk bereits angesprochene weltweite und langfristige Umweltprobleme (2) zentrale Prognosen dieses Berichtes zusammenfassend dargestellt werden. Von diesen Prognosen zur Bevölkerungsentwicklung, zum Bodenverlust und zur Rohstoffproblematik gehen wir auch (3) bei der anschließenden Analyse spezieller, langfristiger und weltweiter Umweltprobleme aus: wir behandeln den Zusammenhang von Landwirtschaft, Bevölkerungswachstum und Welternährung; darüber hinaus wenden wir uns den Problemen des Natur- und Artenschutzes sowie der weltweiten Waldzerstörung zu. Ein Ausblick (4) leitet die weltweiten Umweltprobleme zusammenfassend in die abschließende Studieneinheit 30 über.

Gliederung

Weltweite Umweltprobleme: Ein Rückblick 29.1.

Wir haben uns in vorliegendem Werk in erster Linie mit den Umweltproblemen der hochentwickelten Industrieländer befaßt. Die Probleme innerhalb und zwischen diesen Ländern sind über vielfältige ökologische und ökonomische Verbindungen aneinander gekoppelt. Sie können zu weltweiten und äußerst langfristigen Umweltproblemen anwachsen. Ein kurzer Rückblick soll die bereits genannten Umweltprobleme in Erinnerung rufen, die so oder so ähnlich auch in anderen Teilen der Welt anzutreffen sind.

Thema 1

Themenblock II — RÄUMLICHE STRUKTUREN

Der Raum ist begrenzt und nicht vermehrbar; unnötiger Landschaftsverbrauch muß deshalb vermieden werden. Aber es gibt Entwicklungen, die diesem Gebot zuwiderlaufen: Es besteht die Gefahr von Verdichtungsbändern an Küsten, Wasserstraßen, Ufern von Binnenseen und anderen Verkehrsadern durch Industrie- und Hotelkonzentrationen. Die übermäßig verdichteten Hochhaus-Wohngebiete mit mangelnder Wohn- und Wohnumfeldqualität haben sich weltweit als Fehlplanung erwiesen. Der Verlust von Baukultur infolge gleichförmiger Architektur und eintöniger Baustoffe besteht nicht nur in Stadtgebieten, sondern in zunehmendem Maße auch im ländlichen Raum.

Der industriellen Verdichtung mit Immissionsproblemen steht die industrielle Dezentralisierung mit Belastung von ländlichen Gebieten und freier Landschaft gegenüber. Und: Die rasche Entwicklung des Verkehrsaufkommens mit zunehmendem Bau von Verkehrseinrichtungen (Straßen, Schienenwegen, Flugplätzen) hat in steigendem Maße Lärm, Abgase und Zerschneidungen von Raumeinheiten zur Folge.

Die städtebauliche und verkehrsmäßige Entwicklung in der Vergangenheit ließ häufig eine ökologische Orientierung vermissen, wie auch für die meisten räumlichen Planungsprojekte eine rechtzeitige Prüfung der Umweltverträglichkeit vermißt wird.

Themenblock III — WASSER

Eines der schwerwiegendsten weltweiten Umweltprobleme der Gegenwart stellt die Gewässerverschmutzung dar. Wir wiesen schon in Studieneinheit 7 auf die derzeitigen Bemühungen der Weltgesundheitsorganisation (WHO) hin, im Rahmen der „Internationalen Dekade der Trinkwasserversorgung und der Hygiene" die schlimmsten Mängel bei Trinkwasserversorgung und Abwasserreinigung zu beseitigen oder wenigstens zu mindern. In allen Ländern der Erde mißbraucht man die Gewässer zur Beseitigung von Abwasser und Abfällen. Damit wird auf lange Sicht die Nutzbarkeit der Gewässer als Trinkwasserspender eingeschränkt oder unmöglich gemacht. In vielen warmen Ländern, die oftmals nach ihrer Finanzkraft als „arme" Länder einzustufen sind, herrscht von Natur aus zusätzlich noch Wassermangel. Hier stehen sich also Wassergütepolitik und Wassermengenpolitik gleichrangig gegenüber. Bei uns in der Bundesrepublik Deutschland ist es hingegen wie in anderen Ländern der regenreichen gemäßigten Klimazone in erster Linie die Wassergüte, die Sorgen macht.

Die Trinkwasserprobleme vieler warmer Gebiete sind dann als langfristig zu bezeichnen, wenn es sich zugleich um Länder mit starkem Bevölkerungswachstum handelt. Zunehmende Zahl der Menschen bedeutet größeren Bedarf an Trinkwasser, zugleich aber auch verstärkten Anfall von Abwasser. Dies aber bewirkt stärkere Gewässerbelastung, also zunehmende Gefährdung oder Beeinträchtigung der Ressource „Wasser". Dieser Teufelskreis ist vor allem bei beschränkten finanziellen Mitteln kaum zu durchbrechen.

Wir wiesen schon in Studieneinheit 5 darauf hin, daß Abwasserzufuhr nicht nur für Binnengewässer, also für das Süßwasser, eine schwere Gefährdung darstellt, sondern daß selbst das nach Fläche und Tiefe riesige Meer Schäden erleiden wird, wenn die heutige Form der Abwasser- und Abfallbeseitigung beibehalten wird. Auch dieses ist kein deutsches oder europäisches, sondern ein weltweites Problem. In vielen Ländern der Erde gilt das Meer hingegen als unbeschränkt belastbar, und man erkennt derzeit keine Änderung dieser Haltung.

Lärm

Themenblock IV

Lärm ist eines der wenigen Umweltprobleme, die lokal begrenzt sind. Freilich: Mit der Zunahme der Lärmquellen (vor allem durch Verkehrsmittel) wird auch Lärm zu einem weltweiten Umweltproblem – und das nicht nur in den Städten. Längst schrumpfen in Ländern wie etwa der Bundesrepublik auch diejenigen Flächen „auf dem Lande", die nicht „verlärmt" sind.

Luft

Themenblock V

Saubere Luft ist ein lebenswichtiges Umweltmedium. Durch Emissionen aus den Sektoren „Industrie", „Verkehr" und „Haushalte" ist es in regional unterschiedlichem Maße belastet worden.
Der ökonomische Grund liegt darin, daß die Nutzung der Luft als Aufnahmereservoir für Schadstoffe bis heute kostenlos ist. Erst allmählich sind Vorschriften über die Begrenzung der Schadstoffemissionen entwickelt worden. Viele unterentwickelte Länder laufen jedoch Gefahr, die von den Industrieländern gestern begangenen Fehler heute zu wiederholen. Die Qualität der Luft ist in der Regel dort am schlechtesten, wo sich die meisten Emittenten befinden, also in den industriellen Ballungsregionen. Durch weiträumige Transportvorgänge werden aus hohen Schornsteinen emittierte Schadstoffe aber auch in ballungsferne Regionen verfrachtet und können dort erhebliche Schäden anrichten: so wird beispielsweise das neuerdings zu beobachtende „Tannensterben" auf einen übermäßigen Schadstoffgehalt der Luft zurückgeführt, wenngleich in der wissenschaftlichen Diskussion über dieses Phänomen noch keine Einigkeit herrscht. Um weltweite Probleme größter Tragweite handelt es sich beim sogenannten „CO_2-Problem" und beim „Ozon-Problem": von einer Erhöhung des CO_2-Anteils in der Atmosphäre wird eine Klimaveränderung mit weitreichenden Folgen etwa für die Nahrungsmittelproduktion erwartet; ein Abbau der atmosphärischen Ozonschicht könnte zu einer weltweiten Zunahme der Krebserkrankungen führen. Allerdings sind die Zusammenhänge wissenschaftlich noch nicht hinreichend geklärt.

Abfall

Themenblock VI

Die Abfallmengen nehmen weiter zu, wobei der Hausmüll in seiner Zusammensetzung immer problematischer wird. Das trifft auch für die Abfälle aus der landwirtschaftlichen Massentierhaltung zu, die zur Verunreinigung von Oberflächen- und Grundwasser sowie damit zu seuchenmedizinischen Problemen führen. Die als „Sondermüll" bezeichneten gefährlichen Abfälle der Industrie sind in der Vergangenheit nicht mit der erforderlichen Sorgfalt behandelt worden; dies führte zu „Giftmüllskandalen", ohne daß überall die notwendigen Konsequenzen für die Zukunft gezogen wurden. Die Verklappung von giftigen Abfallstoffen, etwa Dünnsäure und Quecksilber, in die Weltmeere ist noch immer nicht vollständig abgestellt. Mit dem Abfall werden große Mengen von wiederverwendbaren Wertstoffen abgelagert und verbrannt; dadurch wird der Rohstoffhaushalt unnötig belastet.
Viele Bürger sind grundsätzlich bereit, ihren Beitrag zur getrennten Sammlung von Wertstoffen zu leisten; von den Gemeinden werden jedoch die Voraussetzungen hierzu nicht in ausreichendem Maße geschaffen.
Für den Betrieb und die spätere Gestaltung von Abfalldeponien liegen inzwischen ausreichende Erfahrungen vor, ohne daß sie überall sorgfältig genutzt werden (Schutz des Grundwassers, Behandlung des Methangases). Dies trifft insbesondere für die ökologische Prüfung von möglichen Standorten für Zentraldeponien und ihre Anlage auf der Grundlage von landschaftspflegerischen Begleitplänen zu.

Themenblock VII LANDBAU

Weltweite Verbreitung haben auch die Umweltbelastungen durch die Landwirtschaft. Sie sind keineswegs auf die Bundesrepublik Deutschland und die Länder der Europäischen Gemeinschaft beschränkt, sondern ergeben sich überall dort, wo Landbau betrieben wird. Bei der ständig wachsenden Erdbevölkerung muß man überdies von einer ausgesprochenen Langfristigkeit der Probleme ausgehen. Wir haben in Studieneinheit 18 schon darauf verwiesen, daß sich manche Dinge in den warmen Ländern der Subtropen und Tropen sogar wesentlich problematischer darstellen als bei uns. Man denke nur an den gegenüber Mitteleuropa dort erheblich höheren Bestand an Insektenarten, die Schadfraß an Kulturpflanzen verursachen. Zwangsläufig scheint sich daraus ein erhöhter Pestizideinsatz zu ergeben. Es muß in diesem Zusammenhang auch der Problemkreis „Vorratsschutzmittel" angesprochen werden. Aber damit ist die Sonderstellung der warmen Länder beim Pestizideinsatz noch nicht ausdiskutiert. Es muß daran erinnert werden, daß dort im Gegensatz zu Mitteleuropa eine Vielzahl von Tieren als Überträger von Krankheitserregern des Menschen und seiner Haustiere auftritt. Es wurde schon wiederholt darauf hingewiesen, daß dementsprechend zum unmittelbaren Schutz des Menschen vor diesen oft tödlichen Krankheiten in beträchtlichem Maße Pestizide eingesetzt werden. Hier ist auch in absehbarer Zeit kein völliger Umschwung in Sicht – so sehr man sich auch bemüht, biologische Verfahren der Schädlingsbekämpfung einzusetzen. Weltweit gesehen kommt also der Frage nach der Möglichkeit eines Verzichtes auf Pestizide ein viel umfassenderer Inhalt zu als in der Bundesrepublik Deutschland.

Themenblock VIII ENERGIE

Im Prozeß der gesellschaftlichen Entwicklung hat der Mensch zunehmend in Energieströme, die Bestandteil eines jeden Ökosystems sind, eingegriffen. Gewinnung, Transport, Umwandlung und Verbrauch von Energieträgern stellen deshalb weltweit immer Eingriffe in die Umwelt dar. Das Ausmaß hängt vom Niveau des anthropogenen Energieumsatzes ab, von der Art der genutzten Energieträger und von eventuell angewandten Umweltschutzvorkehrungen. Landschaftsveränderungen, Luftverschmutzung und Gewässerbelastung durch Abwärme sind die wichtigsten Umwelteffekte der Energienutzung. Steigt der Energieumsatz in Zukunft weltweit an, so werden voraussichtlich auch die sich aus der Energienutzung ergebenden Umweltprobleme wachsen. Besonders bedrohliche Tendenzen zeichnen sich in vielen unterentwickelten Regionen der Erde ab, wo Holz als Energieträger vorherrscht. Mit katastrophalen Folgen für Klima, Bodenfruchtbarkeit und Wasserhaushalt werden dort, wo die „traditionellen" Energieträger Kohle, Öl und Gas zu teuer sind, ganze Landstriche abgeholzt, vor allem um Brennholz zu gewinnen. Dieser Aspekt verweist auf die weltweiten Zusammenhänge ökologischer und ökonomischer Probleme. Über die „traditionellen" Umweltbelastungen hinaus ist die Welt heute mit den durch die friedliche Kernenergienutzung verbundenen Problemen, besonders dem der langfristigen Abschirmung der radioaktiven Abfälle vor jeglichem Leben, konfrontiert.

Themenblock IX NATURSCHUTZ UND LANDSCHAFTSPFLEGE

Der Bestand an Tier- und Pflanzenarten nimmt als Folge menschlicher Eingriffe in vielen Ländern dieser Erde deutlich ab, ohne daß diesem Vorgang eine erhöhte Beachtung beigemessen wird. Es werden zwar gezielte Maßnahmen zum Schutz einzelner gefährdeter Arten getroffen; die wesentlichen Voraussetzungen für einen wirkungsvollen Artenschutz, nämlich den Schutz oder die Wiederherstellung ihrer Lebensstätten oder Biotope sicherzustellen, unterbleiben jedoch.

Der Biotopschutz steht in engem Zusammenhang mit der Ausweisung von Schutzgebieten. Zwar ist die Zahl der geschützten Bereiche, beispielsweise Naturschutzgebiete und Landschaftsschutzgebiete, beträchtlich gestiegen, ein wirksamer Vollschutz gegenüber den verschiedenartigsten Nutzungsansprüchen ist im allgemeinen nur schwer durchsetzbar. Dieser kann in der Regel nur durch Ankauf aus öffentlichen Mitteln erreicht werden, um auch ausreichende Schutz- und Pflegemaßnahmen durchführen zu können. Besondere Zielkonflikte ergeben sich aus den Ansprüchen von Siedlung, Industrie, Verkehr, Landwirtschaft und Erholungsverkehr. Auch mangelt es in der Auswahl von Schutzgebieten zunehmend an der Anwendung von geeigneten Kriterien im Rahmen eines Schutzgebietsystems.

Die Eingriffe in Natur und Landschaft durch Technik, Industrie und Zivilisation werden sehr häufig als selbstverständlicher Anspruch der Gesellschaft betrachtet, ohne vorher gründlich geprüft zu werden, ob sie vermeidbar sind und welche Auswirkungen sie haben. Die Notwendigkeit, bei umweltbezogenen Projekten rechtzeitig eine Prüfung der Umweltverträglichkeit vorzunehmen, wird zwar allgemein anerkannt, in der Praxis aber nur in Ausnahmefällen vollzogen.

Unvermeidbare Eingriffe müssen durch Maßnahmen des Naturschutzes und der Landschaftspflege ausgeglichen werden. Hierzu bedarf es der Landschaftsplanung, die in ihrer Rechtswirksamkeit und in ihrer Integration in andere Raumplanungen noch nicht ausgereift ist. Desgleichen mangelt es noch an ausreichenden ökologischen Grundlagen für raumwirksame Planungen, zu denen insbesondere eine Bestandsaufnahme und Bewertung der natürlichen Gegebenheiten und der Eingriffe in Naturhaushalt und Bild der Landschaft gehören.

„Global 2000": Ausgewählte Prognosen

29.2.

Thema 2

Wesentliche Bereiche aus der weltweiten Problematik werden in dieser Studieneinheit von Fachleuten besonders behandelt. Ergänzend und vergleichend sollen hier aber die Aussagen von „Global 2000" (1) zur Bevölkerungsentwicklung, (2) zum Bodenverlust, (3) zur Ökologie der Meere, (4) zur Rohstoffversorgung und (5) zur Wasserversorgung zusammengefaßt werden.

Übersicht 1: Aufbau der Studie „Global 2000 – Der Bericht an den Präsidenten"

Band 1: Zusammenfassung der wichtigsten Erkenntnisse und Schlußfolgerungen (ca. 80 Seiten)

Band 2: Technischer Bericht (ca. 1200 Seiten)

    Teil I: Die Prognosen
- Bevölkerung
- Bruttosozialprodukt
- Klima
- Technologie
- Nahrungsmittel und Landwirtschaft
- Fischerei
- Wälder und Forstwesen
- Wasser
- Energie
- Mineralische und andere Energieträger
- Nicht-energetische Mineralien
- Umwelt (ca. 400 Seiten)

    Teil II: Analyse der Prognose-Instrumente: Das Weltmodell der Regierung

        Kap. 14 Das Weltmodell der US-Regierung: Die derzeitige Grundlage

        Kap. 15 bis 23 behandeln dann die Annahmen, Methoden und Zahlengrundlagen der Prognosen, ausgenommen die Umweltprognosen, weil hierfür kaum Modelle vorlagen.

    Teil III: Analyse der Prognose-Instrumente: Weitere Weltmodelle

        In den Kapiteln 24–29 werden Weltmodelle von den „Grenzen des Wachstums" bis zum Weltmodell der Vereinten Nationen (LEONTIEF) im Vergleich mit den Prognosen in „Global 2000" dargestellt.

    Teil IV: Vergleich der Ergebnisse (der Weltmodelle)

Aspekt 1   *Bevölkerungsprognosen*

Die Prognosen von „*Global 2000*" stützen sich auf zwei Quellen: Die amtliche Bevölkerungsstatistik der USA und die Zahlen eines großen Forschungsinstituts für Bevölkerungs- und Familienfragen in Chikago. Die Prognosen gehen von einer Weltbevölkerung von 4 Milliarden im Jahre 1975 aus. Im Jahre 2000 werden es je nach den Annahmen der einzelnen Institute und den damit wechselnden Randbedingungen zwischen 5,5 und 7 Milliarden Menschen sein, im Mittel etwa 6,35 Milliarden. Dieser Zuwachs von rund 50% in 25 Jahren wird fast nur in den Entwicklungsländern stattfinden, die im Jahre 2000 etwa 80% der Weltbevölkerung stellen. Länder wie Bangladesch, Pakistan, Nigeria, Brasilien und Mexiko werden ihre Bevölkerung in diesem Zeitraum verdoppeln. Mit diesen Prognosen weicht „*Global 2000*" nicht wesentlich von anderen Vorhersagen ab. Der Bericht weist jedoch nachdrücklich auf die vielfältigen und zum Teil noch gar nicht absehbaren Folgen hin:

Die Ernährung der schnell steigenden Bevölkerung wird immer schwieriger, wenngleich gute Aussicht besteht, daß weltweit die Nahrungsmittelproduktion etwas schneller wächst als die Weltbevölkerung. Die große Gefahr liegt jedoch darin, daß die Steigerung der landwirtschaftlichen Produktion nicht in den Ländern stattfindet, deren Bevölkerung so schnell wächst. Der Ausgleich von Mangel und Überschuß wird daher wirtschaftlich immer mühseliger und gegen politische Störungen des Welthandels anfälliger.

Die rapide anwachsende Bevölkerung der Welt wird zunehmende Ansprüche an die Rohstoffe und an die Umweltgüter dieser Erde stellen. Die Verschärfung der Hygieneprobleme läßt sich mit den Stichworten „Verstädterung", „Wasserversorgung", „Abwasserreinigung", „Abfallbeseitigung" kennzeichnen. Was immer diese Erde an Gütern bereitstellen mag, es muß auf die Menschen verteilt werden; dabei wird das Bevölkerungswachstum die Tendenz haben, die durchschnittliche Versorgung und Lebensqualität zu mindern.

Aspekt 2   *Die Verfügbarkeit fruchtbarer Böden*

Nach „*Global 2000*" sind die Hauptfaktoren der landwirtschaftlichen Produktion:

– fruchtbarer Boden – Agrarchemikalien und Energie
– Wasser für Bewässerung – Klimatische Bedingungen

Die klimatischen Faktoren sind wesentlich, werden aber in Prognosen meist vernachlässigt, weil man ihre Konstanz voraussetzt. Dies ist aber nicht zulässig, weil mit Klimaveränderungen gerechnet werden muß. Der Einsatz von Pestiziden, Dünger und Maschinen beruht letztlich auf fossilen Brennstoffen, die sich sehr schnell verteuern. Ein Großteil der intensivsten Kulturen der Erde hängt von der Bewässerung ab; die erforderliche Pumpenergie wird überdurchschnittlich im Preis steigen. Die wirtschaftlichen Kosten und die ökologischen Schäden steigen bei einer Ausweitung der bewässerten Flächen steil an.

Wie sieht es mit der landwirtschaftlichen Produktion aus? Den landwirtschaftlichen Prognosen liegt ein komplexes, regionalisiertes Modell zugrunde. Es werden drei alternative Pfade errechnet; hier wird auf die Alternative I abgestellt, die von mittleren Annahmen zum Bevölkerungs- und Wirtschaftswachstum ausgeht. Das Ergebnis: Es ist physisch und wirtschaftlich möglich, die durch Bevölkerungswachstum und höhere Ansprüche steigende Nachfrage auch über das Jahr 2000 hinaus zu befriedigen. Die Nahrungsmittelproduktion steigt um 2,1% im Jahr, das heißt etwas schneller als die Weltbevölkerung mit 1,8%. Die Ackerfläche wird weltweit von 1970–2000 um 4% zunehmen, so daß der erhebliche Ertragszuwachs von etwa 90% gegenüber 1970 im wesentlichen auf der Intensivierung der Agrarproduktion beruhen muß. Die Erträge heute und deren Zuwächse sind aber so ungleich verteilt, daß auch bei einer weltweit ausreichenden Versorgung mit erheblichen regionalen Problemen (insbesondere in Schwarzafrika) gerechnet werden muß.

Ein Zuwachs von nur 4% an Boden über 30 Jahre scheint gering; *„Global 2000"* wird hier der Vorwurf gemacht, „statisch" zu denken. Der Vorwurf ist unberechtigt; denn zum einen entstammt die Zahl einem dynamischen, das heißt auf Berücksichtigung des Zeitfaktors angelegten Modell; zum anderen begründen die Autoren aber sowohl im Nahrungsmittel- wie im Umweltkapitel eindrücklich, warum die Verluste an Ackerland einerseits und die Schwierigkeiten beim Urbarmachen andererseits nur noch geringe Zunahmen erwarten lassen.

Welche Einflüsse sind verantwortlich für die Flächen- und Qualitätsverluste der Böden?

- *Wüstenausbreitung:* Hierzu trägt der Mensch durch Überweidung und Abholzung der letzten Bäume bei. Der Prozeß ist praktisch irreversibel.
- *Schäden durch unsachgemäße Bewässerung:* Versalzung der Böden, nachteilige Veränderungen des Grundwasserspiegels und Alkalisierung sind in vielen Ländern der warmen Zonen ein großes Problem. *„Global 2000"* nennt keine weltweiten Zahlen, gibt aber eindrückliche Beispiele, auch aus den USA. Diese Schäden sind nur schwer behebbar.
- *Erosion:* Der Abtrag der Ackerkrume durch Wasser und Wind nimmt mit der weltweiten Modernisierung der Landwirtschaft zu. Auch die Verluste an Humusgehalt werden beklagt. Diese Bodenverschlechterung konnte bisher durch den steigenden Düngereinsatz ausgeglichen werden. Die Gegenmaßnahmen sind bekannt, werden aber nur zögernd eingeleitet. Die Erosion wird in vielen Gegenden auch durch Rodungen gefördert.
- *Überbauung:* Große Städte und Wirtschaftszentren befinden sich seit alters her auf den besten Böden. Der Verbrauch von Land für Siedlungs-, Industrie- und Verkehrsflächen usw. vermindert direkt und praktisch unwiederbringlich das landwirtschaftliche Produktionspotential. Von 1975 bis 2000 rechnet der Bericht mit Verlusten von 25 Millionen Hektar an Ackerland, das heißt etwa 2% weltweit, allein aus dieser Entwicklung.

Die Erhaltung der landwirtschaftlichen Nutzflächen und der Bodenfruchtbarkeit ist nach Ansicht der Autoren stark abhängig von der Qualität der politischen Führung. Einsicht in die Probleme und gut organisierte staatliche Macht müssen zusammentreffen, um hier eine langfristige, rationale Politik durchzusetzen.

Die Meere als Nahrungsquelle   Aspekt 3

Die Fischereierträge von 60 Millionen Tonnen (1975) sind ein wichtiger Beitrag zur Welternährung. Für viele arme Länder, in denen Fleisch knapp ist, ist das Meer die wichtigste Quelle an tierischem Eiweiß. Die maximal möglichen Erträge lassen sich schlecht abschätzen, weil die Ökologie der Meere noch zu wenig bekannt ist. *„Global 2000"* schätzt, daß sich bei sorgfältiger Bewirtschaftung und mit verfeinerten Fangmethoden der Ertrag auf etwa 100 Millionen Tonnen steigern ließe. Der Meereskultur wird ein schnelles Wachstum vorausgesagt.

Die ökologische Stabilität der Meere wird im wesentlichen durch die übermäßige und planlose Ausbeutung der Meerestierbestände und durch die Meeresverschmutzung gefährdet. Die Überfischung hat nach *„Global 2000"* bereits jene kritische Schwelle erreicht, ab der mit einem weltweiten Rückgang der Erträge – zumindest qualitativ – gerechnet werden muß. Die Quantitäten lassen sich möglicherweise durch Ausweichen auf andere Fischarten noch aufrechterhalten. Mit Sorge wird aber darauf hingewiesen, daß ein zunehmender Anteil der Fänge zu Fischmehl verarbeitet und somit der menschlichen Ernährung unmittelbar entzogen wird. Die drohende Ausrottung der Wale durch übermäßige Bejagung wird beklagt. Die Übernutzung wird wesentlich durch die mangelnde Koordinierung der nationalen Ansprüche vorangetrieben. Auf dem Meer fühlt sich jeder als „free rider".

Dies gilt auch für die Meeresverschmutzung. „*Global 2000*" sieht zwar in den kommenden zwei Jahrzehnten keine Gefahren für die wesentlichen Funktionen der Meere in den weltweiten Kreisläufen von Wasser, CO_2 und Wärmeenergie, stellt aber regionale Gefährdungen fest. Insbesondere die Küstenmeere sind durch den Stoffeintrag von Land – sei es über die Fracht der Flüsse, sei es durch Abfallbeseitigung auf See – hoch belastet. Negative Auswirkungen auf die Vermehrung und Ernährung der Fische sowie auf die Erholungseignung werden festgestellt. Die Autoren befürchten, daß die Verschmutzung und Übernutzung der Meere in den nächsten Jahrzehnten fortschreiten wird: Die Kenntnisse über die Zusammenhänge von Stoffeintrag und Funktionsfähigkeit der Ökosysteme sind nicht so gut, daß die Notwendigkeit des Gegensteuerns schon heute bewiesen werden kann. Insbesondere die nationalen Egoismen werden eine nachhaltige Bewirtschaftung der Schätze des Meeres verhindern.

Aspekt 4 *Prognosen über die Rohstoffe (ohne Energieträger)*

Die Rohstoffe Kohle, Öl, Gas, Uran und sonstige Energieträger werden in „*Global 2000*" ausführlich behandelt; eine knappe Zusammenfassung ist jedoch nicht möglich, weil zum einen – weisungsgemäß – gänzlich unrealistische Preisentwicklungen bei Öl angenommen wurden und zum zweiten die eher beruhigenden Energieprognosen in Kapitel 10 und 11 mit den Aussagen über Energie und Umwelt in Kapitel 13 im Widerspruch stehen.

Zu den nicht-energetischen Rohstoffen sagt „*Global 2000*" folgendes: Die Rohstoffversorgung in aller Welt wird schwieriger, weil Industrie und Landwirtschaft immer mehr Rohstoffe brauchen, weil der zunehmende Welthandel mit Rohstoffen störungsanfälliger wird und die Förderung und Aufbereitung einen steigenden Energieeinsatz erfordern.

Der Bericht beschränkt sich auf 19 nicht-energetische Rohstoffe. Ausführlich werden die 6 Grundmaterialien der modernen Wirtschaft behandelt: Aluminium, Kupfer, Eisen, Phosphat, Kali und Schwefel. Die Nachfrage wird als Funktion des Bevölkerungs- und Wirtschaftswachstums gesehen. Durch die Preissteigerungen und durch technologische Entwicklungen werden immer mehr Lager abbauwürdig, das heißt, die „Reserven" steigen.

Rohstoffpolitisch kommt der Bericht zu dem einleuchtenden Schluß, daß sich die Rohstoffe durch eine Kreislaufwirtschaft strecken lassen. Daher darf sich die Rohstoffpolitik nach „*Global 2000*" nicht auf Erforschung, Förderung und Handel beschränken, vielmehr müssen Gestaltung der Produkte, Produktionsprozesse und Abfallwirtschaft miteinbezogen werden.

Wegen der Möglichkeiten, auf andere Rohstoffe auszuweichen *(Substitution)*, wegen der Ausweitung der wirtschaftlich abbaubaren Reserven und wegen der Fortschritte beim Recycling kommt „*Global 2000*" zu dem Schluß, daß mit einer Erschöpfung nicht-energetischer Rohstoffe bis zum Jahr 2000 nicht zu rechnen ist.

Aspekt 5 *Wasserressourcen*

Der Bericht „*Global 2000*" behandelt nur solche Nutzungen des Wassers, die mit Entnahmen verbunden sind (Schiffahrt, Erholung usw. werden nicht berücksichtigt). Probleme der Wasser*mengen*wirtschaft stehen also im Vordergrund. Wasser ist nur beschränkt transportfähig, so daß alle Wasserprobleme örtlichen oder regionalen Charakter haben, mit Ausnahme der Verschmutzung der Ozeane, wodurch Wasser zu einem weltweiten Problem wird, und mit Ausnahme der Folgen weltweiter Klimaveränderungen, die auch die Wasserversorgung drastisch verändern würden.

Im Bericht wird lebhaft beklagt, daß Wasser nicht immer wirtschaftlich, das heißt als knappes Gut, betrachtet wird. Das herkömmliche Ziel ist die Bereitstellung jeder gewünschten Menge zu einem niedrigen Preis. Die Subvention der Wasserversorgung führt auch dazu, daß Wasser nicht immer den höchstwertigen Nutzungen zugeführt wird; so wird z. B. in vielen Ländern die Bewässerungswirtschaft direkt oder indirekt staatlich unterstützt, so daß die industrielle Entwicklung dann unter Wassermangel leidet oder gar erstklassiges Wasser der Trinkwasserversorgung entzogen wird.

Der Bericht schätzt den Wasserverbrauch bezogen auf Person und Jahr auf 800 m^3; das entspricht gut 2 m^3 pro Tag und Person. Als größte Verbrauchergruppen werden Bewässerung, Industrie, Energiewirtschaft (beide ohne das Wasser in Kreisläufen) und Haushalte genannt.

Die Verteilung der Wasserentnahme auf Haushalte, Landwirtschaft und Industrie (einschließlich Energiewirtschaft) zeigt von Gebiet zu Gebiet über die Erde krasse Unterschiede. So verbrauchen Indien und Mexiko etwa 90% des Wassers für die Landwirtschaft und jeweils einige wenige Prozent für Industrie und Haushalt; Tansania braucht 60% seines Wassers für häusliche Nutzung, etwa 35% für Bewässerung und wenige Prozent für die Industrie. Nur in den durch gleichmäßige Regen begünstigten Industriestaaten wie der Bundesrepublik Deutschland und anderen Ländern Mittel- und Westeuropas überwiegt die industrielle Nutzung des Wassers deutlich. Die Bundesrepublik verbraucht 70% des Wassers in der Industrie, 20% im Haushalt und 10% für den Landbau. Hinter dieser Struktur stehen natürlich ganz verschiedene Mengen pro Kopf. Es gibt ganze Staaten und daher mit Sicherheit noch sehr viel mehr Gebiete in der Welt, in denen der Wasserverbrauch unter 10 Litern pro Person und Tag beträgt.

Meist ist das Wasser ein erneuerbarer Schatz; es gibt jedoch auch Trockengebiete, in denen fossiles Wasser gefördert wird. Der Bericht „Global 2000" spricht in diesem Zusammenhang von „Mining".

Die Wasserbewirtschaftung in der ganzen Welt ist oft unvernünftig; das reine Bedarfsdenken unterstellt zu viele technische Gegebenheiten in der Landwirtschaft und Industrie als unabänderlich und zu viele Verhaltensmuster im Haushalt als gegeben. Wenn bei größeren Knappheiten eines Tages doch der Preis eine stärkere Rolle spielen wird, so sind die Rückwirkungen auf die Verbrauchsstrukturen nicht vorherzusagen.

Der Bericht unterscheidet beim Wasser zwischen zwei Arten der Nutzung: Einmal wird das Wasser nur *ge*braucht, um zu kühlen oder zu reinigen usw., und wird dann mehr oder weniger verändert wieder in den Kreislauf eingeleitet; im anderen Falle wird das Wasser tatsächlich *ver*braucht, das heißt verdampft oder in Produkte eingebaut. Der größte Wasserverbraucher in diesem engeren Sinne ist die Bewässerung, da etwa die Hälfte des Wassers verdunstet. Bei industriellen Nutzungen werden nur etwa 15% des entnommenen Wassers „verbraucht", im Haushalt liegen die entsprechenden Zahlen unter 5%.

Die genannten hohen Verdunstungsraten in der Bewässerung bedeuten, daß der Rückfluß des Wassers in das Grundwasser oder in die Entwässerungsgräben oft zu gering bemessen ist. Oft werden über drei Viertel des Bewässerungswassers verdunstet, etwa die Hälfte von den Pflanzen und ein Viertel durch Leitungen. Der Vergleich mit der Industrie zeigt, daß hier weit weniger Möglichkeiten der rationellen Wassernutzung, insbesondere der Kreislaufführung, vorhanden sind, denn sowohl Verdunstung wie Abfluß sind unerläßlich.

Eine rationellere Nutzung des Wassers für die Bewässerung ist also schwieriger zu erreichen als in der Industrie. Dazu tritt noch die Versalzung, die in einigen Gegenden über die Hälfte der Böden geschädigt hat und deren Behebung mehr Wasser (aber woher?) und bessere Entwässerung (Drainage) erfordert. Hierfür müßten ungeheure Investitionen aufgebracht werden. Auch in der ländlichen Wasserwirtschaft zeigt sich die These des Berichtes, daß aus ökologischen und ökonomischen Gründen der Grenznutzen der Investitions- und Betriebsmittel in der Landwirtschaft zurückgehen wird.

Wassereinzugsgebiete und Staatsgebiete decken sich nur selten; daher erwartet „Global 2000", daß mit der zunehmenden Wasserknappheit auch die internationalen Konflikte über das Wasser zunehmen werden. Die Autoren erinnern besonders an die Tatsache, daß von den 200 Flußeinzugsgebieten ersten Ranges 148 in zwei Ländern und 52 in drei oder mehr Ländern liegen. Hier läge natürlich auch eine Aufgabe für das internationale Wasserrecht, Instrumente zur Lösung oder zumindest zur Entschärfung und Kanalisierung der Konflikte bereitzustellen.

Früher sagte man, daß Deutschland nur zwei Rohstoffe, nämlich Kohle und Salze, reichlich hätte. Nach der Lektüre von „Global 2000" muß man das Wasser hinzufügen. Wenn die Verfügbarkeit von Wasser nach der Meinung des Berichts in Zukunft eine zunehmend wichtige Rolle bei der Standortentscheidung für die Industrie spielen wird, so verbessert sich hier die Position der Bundesrepublik im internationalen Vergleich, wenn wir mit unserem Wasser-„Schatz" pfleglich umgehen. Schwerwiegende Probleme der Wasserversorgung, die vergleichbar wären mit den Problemen der Länder in den warmen und tropischen Zonen, können bei uns nur durch Klimaveränderungen auftreten.

Schlußfolgerung   Zusammenfassend hat dieser Überblick drei grundlegende Folgerungen aus „Global 2000" aufgezeigt:

- Die Erde kann das gegenwärtige Bevölkerungswachstum nicht mehr lange verkraften.
- Die Rohstoffe werden bei vernünftiger Bewirtschaftung zwar teurer, aber nicht katastrophal knapp.
- Die scheinbar unerschöpflichen ökologischen Ressourcen sind durch Mißwirtschaft und Umweltbelastungen auf das höchste gefährdet.

29.3. Die Sicherung der Welternährung

Thema 3   In den folgenden Analysen wollen wir uns mit dem vielleicht drängendsten globalen Umweltproblem beschäftigen, der Sicherung der Welternährung. Wir betrachten zunächst (1) den Boden als landwirtschaftlichen Produktionsfaktor, stellen anschließend die Frage, ob man (2) auf die vielgescholtenen Pflanzenschutzmittel verzichten kann und beziehen schließlich (3) das Bevölkerungswachstum in unsere Überlegungen mit ein. In den beiden letzten Analysen wollen wir uns (4) mit der globalen Dimension des Natur- und Artenschutzes sowie (5) mit den Problemen der Waldzerstörung befassen.

29.3.1. Landwirtschaft

Analyse 1   Weltweit betrachtet, umfaßt die Agrarfläche etwa 33% der Gesamtfläche der Erde; in den Entwicklungsländern im Mittel 31%, in den Industrieländern 40%.[2] In der Bundesrepublik Deutschland liegt der Anteil der landwirtschaftlich genutzten Fläche bei 56%.

---
2 Bernd ANDREAE: Agrargeographie. Berlin/New York 1977, S. 75.

Alle Agrarflächen entstanden durch die Umwandlung von natürlichen Ökosystemen in Agrarökosysteme, die dem Kulturpflanzenanbau und der Viehhaltung dienen. Dieser Umwandlungsprozeß und seine Folgen wurden für Mitteleuropa schon in den Studieneinheiten 16–18 dargestellt.

Die Auswirkungen der Landwirtschaft sind von Land zu Land sehr unterschiedlich, da sie in erheblichem Umfang von den jeweils herrschenden Klima- und Bodenbedingungen abhängen. Das Klima bestimmt zunächst einmal die Form der landwirtschaftlichen Nutzung, die ihrerseits die ökologischen Auswirkungen entscheidend prägt. Das Klima beeinflußt darüber hinaus die bodenbiologischen Prozesse, den Nährstoffhaushalt, die Regenerationsfähigkeit des Bodens sowie der Pflanzendecke und das Auftreten sowie die Vermehrungsgeschwindigkeit von Schadorganismen. Ein besonderes Interesse kommt den Gegebenheiten in den warmen Tropen zu, da dort gegenwärtig ein Anteil von nahezu 70% der Weltbevölkerung lebt und das hohe Bevölkerungswachstum diesen Anteil in naher Zukunft wesentlich erhöhen wird. Der Nahrungsbedarf in den Tropen steigt ständig an, und damit erhöht sich zwangsläufig der Druck der Landwirtschaft auf die natürlichen Ökosysteme. *Tabelle 1* bringt einige Daten zum Vergleich dieser überwiegend den Entwicklungsländern zuzuordnenden Gebiete und der „entwickelten" Länder.

Tab. 1: Daten zur Landwirtschaft

	Entwicklungs-länder	Entwickelte Länder
Anteil der Weltbevölkerung in %	67	33
Anteil an der landwirtschaftlichen Produktion in %	38	62
Ackerland (ha) pro landwirtschaftliche Arbeitskraft	1,3	8,9
Düngemitteleinsatz in kg pro ha	9	40
Tägliche Nahrungsaufnahme in Kalorien (Mittelwert)	2180	3315
Anzahl der stark unterernährten Menschen in Mio	435	–

Quelle: FAO: Agriculture: Toward 2000. Rom 1981, S. 14.

Wie stark der Druck auf die Umwelt in Zukunft sein wird, ergibt sich aus *Tabelle 2*, in der die verfügbaren („potentiellen") Ackerflächen dem tatsächlich genutzten Anteil gegenübergestellt werden.

Tab. 2: Verfügbarkeit und tatsächliche Nutzung von Ackerland in Entwicklungsländern

	Zahl der Staaten	Bevöl-kerungsanteil in %	Potentielle Ackerfläche in Mio ha	Genutzte Ackerfläche in % der potentiell nutzbaren Fläche
90 Entwicklungsländer	90	100	1843	40
Afrika[1]	37	16	676	30
Fernost[2]	15	59	335	79
Nahost[3]	24	16	693	25
Lateinamerika	14	9	139	63

1) ohne Ägypten, Libyen, Sudan
2) Süd-, Südost- und Ostasien
3) Vorderer Orient sowie Ägypten, Libyen, Sudan

Quelle: FAO: Agriculture: Toward 2000. Rom 1981, S. 66.

Frage *Welche landwirtschaftlichen Betriebsformen gibt es in den Tropen?*

Tab. 3: Schematische Übersicht der landwirtschaftlichen Betriebsformen in den Klimazonen der Tropen

Klimaabhängige Vegetationsform	Zahl der Monate mit Regen im Jahr	Weide-wirt-schaft	Regen-feld-bau	Baum- und Strauch-kulturen	Bewässe-rungs-feldbau
Wüste	–	–	–	–	–
Halbwüste	1	x	–	–	x
Dornbuschsteppe	1 – 4	xxx	x	–	x
Trockensavanne	4 – 6	xxx	xx	x	xx
Feuchtsavanne	7 – 9	x	xxx	xx	xxx
Regenwald	10 – 12	–	xx	xxx	xx

x = schwache, xx = mittlere, xxx = starke Verbreitung

Nach: Bernd ANDREAE: Agrargeographie. Berlin/New York 1977, S. 126.

Form 1   Weidewirtschaft gibt es seit alters her in allen tropischen Klimazonen, außer im Regenwald. Bekannt ist das Wanderhirtentum der Steppen und Halbwüsten („Nomadenwirtschaft") mit Wanderungen von Mensch und Tier von einem Futterplatz zum anderen. Bei der stationären Weidewirtschaft der Savannen leben die Viehbesitzer an einem festen Ort. Die Weidewirtschaft ist abhängig von den Niederschlagsverhältnissen, die das Nahrungsangebot der Tiere bestimmen, und von offenen Wasserstellen zum Tränken des Viehs. Überschreitet der Viehbestand die ökologische Tragfähigkeit eines Gebietes, so kommt es durch „Überweidung" zur Zerstörung der Pflanzendecke. Vor allem in Gebieten, in denen von Zeit zu Zeit extrem niederschlagsarme oder trockene Jahre auftreten („Halbwüsten"), kommt es dann zur Wüstenbildung (Beispiel: Sahelzone). Überweidung in niederschlagsreichen Gebieten führt häufig zur Erosion des fruchtbaren Oberbodens und damit zu Dauerschäden. An der Zerstörung der Pflanzendecke sind neben Rindern vor allem Schafe und Ziegen beteiligt. Ziegen stellen trotz ökonomischer Vorteile bei freiem Weidegang ein erhebliches Störpotential dar; vor allem bei der Waldzerstörung spielen sie eine wesentliche Rolle. Derartige ökologische Schäden sind in weiten Gebieten der Erde zu beobachten.

Die Weidewirtschaft ist strenggenommen gar nicht immer eine „Wirtschaft" im eigentlichen Sinne, die für die Eigenversorgung das Hauptnahrungsmittel liefert oder marktorientiert betrieben wird, sondern regional wird eine „repräsentative" Rinderhaltung aus religiösen oder sozialen („Sozialprestige") Gründen betrieben. Bei marktorientierter Haltung wird die Weidefläche in der Regel durch Zäune abgegrenzt, also keine freie Weidewirtschaft mehr betrieben. Durch Anlage von Brunnen, Stauhaltungen und Bewässerung läßt sich in vielen Fällen die ursprüngliche ökologische Tragfähigkeit eines Gebietes wesentlich steigern und damit ein höherer Ertrag erwirtschaften. Hier liegen die wichtigsten umweltschonenden Ausbaumöglichkeiten der Viehhaltung.

Form 2   Der *Regenfeldbau* ist die verbreitetste der ursprünglichen Pflanzenbauformen der Tropen; wie der Name andeutet, ist die zeitliche Ausdehnung des Anbaus abhängig von der Dauer der Regenzeit. Während im Regenwaldgebiet ganzjährig ausreichender Niederschlag fällt, beschränkt in den anderen Zonen Niederschlagsmangel zeitweilig den Anbau von Feldfrüchten. Die ganzjährig günstigen Temperaturen können also nicht ausgenutzt werden.

Auch heute noch wird in den feuchten Tropen weitgehend nach dem uralten Prinzip der Waldbrandwirtschaft gearbeitet: eine Waldfläche wird durch Abbrennen gerodet, Feldfrüchte werden angebaut, und wenn nach meist schon zwei Jahren die Erträge stark absinken, gibt man das Feld auf und rodet ein neues. Dieses Verfahren wird als „Wanderfeldbau" *(shifting cultivation)* bezeichnet. Ursprünglich wanderten die Bauern umher und rodeten im Urwald immer neue Flächen, die anschließend wieder verwaldeten. Mit steigender Bevölkerungszahl wurden die Menschen seßhaft, und es entstand eine Art Wald-Feld-Wechselwirtschaft, bei der man nach Brandrodung wenige Jahre (oft nur zwei) Feldbau betrieb und dann eine längere Waldbrache (bis zu 12 Jahre und mehr) zur Erholung der Bodenfruchtbarkeit einschob, ehe man die gleiche Stelle wieder nutzte. Diese Wirtschaftsform kann nur bei dünner Besiedelung eine ausreichende Nahrungsversorgung sichern, weil weniger als 20% des Bodens jährlich zum Anbau genutzt werden können. Diese wenig ergiebige Anbauweise überwiegt noch auf rund 20% der Erdoberfläche. Vermehrt sich die Bevölkerung in diesen Gebieten, so nimmt der Druck auf die noch bestehenden Wälder zwangsläufig zu. Die Zahlenangaben über die jährliche Waldrodung sind unterschiedlich. Mindestens 5 Millionen Hektar (= 0,3% der Waldfläche), möglicherweise aber bis 20 Millionen Hektar werden jährlich abgebrannt.

Im Prinzip ähnelt die tropische Wald-Feld-Wechselwirtschaft der alten europäischen Dreifelderwirtschaft mit Brache. Im gemäßigten Klima allerdings und unter den europäischen Betriebsformen mit Ackerbau und Viehhaltung, das heißt mit Möglichkeiten zur Mistdüngung, genügte ein Brachejahr nach zwei Erntejahren. Im übrigen handelt es sich um eine Grasbrache im Gegensatz zur tropischen Waldbrache.

Worauf beruht diese Andersartigkeit der tropischen Brachewirtschaft? Und vor allem: Wieso zeigt ein tropisches Feldökosystem so raschen Leistungsabfall, während doch die Regenwälder, aus denen sie durch Rodung entstanden sind, über Jahrhunderte hin hohe Wachstumsleistungen vollbringen und zu den produktivsten Ökosystemen dieser Erde gehören? Der tropische Regenwald weist einen Kreislauf der Pflanzennährstoffe auf, der nahezu geschlossen ist und fast verlustfrei arbeitet. Absterbendes Pflanzenmaterial wird in dem feuchten und warmen Waldboden sehr rasch in seine anorganischen Bestandteile zerlegt, die unmittelbar als Nährstoffe von den Pflanzen wieder aufgenommen werden. Der überaus dichte, mehrstöckig gegliederte Pflanzenbestand bremst die starken Niederschläge so ab, daß eine Auswaschung von Nährstoffen in den tieferen Boden oder eine Abschwemmung in Gewässer unterbunden wird.

Die Brandrodung zerstört dieses Gefüge völlig; in dem offenliegenden Boden wird das organische Material mit hoher Geschwindigkeit abgebaut. Die freigesetzten Nährstoffe ermöglichen kurzzeitig hohe Ernteerträge. Der Vorrat geht aber rasch zur Neige, da ein Teil mit dem Ernteprodukt entfernt wird und der Rest durch die ungebremst auf den Boden auftreffenden Niederschläge entweder in für Pflanzenwurzeln unerreichbare Tiefen verfrachtet oder oberflächlich mit abgeschwemmtem Boden („Erosion") abtransportiert wird. Diesen Vorgängen trägt die Wald-Feld-Wechselwirtschaft Rechnung, indem sie versucht, über eine Wiederbewaldungsphase („Brache") eine gewisse Nährstoffanreicherung zu erzielen. Wo kommen die Nährstoffe her? Luftstickstoffbindende Mikroorganismen sorgen für Zulieferung von Stickstoffverbindungen, die übrigen Nährstoffe werden durch Verwitterungsprozesse im Boden nachgeliefert. Ein vollständiger Ausgleich der Verluste erfolgt aber nicht; der Boden verarmt zunehmend. Möglichkeiten zur Düngung fehlen weitgehend. In vielen Fällen besteht keine Viehhaltung, so daß tierischer Kot ganz fehlt. Wird Vieh gehalten, so gibt es doch wegen der fehlenden Stallhaltung nicht die bei uns übliche Mistproduktion.

Sind die Tropen also von der Nahrungsproduktion her gesehen im Nachteil? Zweifellos ist die Nutzkapazität der Regenwaldzone für den herkömmlichen Anbau kurzlebiger Nutzpflanzen gering. Das gilt für die Wald-Feld-Wechselwirtschaft, und es gilt besonders für Versuche, offene Feldflächen längere Zeit zu bewirtschaften. Der Ertrag kann aber bei bodenschützenden Anbauweisen und sachgerechter Bewirtschaftung wesentlich erhöht werden. Zu diesen Maßnahmen gehören:

– Anbau langlebiger Kulturpflanzen mit Bodendeckung;
– Plantagenbau mit Unterkulturen, die den Boden decken;
– Abdecken der Bodenoberfläche mit totem Pflanzenmaterial
  (bei uns als „Mulchen" bekannt);
– Düngung mit organischem und anorganischem Material.

Ertragreichere Betriebsformen bestehen im übrigen schon länger und sollen hier kurz erwähnt werden:

Form 3 — *Baum- und Strauchkulturen* umfassen im Regenwaldgebiet beispielsweise Plantagen mit Kokospalme oder Kakao, in tropischen Höhenlagen Kaffee, in anderen Regionen Zuckerrohr, Sisal oder Ananas. Diese Kulturen sind langlebig und bodendeckend und haben damit Vorteile gegenüber dem offenen Brandrodungsfeld. Als Nachteil wird aber vielfach empfunden, daß es sich um Exportkulturen handelt, die Flächen für die Nahrungsproduktion blockieren. Das Problem wird kontrovers diskutiert. Für die Berechtigung dieses Anbaus spricht der Bedarf vieler Entwicklungsländer an Devisen für die Einfuhr wichtiger Güter (der Ausdruck „cash crops", das heißt bargeld- bzw. devisenbringende Ernten, für die genannten Produkte kennzeichnet die Situation sehr deutlich).

Form 4 — Der *Bewässerungsfeldbau* bietet ein gutes Beispiel dafür, wie durch Optimierung des Wasserangebotes die Gunst der tropischen Temperaturen voll genutzt werden kann. Das Musterbeispiel ist der Reisanbau in der Form von Naßreis (Bewässerungsreis). Naßreis kann in Monokultur über lange Zeit immer wieder angebaut werden und bringt hohe Erträge; in manchen Fällen sind mehrere Ernten pro Jahr möglich. Naßreisanbau, vor allem bei Terrassenfeldbau (Südostasien), prägt die Landschaft in auffallender Weise und schafft einen besonderen Agrarökosystemtyp, der vor allem Wassertieren zusätzlichen Lebensraum bietet.

Auf die mannigfachen Formen des Bewässerungsfeldbaus kann hier nicht näher eingegangen werden. Stauhaltungen und Bewässerungssysteme bringen beträchtliche ökologische Veränderungen mit sich, die teils positiv, teils negativ zu bewerten sind.

Abschlußfrage — Zum Abschluß sei eine Frage aus dem Themenblock VII aufgenommen. Kann alternativer Landbau in den Tropen zur Umweltentlastung bei gleichzeitiger Sicherung der Nahrungsversorgung eingesetzt werden? Claude AUBERT[3] beurteilt diese Frage positiv, verschweigt aber auch die Schwierigkeiten nicht:

• Die Beschaffung von organischen Stoffen zur Düngung ist schwierig. Mist ist knapp. In Indien stellt der getrocknete Rinderkot einen wichtigen häuslichen Brennstoff dar, der nicht ohne weiteres ersetzt werden kann. In Afrika sind Viehhaltung und Ackerbau vielfach getrennte Arbeitsgebiete. Soweit Ackerbauern gleichzeitig Vieh halten, müßte der Kot gesammelt werden.

• Die verarmten Böden müssen zunächst durch anorganische Dünger wieder in den Stand gesetzt werden, Pflanzen überhaupt ernähren zu können. Die klassischen Methoden des mitteleuropäischen alternativen Landbaus sind erst anzuwenden, wenn die Böden einen ausreichenden Humusgehalt haben.

---

3 Claude AUBERT: Organischer Landbau. Stuttgart 1981, S. 222ff.

29. Weltweite Umweltprobleme

- Bei der Schädlingsbekämpfung wird in stärkerem Maße als in Mitteleuropa eine Verwendung von chemischen Mitteln notwendig sein. „Wenn die Bevölkerung unterversorgt ist, ist es vorrangig, die Ernte zu retten, und da wird man zu bestimmten Kompromissen bereit sein, die in einer Überflußgesellschaft nicht zu rechtfertigen wären" (S. 225).

Schildern Sie die Eigentümlichkeiten der tropischen Wald-Feld-Wechselwirtschaft.

Aufgabe 1

....
....
....
....
....
....
....
....
....
....

Pflanzen- und Vorratsschutz 29.3.2.

Die Sorge vieler Menschen um das weltweite ökologische Gleichgewicht und eine weltweit gesunde Umwelt ist verständlich und berechtigt. Aber machen sich die Bürger der im Überfluß lebenden Industrienationen auch klar, daß weltweit gesehen, und vor allem in den Entwicklungsländern, viele Millionen von Menschen noch immer unzureichend ernährt sind? Und ist es uns bewußt, daß heute etwa 4 Milliarden, im Jahre 2000 aber voraussichtlich 6 Milliarden Menschen auf der Erde ernährt werden müssen? Wie soll der dann im Vergleich zu heute über die Hälfte erhöhte Bedarf an Nahrungsmitteln gedeckt werden?

Analyse 2

Der biologisch-technische Fortschritt in der Landwirtschaft

Nach den Prognosen des Berichtes *„Global 2000"* wird die Fläche des kultivierten Landes weltweit bis zum Jahre 2000 nur um 4% anwachsen können. Der erhöhte Nahrungsbedarf muß also auf der nur wenig vergrößerten Ackerfläche gedeckt werden. Während in den frühen siebziger Jahren 1 Hektar landwirtschaftlicher Nutzfläche durchschnittlich 2,6 Personen ernährte, müssen im Jahr 2000 durchschnittlich 4 Personen von den Produkten der gleichen Fläche satt werden. Ist das überhaupt zu schaffen? Sicherlich nur, wenn der biologisch-technische Fortschritt in der Landwirtschaft weiter genutzt wird, das heißt durch Anbau ertragreicher, dem Standort angepaßter Arten und Sorten von Nahrungspflanzen, durch Verwendung von Mineraldünger, durch künstliche Bewässerung und nicht zuletzt durch einen sachgerecht betriebenen Pflanzenschutz.

Noch heute gehen weltweit 20–30% der möglichen Ernte durch den Befall der Kulturen mit Krankheitserregern und Schädlingen sowie durch das Auftreten von „Unkräutern" verloren. Je nach der Intensität der Anbaumethoden und des Pflanzenschutzes erreichen diese Verluste in verschiedenen Ländern unterschiedliche Ausmaße. Für den Reis, die wichtigste Nahrungspflanze der Welt, liegen Schätzungen aus dem Jahre 1973 vor, nach denen die Verluste in Europa etwa 15%, in den USA 25% und in Indien mehr als 50% der möglichen Ernte erreichen (vgl. Abb. 1). Bei anderen Kulturen liegen die Zahlen ähnlich, auch wenn sich die Verluste vor allem in Indien durch einen verbesserten Pflanzenschutz vermindert haben dürften. Hinzu kommen aber vor allem in vielen Ländern beträchtliche Schäden durch sog. Nachherntekrankheiten und Schädlinge. Das heißt: ein weiterer Teil der Ernte verdirbt durch Pilz- und Bakterienbefall oder wird von Nagetieren und Insekten während der Lagerung oder des Transportes vernichtet, beim Reis in ostasiatischen Anbaugebieten nach Schätzungen der FAO zwischen 10 und mehr als 30%!

Abb. 1: Ernteproduktion und Verlust

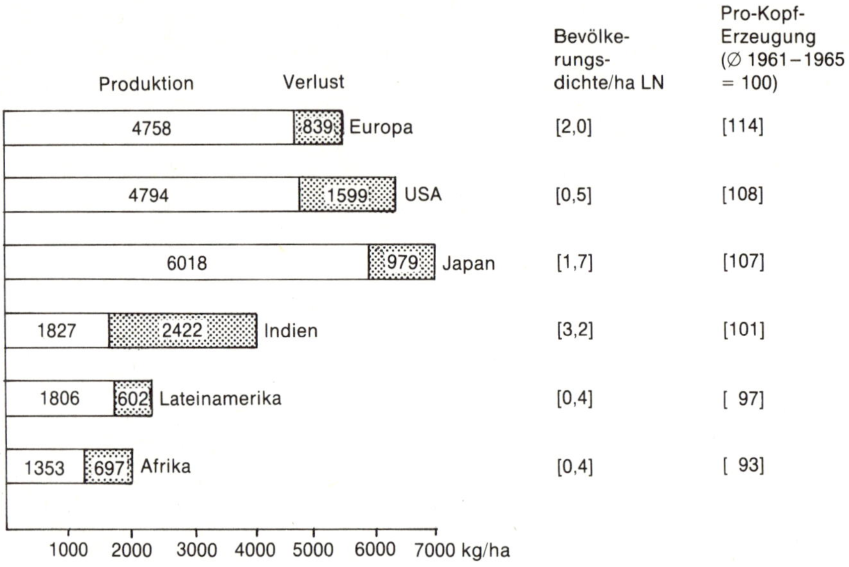

Produktion	Verlust		Bevölke-rungs-dichte/ha LN	Pro-Kopf-Erzeugung (∅ 1961–1965 = 100)
4758	839	Europa	[2,0]	[114]
4794	1599	USA	[0,5]	[108]
6018	979	Japan	[1,7]	[107]
1827	2422	Indien	[3,2]	[101]
1806	602	Lateinamerika	[0,4]	[97]
1353	697	Afrika	[0,4]	[93]

1000 2000 3000 4000 5000 6000 7000 kg/ha

Aus: H. H. CRAMER: Zur wirtschaftlichen Bedeutung des Pflanzenschutzes. BAYER, Pflanzenschutznachrichten 2, 1975.

Selbst wenn extrem hohe Verluste oder totale Mißernten auftreten, bedeutet dies für die Menschen in einem Land oder einem größeren Gebiet heute nur selten eine lebensbedrohende Hungersnot; aus den Überschußgebieten wird meistens schnell und wirksam Nahrungsmittelhilfe geleistet. In der Vergangenheit war oft genug jedoch bittere Not die Folge von Mißernten.

Ein oft genanntes Beispiel ist die durch den Pilz *Phytophthora infestans* hervorgerufene Kraut- und Knollenfäule der Kartoffel, die in den fünfziger und sechziger Jahren des vorigen Jahrhunderts die europäischen Anbaugebiete heimsuchte. Für den Anbau standen damals weder widerstandsfähige Kartoffelsorten noch für die Bekämpfung des Pilzes wirksame chemische Pflanzenschutzmittel zur Verfügung. Die Landwirte waren den Auswirkungen der Krankheit wehrlos ausgeliefert. Besonders in Irland kam es zu einer großen Hungersnot, die viele Opfer forderte und entscheidend dazu beitrug, daß besonders viele Iren nach Amerika auswanderten.

Der Beitrag des modernen Pflanzenschutzes zur Welternährung

Heute sind derartige Katastrophen kaum noch denkbar. Nicht nur wegen des großräumigen und internationalen Ausgleichs von Mangelsituationen, sondern vor allem dank der Möglichkeiten des modernen Pflanzenschutzes. Wichtige, wenn auch nicht alle Schädlinge und Krankheitserreger unserer Kulturpflanzen können unter anderem durch den rechtzeitigen Einsatz chemischer Insekten- und Pilzbekämpfungsmittel ausgeschaltet werden. Einige dieser Pflanzenschutzmittel sind seit langem bekannt, wie beispielsweise anorganische Kupferverbindungen im Weinbau und zur Bekämpfung der genannten Kraut- und Knollenfäule im Kartoffelanbau. Wichtige Insektizide wurden in den dreißiger und vierziger Jahren entwickelt, wesentlich wirksamere Fungizide erst in den letzten Jahren. Ertragseinbußen infolge Unkrautkonkurrenz können heute durch die Anwendung von Herbiziden verhindert werden. Diese Gruppe von chemischen Pflanzenschutzmitteln dient auch dazu, die bei hohen Lohnkosten teuere menschliche Arbeitskraft zu ersetzen oder die früher oft sehr mühsame Handarbeit überflüssig zu machen – ein Argument, das freilich vor allem für die hochentwickelten Länder gilt.

Anwender und Verbraucher werden vor möglichen toxischen Wirkungen der Pflanzenschutzmittel durch strenge Zulassungs- und Anwendungsbestimmungen auf der Grundlage des Pflanzenschutzgesetzes und des Lebensmittelgesetzes der Bundesrepublik Deutschland geschützt. In vielen anderen Ländern bestehen ähnliche Regelungen. Pestizide mit inzwischen erkannten Risiken einer Umweltgefährdung oder einer Anreicherung in der Nahrungskette bis hin zum Menschen wurden in den meisten Ländern aus dem Verkehr gezogen. In unterentwickelten Ländern werden aber auch heute noch Pestizide verwendet, die in Industrieländern mittlerweile verboten sind. Immer mehr setzt sich aber die Auffassung durch, chemische Pflanzenschutzmittel nur dann zu verwenden, wenn dies aufgrund der Befallssituation unbedingt notwendig ist; unnötige Belastungen der Umwelt können so vermieden werden.

Ein Landwirt, der unter den heute gegebenen wirtschaftlichen Rahmenbedingungen produzieren und auf seinem Betrieb ein Auskommen für sich und seine Familie erzielen muß, wird zur Sicherung hoher Erträge auf die Möglichkeiten des modernen Pflanzenschutzes nicht verzichten – es sei denn, er geht ausschließlich auf eine biologische oder alternative Landbaumethode über. Ein derartiger Anbau ist aber im allgemeinen mit geringeren Erträgen und höherem Arbeitsaufwand verbunden, die Rentabilität des Betriebes muß über höhere Preise gesichert werden. Zur Deckung des Nahrungsbedarfes einer stark zunehmenden Weltbevölkerung, die nur über weiterhin steigende Erträge auf der nur begrenzt zur Verfügung stehenden Fläche gewährleistet werden kann, sind derartige Anbauverfahren jedoch nicht geeignet. Vor allem in den Entwicklungsländern mit ihrer besonders hohen Zunahme der Bevölkerung, aber auch weltweit gesehen, kommt daher der Sicherung der Erträge und der Verhinderung von Ernteverlusten mit Hilfe des Pflanzenschutzes und des Vorratsschutzes vorrangige Bedeutung zu. Dies bedeutet aber nicht, daß ausschließlich ein chemischer Pflanzenschutz durchgeführt werden muß. Vielmehr wird ein standortgemäßer, der Produktionstechnik und auch den sozialen Gegebenheiten der verschiedenen Länder angepaßter Pflanzenschutz mit Maß und Ziel betrieben werden müssen, allerdings auch ein Pflanzenschutz, dessen negative Auswirkungen auf das Ökosystem so gering wie möglich zu halten sind. In Studieneinheit 17 hatten wir dazu die Prinzipien eines „Integrierten Pflanzenschutzes" dargestellt, der nicht allein die Chemie nutzt, sondern alle Maßnahmen zur Verminderung der Schadenswahrscheinlichkeit mit einschließt, beispielsweise den Anbau ertragreicher und gegen Schädlinge widerstandsfähiger Sorten der Kulturpflanzen, eine ausgewogene Fruchtfolge und Düngung und dort, wo es möglich ist, auch die Verfahren der biologischen Bekämpfung, denen in Zukunft besondere Aufmerksamkeit geschenkt werden muß.

Wenn es auf diesem Wege gelingt, die Ernteverluste bei unseren wichtigen Nahrungspflanzen drastisch herabzusetzen, würde dies einen entscheidenden Beitrag zur Sicherstellung der Nahrungsmittelversorgung für eine offenbar unaufhaltsam wachsende Weltbevölkerung bedeuten. Wenn wir an die 6 Milliarden Menschen auf der Erde im Jahre 2000 denken, wäre es unverantwortlich, auf die Ertragssicherung durch den Pflanzenschutz mit allen seinen Möglichkeiten zu verzichten.

Aufgabe 2 Erläutern Sie, warum der Einsatz von Pflanzenschutzmitteln in den unterentwickelten Ländern notwendig ist.

....
....
....
....
....
....
....
....
....
....
....
....
....

29.3.3. Bevölkerungswachstum und Welternährung

Analyse 3 Mit der einsetzenden Industrialisierung und der allmählichen Entstehung des modernen Sozialstaates im 19. Jahrhundert wandelte sich die Masse „Bevölkerung" zu einem Eckpfeiler moderner Staatsplanung. Mitentscheidend für den Verlauf war eine Schrift des englischen Ökonomen und Predigers Thomas Robert MALTHUS aus dem Jahr 1798, in der dieser für rigorose Fortpflanzungsbeschränkungen vor allem in den ärmeren Gesellschaftsgruppen plädierte, um die Ausbreitung der allgemeinen Verelendung zu verhindern. Sozialunterstützungen, so die zentrale These des Geistlichen, führten wegen des fehlenden Anreizes zur Eigenanstrengung zu einer Vermehrung der Armen, mit der das Anwachsen des Wohlstandes einer Nation nicht Schritt halten könne. (Vgl. auch den „Exkurs" in STE 30.1.)

Bevölkerungswachstum und Wohlstandsverteilung

186 Jahre nach der Veröffentlichung dieser Gedanken könnte man meinen, MALTHUS habe recht behalten. Nicht in den Industriestaaten, deren Zuwachsrate insgesamt bereits seit längerem auf 0,6% im Jahr abgesunken ist, sondern in den Entwicklungsländern: Von den gegenwärtig 4,415 Milliarden Menschen leben 3,252 Milliarden in der Dritten Welt und nur 1,163 Milliarden in den entwickelten Ländern. Von den täglich 172 800 weltweit geborenen Kindern werden unter den gegebenen Umständen die meisten mit unzureichender Ernährung, mangelhafter Gesundheits- und Sozialversorgung und vor allem ohne realistische Chance auf eine Verbesserung in einem Dritte-Welt-Land aufwachsen – und wenn der Trend des Bevölkerungswachstums anhält, wird die Menschheit in den neunziger Jahren alle 12 Monate um 94 Millionen, entsprechend der Bevölkerung von Bangladesh, und alle 7 Jahre um die heutige Bevölkerung des gesamten indischen Subkontinents anwachsen, bis sie zur Jahrtausendwende 6,199 Milliarden erreicht. Damit wird sich die Rasse *Homo sapiens* in nur 200 Jahren mehr als verfünffacht haben: 4,874 Milliarden in den Entwicklungsländern und nur 1,325 Milliarden in den entwickelten Staaten.

Entgegengesetzt proportional zur Bevölkerungsverteilung ist die Verteilung des Reichtums. Nach Berechnungen der Vereinten Nationen haben die Industriestaaten

Was versteht man unter „Ernährungslücke der Dritten Welt", und welche Maßnahmen schlägt die FAO unter anderem vor, um diese Lücke zu schließen?

Aufgabe 3

....
....
....
....
....
....
....

29.3.4. Natur- und Artenschutz

Analyse 4

Es ist inzwischen allgemein anerkannt, daß Natur- und Umweltschutz weltweite Bedeutung haben. Das Europäische Naturschutzjahr 1970 und die UN-Umweltkonferenz 1972 in Stockholm mit der „Deklaration über die menschliche Umwelt" können als erste Versuche angesehen werden, die Länder auf diese Entwicklungen aufmerksam zu machen und die Weichen für die Zukunft zu stellen. Als Folge von Stockholm wurde in Nairobi/Kenia ein Umweltsekretariat eingerichtet, das für das Umweltschutzprogramm der UN („United Nations Environment Programme – UNEP") verantwortlich ist. Als grundsätzliche Handlungsanweisung für die UNEP gilt der Beschluß der UN-Vollversammlung Nr. 2997, wonach das Umweltschutzprogramm „die Umwelt zum Nutzen für die gegenwärtigen und künftigen Generationen zu schützen und zu verbessern hat".

Unterschiede zwischen Industrieländern und Ländern der Dritten Welt

Die Probleme des Natur- und Artenschutzes, aber auch der Landschaftspflege in Industrieländern sind von denen der Dritten Welt zu unterscheiden:

• Die *Industrieländer* Europas und Nordamerikas, aber auch Japan, haben als Folge ihrer hohen technischen Entwicklung und ihrer großen industriellen Produktion, verbunden mit einer hohen Bevölkerungsdichte, erwartungsgemäß vergleichbare Belastungen von Natur und Landschaft. Die Ursachen sind im wesentlichen:

– starker Einsatz fossiler Brennstoffe,
– große Inanspruchnahme wertvoller Rohstoffe,
– Rückstände aus Produktionsprozessen,
– übermäßige Erschließung insbesondere von Verdichtungsräumen mit Verkehrseinrichtungen aller Art,
– steigende Entwicklung des Erholungs- und Freizeitverkehrs.

Auch die Folgen sind ungefähr die gleichen:

– Immissionen durch Stäube, Abgase und Lärm,
– Schäden an Wäldern infolge schwefliger Säure und Stickoxiden,
– Verunreinigung der Gewässer,
– Beseitigung und Wiederverwendung von industriellen Abfällen,
– Verdichtungsprozesse entlang von Küsten, Wasserstraßen und anderen Verkehrsadern,
– Zersiedlung der natürlichen Umwelt,
– Verlust hochwertiger Böden,
– Belastung von Natur und Landschaft durch den Erholungsverkehr.

Die Belastung von wertvollen Naturschutzgebieten sowie empfindlichen Ökosystemen und Biotopen muß in diesen industrialisierten Ländern zwangsläufig zur Gefährdung von Tier- und Pflanzenarten führen. Das Aussterben gefährdeter Arten hat hier ein Ausmaß erreicht, das als deutliche Warnung verstanden werden muß.

- Die *Länder der Dritten Welt* weisen meist andere Naturschutzprobleme auf, die jedoch noch schwerwiegender sein können:
  – Einschlag von Wäldern zur Gewinnung von Edelhölzern und landwirtschaftlichen Nutzflächen,
  – Überweidung ganzer Landschaften mit Ziegen und Schafen,
  – zu rasche industrielle Entwicklung,
  – Übernahme von Fehlern der Industrieländer,
  – übermäßiger Abbau von Rohstoffen,
  – unkontrollierter Abschuß von wertvollen Großwildtieren (Elefant, Nashorn, Krokodil, Tiger, Leopard).

Die Folgen dieser Maßnahmen gehen insbesondere zu Lasten von Natur und Landschaft. Dies können sein

– Bodenerosion durch Wind und Oberflächenwasser,
– Ausbreitung der Wüste,
– Änderung des lokalen und überörtlichen Klimas,
– nachteilige Veränderung des Wasserhaushaltes,
– Zerstörung der Wälder,
– Vernichtung von Ökosystemen durch Urbarmachung.

Als im Sinne des Arten- und Naturschutzes bedeutendstes Problem muß die Zerstörung von Biotopen gelten: Wo ihnen die Lebensräume genommen werden, sterben Pflanzen und Tiere aus, gehen damit „genetische Ressourcen" für immer verloren. Viele der Länder der Dritten Welt sind sich der Verpflichtung gegenüber der Naturausstattung ihres Landes bewußt und haben wirkungsvolle Maßnahmen zum Schutz und zur Sicherung der Pflanzen- und Tierwelt eingeleitet. Dies gilt für Länder Afrikas mit ihren großen Nationalparken und Wildreservaten, aber auch für Länder Südamerikas, so zum Beispiel für Argentinien, das an seiner Ostküste ausgedehnte und streng geschützte Wildreservate eingerichtet hat, in denen Seeelefanten, Kormorane, Austerfischer und Flamingos sowie in den Wintermonaten mit Erfolg der Wal geschützt werden.

Die notwendigen Maßnahmen des Artenschutzes und zur Erhaltung der Natur überhaupt sind nicht nur kostenaufwendig, sondern auch mit vielen Unsicherheitsfaktoren und Rückschlägen behaftet. Ein Beispiel hierfür ist der Tsavo-Nationalpark in Kenia mit seinen großen Beständen an Elefanten, die hier bewußt geschützt wurden. Wenn aber die Natur als bestimmender regulierender Faktor für diese Tierart ausgeschaltet wird, wie das hier durch Hilfsmaßnahmen geschehen ist, dann entwickelt sich zwangsläufig ein übermäßiger Besatz an Tieren, und die Zerstörung der Waldbestände ist die unausbleibliche Folge.

Ein negatives Beispiel, wie durch den Menschen in sehr kurzer Zeit die gesamte einheimische Flora und Fauna verändert werden kann, ist Neuseeland. Hatten bereits die Maoris, die vor den Europäern das Land beherrschten, etwa 25% des Landes entwaldet, so genügten weitere 150 Jahre, um fast die gesamten heimischen Waldbestände – wenn von wenigen Rest-Naturwäldern in Nationalparken und Naturwaldreservaten abgesehen wird – zu vernichten, so daß der Jäger dem eingeführten Wapitihirsch aus Kanada und dem Rotwild aus Europa anstatt dem einheimischen Wild nachjagen muß. Von weit größerem Nachteil aber ist, daß durch die eingeführten nicht-heimischen Tiere und Pflanzen unvorhersehbare Schäden an Natur und Landschaft eintreten können, weil sie sich oft mangels natürlicher Begrenzungsfaktoren übermäßig ausbreiten.

Artenschutz als internationale Aufgabe

Durch die weltweite Gefährdung vieler Pflanzen- und Tierarten hat der Artenschutz internationale Bedeutung erlangt. Es ist das Verdienst der Internationalen Union zum Schutz der Natur und der natürlichen Hilfsquellen („International Union for Conservation of Nature and Natural Resources"), „Rote Listen" der gefährdeten Tier- und Pflanzenarten („Red Data Books") herausgegeben zu haben, die wegweisend für viele Länder sind, die inzwischen eigene „Rote Listen" aufgestellt haben.

29. Weltweite Umweltprobleme

Die gleiche Organisation hat nach gründlicher Vorarbeit im Oktober 1981 in Christchurch/Neuseeland eine „World Conservation Strategy" verabschiedet und damit die Mitgliedsländer veranlaßt, eigene Naturschutzstrategien zu entwickeln. Ein weiteres Beispiel ist das UNESCO-Programm „Man and the Biosphere (MAB)", das viele Staaten veranlaßt hat, wissenschaftliche Beiträge, Modelluntersuchungen und Konferenzen für einzelne Schwerpunktbereiche durchzuführen. So hat die Bundesrepublik Deutschland unter anderem die Region Untermain als Beitrag für den Bereich 11 („Urbane Ökosysteme") gründlich untersucht.

Inzwischen sind eine große Anzahl von internationalen Konventionen, Übereinkommen und Abkommen zum Schutz wandernder Tierarten abgeschlossen worden, von denen nachstehend nur die wichtigsten genannt werden sollen:

- Übereinkommen zum Schutz der Natur und zur Erhaltung des Wildlebens in der westlichen Hemisphäre vom 12. Oktober 1940
- Internationale Walfangkonvention vom 2. Dezember 1946
- Internationale Vogelschutzkonvention vom 18. Oktober 1950, die inzwischen für 10 europäische Staaten verbindlich geworden ist
- Übereinkommen über Feuchtgebiete, insbesondere als Lebensraum für Wasser- und Watvögel, von internationaler Bedeutung vom 2. Februar 1971 („Ramsar-Konvention"), dem inzwischen 22 Staaten, darunter auch die Bundesrepublik Deutschland, beigetreten sind
- EG-Richtlinie über die Erhaltung wildlebender Vogelarten vom 2. April 1979, die besondere Vorschriften zum Schutz der Lebensräume von Zugvögeln enthält
- Übereinkommen über wildlebende wandernde Tierarten („Bonner Artenschutz-Konvention") vom 23. Juni 1979 (noch nicht in Kraft)
- Übereinkommen über die Erhaltung wildwachsender Pflanzen und wildlebender Tiere und natürlicher Lebensstätten in Europa („Berner Konvention") des Europarates vom 19. September 1979 (am 1. Juni 1982 in Kraft getreten); es ist das Ziel, insbesondere die Tierarten und ihre Lebensräume zu schützen, deren Schutz die Zusammenarbeit mehrerer Staaten erfordert.

Schließlich sei auf das Washingtoner Artenschutzabkommen vom 3. März 1973 hingewiesen, dem 75 Nationen, darunter auch die Bundesrepublik Deutschland, beigetreten sind. Das Übereinkommen regelt den internationalen Handel mit gefährdeten freilebenden Tier- und Pflanzenarten; das sind zur Zeit etwa 1700 Tierarten und 30 000 Pflanzenarten. So schwierig die Überwachung dieses internationalen Handels und die Unterbindung der Einfuhr dieser Arten und Teile von Tieren (z. B. Felle, Elfenbein) sind, so ist damit doch dem verbreiteten Absatz ein Riegel vorgeschoben und ein weltweiter Beitrag zum Schutz gefährdeter Tier- und Pflanzenarten geleistet worden.

Nennen Sie die entscheidende Ursache des Artenrückgangs in den Ländern der Dritten Welt. | Aufgabe 4

....
....
....
....

Waldzerstörung | 29.3.5.

Jährlich werden auf der Erde etwa 15 Millionen Hektar Wald zerstört. Zahlreich und unterschiedlich wie die Ursachen und Formen dieser Zerstörungen sind ihre ökologischen, wirtschaftlichen und sozio-kulturellen Auswirkungen. | Analyse 5

In den letzten Jahrzehnten ist vor allem die Fläche der Tropenwälder stark verringert worden. Eine weiterhin zahlenmäßig rasch anwachsende Bevölkerung und die zunehmende Verfügbarkeit auch großflächig wirksamer technischer Hilfsmittel geben Anlaß zur Befürchtung, daß Waldvernichtungen und Waldveränderungen Ausmaße annehmen werden, die zu einer Gefährdung vieler Pflanzen- und Tierarten und ganzer Biotope führen – mit irreparablen Schäden auch für die Lebensqualität menschlicher Gesellschaften.

Tropenwälder sind in ihrer Struktur und Funktion sehr verschiedenartig. Begriffe wie „tropischer Regenwald", „Dornbuschsavanne", „Berg-Nebelwald" und „Mangrove" sollen dies hier nur andeuten. Sie alle bilden überaus komplizierte Systeme, die auf Eingriffe des Menschen schneller und stärker reagieren als die Wälder der gemäßigten und kalten Zonen, und zwar in einer Form von Vernetzungen wechselseitiger Abhängigkeiten, deren Komplexität und Bedeutung erst schrittweise voll erkannt werden.

Welche Schäden sind beim Tropenwald besonders zu befürchten?

• *Aussterben von Arten:* Es wird angenommen, daß in den kommenden 20 Jahren durch die Tropenwaldvernichtung eine halbe Million Pflanzen- und Tierarten unwiederbringlich verschwinden werden; das sind wahrscheinlich mehr als 10% aller heute bekannten Lebewesen. Die Tragweite dieser Entwicklung darf nicht nur am berechenbaren „Nutzwert" gemessen werden; sondern verlangt ein ganzheitliches, systembezogenes Verständnis.

• *Verlust von Produktionsleistungen:* Für den Bürger eines Industrielandes werden die Tropenwaldverluste zuerst spürbar durch eine Verknappung und damit Verteuerung wertvoller Tropenhölzer, wie sie besonders in unserer Wohnkultur eine große Rolle spielen. Die zum Teil starken Exportbeschränkungen für bestimmte Tropenholzarten sind dafür seit Jahren sichere Anzeichen. Für die Bewohner tropischer Waldgebiete bedeutet das Verschwinden von Wald den Verlust der oft einzigen Roh- und Werkstoffquelle (Holz, Fasern, Gerbstoffe, Farben), der mit Abstand wichtigsten Energiequelle (Brennholz und Holzkohle decken in einigen tropischen Ländern etwa 90% des Energiebedarfs der Haushaltungen), den Verlust von Nahrungs- und Futtermittel liefernden Pflanzen, der Eiweißversorgung über die Wildtiernutzung und nicht zuletzt der einzigen verfügbaren „Apotheke".
In den Tropenwäldern der Erde stehen über 60% der Pflanzenmasse der Erde. Da alles weitere Leben von dieser abhängig ist, wird der unmittelbare Bezug zwischen Produktionsleistungen der Tropenwälder und den damit verbundenen Ökosystemen deutlich.

• *Nachteilige Auswirkungen auf Klima und Böden:* Der Abholzung folgt im allgemeinen eine starke Verminderung der Verdunstung – was in feuchten Gebieten zur Versumpfung führen kann, in trockenen zu einer spürbaren Herabsetzung der Luftfeuchte und in Hanglagen zu einem ungehemmten Oberflächenabfluß mit der Folge von Hochwasserschäden bzw. periodischer Austrocknung der Gewässer. Wald wirkt wasserspeichernd wie ein Schwamm. Er verbessert aber vor allem auch die Qualität des Wassers, ein Aspekt, der angesichts der weltweiten Problematik ausreichender Trink- und Nutzwasserversorgung besonders hervorgehoben werden muß.
Freigestellte Tropenwaldböden verlieren ihre Nährstoffe sehr schnell durch Auswaschung oder bei Anwendung von Feuer durch Freisetzung von Stickstoff, Kohlenstoff und mineralischen Nährstoffen. Sie unterliegen der Gefahr der Verdichtung oder Verkrustung, der Abtragung durch Wind und Wasser oder der starken Verunkrautung. Während im geschlossenen Urwald nur 0,2–10 Tonnen Boden pro Jahr und Hektar abgetragen werden, können es auf freigelegten Weide- oder Ackerflächen bis zu 1000 Tonnen werden. Oft noch nachteiliger wirkt sich aus, daß durch die Entfernung der Bäume ihre nachschaffende Wirkung im Nährstoffkreislauf am Standort selbst entfällt. Böden in den Feuchttropen sind aufgrund ihres Alters und ihrer Entstehung nährstoffarm, und sie besitzen nur eine geringe

Nährstoff-Speicherfähigkeit. Dies wird durch die hohe Biomasseproduktion der Wälder ausgeglichen, von der laufend ein großer Teil auf den Boden fällt, dort zu Humus umgesetzt sowie von den Wurzeln der Bäume wieder „aufgefangen" und in den Kreislauf zurückgebracht wird. Der Tropenwald lebt „von der Hand in den Mund". Wird dieser Kreislauf unterbrochen, so verarmt der Oberboden sehr schnell. Nur durch die „Nährstoffpumpe" tiefreichender Baumwurzeln kann dies langsam wieder in Ordnung gebracht werden. Die meisten Regenwaldbäume sind jedoch Flachwurzler. Deshalb dauert es verhältnismäßig lange, bis sich der Tropenwaldboden nach Brandrodung wieder erholt.

Die nachteiligen Auswirkungen auf die Atmosphäre beginnen im unmittelbaren Nahbereich, wo durch Abholzungen der Windschutz entfällt und Belästigungen durch Staub und Sand auftreten. Im weltweiten Maßstab ist mit einer Belastung der Atmosphäre durch Rauch, Staub und Kohlendioxid zu rechnen, deren Ausmaß und Wirkung Anlaß zu sehr unterschiedlichen Diskussionen gegeben haben, im wesentlichen aber noch der exakten wissenschaftlichen Erforschung bedürfen.

Warum wird die Waldvernichtung nicht wirksam verhindert?

Wenn alle diese Gefahren heute weitgehend als bekannt und anerkannt gelten können, stellt sich natürlich die Frage, warum ihnen nicht wirksam begegnet wird. Dafür lassen sich zahlreiche Gründe nennen, unter denen die folgenden besonders wichtig sind:

- Existenznot der in den tropischen Waldgebieten lebenden Menschen, die mangels anderer Überlebensmöglichkeiten Wald roden müssen, um sich, ihre Familien und ihre Haustiere zu ernähren und mit den wichtigsten Gütern des täglichen Bedarfs zu versorgen.
- Mangelndes Durchsetzungsvermögen der zuständigen staatlichen oder internationalen Institutionen.
- Fehlende finanzielle, personelle und technische Mittel.
- Unzureichende fachliche Kenntnisse zum Verständnis komplexer Ökosystemzusammenhänge, insbesondere zur Steuerung biokybernetischer Regelprozesse.

Die meisten der genannten Probleme lassen sich lösen, jedoch nicht kurzfristig und überall gleichzeitig. So wird es nicht ausbleiben, daß trotz großer Anstrengungen in nahezu allen Teilen der Welt weitere Waldzerstörungen noch auf viele Jahre hinaus stattfinden werden.

Ansätze für eine Verbesserung der Entwicklung

Wiederaufforstungen in den Tropen und Subtropen sind teuer (je nach Standort 1000 bis 2000 DM je Hektar) und können auch mangels personeller und infrastruktureller Voraussetzungen in der Regel nur auf wenigen, dafür besonders geeigneten Flächen erfolgen. Dies führt zu einer notwendigen Intensivierung der forstlichen Maßnahmen, die ihren Ausdruck in den meisten Fällen in der Gründung und Bewirtschaftung sogenannter „Schnellwuchsplantagen" findet, das heißt Reinbeständen von oft standortfremden, „exotischen" Baumarten mit dem Ziel größtmöglicher Holzmassenproduktion oder Verzinsung investierten Kapitals. So wichtig dies aus wirtschaftlichen Zwängen heraus ist, so offensichtlich problematisch erweist es sich aus ökologischer Sicht.

Eine Landnutzung, die sowohl die standortgerechten Strukturen berücksichtigen kann als auch den laufenden Bedarf der bäuerlichen Bevölkerung, ist die Agroforstwirtschaft, die Bäume, landwirtschaftliche Kulturpflanzen und Haustiere in engster Gemeinschaft räumlich und zeitlich so verbindet, daß sie sich gegenseitig ergänzen.

Dadurch wird ein hohes Maß an Stabilität erreicht und gleichzeitig eine Vielseitigkeit, die den Bedürfnissen der Bevölkerung und den Bedingungen der tropischen Umwelt entspricht. Als dritte Stufe, die ungleich schwieriger als Schnellwuchsplantagen und Agroforstwirtschaft durchzusetzen ist, setzt die planmäßige und nachhaltige Bewirtschaftung von Naturwäldern ein, die deren Leistungssteigerung und Vielfalt sichern soll. Schwierig ist eine solche Bewirtschaftung unter anderem deshalb, weil sie längere Zeit erfordert. Und Zeit ist ein „Umweltfaktor", der angesichts der Entwicklungsprobleme besonders knapp zu werden droht.

Aufgabe 5 Beschreiben Sie einen Ansatz zur Lösung der durch die Waldzerstörung verursachten Probleme.

....
....
....
....
....
....
....
....

29.4. Weltweite Umweltprobleme: Ein Ausblick

Thema 4 Erinnern wir uns zum Abschluß dieser Studieneinheit noch einmal an die Studie „Global 2000", von der auch am Anfang die Rede war. Wir kennen inzwischen einige ihrer zentralen Aussagen und wissen, welchen Bedrohungen die gesamte Menschheit gegenübersteht. Die Zeit zum Handeln wird knapp:

„Wenn die Grundlagen heutiger Politik weitgehend unverändert bleiben [...] wird die Welt der Zukunft auch infolge verpaßter Gelegenheiten eine andere sein. Die schädlichen Auswirkungen vieler der in dieser Studie erörterten Trends werden erst um das Jahr 2000 oder noch später vollends deutlich werden. Die Maßnahmen aber, die erforderlich sind, um die Trends zu verändern, können nicht aufgeschoben werden, ohne den Handlungsspielraum von vornherein stark einzuschränken. Die Möglichkeit, die Weltbevölkerung unterhalb der 10 Mrd.–Grenze zu stabilisieren, scheint schon fast vertan. [...] Ähnliche Einschränkungen des Handlungsspielraums ergeben sich aus der Verzögerung von Einsichten oder Handlungen auf anderen Gebieten."[5]

Veränderungen müssen innerhalb der industrialisierten Welt, innerhalb der unterentwickelten Welt, vor allem aber in den Beziehungen zwischen diesen Welten stattfinden. „Global 2000" bietet keine Lösungsrezepte an. Rezepte wollen auch die hier vorgelegten Studieneinheiten nicht geben. Wir können aber sagen, wo die strategischen Schaltstellen und Problemzusammenhänge sind, an denen sich etwas ändern muß, damit der Welt der „Schritt ins 21. Jahrhundert" etwas leichter wird, als die Lektüre von „Global 2000" befürchten läßt. Eines hilft mit Sicherheit nicht weiter: Die Verurteilung der unterentwickelten Länder, in denen sich vor allem Umweltprobleme größten Ausmaßes zu entwickeln scheinen. Diese Länder sind nur allzu oft Gefangene von Zwängen, aus denen sich zu befreien, die Industrieländer ihnen vielleicht helfen können. Würde dies nur ein bißchen gelingen, wäre damit schon ein richtiger Schritt in die Zukunft getan.

---

5 Global 2000, a.a.O., S. 90.

30. Umwelt – vor dem Menschen für den Menschen schützen...

Federführung: Die Herausgeber

Autoren der Studieneinheit: Hartmut Bick, Karl Heinrich Hansmeyer, Volkmar J. Hartje, Jürgen H. Lottmann, Frank G. Müller, Gerhard Olschowy, Fritz Vorholz

30.0. Allgemeine Einführung

Problemstellung

Diese abschließende Studieneinheit versucht, einige Aspekte der Problematik weltweiter Umweltpolitik herauszustellen.

Weltweite Probleme bergen die Gefahr in sich, daß für sie niemand so recht „zuständig" ist. Wir haben in der vorangegangenen Studieneinheit gesehen, daß viele der weltweiten Umweltprobleme in den unterentwickelten Ländern entstanden sind und noch entstehen. Diese Länder sind aber oft nicht in der Lage, die Probleme in den Griff zu bekommen. Müssen die Probleme daher ungelöst bleiben? Es ist unbestritten, daß die Welt noch nie so klein war wie heute. Die meisten Probleme betreffen nicht nur *eine* Region, *eine* Nation, sondern eine Gruppe von Ländern oder einen ganzen Erdteil: die Welt und ihre Probleme sind verflochten, interdependent. Dieser Interdependenz entziehen kann man sich nicht. Sie zur Kenntnis nehmen bedeutet gleichzeitig anzuerkennen, daß man einen Beitrag zur Problemlösung leisten muß. Freilich fällt in der politischen Praxis diese Schlußfolgerung viel schwerer als in der Theorie.

Gliederung

Wir wollen uns (1) mit Prognosen beschäftigen, die der Weltöffentlichkeit seit mindestens zehn Jahren den weltweiten Handlungsbedarf dokumentieren. Einen Schwerpunkt der Darstellung nimmt (2) die Diskussion der komplexen Zusammenhänge zwischen Wirtschaftswachstum und Umweltschutz ein. Ohne Zweifel liegt hier der Schlüssel für die Bewältigung der weltweiten Umweltprobleme. (3) Anhand einzelner Analysen wird konkreten Handlungsmöglichkeiten und deren Problemen nachgegangen; dabei steht der Zusammenhang zwischen Entwicklung, Wirtschaftswachstum und Umweltauswirkungen der armen Länder im Mittelpunkt. (4) Am Schluß stellt sich die Frage nach den Konsequenzen für die Bundesrepublik Deutschland. Auf die vielfältigen innenpolitischen Faktoren in den unterentwickelten Ländern, die den Umweltschutz hemmen oder beschleunigen können, kann im Rahmen dieses Funkkollegs nicht eingegangen werden.

30.1. Prognostische Berichte zur Weltentwicklung

Thema 1

„*Global 2000*" versucht, die Entwicklung der Welt unter den jetzt gegebenen Bedingungen bis zum Jahr 2000 vorauszusagen. Das Ergebnis ist alarmierend: Wenn sich die Politik nicht entscheidend ändert, steuert die Welt auf eine Katastrophe zu. Ist diese Prognose überraschend, hat sie uns aus einem Dornröschenschlaf geweckt, oder waren uns die bedrohlichen Entwicklungstendenzen schon zuvor präsentiert worden?

Meldungen über ein nahendes Weltende sind keineswegs erst seit dem Erscheinungsjahr von „*Global 2000*" (1980) im Schwange. Im Gegenteil: Schon in der Antike war die „Vorstellung vom Ende einer Welt sehr tief im allgemeinen Denken verwurzelt".[1] Im vierten Jahrhundert verkündete der heilige Ambrosius: „Wir leben am Ende der Zeiten [...] Wir sehen das Ende der Welt." Das Jahr 1000 war mythen- und schreckenumwoben, und nähern wir uns etwas mehr dem 20. Jahrhundert, so finden wir auch dort warnende Stimmen: etwa die des englischen Geistlichen und Ökonomen Thomas Robert MALTHUS. Seine These: Die Bevölkerung wachse in geometrischer Progression (2, 4, 8, 16, 32...), während die Nahrungsmittelproduktion nur in arithmetischer Reihe (2, 4, 6, 8, 10...) wachse. Die Folge: Es entstehe eine Kluft zwischen Angebot und Nachfrage von Nahrungsmitteln: „Sie wird notwendigerweise in den mannigfachen Formen des Elends, oder seiner Drohung, durch einen großen Teil der Menschheit empfunden werden."[2] Im Gefolge dieser düsteren Vision werden viele neuere pessimistische Zukunftsprognosen als „neo-malthusianisch" bezeichnet.

Exkurs *Der Pessimismus des Thomas Robert Malthus*

Thomas Robert MALTHUS (1766–1834) gilt als derjenige Denker, der als erster die Fragen der Bevölkerungszahl und der Produktionsfähigkeit des Landes, Kinderzahl und Sexualverhalten, Familienpolitik und Sozialpolitik in einen Zusammenhang gebracht hat.
Als klassisches Beispiel für prognostischen Pessimismus sollen hier die wichtigsten Glieder der Malthusischen Argumentationskette skizziert werden:

• Das Vermehrungspotential des Menschen ist sehr hoch und ermöglicht ein geometrisches Wachstum der Bevölkerung. Unter günstigen Bedingungen ist eine Verdoppelung innerhalb von 25 Jahren möglich. Diese Rate fand er beispielsweise in den Vereinigten Staaten der Gründerzeit verwirklicht; wir finden sie heute in einigen Entwicklungsländern vor.

• Die Grenzen des Bevölkerungswachstums sind durch die Nahrungsmittelproduktion gegeben. Eine Steigerung der Nahrungsproduktion ist durch Erschließung neuen Landes und durch Intensivierung der Landwirtschaft durchaus möglich, jedoch übersteigt die Vermehrungsfähigkeit des Menschen die Steigerungsmöglichkeiten der Agrarproduktion bei weitem. MALTHUS hat versucht, die Zunahme der landwirtschaftlichen Erträge zu quantifizieren; er kam dabei zu der Formel von der „arithmetischen Progression", das heißt einer linearen Zunahme.

• Die bedeutenden Fortschritte im Landbau haben MALTHUS' Erwartungen bisher widerlegt, jedoch bleibt seine Warnung richtig, daß die Vermehrungsfähigkeit des Menschen die mögliche Zunahme der Nahrungsproduktion überschreiten kann.

Die Grenzen der Tragfähigkeit der Erde sind durch die biologischen Umweltbedingungen gegeben. Bei MALTHUS war dies noch ausschließlich die Ertragskraft von Landwirtschaft, Fischerei usw. Nach heutigem Verständnis ist auch die Belastbarkeit der Umweltmedien und der Ökosysteme insgesamt eine Grenze für die Weltbevölkerung.
MALTHUS unterscheidet die Nahrungsmittelversorgung von der Rohstoffversorgung, da letztere sehr deutlich auf Nachfrage reagiere, während dies beim Nahrungsangebot nur bedingt der Fall sei. Er unterstellte, daß durch Kapitaleinsatz, Arbeitsteilung und technische Erfindungen die Produktion von Waren sehr viel schneller gesteigert werden kann als die von Nahrungsmitteln. (Dies ist übrigens auch die Position des Berichts *„Global 2000"*, der im Gegensatz zu anderen Berichten über die Grenzen des Wachstums die Erschöpfbarkeit der Rohstoffe nicht so kritisch bewertet wie die Begrenzungen der Nahrungsmittelerzeugung.)
MALTHUS' Pessimismus ist auf Kritik gestoßen, die entweder seine trüben Folgerungen nicht als zwingend ansah oder, schärfer noch, die ganzen Prämissen seines Gedankensystems in Frage stellte. Eine der besten Formulierungen der radikalen Gegenposition stammt von Friedrich ENGELS: „Die Ausdehnung des Bodens ist beschränkt – gut. Die auf die Fläche zu verwendende Arbeitskraft steigt mit der Bevölkerung; nehmen wir selbst an, daß die Vermehrung des Ertrags durch Vermehrung der Arbeit nicht immer im Verhältnis der Arbeit steigt, so bleibt noch ein drittes Element, das den Ökonomen freilich nie etwas gilt, die Wissenschaft und deren Fortschritt ist so unendlich und wenigstens ebenso rasch als der der

---

1 Henri-Irénée MARROU: Das Ende der antiken Welt, wie es die Zeitgenossen sahen. In: Henry CAVANNA (Hrsg.): Die Schrecken des Jahres 2000. Stuttgart 1977, S. 2.
2 Thomas Robert MALTHUS: An Essay on the Principle of Population as It Affects the Future Improvement of Society, with Remarks on the Speculations of Mr. Godwin, Mr. Condorcet, and other Writers. London 1798; zitiert nach Werner HOFMANN: Sozialökonomische Studientexte. Bd. II. Berlin ²1971, S. 68.

Bevölkerung [...] Die Wissenschaft aber vermehrt sich mindestens wie die Bevölkerung; diese vermehrt sich im Verhältnis zur Anzahl der letzten Generation, die Wissenschaft schreitet fort im Verhältnis zur Masse der Erkenntnis, die ihr von der vorhergehenden Generation hinterlassen wurde, also unter den allergewöhnlichsten Verhältnissen auch in geometrischer Progression – und was ist der Wissenschaft unmöglich?"[3]

Die bedeutenden Steigerungen der landwirtschaftlichen Produktion im 19. Jahrhundert nach der Einführung der Agrikulturchemie und im 20. Jahrhundert, insbesondere nach dem Zweiten Weltkrieg, haben MALTHUS nicht recht gegeben. Er hatte gegen Ende seines Lebens eine Verachtfachung des Ertrags pro Flächeneinheit in 200 Jahren für die höchste denkbare Steigerung der Produktivität gehalten. Andererseits zeigen die vielen regionalen Hungersnöte und Versorgungsschwierigkeiten auch in Ländern, die sich auf ENGELS berufen, daß MALTHUS mit seinen Befürchtungen so unrecht nicht hatte. Ob er im 21. Jahrhundert „im dritten Anlauf" recht bekommen wird, läßt sich heute nicht sicher beantworten; die Antwort hängt auch von der persönlichen Neigung zum Pessimismus oder Optimismus und von den Erwartungen an den wissenschaftlich-technischen Fortschritt ab. Die bloße Möglichkeit sollte jedoch Anlaß zum Handeln sein.

Viele der früheren Schreckensvisionen waren Prophezeiungen. Grundsätzlich aber sind wissenschaftliche Vorhersagen möglich.[4] Ihr Fundament bilden gut bestätigte Theorien. Die Erkenntnis der zunehmenden wechselseitigen Abhängigkeit der Weltprobleme ließ die Anzahl der Faktoren, die bei Aussagen über die Zukunft zu berücksichtigen sind, stark ansteigen. Der Mensch kann nur mit Hilfe der Computertechnologie diese Komplexität angemessen zu „Weltmodellen", die die Berücksichtigung der vielfältigen Interdependenzen ermöglichen sollen, verarbeiten. Solche Modelle stellen freilich immer noch eine Abstraktion von der noch viel komplexeren Wirklichkeit dar.

Die „moderne" Zukunftsforschung begann mit einem am Massachusetts Institute of Technology (MIT) angefertigten Bericht an den Club of Rome über die *„Grenzen des Wachstums"*, Grundlage des sogenannten Weltmodells „World 3".[5] Fünf weltweite, sich gegenseitig beeinflussende Entwicklungstrends werden in diesem „Bericht zur Lage der Menschheit" untersucht:

Modell 1

– die beschleunigte Industrialisierung,   – die weltweite Unterernährung,
– das rapide Bevölkerungswachstum,   – die Ausbeutung der Rohstoffreserven,
               – die Zerstörung des Lebensraumes.

Ergebnis: Unter der Voraussetzung, daß sich diese Größen so weiterentwickeln wie seit dem Jahr 1900, droht der Welt die Katastrophe. Die Ursache: Einzelne Größen sind durch „positive Regelkreise" miteinander verbunden, schaukeln sich gegenseitig auf, bewirken exponentielles Wachstum, das an natürliche Grenzen stößt. Beim sog. „Standard-Computer-Durchlauf" tendiert das Weltmodell eindeutig dazu, in der ersten Hälfte des 21. Jahrhunderts die Wachstumsgrenzen zu überschreiten und dann zusammenzubrechen. Eine Schlüsselrolle spielen dabei die begrenzten Rohstoffvorräte. Die durch das industrielle Wachstum gespeiste Rohstoffnachfrage führt zunächst zu steigenden Preisen und schließlich zur Erschöpfung der Lagerstätten. Der Spielraum für weiteres Wirtschaftswachstum wird dadurch immer enger:

---

3 Friedrich ENGELS: Umrisse einer Kritik der Nationalökonomie. In: Marx/Engels: Werke. Bd. 1. Berlin 1978, S. 521.
4 Vgl. Karl R. POPPER: Prognose und Prophetie in den Sozialwissenschaften sowie Hans ALBERT: Theorie und Prognose in den Sozialwissenschaften, beide in Ernst TOPITSCH (Hrsg.): Logik der Sozialwissenschaften. Köln 1972, S. 113–125 bzw. S. 126–143.
5 Vorläufer waren die weniger komplexen Modelle „World 1" und „World 2" von Jay W. FORRESTER. Vgl. zum „World 3" Modell Dennis MEADOWS / Donella MEADOWS / Erich ZAHN / Peter MILLING: Die Grenzen des Wachstums. Bericht des Club of Rome zur Lage der Menschheit. Stuttgart 1972. Eine detaillierte Fassung des Modells findet sich bei D. MEADOWS u. a.: Dynamics of Growth in a Finite World. Cambridge/Mass. 1974.

„Wenn dann schließlich die Kapitalinvestitionen mit der Rohstoffausbeutung nicht mehr Schritt halten können, bricht die industrielle Basis zusammen und reißt dabei auch den Dienstleistungssektor und das landwirtschaftliche System mit sich, die beide von den industriellen Investitionen abhängig sind. Für einige Zeit ergibt sich eine äußerst schwierige Situation, weil die Bevölkerung infolge der zeitlichen Verzögerungsfaktoren durch Altersaufbau und soziale Anpassungsprozesse zunächst noch weiter ansteigt. Noch stärker steigt jetzt aber die Sterberate infolge des weitgehenden Ausfalls medizinischer Fürsorge und des eintretenden Nahrungsmangels. Sie überholt rasch die Geburtenrate, würgt das Wachstum innerhalb kurzer Zeit ab und führt zu einer raschen Abnahme der Bevölkerung." (S. 111f.)

Was aber passiert, wenn durch technologische Entwicklungen die den Systemzusammenbruch auslösenden Faktoren stabilisiert werden? Auch hierauf versuchen die Autoren von *„Grenzen des Wachstums"* eine Antwort:

- Werden die Rohstoffprobleme gelöst, so setzt die stark ansteigende Umweltverschmutzung dem weiteren Wachstum Grenzen.

- Wird die Umweltverschmutzung verringert, so setzt das verfügbare bebaubare Land dem weiteren Wachstum Grenzen.

- Selbst wenn gleichzeitig die Geburtenraten verringert, die landwirtschaftlichen Erträge erhöht werden, die Rohstoffnutzung entscheidend verbessert wird, die Umweltverschmutzung „so weit wie irgend möglich" reduziert wird, werden noch vor Ablauf des nächsten Jahrhunderts Wachstumsgrenzen erreicht.

Fazit der MIT-Studie: „Technologische Lösungsversuche allein haben zwar die Periode des Wachstums von Bevölkerung und Industrie verlängert, erweisen sich aber offensichtlich als ungeeignet, die endgültigen Grenzen des Wachstums zu beseitigen" (S. 128).

Heißt das, mit anderen Worten, daß die Menschheit unausweichlich auf die Katastrophe zurast? Dieser Art von Pessimismus huldigt die MIT-Studie nicht. Zwar müßten im „Stadium des Gleichgewichts" das Bevölkerungs- und das Kapitalwachstum gestoppt werden. Dennoch könnten alle diejenigen menschlichen Tätigkeiten unendlich zunehmen, die keine großen Mengen unersetzbarer Rohstoffe benötigten, die keine Schadstoffe freisetzten, die den Lebensraum nicht schädigten. Die Umkehr erfordere politische Entscheidungen, die zwar neuartig, aber möglich seien. Werde das Wachstum aber nicht gestoppt, so „entscheidet man sich in Wirklichkeit, die Gefahren des Zusammenbruchs zu vergrößern" (S. 164).

Eine neuere Studie im Anschluß an die „Grenzen des Wachstums" hat ergeben, daß bei einer stärkeren Berücksichtigung des technologischen Fortschritts der Zusammenbruch des Weltmodells ausbleiben kann.[6] Geht man von den vier Sektoren „Rohstoffe", „Umweltverschmutzung", „Nahrungsmittel" und „industrielle Produktion" aus und läßt technologische Fortschrittsraten von jährlich 0% bis 4% zu, so ergeben sich $5^4 = 625$ „Simulationsläufe". Ergebnis: Zwar reichen technologische Verbesserungen in nur einem Sektor nicht aus, um den Modellzusammenbruch zu verhindern. Es gibt jedoch Kombinationen des technologischen Fortschritts, die zu annehmbaren Ergebnissen führen. Mindestvoraussetzung: Der Energie- und Rohstoffverbrauch pro Sozialproduktseinheit muß jährlich um 3% sinken, darüber hinaus müssen die Umweltverschmutzung pro Sozialproduktseinheit jährlich um 2% und der Verlust landwirtschaftlicher Nutzfläche durch Bodenschöpfung und Erosion jährlich um 1% verringert werden. Es gibt 50 weitere Kombinationen, bei denen noch bessere Ergebnisse erzielt werden. Freilich muß man beachten, daß selbst bei diesen optimistischen Modelldurchläufen die Umweltverschmutzung am Ende des 21. Jahrhunderts höher als heute sein wird.

---

6 Vgl. Stuart A. BREMER: Technologischer Fortschritt und die Grenzen des Wachstums. In: St. A. BREMER / R. KAPPEL / P. OTTO / H. WECK / U. WIDMAIER: Weltmodellstudien. Wachstumsprobleme und Lösungsmöglichkeiten (Schriften des Wissenschaftszentrums Berlin, Internationales Institut für Vergleichende Gesellschaftsforschung. Bd. 16). Königstein/Ts. 1980, S. 21–92.

Die *„Grenzen des Wachstums"* sind, wie es in der Studie selbst heißt, unvollständig, stark vereinfacht und verbesserungsbedürftig. Der im Jahre 1974 folgende zweite Bericht an den „Club of Rome" mit dem Titel *„Menschheit am Wendepunkt"* versucht, einige dieser Schwächen zu vermeiden.[7]

Modell 2

Wurde in den *„Grenzen des Wachstums"* die Welt noch als ein einheitliches Ganzes betrachtet, so gehen MESAROVIĆ/PESTEL von einem regionalisierten Ansatz aus (die Welt wird in zehn Regionen aufgeteilt), und das wohl größte Zukunftsproblem wird im Wohlstandsgefälle zwischen den entwickelten und den unterentwickelten Gebieten gesehen. Selbst bei außerordentlich optimistischen Annahmen über die zukünftige Bevölkerungsentwicklung ist das Ergebnis der Prognose „ausgesprochen beunruhigend": „Die Kluft weitet sich bedenklich, nicht nur verhältnismäßig, sondern auch – und dies in geradezu erschreckendem Maße – absolut gesehen (S. 59). Es ist leicht auszurechnen, daß die Wohlstandskluft noch wesentlich größer wäre, wenn das Fortpflanzungsverhalten der Menschen sich nicht ändern würde. Auf jeden Fall werden die Konflikte um Rohstoffe zunehmen. Äußerst pessimistisch beurteilen MESAROVIĆ/PESTEL auch die Ernährungsaussichten der Menschheit: „Bei Fortsetzung historischer Entwicklungstrends wird sich die Ernährungssituation zunehmend verschärfen und schließlich katastrophale Ausmaße erreichen" (S. 109). Besonders kritisch wird die Nahrungsmittelsituation in Südasien und im tropischen Afrika werden. Kann die Lücke zwischen Nahrungsmittelangebot und -bedarf nicht durch Importe geschlossen werden, so droht um das Jahr 2010 eine „gewaltige Hungerkatastrophe". Nur durch rechtzeitige Investitionshilfen und eine drastische Bevölkerungspolitik könne Südasien in die Lage versetzt werden, der Verschlimmerung der Hungersnot zu entgehen. Und diese Hilfe muß bald einsetzen, denn:

„Die Möglichkeiten, die der Menschheit noch zur Verfügung stehen, einer gewaltigen Katastrophe zu entgehen, werden ständig geringer. Verzögerungen bei der Wahrnehmung der noch verbleibenden Entscheidungsmöglichkeiten haben im wahrsten Sinne des Wortes tödliche Folgen." (S. 120)

Die Entwicklung der Umweltsituation spielt in *„Menschheit am Wendepunkt"* zwar als sogenannte „äußere Grenze" eine Rolle – hingewiesen wird vor allem auf die Gefahren einer weltweiten Klimaänderung, auf das „gewaltige Anwachsen des Wasserverbrauchs" sowie auf die Abwärmeemission großer Kernkraftparks –, detaillierte Umweltanalysen finden sich jedoch nicht. Das Schlüsselwort dieses Berichtes heißt: *Organisches Wachstum*, und nicht, wie noch vorher in Modell 1, *Nullwachstum*. Organisches Wachstum steht im Gegensatz zu undifferenziertem Wachstum, der bloßen exponentiellen Vermehrung bereits Vorhandenen. Ein solches undifferenziertes Wachstum müsse unweigerlich auf Wachstumsgrenzen stoßen. Demgegenüber ist organisches Wachstum – ein Wachstumstyp, bei dem die einzelnen Wachstumselemente aufeinander abgestimmt sind – nicht nur möglich, sondern auch notwendig. Denn das unausgeglichene und undifferenzierte Wachstum sei die „eigentliche Ursache" der dringlichsten Probleme, vor denen die Menschheit stehe, organisches Wachstum weise den Weg zu ihrer Lösung. „Wollen die Menschen von heute und morgen nicht ihr Ende einläuten, sondern den Anfang einer neuen Ära, so muß der Übergang von dem gegenwärtigen undifferenzierten und unausgeglichenen zum ausgewogenen Wachstum jetzt vollzogen werden" (S. 17). Deshalb steht die Menschheit am Wendepunkt.

---

[7] Mihailo MESAROVIĆ / Eduard PESTEL: Menschheit am Wendepunkt. 2. Bericht an den Club of Rome zur Weltlage. Stuttgart 1974, S. 7.

Auf der Grundlage des Mesarović-Pestel-Modells wurde im übrigen das sog. „Deutschland-Modell" erarbeitet, eine Prognose über die Entwicklung der Bundesrepublik Deutschland[8] – auch hier wurden allerdings die Umweltaspekte nur am Rande behandelt, aus Mangel an quantitativen Daten.

Modell 3 Das Zukunftsproblem wachsender Nord-Süd-Diskrepanzen steht auch im Mittelpunkt eines lateinamerikanischen Weltmodells, des sog. *Bariloche-Modells,* das, von einem normativen Ansatz ausgehend, einen Weg aufzeigen will, der „zu einer Welt ohne Rückständigkeit und Elend (führen kann)".[9] Die Autoren gehen davon aus, daß die Hauptprobleme der Welt nicht physischer, sondern sozialpolitischer Natur sind. Sie schlagen ein „Muster einer sozialistischen Gesellschaft" vor, „die auf Freiheit, Gleichheit und voller Beteiligung aller Menschen an den gesellschaftlichen Entscheidungen zu errichten ist" (S. 20). Das mathematische Modell versucht nachzuweisen, daß eine derartige Gesellschaft lebens- und überlebensfähig ist. Freilich müsse sich in den sozialen und ökonomischen Beziehungen der Menschen und Nationen untereinander vieles ändern, damit dieser Entwurf einer zukünftigen Weltgesellschaft Wirklichkeit werden könne.

Modell 4 Eine Antwort auf die in dem Mesarović-Pestel-Modell enthaltenen Probleme wachsender Nord-Süd-Wohlstandsdiskrepanzen versucht auch ein weiterer Bericht an den Club of Rome zu geben: *„Wir haben nur eine Zukunft. Reform der internationalen Ordnung".* Dieser sog. RIO-Bericht (RIO = Reform der Internationalen Ordnung) beginnt mit einer Bestandsaufnahme der ökonomischen Probleme in den verschiedenen Teilen der Erde:

„Die Unbilligkeiten im internationalen System sind von fundamentaler Bedeutung. Sie ließen im wesentlichen zwei Welten entstehen, wobei die Disparitäten zwischen diesen zunehmen. Die eine ist die Welt der Reichen und die andere die Welt der Armen, verbunden durch ihr Erbe gemeinsamen Leidens. Ein Vorhang der Armut teilt die Welt in materieller und anschauungsmäßiger Hinsicht; die eine ist industrialisiert und städtisch, die andere vorwiegend agrarisch und ländlich; die eine ist konsumorientiert, die andere kämpft ums Überleben. In der reichen Welt macht man sich Gedanken über die Lebensqualität, in der armen über das Leben überhaupt, das bedroht ist durch Krankheit, Hunger und Unterernährung. [...] In der armen Welt macht man sich auch Gedanken, aber nicht über die Erschöpfung der Ressourcen, sondern über ihre Ausbeutung und Verteilung zum Nutzen der gesamten Menschheit anstatt zum Vorteil weniger privilegierter Nationen. Während sich die reiche Welt wegen der Auswirkungen ihrer umweltverschmutzenden Aktivitäten auf die lebenserhaltenden Systeme sorgt, macht sich die arme Welt Gedanken über die Umweltverschmutzung durch Armut, deren Probleme nicht aus einem Überschuß an Entwicklung und Technologie erwachsen, sondern aus dem Fehlen von Entwicklung, Technologie und einer adäquaten Kontrolle von Naturereignissen."[10]

Hauptbestandteil des RIO-Berichtes sind nicht Prognosen, sondern Aktionsvorschläge zur Lösung der bereits heute sichtbaren Probleme. Diese Vorschläge sind freilich vor dem Hintergrund von Vorstellungen über die Zukunft zu sehen, die sich ergeben würde, wenn die historischen Trends anhielten. In den Empfehlungen spielt neben den ökonomischen Beziehungen auch die menschliche Umwelt eine Rolle. Freilich wird dabei ausdrücklich nicht von dem „(falschen) Dilemma ‚Wachstum versus Umwelt'" (S. 179) ausgegangen. Gefordert wird unter anderem eine „Art ‚Buchführung' über die Natur [...], damit wir den Veränderungen des Bestandes an ‚Naturkapital' folgen können" (S. 181). Das Schwergewicht der Aktionsvorschläge liegt auf dem Gebiet der Entwicklungsfinanzierung, der Nahrungsmittelproduktion, der internationalen Währungsordnung und der internationalen Arbeitsteilung.

---

8 E. Pestel u. a.: Das Deutschland-Modell. Stuttgart 1978.
9 Amílcar O. Herrera / Hugo D. Scolnik u. a.: Grenzen des Elends. Das Bariloche-Modell: So kann die Menschheit überleben. Frankfurt 1977, S. 19.
10 Jan Tinbergen (Leitung): Der RIO-Bericht an den Club of Rome. Wir haben nur eine Zukunft. Reform der internationalen Ordnung. Opladen 1977, S. 29/31.

Der Report der sog. „Nord-Süd-Kommission" unter Leitung von Willy BRANDT ist weniger eine detaillierte Zukunftsprognose als eine Sammlung von Aktionsvorschlägen und Appellen für zukünftige Politik. Die Bestandsaufnahme ist auch hier äußerst pessimistisch:

Modell 5

> „Die aktuellen Tendenzen deuten auf eine düstere Zukunft für die Weltwirtschaft und die internationalen Beziehungen hin. Eine schreckliche Aussicht für die ärmeren Länder ohne ein absehbares Ende der Armut und des Hungers; fortdauernde Stagnation in der Weltwirtschaft, verbunden mit Inflation; internationaler Währungswirrwarr; steigende Verschuldung und Defizite; Protektionismus; erhebliche Spannungen zwischen Staaten im Wettlauf um Energie, Nahrung und Rohstoffe; wachsende Weltbevölkerung und mehr Arbeitslosigkeit in Nord und Süd; zunehmende Gefährdung der Umwelt und des internationalen Gemeinbesitzes durch Abholzen und Versteppen, Plünderung des Fischbestandes und Auszehrung des Weidelandes, durch Luft- und Wasserverschmutzung. Und alles überschattend geht das bedrohliche Wettrüsten weiter. Wenn diese Tendenzen sich fortsetzen, ist das schon gefährlich genug – aber es kann sich durchaus noch verschlimmern. Einer Reihe armer Länder droht die nichtwiedergutzumachende Zerstörung ihres ökologischen Systems; weitaus mehr Länder noch stehen vor wachsenden Nahrungsmitteldefiziten und möglicherweise vor großen Hungersnöten [...] Die achtziger Jahre könnten noch weit größere Katastrophen bringen als die Wirtschaftskrise der dreißiger Jahre."[11]

Die Umwelt spielt auch im Brandt-Bericht immer wieder eine große Rolle. So wird die Erhaltung der menschlichen Umwelt als ein Gebiet definiert, auf dem das „offenkundigste gemeinsame Interesse" von Nord und Süd bestehe. Besonders von der Umweltzerstörung in den unterentwickelten Ländern drohten große Gefahren für den Frieden und das Überleben der menschlichen Gemeinschaft (S. 147). Was heute „auf der Tagesordnung" stehe, sei die Neuordnung der internationalen Beziehungen in einer Art, die Entwicklungsprobleme umfassend zu betrachten. Hierzu gehöre neben der Einbeziehung der globalen Ökosphäre in den Entwicklungsprozeß vor allem die gegenseitige Abstimmung der Wirtschaftsentwicklungen der armen und der reichen Länder, eine Vorstellung, die dem im Tinbergen-Bericht geforderten „organischen Wachstum" nahekommt.

Ein vergleichsweise positives Bild der globalen Zukunft zeichnet ein im Auftrag der Vereinten Nationen angefertigtes Weltmodell. Ähnlich wie das Bariloche-Modell fragt die unter Leitung des Nobelpreisträgers für Ökonomie W. LEONTIEF erstellte Studie nicht, welche Resultate sich einstellen würden, wenn die Politik im wesentlichen gleich bleibt. Die Ausgangsfrage ist vielmehr: Was muß geschehen, um erwünschte Zustände zu erreichen. Und: Sind diese Zustände überhaupt erreichbar, oder stoßen sie auf Grenzen? Die Zielvorgaben entnimmt die Studie zunächst der von den Vereinten Nationen beschlossenen „Internationalen Entwicklungsstrategie für die Zweite Entwicklungsdekade der Vereinten Nationen". In dieser für die siebziger Jahre gültigen Strategie wurde ein Wirtschaftswachstum von 6% für die Entwicklungsländer und von 4,5% jährlich für die Industrienationen als Zielwert aufgestellt. Freilich ergibt eine Hochrechnung dieser Wachstumsraten bis zum Jahr 2000, daß sich die Einkommenskluft bis dahin nicht verringert haben wird – verursacht vor allem durch das besonders hohe Bevölkerungswachstum in den unterentwickelten Ländern. Weil dieses Ergebnis den Autoren der UN-Studie nicht annehmbar erscheint, rechnen sie mit anderen Wachstumsraten, die bis zur Jahrhundertwende mindestens eine Halbierung der Einkommenskluft zwischen reichen und armen Ländern herbeiführen sollen: das Bruttosozialprodukt in den Entwicklungsländern soll danach um 6,9% jährlich steigen, das in den entwickelten Ländern dagegen nur um 3,6%.

Modell 6

Vom Nullwachstum als politischer Strategie war man bekanntlich schon in der ersten Nachfolgestudie der *Grenzen des Wachstums* abgekommen. Die Frage lautet nun

---
11 Das Überleben sichern. Gemeinsame Interessen der Industrie- und Entwicklungsländer. Bericht der Nord-Süd-Kommission. Köln 1980, S. 62.

allerdings: Gibt es materielle Hemmnisse, die einer Verwirklichung der in der UN-Studie aufgezeigten Wachstumspfade entgegenstehen? Die UN-Studie ist optimistisch: Materielle Grenzen gibt es nicht. Zwar wird der „Druck, den die zunehmende Bevölkerung auf die weltweiten Kapazitäten der Nahrungsmittelerzeugung ausüben wird, außerordentlich massiv bleiben".[12] Aber die Steigerung der Nahrungsmittelproduktion hat eine „technisch und organisatorisch realistische Chance" (S. 25). Zwar werden der Weltverbrauch an Bodenschätzen „außerordentlich zunehmen" und die Welt zwischen 1970 und dem Jahr 2000 das „Drei- bis Vierfache derjenigen Menge an Bodenschätzen verbrauchen [...], die bisher im Lauf der gesamten Geschichte der Zivilisation verbraucht wurden" (S. 25). Aber: Selbst bei vorsichtiger Schätzung werden allenfalls zwei mineralische Ressourcen, nämlich Blei und Zink, um die Jahrhundertwende erschöpft sein. Auch die Umweltverschmutzung stelle kein unüberwindliches Hindernis für eine beschleunigte Weltentwicklung dar, da der gesamtwirtschaftliche Aufwand für die Umweltschmutzbeseitigung selbst bei als streng erachteten Beseitigungsmaßstäben (US-Standard 1970) maximal 2% des Bruttosozialprodukts betrage. Hierzu muß freilich angemerkt werden, daß in der UN-Studie nur einige wenige Aspekte der Umweltproblematik berücksichtigt werden, insbesondere nur Umweltschäden reversibler Natur.

Bietet die UN-Studie also alles in allem Anlaß für Optimismus? Diese Frage kann nicht uneingeschränkt bejaht werden. Zwar stellen sich einem anhaltenden Wirtschaftswachstum und einer beschleunigten Entwicklung keine materiellen Hemmnisse entgegen, jedoch solche politischer, gesellschaftlicher und institutioneller Art. Das vielleicht schwerwiegendste Beispiel ist die Bodenreform in vielen unterentwickelten Ländern, ohne die die erforderliche Steigerung der Nahrungsmittelproduktion kaum erreicht werden kann. Auch im Bereich der Besteuerung, der Kreditgewährung, der Einkommensverteilung und der Verwendung öffentlicher Mittel müßte sich vieles ändern, damit die optimistischen Prognosen sich nicht angesichts der tatsächlichen Entwicklungen als Fehlprognosen erweisen.

Modell 7   Als äußerst problematisch müssen allerdings die Eingabedaten des UN-Weltmodells gelten: Wachstumsraten von 6,9% bzw. 3,6% müssen heute als äußerst optimistisch angesehen werden. Die Weltbank beispielsweise geht von viel bescheideneren Prognosen zukünftigen Wirtschaftswachstums aus. In ihrem *„Weltentwicklungsbericht 1981"* prognostiziert sie im günstigsten Fall für die unterentwickelten Länder insgesamt eine Wachstumsrate von 5,7% jährlich in den achtziger Jahren, wobei die ärmsten Länder offenbar besonders schlechten Zeiten entgegengehen (Wachstumsrate 4,1%). In den Industrieländern kann demgegenüber nach Weltbankschätzungen das Wirtschaftswachstum die in der UN-Studie genannten Raten erreichen (3,6% im günstigen Fall, 2,8% unter ungünstigen Annahmen).
Die Konsequenz: Die Kluft zwischen armen und reichen Ländern wird sich bis 1990 insgesamt nicht verringern. Im Gegenteil: Der Abstand zwischen den Industrienationen und den Ländern mit besonders niedrigem Einkommen, vor allem Teilen Asiens und den afrikanischen Ländern südlich der Sahara, wird sich weiter vergrößern: gegenwärtig ist das Pro-Kopf-Einkommen in den Industrieländern etwa 48mal so hoch wie in den ärmsten Ländern der Erde, 1990 wird es selbst unter günstigen Annahmen 58mal so hoch sein. Besondere Aufmerksamkeit schenkt der *„Weltentwicklungsbericht 1981"* der Energiesituation in den unterentwickelten Ländern, wo vor allem Holz als Brennstoff verwendet wird.[13] Bessere Forstwirtschaft, rationellere Energienutzung und Ersatz von Energieträgern werden Aufgaben der Zukunft sein. Von besonderer Bedeutung ist in Zukunft auch die sog.

---
12 Wassily W. LEONTIEF u.a.: Die Zukunft der Weltwirtschaft. Bericht der Vereinten Nationen. Stuttgart 1977, S. 21.
13 Weltbank: World Development Report 1981. Washington, D. C. 1981, S. 40.

„menschliche Entwicklung", neben der Verringerung der Fruchtbarkeit die Verbesserung der Erziehung, der Gesundheit und der Ernährung; denn in den meisten Entwicklungsländern beeinträchtigt eine starke Zunahme der Bevölkerung das Wirtschaftswachstum.[14] Freilich ist auch die menschliche Entwicklung kein Patentrezept, die weitverbreitete absolute Armut kurzfristig zu beseitigen. „Ohne wirkungsvolle Maßnahmen in anderen Bereichen und ohne aktive und weitsichtige Hilfe seitens der übrigen Welt wird sich der Fortschritt nur mit quälender Langsamkeit einstellen" (S. 129).

Auch eine von der OECD vorgelegte Studie *„Interfutures – Facing the Future"* trägt eher pessimistische Züge, wenngleich die Autoren die Ergebnisse ihrer Untersuchung vorsichtig interpretiert wissen möchten: Während die Industrieländer ein mittleres Wirtschaftswachstum von etwa 2% bis 3% jährlich werden verbuchen können, werden sich – ein Ergebnis auch anderer Untersuchungen – in Zukunft in der unterentwickelten Welt große Verschiebungen ergeben: Während die OPEC-Länder und einige Länder Asiens und Lateinamerikas einen raschen Aufschwung erleben werden, wird sich an der Armut anderer Länder Asiens und vor allem der südlich der Sahara gelegenen Länder Afrikas kaum etwas ändern. In der Versorgung mit mineralischen Rohstoffen werden zwar keine materiellen Engpässe gesehen, jedoch machen sich die Autoren Sorgen um politische, ökonomische und soziale Grenzen der Rohstoffversorgung, etwa in Form wachsender „Akzeptanzkrisen" gegenüber Rohstoffgewinnungsprojekten. Wenngleich Umweltprobleme nicht im Mittelpunkt der OECD-Linie stehen, werden sie doch nicht aus der Betrachtung ausgeklammert. Was die reversiblen Effekte angeht, wird auf die bereits erwähnte Studie der Vereinten Nationen verwiesen. Darüber hinaus wird zumindest auf weltweite Klimarisiken, Probleme der Wasserversorgung und auf die Gefahren der Umweltbelastung durch toxische Substanzen aufmerksam gemacht. Alles in allem jedoch gilt: „Zur Zeit stellt der Umweltschutz kein Hemmnis für die Wirtschaftsentwicklung dar."[15] Auch der steigende Nahrungsmittelbedarf wird im Weltmaßstab zumindest bis zum Jahr 2000 nicht auf physische Produktionsgrenzen stoßen, wenngleich das nicht bedeuten muß, daß es bis dahin keine hungernden Menschen mehr geben wird. Nach dem Jahr 2000 können sich allerdings die Probleme durch Waldabholzung, Erosion, Versalzung und Alkalisierung und durch Verstädterung verschärfen: „Der Verlust produktiven Bodens ist eines der drängendsten und schwierigsten Probleme, denen sich die Menschheit in Zukunft gegenüber sehen wird" (S. 23).

Modell 8

Speziell zu den Zukunftsaussichten der Nahrungsmittelproduktion hat die „Ernährungs- und Landwirtschaftsorganisation der Vereinten Nationen" (FAO) einen Bericht vorgelegt: *„Agriculture: Toward 2000"*. Auch diese Studie, von der bereits in Studieneinheit 29 die Rede war, liefert ein bedrohliches Ergebnis: Verlängert man die gegenwärtigen Trends, wird die Zahl der Unterernährten noch zunehmen.[16] Freilich ist unsere Welt nicht dazu verdammt, die Trends der Vergangenheit fortzuschreiben (S. 31). Die FAO hat deshalb auch ein optimistisches Szenario entworfen: In den unterentwickelten Ländern steigt das Pro-Kopf-Einkommen um 4,5% jährlich, die landwirtschaftliche Erzeugung wächst um 3,7% und zwischen 1980 und 2000 steigt das landwirtschaftliche Produktionsergebnis insgesamt um 108%. Zwar wird es auch dann noch unterernährte Menschen geben, aber deutlich weniger als heute. Um dieses vergleichsweise optimistische Szenario zu verwirk-

Modell 9

---

14 Weltbank: Weltentwicklungsbericht 1980. Washington, D. C. 1980, S. 87.
15 Organization for Economic Co-operation and Development: Interfutures. Facing the Future. Mastering the Probable and Managing the Unpredictable. Paris 1979, S. 61.
16 Food and Agriculture Organization of the United Nations: Agriculture: Toward 2000. Rom 1981, S. 124.

lichen, muß sich freilich vieles ändern: In den unterentwickelten Ländern müssen die landwirtschaftlichen Produktionsprozesse „modernisiert" werden (verstärkter Einsatz von Maschinen und Düngemitteln, verbessertes Saatgut), was jedoch nicht heißt, die in Europa oder Nord-Amerika praktizierten Produktionsmethoden blind zu übernehmen. Die Regierungen in den unterentwickelten Ländern müssen der landwirtschaftlichen Entwicklung hohe Priorität einräumen. Dazu gehören auch Bodenreformen, Reformen der Kreditsysteme und eine Preispolitik, die eine Produktionsausweitung für die Bauern ökonomisch attraktiv macht. Steigen jedoch die Preise, muß die Ernährung der ärmsten Bevölkerungsteile über sozialpolitische Programme gesichert werden. Voraussetzung für all dies sind eine größere politische Stabilität und eine verbesserte Verwaltung.

Neben derartigen innenpolitischen Veränderungen in vielen „Dritte-Welt"-Ländern müssen auch die internationalen Rahmenbedingungen geändert werden: Die Industrieländer müssen ihre Märkte für Produkte aus unterentwickelten Ländern stärker öffnen, ihre finanzielle Hilfe muß sich bis zum Jahr 2000 vervierfachen. Schließlich muß die landwirtschaftliche Produktionssteigerung bei gleichzeitiger Vermeidung der größten Umweltzerstörungen erfolgen. Unweigerlich werden jedoch – so die FAO-Studie – Teile der tropischen Regenwälder zerstört, werden die Lebensräume mancher Pflanzen und Tiere verringert, wird der Gebrauch chemischer Dünge- und Pflanzenschutzmittel stark ansteigen. Die FAO-Strategie ist hier sehr deutlich: Die Nahrungsmittelproduktion für den Menschen hat Vorrang vor der Vermeidung geringerer oder reversibler Umweltzerstörungen. Sollen weitreichende Umweltzerstörungen vermieden werden, dann trügen hierfür die wohlhabenden Länder die Verantwortung. Stärker noch werde aber der Druck auf die Umwelt in der ersten Hälfte des 21. Jahrhunderts, wenn eine auf fast 10 Milliarden Menschen angewachsene Weltbevölkerung nur noch durch Anwendung modernster Agrartechnologie ernährt werden könne.

Modell 10

Freilich werden bereits heute viele derjenigen natürlichen Voraussetzungen zerstört, die für eine in Zukunft steigende landwirtschaftliche Produktion notwendig wären. Dieser Aspekt wird von der *„Weltstrategie für die Erhaltung der Natur"* betont, eine Studie, die unter Federführung der „Internationalen Union zur Erhaltung der Natur und der natürlichen Lebensräume" (IUCN) erarbeitet worden ist. Leitgedanke dieser „Weltstrategie" ist eine enge Beziehung zwischen den Zielen des Naturschutzes und den sozialen und wirtschaftlichen Entwicklungszielen. Die Politik nehme jedoch bislang diese Zielbeziehung nicht hinreichend zur Kenntnis. Wenn sich nichts ändere, seien die Zukunftsaussichten deshalb schlecht:

„Lebende Ressourcen, die für das Überleben der Menschheit und ein ertragsbeständiges Wachstum von wesentlicher Bedeutung sind, werden in zunehmendem Maße vernichtet oder erschöpfen sich. Zu gleicher Zeit aber wächst die Nachfrage der Menschen nach diesen Naturgütern rasch [...] Wenn der gegenwärtige Trend der Landverschlechterung anhält, dann wird der Boden von nahezu einem Drittel des kultivierbaren Landes der Welt in den nächsten 20 Jahren zerstört sein. In ähnlicher Weise wird zu Ende dieses Jahrhunderts die verbliebene Fläche produktiver tropischer Wälder, die bisher noch ungenutzt sind, halbiert sein (bei der gegenwärtigen Abholzungsquote)."[17]

Gegenwärtig wird das Leistungsvermögen der Erde für eine dauerhafte Entwicklung überfordert: Bodenerosion, Wüstenausbreitung, Verlust an Ackerland, Versalzung, Abholzung, Entwertung und Zerstörung von Ökosystemen sowie Aussterben von Arten sind die Folge. Die *„Weltstrategie für die Erhaltung der Natur"* macht die Rechnung auf: derartige Umweltzerstörungen können nicht der Preis

---

17 Weltstrategie für die Erhaltung der Natur, ausgearbeitet von der Internationalen Union zur Erhaltung der Natur und der natürlichen Lebensräume. Hrsg. vom Bundesministerium für Ernährung, Landwirtschaft und Forsten. Bonn 1980, S. 9.

30. Umwelt – vor dem Menschen für den Menschen schützen...

sein, mit dem die Menschen die ökonomische Entwicklung bezahlen. Nur bei allzu kurzsichtiger Betrachtung kann die Ökonomie sich auf Kosten der Ökologie entwickeln.

Faßt man einige zentrale Aspekte der verschiedenen Zukunftsprognosen zusammen, so kristallisieren sich die folgenden Schlußfolgerungen heraus:

Fazit

- Alle Studien gehen davon aus, daß bei Anhalten der gegenwärtigen Trends die Menschheit auf Bedrohungen größten Ausmaßes zusteuert, wobei sich die schwerwiegendsten Probleme in den unterentwickelten Gebieten ergeben.
- Keine der Studien ist in dem Sinne fatalistisch, daß die bedrohliche Zukunft als unausweichlich angesehen wird. Es werden Möglichkeiten aufgezeigt, die Zukunft zu gestalten. Dabei hat sich zunehmend der Gedanke durchgesetzt, daß Wirtschaftswachstum als Mittel der Problembewältigung notwendig ist. Allerdings sind die anfänglich optimistischen Wachstumsprognosen inzwischen nach unten revidiert worden.
- Verglichen mit den *„Grenzen des Wachstums"* spielen in nachfolgenden Prognosen materielle Wachstumsschranken (z.B. Rohstoffvorräte) nurmehr eine untergeordnete Rolle.
- Die Umweltbedingungen werden zwar in den meisten Studien angesprochen, meist aber nur am Rande. Verglichen mit *„Global 2000"* behandeln die anderen Zukunftsstudien nur Teilaspekte zukünftiger Umweltentwicklungen.

Insgesamt muß die Schlußfolgerung gezogen werden, daß die Feststellung von *„Global 2000"*, die Zeit zum Handeln gehe zu Ende, inhaltlich auch von anderen Zukunftsberichten geteilt wird. Und obwohl viele der bedrohlichen Entwicklungstendenzen bereits seit Jahren bekannt sind, hat die Politik darauf bislang kaum reagiert. Dies ist das eigentlich Bedrohliche an den Zukunftsstudien.

Skizzieren Sie den zentralen Unterschied in den Schlußfolgerungen aus der Studie *„Die Grenzen des Wachstums"* und nachfolgenden prognostischen Berichten.

Aufgabe 1

....
....
....
....
....
....
....
....
....
....

Weltweite Aspekte von Umwelt und Wirtschaftswachstum

30.2.

Wenn von „Umweltverschmutzung" oder gar „Umweltzerstörung" die Rede ist, ist die Kritik am Wirtschaftswachstum nicht fern. Die Ursachenanalyse ist einfach: Da Produktionsprozesse nun einmal Umweltbelastungen hervorrufen, könne es nicht verwundern, daß Wirtschaftswachstum auch ein Wachstum der Umweltbelastungen verursache. Ebenso einfach wie die Ursachenanalyse ist dann auch der Therapievor-

Thema 2

schlag: Man müsse nur auf Wirtschaftswachstum verzichten, dann gehe es mit der Umwelt automatisch wieder bergauf. Empfohlen wird ein „Nullwachstum", gewarnt wird vor dem „Wachstum bis zur Katastrophe";[18] die „neue Orthodoxie"[19] fordert – auf einen Nenner gebracht – eine weitgehende Abkehr vom Wirtschaftswachstum:

> „Das Wirtschaftswachstum und die Güterproduktion führen zur Erschöpfung lebensnotwendiger Rohstoffe und einem erhöhten Abfallaufkommen. Als Folge können bereits in wenigen Jahrzehnten durch die Rohstoffknappheit ein Zusammenbruch der Wirtschaft geschehen und durch die Gift- und Abfallstoffe wesentliche Lebensgrundlagen zerstört werden. Daher sind Alternativen zum Wirtschaftswachstum [...] dringend notwendig".[20]

Ausgangsfrage

In der Tat haben viele Länder in den vergangenen Jahrzehnten einem „Wachstumsfetischismus" gehuldigt; allzu oft verlief das Wachstum zu Lasten der Umwelt. Kann man aber im Umkehrschluß folgern: Umweltschutz erfordert Wachstumsstopp?

Begriffsklärung

Eine Analyse der weltweiten Zusammenhänge von Umwelt und Wirtschaftswachstum setzt zunächst die Klärung des Wachstumsbegriffes voraus. Wirtschaftswachstum wird traditionellerweise als Wachstum der produzierten bzw. nachgefragten Güter und Dienstleistungen, als Wachstum des Bruttosozialprodukts, verstanden. In diesen Maßstab finden nur geldlich bewertete Größen Eingang: Wenn die Automobilproduktion, der Energieverbrauch, der Fleischabsatz oder der Verbrauch von Arzneimitteln ansteigt, bedeutet dies ein Wachstum des Sozialprodukts. Andererseits: Wenn mehr Menschen öfter krank werden, etwa weil die Luft schmutziger geworden ist, oder wenn Bauwerke öfter renoviert werden müssen, weil sie durch SO_2haltige Luft geschädigt werden, bleibt dies zunächst ohne Konsequenzen auf das Bruttosozialprodukt, obwohl hierdurch zweifellos die Ressourcen in einer Volkswirtschaft vermindert und deshalb vom Sozialprodukt abgezogen oder – wie die Ökonomen sagen – „abgeschrieben" werden müßten. Tatsächlich wird das Bruttosozialprodukt um Abschreibungen vermindert; man erhält dann das Nettosozialprodukt. Abgeschrieben wird aber nur, was in Geldeinheiten bewertet ist, zum Beispiel eine Maschine, die durch Nutzung einem Verschleiß unterliegt und nach einer gewissen Zeit unbrauchbar geworden, eben „abgeschrieben" ist. Die externen Kosten des Umweltverbrauchs werden jedoch nicht abgeschrieben – niemand weiß im übrigen ja auch genau, wie hoch diese Kosten eigentlich sind. Die Folge: Wie verschmutzt die Luft oder die Gewässer auch immer sein mögen oder wie zersiedelt die Landschaft ist, das statistisch gemessene Sozialprodukt wird hierdurch nicht verringert. Im Gegenteil tritt der folgende paradoxe Effekt auf: Gehen die erkrankten Menschen zum Arzt, um sich behandeln zu lassen, oder werden die durch die verschmutzte Luft geschädigten Bauwerke tatsächlich renoviert, so finden die Leistungen des Arztes und des Handwerkers als Wertschöpfung Eingang in das Sozialprodukt. Statistisch gesehen steigt sein Wert an, obwohl nur ein Ausgangszustand wiederhergestellt worden ist:

> „Je mehr wir aufwenden, um der Luftverschmutzung beizukommen, den Lärm zu bekämpfen und die Gewässer wieder in Ordnung zu bringen, desto stärker wächst das Sozialprodukt pro Kopf – als ob es uns besser ginge, wenn wir nur daran sind, einen besseren früheren Zustand mit viel Mühe wiederherzustellen oder gegen die weitere Verschlechterung aufzutreten."[21]

Dies jedoch kann nur bedeuten, daß das Sozialprodukt als Meßlatte für den Wohlstand eines Landes, als „Wohlfahrtsindikator" und damit auch als Ziel der

---

18 Vgl. H.-E. Richter (Hrsg.): Wachstum bis zur Katastrophe?, München 1976.
19 So B. S. Frey: Umweltökonomie. Göttingen 1972, S. 60.
20 H. Strohm: Politische Ökologie. Reinbek bei Hamburg 1979, S. 193.
21 E. Küng: Wohlstand und Wohlfahrt. Von der Konsumgesellschaft zur Kulturgesellschaft. Tübingen 1972, S. 44.

Wirtschaftspolitik, nur begrenzt geeignet ist.[22] Traditionell gemessene Wachstumsraten sagen deshalb nur wenig über Art und Qualität des Wachstums aus. Anders gesprochen: Die Meßlatte „Sozialprodukt" ist nur für bestimmte Meßvorgänge entwickelt worden. Es ist daher ungerechtfertigt, sie zu verwerfen, weil sie nicht alles messen kann. Wenn die Aussagefähigkeit der gebräuchlichen Wachstumsindikatoren durchaus begrenzt ist, warum wird dann weltweit dem Ziel des Wirtschaftswachstums nachgeeifert. Bei der Beantwortung dieser Frage stoßen wir auf eine Aussage, die scheinbar schon als unzutreffend abgelehnt worden war: Durch Wirtschaftswachstum steigt der Wohlstand der Bevölkerung. Um die Richtigkeit dieser Aussage zu bestätigen, genügt ein Blick in die Geschichte. Niemand wird wohl bezweifeln, daß es uns heute besser geht als etwa vor hundert Jahren. Das Wirtschaftswachstum hat viele Knappheitsprobleme gelindert und den Menschen damit Handlungsspielräume eröffnet, die noch vor wenigen Jahrzehnten unvorstellbar waren.

Fragt man nach dem Motor des Wirtschaftswachstums, so wird aus ökonomischer Sicht auf eine entscheidende Triebfeder hingewiesen: die Unbegrenztheit der menschlichen Bedürfnisse. Wir können diese Behauptung nicht beweisen oder widerlegen. Sie erscheint jedoch zunächst plausibel. Bei wachsender Bevölkerung muß sogar das Sozialprodukt steigen, um zu verhindern, daß das Pro-Kopf-Einkommen sinkt.

Diskussion

Wenn jedoch auf die Unbegrenztheit der menschlichen Bedürfnisse als Triebfeder des Wirtschaftswachstums verwiesen wird, müssen wir uns an ein anderes ökonomisches „Gesetz" erinnern, an das Gesetz vom abnehmenden Grenznutzen, das sog. 1. GOSSENsche Gesetz:

> Der beim Konsum eines Gutes neu entstehende Nutzen (Grenznutzen) nimmt ab, je mehr Einheiten von diesem Gut konsumiert werden.

Und das 2. GOSSENsche Gesetz besagt als Entscheidungsregel:

> Der Gesamtnutzen ist dann maximal, wenn sich die einzelnen Grenznutzen ausgleichen.

Wendet man diesen einleuchtenden Gedanken auf die Wachstumsproblematik an, so kommt man zu einem überraschenden Ergebnis: Wird nämlich auch die Umwelt als ökonomisches Gut angesehen, nach dem eine – wenn auch nicht marktlich sich äußernde – Nachfrage besteht, dann wird die Gesamtwohlfahrt wohl kaum dadurch maximiert werden können, daß dieses Gut durch rücksichtslose Ausbeutung zerstört wird, zum „Ungut" wird. Offensichtlich sind Kompromisse notwendig; ökonomisches Handeln hat mehr mit Optimieren als mit Maximieren zu tun.

Was bedeutet dieser Optimierungsprozeß für unseren traditionellen Wachstums- und Wohlfahrtsindikator „Bruttosozialprodukt-Wachstum"? Die Auswirkungen können ganz unterschiedlich sein: Werden bei gleicher Technologie lediglich weniger Güter produziert, so sinkt die Umweltbelastung und das Sozialprodukt geht zurück. Unser Wohlfahrtsindikator würde signalisieren: es geht uns schlechter.
Wird dagegen die gleiche Umweltentlastung durch umweltfreundliche Technologien zu erreichen versucht, so ergibt sich ein ganz anderes Ergebnis: Der Produktionsausstoß der am Markt angebotenen Güter bleibt gleich. Allerdings ist die

---
22 Vgl. E. NOWOTNY: Wirtschaftspolitik und Umweltschutz. Freiburg 1974, S. 129.

Umweltschutztechnologie nicht umsonst: Die Filter, Maschinen und Anlagen müssen hergestellt werden; dies verursacht Kosten und läßt Einkommen entstehen; das Sozialprodukt wächst. Betrachtet man nur die Entwicklung des Sozialprodukts, so kann man dieses umweltfreundliche Wachstum nicht vom umweltzehrenden Wachstum unterscheiden.

Der Wachstumsindikator ist also eine geldliche Größe, die nichts über die Struktur des Wachstums aussagt. Freilich bestehen zwischen den unterschiedlichen Wachstumsarten doch erhebliche Unterschiede: Beim Sozialproduktswachstum durch Einbau von Umweltschutztechnologie werden zwar Einkommen geschaffen, die sich statistisch zunächst als wachstumserhöhend niederschlagen. Aber die Umweltschutzinvestitionen erweitern nicht die zukünftige Güterproduktion; eine Abgasreinigungsanlage am Schornstein einer Fabrik ermöglicht nicht in Zukunft eine vergrößerte Produktion, wie zum Beispiel ein neues Fließband. In diesem Sinne sind solche Entsorgungsinvestitionen („End-of-pipe-Technologien") für sich genommen unproduktiv; die Ökonomen sagen, sie haben keinen „Kapazitätseffekt", weil sie die zukünftigen Produktionsmöglichkeiten nicht verbessern. Insofern steht der Umweltschutz im Widerspruch zum traditionellen Wachstumsziel.

Auch diese Aussage ist allerdings zu differenzieren: Denn wenn man davon ausgeht, daß die Umweltpolitik zur Sicherung knapper, nicht ersetzbarer Güter beiträgt, so ergibt sich wiederum eine längerfristige Harmonie zwischen Umweltschutz und Wirtschaftswachstum. Die kurzfristig möglichen Zielkonflikte werden zusätzlich abgeschwächt, wenn mit umwelttechnischem Fortschritt auch allgemeiner technischer Fortschritt verbunden ist, wenn es sich also um sogenannte „integrierte Umweltschutztechnologien" handelt, die bei weitgehendem Umweltschutz eine Erhöhung des Produktionsausstoßes gestatten.[23] Dieser zentrale Gedanke wird in der weiteren Argumentation noch eine besondere Rolle spielen. Wir können jedoch schon soviel festhalten, daß es nicht das Wirtschaftswachstum schlechthin ist, das im Konflikt mit dem Umweltschutz liegt. Vielmehr ist es die „Struktur des Güterberges, die Relation zwischen umweltschädigenden und umweltfreundlichen Produkten, die diesen Zielkonflikt im wesentlichen herbeiführen".[24] Die einfache Alternative „Wachstum *oder* Umwelt" jedenfalls ist falsch.

Fragen wir nun konkreter nach den Zusammenhängen zwischen Wachstum und Umwelt im internationalen Maßstab, so müssen wir zunächst zwischen der Situation der hochentwickelten Volkswirtschaften und derjenigen der unterentwickelten Länder unterscheiden.

In den Industrieländern gehört das Wachstum des Bruttosozialprodukts zu den obersten Zielen der Wirtschaftspolitik. In der Bundesrepublik Deutschland etwa auferlegt das „Gesetz zur Förderung der Stabilität und des Wachstums der Wirtschaft" den Politikern sogar die Pflicht, für „angemessenes Wirtschaftswachstum" zu sorgen. Tatsächlich ist das Sozialprodukt in der Bundesrepublik Deutschland nahezu jedes Jahr gestiegen: Real (d.h. unter Ausschaltung der Preissteigerungsrate) hat sich das Bruttosozialprodukt in den fünfziger Jahren nahezu verdoppelt, in den sechziger Jahren um 50% vergrößert und ist selbst in den krisengezeichneten siebziger Jahren noch um fast ein Drittel angewachsen. In jeweiligen Preisen berechnet liegt das Bruttosozialprodukt 1980 bei fast 1,5 Billionen DM. Wächst es in den achtziger Jahren nur mit bescheidenen 3% jährlich, so wird es 1990 bei über 2 Billionen DM liegen; die Differenz – 500 Milliarden DM – ist ungefähr so hoch wie das gesamte Sozialprodukt im Jahr 1967, als es den meisten Bundesbürgern auch schon nicht mehr schlecht ging.

---

23 Vgl. hierzu K. H. Hansmeyer: Umweltpolitik als Wachstumspolitik. *ifo-schnelldienst* 32 (1979), Nr. 24 vom 30. 8. 1979, S. 21–26.
24 H. Siebert: Ökonomische Theorie der Umwelt. Tübingen 1978, S. 188.

Ist angesichts dieser großen Zahlen ein weiteres Wirtschaftswachstum überhaupt noch sinnvoll? Führt weiteres Wachstum nicht lediglich zu einem Rückgang der Lebensqualität, weil die Umwelt noch stärker verschmutzt wird. Muß „weiteres Wachstum" nicht „die Freude am Konsum all der schönen Waren, die von den Fließbändern rollen [...] immer nachhaltiger durch Lärm und Luftverschmutzung, durch Abwässer und Abgase" beeinträchtigen?[25] Es besteht kein Zweifel: Der Ruf nach Nullwachstum, oder besser: nach Wachstumsstopp, ist unüberhörbar geworden.

Freilich: Ob Wachstum stattfindet oder nicht, wird nicht an den Schreibtischen der Regierungsbürokratie entschieden. Ob eine Volkswirtschaft wächst, hängt vor allem von drei Faktoren ab:
– der Bevölkerungsentwicklung,
– der Entwicklung der Kapitalbildung bzw. der Investitionstätigkeit und
– vom technischen Fortschritt.

Faktoren

Die Bevölkerung wird in den fortgeschrittenen Industrienationen in den vor uns liegenden Jahren nur noch langsam wachsen, in manchen Ländern wird sie stagnieren oder sogar etwas schrumpfen. Sicherlich gibt es aber auch in den entwickelten Gesellschaften noch viele Menschen, die vergleichsweise arm sind, die einen Konsum-Nachholbedarf haben. Fest steht aber auch, daß besonders bei vielen langlebigen Gebrauchsgütern Sättigungsgrenzen näherrücken – Wachstum läßt sich hier nur noch in bescheidenem Ausmaß verwirklichen. Nun bedeutet Wachstum aber nicht, daß immer mehr Autos, Kühlschränke oder Fernsehgeräte produziert und verkauft werden. Wachstum ist vielmehr immer mit einem Wandel der Wirtschaftsstruktur verbunden: manche Produktionszweige sterben ab, andere gewinnen an Bedeutung, neue kommen hinzu. In einer kürzlich vorgelegten Studie der „Organisation für wirtschaftliche Zusammenarbeit und Entwicklung" (OECD)[26] werden beispielsweise die folgenden technologischen Entwicklungslinien als zukünftig wachstumsbedeutsam angesehen:
– Elektronik und Mikroprozessortechnik,
– Erschließung von Energie und mineralischen Rohstoffen in den Ozeanen,
– Entwicklung neuer Energieformen,
– Bio-Industrie.

Hierbei haben wir es mit dem Faktor des technischen Fortschritts zu tun, der durch Kapitalbildung und Investitionstätigkeit im Wirtschaftsprozeß wirksam wird. Der dauernde Strukturwandel verbietet es vollends, vom Wirtschaftswachstum direkt auf die Umweltinanspruchnahme zu schließen. Entscheidend ist, welche Wirtschaftssektoren sich ausdehnen, welche Umwelteffekte von diesen Sektoren ausgehen und wie viele Ressourcen eine Gesellschaft insgesamt in den Umweltschutz investiert.

Wir kommen damit zu einem kaum zu überschätzenden positiven Aspekt des Wirtschaftswachstums. Es ist nämlich nicht zu bestreiten, daß in einer wachsenden Wirtschaft die Konflikte um die Verteilung des Sozialprodukts geringer sind als in einer stagnierenden oder gar schrumpfenden Wirtschaft – man denke nur an Tarifauseinandersetzungen, an die Diskussion über die Staatsquote oder an die hohe Arbeitslosenzahl, die selbst ein nur leicht wachsendes Sozialprodukt kaum verringern wird. Die positiven Effekte des Wirtschaftswachstums sind vor allem sozialpolitisch und für die allgemeine Wirtschaftspolitik von Bedeutung, haben aber

---
25 *Der Spiegel* 34 (1980), Nr. 40 vom 29. 9. 1980, S. 215 („Die fetten Jahre sind vorbei").
26 Vgl. OECD: Interfutures. Facing the Future, Paris 1979, S. 114.

auch positive Rückwirkungen auf die Umweltpolitik. Nur in einer wachsenden Wirtschaft werden verhältnismäßig problemlos mehr Ressourcen für den Umweltschutz reserviert werden können. Kann aber dadurch in den Industrienationen der Umweltschutz den Wettlauf mit dem Güterwachstum gewinnen? Sinnlos, allenfalls beschäftigungspolitisch vertretbar, wäre es, müßte das gesamte Wirtschaftswachstum in den Umweltschutz investiert werden. Es wäre ein „Leerlauf der Zivilisationsmaschine", wenn die Folgekosten der Produktion größer als der Produktionszuwachs würden.[27] Einen solchen Wettlauf könnte die Umweltpolitik auch kaum gewinnen, weil die Kosten des Umweltschutzes schneller als die Produktion stiegen. Notwendig ist es vielmehr, Wirtschaftsstrukturen und Produktionsprozesse so zu gestalten, daß die negativen Umwelteffekte von vornherein gering bleiben. Unter Berücksichtigung der Gesamtheit der politischen Ziele wird sich nur durch solche „prozeßendogenen Innovationen" das Spannungsverhältnis zwischen Wirtschaftswachstum und Umweltschutz in den fortgeschrittenen Industrienationen lockern lassen und die gleichzeitige Verfolgung beider Ziele gestatten. Es spricht allerdings vieles dafür, daß diese Entkoppelung von Wirtschaftswachstum und Umweltschutz nur bei abnehmenden Wachstumsraten erfolgreich sein wird. Der notwendige Umstrukturierungsprozeß erfordert Geld, Zeit und Ideenreichtum, vor allem aber den Willen und die Kraft seiner politischen Durchsetzung. Wir kennen bereits die Instrumente, die den Entwicklungsprozeß in die richtige Richtung lenken können.

Viel problematischer ist das Verhältnis von Umweltschutz und Wirtschaftswachstum in den unterentwickelten Ländern. Um die besonderen Probleme zu verstehen, müssen wir uns an einige Strukturmerkmale und Entwicklungstendenzen dieser Gesellschaften erinnern:

• Schon heute lebt in den unterentwickelten Regionen der Erde die Mehrheit der Menschheit (72%). Die Wachstumsrate der Bevölkerung ist dort mehr als 3mal so hoch wie im entwickelten Teil der Welt. Im Jahr 2000 werden 4 von 5 Menschen in unterentwickelten Ländern leben. Der Druck auf die Umwelt wird dadurch in diesen Ländern weiter stark ansteigen.

• Für die meisten Menschen auf der Erde kann schon heute von Wohlstand kaum die Rede sein. Das Bruttosozialprodukt pro Kopf liegt im Durchschnitt der unterentwickelten Länder bei nur etwa 850 Dollar; in den entwickelten Ländern ist es mehr als 11mal höher. Etwa 800 Millionen Menschen gelten als „absolut arm", die meisten von ihnen hungern.[28]

Tab. 1: Bevölkerung unterschiedlich entwickelter Regionen

Jahresdurchschnittliches Wachstum (in %)	1950–60	1960–70	1970–80
Industrieländer	1,2	1,0	0,7
Länder mit mittlerem Einkommen	2,4	2,5	2,5
Länder mit niedrigem Einkommen	1,9	2,5	2,3
Staatshandelsländer	1,9	1,7	1,3

Quelle: Weltbank: Weltentwicklungsbericht 1980, Washington, D. C. 1980, S. 44.

---

27 Vgl. H. Chr. BINSWANGER / W. GEISSBERGER / Th. GINSBURG (Hrsg.): Der NAWU-Report: Wege aus der Wohlstandsfalle. Strategien gegen Arbeitslosigkeit und Umweltkrise. Frankfurt 1978, S. 105.
28 Vgl. zur Illustration P. HARRISON: Hunger und Armut. „Inside the Third World". Reinbek bei Hamburg 1982.

Tab. 2: Einkommen unterschiedlich entwickelter Regionen

BSP pro Kopf* von 1980 (in Dollar)	1950	1960	1980
Industrieländer	4 130	5 580	10 660
Länder mit mittlerem Einkommen	640	820	1 580
Länder mit niedrigem Einkommen	170	180	250

Jahresdurchschnittliches Wachstum (in %)	1950–60	1960–80
Industrieländer	3,1	3,3
Länder mit mittlerem Einkommen	2,5	3,3
Länder mit niedrigem Einkommen	0,6	1,7

* ohne China

Quelle: Weltbank: Weltentwicklungsbericht 1981, Washington, D. C. 1981, S. 6.

Armut und Bevölkerungsexplosion hängen eng zusammen. Wie das historische Beispiel der Industrieländer gezeigt hat, sind wirtschaftliches Wachstum und wachsender Wohlstand Voraussetzung für den „demographischen Übergang", jene Phase der Bevölkerungsentwicklung, in der sich die Geburtenziffern auf die Sterbeziffern verringern. Die Überwindung des Teufelskreises von Bevölkerungswachstum und Armut ist für die Menschen in den unterentwickelten Ländern eine Existenzfrage: Zwar kann von einer Steigerung des Sozialprodukts nicht direkt auf eine Verringerung der Armut geschlossen werden – es kann sogar möglich sein, daß sich durch wirtschaftliche Entwicklung für Teile der Bevölkerung der Verarmungsprozeß beschleunigt –, trotz allem kommt insgesamt dem Wirtschaftswachstum bei der Verringerung der Armut eine Schlüsselrolle zu: in den unterentwickelten Ländern ist Wachstum eine Überlebensfrage. Die Beantwortung der Frage, wie sich das notwendige Wirtschaftswachstum auf die Umwelt auswirken wird, ist – wie auch in den Industrieländern – von der Art des Wachstums abhängig. Hier können nur Plausibilitätsüberlegungen angestellt werden: Da es in den unterentwickelten Ländern zunächst nicht um Wohlstand oder Wohlfahrt geht, sondern ums nackte Überleben, spricht vieles dafür, daß Umweltbelange außer acht gelassen werden, die unterentwickelten Länder also die Fehler wiederholen, die die heute hochentwickelten Länder während ihres Entwicklungsprozesses gemacht haben. Hier hat man vor kurzem mit den Reparaturarbeiten begonnen – der größere Teil der Erde jedoch steht erst am Anfang der Umweltzerstörung. Erinnert man sich an die beiden GOSSENschen Gesetze, dann ist diese Handlungsweise sogar rational: Wer nichts zu essen hat, dem ist die Qualität der Luft und des Bodens zunächst ziemlich gleichgültig, wenn er nur sein eigenes Überleben sichern kann. Den Menschen in den Industrieländern fällt die Kritik an diesem Handeln nicht schwer. „Solche Dinge interessieren natürlich einen Menschen nicht, der einen vollen Bauch hat, in einem komfortablen Appartement oder Haus lebt und sein Auto vor der Haustür hat, aber sich doch das Recht nimmt, über die negativen Auswirkungen der Entwicklungspolitik zu sprechen, um dann für deren Abschaffung zu plädieren."[29] Freilich muß folgendes tatsächlich beachtet werden: Das kurzfristige Wirtschaften rächt sich in den tropischen und subtropischen unterentwickelten Ländern, in denen oft äußerst labile Ökosysteme vorherrschen, besonders schnell: So begünstigt die Waldabholzung die Wüstenausbreitung, Bewässerung kann den Boden unfruchtbar machen und ideale Lebensbedingungen für Krankheitsüberträger schaffen, der Einsatz von

---

29 B. TIBI: Entwicklungspolitik ist kein Feld für exotisch-romantische Sehnsüchte. *Entwicklung und Zusammenarbeit*, Heft 2/82, S. 4.

Pestiziden in der Landwirtschaft kann die Fischproduktion verringern. „Die Zerstörung der natürlichen Ressourcen in zahlreichen Ländern der Dritten Welt [...] bedroht ernsthaft die Nahrungsmittelversorgung der Bevölkerung. Aber auch der Industrialisierungsprozeß in den Entwicklungsländern birgt eine erhebliche Gefahr für die Umwelt [...]".[30] Wir sehen, daß Problemlösungsversuche vor allem neue Probleme schaffen.

Daß davon nicht nur die Entwicklungsländer selbst betroffen sind, wird deutlich, wenn wir etwa an die durch die Urwaldabholzung verschärften Klimarisiken denken. Welchen sozialen Sprengstoff die Probleme von Unterentwicklung und Umweltzerstörung bergen, braucht wohl kaum erwähnt zu werden. Nicht stark genug kann jedoch betont werden: Je ärmer die Menschen sind, je mehr sie „von der Hand in den Mund" leben, desto weniger werden sie in ihrem Verhalten auf Umweltbelange Rücksicht nehmen; denn ökologische Schäden stellen sich erst mit Verzögerung ein, Hunger aber ist ein aktuelles Problem. Armut, Übervölkerung und Umweltzerstörungen beeinflussen sich gegenseitig. In dieser Sichtweise muß Wirtschaftswachstum sogar als Umweltschutzstrategie angesehen werden. Wir kommen am Ende auch für die Entwicklungsländer auf jene Kompromißformel eines umweltverträglichen Wirtschaftswachstums zurück. Eine besondere Bedeutung wird auch hier dem – entsprechenden Gegebenheiten in den unterentwickelten Ländern angepaßten – technischen Fortschritt zukommen. Ein Beispiel nennt der „*Weltentwicklungsbericht 1980*": „Ein technischer Durchbruch im Ackerbau ohne künstliche Bewässerung könnte – vielleicht mehr als jeder andere denkbare technische Fortschritt – eine Veränderung der Aussichten für einen großen Teil der Armen in der Welt herbeiführen."[31] Ähnlich große Bedeutung kommt etwa angepaßten Energietechnologien zu. Außer Zweifel steht jedoch, daß auch solche technischen Durchbrüche nur bei einer Verringerung des Bevölkerungswachstums Aussicht auf Erfolg haben.

Fazit

Versuchen wir abschließend eine Gesamtbetrachtung und beziehen die Probleme von Umweltschutz und Wirtschaftswachstum in den entwickelten Ländern und in den unterentwickelten Regionen der Erde aufeinander. Außer Frage steht zunächst, daß die unterentwickelten Länder auf Wirtschaftswachstum nicht verzichten können. Welche Auswirkungen aber hätte ein Wachstumsstopp in den Industrienationen auf die Situation in den Entwicklungsländern? Zwei Effekte sind zu beachten:

• Ein stagnierendes Sozialprodukt verringert die Importquote eines Landes. Dadurch werden auch für die unterentwickelten Länder die Möglichkeiten geschmälert, durch Exporte die Devisen zu verdienen, die sie im Verlaufe ihres Entwicklungsprozesses benötigen werden.

• Ein stagnierendes Sozialprodukt erhöht die Verteilungskonflikte in einer Gesellschaft. Dadurch geraten die bereits heute als zu niedrig kritisierten Zahlungen der Industrie- an die Entwicklungsländer in fremder Währung in Gefahr, weiter gekürzt zu werden.

Berücksichtigt man diese Zusammenhänge, so wird deutlich, daß weltweit ein umweltverträgliches Wirtschaftswachstum zu den größten Gegenwarts- und Zukunftsaufgaben der Menschheit gehört. Es muß freilich vor dem Glauben gewarnt werden, ein wachsendes Sozialprodukt verbessere automatisch die Situation. Immer sind auch politische Entscheidungen notwendig. Auch im Sinne einer internationalen Entwicklungspolitik erscheint die Tatsache, daß die Industrieländer gegenwärtig etwa 17mal mehr für Verteidigungszwecke ausgeben als für Entwick-

---

30 Vierter Bericht zur Entwicklungspolitik der Bundesregierung, Bundestagsdrucksache 8/3582, Bonn 1980, S. 10.
31 Weltbank: Weltentwicklungsbericht 1980. Washington, D.C. 1980, S. 48.

lungshilfe,[32] als weltweite Fehlallokation größten Ausmaßes. Es muß freilich auch beachtet werden, daß die unterentwickelten Länder selbst einen sogar noch leicht größeren Anteil ihres Sozialprodukts für militärische Zwecke aufwenden.

Warum kann ein Wirtschaftswachstum in den Industrienationen dazu beitragen, die Umweltprobleme in den unterentwickelten Ländern lösen zu helfen? — Aufgabe 2

....
....
....
....
....
....
....
....
....

Möglichkeiten und Probleme weltweiter Umweltpolitik — 30.3.

Die Möglichkeiten, aber auch die Probleme weltweiter Umweltpolitik stehen im Mittelpunkt der folgenden Analysen: Zunächst stellen wir (1) die Reaktion in der Bundesrepublik auf „Global 2000" dar, erweitern dann aber den Blick auf den Entwicklungsprozeß der armen Länder, der von außen durch bilaterale Zusammenarbeit und durch internationale Organisationen im Sinne einer nachhaltigen Sicherung von Umweltressourcen beeinflußt werden kann. Deshalb werden (2) die Möglichkeiten der Berücksichtigung von Umweltaspekten in der als „Entwicklungshilfe" bezeichneten wirtschaftlichen Zusammenarbeit von industrialisierten und unterentwickelten Ländern sowie (3) die Arbeit der Umweltbehörde der Vereinten Nationen (UNEP) dargestellt. — Thema 3

„Global 2000", „Global Future" und die Reaktionen in der Bundesrepublik Deutschland — 30.3.1.

„Global 2000" und „Global Future" sind eine Mahnung zum Handeln. Diese Mahnung trifft in der Bundesrepublik Deutschland auf eine ungünstige Situation: — Analyse 1

- Alle praktischen Konsequenzen kosten Geld; die Haushaltsmittel sind jedoch äußerst knapp.
- Die Aufmerksamkeit der Politiker wird von anderen drängenden Problemen, wie Arbeitslosigkeit oder Rüstungsproblemen, beansprucht.

Auch in den Vereinigten Staaten ist die politische Stimmung derzeit nicht günstig für die Verwirklichung eines politischen Programms, wie es in beiden Studien entworfen wurde.

Die Frage nach den Konsequenzen

Bei der Frage nach den Konsequenzen sollte man klar zwischen den unterschiedlichen Ebenen unterscheiden:

---
32 Weltbank: Weltentwicklungsbericht 1980, a.a.O., S. 38.

- Die Analyse ist eine Herausforderung an die Wissenschaft, die der Frage nachgehen muß, ob denn alles stimmt, was darin steht und wo weitere Forschung vordringlich ist.
- Die Entwicklung von Lösungsstrategien, die wissenschaftlich fundiert und mit den wirtschaftlichen und politischen Möglichkeiten der Bundesrepublik abgestimmt sind, ist die Aufgabe von Wissenschaft und Politik.
- Die staatliche Führung hat die Aufgabe, die als sinnvoll erkannten Strategien in die Politikbereiche wie Entwicklungshilfe, Außenwirtschaftspolitik, Umweltpolitik usw. einzubringen.

Nicht nur die ökologisch interessierte Öffentlichkeit, auch die Politiker aller Parteien haben auf die Mahnung von „Global 2000" reagiert. Hierfür zwei Beispiele:

- Die Fraktionen von SPD und FDP haben im Dezember 1981 vorgeschlagen, daß der Bundestag die Bundesregierung bittet, „Global 2000" auf seine Richtigkeit und im Hinblick auf Handlungsempfehlungen zu prüfen.[33]
- Die Fraktion der CDU/CSU im Deutschen Bundestag hat eine Große Anfrage zu den „Tendenzen globaler Entwicklung" an die Bundesregierung gerichtet. Darin wird ausdrücklich Bezug auf „Global 2000" genommen. Die Antwort vom April 1982 geht auch ausführlich auf die Entwicklungspolitik ein.[34]

Schon die förmliche Präsentation von „Global 2000" durch die Regierung der USA war ein Anstoß für die Bundesregierung, sich offiziell mit diesem Bericht zu befassen. Die Vielzahl der kritischen Fragen aus der deutschen Öffentlichkeit hat die Bundesregierung veranlaßt, eine allgemeine Stellungnahme zu erarbeiten, die im März 1982 vorgelegt wurde.[35]

Die grundsätzliche Reaktion der Bundesregierung

Die grundsätzliche Reaktion der Bundesregierung auf „Global 2000" läßt sich mit einem Zitat aus ihrer Stellungnahme umreißen: „... wird die Grundaussage der amerikanischen Globalanalyse selbst von Kritikern geteilt! Es besteht Übereinstimmung, daß die im Bericht aufgezeigten globalen Entwicklungstendenzen in den Bereichen Bevölkerung, Ernährung, Ressourcen und Umwelt Schlüsselprobleme für die Zukunft der Menschheit darstellen und daß die damit zusammenhängenden unterschiedlichen Entwicklungen in den armen und den reichen Ländern zu großen Spannungen in der Welt führen können. Auch die Bundesregierung teilt diese Grundaussage." Man muß allerdings hinzufügen, daß die Bundesregierung in ihren Reaktionen auf „Global 2000" immer wieder daran erinnert, daß der Bericht praktisch keine neuen Erkenntnisse enthält, sondern nur Bekanntes zusammenfaßt. Die auch bei Fachleuten weit verbreitete Auffassung, daß die Zusammenfassung der Probleme und der Nachweis ihrer wechselseitigen Bedingtheit der Gesamtproblematik eine neue und bedrohlichere Qualität verleihen, wird von der Bundesregierung nicht geteilt.

Die oben zitierte Grundauffassung schlägt sich auch in den einzelnen Antworten nieder: Der Ernst der Lage wird nie bestritten; es werden aber auch keine neuen Lösungswege beschritten oder neue Prioritäten gesetzt. Im Vergleich zu „Global Future" fällt an den Reaktionen der Bundesregierung folgendes auf:

- Die Notwendigkeit internationaler Zusammenarbeit in der Analyse und bei der Lösung wird stärker betont.
- Die Bundesrepublik Deutschland wirkt im Rahmen der Europäischen Gemeinschaft aktiv an einer internationalen Umweltpolitik mit, die trotz aller Schwächen einzigartig ist.

---

33 Deutscher Bundestag, Drucksache 9/1157. Bonn 1981.
34 Deutscher Bundestag, Drucksache 9/1592. Bonn 1982.
35 Bericht der Bundesregierung zu „Global 2000" und den darin aufgezeigten Problembereichen. Hrsg. vom Bundesminister für Forschung und Technologie. Bonn, März 1982.

30. Umwelt – vor dem Menschen für den Menschen schützen...

- Die Bundesregierung sieht die ungelösten naturwissenschaftlichen Fragen deutlicher und fordert die Wissenschaftler zu einer aktiveren Rolle in der Diskussion auf.
- Die Bundesregierung lehnt ausdrücklich die Vorstellung von einer Umkehr unserer technischen und wirtschaftlichen Entwicklung ab. Auch für die Entwicklungsländer sollte es keinen Verzicht auf Industrialisierung geben.
- Die ressortmäßige Aufteilung der Analysen und Lösungsansätze ist – schon in der Gliederung – stärker ausgeprägt.
- Die Rolle der Entwicklungspolitik bei der Lösung aller weltweiten Probleme wird stärker herausgestellt.
- Die Bundesregierung zieht keinerlei organisatorische Folgerungen, während *„Global Future"* in institutionellen Vorschlägen schwelgt.

Skizzieren Sie die Grundaussage der Stellungnahme der Bundesregierung zu *„Global 2000"*. **Aufgabe 3**

....
....
....
....
....
....
....
....
....
....
....
....

Die Rolle der Entwicklungshilfe in einer weltweiten Umweltpolitik **30.3.2.**

Die industrielle Produktion und das Verkehrsaufkommen sind im Schnitt in den Entwicklungsländern niedriger als in Westeuropa, dennoch hat die Luft-, aber vor allem auch die Wasserverschmutzung häufig ein Niveau erreicht, das mit dem Belastungsniveau in den industrialisierten Ländern durchaus vergleichbar ist. Am stärksten ist diese Belastung natürlich in den dichtbesiedelten Regionen der Entwicklungsländer, um ihre Hauptstädte und großen Hafenstädte herum, die häufig auch die größte Konzentration von Industrieanlagen aufweisen.
Zu diesen Belastungen durch industrielle Schadstoffe kommen noch die durch eine völlig unzureichende sanitäre Versorgung hinzu. Das Trinkwasser ist für die Mehrheit der Bewohner der Großstädte, hauptsächlich aber für die Armen, nicht sicher, sondern gesundheitsgefährdend, weil die Abwasser- und Müllbeseitigung völlig unzulänglich ist. Wenn es keine sicheren Anschlüsse für Trinkwasser gibt, holt sich die Bevölkerung das Wasser zum Trinken, Kochen und Waschen direkt aus Flüssen und Teichen, so daß sich eine schlechte Wasserqualität schnell und direkt auf die Gesundheit der Menschen auswirkt. So leiden allein in Indonesien 6–8 Millionen Menschen an Magen- und Darmkrankheiten, die auf die mangelnde Qualität des Wassers zurückzuführen sind. Die sanitären Umweltprobleme, die Infektionskrankheiten verursachen, gab es in Europa auch; sie sind aber durch die erheblichen Investitionen bei der Trinkwasserversorgung, Abwasser- und Müllbeseitigung zuerst in den Städten und dann später in den gesamten Ländern beseitigt worden.

Analyse 2

Die ländlichen Gebiete der Entwicklungsländer leiden unter ähnlichen sanitären Problemen wie die Städte (auch wenn die Bevölkerungskonzentration auf dem Lande erheblich geringer ist), weil traditionelle hygienische Verfahren und Techniken aufgrund des Bevölkerungswachstums nicht mehr funktionieren. Für den ländlichen Raum wird die Trinkwassersituation häufig durch Mengenknappheit weiter verschärft. Dieses Problem ist häufig die Folge klimatischer Gegebenheiten; es wird in letzter Zeit aber zunehmend durch die Umweltprobleme des ländlichen Raumes der Entwicklungsländer weiter verschärft: Abholzung, Überweidung, Bodenerosion, Versalzung und Versumpfung der Böden.

Hindernisse für die Umweltpolitik der Entwicklungsländer

Die Lösung dieser Umweltprobleme erfordert in den Entwicklungsländern wie in den Industrieländern als erstes ein Umdenken; das hat teilweise auch schon stattgefunden. Die skeptische Einschätzung des Umweltschutzes hat sich auch in den Entwicklungsländern gegenüber 1972 erheblich verringert. Die politischen, technischen und ökonomischen Schwierigkeiten, die die Umweltpolitik in Europa zu überwinden hatte und noch zu überwinden hat, gibt es auch in den Entwicklungsländern. Auch wenn sie bereits aus den Fehlern der Industrieländer nach zehn Jahren Umweltpolitik lernen können, darf man dabei nicht übersehen, daß ihre Startposition auch hier im Vergleich zu den Industrieländern viel schlechter ist. Die Entwicklungsländer stehen vor folgenden Aufgaben:

– Kontrolle der industriell-städtischen Schadstoffe,
– Ausbau der sanitären Versorgung ihrer Bevölkerung,
– Eindämmung der ländlichen Umweltprobleme, die zunehmend die Fähigkeiten dieser Länder gefährden, ihre Bevölkerung mit Nahrungsmitteln zu versorgen.

Bei der Kontrolle industrieller Schadstoffe können die Entwicklungsländer zunehmend auf die Erfahrungen der Industrieländer zurückgreifen, aber der politische Konflikt zwischen industriellem Umweltschutz und Industrieinvestitionen besteht auch für die Entwicklungsländer. Häufiger wird der Konflikt durch ihre kritische gesamtwirtschaftliche Situation noch verschärft.

Bei der Lösung der sanitären Umweltprobleme besteht ein erheblicher Nachholbedarf an Investitionen, Ausbildung und Organisationsentwicklung, den die Industrieländer schon geleistet haben. Bei den ländlichen Umweltproblemen hat es in den Industrieländern in einigen Regionen zwar ähnliche Erfahrungen gegeben, etwa die Bodenerosion der USA in den dreißiger Jahren, aber die ökologischen Bedingungen und die sozioökonomischen Voraussetzungen sind in den Entwicklungsländern so unterschiedlich, daß sich die Lösungsansätze noch in der Erprobung befinden.

Für die Bewältigung dieser drei Aufgaben steht den Entwicklungsländern eine ausgesprochen schwache Infrastruktur zur Verfügung: Ausgebildete Ärzte, Ingenieure, Techniker, erfahrene Verwaltungsfachleute sind knapp; die vorhandenen Ministerien und Organisationen sind noch jung und unerfahren; es fehlt an Meßgeräten, Karten, Kopiergeräten und Schreibmaschinen. Die Schaffung der entsprechenden Voraussetzungen für eine wirksame Umweltpolitik scheitert zum großen Teil auch noch an fehlenden finanziellen Mitteln: die Devisen für die Ersatzteile von Meßgeräten fehlen; die Gehälter sind zu niedrig, um gute Techniker im Land zu halten.

Zur Bedeutung der Entwicklungshilfe für die Entwicklungsländer

Entwicklungshilfe begann Anfang der sechziger Jahre als Unterstützung der Entwicklungsländer in Form von billigen Krediten, weil man davon ausging, daß ihnen zur wirtschaftlichen Entwicklung nur das notwendige Anlagekapital fehlte. Die Entwicklungshilfe wurde klar in Analogie zur amerikanischen Wirtschaftshilfe für

Westeuropa nach dem Zweiten Weltkrieg („Marshallplan") entwickelt. Inzwischen soll die Entwicklungshilfe die Voraussetzung für die Bildung von Kapital in den Entwicklungsländern selbst schaffen, das entweder durch private Investitionen von außen oder in den Entwicklungsländern durch eigene Sparanstrengungen selbst gebildet wird. Deshalb wird Entwicklungshilfe in Form von finanzieller Hilfe (billige Kredite oder Zuschüsse) zum Bau von Infrastrukturanlagen in den Bereichen Verkehr, Energie, Wasserversorgung, Erziehung und Gesundheit sowie im Bereich Landwirtschaft verwendet und in Form von technischer Hilfe zur Bildung von Humankapital (Bildung, Ausbildung) und zum Aufbau von Institutionen (Beratung, Erstellung von Studien) gegeben.

Entwicklungshilfe wird von fast allen Industrieländern, einigen OPEC-Staaten und einer Reihe von internationalen Organisationen (Unterorganisationen der Vereinten Nationen, der Weltbank, der EG und einigen Regionalbanken) gewährt, so daß ein Entwicklungsland bis zu 50 verschiedene Geberorganisationen um Unterstützung bitten kann. Alle diese Organisationen verfolgen bei ihrer Entwicklungshilfe eigene Interessen außenpolitischer und wirtschaftlicher Art, die bei ihnen zu bestimmten regionalen und sektoralen Schwerpunkten führen.

Zentraler Aspekt der Entwicklungshilfe ist die Orientierung an Einzelprojekten, die formal von den Entwicklungsländern beantragt werden, aber häufig von den Geberinstitutionen angeregt werden. Dabei tragen die ausländischen Kreditgeber in der Regel nur die Devisenkosten, die Entwicklungsländer übernehmen die inländischen Kosten und in der Regel auch die Folgekosten. Die Entwicklungsländer entwickeln in diesem Zusammenhang eigene Investitionspläne (etwa für die Infrastruktur), zu deren Verwirklichung sie die einzelnen Geber je nach deren Interesse und Kompetenz an einzelnen Projekten beteiligen. Je nach wirtschaftlichem Entwicklungsstand spielt die Entwicklungshilfe bei diesen Investitionsplanungen eine andere Rolle: eine untergeordnete Rolle bei Schwellenländern und eine beherrschende bei den ganz armen Ländern (wie beispielsweise der Sahelzone), bei denen die Entwicklungshilfe den mehrheitlichen Anteil des staatlichen Investitionsbudgets ausmacht.

Umweltschutz im Rahmen der deutschen bilateralen Entwicklungshilfe

Das Ziel der deutschen Entwicklungshilfe ist die Bekämpfung der Massenarmut. „Dabei geht es zuallererst darum, die Grundbedürfnisse der Menschen nach Nahrung, sauberem Trinkwasser, Gesundheit, Kleidung, Wohnung und Bildung zu befriedigen," so die entwicklungspolitischen Leitlinien der Bundesregierung. Fachlicher Schwerpunkt für die achtziger Jahre sollen die ländliche Entwicklung, die Lösung der Energieprobleme und der Schutz der natürlichen Ressourcen sein. Zur Erreichung dieser Ziele standen der deutschen bilateralen Entwicklungshilfe 1978 umgerechnet 1,6 Mrd. US $ zur Verfügung; den multilateralen Banken übergab die deutsche Entwicklungshilfe 850 Mio. US $ für deren Arbeit. Diese Zahl muß in Beziehung gesetzt werden zur Gesamthilfe aller westlichen Industriestaaten, die 1978 insgesamt 20 Mrd. US $ betrug, der Hilfe der OPEC-Staaten, die im gleichen Jahr 4,3 Mrd. US $ Hilfe gaben, und der Hilfe der Staaten des COMECON, die in jenem Jahr 1,1 Mrd. US $ zur Verfügung stellten.

Die deutsche Entwicklungshilfe hatte bisher ihren Schwerpunkt in den Bereichen „Infrastruktur", „Industrie" und „Ausbildung"; erst langsam gewinnt die „Land- und Forstwirtschaft" an Bedeutung. Infrastruktur, Industrie und Ausbildung vereinigten 1978 zusammen 58% der Zusagen auf sich, während die landwirtschaftlichen Projekte etwa 10% der Zusagen ausmachten. Bei einem solchen Programm ist es unter Umweltgesichtspunkten am wichtigsten, daß die Projekte nicht die Umweltbelastungen in den Entwicklungsländern weiter erhöhen. Hierfür eignet sich eine Umweltverträglichkeitsprüfung am ehesten, wenn die Entwicklungsländer selbst keine rigorose Umweltpolitik betreiben. Die deutsche Entwicklungshilfe hat schon 1972 begonnen, bei der Prüfung von Projektanträgen Umweltschutzgesichtspunkte mitzuberücksichtigen. Wenn die Prüfer auf deutsche Erfahrungen zurückgreifen können, dann sind – aufgrund der Planungen – starke Umweltbelastungen kaum noch zu erwarten. Vorhandene Umweltprobleme bei Anlagen, die mit deutscher Hilfe finanziert worden sind, sind mehrheitlich auf Schwierigkeiten in der betrieblichen Phase zurückzuführen. Die Ursache für diese Probleme liegt in der Regel bei fehlender Ausbildung des Personals und bei mangelnden Ersatzteilen für die Umweltschutzmaßnahmen; deshalb wird die technische Hilfe verbessert.

Im Bereich der ländlichen Entwicklung gibt es noch keine umfangreichen Erfahrungen, auf denen man eine umweltverträgliche Agrar-Entwicklungshilfe aufbauen kann, sondern nur einige Konzepte, deren Erprobung vor 5–6 Jahren begonnen hat. Die Stichworte hierzu lauten: „Agroforstwirtschaft", „standortgerechter Landbau", „Ökoanbau". Über diese Anpassung der Entwicklungshilfeprogramme in Richtung „umweltverträgliche Entwicklung" hinaus gibt es noch die bereits genannten Aufgaben der Entwicklungshilfe, für die eigene Umweltpolitik der Entwicklungsländer Voraussetzungen mitzuschaffen. Hier hat die deutsche Entwicklungshilfe bereits recht umfangreiche Unterstützung gewährt, wie die folgende Tabelle zeigt:

Tab. 3: Umweltschutzprojekte der bilateralen deutschen Entwicklungshilfe (1969–1978)

1. Management der natürlichen Ressourcen	260 Mio. DM	55 Projekte
2. Projekte des standortgerechten Landbaus	20 Mio. DM	4 Projekte
3. Ländlicher Energiebedarf	40 Mio. DM	20 Projekte
4. Verbesserung der sanitären Situation		
a) Trinkwasserversorgung	625 Mio. DM	88 Projekte
b) Abfall- und Abwasserbeseitigung	89 Mio. DM	13 Projekte
5. Industriell-städtischer Umweltschutz	26 Mio. DM	7 Projekte

Aus: V. J. Hartje: Umwelt- und Ressourcenschutz in der Entwicklungshilfe: Beihilfe zum Überleben? Frankfurt 1982, S. 92.

Bei den Projekten des Managements natürlicher Ressourcen handelt es sich um Aufforstung, Fischereibewirtschaftung, Erhaltung von Wildbestand und ländlich-ökologisch orientierte Landnutzungsplanung. Unter ländlichem Energiebedarf werden die Projekte zusammengefaßt, die den Energiebedarf in ländlichen Regionen abdecken und somit eine Ursache des Abholzens einschränken. Die obigen Zahlen, knapp über 1 Mrd. DM für Umweltschutz in 10 Jahren, müssen jedoch relativiert werden, da im gleichen Zeitraum die gesamte Entwicklungshilfe der Bundesrepublik Deutschland knapp 30 Mrd. DM betrug.

Es fällt dabei jedoch auf, daß hier Trinkwasserversorgung einen hohen Stellenwert hatte und wohl auch weiterhin haben wird, da die Vereinten Nationen die achtziger Jahre zur „Trinkwasserdekade" erklärt haben. Diese Priorität spiegelt das politische Einverständnis zwischen Industrie- und Entwicklungsländern in diesem Bereich des Umweltschutzes. Diese Priorität zeigt aber auch, daß die Projektansätze zur Lösung dieses Problems verhältnismäßig einfach zu wiederholen sind, da die Ingenieure, Berater und Firmen aus den Industrieländern über genug Kenntnisse für das Brunnenbohren, Leitungslegen und Anschlüssebauen verfügen. Die Unterstützung aus den Industrieländern beim Umweltschutz kann somit in großem Umfang nur dort erfolgen, wo auch bereits umfangreiche Erfahrungen in den Industrieländern vorliegen.

Wie versucht die Bundesregierung, Umweltaspekte in die Entwicklungspolitik einzubeziehen?

Aufgabe 4

....
....
....
....
....
....
....
....
....
....
....
....
....
....

Das Umweltschutzprogramm der Vereinten Nationen (UNEP)

30.3.3.

Obwohl Umweltprobleme so alt sind wie die Menschheit selbst, wurden erst in den fünfziger Jahren dieses Jahrhunderts die ersten Schritte unternommen, den Umweltproblemen sowohl auf nationaler als auch auf internationaler Ebene institutionell entgegenzutreten. Einige Sonderorganisationen der Vereinten Nationen (VN) befaßten sich seit ihrer Gründung mit mehreren spezifischen Umweltproblemen, und ihre Leistungen wurden im Beschluß 2398 der Vollversammlung im Dezember 1968 gewürdigt. Darüber hinaus wurde in diesem Beschluß gefordert, daß die Vereinten Nationen in Zukunft sämtliche Aspekte des Umweltschutzes in ihren Tätigkeitsbereich einbeziehen sollten. Dieser Beschluß war von weitreichender Bedeutung; er führte zur Vorbereitung der Stockholm-Konferenz und damit zur Gründung von UNEP. Im Mai 1982 konnte UNEP auf eine zehnjährige Tätigkeit zurückblicken.

Analyse 3

In den sechziger und Anfang der siebziger Jahre wuchs in mehreren Ländern die Erkenntnis, daß internationale Zusammenarbeit erforderlich und zweckmäßig sei, um die Vielzahl der Umweltprobleme, die sich einer nationalen Umweltpolitik entziehen, erfolgreich eindämmen zu können. Als Beispiele sind hier unter anderem zu nennen: die dramatischen Ölverschmutzungen der Küsten und Meere, Verschmutzung internationaler Wasserstraßen und der säurehaltige Regen. Im Jahre 1968 wurde man sich folglich einig, daß ein umfassendes internationales Vorgehen notwendig sei. Die Vollversammlung der Vereinten Nationen schlug daraufhin die Vorbereitung einer Weltkonferenz über die menschliche Umwelt vor.

In den Jahren bis zur Stockholm-Konferenz im Jahre 1972 wurden Informationen über die weltweiten Umweltprobleme zusammengetragen. Vieles davon schlug sich im Konferenzbericht nieder und ist in den 26 Grundsätzen für nationale und internationale Maßnahmen enthalten. Die 109 Empfehlungen der Konferenz spiegeln im einzelnen die Breite der Umweltprobleme wider.

Als grundsätzliche Handlungsmaxime für UNEP gilt der Beschluß der Vollversammlung Nr. 2997, wonach das Umweltschutzprogramm der Vereinten Nationen „die Umwelt zum Nutzen für die gegenwärtige und künftige Generationen zu schützen und zu verbessern hat".

Der institutionelle Rahmen

Die Stockholm-Konferenz identifizierte eine Anzahl umweltpolitischer Zielsetzungen und bestimmte somit indirekt den Rahmen für ein internationales Umweltschutzprogramm. Das Ergebnis dieser Konferenz beinhaltete eine Deklaration und einen Aktionsplan, zusammen mit einem Beschluß über die finanziellen und institutionellen Rahmenbedingungen für das internationale Umweltschutzprogramm. Wenngleich UNEP demnach nur ein „Programm" darstellte, so ist es inzwischen längst eine „Organisation" geworden. Der Rahmen von UNEP sieht folgende Institutionen vor:

• Ein *„Governing Council"* aus Vertretern von 58 Regierungen nimmt die Aufgaben eines Aufsichtsrats wahr und berichtet jährlich der Vollversammlung durch den Wirtschafts- und Sozialrat über die Aktivitäten von UNEP. Das bedeutet, daß eigentlich die Staaten die allgemeinen Richtlinien und Schwerpunkte des Umweltschutzprogramms innerhalb der Vereinten Nationen bestimmen.

• Ein *„Environmental Secretariat"* (Umweltsekretariat) mit Sitz in Nairobi, Kenia, nimmt die von der Vollversammlung definierten Aufgaben und Funktionen wahr, indem es Umweltaktionen selbst ausführt und Programme innerhalb und außerhalb des VN-Systems koordiniert. Das Sekretariat steht unter der Leitung eines Exekutivdirektors. Im Dezember 1972 wurde M. F. STRONG, Kanada, von der Vollversammlung zum ersten Exekutivdirektor gewählt; seit 1975 übt Dr. M. K. TOLBA, Ägypten, diese Funktion aus. Insgesamt hat UNEP weniger als 200 Angestellte im höheren Dienst und ist damit eine kleinere Unterorganisation im VN-System. UNEP war das erste Hauptquartier einer VN-Organisation in einem Entwicklungsland.

• Schließlich wurde noch ein *„Environmental Fund"* (Umweltfonds) eingerichtet. Ein wesentlicher Unterschied zu anderen Unterorganisationen der Vereinten Nationen besteht in der Art der Finanzierung. Im allgemeinen Haushalt ist UNEP nur mit einer beschränkten Anzahl Posten im höheren Dienst veranschlagt, während der weitaus größere Kostenanteil, einschließlich weiterer Posten, aus Mitteln des Umweltfonds getragen wird. Der Fonds wird aus freiwilligen Beiträgen der Regierungen gespeist und vom UNEP-Sekretariat verwaltet. Für das Jahr 1981 betrug der Fonds ungefähr 31 Mill. $, wobei die USA mit knapp 10 Mill. $ der größte Spender und die Bundesrepublik Deutschland mit knapp 2 Mill. $ der drittgrößte Spender, nach Japan, sind.

• Ferner unterhält UNEP *Regionalbüros* in Beirut, Bangkok, Mexiko-Stadt, Nairobi und Verbindungsbüros in Genf, New York und Paris.

Das Umweltschutzprogramm

Aus den 109 Empfehlungen der Stockholm-Konferenz leitete UNEP sechs Schwerpunkte für den Umweltschutz ab:

• *Siedlungsformen und Umwelt:* In diesem Bereich wird die Wechselwirkung zwischen Siedlungsformen und den ökologischen Systemen mit dem Ziel untersucht, die Umweltschäden zu vermeiden und/oder zu minimieren, indem Boden-, Vegetations- und Wasserressourcen geschützt werden. Das erfordert den Einsatz geeigneter Technologien für die Abfallwirtschaft, Wiederverwendung und Abfallablagerungen. Gesundheitsschäden werden ebenfalls durch den raschen Verstädterungsprozeß, besonders in den Entwicklungsländern, ausgelöst, wobei Unterernährung und ansteckende Krankheiten aufgrund mangelnder sanitärer Anlagen zu den wichtigsten Problemen gehören.

- *Landbezogene Ökosysteme:* Dieser sehr breit gefaßte Bereich schließt die umfassenden Ökosysteme und natürlichen Ressourcen der Erdoberfläche ein und ist in Untergruppen aufgeteilt: trockene und halb-trockene Landschaften; tropische Wälder, Gebirge, Inseln und Küstengebiete; und schließlich Schutz genetischer Ressourcen, Tierleben und einmalige Naturgebiete.

- *Umwelt und Entwicklung:* Erhaltung der Umweltqualität und rasche wirtschaftliche Entwicklung werden häufig als Zielkonflikte verstanden. UNEP ist bemüht, eine umweltkonforme Entwicklungspolitik zu unterstützen und schlägt daher einen integrierten Planungsansatz vor, der unter anderem die Förderung alternativer Entwicklungsformen und Lebensarten, die Unterstützung umweltfreundlicher Technologien und die Aufstellung von Normen für rationalen Verbrauch natürlicher Ressourcen einschließt.

- *Meere:* Dieser Bereich umfaßt Aktivitäten zum Schutz gegen Wasserverschmutzung der Meere und zur Erhaltung der maritimen Ökosysteme. Im einzelnen sehen die Aktivitäten unter anderem vor: Schutz der Lebensräume für maritime Lebewesen, Erhaltung der Fischbestände, Verminderung der Wasserverschmutzung (insbesondere in den biologisch produktiven Küsten- und Flußmündungsgebieten) und Abschlüsse internationaler Abkommen (wie zum Beispiel das Nordseeabkommen und der Mittelmeerplan).

- *Energie:* Die Programme in diesem Bereich konzentrieren sich auf die Umwelteinwirkungen von Produktion, Transport und Verbrauch verschiedener Energieressourcen und befassen sich mit der Entwicklung erneuerbarer Energiequellen in ländlichen Gebieten, um insbesondere den Entwicklungsländern zu helfen. Modellprojekte, wie das *Rural Energy Centre* in Sri Lanka für Energiegewinnung aus Sonnen- und Windressourcen und Biogas, werden von UNEP gefördert und unterstützt.

- *Naturkatastrophen:* Extreme Naturphänomene mit plötzlichem Eintritt, wie tropische Zyklone, Flutwellen und Erdbeben, können verheerende ökologische, physikalische und sozio-ökonomische Schäden mit großen geographischen Auswirkungen verursachen. UNEP-Aktivitäten in diesem Bereich beschränken sich im wesentlichen auf ein weltweites Frühwarnsystem in Zusammenarbeit mit anderen VN-Organisationen.

Die Umweltprobleme in den von UNEP gewählten Schwerpunkten sind so umfassend und vielschichtig, daß eine so kleine Organisation sie allein nicht bewältigen kann. UNEP hat folglich eine komplementäre und koordinierende Rolle innerhalb des VN-Systems. Auf internationaler Ebene wiederholt sich hier, was wir bereits als den „Querschnittscharakter" der Umweltpolitik kennengelernt haben (vgl. STE 28).

Die funktionellen Aufgaben

Zur Durchsetzung des Umweltschutzprogramms hat UNEP seine funktionellen Aufgaben in drei Bereiche eingeteilt:

- *Umweltauswertung:* bezieht sich auf Sammeln, Zusammenstellen und Interpretieren der Daten, die den Zustand und Trend der Umwelt beschreiben und bewerten. Zu diesem Zweck hat UNEP ein weltweites Meldesystem eingerichtet *(Global Environmental Monitoring System, GEMS),* um die erforderlichen Umweltdaten zu erfassen. Gegenwärtig koordiniert GEMS in Zusammenarbeit mit anderen VN-Organisationen Aktivitäten, die sich auf die Auswertung der Daten gesundheitsgefährdender Entwicklungen, klimatischer Veränderungen, Zustände der Meere und der erneuerbaren natürlichen Ressourcen beziehen.

- *Umweltmanagement:* versucht die menschlichen Aktivitäten und Bedürfnisse mit der Umwelt und der Ressourcenverfügbarkeit in Einklang zu bringen. UNEP unterstützt folglich die Entwicklung von Konzepten und Methoden, die zu einer umweltkonformen Sozial- und Wirtschaftspolitik führen, indem UNEP die Verfeinerung und die Anwendung der Instrumente des Umweltmanagements fördert, nämlich Umweltverträglichkeitsstudien, ökonomische Konzepte (Kosten-Nutzen-Analyse) und Umweltrecht.

- *Unterstützende Maßnahmen:* sind darauf gerichtet, durch Ausbildung, Erziehung, technische Hilfe und Information das erforderliche Umweltschutzbewußtsein, insbesondere in Entwicklungsländern, zu wecken und zu stärken.

Erfolge und Defizite

Die Erfolge von UNEP im Verlaufe der letzten zehn Jahre lassen sich nur schwer abschätzen. Mit Gewißheit hat UNEP dazu beigetragen, weltweit Umweltbewußtsein zu schaffen und zu erhalten, und neue Umweltschutzprogramme auf internationaler, regionaler und nationaler Ebene anzuregen, bestehende voranzutreiben und auszuweiten.

Die UNEP-Tätigkeit leidet nicht nur an den typischen VN-Problemen einer schwerfälligen und multikulturellen Bürokratie, sondern ist auch zusätzlich mit anderen Problemen konfrontiert. UNEP kann seine koordinierende und katalytische Funktion nur in Zusammenarbeit mit den übrigen VN-Organisationen ausüben, jedoch steht Ressortegoismus dem, wenn auch im abnehmenden Maße, im Wege. Ferner hat der Umweltfonds besondere Schwierigkeiten. Die freiwilligen Beiträge sind im Zeitablauf nicht gewachsen, sondern, in realer Kaufkraft gemessen, sogar gesunken. Das Finanzierungsproblem wird noch zusätzlich dadurch kompliziert, daß viele Entwicklungsländer und die meisten sozialistischen Länder ihre Beiträge nicht oder nur zum Teil in umtauschbarer Währung leisten und folglich die Flexibilität des Programms einschränken.

Ob UNEP langfristig die Erwartungen erfüllen kann, hängt sowohl von der Qualität seiner Programme und Projekte als auch von der kritischen Unterstützung der Mitgliedstaaten ab.

Aufgabe 5 Welche Probleme erschweren die Arbeit von UNEP?

Schlußbetrachtung 30.4.

Zusammenfassung

Von Luft- und Wasserverschmutzung, von Zersiedlung und Naturschutz, von Kraftwerken und von Landbaumethoden war in den zurückliegenden Studieneinheiten dieses Werkes immer wieder eindringlich und nachhaltig die Rede; Landschaftsverbrauch und Schadstoffeintrag – das sind, auf einen abstrakten Nenner gebracht, unsere großen Umweltprobleme. Wir haben sie erkannt, aber wir kennen sie noch nicht in allen Einzelheiten. Wir wissen auch, daß die unterentwickelten Länder mit vielleicht noch bedrohlicheren Umweltproblemen konfrontiert sind als wir selbst. Und wir wissen, daß wegen der ökologischen und ökonomischen Wechselwirkungen zwischen den Regionen und Nationen der Erde von fast keinem Umweltproblem behauptet werden kann: „Das geht uns nichts an." Wir wissen schließlich auch, daß viele Umweltprobleme sich in Zukunft verschärfen und neue hinzukommen werden, wenn die gegenwärtigen Entwicklungstrends sich fortsetzen. „Il faut avoir l'avenir dans l'esprit", sagte der französische Staatsmann TALLEYRAND bereits vor mehr als 150 Jahren beim Wiener Kongreß. Man muß aber *die Zukunft nicht nur im Geist haben*, so ist dieser immerzu gültigen Formel hinzuzufügen. Das zukunftsbezogene Denken muß vielmehr auch unser Handeln bestimmen. Wenn uns aber so gut wie alles angeht, was können wir dann tun, um die Probleme zu lösen, um zumindest ihrer Verschärfung in Zukunft vorzubeugen? Um die Antwort vorwegzunehmen: Den „großen Entwurf" für eine umweltverträgliche Wirtschaftsweise gibt es noch nicht. Wir werden uns mit kleinen Schritten zufriedengeben müssen.

Was kann – vor diesem Hintergrund – der einzelne tun? Was kann der Staat tun? Sogenannte „Umwelttips" gibt es zuhauf: „Jeder einzelne Bürger kann durch sein Verhalten als Verbraucher auf das Ausmaß der Umweltverschmutzung Einfluß nehmen", heißt es beispielsweise in einem Nachschlagewerk zur Umweltproblematik.[35] Welche umweltschonenden Verhaltensweisen werden uns da angeboten? Eine kleine Auswahl:

– Wähle helle Farben für die Decke und Wände der Wohnräume; das spart künstliches Licht.
– Wenn du dich duschst statt zu baden, verbrauchst du fünfmal weniger Wasser.
– Benutze keine Wegwerfbecher...
– Wähle für längere Reisestrecken die Eisenbahn.
– Hänge in deinem Garten, wenn möglich, Nistkästen auf.

Seien wir ehrlich: Daran zu glauben, daß durch derartige Verhaltensweisen die uns bedrohenden Umweltprobleme gelöst werden können, fällt schon außerordentlich schwer: Was tragen meine hell angestrichenen Wände zur Energieeinsparung und damit zur Umweltentlastung bei? So gut wie nichts. Und was nützt der Nistkasten im Garten, wenn gleichzeitig hektarweise Natur zubetoniert wird? Wer manipuliert schon sein Wasserklosett, nur um ein paar lumpige Liter Wasser zu sparen? Und was erst nützt es den Hungernden in der Sahelzone, wenn wir auf unser Schnitzel verzichten? Wir müßten schon Idealisten sein, wollten wir uns umweltfreundlich verhalten. Oder, anders ausgedrückt: Wir verhalten uns rational, wenn wir uns nicht um die Umwelt scheren.

Wir kennen auch den Grund, warum dies – leider – so ist: Der Beitrag jedes einzelnen Bürgers zur Umweltverschmutzung ist so gering, daß er durch Verhaltensänderung die Umwelt auch nur unmerklich entlasten würde. Und warum soll man Gewohnheiten ändern, wenn das angestrebte Ziel doch unerreichbar bleibt? Das führt schließlich dazu, daß viele zwar die Umwelt schützen *wollen*, nur wenige es aber auch tun. Was der einzelne vermag, „bringt's nicht" – wie man heute sagt.

---
35 Wie funktioniert das? Die Umwelt des Menschen. München u. a. 1975, S. 36.

Diese „free-rider-Position", diese „Trittbrettfahrer-Haltung" ist – aus der Perspektive der einzelnen – rational: Ein einzelner Trittbrettfahrer bringt die Straßenbahn tatsächlich nicht zum Entgleisen; viele Trittbrettfahrer können freilich das Gleichgewicht und die Fahrtüchtigkeit gefährlich beeinträchtigen. Genau dies trifft für die Umweltproblematik zu: die vielen kleinen Tropfen Öl, die beim Autowaschen in die Kanalisation laufen, die vielen „Naturfreunde", die auf fotografischer Jagd nach seltenen Tieren durch Naturschutzgebiete pirschen, die vielen Wegwerfbecher – sie addieren sich zu Umweltproblemen. Was für den einzelnen rational ist, kann für die Gemeinschaft irrational sein – ein Phänomen, das in den Sozialwissenschaften schon lange bekannt ist. Genau diese Konstellation liegt auch beim „freiwilligen" Umweltschutz vor.

Die Umweltpolitik hat hier die Aufgabe, diese „free-rider-Haltung" zu verändern. Zwar wird dies kurzfristig und schlagartig nicht möglich sein; ein langer Erziehungs- und Bildungsprozeß ist erforderlich. Der Versuch, dadurch Umweltprobleme zu mildern, lohnt trotzdem. Und: Handlungsmöglichkeiten gibt es genug. Zum Beispiel für den Konsumenten, der durch getrennte Abfallsammlung (Glascontainer) einen Beitrag zur Lösung der Ressourcenproblematik leisten kann, für den Landwirt, der weitreichende Möglichkeiten zur Umweltpflege hat, aber auch für den Vorstandsvorsitzenden oder den Betriebsingenieur eines Industriebetriebes.

Der Bildungs- und Erziehungsaspekt der Umweltpolitik geht jedoch darüber hinaus: Umweltpolitische Entscheidungen sind Optimierungs-, nicht Maximierungsentscheidungen. Kompromisse müssen gefunden werden. Ist sozusagen das „kleinste Übel" gefunden, so gilt es, dieses auch durchzusetzen. Meist wird es dabei auch Gruppen von Bürgern geben, die negativ betroffen sind; dennoch müssen sie diese Entscheidungen akzeptieren, wenn dadurch anderswo größere Schäden verhindert werden. Bürgerprotest nach dem „Sankt-Florians-Prinzip" wird immer dazu führen, daß der Umweltschutz auf der Strecke bleibt.

Der Hinweis auf die „free-rider"-Problematik macht deutlich, daß Umweltpolitik auch in Form der Setzung äußerer Handlungsbedingungen notwendig bleibt. Zweifellos verfügt die Bundesrepublik Deutschland bereits heute über ein gutes umweltrechtliches Instrumentarium – verglichen mit dem mancher Nachbarländer. Zu wünschen übrig läßt freilich oft der Vollzug dieses Instrumentariums. Allzuoft befinden sich die Vollzugsbehörden in Zielkonflikten, ist ihre finanzielle, personelle und sachliche Ausstattung unzureichend. Die Folge sind die bekannten Vollzugsdefizite.

Umweltpolitik wird vor allem vom Parlament und der Regierung „gemacht". Sie müssen für Umweltschutz sorgen, wenn sie wiedergewählt werden wollen, denn: Die Bürger wollen ja eine einigermaßen intakte Umwelt. Freilich sind die Zusammenhänge ganz so einfach nicht. Denn neben dem Ziel der Erhaltung der „natürlichen Faktoren" gibt es andere gesellschaftspolitische Ziele. Und bei kurzfristiger Betrachtung können sich beispielsweise zwischen den „ökonomischen" Zielen im engeren Sinne und den ökologischen Zielen handfeste Konflikte ergeben: Umweltverträglichkeitsprüfungen sollen hier weiterhelfen. Diese Prüfungen sind allerdings nicht unproblematisch. Denn es ist im Einzelfall schwer zu entscheiden, was noch umweltverträglich, was dagegen unerträglich ist. Besonders schwierig wird diese Entscheidung dann, wenn die von einem Projekt ausgehenden Wirkungen heute noch gar nicht bekannt sind. Hier müßte eigentlich das Vorsorgeprinzip greifen. Vorsorgeprinzip würde beispielsweise heißen, daß solche Umweltchemikalien, die in der Natur nicht abgebaut werden, soweit wie möglich von einem Eintrag in die Umwelt ausgeschlossen werden. Nur wenn man das Vorsorgeprinzip in die Umweltverträglichkeitsprüfung einbezieht, kann man heute eigentlich mit gutem Gewissen noch von einer solchen Prüfung sprechen.

In der Bundesrepublik Deutschland gehört das Vorsorgeprinzip von Anbeginn zu den Grundprinzipien der Umweltpolitik. Freilich sind die Konflikte bei seiner Handhabung vorprogrammiert: Der potentielle, kurzfristig realisierbare „ökonomische" Nutzen kann mehr oder weniger genau in Mark und Pfennig beziffert werden, die vielleicht anfallenden Umweltprobleme jedoch sind unsicher und entstehen oft erst in ferner Zukunft – auf jeden Fall erst nach der nächsten Wahl. Dieser meist vorherrschende kurzfristige Planungshorizont arbeitet gegen die Umweltpolitik. Beziehen wir in die Betrachtung die internationale Perspektive ein: Da sehen sich plötzlich die wohlhabenden Länder aufgefordert, zur Lösung der Probleme in den armen Ländern beizutragen. Hier wiederholt sich nun auf höherer Ebene, was zuvor für das innerstaatliche Verhältnis beschrieben worden ist. Welchen Anteil hat schon die Bundesrepublik Deutschland an der Waldzerstörung in den Tropen? Hat sie überhaupt einen? Und was könnten die Bundesrepublik oder Frankreich oder England schon dazu beitragen, die Prozesse der Umweltzerstörung in der südlichen Hemisphäre aufzuhalten?

Gewiß könnte jeder einzelne nur wenig tun. Zu groß scheinen die Probleme, zu gering der potentielle Lösungsbeitrag jeder einzelnen Nation. Besonders in Zeiten wirtschaftlicher Schwierigkeiten deswegen innenpolitische Konflikte, Konflikte um die Verteilung von Geldmitteln, heraufzubeschwören, erscheint politisch unklug. Publikumswirksam ist so etwas ohnehin nicht. Kein Wunder, daß Entwicklungshilfeleistungen gerade jetzt weltweit unter Druck geraten. Der Bürger habe dafür – gerade jetzt – kein Verständnis, heißt es.

Die Konsequenz jedoch liegt auf der Hand: Wenn dadurch und durch andere weltwirtschaftliche Prozesse die armen Länder noch ärmer werden, werden sie auch mit ihrer Umwelt noch rücksichtsloser umgehen. Es gehört nicht viel Phantasie dazu, sich auszumalen, daß die Folgen mehr sein werden als nur ausgedorrte Erde oder vernichtete Tier- und Pflanzenarten. Die Kreise schließen sich – so oder so.
Was ist zu tun? Das „free-rider"-Verhalten ist abzubauen – im nationalen wie im internationalen Maßstab. Das ist so schwer, weil es menschlicher Vernunft zuwiderzulaufen scheint. Wenn dies dem vorliegenden Werk jedenfalls in Ansätzen gelungen wäre, hätte es einen Beitrag nicht nur zum Verständnis, sondern auch zur Lösung von Umweltproblemen geleistet.

Anhang

Die Herausgeber/Die Autoren 471
Aufgabenlösungen 480
Bibliographie 496
Gesamt-Verzeichnis der Personennamen 530
Gesamt-Glossar/Gesamt-Index der Fachausdrücke 535

Die Herausgeber

HARTMUT BICK (54), Studium der Zoologie, Botanik, Bodenkunde und Chemie. 1957 Promotion, 1964 Habilitation im Fach Zoologie. Seit 1972 o. Prof. für Landwirtschaftliche Zoologie in Bonn. 1962 und 1966 Beratertätigkeit bei der Weltgesundheitsorganisation (WHO). 1972–81 Mitglied des Rates von Sachverständigen für Umweltfragen, 1978–81 Vorsitzender dieses Gremiums. Vorsitzender des Naturhistorischen Vereins der Rheinlande und Westfalens. Wissenschaftliche Arbeiten aus den Bereichen Gewässerökologie, Abwasserbiologie und Bioindikatoren.

KARL HEINRICH HANSMEYER (55), Studium der Volks- und Betriebswirtschaftslehre 1950–54, Promotion 1956 und Habilitation 1961 in Köln. 1964 Ordinarius in Mainz, seit 1967 in Köln. Direktor des Seminars für Finanzwissenschaft und des Finanzwissenschaftlichen Forschungsinstituts an der Universität zu Köln. – Von 1972 bis Frühjahr 1981 Mitglied beim Rat von Sachverständigen für Umweltfragen, von 1972–78 Vorsitzender dieses Gremiums. – Hauptarbeitsbereiche: Finanzwissenschaft, Geldpolitik, Kommunalwissenschaften, Regionalpolitik, Umweltökonomie.

GERHARD OLSCHOWY (69), Studium von Landschaftsgestaltung, Städtebau und Landespflege. 1949 Dipl.-Ing., 1955 Dr. rer. hort. Referent für Landschaftspflege im Bundesministerium für Ernährung, Landwirtschaft und Forsten. 1964–78 als „Ltd. Direktor und Professor" Leiter der Bundesforschungsanstalt für Naturschutz und Landschaftsökologie in Bonn-Bad Godesberg. Seit 1958 Lehrbeauftragter für Landschaftspflege an der Universität Bonn, 1971 Honorarprofessor. Geschäftsführendes Vorstandsmitglied des unter der Schirmherrschaft des Bundespräsidenten stehenden Deutschen Rates für Landespflege.

PETER SCHMOOCK (49), Studium der Germanistik, Anglistik, Erziehungswissenschaft an den Universitäten Kiel und Hamburg. Promotion 1965. Lektor an der Universität Delhi (Indien) (1966–68). Referent für Erziehungswesen der Deutschen UNESCO-Kommission, Köln (1968–71).
Stellvertretender Hauptbereichsleiter „Funkkollegs/Zeitungskollegs" und Koordinator der Funkkollegs am Deutschen Institut für Fernstudien an der Universität Tübingen. – Veröffentlichungen zu internationalen Bildungsfragen und mediendidaktischen Vermittlungsproblemen.

Die Autoren

> VII. LANDBAU

Federführender Autor: Hartmut Bick

Abriß der Geschichte des Landbaus und seiner ökologischen Auswirkungen in Mitteleuropa

16 Konventioneller Landbau

    HARTMUT BICK: Zur Vita vgl. oben unter „Die Herausgeber".

17 Alternativer Landbau

    HARTMUT BICK: Zur Vita vgl. oben unter „Die Herausgeber".

18 Gesunde Lebensmittel

    HARTMUT BICK: Zur Vita vgl. oben unter „Die Herausgeber".

> VIII. ENERGIE

Federführender Autor: Karl Heinrich Hansmeyer

19 Traditionelle Energieträger

19.1., 19.3.3., 19.5.	KARL HEINRICH HANSMEYER: Zur Vita vgl. oben unter „Die Herausgeber".
19.2.	GERHARD VOLLMER, Prof. Dr. rer. nat., Dr. phil. (40), studierte Mathematik, Physik, Chemie und Philosophie in München, Berlin, Freiburg, Montreal. Diplom und 1971 Promotion in theoretischer Physik über Umkehrprobleme der Streutheorie, 1974 Promotion in Philosophie. Lehrte ab 1975 Logik, Erkenntnis- und Wissenschaftstheorie, Naturphilosophie an der Technischen Universität Hannover. Seit 1981 Professor für Biophilosophie am Zentrum für Philosophie der Universität Gießen. – *Veröffentlichungen* zur evolutionären Erkenntnistheorie.
19.3.1. 19.3.2.	FRIEDRICH-WILHELM HENNING (52), Studium der Geschichte, der Landwirtschaft, der Wirtschaftswissenschaft und der Rechtswissenschaft in Göttingen; Dr. rer. pol., Dr. jur., Dipl.-Landw.; Habilitation für Wirtschafts- und Sozialgeschichte in Göttingen; o. Prof. für Wirtschafts- und Sozialgeschichte an der Universität zu Köln. – *Forschungsschwerpunkte:* Geschichte der Industrialisierung, des öffentlichen Finanzwesens und der Agrarproduktion. Zahlreiche Veröffentlichungen, vor allem zur Industrialisierungsgeschichte und zur Agrargeschichte.
19.4.1.	JÜRGEN PETER SCHÖDEL (46), Dr. rer. nat., Dipl.-Phys., Studium in Göttingen, 1966–75 wiss. Mitarbeiter am Max-Planck-Institut für Aeronomie in Lindau/Harz, 1968–69 Forschungsassistent an der Universität Oulu (Finnland), 1975–78 Entwicklungsarbeiten auf dem Gebiet der Petrochemie im Ingenieurbüro Kinetics-Technology-International in Den Haag, seit 1978 wiss. Mitarbeiter des Rates von Sachverständigen für Umweltfragen.
19.4.2.	FRITZ VORHOLZ (31), Studium der Volkswirtschaftslehre und Soziologie an der Universität zu Köln, seit 1979 wissenschaftlicher Mitarbeiter am Finanzwissenschaftlichen Forschungsinstitut an der Universität zu Köln. Promotion 1983. – *Arbeitsschwerpunkte:* Umweltökonomie.

DIETRICH VON BORRIES (46), Studium der Physik, 1965 Diplom, 1965–1972 wiss. Assistent, 1971 Promotion. Seit 1972 wiss. Mitarbeiter und stellv. Geschäftsführer des Rates von Sachverständigen für Umweltfragen, Koordinator des „Umweltgutachtens 1978" und des Sondergutachtens „Energie und Umwelt". Seit 1. 10. 1981 abgeordnet an das Umweltreferat des Bundesministeriums für Forschung und Technologie. Wissenschaftliche Arbeiten zu Energiefragen und Umweltindizes.   19.4.3.

20 Energiebilanz

GERHARD VOLLMER: Zur Vita vgl. Autorenliste zu STE 19.   20.1.

DIETER SCHMITT (45), Studium der Volkswirtschaftslehre (Wahlfach Energiewirtschaft), Dipl.-Volksw. 1965, Promotion 1970, Akadem. Oberrat 1977; seit 1970 Geschäftsführung des Energiewirtschaftlichen Instituts der Universität zu Köln. Veröffentlichungen zu energiewirtschaftlichen und -politischen Problemen; Mitarbeit an internationalen Energiestudien, Beratertätigkeit für mehrere Ministerien.   20.2. 20.3.2. 20.3.3.

FRIEDRICH-WILHELM HENNING: Zur Vita vgl. Autorenliste zu STE 19.   20.3.1.

HANS K. SCHNEIDER (63), von 1944–46 Studium der Volkswirtschaftslehre in Köln, München und Marburg. 1948 Dr. rer. pol., Assistent an der Universität zu Köln, 1958 Habilitation. 1958–59 im Bundesministerium für Wirtschaft. 1963–70 Ordinarius für Volkswirtschaftslehre an der Universität Münster, seit 1970 Ordinarius für Volkswirtschaftslehre an der Universität zu Köln und geschäftsführender Direktor des Staatswissenschaftlichen Seminars sowie zugleich Direktor des Energiewirtschaftlichen Instituts. 1970–72 stellv. Vorsitzender der Sachverständigen-Kommission zur Neugliederung des Bundesgebietes; Mitglied der Akademie für Raumforschung; 1971–74 Vorsitzender der Gesellschaft für Wirtschafts- und Sozialwissenschaften – Verein für Socialpolitik –; 1973–75 High Level Consultant für das LONG TERM ENERGY ASSESSMENT der OECD, Paris; 1977–80 Vorsitzender des Wissenschaftlichen Beirats beim Bundesministerium für Wirtschaft; Vorsitzender des Energie-Beirats der Landesregierung Nordrhein-Westfalen; Verwaltungsratsvorsitzender des Rheinisch-Westfälischen Instituts für Wirtschaftsforschung, Essen; Mitglied der Bundestags-Enquetekommission „Zukünftige Kernenergie-Politik". – *Hauptarbeitsgebiete:* Theorie der Wirtschaftspolitik, sektorale Wirtschaftspolitik, insbesondere Energiewirtschaftslehre.   20.3.4.

21 Kernenergie

GERHARD VOLLMER: Zur Vita vgl. Autorenliste zu STE 19.   21.1.

RUDOLF SCHULTEN (60), nach Studium der Physik/Mathematik Promotion bei HEISENBERG über Kernphysik; 1953–56 am Max-Planck-Institut in Göttingen; seit 1964 Lehrstuhl für Reaktortechnik der Technischen Hochschule Aachen und Direktor des Instituts für Reaktorentwicklung an der Kernforschungsanlage Jülich. Seit Anfang 1981 Mitglied der Reaktor-Sicherheitskommission. – *Hauptarbeitsgebiete:* Entwicklung des Hochtemperaturreaktors sowie dessen Anwendung auf den Gebieten der nuklearen Kohlevergasung und -verflüssigung sowie der Fernenergie und der Herstellung von Wasserstoff.   21.2.

KARL HEINRICH HANSMEYER: Zur Vita vgl. oben unter „Die Herausgeber".   21.3.1.

HANS WILLI THOENES (60), Dr. rer. nat., Dipl.-Chem. und Dipl.-Ing., Studium an der TH Aachen; seit 1974 Honorarprofessor. Seit 1957 verschiedene Führungsaufgaben beim Rheinisch-Westfälischen TÜV, Essen, ab 1978 als Geschäftsführer. Mitglied mehrerer technisch-wissenschaftlicher Institutionen. Veröffentlichungen auf den Gebieten der Technischen Sicherheit und des Umweltschutzes.   21.3.2. 21.3.3.

KARL AURAND (60), Studium der Medizin und Biophysik, 1949 Promotion an der Universität Frankfurt/Main, 1966 Habilitation an der FU Berlin. 1947–57 Mitarbeiter am Max-Planck-Institut für Biophysik in Frankfurt/Main, 1957 bis heute am Institut für Wasser-, Boden- und Lufthygiene des Bundesgesundheitsamtes in Berlin, seit 1975 dessen Leiter. Mitglied in der Strahlenschutzkommission beim Bundesministerium des Innern. Wissenschaftliche Arbeiten auf dem Gebiet des Strahlenschutzes und der Umwelthygiene.   21.4.1.

21.4.2.	KURT SCHMITZ (36), Studium der Elektrotechnik, Wirtschaftswissenschaftliches Aufbaustudium. 1978 Promotion zum Dr.-Ing. Seit 1974 wissenschaftlicher Mitarbeiter in der Programmgruppe Systemforschung und Technologische Entwicklung der Kernforschungsanlage Jülich GmbH. Seit 1980 stellvertretender Leiter der Programmgruppe. Wissenschaftliche Arbeiten aus den Bereichen energiewirtschaftliche Planungsmethoden, Energienachfrage und Energieversorgung.
21.4.3.	PETER C. MAYER-TASCH (45), Studium der Rechtswissenschaften sowie der Geschichte, Philosophie, Politikwissenschaft. Dr. jur. 1965, Habilitation 1971 für öffentliches Recht, Rechtsphilosophie, Politikwissenschaft, seit 1971 Professor für Politikwissenschaft und Rechtstheorie an der Universität München, seit 1975 auch an der Münchner Hochschule für Politik. Mitglied der Kuratorien des Öko-Instituts (Freiburg) und der E.-F. Schumacher-Gesellschaft für Politische Ökologie (München). – Zahlreiche Veröffentlichungen zu rechtsphilosophischen und verfassungsrechtlichen Problemen, vor allem auch im Zusammenhang mit ökologischen Fragen, u. a. „Energiepolitik ohne Basis" (Frankfurt 1980), „Ökologie und Grundgesetz" (Frankfurt 1980).
21.4.4.	CONSTANZE EISENBART (54), Studium der Geschichte. 1956 Promotion. Seit 1958 Assistentin von Georg PICHT, Leiter der Forschungsstätte der Evangelischen Studiengemeinschaft (FEST) in Heidelberg; seit 1965 wissenschaftliche Referentin an der FEST, Mitarbeit in mehreren Beiräten zur Bildungspolitik und in der Kommission zur Erarbeitung des Gutachtens über die „Organisation der wissenschaftlichen Beratung der Bundesregierung in Umweltfragen". Langjähriges Mitglied der Umweltkonsultation des Leiterkreises der Evangelischen Akademien. Verschiedene Veröffentlichungen u. a. zu Energiepolitik und Fragen der Weiterverbreitung von kerntechnischen Anlagen und Kernwaffen.

22 Umweltbelastungen durch Energieumwandlungen

22.1.	KARL HEINRICH HANSMEYER: Zur Vita vgl. oben unter „Die Herausgeber".
22.2.	HEINZ FORTAK (57), Studium der Geophysik. 1955 Promotion, 1959 Habilitation. Seit 1962 o. Prof. für Theoretische Meteorologie an der Freien Universität Berlin. 1973–76 Direktor, Institut für Physik der Atmosphäre der Deutschen Forschungs- und Versuchsanstalt für Luft- und Raumfahrt. Wissenschaftliche Arbeiten über theoretische Hydrodynamik, Umweltschutz (Luftreinhaltung) und über Flugmeteorologie.
22.3.1. 22.3.1.1.	HERBERT KNÖPP (57), Studium der Naturwissenschaften. 1951 Dipl.-Biol. und Promotion. 1951/53 Assistent am Zoologischen Institut der Universität Gießen. Ab 1953 zuerst Referent, dann Leiter der naturwissenschaftlichen Abteilung und seit 1973 Präsident der Bundesanstalt für Gewässerkunde in Koblenz. Zahlreiche wissenschaftliche Veröffentlichungen zu Themen aus Limnologie, Fischereibiologie und Gewässerschutz.
22.3.1.2.	FRANZJOSEF SCHAFHAUSEN (36), Studium der Wirtschaftswissenschaften, wissenschaftlicher Mitarbeiter am Finanzwissenschaftlichen Forschungsinstitut an der Universität zu Köln, Arbeitsschwerpunkt „Umweltökonomie".
22.3.2.	KARL HEINZ LINDACKERS (51), Studium der Physik, 1970 Promotion. 1972 Lehrauftrag an der RWTH Aachen über „Umweltbelastung durch Energieumwandlung", 1979 Honorarprofessor. Seit 1959 beim TÜV Rheinland, heute stellvertretender Vorsitzender der Geschäftsführung, verantwortlich für die Bereiche „Kerntechnik", „Energietechnik" und „Umweltschutz". Wissenschaftliche Arbeiten aus den Bereichen „Sicherheit und Strahlenschutz kerntechnischer Anlagen", „Umweltschutz".
22.3.3.	JÜRGEN PETER SCHÖDEL: Zur Vita vgl. Autorenliste zu STE 19.

23 Rationelle Energienutzung und neue Energiequellen

23.1, 23.5.	KARL HEINRICH HANSMEYER: Zur Vita vgl. oben unter „Die Herausgeber".
23.2., 23.3.2.	DIETRICH VON BORRIES: Zur Vita vgl. Autorenliste zu STE 19.

KLAUS MICHAEL MEYER-ABICH (48), seit 1972 o. Professor für Naturphilosophie und seit 1974 Sprecher der interdisziplinären Arbeitsgruppe Umwelt, Gesellschaft, Energie (AUGE) der Universität Essen. Diplomphysiker und Doktor der Philosophie. 1964–1969 Mitarbeiter von C. F. von Weizsäcker an der Universität Hamburg, 1970–1972 am Max-Planck-Institut zur Erforschung der Lebensbedingungen der wissenschaftlich-technischen Welt in Starnberg. Seit 1979 Mitglied der Enquête-Kommission „Zukünftige Kernenergie-Politik" des Deutschen Bundestags. – *Neuere Veröffentlichungen:* Energieeinsparung als neue Energiequelle – wirtschaftspolitische Möglichkeiten und alternative Technologien; Was braucht der Mensch, um glücklich zu sein? – Bedürfnisforschung und Konsumkritik; Frieden mit der Natur; Handlungsspielräume der Energiepolitik (mit U. STEGER); Wie möchten wir in Zukunft leben? – Der „harte" und der „sanfte" Weg (mit B. SCHEFOLD). — 23.3.1.

GERHARD VOLLMER: Zur Vita vgl. Autorenliste zu STE 19. — Exkurs, S. 228f.

EDUARD GEISLER (41), Dr. rer. soc., Diplom-Psychologe. Nach Beendigung des Studiums wissenschaftlicher Mitarbeiter im Sonderforschungsbereich 64 der Deutschen Forschungsgemeinschaft am Institut für Grundlagen der modernen Architektur und Entwerfen der Universität Stuttgart; Arbeitsgebiet war schwerpunktmäßig Architektur- und Umweltpsychologie. Von 1979 bis 1981 wissenschaftlicher Mitarbeiter des Rates von Sachverständigen für Umweltfragen (Hauptarbeitsgebiet: Psychologische Aspekte des Energiesparens) und Sekretär des Vorsitzenden des Ausschusses für Umweltforschung der Deutschen Forschungsgemeinschaft (Hauptarbeitsgebiet: Koordination, „Umwelt und Gesellschaft"). Lehrbeauftragter an den Universitäten Tübingen und Stuttgart. Publikationen insbesondere auf dem Gebiet der „Umweltpsychologie". — 23.3.3.

HEINRICH WALDEYER (49), Studium des Maschinenbaus, Fachrichtung Wärme-, Kraft- und Arbeitsmaschinen an der Rheinisch-Westfälischen Technischen Hochschule Aachen, 1970 Promotion zum Dr.-Ing., seit 1971 beim TÜV Rheinland. Leiter der Zentralabteilung „Verkehrs- und Transporttechnik". — 23.4.

IX. NATURSCHUTZ UND LANDSCHAFTSPFLEGE

Federführender Autor: Gerhard Olschowy

24 Artenschutz und Biotopschutz

GERHARD OLSCHOWY: Zur Vita vgl. oben unter „Die Herausgeber". — 24,1., 24.2.1., 24.5.

BERNDT HEYDEMANN (64), Studium der Zoologie, Botanik und Mikrobiologie, Promotion 1953, Habilitation 1964, Professor für Zoologie an der Universität Kiel 1970. Aufbau einer Abteilung „Küstenforschung" am Zoologischen Institut der Universität. Mitwirkung in zahlreichen wissenschaftlichen Beiräten. Veröffentlichungen auf dem Gebiet der Ökologie, Entomologie und der wissenschaftlichen Photographie. — 24.2.2.

HERBERT SUKOPP (53), Studium der Botanik, Promotion, Professor am Institut für Ökologie der TU Berlin; Arbeitsgebiete: Ökologie, besonders Stadtökologie, Naturschutz, Vegetationskunde; seit 1975 ehrenamtlicher Landesbeauftragter für Naturschutz und Landespflege in Berlin; stellvertretender Vorsitzender des Beirates der Bundesforschungsanstalt für Naturschutz und Landschaftsökologie in Bonn-Bad Godesberg; Mitglied des Beirates für Naturschutz und Landschaftspflege des Bundesministeriums für Ernährung, Landwirtschaft und Forsten; Mitglied der Arbeitsgruppe „Arten- und Biotopschutz" des Aktionsprogramms „Ökologie". — 24.3., 24.3.2.

HARTMUT BICK: Zur Vita vgl. oben unter „Die Herausgeber". — 24.3.1., 24.3.3.

24.4.	HERMANN JOSEF BAUER (51), Studium der Geographie, Bodenkunde, Botanik, Zoologie, Anglistik, 1960 Staatsexamen für das höhere Lehramt, 1962 Promotion (Landschaftsökologie), bis 1968 im Schuldienst, ab 1968 Bezirksbeauftragter für Naturschutz und Landschaftspflege im Regierungsbezirk Aachen, ab 1972 Stellvertr. Landesbeauftragter für Naturschutz und Landschaftspflege in Nordrhein-Westfalen, ab 1976 Leiter der Abt. „Ökologie" in der Landesanstalt für Ökologie, Landschaftsentwicklung und Forstplanung Nordrhein-Westfalen. Wissenschaftliche Arbeiten auf dem Gebiet der Landschaftsökologie (ökologische Raumgliederung, ökologische Bewertung der Landschaft) und des Naturschutzes.

25 Schutzgebiete und Schutzobjekte

25.0., 25.1.1., 25.4.	GERHARD OLSCHOWY: Zur Vita vgl. oben unter „Die Herausgeber".
25.1.2.	HANS BIBELRIETHER (51), Studium der Forstwissenschaft. 1960 Promotion. 1960–68 Wissenschaftlicher Assistent am Waldbauinstitut der Universität München. Seit 1969 Leiter des Nationalparks „Bayerischer Wald". Leitender Forstdirektor. Zahlreiche Fachveröffentlichungen zum Thema „Wald und Naturschutz".
25.2. 25.2.1.	KONRAD BUCHWALD (70), Dr. phil. nat. habil.; seit 1960 o. Professor und Direktor, Institut für Landschaftspflege und Naturschutz, TU Hannover. Mitgliedschaften: Akademie für Raumforschung und Landesplanung, Hannover; Akademie für Städtebau und Landesplanung; Rat von Sachverständigen für Umweltfragen (bis März 1981). Fachgebiete: Landschaftspflege, Naturschutz, Landschaftsökologie, Geobotanik. Zahlreiche Veröffentlichungen zum Arbeitsgebiet, insbesondere „Handbuch für Planung, Gestaltung und Schutz der Umwelt".
25.2.2.	ERNST PREISING (72), Studium der Garten- und Landschaftsgestaltung, 1940 Promotion, 1940–54 Mitarbeiter der Reichsstelle bzw. Bundesanstalt für Vegetationskartierung in Hannover und Stolzenau/Weser, 1954–58 Leiter der Niedersächsischen Landesstelle für Naturschutz und Landschaftspflege in Hannover, 1958–76 Leiter des Dezernates „Naturschutz, Landschaftspflege, Vogelschutz" im Niedersächsischen Landesverwaltungsamt in Hannover, 1950–76 Lehrbeauftragter und Honorarprofessor für Pflanzensoziologie und für Naturschutz an der Universität Hannover. Wissenschaftliche Arbeiten aus den Bereichen der theoretischen und angewandten Pflanzensoziologie und des Naturschutzes.
25.3.	DIETER BIRNBACHER (38), Dr. phil., Akademischer Rat an der Universität Essen, Gesamthochschule. Veröffentlichungen zur Ethik, Sozialphilosophie und Philosophischen Psychologie.

26 Landschaftsgestaltung und Landschaftsentwicklung

26.1.	FREDERIC VESTER (59), Studium der Biochemie, Promotion 1953, Habilitation 1969, Lehrstuhlberufung 1981. Forschungstätigkeit im In- und Ausland. Gründung der privaten Gemeinnützigen Studiengruppe für Biologie und Umwelt, München, und seither deren Leiter. Präsident des Bayerischen Volkshochschulverbandes (1974–78). Kuratoriumsmitglied verschiedener Gesellschaften und Institute. Zahlreiche Veröffentlichungen, Hör- und Fernsehsendungen.
26.2., 26.2.1., 26.3., 26.3.1., 26.3.3., 26.4.	GERHARD OLSCHOWY: Zur Vita vgl. oben unter „Die Herausgeber".
26.3.2.	WOLFGANG HABER (58), Studium der Botanik, Zoologie und Chemie. 1957 Promotion, Spezialisierung in Ökologie. Kustos am Westfälischen Museum für Naturkunde in Münster bis 1966, seitdem o. Prof. für Landschaftsökologie der TU München in Weihenstephan. Mitglied des Rates von Sachverständigen für Umweltfragen, des Deutschen Rates für Landespflege sowie der obersten Naturschutz-Beiräte des Bundes und Bayerns,

Präsident der „Gesellschaft für Ökologie". Wissenschaftliche Arbeiten über Landschaftsplanung, Ökosystemtheorie, ökologische Grundlagen des Natur- und Umweltschutzes, Umweltprobleme der Landwirtschaft.

GUSTAV SALZMANN (50), Dipl.-Ing. der Fachrichtung Landespflege, 1954–59 Studium der Landespflege an der Universität Hannover. Seit 1976 Leiter des Westfälischen Amtes für Landespflege beim Landschaftsverband Westfalen/Lippe, dort seit 1977 Leitender Landesbaudirektor. Mitglied u. a. des Beirats der Obersten und Höheren Landschaftsbehörde in Nordrhein-Westfalen sowie des Arbeitsausschusses „Landschaftsgestaltung" der Forschungsgesellschaft für Straßen- und Verkehrswesen. *Arbeitsschwerpunkte:* Naturschutz-, Erholungs- und Landschaftsplanung; fachliche Beratung und Betreuung der Mitgliedskörperschaften des Landschaftsverbandes Westfalen/Lippe sowie sonstiger Fachstellen und Interessenten bei der Planung und Durchführung landespflegerischer Maßnahmen.

26.2.2.
26.2.3.

DONATA VALENTIEN (39), Studium Dipl.-Hort. in München und Berlin von 1964–69, 1969–74 Lehrbeauftragte an der Universität Stuttgart, Institut für Landschaftsplanung. Seit 1974 eigenes Planungsbüro (ökologische Gutachten, Landschaftsplanung, Landschaftsarchitektur), 1975–81 Lehrbeauftragte an der Universität Hohenheim, Institut für Landeskultur und Pflanzenökologie. Seit März 1981 Honorarprofessorin an der Universität Hohenheim.

26.3.4.

X. UMWELT UND GESELLSCHAFT

Federführung: Die Herausgeber

27 Umwelt und Erziehung

DIETMAR BOLSCHO (40), Lehramt-Studium, Studium der Pädagogik, Soziologie und Geschichte, 1972 Promotion in Kiel. Wissenschaftlicher Assistent an der Pädagogischen Hochschule Kiel (bis 1975), Professor an der Universität Frankfurt (bis 1981), seit 1981 o. Professor an der Universität Hannover, Fachbereich Erziehungswissenschaften I (Lehrgebiet Sachunterricht). Seit 1974 externer Mitarbeiter am Institut für die Pädagogik der Naturwissenschaften (IPN) in Kiel im Bereich „Umwelterziehung".

27.1.
27.2.
27.3.1.
27.5.

HERBERT KERSBERG (55), Lehrer an Volks- und Realschulen bis 1960. Studium der Geographie, Botanik, Bodenkunde, Geologie. 1965 Promotion. Seit 1966 o. Professor an der Pädagogischen Hochschule Ruhr, seit 1981 an der Universität Dortmund. Lehrgebiet: Geographie und ihre Didaktik. Arbeitsschwerpunkte: Didaktik der Geographie, Geoökologie, Vegetationsgeographie.

27.3.2.

HANSJÖRG SEYBOLD (40), Realschullehrer, Zweitstudium der Erziehungswissenschaft, Psychologie und Soziologie, Promotion 1974. Seit 1977 Professor für Erziehungswissenschaft an der Pädagogischen Hochschule Ludwigsburg. Externer Mitarbeiter am Institut für die Pädagogik der Naturwissenschaften (IPN), Kiel. Mitherausgeber der Buchreihe „Didaktik der Naturwissenschaften". Wissenschaftliche Arbeiten aus den Bereichen Curriculumentwicklung, Innovationsforschung und Umwelterziehung.

27.3.3.
27.6.

GÜNTER EULEFELD (56), Studium der Biologie und Chemie in Köln und Hamburg. Schuldienst an Gymnasien, am Institut für Lehrerfortbildung und am Studienkolleg für ausländische Studierende an der Universität Hamburg. Seit 1971 stellvertretender Leiter der Abteilung Biologiedidaktik am Institut für die Pädagogik der Naturwissenschaften (IPN) an der Universität Kiel. Mitglied des Direktoriums der Stiftung für Umwelterziehung in Europa, Paris. Wissenschaftliche Arbeiten aus den Bereichen Zoologie, Didaktik der Biologie, Ökologie und Umwelterziehung.

27.3.4.

27.4.	KARLHEINZ FINGERLE (42), Studium der Mathematik, Physik, Philosophie, Pädagogik und Soziologie. 1968 Erstes philologisches Staatsexamen, 1972 Promotion (Dr. phil.). Seit 1975 Professor für Erziehungswissenschaft in Kassel. Arbeitsschwerpunkte und Veröffentlichungen: Theorie der Schule, Reformen der Sekundarstufe II, schulische und berufliche Sozialisation, Umwelterziehung.
27.7.	KARL HEINRICH HANSMEYER: Zur Vita vgl. oben unter „Die Herausgeber".

28 Umweltpolitik

28.1, 28.2.1., 28.2.3., 28.2.5.	KARL HEINRICH HANSMEYER: Zur Vita vgl. oben unter „Die Herausgeber".
28.2.2.	JOSEF KÖLBLE (71), Studium der Rechtswissenschaft, 1936 Promotion, 1938 Zweite juristische Staatsprüfung. 1954 bis 1978 im Bundesministerium des Innern, davon in der Zeit von 1973 bis 1978 als Ministerialdirektor Leiter der Umweltabteilung. Mitglied des Vorstandes der VDI-Kommission „Reinhaltung der Luft". Vorsitzender der Gesellschaft für Umweltrecht. Veröffentlichungen auf dem Gebiet des Staats- und Verwaltungsrechts sowie des Umweltrechts. Herausgeber der 32bändigen Loseblattsammlung „Das Deutsche Bundesrecht".
28.2.4.	RENATE MAYNTZ (55), 1950 B.A., Wellesley College (USA); 1953 Promotion zum Dr. phil. im Hauptfach Soziologie, Freie Universität Berlin; 1953–1957 UNESCO-Institut für Sozialwissenschaften zu Köln; 1957 Habilitation an der Freien Universität Berlin; 1958–1959 Fellowship der Rockefeller Foundation zum Studium der Organisationssoziologie in den USA; 1959–1960 Visiting Assistant Professor, Columbia University, New York; 1964 Gastprofessor an der University of Edinburgh; 1965–1971 Ordinarius für Soziologie an der Wirtschafts- und Sozialwissenschaftlichen Fakultät der Freien Universität Berlin; 1965 Gastprofessor an der FLACSO (Facultad Latinoamericana de Ciencas Sociales) in Santiago de Chile; 1968 Theodor-Heuss-Lehrstuhl an der New School for Social Research in New York; 1971–1973 Ordinarius für Organisationssoziologie an der Hochschule für Verwaltungswissenschaften Speyer; 1973 Ordinarius für Soziologie an der Universität zu Köln und Direktor am Institut für Angewandte Sozialforschung; 1977 Ehrenpromotion zum FD h.c. der Universität Uppsala; 1979 Ehrendoktor der Universität Paris X – Nanterre.
28.3.	FRITZ SCHARPF (49), 1954–59 Studium der Rechtswissenschaft und Politischen Wissenschaft an den Universitäten Tübingen und Freiburg; 1955–56 Fulbright Fellowship für Politische Wissenschaft an der Yale University, New Haven, Conn. (USA); 1959 Erste juristische Staatsprüfung in Freiburg; 1959–64 Gerichtsreferendar in Freiburg; 1960–61 Studium an der Yale Law School, Master of Law (LL.M); 1964 Promotion zum Dr. jur., Universität Freiburg; 1964–66 Assistant Professor an der Yale Law School; 1965 Assistant Professor an der University of Chicago Law School; 1966–68 Habilitanden-Stipendium der Deutschen Forschungsgemeinschaft, Universität Freiburg; 1968–73 Professor an der Universität Konstanz, FB Politische Wissenschaft; seit 1. 8. 1973 Direktor am Internationalen Institut für Management und Verwaltung, Wissenschaftszentrum Berlin (seit 1979: Forschungsschwerpunkt „Arbeitsmarktpolitik").

29 Weltweite Umweltprobleme

29.1., 29.4.	HARTMUT BICK, KARL HEINRICH HANSMEYER, GERHARD OLSCHOWY: Zur Vita vgl. oben unter „Die Herausgeber".
29.2.	JÜRGEN H. LOTTMANN (44), Studium der Ingenieurwissenschaften und Sozialwissenschaften in Berkeley und Berlin. Tätigkeit in der Verwaltung und sozialwissenschaftlichen Forschung. Seit 1977 Geschäftsführer des „Rates von Sachverständigen für Umweltfragen".
29.3.1.	HARTMUT BICK: Zur Vita vgl. oben unter „Die Herausgeber".

Rudolf Heitefuss (55), Studium der Landwirtschaft, 1957 Promotion, 1964 Habilitation. Seit 1972 o. Professor und Direktor des Instituts für Pflanzenpathologie und Pflanzenschutz der Universität Göttingen. 1975–1981 Vorsitzender der Deutschen Phytomedizinischen Gesellschaft. 1978–1981 Mitglied des Wissenschaftlichen Ausschusses der EG für Schädlingsbekämpfungsmittel, Mitglied der Senatskommission der Deutschen Forschungsgemeinschaft für Pflanzenbehandlungsmittel. Buchveröffentlichungen zu Pflanzenschutz und Grundlagen der praktischen Phytomedizin. Mitherausgeber mehrerer wissenschaftlicher Zeitschriften. Wissenschaftliche Arbeiten aus den Bereichen „Pflanzenpathologie" und „Pflanzenschutz".   29.3.2.

Johannes von Dohnanyi (32), Studium der Wirtschaftswissenschaften. Seit 1979 freier Korrespondent für Internationale Entwicklungsfragen deutsch- und englischsprachiger Zeitungen und Rundfunkanstalten. Seit Herbst 1980 Italien- und Nahostkorrespondent des Deutschen Depeschendienstes (ddp) in Rom.   29.3.3.

Gerhard Olschowy: Zur Vita vgl. oben unter „Die Herausgeber".   29.3.4.

Hans-Jürgen von Maydell (52), Studium der Forstwissenschaften. 1958 Promotion, 1969 Habilitation. Seit 1962 Mitarbeiter des Instituts für Weltforstwirtschaft der Bundesforschungsanstalt für Forst- und Holzwirtschaft, Hamburg-Reinbek, Lehrbeauftragter der Universität Hamburg, 1979 Professor.
Zahlreiche Forschungsreisen in die Tropen (besonders nach Afrika). Mitglied des Board of Trustees des International Council for Research in Agroforestry (ICRAF). Wissenschaftliche Arbeiten aus den Bereichen Forst- und Holzwirtschaft der Tropen, der Sowjetunion und anderer Gebiete, Agroforstwirtschaft und Regionalentwicklung, Sahelzone, multiple Nutzung von Forstpflanzen.   29.3.5.

30 Umwelt – vor dem Menschen für den Menschen schützen ...

Fritz Vorholz: Zur Vita vgl. Autorenliste zu STE 19.   30.1.

Jürgen H. Lottmann: Zur Vita vgl. Autorenliste zu STE 29.   Exkurs, 30.3.1.

Karl Heinrich Hansmeyer: Zur Vita vgl. oben unter „Die Herausgeber".   30.2.

Volkmar J. Hartje (36), Studium der Volkswirtschaftslehre und der Soziologie an der Universität zu Köln und an der Harvard University. Seit 1976 wissenschaftlicher Mitarbeiter im Internationalen Institut für Umwelt und Gesellschaft, Berlin. Forschungsarbeiten über Fragen transnationaler und globaler Umweltpolitik.   30.3.2.

Frank G. Müller (43), Studium der Volkswirtschaftslehre, 1970 Promotion. 1970–1974 Assistant Professor, University of Waterloo, Canada. Seit 1974 Professor für Volkswirtschaftslehre an der Concordia University, Montreal, Canada. Zur Zeit tätig im United Nations Environment Programme, Nairobi, Kenia. Wissenschaftliche Arbeiten aus den Bereichen Umwelt- und natürliche Ressourcenökonomie.   30.3.3.

Hartmut Bick, Karl Heinrich Hansmeyer, Gerhard Olschowy: Zur Vita vgl. oben unter „Die Herausgeber".   30.4.

*

Die „Allgemeinen Einführungen" zu den einzelnen Studieneinheiten stammen von den jeweils federführenden Autoren, die Einleitungen in die großen Themenblöcke von den Herausgebern.

Lösungen zur 16. Studieneinheit

Aufgabe 1

Die mittelalterliche Dreifelderwirtschaft ist durch ein Brachejahr gekennzeichnet, in dem sich nach zweijährigem Anbau von Nutzpflanzen die Pflanzennährstoffe wieder ergänzen sollen. Eine Düngung erfolgt durch Zufuhr von Mist oder anderem organischen Material. Unkräuter werden in Handarbeit und durch bestimmte Wirtschaftsmaßnahmen beseitigt. Vor allem das Brachejahr bietet hierzu Möglichkeiten. Eine Schädlingsbekämpfung erfolgt durch Bewirtschaftungsmaßnahmen und einzelne besondere Arbeitsvorgänge. Waldnutzung spielt eine wesentliche Rolle.

Aufgabe 2

Ein Agrarökosystem ist ein vom Menschen gesteuertes, das heißt bewirtschaftetes Ökosystem. Fremdregulation durch den Menschen tritt an die Stelle natürlicher Selbstregulationsprozesse.

Aufgabe 3

Durch abwechselnden Anbau verschiedener Kulturpflanzen in bestimmter Folge kann eine Reihe von Schädlingsarten „ausgehungert" werden. Diese Arten können nur Schaden anrichten, wenn ihre Bevölkerung über mehrere Jahre hinweg heranwachsen kann. Unterbindet man diesen Vorgang durch Wechsel der Kulturpflanze, so verringert sich die Gefahr eines wirtschaftlichen Schadens erheblich.

Aufgabe 4

Die Spezialisierung eines Betriebes auf reinen Getreidebau ohne Viehhaltung macht einen innerbetrieblichen Stoffkreislauf unmöglich. Hoher Einsatz von Handelsdünger bedeutet einmal einen hohen Energieverbrauch, und zum anderen besteht bei unsachgemäßer Anwendung die Gefahr der Grundwasserbelastung durch Nitrat. Feste Spritzpläne für Pestizide nach dem Prinzip des vorbeugenden Schutzes bedingen außer sinnloser Geldausgabe eine vermeidbare Umweltbelastung.

Aufgabe 5

Nebenwirkungen von Pestiziden sind nicht-beabsichtigte Wirkungen auf andere Organismen, etwa Schäden an harmlosen oder sogar nützlichen Arten aus dem Verwandtschaftskreis eines Schädlings. Ein typisches Beispiel ist die indirekte Wirkung von Unkrautvernichtungsmitteln, die durch Abtöten des Unkrauts auch die davon lebenden Insekten ihrer Existenzgrundlage berauben.

Aufgabe 6

Als „Energiebeihilfe" faßt man diejenige Energie auf, die bei der Pflanzen- und Tierproduktion zusätzlich zur Sonnenenergie aufgewendet werden muß. Es handelt sich überwiegend um Energie fossilen Ursprungs.

Aufgabe 7

– Sicherstellung der Ernährung der Bevölkerung
– Sicherung oder Wiederherstellung der Funktions-, Leistungs- und Nutzungsfähigkeit der Natur
– Verbesserung der Lebensverhältnisse im ländlichen Raum

Aufgabe 8

(a) Ziel der Flurbereinigung sind ursprünglich die Beseitigung der Flächenzersplitterung im ländlichen Raum und die Schaffung von ökonomisch tragfähigen Wirtschaftsflächen. Erst neuerdings fanden auch ökologische Belange eine gewisse Berücksichtigung.

(b) Die Flurbereinigung hat zur Zerstörung zahlreicher ökologisch wertvoller Landschaftsteile (Lebensräume, Biotope) geführt; dadurch wurden die Existenzbedingungen für wildlebende Pflanzen- und Tierarten wesentlich verschlechtert.

Aufgabe 9

Die Zahl der *Pferde* hat sich seit 1950 sehr stark vermindert. Bei Rindern ist die Zahl der *Kälber* und *Milchkühe* stark gestiegen. Die *Rinder*haltung deckt heute 44% der gesamten landwirtschaftlichen Erlöse in der Bundesrepublik Deutschland. Die Zahl der *Schweine* hat sehr stark zugenommen.

Aufgabe 10

Umweltbelastungen der intensiven Tierproduktion betreffen vor allem den Gewässerbereich. Einleitung von Gülle, Jauche oder Silageabwasser führt in nennenswertem Umfang zu Fischsterben in kleineren Fließgewässern. Die Gülle aus der Massentierhaltung schafft regional Beseitigungsprobleme. Die moderne Intensivhaltung fördert Krankheiten der Haustiere und verleitet zu hohem Verbrauch von Tierarzneimitteln. Tierschutzprobleme in der Massentierhaltung sind nicht zufriedenstellend gelöst.

Lösungen zur 17. Studieneinheit

Aufgabe 1

(a) Unter Düngung versteht man den Ersatz der durch die Ernte entzogenen Pflanzennährstoffe und die Ergänzung bzw. Verstärkung der vorhandenen Nährstoffversorgung.

(b) Stickstoffdünger, Phosphordünger, Kaliumdünger.

(c) Als „Handelsdünger" werden alle Düngerarten bezeichnet, die im Handel käuflich zu erwerben sind.

(d) „Kunstdünger" sind synthetisch hergestellte Dünger.

Aufgabe 2

Besonderheiten der biologisch-dynamischen Wirtschaftsweise: Keine Verwendung synthetischer Düngemittel; Düngung beispielsweise mit kompostiertem Stallmist. Verzicht auf chemische Pflanzenschutzmittel. Anwendung spezieller Präparate, zum Beispiel bei Kompostbereitung. Berücksichtigung von kosmischen Einflüssen. Bewußtes Bemühen, den landwirtschaftlichen Betrieb als Ökosystem zu sehen.

Aufgabe 3

Pflege der Bodenfruchtbarkeit vor allem durch Düngung mit frischem Stallmist. Keine Verwendung von anorganischem Stickstoffdünger. Betonung der Gründüngung (Luftstickstoffbindung). Nur wenige chemische Pflanzenschutzmittel erlaubt. Jede entbehrliche Bodenbearbeitung wird unterlassen.

Aufgabe 4

Die alternativen Landbaumethoden streben einen möglichst geschlossenen Stoffkreislauf im Agrarökosystem an. Synthetische Düngemittel, vor allem synthetische Stickstoffverbindungen, werden abgelehnt. Keine chemischen Unkrautvernichtungsmittel; nur wenige andere Pestizide finden Anwendung. Stärkung der natürlichen Widerstandskräfte der einzelnen Kulturpflanzenarten und des ganzen Systems spielt eine wesentliche Rolle.

Aufgabe 5

Pflanzenschutz ist im Gegensatz zum Pflanzenartenschutz der Schutz der Kulturpflanze vor Krankheiten und Schädlingen sowie der Schutz des Erntegutes. Pflanzenbehandlungsmittel umfassen Pestizide und Wachstumsregler.

Aufgabe 6

(a) Herbizide, Insektizide, Fungizide
(b) Herbizide, Insektizide und Akarizide, Fungizide

Aufgabe 7

Unter „biologische Bekämpfungsverfahren" werden alle Maßnahmen zusammengefaßt, die eine Minderung des Schädlingsbefalls durch Förderung von Schädlingsfeinden in der natürlichen Umwelt oder durch deren massenhaftes Aussetzen im Agrarökosystem (oder Gewächshaus) erstreben. Beispiele: Förderung von insektenfressenden Vögeln („Vogelschutz") oder „nützlichen" Insekten. Ausbringen von Raubfeinden oder Parasiten der Schädlinge. Ausstreuen von Bakterien, die tödliche Erkrankungen des Schadinsektes hervorrufen.

Aufgabe 8

Bei prophylaktischen Spritzungen verfolgt man das Ziel, das Auftreten von Schadformen völlig zu verhindern – es wird gespritzt, gleichgültig ob der Schädling überhaupt oder in welcher Stärke er auftritt. Spritzen bei Erreichen einer wirtschaftlichen Schadensschwelle heißt, daß Pestizide nur dann eingesetzt werden, wenn die Bestandsdichte des Schädlings einen wirtschaftlichen Schaden erwarten läßt.

Aufgabe 9

Beim integrierten Pflanzenschutz werden alle Maßnahmen ergriffen, die einen wirtschaftlichen Schaden durch das Auftreten von Schädlingen, Krankheitserregern oder Unkräutern verhindern können. Der Einsatz von Pestiziden ist nur eine Maßnahme unter vielen und wird nur vorgenommen, wenn alle anderen Mittel versagt haben.

Aufgabe 10

Richtig sind die Alternativen (b) und (d). Vgl. Sie dazu insbesondere S. 48f., 61f. und 66.

Lösungen zur 18. Studieneinheit

Aufgabe 1

Nährstoffe (Eiweiße, Fette, Kohlenhydrate); Vitamine; Wasser; Mineralstoffe (Natrium) Kalium, Calcium u. a.); Spurenelemente (Eisen, Jod u. a.); Gewürz- und Ballaststoffe

Aufgabe 2

„Nahrungsqualität" kennzeichnet die Eignung der Nahrung für die Ernährung des Menschen:
– die verschiedenen Bestandteile müssen in ausgewogenem Zustand vorhanden sein;
– Nahrung darf keine Krankheitserreger enthalten;
– Nahrung darf keine Schadstoffe enthalten.
Man kann „innere" und „äußere" Qualität unterscheiden.

Aufgabe 3

Durch Verzehr von rohen Muscheln können krankheitserregende Bakterien und Viren auf den Menschen übertragen werden. Spulwurmeier können mit Klärschlamm auf Gemüse gelangen.

Aufgabe 4

– Rückstände von Pestiziden oder anderen Produktionshilfsstoffen im Pflanzenbau
– Rückstände von Tierarzneimitteln und Futtermittelzusatzstoffen
– Verunreinigungen der Produkte durch verschiedene Schadstoffe aus der Umwelt

Aufgabe 5

(a) Die amtlich zulässige Höchstmenge von Rückständen in Lebensmitteln stellt einen juristischen Grenzwert für im Lebensmittel erlaubte Rückstände von Pflanzenbehandlungsmitteln dar.

(b) Man geht von toxikologischen Versuchen aus und stellt zunächst die höchste duldbare Tagesdosis eines Stoffes bei Versuchstieren fest. Daraus wird unter Verwendung eines Sicherheitsfaktors (meist 100) die höchste duldbare Tagesdosis (ADI) ermittelt. Unter Berücksichtigung der Verzehrsgewohnheiten des Durchschnittsbürgers wird dann berechnet, wie hoch die maximale duldbare Rückstandsmenge in jedem Lebensmittel sein darf. Dieser Wert stellt die äußerstenfalls geduldete Rückstandsmenge dar, die höchstens („Höchstwert"!) erlaubt wird. Wenn vorschriftsmäßige Anwendung eines Mittels geringere Rückstände erwarten läßt, dann wird dieser Wert zum „Höchstwert".

Lösungen 483

Aufgabe 6

• Mehrere (erlaubte) Rückstände können nebeneinander auftreten. Mögliche Kombinationswirkungen werden nicht berücksichtigt.

• Die jeweils für einzelne Stoffe festgesetzten Rückstände können dazu verleiten, durch Wechsel der Wirkstoffe die Einzeltoleranzen bis zum letzten auszunutzen.

• Die Verzehrsgewohnheiten der Menschen sind nicht so einheitlich, wie es der statistische Durchschnitt sieht.

Aufgabe 7

„Richtwerte" bezeichnen solche Konzentrationen von Schadstoffen in Lebensmitteln, die als bedenklich gelten müssen, ohne daß nach gegenwärtigem Kenntnisstand Höchstwerte festgesetzt werden können. Richtwerte stellen eine Orientierungshilfe für die Lebensmittelkontrolle dar.

Aufgabe 8

(a) Chlorkohlenwasserstoffe sind schwer abbaubar *(persistent)*, unterliegen weltweiter Verfrachtung durch Luft- und Wasserströmungen. Ihre Fettlöslichkeit bedingt besonders starke Ablagerung im tierischen oder menschlichen Körperfett.

(b) Fettlösliche Schadstoffe werden bei der Milchbildung aus dem Fettgewebe des weiblichen Körpers wieder freigesetzt und mit dem Milchfett ausgeschieden. Der Mensch ist als Verzehrer von pflanzlicher und tierischer Nahrung in verhältnismäßig hoher Stellung in der Nahrungskette, so daß sich die Nahrungskettenanreicherung von Schadstoffen hier auswirkt.

(c) DDT-Gesetz; Pflanzenschutz-Anwendungsverordnung von 1980; Höchstmengenregelungen.

Aufgabe 9

(a) Cadmium, Blei, Quecksilber
(b) Herkunft aus Luftverunreinigungen (Industrie, Kohleverbrennung, Autoabgase) oder Abwasser (Klärschlamm); Cadmium auch in Phosphatdünger
(c) Cadmium hat derzeit die größte Bedeutung

Aufgabe 10

Manche Wildpilze haben sehr hohe Cadmiumgehalte. Rheinfische enthalten Phenole, Elbfische Schwermetalle. In der Leber von Ostseedorschen sind stark erhöhte Chlorkohlenwasserstoffgehalte. Miesmuscheln in der Deutschen Bucht können Cadmium, Arsen und PCB enthalten.

Lösungen zur 19. Studieneinheit

Aufgabe 1

Der Energiesatz ist die stärkere Aussage. Er schließt ein Perpetuum mobile aus. Die Umkehrung gilt nicht: Ein Perpetuum mobile könnte unmöglich sein, auch wenn Energie keine Erhaltungsgröße wäre.

Aufgabe 2

Leistung ist Energie pro Zeiteinheit. Sie wird in *Joule pro Sekunde* bzw. in *Watt* gemessen. Das Elektrizitätswerk stellt uns die verbrauchte Gesamtenergie in Rechnung. Sie wird in *Joule* bzw. in *Wattsekunden* oder *Kilowattstunden* gemessen. Ob diese Energie schnell oder langsam in Anspruch genommen wurde, spielt dabei keine Rolle.

Aufgabe 3

Die steigende Verwendung fossiler Brennstoffe hatte in den letzten beiden Jahrhunderten zur Folge, daß einerseits der Trend zur Entwaldung Mitteleuropas beendet wurde; andererseits kam es zu vielfachen Belastungen der Natur: sie entstanden mit dem Bau und Betrieb der Fabriken, Straßen, Kanäle, Gleiskörper, Autos und Gebrauchsgegenstände, die aus unserem technisierten Leben heute nicht wegzudenken sind. Abgase und Asche, Rauch, Funkenwurf und Gerüche belasten Mensch und Natur. Heute sind „saurer Regen" und metallische Komponenten ebenso als Belastungen wirksam wie unvollständig verbrannte Bestandteile von fossilen Energieträgern.

Aufgabe 4

Kohle, Erdöl und Erdgas sind Rohstoffe für die Erzeugung vieler Kunststoffartikel. Zur Erzeugung von Strom und Antriebskraft – etwa von Autos – werden sie ebenfalls verwendet.

Aufgabe 5

(a) Bei der Gewinnung fossiler Brennstoffe (Kohle, Öl, Gas) können folgende Belastungen auftreten: Der Abbau von *Kohle* führt zur Anhäufung von „Abraumhalden" und, bei Tagebau, zur großflächigen Veränderung der Landschaft. Bei der *Ölgewinnung* kann es zu Störfällen kommen, bei denen größere Ölmengen frei werden. Die *Gasgewinnung* ist mit vergleichsweise geringen Belastungen verbunden.
(b) In der *Rauchgasentschwefelung* wird das Schwefeldioxid im Rauchgas chemisch gebunden und kann zum Teil als Gips in der Zement- und Bauindustrie verwendet werden.
Bei der *Kohleverbrennung in der Wirbelschicht* wird Kohlenstaub im Feuerungsraum in der Schwebe gehalten. Durch Kalkzusatz wird das SO_2 zu Gips gebunden.

Aufgabe 6

Erdgas ist ein Primärenergieträger, der direkt für Endenergieverbrauchszwecke wie Kochen und Heizen verwendet werden kann. Da Erdgas nicht in einen Sekundärenergieträger umgewandelt werden *muß*, muß hierbei auch keine Abwärme entstehen, die sich gewässerbelastend auswirken kann. Die Schadstoffemissionen bei der Verbrennung des Erdgases sind zum großen Teil geringer als bei anderen Energieträgern. Dies gilt vor allem für die Verwendung des Erdgases im Bereich der Haushalte und Kleinverbraucher.
Die Umweltbelastungen durch den Erdgastransport sind niedriger als die durch Transportvorgänge verursachten Belastungen bei anderen Energieträgern. Das Gasleitungsnetz genügt weitgehend den Anforderungen des Natur- und Landschaftsschutzes. Die Emissionen der Pumpen, die zur Aufrechterhaltung des Transportdruckes in den Gasleitungen erforderlich sind, sind gering.

Aufgabe 7

Die Vorteile der Nutzung von *Windenergie* und *Wasserkraft* bestehen – bei entsprechend großer Nutzungsbreite – darin, daß sie einen Beitrag zur Minderung all jener Belastungen darstellen, die mit der Nutzung der nichtregenerierbaren Energieträger verbunden sind. Ökonomisch und ökologisch bedeutsam wäre außerdem, daß die Vorräte von Kohle, Öl, Gas, Uran langsamer abgebaut würden; die genannten Stoffe könnten für andere Zwecke erhalten bleiben.

Lösungen zur 20. Studieneinheit

Aufgabe 1

Im Kohlekraftwerk hat die *Turbine* den geringsten Teilwirkungsgrad. Dort soll Wärmeenergie in mechanische Energie umgesetzt werden; das ist nach dem Entropiesatz nur teilweise möglich.

Aufgabe 2

Bei einem „Perpetuum mobile zweiter Art" würde – ohne weitere Veränderung – Wärmeenergie in eine andere Energieform umgewandelt. Mit dieser Energie ließe sich dann wieder Arbeit verrichten. Die Gesamtentropie wäre also geringer geworden; sie kann jedoch nach dem Entropievermehrungssatz nur wachsen oder gleichbleiben.

Aufgabe 3

• Die Umrechnung der Energieinhalte aller Energieträger in deren theoretischen Heizwert bezieht die unterschiedlichen Energieträgerqualitäten und unterschiedlich effiziente Nutzungstechniken nicht mit ein.

• Es ergeben sich Erfassungsprobleme, da in vielen Fällen nicht der Energieeinsatz, sondern nur die Energielieferung registriert wird.

• Die „offizielle" Energiebilanz enthält keine Nutzenergiebilanz, berücksichtigt also nicht die Umwandlung von Energieträgern beim Verbraucher.

• Die deutsche Energiebilanz wird als Mengenbilanz, nicht als Wertbilanz aufgestellt. Dadurch wird die unterschiedliche Wertigkeit der einzelnen Energieträger nicht sichtbar.

Aufgabe 4

Die einsetzende Industrialisierung bewirkte eine rasche Vergrößerung der Städte. Im angegebenen Zeitraum verringerten sich die Realeinkommen. Besonders die Stadtbevölkerung konnte sich nicht mehr mit ausreichenden Mengen an Holz oder Kohle versorgen. Die Umstellung von Holz auf Kohle spiegelt sich im veränderten Verbrauchsanteil von Holz als Energieträger (um 1800 ca. 85%; um 1860 ca. 44%).

Aufgabe 5

- Rückgang des Gesamtprimärenergieverbrauchs seit 1979 um ca. 9%
- Rückgang des absoluten Mineralölverbrauchs seit 1973 um ca. 20%
- Rückgang des Mineralölanteils am PEV von ca. 55% (1973) auf ca. 45%
- Verstärkter Einsatz von einheimischen Energiequellen (insbesondere Steinkohle und Braunkohle) zur Stromerzeugung
- Verstärkter Ausbau der Kernkraftwerke

Aufgabe 6

Unterschiede liegen
- in der Struktur des Primärenergieverbrauchs (unterschiedliche Energieträger besitzen unterschiedliche Wirkungsgrade bei ihrer Umwandlung in Nutzenergiearten);
- in der strukturellen Zusammensetzung des Endenergieverbrauchs nach Sektoren. Beispiel „Verkehr": Die USA besitzen höhere PKW-Dichte, höheren Benzinverbrauch je PKW und höhere Jahreskilometerleistungen. Der energetisch verhältnismäßig ineffiziente Luftverkehr hat eine doppelt so große Bedeutung wie in der Bundesrepublik. Beispiel „Raumheizung": Die USA liegen trotz schlechter Wärmeisolation wegen des verhältnismäßig günstigen Klimas verglichen mit der Bundesrepublik in guter Relation.

Lösungen zur 21. Studieneinheit

Aufgabe 1

Zu einer Kettenreaktion kommt es, wenn Neutronen, die bei einer Kernspaltung frei werden, andere Atome spalten. Die Spaltungsbedingungen sind erfüllt, wenn die Probe rein und genügend groß ist. – Die Kettenreaktion läuft *kontrolliert* ab, wenn die Zahl der Spaltungen nicht lawinenartig anwächst. Dies wird erreicht, wenn ein Teil der Neutronen, die Spaltungen hervorrufen könnten, abgefangen werden.

Aufgabe 2

Der *Fusionsreaktor* hätte folgende Vorteile: Der „Brennstoff" Deuterium (schwerer Wasserstoff) ist als D_2O im Verhältnis 1:10000 im normalen Wasser enthalten und steht reichlich zur Verfügung. Die Ausgangsstoffe *Deuterium, Helium* und *Lithium* sind nicht radioaktiv. Das radioaktive Tritium bleibt gänzlich im inneren Brennstoffkreislauf. Die Energieausbeute ist sehr hoch. Ein Fusionsreaktor kann praktisch nicht „durchgehen".

Aufgabe 3

Im „Siedewasserreaktor" wird die Atomkernspaltung durch sogenannte *langsame Neutronen* herbeigeführt. Im „Schnellen Brüter" geschieht dies durch *schnelle* Neutronen. Diese Vorgänge bedingen Unterschiede in der Konstruktion dieser Reaktoren.

Aufgabe 4

- Ausfall der Hauptspeisewasserpumpe (1)
- Nichtwirksamwerden der Notspeisewasserversorgung (2)
- Fehlstellung des Abblaseventils (3)
- Abschaltung der Notspeisewasserversorgung (2)
- Platzen der Berstmembrane (5)
- Abschaltung der Hauptkühlmittelpumpen (7)
- Öffnen des Abblaseventils (3)
- Wiederinbetriebnahme der Hauptkühlmittelpumpen (7) nach 16 Stunden

Aufgabe 5

Die für die Strahlenexposition des Menschen wichtigen Belastungspfade nehmen am Abluftkamin bzw. mit dem aktivierten Kühlwasser ihren Anfang. Strahlende Stoffe erreichen den Menschen über Nahrung, Trinkwasser, Atemluft oder als Strahlung von außen. Die zusätzliche Belastung entspricht 1 mrem/Jahr; das ist ungefähr 1% der im Mittel überall natürlicherweise vorhandenen Strahlenexposition.

Aufgabe 6

Zwar sind Energieprognosen mit vielen Unsicherheitsfaktoren behaftet, das Weltbevölkerungswachstum und die wirtschaftlichen Entwicklungsbestrebungen, vor allem in den unterentwickelten Ländern, werden jedoch die Weltenergienachfrage auch in Zukunft steigen lassen. Diese steigende Energienachfrage kann nicht ausschließlich durch rationellere Energienutzung und regenerative Energiequellen gedeckt werden. Die Nutzung der Kernenergie erscheint deshalb unverzichtbar. Von der Energiewirtschaft wird auch die Möglichkeit eines Verzichtes auf die Kernenergienutzung in der Bundesrepublik Deutschland bezweifelt, weil das Angebot fossiler und regenerativer Energiequellen selbst bei rationeller Energienutzung zur Deckung der Energienachfrage nicht ausreiche.

Aufgabe 7

Als Staatszielbestimmung verpflichtet das Sozialstaatsprinzip den Staat auf eine gewisse „Daseinsvorsorge". Eine Förderung dieser staatlichen Aufgabe kann dann angenommen werden, wenn man davon ausgeht, daß die Erzeugung von Kernenergie für die Bundesrepublik notwendig, wirtschaftlich, sicher und sauber ist.
Geht man davon aus, daß dies nicht der Fall ist (was allerdings sehr umstritten ist), so wird man eher von einer Gefährdung als von einer Förderung dieser Staatsaufgabe ausgehen müssen.
Ein mit dieser Wertungsfrage verbundenes Sonderproblem bildet der Umstand, daß das Sozialstaatsprinzip früher vor allem im Zeichen wirtschaftlicher Überlegungen stand und heute in wachsendem Maße auch unter ökologischen Gesichtspunkten betrachtet wird. Dies heißt also, daß eine politische Maßnahme heute auch dann als im Hinblick auf das Sozialstaatsprinzip problematisch betrachtet wird, wenn sie zwar wirtschaftliche Vorteile verspricht, aber zugleich auch als Beeinträchtigung von Umweltschutzbelangen verstanden werden muß.

Aufgabe 8

Die wichtigsten Fragen, deren Antworten einer Entscheidung bezüglich der Kernenergienutzung zugrunde liegen sollten, werden wie folgt gesehen:
– Sind die Menschen in der Lage, die neuen Machtpotentiale verantwortlich zu nutzen?
– Können die globalen und langfristigen Folgen der Kernenergienutzung überblickt werden?
– Kann die Sicherheit des Betriebs nuklearer Anlagen gewährleistet werden?
– Können die unterentwickelten Länder auf Kernenergie verzichten?

Lösungen zur 22. Studieneinheit

Aufgabe 1

Wirkungsaspekte der Kernenergienutzung:

1. Medizinisch/gesundheitlich:
    – gut abschätzbare Dosis-Wirkung-Beziehungen zwischen Gesundheitsschäden und Strahlenbelastung
2. Ökologisch:
    – keine Emissionen von Schwefeldioxid und Fluorwasserstoff, und deshalb keine Belastung wie zum Beispiel „saurer Regen"
    – keine Anzeichen einer Schädigung durch radioaktive Emissionen bei Normalbetrieb
    – große ökologische Belastungen bei einem Unfall
3. Landschaftlich:
    – keine etwa dem Braunkohlentagebau vergleichbaren landschaftlichen Eingriffe
    – keine Aschehalden
    – Beeinträchtigungen des Landschaftsbildes durch Kühltürme und Hochspannungsleitungen

Lösungen

4. Klimatisch:
   – mit Ausnahme möglicher Erwärmung der Atmosphäre durch nichtnutzbare Abwärme keine der bei fossilen Energieträgern bekannten Einwirkungen (etwa durch Aerosole, Spurengase)
5. Große Unfälle:
   – kaum reparable Folgen über Hunderte von Quadratkilometern

Aufgabe 2

(a) *Schornsteinemissionen*
   – keine Erhöhung der Emission von Schwefeldioxid im Kraftwerksbereich dank eines spezifischen Rauchgasentschwefelungsverfahrens bzw. großer Schornsteinhöhen

   Kühlturmemissionen
   – Bauhöhen der Kühltürme

(b) Das Beispiel „Neurath" ist nicht ohne weiteres auf andere Kraftwerke übertragbar, weil hier sehr schwefelarme Braunkohle verwendet wird.

Aufgabe 3

Frischwasserkühlung: geringste Verdunstungsverluste gegenüber den beiden anderen Kühlturmtypen; höchste Abwärmeabgabe an Gewässer.
Ablaufkühlung: Wärmeabstoß in Gewässer geringer als bei Frischwasser- und bei Kreislaufkühlung; Verdunstungsquote liegt höher als die der Frischwasserkühlung, jedoch (in der Regel) niedriger als die der Kreislaufkühlung.
Kreislaufkühlung: Wärmeabstoß in Gewässer weniger als 10% dessen der Frischwasserkühlung, insgesamt am geringsten; Verdunstungsverluste am größten.

Aufgabe 4

Steuerausweichung, Verschiebungen der Preisrelationen und Einkommenswirkungen, ausgabenpolitische Wirkungen.

Aufgabe 5

1. STUFE: Zerlegung und Zerkleinerung der Brennelemente. Auflösung des Kernbrennstoffes.

2. STUFE: Trennung der Spaltprodukte von Uran und Plutonium sowie Trennung des Urans vom Plutonium.

3. STUFE: Reinigung des Plutoniums und des Urans in getrennten Strängen.

Beim Zerkleinern ist es zum Schutz der Umwelt wichtig, das Krypton-85 aufzufangen.
Alle Prozeßapparate müssen mit dickem Beton abgeschirmt werden. Nicht nur Betrieb, sondern auch Wartung und Reparaturen müssen ferbedient durchgeführt werden. Die Räume, in denen die Anlage steht, müssen gegenüber dem Erdboden und dem Grundwasser dicht sein, und die Abluft darf nur kontrolliert über Filteranlagen ins Freie gelangen können.

Aufgabe 6

Neue Technologien sind Kohleveredelung, Nutzung von Teersand und Ölschiefer. Bei der möglichen Umweltbelastung ist jeweils zu unterscheiden zwischen Technologien zur Gewinnung bzw. Abbau, Aufbereitungsverfahren und der eigentlichen Nutzung:

Kohleveredlung:	Abbau der Kohle: Landschaftsbelastung durch Lagerung
	Aufbereitung der Kohle: Emissionen wie Kohlestaub und flüchtige organische Substanzen (Luft-, Wasser- und Bodenbelastung)
	Veredlung selbst: alle Emissionstypen (Abgas, Abwasser, Abfall, Lärm) und entsprechende Belastungen
	Nutzung (als Energieträger oder Chemierohstoff): Belastungen durch Emissionen
Teersande:	Abbau: Landschafts- und Wasserbelastung
	Aufbereitung des Sandes: Wasser-, Landschaftsbelastung
	Aufbereitung des gewonnenen Öls: hohe Luft- und Wasserbelastung
Ölschiefer:	Nutzung als Brennstoff: hoher Ascheanfall
	Nutzung zur Gewinnung von Öl im konventionellen Verfahren:
	– Abbau im Tagebau: Zerstörung des Deckgebirges
	– Lagerung des Schiefers: Landschafts- und Wasserbelastung
	– Schwelung: Wasserbelastung

Lösungen zur 23. Studieneinheit

Aufgabe 1

Technische Maßnahmen für den Bereich der Wärmebedarfssenkung sind u.a.: Wärmedämmung der Wände, Dächer und Böden und Verringerung des Wärmedurchgangs durch Fenster, Türen und Baufugen.
Für den Bereich energiesparender Wärmebereitstellung liegen technische Möglichkeiten in der Dimensionierung, Regelung und Steuerung der Heizanlage, in Wärmerückgewinnungsverfahren, der Verwendung regenerativer Energiequellen und Ausnutzung der Möglichkeiten der Kraft-Wärme-Kopplung.

Aufgabe 2

Die Verbesserung der Energiedienstleistung „Wärme im Wohnhaus" kann nicht nur durch eine Erhöhung des Verbrauchs von Öl (oder Kohle, Gas, Elektrizität usw.) erreicht werden, sondern ebenso durch eine Verbesserung der

– Hausarchitektur
– Wärmedämmungs- und/oder Wärmerückgewinnungsmaßnahmen,
– zusätzlichen Arbeitsleistung des Verbrauchers (z.B. Holzverfeuerung).

Energieverbrauch ist daher durch Kapital, technisches Wissen oder Arbeit ersetzbar.

Aufgabe 3

- *Windenergie:* Nutzung durch Windmühlen zur Erzeugung von elektrischer Energie (Generator), mechanischer Energie (Getreidemühle) in windreichen Gebieten; dezentrale Nutzung
- *Wasserenergie:* mechanisch und elektrisch, an Bächen und Flüssen, besonders dort, wo Speichermöglichkeiten gegeben sind; regionale Nutzung
- *Gezeitenenergie:* Erzeugung elektrischer Energie an trichterförmigen Küsten mit großem Tidenhub; überregionale Nutzung
- *Erdwärme:* Erzeugung von Wärmeenergie; überregionale Nutzung
- *Sonnenenergie:* Erzeugung von Wärme- und elektrischer Energie. *Wärmeenergie* mit nichtfokussierenden Kollektoren; dezentrale Nutzung. *Elektrische Energie* mit fokussierenden Kollektoren; regionale Nutzung
- *Bioenergie:* Erzeugung von Gas; regionale Nutzung

Aufgabe 4

Der entscheidende Vorteil der Kraft-Wärme-Kopplung zeigt sich im hohen Gesamtwirkungsgrad solcher Anlagen, der zum Beispiel bei Industriekraftwerken den Wert von 0,85 (85%) erreicht. Energetisch erweisen sich Heizkraftwerke somit allen anderen Versorgungstechniken überlegen.
Die Hauptschwierigkeiten liegen in den hohen Investitionskosten für die Verteilung und den Transport heißen Wassers wie in der Abluftentgiftung sehr kleiner Anlagen.

Aufgabe 5

Vorteile: Ge- und Verbote geben klare Verhaltensanweisungen. Sie sind relativ kurzfristig zu erlassen und können eine Signalwirkung haben (z.B. Sonntagsfahrverbot für Kraftfahrzeuge).

Nachteile: Die Einhaltung von Ge- und Verboten ist oft nur schwer oder gar nicht kontrollierbar. Bei fehlender Einsicht werden sie nicht beachtet oder unterlaufen.

Energiesparende Verhaltensweisen erfordern teilweise Eigeninitiative, die nicht durch die Befolgung von Ge- und Verboten zu ersetzen ist.

Aufgabe 6

– Reduzierung der Fahrzeugmasse
– Verringerung des Fahrwiderstandes
– Optimierung des Wirkungsgrades der Kfz-Motoren

Lösungen 489

Lösungen zur 24. Studieneinheit

Aufgabe 1

Der Gebiets- und Objektschutz, vor allem aber der Arten- und Biotopschutz, sind erweitert und konkretisiert worden. Darüber hinaus hat die Landschaftsplanung eine gesetzliche Grundlage erhalten; auch die mögliche Verhinderung und der Ausgleich von Eingriffen im Zusammenhang mit der Fachplanung und die Beteiligung der zuständigen Behörden sind geregelt.

Aufgabe 2

Flachmoor: Hoher Wasserstand, Nährstoffversorgung durch mineralischen Untergrund oder Versorgung durch nährstoffreiches Oberflächen- bzw. Grundwasser.

Hochmoor: Erhaltung des Wasserhaushaltes (Grundwasser und Hochmoorweiher).

Trockenheide: Nährstoffarmer Sandboden, niedriger Grundwasserstand, keine stärkere Beschattung durch Gebüsch- oder Baumbestand.

Aufgabe 3

Kategorien	Beispiele von Säugetierarten (als „richtig" gelten alle im Text aufgeführten Arten, beispielsweise:)
ausgestorben	Auerochse (Ur), Wolf
vom Aussterben bedroht	
– unmittelbar	Otter, Große Hufeisennase
– auf lange Sicht	Schweinswal, Mausohr
stark gefährdet	Seehund, Gartenschläfer, Zwergfledermaus
gefährdet	Dachs, Wasserspitzmaus, Haselmaus
potentiell gefährdet	Murmeltier, Alpenspitzmaus

Aufgabe 4

Bei *Totalverlust:* Aussterben auf der ganzen Erde bedeutet den nicht umkehrbaren Verlust einer Art und aller Entwicklungsmöglichkeiten, die von ihr künftig hätten ausgehen können.

Bei *Erlöschen* in einem begrenzten Gebiet:

• Rückgang einer Pflanzenart bedingt Verschwinden von jeweils etwa 16 Tierarten, die von ihr abhängig sind.
• Schwierigkeiten bei der Wiederbesiedlung aus angrenzenden Gebieten, falls die Standortsverhältnisse dies überhaupt zulassen.
• Anzeichen für Standortsveränderungen, in der Kulturlandschaft für die Auswirkungen des Menschen.

Aufgabe 5

• Unterschutzstellung von repräsentativen Flächenanteilen aller Ökosystemtypen. Dabei muß in solchen Ökosystemen, die der menschlichen Nutzung ihren Ursprung verdanken, die traditionelle Bewirtschaftung beibehalten, in Wildschutzgebieten („Reservaten") fallweise auch eine Bejagung zur Bestandsregulation eingeplant werden.

• Anlage von Ersatzlebensräumen

• Wiederherstellung zerstörter Ökosysteme (z. B. Wiederherstellung von Moor)

• Artenschutz muß auch in landwirtschaftlichen Gebieten und Siedlungsarealen betrieben werden, da der Artenerhalt nicht ausschließlich durch Schutzgebiete gewährleistet werden kann. „Biotoppflege" außerhalb von Schutzgebieten umfaßt: Anlage von Hecken, Feldgehölzen, Gewässern, Rainen, Wildpflanzenbeständen aller Art, Nistgelegenheiten für Vögel, Verzicht auf Pestizideinsatz, Erhalt oder Schaffung von Nahrungsquellen für gefährdete Arten.

Lösungen zur 25. Studieneinheit

Aufgabe 1

Für den *Gebietsschutz* sieht das Bundesnaturschutzgesetz „Naturschutzgebiete" vor; sie haben einen höheren Schutzstatus als „Landschaftsschutzgebiete", die im allgemeinen großflächig sind und auch gezielt der Erholung dienen sollen. „Naturparke" und „Nationalparke" sind keine Gebietsschutzkategorien im eigentlichen Sinne: Erstere sind überwiegend Landschaftsschutzgebiete *und* Naturschutzgebiete, während letztere im überwiegenden Teil ihres Gebietes die Voraussetzungen für Naturschutzgebiete erfüllen sollen.
Der *Objektschutz* umfaßt „Naturdenkmale", die verhältnismäßig streng geschützt sind, und als eine neue Kategorie „Geschützte Landschaftsbestandteile".

Aufgabe 2

Naturschutzgebiete haben zwar nach dem geltenden Recht den höchsten Schutzstatus, jedoch können land-, forst- und fischereiwirtschaftliche wie auch jagdliche Nutzungen allein wegen der „Landwirtschaftsklausel" im Bundesnaturschutzgesetz nicht ausgeschlossen werden. Daher können ein „Vollschutz" wie auch aufwendige Pflege- und Erhaltungsmaßnahmen in der Regel nur durch einen Ankauf mit öffentlichen Mitteln erreicht werden.
Landschaftsschutzgebiete sind allein wegen ihrer Großflächigkeit nur unzureichend gegen Eingriffe und Nutzungen verschiedenster Art geschützt; auch ihre Aufgabe als Erholungsgebiet muß zwangsläufig zu Ziel- und Nutzungskonflikten führen.

Aufgabe 3

Nationalparke dienen vornehmlich der Erhaltung eines möglichst artenreichen heimischen Pflanzen- und Tierbestandes. Das setzt voraus, daß sie dafür geeignete Lebensräume oder Biotope aufweisen. Die Bedeutung für den Naturschutz liegt vor allem darin, daß verhältnismäßig große Gebiete in naturnahem oder natürlichem Zustand geschützt sind oder – wie dies besonders für Waldbestände gilt – in einen naturnahen oder natürlichen Zustand, etwa in einen Natur- oder Urwald, wieder zurückentwickelt werden.
Der Besucher hat hier die Möglichkeit, ungestörte und ursprüngliche Natur zu erleben und mit ihren Gesetzmäßigkeiten vertraut zu werden; dabei stehen ihm hier auch Informationseinrichtungen zur Verfügung.

Aufgabe 4

Ziel ist die Erhaltung der selten gewordenen, gefährdeten und für die norwestdeutsche Geest besonders repräsentativen Ökosysteme der nährstoffarmen Heideseen und -moore sowie des Landschaftsbildes der als Grünland genutzten Senke. Zur Erreichung dieses Zieles wird folgendes Bündel von *Schutzmaßnahmen* erforderlich:
1. Schutz vor Eutrophierung aus dem Bereich der Acker- und Grünlandflächen auf dem Wege über das Grundwasser, durch abfließendes Oberflächenwasser und durch Deflation von Bodenteilchen und Mineraldünger.
2. Schutz vor Grundwasserabsenkung durch landwirtschaftliche Meliorationsmaßnahmen und Wasserentnahmen aus dem Grundwasser.
3. Schutz der Alteichenbestände als charakteristischem Element des Landschaftsbildes.

Das Ziel des Naturschutzes deckt sich partiell mit dem der Wasserwirtschaft (Schutz des Grund- und Oberflächenwassers vor Eutrophierung). So ergibt sich die Möglichkeit einer Überlagerung, Zonierung und gegenseitigen Ergänzung der Schutzkategorien nach dem Naturschutz- bzw. Wassergesetz. Das bedeutet im einzelnen:
1. Sicherung der Heidemoore und -seen sowie ihrer nächsten Umgebung als *Naturschutzgebiet* (Vollschutzgebiet).
2. Sicherung des Grünlandgürtels als *Landschaftsschutzgebiet* mit der Funktion einer Pufferzone.
3. Sicherung der als Bodenschutzmaßnahme im Rahmen der Flurbereinigung vorgesehenen Windschutzpflanzungen als *Geschützte Landschaftsbestandteile*.
4. Sicherung der Alteichengruppen im Grünlandgürtel als *Naturdenkmal*.
5. Einbeziehung der Moorsenke, des Grünlandgürtels und der umgebenden Ackerflächen in das vorgesehene *Wasserschutzgebiet*.

Aufgabe 5

Die Anlage neuer Deiche im Wattenmeer in Form von Vordeichungen gefährdet in der Regel die biologisch wertvollsten Teile des Watts. Gerade diese Räume sind als Teillebensräume (Nahrungsaufnahme, Rast) für See- und Watvögel von großer Bedeutung.
Dort, wo Küstenschutzmaßnahmen zur Sicherung von Siedlung und Menschen erforderlich sind, sollte versucht werden, die Aufgaben durch
- eine Verstärkung der bestehenden Hauptdeiche zu lösen oder notfalls
- eine Vordeichung in nur 100–200 Meter Entfernung vor den bestehenden Deichen durchzuführen.

Aufgabe 6

Die Sicherung eines großflächigen Heidegebietes als Naturschutzgebiet muß zwangsläufig zu Schwierigkeiten führen, weil die Zwergstrauchheide eine Ersatzgesellschaft ist und bei Ausbleiben der Pflegemaßnahmen zwangsläufig eine Entwicklung zur Waldgesellschaft einsetzt. Der ständige Aufwuchs von Birke und anderen Holzarten muß fortlaufend unter hohem Aufwand beseitigt werden, wenn die Heide erhalten bleiben soll. Leider werden von der öffentlichen Hand hierfür keine ausreichenden Mittel zur Verfügung gestellt.
Zielkonflikte ergeben sich weiter zwangsläufig aus den hohen jährlichen Zahlen von 3–4 Millionen Besuchern, zumal sie sich zeitlich und örtlich stets stark konzentrieren.
Die Benutzung großer Heideflächen als Übungsgelände für britische Panzer und die bevorstehende Entnahme von jährlich mindestens 10 Millionen m^3 Grundwasser für die Stadt Hamburg sind weitere Fakten, die die Ziele des Naturschutzes gefährden.

Aufgabe 7

Musterlösung: „Sowohl als auch". Der Utilitarist macht die Schutzwürdigkeit von Naturschönheiten allerdings davon abhängig, daß sie für Menschen – aber nicht unbedingt die gegenwärtig lebenden – zugänglich und erlebbar ist.

Aufgabe 8

Richtig sind die Alternativen (a), (d) und (e). Vgl. Sie dazu insbesondere S. 285–291.

Lösungen zur 26. Studieneinheit

Aufgabe 1

- Denken in Regelkreisen und Wirkungsnetzen; – kybernetische Wechselwirkungen; – vernetztes Denken; – komplexe dynamische Systeme; – Selbstregulationen

Aufgabe 2

- Veränderung der typischen Landschaftsstruktur
- Beseitigung naturnaher Gewässer, Tümpel und Teiche als Lebensstätten für schutzwürdige Pflanzen und Tiere
- Beseitigung von Gehölzen, Hecken und Waldparzellen und Zerstörung von Brut-, Nahrungs-, Feucht- und Lebensstätten für die Tierwelt
- Senkung des Grundwasserstandes mit der Folge der Austrocknung ehemaliger Feuchtgebiete und Zerstörung von Lebensstätten besonders für Wat- und Sumpfvögel *(Limikolen)*
- Industrialisierung der Landschaft und Anbau von Monokulturen
- Verlust von Erholungsraum für den Menschen der Städte
- Bodenerosionen durch fehlende Schutzpflanzungen

Aufgabe 3

Hier liegt offensichtlich ein vermeidbarer Eingriff vor, denn die Straße hätte am Waldrand vorbeigeführt werden können, wo auch die alte Straße verlief (im Bild *links*).
In einigen Landesgesetzen ist im einzelnen festgelegt, welche Maßnahmen und welche nicht als „Eingriffe" anzusehen sind. Im wesentlichen sind es Folgen von Fachplanungen, die grundsätzlich oder ab einem bestimmten Ausmaß als Eingriff gelten.
Vermeidbare Eingriffe sind aufgrund des Bundesnaturschutzgesetzes zu unterlassen und unvermeidbare durch Maßnahmen des Naturschutzes und der Landschaftspflege auszugleichen. Wenn dies am Ort des Eingriffs nicht möglich ist, so können Ersatzmaßnahmen an anderer Stelle oder Ausgleichsabgaben in Geld in Betracht kommen.

Aufgabe 4

– Ökologische Faktoren bedürfen zunächst einer Untersuchung oder doch Beobachtung über längere Zeiträume und an mehreren Standorten.
– Ökologische Vorgänge sind vielfältig miteinander vernetzt.
– Die Datenfülle ist sehr groß, weil zahlreiche Grunddaten erforderlich sind.
– „Landschaftsschaden" (als Bestandsaufnahme und als Bewertung) ist nur schwer zu definieren, weil jeder menschliche Eingriff belastend oder schädlich sein kann.
– Bewertung von Natur und Landschaft ist deshalb schwierig, weil sie nicht vollständig objektivierbar ist; Natur kann nur schwer mit mathematisch-statistischen Methoden erfaßt werden.

Aufgabe 5

Auf der Ebene der Regionalplanung kann der Landschaftsrahmenplan, auf der Ebene der Bauleitplanung der Landschaftsplan und der Grünordnungsplan und auf der Ebene der verschiedenen Fachplanungen der Landschaftspflegerische Begleitplan aufgestellt werden. In Nordrhein-Westfalen wird der Landschaftsplan vom Kreis aufgestellt und als Satzung beschlossen.
Für den Landschaftsrahmenplan können nur die Teile rechtswirksam werden, die in den Regionalplan übernommen werden; das gleiche gilt für den Landschaftsplan, der mit Teilen in den Flächennutzungsplan und Bebauungsplan integriert und damit wirksam werden kann. Der Landschaftspflegerische Begleitplan ist Teil des Fachplanes und wie dieser nach dem Planfeststellungsverfahren verbindlich.

Aufgabe 6

– *Vielschichtigkeit der Nutzungsansprüche:* intensive Landwirtschaft – Erhaltung des ökologischen Potentials – Erholungsbedürfnisse einer wachsenden Bevölkerung
– *Fehlen von Strategien zum politisch-administrativen Vollzug:* keine politische Übereinstimmung über Priorität von ökologischen Entwicklungsmaßnahmen vor Maßnahmen der Siedlungsentwicklung – keine gesetzliche „Vollzugs-Verpflichtung" – keine rechtliche Grundlage zur Durchsetzung landschaftlicher Maßnahmen im Bereich land- und forstwirtschaftlich genutzter Flächen gegen den Willen der betreffenden Grundeigentümer – keine autorisierten Kontrollinstanzen

Lösungen zur 27. Studieneinheit

Aufgabe 1

(a) Die umweltpolitische Diskussion bewegte sich zunehmend vom Interesse an regionalen und besonders schweren Umweltgefährdungen hin zum Interesse an allgemeinen Zusammenhängen. Diese Entwicklung vollzieht sich in ähnlicher Weise im Bereich der Didaktik der Umwelterziehung.
(b) Einsicht in die *Zusammenhänge* der Umweltgefährdung und *Bereitschaft* zur Abhilfe.

Aufgabe 2

– Vom Schulalltag entlastete Atmosphäre und längeres, durchgängiges Beisammensein von Schülern und Lehrern steigern die pädagogische Wirksamkeit von Lernsituationen.
– Die Unabhängigkeit von vorgegebenen zeitlichen Rastern ermöglicht freie Arbeitsformen (Projektarbeit, arbeitsteiliges Verfahren, Erkundung durch größeren Handlungs- und Erfahrungsraum für die Schüler).
– Unmittelbare Anschauung durch Arbeiten „vor Ort" weckt größere Schülermotivation.

Aufgabe 3

Das Freilandlabor soll Schülern modellhaft Einsichten in ökologische Zusammenhänge und Gesetzmäßigkeiten unmittelbar am Naturobjekt durch eigenes Erarbeiten ermöglichen. Die Grenzen der Arbeit im Freilandlabor sind darin zu sehen, daß es vorwiegend nur eine Auseinandersetzung mit natürlichen Systemen ermöglicht. Nur wenige Umweltprobleme – wie etwa Immissionsbelastungen, Düngung und Schädlingsbekämpfungsmittel – können dort erarbeitet werden.

Lösungen

Aufgabe 4

(a) Die Unterrichtsstunden der Fächer Biologie und Geographie bzw. Sozialkunde wurden zusammengelegt, so daß pro Woche 2 Doppelstunden zur Verfügung standen.

(b) – Die biologische und chemische Analyse der Verschmutzung der Fließgewässer in der eigenen Gemeinde.
   – Die Leistungen der Gemeinde zur Gewässerreinhaltung.
   – Das Problembewußtsein der Bevölkerung und Schwierigkeiten mit der Abwasserbeseitigung bei Betrieben.

(c) Leitprogramme geben den Schülern Hilfen für das Vorgehen und im Inhaltsbereich. Arbeitsschritte, Texte und Arbeitsrückblicke strukturieren die Gruppenarbeit.

Aufgabe 5

(a) Berufsschule und (Ausbildungs-)Betrieb

(b) Ausbildungsrahmenpläne (als Teile der Verordnungen über die Berufsausbildung) und Lehrpläne (Richtlinien, Curricula, Handreichungen) für die Berufsschule (einschließlich Berufsgrundbildungsjahr)

(c) – Es gibt noch Ausbildungsvorschriften für die Betriebe und Lehrpläne für die Berufsschule ohne Aussagen zu Zielen und Inhalten der Umwelterziehung
   – Vorhandene Aussagen zum Lerngebiet „Umweltschutz" in den Ausbildungsrahmenlehrplänen und Lehrplänen für die Berufsschule sind für die Umsetzung in Zusammenhang mit anderen Ausbildungs- und Lerngebieten nicht genügend konkretisiert

Aufgabe 6

1. Ingenieur- und naturwissenschaftliche Studiengänge (z.B. Energie- und Verfahrenstechnik, Biologie, Chemie)
2. Umweltplanung (Architektur, Städte- und Verkehrsplanung, Bauingenieurwesen)
3. Aufbau- und Ergänzungsstudium
4. Studiengänge für die Lehrämter (insbesondere Biologie, Chemie, Physik, Geographie)

Aufgabe 7

(a) – Allgemeine Umweltthemen ohne Bezug zur örtlichen Lebenssituation entsprechen den Interessen der Teilnehmer zu wenig.
   – Themen, die lediglich auf die Auseinandersetzung mit Problemen hinweisen, wirken eher abschreckend.

(b) Reale Lebenssituationen müssen thematisiert und Veranstaltungsformen bevorzugt werden, welche die Teilnehmer zu eigenem Handeln und Erleben bringen.

Lösungen zur 28. Studieneinheit

Aufgabe 1

Der Kompromißcharakter umweltpolitischer Ziele wird durch mehrere Faktoren verursacht, wobei die im folgenden genannten eine zentrale Rolle spielen:
• Die politischen Entscheidungsträger verfolgen mehr als nur umweltpolitische Ziele, die miteinander in Konflikt liegen können und deshalb zu einem Ausgleich gebracht werden müssen.
• Die politischen Entscheidungsinstanzen werden von unterschiedlichen Interessengruppen beeinflußt, die über unterschiedliches Durchsetzungspotential verfügen können.
• Die wissenschaftliche Beratung der Umweltpolitik betont unterschiedliche Aspekte.

Aufgabe 2

Es besteht die Gefahr, daß die umweltpolitische Kompetenzaufteilung sich hinderlich auf die Erarbeitung einer umweltpolitischen Gesamtkonzeption auswirkt. Außerdem können Interessenkollisionen innerhalb eines Ressorts auftreten, zum Beispiel zwischen der Umwelt- und der Agrarpolitik bei Fragen des Naturschutzes. Wünschenswert wäre eine sich auch kompetenzmäßig niederschlagende Zusammenarbeit von Umwelt- und Raumordnungspolitik.

Aufgabe 3

Auflagen verlangen von allen Emittenten unabhängig von ihrer betriebswirtschaftlichen Situation die Einhaltung bestimmter Grenzwerte. Dies kann dazu führen, daß kleine Emittenten, die nur wenig zur Immissionsbelastung beitragen, teure Vermeidungsmaßnahmen ergreifen müssen, für Großemittenten andererseits kein Anreiz besteht, die Vorteile der Größendegression bei der Emissionsreduzierung zu verwirklichen. Durch *Abgaben* wird demgegenüber eine solche betriebsindividuelle Anpassung an umweltpolitische Daten möglich. Dadurch können die gesamtwirtschaftlichen Kosten der Umweltpolitik gesenkt werden.

Aufgabe 4

Als Vollzugsdefizit wird die Nichteinhaltung gesetzlicher Normen durch Emittenten verstanden. Die umweltpolitischen Vollzugsbehörden sind vor allem auf Regierungsbezirks- bzw. Kreis- und Gemeindeebene zu finden. Als Ursachen für Vollzugsdefizite können hier eine Rolle spielen:
– Ausstattungsengpässe (personell und sachlich)
– Wissens- und Informationsprobleme
– Durchsetzungsprobleme gegenüber Adressaten (Emittenten)
– Durchsetzungsprobleme innerhalb der Verwaltung (z.B. Zielkonflikt Umweltschutz – Wirtschaftsförderung)

Aufgabe 5

Es lassen sich vor allem drei Aufgabenkomplexe unterscheiden:
– Nicht gelöste und neue Umweltprobleme
– Verstärkte Integration der Umweltpolitik in die Gesamtpolitik
– Beachtung der ökonomischen Konsequenzen der Umweltpolitik

Lösungen zur 29. Studieneinheit

Aufgabe 1

Wald-Feld-Wechselwirtschaft wird in den feuchten Tropen, insbesondere im Regenwaldgebiet, betrieben. Durch Brandrodung wird der Boden freigelegt, und dann erfolgt für etwa 2 Jahre Nutzpflanzenanbau. Die rasch abnehmenden Erträge sind die Folge einer Nährstoffverarmung, die durch sehr schnellen Abbau toter organischer Substanz und durch Auswaschen und Abschwemmen von Nährstoffen infolge der starken Niederschläge zu erklären ist. Durch eine Waldbrache von 12 Jahren und mehr versucht man eine Wiedererholung der Bodenfruchtbarkeit zu erreichen.

Aufgabe 2

Heute gehen etwa 20%–30% der potentiellen Ernteerträge durch den Befall der Kulturen mit Krankheitserregern und Schädlingen und durch Auftreten von Unkräutern verloren. Verluste treten auch bei der Lagerung von Nahrungsmitteln auf. Wegen der rasch wachsenden Weltbevölkerung werden in Zukunft mehr Nahrungsmittel benötigt. Um diesem steigenden Nahrungsmittelbedarf gerecht werden zu können, ist der Einsatz von Pflanzenschutzmitteln notwendig. Wegen der negativen ökologischen Auswirkungen sollte aber nach dem Motto verfahren werden: „So viel wie nötig, so wenig wie möglich."

Aufgabe 3

Als „Ernährungslücke" wird das Mißverhältnis zwischen Eigenerzeugung und Bedarf bezeichnet. Sie beträgt derzeit etwa 90 Millionen Tonnen Getreide jährlich. Bei Anhalten derzeitiger Entwicklungstrends wird sie bis zum Jahr 2000 auf 226 Millionen Tonnen angewachsen sein. Um dies zu verhindern, schlägt die FAO unter anderem vor:
– Priorität für die Nahrungsmittelproduktion in der Politik der unterentwickelten Länder,
– Steigerung des Düngemitteleinsatzes,
– Verwendung besseren Saatgutes,
– Verstärkte Mechanisierung der Landwirtschaft,
– Vervierfachung der Entwicklungshilfe für die Landwirtschaft bis zum Jahr 2000.

Aufgabe 4

Pflanzen und Tiere sterben dann aus, wenn ihnen ihre Lebensräume genommen werden. In den unterentwickelten Ländern stellt die Zerstörung der tropischen Wälder die größte Biotopzerstörung dar. Mehr als die Hälfte des bis zum Jahr 2000 prognostizierten Artenrückgangs ist darauf zurückzuführen.

Aufgabe 5

Einen Ansatz zur Verbesserung der Entwicklung in den Gebieten der tropischen Wälder stellt die *Agroforstwirtschaft* dar. Es handelt sich um einen Verbund aus Bäumen, landwirtschaftlichen Kulturpflanzen und Haustieren. Eine solche Wirtschaftsform entspricht sowohl den Bedürfnissen der Bevölkerung als auch den ökologischen Bedingungen der Tropen.

Lösungen zur 30. Studieneinheit

Aufgabe 1

Die Prognose der Studie *„Die Grenzen des Wachstums"* kommt zu dem Ergebnis, daß bei weiterem exponentiellen Wirtschaftswachstum in der ersten Hälfte des 21. Jahrhunderts materielle Wachstumsgrenzen, vor allem in Form zunehmender Rohstoffknappheit und Umweltverschmutzung, erreicht werden. Daraus folgt als strategische Schlußfolgerung die Begrenzung des Wirtschaftswachstums. Nachfolgende weltumfassende Studien betonen zunehmend die Nord-Süd-Wohlstandskluft und sehen Wirtschaftswachstum als Element einer Problemlösungsstrategie. Unter der Voraussetzung umfassender technologischer, ökonomischer und sozialer Veränderungen geraten materielle Wachstumsgrenzen zunehmend in den Hintergrund.

Aufgabe 2

Die Umweltzerstörung in den unterentwickelten Ländern ist unter anderem eine Folge der dort herrschenden Armut des größten Teils der Bevölkerung. Eine Verringerung der Armut wäre auch ein Beitrag zur Umweltentlastung. Zur Verringerung der Armut sind auch und vor allem finanzielle Ressourcen notwendig. Wirtschaftswachstum in den Industrieländern kann den unterentwickelten Ländern auf zweierlei Art helfen:
- Wachstum bewirkt in der Regel eine steigende Importnachfrage. Hiervon können auch die unterentwickelten Länder profitieren, indem sie durch Exporte Devisen für ihre eigene Entwicklung verdienen.
- Ein steigendes Sozialprodukt entschärft die Verteilungskonflikte in einer Gesellschaft. Dadurch können Entwicklungshilfeleistungen problemloser gesteigert werden.

Allerdings handelt es sich bei den Wirkungsmechanismen nicht um automatisch ablaufende Prozesse. Immer sind auch politische Entscheidungen notwendig.

Aufgabe 3

Die Bundesregierung teilt die Auffassung, daß die in *„Global 2000"* dargestellten Entwicklungstendenzen die Schlüsselprobleme für die Zukunft der Menschheit darstellen. Die Bundesregierung betont vor allem die Notwendigkeit internationaler Zusammenarbeit, erwartet sich Lösungsbeiträge von der Wissenschaft und hebt die Rolle der Entwicklungspolitik bei der Lösung der weltweiten Probleme hervor.

Aufgabe 4

Es sind zwei Aspekte zu nennen:
- Umweltverträglichkeitsprüfungen bei Projektanträgen
- Stärkere Betonung der Land- und Forstwirtschaft in der Entwicklungshilfe

Aufgabe 5

- Probleme aufgrund der schwerfälligen und multikulturellen Bürokratie von UNEP
- Koordinationsprobleme zwischen UNEP und anderen UN-Organisationen
- Sinkende (freiwillige) Beitragszahlungen in den Umweltfonds

Bibliographie

Literatur zum „Abriß der Geschichte des Landbaus"

Vorbemerkung: Die Fülle von Literatur zu diesem Gebiet macht eine starke Beschränkung der Bibliographie nötig. Ein vertieftes Eindringen vor allem in die ältere Literatur ist möglich über einige umfassende Publikationen der letzten Zeit, bei denen jeweils besonders darauf verwiesen wird. Im übrigen sind nach Möglichkeit neueste Arbeiten aus vielen verschiedenen Teilgebieten aufgenommen. Bitte, beachten Sie auch, daß eine Reihe von Teilgebieten erst in den Studieneinheiten 17 und 18 behandelt wird.

Martin BORN: Die Entwicklung der deutschen Agrarlandschaft. Erträge der Forschung. Band 29. Darmstadt 1974.

Konrad BUCHWALD: Umwelt – Mensch – Gesellschaft. Die Entstehung der Umweltproblematik. In: K. BUCHWALD / W. ENGELHARDT: Handbuch für Planung, Gestaltung und Schutz der Umwelt. Band 1. München 1978, S. 1–46.
Enthält im Rahmen einer ganzheitlichen Betrachtung der Entwicklung der Umweltproblematik im mitteleuropäischen Raum auch Ausführungen zur Geschichte der Landwirtschaft.

Edith ENNEN / Walter JANSSEN: Deutsche Agrargeschichte. Vom Neolithikum bis zur Schwelle des Industriezeitalters. In: H. POHL (Hrsg.): Wissenschaftliche Paperbacks: Sozial- und Wirtschaftsgeschichte 12. Wiesbaden 1979.

Klaus C. EWALD: Der Landschaftswandel. Zur Veränderung schweizerischer Kulturlandschaften im 20. Jahrhundert. Berichte, Nr. 191. Eidgenössische Anstalt für das forstliche Versuchswesen (CH-8903 Birmensdorf) 1978. (Zugleich publiziert in: Tätigkeitsberichte der Naturforschenden Gesellschaft Baselland. Band 30. Liestal 1978, S. 53–308.)
Zahlreiche Fallstudien mit sehr gutem Bildmaterial, instruktiven Karten und Tabellen.

Friedrich-Wilhelm HENNING: Landwirtschaft und ländliche Gesellschaft in Deutschland. Band 1: 800–1750 (1979), Band 2: 1750–1976 (1978). UTB Taschenbücher 774 (1978) bzw. 894 (1979).

Karl Heinz KREEB: Ökologie und menschliche Umwelt. UTB Taschenbücher 808. Stuttgart 1979.
Das Buch enthält Darstellungen der Agrar- und Landschaftsgeschichte des Mittelmeerraumes und Vorderasiens.

Gerhardt PREUSCHEN: Der Einfluß der Landwirtschaftsformen auf die Änderung in der natürlichen Umwelt. In: Harald SIOLI (Hrsg.): Ökologie und Lebensschutz in internationaler Sicht. Freiburg 1973, S. 269–305.

Wilfried RANKE / Gottfried KORFF: Hauberg und Eisen. Landwirtschaft und Industrie im Siegerland um 1900. München 1980.

Westermanns Großer Atlas zur Weltgeschichte. Braunschweig 1965.
Thematische Karten zu ländlichen Siedlungen, Landausbau Mittelalter, Wüstungen, Flurbereinigung im 19. Jahrhundert u. a.

Literatur zur 16. Studieneinheit

Einführende Literatur

Heinz HAUSHOFER (Hrsg.): Die Agrarwirtschaft in der Bundesrepublik Deutschland. München 1974.
Ausführliche Darstellung des Gesamtbereiches konventioneller Landbau. Geht auch auf Siedlungsformen, Produktionsräume usw. ein, gut bebildert; reichhaltige statistische Angaben, aber nur bis 1972; dennoch gute Einführung.

Landbewirtschaftung und Ökologie. Zwingen ökologische Ziele zu grundlegenden Änderungen der Bewirtschaftung von Acker–Grünland–Wald? Arbeiten der DLG 172. Frankfurt 1981.
  Als Einstiegslektüre in den Gesamtkomplex Landwirtschaft–Umwelt gut geeignet.
Gerd MICHELSEN / Fritz KALBERLAH und Öko-Institut Freiburg: Der Fischer Öko-Almanach. Frankfurt 1980. Bereich Landwirtschaft und Nahrungsmittel, S. 126–136.
Ulrich WERSCHNITZKY: Agrarwirtschaft und Umwelt. *Berichte über Landwirtschaft.* N.F. Band 55 (4) (1977), S. 593–605.

Weiterführende Literatur

Agrar- und ernährungspolitischer Bericht der Bundesregierung. Erscheint jährlich, zuletzt am 3. 2. 1983, Bundestags-Drucksache 9/2402.
Agrarwirtschaft und Energie. Berichte über Landwirtschaft. N.F. 195. Sonderheft. Hamburg/Berlin 1979.
  Umfangreiche Zusammenstellung von Vorträgen einer Tagung zu diesem umweltrelevanten Thema.
Anton AMBERGER: Pflanzenernährung. Ökologische und physiologische Grundlagen der Pflanzenernährung. UTB Taschenbücher 846. Stuttgart 1979.
Bernd ANDREAE: Agrargeographie. Strukturzonen und Betriebsformen in der Weltlandwirtschaft. – Berlin/New York 1977.
Helmut ARNOLD: Ökologische Herausforderungen der Agrarpolitik. Hochschulsammlung Wirtschaftswissenschaft, Agrarwissenschaft. Bd. 2. Freiburg 1981.
Bayerisches Landwirtschaftliches Jahrbuch. 53. Jahrgang. Sonderheft 3 (1976), München.
  Enthält inhaltsreiche Vorträge einer Tagung des Dachverbandes der agrarwissenschaftlichen Gesellschaften zur Thematik „Landwirtschaft und Umwelt".
George W. COX / Michael D. ATKINS: Agricultural Ecology. An analysis of world food production systems. San Francisco (Freeman) 1979.
  Grundlegendes Werk der englischsprachigen wissenschaftlichen Literatur zum Problem „Landwirtschaft und Ökologie".
Der Rat von Sachverständigen für Umweltfragen: Umweltgutachten 1978. Stuttgart/Mainz 1978 (in textgleicher ungebundener Ausgabe verfügbar als Bundestagsdrucksache 8/1938; Vertrieb Verlag Heger, Bonn). Bereich Landwirtschaft siehe S. 314–338 (mit weiterführender Literatur bis einschließlich 1977).
Global 2000. Der Bericht an den Präsidenten. Frankfurt 1980.
  In weltweite Probleme der Landwirtschaft führen S. 579 ff. ein. Weitere Kapitel behandeln spezielle Aspekte.
Landwirtschaft in der Europäischen Gemeinschaft – Fragen zur Situation unserer Partner. Archiv DLG 67. Frankfurt 1981.
  Erweiterte Fassungen von Vorträgen einer Tagung der Deutschen Landwirtschafts-Gesellschaft (DLG) im Januar 1981.

Bodenkunde

Vgl. dazu auch die Literaturangaben zu Studieneinheit 17.

Herbert KUNTZE / Johannes NIEMANN / Günter ROESCHMANN / Georg SCHWERDTFEGER: Bodenkunde. UTB Taschenbücher 1106. Stuttgart ²1981.
Eduard MÜCKENHAUSEN: Die Bodenkunde und ihre geologischen, geomorphologischen, mineralischen und petrologischen Grundlagen. Frankfurt 1975.
  Standardwerk der Bodenkunde (mit farbigen Darstellungen von Bodenprofilen).

Gewässerschutz, Gewässerbelastung

W. Böhm: Wasserbau und Landwirtschaft an der ökologischen Reizschwelle? Der landwirtschaftliche Wasserbau Salzburgs in Beziehung zur Umwelt. *Österreichische Wasserwirtschaft* 32 (1/2) (1980), S. 1–7.
Kritik der Meliorationspraxis am Beispiel des Salzburger Landes. Vorschläge für ökologisch sinnvolles Handeln.

Bundesamt für Landwirtschaft und Bundesamt für Umweltschutz (Hrsg.): Wegleitung für den Gewässerschutz in der Landwirtschaft (Düngung, Anschlußpflicht, Hofdüngerverwertung). Bern 1979.
Sehr informative Darstellung der Vorbeugemaßnahmen gegen Gewässerbelastung in der Landwirtschaft.

H. Kuntze: Belastung und Schutz von Gewässern. *Bayerisches Landwirtschaftliches Jahrbuch* 3 (1976), S. 158–174.

F. Lehnardt / H. M. Brechtel / M. K. E. Boness: Wasserqualität von Bächen bewaldeter und landwirtschaftlicher Gebiete. *Forstwissenschaftliches Centralblatt* 99 (2) (1980), S. 101–109.
Düngungsmaßnahmen auf landwirtschaftlichen Flächen erhöhten in Bächen den Nitrat- und Chloridgehalt.

R. Sunkel: Nitratauswaschung im landwirtschaftlich genutzten Wasserschutzgebiet Mussum. – *Pflanzenernaehrung und Bodenkunde* 142 (1979), S. 207–218.
Das Untersuchungsmaterial belegt den engen Zusammenhang zwischen Düngung und Nitratauswaschung.

Haustierentstehung

Wolf Herre / Manfred Roehrs: Domestikation und Stammesgeschichte. In: G. Heberer (Hrsg.): Die Evolution der Organismen. Band II/2, S. 29–174, Stuttgart ³1971.
Ausführliche wissenschaftliche Darstellung der Haustierwerdung.

Hans Nachtsheim / Hans Stengel: Vom Wildtier zum Haustier. Berlin/Hamburg ³1977.

Landwirtschaftliche Nutzpflanzen, Pflanzenzucht, Pflanzenbau

Gerhard Fischbeck / Klaus-Ulrich Heyland: Spezieller Pflanzenbau. UTB-Taschenbücher 111. Stuttgart 1975.

Gunther Franke / Karl Hammer / Peter Hanelt / Hans-Albrecht Ketz / Günther Natho / Horst Reinbothe: Früchte der Erde. Leipzig/Jena/Berlin 1976 und Gütersloh 1977.
Mit guten Farbabbildungen, insbesondere auch der Wild- und Zuchtgetreideformen. Verbreitungskarten, Produktionszahlen u.a.

Wolfgang Franke: Nutzpflanzenkunde. Nutzbare Gewächse der gemäßigten Breiten, Subtropen und Tropen. Stuttgart ²1981.

Franz Schwanitz: Die Entstehung der Kulturpflanzen als Modell für die Evolution der gesamten Pflanzenwelt. In: G. Heberer (Hrsg.): Die Evolution der Organismen. Band II/2, S. 175–300, Stuttgart ³1971.
Ausführliche wissenschaftliche Darstellung der Entstehung bzw. Züchtung der Kulturpflanzen.

Alfred M. Schwarzenbach: Ananas – Aspekte einer Monokultur. *Biologie in unserer Zeit* 10 (5) (1980), S. 148–153.

Ders.: Erfolge und Grenzen der klassischen Pflanzenzüchtung. *Biologie in unserer Zeit* 11 (4) (1981), S. 107–112.

Pflanzenschutz

Vgl. dazu auch die Literaturangaben zu Studieneinheit 17

Horst BÖRNER: Pflanzenkrankheiten und Pflanzenschutz. UTB Taschenbücher 518. Stuttgart ⁴1981.

Statistik zur landwirtschaftlichen Produktion

G. FOCHLER-HAUKE (Hrsg.): Der Fischer Weltalmanach 1981. Frankfurt 1980.
  Zahlreiche Angaben zur weltweiten landwirtschaftlichen Produktion auf den S. 778–810.

Statistisches Jahrbuch über Ernährung, Landwirtschaft und Forsten der Bundesrepublik Deutschland 1980. Münster-Hiltrup 1980.
  Jährlich im Herbst neu erscheinende Datensammlung.

Zu 16.3: „Ökologische Folgen der Anwendung von Pflanzenschutzmitteln und Energiebeihilfen"

Eduard VON BOGUSLAWSKI: Ackerbau. Grundlagen der Pflanzenproduktion. Frankfurt 1981.

Arnold FINCK: Dünger und Düngung. Grundlagen, Anleitung zur Düngung der Kulturpflanzen. Weinheim 1979.

G. FISCHBECK: Moderne Pflanzenproduktion und Umweltbeeinflussung. Bayerisches Landwirtschaftliches Jahrbuch. 53. Jahrgang, Sonderheft 3 (1976), S. 60–67.

Eugene P. ODUM: Grundlagen der Ökologie. Band 1: Grundlagen. Band 2: Standorte und Anwendung. Übersetzt aus dem Englischen von Jürgen und Ena OVERBECK. Stuttgart/New York 1980.
  In Taschenbuchform veröffentlichte deutsche Ausgabe des grundlegenden ökologischen Lehrbuchs: Fundamentals of Ecology. Philadelphia, Pa. ³1971.

Zu 16.4: „Landwirtschaft und Ökologie – eine Bilanz"

W. ERZ (Hrsg.): Naturschutz und Landwirtschaft. Jahrbuch für Naturschutz und Landschaftspflege. Band 27. Bonn 1977.

Ökologische Probleme in Agrarlandschaften. Referate einer Tagung über Umweltforschung der Universität Hohenheim. Daten und Dokumente zum Umweltschutz. Sonderreihe Umwelttagung Nr. 30. Stuttgart-Hohenheim 1980.

Zu 16.5: „Flurbereinigung: Ökonomische Zwänge – ökologische Schäden"

Auswertungs- und Informationsdienst für Ernährung, Landwirtschaft und Forsten (AID) e.V. (Hrsg.): Das Flurbereinigungsverfahren. AID 34/1980.
  Übersichtliche, kurzgefaßte Darstellung des Verfahrens.

Guido ALMON: Empfehlungen zur agrarstrukturellen Vorplanung 2. Stufe in Hinblick auf ein optimales Zusammenwirken von agrarischer Nutzung und biologischer Vielfalt. Wiesbaden 1979 (Hessisches Landesamt für Ernährung, Landwirtschaft und Landesentwicklung Wiesbaden. Reprodruck).

Guido ALMON / H. GÖRTZ / W. KEIL und R. SCHWARZ: Arbeitsanleitung für die Anlage von Feldgehölzen, Streuobstflächen, Gras- und Krautflächen, Feuchtflächen. Wiesbaden ²1981 (Hrsg. vom Hessischen Minister für Landesentwicklung, Umwelt, Landwirtschaft und Forsten, Wiesbaden).

Landschaftsbewertung – Flurbereinigung. *Natur und Landschaft* 54 (11). Köln 1979.

Naturschutz und Flurbereinigung. Jahrbuch für Naturschutz und Landschaftspflege. Band 29. Bonn 1979.

Zu 16.6: „Ökologische Aspekte der Tierproduktion"

AID (Hrsg.): Tierproduktion umweltfreundlich. AID 36/1980.
   Enthält neben zahlreichen Informationen über das Entstehen von Umweltbelastungen Hinweise auf Abhilfemaßnahmen und eine Zusammenstellung von relevanten gesetzlichen Bestimmungen.

AID (Hrsg.): Schweinemast. AID 49/1980.
   Gibt eine gute Übersicht über Schweinehaltung.

H. M. BLENDL: Moderne Tierproduktion und Umweltbeeinflussung. Bayerisches Landwirtschaftliches Jahrbuch. 53. Jahrgang, Sonderheft 3 (1976), S. 107–115.

K. DREPPER: Tierernährung und Umweltprobleme. Bayerisches Landwirtschaftliches Jahrbuch. 53. Jahrgang, Sonderheft 3 (1976), S. 102–106.

Hans-Otto GRAVERT / Rudolf WASSMUTH / Joachim Hans WENIGER: Einführung in die Züchtung, Fütterung und Haltung landwirtschaftlicher Nutztiere. Hamburg/Berlin 1979.

Karl-Heinz MENKE / Walter HUSS: Tierernährung und Futtermittelkunde. UTB Taschenbücher 63. Stuttgart ²1980.

Schweine. Der große Wurf. *Geo* 5 (1979), S. 112–132.

Heiner SOMMER / Edmund GREUEL / Wolfgang MÜLLER: Tierhygiene. Gesunderhaltung von Rindern und Schweinen. UTB Taschenbücher 514. Stuttgart 1976.

Tierschutzgesetz. Heggen Gesetzestext mit Erläuterungen, Einführung und Sachverzeichnis. Opladen 1972.

Massentierhaltung / Abwasser

Zum Problemkreis Abwasser der Massentierhaltung siehe auch *Wissenschaft und Umwelt* 4 (1980) mit neun informativen wissenschaftlichen Abhandlungen zur Reinigung von Flüssigmist und verwandten Problemen.

Zu 16.7: „Ausblick"

AID (Hrsg.): Umweltschutz geht alle an. Was kann die Landwirtschaft tun? AID 68/1981.
   Gute Zusammenstellung dessen, was in der Landwirtschaft getan werden sollte.

Literatur zur 17. Studieneinheit

Einführende Literatur

Der Rat von Sachverständigen für Umweltfragen: Umweltgutachten 1978. Stuttgart/Mainz 1978 (und: Bundestagsdrucksache 8/1938, Bonn 1978).
   Darstellungen zum Thema „Pestizideinsatz", S. 72ff., und „Alternativer Landbau", S. 329ff.

Deutsche Landwirtschafts-Gesellschaft (DLG) (Hrsg.): Alternativen zum gegenwärtigen Landbau – den gegenwärtigen Landbau weiterentwickeln oder grundlegend ändern? Arbeiten der DLG. Band 169. Frankfurt 1980.
   Guter Einstieg in die Gesamtproblematik.

Deutsche Landwirtschafts-Gesellschaft (DLG) (Hrsg.): Landwirtschaft und Ökologie: Zwingen ökologische Ziele zu grundlegenden Änderungen der Bewirtschaftung von Acker–Grünland–Wald? Arbeiten der DLG. Band 172. Frankfurt 1981.
   Allgemeinverständliche Darlegung des Konfliktes Ökologie–Landwirtschaft mit Lösungsvorschlägen.

Emanuel HEINISCH / Horst PAUCKE / Hans-Dieter NAGEL / Dorethea HANSEN: Agrochemikalien in der Umwelt. Jena 1976.

Marion KERN / Wolfgang HESS: Die industrialisierte Landwirtschaft. Teil 1: Das Superkorn. *Bild der Wissenschaft* 18, Heft 10 (1981), S. 46–57. Teil 2: Der gedopte Acker. Heft 11 (1981), S. 110–120. Teil 3: Eine Chance den Alternativen. Heft 12 (1981), S. 102–111.

Bernhart OHNESORGE: Tiere als Pflanzenschädlinge. Allgemeine Phytopathologie. Stuttgart 1976.

Zu 17.2: „Boden, Bodenfruchtbarkeit, Düngung"

Arnold FINCK: Dünger und Düngung. Grundlagen, Anleitung zur Düngung der Kulturpflanzen. Weinheim/New York 1979.

Herbert KUNTZE / Johannes NIEMANN / Günter ROESCHMANN / Georg SCHWERDTFEGER: Bodenkunde. Stuttgart ²1981.

Werner TOPP: Biologie der Bodenorganismen. UTB-Taschenbücher 1101. Heidelberg 1981.

Zu 17.3: „Alternative Landbaumethoden"

Claude AUBERT: Organischer Landbau: Stuttgart 1981.
Umfassende Darstellung des „organisch-biologischen" Landbaus, wie er in Frankreich praktiziert wird. Das Buch vermittelt überdies wesentliche Fakten für den alternativen Landbau insgesamt.

Lady Evelyn Barbara BALFOUR: The living soil. London ⁶1947.
Liefert Grundfakten zum Howard-Balfour-Landbau.

Jean BOUCHER: Précis scientifique et pratique de culture biologique. Méthode Lemaire-Boucher. Angers ⁴1968. *Darstellung des Lemaire-Boucher-Landbaus.*

Biologischer Landbau im Meinungsstreit: „Sehnsucht nach Omas herzhaften Äpfeln" – Kontroverse. *Bild der Wissenschaft* 10, Heft 8 (1973), S. 910–925.
Die hier wiedergegebene Diskussion vermittelt ein klares Bild der verschiedenen, oft gegensätzlichen Anschauungen über alternativen Landbau.

Heinrich BRAUNER / Gerhardt PREUSCHEN / Richard STORHAS / Josef WILLI: Gesunder Boden = Leistungsstarker Betrieb. Ein Leitfaden für den ökologischen Landbau. Graz/Stuttgart ²1981.

Bundesministerium für Ernährung, Landwirtschaft und Forsten (Hrsg.): Alternativen im Landbau. Statusbericht aus dem Forschungsbereich des Bundesministeriums für Ernährung, Landwirtschaft und Forsten. Landwirtschaft – Angewandte Wissenschaft. Heft 206. Münster-Hiltrup 1978.

Ilse CLAUSNITZER: Makrobiotische Bodenpflege. München ³1972.

Commissie Onderzoek Biologische Landbouwmethoden: Alternatieve landbouwmethoden. Wageningen 1977.
Grundlegende Zusammenstellung, die zugleich den Zugang zur älteren Literatur öffnet.

Leo FÜRST: Untersuchungen über naturgemäße Anbau-Verfahren im Obstbau. Eden-Stiftung zur Förderung naturnaher Lebenshaltung und Gesundheitspflege. Bad Soden/Ts. 1974.
Die Arbeit liefert Grundlagen zur Beurteilung des ANOG-Landbaus.

Bernward GEIER: Absatzwege und Preisgestaltung von Produkten aus biologischem Anbau – unter besonderer Berücksichtigung des nachgelagerten Bereiches. Kassel 1981 (Diplomarbeit, zu beziehen über Lehrstuhl für alternative Landbaumethoden an der Gesamthochschule Kassel).
Als Einstieg in den Problemkreis Vermarktung alternativer Produkte gut geeignet.

Sir Albert HOWARD: An agriculture testament. London 1947.
Grundsätzliche Darlegungen zum Howard-Balfour-Landbau.

Herbert H. KOEPF / Bo D. PETTERSSON / Wolfgang SCHAUMANN: Biologische Landwirtschaft. Eine Einführung in die biologisch-dynamische Wirtschaftsweise. Stuttgart ³1980.

Maria MÜLLER: Praktische Anleitung zum organisch-biologischen Gartenbau. Schriftenreihe der Schweizerischen Bauern-Heimatschule mit der freien Landbauschule für die organisch-biologische Wirtschaftsweise Möschberg – Großhöchstetten. Großhöchstetten ^{5}1972.

Hans Peter RUSCH: Bodenfruchtbarkeit. Eine Studie biologischen Denkens. Heidelberg ^{4}1980.
Wichtige theoretische Grundlage des alternativen Landbaus nach M. und H. MÜLLER.

Alwin SEIFERT: Gärtnern, Ackern – ohne Gift. München 1979.

Hans A. STAUB: Alternative Landwirtschaft. Frankfurt 1980.
Guter Problemaufriß.

Rudolf STEINER: Geisteswissenschaftliche Grundlagen zum Gedeihen der Landwirtschaft. Landwirtschaftlicher Kursus. Koberwitz 1924. Rudolf Steiner Gesamtausgabe. Band 327. Dornach/Schweiz ^{6}1979.
Ausgangsüberlegungen der biologisch-dynamischen Wirtschaftsweise.

Stiftung ökologischer Landbau (Hrsg.): Landbau und Ökologie. Wiedergabe eines Rundgespräches. Schriftenreihe der Georg Michael Pfaff Gedächtnisstiftung 19 (1976), S. 1–87.

Stiftung ökologischer Landbau (Hrsg.): Ökologischer Landbau – Eine europäische Aufgabe. Alternative Konzepte 21. Karlsruhe 1977.

Stiftung ökologischer Landbau (Hrsg.): Der ökologische Landbau: Eine Realität. Selbstdarstellung und Richtigstellung. Alternative Konzepte 30. Karlsruhe 1979.
Die Schrift diskutiert die vom Bundesministerium für Ernährung, Landwirtschaft und Forsten 1978 herausgegebenen „Alternativen im Landbau".

Stiftung ökologischer Landbau (Hrsg.): Praxis des Öko-Anbaus. Berichte und Diskuss. zum Land- und Weinbau. Alternative Konzepte 34. Karlsruhe 1981.

Zu 17.4: „Umweltfreundliche Entwicklungen im konventionellen Landbau"

Auswertungs- und Informationsdienst für Ernährung, Landwirtschaft und Forsten (AID) e. V.: Integrierter Pflanzenschutz. AID Broschüre 32. Bonn 1980.

Horst BÖRNER: Pflanzenkrankheiten und Pflanzenschutz. UTB-Taschenbücher 518. Stuttgart ^{4}1981.

Manfred DAMBROTH: Höhere Pflanzenerträge mit geringerem Aufwand. *Umschau* 79, Heft 12 (1979), S. 384–386.

Deutsche Forschungsgemeinschaft (Hrsg.): Herbizide. Abschlußbericht zum Schwerpunktprogramm „Verhalten und Nebenwirkungen von Herbiziden im Boden und in Kulturpflanzen". Boppard 1979.

Rolf DIERCKS: Statusbericht Pflanzenschutz. Schriftenreihe des Bundesministers für Ernährung, Landwirtschaft und Forsten. Reihe A. Heft 244. Münster-Hiltrup 1980.

Ders.: Pflanzenschutz mit Maß und Ziel. Aussagen aus der Informationsschau des Bundesministeriums für Ernährung, Landwirtschaft und Forsten, Bonn, auf der 56. Ausstellung der Deutschen Landwirtschafts-Gesellschaft 1980 in Hannover. Frankfurt 1980.

Jost M. FRANZ / Aloysius KRIEG: Biologische Schädlingsbekämpfung. Berlin/Hamburg ^{3}1982.

Jost M. FRANZ / Wolfgang SCHAUMANN / A. TESCHEMACHER: Pflanzenschutz. In: International Federation of Organic Agriculture Movements (IFOAM) (Internationale Vereinigung biologischer Landbaubewegungen). Heft 30. Karlsruhe 1979, S. 3–6.

Rudolf HEITEFUSS: Pflanzenschutz. Grundlagen der praktischen Phytomedizin. Stuttgart 1975.

Internationale Organisation für biologische Bekämpfung schädlicher Tiere und Pflanzen. Arbeitsgruppe für Integrierten Pflanzenschutz im Obstbau (Hrsg.): Nützlinge in Apfelanlagen. Einführung in den Integrierten Pflanzenschutz. Teil 3. Wageningen 1976.

Günter KAHNT: Ackerbau ohne Pflug. Voraussetzungen, Verfahren und Grenzen der Direktsaat im Körnerfruchtanbau. Stuttgart 1976.

Ders.: Gründüngung. Frankfurt 1981.

Werner KOCH / Karl HURLE: Grundlagen der Unkrautbekämpfung. UTB-Taschenbücher 513. Stuttgart 1978.

Karl-Heinz SCHARF: Lektion für den chemischen Pflanzenschutz. Wie Pflanzen sich gegen Insekten verteidigen. *Bild der Wissenschaft* 18, Heft 8 (1981), S. 38–46.

Fritz SCHÖNBECK: Pflanzenkrankheiten. Einführung in die Phytopathologie. Stuttgart 1979.

Gerhard SCHUHMANN: Zukunftsaussichten des integrierten Pflanzenschutzes. Die Entwicklung einer neuen Strategie – Methoden und Bewertung. *Umschau* 79, Heft 10 (1979), S. 303–311.

Literatur zur 18. Studieneinheit

Einführende Literatur

Horst Werner BERG / Johannes Friedrich DIEHL / Hanns K. FRANK: Rückstände und Verunreinigungen in Lebensmitteln. UTB 675. Darmstadt 1978.

Der Rat von Sachverständigen für Umweltfragen: Umweltgutachten 1978. Stuttgart/Mainz 1978 (textgleich: Bundestagsdrucksache 8/1938. Bonn 1978).
Zum Thema die Kapitel: Fremdstoffe in Lebensmitteln (S. 289–313), Möglichkeit der Erzeugung fremdstoffarmer Nahrungsmittel im konventionellen und alternativen Landbau (S. 314–338) sowie Schadstoffwirkungen beim Menschen (S. 43–50), Einzelne potentielle Probleme (S. 51–66) und aktuelle Probleme (S. 67–76).

Deutsche Landwirtschafts-Gesellschaft (Hrsg.): Alternativen zum gegenwärtigen Landbau – den gegenwärtigen Landbau weiterentwickeln oder grundlegend ändern? – Frankfurt 1980.
Darin mehrere Aufsätze zur Produktqualität alternativer und konventionell erzeugter Produkte.

Hans-Jürgen SINELL: Einführung in die Lebensmittelhygiene. Pareys Studientexte 21. Berlin/Hamburg 1980.
Für unser eigentliches Thema haben vor allem die S. 61–76 Interesse. Darüber hinaus wird eine breite Übersicht der möglichen Gesundheitsschädigungen durch Lebensmittel gegeben.

Weiterführende Literatur

Anton AMBERGER: Auswirkungen der Pflanzenernährung auf Qualität pflanzlicher Erzeugnisse und Umwelt. – Bayerisches Landwirtschaftliches Jahrbuch. 53. Jahrgang, Sonderheft 3 (1976), S. 68–76.

Karl-Heinz BÄSSLER/Werner FEKL/Konrad LANG: Grundbegriffe der Ernährungslehre. Heidelberger Taschenbücher Basistext Medizin. Berlin/Heidelberg/New York 1973.

Deutsche Forschungsgemeinschaft (Hrsg.): Kriterien zur toxikologischen Bewertung von Pflanzenschutz-, Pflanzenbehandlungs- und Vorratsschutzmitteln. Mitteilung Kommission für Pflanzenschutz-, Pflanzenbehandlungs- und Vorratsschutzmittel. 8. Boppard 1974.

Dokumentationsstelle der Universität Hohenheim (Hrsg.): Schadstoffe in der Nahrungskette. Tagung über Umweltforschung der Universität Hohenheim. Daten und Dokumente zum Umweltschutz. Sonderreihe Umwelttagung. Nr. 23. Hohenheim 1979.

Gerhard EISENBRAND: N-Nitrosoverbindungen in Nahrung und Umwelt. Eigenschaften, Bildungswege, Nachweisverfahren und Vorkommen. Stuttgart 1981.
Ausführliche Darlegungen zum Komplex „Nitrosamine".

Ernst LINDNER: Toxikologie der Nahrungsmittel. Stuttgart 1974.

Bernd Lötsch: Die Gefahren chemischer Schädlingsbekämpfungsmittel. Teil I–III. IFOAM (International Federation of Organic Agriculture Movements) 33 (1980), S. 2–6; 34, S. 2–6; 35, S. 5–10 (Stiftung Ökologischer Landbau Kaiserslautern).
Zusammenstellung der verschiedenen ökologischen und toxikologischen Schäden, die von Pestiziden ausgehen. Darstellung der verschiedenen Wirkungsmöglichkeiten.

Sergej PIGULEWSKI: Giftige und für den Menschen gefährliche Fische. Die Neue Brehm-Bücherei 563. Wittenberg 1974.

Werner SCHUPHAN: Mensch und Nahrungspflanze. Den Haag 1976.

Spezielle Literatur

Zu 18.3: „Gesetzliche Regelungen zum Schutze des Verbrauchers"

Biologische Bundesanstalt für Land- und Forstwirtschaft (Hrsg.): Das Verfahren der Prüfung und Zulassung von Pflanzenbehandlungsmitteln – Amtliche Hinweise – Merkblatt Nr. 48 der BBA. Braunschweig 1980.

Gesetze und Verordnungen

Pflanzenschutzgesetz vom 10. Mai 1968 (Bundesgesetzblatt 1968, I, S. 352), zuletzt geändert durch das Dritte Gesetz zur Änderung des Pflanzenschutzgesetzes vom 16. Juni 1978 (Bundesgesetzblatt 1978, I, S. 749).
Mit:
- Verordnung zum Schutz der Bienen vor Gefahren durch Pflanzenschutzmittel (Bienenschutzverordnung) vom 19. Dez. 1972 (Bundesgesetzblatt 1972, I, S. 2515).
- Verordnung über Anwendungsverbote und -beschränkungen für Pflanzenbehandlungsmittel (Pflanzenschutz-Anwendungsverordnung) vom 19. Dezember 1980.

Gesetz über den Verkehr mit DDT (DDT-Gesetz) vom 7. August 1972 (Bundesgesetzblatt 1972, I, S. 1385), geändert durch Gesetz vom 2. März 1974 (Bundesgesetzblatt 1974, I, S. 469).

Gesetz zur Neuordnung und Bereinigung des Rechts im Verkehr mit Lebensmitteln, Tabakerzeugnissen, kosmetischen Mitteln und sonstigen Bedarfsgegenständen (Lebensmittel- und Bedarfsgegenständegesetz) vom 15. August 1974 (Bundesgesetzblatt 1974, I, S. 1945 und 1975, I, S. 2652), zuletzt geändert durch das Gesetz vom 24. August 1976 (Bundesgesetzblatt 1976, I, S. 2445).
Mit:
- Verordnung über Pflanzenbehandlungsmittel in oder auf Lebensmitteln pflanzlicher Herkunft und Tabakerzeugnissen (Höchstmengenverordnung Pflanzenbehandlungsmittel) vom 13. Juni 1978 (Bundesgesetzblatt 1978, I, S. 718).
- Verordnung über Höchstmengen an DDT und anderen Pestiziden in oder auf Lebensmitteln tierischer Herkunft (Höchstmengenverordnung tierische Lebensmittel) vom 15. November 1973, zuletzt geändert am 29. August 1978 (Bundesgesetzblatt 1978, I, S. 1525).

- Verordnung über Höchstmengen an Quecksilber in Fischen, Krusten-, Schalen- und Weichtieren (Quecksilberverordnung Fische) vom 6. Februar 1975 (Bundesgesetzblatt 1975, I, S. 485).
- Verordnung über Stoffe mit pharmakologischer Wirkung vom 3. August 1977 (Bundesgesetzblatt 1977, I, S. 1479); letzte Änderungsverordnung vom 21. Oktober 1981 (Bundesgesetzblatt 1981, I, S. 1136).

Zu 18.4: „Rückstände und Verunreinigungen in landwirtschaftlichen Produkten"

Lothar BEUTIN: Antibiotika und chemische Wirkstoffe in der Tierernährung. *Biologie in unserer Zeit* 11 (Nr. 5) 1981, S. 129–134.

Richard BRUNNENGRÄBER: HCH-Rückstände im Hessischen Ried – nur ein Giftmilchmärchen? *Umschau* 79 (Heft 11), S. 347–354.
Fallstudie zur Belastung landwirtschaftlicher Produkte durch Abfälle eines Chemiewerkes.

Deutsche Forschungsgemeinschaft (Hrsg.): Rückstände in Fleisch und Fleischerzeugnissen. Forschungsbericht. Boppard 1975.

Deutsche Forschungsgemeinschaft (Hrsg.): Rückstände von Bioziden und Umweltchemikalien in der Milch. Mitteilung Kommission zur Prüfung von Rückständen in Lebensmitteln 1. Boppard 1975.

Deutsche Forschungsgemeinschaft (Hrsg.): Anwendung von Thyreostatika bei Tieren, die der Gewinnung von Lebensmitteln dienen. Mitteilung Kommission zur Prüfung von Rückständen in Lebensmitteln 4. Boppard 1977.
Thyreostatika hemmen die Schilddrüsenfunktion und dienen als Masthilfsmittel.

Deutsche Forschungsgemeinschaft (Hrsg.): Bewertung von Rückständen in Geflügel und Eiern. Mitteilung Kommission zur Prüfung von Rückständen in Lebensmitteln 3. Boppard 1977.

Deutsche Forschungsgemeinschaft (Hrsg.): Rückstände in Getreide und Getreideprodukten. Boppard 1981.
Vorträge zu verschiedenen Aspekten von einem Kolloquium im Oktober 1978.

Deutsche Forschungsgemeinschaft (Hrsg.): Chemischer Pflanzenschutz: Rückstände und Bewertung. Mitteilung Kommission für Pflanzenschutz-, Pflanzenbehandlungs- und Vorratsschutzmittel 12. Boppard 1980.
Vorträge zu verschiedenen Themenbereichen von einem Kolloquium im November 1979.

Deutsche Forschungsgemeinschaft (Hrsg.): Herbizide. Abschlußbericht zum Schwerpunktprogramm „Verhalten und Nebenwirkungen von Herbiziden im Boden und in Kulturpflanzen". Boppard 1979.

Deutsche Gesellschaft für Ernährung e. V. (Hrsg.): Ernährungsbericht 1980. Frankfurt 1980.
Chemisch-toxikologische Aspekte in Lebensmitteln werden auf Seite 17–37 behandelt.

Hans-Jürgen HAPKE: Pestizide in der Frauenmilch. *Umschau* 79, Heft 10 (1979), S. 318–320.

Egmont R. KOCH: Schadstoffe in der Muttermilch: Gefahr für das Baby? *Bild der Wissenschaft* 17 (1980), Heft 7, S. 64–75.

Friedhelm KORTE (Hrsg.): Ökologische Chemie: Grundlagen und Konzepte für die ökologische Beurteilung von Chemikalien. Stuttgart/New York 1980.
Umfangreiche Informationen für einzelne Schadstoffe.

Umweltbundesamt (Hrsg.): Cadmium-Bericht. UBA Texte 1/81. Berlin 1981.

Umweltbundesamt (Hrsg.): Handbuch gefährliche Stoffe in Sonderabfällen. UBA Materialien 5/78. Berlin 1978.
Ausführliche Darstellung über Vorkommen, Chemie, Wirkung vieler Stoffe, die auch als Rückstände und Verunreinigungen in Lebensmitteln auftreten können.

Umweltbundesamt (Hrsg.): Umwelt- und Gesundheitskriterien für Quecksilber. UBA Bericht 5/80. Berlin 1980.

WHO (Hrsg.): DDT and its derivatives. – Environmental Health Criteria 9. Genf 1979.

Zu 18.5: „Schadstoffe in nahrungsmäßig genutzten wildlebenden Pflanzen und Tieren"

Arbeitsgemeinschaft für die Reinhaltung der Elbe: Schwermetalldaten der Elbe. Hamburg 1980.
Enthält Daten für Schwermetalle in Elbfischen.

Der Rat von Sachverständigen für Umweltfragen: Umweltprobleme der Nordsee. Stuttgart/Mainz 1980 (textgleich: Bundestagsdrucksache 9/962. Bonn 1981).
Zum Thema besonders die Darlegungen zum Schadstoffgehalt von genutzten Meerestieren, S. 268–270.

Deutsche Forschungsgemeinschaft (Hrsg.): Rückstände in Fischen. Mitteilung Kommission zur Prüfung von Rückständen in Lebensmitteln 7. Boppard 1978.

U. HARMS: Speicherung von Schadstoffen im Fisch und in anderen Meerestieren. In: Arbeiten des Deutschen Fischerei-Verbandes. Heft 27. Offenbach 1979, S. 146–168.

Helmut KLEINSTEUBER/Karl R. WILL (Hrsg.): Frische Seemuscheln als Lebensmittel. Bd. 2. Arbeiten des Deutschen Fischerei-Verbandes. Heft 33. Offenbach 1981.
Darin neben verschiedenen Aspekten der Miesmuschel- und Herzmuschelfischerei Aufsätze über Qualitätsmerkmale und -anforderungen bei Miesmuscheln sowie über Lebensmittelvergiftungen durch Saxitoxin.

Horst NOELLE (Hrsg.): Nahrung aus dem Meer. Berlin/Heidelberg/New York 1981.
Darin enthalten Aufsätze über Verunreinigungen in Fisch und Schadstoffe in Meerestieren.

W. SCHREIBER: Die Belastung von Fischereierzeugnissen mit Schwermetallen – ein aktueller Überblick. In: Archiv für Lebensmittelhygiene. Heft 32. Hannover 1981, S. 145–149.

Literatur zu den Studieneinheiten 19–21

Allgemeine Literatur

Alternative Möglichkeiten für die Energiepolitik – ein Gutachten, Texte und Materialien der Forschungsstätte der Evangelischen Studiengemeinschaft, Reihe A, Nr. 1, Heidelberg 1977; dazu: „Materialien zum Gutachten", a.a.O., Reihe A, Nr. 2, 3, 4, Heidelberg 1977.

C. AMERY / P. C. MAYER-TASCH / K. M. MEYER-ABICH (Hrsg.): Energiepolitik ohne Basis. Frankfurt 1978.

Bericht der Enquete-Kommission „Zukünftige Kernenergie-Politik", Bundestagsdrucksache 8/4341 vom 27. 6. 1980.

Deutsche Risikostudie Kernkraftwerke. Eine Untersuchung zu dem durch Störfälle in Kernkraftwerken verursachten Risiko. Eine Studie der Gesellschaft für Reaktorsicherheit im Auftrag des Bundesministeriums für Forschung und Technologie. Bonn ²1980.

Dritte Fortschreibung des Energieprogramms der Bundesregierung, Bundestagsdrucksache 9/983 vom 5. 11. 1981.

Constanze EISENBART: Äußere und innere Grenzen. Die politische Antwort des Club of Rome auf die Krisen der technischen Welt. In: Constanze EISENBART (Hrsg.): Humanökologie und Frieden. Stuttgart 1979.

G. Frederichs: Ursachen und Entwicklungstendenzen der Opposition gegen die Kernenergie. *Zeitschrift für Umweltpolitik* 3 (1980), S. 681–705.
Bodo B. Gemper: Energieversorgung. Expertenmeinungen zu einer Schicksalsfrage. München 1981.
Robert Gerwin: Die Welt-Energieperspektive. Stuttgart 1980.
M. Grathwohl: Energieversorgung: Ressourcen, Technologien, Perspektiven. Berlin/New York 1978.
Volker Hauff (Hrsg.): Energie, Wachstum, Arbeitsplätze. Argumente in der Energiediskussion, Bd. 4/5, Villingen 1978.
Ders. (Hrsg.): Energieversorgung und Lebensqualität. Argumente in der Energiediskussion, Bd. 6, Villingen 1978.
Global 2000. Der Bericht an den Präsidenten. Frankfurt 1980.
Florentin Krause / Hartmut Bossel / Karl-Friedrich Müller-Reissmann: Energie-Wende. Wachstum und Wohlstand ohne Erdöl und Uran. Ein Alternativ-Bericht des Öko-Instituts. Frankfurt 1980.
Wolfgang Lienemann / Ulrich Ratsch / Andreas Schuke / Friedhelm Solms (Hrsg.): Alternative Möglichkeiten für die Energiepolitik. Argumente und Kritik. Opladen 1978.
Amory B. Lovins: Sanfte Energie. Das Programm für die energie- und industriepolitische Umrüstung unserer Gesellschaft. Reinbek b. Hamburg 1978.
P. C. Mayer-Tasch: Ökologie und Grundgesetz. Irrwege, Auswege. Frankfurt 1980.
K. M. Meyer-Abich (Hrsg.): Energieeinsparung als neue Energiequelle. Wirtschaftspolitische Möglichkeiten und alternative Technologien. München/Wien 1979.
Ders.: Sozialverträglichkeit – Ein Kriterium zur Beurteilung alternativer Energiesysteme. *Evangelische Theologie* 39 (1979), S. 38–51.
Martin Meyer-Renschhausen: Das Energieprogramm der Bundesregierung. Ursachen und Probleme staatlicher Planung im Energiesektor der Bundesrepublik Deutschland. Frankfurt/New York 1979.
Gerd Michelsen / Fritz Kalberlah / Öko-Institut (Hrsg.): Der Fischer Öko-Almanach. Daten, Fakten, Trends der Umweltdiskussion. Frankfurt 1980.
D. Oesterwind / O. Renn / A. Voss: Sanfte Energie-Versorgung. Möglichkeiten – Probleme – Grenzen. Hrsg. von der Kernforschungsanlage Jülich GmbH. Jülich 1980.
Georg Picht: Die Zukunft der Atomgesellschaft – Was heißt Sicherheit? In: Constanze Eisenbart, Georg Picht (Hrsg.): Wachstum oder Sicherheit? Beiträge zur Frage der Kernenergie. München 1978.
Der Rat von Sachverständigen für Umweltfragen: Energie und Umwelt. Stuttgart/Mainz 1981.
Rede–Gegenrede, 28.–31. März, 2. u. 3. April 1979, Symposion der Niedersächsischen Landesregierung zur grundsätzlichen sicherheitstechnischen Realisierbarkeit eines integrierten nuklearen Entsorgungszentrums, „Gorleben-Hearing", hrsg. vom Deutschen Atomforum e. V., Bonn.
Helmut Schaefer (Hrsg.): Struktur und Analyse des Energieverbrauchs der Bundesrepublik Deutschland. Gräfelfing/München 1980.
Walter Seifritz: Sanfte Energietechnologie – Hoffnung oder Utopie? München 1980.
Shirley van Buiren: Die Kernenergie-Kontroverse im Spiegel der Tageszeitungen. München/Wien 1980.
Gerhard Voss: Energie. Wege aus der Krise. Köln 1981.
Carl Friedrich von Weizsäcker: Die offene Zukunft der Kernenergie. In: Der bedrohte Friede. München 1981.

Lothar WILKER (Hrsg.): Nuklearpolitik im Zielkonflikt – Verbreitung der Kernenergie zwischen nationalem Interesse und internationaler Kontrolle. Wissenschaft und Politik, Köln 1980.

Physikalische Grundlagen

G. BISCHOFF / W. GOCHT (Hrsg.): Energietaschenbuch. Braunschweig/Wiesbaden 1979.
Der Bundesminister für Forschung und Technologie (Hrsg.): Kernenergie. Eine Bürgerinformation. Bonn ^{4}1980.
Der Bundesminister für Forschung und Technologie (Hrsg.): Nukleare Entsorgung. Eine Bürgerinformation. Bonn 1979.
G. FALK / W. RUPPEL: Energie und Entropie. Eine Einführung in die Thermodynamik. Berlin 1976.
H. FRANKE (Hrsg.): Lexikon der Physik. Stuttgart (auch als dtv-Lexikon der Physik).

Grundlagen der Kerntechnik

Faktensammlung zur Kerntechnik, zusammengestellt von D. BÜNEMANN. Herausgeber: Kerntechnische Gesellschaft e. V. (KTG). Bonn 1979.
Kernreaktoren. ^{5}1973. Herausgeber: Deutsches Atomforum e. V., Heussallee 10, 5300 Bonn 1.
D. SMIDT: Reaktortechnik. Bd. 1: Grundlagen, Bd. 2: Anwendungen. Karlsruhe ^{2}1976.
Schriftenreihe „Kern-Themen" des Deutschen Atomforums, Bonn.

Zum Störfall Harrisburg

Argumente: Störfall in Harrisburg, Mitteilung der Kraftwerk Union (KWU) Aktiengesellschaft, Erlangen, vom 2. Mai 1979, Nr. 27.
Deutsche Risikostudie Kernkraftwerke – Eine Untersuchung zu dem durch Störfälle in Kernkraftwerken verursachten Risiko. Hauptband, Verlag TÜV Rheinland GmbH, Köln 1979.
Harrisburg-Bericht: Bewertung des Störfalles im Kernkraftwerk Harrisburg, 2. Zwischenbericht für den Innenausschuß des Deutschen Bundestages vom 1. Juni 1979. Herausgeber: Bundesminister des Innern, Referat Öffentlichkeitsarbeit, Bonn.
Kernkraftwerke mit Druckwasserreaktor von BBC-BBR für die Energieversorgung. Bericht über die BBC/BBR-Informationsveranstaltung am 20. 4. 1979 in Mannheim.
Konsequenzen für die Sicherheit von Kernkraftwerken und den Strahlenschutz aus dem Störfall im amerikanischen Kernkraftwerk TMI-2 bei Harrisburg vom 28. März 1979. Schlußbericht des Bundesministers des Innern für den Innenausschuß des Deutschen Bundestages vom 31. 3. 1981. Herausgeber: Bundesminister des Innern, Referat Öffentlichkeitsarbeit, Bonn.
Mit dem Risiko leben – Eine Zusammenstellung von Berichten, Kommentaren und Analysen zum Harrisburg-Reaktor-Unfall, Herausgeber: Informationskreis Kernenergie, Bonn, April 1979.
Störfall im Kernkraftwerk Three Mile Island Harrisburg, Pennsylvania, 28. 3. 1979, Sonderausgabe der Kurzinformationen, Ausgabe 14/1979. Herausgeber: Gesellschaft für Reaktorsicherheit.

Energieprognosen

Ulrich Bohnen: Zur Erfolgskontrolle von Energieprognosen. *Zeitschrift für Energiewirtschaft,* 1979, S. 40–47.

Hans Matthöfer (Hrsg.): Energiebedarf und Energiebedarfsforschung. Argumente in der Energiediskussion. Bd. 2. Villingen 1977.

Literatur zur 22. Studieneinheit

Zu 22.3.1: „Das Abwärmeproblem"

Länderarbeitsgemeinschaft Wasser (LAWA): Grundlagen für die Beurteilung der Wärmebelastung von Gewässern. Teil 1: Binnengewässer. Mainz ²1977.
 Enthält auch eine Liste der Wärmelastpläne und ein Verzeichnis der neueren Spezialliteratur.

Der Rat von Sachverständigen für Umweltfragen: Energie und Umwelt. Stuttgart/Mainz 1981.

Zu 22.3.2: „Zur Problematik radioaktiven Mülls"

R. Gerwin: So ist das mit der Entsorgung. Düsseldorf/Wien 1978.

Situation der Entsorgung der Kernkraftwerke in der Bundesrepublik Deutschland. Bericht der Bundesregierung an den Deutschen Bundestag (Entsorgungsbericht). Bundestags-Drucksache 8/1281 vom 30. 11. 1977.

Wie sicher ist die Entsorgung? Herausgeber: Kernforschungszentrum Karlsruhe. Juni 1980.

Auf dem Wege zu einer deutschen Wiederaufarbeitungsanlage – Die Diskussion seit 1979. Herausgeber: Kerntechnische Gesellschaft, Bonn 1981.

Zur friedlichen Nutzung der Kernenergie. – Eine Dokumentation der Bundesregierung. Herausgeber: Der Bundesminister für Forschung und Technologie, Bonn 1977.

F. Baumgärtner: Sicherheit und Umweltschutz bei der nuklearen Entsorgung. Herausgeber: Der Bundesminister für Forschung und Technologie, Bonn 1979.

Kernbrennstoff:

Uranpotential der Welt. atw *24* (1979) Nr. 11, S. 551.

Zwischenlagerung im Kernkraftwerk:

Aktuelle Themen der Kernenergie. Herausgeber: Kernforschungsanlage Jülich, Jül-Conf-24, Dezember 1977.

Zwischenlagerung außerhalb von Kernkraftwerken:

H. Malmström u.a.: Das Brennelement-Zwischenlager Ahaus. Jahrestagung Kerntechnik '81. Tagungsbericht. Herausgeber: Deutsches Atomforum, Bonn 1981, S. 299–302.

Risikostudie des Kernbrennstoffkreislaufes. Bericht über die Studie des Electric Power Research Institute (EPRI NP-1128). GRS-Kurzinformation. Reihe I, Nr. 25, 1981.

Wiederaufarbeitung abgebrannter Brennelemente:

W. Schüler: Der sicherheitstechnische Stand der Entsorgung. atw *25* (1980) Nr. 7, S. 367.

H. Böhm / K. D. Closs: Entwicklungsstand und Probleme anderer Entsorgungstechniken. atw *26* (1981) Nr. 7, S. 425–430.

H. Scheuten: Wohin mit ausgedienten Brennelementen aus den Kernkraftwerken? *Frankfurter Rundschau* vom 26. 9. 1980.

Forschungsprogramm für die Entsorgung. *Frankfurter Allgemeine Zeitung* vom 30. 9. 1980.

Rede–Gegenrede. 28.–31. März, 2. und 3. April 1979. Symposium der Niedersächsischen Landesregierung zur grundsätzlichen sicherheitstechnischen Realisierbarkeit eines integrierten nuklearen Entsorgungszentrums. Herausgeber: Deutsches Atomforum, Bonn 1979, 378 Seiten.

Proliferationsschutz:

M. Popp u.a.: Die wesentlichen Ergebnisse von INFCE. atw *25* (1980) Nr. 4, S. 183–189.

W. Rincke: Die Stromversorgung im Spannungsfeld zwischen Versorgungspflicht und Politik. Schriftenreihe „Recht – Technik – Wirtschaft". Band 22. Köln/Berlin/Bonn/München 1980.

K. Müller-Christiansen / M. Wollesen: Plutonium. GRS-S-27 (April 1979).

D. Bachner / W. Müller: Strahlenexposition und Strahlenrisiko durch Inhalation oder Ingestion von Aktiniden. GRS-1 (August 1977).

Endlagerung:

H. J. Rütten u.a.: Begrenzung der Toxizität von Aktiniden-Waste. atw *25* (1980) Nr. 7, S. 377–380.

Beseitigung alter Kernkraftwerke:

D. Brosche u.a.: Zur Stillegung von kerntechnischen Anlagen. atw *24* (1979), S. 170–173.

Stillegungen von Kernkraftwerken in der Bundesrepublik Deutschland. atw *25* (1980) Nr. 4, S. 212–213.

H. Gallenberg u.a.: Beseitigung des Kernkraftwerkes Niederaichbach (KKN). atw *26* (1981) Nr. 2, S. 80–84.

Zu 22.3.3: „Umweltbelastung durch neue Energietechnologien zur Nutzung fossiler Energieträger"

Robert Gerwin: Die Welt-Energieperspektive. Stuttgart 1980.
  Populärwissenschaftliche Darstellung der Prognose bis zum Jahr 2030 des IIASA-Berichts „Energy in a Finite World".

G. Bischoff / W. Gocht (Hrsg.): Das Energiehandbuch. Braunschweig/Stuttgart 1979.
  Ausführliche informative Darstellung von Energieträgergewinnung über Umwandlung zu rationeller Energienutzung und ökologischen Fragen.

Jahrbuch der Dampferzeugertechnik. Essen ^{4}1980.
  Für den Techniker, sehr speziell.

D. Mattenhof: Eine gegen alle. – *Natur* (Einführungsheft), Juni 1980.
  Zum Ölschiefer-Abbau bei Schandelah, sehr engagiert.

Birnbaum et al.: Literaturrecherche zu Umweltauswirkungen von Kohleveredelungsanlagen. Jülich 1980.

Literatur zur 23. Studieneinheit

Zu 23.2: „Möglichkeiten der Energieeinsparung im privaten Haushalt"

H. Hörster (Hrsg.): Wege zum energiesparenden Wohnhaus. Hamburg 1980.

Zu 23.3.1: „Die Energiequelle ‚Energieeinsparung'"

M. Keeny u. a.: Nuclear Power, Issues and Choices. Cambridge 1977. Deutsch: Das Veto – Der Atombericht der Ford Foundation. Frankfurt 1977.
F. Krause / H. Bossel / K.-F. Müller-Reissmann: Der Energiewende. Frankfurt 1980.
A. B. Lovins: Sanfte Energie – Das Programm für die energie- und industriepolitische Umrüstung unserer Gesellschaft. Reinbek 1978.
H. J. Luhmann: Energieeinsparung durch Verstärkung dezentraler Kapitalallokation. Frankfurt 1981.
K. M. Meyer-Abich (Hrsg.): Energieeinsparung als neue Energiequelle – Wirtschaftspolitische Möglichkeiten und alternative Technologien. München 1979.
National Academy of Sciences: Energy in Transition 1985–2010 – Final Report of the Committee on Nuclear and Alternative Energy Systems. San Francisco 1980.
U. Steger / K. M. Meyer-Abich: Handlungsspielräume der Energiepolitik. Villingen 1980 (Argumente in der Energiediskussion. Bd. 12).
R. Stobaugh / D. Yergin (Hrsg.): Harvard-Energie-Report. München 1980.

Zu 23.3.2: „Neue Wege der Energienutzung"

Allgemeines und Hintergrund

Der Rat von Sachverständigen für Umweltfragen: Energie und Umwelt. Sondergutachten 1981. Stuttgart/Mainz 1981.
Energiequellen für morgen? Nichtfossile – Nichtnukleare Primärenergiequellen, Teil IV: Nutzung der Meeresenergien. Herausgeber: Bundesministerium für Forschung und Technologie, Bonn 1976.
K. Bauer: Beispiele für Energiegewinnung aus Biomasse und Abfällen. Düsseldorf 1979 (VDI-Berichte 338).
H. Schaefer / K. Philippi: Der Energiehaushalt der Erde. *Brennstoff, Wärme, Kraft,* Sept. 1973.

Spezielle Literatur

Rudolf Weber: Wo bleiben die Gezeitenkraftwerke? *VDI-Nachrichten* 10/1982, S. 6.
L. Fortzik / H. Hinzpeter: Sonnenstrahlung und Lufttrübung. Leipzig 1958.
G. M. Woodwell: The Energy Cycle of the Biosphere. *Scientific American* (1970) Nr. 9, S. 64–74.
K. Kreutzer / E. Dauber: Die potentielle forstliche Nutzung in der Bundesrepublik Deutschland. Forstwirtschaftliches Centralblatt 99/1 (1–6).
M. Fritz: Nichtkommerzielle Energie. Grundlagen der Energieversorgung in der Dritten Welt. *Energiewirtschaftliche Tagesfragen* 30 (1980), S. 583 ff.
Alcohol Fuels and Technology: Third international Symposium, Aciloman California, May 28–31, 1979. 3 Bde.
H. Queisser / P. Wagner: Photoelektrische Solarenergienutzung. Technischer Stand, Wirtschaftlichkeit, Umweltverträglichkeit. In: *Materialien zur Umweltforschung* Nr. 5, Stuttgart 1980.

Die wichtigsten Techniken der Energieeinsparung

Allgemeines

K. M. Meyer-Abich (Hrsg.): Technologien zur Einsparung von Energie. Arbeitsgruppe Umwelt, Gesellschaft, Energie (AUGE) der Universität Essen. Essen 1978.

H. Schaefer (Hrsg.): Struktur und Analyse des Energieverbrauchs der Bundesrepublik Deutschland. Gräfelfing/München 1980.

J. Darmstadter / J. Dunkerley / J. Altman: How Industrial Societies Use Energy. London: John Hopkins University Press 1977.

World Energy: Looking Ahead to 2000. Report by the Conservation Commission of the World Energy Conference. Guildford/Surrey: IPC Science 1979.

Spezielle Literatur

L. von Cube / F. Steinle: Wärmepumpen: Grundlagen und Praxis. Düsseldorf 1978.

Wärmepumpen in Betrieb: heute und in Zukunft. Tagung, München 1977. Düsseldorf 1977 (VDI-Berichte 288).

Rationelle Energienutzung durch Wärme-Speicherung. Tagung, Stuttgart 1977. Düsseldorf 1977 (VDI-Berichte 288)

Erschließung regenerativer Energiequellen

W. Baader / E. Dohne / M. Brenndörfer: Biogas in Theorie und Praxis. Münster-Hiltrup 1978.

H. Rau: Heliotechnik: Sonnenenergie in praktischer Anwendung. München ³1976.

Möglichkeiten der Kraft-Wärme-Kopplung

H. Matthöfer (Hrsg.): Fernwärme. Frankfurt 1977 (Forschung aktuell)

Neue Heizsysteme, dezentrale Wärme-Kraft-Kopplung mit Verbrennungsmotoren. Tagung, Amsterdam 1977. Düsseldorf 1977 (VDI-Berichte 287).

Arbeitsgemeinschaft Fernwärme: Gesamtstudie über die Möglichkeiten der Fernwärmeversorgung aus Heizkraftwerken in der Bundesrepublik Deutschland. Kurzfassung. Bonn 1977.

Arbeitsgemeinschaft für sparsamen umweltfreundlichen Energieverbrauch (ASUE): Blockheizkraftwerke. Technik, Wirtschaftlichkeit und organisatorische Fragen. Essen 1980.

F. Scholz: Warmwasserspeicher in Fernwärmesystemen mit Kraft-Wärme-Kopplung. *Brennstoff, Wärme, Kraft* Nr. 10, 1979.

Zu 23.3.3: „Möglichkeiten zur Durchsetzung energiesparenden Verhaltens"

Dietrich von Borries: Rationelle Energienutzung und Umweltentlastung. *Der Landkreis* 8–9 (1979), S. 437–441.

Bundesministerium für Wirtschaft (Hrsg.): Energieprogramm der Bundesregierung. Zweite Fortschreibung vom 14. 12. 1977.

Der Bundesminister für Forschung und Technologie (Hrsg.): Zwischenbilanz der Energiediskussion. Bonn 1979.

Der Bundesminister des Innern (Hrsg.): Nationaler Bericht über die gegenwärtige Situation der Umwelterziehung in der Bundesrepublik Deutschland. Bonn 1977.

DM extra „Energiesparen". Heft 3, 1979.

B. Joerges: Struktur und Einsparungsmöglichkeiten im Energieverbrauch privater Haushalte – Sozialwissenschaftliche Aspekte. Wissenschaftszentrum Berlin, Internationales Institut für Umwelt und Gesellschaft. Berlin 1979, S. 4ff.

J. T. Klapper: Mass Communication. Attitude, Stability and Change. In: C. W. Sherif/M. Sherif (Eds.): Attitude, Ego-Involvement and Change. New York 1967.

K. E. Lloyd: Behavioral Analysis of Energy Conservation. In: H. J. Harloff (Hrsg.): Bedingungen des Erlebens in der Zukunft und die Folgen für die Erziehung. Technische Universität Berlin 1978.

H.-J. Luhmann / K. M. Meyer-Abich: Energieeinsparungsmöglichkeiten im Haushalt. In: K. M. Meyer-Abich / D. Birnbacher (Hrsg.): Was braucht der Mensch, um glücklich zu sein? München 1979, S. 153–158.

W. Molt: Preiswahrnehmung komplexer Güter am Beispiel der Pkw-Nutzung. *Zeitschrift für Verbraucherpolitik* 4 (1977), S. 325–338.

Presse- und Informationsamt der Bundesregierung: Maßnahmen der Bundesregierung zur Energieeinsparung. Bulletin Nr. 107, 14. September 1979, S. 993–997.

B. Schaffner: Amerikanische Wege zum Energiesparen. *Plan* 4 (1980), S. 14–16.

D. O. Sears / J. L. Freedman: Effects of Expected Familiarity with Arguments upon Opinion Change and Selective Exposure. *Journal of Personality and Social Psychology* 2 (1965), S. 420–426.

H. C. Triandis: Einstellungen und Einstellungsänderungen. Weinheim 1975.

Die Wirtschaftswoche: Chancen für Verbote und Kontrollen. Umfrage Nr. 40, 1. Oktober 1979, S. 64–73.

Zu 23.4: „Rationelle Energienutzung – am Beispiel eines ‚Energiesparautos'"

Bussien: Automobiltechnisches Handbuch. Hrsg. von Gustav Goldbeck. Berlin/New York [18]1978.

Bundesministerium für Forschung und Technologie (Hrsg.): International Symposium on Traffic and Transportation Technologies. Proceedings. Vol. CII. Hamburg 1979.

Dass. (Hrsg.): Entwicklungslinien in Kraftfahrzeugtechnik und Straßenverkehr – Forschungsbilanz 1981. Köln 1982.

Falk K. Börsch: Bestimmungsfaktoren verbesserter Energiewirtschaftlichkeit beim Automobil. *Zeitschrift für Energiewirtschaft* 3 (1981), S. 194–201.

Joachim H. Sorsche: Das Automobil im Spannungsfeld zwischen Mobilitätswünschen und Energieproblemen. *Automobilrevue* Nr. 27 und 28, 1980.

Literatur zur 24. Studieneinheit

Einführende Literatur

Gerhard Olschowy (Hrsg.): Natur- und Umweltschutz in der Bundesrepublik Deutschland. Hamburg/Berlin 1978. Auch als Sonderdruckausgabe:
    Bd. 1: Ökologische Grundlagen des Natur- und Umweltschutzes. 1981.
    Bd. 2: Eingriffe in die Umwelt und ihr Ausgleich. 1981.
    Bd. 3: Naturschutz, Landschaftspflege und Landschaftsplanung. 1981.

Konrad Buchwald / Wolfgang Engelhardt (Hrsg.): Handbuch für Planung, Gestaltung und Schutz der Umwelt. München.
    Bd. 1: Die Umwelt des Menschen. 1978.
    Bd. 2: Die Belastung der Umwelt. 1978.
    Bd. 3: Die Bewertung und Planung der Umwelt. 1980.
    Bd. 4: Umweltpolitik. 1980.

Weiterführende Literatur

Bundesforschungsanstalt für Naturschutz und Landschaftsökologie (Hrsg.): Schriftenreihe für Landschaftspflege und Naturschutz. Hefte 1–21. Bonn-Bad Godesberg/Münster-Hiltrup.

Dies. (Hrsg.): Schriftenreihe für Vegetationskunde. Hefte 1–14. Bonn-Bad Godesberg/Münster-Hiltrup.

Gerhard Olschowy: Natur- und Umweltschutz in fünf Kontinenten. Hamburg/Berlin 1976.

Umwelt und Energie. Handbuch für die betriebliche Praxis (Loseblatt). Freiburg i. Br. 1980ff.

Zu 24.2: „Probleme des Arten- und Biotopschutzes – am Beispiel der Autobahn Hamburg–Berlin"

K. Haarmann: Probleme wandernder Tiere. In: G. Olschowy (Hrsg.): Ökologische Grundlagen des Natur- und Umweltschutzes. Bd. 1 der Sonderdruckausgabe von „Natur- und Umweltschutz in der Bundesrepublik Deutschland". Hamburg/Berlin 1981, S. 329–338.

B. Heydemann / J. Müller-Karch: Biologischer Atlas Schleswig-Holstein. Lebensgemeinschaften des Landes. Neumünster 1980.

B. Heydemann: Die Bedeutung von Tier- und Pflanzenarten in Ökosystemen, ihre Gefährdung und ihr Schutz. Jahrbuch Naturschutz und Landschaftspflege. Bd. 30. Bonn 1980, S. 15–87.

Ders.: Die Bedeutung der Arten für Ökosysteme als Grundlage des Ökosystemschutzes. Schriftenreihe der Akademie Sankelmark. Neue Folge, Heft 52–53 (1980), S. 9–48.

H. J. Mader: Die Isolationswirkung von Verkehrsstraßen auf Tierpopulationen, untersucht am Beispiel von Arthropoden und Kleinsäugern der Waldbiozönose. Schriftenreihe für Landschaftspflege und Naturschutz. Heft 19. Bonn-Bad Godesberg 1979.

Zu 24.3: „Artenschutz als Ökosystemschutz"

W. Erz: Schutz der Tier- und Pflanzenwelt. Einführung in Aufgaben und Grundbegriffe des Artenschutzes. Auswertungs- und Informationsdienst für Ernährung, Landwirtschaft und Forsten (AID) 52 (1981).

Th. Müller / D. Kast: Die geschützten Pflanzen Deutschlands. Stuttgart 1969.

H. Sukopp: Grundzüge eines Programmes für den Schutz von Pflanzenarten in der Bundesrepublik Deutschland. Schriftenreihe für Landschaftspflege und Naturschutz 7 (1972), S. 67–79.

Ders.: Wandel von Flora und Vegetation in Mitteleuropa unter dem Einfluß des Menschen. *Berichte über Landwirtschaft 50* (1972), S. 112–139.

H. Sukopp / W. Trautmann (Hrsg.): Veränderungen der Flora und Fauna in der Bundesrepublik Deutschland (Ergebnisse eines gleichnamigen Symposiums in Bonn-Bad Godesberg). Schriftenreihe für Vegetationskunde. Heft 10. Münster-Hiltrup 1976.

Zu 24.3.1: „Die Rote Liste der gefährdeten Tierarten"

W. Erz: Veränderungen der freilebenden Tierwelt. In: G. Olschowy (Hrsg.): Ökologische Grundlagen des Natur- und Umweltschutzes. Bd. 1 der Sonderdruckausgabe von „Natur- und Umweltschutz in der Bundesrepublik Deutschland". Hamburg/Berlin 1981, S. 303–311.

Gustav Kirk: Säugetierschutz. Erhaltung, Bewahrung, Schutz. Stuttgart 1968.

Landesanstalt für Umweltschutz Baden-Württemberg, Institut für Ökologie und Naturschutz (Hrsg.): Fragen des Artenschutzes in Baden-Württemberg. Beihefte zu den Veröffentlichungen für Naturschutz und Landschaftspflege in Baden-Württemberg 11. Karlsruhe 1978.

E. Nowak: „Gefährdete Tierarten". – Ders.: „Rote Liste der in der Bundesrepublik Deutschland gefährdeten Tiere". In: G. Olschowy (Hrsg.): Ökologische Grundlagen des Natur- und Umweltschutzes. Bd. 1 der Sonderdruckausgabe von „Natur- und Umweltschutz in der Bundesrepublik Deutschland". Hamburg/Berlin 1981, S. 312–319, 320–329.

Vinzenz Ziswiler: Bedrohte und ausgerottete Tiere. Berlin/Heidelberg/New York 1965.

Zu 24.3.2: „Die Rote Liste der gefährdeten Pflanzenarten"

D. Korneck / W. Lohmeyer / H. Sukopp / W. Trautmann: Rote Liste der Farn- und Blütenpflanzen (Pteridophyta et Spermatophyta). 2. Fassung. In: Rote Liste der gefährdeten Tiere und Pflanzen in der Bundesrepublik Deutschland. – *Naturschutz aktuell* 1 (1977), S. 45–58.

D. Korneck / H. Sukopp / W. Trautmann: „Rote Liste der Gefäßpflanzen in der Bundesrepublik Deutschland". In: G. Olschowy (Hrsg.): Ökologische Grundlagen des Natur- und Umweltschutzes. Bd. 1 der Sonderdruckausgabe von „Natur- und Umweltschutz in der Bundesrepublik Deutschland". Hamburg/Berlin 1981, S. 293–302.

H. Sukopp / W. Trautmann / D. Korneck: Auswertung der Roten Liste gefährdeter Farn- und Blütenpflanzen in der Bundesrepublik Deutschland für den Arten- und Biotopschutz. Schriftenreihe für Vegetationskunde 12 (1978), S. 1–138.

Zu 24.3.3: „Biotopschutz als Voraussetzung für den Artenschutz"

H. Ant / H. Sukopp: „Artenschutz." – J. Blab: „Tierartenschutz durch Biotopschutz." In: G. Olschowy (Hrsg.): Naturschutz, Landschaftspflege und Landschaftsplanung. Bd. 3 der Sonderdruckausgabe von „Natur- und Umweltschutz in der Bundesrepublik Deutschland". Hamburg/Berlin 1981, S. 776–785, 785–792.

Arbeitsgemeinschaft Deutscher Beauftragter für Naturschutz und Landschaftspflege (ABN): Flächensicherung für den Artenschutz. Jahrbuch für Naturschutz und Landschaftspflege. Bd. 31. Bonn 1981.

Giselher Kaule: Der Flächenanspruch des Artenschutzes. *Berichte über Landwirtschaft,* N.F. 197 (1981), Sonderheft, S. 264–271.

Fred Kurt: Naturschutz – Illusion und Wirklichkeit. Hamburg/Berlin 1982.
  Kritische Auseinandersetzung mit aktuellen Fragen des Artenschutzes. Zum Thema Schutzgebiete (Reservate) u.a. das Kapitel: „Naturschützer und Elefanten schaffen die Umweltkatastrophe" (S. 112–114) als Vertiefungslektüre geeignet.

Dietrich Lüderwaldt: Flächenansprüche von Tier- und Pflanzenarten. *Berichte über Landwirtschaft,* N.F. 197 (1981), Sonderheft, S. 264–271.

Hans-Joachim Mader: Die Verinselung der Landschaft aus tierökologischer Sicht. *Natur und Landschaft* 55 (1980), S. 91–96.

Ders.: Untersuchungen zum Einfluß der Flächengröße von Inselbiotopen auf deren Funktion als Trittstein oder Refugium. *Natur und Landschaft* 56 (1981), S. 235–242.

„Wandernde Tierarten". Thematisch orientiertes Heft von *Natur und Landschaft,* 54. Jahrgang, Heft 6. Bonn 1979.

Klaudia Weidmann / Gerhard Kneitz: Möglichkeiten des Artenschutzes in der Bundesrepublik Deutschland. *Waldhygiene* 13 (1980), S. 165–248.

Zu 24.4: „Die Schaffung neuer Biotope – am Beispiel des Rheinischen Braunkohlenreviers"

G. BAUER: Die geplanten Naturschutzgebiete im rekultivierten Südrevier des Kölner Braunkohlengebietes. Beiträge zur Landesentwicklung. Nr. 15. Landschaftsverband Rheinland, Köln 1970.
Ders.: Die Bedeutung künstlicher Wasserflächen für den Naturschutz. *Natur und Landschaft* 48 (1973), S. 280–284.
Ders.: Die Belastbarkeit der Landschaft durch Freizeiteinrichtungen. Seminare der Landesstelle für Naturschutz und Landschaftspflege. Düsseldorf 1973.
H. J. BAUER: Untersuchungen zur biozönologischen Sukzession im ausgekohlten Kölner Braunkohlenrevier. *Natur und Landschaft* 45 (1970), S. 210–215.
Ders.: Landschaftsökologische Untersuchungen im ausgekohlten Rheinischen Braunkohlenrevier auf der Ville. Arbeiten zur Rheinischen Landeskunde 19. Bonn 1963.
F. GILLER: Die Avifauna des Rheinischen Braunkohlengebietes. Beiträge zur Avifauna des Rheinlandes. Heft 7/8. Greven 1976.
W. HABER: Naturschutz und Erholung – ein Zielkonflikt? *Naturschutz und Naturparke.* Heft 64 (1972), S. 2–8.
Rheinische Braunkohlenwerke: Blick in das Rheinische Braunkohlenrevier. 1975.

Literatur zur 25. Studieneinheit

Zu 25.1.1: „Kategorisierung des Gebiets- und Objektschutzes"

W. ERZ: „Kriterien für Arten- und Flächenschutz". – K. HAARMANN / D. KORNECK: „Gebietsschutz". – K. HAARMANN: „Objektschutz". In: G. OLSCHOWY (Hrsg.): Naturschutz, Landschaftspflege und Landschaftsplanung. Bd. 3 der Sonderdruckausgabe von „Natur- und Umweltschutz in der Bundesrepublik Deutschland". Hamburg/Berlin 1981, S. 750–761, 761–771, 772–776.

Zu 25.1.2: „Aufgaben und Ziele von Nationalparken – am Beispiel ‚Bayerischer Wald'"

H.-D. KOEPPEL / W. MRASS: Natur- und Nationalparke. In: G. OLSCHOWY (Hrsg.): Naturschutz, Landschaftspflege und Landschaftsplanung. Bd. 3 der Sonderdruckausgabe von „Natur- und Umweltschutz in der Bundesrepublik Deutschland". Hamburg/Berlin 1981, S. 802–812.

Zu 25.2.1: „Nutzungskonflikte am Beispiel des ‚Wattenmeers'"

Der Rat von Sachverständigen für Umweltfragen: Umweltprobleme der Nordsee. Stuttgart 1980.
Deutscher Rat für Landespflege: Landespflege an der Nordseeküste. Schriftenreihe des Deutschen Rates für Landespflege. Heft 14. Bonn-Bad Godesberg 1970.
Gutachtergruppe Sylt: Gutachten zur Struktur und Entwicklung der Insel Sylt. Im Auftrage des Ministers für Wirtschaft und Verkehr des Landes Schleswig-Holstein. Kiel 1974.
H. J. AUGST / H. WESEMÜLLER: Niedersächsisches Wattenmeer – Grundlagen für ein Schutzprogramm. W.W.F.-Projekt 1411. Niedersächs. Landesverwaltungsamt – Naturschutz, Landschaftspflege, Vogelschutz. Hannover 1979 (Mskr.).
B. HEYDEMANN: Die ökologischen Folgen von Eindeichungen und Landgewinnung im Wattenmeer Nordwesteuropas. Gutachten für den Rat von Sachverständigen für Umweltfragen. Kiel 1979.

P. Prokosch: Ringelgänse zwischen Arktis und Wattenmeer – Bestandssituation, Schutz und Forschung. *Natur und Landschaft* 54 (1979).

W. Schulz / H. Kuschert: Bewertung von Vorländern für die Vogelwelt (ausgenommen Ringelgans). Gutachten im Auftrage des Landesamtes für Naturschutz und Landschaftspflege. Kiel 1979.

H. H. Wöbse: Beeinträchtigungen gefährdeter Pflanzen- und Vogelarten auf den ostfriesischen Inseln durch den Fremdenverkehr. Überlegungen zur Minimierung der schädigenden Einflüsse. Institut für Landschaftspflege und Naturschutz der Universität Hannover 1979 (als Mskr. vervielfältigt).

Zu 25.2.2: „Nutzungskonflikte am Beispiel der ‚Lüneburger Heide'"

Claus Dahm: Der Naturschutzpark Lüneburger Heide als Erholungsgebiet. Rotenburger Schriften 26. Rotenburg/Wümme 1967.

Hans Grupe: Naturschutzpark Lüneburger Heide in Farbe. Stuttgart/Hamburg 1979.

Ders.: Unser Naturschutzpark in der Lüneburger Heide – Naturschutz und Erziehung. Stuttgart/Hamburg 1980.

Hanno Henke: Untersuchung der vorhandenen und potentiellen Nationalparke in der Bundesrepublik Deutschland im Hinblick auf das internationale Nationalparkkonzept. In: Schriftenreihe für Landschaftspflege und Naturschutz. Heft 13. Bonn-Bad Godesberg 1976.

Hans Lux: Wanderungen im Naturschutzgebiet Lüneburger Heide. Stuttgart/Hamburg 1979.

Gerhard Stodte / Ernst Preising: Landschaftsplan für das Naturschutzgebiet Lüneburger Heide. Hrsg. vom Regierungspräsidenten in Lüneburg. Lüneburg 1969.

Reinhold Tüxen: Die Lüneburger Heide. Werden und Vergehen einer Landschaft. Rotenburger Schriften 26. Rotenburg/Wümme 1967.

Zu 25.3: „Natur und Landschaft für den Menschen schützen"

Dieter Birnbacher (Hrsg.): Ökologie und Ethik. Stuttgart 1980.
W. T. Blackstone (Hrsg.): Philosophy and Environmental Crisis. Athens 1974
Frank Fraser-Darling: Die Verantwortung des Menschen für seine Umwelt. Original: Man's Responsibility for the Environment. Aus: F. J. Ebling (Hrsg.): Biology and Ethics. London 1969, S. 117–122.
Klaus M. Meyer-Abich (Hrsg.): Frieden mit der Natur. Freiburg i. Br. 1979.
John Passmore: Man's Responsibility for Nature. London 1974.
Robert Spaemann: Technische Eingriffe in die Natur als Problem der politischen Ethik. *Scheidewege. Vierteljahresschrift für skeptisches Denken* 9/4 (1979), S. 476–497.

Literatur zur 26. Studieneinheit

Zu 26.1: „Biokybernetik – das Denken in vernetzten Systemen"

C. L. Krause: „Untersuchung von Wirkungszusammenhängen durch Eingriffe." – F. Vester: „Eingriffe in vernetzte Systeme und ihre integrale Bedeutung." In: G. Olschowy (Hrsg.): Eingriffe in die Umwelt und ihr Ausgleich. Bd. 2 der Sonderdruckausgabe von „Natur- und Umweltschutz in der Bundesrepublik Deutschland". Hamburg/Berlin 1981, S. 350–355, 339–349.

Zu 26.2: „Zielkonflikt Landschaftspflege – Flurbereinigung"

E. BARNARD: Landespflege und Flurbereinigung in Westfalen. Mitteilungen der Landesstelle für Naturschutz und Landschaftspflege in Nordrhein-Westfalen 2, Heft 7, März 1972.
Flurbereinigung und Landespflege. Empfehlungen. Schriftenreihe für Flurbereinigung des Bundesministeriums für Ernährung, Landwirtschaft und Forsten. Bonn 1974.
G. OLSCHOWY: Die Landespflege in der Flurbereinigung. *Natur und Landschaft,* Heft 9, 1971.
H. H. SÖHNGEN: Die Bewertung von Landschaftsbestandteilen für landschaftspflegerische Begleitplanung in der Flurbereinigung. Westfälisches Amt für Landespflege, Münster 1974.

Zu 26.2.3: „Gelungene Flurbereinigung – am Beispiel Saerbeck in Westfalen"

Landwirtschaftliche Vorplanung gem. § 38 FlurbG für das Flurbereinigungsverfahren Saerbeck, Kreis Münster. Landwirtschaftskammer Westfalen-Lippe, Dezember 1973.
Zusammenfassung der Ziele im Flurbereinigungsverfahren Saerbeck. Amt für Agrarordnung, Münster.

Zu 26.3: „Eingriffe in Natur und Landschaft und ihr Ausgleich"

K. BÜRGER: Erfassung und Bewertung von Eingriffen und Schäden. In: G. OLSCHOWY (Hrsg.): Eingriffe in die Umwelt und ihr Ausgleich, Bd. 2 der Sonderdruckausgabe von „Natur- und Umweltschutz in der Bundesrepublik Deutschland". Hamburg/Berlin 1981, S. 356–365.
G. OLSCHOWY: Eingriffe und ihr Ausgleich. *Zeitschrift für Kulturtechnik und Flurbereinigung.* Heft 4, 1980, S. 197–209.
Ders.: Zur Prüfung der Umweltverträglichkeit von Eingriffen in die Landschaft. *Angewandte Botanik* 55 (1981), S. 277–293.

Zu 26.3.1: „Gesetzliche Grundlagen für den Ausgleich von Eingriffen"

Gesetz über Naturschutz und Landschaftspflege (Bundesnaturschutzgesetz – BNatSchG) vom 20. Dezember 1976. Bundesgesetzblatt 1976, I, Seite 3574.
Eine Textausgabe kann vom Bundeslandwirtschaftsministerium, Postfach, 5300 Bonn-Duisdorf, bezogen werden.
Gesetz zur Änderung des Flurbereinigungsgesetzes (FlurbG) vom 15. März 1976.
Gesetz zur Änderung des Landschaftsgesetzes vom 6. 5. 1980 (GV NW vom 20. 5. 1980, S. 498).
Naturschutz und Landschaftspflege in Verfahren nach dem Flurbereinigungsgesetz; Runderlaß des Ministers für Ernährung, Landwirtschaft und Forsten vom 23. 10. 1980.
F. ARNOLD / H.-W. KOEPPEL / A. WINKELBRANDT: „Untersuchung der Umweltverträglichkeit am Beispiel der Autobahn Kiel–Rendsburg." – R. OLSCHOWY: „Zur Umweltverträglichkeitsprüfung" In: G. OLSCHOWY (Hrsg.): Eingriffe in die Umwelt und ihr Ausgleich. Bd. 2 der Sonderdruckausgabe von „Natur- und Umweltschutz in der Bundesrepublik Deutschland". Hamburg/Berlin 1981, S. 374–380, 365–373.

Zu 26.3.2: „Ökologische Bestandsaufnahme und Bewertung von Natur und Landschaft"

W. HABER: „Ökologische Bestandsaufnahme." – H. J. KLINK: „Ökologische Raumgliederung aus geographischer Sicht." – H.-W. KOEPPEL: „Landschafts-Informationssystem." – G. OLSCHOWY: „Ökologische Bewertung." – Ders.: „Auswertung der Planung." In: G. OLSCHOWY (Hrsg.): Ökologische Grundlagen der Planung. Bd. 1 der Sonderdruckausgabe von „Natur- und Umweltschutz in der Bundesrepublik Deutschland". Hamburg/Berlin 1981, S. 25–32, 55–68, 68–78, 32–44, 44–55.

Zu 26.3.3: „Landschaftsplanung als Planungsinstrument"

BIERHALS / KIEMSTEDT / SCHARPF: Aufgaben und Instrumentarium ökologischer Landschaftsplanung. *Raumforschung und Raumordnung* 32 (1974), S. 76–88.
R. GREBE: „Landschaftsplanung und Bauleitplanung." – Ders.: „Sicherung und Entwicklung der Landschaft." – G. OLSCHOWY: „Die Landschaftsplanung – Methodik und Anwendung." – Ders.: „Landschaftsplanung und Fachplanung." – H. J. SCHULZ: „Landschaftsplanung und Regionalplanung." In: G. OLSCHOWY (Hrsg.) Naturschutz, Landschaftspflege und Landschaftsplanung. Bd. 3 der Sonderdruckausgabe von „Natur- und Umweltschutz in der Bundesrepublik Deutschland". Hamburg/Berlin 1981, S. 835–845, 854–869, 818–827, 845 855, 827 834.
G. OLSCHOWY: Landschaftsplanung. Schriftenreihe des Deutschen Rates für Landespflege. Heft 34. Bonn-Bad Godesberg 1980.

Literatur zur 27. Studieneinheit

Zu 27.2: „Entwicklung, Inhalt und Zielsetzung von Umwelterziehung"

Wolfgang RIEDEL / Gerhard TROMMER (Hrsg.): Didaktik der Ökologie. Hrsg. im Auftrag der Gesellschaft für Ökologie. Köln 1981.
Ernst SCHMACK: Chancen der Umwelterziehung. Grundlagen einer Umweltpädagogik und Umweltdidaktik. Düsseldorf 1982.

Zu 27.3.1: „Schulunterricht"

Dietmar BOLSCHO / Günter EULEFELD / Hansjörg SEYBOLD: Umwelterziehung. Neue Aufgaben für die Schule. München 1980.
Ein Lehrerhandbuch zur Umwelterziehung im allgemeinbildenden Schulwesen mit Vorschlägen zur Planung und Durchführung einer handlungs- und situationsorientierten Umwelterziehung.
Günter EULEFELD / Dietmar BOLSCHO / Hansjörg SEYBOLD: Unterrichtsmaterialien zur Umwelterziehung. Eine annotierte Bibliographie. Band 2: ab 1974 bis 1979. Köln 1979.
Eine Zusammenstellung theorie- und praxisorientierter Literatur zur Umwelterziehung.
Günter EULEFELD u.a.: Umweltunterricht in der Bundesrepublik Deutschland 1980. Köln 1980.
Eine Bestandsaufnahme zur Situation der Umwelterziehung in Lehrplänen, Schulbüchern und konzeptionellen Entwürfen.
Günter EULEFELD u.a.: Ökologie und Umwelterziehung. Ein didaktisches Konzept. Stuttgart 1981.
Die Ergebnisse der mehrjährigen Arbeit am Institut für die Pädagogik der Naturwissenschaften (IPN) zur Fundierung einer Didaktik der Umwelterziehung.

Wulf HABRICH / Ekkehart KÖHLER (Hrsg.): Umwelterziehung in Projekten. Beiträge zur Umwelterziehung 2. Zentralstelle für Umwelterziehung an der Gesamthochschule Essen. Essen 1981.
Beispiele zu projektorientierten Unterrichtsverfahren im Bereich der Umwelterziehung.

Mario M. MENESINI / Hansjörg SEYBOLD: Umweltschutz in der Schule. Konzeption und praxisorientierte Anregungen für einen fächerübergreifenden Unterricht. Köln 1978.
Die Bearbeitung eines amerikanischen Handbuches, mit Beispielen für den Unterricht an Schulen in der Bundesrepublik.

Zu 27.3.2: „Schullandheim"

Verband Deutscher Schullandheime (Hrsg.): Pädagogik im Schullandheim. Regensburg 1975.

Ders.: Projektarbeit im Schullandheim. Bd. 1: Geographie (1980), Bd. 2: Biologie (1981).

Ders.: *Das Schullandheim.* Fachzeitschrift für Schullandheimpädagogik. Verlag: Verband Deutscher Schullandheime e.V., Mendelssohnstr. 86, 2 Hamburg 50

H. KERSBERG: Geographische Feldarbeit im Schullandheim. In: Prozeßanalysen geographischen Unterrichts. Geographiedidaktische Forschungen, Bd. 6. Braunschweig 1980.

Zu 27.3.3: „Umweltzentren und andere Einrichtungen"

H.-H. FALKENHAN (Hrsg.): Handbuch der praktischen und experimentellen Schulbiologie. Bd. 2. Köln 1978.

U. FOKKEN / G. WITTE: Freilandlabor und alternativer Biologieunterricht. Universität (Gesamthochschule) Kassel 1979.

Nationalpark Bayerischer Wald: Naturerleben, Naturerkenntnis, Naturkundliche Bildung in Nationalparken und vergleichbaren Schutzgebieten. Schriftenreihe des Bayerischen Staatsministeriums für Ernährung, Landwirtschaft und Forsten. Grafenau 1981.

H. G. SCHROER: Exkursionsführer Biologie. Eine Bestandsaufnahme ausgewählter Institute und Institutionen in der Bundesrepublik Deutschland und im angrenzenden Ausland. Köln 1980.

G. WINKEL / D. F. GÜRTLER / A. BECKER: Unterricht Umweltschutz. Umdenken und Handeln. Köln 1978.

E. ZIMMERLI: Freilandlabor Natur. Schulreservat, Schulweiher, Naturlehrpfad. Schaffung, Betreuung, Einsatz im Unterricht. Schweizerische Beratungsstelle für Umwelterziehung (SBU). Zürich 1975.

Zu 27.3.4: „Beispiel einer Unterrichtseinheit"

Günter EULEFELD: Ökologische Schülerversuche zum Sauerstoffhaushalt der Gewässer. *Praxis der Naturwissenschaften, Biologie* 22 (1973), S. 60–65.

Ders.: Ein Unterrichtsentwurf zur Ökologie der Gewässer für die 8. Klassenstufe als Beitrag zum Thema Umweltschutz. *Praxis der Naturwissenschaften, Biologie.* 22 (1973), S. 315–328.

Ders.: Schülerexperimente zum Sauerstoffgehalt der Gewässer im Rahmen eines prozeßorientierten Curriculums. In: P. MÜLLER (Hrsg.): Verhandlungen der Gesellschaft für Ökologie, Saarbrücken 1973. Den Haag: Junk, 1974, S. 307–314.

Dietmar BOLSCHO / Wolfgang BÜRGER / Günter EULEFELD / Karl-Heinz HORN: Interdisziplinäre und handlungsorientierende Umwelterziehung. Konzeption und Unterrichtserfahrungen am Beispiel „Probleme der Wasserverschmutzung". In: G. SCHAEFER (Hrsg.): Verhandlungen der Gesellschaft für Ökologie, Kiel 1977. Göttingen 1978.

Günter EULEFELD / Dietmar BOLSCHO / Wolfgang BÜRGER / Karl-Heinz HORN: Probleme der Wasserverschmutzung. Unterrichtseinheit für eine Kooperation der Fächer Biologie/Geographie/Sozialkunde in den Klassenstufen 9/10. Köln 1979.

Zu 27.4: „Umwelterziehung im Rahmen beruflicher Bildung"

Gottfried EIGENMANN (Hrsg.): Umwelt kennen, Umwelt schützen. Frankfurt/Aarau ²1980.
Dieses Lehrmittel wurde von Mitarbeitern eines großen Chemiewerks geschaffen. Es ist für die Berufsausbildung empfehlenswert, wenn es ergänzt wird durch Materialien, die die berufsspezifischen Umweltprobleme der Auszubildenden darstellen und berufsspezifische Handlungsperspektiven zur Lösung der Umweltprobleme aufzeigen.

Günter EULEFELD / Thorsten KAPUNE (Hrsg.): Empfehlungen und Arbeitsdokumente zur Umwelterziehung – München 1978. (IPN. Institut für die Pädagogik der Naturwissenschaften an der Universität Kiel. Arbeitsberichte Nr. 36). Kiel 1979. (Gegen Schutzgebühr durch das IPN Kiel zu beziehen.)
Dieser Tagungsbericht enthält die Arbeitsunterlage und den Bericht einer Arbeitsgruppe „Umweltfragen in der beruflichen Aus- und Fort-/Weiterbildung" (S. 157–188) und entsprechende Empfehlungen (S. 271 und 272).

Karlheinz FINGERLE: „Arbeitsumwelt" im Unterricht. In: Hans IMMLER (Hrsg.): Beiträge zur Didaktik der Arbeit. Bad Heilbrunn/Obb. 1981, S. 185–195.
Dieser Aufsatz diskutiert die Frage, ob die Arbeitsumwelt in die Umwelterziehung der vorberuflichen Bildung einbezogen werden soll.

Ders.: Ökologie und Umwelt in der Berufsbildung im Berufsfeld Agrarwirtschaft. In: Arbeit und Umwelt. Hrsg.: Hans MARTIN. Bad Heilbrunn/Obb. 1982, S. 87–108.
Der Beitrag beschreibt und diskutiert die Berücksichtigung von Umweltthemen in den Berufsausbildungen, die dem Berufsfeld „Agrarwirtschaft" zugeordnet sind.

Hessischer Kultusminister (Hrsg.): Rahmenrichtlinien. Sekundarstufe I. Polytechnik – Arbeitslehre. Einführung in die Probleme der Arbeits- und Berufswelt. Ausgabe Oktober 1978. (Vertrieb: Verlag Moritz Diesterweg, Frankfurt am Main.)
Beispiel für einen Lehrplan, der Umweltthemen in den Unterricht der Sekundarstufe I zur Vorbereitung auf die Arbeitswelt in großem Umfang einbezieht. Die Kollegiaten sollten zum Vergleich die Lehrpläne/Richtlinien/Curricula/Handreichungen ihres Bundeslandes heranziehen.

Volker PAUL: Bericht über die Europäische Arbeitstagung der UNESCO über Umwelterziehung vom 8. bis zum 12. Dezember 1980 in Essen. In: *Berufsbildung in Wissenschaft und Praxis* 10, Heft 2 (1981), S. 24 und 25.
Der Autor berichtet über die Ergebnisse der Arbeitsgruppe „Umwelterziehung in der beruflichen Bildung".

(Arlette SALOMON:) Man in his working environment. Geneva: United Nations Environment Programme, International Labour Office 1979. (Bezug direkt von der ILO, CH-1211 GENF 22, oder vom Internationalen Arbeitsamt, Hohenzollernstraße 21, D-5300 Bonn 2).
Ein grundlegendes Werk für die Umwelterziehung der Arbeitnehmer. Leider nicht in deutscher Sprache veröffentlicht.

UNESCO-Verbindungsstelle im Umweltbundesamt: Bericht über die Entwicklung der Umwelterziehung in der Bundesrepublik Deutschland seit der UNESCO-

Weltkonferenz über Umwelterziehung im Oktober 1977 in Tiflis. (Berlin 1980.) (Nicht im Buchhandel; durch das Umweltbundesamt zu beziehen bzw. im Fernleihverkehr der deutschen Bibliotheken ausleihbar.)
Dieser Bericht enthält einen Abschnitt „Umwelterziehung in der beruflichen Bildung" (S. 12–18).

Zu 27.5: „Umwelterziehung in der Hochschule"

Jürgen LEHMANN (Hrsg.): Hochschulcurriculum Umwelt. Köln 1981.
Vertreter verschiedener wissenschaftlicher Disziplinen stellen den Beitrag ihrer Disziplin zur Umwelterziehung im Rahmen der Hochschulausbildung dar.
Umweltbundesamt (Hrsg.): Studienführer Umweltschutz. Berlin 1979.
Eine Beschreibung von Studiengängen an Hochschulen, die im Zusammenhang mit Umwelterziehung stehen.

Zu 27.6: „Umwelterziehung in der Erwachsenenbildung"

B. ARMBRUSTER: Lernen in Bürgerinitiativen. Bundeszentrale für politische Bildung. Bonn 1979.
H. BOSSEL: Bürgerinitiativen entwerfen die Zukunft. Frankfurt 1978.
P. C. DIENEL / K. BUCHWALD / W. HABRICH u. a.: Umwelterziehung in Schule und Erwachsenenbildung. Hrsg.: Umweltbundesamt. Berlin 1980.
J. FORSSMANN / L. REIBERG: Umweltschutz und Umweltplanung. Ein Planspielhandbuch. Bundeszentrale für politische Bildung. Bonn 1978.
I. HERMANN: Beteiligung der Massenmedien an der Umwelterziehung und die Aktivierung des Einzelnen. In: G. EULEFELD / T. KAPUNE (Hrsg.): Empfehlungen und Arbeitsdokumente zur Umwelterziehung – München 1978. IPN-Arbeitsbericht Nr. 36. Kiel 1979.
H. J. FIETKAU / H. KESSEL (Hrsg.): Umweltlernen. Veränderungsmöglichkeiten des Umweltbewußtseins. Modelle – Erfahrungen. Königstein 1981.
Zentralstelle für Umwelterziehung: Beitrag zur Umwelterziehung in der Erwachsenenbildung. Ergebnisbericht zum Untersuchungsauftrag „Grundlegung und Erarbeitung von Voraussetzungen und Wegen einer Erziehung zum Umweltbewußtsein im Bereich unterschiedlicher außerschulischer Zielgruppen". Universität Essen. 1980.

Literatur zur 28. Studieneinheit

Arbeitsgemeinschaft für Umweltfragen (Hrsg.): Erwartungen der Arbeitsgemeinschaft für Umweltfragen an den 9. Deutschen Bundestag. Mitgliedergespräch der Arbeitsgemeinschaft am 4. September 1980.
G. R. BAUM: Zehn Jahre Umweltschutz – eine Bilanz. *Wirtschaftsdienst* 61 (1981), S. 367–371.
E. BOHNE: Der informale Rechtsstaat. Berlin 1981.
H. BONUS: Das Konzept der Emissionszertifikate. In: Wirtschaft jenseits von Umweltzerstörung? Beiträge zu einem ökologischen Ordnungsrahmen für die Gesellschaft. Hrsg. von der Wirtschaftsredaktion der Neuen Zürcher Zeitung, Zürich 1982.
D. EWRINGMANN / K. ZIMMERMANN: Umweltpolitische Interessenanalyse der Unternehmen, Gewerkschaften und Gemeinden. In: M. JÄNICKE (Hrsg.): Umweltpolitik, a.a.O., S. 66–100.
J. FEICK / J. HUCKE: Umweltpolitik. Zur Reichweite und Behandlung eines politischen Themas. In: P. GROTTIAN (Hrsg.): Folgen reduzierten Wachstums

für Politikfelder (Sonderheft 11/1980 der Politischen Vierteljahresschrift). Opladen 1980, S. 168–182.

W. J. Fleischhauer / K.-R. Meis / F.-H. Schwartz: Umweltschutz. Technologie – Ökologie. Braunschweig/Wiesbaden 1980.

H. P. Fischer: Die Finanzierung des Umweltschutzes im Rahmen einer rationalen Umweltpolitik. Frankfurt/Bern/Las Vegas 1978.

B. S. Frey: Umweltökonomie. Göttingen 1972.

Ders.: Umweltökonomik. In: Handwörterbuch der Wirtschaftswissenschaft, Bd. 8, Stuttgart u. a. 1980, S. 47–58.

K. H. Hansmeyer: Umweltpolitik als Wachstumspolitik. *ifo-schnelldienst* 32 (1979), Nr. 24 vom 30. 8. 1979, S. 21–26.

Ders.: Volkswirtschaftliche Aspekte der Erfüllung zukünftiger umweltpolitischer Aufgaben. In: A. A. Ullmann / K. Zimmermann (Hrsg.): Umweltpolitik im Wandel. Von Beschäftigungseffekten zu Innovationswirkungen des Umweltschutzes. Frankfurt/New York 1982, S. 107–118.

J. Hucke / A. Müller / P. Wassen: Implementation kommunaler Umweltpolitik. Frankfurt 1980.

M. Jänicke (Hrsg.): Umweltpolitik. Beiträge zur Politologie des Umweltschutzes. Opladen 1978.

Global 2000. Der Bericht an den Präsidenten. Frankfurt 1980.

J. Kölble: Staat und Umwelt – Zur Grundstruktur des rechtlichen Instrumentariums der Umweltsicherung. *Die öffentliche Verwaltung* 1977, Heft 1/2, S. 1 ff.

Ders.: Staatsaufgabe Umweltschutz: Rechtsformen und Umrisse eines neuen Politikbereichs. *Die öffentliche Verwaltung* 1979, Heft 13/14, S. 470 ff.

K. Krusewitz: Umweltpolitik in der BRD (1970–1980). In: Alternative Umweltpolitik (Argument Sonderband 56). Berlin 1981.

F. Lamerdin: Umweltschutz – Recht und Wirklichkeit. *Die neue Ordnung* 1979, Heft 5, S. 347–355.

R. Mayntz: Vollzugsprobleme der Umweltpolitik – Empirische Untersuchung der Implementation von Gesetzen im Bereich der Luftreinhaltung und des Gewässerschutzes (unter Mitarbeit von H.-U. Derlien / E. Bohne / B. Hesse / J. Hucke / A. Müller). Materialien zur Umweltforschung. Hrsg. vom Rat von Sachverständigen für Umweltfragen. Stuttgart 1978.

R. Mayntz / J. Hucke: Gesetzesvollzug im Umweltschutz – Wirksamkeit und Probleme. *Zeitschrift für Umweltpolitik* 1978, Nr. 2, S. 217–244.

W. Meissner: Das Umweltprogramm 1971: Ökonomische Anmerkungen zu einem Jubiläum. *Wirtschaftsdienst* 62 (1981), S. 374–377.

G. Michelsen / W. Peters: Umweltschutzinstrumente auf der Grundlage des Verursacherprinzips – Ein Vergleich. *Wisu* 9/1977, S. 414–419.

E. Nowotny: Wirtschaftspolitik und Umweltschutz. Freiburg 1974.

M. Olson: Die Logik des kollektiven Handelns. Kollektivgüter und die Theorie der Gruppen. Tübingen 1968.

OECD: Environment Policies for the 1980s. Paris 1980.

Der Rat von Sachverständigen für Umweltfragen: Umweltgutachten 1974. Stuttgart/Mainz 1974. – Umweltgutachten 1978. Stuttgart/Mainz 1978.

R.-U. Sprenger: Umweltschutz und Beschäftigung. *ifo-schnelldienst* 32 (1979), Nr. 24 vom 30. 8. 1979, S. 3–20.

P.-Chr. Storm: Umweltrecht. Wichtige Gesetze und Verordnungen zum Schutz der Umwelt. Textausgabe mit ausführlichem Stichwortverzeichnis und einer Einführung. München ²1981.

Ders.: Umweltrecht. Einführung in ein neues Rechtsgebiet. Berlin 1980.

UNEP: The State of the World Environment 1981. The 1981 Report of the Executive Director of the United Nations Environment Program (M. K. Tolba).

H. WEIDNER / P. KNOEPFEL: Politisierung technischer Werte – Schwierigkeiten des Normbildungsprozesses an einem Beispiel (Luftreinhaltung) der Umweltpolitik. *Zeitschrift für Parlamentsfragen* 10 (1979), S. 160–170.

Literatur zur 29. Studieneinheit

Zu 29.2: „,*Global 2000*': Ausgewählte Prognosen"

The Global 2000 Report to the President: A Report prepared by the Council on Environmental Quality and the Department of State. Vol. 1. 2. Washington, D. C.: Superintendent of Documents 1980.

The Global 2000 Report to the President. Hrsg. 2001 Verlag/Charlotteville, Va.: Blue Angel Incorp. 1981.

Nachdruck des Originalberichts „Global 2000", enthält auch den Nachdruck von „Global Future". Wird von Zweitausendundeins vertrieben. Gründliche Leser sollten „Global 2000" in Englisch lesen, da die deutsche Übersetzung zahlreiche – auch sinnverzerrende – Fehler enthält.

Global 2000: Der Bericht an den Präsidenten. Aus dem Amerikanischen. Frankfurt 1980.

E. P. ECKHOLM: Losing Ground. Oxford: Pergamon Pr. 1978.

Sehr einflußreiches Buch, das aus dem „World Watch Institute" kommt. ECKHOLMS Thesen zur Erschöpfung der erneuerbaren Ressourcen haben Eingang in die weltweite Diskussion über Umwelt und Entwicklung gefunden. Der Einfluß dieses Buches ist auch im Umweltkapitel von „Global 2000" deutlich spürbar.

Atlas of the Earth Resources. London: Mitchell Beazley Publ. 1979.

Ein aufwendiges Werk, in dem auf 85 Tafeln die Themen Bevölkerung, Rohstoffe, Ernährung, Energie, Umweltbelastung und politische Strategien dargestellt werden. Hervorragende thematische Karten, Grafiken und Bilder bereiten die Fülle der Informationen auf. Quellen sind hauptsächlich Organisationen der Vereinten Nationen, insbesondere die Weltbank.

Friedrich-Naumann-Stiftung: Global 2000: Dokumentation. Anhörung Bonn, 19.–20. Mai 1981. Bonn 1981.

Am 19. und 20. Mai 1981 führte die Friedrich-Naumann-Stiftung eine Anhörung zu „Global 2000" durch, auf der sich führende FDP-Politiker zu dem Bericht und seinen wichtigen Prognosen äußerten. Fachleute aus Wissenschaft und Verwaltung vertieften ausgewählte Problembereiche. Naturwissenschaftliche und technologische Fragen wurden nicht erörtert. Viele nützliche Hinweise zum Ursprung, zur Methodik und zur Wirkung von „Global 2000" gibt der Vortrag von Thomas B. STOEL, einem Mitarbeiter an dem Bericht.

Zu 29.3.1: „Landwirtschaft"

Bernd ANDREAE: Agrargeographie. Berlin/New York 1977.
Claude AUBERT: Organischer Landbau. Stuttgart 1981.
FAO: Agriculture: Toward 2000. Rom 1981.
Klaus HEINE: Ökologische Katastrophe in Mexiko? Bodenerosion seit über 2500 Jahren. *Umschau* 78 (1978), S. 491–496.
Otto MATZKE: Hunger in Afrika. Deutsche Afrikastiftung. Schriftenreihe Heft 10. Bonn 1981.
Norman MYERS: The Hamburger Connection: How Central America's Forests Become North America's Hamburgers. *Ambio* 10 (1981), S. 2–8.
Tropische Landwirtschaft. Berlin 1979. (Forschung und Information. Schriftenreihe der RIAS-Funkuniversität. Herausgegeben von R. KURZROCK).

Wolfgang WEISCHET: Die ökologische Benachteiligung der Tropen. Stuttgart 1977.
Erwin WELTE: Sind die Tropen wirklich im Nachteil? *Umschau* 78 (1978), S. 634–638.

Zu 29.3.2: „Pflanzen- und Vorratsschutz"

Auswertungs- und Informationsdienst für Ernährung, Landwirtschaft und Forsten (AID) (Hrsg.): Integrierter Pflanzenschutz. Heft 32. Bonn 1980.
H. H. CRAMER: Pflanzenschutz und Welternte. Pflanzenschutz-Nachrichten Bayer 20, 1967, S. 1–523.
Ders.: Zur wirtschaftlichen Bedeutung des Pflanzenschutzes. Pflanzenschutz-Nachrichten Bayer 28, 1975, S. 217–230.
Rolf DIERCKS: Pflanzenschutz mit Maß und Ziel. Frankfurt 1980.
Rudolf HEITEFUSS: Pflanzenschutz. Stuttgart 1975.

Zu 29.3.3: „Bevölkerungswachstum und Welternährung"

K.-H. BEISSNER u. a.: Ernährungssicherungsprogramme einschließlich Nahrungsmittelhilfe und ihre entwicklungspolitischen Auswirkungen in Empfängerländern. Forschungsberichte des Bundesministeriums für Wirtschaftliche Zusammenarbeit. Band 8. München/Köln/London 1981.
J. CAIRNCROSS: An Approach to Food/Population Planning. F.A.O. Publication 1978, ISBN 92-5-100563-X.
Paul EHRLICH: Die Bevölkerungsbombe. München 1971.
Halfdan MAHLER: People. *Scientific American,* Volume 243. September 1980.
Review and Appraisal of the World Population Plan of Action, U.N. 1979, Verkaufs-Nr. E. 79.XIII.7.
Josef SCHMID: Einführung in die Bevölkerungssoziologie. rororo studium 1976.
Ders.: Das Weltbevölkerungsproblem zwischen Untergangsprophetie und Fatalismus. Antrittsvorlesung an der Universität Bamberg am 10. November 1981.
Nevin S. SCRIMSHAW / Lance TAYLOR: Food. *Scientific American,* Volume 243, September 1980.
B. A. STOUT: Energy for World Agriculture. F.A.O. Publication 1979.

Zu 29.3.4: „Natur- und Artenschutz"

G. EMONDS: Bemühungen zum Schutz wandernder Tierarten in bisherigen internationalen Vereinbarungen. *Natur und Landschaft.* Heft 6 (Sonderheft „Wandernde Tierarten"). Bonn-Bad Godesberg 1979.
C. DE KLEMM: Eine Vielfalt von Abkommen. Naturopa Nr. 39. Straßburg 1981.
K.-G. KOLODZIEJCOK: Keine Grenzen. Naturopa Nr. 39. Straßburg 1981.
E. NOWAK: Die Bonner Konvention. *Natur und Landschaft.* Heft 3. Bonn-Bad Godesberg 1982.
G. OLSCHOWY: Natur- und Umweltschutz in fünf Kontinenten. Hamburg/Berlin 1976.

Zu 29.3.5: „Waldzerstörung"

E. F. BRÜNIG: Urwaldabholzung: ein globaler Ökozid. In: Der Fischer Öko-Almanach 82/83. Freiburg 1982.
S. GAMPE: Forstliche Aspekte des amerikanischen Weltmodells für das Jahr 2000. *Allgemeine Forst-Zeitung* 36 (1981), S. 381–383.

GTZ: Die Bundesrepublik Deutschland und die Forstwirtschaft der Dritten Welt. 2 Bde. Eschborn 1977/1980.

HOLZ AKTUELL: Eine Zeitschrift der Danzer-Unternehmen. Sonderheft über Fragen der Ökologie im Tropenwald. Heft 3/1981.

Literatur zur 30. Studieneinheit

Zu 30.1: „Prognostische Berichte zur Umweltentwicklung"

Stuart A. BREMER / Rolf KAPPEL / Peter OTTO / Hannelore WECK / Ulrich WIDMAIER: Weltmodellstudien. Wachstumsprobleme und Lösungsmöglichkeiten, mit einer Einführung von Karl W. DEUTSCH. Schriften des Wissenschaftszentrums Berlin, Internationales Institut für Vergleichende Gesellschaftsforschung. Bd. 16. Königstein/Ts. 1980.

Shahid Javed BURKI: Die Aussichten der Entwicklungsländer: ein Überblick über jüngste Prognosen. *Finanzierung und Entwicklung* 18 (1981), S. 20–24.

Henry CAVANNA (Hrsg.): Die Schrecken des Jahres 2000. Stuttgart 1977.

Food and Agriculture Organization of the United Nations: Agriculture: Toward 2000. Rom 1981.

Christopher FREEMAN / Marie JAHODA u. a.: Die Zukunft aus dem Computer? Eine Antwort auf „Die Grenzen des Wachstums". Neuwied/Berlin 1973.

Peter HAAS: Kritik der Weltmodelle. Philosophische Aspekte globaler Modellierungen. Beiträge des Instituts für Zukunftsforschung. Bd. 12. München 1980.

Amílcar O. HERRERA / Hugo D. SCOLNIK u. a.: Grenzen des Elends. Das Bariloche-Modell: So kann die Menschheit überleben. Stuttgart 1977.

Martin JÄNICKE: Wachsende Zukunftsrisiken für Umwelt, Beschäftigung und Demokratie? Eine Interpretation neuerer Langzeitprognosen. *Aus Politik und Zeitgeschichte* (Beilage zur Wochenzeitung *Das Parlament*) vom 7. Juni 1980, S. 3–10.

Wassily W. LEONTIEF / Anne P. CARTER / Peter PETRIE: Die Zukunft der Weltwirtschaft. Bericht der Vereinten Nationen. Stuttgart 1977.

Michael LOHMANN (Hrsg.): Gefährdete Zukunft. Prognosen angloamerikanischer Wissenschaftler. München 1970.

Dennis MEADOWS / Donella MEADOWS / Erich ZAHN / Peter MILLING: Die Grenzen des Wachstums. Bericht des Club of Rome zur Lage der Menschheit. Stuttgart 1972.

Mihailo MESAROVIĆ / Eduard PESTEL: Menschheit am Wendepunkt. 2. Bericht an den Club of Rome zur Weltlage. Stuttgart 1974.

Nord-Süd-Kommission: Das Überleben sichern. Gemeinsame Interessen der Industrie- und Entwicklungsländer. Mit einer Einleitung des Vorsitzenden Willy Brandt. Köln 1980.

Organization for Economic Co-operation and Development: Interfutures. Facing the Future. Mastering the Probable and Managing the Unpredictable. Paris 1979 (deutsch: OECD: Interfutures. Herausforderungen der Zukunft. Hamburg 1981).

Aurelio PECCEI: Die Zukunft in unserer Hand. Gedanken und Reflexionen des Präsidenten des Club of Rome. Wien/München/Zürich/New York 1981.

Jan TINBERGEN (Leitung): Der RIO-Bericht an den Club of Rome. Wir haben nur eine Zukunft. Reform der internationalen Ordnung. Opladen 1977.

Weltbank: Weltentwicklungsbericht, ab 1978 jährlich. Washington, D.C. (USA).

Weltstrategie für die Erhaltung der Natur, ausgearbeitet von der Internationalen Union zur Erhaltung der Natur und der natürlichen Lebensräume (IUCN), mit der Beratung, Zusammenarbeit und finanziellen Unterstützung seitens des

Bibliographie

Umweltprogramms der Vereinten Nationen (UNEP) und des World Wildlife Fund (WWF) und in Zusammenarbeit mit der Landwirtschafts- und Ernährungsorganisation der Vereinten Nationen (FAO) und der Organisation der Vereinten Nationen für Erziehung, Wissenschaft und Kultur (UNESCO), in deutscher Sprache hrsg. vom Bundesministerium für Ernährung, Landwirtschaft und Forsten. Bonn 1980.

Zu 30.2: „Weltweite Aspekte von Umwelt und Wirtschaftsentwicklung"

Hans Christoph BINSWANGER / Werner GEISSBERGER / Theo GINSBURG (Hrsg.): Der NAWU-Report: Wege aus der Wohlstandsfalle. Strategien gegen Arbeitslosigkeit und Umweltkrise. Frankfurt 1978.
Ernst DÜRR: Wachstumspolitik. Bern/Stuttgart 1977.
Bruno S. FREY: Umweltökonomie. Göttingen 1972.
Bruno FRITSCH: Wachstumsbegrenzung als Machtinstrument. Stuttgart 1974.
Paul HARRISON: Hunger und Armut. „Inside the Third World". Reinbek bei Hamburg 1982.
Emil KÜNG: Wohlstand und Wohlfahrt. Von der Konsumgesellschaft zur Kulturgesellschaft. Tübingen 1972.
Ewald NOWOTNY: Wirtschaftspolitik und Umweltschutz. Freiburg 1974.
Horst SIEBERT: Ökonomische Theorie der Umwelt. Tübingen 1978.
Weltbank: Weltentwicklungsbericht. Washington 1978 ff.
Winrich F. WEINERT / Reinhold KRESS / Hans-Jürgen KARPE: Umweltprobleme und nationale Umweltpolitiken in Entwicklungsländern. Ansatzpunkte zur Förderung im Rahmen der wirtschaftlichen Zusammenarbeit, dargestellt am Beispiel der Wiederverwendung von Abwässern und Abfällen. Forschungsberichte des Bundesministeriums für Wirtschaftliche Zusammenarbeit. Bd. 22. München/Köln/London 1981.

Zu 30.3.1: „,Global 2000', ,Global Future' und die Reaktionen in der Bundesrepublik Deutschland"

J. L. SIMON: Resources, Population, Environment: An Oversupply of False Bad News. *Science* 208 (1980), S. 1431 ff.
   Eine grundsätzliche Kritik an der systematischen pessimistischen Verzerrung von Prognosen zu langfristigen und weltweiten Entwicklungen.
K. SIMON: Statistische Lügen über Umwelt, Bevölkerung und Ernährung. *Naturwissenschaftliche Rundschau* 34 (1981), S. 244 ff.
   Deutsche Zusammenfassung der Kritik von J. L. SIMON.
K. SCHOLDER: Grenzen der Zukunft. Stuttgart 1973.
   Ausgehend von den düsteren Prognosen der Jahre 1970–1973 erörtert diese Untersuchung die wissenschaftlichen Prinzipien und die zugrunde liegenden – oft unreflektierten – Annahmen von Weltmodellen pessimistischer und optimistischer Tendenz. Der Autor geht auf MALTHUS und andere, weniger bekannte pessimistische Prognosen ein. Die Zusammenhänge mit den Wirtschaftslehren des Kapitalismus und Sozialismus sowie mit der christlichen Lehre werden aufgezeigt. Immer noch eines der besten Werke zu den grundsätzlichen Fragen der Zukunftsprognose.
Global Future: Time To Act. Report to the President on Global Resources, Environment und Population. Council on Environmental Quality / United States Department of State, Januar 1981 (auch abgedruckt in der engl. Ausgabe von „Global 2000" im Verlag Blue Angel, Inc.).
Global Future: Es ist Zeit zu handeln. Global 2000: Die Fortschreibung des Berichts an den Präsidenten. Eine Veröffentlichung aus dem Öko-Institut Freiburg. Hrsg. von A. BECHMANN. Freiburg/Brsg. 1981.

Die Autoren von „Global 2000" hatten sich jeder Empfehlung und jeden politischen Vorschlags zu enthalten. Im Folgebericht „Global Future" ist dann vom Council on Environmental Quality und dem State Department ein umfassendes Handlungsprogramm für die Vereinigten Staaten von Amerika entworfen worden. Die Themen gleichen denen von „Global 2000"; hinzu kommen Kapitel über Entwicklungspolitik und zu den politisch-institutionellen Strategien.
In der Einführung zur deutschen Übersetzung erläutern die Herausgeber die Geschichte und Wirkung von „Global Future"; sie beklagen die Skepsis der Regierung REAGAN gegenüber einer solchen Globalpolitik und weisen auf die begrenzte Übertragbarkeit der Handlungsempfehlungen auf die Bundesrepublik Deutschland hin.

Bericht der Bundesregierung zu „Global 2000" und den darin aufgezeigten Problemen. Bundesministerium für Forschung und Technologie, Bonn, März 1981.

Seit der Herausgabe der deutschen Übersetzung von „Global 2000" sieht sich die Bundesregierung einer steigenden Flut von Fragen gegenüber, ob ihre Politik den globalen Problemen die notwendige Aufmerksamkeit widmet. In dieser Stellungnahme werden die in „Global 2000" aufgezeigten Problembereiche aus der Sicht der Bundesregierung beurteilt; die Lösungsstrategien in den Bereichen Forschungspolitik, Entwicklungspolitik, Umweltpolitik usw. werden skizziert.

Antwort der Bundesregierung auf die Große Anfrage der CDU/CSU-Fraktion zu den Tendenzen globaler Entwicklung. Mai 1982. Bundestagsdrucksache 9/1592.

Fragen und Antworten zu den komplexen Zusammenhängen weltweiter Probleme, Umweltfragen und Entwicklungspolitik.

Zu 30.3.2: „Die Rolle der Entwicklungshilfe in einer weltweiten Umweltpolitik"

L. J. SAUNDERS / J. J. WARFORD: Village Water Supply. Economics and Policy in the Developing World. World Bank, Baltimore 1976.
Übersicht über Trinkwasserprobleme der Entwicklungsländer und Bewertungsverfahren bei Trinkwasserprojekten der Weltbank.

Gabriele KNÖDGEN: Umweltschutz als Determinante industrieller Investitionsentscheidungen. Dissertation Gesamthochschule Kassel 1981.
Empirische Untersuchung zur Bedeutung der „schwachen" Umweltschutzvorschriften in Entwicklungsländern als Anreiz zur Verlagerung für die deutsche Industrie.

Agency for International Development (AID): Environmental and Natural Resource Management in Developing Countries. A Report to Congress. Washington, D.C. (USA) 1979.
Übersicht über Umweltprobleme und vorhandene Kontrollinstitutionen in Entwicklungsländern, nach Kontinenten geordnet.

Clement DORM-ADZOBU: Environmental Problems and Management in Tropical Africa. *Zeitschrift für Umweltpolitik,* Heft 1/1981.
Diskussion der afrikanischen Umweltgesetze und Umweltbehörden sowie ihrer Probleme.

Weltbank: Weltentwicklungsbericht 1981, Washington, D.C. (Zu beziehen über die Deutsche Gesellschaft der Vereinten Nationen, Simrockstr. 23, 53 Bonn).
Zusammenfassung der aktuellen Situation der Entwicklungsländer, der Entwicklungshilfe und einiger ausgewählter Problembereiche.

Bundesministerium für Wirtschaftliche Zusammenarbeit (BMZ): Journalisten-Handbuch Entwicklungspolitik 1981. (Zu beziehen über das Pressereferat des BMZ, Karl-Marx-Str. 4–6, 53 Bonn 1)
Zusammenstellung von Hintergrundinformationen zur Entwicklungshilfe der Bundesrepublik Deutschland.

R. HOFMEIER: Möglichkeiten und Grenzen deutscher Entwicklungspolitik gegenüber Afrika. In: H. BLEY / R. TETZLAFF (Hrsg.): Afrika und Bonn. Versäumnisse und Zwänge deutscher Afrika-Politik. Reinbek 1978, S. 192–253.
Eine kritische Untersuchung der Wirkungen der deutschen Entwicklungshilfe in Ostafrika.

Bundesministerium für Wirtschaftliche Zusammenarbeit: Die entwicklungspolitischen Grundlinien der Bundesregierung unter Berücksichtigung der Empfehlungen der „Unabhängigen Kommission für internationale Entwicklungsfragen". Bonn 1980.
Bonner Reaktion auf den Bericht der Brandt-Kommission.
V. HARTJE: Beihilfe zum Überleben? Umwelt- und Ressourcenschutz in der Entwicklungshilfe. Frankfurt 1982.
Bewertung des Beitrages der deutschen Entwicklungshilfe zur Lösung der Umweltprobleme der Entwicklungsländer.

Als weitere Informationsquellen eignen sich:

E+Z, Entwicklung und Zusammenarbeit, Monatsschrift der Deutschen Stiftung für Internationale Entwicklung, Postfach 120518, 53 Bonn 1
„EPD" Entwicklungspolitik, Informationsdienst der Zentralredaktion des Evangelischen Pressedienstes, zu beziehen über die Redaktion in 6 Frankfurt/M., Friedrichstr. 4–6.

Zu 30.3.3: „Das Umweltschutzprogramm der Vereinten Nationen (UNEP)"

Rolando V. GARCIA / J. SMAGORINSKY: Drought and Man. Vol. 1: Nature Pleads not Guilty. New York 1981.
Martin W. HOLDGATE / Mohammed KASSAS / Gilbert F. WHITE (Hrsg.): The World Environment 1972–1982. A Report by the United Nations Environment Programme. Dublin 1982.
Robert E. STEIN / Brian JOHNSON: Banking on the Biosphere? Lexington 1979.
Mostafa K. TOLBA: Development without Destruction. Evolving Environmental Perception. Dublin 1982.
UNEP: The United Nations Environment Programme. Nairobi 1979.
UNEP: The Environment Programme: Programme Performance Report. Nairobi, UNEP/GC. 10/5; 10 February, 1982.
UNEP: The System-Wide Medium-Term Environment Programme. Nairobi, UNEP/GC. 10/7; 25 March, 1982.
UNEP: The Environment in 1982 – Retrospect and Prospect. Nairobi, UNEP/GC (SSC)/2; 29 January, 1982.

Gesamt-Verzeichnis der Personennamen

Die römischen Zahlen bezeichnen die beiden Bände des Werkes, die arabischen Ziffern die Seiten.

Acker, L.   I 206
Adam   I 36
Adorno, Th. W.   I 39
Albers, G.   I 15
Albert, H.   II 439
Aldridge, D.   II 360
Alexander der Große   I 35
Altmann, H.-J.   II 77
Ambrosius   II 438
Amman, F.   I 144
Andreae, B.   II 420, 422
Aubert, Cl.   II 45, 61; II 424
Augst, H.-J.   II 297
Aurand, K.   I 261; II 155, 174

Bach, W.   I 360, 375, 376, 377, 378, 379
Bacon, F.   I 3, 35, 36, 37, 38, 39, 43, 45
Barby, J. v.   I 67, 70, 72
Barkhausen, H.   I 304
Bätjer, K.   I 261
Bauer, E. W.   I 296
Bauer, G.   II 278
Bauer, H. J.   II 251, 280
Baum, G. R.   II 379
Beck, C. H.   I 388
Beck, P.   II 185
Becker, H.   I 73
Beckmann, A.   I 158
Beer, W.   II 369, 371
Beger, H.   I 238
Berg, H. K.   I 206, 216
Bernadotte, L., Graf   I 7
Bernard, H. W. (Jr.)   I 378
Bernhardt, H.   I 254
Beumer, W.   I 205
Beutin, L.   II 85, 86
Bibelriether, H.   I 360; II 282
Bick, H.   I 3, 19, 22, 165, 167, 171, 173, 177, 179, 180, 181, 187, 188, 191, 195, 226, 242, 244, 250, 251, 253, 255, 263, 293, 315, 333; II 5, 8, 9, 11, 12, 13, 16, 18, 36, 47, 60, 64, 65, 251, 410, 437
Binswanger, H. Chr.   II 452
Birnbacher, D.   II 282
Birnbaum   II 210
Blab, J.   II 266
Blenke, H.   I 11
Bode, W.   II 303
Boguslawski, E. v.   II 8, 24
Bolin, B.   I 375
Bolscho, D.   II 345, 348, 350, 357, 360, 372
Boness, M.   II 57
Bonus, H.   II 399
Borchard, K.   I 59
Borne, M. von dem   I 198
Börnert, W.   I 209
Borries, D. von   I 333; II 95, 215
Bossel, H.   II 178, 371

Boyle, R.   II 109
Brand, K.   I 136
Brandt, C. J.   II 340
Brandt, W.   II 443
Brecht, B.   I 35
Bremer, S. A.   II 440
Breuer, G.   I 377
Brommer, F.   I 348
Brucker, G.   II 358
Brun, R.   II 371
Buchwald, K.   I 92, 106, 258, 267, 285; II 282, 300, 318, 368
Bürck, W.   I 297
Bürger, K.   I 326
Bürger, W.   II 360

Carson, R.   I 10
Carter, J.   II 411
Cavanna, H.   II 438
Chen, R. S.   I 380
Christus   I 40
Coase, R. H.   II 397
Columbus, Chr.   I 35
Conwentz, H.   I 8, 9
Cramer, H. H.   II 426

Damaschke, A.   I 14
Danilenko, L.   I 293, 315
Danz, W.   I 159
Darmer, G.   II 280
Dauber, H.   II 371
Däumel, E.   I 7
Darwin, Ch.   I 16
Davids, P.   I 356
Dean, G.   I 337
Descartes, R.   I 40
Deselaers, J.   II 35
Deufel, J.   I 183
Dick, E.   II 369, 370
Dienel, P.   II 352, 366, 368
Diercks, R.   II 18, 55, 59, 62
Ditfurth, H. von   II 348
Dittrich, G. G.   I 76, 78
Doedens, F.   I 206, 216
Dohnanyi, J. v.   II 410
Dörner, C. D.   I 48, 49; II 358
Drexler, A.-M.   I 186
Dreyhaupt, F. J.   I 386
Droste-Hülshoff, A. von   I 7
Duszeln, J. v.   I 245
Duwendag, D.   II 197, 198

Eberle, S.   I 245
Ecker, F.   II 303
Eduard II. von England   II 109
Ehrlich, Anne H.   I 23
Ehrlich, Paul R.   I 23
Eiff, A. W. v.   I 313

Eisenbart, C. II 155
Ellenberg, H. I 361
Engelhardt, W. I 106, 198, 267, 285; II 318
Engels, F. I 43; II 438, 439
Ennen, E. II 6, 8
Epler, G. II 360
Erz, W. II 265, 272, 273
Escher, M. C. II 98, 99
Eulefeld, G. II 345, 348, 350, 357, 360, 364, 367, 371, 372
Ewringmann, D. I 263, 264; II 378, 379, 400

Fabian, H. P. I 386
Feick, J. II 378, 379
Feldhaus, G. I 389
Ferrell, W. I 368
Fietkau, H. J. I 46; II 348, 349, 358
Finck, A. II 40, 43
Fingerle, K. II 345
Fischer, H. P. II 377
Fleischhauer, W. J. I 396, 445; II 190
Flohn, H. I 380
Flöricke, K. II 303
Fokken, U. II 357
Forrester, J. W. II 439
Fortak, H. II 185
Franz, J. M. II 57
Franzen, J. I 418
Freudenthal, A. II 302
Freudenthal, F. II 302
Frey, B. S. II 400, 401, 448
Friesecke, G. I 421
Fritz, G. I 135, 137, 160
Fromm, E. I 4
Fürst, L. II 45
Fuß, K. I 439

Gabel, B. I 245
Galilei, G. I 11
Gans, I. II 174
Gassner, E. I 59, 67, 68, 69, 71, 86
Gates, W. L. I 378
Geisler, E. I 3; II 215
Geissberger, W. II 452
Gerlach, J. I 88
Gerold, H. I 277, 401
Gerwin, R. II 177, 211
Gessner, E. I 136
Gilles, J. I 200
Gimpel, R. I 220
Ginsburg, Th. II 452
Glatzel, W.-D. II 186
Glitz, A. I 386
Gliwa, H I 357
Goethe, J. W. von I 7, 34, 39, 44, 45
Goettling, D. II 185
Göhren, H. I 105
Görlitz, D. II 349
Grathwohl, M. II 98, 110
Gravert, H.-O. II 32
Grebe, R. I 92, 135, 259
Griefahn, B. I 311
Grimm, R. I 95, 96
Grottian, P. II 378

Grünewald, M. II 68, 69
Grzimek, B. II 330
Günter, T. I 312
Guski, R. I 312

Haarmann, K. II 286
Haber, W. II 280, 331
Haberer, K. I 242
Haberey, W. I 237
Habrich, W. II 352, 368
Haeckel, E. I 16
Haenert, F. I 439, 450
Hahn, O. I 37; II 159
Hahn, R. II 351
Halbach, U. II 367
Hampicke, U. I 375, 377
Hansmeyer, K. H. I 3, 267, 333, 360, 386, 439; II 95, 97, 124, 155, 185, 196, 197, 198, 215, 345, 375, 386, 405, 410, 437, 450
Hapke, H.-J. II 82, 83, 84
Harrison, P. II 452
Hartje, V. J. II 437, 460
Hassan, S. A. II 56
Hässelbarth, U. I 261
Heidegger, M. I 42
Heitefuß, R. II 58, 410
Helmholtz, H. von I 34
Henke, H. II 305
Henning, F. W. II 95, 109, 124, 138
Heraklit (Herakleitos) I 44
Herder, J. G. I 7
Hermann, J. II 371
Herrera, A. O. II 442
Heydemann, B. I 110, 111, 113, 115; II 251, 260, 263, 265
Hoffmann, B. II 86
Hoffmann, W. G. II 138
Hofmann, W. II 438
Hohenadl, K. I 72
Holtappel, R. I 225
Horkheimer, M. I 39
Horn, K. II 360
Hornef, H. I 200
Hörster, H. II 219
Howard, A. II 46
Howard, E. I 14
Hübler, E. II 351
Hucke, J. II 378, 379
Hudelmaier, W. I 70, 72
Hütter, U. II 122
Humboldt, A. von I 7
Huxley, A. I 45

Ippen, H. I 360
Ising, H. I 311, 312
Ittelson, W. H. II 349

Jänicke, M. II 378
Jansen, G. I 311
Janssen, W. II 6, 8
Jarass, L. II 121
Jhering, R. von II 180
Jörß, K. E. I 333, 352
Jost, D. I 333, 349, 354
Jungk, R. II 180, 314, 371

Käferstein, F. K.   II 77, 78, 80, 88, 91
Kaiser, R.   I 53; II 168, 405
Kallischnigg, G.   II 77
Kalusche, D.   II 358
Kaminski, G.   II 349
Kammerer, G.   II 368, 370
Kampfmeyer, B.   I 14
Kant, I.   I 43, 44
Kappel, R.   II 440
Kapune, T.   II 350, 360, 364, 371
Karg, H.   II 86
Keeling, C. D.   I 374
Keim, K. D.   I 73
Kennedy, J. F.   I 10
Kern, M.   I 261
Kersberg, H.   II 345
Kessel, H.   II 348, 358
Kester, D. R.   I 375
Kiefer, F.   I 179
Kiemstedt, H.   I 92, 121, 122, 125
Kleemann, E.   I 233
Klein, H.   II 77
Kliebhan, B.   I 411
Kloke, A.   II 88
Klose, H.   I 9
Klosterkötter, W.   I 317
Kluge, A.   I 47
Knauer, N.   I 135
Knoepfel, P.   II 383, 385
Knöpp, H.   II 185
Koepf, H. H.   II 43
Köhler, E.   II 352
Kölble, J.   II 375
Korneck, D.   I 160; II 255, 270, 271
Koslowski, P.   II 348
Kossen, M.-T.   II 77, 91
Krause, C. L.   II 325
Krause, F.   II 178
Kreuzer, P.   II 348
Krieg, A.   II 57
Kriszat, G.   I 18
Krüger, K.-E.   II 91
Kruse, R.   II 91
Krusewitz, K.   II 377
Kuhn, A.   I 143
Kühn, W.   I 261
Küng, E.   II 448
Kyrein, H. J.   II 86

Laage, G.   I 79
Lahl, U.   I 245
Lamerdin, F.   II 380
Lammers, G.   I 70
Lehmann, J.   II 367
Lenné, P. J.   I 6, 7
Lentzen, F.   II 186
Leonhardt, H.-W.   II 411
Leontief, W. W.   II 415, 443, 444
Lessing, G. E.   I 7
Liebmann, H.   I 221, 237
Lieth, H.   I 375
Lindackers, K. H.   II 185, 202, 205
Linder, H.   II 351
Löbel, J.   I 360
Lohmann, M.   II 48, 49

Löns, H.   II 302
Lorenz, H.   II 77, 91
Lorenz, K.   I 314
Lottmann, J. H.   II 410, 437
Lotz, K.   I 92
Lovins, A. B.   I 381; II 178
Löw, R.   II 348
Ludwig XIV.   I 39
Lux, H.   II 305

Mackert, B.   I 312
Mader, H.-J.   I 116, 117, 123
Malisch, R.   I 206
Malthus, Th. R.   II 428, 430, 438, 439
Marrou, H.-I.   II 438
Marx, K.   I 43
Maydell, H.-J. v.   II 410
Mayer-Tasch, P. C.   II 155
Mayntz, R.   II 375, 403
Meadows, D. H.   II 439
Meadows, D. L.   II 183, 367, 439
Meckelein, W.   I 12
Meis, K. R.   I 396, 445; II 190
Meißner, W.   II 378, 399
Meixner, J.   II 129
Mesarović, M.   II 441
Meyer, E.   II 56
Meyer-Abich, K. M.   I 3, 45; II 215, 220, 225, 348
Michelsen, G.   II 400
Milling, P.   II 439
Mitscherlich, A.   I 143
Modrow, B.   I 135, 136
Mrass, W.   I 9, 136, 137
Mudra, T.   II 297
Müller, F. G.   II 437
Müller, German   I 183, 222
Müller, Gertrud   I 261
Müller, H.   II 44, 45
Müller, J.   II 77
Müller, M.   II 44, 45
Müller, P.   II 272
Müller-Ibold, K.   I 73
Müller-Karch, J.   II 260, 263
Müller-Reissmann, K.-F.   II 178

Nagel, H. von   I 6, 7
Negt, O.   I 47
Neumann, J.   I 307
Newcomen, Th.   II 109
Nick, K. J.   I 146
Nowak, E.   II 256, 266
Nowotny, E.   I 27; II 386, 449

Odum, E. P.   I 16; II 24, 25
Oeschger, H.   I 380
Oesterwind, D.   II 178
Olschowy, G.   I 3, 10, 49, 59, 90, 92, 99, 101, 102, 118, 135, 137, 145, 349, 411, 425, 439; II 251, 256, 282, 293, 305, 313, 326, 327, 328, 329, 331, 333, 334, 410, 437
Olschowy, R.   II 328
Olson, M.   II 385
Otto, N.   I 13
Otto, P.   II 440

Paracelsus, Ph. A. Th.   I 333
Peccei, A.   II 348
Pestel, E.   II 441, 442
Peters, W.   II 302, 303, 400
Petterson, B. D.   II 43
Pflug, W.   I 7, 92, 108
Philippi, K.   II 233
Pigou, A. C.   II 396
Platon   I 40, 45
Popper, K. R.   II 439
Preising, E.   II 282
Prinz, B.   I 340
Prokosch, P.   II 299
Pückler, H., Fürst von   I 7
Puls, W. W.   II 350
Pütz, J.   I 309
Pytkowicz, R. M.   I 375

Raabe, E.-W.   I 113
Ramstedt, O.   II 348
Rauschenberger, H.   I 437
Renn, O.   II 178
Richter, H.-E.   II 448
Riedel, W.   II 374
Ritter, J. W.   I 44
Roß, H.   I 333
Rotty, R. M.   I 374
Rousseau, J.-J.   I 7
Rudorff, E.   I 8
Rüffer, H. M.   II 33
Ruhl, G.   I 150
Rühle, H.   II 174
Ruhnau, H.   I 108, 114
Rürup, B.   II 386
Rusch, H. P.   II 44, 45
Rutherford, E.   II 159

Sailer, Chr.   I 114, 115
Salzmann, G.   II 313
Samuelson, P. A.   I 39, 42
Sanzin, W.   II 33
Sartorius, R.   I 360, 367, 368
Schade, H.   I 357, 411
Schädler, P.   I 144
Schaefer, G.   II 351
Schaefer, H.   II 152, 233
Schafhausen, F.   II 185
Schalekamp, M.   I 242
Schärer, B.   I 341
Scharpf, F.   II 375
Scharpf, H.   I 158
Schaumann, W.   II 43
Scheel, W.   I 37
Schefold, B.   I 45; II 225, 348
Schell, H.   I 254
Schemel, H. J.   I 150
Schenkel, W.   I 428
Schlieper, U.   I 27
Schlipköter, H.-W.   I 333
Schmidt, E.   II 77
Schmidt, H.   II 358
Schmidt, K. P.   I 300
Schmitt, D.   II 124
Schmitthenner, P.   I 14
Schmitz, K.   II 155, 178

Schmölders, G.   II 196
Schmoock, P.   II 370
Schneider, H. K.   II 124
Schneider, S. H.   I 379, 380
Schoenichen, W.   I 8
Schödel, J. P.   I 360; II 95, 185
Schön, L.   I 434
Schopenhauer, A.   I 295, 296, 308, 313
Schreber, D. G. M.   I 14
Schreiber, H.   I 333
Schulte, E.   I 206
Schulten, R.   II 155, 164, 165, 166
Schulz, P.   I 312
Schwartz, F.-H.   I 396, 445; II 190
Schwenkel, H.   I 9
Schwoerbel, J.   I 174
Scolnik, H. D.   II 442
Seifert, A.   I 9
Seybold, H.   II 345, 348, 350, 357, 369, 370, 371, 372
Siebert, H.   I 386, 407; II 197, 198, 450
Sielmann, H.   II 330
Siemens, W. von   I 13
Sievert, O.   II 196
Siewing, R.   I 19, 22, 171; II 5
Sinell, H.-J.   II 69, 79, 88
Smith, N.   I 237
Sommer, H.   II 31
Sontheimer, H.   I 220, 261
Sprenger, R.-U.   II 380, 387, 388
Stampfer, G.   I 145
Staub, H. A.   II 48, 49
Steiner, R.   II 17, 42, 43
Stern, H.   II 330, 367
Steubing, L.   II 358
Stief, K.   I 411, 439
Stör, P.   I 7
Stozek, A.   I 205
Straßmann, F.   II 159
Strauch, D.   I 411, 434, 435
Strohm, H.   I 208; II 448
Strong, M. F.   II 462
Strunz, E.   I 149
Sukopp, H.   I 160; II 251, 255, 270, 271, 272
Szelinski, A.   I 439

Talleyrand, Ch. M. de   II 465
Thaer, A.   I 7
Thoenes, H. W.   II 155
Thomsen, A.   II 303
Tibi, B.   II 453
Tinbergen, J.   II 442
Tischler, W.   I 16; II 318
Tobler, Chr.   I 34
Toepfer, A.   I 8
Toichi, T.   II 149
Tolba, M. K.   II 386, 462
Topitsch, E.   II 439
Trautmann, W.   I 160; II 255, 266, 270, 271
Treue, W.   I 11
Triandis, H. C.   I 52
Trommer, G.   II 374
Trommsdorff, U.   I 121, 122, 125
Tüxen, R.   I 9

Uexküll, J. von   I 18
Ulrich, B.   I 360, 364

Valentien, D.   II 313
Verne, E.   II 371
Vester, F.   I, 47; II 313, 316, 326, 349, 358, 359
Vogl, J.   I 411, 439
Vogt, K.   II 86
Vollmer, G.   II 95, 102, 104, 105, 124, 126, 127, 155, 215, 228
Vorherr, G.   I 6, 7
Vorholz, F.   I 386; II 95, 117, 152, 437
Voß, A.   II 151, 177, 178
Voß, J. H.   I 238

Wagenfeld, H.   I 135, 139, 141, 143
Wagner, G.   I 181
Wahl, K.   I 411, 437
Waldeyer, H.   II 215, 244
Wals, H.   II 360
Wassmuth, R.   II 32
Watt, J.   II 109, 118
Weber, A.   II 25
Weber, M.   II 367
Weber, R.   II 234
Weck, H.   II 440
Wedernikow, E.   I 275
Wegler, R.   II 57
Weidner, H.   II 383, 385
Weimann, R.   I 237

Weindel, W.   I 220
Weinschenck, G.   II 50
Weischedel, W.   I 44
Weitzel, M.   II 273
Weizsäcker, C. F. v.   I 37; II 204
Welzel, K.   I 356
Weniger, J. H.   II 32
Wentzel, S.   I 123
Wesemüller, H.   II 297
Wetekamp, W.   I 8
Widmaier, U.   II 440
Wiegand, H.   I 333
Williams, J.   I 379
Willing, E.   I 439
Winckelmann, J.   II 367
Windheim, R.   II 122
Wirz, S.   I 121, 122, 125
Witte, G.   II 357
Wlaschek, M.   II 372
Wohland, H.   I 181
Woodwell, G. M.   I 375
Wuhrmann, K.   I 246
Wurmbach, H.   I 22, 171; II 5

Zahn, E.   II 439
Zimmerli, E.   II 358
Zimmermann, K.   II 378, 379, 400
Ziswiler, V.   II 272
Zucchi, H.   II 370
Zufelde, K. P.   II 77
Zurek, E. C.   II 61

Gesamt-Glossar/Gesamt-Index der Fachausdrücke

Gesamt-Glossar und Gesamt-Index ergänzen sich: Das Glossar gibt Begriffserläuterungen zu Fachausdrücken, geographischen Namen, Organisationen und öffentlichen Einrichtungen, der Index verweist auf Sachverhalte, die in diesem zweibändigen Werk näher dargestellt sind. Die römischen Zahlen bezeichnen die Bände, die arabischen Ziffern die Seiten.

Aachen: II 217, 218
Abbaubarkeit: s. leicht abbaubare Stoffe; schwer abbaubare Stoffe
Abbauzone: s. tropholytische Zone
Abfall: I 55, 59, 135, 193, 194, 263, 409, STE 14; II 35, 116, 182, 314, 315, 316, 401, 402, 412, 413, 414, 416, 418, 431
– Bergbauabfälle I 412
– Gartenabfälle I 435
– Industrieabfälle I 412
– Küchenabfälle I 435
– Siedlungsabfälle I 412, 413, 420
– Abfallbeseitigung I 93; II 382, 389, 391, 392, 395, 407, 412, 413, 414, 416, 418, 431
– Abfallverbrennung (-verbrennen, Verbrennung von A.) I 411, 413, 415, 417, 420, 427f., 431, 440, 447, 453
– „wilde" Abfallbeseitigung (– Ablagerung, – [Müll]Kippen), „wildes" Ablagern I 135, 411, 413, 414, 415, 441, 442, 446, 454
– Abfallbeseitigungsgesetz s. Gesetz über die Beseitigung von Abfällen
– (Landes-)Abfallbeseitigungspläne I 414, 415, 417
– „Abfallbörse" (I 440, 446, 449ff.): Einrichtung der Industrie- und Handelskammern, an der Gewerbe- und Industrieabfälle sowie Reststoffe gehandelt werden, soweit sie für eine Abfallverwertung in Betracht kommen.
– Abfallwirtschaftspolitik I 25
– s. auch Müll; Sondermüll; Wiederverwendung
Abgaben: s. Emissionsabgaben, Umweltabgaben
Abgas(reinigung): I 15, 55, 59, 80, 92, 96, 98, 99, 107, 115, 120, 122, 132, 147, 334, 342, 350, 390, 399, 400, 411, 453; II 87, 96, 191, 192, 217, 431
– Abgasverbrennung I 400
Abholzung: s. Holz
Abraum (II 96, 213, 277): nicht verwertbare Deckschichten (Deckgebirge) über Lagerstätten, die vor der Gewinnung des nutzbaren Gesteins entfernt (abgeräumt) werden.
Abschattung (von Schallwellen): I 325 *(Abb.)*. – s. auch Schall
Abschreibungserleichterung: s. Steuern
Absorption: I 400
Abwärme(belastung) (I 203, 209, 222, 378; II 96, 105, 116, 121, 127, 128, 130, 164, 184, 185, 186 *(Abb.)*, 190, 191, 194–200, 215, 217, 228, 229, 232, 241, 247, 315, 414): Aus Gewässern zu Kühlzwecken entnommenes Wasser, das erwärmt wieder ins Gewässer eingeleitet wird, kann dieses langfristig aufwärmen und damit veränderte ökologische Bedingungen schaffen.
– Abwärmeabgabe (II 194, 196, 199): gefordertes energie- und umweltpolitisch ausgerichtetes Instrument, das die Emission von Abwärme mit einer finanziellen Abgabe belasten soll.
Abwasser: I 55, 95, 96, 98, 99, 107, 120, 167, 168, 180, 185, 193, STE 6, 228, 231, 232, 234, 235, 237, 238, 239, 240, 241, 245, 248, 262, 263, 265, 266, 268, 271, 272, 273, 274, 275, 276, 277, 278, 279, 281, 282, 283f., 288, 422; II 27, 33, 34, 125, 173, 174, 217, 274, 394, 401, 402
– abbaubares/nicht abbaubares Abwasser s. auch leicht abbaubare Stoffe; schwer abbaubare Stoffe
– häusliches A. I 180, 188, 201, 216, 217, 218, 219
– industrielles A. I 196, 201, 207, 214, 215, 216, 217, 219
– kommunales A. I 196, 213f., 215, 217
– Abwasserabgabengesetz (I 263, 264, 275, 276, 277, 278, 281, 282, 284, 285, 286, 287, 289; II 376, 380, 389, 396, 400, 402): Das „Gesetz über Abgaben für das Einleiten von Abwasser in Gewässer" (Abwasserabgabengesetz – AbwAG) vom 13. 9. 1976 belegt grundsätzlich jedes Einleiten von Abwasser in Gewässer mit einer Abgabe.
– Abwasserbehandlung, Abwasserreinigung I 96, 165, 166, 195, 205, 215–219, 285 *(Statistik);* II 404, 416
– Abwasserbelastung, -beseitigung I 97, 228, 231, 232, 234, 235, 237, 238, 239, 240, 241, 242, 245, 248, 262, 263, 265, 266, 268, 271, 272, 273, 274, 275, 276, 277, 278, 279, 280, 281, 282, 283, 287; II 33, 395, 412, 457
– Abwasserinhaltsstoffe I 201–213
– Abwasserteiche I 217, 422
– Abwasserverbände I 265, 275, 276, 283, 284
– Zusammensetzung I 213ff.
Ackerbau: s. Landbau
Actiniden: II 201, 202, 204
ADI (acceptable daily intake): II 74, 75, 78
Adsorption, Adsorbieren: I 248, 249, 366, 400
Aerosol (I 355, 362, 378, 381; II 57, 295, 300): gasförmiges Gemisch aus Schwebstoffen mit Luft (oder anderen Gasen). Feste Schwebstoffe erzeugen Rauch, flüssige führen zu Nebel. *Beispiele:* Spray-Nebel, Zigarettenrauch und Auspuffgase.
Aflatoxin: II 69
Agrarökosystem: s. Ökosystem
Ahaus: II 203
Aktinomyzeten: I 429
Algen: I 429
Allokation(sproblematik) (I 27, 386, 407): Verwendung von Produktionsfaktoren für bestimmte Zwecke. In der ökonomischen Theorie wird davon ausgegangen, daß bei privaten Gütern der Preismechanismus das Instrument darstellt, das die Produktionsfaktoren in die optimalen Verwendungsarten lenkt. Bei öffentlichen Gütern muß der Preismechanismus durch politische Entscheidungen ergänzt bzw. ersetzt werden.
Altablagerungen: s. Deponie
alternativer Landbau (II STE 17, 424): Anbau ohne Verwendung von synthetischem Stickstoffmineraldünger, chemischen Schutzmitteln und Wachstumshemmern, unter Einbeziehung von Stallmist und Kompost; häufiger Wechsel in der Fruchtfolge, um Bodenmüdigkeit entgegenzuwirken. – s. auch Landbau
Altlasten: s. Deponie
Aluminium: I 414, 439; II 154
Aluminium-Ionen: I 17, 342, 362, 363
Ambach (Starnberger See): I 149 *(Abb.)*
Ammoniak: I 203, 221, 345, 366, 367; II 114
Ammonium: I 19, 177, 178, 222, 248, 421; II 12, 15, 17, 23, 27
Amöbenruhr: I 232
anmooriges Gebiet (II 274): dem Moor ähnliches Gebiet mit Böden, deren Humusgehalt meist infolge aufgestauten Grundwassers bei 15 bis 30% liegt. Im Moor ist der Humusgehalt höher als 30%. – s. auch Moor
ANOG-Landbau (ANOG = „*A*rbeitsgemeinschaft für *n*aturgemäßen Qualitätsanbau von *O*bst und *G*emüse"): II 45
Anreicherung(svermögen), Anreichern (I 95, 97, 183, 193, 194, 195, 196, 201, 203, 205, 207, 208, 211ff., 343, 344; II 84): Organismen können vielfach nicht zwischen lebensnotwendigen Aufbaustoffen und Schadstoffen unterscheiden und reichern daher beide an.
– s. auch Bioakkumulation; Biomagnifikation
Anthroposophie (II 43): von Rudolf STEINER (1861–1925) begründete Lehre, wonach die menschliche Erkenntnisfähigkeit zu einer fortschreitenden Wesensschau des Geistigen in Welt und Mensch führe, eine „Erkenntnis, die vom höheren Selbst im Menschen entwickelt wird [und] für Menschen da sein soll, die in ihrer Seele die Wege zum geistigen Erbe suchen".
Antibiotika: II 85

Anwenderschutz: II 72
Arbeitsgemeinschaft für Umweltfragen e. V.: I 11
Arbeitsgemeinschaft Rhein-Wasserwerke (ARW) (I 196): Zusammenschluß der deutschen Wasserwerke, die am Rhein liegen.
– s. auch Internationale Arbeitsgemeinschaft der Wasserwerke im Rheineinzugsgebiet (IAWR).
Arbeitsgruppe Bundesautobahn-Alternativtrasse Hamburg–Berlin (I 108): Arbeitsgruppe mit mehr als 60 angeschlossenen Verbänden, die Anfang 1978 mit dem Ziel gegründet wurde, die Streckenführung der Autobahn Hamburg–Berlin auf der inzwischen angelegten Nordtrasse zu verhindern. Sie schlug statt dessen eine „Mitteltrasse-Süd" vor, deren Auswirkungen sie als weniger schwerwiegend einschätzt.
– s. auch Autobahn(-verbindung)
Arbeitslosigkeit, Arbeitsplätze: I 32, 53; II 386, 387 *(Statistik)*, 388 *(Statistik)*
Architektur: I 14. – s. auch Baudenkmäler
Arsen: I 95, 224, 234, 260; II 91
Arten
– Artengefährdung I 160; II 252, 273 *(Statistik)*
– Artenschutz (I 20, 125 *(Schema)*, 338; II 35, 50, STE 24, 411, 414, 420, 431ff.): Viele Pflanzen- und Tierarten sind vom Aussterben bedroht; sie zu erhalten, ist Anliegen des Artenschutzes.
– Artenvielfalt I 20, 25; II 252
Arzneimittel: I 431, 432
– A.recht II 76
Asbest(staub): I 338, 355
– Asbestose (I 293): Erkrankung nach Einwirken von Asbeststaub auf Atemorgane; führt unter anderem zu Lungenentzündung oder auch zu bösartigen Geschwüren.
Atmosphäre: I 346, 349, 350, 361, 365, 366, 367, 372, 374, 375, 376, 377, 378, 381, 382, 383; II 119, 183, 185, 191, 192, 193, 435
(atmosphärische) Verweilzeit: I 367, 369, 372, 376
Atom-: s. Kern-
Atriumhaus: s. Hausformen
Audiogramm (I 309 *(Abb.)*): Schaubild, in dem das mit dem *Audiometer* gemessene Hörvermögen aufgezeichnet wird.
Auenwaldvegetation (II 295, 296): Auenwälder gedeihen in Niederungen und Tälern auf grundwassernahen und nährstoffreichen Böden sowie im Uferbereich von Gewässern, die gelegentlich überschwemmt werden.
Aufbauzone: s. trophogene Zone
Aufforstung, Wiederaufforstung: I 132, 377, 381, 417, 425; II 6, 262, 411, 435, 460
Aufquellzonen: I 191, 193
Auftaumittel: I 122, 123 *(Abb.)*
Aussterben von Tier- und Pflanzenarten: I 3, 4, 51, 110; II 251, 252 *(Abb.)*, 253, 255, 256 *(Statistik)*, 265, 266, 267, 270, 271, 281, 307, 308, 318, 320, 341, 432, 434, 446
Auto 2000: II 245 *(Abb.)*
Autobahn(-verbindung): I 9
– A. durch das Rothaargebirge I 93, 120–126 *(Abb.)*
– A. Hamburg–Berlin I 92, 108–115 *(Abb.)*, 120; II 252, 257ff., 276
Automation: I 13

Bakterien: I 16, 19, 22, 230, 231, 232, 236, 244, 246, 247, 248, 339, 428, 429; II 41
Bariloche-Modell: s. Weltmodelle
Baudenkmäler (Bauten, Bauwerke) *(Verschleiß durch Immissionen)*: I 333, 334, 347. – s. auch Kunstdenkmäler
Baukosten: s. Wohnungsbau
Bauleitplanung: I 91, 146, 147; II 310, 328, 333, 335, 337, 342, 395
Bayerischer Wald (I 369, 404; II 282, 285, 288, 291–294 *(Abb.)*, 310): vorwiegend aus Gneisen und Graniten bestehendes Mittelgebirge; zum Teil saure Böden, vorwiegend mit Buchen, Fichten und Weißtannen bestockt; Wasserscheide zwischen Elbe und Donau; am Berg Rachel (1452 m) Nationalpark.
Beizmittel: II 19, 72
Bekämpfungsverfahren: s. Schädlingsbekämpfung
Bel (I 303): Maß für den *Schallpegel*.
Belebtschlammbecken: I 217, 218
Benthal (Bodenzone) (I 170, 171 *(Abb.)*, 172, 190): Lebensraum am Boden eines Gewässers.
Benzin-Bleigesetz (I 30, 357, 401): Wesentlichste Emissionsquelle von Blei sind die Abgase der Autos. Nachdem das Gesetz 1971 erlassen worden war, wurde der höchstzulässige Bleigehalt von Ottokraftstoffen zunächst auf 0,4 g/l und in einer zweiten Stufe 1976 auf 0,15 g/l beschränkt.
Berchtesgaden: II 282, 292
Bergbau: I 10, 12
Berlin: I 61
Beschäftigungsstand (-effekte, -politik): I 32f.; II 386ff. – s. auch Arbeitsplätze
Beseitigungsmaßnahmen (-kosten): I 30f.
Bevölkerungs-(Weltbevölkerungs)entwicklung, Bevölkerungswachstum, Wachstum der Bevölkerung: II 252 *(Abb.)*, 411, 412, 415, 416, 418, 420, 428f., 438, 439, 443, 451, 452 *(Statistik)*, 453 *(Statistik)*, 454, 458
bewerteter Schallpegel (I 295): logarithmisches Maß für die Schallintensität, bezogen auf die Schallintensität an der Hörschwelle; hierbei werden unterschiedliche Frequenzen ohrgerecht nach den Kurven gleicher Lautstärke bewertet.
Bewertungskurve A, Kurve A: I 306
Beziehungsmatrix, Matrix: I 100, 106, 122
Bioakkumulation (I 212): Anreicherung von Schadstoffen nach Aufnahme aus dem umgebenden Milieu (Luft, Wasser). – s. auch Anreicherung; Biomagnifikation
Biochemischer Sauerstoffbedarf in 5 Tagen: s. BSB_5
Biogas: II 238, 463
Bioindikatoren: I 341
Biokybernetik: II 314–317 *(Diagramm)*
biologisch-alternativer Landbau: s. Landbau
biologisch-dynamische Wirtschaftsweise, biol.-dyn. Landbau: II 17, 36, 37, 42ff., 48. – s. auch Landbau
(biologische) Selbstreinigung; Selbstreinigungskraft (-vermögen) (I 24, 25, 94, 95, 183, 194, 215, 216, 223, 270, 273; II 295, 401): In den oberirdischen Gewässern lebt eine große Anzahl von Pflanzen- und Tierarten; zum Teil sind sie mikroskopisch klein. Diese Lebewesen benutzen die im Wasser vorhandenen organischen und mineralischen Stoffe als Rohstoff- und Nahrungsquelle. Sie fressen die organischen Schmutzstoffe, bauen sie zu körpereigenen Stoffen um oder oxidieren sie mit dem im Wasser gelösten Sauerstoff; bei diesem letztgenannten Vorgang entstehen wieder mineralische Stoffe (z. B. Phosphate, Nitrate).
Biomagnifikation (I 212): Anreicherung von Stoffen im Organismus, die mit der Nahrung aufgenommen wurden. – s. auch Anreicherung; Bioakkumulation
Biomasse (II 236ff. *(Schema)*, 246, 295): Masse an organischer Substanz in Form lebender Organismen.
Biotop *(griech. „Lebensstätte")* (I 21; II 274, 314f.): Lebensraum einer Lebensgemeinschaft aus Pflanzen und Tieren. Boden-, Feuchtigkeits- und Temperaturbedingungen des jeweiligen Biotops prägen den Charakter der auftretenden Pflanzen- und Tiergesellschaften. Viele Pflanzen und Tiere können sich nur erhalten, wenn dieser Lebensraum bestehenbleibt. Allzu kleine Biotope reichen für manche Arten nicht aus. Wichtig sind auch biotopähnliche Verbindungen zwischen gleichartigen Biotopen.
– Biotopgefährdung I 92; II 252f., 283, 312
– Biotopkartierung II 251, 331
– Biotopschutz (I 125 *(Schema)*, STE 24, 415): Das Anliegen, die Biotope zu erhalten, ist eine notwendige Voraussetzung für den *Artenschutz;* es ist in den Bundesnaturschutzgesetz wie auch in den Landesnaturschutzgesetzen verankert.
– neue Biotope II 276–281
Biozide (II 22, 255): Chemikalien, die zur Bekämpfung schädlicher Lebewesen eingesetzt werden. Zu den B.n gehören beispielsweise *Insektizide* (gegen Insekten), *Bakterizide* (gegen Bakterien), *Fungizide* (gegen Kleinpilze) und *Herbizide* (gegen Unkräuter).
Biozönose: I 21; II 274, 314, 332, 335
Blei: I 95, 183, 207, 214, 222, 234, 236, 260, 261, 336, 337, 344, 355, 357, 414, 427, 428, 439, 446; II 77, 78, 87, 88, 383, 444

Boden: II 11 *(Ökosystem)*, 37 *(Definition)*, 65 *(Schema)*
- Bodenbeschaffenheit, -fruchtbarkeit, -verhältnisse I 8, 13, 24, 25, 121; II 6, 9, 37f., 38, 39, 43, 44, 46
- Bodenchemismus I 17, 121
- Bodenerosion s. Erosion
- Bodenversalzung, Versalzung von Böden II 39, 417, 420, 445, 446, 448
- Bodenversauerung, Ansäuerung des Bodens I 334
- Bodenzone s. Benthal
- Bodenschätze I 27; II 312

Bodensee: I 18, 166, 169, 176, 178–186 *(Abb.)*, 190, 194, 195, 204, 218, 221, 239, 240, 252, 255; II 274, 279
- Internationale Gewässerschutzkommission für den B. I 185
- Bodensee(fern)wasserversorgung (I 247, 252): Über zwei Fernleitungen werden jährlich rund 120 Millionen Kubikmeter Wasser aus dem Bodensee in den Stuttgarter Raum transportiert; damit wird ein Gebiet mit fast drei Millionen Einwohnern versorgt.

Böhmerwald (II 292): etwa 250 km langes Grenzgebirge zwischen der Bundesrepublik Deutschland, der ČSSR und Österreich. Auf deutscher Seite ist der Böhmerwald gegliedert in Oberpfälzer und Hinteren Wald; Teile davon sind seit 1969 Nationalpark.

Bonn (Großraum Bonn–Siegburg): I 61, 227, 252f.

Brache(jahr): II 6, 7, 12, 13, 14, 15, 16, 17

Brandrodung(sfeld): I 50, 376; II 411, 423, 424, 435

Brauchwasser (I 195, 215, 257, 262): für gewerbliche und industrielle Zwecke bestimmtes Wasser, etwa zur Nutzung als Kühlwasser bei der Elektrizitätswirtschaft oder als Produktionsmittel bei der Medikamentenproduktion.
- Brauchwasserversorgung I 55

Braunkohle (II 96, 98, 106, 107, 108, 114, 117, 130, 138, 140, 142, 145, 152 *(Tab.)*, 153 *(Diagramm)*, 191, 192, 239, 327): gelblichbraunes bis tiefschwarzes Kohlegestein mit holzfasriger Struktur. Entstehung im Tertiär durch langsames Vermodern dichter Sumpfwälder. Lagert oberflächennah und wird meist im Tagebau gewonnen.
- Braunkohlenabbau, Braunkohlentieftagebau I 10
- Braunkohleverstromung II 191ff.
- s. auch Kohle; Kraftwerk

Bremen: I 261

Brennstoff aus Müll (BRAM): I 447, 448

Brunnen(wasser): I 228, 236f., 250, 255
- s. auch Horizontalbrunnen; Vertikalbrunnen

Brutreaktoren (II 161, 162): Kernkraftwerke, die in der Lage sind, Kernbrennstoffe zu erzeugen („erbrüten").

Bruttosozialprodukt (BSP) (I 28, 33; II 150, 151, 296, 377, 386, 448, 450, 452): Maß für die Wirtschaftsleistung einer Volkswirtschaft.
- s. auch Sozialprodukt

Brutto(wohn)bauland: I 66

BSB$_5$ („*B*iochemischer *S*auerstoff-*B*edarf in 5 Tagen") (I 202, 279, 280, 421): Maßzahl für bakteriell angreifbare, „leicht abbaubare" Substanz im Abwasser; sie gibt an, wieviel Sauerstoff Bakterien in 5 Tagen zum Abbau dieser Substanz verbrauchen.

Buddhismus (I 36, 37): von GAUTAMA BUDDHA (ca. 550–483 v.Chr.) gestiftete Religion. Sie beruht auf vier Grundwahrheiten: (1) Alles ist Leiden; (2) Leiden beruht auf dem Lebensdurst; (3) Leiden hört erst auf nach Vernichtung aller Begierden; (4) an die Stelle der Begierden tritt der Pfad rechten Wollens, Redens, Lebens und Sich-Versenkens. Beseeltes Leben wird außer dem Menschen auch Pflanzen und Tieren beigemessen, die daher besonders rücksichtsvoll behandelt werden.

Bund Umwelt und Naturschutz Deutschland (BUND): I 11

Bundesartenschutzverordnung: II 269, 272

Bundes-Immissionsschutzgesetz (BImSchG) (I 114, 320, 327, 329, 386f., 388, 389, 392, 393, 395, 396, 397, 398, 399, 400, 402, 403, 404, 405, 406, 407, 408, 410; II 34, 77, 272, 281, 382f., 389, 394, 404): Gesetz zum Schutz vor schädlichen Umwelteinwirkungen durch Luftverunreinigungen, Geräusche, Erschütterungen und ähnliche Vorgänge vom 15. 3. 1974. Dieses Gesetz bildet die Grundlage für ein umfassendes bundeseinheitliches Recht der Luftreinhaltung und Lärmbekämpfung.

Bundesnaturschutzgesetz (BNatSchG) (I 93, 114, 133, 135; II 251, 254, 256, 269, 281, 282, 283, 285, 287, 288, 289, 290, 291, 292, 294, 299, 309, 310, 313, 314, 318, 325, 326, 328, 332, 334, 337, 341, 342): „Gesetz über Naturschutz und Landschaftspflege" vom 20. Dezember 1976; geändert durch das „Gesetz zur Berücksichtigung des Denkmalschutzes im Bundesrecht" vom 1. Juni 1980. Im ersten Abschnitt werden Ziele (§ 1, vgl. I 120f.) und Grundsätze (§ 2) des Naturschutzes und der Landschaftspflege definiert. Der vierte Abschnitt: „Schutz, Pflege und Entwicklung bestimmter Teile von Natur und Landschaft" legt den Schutzstatus der verschiedenen Kategorien von Schutzgebieten und -objekten fest (§§ 13–18). Diese Kategorien sind: Naturschutzgebiete, Nationalparke, Landschaftsschutzgebiete, Naturparke, Naturdenkmale und geschützte Landschaftsbestandteile. Die *Landwirtschaftsklausel* in diesem Gesetz schließt allerdings die Möglichkeit aus, für Naturschutzgebiete Nutzungsbeschränkungen auszusprechen.

Bundesverband Bürgerinitiativen Umweltschutz (BBU): I 11

Bürgerinitiativen: I 13, 132; II 348, 355, 368, 376, 397

Burghof: I 448

C

Cadmium: I 95, 160, 183, 207, 208, 214, 222, 234, 236, 260, 261, 283, 336, 337, 344, 427, 428; II 76, 77, 78, 87f., 91, 160, 383

Calcium: I 168, 261; II 40

Campinganlagen (-plätze, -siedlungen); Dauercamper, Dauercampingplätze: I 59, 135, 137, 143, 144, 145 *(Abb.)*, 146, 147, 149, 151, 157, 159 *(Tab.)*, 184; II 288, 325

Chemikaliengesetz (Gesetz zum Schutz vor gefährlichen Stoffen, Umweltchemikaliengesetz) (II 375, 380, 389, 407): Das „Gesetz zum Schutz vor gefährlichen Stoffen" wurde am 16. 9. 1980 erlassen. Es hat den Anspruch, Mensch und Umwelt vor subchronisch oder chronisch schädlichen Stoffen zu schützen. Viele Experten sind der Überzeugung, daß das Gesetz in der vorliegenden Form seinen Ansprüchen nicht gerecht wird.

chemische Neutralisation (I 452, 453): Zusammentreten von Säure und Lauge unter Entstehen von Salz und Wasser.

Chemischer Sauerstoff-Bedarf: s. CSB

Chlor (I 239, 244ff.; II 383): hochgiftiges gelbgrünes, erstickend riechendes Gas. Verwendung u. a. in chemischer Industrie (z. B. bei der Herstellung von Kunststoffen), zur Entkeimung von Trinkwasser und als Bestandteil von Sanitärreinigern. Chlor verursacht je nach Konzentration Gesundheitsschädigungen (z. B. Entzündungen und Verätzungen der Atemwege).
- Chloramin(e) I 245, 253, 255
- Chlordioxid I 242, 245
- Chloride I 209, 230, 234, 244, 259, 421; II 67
- Chlorkohlenwasserstoffe (chlorierte Kohlenwasserstoffe) (I 96, 193, 201, 205, 206, 207, 211, 213, 355; II 54, 81f., 83, 84, 90, 91): chemische Verbindungen, die aus Kohlenstoff, Wasserstoff und Chlor aufgebaut sind. Zu ihnen gehören zum Beispiel Kunststoffe, Schädlingsbekämpfungsmittel und auch die *polychlorierten Biphenyle* (PCB).
- Chlorkohlenwasserstoff-Pestizide II 92
- Chlorphenole I 245
- Chlorung I 226, 235, 241, 243, 244ff., 247, 248, 251, 252, 253, 255, 261
- s. auch Vorratschlorung
- Chlorwasserstoff (HCl) (I 98, 334, 343, 345, 353, 395, 398, 400, 413; II 383): gasförmige Verbindung aus Chlor (Cl) und Wasserstoff (H). Chlorwasserstoff reagiert mit Wasser zur Salzsäure, dabei liegen Wasserstoff-Ionen und Chlor-Ionen vor.
- Vorratschlorung (Nachchlorung, Sicherheitschlorung) I 242, 246, 252, 255

Chlorophyll (I 334, 341): grüner Farb- und Funktionsstoff in Pflanzenzellen, ermöglicht den Aufbau chemischer Verbindungen durch Lichteinwirkung, besonders organischer Stoffe aus anorganischen *(Photosynthese)*.

Cholera, Choleraepidemien: I 215, 231, 232, 239

Chrom: I 95, 183, 207, 214, 234, 260, 439; II 211

CO$_2$: s. Kohlendioxid

Coase-Lösung: II 397
Corioliskraft: I 368, 369
CSB („**C**hemischer **S**auerstoff-**B**edarf") (I 202, 279, 280, 283, 421): Maßzahl für die Gewässerbelastung, die neben den leicht abbaubaren auch die schwer abbaubaren Stoffe erfaßt.
Curie (II 201, 203): Einheit der Radioaktivität eines Stoffes; benannt nach der Entdeckerin des Radiums. 1 Curie = $37 \cdot 10^9$ Zerfälle je Sekunde.
– Picocurie II 171
Cyanide (I 210, 214, 260): Salze der Blausäure; dienen u. a. der Herstellung von Kunstfasern und Schädlingsbekämpfungsmitteln und werden vor allem bei der Oberflächenvergütung von Metallen (Härten oder Galvanisieren) eingesetzt. Geringe Mengen löslicher C. können als starkes Gift Organismen im Gewässer schädigen.

Dämpfe: I 301, 355, 356, 357, 391
Dampfmaschine: I 12
Darmstadt-Kranichstein: I 73
DDT (Dichlor-diphenyl-trichloräthan) (I 169, 205, 211, 213, 235; II 23, 27, 54, 58, 72, 76, 81, 83, 307): Schädlingsbekämpfungsmittel *(Pestizid)*, das heute besonders in Entwicklungsländern gegen krankheitsübertragende Insekten eingesetzt wird (z. B. Malariamücke); seine Rückstände sind weltweit verbreitet.
Denkmalschutz: s. Gesetz zur Berücksichtigung des Denkmalschutzes...
Deponie, Deponierung, Mülldeponie: I 234, 411, 412, 413, 414, 415, 416, 417ff., 421, 431, 432, 436, 438, 439, 440, 445, 446, 447, 448, 453; II 288, 297, 325
– Alt(müll)deponie, Altablagerungen, Altlasten I 30, 440, 454ff.
– Deponiegas (I 413, 420, 422, 425, 455, 456): Zersetzungsgas, das in Deponien beim biologischen (mikrobiellen) Abbau organischer Substanzen entsteht. Brennbares Methan (etwa 55 Volumenprozent) und Kohlendioxid (etwa 45 Volumenprozent) sind die Hauptkomponenten.
– Zentraldeponie I 55, 411, 413, 414, 415, 424, 426; II 413
Destillation (I 453): Stofftrennverfahren, das im chemischen Labor oder in chemischen Industriebetrieben angewendet wird.
Destruenten (I 20, 172, 174, 191, 339, 342; II 12, 14, 15, 23, 38): bestimmte Bakterienarten und Pilze, die totes organisches Material abbauen und in seine anorganischen Bausteine zerlegen (vgl. I 20).
Detergentien (Reinigungsmittel, Spülmittel, Waschmittel): I 204, 205, 207, 431; II 394
– Waschmittelgesetz I 287
Deutsche Gartenbau-Gesellschaft: I 14
Deutscher Naturschutzring: I 10
Deutscher Rat für Landespflege (I 11, 97, 102, 107, 114, 117; II 257, 259, 284, 286, 287, 290, 297): vom Bundespräsidenten initiierte und unter dessen Schirmherrschaft stehende freie und unabhängige Vereinigung mit Sitz in Bonn. Der Rat hat sich am 5. Juli 1962 konstituiert. Er verfolgt als Zweck die Zielsetzungen der „Grünen Charta von der Mainau" vom 20. 4. 1961. In Erfüllung dieser Zielsetzungen stellt er Richtlinien auf, gibt Empfehlungen und äußert sich gutachterlich. Gutachten und Stellungnahmen werden in seiner „Schriftenreihe" veröffentlicht.
Deutschland-Modell: II 442. – s. auch Weltmodelle
Dezibel (I 302, 303f., 305): ein Zehntel der Maßeinheit *Bel*.
Dezibel (A) (dB (A)), Dezibel (A)-Skala (I 294, 295, 306): Dezibel (A) ist das Maß für den *bewerteten Schallpegel*, nach der Kurve A als einer der Kurven gleicher Lautstärke.
DIN 2000: Norm für Wassergüte. – s. Trinkwasser
DIN 4108 (II 217, 218): Norm für Vollwärmeschutz.
DIN 4109 (I 322): Norm für den Schallschutz im Hochbau; wurde zum Bestandteil aller Landesbauordnungen.
DIN 18005 (I 325): Norm für den Schallschutz im Städtebau.
DIN 45630 (I 306): Norm für die Grundlagen der Schallmessung.
Direkteinleiter (-einleitung): I 265, 275f., 279, 285, 288

Dolomit (II 211): gesteinsbildendes Mineral, bestehend aus Calcium-Magnesium-Carbonat.
Dreifelderwirtschaft: II 6, 7, 8, 12–15 *(System)*, 16, 28, 423
„Dritte Welt": s. Entwicklungs-/-hilfe/-politik
Druckwasserreaktoren: II 163, 164 *(Abb.)*, 169, 171
Düngemittel, Dünger, Düngung: I 55, 219, 413, 434; II 5, 7, 8, 10, 13, 14, 16, 17, 18, 19, 22, 24, 25, 27, 33, 35, 36, 37, 39 *(Tab.)*, 40 *(Definition)*, 41, 45, 46, 48, 70, 76, 77, 87, 90, 255, 275, 340, 416, 423, 424
– Düngemittelgesetz, Düngemittelrecht II 23, 40, 76, 77, 87
– s. auch Gründünger; Handelsdünger
Düsseldorf: I 140f.

Economies of scale: II 140, 144
EEV („**E**nd**e**nergie**v**erbrauch"): s. Endenergie
EGW („**E**inwohner**g**leich**w**ert") (I 202, 214, 433; II 33): Bemessungsgröße für Typ und Menge der Abwasserinhaltsstoffe („Schmutzmenge").
Eigenheim, Einfamilienhaus: I 15; II 219
Eingriff: I 133, 159; II 247, 312, 313, 314, 316, 320, 325–341 *(Abb.)*, 342, 343
Einweg(-behältnisse, -verfahren): I 439, 441
Einwohnergleichwert: s. EGW
Eisen: I 190, 207, 215, 230, 240, 241, 355, 430, 439; II 67, 211, 418
Eisschild: s. Westantarktischer Eisschild
Elbe: s. Unterelbe
Elektronen: II 157, 158, 161
Emission (I 52, 55, 122, 235, 266, 268, 272, 273, 274, 283, 319, 334, 336, 350, 351, 352, 355, 356, 357, 358, 359, 360, 365, 372, 373, 383, 387, 389, 390, 391, 393, 394, 397, 398, 400, 413, 417, 427, 428, 455, 456; II 98, 113 *(Statistik)*, 114, 117 *(Statistik)*, 187, 190, 192, 197, 198, 210 *(Schema)*, 399, 404): Vorgang der Abgabe von Stoffen in die Umwelt; auch in die Umwelt abgegebene Stoffe selbst.
– Emissionsabgaben (Umweltabgaben) I 30f.; II 398f., 400
– Emissionsauflagen II 398, 399
– Emissions(grenz)werte I 387, 388, 390, 391, 397, 398; II 215, 216, 238
– Emissionskataster (I 392, 394, 398): Datenzusammenstellung zur räumlichen Beschreibung des Schadstoffausstoßes von Emissionsquellen im regionalen oder überregionalen Bereich (z. B. Hausbrand-Emissionskataster).
– Emissionsmeßtechniken I 352, 353
– Emissionsüberwachung I 388, 394, 397, 398
– Emissions(ver)minderung I 271ff., 315, 319, 386, 387, 399; II 189, 401
Endlagerung: II 201, 208
Energie *(zum Begriff:* II 93f., 97f., 100, 101, 186 *(Diagramm))*: physikalische Grundgröße. Vereinfacht gesagt, ist E. ein Maß für die Fähigkeit, Arbeit zu leisten. E. kann in vielen verschiedenen Formen vorkommen, zum Beispiel als Wärmeenergie, chemische E., Kernenergie. Die gesetzlich festgelegte Maßeinheit für E. ist das *Joule*.
– physikalische Grundlagen II 98–106 *(Abb., Tab.)*, 125–129 *(Abb., Tab.)*
– Energiesatz (Energieerhaltungssatz, Erster Hauptsatz der Thermodynamik) (II 99, 100, 116, 128, 185, 221, 228, 229, 247): Der „Energiesatz" ist ein wichtiges Naturgesetz. Er lautet: „Die Gesamtenergie eines energetisch abgeschlossenen Systems bleibt erhalten." Der Energiesatz schließt die Möglichkeit eines *Perpetuum mobile* aus.
– Endenergie, Endenergieverbrauch (EEV) (II 98, 112, 116, 124, 126, 131, 132 *(Statistik)*, 133, 135, 141, 142f. *(Diagramme)*, 145, 148 *(Statistik)*, 149 *(Statistik)*, 152 *(Statistik)*, 153 *(Statistik)*): Die Endenergie ist die Energieform, die dem Letztverbraucher nach Umwandlung aus Primärenergiequellen für energetische Zwecke zur Verfügung steht (wie Strom, Heizöl oder Fernwärme).
– Energiebeihilfe II 16, 17, 18, 22, 24ff., 36, 61
– Energiebeschaffung, Energiegewinnung I 51f., 56; II 316
– Energiebesteuerung, Energiesteuern II 196–200 *(Schema)*

- Energiebilanz (I 53; II STE 20, 216): Aufstellung in tabellarischer oder graphischer Form, in der das Aufkommen und die Verwendung von Energieträgern in einem bestimmten Wirtschaftraum für einen bestimmten Zeitraum möglichst lückenlos nachgewiesen werden.
- Energiedienstleistungen II 154
- Energieeinsparung II 152 *(Trend)*, 215, 216ff., 220–227, 242f., 244, 247
- Energieexperimentierhaus (-sparhaus, Experimentierhaus) I 56; II 217, 219
- Energiefluß, -umsatz I 18 *(Abb.)*, 19, 20, 23; II 105 *(Schema)*, 127 *(Diagramm)*, 135 *(Schema)*
- Energie(formen, -träger) II 104 *(Tab.)*, 414, 415, 416, 418, 444, 451, 459, 463
- Energiehaushalt I 16
- Energienutzung II STE 23
- Energiepolitik I 381; II 95, 97, 124, 180
- Energieprognose II 150–154 *(Schema)*, 176f.
- Energiequellen I 19; II STE 23
- Energiesparauto s. Sparauto
- Energiesparhaus s. Energieexperimentierhaus
- Energiesteuer s. Energiebesteuerung
- Energiesysteme II 188–191
- Energieumwandlung, Umwandlung von E., Umwandlungsbereich (-bilanz) II 96, 97, 98, 102, 106, 116, 124, 125, 127, 130, 131, 132 *(Statistik)*, 133, 134, 152 *(Statistik)*, 154, STE 21, 316
- Energieverbrauch II 130–136 *(Statistik)*, 138 *(Statistik)*, 140 *(Statistik)*, 147 *(Matrix)*, 215 *(Begriff)*, 216
- s. auch fossile Energieträger; Kernenergie; Nutzenergie; Primärenergie; regenerative Energiequellen; Sekundärenergie; Sonnenenergie; Windenergie

Enquete-Kommission „Zukünftige Kernenergie-Politik" (II 152, 156): durch den Deutschen Bundestag bestellte Kommission, deren Aufgabe es ist, eine Untersuchung über Fragen der Kernenergie anzustellen; sie setzt sich aus Abgeordneten des Bundestages und nichtparlamentarischen Sachverständigen zusammen.

Entropie (II 128 *(Definition)*, 185, 228, 229, 247): Maß für den Anteil an Wärmeenergie eines Systems, der nicht mehr in eine andere Energieform überführt werden kann.
- Entropie(vermehrungs)satz (Zweiter Hauptsatz der Thermodynamik [Wärmelehre]) II 96, 128f., 185, 228, 229, 247

Entsorgung: II 187, 202, 204
- Nukleares Entsorgungszentrum (NEZ) II 204, 205, 206, 207

Entwicklungs/hilfe/politik: II 411, 430, 454f., 456, 457–461

Epidemiologie (I 245, 334, 338): Lehre vom Krankheitsgeschehen in einer Bevölkerung.

Erdgas: s. Gas
Erdöl: s. Öl
Erdwärme: II 103, 127, 233, 234
Erft (II 277): linker Nebenfluß des Rheins, der in der nördlichen Eifel entspringt und nahe Düsseldorf mündet.

Erholung(serschließung, -funktion, -nutzung, -verkehr): I 106 *(Tab.)*, 111, STE 4; II 255, 260f., 264, 281, 282, 283, 285, 287, 288, 294, 297, 301, 302, 310, 311, 314, 318, 319, 333, 336, 338, 391, 418, 431. – s. auch Freizeit

Ernährung
- Ernährungslücke der Dritten Welt II 429, 431
- Ernährungssicherung I 379, 420–436 *(Tab., Statistik)*
- Ernährungs- und Landwirtschaftsorganisation der Vereinten Nationen (FAO = „*F*ood and *A*griculture *O*rganization") (II 59, 236, 411, 426, 429, 430, 431, 445): Fachorganisation der Vereinten Nationen (gegr. am 16. 10. 1945) mit dem Ziel, die Versorgung der Weltbevölkerung mit Nahrungsmitteln zu verbessern. Wesentlichste Aufgaben liegen darin, Hungersnöte und Unterernährung in „Entwicklungsländern" kurzfristig zu vermindern und langfristig so weit wie möglich zu beseitigen. Exekutiv- und Überwachungsorgan der FAO ist der aus 27 Mitgliedsstaaten gebildete „Welternährungsrat".
- Ernährungswert II 67
- FAO-Studie „Agriculture: Toward 2000" s. Weltmodelle
- Welternährung(sentwicklung) II 411, 415, 417, 420–436 *(Tab., Statistik)*
- s. auch Nahrung

Erosion, Bodenerosion: I 116, 121, 169, 366; II 3, 27, 38, 213, 415, 417, 422, 423, 432, 440, 445, 446, 458

ERP-Sondervermögen (I 286): Vom Bundesministerium für wirtschaftliche Zusammenarbeit verwaltete Mittel aus dem 1952 abgeschlossenen E(uropean) R(ecovery) P(rogram), das heißt „Europäischen Wiederaufbauprogramm" („Marshallplan").

Erster Hauptsatz der Thermodynamik: s. Energie
Erwitte: I 448
Ethanol: II 238
Ethylen: I 343
Europäisches Naturschutzjahr 1970: I 10

Eutrophie, Eutrophierung (I 175, 176, 177, 178, 180, 181, 182, 183, 184, 185, 188, 195, 204, 205, 214, 234, 239, 240, 241, 253, 254, 256, 343; II 259, 295, 298): Die Einleitung von Phosphaten und Nitraten führt besonders in stehenden und langsam fließenden Gewässern zu verstärktem Wachstum von Wasserpflanzen, wobei die Algen besonders wichtig sind („Wasserblüte"). Beim Abbau absterbender Algen wird viel Sauerstoff verbraucht. Der Sauerstoffgehalt im Tiefenwasser von Seen sinkt ab und wird schließlich zeitweise Null: das Gewässer „kippt um". Dieser gesamte Prozeß, der die Trinkwasseraufbereitung erschwert, wird „Eutrophierung" genannt.
- eutrophierende Stoffe s. Pflanzennährstoffe

Experimentierhaus: s. Energie
„Externe Effekte": I 27f.

Fachplan(ung): I 103, 119, 424; II 255, 283, 296, 298, 310, 318, 325, 328, 333, 334, 335, 342
Fäkalien; Beseitigung von F.: I 228, 236, 237, 262; II 33
FAO: s. Ernährung
Fehlallokation (von Ressourcen): I 27f., 32; s. auch Allokation
Felchen (I 182): Fische aus der Familie der Lachsartigen *(Salmonidae);* sie leben von Plankton und Kleintieren und sind als Speisefische beliebt.
Feld-Graswirtschaft; Feld-Waldwirtschaft: II 7 *(Schema)*, 8
Ferien(-gebiet, -ort, -zentrum; Urlaub(-sgebiet, -sreise): I 135, 137, 138, 142, 143, 149, 150, 152, 153, 154, 155, 156, 157, 158, 160
- F.häuser (-wohnungen) s. Zweitwohnhäuser

Feuchtbiotope, Feuchtgebiete (I 95 *(Abb.);* II 251, 252, 254, 257, 258, 259, 265, 283, 284): Aufgrund des „Übereinkommens über Feuchtgebiete, insbesondere als Lebensraum für Wat- und Wasservögel, von internationaler Bedeutung" von 18 Staaten der UNESCO (1971) hat die Bundesrepublik Deutschland nach Ratifizierung des Abkommens 17 Feuchtgebiete von internationaler Bedeutung gemeldet, die in einer Liste geführt werden. Diese Feuchtgebiete dienen im Winterhalbjahr vor allem zahlreichen Wat- und Wasservögeln als Überwinterungs- und Rastgebiet.

Fisch: II 91, 256
- Fischkrankheiten I 96
  - „Blumenkohlkrankheit" I 96, 211 *(Abb.)*
- Fischsterben I 95, 204, 210, 216 *(Abb.)*, 433; II 33
- Fischtest I 283
- Leitfischarten I 187 *(Abb.)*, 188 *(Abb.)*

Flächenbedarf: I 13, 15
Flächennutzungsplan: I 91, 103; II 302, 328, 333, 338, 340
Flächenverbrauch: s. Landschaftsverbrauch
Flachmoor II 258, 259f., 264. – s. auch Moor.
Flechten: I 341
Fleischfresser: I 20
Fließgewässer: I 165, 166, 167, 168, 169, 180, 186–189 *(Abb.)*, 192, 199, 207, 215, 216, 218, 239, 259, 270; II 26, 356, 360, 362
Fluoride; (Ent-)Fluoridierung; Fluorose: I 233f., 260
Fluorwasserstoff (HF) (I 334, 342, 343, 345, 353, 395, 396, 398, 413; II 383): gasförmige Verbindung aus Wasserstoff (H) und Fluor (F); riecht stechend und ist sehr giftig.

Flurbereinigung(splan, -programm, -verfahren): I 7, 8; II 8, 25, 28f., 255, 290, 297, 298, 313, 314, 317, 318–324 *(Abb.)*, 326, 338, 340, 342
Forschungsreaktoren: II 160
fossile Brennstoffe, fossile Energieträger (II 18, 95, 96, 103, 105, 106–112, 115, 117, 125, 137, 138, 139, 186, 187, 188f., 192, 209, 216, 233, 246, 247, 416, 431): Stoffe, die als Überreste früherer Erdzeitalter umgewandelte Sonnenenergie gespeichert haben, wie zum Beispiel Kohle, Erdöl und Erdgas.
– Technologien zur Nutzung II 209–214
Fossilien(funde, -grabungen): I 415, 418, 419
Frankfurt: I 60
Frankfurter Flughafen: I 131–134
Free-rider(-Position, -Verhalten): I 26f.; II 385, 397, 418, 466, 467
Freilandlabor: II 357ff.
Freiwasserzone: s. Pelagial
Freizeit(-verhalten, -politik): I 59, 81, 135, 136, 137, 138, 140, 142, 143, 147, 148, 150, 160, 161. – s. auch Erholung
Frequenz (I 298, 305, 306, 309, 323): Zahl der Schwingungen in der Sekunde (Maßeinheit: „Hertz"); 1 Schwingung pro Sekunde ergibt die Frequenz von 1 Hertz (Hz.).
– Resonanzfrequenz I 323f.
Friesische Inseln (II 298ff.): Inselkette im Wattenmeer der deutschen und niederländischen Nordseeküste. Die *Ostfriesischen* Inseln liegen zwischen den Mündungen von Ems und Jade (z.B. Wangerooge); die *Westfriesischen* Inseln sind teils der niederländischen, teils der deutschen Nordseeküste vorgelagert (z.B. Terschelling); die *Nordfriesischen* Inseln liegen zwischen der Halbinsel Eiderstedt und der dänischen Grenze.
Frucht
– Fruchtfolge (II 7 *(Schema)*, 8 *(Schema)*, 13 *(Schema)*, 18, 19, 37, 44, 61): im Idealfall Wechsel zwischen Blatt- und Halmfrüchten im Ackerbau, z.B. Zuckerrüben–Weizen–Roggen.
– Fruchtwechsel II 7, 16 *(Schema)*, 17, 18, 19, 43, 46
Frühjahrs(voll)zirkulation: I 173 *(Abb.)*, 174, 176
Fungizide (II 19, 21, 23, 52, 53, 62, 80, 83, 427): Mittel zur Bekämpfung von Pilzkrankheiten bei Pflanzen.
Funktionsparameter (I 49): mathematische Konstante, die nach Einsetzen in eine allgemeine Funktion dieser einen bestimmten Verlauf gibt.
Fusion, Kernverschmelzung, Verschmelzung von Atomen: II 157,
– Fusionsreaktoren II 162 [158
Fußgängerzonen, Fußgängerbereiche: I 80, 91, 130
Futtermittelrecht: II 76

Garten: I 60, 78, 79; II 62
– Gartenhofhaus I 78, 79 *(Abb.)*
– Gartenstadtgedanke I 14
– Schrebergärten I 14
Gas, Erdgas, Naturgas: I 301, 355, 356, 357, 362, 366, 391, 417, 422, 427, 455; II 95, 96, 98, 103, 105, 106, 107, 110, 111, 112, 114, 115ff., 123, 130, 133, 137, 140, 142, 143, 145, 148, 152 *(Diagramm)*, 153 *(Tab.)*, 165, 177, 186, 187, 191, 198, 199, 205, 209, 224, 238, 240, 242, 246, 312, 414, 418
gebundene Wohnhausform (I 91): Hausform, die es gestattet, Häuser dicht neben- bzw. aneinander zu bauen. Nach Form und Anordnung der Gebäude unterscheidet man Atriumhaus, Gartenhofhaus, Hakenhaus, Terrassenhaus u.a.
Gehör, Ohr: I 294, 295, 296 *(Abb.)*, 297, 298, 302, 309. – s. auch Hören
– Gehörschädigung I 312
Gemeinlastprinzip: I 30, 31f., 273, 286; II 376, 377, 398, 400, 401, 406
genetisches Potential, Genreserve, genetische Ressource: II 253, 265, 307, 432
Geoakkumulation (I 207): Anlagerung von Stoffen an Schlammpartikeln und Anreicherung im Gewässerboden (oder Erdboden).
Geruch(sbelästigungen): I 413, 414, 417, 433, 434
Gesamtökologisches Gutachten: I 91, 100; II 314, 328f.

Geschoßflächenzahl (GFZ): I 66 *(Begriff)*, 67, 68, 73, 88
geschützte Landschaftsbestandteile: II 254, 283, 285, 289f., 298, 311
Gesetz über die Beseitigung von Abfällen (Abfallbeseitigungsgesetz) (I 414, 415, 440, 441, 442, 443, 444, 453; II 34): Bundesgesetz (von 1972, Neufassung von 1977), das die Abfallbeseitigung in einer den Erfordernissen der Industriegesellschaft angemessenen Weise neu ordnet und durch das Änderungsgesetz von 1976 auch die Abfälle aus Gewerbe und Industrie berücksichtigt (Sondermüll).
Gesetz zur Berücksichtigung des Denkmalschutzes im Bundesrecht: II 283
Gesetzgebungszuständigkeiten: II 389, 392, 409
Gesundheit, Gesundheitsgefährdungen (-schäden): I 293, 333, 334, 335ff., 339, 359, 402, 404; II 68–71, 174 *(Schema)*
Gewässer
– Gewässergüte(kriterien) I 220ff., 268, 270, 271, 273, 274, 284
– Gewässernutzungen, (Be-)Nutzung von Gewässern; Nutzungsansprüche, -preise I 226, 258, 263, 265, 266, 267, 268, 269, 270, 271, 273, 276, 278, 279, 282; *Mehrfachnutzung* I 257, 267, 272; II 283
– Gewässerreinhaltung / Gewässerverschmutzung, Wasserverschmutzung I 25, 55, 165, 166, STE 6, 241, 276; II 35 *(Schema)*, 359, 360, 363, 372, 465
– s. auch Wasser; Fließgewässer; Meere; Seen
Gezeiten: II 234
– Gezeitenenergie II 103
– Gezeitenkraftwerk (II 105, 234): nutzt die Energie, die in der Wasserbewegung der Weltmeere (Ebbe u. Flut) enthalten ist.
Gift, giftig, Giftigkeit: s. Toxizität
Glas: I 414, 430, 431, 435, 437, 438, 439
„Global Future": II 455ff.
„Global 2000": II 168, 367, 405, 411, 415–420, 436, 437, 438, 447, 455ff.
Gorleben (II 204, 207f.): Ort im östlichen Niedersachsen, Regierungsbezirk Lüneburg, Landkreis Lüchow-Dannenberg. 4 Kilometer südlich dieses Ortes, 4,5 Kilometer von der Elbe und der Grenze zur DDR, bei Flußkilometer 492, ostwärts der Lüneburger Heide, nördlich des Hannoverschen Wendlandes, am Rande des Naturparks „Elbufer-Drawehn", sollte ein nukleares Entsorgungszentrum errichtet werden.
– Gorleben-Hearing II 204
Gossensche Gesetze: II 449 *(Definition)*, 453
Gradtag (II 150): international gebräuchliches Maß für die Darstellung von Temperaturabweichungen: Tage, multipliziert mit der Temperaturabweichung nach unten von einer gewünschten Innentemperatur.
„Grenzen des Wachstums": I 415, 439f., 441, 443, 447
Gropiusstadt (Berlin): I 73
GROWIAN: II 122 *(Abb.)*
Großstadt: I 15
Grünanlagen (G.flächen, -ordnung, -zonen): I 15, 59, 60, 61, 62, 63, 66, 67, 68, 70, 80, 81, 86, 89, 91, 103, 139, 140, 141, 142
Gründünger, Gründüngung: II 16f., 39, 41
Grundwasser (I 132, 133, 165, 166, 167, 168, 169, 170, 189f., 215, 226, 233, 235, 236, 237, 241, 246, 249, 250, 251, 255, 256, 257, 258f., 262, 263, 269, 278, 280, 412, 413, 417, 420, 423, 432, 433, 435, 440, 441; II 12, 27, 33, 40, 107, 213, 259, 294, 296, 413): G. bildet sich – dicht unter der Erdoberfläche bis in größere Tiefen – oberhalb einer wasserundurchlässigen Schicht durch Versickerung von Regen-, Schmelz- oder Flußwasser (besonders in Lockergesteinen). Lagern mehrere wasserdurchlässige und wasserundurchlässige Schichten übereinander, so können verschiedene „Grundwasserstockwerke" entstehen.
– Absinken des Grundwasserspiegels, Grundwasserabsenkung I 132, 258f.
– Grundwasseranreicherung (künstl. Grundwassererzeugung) I 249, 250ff., 266, 280
– Grundwasserneubildungsrate I 258, 259
Grünordnungsplan: I 91, 103, II 333f.
Guineawurm (Medinawurm): I 232
Gundremmingen: II 209

Gut, Güter (I 25, 26ff.): Allgemein alle materiellen und immateriellen Mittel, die zur Befriedigung von Bedürfnissen und Wünschen dienen. In der Ökonomie kann man zwischen verschiedenen Arten von Gütern unterscheiden:
- freie/knappe Güter I 1, 26 f., 407
- öffentliche/private Güter I 26 ff.
- Konsumgüter I 25
- s. auch Bruttosozialprodukt; Umweltgüter

Hakenhaus: I 79 *(Abb.)*
Haloforme: I 245, 261
Hambach: I 34; II 277
Hamburg: I 61, 73
Handelsdünger (II 40, 41, 42, 61): im Handel befindliche Düngemittel, besonders anorganische Salze wie Stickstoff-, Kali-, Phosphorsäure- und Kalkdünger, teils organische Stoffe wie Guano (Vogelkot). Es gibt *Mischdünger* mit zwei oder mehreren Nährstoffen und *Volldünger* mit allen Nährstoffen (einschließlich Spurenelementen) im pflanzenphysiologischen Verhältnis.
Hannover: I 61
Harrisburg: II 168–172 *(Abb.)*
„**harter Weg**" (der Energieversorgung): II 220, 225
Hausformen: s. Atriumhaus; Gartenhofhaus; gebundene Wohnhausform; Hakenhaus; Hochbau; Stadthaus; Terrassenhaus
„**Haushalt der Natur**": s. Naturhaushalt
Haushaltschemikalien: I 431 f.
Haustiere: II 3, 9, 10, 11, 13, 14, 16, 17, 19, 33, 38
Heiligenhafen (I 148, 152–156 *(Abb.)*): Stadt und Ferienort an der Ostsee im Kreis Oldenburg; wurde um 1250 gegründet und erhielt 1305 das Stadtrecht bestätigt. Heute ca. 10000 Einwohner. Seine besondere touristische Attraktion verdankt Heiligenhafen zwei vorgelagerten *Nehrungshaken: Steinwarder,* westlich von Heiligenhafen, schließt einen Binnensee ab, an dessen Westseite das Ferienzentrum mit Ferienpark erbaut ist; *Graswarder,* östlich von Heiligenhafen, als Naturschutzgebiet ausgewiesen, beherbergt sehr spezialisierte Pflanzenarten.
Heizen
- Heizkraftwerk II 240, 241
- Heizöl s. Öl
- Raumheizung II 113, 125, 216
- Nachtspeicherheizung II 154

Helium: I 349
Herbizide (I 8; II 19, 21, 22, 23, 27, 44, 46, 48, 52, 53, 54, 63, 83, 356, 427): Mittel zur Bekämpfung von „Unkräutern" (eigentlich Wildpflanzen).
Herbst(voll)zirkulation: I 173 *(Abb.)*, 174, 178
Herten: I 447
Hochbau, Hochhaus(-bezirk, -siedlung): I 59, 63, 64, 65, 66, 67, 68, 71, 73, 89
Hochmoor: II 107, 258, 259, 260, 261 f., 264, 303. – s. auch Moor
Höchstmengen(verordnung) (II 64, 73, 74, 75, 76, 81, 82): amtlich festgelegte noch zulässige Mengen an *Rückständen* von Pflanzenbehandlungs- und Tierarzneimitteln in Lebensmitteln, angegeben in Milligramm pro Kilogramm.
Hochtemperaturreaktoren: II 157, 163, 165 f. *(Abb.)*
Holz; Abholzung: I 25, 356, 374, 375, 377, 381, 411, 439; II 95, 96, 103, 107, 108, 109, 125, 130, 138, 236, 237, 238, 315, 411, 414, 417, 434, 435, 446, 458, 460
Hören
- Hörschwelle (I 294, 295, 302, 303, 309): *Schalldruckpegel,* der, um gehört werden zu können, eben überschritten sein muß. – s. auch Gehör

Horizontalbrunnen (I 226): bis 60 Meter senkrecht, dann im untersten Bereich mit 20–50 Meter langen Filterrohren, durch die das Wasser eindringen kann, horizontal, sternförmig in das Lockergestein vorgetrieben; am tiefsten Punkt mit einer Pumpe versehen.
Howard-Balfour-Landbau: II 46. – s. auch Landbau

Immission(swirkungen) (I 29, 274, 334, 335, 338, 341, 343, 344, 345, 350, 351, 352, 353, 355, 387, 389, 393, 403; II 10, 18, 77, 173, 314, 431): Immissionen sind Anteile der Luftverunreinigung, die vom Biotop, vom Organismus oder von Sachgütern aufgenommen werden.
- Immissions(grenz)werte I 29, 382, 383, 384, 387, 389, 395, 396, 397, 404, 406, 408
- Immissionskataster I 354, 394
- Immissionsmeßtechniken; Meßwerte I 352 ff., 397 f.
- Immissionsrichtwerte I 353, 354, 368, 369; II 383 *(Tab.)*
- Immissionsschutz I 268 f., 272, 315, 319, 321, 322, 328; II 389, 390, 391, 395
- Immissionsüberwachung I 388, 393, 394, 397
- s. auch Bundes-Immissionsschutzgesetz; Maximale Arbeitsplatzkonzentrationen; Maximale Immissionskonzentrationen

Indirekteinleiter: I 276, 284, 285, 288
Industrie: I 11, 13, 15, STE 3
- Industrialisierung, industrielle Revolution I 4, 7, 12, 13, 14, 15; II 96, 314
- Industriegebiet, -stadt I 12, 13, 15, 86, 92, 93–104, 135

Infektiöse Gelbsucht: I 232, 247
Insektizide (I 205; II 19, 22, 52, 53, 81, 82, 83, 427): Mittel zur Bekämpfung von Insekten.
integrierter Pflanzenschutz (II 20, 36, 37, 45, 55, 59 f. *(Schema)*, 61, 62, 427): Verzicht auf ausschließlich chemische Mittel unter Einbeziehung gesonderter Bodenbearbeitung, richtiger Saat- und Pflanzzeiten.
integriertes Schutz(gebiets)system: II 251 f., 284, 291, 297, 310, 342
Intensivtierhaltung: II 10, 34, 36
Internationale Arbeitsgemeinschaft der Wasserwerke im Rheineinzugsgebiet (IAWR) (I 220, 221, 222, 223): Zusammenschluß der Wasserwerke für die Trinkwasserversorgung der ca. 20 Millionen Menschen umfassenden Bevölkerung im Rheineinzugsgebiet.
- s. auch Arbeitsgemeinschaft Rhein-Wasserwerke (ARW)

Internationale Dekade der Trinkwasserversorgung und der Hygiene, Trinkwasserdekade: I 228, 229, 262; II 412, 460
Internationale Gewässerschutzkommission für den Bodensee: I 185
Internationale Konferenz zur Beurteilung nuklearer Brennstoffkreisläufe (INFCE): I 207
Internationale Union zum Schutz der Natur und der natürlichen Hilfsquellen (International Union for Conservation of Nature and Natural Resources; IUCN): II 251, 292, 294, 341
- „Weltstrategie" der IUCN II 446

Inversion(swetterlage) (I 185, 336, 427): Wetterlage, bei der wärmere über kälterer Luft gelagert ist. Bei der I. werden Turbulenzen gehemmt; Abtransport und Verdünnung von Luftverunreinigungen sind erschwert.
Isolation(seffekt, -wirkung); Zerschneidungs(effekt) durch Straßen: I 107, 110, 117, 122 f. *(Abb.)*, 135; II 257, 263, 290
Itai-Itai-Krankheit: I 207, 208 *(Abb.)*; II 88
IUCN: s. Internationale Union zum Schutz der Natur...

Joule (II 101, 102 *(Skala)*, 124): gesetzlich festgelegte Energie-Einheit; nach dem englischen Naturforscher J. P. JOULE (1818–89), Mitentdecker des *Energiesatzes.* 1 Joule (J) = 1 Wattsekunde (Ws).

Kadmium: s. Cadmium
Kaiserstuhl (II 29): jungvulkanisches Gebirge in der Oberrheinischen Tiefebene, von Löß bedeckt, war von tiefen Hohlwegen und Terrassen durchzogen. Sehr hohe Sommerwärme und geringe Niederschläge kennzeichnen die bekannte Wein- und Obstlandschaft, die zum Teil durch „Flurbereinigung" in maschinengerechte Terrassen umgewandelt wurde.
Karzinogenese: I 211. – s. auch Krebs
Kassel: I 61
Kernenergie, Atomenergie: I 37, 134, 208; II 96, 100, 103, 104, 105, 123, 125, 130, 133, 140, 144, 145, 148, 152 *(Diagramm)*, STE 21, 188 f., 190, 191, 203, 208, 220, 223, 224, 225, 226, 239, 376, 377, 414

- physikalische Grundlagen II 157–162 *(Abb.)*
- Kernspaltung, Spaltung von Atomen II 157, 158, 159f., 161, 163, 166, 169, 173, 181
- Kernverschmelzung, Verschmelzung von Atomen (Fusion) II 157, 158, 246
- Kernenergietechnik II 163–167 *(Abb.)*, 207 *(Abb.)*
- Kernkraftwerke, Atomkraftwerke I 99, 208, 209; II 105, 116, 154, 155, 156, 157, 161, 166, 168, 169, 170, 171, 172, 173, 174, 175, 177, 181, 187f., 194, 201, 202, 203, 204, 206, 207, 208, 209, 247, 317, 391
  - (Kern-)Reaktoren II 158, 160, 164, 165, 166, 170, 183; s. auch Brutreaktoren; Druckwasserreaktoren; Forschungsreaktoren; Fusion; Hochtemperaturreaktoren; Leichtwasserreaktoren; Leistungsreaktoren; schnelle Neutronen; Siedewasserreaktoren; thermische Reaktoren
  - Beurteilung der K. II 172–184
- s. auch Wiederaufarbeitung; Endlagerung; Entsorgung; Störfall; Unfall

Kerogen (II 211): harzartiges Kohlenwasserstoffgemisch der Zusammensetzung $(C_6H_8O)_n$; bildet den organischen Hauptbestandteil des *Ölschiefers*.

Kinderlähmung: I 232, 247

Kläranlage (-werk): I 151, 180, 184, 185, 186, 195, 199, 217, 218 *(Abb.)*, 219, 263, 265, 266, 271, 272, 278, 279, 334, 417, 456; II 70, 404
- Klärschlamm I 218, 412f., 447; II 10, 70, 77, 87, 88, 90, 238

Klima(änderung, -veränderung, -zonen): I 5, 8, 24, 231, 233, 356, 360, 373f., 377ff., 382, 385; II 4 *(Abb.)*, 5, 106, 107, 108, 110, 118, 121, 122, 184, 185, 187, 192, 195, 251, 255, 273, 275, 315, 411, 415, 412, 413, 416, 419, 420, 421, 423, 432, 434, 441

Köln: I 60, 61

Kohle: I 133, 340, 349, 350, 356, 374, 427, 428; II 24, 186, 187, 189, 190, 191, 192, 194, 209, 221, 222, 223, 224, 225, 227, 246, 277, 414, 418, 420
- Kohleabbau/Kohleförderung (-gewinnung) I 34 *(Abb.)*; II 95, 96, 103, 105, 108, 109 *(Statistik)*, 110, 114, 116, 123, 125, 127
- Kohleveredelung (II 194, 209ff., 212): Sammelbezeichnung für alle Prozesse, die der Wertsteigerung (Veredelung) der geförderten Rohkohle dienen. Wichtige Verfahren hierzu sind *Kohleverflüssigung* und *Kohlevergasung:*
  - Kohleverflüssigung (II 209, 210): Verfahren zur *Kohleveredelung,* mit dessen Hilfe – durch Behandlung von Kohle mit Wasserstoff in Gegenwart von Katalysatoren (Reaktionsbeschleunigern) – flüssige Treibstoffe und Mineralölprodukte gewonnen werden.
  - Kohlevergasung (II 209, 210): Verfahren zur *Kohleveredelung.* Brenngase (z.B. Heizgas) und Synthesegase (z.B. zur Benzinerzeugung) werden durch Umsetzung von Koks mit Vergasungsmitteln wie Luft oder Wasserdampf gewonnen.
- s. auch Braunkohle; Kraftwerk; Steinkohle

Kohlendioxid (CO_2), CO_2-Anreicherung (-Gehalt, -Problem): I 19, 128, 171, 172, 177, 190, 192, 201, 249, 255, 334, 335, 341, 343, 349, 356, 360, 366, 367, 373–382 *(Abb.)*, 425, 429, 432; II 15, 96, 103, 108, 110, 185, 187, 189, 191, 209, 215, 238, 247, 376, 377, 413, 435

Kohlenmonoxid (CO): I 336, 343, 349, 350, 353, 355, 356, 367, 395, 396, 398; II 96, 98, 113, 117, 187, 192, 209, 383

Kohlenstoffkreislauf: I 374–377 *(Abb.)*

Kohlenwasserstoffe: I 128, 260, 355, 367; II 113, 144, 145, 210, 231, 232, 238, 349

Kombinationseffekte (-wirkungen), potenzierte Wirkung: I 211, 335, 338, 365; II 75, 82, 83, 84

Kompost(ieren, -ierung): I 411, 413, 415, 420, 428ff., 432, 440, 445, 446, 447; II 43, 46

Konstanzer Modell (Mehrkammersystem der Müllabfuhr): I 411, 436 *(Abb.)*, 437, 439

Konsumenten: s. heterotrophe Organismen

konventioneller Landbau (I 10, 25, 26, 35, 37, 40, 42, 44, 47, 48, 49, 50, 51, 59, 61, 62, 64, 66, 90; II STE 16): Landbau unter vollem Einsatz aller verfügbaren Hilfsmittel (Dünge-, Pflanzenbehandlungsmittel etc.).

Koppelwirtschaft, Verkoppelung: II 6, 7, 28

Korrosion, korrodierende Wirkung: I 234, 241, 345, 346, 347

Kraftfahrzeugabgase (-emissionen): I 27, 336

Kraft-Wärme-Kopplung: II 217, 220, 231, 239ff., 406

Kraftwerk: I 9, 13, 53, 93, 99, 106, 200, 221, 257, 387, 389, 390; II 95, 103, 113, 114, 115, 116, 117, 120, 125, 126, 127, 130, 131, 133, 154, 162, 167, 186, 190, 191, 192, 193, 194, 195, 201, 203, 210, 212, 214, 229, 240, 241, 465
- Braunkohlenkraftwerk I 390; II 98, 105, 127, 191, 192, 193
- Gezeitenkraftwerk II 105, 234
- Heizkraftwerk II 240, 241
- Industriekraftwerk II 190, 239
- Kernkraftwerk, Atomkraftwerk s. Kernenergie
- Solarkraftwerk, solarthermisches K. II 235f.
- Steinkohlenkraftwerk II 98, 105, 127, 154, 190, 230
- Wasserkraftwerk II 103, 105
- Windkraftwerk II 103, 105

Krebs: I 36, 99
- Karzinogenese I 211
- krebsauslösende, krebserzeugende Wirkung I 208, 235, 260, 338, 451; II 65, 69, 96, 187, 409
- Lichtkrebs I 385
- Lungenkrebs I 337f. *(Statistik)*

Kreislauf(krankheiten): I 309, 311ff.

Kühlung(sprozeß), Kühlverfahren: I 99; II 193, 195, 196
- Grundformen der Wasserkühlung (Ablauf-, Frischwasser- (Durchlauf-), Kreislaufkühlung) II 195
- Kühltürme I 201, II 127, 187, 193, 195
  - Naßkühltürme II 193, 194, 195
  - Trockenkühltürme II 194
- s. auch Naßkühlung; Trockenkühlung

Kulturoptimismus: I 1

Kulturpessimismus: I 1

Kulturpflanze (I 20, 165, 209; II 3, 4, 10, 11, 17, 22, 24, 27, 51, 53, 54, 57, 82): Pflanze, die der Mensch aus der natürlichen Flora zu seiner Nutzung in Pflege genommen und auf bessere und höhere Erträge weitergezüchtet hat.

Kunstdenkmäler (-güter, -werke) *(Schädigung durch Immissionen):* I 334, 346, 347ff. *(Abb.)*, 359, 387
- Athen (Akropolis) I 334, 347, 348
- Köln (Dom) I 347, 348
- Agra (Tadsch Mahal) I 347
- Ulm (Münster) I 347

Kunststoffmüll (I 435, 439, 448, 450, 452): Müll, der Kunststoffe wie *Polyäthylen, Polypropylen, Polystyrol* und *Polyvinylchlorid (PVC)* umfaßt.

Kupfer: I 95, 207, 214, 344, 346, 414, 428, 435, 439, 446; II 67, 418

Küstenschutz: II 285, 298ff., 302

Landbau: I 55f., 442; II 1, 411, 414, 419, 424, 427, 460, 465
- Geschichte II 3–8
- ökologische Grundlagen II 11f.
- s. auch alternativer L., ANOG-L.; biologisch-alternativer L.; biologisch-dynamischer L.; Howard-Balfour-L.; konventioneller L.; Lemaire-Boucher-L.; organisch-biologischer L.

Länderarbeitsgemeinschaft Wasser (LAWA): I 220, 221, 223, 224

Landschaft: I 8, 10, 12, 13, 14, 16, 28
- Kulturlandschaft I 5ff., 14, 134; II 252, 283
- Landschaftsanalyse s. ökologische Bestandsaufnahme
- Landschaftsbetrachtung II 354ff.
- Landschaftsbewertung, Bewertung von Landschaft (Landschaftsdiagnose) (II 255, 314, 331f., 336): baut im Planungsablauf der Landschaftsplanung auf der *ökologischen Bestandsaufnahme* auf. Bewertet werden einzelne Landschaftsfaktoren, ökologische Raumeinheit, anthropogene Eingriffe und auch die Zielkonflikte; mit Hilfe der L. kann das Ausmaß der Belastung des Naturhaushaltes und des Landschaftsbildes durch anthropogene Eingriffe und abiotische Einflüsse (z.B. Klima) ermittelt werden.
- Landschaftsfaktoren I 8, 114, 116f., 133
- Landschaftsgestalt I 25

- Landschaftsgestaltung I 9, 99 *(Abb.)*, 102 *(Abb.)*; II 309–312, STE 26
- Landschaftshaushalt I 6, 115, 117, 121 *(Matrix)*
- Landschaftsökologie (II 287): Wissenschaft vom gesamten in einem Landschaftsteil herrschenden Wirkungsgefüge zwischen Lebensgemeinschaften und ihren Lebensräumen *(Biotopen)*.
- Landschaftspflege I 7ff., 25, 34, 56, 81, 93, 114, 124, 131, 133, 415, 417, 424, 425, 441; II 249, 253–256 *(Ziele)*, 283, 287, 290, 312, 313, 314, 317, 318–324 *(Abb.)*, 325, 326, 332, 334, 335, 336, 337, 338, 340, 342, 382, 389, 390, 391, 414f., 431
  - landschaftspflegerischer Begleitplan I 103, 119, 414, 424; II 319f., 321, 327, 333, 334, 335, 342, 413, 431
- Landschaftsplan (I 91, 118, 119, 146; II 302, 333, 337, 338, 340): in der Regel im Rahmen der Bauleitplanung erstellt; beschreibt zunächst den Bestand einer Landschaft, erfaßt und bewertet die erwarteten Belastungen, die durch Bauvorhaben eintreten können; legt die Maßnahmen fest, die zum Schutz der Landschaft nötig werden.
- Landschaftsplanung I 89, 98, 102f., 118 *(Schema)*, 119, 133, 134, 135; II 255, 312, 314, 318, 326, 332–337 *(Schemen)*, 342, 415
- Landschaftsprogramm II 332, 333
- Landschaftsrahmenplan I 103, 118, 119, 146; II 332, 333
- Landschaftsrekultivierung s. Rekultivierung
- Landschaftsschaden II 313, 314, 320, 326, 331, 336, 342
- Landschaftsschutzgebiet (I 8, 424; II 254, 282, 283, 285, 288, 290, 291, 294, 297, 298, 301, 309, 310, 312, 335, 341, 342, 415): Nach § 15 (1) des *Bundesnaturschutzgesetzes* fallen unter diese Kategorie rechtsverbindlich festgesetzte Gebiete, in denen ein besonderer Schutz von Natur und Landschaft erforderlich ist. Zur Zeit stehen etwa 25% der Bundesrepublik Deutschland unter Landschaftsschutz.
- Landschaftsverbrauch, Flächenverbrauch, Verbrauch von Landschaft(sraum) I 15, 54f., 59, 90, 92, 108, 120, 127, 135, 140; II 252, 253f., 337, 338, 410, 412, 465
- Naturlandschaft I 5ff., 14
- s. auch Zersiedlung

Landwirtschaft: I 8, 12, 13, 434; II 1, 3–8, STE 16, STE 17, 252, 255, 269, 271, 275, 283, 287, 288, 293, 294, 298, 314, 316, 317, 318, 319, 320, 332, 338, 341, 411, 414, 415, 416, 417, 418, 419, 420–425 *(Statistik)*, 438, 439, 445, 446, 454, 459
- Landwirtschaftsklausel (II 10; II 283, 287, 290, 310, 341): Die „L." ist in mehreren Paragraphen des *Bundesnaturschutzgesetzes* enthalten: so § 8 Eingriffe in Natur und Landschaft: (7) Die im Sinne dieses Gesetzes ordnungsgemäße land-, forst- und fischereiwirtschaftliche Bodennutzung ist nicht als Eingriff in Natur und Landschaft anzusehen.
- Mechanisierung der L. II 8, 10, 125, 28
- s. auch alternativer Landbau; konventionelle Landwirtschaft

Langsamsandfilter (-filtration): I 242, 248, 249, 250, 251
Lärm, Lärmbelastung, Lärmschutz: I 15, 27, 55, 59, 73, 80, 92, 98, 115, 122, 127, 133, 136, 144, 147, 157, 291, STE 9, STE 10, 417; II 376, 382, 413, 431
- aktive Lärmbekämpfung (-minderung), aktiver Lärmschutz (I 315, 319, 320, 321, 330): Minderung der Schallenergie am *Entstehungsort*; auch „primärer Schallschutz" oder „Emissionsminderung" genannt.
- Auswirkungen des Lärms I 297 *(Abb.)*, 312 *(Abb.)*, 314 *(Abb.)*
- Baulärmgesetz I 327
- Begriff des „Lärms" I 293, 294, 295 *(Skala)*, 297 *(Schema)*
- Lärmbekämpfungspolitik I 25, 315, 327ff.
- Lärmsanierung I 329, 330
- Lärmschwerhörigkeit, Lärmtaubheit I 293, 309 *(Abb.)*
- Lärmvorsorge I 329, 330
- passive Lärmbekämpfung (-minderung), passiver Lärmschutz (I 315, 319, 321, 322, 330): Minderung der Schallenergie am *Einwirkungsort*; auch „sekundärer Schallschutz" oder „Immissionsschutz" genannt.
- Technische Anleitung (TA) Lärm I 315, 327, 328, 330
- Verkehrslärmschutzgesetz (gescheitert) I 315, 327, 328ff.

Lauenburg: II 257, 260, 261, 262, 263
Lautstärke: I 294, 295, 303, 305, 306 *(Abb.)*, 317
Lebensmittel: II STE 18
- Lebensmittelrecht II 64, 66, 73
- Lebensmittelüberwachung II 65, 77, 79
- Schadorganismen in Lebensmitteln II 68, 70, 71, 72
- Verunreinigung, Kontamination von Lebensmitteln II 64, 68, 70f., 71, 76, 77, 78, 80, 82, 83, 84, 87

Leguminosen (II 16, 36, 39, 40): Hülsenfrüchtler (Erbse, Lupine usw.) und Futterpflanzen (Klee), die mit Hilfe der in den Wurzelknöllchen lebenden Knöllchenbakterien den freien Luftstickstoff im Boden binden.
leicht abbaubare Stoffe: I 95, 201, 202, 203, 204, 210, 214, 219, 223f., 266
Leichtwasserreaktoren (LWR): II 163f., 165, 166, 182, 201, 202, 207
Leistung (II 101, 106): Energie pro Zeiteinheit, gemessen in *Watt, Joule pro Sekunde* oder *Pferdestärken* (PS).
Leistungsreaktoren: II 160
Lemaire-Boucher-Landbau: II 46. – s. auch Landbau
Libellen: II 260, 262, 263 *(Abb.)*, 268, 279, 324
Lichtenergie: s. Sonnenenergie
Lichtkrebs: s. Krebs
Ligninsulfonsäuren: I 205, 207
Lindan: I 205, 211; II 82
Lingen: II 209
Linienbestimmungsverfahren (I 114, 118, 119): aufgrund des Fernstraßengesetzes i. d. F. vom 18. August 1976 wird im Zuge einer Straßenplanung nach der Voruntersuchung und dem Linienentwurf ein L. durchgeführt, in dem der Verlauf der Straßentrasse bestimmt wird, der dann später in einem *Planfeststellungsverfahren* festgestellt wird.
Litoral: I 171 *(Abb.)*, 172, 179, 182, 184
Lockergestein (I 241): Sande und Kiese; wasserwirtschaftlich sind die L.e besonders in Talauen von Bedeutung.
Löß(gebiete) (II 3, 5): in der Eiszeit durch Ausblasen von Staub aus Schutt und Schmelzwasserabsätzen des Inlandeises entstanden, wurde im Windtransport verfrachtet.
Ludwigshafen: s. Rheinauen
Luft: I 13, 25, 26, 27, 28, 30, 331; II 376, 413
- Luftreinhaltepolitik I STE 13; II 381, 382f.
- Lufttransport von Schadstoffen s. OECD-Studie; Transmission
- Luftverunreinigung (-verschmutzung) I 17, 29, 56, 133, 157, 205, 235, 240, STE 11, STE 12, 441; II 10, 18, 95, 174, 403, 406, 465
- Luftzirkulation(ssysteme) I 368, 386
- Zusammensetzung I 335, 349 *(Tab.)*
- Technische Anleitung Luft s. dort

Lüneburger Heide: II 275, 285, 287, 289, 292, 302–306 *(Abb.)*, 312

Magnesium: I 261
Mähwiesen: II 21, 22
Mangelkrankheiten: II 68
Märkisches Viertel (Berlin): I 62ff. *(Abb.)*
Marsch (I 95): durch Deiche geschütztes, fruchtbares Schwemmland an der Küste (Küstenmarsch) oder an Flußläufen (Flußmarsch). Seit dem 11. Jahrhundert werden die Küstenmarschen wegen ihrer Fruchtbarkeit schrittweise eingedeicht und landwirtschaftlich genutzt.
Massentierhaltung: II 11, 32, 33f., 37, 44, 85
Maximale Arbeitsplatz-Konzentrationen (MAK-Werte): I 388, 395f.
Maximale Immissionskonzentrationen (MIK-Werte): I 388, 395f.
Meckenheim-Merl: I 59, 86–89 *(Abb.)*
Medinawurm (Guineawurm): I 232
Meere, Meeresverschmutzung: I 5, 18, 165, 166, 167, 168, 189, 190–194 *(Abb.)*, 196, 206, 212, 248, 268, 376, 440; II 118, 300, 412, 413, 415, 417f., 461, 463
- Anstieg der Meere, Meeresspiegel(anstieg) I 379, 380

– Entsalzung von Meerwasser I 248, 262
– Meereshäfen I 13

Mehr-Kammer-Müllsystem (MKMS): I 436, 437, 438

Mensch
– Selbstverständnis gegenüber der Natur s. Natur
– Wirkungen von Immissionen auf den Menschen s. Gesundheit
– Historische Entwicklung der Umweltbedingungen I 5–15
– Mensch und Gesellschaft II Themenblock X (STE 27–30)

Merkwelt: I 18

Mesarović-Pestel-Modell: s. Weltmodelle

Messel (I 415–419 *(Abb.)*, 424): Grube von 60 Meter Tiefe, 700 Meter Breite und 1000 Meter Länge bei Darmstadt. Hier wurde früher Ölschiefer abgebaut. Nach der Stillegung des Tagebaubetriebes (1971) wurde der Plan verfolgt, hier eine zentrale Mülldeponie für den Raum Darmstadt-Dieburg-Offenbach-Frankfurt anzulegen. Dabei waren einerseits die Umweltverträglichkeit, andererseits weitere Fossilgrabungen sicherzustellen.

Meßverfahren: s. Emission; Immission

Milch(produkte, -produktion): II 30f., 82, 83f., 85

Minamata(Krankheit): I 207

Mineralisation: I 20; II 15, 38

Mineralöle: s. Öl

Mittelungspegel (I 294, 295, 307f. *(Abb.)*, 317, 318): nach einer bestimmten Regel errechneter Pegelmittelwert eines zeitlich schwankenden Schallereignisses.

Moderator (II 160, 165): Material im Reaktorkern, welches die schnellen *Spaltneutronen* in ihrer Geschwindigkeit abbremst *(moderiert)*.

Mondphasen: II 41, 43, 44, 48

Monokultur (II 424): großflächiger Anbau gleicher Pflanzenarten mit dem Zweck, die standortlichen Möglichkeiten maximal auszunutzen und den großflächigen Einsatz von Maschinen wirtschaftlich zu machen.

Moor: I 5, 342, 377; II 107, 257, 260 *(Abb.)*, 261, 262, 283, 294, 325;
s. auch Flachmoor; Hochmoor; Zwischenmoor

Müll
– „Atommüll" II 201–209
– Hausmüll I 55, 411, 412, 413, 414, 415, 416, 417, 420, 422, 431, 432, 435, 440, 441, 444, 445, 447, 449, 451, 455
– Kostenanalyse I 444ff. *(Statistik)*
– Mülldeponie s. Deponie
– Müllkompost I 411, 430
– Müllverbrennung(sanlagen) I 235, 343, 411, 412, 427, 428, 429
– Sondermüll I 55, 432, 438, 439, 440, 451ff.
– Sperrmüll I 412, 420, 446
– s. auch Abfall; Brennstoff aus M.; Kunststoffmüll; Mehr-Kammer-Müllsystem; Wertstoffe im Müll

München: I 60

Mutagenität (I 211): Veränderung von Erbanlagen auslösend.

Mutterkornpilz, Mutterkornvergiftung: II 14, 68f.

Muttermilch: II 83f.

Nachrotte: I 429

Nach(zerfalls)wärme (II 164, 166, 170): nach der nuklearen Abschaltung im Kernreaktor noch durch den abklingenden radioaktiven Zerfall der Spaltprodukte entstehende Wärmeleistung; sie beträgt wenige Prozent der vollen Leistung im Reaktorbetrieb.

Nährstoffe
– mineralische Nährstoffe I 19, 20, 426
– Pflanzennährstoffe (eutrophierende Stoffe) I 168, 169, 176, 177, 178, 180, 184, 188, 193, 203, 204, 210, 214, 218, 219; II 13, 14, 16, 17, 21, 24, 38, 40, 42, 44, 46

Naherholungsvereine (I 149): Zusammenschluß von Großstädten und umliegenden Gemeinden zur Sicherung von Naherholungsgebieten für die Öffentlichkeit. Vorrangig ausgebaut werden Kiesgruben zum Baden, Parkplätze und Wander- bzw. Radwegenetze. Die Vereine werden finanziert durch Mitgliedsbeiträge, die von den beteiligten Gemeinden, nach ihrer Einwohnerzahl aufgeschlüsselt, entrichtet werden.

Nahrung: I 5, 19, 20, 23
– Nahrungskette (I 18ff. *(Abb.)*, 183, 190, 194, 208, 212, 334, 337, 339 *(Schema)*, 343, 344; II 21, 32, 38, 54, 65 *(Schema)*, 66 70, 82, 84, 90, 91, 171, 274): voneinander abhängige Reihe von Organismen, bestehend aus *Produzenten, Konsumenten* verschiedener Stufen und *Reduzenten*. Einfache Nahrungskette: Weizen – Maus – Katze. Komplizierte Nahrungskette: Planktonalge – algenfressender Wasserfloh – Friedfisch (Schleie) – Raubfisch (Hecht) – Mensch.
– Nahrungsqualität (II 14, 26, 30, 64, 65, 66ff., 67, 68): hygienische Beschaffenheit, Genuß- und Gebrauchswert und nicht zuletzt Nährwert von Lebensmitteln.

Nairobi (-Konferenz): II 431, 462

Naßkühlung (II 192f., 194, 195): Kühlverfahren durch direkten Kontakt des Wassers mit der umgebenden Luft. Das nach Verwendung als Kühlmittel (z. B. zur Kraftwerkskühlung) erhitzte Wasser wird in Kühltürme („Naßkühltürme") gepumpt und dort in kleine Tropfen versprüht oder als Film über Oberflächen verteilt; hierbei wird ein Teil der Abwärme als Verdunstungswärme an die umgebende Luft abgegeben (s. auch *Trockenkühlung*).
– Naßkühltürme II 193, 194, 195

Naßsorption (II 192): „nasse Absorption": ein zu reinigendes Gas wird mit Wasser durchmischt, wobei seine festen Inhaltsstoffe vom Wasser aufgenommen werden.

Nationalparke (I 8, 424; II 254, 282, 285, 287ff., 291–294, 305, 306, 310, 311 *(Karte)*, 335, 432): Nach § 14 (1) des *Bundesnaturschutzgesetzes* sind Nationalparke rechtsverbindlich festgesetzte einheitlich zu schützende Gebiete. In der Bundesrepublik Deutschland bestehen zur Zeit zwei Nationalparke, der „Nationalpark Bayerischer Wald" (s. *Bayerischer Wald, Böhmerwald*) und der „Alpen- und Nationalpark Berchtesgaden". Vorgesehen als Nationalpark sind Teile der ostfriesischen Nordseeküste als „Nationalpark Wattenmeer".

Natur
– Beherrschung der N. durch den Menschen, Selbstverständnis des Menschen der N. gegenüber I 1, 3f., 34ff., 47f., 60
– Naturdenkmale I 8, 424; II 254, 283, 285, 289, 298, 309, 312, 355
– Naturhaushalt I 3, 16, 25; II 252
– Naturlandschaft I 5ff., 14; II 252
– Naturparke (I 8, 109, 110, 119, 135, 424; II 254, 281, 282, 283, 288f., 291, 292, 294, 310, 311 *(Karte)*, 335): einheitlich zu entwickelnde und zu pflegende, großräumige Gebiete, die überwiegend als Landschafts- oder Naturschutzgebiete ausgewiesen sind, sich wegen ihrer landschaftlichen Voraussetzungen für die Erholung besonders eignen und nach den Grundsätzen und Zielen von Raumordnung und Landesplanung für Erholung und Fremdenverkehr vorgesehen sind (§ 16, Bundesnaturschutzgesetz). Zur Zeit sind in der Bundesrepublik Deutschland 62 Naturparke von den Ländern eingerichtet.
– Naturschutz I 3, 5, 8ff., 20, 24, 25, 56, 81, 93, 106 *(Matrix)*, 114, 124, 131, 133, 135, 136, 143, 144, 146, 147, 415, 417, 424, 425, 441; II 22, 116, 214, 249, 253–256 *(Ziele)*, 306–309 *(Begründung)*, 318, 355, 376, 389, 390, 391, 407, 411, 414f., 420, 431ff., 446, 465
– Naturschutzgebiete (I 131, 135, 154, 155, 160, 340, 424; II 252, 254, 258, 271, 274, 275, 278, 281, STE 25, 331, 341, 415, 466): rechtsverbindlich festgesetzte Gebiete, in denen ein besonderer Schutz von Natur und Landschaft in ihrer Ganzheit oder in einzelnen Teilen erforderlich ist. Naturschutzgebiete weisen den höchsten Schutzstatus auf (§ 13, Bundesnaturschutzgesetz).
– Schutzkategorien, Schutzstatus II 285–294
– Funktionen der Schutzgebiete II 295–298
– Naturschutzrecht II 254, 265, 287, 290, 325
– Naturschutzstrategien II 411, 415, 420, 431ff., 446, 465
– s. auch Bundesnaturschutzgesetz; Reichsnaturschutzgesetz

Nehrungshaken (I 154): gekrümmte Landzunge, die bogenförmig von der Küste in das Meer hineinreicht und eine mehr oder weniger geschlossene Bucht abgrenzt. Der Nehrungshaken ist

aus Sand aufgebaut, der durch Wind- und Wellenbewegung angespült wird.
Neolithikum (Jungsteinzeit), neolithische Revolution: I 5; II 9
Netto(wohn)bauland: I 63, 66
Neurath (II 187, 191, 192, 193): Ort westlich von Köln, zugleich Name eines Braunkohlekraftwerks.
Neuss: I 448
Neutronen: II 158, 159, 160, 163, 165, 166; s. auch schnelle N.; Spaltneutronen; thermische N.
nicht abbaubare Stoffe: I 97, 235, 266, 268f., 270
„Nichtenergieträger", „nicht-energetischer Verbrauch" (II 130): (Einsatz von) Energieträger(n) als Rohstoff, im wesentlichen für die Herstellung von petrochemischen Produkten.
Niederaichbach: II 209
Niedertemperaturwärme (II 231, 235): Dieser Begriff spielt in der Energiediskussion eine wichtige Rolle, denn ca. 50% unseres heutigen Energieverbrauchs werden für die Produktion von Wärme unter 80°C eingesetzt (z.B. für Brauchwasser, Heizung, Schwimmbaderwärmung und in Gewerbebetrieben). Im Niedertemperaturbereich liegt die breiteste Anwendungsmöglichkeit „alternativer Energiequellen", insbesondere der Sonnenenergie.
Nitrat; Nitrit; Nitrosamine: I 19, 168, 169, 174, 177, 178, 184, 191, 223, 235, 248, 249, 259, 260, 262, 343, 429; II 12, 17, 23, 27, 40, 48, 65, 66, 90, 298
– Nitratbeseitigung; Denitrifikation I 178, 248
– Nitrifikation I 178, 248; II 23
– Nitrifikationshemmer II 18, 23
Nordsee: I 18, 48, 94, 97; II 179, 191, 192, 206
Nord-Süd-Kommission: s. Weltmodelle
Nukleares Entsorgungszentrum: s. Entsorgung
Nutzenergie (II 135, 198): Energie, die beim Verbraucher nach der letzten Umwandlung für den jeweiligen Zweck zur Verfügung steht. Technische Form der Energie, die der Verbraucher für den jeweiligen Zweck letztlich benötigt (beispielsweise nicht Strom, sondern Wärme).
– Nutzenergiebedarf, Nutzenergieverbrauch II 134, 135
Nutzpflanzen: II 13, 14, 17, 22, 27, 40, 52, 56, 62, 88
Nutzungskonflikte: II 298–302, 302–306, 337–340

Oberflächengewässer, Oberflächenwasser: I 226, 227, 236, 237, 239, 241, 257, 258, 259, 262, 269, 278, 286, 417, 435, 440; II 402
Oberstdorf: II 338
OECD (Organisation für wirtschaftliche Zusammenarbeit und Entwicklung): I 370; II 405
– OECD-Programm (-Studie) zur Messung des atmosphärischen Schadstofftransportes über große Entfernungen I 369–373 (Abb.)
– OECD-Studie „Interfutures" s. Weltmodelle
Ohr: s. Gehör; Hören
Ökologie: I 3, 10, 16 ff. (Grundbegriffe), 26, 33; II 11 (Begriffsklärung)
– ökologische Bestandsaufnahme (Landschaftsanalyse) II 254, 314, 320, 329 ff., 336): Ermittlung von Daten über natürliche Gegebenheiten (z.B. ökologische Faktoren wie Licht, Wärme, Vegetation), vorhandene Eingriffe und Nutzungen; im Rahmen des Planungsablaufes der Landschaftsplanung Voraussetzung für die *Landschaftsbewertung.*
– ökologisches Gleichgewicht I 23f.
– ökologisches Verbundsystem (II 290, 291): systemhafte Verbindung („Vernetzung") von Ökosystemen und Biotopen gleicher oder ähnlicher Art durch natürliche Elemente.
– Ökosystem(schädigungen) (I 18ff. (Abb.), 25, 166, 168, 169, 170, 198, 205, 207, 210, 333, 334, 335, 338ff., 359, 361, 362, 363, 376, 383; II 4 (Abb.), 11f. (Abb.), 14, 15, 98, 252, 253, 255, 264–276, 284, 287, 291, 295f., 297, 299, 301, 303, 307, 308, 313, 314, 315, 316, 317, 326, 330, 331, 332, 335, 336, 358, 414, 421, 427, 431, 432, 446, 463): Ein Ökosystem ist eine funktionelle Einheit aus Organismen und Umwelt; Funktionsgefüge aus Lebensgemeinschaft, Lebensraum und allen Umweltfaktoren in einem bestimmten, abgegrenzten Raum.

– Agrarökosystem I 20, II 11, 12, 13 (Schema), 14, 15 (Definition), 16 (Schema), 17, 18 (Schema), 19, 21f., 23, 24, 33, 36, 37, 47 (Schema), 56, 58, 59, 60, 77, 296, 421
– Minimalökosystem I 20
– s. auch Biotop; Biozönose
Ökonomie: I 10, 26, 28, 33
– „Ökonomie der Natur" I 16
– ökonomische Theorie der Politik I 29
Öl (Erdöl, Heizöl, Mineralöl, Petroleum): I 27, 205, 206, 222, 235, 259, 280, 340, 349, 350, 427, 440; II 24, 25, 95, 96, 103, 105, 106, 107, 109, 110, 111, 112, 114, 116, 117, 123, 125, 130, 133, 136, 137, 138, 140, 142, 144, 145, 152 (Diagramm), 162, 165, 177, 181, 187, 188, 191, 194, 199, 209, 211, 212, 213, 220, 223, 224, 225, 227, 230, 235, 242, 246, 312, 414, 418, 466
– Ölsand s. Teersand
Oligotrophie: I 175, 176, 177, 178, 180, 181, 182, 193, 239, 240, 256, 338
Ölschiefer (I 415; II 107, 194, 209, 211–214 (Statistik), 247): feinkörniges Gestein mit einem harzartigen Kohlenwasserstoffgemisch *(s. Kerogen)* als Hauptbestandteil; durch Abbau und Aufbereitung kann aus diesem Gestein Öl gewonnen werden. Die größten Ölschiefervorkommen liegen in den USA-Staaten Wyoming, Utah und Colorado; dort werden aus 1 Tonne dieses Gesteins bis zu 95 Liter Öl gewonnen. Für die Bundesrepublik Deutschland werden die Ölmengen im Ölschiefer als sehr viel geringer eingeschätzt.
organisch-biologischer Landbau: II 36, 37, 44f. – s. auch Landbau
Organismen (-arten, -bestand, -gemeinschaft): I 16, 17, 19, 24
– autotrophe Organismen („Produzenten") I 18ff., 171
– heterotrophe Organismen („Konsumenten") I 18ff., 339
Östrogene: II 30, 86
Oxidation: I 178, 244, 247, 248, 336, 343, 345, 346, 367
Ozon (O_3) (I 211, 247, 336, 343, 345, 346, 349, 351, 367, 378, 382–385): in größeren Konzentrationen stark riechendes Gas, das in höheren Schichten der Erdatmosphäre als „Ozongürtel" vorkommt. Ozon eignet sich in geringsten Konzentrationen zur Entkeimung von Trinkwasser; es tötet nicht nur Bakterien, sondern vernichtet (im Gegensatz zur Chlorung) auch Viren.
– Ozongürtel, -hülle, -schicht I 360, 382, 383; II 183, 315, 408
– Ozon-Problem(atik) I 336, 343, 345, 346, 351, 360, 366, 378, 382, 383; II 413
– Ozonung I 242, 245, 246f., 255, 266

PAK („*P*olyzyklische *a*romatische *K*ohlenwasserstoffe") (II 90, 96, 114, 115): organisch-chemische Substanzen, die bei unvollständigen Verbrennungsprozessen (etwa im Automotor, in Zigarettenglut) entstehen und Krebs erzeugen können.
Papier: I 414, 431, 435, 437, 438, 439
Parasiten: I 230, 232
PCB („Polychlorierte *B*iphenyle") (I 201, 205, 206, 213, 438; II 77, 84, 89f., 91, 267): Sammelbezeichnung für ein Gemisch zahlreicher, chemisch ähnlicher Verbindungen aus der Gruppe der *chlorierten Kohlenwasserstoffe;* sie werden wegen ihrer Eigenschaften (unbrennbar, thermisch stabil, zähflüssig) vielfältig (etwa als Kühlmittel und Weichmacher für Kunststoffe) verwendet. PCB und ihre Rückstandsprodukte sind weltweit verbreitet; wegen ihrer hohen Giftigkeit sollen sie nur noch in geschlossenen Systemen verwendet werden.
Pegelwert: I 312
Pelagial (I 171 (Abb.), 172, 181, 182, 190): Freiwasserraum eines Sees.
Perpetuum mobile (II 99, 100, 101, 127, 128): ausdenkbare, nicht aber real herstellbare Maschine, die ohne Energiezufuhr immer läuft (und dabei womöglich sogar noch Energie liefert).
– P.m. zweiter Art II 128, 129
Pestizide (I 8, 201, 205, 235; II 21, 22, 23, 27, 45, 46, 47, 48, 50, 51, 52 (Statistik), 54, 57, 58, 59, 61, 62, 63, 67, 70, 71, 75, 76, 77, 80–84 (Statistik), 90, 91, 92, 411, 414, 416, 427, 454): Sammelbezeichnung aller chemischen Mittel zur Vernichtung von pflanzlichen und tierischen Schädlingen.

Petroleum: s. Öl
PEV (Primärenergieverbrauch): s. Primärenergie
Pflanzen: I 16; II 11f. *(Ökosystem)*
- Pflanzenfresser I 20, 339
- Pflanzennährstoffe (eutrophierende Stoffe) I 168, 169, 176, 177, 178, 180, 184, 188, 193, 203, 204, 210, 214, 218, 219; II 13, 14, 16, 17, 21, 24, 38, 40, 42, 44, 46
- Pflanzenschutz; Pflanzenbehandlungs-, -schutzmittel II 8, 18, 20 *(Tab.)*, 22, 23, 25, 26, 27, 35, 37, 45, 48, 49, 51f. *(Tab.)*, 53 *(Tab.)*, 55–59, 61, 62, 63, 67, 70, 71, 72, 73, 75, 80, 81, 88, 90, 255, 411, 415, 420, 425ff., 427, 428, 446 – s. auch integrierter Pflanzenschutz
- Pionierpflanzen II 253
- gefährdete Pflanzen II 270f.
- pflanzliche Reststoffe I 432, 433

Phenole (I 198, 205, 207, 222; II 210): Ausgangssubstanzen der chemischen Industrie zur Herstellung von Kunststoffen, Farbstoffen, Schädlingsbekämpfungsmitteln usw.

Phon (I 302, 304f.): Maß für die Lautstärkeempfindung des Gehörs, wobei jedes Schallereignis gehörmäßig mit einem Bezugston von 1000 Hertz verglichen wird.

Phosphate, Waschmittelphosphate (I 19, 168, 169, 176f., 180, 181, 184, 185, 191, 193, 204, 218, 227, 254, 286; II 15, 27, 38, 40, 67, 213, 258, 418): Phosphate sind wichtige Baustoffe des menschlichen Organismus wie der tierischen und pflanzlichen Lebewesen; sie werden im wesentlichen als Düngemittel und in Wasch- und Reinigungsmitteln verwendet, aber auch zur Herstellung von Mineralwasser, Zahncreme und Backpulver.
- Phosphatfällung I 185, 186, 218, 254
- Phosphathöchstmengenverordnung (I 185, 204): am 14. 6. 1980 in Kraft getretene „Verordnung über Höchstmengen für Phosphate in Wasch- und Reinigungsmitteln". Sie gibt Vorschriften zur Minderung des Phosphatgehaltes in Wasch- und Reinigungsmitteln; je nach Produktionsvorgang ist eine Senkung bis zu 50% vorgesehen, die in zwei Stufen erfolgt (1. 10. 1981 und 1. 1. 1984).

Photosynthese (I 174, 334, 341, 343, 358, 366, 375, 377; II 103, 234, 236, 316): Grüne Pflanzen bauen aus Kohlendioxid und Wasser mit Hilfe ihres Chlorophylls und des Sonnenlichtes Traubenzucker auf. Bei diesem Vorgang wird Sauerstoff frei.

Phthalate: I 205, 206
pH-Wert: I 336, 342 *(Definition)*, 343, 344, 364, 428
Pigou-Steuer: II 396
Pilze: I 16, 19, 339, 429
Plaggen: II 5, 6, 14, 39, 304
Planfeststellung(sverfahren) I 91, 102, 107, 118, 119, 416, 417, 418; II 333, 334, 335): Die Rechtsbeziehungen zwischen dem Träger einer Baumaßnahme und dem durch sie Betroffenen werden gewöhnlich durch ein Planfeststellungsverfahren geregelt, soweit dies durch Gesetz vorgesehen ist (z. B. Bau von Verkehrswegen und Verkehrsanlagen, wasserbauliche Maßnahmen).

Plankton (I 170, 182): im Freiwasserraum schwebende oder nur gering bewegliche, meist sehr kleine Pflanzen *(Phytoplankton)* oder Tiere *(Zooplankton)*.
- Flußplankton I 187, 204
- Phytoplankton(organismen) I 170, 175, 181, 190, 191, 234, 240, 252; II 315
- Zooplankton I 170, 172, 190, 191

Planungspolitik: I 52f.
Plutonium (II 161, 166; II 204, 205, 207, 208): radioaktives metallisches Element, das in der Natur nur in sehr geringen Mengen im Uranerz vorkommt und meist künstlich in Kernreaktoren hergestellt wird. Hierbei entstehen vor allem spaltbares Plutonium-239 und Plutonium-241. Plutonium-239 wird wegen seiner guten Spaltbarkeit als Kernbrennstoff und zur Herstellung von Atom- und Wasserstoffbomben benutzt.
- Plutonium-239 II 201, 202, 204, 208
- Plutonium-240 II 202, 208
- Plutonium-241 II 201, 202, 204
- Plutonium-242 II 202

Pollendiagramm: II 4
Polychlorierte Biphenyle: s. PCB

Polyzyklische aromatische Kohlenwasserstoffe: s. PAK
Population(sdichte, -sdynamik, -sschwankungen, -swachstum) (I 21ff. *(Abb.)*): hier: Pflanzen- und Tierbesatz, Gesamtheit der Individuen einer Art oder Rasse in einem eng begrenzten Bereich
- Populationswachstum der Menschheit I 23

Präparate: II 43, 44
Preisniveaustabilität: I 32f.; II 386
Primärenergie (II 105–122): in der Natur vorkommende Energieträger (z. B. Kohle, Erdöl, Erdgas, Wasserkraft, Sonnenstrahlung). Vgl. *Sekundärenergie*.
- Primärenergiebilanz, Primärenergieverbrauch (PEV) II 131, 132 *(Tab.)*, 133, 139, 140, 141, 142, 143, 145, 146, 147 *(Statistik)*, 148 *(Statistik)*, 151 *(Diagramm)*, 153, 155, 186 *(Diagramm)*, 198
- s. auch fossile Energieträger

Produzenten (I 18ff., 171): Pflanzen, die mit Hilfe von Lichtenergie oder chemischer Energie aus einfachen anorganischen Stoffen komplizierte, energiereiche organische Verbindungen aufbauen.
- s. auch Organismen

Profundal: I 171, 172
Prognosen: II 410, 411, 415, 416, 418, 437, 441, 442
Proliferation(sschutz): II 207
Protonen: II 158, 159, 161
PUREX-Prozeß (PUREX = „*P*lutonium-*U*ran-*R*eduktions-*Ex*traktions-Verfahren"): II 205, 207, 209

Quecksilber: I 95, 207, 208, 214, 222, 224, 234, 260, 283, 344; II 75, 77, 78, 87, 88, 92, 413
- Quecksilberverordnung II 75, 77

Radikale (chem.): I 382, 383
Radioaktivität (I 4; II 158, 159, 162, 167, 168, 170, 173, 174, 175, 182, 203 *(Skala)*, 208): Radioaktivität ist die Eigenschaft der Radionuklide (Atome mit instabilem Atomkern), ohne jede äußere Einwirkung unter Energieabgabe in Form von Strahlung in stabilere Atome überzugehen.
- radioaktive Stoffe I 203, 208, 260, 261; II 170, 173, 174, 175, 202, 206, 208
- s. auch Strahlen

Rat von Sachverständigen für Umweltfragen (I 10, 97, 102, 107, 136, 158, 259, 262, 339, 408; II 157, 168, 175, 188, 190, 240, 297, 302, 380, 390, 397): vom Bundesminister des Innern berufenes Gremium von zwölf Wissenschaftlern, deren Aufgabe es ist, die jeweilige Situation der Umwelt und deren Entwicklungstendenzen darzustellen sowie Fehlentwicklungen und Möglichkeiten zu deren Vermeidung oder Beseitigung aufzuzeigen. Bisher legte der Rat zwei „*Umweltgutachten*" (1974, 1978) mit Beurteilungen der ökologischen und umweltpolitischen Gesamtsituation vor und nahm mehrfach zu Einzelproblemen Stellung. Neueste Gutachten: „*Umweltprobleme der Nordsee*" (1980), „*Energie und Umwelt*" (1981).

Rauchen: s. Zigarettenkonsum
Rauchgas, Rauchgasreinigung (I 55, 311; II 192, 210, 240, 409): Rauchgas entsteht bei der Verbrennung von Abfall (und auch in Kraftwerken) und wird durch Reinigungsverfahren wie Rauchgas-Wäsche u. a. von seinen umweltschädlichen Inhaltsstoffen befreit. Die Schadstoffe befinden sich anschließend im Wasser, das weiteren Behandlungen unterzogen werden muß.
- Rauchgasentschwefelung I 357; II 96, 114, 115, 192, 216

Raum: Themenblock II (STE 2–4)
- Raumordnung, Raumplanung I 13, 57; II 288, 296, 310, 319, 333, 390, 395, 412

Reaktoren: s. Kernenergie
Rechtsstaatlichkeit (II 179): Als *Staatsstrukturbestimmung* fordert das Rechtsstaatsprinzip u. a. die Verankerung von Grundrechten, die Teilung der Gewalten (gesetzgebende, vollziehende und richterliche Gewalt), die Unabhängigkeit der Richter, das Verbot der Rückwirkung von Gesetzen. Als *Staatszielbestimmung*

hat es die Förderung der freien Entfaltung der Persönlichkeit und mithin der allgemeinen Menschenwürde im Auge.

Rechtsverordnung (I 388, 389, 392, 393): Die R. ist wie das Gesetz eine allgemeinverbindliche staatliche Anordnung zur Regelung einer unbestimmten Zahl von Fällen. Vom Gesetz unterscheidet sie sich dadurch, daß sie nicht vom Parlament, der „Legislative", sondern von der Regierung, einem Minister oder einer Verwaltungsbehörde, also der „Exekutive", erlassen wird. Eine R. darf nur aufgrund einer ausdrücklichen gesetzlichen Ermächtigung erlassen werden. Vielfach dienen R.en der inhaltlichen Konkretisierung des zu ihrem Erlaß ermächtigenden Gesetzes.

Recycling: s. Wiederverwendung
Red Data Books: II 251, 253, 432
regenerative Energiequellen: II 188f., 217, 220, 232–238
Regenwasser: I 238, 241, 262
Reichsnaturschutzgesetz: II 254, 256, 267, 268, 285, 289, 325
Reinigungsmittel: s. Detergentien
Reizgase: I 334, 336, 338
Rekultivierung (I 9, 10; II 114, 253, 278, 281, 327): Wiederherstellung oder Wiedernutzbarmachung eines durch menschliche Eingriffe, insbesondere durch den Tagebau, gestörten Gebietes mit dem Ziel, es wieder im Sinne einer geordneten und naturnahen Kulturlandschaft zu gestalten und zu nutzen.
Relief (I 116): aus der Sprache der Kunst entlehnte Bezeichnung; Gestalt der Erdoberfläche.
– **Reliefenergie** (I 137): Höhenunterschied zwischen dem niedrigsten und dem höchsten Punkt einer Landschaft.
Renaturierung: II 278, 281, 355 – s. auch Rekultivierung
Ressourcen: I 4, 25, 27f., 39, 41, 42, 43, 414; II 36, 95, 111, 296, 310, 332, 412, 429, 444, 448, 451, 452, 459, 460, 463
Reutlingen: I 447; II 337
Rhein (-verschmutzung, -wasser): I 1, 178, 179, 195, 196–199 (Abb.), 207, 214, 219–225 (Abb.), 237, 241, 251 (Schema), 252, 257, 259, 265, 266; II 347
– Oberrhein I 179, 197, 259
– Rheinauen bei Ludwigshafen I 143–147 (Abb.)
– Rhein-Bodensee-Programm I 287
– s. auch Arbeitsgemeinschaft Rhein-Wasserwerke (ARW); Internationale Arbeitsgemeinschaft der Wasserwerke im Rheineinzugsgebiet (IAWR).
Rheinhausen: I 224/225 (Abb.)
Rheinisches Braunkohlengebiet (-revier): II 253, 276–281 (Karte), 327 (Abb.).
RIO-Bericht: s. Weltmodelle
Rodung: I 363; II 3, 5, 29, 35, 356, 417
– Brandrodung(sfeld) I 50, 376; II 411, 423, 424, 435
Rohstoffe, Rohstoffversorgung: I 411, 412, 435, 438, 439, 440, 446, 449; II 183, 415, 416, 418, 420, 431, 440, 441, 445, 451
Rohwasser (I 226, 227, 228, 239, 241, 244, 245, 246, 247, 252, 261, 266): unbehandeltes Grund- oder Oberflächenwasser, das dem Wasserwerk zur weiteren Behandlung zugeführt wird.
Rote Listen (I 110, 188; II 251, 253, 256, 263, 264, 265–271, 272, 273, 331, 341, 432): ausgehend von Vorarbeiten der „International Union for Conservation of Nature and Natural Resources" (IUCN), sind im Auftrag der Bundesregierung und der Landesregierungen „Rote Listen der gefährdeten Tiere und Pflanzen" aufgestellt worden, in denen die in ihrem Bestand bedrohten Tier- und Pflanzenarten unterschiedlichen Gefährdungsgrades (bis zur Gefahr des Aussterbens) aufgeführt sind.
Rothaargebirge
– Autobahn durch das R. I 93, 119, 120ff.
– Naturpark R. I 158
Rotschlamm (I 105): Abfallprodukt aus der Aluminiumgewinnung, das erhebliche Schäden an Fischen und Fischeiern hervorruft, wenn es ins Meer verbracht wird. R. wird heute überwiegend auf Deponien abgelagert.
Rotte: I 429, 430
Rotterdam: I 60f.
Rückstände (II 23, 49, 64, 65, 70, 71, 73, 74, 75, 76, 77, 78, 80, 81, 82, 85, 87, 90, 91): Restmengen von Pflanzenschutzmitteln in Getreide, Obst und Gemüse und von Tierarzneimitteln sowie wachstumsfördernden Mitteln bei Fleisch, Fleischwaren, Fisch, Wild, Geflügel und Eiern. Zu den R.n werden vielfach auch die Verunreinigungen von Lebensmitteln durch Schwermetalle (Blei, Cadmium), polychlorierte Biphenyle und anderes aus Industrie- oder Verkehrsemissionen gerechnet.

Ruhrgebiet: I 392, 401

S

Saarbrücken: I 61
Sachgüter, Sachgüterschädigung durch Immissionen, Immissionswirkungen auf Sachen: I 334, 335, 338, 339, 345ff., 359, 387
Saerbeck: II 320–324 (Abb.).
Saint-Malo (II 234): Stadt an der bretonischen Nordküste mit ca. 45000 Einwohnern (1970), liegt an der Mündung der Rance (im Departement Ille-et-Vilaine). Seit November 1966 arbeitet hier das erste Gezeiten-Kraftwerk der Welt, dessen Staumauer (ca. 4 km südlich der Mündung) quer durch die Bucht (ca. 750 m breit) verläuft. Seine Jahresleistung von im Mittel 470 Millionen kWh wird bei einer Staumenge von 180 Millionen m^3 Wasser und bei einem Tidenhub von normal 8,50 m (Springflut) erreicht.
Salpetersäure: I 345, 367; II 111, 205
Salze: I 168, 191, 203, 209, 210, 224, 230, 270; II 420
– s. auch Auftaumittel
„sanfter Weg" (der Energieversorgung): II 178, 220, 225, 226
Saprobiensystem: I 221, 266, 270, 271
Satz von der Erhaltung der Energie (Energieerhaltungssatz, Energiesatz, Erster Hauptsatz der Thermodynamik): s. Energie
Sauerstoff (-austausch, -gehalt, -haushalt): I 19, 168, 174f., 176, 177, 178, 180, 181, 186, 187, 188, 189, 190, 192, 202, 203, 204, 217, 221, 223, 224, 240, 246, 254, 349; II 103, 107, 194, 211, 315, 316, 362
saure Gase; saure Niederschläge, säurehaltiger Regen; saures Wasser: I 17, 334, 342, 345, 346, 347, 362, 363, 370, 371 (Abb.), 373 (Abb.); II 96, 461
Schadeinheiten (SE): I 283, 284, 285
(Schad(ens)schwelle (II 20, 37, 58, 59, 60): Anzahl von Schaderregern, die Verluste am Ernteertrag und -erlös erzeugt, die gleich hoch sind wie die Kosten einer wirksamen Schädlingsbekämpfung. Sind die Verluste größer, so wird die Schadschwelle überschritten und eine Bekämpfung lohnt sich.
Schädlingsbekämpfung(sverfahren), Bekämpfungsverfahren: II 18, 54, 55ff., 65, 265, 296, 304, 340
Schadstoffe (I 27, 29, 51, 55, 103, 105, 127, 128, 167, 168, 169, 183, 192, 193, 194, 211, 212, 216, 226, 230, 231, 232ff., 339 (Definition), 240, 241, 242, 245, 246, 248, 249, 252, 259, 261, 262, 266, 268, 270, 272, 273, 334, 335, 338, 339, 340, 343, 359, 361, 365, 369, 372, 390, 403, 404, 405, 407, 408, 430, 440; II 26, 64, 65 (Schema), 66, 67, 68, 69, 71, 77, 82, 84, 89, 90, 91, 92, 95, 96, 98, 117, 173, 186, 191, 198, 201, 247, 267, 272, 274, 295, 296, 393, 413, 457, 458): alle in der Umwelt vorkommenden Stoffe, die auf Menschen, auf andere Lebewesen, auf Ökosysteme und auf Sachgüter schädigend wirken können.
– Schadstoffkombination I 24
– Schadstoffwirkung, Schadwirkung I 17, 24, 334, 339 (Abb.)
Schall
– Begriff des „Schalls" I 293ff., 298
– persönlicher Schallschutz (I 321f.): Maßnahmen, die eine Person vor den schädigenden Wirkungen des Schalls schützen. Gebräuchlich sind: Schallschutzstöpsel, Schallschutzkapseln, Schallschutzhelme und Schallschutzanzüge.
– Schalldämmung (I 315, 322ff., 326): Unterbindung der Schallausbreitung durch die Reflexion an einem Hindernis.
– Schalldämpfung (I 315, 322, 324, 326): Unterbindung der Schallausbreitung durch Umwandlung der Schallstärke in Wärmeenergie.
– Schalldruckpegel s. Schallpegel
– Schallempfindung I 302
– Schallerzeugung I 294, 299ff., 319
– Schallintensität s. Schallstärke
– Schallpegel (Schalldruckpegel) (I 294, 295, 308, 309, 318, 322, 325 (Abb.), 327): physikalischer Meßwert, bei dem eine

Schallstärke über eine logarithmische Meßskala auf eine Bewertungskurve bezogen wird; deren Bezugspunkt ist in der Regel die Schallstärke an der *Hörschwelle*.
- Schallpegelmesser, Pegelschreiber I 305ff.
- Schallschirm(ung) I 315, 322, 325f. *(Abb.)*
- Schallstärke, Schallintensität (I 293, 294, 295, 298, 301, 302f., 304, 305, 306, 319, 321): Energie der Schallschwingungen, die auf eine Flächeneinheit (z.B. auf 1 Quadratmeter) auftrifft, falls die Fläche sich im rechten Winkel zur Ausbreitungsrichtung des Schalls befindet.

Schandelah (II 211, 213, 214): Gebiet östlich von Braunschweig mit Ölschiefervorkommen; es besteht der Plan, den *Ölschiefer* abzubauen und daraus Erdöl und Erdölprodukte zu gewinnen.

Scharhörn: I 101, 104–108 *(Abb.)*

Schelfmeer (I 191): die bis 200 m tiefe Meereszone im Bereich des dem Land vorgelagerten Kontinentalsockels (des *Schelfs*).

Schlaf(-störungen): I 294, 309, 310f., 318

Schmetterling(sarten, -fauna): I 124; II 262, 263, 272f., 278

Schnelle Reaktoren (II 166 *(Abb.)*, 207, 208): Klasse der Schnellen Brüter, im Gegensatz zur Klasse der thermischen Reaktoren (Leichtwasser- und Hochtemperaturreaktoren).

Schornsteine: I 55, 99, 360; II 126, 191f., 413, 450

Schwefel: II 95, 109, 187, 211, 212

Schwefeldioxid (SO_2); SO_2-Problem (I 17, 27, 107, 211, 334, 336, 340, 341, 342, 343, 345, 347, 348, 350, 353, 354 *(Statistik)*, 355, 356, 358, 362, 364, 367, 371, 390, 395, 396, 397, 403; II 96, 98, 113, 114, 115, 117, 173, 187, 188, 190, 191, 192, 212, 241, 383): Der Schadstoff Schwefeldioxid entsteht unter anderem bei der Verfeuerung *(Oxidation)* fossiler Brennstoffe.
- Belastungsgebiete I 340 *(Abb.)*

Schwefelsäure (H_2SO_4): I 234, 341, 342, 345, 346, 347, 367
- schwefelsaurer Regen s. saure Gase; saure Niederschläge

Schwefelwasserstoff (H_2S): I 203, 221, 345, 367, 395, 429

schwer abbaubare Stoffe: I 97, 201, 202, 203, 205, 206, 210, 214, 235, 244, 246, 266, 268, 270, 290

Schwermetalle, Schwermetallverbindungen (I 95, 96, 132, 183, 193, 199, 202, 203, 207, 208, 210, 214, 218, 222, 224, 234, 249, 270, 290, 334, 336, 343f., 357, 362, 363, 364, 413, 427, 428, 430; II 26, 77, 87ff., 91, 96, 410): Zu den Schwermetallen zählen die meisten Gebrauchsmetalle, wie Eisen, Blei, Zink, Chrom, aber auch Cadmium, Uran und Quecksilber.

Sedimente: I 169, 183, 206, 207, 270

Seen (Süßwasserseen): I 18, 23, 24, 165, 166, 167, 168, 169–186 *(Abb.)*, 189, 192, 193, 194, 203, 204, 212, 218, 236, 239, 240, 241, 253, 254, 256, 268, 270; II 253, 254, 259, 274, 278, 279, 281

Sekundärenergie (II 186 *(Diagramm)*, 198): Energieträger nach der Umwandlung aus *Primärenergie*. Beispiele: Briketts, Benzin, Heizöl, elektrischer Strom, Fernwärme. – s. auch Energie

Selbstreinigung: s. biologische S.

Selbstvergiftung: I 23

Selen: I 260

Seveso (II 380): norditalienischer Ort, in dem 1976 in einer chemischen Fabrik große Mengen des hochgiftigen Tetrachlordibenzodioxins (TCDD) entwichen und ein Gebiet von mehreren Quadratkilometern schwer schädigten.

Siedewasserreaktoren: II 163, 164 *(Abb.)*, 167

Siedlungen, Siedlungsformen: I 12, 14, 15, 59; s. auch Wohnen

Siegburg: s. Bonn

Siegerländer Haubergswirtschaft: II 7, 8

signifikante Korrelation (I 311): mit statistischen Methoden gesicherte Wechselbeziehung zweier oder mehrerer Merkmale, z.B. als gehäuftes gemeinsames Auftreten.

Smog (engl. *smoke:* „Rauch", *fog:* „Dunst, Nebel") (I 334, 336, 350, 351, 392): Verunreinigungen der Luft in industriellen Ballungsgebieten, entsteht meist bei *Inversion*. Zwei Typen: (1) „London-Smog", aus Schwefeldioxid und rußhaltigem Nebel, (2) „Los-Angeles-Smog", aus Stickstoffoxiden und Kohlenwasserstoffen, zum Beispiel der Autoabgase, unter Sonneneinwirkung. – Folgen: Reizung der Augen und Atmungsorgane, gesundheitsschädigend.
- Fotosmog I 334, 351
- London-Smog I 336, 351
- Los-Angeles-Smog I 336, 351
- Smogalarm, Smogwarnung I 351f. *(Matrix)*, 354

SO_2: s. Schwefeldioxid

Solarkraftwerk, solarthermisches Kraftwerk: II 235f. *(Abb.)*

Solling (I 342, 361ff., 369): Gebirge in Niedersachsen, ostwärts der Weser, bestockt mit Buchenwald in Selbstverjüngung und forstgerecht eingebrachten Fichtenbeständen.

Sommerstagnation: I 173 *(Abb.)*, 174, 175, 176, 177, 178, 180, 253

Sondermüll (I 440, 443, 451–454): Abfälle, die sich aufgrund ihrer (chemischen) Zusammensetzung nicht zusammen mit Hausmüll oder hausmüllähnlichen Abfällen behandeln lassen.
- Sondermüllaufkommen I 452 *(Karte)*

Sonnenenergie (-strahlung): I 19; II 95, 96, 103, 108, 127, 217, 218, 226, 232, 233, 235, 246

Sozialprodukt: II 146, 151, 448ff., 453, 454, 455
- s. auch Bruttosozialprodukt

Sozialstaatlichkeit (II 179): Das Sozialstaatsprinzip ist auf die am Gleichheitsgedanken orientierte Förderung der gesellschaftlichen Lebensbedingungen und (damit) der Wohlfahrt aller Bürger gerichtet.

Sozialwohnungen: s. Wohnungsbau

Sparauto, Energiesparauto: II 244f. *(Abb.)*

Spraydosen (-nebel, Treibgase): I 51, 360, 383; II 57

Spülmittel: s. Detergentien

Staatsstrukturbestimmung (II 179, 180, 181): verfassungsrechtliche Vorschrift, die Richtlinien für die Organisation des Staatswesens gibt.

Staatszielbestimmung (II 179, 180, 181): verfassungsrechtliche Vorschrift, welche die Richtlinien für die Zielrichtung der Politik eines Staatswesens gibt.

Stadt
- Stadtentwicklung, Stadtplanung I 14f., 60f., 86, 89, 90f., 142f.
- Stadtflucht I 59, 75, 77, 81, 90, 142
- Stadthaus (I 59, 73–79 *(Abb.)*): Form früher üblicher Einfamilienhäuser in Innenstädten; die Stadthäuser standen Mauer an Mauer, hatten einen kleinen Vor- und einen großen Hintergarten. Dieser Haustyp wird heute wieder aktuell. – s. auch Hausformen
- Stadt/Land-Gegensatz I 15

Städtebau I 14f.

Stagnation (bei Seen): s. Sommerstagnation; Winterstagnation

Stahl: I 12, 414

Standort, Standortbedingungen, Standortwahl von Industrieansiedlungen: I 10, 12, 13, 53, 55, 92, 93, 98, 99, 100, 115, 120, 415

Startbahn West: s. Frankfurter Flughafen

Staub, Stäube I 59, 80, 98, 122, 132, 334, 343, 345, 348, 353, 355, 356, 357, 397, 400, 417, 418; II 87, 96, 98, 112, 117, 185, 187, 190, 192, 197, 383, 431, 435
- Asbeststaub s. Asbest
- Feinstaub I 334, 355
- Grobstaub I 355
- Staubabscheidung I 399
- Staublungenerkrankungen I 293

Steinkohle: II 98, 106f., 108, 109, 114, 117, 130, 133, 136, 138, 140, 142, 143, 145, 146, 152 *(Diagramm)*, 153 *(Tab.)*, 190, 191, 200, 237, 239
- Steinkohleeinheit (SKE) (II 101, 102): 1 SKE entspricht dem mittleren Energiegehalt von 1 Kilogramm Steinkohle = 29 308 kJ (Kilojoule) = 7000 kcal (Kilokalorien). Die Einheit SKE kann nur noch für eine Übergangszeit hilfsweise verwendet werden, da die gesetzlich vorgeschriebene Energieeinheit seit dem 1. 1. 1978 das *Joule* ist.
- s. auch Kohle; Kraftwerk

Steuern: II 375; s. auch Abwärmeabgabe; Energie; Pigou-Steuer
- Steuererleichterung (Abschreibungserleichterung) II 398, 400

Stickgase: I 336, 338

Stick(stoff)oxide (Stickstoffmonoxid = NO; Stickstoffdioxid = NO_2): I 128, 334, 336, 343, 345, 346, 349, 351, 353, 355, 356f., 359, 367, 370, 395, 396, 398; II 96, 98, 113, 117, 187, 191, 192, 240, 315, 383

Stockholm (-Konferenz): II 431, 461, 462

Störfall: II 162, 166, 168, 169, 170, 171, 172, 175
- Störfallverordnung (II 380): soll sicherstellen, daß bei Unfällen in der Produktion und beim Transport gefährlicher Stoffe schnelle Hilfsmaßnahmen eingeleitet werden können. Eine der Grundbedingungen hierfür ist eine sofortige Melde- und Berichtspflicht.
- s. auch Unfall

Stoffluß, Stoffkreislauf, Stoffstrom, Stoffumsatz: I 18, 19, 20, 24, 165, 366, 367, 376, 377
- Stoffhaushalt I 16, 23, 24

Strahlen(belastung, -dosis, -exposition), Strahlung: II 158, 170, 171, 173, 174, 175, 182
- s. auch Radioaktivität

Straßen(bau, -netz): I 9, 10, 12, 13, 14, 15
- Auswirkungen des Straßenbaus auf die Landschaftsfaktoren I 116f., 119
- Landschaftsverbrauch (Flächenverbrauch) durch das Straßennetz I 108, 122, 127
- (Straßen-)Planung, Trassenführung I 92, 93, 114, 118 *(Schema)*, 119; II 255, 257f., 335
- Straßenverkehr I 15
- s. auch Auftaumittel; Autobahn(verbindung); Isolationswirkung von Straßen auf Tierpopulationen; Linienbestimmungsverfahren; Planfeststellungsverfahren

Streusalz: s. Auftaumittel
Stroh: II 14, 24
Stromerzeugung: I 27; II 97, 116, 117, 133, 134, 148, 154, 155, 156, 165, 169, 184, 190 *(Vergleich)*, 204
Stuttgart: II 313, 337–341 *(Abb.)*, 342
Subsistenz-Landwirtschaft, Subsistenzwirtschaft: II 4, 10
Subventionen, Subventionspolitik: II 398, 400, 406
Sulfate: I 230, 234, 260, 261, 421, 429

Talsperre, Trinkwassertalsperre (I 169, 170, 218, 227, 238, 240, 253, 254, 256, 257, 281): *Talsperre:* i. e. S. das Sperrwerk, das die ganze Talbreite eines Wasserlaufs absperrt, ihn aufstaut und so einen Wasserspeicher bildet; heute i. w. S. gebraucht: Stausee mit allen Nebenanlagen. Aufgaben: Speicherung von Trink- und Brauchwasser in Überschußzeiten, Anreicherung von Flüssen bei Niedrigwasser, Speisung von Kanälen, Hochwasserschutz und Energieumwandlung. – *Trinkwassertalsperre:* einzig zu dem Zweck der Trinkwasserbereitstellung gebaut; mit Wasserschutzzonen ausgestattet, die unter besonderem gesetzlichen Schutz stehen; von jeglicher Schiffahrt und von Freizeitvergnügen ausgenommen, einschließlich Schwimmen und Baden.

Tannensterben: I 342, 361, 363, 369; II 408, 413
Technische Anleitung Lärm (TA Lärm) (I 315, 327, 328, 330; II 389): Technische Anleitung zum Schutz gegen Lärm bei Genehmigung neuer Anlagen im Rahmen der Gewerbeordnung.
Technische Anleitung Luft (TA Luft) (I 387, 388, 389, 390, 395, 396, 403, 404, 406, 407, 408; II 34, 77, 383 *(Tab.)*, 389): Die TA Luft bestimmt im einzelnen, unter welchen Voraussetzungen eine genehmigungsbedürftige Anlage die gesetzlichen Anforderungen an die Luftreinhaltung erfüllt.
Teersand (Ölsand) (II 107, 194, 209, 211, 212, 247): Sande mit verfestigtem Ölgehalt, deren Öl mit üblichen Bohrtechniken nicht zu gewinnen ist. Für einen Abbau günstig gelagerte Teersande gibt es vor allem in Kanada (Athabasca-Sande) und Venezuela.
TEKA (-Dienstleistungen, -Faktoren) (TEKA = „Technisches Wissen, Energie, Kapital und Arbeit"): II 221 ff., 224, 246, 247
Tenside (I 286): waschaktive Stoffe; setzen die Oberflächenspannung des Wassers herab und fördern damit die Schmutzablösung; werden u. a. in Wasch- und Reinigungsmitteln, Textilhilfsmitteln und in der Farb- sowie der Nahrungsmittelindustrie verwendet.
Teratogenität (I 211): Mißbildungen des Embryos während der Schwangerschaft verursachend.
Terrassenhaus: s. Hausformen
Tertiär (II 107): Bezeichnung für die ältere Epoche in der Erdneuzeit, in der Spanne zwischen 2 Millionen und 70 Millionen Jahren. Zum Vergleich: das Gesamtalter der Erde beträgt über 4000 Millionen Jahre.

Thallium: I 336, 337; II 88 f., 383
Thermische Reaktoren (II 163): Klasse der Leichtwasser- und Hochtemperaturreaktoren, im Gegensatz zur Klasse der schnellen Reaktoren.
thermodynamische Hauptsätze: s. Energie; Entropie
Tidenhub (II 234): Höhendifferenz zwischen Hoch- und Niedrigwasser bei Ebbe und Flut; entscheidend abhängig von der Küstenform: je „trichterförmiger" sie ist, desto höher ist der Tidenhub (z. T. über 20 m).
Tier: I 16, 19
- Intensivtierhaltung II 18, 34, 36
- Tierarznei(mittel) II 26, 34, 70, 76, 85, 86, 87
- Tierkörperbeseitigungsgesetz II 34
- Tierproduktion II 10, 30–35, 42, 44, 47, 70, 85
- tierische Reststoffe I 433 ff. *(Statistik)*
- Urtiere I 22
- gefährdete Tiere II 265–269

Torf: I 342, 375, 377; II 106, 107, 108, 130
Tourismus: I 8, STE 4; II 267, 298, 300 ff.
Toxizität (Giftigkeit), toxisch (giftig), Gift: I 31, 195, 203, 205, 206, 207, 209, 210 *(Definition)*, 211, 214, 216, 219, 224, 234, 335, 363, 431, 432; II 65, 67, 68, 69, 70, 72, 73, 87
Trajektorien: I 372
Transmission: I 350, 352, 369–373 *(Abb.)*, 393, 394
Trassenführung: s. Straßen
Treibhaus-Effekt: I 374; II 192
Trinkwasser (I STE 7): Beschreibung nach DIN 2000: „Die Güteanforderungen an das abzugebende Trinkwasser haben sich im allgemeinen an den Eigenschaften eines aus genügender Tiefe und ausreichend filtrierenden Schichten gewonnenen Grundwassers von einwandfreier Beschaffenheit zu orientieren, das dem natürlichen Wasserkreislauf entnommen und in keiner Weise beeinträchtigt wurde."
- Aufbereitung von T. I 165, 166, 167, 168, 178, 183, 189, 195, 196, 199, 204 f., 209, 214, 215, 220, 222, 223, 226, 227, 234, 235, 239, 240, 241–256, 260, 266, 272
- Gewinnung von / Versorgung mit T. I 55, 165, 166, 167, 168, 177, 183, 189, 195, 196, 199, 204 f., 214, 215, 220, 222, 223, 226, 227 ff., 232, 235 ff., 249, 250, 256 ff., 262, 263, 266, 268, 269, 272
- Qualität(sanforderungen, -merkmale) bei T. I 209, 226, 227, 229 ff., 240, 241, 248
- Transport(ieren, -probleme) von/bei T. I 227, 237, 241
- Trinkwassertalsperre s. Talsperre

Trocken-Additiv-Verfahren (TAV): II 192
Trocken-Heide: II 259, 262 ff.
Trockenkühlung(-kühlverfahren) (II 194): Kühlverfahren ohne direkten Kontakt des Wassers mit der umgebenden Luft. Das aufgeheizte Wasser strömt durch Rippenrohre der Trockenkühltürme und gibt seine Wärme ohne direkten Kontakt mit der umgebenden Luft an diese ab (s. auch *Naßkühlung*).
Tropfkörper: I 217
Trophie (I 175, 181): Intensität der pflanzlichen Produktion.
- s. auch *Oligotrophie:* geringe Intensität der pflanzlichen Produktion („geringes Pflanzenwachstum");
- s. auch *Eutrophie:* hohe Intensität der pflanzlichen Produktion („starkes Pflanzenwachstum");
- s. auch *Eutrophierung:* Steigerung des Pflanzenwachstums in einem Gewässer nach Zufuhr zusätzlicher Pflanzennährstoffe (eutrophierende Stoffe).

trophogene Zone (Aufbauzone) (I 171 *(Abb.)*, 172, 175, 176, 179, 180): belichteter Teil eines Sees, in dem eine pflanzliche Produktion mit Hilfe von Licht möglich ist.
tropholytische Zone (Abbauzone) (I 171 *Abb.)*, 172, 175, 180): dunkle Zone eines Sees, in der lichtbedürftige Pflanzen nicht leben können. Hier leben Tiere und Bakterien, die totes pflanzliches Material abbauen.
Tübingen: I 447; II 337
Typus, Typhusepidemie: I 215, 231, 232

Überfischung: I 182
Übernutzung I 26
Überweidung: I 50; II 411, 417, 422, 458
Uferfiltrat, Uferfiltration (I 226, 239, 249–252 *(Schema)*): Uferfiltrat ist Wasser eines Flusses, das über dessen Sohle und Uferflächen in den Untergrund eindringt, wo Kiese und Sande das Wasser filtern; in jeweils angemessener Entfernung sind parallel zum Fluß Horizontal- oder Vertikalbrunnen angeordnet, die das „Uferfiltrat" einem Wasserwerk zuführen.
Uferfreihaltung: I 61
Ulmenfall: II 3, 5
Ultraviolett(ein)strahlung (UV) (I 360, 366, 382, 383 ff.): Bereich der elektromagnetischen Wellen jenseits der Violettempfindlichkeit des menschlichen Auges.
Umwandlung von Energie, Umwandlungsbereich, Energieumwandlung: s. Energie
Umwelt: I 1, 3, 13, 14, 17 f., 25 ff.
– Umweltabgaben, Emissionsabgaben s. Emission
– Umweltbedingungen I 5–15
– Umweltbelastung I 11, 23, 28, 30, 31, 32; II STE 22, 215, 216, 246, 281, 414
– Umweltberichte (der Bundesregierung) I 10
– Umweltbewußtsein, umweltbewußtes Verhalten I 1, 4, 32, 45–56, 150; II 242 f., 349, 353, 373, 377, 394, 395, 464
– Umweltbundesamt (II 346, 368, 391 f.): zentrale Einrichtung (Oberbehörde) zur Beratung der Bundesregierung auf dem Gebiet der Abfall- und Wasserwirtschaft, Luftreinhaltung und Lärmbekämpfung. Das UBA wurde 1974 eingerichtet, sein Sitz ist Berlin.
– Umweltbehörden II 79, 403 *(Schema)*
– Umweltchemikalien I 17; II 376, 382
– Umweltchemikaliengesetz s. Chemikaliengesetz
– Umwelterziehung I 53, 54, 56; II STE 27
  – berufliche Bildung, Berufs(aus)bildung II 346, 347, 363 ff.
  – Berufsfachschule II 346
  – Berufsschule II 346, 365
  – Erwachsenenbildung II 345, 346, 347, 368–372
  – Hochschule II 345, 347, 366 ff.
  – Lehrpläne, Rahmenlehrpläne II 349, 350, 352, 364, 365
  – Medienverbundprojekte II 371 f.
  – museale Einrichtungen II 346, 356, 358, 359
  – Schulbiologiezentren, schulbiologische Zentren II 346, 350, 356, 357
  – Schulbuch II 349, 350 ff., 365
  – Schule, Schulunterricht II 345, 346, 347, 349, 350–353, 354, 355, 356, 358, 359–363 *(Abb.)*, 365, 368, 373, 374
  – Schullandheim II 346, 349, 353–356
  – Volkshochschule II 345, 346, 368 ff.
– Umweltfaktoren I 17, 18, 23
– Umweltgesetze I 9 f., 31; II 53, 71–80, 254, 325 f., 375, 376, 378, 379, 389, 392, 393, 409
– Umweltgut, -güter, freies/knappes Gut Umwelt I 3, 25 ff.
– Umweltlizenzen, (-zertifikate) I 31; II 398, 399
– Umweltmanagement I 26
– Umweltmedien I 25, 27
– Umweltökonomie I 3, 25–33
  – umweltökonomische Instrumente I 29 ff.
– Umweltpolitik I 3, 4, 25, 26, 29 ff., 56; II 97, 124, 345, 373, STE 28
  – Begriffsbestimmung II 378, 407 ff.
  – Aufgabenverteilung, Kompetenz (-verteilung, -zersplitterung), Träger der U., Zuständigkeiten II 376, 381, 389–396, 407, 408
  – Instrumente(nwahl), Instrumentierung II 376, 378, 379, 381, 394, 396–401
  – Vollzugsdefizit(mangel, -problematik) II 376, 380, 381, 401–404
  – Ziel(findungsprozesse, -konkretisierung, -setzung, -vorstellungen) II 376, 377–380, 381–388 *(Tab.)*, 397, 409
  – Aufgaben II 376, 377, 381–406 (bes. 405 f.), 455–464
– Umweltprobleme I 1, 3, 4, 29; II 411, STE 29
– Umweltprogramm der Bundesregierung (I 10, 100, 269, 270; II 375, 378, 381, 389): Programm zur Systematisierung der Umweltpolitik, von der Bundesregierung erstmals 1971 vorgelegt. Es enthält eine langfristige Konzeption, vor allem aber ein „Aktionsprogramm" zur Verringerung akuter Umweltprobleme.
– Umweltprogramm der Vereinten Nationen s. UNEP
– Umweltqualität I 15, 33; II 216
– Umweltschaden, -schädigung I 25, 27, 30, 32; II 376
– Umweltschutz I 8 ff., 17 f., 25, 26, 28, 32, 33; II 345, 360, 364, 370, 375, 376, 377, 378, 379, 386, 388, 390, 391, 392, 395, 399, 400, 402, 403, 404, 405, 407, 408, 409
  – Umweltschutzinvestition I 33
  – Umweltschutzkosten I 1, 33, 267 *(Abb.)*
  – Umweltschutzprogramm der UN s. UNEP
– Umwelttag II 352
– Umweltverträglichkeitsprüfung (UVP) (I 14, 91, 98, 99, 100 ff. *(Matrix)*, 104, 107, 115, 119, 133, 415; II 257, 314, 328, 376, 395, 466): bewertet Eingriffe in Natur und Landschaft, wie etwa Bau einer Siedlung, einer Straße, einer Fabrik, hinsichtlich der zu erwartenden Auswirkungen auf die Umwelt.
– Privatisierung der U. II 397 f.
UNEP (= „United Nations Environment Programme"): II 386, 431, 455, 461–464
UN-Umweltkonferenz 1972: I 10
Unfall (bei Kernkraftwerken): II 168 *(Definition)*, 183, 202, 247
– s. auch Störfall
Unkraut: I 20; II 5, 11, 13, 14, 19, 23, 27, 43, 46, 52, 57, 58, 425
– Unkrautbekämpfung(smittel) I 122; II 5, 13, 17, 18, 19, 44, 52,
Unterelbe(Niederelbe): I 92, 94–98 *(Abb.)*, 106, 107, 120 [55
Uran: I 207; II 103, 105, 116, 127, 158, 160, 166, 182, 183, 201, 204, 205, 208, 211, 213, 418
– U^{233} II 160, 161, 207
– U^{234} II 158
– U^{235} II 158, 159, 160, 161, 201, 202, 204, 207, 208
– U^{236} II 202
– U^{238} II 158, 159, 160, 182, 201, 202, 203, 207
Urlaub(sgebiet): s. Ferien

VDI 2719 (I 322): Richtlinie des „Vereins Deutscher Ingenieure" zur Schalldämmung von Fenstern.
Verbraucherschutz: II 72, 73, 77
Verdichtungsgebiet, Verdichtungsideologie: s. Wohnverdichtung
Verein Naturschutzpark (VNP): II 303, 304, 305
Verkehr: STE 3
– verkehrsberuhigte Wohnstraßen (-zonen) I 80, 81, 91, 142
– Verkehrslärmschutzgesetz (I 315, 327, 328 ff.): vom Bundesrat abgelehnter Gesetzentwurf, der die Kostenerstattung für Schallschutzmaßnahmen bei Überschreitung eines gesetzlich festgelegten Immissionsgrenzwertes vorsah.
– Verkehrsplanung, Verkehrspolitik I 120, 126–130, 134
– Verkehrswege I 14
– Personen- und Güterverkehr I 126–130
Verklappung (I 192, 453; II 413): Ablassen spezieller Schiffsfrachten (z. B. Dünnsäure, Klärschlämme) ins Meer.
„Vernetzung" (I 56, 101, 106, 121, 125 *(Abb)*; II 257, 313, 316, 317, 318): Verflechtung von Einzelteilen (eines ökologischen Systems) zu einem komplexen dynamischen Ganzen aufgrund kybernetischer Wechselwirkungen.
Versiegelung (I 259; II 252): Veränderung der natürlichen Bodenoberfläche durch Asphaltieren, Betonieren oder Versteinern, z. B. durch Straßen, Häuser und Industrieanlagen, mit der Folge möglicher Grundwasserabsenkung.
Vertikalbrunnen (I 226): senkrechter, gebohrter Brunnen, am unteren Ende mit einem Filterrohr und am tiefsten Punkt mit einer Pumpe versehen.
Verursacherprinzip: I 30 f., 269, 273, 286; II 314, 376, 378, 380, 386, 398, 399, 400, 401
Verwaltungsvorschrift (I 388, 389): Die V. ist wie das Gesetz und die Rechtsverordnung eine staatliche Anordnung zur Regelung

einer unbestimmten Zahl von Fällen. Mit der *Rechtsverordnung* hat sie ferner den Erlaß durch Organe der Exekutive gemeinsam. Anders als diese richtet sie sich jedoch nicht an die Allgemeinheit, sondern nur an die den erlassenden Organen nachgeordneten Behörden, ist also nur für diese verbindlich. In der Regel dienen die V.en weniger der inhaltlichen Konkretisierung denn der einheitlichen Durchführung eines Gesetzes; eine Ausnahme bildet unter anderem die TA Luft.

Verweilzeit: s. (atmosphärische) Verweilzeit

Viren: I 232, 247

Vitamin D: I 385

Vögel: I 124, 206 *(Abb.);* II 252, 253, 256, 273

Voerde (-Bogen): I 403

Volksstaatlichkeit (II 179): Als *Staatsstrukturbestimmung* besagt das Volksstaats- oder Demokratieprinzip, daß alle Staatsgewalt vom Volk ausgeht und sich unter anderem in Wahlen und Abstimmungen äußert, denen sich die Träger der Staatsgewalt in regelmäßigen Abständen unterwerfen müssen. Als *Staatszielbestimmung* verpflichtet der Grundsatz der V. die Regierenden auf die Förderung der Mitwirkung der Regierten an der politischen Willensbildung.

Vorfluter (I 265, 266, 267, 270, 272, 273, 275, 278, 279; II 295): Gewässer, in das Abwasser (gereinigt oder ungereinigt) eingeleitet wird.

Vorratsschutz(mittel): II 19, 21

Vorrotteverfahren: I 428 f.

Vorsorgeprinzip: I 97, 98, 269; II 376, 385, 467

Wachstum: s. „Grenzen des Wachstums"; Wirtschaftswachstum

Wahnbach(talsperre); Wahnbachtalsperrenverband (WTV): I 227, 240, 247, 253–255

Wälder, Waldgebiete: I 5, 6, 7, 12, 13, 17, 18, 51, 60, 61, 103, 110, 117, 132, 135, 137, 143, 158, 183, 259, 341, 350, 361, 362, 363, 374, 375, 377, 429; II 3, 5, 6, 13, 15, 35, 96, 108, 137, 252, 253, 254, 266, 275, 276, 281, 284, 293, 309, 321, 325, 356, 411, 415, 423, 431, 433, 434, 435
– Laubwälder (Laubbäume) I I 340, 341, 364
– Nadelwälder (Nadelbäume, Nadelholzbestände, Nadelhölzer I 340, 341, 343
– Wald-Feld-Wechselwirtschaft II 7 *(Schema),* 423, 424, 425
– Waldweide I 363; II 3, 6, 8, 14, 266
– Waldzerstörung, Zerstörung der Wälder (Waldbestände); Tropenwaldvernichtung II 411, 415, 420, 422, 432, 433–436, 439, 467
– Pionierholzarten I 426

Wandermuschel: II 279 f.

Wärme
– Erd(reich)wärmetauscher s. Wärmetauscher
– Erdwärme II 103, 127, 233, 234
– Fernwärme(versorgung) II 153 *(Statistik),* 229, 230, 240, 241
– Kraft-Wärme-Kopplung II 217, 220, 231, 239 ff.
– Niedertemperaturwärme II 231, 235
– Wärmebilanz der Erde II 233 *(Diagramm)*
– Wärmedämmung, Wärmeisolation II 216, 217, 230
– Wärmekraftmaschine II 228 f. *(Abb.)*
– Wärmelastpläne (II 195): Planungsinstrumente der Wasserwirtschaftsbehörden, mit denen die hydrologischen Verhältnisse von für Kühlzwecke benutzten Gewässern, deren natürlicher Energiehaushalt und Temperaturen sowie künstliche Aufwärmung dargestellt werden. Danach wird gefordert, daß die Eintrittstemperatur des Kühlwassers in die Gewässer nicht mehr als 30 °C beträgt, die Gewässertemperatur 28 °C nicht überschreiten und die Aufwärmung höchstens 3 °C betragen darf.
– Wärmelehre, Hauptsätze s. Energie; Entropie
– Wärmepumpe (II 121, 129, 154, 217, 218, 222, 231 f. *(Abb.),* 238, 242): dient dazu, Wärme von einem niedrigen auf ein höheres Temperaturniveau zu heben. Ihr Funktionsprinzip entspricht dem des Kühlschranks: Einem großen Wärmereservoir niedriger Temperatur (z. B. dem Boden, dem Grundwasser, der Umgebungsluft u. ä.) wird durch die Verdampfung eines Gases Wärme entzogen, das heißt, das verdampfte Gas wird um wenige Grade erwärmt. Durch eine anschließende Kompression des Gases wird die dem Umweltmedium entzogene Wärmemenge auf höherem Temperaturniveau (ca. 25 °C) in den Raum, der erwärmt werden soll, wieder abgegeben. Die Verdampfung und die Kompression des Gases finden in einem geschlossenen Kreislauf statt.
– Wärmerückgewinnung II 217, 218, 228, 230
– Wärmetauscher (II 160, 218, 229, 230, 234): Soll die Wärme eines Mediums auf ein anderes Medium übertragen werden, ohne daß eine Durchmischung beider Medien erfolgt, so muß der Wärmeaustausch über ein technisches Gerät bewirkt werden: einen Wärmetauscher. Je nach Aufgabenstellung sind die verschiedensten Ausführungen üblich. Mit Hilfe des „Erdreichwärmetauschers" kann beispielsweise die Wärme des Erdbodens zum Betrieb einer *Wärmepumpe* genutzt werden. Eine Sonderform von Wärmetauschern stellt das sog. *Wärmerohr* dar, in dem am warmen Ende eine Flüssigkeit verdampft, die sich dann an seinem kalten Ende wieder niederschlägt und durch eine poröse Grenzschicht dem warmen Ende wieder zufließt.
– Warmwasserbereitung II 135, 141, 154; II 216, 235
– s. auch Abwärme

Waschmittel: s. Detergentien
– Waschmittelgesetz I 286

Washingtoner Artenschutzübereinkommen (1973) (II 269, 433): regelt den internationalen Handel mit von der Ausrottung bedrohten oder ausrottungsgefährdeten Tier- und Pflanzenarten; es können Handelsbeschränkungen und -verbote erlassen werden, die sich auch auf Tiererzeugnisse (z. B. Felle, Elfenbein) beziehen. Wichtige geschützte Tierarten sind die meisten Großkatzen, Menschenaffen, Greifvögel, Großreptilien; unter den Pflanzen sind es alle Orchideenarten. In zweijährigem Turnus wird eine Konferenz der Vertragsstaaten einberufen, die die Durchführung des Übereinkommens überprüft. In der Bundesrepublik Deutschland ist das W. A. seit 1975 in Kraft.

Wasser: I 8, 13, 19, 25, 26, 163, STE 5, 423, 451, 452; II 66, 67, 103, 105, 107, 119, 121, 127, 171, 174, 194, 195, 208, 212, 213, 231, 232, 234, 235, 240, 280, 315, 316, 331, 338, 355, 362, 376, 382, 412, 415, 416, 418 ff., 434, 457, 465
– Bedeutung des W.s I 165, 166, 199 f., 226, 227, 228 f.
– Einstellung des Menschen zum W. I 198
– Nutzung des W.s s. Gewässer
– Wasserbau I 9, 10
– Wasserbedarf, Wassergebrauch, Wassernutzung I 195, 199 ff. *(Schema),* 213, 226
– Wasserdargebot I 226, 228, 267; s. auch Wasservorräte
– Wassergewinnung I 226
– Wassergütepolitik I 25, 165, STE 8
– Wasserhaushaltsgesetz (WHG) I 263, 264, 274, 275, 277 f., 280, 281, 282, 283, 284, 285, 287, 289; II 34, 335
– Wasserkraft I 12; II 95, 96, 97, 112, 116, 118, 119, 120, 121, 123, 124, 130, 134, 137, 138, 144, 148, 232, 233, 234, 246, 293, 315
– Wasserkraft(werk) II 103, 105, 118 f. *(Statistik),* 140
– Wasserkreislauf I 166, 167 *(Abb.),* 168, 169, 194, 195, 196, 201, 226, 228, 267, 379; II 95, 212
– Wassermühle I 12
– Wasserpreis I 266
– Wasserqualität I 226
– Wasserschutzgebiet I 280 f., 288
– Wasserverschmutzung s. Gewässer
– Wasserversorgung I 252 ff.; II 415, 419, 420, 445, 459
– Wasservorräte, Wasserressourcen I 257; II 418 ff.
– Wasserwirtschaft I 263, 265, 267, 269, 288
– s. auch Brauchwasser; Fließgewässer; Gewässer, Grundwasser; Meere; Oberflächengewässer; Seen; Trinkwasser

Watt(enmeer) (I 5, 25, 95, 105 *(Abb.),* 106; II 282, 285, 292, 295, 298–302 *(Abb.),* 311): Seichtwassergebiet zwischen Festland und vorgelagerten Inseln in Gezeitenmeeren – vor allem an der

Nordsee –, das von Meeres- und Flußablagerungen (in Mündungsgebieten) gebildet wird und bei Ebbe bloßliegt.
Weide(gebiet): II 14, 21 f., 28, 35, 70
  – Waldweide I 363; II 3, 6, 8, 14
  – s. auch Überweidung
Weizen: I 379
Welt und Umwelt
  – Weltbevölkerung s. Bevölkerung
  – Welternährung s. Ernährung
  – Weltgesundheitsorganisation (WHO = World Health Organization) (I 231; II 78, 87, 88, 412): am 7. 4. 1948 gegründete Organisation der Vereinten Nationen mit dem Ziel, den besten erreichbaren Gesundheitszustand aller Völker herbeizuführen; hierbei wird unter „Gesundheit" der Zustand des völligen körperlichen, geistigen und sozialen Wohlbefindens und nicht nur das Freisein von Krankheiten und Gebrechen verstanden. Beispiele für wichtige Aufgabenbereiche sind: Bekämpfung von Volkskrankheiten (Mangelernährung, übertragbare Krankheiten wie Pocken und Tuberkulose), personelle Hilfe bei der Lösung spezieller Probleme des Gesundheitswesens in Entwicklungsländern (wie Maßnahmen zur Verbesserung der Wasserversorgung, der hygienischen Verhältnisse).
  – Weltmodelle II 415, 437–447
    – Modell 1: „World 3" II 439
    – Modell 2: Mesarović-Pestel-Modell II 441 f.
    – Modell 3: Bariloche-Modell II 442, 443
    – Modell 4: RIO-Bericht II 442
    – Modell 5: Report der Nord-Süd-Kommission II 443
    – Modell 6: Weltmodell der Vereinten Nationen II 415, 443 f.
    – Modell 7: Weltentwicklungsbericht 1981 II 444
    – Modell 8: OECD-Studie „Interfutures" II 445, 451
    – Modell 9: FAO-Studie „Agriculture: Toward 2000" II 411, 429, 430, 445 f.
    – Modell 10: „Weltstrategie" der IUCN II 446
Wertstoffe im Müll: I 411, 413, 415, 436, 437 (Abb.), 438, 439, 440
Wesergebiet: I 209
Westantarktischer Eisschild: I 380
Wettbewerbsfähigkeit: II 386, 388
Wiederaufarbeitung abgebrannter Kernbrennstoffe (II 201, 203–208 (Schema)): Rückgewinnung des in dem abgebrannten Kernbrennstoff noch enthaltenen Urans und des im Reaktor neu gebildeten Kernbrennstoffs *Plutonium*.
  – Wiederaufbereitungsanlagen I 208; II 201, 203 ff., 206, 207
    – Wiederaufbereitungsanlage Eurochemic, Mol II 206
    – Wiederaufbereitungsanlage Karlsruhe (WAK) II 206
Wiederverwendung (-verwertung, Recycling): I 390, 411, 412, 413, 414, 434, 435, STE 15; II 77, 431, 462
Wildbad: II 338
Wildpflanze, -kraut (I 20; II 11, 23, 52, 64, 253): ohne Kultivierung durch den Menschen wachsende Pflanze, fälschlich abwertend: „Unkraut"
Wind(energie, Windkraft): II 95, 97, 112, 116, 118, 119–123 (Statistik, Abb.), 137, 138, 232, 233, 246
  – Windkraftwerk II 103, 105
Winterstagnation: I 173 (Abb.), 174
Wirbelschichtfeuerung: II 96, 115, 212, 216, 240
Wirkungsgrad (bei Energieumwandlung): 106, 126 ff. (Definition), 130, 133, 162, 164, 228 f., 235, 236
Wirkwelt: I 18
Wirtschaftswachstum, wirtschaftliches Wachstum (I 22, 32 f., 142; II 140, 151, 152 (Statistik), 247, 384, 388, 410, 416, 418, 437, 443, 444, 445, 447–455): in traditioneller Sicht die Steigerung des *Bruttosozialprodukts*, das heißt der in Geldeinheiten bewerteten Güter und Dienstleistungen einer Volkswirtschaft.
Wochenende, Wochenenderholung (-freizeit, -urlaub, -verkehr): I 136, 138, 142, 143, 147, 148, 149, 150, 156, 158
  – Wochenendhäuser s. Zweitwohnhäuser
Wohnen: STE 2
  – Wohndichte s. Wohnverdichtung
  – Wohngebiete I 14 f.
  – Wohnhausformen s. Hausformen
  – Wohnkultur I 14
  – Wohnumfeld (I 15, 59, 64, 65, 75, 80 ff., 88 f., 90, 91, 138 f. (Abb.), 142, 157): Bereich, der das Wohnquartier umgibt: mit unmittelbar angrenzenden Straßen, Plätzen und Freiräumen, als Gärten und Gartenhöfe, öffentliche Grünflächen und Parkanlagen.
  – Wohnungsbau
    – freifinanzierter W. I 83
    – Kosten(planung) im W. I 68–73, 78
    – öffentlich geförderter sozialer Wohnungsbau, Sozialwohnungen I 63, 83, 84, 85
    – steuerbegünstigter W. I 83
    – Wohnungsbauplanung I 66 ff.
    – Wohnungs(bau)politik I 82–85
  – Wohnverdichtung (Wohndichte), Verdichtung(sgebiet/-raum), Verdichtungsideologie (I 13, 14 f., 54, 59, 60, 62, 63, 64, 65, 66, 67, 68 (Tab.), 69, 70, 72, 73, 75, 78, 80, 87, 88, 89, 90, 106 (Matrix), 130, 135, 136, 139, 144, 146; II 338, 342): „Verdichtung" meint Vergrößerung der Anzahl von Elementen pro Raum- oder Flächeneinheit; hier: größere Anzahl von Wohnungen pro Flächeneinheit. In gleichem Sinne sind auch zu verstehen: Wohndichte, Verdichtungsgebiet, Verdichtungsideologie, verdichtete Bauweise usw.
  – Wohnwert I 15, 68, 74 (Tab.), 90
Wüste(nausbreitung, -bildung): II 417, 422, 432, 446, 453

Zeilenbau: I 15
Zentraldeponie: s. Deponie
Zentrale Erfassungs- und Bewertungsstelle für Umweltchemikalien (ZEBS): II 78, 79 f., 87, 88
Zerschneidungseffekt: s. Isolationswirkung
Zersiedlung (I 59, 77, 86, 90, 135; II 431, 465): nicht oder ungenügend geplante Besiedlung von Landschaftsflächen mit Wohnbauten in größerer Zahl; dadurch werden Erscheinungsbild und Naturhaushalt stärker als gewöhnlich belastet. Außerdem erfordert die Erschließung bei einer solchen Streubauung außerordentlich große finanzielle Aufwendungen.
Ziegenhain: I 316 f., 318, 320, 324, 326, 330
Zigarettenkonsum (-rauch): I 337, 338
Zink: I 95, 183, 207, 214, 234, 236, 260, 261, 344, 346, 355, 357, 414, 427, 428, 439, 446; II 67, 444
Zirkulation: s. Frühjahrs(voll)z.; Herbst(voll)z.
Zooplankton: I 191
Zürich: I 241 f.
Zusatzstoffe: II 66, 70
Zweiter Hauptsatz der Thermodynamik/Wärmelehre: s. Entropie
Zweitwohnhäuser (-sitze, -wohnungen); Ferienhäuser (-wohnungen); Wochenendhäuser: I 59, 91, 135, 140, 144, 145, 146, 149, 150, 151, 154, 159
Zwischenlager(ung): II 202 f.
Zwischenmoor: II 258, 260; – s. auch Moor

Funk-Kolleg
Mensch und Umwelt

Herausgegeben von Theo Dahlhoff in Verbindung mit Hartmut Bick,
Karl Heinrich Hansmeyer und Gerhard Olschowy
in drei Bänden

Der Bedarf an Gütern aller Art hat seit Beginn menschlicher Kultur zu immer stärkeren Eingriffen in die Naturhaushalte geführt. Noch bis vor einem Jahrzehnt galt die Umwelt als »freies Gut«, für dessen Nutzung kein Preis zu zahlen war. Der Verbrauch an Grundstoffen stieg entsprechend, und in industrialisierten Regionen hat die Belastbarkeit der Umwelt eine kritische Grenze erreicht. Da der Mensch aber über vielfältige Vernetzungen selbst Teil des globalen Ökosystems ist, fallen Schäden auf ihn selbst zurück. Als Folge der daraus zugewachsenen Einsichten haben Umweltprobleme unter den Bürgern zu einem immer stärkeren Engagement und zu einer lebhaften Politisierung geführt.

Das dreibändige Werk »Funk-Kolleg Mensch und Umwelt« möchte zu einer weiteren Sensibilisierung wie zugleich zu einer versachlichten Diskussion beitragen. In zehn Themengruppen mit wechselnder Zahl von Kollegstunden (insgesamt dreißig) werden Grundlagen vermittelt, wobei aufgrund eines besonderen dramaturgischen Modells zahlreiche und unterschiedliche Wissenschaftsbereiche ihre Beiträge leisten können.

Bd. 1: Fischer Taschenbuch Band 6862

1. Kollegstunde: Umwelt – kein freies Gut
2. Kollegstunde: Wohnsiedlungen
3. Kollegstunde: Industrie und Verkehr
4. Kollegstunde: Erholungsräume
5. Kollegstunde: Ökologie der Gewässer
6. Kollegstunde: Abwasser und Gewässerverschmutzung
7. Kollegstunde: Trinkwasser
8. Kollegstunde: Aufgabe der Wassergütepolitik
9. Kollegstunde: Ursachen und Wirkungen des Lärms
10. Kollegstunde: Lärmschutz und Lärmschutzpolitik

Bd. 2: Fischer Taschenbuch Band 6863

11. Kollegstunde: Herkunft und Wirkungen von Luftverschmutzungen
12. Kollegstunde: Aspekte großräumiger Luftverschmutzung
13. Kollegstunde: Luftreinhaltepolitik
14. Kollegstunde: Abfall – Herkunft und Behandlung
15. Kollegstunde: Sondermüll und Wiederverwendung von Abfällen
16. Kollegstunde: Konventioneller Landbau
17. Kollegstunde: Alternativer Landbau
18. Kollegstunde: Gesunde Nahrungsmittel
19. Kollegstunde: Traditionelle Energieträger
20. Kollegstunde: Energiebilanz
21. Kollegstunde: Kernenergie
22. Kollegstunde: Umweltbelastungen durch Energieumwandlungen
23. Kollegstunde: Rationelle Energienutzung und neue Energiequellen

Bd. 3: Fischer Taschenbuch Band 6864

24. Kollegstunde: Artenschutz und Biotopschutz
25. Kollegstunde: Schutzgebiete und Schutzobjekte
26. Kollegstunde: Landschaftsgestaltung und Landschaftsentwicklung
27. Kollegstunde: Umwelt und Erziehung
28. Kollegstunde: Umweltpolitik
29. Kollegstunde: Weltweite Umweltprobleme
30. Kollegstunde: Umwelt – vor dem Menschen für den Menschen schützen

Fischer Taschenbuch Verlag

Aus unserem Programm

Walter/Breckle — **Ökologie der Erde**
Band 1 · Ökologische Grundlagen aus globaler Sicht
1983. VIII, 238 S., 132 Abb., 24 Tab., Kst. DM 44,–
Band 2 · Spezielle Ökologie der Tropischen und Subtropischen Zonen (erscheint ca. Mai 1984)

Vogellehner — **Botanische Terminologie und Nomenklatur**
2., überarbeitete und erweiterte Aufl. 1983. VIII, 140 S., kart. DM 16,80 (UTB 1266)

Eschrich — **Gehölze im Winter – Zweige und Knospen**
1981. XII, 137 S., zahlr. Abb. und 59 farb. Taf., kart. DM 39,–

Haller/Probst — **Botanische Exkursionen**
Band 1 · Exkursionen im Winterhalbjahr
2., bearbeitete Aufl. 1983. VIII, 189 S., 27 Abb., 100 reich ill. Bestimmungstabellen Kst. DM 22,–
Band 2 · Exkursionen im Sommerhalbjahr
1981. XII, 249 S., 46 Abb., 99 ill. Merk- und Bestimmungstabellen, Kst. DM 28,–

Strasburger — **Lehrbuch der Botanik**
für Hochschulen
32., neubearbeitete Aufl. 1983. XXVII, 1164 S., 1088 Abb., 50 Tab., 1 farb. Vegetationskarte der Erde, Gzl. DM 80,–
in Verbindung mit
Studienhilfe Botanik
3., neubearbeitete Aufl. 1984. Etwa 220 S., Ringheftung etwa DM 22,–

Walter — **Bekenntnisse eines Ökologen**
Erlebtes in 8 Jahrzehnten und auf Forschungsreisen in allen Erdteilen mit Schlußfolgerungen
3., erweiterte Aufl. 1982. XII, 365 S., 13 Abb., 7 Kartenskizzen, kart. DM 19,–

Ewald — **Biologische Fachliteratur**
Eine Anleitung zur Erschließung, Erfassung und Nutzung
2., völlig neubearbeitete und erweiterte Aufl. 1983. VI, 291 S., 7 Abb., kart. DM 56,–

Winkler — **Einführung in die Pflanzenökologie**
2., bearbeitete und erweiterte Aufl. 1980. XII, 256 S., 91 Abb., 30 Tab., kart. DM 17,80 (UTB 169)

Fröhlich — **Phytopathologie und Pflanzenschutz**
1979. 295 S., 62 Abb., kart. DM 19,80 (UTB 867)

Gustav Fischer Verlag · Stuttgart · New York

Aus unserem Programm

Steiner — **Tierzeichnungen in Kürzeln**
1982. VIII, 94 S., kart. DM 19,80

Molisch/Dobat — **Botanische Versuche und Beobachtungen mit einfachen Mitteln**
Ein Experimentierbuch für Schulen und Hochschulen
5., völlig neubearbeitete Aufl. 1979. XXII, 281 S., mit 166 Versuchen und Beobachtungen, 95 Abb., 7 Tab., kart. DM 22,–

Brauner/Bukatsch — **Das kleine pflanzenphysiologische Praktikum**
Anleitung zu bodenkundlichen und pflanzenphysiologischen Versuchen
9., Aufl. 1980. 335 S., 149 Abb., kart. DM 36,–

Remane/Storch/Welsch — **Kurzes Lehrbuch der Zoologie**
4., neubearbeitete Aufl. 1981. VI, 537 S., 286 Abb., kart. DM 44,–
in Verbindung mit
Studienhilfe Zoologie
4., neubearbeitete Aufl. 1981. VI, 122 S., 1001 Fragen und Antworten, Ringheftung, DM 16,80

Brüll — **Das Leben europäischer Greifvögel**
Ihre Bedeutung in den Landschaften
4., erweiterte Aufl. 1984. VIII, 351 S., 117 Abb., 47 Tab., 6 Taf., Kst. DM 78,–

Schildmacher/Greil — **Einführung in die Ornithologie**
1982. 303 S., 70 Abb., 16 Taf., Kst. DM 24,80

Hentschel/Wagner — **Zoologisches Wörterbuch**
2., überarbeitete und ergänzte Aufl. 1984. Etwa 560 S., kart. DM 29,80 (UTB 367)

Kükenthal/Renner — **Leitfaden für das Zoologische Praktikum**
19., neubearbeitete Aufl. 1984. Etwa 480 S., 230 Abb., Kst. etwa DM 52,–

Stümpke — **Bau und Leben der Rhinogradentia**
1981. VI, 85 S., 15 Taf., 12 Abb., kart. DM 18,–

Preisänderungen vorbehalten

Gustav Fischer Verlag · Stuttgart · New York